Le Routard

Angleterre
Pays de Galles

Directeur de collection et auteur
Philippe GLOAGUEN

Cofondateurs
Philippe GLOAGUEN
et Michel DUVAL

Rédacteur en chef
Pierre JOSSE

Rédacteurs en chef adjoints
Amanda KERAVEL
et Benoît LUCCHINI

Directrice de la coordination
Florence CHARMETANT

Directrice administrative
Bénédicte GLOAGUEN

Direction éditoriale
Catherine JULHE

Rédaction
Isabelle AL SUBAIHI
Mathilde de BOISGROLLIER
Thierry BROUARD
Marie BURIN des ROZIERS
Véronique de CHARDON
Gavin's CLEMENTE-RUÏZ
Fiona DEBRABANDER
Anne-Caroline DUMAS
Géraldine LEMAUF-BEAUVOIS
Olivier PAGE
Alain PALLIER
Anne POINSOT
André PONCELET

Administration
Carole BORDES
Solenne DESCHAMPS

2013

hachette

Remarque importante aux hôteliers et restaurateurs

Les enquêteurs du *Routard* travaillent dans le plus strict anonymat. Aucune réduction, aucun avantage quelconque, aucune rétribution n'est jamais demandé en contre-partie. Face aux aigrefins, la loi autorise les hôteliers et restaurateurs à porter plainte.

Avis aux lecteurs

Le *Routard,* ce n'est pas comme le bon vin, il vieillit mal. On ne veut pas pousser à la consommation, mais évitez de partir avec une édition ancienne. Les modifications sont souvent importantes.
Les réductions accordées à nos lecteurs ne sont jamais demandées par nos rédacteurs afin de préserver leur anonymat. Les hôteliers et restaurateurs sont sollicités par une société de mailing, totalement indépendante de la rédaction, qui reste donc libre de ses choix. De même pour les autocollants et plaques émaillées.

routard.com, le voyage à portée de clics !

✓ Rejoignez la plus grande communauté francophone de voyageurs: plus de **2 millions** de visiteurs!

✓ Échangez avec les routarnautes: forums, photos, avis sur les hôtels...

✓ Retrouvez aussi toutes les informations actualisées pour choisir et préparer vos voyages: plus de 200 fiches pays, une centaine de dossiers pratiques et un magazine en ligne pour découvrir tous les secrets de votre destination.

✓ Enfin, comparez les offres pour organiser et réserver votre voyage au meilleur prix.

Pictogrammes du *Routard*

Établissements

- Hôtel, auberge, chambre d'hôtes
- Camping
- Restaurant
- Boulangerie, sandwicherie
- Glacier
- Café, salon de thé
- Café, bar
- Bar musical
- Club, boîte de nuit
- Salle de spectacles
- Office de tourisme
- Poste
- Boutique, magasin, marché
- Accès internet

Sites

- Plage
- Site de plongée
- Piste cyclable, parcours à vélo

Transports

- Aéroport
- Gare ferroviaire
- Gare routière, arrêt de bus
- Station de métro
- Station de tramway
- Parking
- Taxi
- Taxi collectif
- Bateau
- Bateau fluvial

Attraits et équipements

- Présente un intérêt touristique
- Recommandé pour les enfants
- Adapté aux personnes handicapées
- Ordinateur à disposition
- Connexion wifi
- Inscrit au Patrimoine mondial de l'Unesco

Mille excuses, on ne peut plus répondre individuellement aux centaines de CV reçus chaque année.

Le *Routard* est imprimé sur un papier issu de forêts gérées.

I.S.B.N. 978-2-01-245576-8

TABLE DES MATIÈRES

ATTENTION : Londres fait l'objet d'un guide à part.

AU SUD ET AU SUD-EST DE LONDRES

LE KENT

LE SUSSEX

LE HAMPSHIRE ET LE WILTSHIRE

THE WEST COUNTRY

LES CORNOUAILLES

AU NORD DES CORNOUAILLES

À L'OUEST DE LONDRES

LES COTSWOLDS

Balade dans les Cotswolds

AU NORD DE LONDRES

LE NORD DE L'ANGLETERRE

LE NORD-OUEST

LE YORKSHIRE

LE LAKE DISTRICT

LE MUR D'HADRIEN ET LE NORD-EST

LE PAYS DE GALLES

LA VALLÉE DE LA WYE

BRECON BEACONS NATIONAL PARK

CARDIFF ET SA RÉGION

LA PÉNINSULE DE GOWER

PEMBROKESHIRE COAST NATIONAL PARK (PARK CENEDLAETHOL ARFORDIR PENFRO)

EN REMONTANT VERS LE NORD

LE NORD DU PAYS DE GALLES

Du nord au sud, le long de la « frontière anglaise »

Nous avons divisé ce pays en plusieurs guides, à la demande de nos lecteurs. En effet, la très grande majorité d'entre vous ne parcourt pas tout le pays. En revanche, vous préférez plus d'adresses, plus d'histoire, plus de références culturelles, plus de visites. Au total, un guide unique comporterait plus de 1 500 pages et serait intransportable. Ce découpage n'est pas une opération commerciale mais permet avant tout de voyager sans grever votre porte-monnaie.

La rédaction

Recommandations à nos lecteurs qui souhaitent profiter des réductions et avantages proposés dans le *Routard* par les hôteliers et les restaurateurs : à l'hôtel, prenez la précaution de les réclamer **à l'arrivée** et au restaurant, au moment de la commande (pour les apéritifs) et surtout **avant** l'établissement de l'addition. Poser votre *Routard* sur la table ne suffit pas : le personnel de salle n'est pas toujours au courant et une fois le ticket de caisse imprimé, il est difficile pour votre hôte d'en modifier le contenu. En cas de doute, montrez la notice relative à l'établissement dans le *Routard* et ne manquez pas de nous faire part de toute difficulté rencontrée.

NOUVEAU ET IMPORTANT : DERNIÈRE MINUTE

Sauf exception, le *Routard* bénéficie d'une parution annuelle à date fixe. Entre deux dates, des événements fortuits (formalités, taux de change, catastrophes naturelles, conditions d'accès aux sites, fermetures inopinées...) peuvent modifier vos projets de voyage. Pour éviter les déconvenues, nous vous recommandons de consulter la rubrique « Guide » par pays de notre site • *routard.com* • et plus particulièrement les dernières *Actus voyageurs*.

Remerciements

Nous tenons à remercier tout particulièrement Loup-Maëlle Besançon, Thierry Bessou, Gérard Bouchu, François Chauvin, Grégory Dalex, Stéphanie Déro, Fabrice Doumergue, Cédric Fischer, Carole Fouque, Michelle Georget, David Giason, Claude Hervé-Bazin, Emmanuel Juste, Dimitri Lefèvre, Sacha Lenormand, Fabrice de Lestang, Romain Meynier, Éric Milet, Pierre Mitrano, Jean-Sébastien Petitdemange, Thomas Rivallain, Dominique Roland et Solange Vivier pour leur collaboration régulière.

Et pour cette nouvelle collection, nous remercions aussi :

Emmanuelle Bauquis
Jean-Jacques Bordier-Chêne
Michèle Boucher
Lisa Buchter
Stéphanie Condis
Agnès Debiage
Jérôme Denoix
Tovi et Ahmet Diler
Clélie Dudon
Sophie Duval
Clara Favini
Alain Fisch
Mathilde Fonteneau
Adrien et Clément Gloaguen
Xavier Haudiquet
Bernard Hilaire
Sébastien Jauffret
Anaïs Kerdraon
Jacques Lemoine
Béatrice Macé de Lepinay
Jacques Muller
Caroline Ollion
Nicolas et Benjamin Pallier
Martine Partrat
Odile Paugam et Didier Jehanno
Prakit Saiporn
Jean-Luc et Antigone Schilling
Camille Veillard

Direction : Nathalie Pujo
Contrôle de gestion : Héloïse Morel d'Arleux et Virginie Laurent-Arnaud
Secrétariat : Catherine Maîtrepierre
Direction éditoriale : Catherine Julhe
Édition : Matthieu Devaux, Géraldine Péron, Olga Krokhina, Gia-Quy Tran, Julie Dupré, Pauline Fiot, Julien Hunter, Camille Loiseau, Emmanuelle Michon, Marion Sergent et Clémence Toublanc
Préparation-lecture : Marie Sanson
Cartographie : Frédéric Clémençon et Aurélie Huot
Fabrication : Nathalie Lautout et Audrey Detournay
Relations presse France : COM'PROD, Fred Papet. ☎ 01-70-69-04-69. • *info@comprod.fr* •
Direction marketing : Muriel Widmaier, Adrien de Bizemont, Lydie Firmin et Laure Illand
Contacts partenariats : André Magniez (EMD). • *andremagniez@gmail.com* •
Édition des partenariats : Élise Ernest
Informatique éditoriale : Lionel Barth
Couverture : Clément Gloaguen et Seenk
Maquette intérieure : le-bureau-des-affaires-graphiques.com, Thibault Reumaux et npeg.fr
Relations presse : Martine Levens (Belgique) et Maureen Browne (Suisse)
Régie publicitaire : Florence Brunel-Jars

NOS NOUVEAUTÉS

NOS MEILLEURS SITES POUR OBSERVER LES OISEAUX EN FRANCE (octobre 2012)

Pour répondre à l'attente des amoureux de la nature et de ceux qui souhaitent mieux connaître les oiseaux, *Le Routard*, en partenariat avec la Ligue de Protection des Oiseaux, a sélectionné dans toute la France plus de 70 sites pour approcher et observer les voyageurs du ciel. À travers différents milieux (forêt, parc, étang, montagne…), c'est l'occasion de prendre conscience de la richesse et de la diversité du monde des oiseaux et de la nécessité de le protéger. Pour vous aider à les identifier, vous trouverez des planches en couleurs, des conseils et des informations surprenantes sur nos amis à plumes, sans oublier les hébergements et restos à proximité. Que vous soyez *bird watcher* occasionnel ou ornithologue averti, ce guide vous prend sous son aile.

DUBLIN (novembre 2012)

Dublin, une ville grise tout en couleurs. Autant dire une ville qui en surprend plus d'un avec ses contrastes inattendus. On passe, tout d'un coup, d'un Dublin aristocratique à un Dublin populaire. Quant à la gastronomie, bonne nouvelle, l'offre a progressé de manière spectaculaire ces dernières années et les Irlandais ont redécouvert les vertus de leurs produits naturels. Sans oublier, bien sûr, les pubs : il y en a… jusqu'à plus soif. Côté culture, la ville s'enorgueillit de posséder plusieurs musées nationaux qui, non seulement sont gratuits, mais renferment des collections somptueuses ; sans parler du prestigieux Trinity College, avec des pièces rares comme le fameux livre de Kells. Ville à l'empreinte littéraire également, labellisée Cité de la littérature par l'Unesco. À découvrir d'urgence.

??? LES QUESTIONS QU'ON SE POSE LE PLUS SOUVENT

Quelle est la meilleure saison pour y aller ?
En été et au printemps, pour visiter au soleil. Hors saison, la pluie et le brouillard sont fréquents, mais les hordes de touristes plus rares.

Quel est le décalage horaire ?
Une heure de moins toute l'année par rapport à la France.

Peut-on partir avec des enfants ?
Pas de souci, bien au contraire ! Pensez juste aux bottes et aux cirés, on ne sait jamais... Le soir, les moins de 18 ans n'entrent pas au pub, même accompagnés.

La vie est-elle chère ?
Nettement plus chère qu'en France : restauration, hébergement, certains musées (mais les musées nationaux sont généralement gratuits), essence... En revanche, boire dehors coûte moins cher. C'est déjà ça !

Est-il possible de loger en *B & B* sans réserver ?
Pas de problème hors saison. À partir de Pâques, mieux vaut réserver dans les villes touristiques. Et attention aux festivals ou aux matchs de rugby, qui peuvent faire grimper les prix du simple au double.

Peut-on se baigner sur les plages ?
Pourquoi pas, on se baigne bien en Bretagne... On trouve dans le sud du pays et sur les côtes galloises de superbes villes balnéaires très fréquentées l'été.

Est-ce facile de voyager avec des animaux ?
Officiellement la quarantaine est levée. Mais en pratique Médor doit montrer patte blanche, avec puce électronique et carnet de santé conforme aux règles britanniques.

Les prises de courant sont-elles différentes des prises françaises ?
Oui. Le courant est du 240 V. Les prises sont plus grosses et munies de fusibles. N'oubliez pas votre adaptateur (en vente dans toutes les bonnes quincailleries).

Les Anglais acceptent-ils l'euro ?
Bien que l'euro n'ait pas encore officiellement traversé la Manche, certains offices de tourisme, restaurants et *B & B* l'ont déjà adopté. En revanche, les petits commerces n'acceptent que la livre sterling.

Quel est le meilleur moyen de transport pour y aller ?
L'*Eurostar* pour sa rapidité. Compter 2h15 de Paris à Londres, dont 20 mn pour traverser le tunnel sous la Manche. Arrêts possibles à Ashford et Ebbsfleet, villes du Kent, dans le Sud. Les traversées en ferry sont plus longues mais ont plus de charme (notamment pour les bambins) et on peut embarquer sa voiture. Enfin, de nombreuses compagnies d'aviation *low-cost* desservent les villes de province. Pratique si on peut se passer de voiture.

LES COUPS DE CŒUR DU ROUTARD

- **Pousser la porte d'un *tea shop* et savourer un *cream tea*** : des scones, de la ***clotted cream*** (crème fouettée) du Devon ou de la marmelade maison .... p. 244
- **Passer une nuit dans un *Bed & Breakfast,*** rien que pour montrer à vos hôtes vos talents en anglais et déguster un légendaire ***english breakfast.*** .... p. 43
- **Même s'il crachote ou que le ciel menace, faire comme les Anglais : partir en randonnée !** Comme sur les ***Southdown ways,*** le long de la côte sud, dans les parcs nationaux ou sur les chemins du Lake District. .... p. 512
- **Écouter les chœurs composés d'enfants** et réputés dans le monde entier, en assistant à un ***evensong*** (une messe chantée) dans les cathédrales de Canterbury, York, Salisbury ou certains ***colleges.*** .... pp. 347, 393
- **Faire une balade en *punt,*** une barque à fond plat, à Oxford ou à Cambridge. .... pp. 369, 410
- **Retrouver le monde d'*Alice au pays des merveilles*** à Oxford, dans la New Forest ou au pays de Galles. .... p. 347
- **Observer les mouettes** à Broadstairs ou à Ramsgate, et **les dauphins** en Cornouailles. .... pp. 103, 241
- **Être bloqué par un troupeau de moutons** sur une superbe petite route du parc naturel de Dartmoor. .... p. 219
- **S'émerveiller et rêver dans une vraie jungle tropicale** perdue en pleine lande britannique, au ***Eden Project*** à Saint Austell, les serres les plus grandes du monde ! .... p. 255
- **Boire une bonne *ale* sur le petit port de Topsham** en regardant les bateaux et les badauds. .... p. 215
- **Se prendre pour Nelson** sur son navire à Portsmouth. .... p. 142
- **Participer au *Brass Rubing*** de la cathédrale de Salisbury. .... p. 188
- Faire un saut à **l'époque préhistorique à Stonehenge.** .... p. 190
- **Assister à un match de foot à Liverpool, Newcastle ou Manchester,** rien que pour l'ambiance.. pp. 432, 497, 440
- Rester coi devant **les vitraux de la cathédrale de York**..................... p. 450
- **Refaire le trajet d'Hadrien** le long de son fameux mur, aux confins de l'Écosse et de l'Angleterre .... p. 487
- Se perdre autour **des lacs du Lake District.** .... p. 461
- Flâner dans **les jolies ruelles médiévales de Rye.** .... p. 115
- Alterner shopping et pubs **dans l'effervescence de *North Laine*** à Brighton...... p. 133
- Écouter les **célèbres chœurs d'hommes** au pays de Galles ; lors d'un match de rugby dans le stade de Cardiff c'est encore mieux !.............................. p. 531
- Gravir, à pied ou en train, le plus haut sommet du pays de Galles, le **Snowdonia,** parmi moutons et champs de bruyère. .... p. 567
- Se prendre pour le « Prisonnier » à ***Portmeirion,*** au pays de Galles, ce village d'opérette un peu farfelu où fut tournée la célèbre série des années 1960. .... p. 563

ITINÉRAIRES CONSEILLÉS

Une semaine

– **Londres** (non traité dans ce guide)
– **Oxford**
– ou **Bristol**
– ou **Bath**
– **Stonehenge**
– **Brighton**

10 à 12 jours

On peut commencer par :

– **Londres** (non traité dans ce guide)
– **Windsor Castle**

Et poursuivre au choix vers :

Le Nord et le Sud de Londres
– **Cambridge**
– **Canterbury**
– **Brighton**
– Extensions possibles vers l'**île de Wight**
– **Salisbury**
– **Stonehenge**

Ou l'Ouest de Londres
– **Oxford**
– **Bath**
– **Bristol**
– **Wells**
– **Stonehenge**

Ou cap **vers le nord** !
– **Cambridge**
– **York**
– **Durham**
– Le **mur d'Hadrien** et les **forts romains**
– **The Lake District**
– **Liverpool**
– **Manchester**

Ou le **pays de Galles** :
– **Cardiff**
– **Conwy**
– **Snowdonia National Park**

Ou le **Sud-Ouest** :
- **Brighton**
- **Portsmouth**
- **New Forest**
- **Torquay**
- **Lizard Point**
- **Saint Ives**,
- **Clovelly**
- Et on termine vers **Salibury** ou **Stonehenge.**

Si vous êtes...

... plutôt culture et histoire : Stonehenge, Oxford, Cambridge, Bath, le mur d'Hadrien, Canterbury, Stratford-upon-Avon, Chester, Hastings, Windsor...
... plutôt fêtard : Brighton, Bristol, Liverpool, Manchester, Oxford, Cambridge, Cardiff, Glastonbury (festival de musique)
... plutôt randos et balades le nez au vent : Lake District, New Forest, Cornouailles, Snowdonia National Park et Brecon Beacons au pays de Galles, Yorkshire, île de Wight, Beachy Head (environs de Brighton)...
... plutôt plages (et pas frileux !) : la côte sud de l'Angleterre (Brighton, Broadstairs...), les Cornouailles (Torquay), les côtes du pays de Galles (de Swansea au sud à Llandudno au nord).
... plutôt jardins : Eden Project (Cornouailles), National Botanic Garden et Bodnant Gardens (pays de Galles), Stourhead Gardens (environs Stonehenge), Lost Gardens of Heligan (environs de Mevagissey)...
... plutôt châteaux et demeures un peu folles : île de Wight, Leeds Castle, Conwy et Caernarfon Castle au pays de Galles, Arundel Castle, Welshpool, Blenheim Palace, Indian Palace à Brighton, Alnwick Castle, Windsor...
... plutôt cathédrales et abbayes : Canterbury, Winchester, Wells et Salisbury (sud de l'Angleterre), Fountains Abbey, Rievaulx Abbey et Whitby Abbey dans le Yorkshire, Durham Cathedral au nord, Saint David's Cathedral et Tintern Abbey (pays de Galles).
... plutôt Harry Potter : voir notre rubrique dédiée au petit sorcier un peu plus loin dans « Hommes, culture, environnement » !

COMMENT Y ALLER ?

EN TRAIN

➢ Eurostar relie directement, jusqu'à 18 fois/j. en sem, ***Paris-Gare du Nord*** à ***Saint Pancras International à Londres,*** en 2h15, par le tunnel sous la Manche. IMPORTANT : se présenter à l'enregistrement au moins 30 mn avt le départ, muni d'une carte nationale d'identité ou d'un passeport en cours de validité.

Eurostar relie aussi :
➢ ***Paris et Ashford*** (1h40 de trajet).
➢ ***Paris et Ebbsfleet*** (2h05), dessert le Kent et la péninsule à l'est de Londres.
➢ ***Lille et Londres*** (1h20 de trajet).
➢ ***Lille et Ashford*** (env 1h de trajet).
➢ ***Calais-Frethun et Londres*** (env 1h de trajet).
➢ ***Bruxelles et Londres*** (1h51 de trajet).
Les billets Eurostar sont disponibles à partir de 88 € A/R en classe standard (tarif soumis à conditions) et 220 € en 1re classe *Business Premiere* (avec repas et vins servis à votre siège).
Eurostar est la première compagnie ferroviaire proposant des voyages neutres en CO_2, sans surcoût pour les voyageurs. À travers le programme « Voyage Vert », Eurostar propose à ses clients un voyage encore plus respectueux de l'environnement et s'engage à réduire les émissions résiduelles de CO_2 de 25 % par trajet et par voyageur d'ici à 2015.
Pour vous rendre en Eurostar à Londres ou à Ashford au départ de la province, rien de plus simple : Eurostar propose des prix comprenant le trajet en train jusqu'à Lille ou Paris, puis le voyage en Eurostar. Des promotions pour des voyages A/R sont proposées au départ de nombreuses villes de province.

Réductions

De nombreuses promotions tout au long de l'année au départ de Paris et de Lille avec A/R dans la journée, pendant le week-end, etc. Renseignez-vous.
– ***Internet :*** ● *eurostar.com* ● *voyages-sncf.com* ●
– ***Ligne directe Eurostar :*** ☎ *0892-35-35-39 (0,34 €/mn).*
– ***Téléphone :*** ☎ *36-35 (0,34 €/mn).*
– Également dans les gares, les boutiques SNCF et les agences de voyages agréées.

Bagages

ATTENTION, en *Eurostar* si vous avez des canifs ou couteaux sur vous, ils vous seront confisqués. Idem pour le matériel de camping comme les réchauds et autres recharges de gaz. Les consignes de sécurité sont quasi similaires à celles adoptées dans les aéroports et avions.

Pour préparer votre voyage

– ***Billet à domicile :*** commandez et payez votre billet par téléphone au ☎ 36-35 (0,34 €/mn) ou sur Internet, la SNCF vous l'envoie gratuitement à domicile. Vous réglez par carte de paiement (pour un montant minimum de 1 € sous réserve de modifications ultérieures) au moins 4 j. avant le départ (7 j. si vous résidez à l'étranger).

En train, puis bateau

Les lignes ferroviaires ne desservent plus les gares maritimes françaises. On conseille donc cette formule aux habitants du Nord, aux claustrophobes (sous le tunnel) et à ceux qui ont vraiment le temps. Dorénavant, il faut prendre le train pour Calais, Boulogne ou Dieppe. À l'arrivée, des navettes sont assurées avec les gares maritimes d'embarquement. Pour les traversées, se reporter à la rubrique « En bateau ». Côté britannique, de nombreux trains relient les villes portuaires à Londres.

BritRail

Voici quelques forfaits intéressants pour les routards. Noter qu'un enfant de 5 à 15 ans peut voyager gratuitement s'il est accompagné d'un adulte détenteur du *pass*.
– *Britrail Euro Consecutive Pass :* trajets illimités sur tout le réseau ferroviaire d'Angleterre, d'Écosse et du pays de Galles, pendant 2, 4, 8, 15, 22 j. consécutifs ou 1 mois. Nombreuses réduc, en 1re classe ; pour les seniors de plus de 60 ans, les jeunes de 16 à 25 ans, les groupes de 9 personnes et les enfants de 5 à 15 ans. De 95 à 755 €.
– *Britrail Euro FlexiPass :* ce *pass* apporte une grande flexibilité dans l'organisation de votre voyage. Valable 2, 3, 4, 8 ou 15 j. répartis sur 1 mois. Mêmes conditions que précédemment. De 119 à 649 €.
– *Britrail London Plus Pass :* permet d'effectuer un kilométrage illimité autour de Londres ; Oxford, Cambridge, Brighton, Eastbourne, Exeter... et toute la région sud-est de l'Angleterre. Ce *pass* est proposé sous la forme de 2 et 4 j. de voyage à utiliser pendant une période de 8 j., et 7 j. de voyage pour une période de 15 j. De 59 € à 189 €.
– *Britrail Pass + Ireland :* ce *pass* est l'un des plus appréciés et permet de voyager en Angleterre, Écosse, pays de Galles et Irlande. Valable 5 ou 10 j. sur 1 mois. De 355 € à 935 €.
Pour des infos générales sur les autres *passes* britanniques, ainsi que les horaires complets de tout le réseau ferroviaire britannique : ● *britrail.com* ●

InterRail

Avec les ***Pass InterRail,*** les résidents européens peuvent voyager dans 30 pays d'Europe, dont l'***Angleterre.*** Plusieurs formules et autant de tarifs, en fonction de la destination et de l'âge.
À noter que le *Pass InterRail* n'est pas valable dans votre pays de résidence. (Cependant l'*InterRail Global Pass* offre une réduction de 50 % de votre point de départ jusqu'au point frontière en France.)
– Pour les grands voyageurs, l'***InterRail Global Pass*** est valable dans l'ensemble des 30 pays européens concernés ; intéressant si vous comptez parcourir plusieurs pays au cours du même périple. Il se présente sous 5 formes au choix. 2 formules flexibles : utilisable 5 j. sur une période de validité de 10 j. (175 € pour les 12-25 ans, 267 € pour les plus de 25 ans), ou 10 j. sur une période de validité de 22 j. (respectivement 257 € et 381 €). 3 formules « continues » : *Pass* 15 j. (298 € pour les 12-25 ans, 422 € pour les plus de 25 ans), *Pass* 22 j. (respectivement 329 € et 494 €), *Pass* 1 mois (respectivement 422 € et 638 €). Ces 5 formules existent aussi en version 1re classe !
– Si vous ne parcourez que l'***Angleterre,*** le ***One Country Pass*** vous suffira. D'une période de validité de 1 mois, et utilisable, selon les formules, 3, 4, 6 ou 8 j. en discontinu : à vous de calculer avant votre départ le nombre de jours dont vous aurez besoin pour voyager : 3 j. (139 € pour les 12-25 ans, 205 € pour les plus de 25 ans), 4 j. (respectivement 149 € et 226 €), 6 j. (190 € et 288 €) ou 8 j. (211 € et 319 €). Là encore, ces formules existent en version 1re classe (mais ce n'est pas le même prix, bien sûr).
InterRail vous offre également la possibilité d'obtenir des réductions ou avantages à travers toute l'Europe avec ses partenaires bonus (musées, chemins de fer privés, hôtels, etc.)
Tous ces prix sont applicables jusqu'au 31/12/2012.
Pour plus de renseignements, adressez-vous à la gare ou boutique SNCF la plus proche.

EN VOITURE

Avec la navette *Eurotunnel* via le tunnel sous la Manche

Le terminal est situé sortie 42 sur l'A 16 à Calais et vous arrivez directement sur la M 20 sans avoir à quitter votre véhicule. Vous embarquez dans la navette au volant de votre véhicule, ce qui en fait un service idéal pour les personnes à mobilité réduite ou avec des petits.
Durant les 35 mn de traversée à bord de votre véhicule, vous pouvez vous détendre et consulter votre guide préféré pour préparer votre escapade !
Et pour que toute la famille soit du voyage, sachez que les animaux et « leur puce », sont les bienvenus à bord (voir plus loin le paragraphe consacré au voyage avec les animaux de compagnie dans la rubrique « Avant le départ – Formalités » du chapitre « Angleterre utile ») !
Renseignements sur le site internet.
Fréquence : les départs se font 24h/24. Réservez votre billet à l'avance par Internet pour obtenir les meilleurs tarifs.
– *Billet :* sur place, lorsque vous avez réservé, des bornes automatiques vous permettent d'imprimer votre titre de transport et de gagner du temps.
– *Tarifs : à partir de 62 € l'A/R pour la voiture et ses passagers.*
– *Résas :* • *eurotunnel.com* • *ou auprès du centre d'appels au ☎ 0810-63-03-04 (prix d'un appel local).*

Covoiturage

La formule la plus économique pour se rendre et voyager au Royaume-Uni. • *covoiturage.fr* • Un site formidable, gratuit et très bien fait, avec un système malin de notation qui évalue conducteurs et passagers. Un exemple de prix : Douvres-Londres pour 6 €... qui dit mieux ? Un autre site équivalent : • *comuto.fr* •

EN BATEAU

▲ BRITTANY FERRIES

Rens et résas : ☎ 0825-828-828 (0,15 €/mn), • *brittanyferries.fr* • *ou dans les agences de voyages.*

5 lignes directes vers le sud de l'Angleterre :
➢ ***Roscoff-Plymouth :*** 6h de traversée. Jusqu'à 3 départs/j.
➢ ***Saint-Malo/Portsmouth :*** 9h30 de traversée. 1 départ/j.
➢ ***Cherbourg-Poole :*** 3h de traversée. Jusqu'à 3 départs/j. Un autre bateau, le *Normandie Express,* plus rapide (2h15 de trajet), mai-sept.
➢ ***Caen/Ouistreham-Portsmouth :*** 6h de traversée. Jusqu'à 4 départs/j. 1 départ/j. en navire rapide le w-e en été (3h30 de traversée).
➢ ***Cherbourg-Portsmouth :*** jusqu'à 3 départs/j. Compter 3h45 de traversée. Un autre bateau, le *Normandie Express,* plus rapide (2h15 de trajet), de mi-mars à fin oct.
Propose aussi des séjours à Londres : *B & B,* appartements et AJ ; les cartes de transports ; le bus (compagnie *National Express*) ; des excursions, des visites et de nombreuses formules week-end et court séjour tout compris.

▲ CONDOR FERRIES

– Saint-Malo : terminal-ferry du Naye, BP 99, 35412 Cedex. ☎ 0825-135-135 (0,15 €/mn). • *condorferries.com* •
Navires à grande vitesse, pouvant contenir plus de 750 passagers.
➢ ***Saint-Malo/Poole*** (via Jersey et Guernesey) *:* à partir de 5h30 de traversée. 1 départ en fin d'ap-m, et retour en début d'ap-m, avr-oct.
➢ ***Saint-Malo/Weymouth*** (via Jersey et Guernesey) *:* à partir de 5h30 de traversée. Départ et retour le mat.
Horaires variables selon saison, se renseigner.

▲ LD LINES

– Suresnes : 28, quai Gallieni, 92158 Cedex. ☎ 0825-304-304 (0,15 €/mn). • *ldlines.fr* • Propose plusieurs liaisons/j. :
➢ ***Dieppe-Newhaven :*** 2 traversées/j.
➢ ***Le Havre-Portsmouth :*** 1 A/R/j.
➢ ***Calais-Douvres :*** 5 traversées/j.
Bateaux rapides, transport voitures et piétons, horaires à disposition sur le site internet. Plein de promos en ligne également.

▲ NORFOLK LINE

– Dunkerque : c/o Flandre Artois Tourisme, 57, bd Alexandre-III, BP 2089,

Tout pour partir*
*bons plans, concours, forums,
magazine et des voyages à prix routard.
> www.routard.com
routard.com
Chacun
sa route
synergencemajeure - photo : Digital Stock

59376 Cedex 01. ☎ 03-28-28-95-50. • norfolkline.com •
➢ Propose des liaisons entre Dunkerque ou Calais et Douvres en 2h env : 11-12 départs/j. selon saison. Uniquement des passagers motorisés, pas de piétons ni de bus, min un vélo.

▲ P & O FERRIES
Résa centrale : ☎ 0820-900-061 (0,35 €/mn). • customer.services-calais@poferries.com • poferries.com • Lun-sam 9h-17h30 ; fermé dim.
➢ P & O Ferries assure jusqu'à 23 traversées/j. entre Calais et Douvres (traversée en 1h30).

EN CAR

▲ EUROLINES
Rens : ☎ 08-92-89-90-91 (0,34 €/mn), tlj 8h-21h, dim 10h-17h. • eurolines.fr • Vous trouverez également les services d'Eurolines sur • routard.com •
– Gare routière internationale à Paris : 28, av. du Général-de-Gaulle, 93541 Bagnolet Cedex. Ⓜ Gallieni.
Première *low-cost* par bus en Europe, Eurolines permet de voyager vers plus de 500 destinations en Europe et au Maroc avec des départs quotidiens depuis 90 villes françaises.
– *Pass Eurolines :* pour un prix fixe valable 15 ou 30 jours, vous voyagez autant que vous le désirez sur le réseau entre 44 villes européennes. Également un *minipass* pour visiter deux capitales européennes (six combinés possibles).

▲ VOYAGES 4A
– Tarnos : 306, rue de l'Industrie, 40220. Rens et résas : ☎ 05-59-23-90-37. • voyages4a.com • Lun-ven 9h30-12h et 14h-18h.
Spécialiste des voyages en autocar à destination de toutes les grandes cités européennes. Week-ends, séjours et circuits en bus toute l'année, grands festivals et événements européens. Formules pour tout public, individuel ou groupe, au départ de toutes les grandes villes de France.

En car via *Eurotunnel*

Toujours avec *Eurolines,* voir ci-dessus.

EN AVION

Les compagnies régulières

▲ AIR FRANCE
Rens et résas au ☎ 36-54 (0,34 €/mn – tlj 6h30-22h), sur • airfrance.fr •, dans les agences Air France et dans ttes les agences de voyages. Fermées dim.
– Centre d'appel de Londres : *☎ 0871-663-37-77. Lun-ven 8h-20h, w-e 9h-17h.*
➢ Air France dessert London-City au départ d'Orly avec 6 vols/j. lun-dim (1 vol sam et 2 vols dim) ; pour London-Heathrow, 7 vols/j. au départ de Roissy-Charles-de-Gaulle.
➢ Au départ de la province, Nantes, Brive, Deauville, Avignon, Toulon, plusieurs vols en partenariat avec CityJet.
➢ Air France dessert également au départ de Paris : Birmingham avec 6-7 vols/j. en sem et 4-5 vols/j. le w-e, en partenariat avec CityJet ; Bristol avec 3 vols/j. en sem et 1-2 vols/j. le w-e ; Manchester avec 6-7 vols/j. ; Newcastle avec 3 vols/j. et 1 vol le sam, en partenariat avec Brit Air ; Southampton avec 3 vols/j. lun-sam et 1 vol le dim.
Air France propose à tous des tarifs attractifs toute l'année. Vous avez la possibilité de consulter les meilleurs tarifs du moment sur Internet, directement sur la page d'accueil « nos meilleures offres ».
Le programme de fidélisation Air France-KLM permet d'accumuler des *miles* à son rythme et de profiter d'un large choix de primes. Avec votre carte *Flying Blue*, vous êtes immédiatement identifié comme client privilégié lorsque vous voyagez avec tous les partenaires.
Air France propose également des réductions Jeunes. La carte *Flying Blue Jeune* est réservée aux jeunes âgés de 2 à 24 ans résidant en France métropolitaine, dans les départements d'outre-mer, au Maroc, en Tunisie ou en Algérie. Avec plus de 900 destinations, et plus de 100 partenaires, *Flying Blue Jeune* offre autant d'occasions d'accumuler des *miles* partout dans le monde.

▲ BMI - BRITISH MIDLAND
Résas : ☎ 01-41-91-87-04 (lun-ven 8h-19h ; fermé le w-e). • flybmi.com •
➢ Au départ de Nice et Bruxelles, vols pour Londres-Heathrow. Vols pour Manchester au départ de Lyon, Nice et Bruxelles. Nombreuses correspondances à partir de Londres-Heathrow vers le reste de la Grande-Bretagne, l'Écosse et l'Irlande.

▲ BRITISH AIRWAYS
☎ 0825-825-400 (0,15 €/mn). • ba.com •
➢ Au départ de Paris (Roissy-Charles-de-Gaulle), British Airways propose plusieurs vols/j. à destination de Londres (Heathrow ou Gatwick).
➢ British Airways dessert également Londres en direct depuis plusieurs villes de province (Chambéry, Lyon, Nice, Marseille, Toulouse, Bordeaux).
En complément d'un billet, British Airways propose aussi sur Londres et toute la Grande-Bretagne des séjours à la carte très compétitifs (du *B & B* aux cartes de métro, location de voitures, spectacles, etc.). Plus d'infos sur *• baholidays.com •*

▲ KLM
Résas : ☎ 0892-702-608 (0,34 €/mn). Ouv lun-ven 8h30-19h ; sam et j. fériés 8h30-17h. • klm.fr • Dans les agences Air France et dans ttes les agences de voyages.
➢ KLM dessert Londres Heathrow avec 12 vols quotidiens et London-City avec 8 vols quotidiens au départ d'Amsterdam-Schiphol et plusieurs vols/j. au départ de Bordeaux, Lyon, Marseille, Mulhouse, Nantes, Nice, Pau, Strasbourg et Toulouse via Amsterdam. KLM c'est également d'autres destinations au Royaume-Uni dont Aberdeen, Birmingham, Bristol, Cardiff, Durham, Édimbourg, Glasgow, Humberside, Leeds Bradford, Manchester, Newcastle...

▲ SN BRUSSELS AIRLINES
Pour tt rens : ☎ 0892-640-030 (0,34 €/mn depuis la France) ou ☎ 0902-51-600 (0,75 €/mn en Belgique). • brussels airlines.com •
➢ Liaisons à destination de Londres (aéroports de Heathrow) via Bruxelles depuis Lyon, Nice, Marseille, Strasbourg, Toulouse et Genève.

Les compagnies *low-cost*

Ce sont des compagnies dites « à bas prix ». De nombreuses villes de province sont desservies, ainsi que les aéroports limitrophes des grandes villes. Ne pas trop espérer trouver facilement des billets à prix plancher lors des périodes les plus fréquentées (vacances scolaires, week-ends...). À bord, c'est service minimum. Afin de réduire les files d'attente dans les aéroports, certaines compagnies font même payer l'enregistrement aux comptoirs d'aéroport. Pour éviter cette nouvelle taxe qui ne dit pas son nom, les voyageurs ont intérêt à s'enregistrer directement sur Internet où le service est gratuit. La résa se fait parfois par téléphone (pas d'agence, juste un n° de réservation et un billet à imprimer soi-même), et aucune garantie de remboursement n'existe en cas de difficultés financières de la compagnie. En outre, les pénalités en cas de changement d'horaires sont assez importantes et les taxes d'aéroport rarement incluses. Il faut aussi rappeler que plusieurs compagnies facturent maintenant les bagages en soute. Ne pas oublier non plus d'ajouter le prix du bus pour se rendre à ces aéroports, souvent assez éloignés du centre-ville. Au final, même si les prix de base restent très attractifs, il convient de prendre en compte tous ces frais annexes pour calculer le plus justement son budget.

▲ EASYJET
☎ 0820-420-315 (1,35 € l'appel puis 0,12 €/mn). • easyjet.com •
➢ Départs de Roissy-Charles-de-Gaulle, Ajaccio, Bâle-Mulhouse, Bastia, Biarritz, Bordeaux, Grenoble, La Rochelle, Lyon, Marseille, Montpellier, Nantes, Nice, Toulouse et Genève pour Londres-Luton, Londres-Stansted, Londres-Gatwick, Bristol, Liverpool, Newcastle. Également des vols depuis Bruxelles.

▲ FLYBE
☎ (+44) 13-922-685-29 (en Angleterre). • flybe.com •

➢ Permet de relier Londres-Gatwick, Birmingham, Exeter, Guernesey, Jersey, l'île de Man, Manchester, Newcastle, Southampton, depuis Roissy-Charles-de-Gaulle, Avignon, Bergerac, Berne, Béziers, Brest, Chambéry, Clermont-Ferrand, La Rochelle, Limoges, Nantes, Nice, Perpignan, Tours et Genève.

▲ RYANAIR

☎ *0892-780-210 (0,34 €/mn).* • *ryanair.com* •
➢ Billets à prix réduits vers Londres-Luton, Londres-Stansted, Manchester, avec des vols quotidiens et directs au départ de Bergerac, Béziers, Biarritz, Brest, Carcassonne, Dinard, Grenoble, La Rochelle, Limoges, Marseille, Nîmes, Pau, Perpignan, Poitiers, Rodez, Toulon et Tours.

EN STOP

On précise qu'il est désormais plus simple de se rendre vers les ports de la Manche en stop. En effet, il y a l'autoroute A 26, avec bifurcation sur Calais. Autrement, de Paris, s'arrêter à Cambrai puis prendre la N 39 pour Boulogne ou la N 43 vers Calais.
Mettre « *Please* » sur sa pancarte, c'est augmenter substantiellement ses chances d'être pris.

LES ORGANISMES DE VOYAGES

– Ne pas croire que les vols à tarif réduit sont tous au même prix pour une même destination à une même époque : loin de là. On a déjà vu, dans un même avion partagé par deux organismes, des passagers qui avaient payé 40 % plus cher que les autres. De plus, une agence bon marché ne l'est pas forcément toute l'année (elle peut n'être compétitive qu'à certaines dates bien précises). Donc, contactez tous les organismes et jugez vous-même.
– Les organismes cités sont classés par ordre alphabétique, pour éviter les jalousies et les grincements de dents.

EN FRANCE

▲ BOURSE DES VOLS / BOURSE DES VOYAGES

• *bdv.fr* • *ou par tél, au* ☎ *01-42-61-66-61, lun-sam 9h-20h.*
Agence de voyages en ligne, BDV.fr propose une vaste sélection de vols secs, séjours et circuits à réserver en ligne ou par téléphone. Pour bénéficier des meilleurs tarifs aériens, même à la dernière minute, le service de Bourse des Vols référence en temps réel un large panel de vols réguliers, charters et dégriffés au départ de Paris et de nombreuses villes de province. Bourse des Voyages propose des promotions toute l'année sur une large sélection de destinations (séjours, circuits...).

▲ COMPTOIR DES PAYS CELTES

– Paris : 6, rue des Écoles, 75005. ☎ *0892-239-039 (0,34 €/mn).* • *comptoir.fr* • Ⓜ *Cardinal-Lemoine. Lun-ven 9h30-18h30 ; sam 10h-18h30.*
– Toulouse : 43, rue Peyrolières, 31000. ☎ *0892-232-236 (0,34 €/mn).* Ⓜ *Esquirol. Lun-sam 9h30-18h30.*
– Lyon : 10, quai Tilsitt, 69002. ☎ *0892-230-465.* Ⓜ *Bellecour. Lun-sam 9h30-18h30.*
– Marseille : 12, rue Breteuil, 13001. ☎ *0892-236-636.* Ⓜ *Estrangin. Lun-sam 9h30-18h30.*
Partez à la découverte de l'âme et de l'identité celte ! Pour votre voyage au pays de Galles, le Comptoir vous propose un large choix d'autotours et de séjours cosy en *Bed & Breakfast.* Quelles que soient vos envies, des spécialistes seront à votre écoute pour créer un voyage sur mesure.
L'authenticité, les mythes, les traditions et les couleurs de l'Angleterre et du pays de Galles ne sont jamais bien loin lorsque leurs conseillers vous aident à bâtir un voyage. Comptoir des Pays Celtes propose un grand choix d'hébergements de charme, des idées de voyages originales et bien d'autres suggestions à combiner selon son budget, ses envies et son humeur.
21 Comptoirs, plus de 60 destinations, des idées de voyages à l'infini. Comptoir des Voyages s'impose depuis 20 ans comme une référence incontournable pour les voyages sur

mesure, accessible à tous les budgets. Membre de l'association ATR (Agir pour un tourisme responsable), Comptoir des Voyages a obtenu en 2010, pour la deuxième année, la certification Tourisme responsable AFAQ AFNOR.

▲ EXPERIMENT

– Paris : 89, rue de Turbigo, 75003. ☎ 01-44-54-58-00. • experiment-france.org • Ⓜ Temple ou République. Lun-ven 9h-18h.

Partager en toute amitié la vie quotidienne d'une famille, c'est ce que vous propose l'association Experiment. Cette formule de séjour en immersion totale chez l'habitant à la carte existe dans une douzaine de pays à travers le monde (Amériques, Europe, Asie). Aux États-Unis, Experiment offre également la possibilité de suivre des cours intensifs d'anglais sur 3 campus pendant une durée de 2 semaines à 9 mois. Les cours d'anglais avec hébergement chez l'habitant existent également en Irlande, en Grande-Bretagne, à Malte, au Canada, en Australie en Afrique du Sud et en Nouvelle-Zélande.

Sont également proposés : des jobs en Grande-Bretagne, en Norvège, au Canada, en Afrique du Sud et en Espagne ; des stages en entreprise aux États-Unis, en Angleterre, en Irlande, en Espagne, en Chine et en Afrique du Sud ; des programmes de bénévolat aux États-Unis, en Inde, en Afrique du Sud, et au Népal. Service Départs à l'étranger : *☎ 01-44-54-58-00.*

Pour les 18-26 ans, Experiment organise des séjours « au pair » aux États-Unis (billet A/R offert, rémunération de 195 US$ par semaine, formulaire DS 2019, etc.). Service Au Pair : *☎ 01-44-54-58-09.* Également en Espagne, en Angleterre, en Italie, en Irlande, au Danemark et en Allemagne.

▲ FUAJ

– Paris : antenne nationale, 27 rue Pajol, 75018. ☎ 01-44-89-87-27. Ⓜ La Chapelle, Marx-Dormoy ou Gare-du-Nord. Mar-ven 13h-17h30. Rens dans ttes les auberges de jeunesse, les points d'information et de résas en France et sur le site • fuaj.org •

La FUAJ (Fédération unie des auberges de jeunesse) accueille ses adhérents dans 160 auberges de jeunesse en France. Seule association française membre de l'IYHF *(International Youth Hostel Federation)*, elle est le maillon d'un réseau de 4 000 auberges de jeunesse réparties dans 90 pays. La FUAJ organise, pour ses adhérents, des activités sportives, culturelles et éducatives ainsi que des rencontres internationales. Vous pouvez obtenir gratuitement les brochures *Printemps-Été, Hiver, le dépliant des séjours pédagogiques, la carte pliable des AJ* et *le Guide des AJ en France.*

▲ GAELAND ASHLING

– Paris : 4, quai des Célestins, 75004. ☎ 0825-12-30-03 (0,15 €/mn). Lun-ven 9h30-18h30 ; sam 10h-17h. • gaeland-ashling.com • Et dans ttes les agences de voyages.

Trois destinations phares pour ce tour-opérateur spécialisé sur l'ouest de l'Europe (la Grande-Bretagne, l'Écosse et l'Irlande). L'équipe est composée de fanas de la Grande-Bretagne, qui connaissent très bien la destination. En Grande-Bretagne, sélection rigoureuse d'hôtels en Angleterre, au pays de Galles ou en Écosse. Du week-end à Londres (hôtels toutes catégories) aux *B & B* ou manoirs de charme dans le reste du pays, les hôtels ont été sélectionnés en privilégiant le charme et la qualité, du plus familial au luxe.

▲ NOUVELLES FRONTIÈRES

– Rens et résas dans tte la France : ☎ 0825-000-747 (0,15 €/mn). • nouvelles-frontieres.fr • Les brochures Nouvelles Frontières sont disponibles gratuitement dans les 300 agences du réseau, par tél et sur Internet.

Nombreuses formules : vols sur Corsair International la compagnie de Nouvelles Frontières au départ de Paris et de province, et sur toutes les compagnies aériennes régulières, circuits, aventure ou organisés ; séjours en hôtels, en hôtels-clubs et en résidences ; week-ends, formules à la carte...

▲ PARTIRENCORE.COM

– Grenoble : 26, rue Émile-Gueymard, 38000. ☎ 04-38-02-16-60. • partirencore.com • Lun-ven 9h-12h, 14h-18h ; sam 9h-12h (sf voyage en groupe).

Une agence dynamique qui organise des séjours économiques en

Europe et en Russie dans les grandes capitales européennes au départ de 30 villes de France. Plusieurs formules d'hébergement de la cité U aux hôtels 3 étoiles. Départs toute l'année et pour des concerts et des festivals rock en Europe. Nouveau : départs possibles chaque semaine avec des formules bus + hôtels dans les capitales européennes.

▲ VOYAGES-SNCF.COM
Voyages-sncf.com, acteur majeur du tourisme français qui recense 9 millions de visiteurs par mois, propose d'acheter en ligne des billets de train, d'avion, des chambres d'hôtel, des locations de voitures, de vacances et des séjours clés en main ou Alacarte®, ainsi que des spectacles, des excursions et des visites de musées. Un large choix et des prix avantageux sont offerts toute l'année, pour tous types de voyages dans le monde entier : SNCF, 180 compagnies aériennes, 84 000 hôtels référencés et les principaux loueurs de voitures.
Le site ● *voyages-sncf.com* ● permet d'accéder tous les jours, 24h/24, à plusieurs services : envoi gratuit des billets à domicile, Alerte Résa pour être informé de l'ouverture des résas et profiter du plus grand choix, calendrier des meilleurs prix (TTC), mais aussi des offres de dernière minute et des promotions...
Pratique : ● *voyages-sncf.mobi* ● le site mobile pour réserver, s'informer et profiter des bons plans n'importe où et à n'importe quel moment.
Et grâce à l'ÉcoComparateur, en exclusivité sur ● *voyages-sncf.com* ●, possibilité de comparer le prix, le temps de trajet et l'indice de pollution pour un même trajet en train, en avion ou en voiture.

▲ VOYAGEURS EN IRLANDE ET DANS LES ÎLES BRITANNIQUES (ANGLETERRE, ÉCOSSE, IRLANDE)
Le spécialiste du voyage en individuel sur mesure. ● *voyageursdumonde.com* ● ☎ *01-42-86-17-60.*
– Paris : La Cité des Voyageurs, 55, rue Sainte-Anne, 75002. ☎ 01-42-86-16-00. Ⓜ Opéra ou Pyramides. Lun-sam 9h30-19h.
Également des agences à Bordeaux, Caen, Grenoble, Lille, Lyon, Marseille, Montpellier, Nantes, Nice, Rennes, Rouen, Strasbourg et Toulouse.
Parce que chaque voyageur est différent, que chacun a ses rêves et ses idées pour les réaliser, Voyageurs du Monde conçoit, depuis plus de 30 ans, des projets sur mesure. Les séjours proposés à travers 120 destinations sont des suggestions élaborées par nos 180 conseillers voyageurs. Spécialistes de leur pays, ils vous aideront à personnaliser les voyages présentés à travers une trentaine de brochures d'un nouveau type et sur le site internet où vous pourrez également découvrir des hébergements exclusifs et consulter votre espace personnalisé.
Chacune des 15 *Cités des Voyageurs* est une invitation au voyage : librairies spécialisées, accessoires de voyage, expositions-ventes d'artisanat et conférences. Voyageurs du Monde est membre de l'association ATR (Agir pour un tourisme responsable) et a obtenu en 2008 sa certification Tourisme responsable AFAQ AFNOR.

Comment aller à Roissy et à Orly ?

Bon à savoir :
– Le ***pass Navigo*** est valable pour Roissy-Rail (RER B, zones 1-5) et Orly-Rail (RER C, zones 1-4).
– Le ***billet Orly-Rail*** permet d'accéder sans supplément aux réseaux métro et RER.

À Roissy-Charles-de-Gaulle 1, 2 et 3

Attention : si vous partez de Roissy, pensez à vérifier de quelle aérogare votre avion décolle car la durée du trajet peut considérablement varier en fonction de cette donnée.

En transports collectifs

Les cars Air France : *☎ 0892-350-820 (0,34 €/mn). ● lescarsairfrance.com ● Paiement par CB possible à bord.*
Le site internet diffuse les informations essentielles sur le réseau (lignes, horaires, tarifs...) permettant de connaître en

temps réel des infos sur le trafic afin de mieux planifier son départ. Il propose également une boutique en ligne, qui permet d'acheter et d'imprimer les billets électroniques pour accéder aux bus.

➢ *Paris-Roissy :* départ pl. de l'Étoile (1, av. Carnot), avec un arrêt pl. de la Porte-Maillot (bd Gouvion-Saint-Cyr). Départs ttes les 20-30 mn, 6h-22h. Durée du trajet : 35-50 mn env. Tarifs : 15 € l'aller simple, 24 € l'A/R ; réduc enfants 2-11 ans.
Autre départ depuis la gare Montparnasse (arrêt rue du Commandant-Mouchotte, face à l'hôtel *Pullman*), ttes les 30 mn, 6h-21h30, avec un arrêt gare de Lyon (20 bis, bd Diderot). Tarifs : 16,50 € l'aller simple, 27 € l'A/R ; réduc enfants 2-11 ans.

➢ *Roissy-Paris :* les cars *Air France* desservent la pl. de la Porte-Maillot, avec un arrêt bd Gouvion-Saint-Cyr, et se rendent ensuite au terminus de l'av. Carnot. Départs ttes les 20-30 mn, 6h-23h des terminaux 2A et 2C (porte C2), 2E et 2F (niveau « Arrivées », porte 3 de la galerie), 2B et 2D (porte B1), et du terminal 1 (porte 34, niveau « Arrivées »).
À destination de la gare de Lyon et de la gare Montparnasse, départs ttes les 30 mn, 6h-21h30 des mêmes terminaux. Durée du trajet : 45 mn env.

Roissybus : ☎ *32-46 (0,34 €/mn).* • *ratp.fr* • Départs de la pl. de l'Opéra (angle rues Scribe et Auber) ttes les 15 mn (20 mn à partir de 20h), 5h45-23h. Durée du trajet : 60 mn. De Roissy, départs 6h-23h des terminaux 1, 2A, 2B, 2C, 2D et 2F, et à la sortie du hall d'arrivée du terminal 3. Tarif : 10 €.

Bus RATP n° 351 : de la pl. de la Nation, 5h35-20h20. Solution la moins chère mais la plus lente. Compter 3 tickets ou 5,70 € et 1h40 de trajet. Ou ***bus n° 350,*** de la gare de l'Est (1h15 de trajet). Arrivée Roissypôle-gare RER.

RER ligne B + navette : ☎ *32-46 (0,34 €/mn).* Départ ttes les 15 mn (4h55-0h20) depuis la gare du Nord et à partir de 5h26 depuis Châtelet. À Roissy-Charles-de-Gaulle, descendre à la station (il y en a 2) qui dessert le bon terminal. De là, prendre la navette adéquate. Compter 50 mn de la gare du Nord à l'aéroport (navette comprise). Tarif : 10,90 €.

Si vous venez du nord, de l'ouest ou du sud de la France en train, vous pouvez rejoindre les aéroports de Roissy sans passer par Paris, la gare SNCF Paris-Charles de Gaulle étant reliée aux réseaux TGV.

En taxis

Compter au moins 50 € du centre de Paris, en tarif de jour.

En voiture

Chaque terminal a son propre parking. Compter 34 € par tranche de 24h. Également des parkings longue durée (PR et PX), plus éloignés des terminaux, qui proposent des tarifs plus avantageux (forfait 24h 25 €, forfait 7 j. pour 151 €). Possibilité de réserver sa place de parking via le site • *aeroportsdeparis.fr* • Stationnement au parking Vacances (longue durée) dans le P3 Résa (terminaux 1 et 3) situé à 2 mn du terminal 3 à pied ou le PAB (terminal 2). Formules de stationnement 1-30 j. (120-205 €) pour le P3 Résa. De 2 à 5 j. dans le PAB 13 € par tranche de 12h et de 6 à 14 j. 24 € par tranche de 24h. Réservation sur Internet uniquement. Les P1, PAB et PEF accueillent les deux-roues : 15 € pour 24h.

Comment se déplacer entre Roissy-Charles-de-Gaulle 1, 2 et 3 ?

Les rames du CDG-VAL font le lien entre les 3 terminaux en 8 mn. Fonctionne tlj, 24h/24. Gratuit. Accessible aux personnes à mobilité réduite. Départ ttes les 4 mn, et ttes les 20 mn, minuit-4h. Desserte gratuite vers certains hôtels, parkings, gares RER et gares TGV. *Infos au :* ☎ *39-50.*

À Orly-Sud et Orly-Ouest

En transports collectifs

Les cars Air France : ☎ *0892-350-820 (0,34 €/mn).* • *lescarsair france.com* • *Tarifs : 11,50 € l'aller simple, 18,50 € l'A/R ; enfants 2-11 ans : 5,50 €. Paiement par CB possible dans le bus.*

➢ *Paris-Orly :* départs de l'Étoile, 1, av. Carnot, ttes les 30 mn 5h-22h40. Arrêts au terminal des Invalides, rue Esnault-Pelterie (Ⓜ Invalides), gare Montparnasse (rue du Commandant-Mouchotte, face à l'hôtel *Pullman* ; Ⓜ Montparnasse-Bienvenüe, sortie Gare SNCF) et porte d'Orléans (arrêt facultatif uniquement dans le sens Orly-Paris).
➢ *Orly-Paris :* départs ttes les 20 mn, 6h-23h40 d'Orly-Sud, porte L, et d'Orly-Ouest, porte H, niveau « Arrivées ».

RER C + navette : ☎ *01-60-11-46-20.* • *parisparletrain.fr* • Prendre le RER C jusqu'à Pont-de-Rungis (un RER ttes les 15-30 mn). Compter 25 mn depuis la gare d'Austerlitz. Ensuite, navette pdt 15-20 mn pour Orly-Sud et Orly-Ouest. Compter 6,45 €. Très recommandé les jours où l'on piétine sur l'autoroute du Sud (w-e et jours de grands départs) : on ne sera jamais en retard. Pour le retour, départs de la navette ttes les 15 mn depuis la porte G à Orly-Ouest (5h40-23h14) et la porte F à Orly-Sud (4h45-0h55).

Bus RATP Orlybus : ☎ *0892-68-77-14 (0,34 €/mn).* • *ratp.fr* •
➢ *Paris-Orly :* départs ttes les 15-20 mn de la pl. Denfert-Rochereau. Compter 20-30 mn pour rejoindre Orly (Ouest ou Sud). Orlybus fonctionne tlj 5h35-23h, jusqu'à minuit ven, sam et veilles de fêtes dans le sens Paris-Orly ; et tlj 6h-23h20, jusqu'à 0h20 ven, sam et veilles de fêtes dans le sens Orly-Paris.
➢ *Orly-Paris :* départ d'Orly-Sud, porte H, quai 4, ou d'Orly-Ouest, porte J, niveau « Arrivées ». Compter 7 € l'aller simple.

Orlyval : ☎ *32-46 (0,34 €/mn).* • *ratp.fr* • Compter 10,90 € l'aller simple entre Orly et Paris. Ce métro automatique est facilement accessible à partir de n'importe quel point de la capitale ou de la région parisienne (RER, stations de métro, gare SNCF). La jonction se fait à Antony (ligne B du RER) sans aucune attente. Permet d'aller d'Orly à Châtelet et vice versa en 40 mn env, sans se soucier de la densité de la circulation automobile.

➢ *Paris-Orly :* départs pour Orly-Sud et Ouest ttes les 6-8 mn, 6h-22h15.
➢ *Orly-Paris :* départs d'Orly-Sud, porte K, zone livraison des bagages, ou d'Orly-Ouest, porte W, niveau 1.

En taxis

Compter au moins 35 € en tarif de jour du centre de Paris, selon circulation et importance des bagages.

En voiture

À proximité d'Orly-Ouest, parkings P0 et P2. À proximité d'Orly-Sud, P1, P2 et P3 (à 50 m du terminal, accessible par tapis roulant). Compter 28,50 € pour 24h de stationnement. Les parkings P0 et P2, à proximité immédiate des terminaux, proposent un forfait intéressant « week-end », valable du ven 0h01 au lun 23h59 (45 €). Forfaits disponibles aussi pour les P4, P5 et P7 : 15,50 € pour 24h et 1 € par jour supplémentaire au-delà de 8 j. (45 j. de stationnement max). Il existe pour le P7 des forfaits Vacances 1 à 30 j. (15-130 €).
Les P4, P7 (en extérieur) et P5 (couvert) sont des parkings longue durée, plus excentrés, reliés par navettes gratuites aux terminaux. *Rens :* ☎ *01-49-75-56-50.* Comme à Roissy, possibilité de réserver en ligne sa place de parking (P0 et P7) sur • *aeroportsdeparis.fr* • Les frais de résa (en sus du parking) sont de 8 € pour 1 j., de 12 € pour 2-3 j. et de 20 € pour 4-10 j. de stationnement pour le P0. Les parkings P0-P2 à Orly-Ouest, et P1-P3 à Orly-Sud accueillent les deux-roues : 6,20 € pour 24h.

Liaisons entre Orly et Roissy-Charles-de-Gaulle

Les cars Air France : ☎ *0892-350-820 (0,34 €/mn).* • *lescarsairfrance.com* • Départs de Roissy-Charles-de-Gaulle depuis les terminaux 1 (porte 32), 2A et 2C, 2B et 2D, 2E et 2F (galerie de liaison entre les terminaux 2E et 2F) vers Orly 5h55-22h30. Départs d'Orly-Sud (porte K) et d'Orly-Ouest (porte H) vers Roissy-Charles-de-Gaulle 6h30 (7h le w-e)-22h30. Ttes les 30-45 mn (dans les 2 sens). Durée du trajet : 50 mn env. Tarif : 19,50 € ; réduc.

RER B + Orlyval : *☎ 32-46 (0,34 €/mn).* Depuis Roissy, navette puis RER B jusqu'à Antony et enfin Orlyval entre Antony et Orly, 6h-22h15. Tarif : 19,50 €.

– ***En taxi :*** compter 50-55 € en journée.

EN BELGIQUE

▲ CONNECTIONS

Rens et résas : ☎ 070-233-313. • connections.be • Lun-ven 9h-19h ; sam 10h-17h.

Fort d'une expérience de plus de 20 ans dans le domaine du voyage, Connections dispose d'un réseau de 30 *travel shops,* dont un à Brussels Airport. Connections propose des vols dans le monde entier à des tarifs avantageux et des voyages destinés à des voyageurs désireux de découvrir la planète de façon autonome et de vivre des expériences uniques. Connections propose une gamme complète de produits : vols, hébergements, locations de voitures, autotours, vacances sportives, excursions, assurances « protections »...

▲ NOUVELLES FRONTIÈRES

• nouvelles-frontieres.be •

– Nombreuses agences dans le pays, dont Bruxelles, Charleroi, Liège, Mons, Namur, Waterloo, Wavre et au Luxembourg.
Voir texte dans la partie « en France ».

▲ VOYAGEURS DU MONDE

– Bruxelles : chaussée de Charleroi, 23, 1060. ☎ 090-044-500 (0,45 €/mn).

Le spécialiste du voyage en individuel sur mesure. *• vdm.com •*
Voir texte dans la partie « En France ».

EN SUISSE

▲ STA TRAVEL

• statravel.ch • ☎ 058-450-49-49.
– Fribourg : rue de Lausanne, 24, 1701. ☎ 058-450-49-80.
– Genève : rue de Rive, 10, 1204. ☎ 058-450-48-00.
– Genève : rue Vignier, 3, 1205. ☎ 058-450-48-30.
– Lausanne : bd de Grancy, 20, 1006. ☎ 058-450-48-50.
– Lausanne : à l'université, Anthropole, 1015. ☎ 058-450-49-20.

Agences spécialisées notamment dans les voyages pour jeunes et étudiants. 150 bureaux STA et plus de 700 agents du même groupe répartis dans le monde entier sont là pour donner un coup de main *(Travel Help).*
STA propose des voyages avantageux : vols secs *(Blue Ticket),* hôtels, écoles de langues, *work & travel,* circuits d'aventure, voitures de location, etc. Délivre la carte internationale d'étudiant et la carte Jeune.
STA est membre du fonds de garantie de la branche suisse du voyage ; les montants versés par les clients pour les voyages forfaitaires sont assurés.

▲ TUI – NOUVELLES FRONTIÈRES

– Genève : rue Chantepoulet, 25, 1201. ☎ 022-716-15-70.
– Lausanne : bd de Grancy, 19, 1006. ☎ 021-616-88-91.

Voir texte « Nouvelles Frontières » dans la partie « En France ».

AU QUÉBEC

▲ TOURS CHANTECLERC

• tourschanteclerc.com •

Tours Chanteclerc est un tour-opérateur qui publie différentes brochures de voyages : Europe, Amérique du Nord, Amérique du Sud, Asie et Pacifique sud, Afrique et le Bassin méditerranéen en circuits ou en séjours. Il s'adresse aux voyageurs indépendants qui réservent un billet d'avion, un hébergement (dans toute l'Europe), des excursions ou une location de voiture. Également spécialiste de Paris, le tour-opérateur offre une vaste sélection d'hôtels et d'appartements dans la Ville Lumière.

▲ VACANCES TOURS MONT ROYAL

• vacancestmr.com •

Le voyagiste propose une offre complète sur les destinations et les styles de voyages suivants : Europe, destinations soleils d'hiver et d'été, forfaits tout compris, circuits accompagnés ou en liberté. Au programme Europe, tout ce qu'il faut pour les voyageurs indépendants : locations de voitures, cartes de train, bonne sélection d'hôtels, excursions à la carte, forfaits à Paris, etc. À signaler : l'option achat/rachat de voiture (17 jours minimum, avec prise en France et remise en France ou ailleurs en Europe. Également : vols entre Montréal et Londres, Bruxelles, Bâle, Madrid, Malaga, Barcelone et Vienne avec Air Transat ; les vols à destination de Paris sont assurés par la compagnie *Corsair* au départ de Montréal, d'Halifax et de Québec.

▲ VOYAGES CAMPUS / TRAVEL CUTS

• *voyagescampus.com* •

Campus / Travel Cuts est un réseau national d'agences de voyages spécialisées pour les étudiants et les voyageurs qui disposent de petits budgets. Le réseau existe depuis 40 ans et compte plus de 50 agences dont 6 au Québec. Voyages Campus propose des produits exclusifs comme l'assurance « Bon voyage » le programme de Vacances-Travail (SWAP), la carte d'étudiant internationale (ISIC) et plus. Ils peuvent vous aider à planifier votre séjour autant à l'étranger qu'au Canada et même au Québec.

UNITAID

UNITAID a été créé pour lutter contre le VIH/sida, le paludisme et la tuberculose, principales maladies meurtrières dans les pays en développement. UNITAID intervient dans 94 pays en facilitant l'accès aux médicaments et aux diagnostics, en en baissant les prix, dans les pays en développement. Le financement d'UNITAID provient principalement d'une contribution de solidarité sur les billets d'avion mise en place par six pays membres dont la France. En France, la taxe est de 1 € sur les vols intérieurs et de 4 € sur les vols internationaux (ce qui représente le traitement d'un enfant séropositif pour 1 an). Depuis 2006, UNITAID a réuni plus d'un milliard de dollars Les financements d'UNITAID ont permis à près d'un million de personnes atteintes du VIH/sida de bénéficier d'un traitement et de délivrer plus de 19 millions de traitements contre le paludisme. Moins de 5 % des fonds sont utilisés pour le fonctionnement du programme, 95 % sont utilisés directement pour les médicaments et les tests. Pour en savoir plus : • *unitaid.eu* •

ANGLETERRE UTILE

Pour la carte générale de la Grande-Bretagne, se reporter au cahier couleur.

ABC DE L'ANGLETERRE

L'Angleterre et le pays de Galles font partie du Royaume-Uni (avec l'Irlande du Nord et l'Écosse). Voici quelques chiffres le concernant dans son ensemble.

- *Superficie :* 244 100 km².
- *Capitale :* Londres.
- *Population :* 62 630 000 hab.
- *Espérance de vie :* 81 ans pour les femmes, 76 ans pour les hommes.
- *Langues :* anglais (officielle), gallois.
- *Monnaie :* la livre sterling (£). 1 £ = environ 1,20 € en 2012.
- *Nature de l'État :* monarchie constitutionnelle. Chef de l'État : la reine Élisabeth II (60 ans de règne en 2012).
- *Régime politique :* démocratie parlementaire. Chef du gouvernement : le Premier ministre, David Cameron (depuis mai 2010).
- *Taux de chômage :* environ 8 %.
- *Devise :* « Honni soit qui mal y pense. »
- *Indice développement humain :* 0,86 (28e rang mondial).

AVANT LE DÉPART

Adresses utiles

En France

Office de tourisme de Grande-Bretagne : • *visitbritain.fr* • *Pas d'accueil du public, infos par Internet slt.* Un site internet très riche avec des thématiques d'exploration du pays (jardins, sites de tournage de films, etc.). Également sur le site, vente de cartes de métro, billets *Heathrow Express, Original London Sightseeing Tour, Great British Heritage Pass* ou tickets pour *Madame Tussaud's* et *London Pass.* Mais il est également possible d'acheter des billets de train du réseau national, des billets coupe-file pour les plus grandes attractions, des places de spectacles, des plans, des guides, des cartes, etc.

■ **Consulat de Grande-Bretagne :** *16, rue d'Anjou, 75008 Paris. ☎ 01-44-51-31-00. • ukinfrance.fco.gov.uk/fr/ • Ⓜ Madeleine. Lun-ven 9h30-12h30 ; 14h-16h30 (pour les rdv, non-stop jusqu'à 17h par tél).*

■ **Ambassade de Grande-Bretagne :** *35, rue du Faubourg-Saint-Honoré, 75383 Paris Cedex 08. ☎ 01-44-51-31-00. • ukinfrance.fco.gov.uk/fr/ •*

■ **The British Council :** *9, rue de Constantine, 75007 Paris. ☎ 01-49-55-73-00. • britishcouncil.fr • Ⓜ ou RER C : Invalides. Lun-ven 9h-17h30. Fermé j. fériés, début août et à Noël.* Avant tout, une école pour apprendre l'anglais, mais aussi de bonnes infos sur les échanges éducatifs et culturels avec le Royaume-Uni.

– Pour tous vos achats de billets,

transports, trains et autres *passes*, n'oubliez pas ● *visitbritain.fr/boutique* ● En français, en plus !

■ ***BMS Voyages :*** *64, bd Sébastopol, 75003 Paris. ☎ 01-42-66-07-07 (par tél 10h-18h). ● bms.voyages@gmail.com ● bms-travelshop.com ● laboutiquedutrain.com* ● Vente de billets *Eurostar, Brittany Ferries,* billets de train point à point, un *pass* ferroviaire pour le Royaume-Uni, qui permet de prendre les liaisons aéroports (Heathrow, Gatwick, Stansted, Luton, Manchester, Birmingham), hébergements en hôtels, et surtout *passes* de transport, billets de métro/bus, etc. Très pratique : on vous envoie les coupons par courrier avant de partir et vous les échangez à l'arrivée à Saint Pancras au guichet de *National Rail* (pas de file d'attente ou presque, moins qu'à la billetterie du métro en tout cas !). Billetterie également de spectacles et d'attractions touristiques. Attention particulière pour les lecteurs du *Routard,* **bien la demander à la réservation sur place, sur Internet ou par téléphone.**

– Plein d'infos également sur le site ● *visitbritain.fr* ●

– Voir aussi notre rubrique « Transports » plus loin.

En Belgique

ℹ ***Visit Britain :*** *BP 25, 1040 Etterbeek 2. ☎ 02-646-35-10. ● visitbritain.com ● Pas d'ouverture au public. Rens slt par tél, fax ou Internet lun-ven 10h-17h, ou par voie postale.* Informations touristiques par téléphone, ventes de *passes* (châteaux, jardins, manoirs) et de tickets pour les spectacles à Londres, sur Internet.

■ ***Ambassade de Grande-Bretagne :*** *av. d'Auderghem, 10. ☎ 02-287-62-11. Service consulaire : ☎ 02-287-62-11. ● ukinbelgium.fco.gov.uk/ ● visa4uk.fco.gov.uk ● Lun-ven (sf mer) 9h-12h30.*

■ ***British Council :*** *Leopold Plaza, rue du Trône, 108, Bruxelles 1050. ☎ 02-227-08-40. ● britishcouncil.be ● Pas d'accueil du public, rens par tél lun-ven 10h-13h.* Informations sur les cours d'anglais dans les écoles privées en Grande-Bretagne et en Belgique. Donne également des adresses d'organismes pour partir au pair, trouver un job.

En Suisse

ℹ ***Visit Britain :*** ● *visitbritain.com* ● *Pas d'accueil du public.*

■ ***Consulat et ambassade de Grande-Bretagne :*** *Thunstrasse, 50, 3005 Berne. ☎ 031-359-77-00. ● ukinswitzerland.fco.gov.uk* ● Inutile de vous déplacer, les demandes de visas ne se font plus que par leur site internet et sont délivrés à Paris.

Au Québec

■ ***Consulat de Grande-Bretagne :*** *1000, rue de la Gauchetière-Ouest, suite 4200, Montréal, Québec H3B 4W5. ☎ (514) 866-5863. Fax : (514) 866-0202. ● bcgmtl@bellnet.ca ● ukincanada.fco.gov.uk ● Sur rdv slt lun-ven, 9h-16h.* Ne délivre pas de visa. Pour cela, les ressortissants étrangers doivent se rendre à Ottawa auprès du *Haut Commissariat de la Grande-Bretagne : 80, Elgin St, Ottawa, Ontario K1P 5K7.* Plus d'infos sur le site internet du consulat.

Ambassades et consulat à Londres

■ ***Consulat de France :*** *21 Cromwell Rd, SW7 2EN. En face du* Natural History Museum. *Service des visas : 6 A Cromwell Pl, dans la rue perpendiculaire à Cromwell Rd sur le côté du bâtiment. ☎ 020-7073-1250. ● ambafrance-uk.org ● Ⓜ South Kensington. Lun-ven 8h45-17h (15h ven) ; 8h45-12h (11h30 ven) pour le service de l'état civil. Prendre rdv. Service culturel : 23 Cromwell Rd.* Le consulat peut vous assister juridiquement en cas de problème.

■ ***Ambassade de France :*** *58 Knightsbridge, SW1X 7JT. ☎ 020-7073-1000. ● ambafrance-uk.org ● Ⓜ Knightsbridge.*

■ ***Ambassade de Belgique :*** *17 Grosvenor Crescent, SW1X 7EE. ☎ 020-7470-3700. En cas d'urgence slt :*

☎ 077-1070-3639. ● diplomatie.be/londonfr ● Ⓜ Hyde Park Corner. Lun-ven 9h-13h pour les visas.

■ **Ambassade de Suisse :** *16-18 Montague Pl, W1.* ☎ *020-7616-6000.* ● *eda.admin.ch/london* ● Ⓜ *Baker Street. Lun-ven 9h-12h.*

■ **Ambassade du Canada :** *Canada House, Trafalgar Square, SW1Y 5BJ.* ☎ *020-7258-6600.*

Formalités

– ***Passeport*** ou ***carte nationale d'identité*** en cours de validité (un permis de séjour en France ne suffit pas). Les mineurs non accompagnés par un de leurs parents doivent présenter un passeport en cours de validité ; s'ils ne possèdent qu'une carte d'identité, ils doivent être munis d'une autorisation parentale de sortie de territoire.
Attention : pour rappel, la Grande-Bretagne ne fait pas partie de l'*espace Schengen,* donc formalités, contrôles et tracasseries habituels qui n'ont heureusement plus cours dans le reste de l'Europe.

– ***Pour la voiture :*** permis de conduire national, carte grise, carte verte, et n'oubliez pas le F (le B ou le CH) à l'arrière du véhicule.

– ***Attention : les ressortissants hors Union européenne*** doivent se renseigner au service des visas du consulat de Grande-Bretagne (voir plus haut) et à leur propre consulat... En cas d'urgence, s'adresser au consulat de Grande-Bretagne dans les ports.

– ***Bagages en Eurostar :*** si vous avez des canifs ou couteaux sur vous, ils vous seront confisqués. Idem pour le matériel de camping comme les réchauds et autres recharges de gaz. Les consignes de sécurité sont quasi similaires à celles adoptées dans les aéroports et avions.

– ***La légendaire quarantaine des animaux*** a été abolie en 2000. Malgré tout, votre Médor ou votre Féline adorés devront montrer patte blanche. Il faut avant tout faire implanter une puce électronique (indolore) sous la peau de votre animal, puis refaire tous les vaccins nécessaires, notamment contre la rage (plus de renseignements auprès de votre véto), et ce, IMPÉRATIVEMENT 6 mois avant le départ, ainsi qu'une prise de sang. Une attestation antipuces et antitiques effectuée 24 à 48h avant le départ vous sera également demandée. L'entrée des animaux en Grande-Bretagne n'est autorisée qu'en voiture, soit à bord des ferries, soit via le tunnel sous la Manche ; elle est interdite par l'*Eurostar.* Pour tout renseignement complémentaire, consulter le site internet du consulat de Grande-Bretagne (voir plus haut).

– Seuls les visiteurs de plus de 17 ans sont autorisés à importer ou à exporter du tabac (800 cigarettes maximum) ou de l'alcool.

Ariane, le fil à suivre

Ariane est un nouveau service gratuit mis à disposition par le Centre de crise du ministère des Affaires étrangères et européennes. Il permet aux voyageurs français qui le souhaitent de s'enregistrer à l'occasion de leurs séjours à l'étranger. Les informations déposées sur Ariane sont utilisées en cas de crise, par exemple pour contacter des voyageurs dans l'hypothèse où des opérations de secours sont organisées ou encore pour joindre rapidement les familles ou les proches en France si une situation le nécessite. Être inscrit sur Ariane, c'est voyager l'esprit tranquille. Pour en savoir plus : ● *pastel.diplomatie.gouv.fr/fildariane* ●

Avoir un *passeport européen,* ça peut être utile !

L'Union européenne a organisé une assistance consulaire mutuelle pour les ressortissants de l'UE en cas de problème en voyage.
Vous pouvez y faire appel lorsque la France (c'est rare) ou la Belgique (c'est plus fréquent) ne disposent pas d'une représentation dans le pays où vous vous trouvez. Concrètement, elle

vous permet de demander assistance à l'ambassade ou au consulat (pas à un consulat honoraire) de n'importe quel État membre de l'UE. Leurs services vous indiqueront s'ils peuvent directement vous aider ou vous préciseront ce qu'il faut faire.
Leur assistance est, bien entendu, limitée aux situations d'urgence : décès, accidents ayant entraîné des blessures ou des lésions, maladie grave, rapatriement pour raison médicale, arrestation ou détention. En cas de **perte ou de vol de votre passeport,** ils pourront également vous procurer un **document provisoire** de voyage.
Cette entraide consulaire entre les 27 États membres de l'UE ne peut, bien entendu, vous garantir un accueil dans votre langue. En général, une langue européenne courante sera pratiquée.

Pensez à scanner passeport, carte d'identité, éventuellement visa, cartes de paiement, billets d'avion, billets de train et *vouchers* d'hôtel. Ensuite, adressez-les-vous par mail, en pièces jointes. En cas de perte ou vol, rien de plus facile pour les récupérer dans un cybercafé. Les démarches administratives seront bien plus rapides. Merci tonton Routard !

Assurances voyage

■ ***Routard Assurance :*** *c/o AVI International : 106, rue La Boétie, 75008 Paris.* ☎ *01-44-63-51-00.* • *avi-international.com* • Ⓜ *Saint-Philippe-du-Roule ou Franklin-Roosevelt.* Depuis 1995, *Routard Assurance* en collaboration avec *AVI International,* spécialiste de l'assurance voyage, propose aux routards un tarif à la semaine qui inclut une assurance bagages de 2 000 € dont 300 € pour les appareils photo. Pour les séjours longs (2 mois à 1 an), il existe le contrat *Marco Polo.* Ces 2 contrats sont également disponibles à un prix forfaitaire pour les familles en courts et longs séjours. Les seniors ont aussi leur contrat *Routard Assistance Senior. Routard Assurance* est aussi disponible en version « light » (durée adaptée aux week-ends et courts séjours en Europe). Vous trouverez un bulletin de souscription dans les dernières pages de chaque guide.

■ ***AVA :*** *25, rue de Maubeuge, 75009 Paris.* ☎ *01-53-20-44-20.* • *ava.fr* • Ⓜ *Cadet.* Un autre courtier fiable pour ceux qui souhaitent s'assurer en cas de décès-invalidité-accident lors d'un voyage à l'étranger mais surtout pour bénéficier d'une assistance rapatriement, perte de bagages et annulation. Attention franchises pour leurs contrats d'assurance voyage.

■ ***Pixel Assur :*** *18, rue des Plantes, 78600 Maisons-Laffitte.* ☎ *01-39-62-28-63.* • *pixel-assur.com* • *RER A : Maisons-Laffitte.* Assurance de matériel photo et vidéo tous risques dans le monde entier. Devis basé sur le prix d'achat de votre matériel. Avantage : garantie à l'année.

Carte internationale d'étudiant (carte ISIC)

Elle prouve le statut d'étudiant dans le monde entier et permet de bénéficier de tous les avantages, services, réductions étudiants du monde dans les domaines du transport, de l'hébergement, de la culture, des loisirs, du shopping... C'est la clé de la mobilité étudiante !
La carte ISIC permet aussi d'accéder à des avantages exclusifs sur le voyage (billets d'avion spécial étudiants, hôtels et auberges de jeunesse, assurances, cartes SIM internationales, location de voiture...).
Pour plus d'informations sur la carte ISIC et pour la commander en ligne, rendez-vous sur les sites • *isic.fr* • *statravel.fr* •

Renseignements supplémentaires : ☎ *01-40-49-01-01.*

Pour l'obtenir en France :

– Commandez-la en ligne.

– Rendez-vous dans la boutique ISIC, *2, rue de Cicé, Paris 75006,* muni de votre certificat de scolarité, d'une photo d'identité et de 13 € (12 € + 1 € de frais de traitement).
– Émission immédiate sur place ou envoi à domicile le jour même de la commande en ligne.

En Belgique

La carte coûte 12 € (+ 1 € de frais d'envoi) et s'obtient sur présentation de la carte d'identité, de la carte d'étudiant et d'une photo auprès de :
■ ***Connections :*** *rens au ☎ 070-23-33-13 ou 479-807-129.* • *isic.be* •

En Suisse

La carte s'obtient dans toutes les agences *STA Travel* (*☎ 058-450-40-00 ou 49-49),* sur présentation de la carte d'étudiant, d'une photo et de 20 Fs. Commande de la carte en ligne sur • *isic.ch* • ou • *statravel.ch* •

Au Canada

La carte coûte 20 $Ca (+ 1,50 $Ca de frais d'envoi). Disponible dans les agences *Travel Cuts/Voyages Campus*, mais aussi dans les bureaux d'associations d'étudiants. Pour plus d'infos : • *voyagescampus.com* •

Carte d'adhésion internationale aux auberges de jeunesse (carte FUAJ)

Cette carte, valable dans plus de 90 pays, vous ouvre les portes des 4 000 auberges de jeunesse du réseau Hostelling International réparties dans le monde entier. Les périodes d'ouverture varient selon les pays et les AJ. À noter, la carte est souvent obligatoire pour séjourner en auberge de jeunesse, donc nous vous conseillons de vous la procurer avant votre départ. Adhérer en France vous reviendra moins cher qu'à l'étranger.

Vous pouvez adhérer

– En ligne, avec un paiement sécurisé, sur le site • *fuaj.org* •
– Dans toutes les auberges de jeunesse, points d'informations et de réservations en France.
– Auprès de l'antenne nationale : *27, rue Pajol, 75018 Paris.* ☎ *01-44-89-87-27.* • *fuaj.org* • Ⓜ *Marx-Dormoy ou La Chapelle. Horaires d'ouverture du point accueil sur le site internet rubrique « Nous contacter ».*
– Par correspondance, en envoyant la photocopie d'une pièce d'identité et un chèque à l'ordre de la FUAJ du montant correspondant à l'adhésion. Ajoutez 2 € pour les frais d'envoi. Vous recevrez votre carte sous 15 jours.

Les tarifs de l'adhésion 2013

– Carte internationale FUAJ - de 26 ans : 7 €.
Pour les mineurs, une autorisation parentale et la carte d'identité du parent tuteur sont nécessaires pour l'inscription.
– Carte internationale FUAJ + de 26 ans : 11 €.
– Carte internationale FUAJ Famille : 20 €.

Seules les familles ayant un ou plusieurs enfants de moins de 16 ans peuvent bénéficier de la carte Famille sur présentation du livret de famille. Les enfants de plus de 16 ans devront acquérir une carte individuelle.

– La carte donne également droit à des réductions sur les transports, les musées et les attractions touristiques dans plus de 90 pays mais ces avantages varient d'un pays à l'autre, ce qui n'empêche pas de la présenter à chaque occasion. Liste de ces réductions disponible sur • *hihostels.com* • et pour les réductions en France sur • *fuaj.org* •

En Belgique

La carte d'adhésion est obligatoire. Son prix varie selon l'âge : entre 3 et 15 ans, 3 € ; entre 16 et 25 ans, 9 € ; après 25 ans, 15 €.

Renseignements et inscriptions

■ ***À Bruxelles :*** *LAJ, rue de la Sablonnière, 28, 1000.* ☎ *02-219-56-76.* • *info@laj.be* • *laj.be* •

■ ***À Anvers :*** *Vlaamse Jeugdherbergcentrale (VJH), Van Stralenstraat, 40, B 2060 Antwerpen.* ☎ *03-232-72-18.* • *info@vjh.be* • *vjh.be* •

– Votre carte de membre vous permet d'obtenir de 3 à 20 € de réduction sur votre première nuit dans les réseaux LAJ, VJH et CAJL (Luxembourg), ainsi que des réductions auprès de nombreux partenaires en Belgique.

En Suisse (SJH)

Le prix de la carte dépend de l'âge : 22 Fs pour les moins de 18 ans, 33 Fs pour les adultes et 44 Fs pour une famille avec des enfants de moins de 18 ans.

Renseignements et inscriptions

■ ***Schweizer Jugendherbergen (SJH) service des membres :*** *Schaffhauserstr. 14, 8006 Zurich.* ☎ *41-44-360-14-14.* • *booking@youthhostel.ch* • *et* • *contact@youthhostel.ch* • *youthhostel.ch* •

Au Canada

La carte coûte 35 $Ca pour une durée de 16 à 28 mois et 175 $Ca pour une validité à vie. Gratuit pour les enfants de moins de 18 ans qui accompagnent leurs parents.

■ ***Auberges de jeunesse du Saint-Laurent / St Laurent Youth Hostels :***

– ***À Montréal :*** *3514, av. Lacombe, Montréal (Québec) H3T 1M1.* ☎ *(514) 731-10-15. Sans frais (au Canada) :* ☎ *1-800-663-5777.*

– ***À Ottawa :*** *Canadian Hostelling Association : 205, Catherine Street, bureau 400, Ottawa, Ontario, Canada K2P 1C3.* ☎ *(613) 237-78-84.* • *info@hihostels.ca* • *hihostels.ca* •

– Il n'y a pas de limite d'âge pour séjourner en AJ. Il faut simplement être adhérent.

– La FUAJ offre à ses adhérents la possibilité de réserver en ligne grâce à son système de réservation international • *hihostels.com* • jusqu'à 12 mois à l'avance, dans plus de 1 600 auberges de jeunesse dans le monde. Et si vous prévoyez un séjour itinérant, vous pouvez réserver plusieurs auberges en une seule fois.

Ce système permet d'obtenir toutes les informations utiles sur les auberges reliées au système, de vérifier les disponibilités, de réserver et de payer en ligne.

Carte européenne d'assurance maladie

Pour un séjour temporaire en Angleterre, pensez à vous procurer la carte européenne d'assurance maladie. Il vous suffit d'appeler votre centre de Sécurité sociale (ou de vous connecter au site internet de votre centre, encore plus rapide !) qui vous l'enverra sous une quinzaine de jours. Cette carte fonctionne avec tous les pays membres de l'Union européenne, ainsi qu'en Islande, au Liechtenstein, en Norvège et en Suisse. C'est une carte plastifiée bleue du même format que la carte Vitale. Elle est valable un an, gratuite et personnelle (chaque membre de la famille doit avoir la sienne, y compris les enfants). Attention, la carte n'est pas valable pour les soins délivrés dans les établissements privés.

Great British Heritage Pass

Un *pass* bien pratique, disponible sous plusieurs formats (3, 7, 15 et 30 jours), permettant de visiter pas moins de 580 monuments, châteaux et autres abbayes à travers toute l'Angleterre. Au final, de sacrées économies d'argent et de temps (on s'en sert aussi comme d'un coupe-file). Tarifs : 46, 81, 104 et 139 £ *(env 54, 96, 123 et 165 €).* Pour se les procurer, • *visitbritain.fr/boutique* • ou en appelant l'office de tourisme de Grande-Bretagne (voir plus haut « Adresses utiles »).

ARGENT, BANQUES, CHANGE

La Grande-Bretagne fait bien partie de l'Europe mais, au rayon des monnaies, les Britanniques font encore partie des réfractaires et s'accrochent à leur *Sterling Pound*. En attendant, la ***livre sterling*** est divisée en 100 *pence*. Pièces de 50 p, 20 p, 10 p, 5 p et 1 *penny*, et pièces de 1 livre et de 2 livres avec plusieurs dessins symbolisant les différents pays composant la Grande-Bretagne.

En 2012, le cours de la livre sterling tourne autour de 1,20 €, 1,50 Fs et 1,60 $Ca.

– Les ***banques*** sont ouvertes, en gros, de 9h30 à 16h30, parfois plus tard. Elles sont habituellement fermées le week-end, sauf certaines grandes banques qui ouvrent le samedi matin. Évitez si possible les bureaux de change, dont les taux sont médiocres. On les trouve néanmoins un peu partout, dans les aéroports, les gares ferroviaires, certaines grandes stations de métro et dans quelques grands magasins. Ils sont ouverts plus tard que les banques, c'est là leur seul intérêt.

– ***Retraits et paiements avec carte de paiement :*** le système le plus simple et le plus pratique. Si vous possédez une carte de paiement internationale, vous pouvez retirer de l'argent aux distributeurs automatiques de billets. L'opération comporte certes des frais mais s'effectue au taux de change officiel, plus avantageux que dans les banques (et les bureaux de change !). Sachez aussi que si vous réglez des achats ou une note avec cette même carte, on ne signe plus son ticket mais, comme en France, on compose son code. Les boutiques qui pratiquent ce système indiquent « *Chip and Pin Card* ». Attention, là encore, l'opération peut comporter des frais. Renseignez-vous avant de payer ! Assurez-vous aussi de connaître le montant maximal autorisé de vos retraits hebdomadaires.

Bon à savoir encore : quelle que soit la carte que vous possédez, chaque banque gère elle-même le processus d'opposition et le numéro de téléphone correspondant ! Avant de partir, notez donc bien le numéro d'opposition propre à votre banque (il figure souvent sur votre contrat, au dos des tickets de retrait ou à côté des distributeurs de billets), ainsi que le numéro à 16 chiffres de votre carte. Bien entendu, conservez ces informations en lieu sûr et séparément de votre carte. Par ailleurs, l'assistance médicale se limite aux 90 premiers jours du voyage et l'assistance véhicule aux cartes haut de gamme (renseignez-vous auprès de votre banque). N'oubliez pas aussi de vérifier LA DATE D'EXPIRATION DE VOTRE CARTE BANCAIRE.

– ***Carte Bleue Visa :*** *assistance médicale ; numéro d'urgence (Europ Assistance) : ☎ (00-33) 1-41-85-85-85. • carte-bleue.fr • Pour faire opposition, contactez le numéro communiqué par votre banque. Ou à défaut si vous êtes en France faites le ☎ 0892-705-705 (0,34 €/mn).*

– ***Carte MasterCard :*** *assistance médicale incluse ; numéro d'urgence : ☎ (00-33) 1-45-16-65-65. • mastercardfrance.com • En cas de perte ou de vol, composez le numéro communiqué par votre banque pour faire opposition. Ou à défaut si vous êtes en France faites le ☎ 0892-705-705 (0,34 €/mn).*

– *Pour la carte* ***American Express,*** *téléphoner en cas de pépin au ☎ (00-33) 1-47-77-72-00. Numéro accessible tlj 24h/24 • americanexpress.fr •*

– Pour toutes les cartes émises par ***La Banque postale,*** composer le : *☎ 0825-809-803 (0,15 €/mn) depuis la France métropolitaine ou les DOM, et depuis les TOM ou l'étranger le ☎ (00-33) 555-425-196.*

– Également un numéro d'appel valable ***pour faire opposition quelle que soit votre carte de paiement :*** *☎ 0892-705-705 (serveur vocal à 0,34 €/mn). Ne fonctionne ni en PCV ni depuis l'étranger.*

Petite mesure de précaution : si vous retirez de l'argent dans un distributeur, utilisez de préférence les distributeurs attenants à une agence bancaire. En cas de pépin avec votre carte (carte avalée, erreurs de numéro...), vous aurez un interlocuteur dans l'agence, pendant les heures ouvrables du moins.

– ***Chèques de voyage :*** on ne les conseille pas vraiment, les banques percevant un forfait assez important à l'encaissement de chaque chèque de voyage. Si vous en emportez quand même, préférez les grosses coupures. Pour éviter les commissions excessives, essayez aussi de changer vos chèques dans la banque qui les a émis (*American Express, Thomas Cook* ou autre). En dernier recours, allez au bureau de change. Certains commerces les acceptent aussi, en rendant la monnaie.

Western Union Money Transfer

En Angleterre ou au pays de Galles, se présenter à une agence *Western Union* (☎ 0800-833-833, 7h-23h) ● westernunion.com ● avec une pièce d'identité. En cas de besoin urgent d'argent liquide (perte ou vol de billets, chèques de voyage, carte de paiement), vous pouvez être dépanné en quelques minutes grâce au système *Western Union Money Transfer.* Pour cela, demandez à quelqu'un de vous déposer de l'argent en euros dans l'un des bureaux *Western Union* ; les correspondants en France de *Western Union* sont *La Banque postale* (fermée sam ap-m, n'oubliez pas ! ☎ 0825-00-98-98) et la *Société financière de paiements (SFDP),* ☎ 0825-825-842. L'argent vous est transféré en moins d'un quart d'heure. La commission, assez élevée, est payée par l'expéditeur. Possibilité d'effectuer un transfert en ligne 24h/24 par carte de paiement (*Visa* ou *MasterCard* émise en France). ● westernunion.com ●

ACHATS

Quelques indispensables à rapporter

Si l'expression « faire du shopping » vient d'outre-Manche, ce n'est sûrement pas par hasard. Les Anglais excellent en la matière, et on est surpris par le nombre de magasins partout, même dans les petites villes. Napoléon l'avait déjà remarqué en déclarant que c'était un pays de boutiquiers ! Alors préparez vos porte-monnaie, les tentations seront nombreuses et fréquentes...

– Gadgets culinaires et scolaires au prix du tout-venant, notamment dans les rayons « stationery ».

– Rayon alimentaire : scotch et whisky traditionnels, les fameux bonbons *Quality Street* ou les chocolats *After Eight,* la boisson *Pimm's,* les *toffees* bien moelleux et tout un tas de sucreries multicolores, la marmelade et le *lemon curd,* les sauces à la menthe ou barbecue (mais aussi tous les produits indiens), le thé, *of course,* le fromage (stilton, cheddar, red leicester...) et les crackers qui vont avec, la *custard* (sorte de crème anglaise).

– Les sous-vêtements ou les cachemires de chez *Marks and Spencer.*

– Toutes sortes d'objets originaux ou classiques dans les boutiques du *National Trust.*

– Les *Duchy Originals* : ce sont des gâteaux, mais aussi des confitures pour maman ou du miel pour papa. Et plein d'autres choses encore. L'entreprise est gérée directement par le prince Charles, et tous les bénéfices sont versés à des associations caritatives. Plus d'infos sur ● duchyoriginals.com ● Fabrication écolo. En vente souvent dans les boutiques *Waitrose.*

Un peu de vocabulaire

En allant en Angleterre, vous vérifierez que *shopping* est bien un mot anglais.

– Au *shop assistant* qui vous demande *Can I help you ?* vous pouvez répondre *(no,) I'm just looking,* à moins que vous ne vouliez demander votre taille : *Have you got my size ?*
Pour éviter de demander *What's my size ?* (prononcer « saïze »), voici quelques correspondances :

Tailles

Vêtements pour femmes

France	36	38	40	42	44	46
Grande-Bretagne robes	08	10	12	14	16	18
Grande-Bretagne pulls	30	32	34	36	38	40

Pour les collants (*tights,* prononcer « taïts ») : le *small,* ou *petit,* est notre taille 1, le *medium* est notre 2, le *large,* ou *tall,* est notre 3.

Vêtements pour hommes (pulls et chemises)

France	39	40	41	42	43
Grande-Bretagne	15,5	16	16,5	17	17,5

Pour les pantalons, les tailles sont celles que vous connaissez sur les jeans.

Chaussures

France	37	38	39	40	41	42	43
Grande-Bretagne	4	5	6	7	8	9	10

Pour les enfants

Stature en centimètres	100	125	155
Âge	3-4	7-8	12
Stature en inches	40	50	60

Horaires des boutiques

Les boutiques sont en général ouvertes tous les jours jusqu'à 17h30, souvent 19h, 22h (voire plus) pour les petites épiceries. Les supermarchés ferment vers 22h ou 23h, de plus en plus souvent à minuit. Certains sont même ouverts 24h/24 !

BUDGET

Voici certainement la rubrique la moins agréable à aborder ! La vie en Angleterre est plus chère qu'en France d'environ 30 %.
L'auberge de jeunesse est l'hébergement en dur le moins coûteux et les *B & B* restent la manière la plus agréable et la plus conviviale pour découvrir le *British way of life.* Quant aux hôtels, ils sont souvent assez chers et d'un rapport qualité-prix parfois très discutable. Le logement écornera sérieusement votre budget, même si l'on trouve encore des adresses relativement abordables dans les petites villes et à la campagne.
Les musées, sites culturels et attractions sont également chers (mais les musées nationaux sont gratuits), même si les étudiants et les plus de 60 ans bénéficient généralement d'une (modeste) réduction. Idem pour l'essence, un peu plus chère qu'en France (c'est-à-dire pas donnée), et le stationnement, particulièrement onéreux. Si vous vous garez un certain temps, préférez les parkings *long stay*.

Promotions sur Internet

De plus en plus d'hôtels modulent les tarifs de leurs chambres sur Internet en fonction du taux d'occupation. Il y a donc les prix de base (ceux que nous indiquons) et les promos proposées sur le Net. À certaines périodes, le prix des chambres évolue en permanence, ce qui permet d'optimiser le chiffre d'affaires (comme le font les compagnies aériennes). Ces promotions sont extrêmement variables d'une semaine à l'autre, voire d'un jour à l'autre. Elles sont particulièrement intéressantes pour les hôtels de gamme supérieure (3 étoiles). Exemple, un établissement qui annonce des prix officiels de 90 à 130 € proposera les mêmes chambres entre 60 et 80 € sur son site, à certaines périodes. Bref, lorsque vous avez choisi votre hôtel dans votre guide préféré, allez donc faire un tour sur son site pour voir ce qu'il propose. De vraies bonnes affaires en perspective !

Hébergement

Si vous voyagez à plusieurs, sachez que beaucoup d'hôtels et *B & B* proposent des chambres familiales, pour 2, 4 (appelées ici des *quads*), voire 6 personnes. Il arrive que cela soit à peine plus cher (voire moins cher) qu'une piaule en AJ où il faudra, de toute façon, compter 15-20 £ par personne, pour des prestations assez basiques.
Quatre catégories ; ces prix correspondent à celui d'une chambre double, petit déjeuner compris (sauf dans la rubrique « Bon marché »).
– ***Bon marché :*** moins de 20 £/pers (24 €). Il s'agit surtout des AJ et *Backpackers Hostels.* Le petit déj n'y est généralement pas inclus.
– ***Prix modérés :*** 40-60 £ (48-72 €).
– ***Prix moyens :*** 60-80 £ (72-96 €).
– ***Plus chic :*** 80-120 £ (96-144 €).
– ***Très chic :*** plus de 120 £ (144 €).

Restaurants

Nous avons classé les restaurants en quatre catégories : ces prix correspondent essentiellement à un plat de résistance, sans la boisson. Il est d'usage aussi de laisser un pourboire, d'environ 10-15 % de l'addition. Quelques établissements (généralement plus chic) l'ajoutent d'office à la note. La vente à emporter pour manger « sur le pouce », elle, n'est pas concernée, raison de plus pour privilégier ce mode de restauration à l'heure du déjeuner. Nous indiquons les adresses concernées sur le plan par le petit logo
– ***Bon marché :*** moins de 8 £ (9,60 €).
– ***Prix moyens :*** 8-15 £ (9,60-18 €).
– ***Plus chic :*** 15-20 £ (18-24 €).
– ***Très chic :*** plus de 20 £ (24 €).

Musées

Un vrai budget ! Les prix augmentent quasiment chaque année. On ne saurait trop vous conseiller, si vous restez plus de 3 jours, de vous procurer le *Great British Heritage Pass* (voir plus haut « Avant le départ »), plus économique si vous souhaitez faire plusieurs visites. On a aussi ajouté les sites internet des principaux lieux touristiques : si vous prenez vos billets sur leur site, vous bénéficierez parfois d'une petite ristourne. Enfin, les offices de tourisme vendent parfois les billets moins cher qu'au guichet des musées.

CLIMAT

De tous les pays situés sous la même latitude, c'est la Grande-Bretagne qui a, dans l'ensemble, la température la plus égale. Comme on l'imagine, celle-ci est rarement torride. Les chutes de pluie à Londres restent inférieures à 604 mm pour l'année entière (525 mm à Paris) et elles ne sont que légèrement supérieures à celles d'Édimbourg.
En été (juin à août), la moyenne des températures maximales atteint près de 21 °C dans la majeure partie du sud-est de l'Angleterre ; elle est d'environ 15 °C dans les régions les plus lointaines du nord et du nord-ouest de l'Écosse. Au printemps et pour les vacances de Pâques, le temps est souvent clément, frais mais sec, et la campagne superbe. L'hiver, les températures descendent rarement en dessous de 0 °C, climat océanique oblige.

DANGERS ET ENQUIQUINEMENTS

– Le danger, en l'occurrence, c'est plutôt vous, si vous visitez le pays en voiture ! Mais la conduite à gauche, vous verrez, on s'y fait très bien. Prenez juste garde aux légères baisses de régime et autres petits coups de fatigue, c'est là qu'on fait les pires bêtises ! Pas d'excès de vitesse (sur autoroute, 70 miles/h, soit 112 km/h, maximum), il y a des radars vraiment partout. Par ailleurs, même si le stationnement est onéreux, ne snobez pas les horodateurs : l'indulgence n'est pas spécialement de mise dans le domaine, et ne jouez pas non plus avec les dépassements horaires, les dix petites minutes pourraient vous coûter cher ! Et puis vous serez filmé partout, tout le temps. La moindre infraction en voiture peut là encore vous coûter cher... Surtout que les loueurs de voiture vous feront toujours suivre l'amende avec des frais de dossier parfois supérieurs à ladite amende ! Évitez donc les files de bus, ou les files réservées aux taxis et résidents...
Enfin, dans les parkings, il faut garer sa voiture soigneusement et ne pas laisser une roue traîner négligemment sur une ligne blanche... cette désinvolture peut vous être facturée ! Idem, si vous dépassez de 20 mn, on vient vite vous mettre le sabot. Gaffe !
– Ne pas se trimbaler avec une ***bombe lacrymogène*** dans sa voiture ou, à plus forte raison, sur soi. Ici, c'est un délit et vous risquez la prison et une amende pour port d'arme dangereuse : c'est arrivé à une lectrice ; la police n'a pas été tendre avec elle. À bon entendeur...
– ***Drogues :*** les Britanniques ne sont pas vraiment coulants avec ce genre de pratique. Si vous vous faites prendre avec de la drogue, qu'importe que vous ne soyez pas sujet de Sa Majesté, vous serez soumis aux lois du pays. Vous encourrez une peine de prison allant de 5 à 14 ans.

DÉCALAGE HORAIRE

La Grande-Bretagne est à l'heure du méridien de Greenwich (logique !) de fin octobre à fin mars, puis GMT + 1. Pendant ce temps, en France, il est GMT + 1, puis GMT + 2. En clair, on a toujours 1h d'avance sur eux. Ce n'est pas qu'ils veulent nous embêter à tout prix, mais leur ouest est vraiment plus à l'ouest.

ÉLECTRICITÉ

240 V. Les prises sont différentes, plus grosses et toutes munies de fusibles. Adaptateurs peu encombrants, faciles à trouver en France, un peu moins en Angleterre. On peut aussi en acheter sur les bateaux pendant la traversée ou à l'aéroport.

HÉBERGEMENT

Avant tout, il faut savoir qu'une chambre ***en-suite*** est une chambre avec salle de bains.

Les campings

Il n'y en a pas partout et ils ne sont pas toujours très bien indiqués. Souvent éloignés des villes ou villages ; bien se renseigner sur la distance à parcourir. Quelques terrains n'acceptent pas les tentes, mais uniquement les caravanes et camping-cars. Enfin, il est parfois possible de louer une caravane pour la nuit (on y dort à plusieurs et c'est souvent moins cher qu'en *B & B*). Les locations de bungalows ou de mobile homes à la semaine y sont également très répandues.
Le camping sauvage est bien accepté, à condition de demander l'autorisation au propriétaire du terrain.
Prix très variables d'un camping à l'autre, mais quand même pas donné. Compter 12-30 £ pour deux avec tente et voiture. Pour plus d'infos : • *campingandcaravaningclub.co.uk* • *caravanclub.co.uk* •

Les auberges de jeunesse *(youth hostels)*

La Grande-Bretagne fait partie des pays qui détiennent le record mondial de densité des AJ (signalées sur les panneaux indicateurs anglais par le sigle YHA). Attention cependant, on assiste dans le sud de l'Angleterre à une fermeture massive de ces établissements.
Généralement propres et assez confortables, les AJ sont parfois situées dans de grandes maisons bourgeoises, voire des châteaux (pour ces dernières, comptez sur nous, on essaie de les mentionner !). Si elles acceptent les automobilistes, les marcheurs et les cyclistes ont néanmoins la priorité. La carte internationale des AJ n'y est pas obligatoire, mais les non-membres doivent s'acquitter d'un supplément de 3 £ (3,60 €) environ par nuitée. Enfin, vous pouvez y dormir quel que soit votre âge, mais les moins de 18 ans bénéficient souvent d'un tarif plus doux. Globalement, compter 15-20 £ (18-24 €) la nuit par personne pour les membres, petit déj non compris. Pour les personnes seules (mais pas seulement), c'est l'hébergement le plus économique.
En principe les dortoirs ne sont pas mixtes. Certaines auberges disposent néanmoins de chambres doubles ou familiales, mais avec des lits le plus souvent superposés, comme dans les dortoirs. Le sac de couchage est interdit, mais les draps et couvertures sont compris dans le prix de la nuitée. Aux beaux jours, dans certains établissements, vous pourrez planter à moindres frais votre maison de toile dans le jardin, voire louer une tente pour un prix moins élevé que celui d'une chambre.
La plupart des AJ restent ouvertes dans la journée et sont bien équipées, avec cuisine à disposition, salon TV, bornes Internet (payantes), wifi (souvent payant aussi), lave-linge et même un service de restauration.
On vous recommande fortement de réserver, car les AJ sont populaires et se remplissent vite. En outre, hors saison, certaines ne sont ouvertes que sur réservation.

■ ***Central Booking Office YHA :*** *Trevelyan House, Dimple Rd, Matlock, Derbyshire, DE4 3YH. ☎ 016-2959-2600.* • *yha.org.uk* • Chaque *youth hostel* dispose d'un numéro de téléphone commençant par « 0870 », uniquement accessible depuis la Grande-Bretagne, et d'un numéro traditionnel. 2 numéros, donc, pour chaque AJ !

Les *backpackers hostels*

Il s'agit d'AJ privées. On les trouve le plus souvent dans les villes. Même type d'équipement que les AJ traditionnelles : dortoirs, mais aussi quelques chambres doubles, une cuisine à dispo, un salon, l'accès à Internet, etc. La carte de membre n'est pas requise et les réglementations sont moins strictes. L'accueil y est généralement très relax, mais on y note aussi parfois un certain laisser-aller question propreté ; bref, la qualité est assez variable.
Il existe un site internet recensant des AJ privées en Angleterre et en Europe, *The Independent Hostels Guide,* • *backpackers.co.uk* •
Prix : la nuitée dans ces AJ indépendantes est parfois un peu plus onéreuse que dans les AJ affiliées au réseau international. Mais ceux qui n'ont pas la carte des AJ s'y retrouveront.

Les *YMCA* et *YWCA*

D'obédience chrétienne, ce sont des foyers de jeunes travailleurs qui ont souvent quelques chambres pour les hôtes de passage. Plus impersonnels que les AJ et surtout plus chers.
Compter 15-22 £ pour un lit en dortoir (mais les YMCA n'en sont pas tous équipés) et 24-38 £ pour une chambre simple. Également des chambres doubles.
Vous trouverez la liste des centres ouverts aux touristes de passage en consultant le site • *ymca.org.uk* •

Les *homes* universitaires

Cet hébergement ne fonctionne qu'en été (de mi-juin à septembre environ), quand les étudiants quittent leur chambre que l'on reloue aux touristes. Ce n'est pas donné et c'est vite complet, mieux vaut donc réserver longtemps à l'avance (surtout sur les campus prestigieux d'Oxford et Cambridge, ces derniers accueillant en outre beaucoup de conférences). Formule intéressante pour les séjours un peu prolongés et organisés à l'avance.

Self catering

Ce mode d'hébergement est l'équivalent du gîte. On y loue une partie d'une demeure ou sa totalité pour un temps alloué. Petits plus non négligeables : on peut y habiter à plusieurs, sympa en famille, et surtout, on y fait sa popote tout seul, ce qui peut s'avérer bien plus économique ! Nous en proposons quelques-uns dans certaines villes où cela s'y prête. Sinon, demander aux offices de tourisme, qui disposent toujours d'une liste de ce genre d'hébergements.

Les *Bed & Breakfast (B & B)*

Moins chers que les hôtels sans que ce soit donné, les *B & B* sont des chambres louées chez des particuliers. Très intéressant pour connaître la mentalité britannique et parler la langue. Le petit déjeuner est, comme le nom l'indique, compris dans le tarif. Les ***guesthouses*** sont aussi des *B & B,* mais comprenant plus de chambres. Au fin fond des campagnes, certaines *farmhouses* font *B & B.*
Pour 2 personnes, les prix oscillent entre 60 et 80 £ (72-96 €) pour des maisons classiques, plus pour les *B & B* de charme. Copieux petit déj (le plus souvent *full English*) compris, heureusement.
Il n'est pas rare que le prix des chambres varie non seulement selon la saison, mais aussi en fonction du nombre de nuitées ou même du jour de la semaine, notamment dans les villes touristiques (comme Brighton). Dans ces mêmes endroits, un séjour d'une durée minimale est même parfois exigé en haute saison ou le week-end.

– Il est toujours utile de s'adresser au *Tourist Information Centre* de la ville, qui remet des listes de *B & B* (parfois payantes) ; ces listes ne sont pas exhaustives puisqu'elles n'indiquent que les adresses appartenant à leur réseau et régulièrement contrôlées. Les offices peuvent normalement vous réserver une chambre, moyennant une commission le plus souvent. Certains ne le font que pour 48h à l'avance maximum.

■ ***Bed & Breakfast GB :*** *• bedandbreakfast.com •*

Pour les amoureux des jardins

Eh oui, il n'y a qu'en Grande-Bretagne que l'on trouve pareille proposition ! Une association s'est créée pour regrouper ces adresses où l'on peut savourer l'indicible charme des jardins anglais et même profiter de son séjour pour participer à l'entretien des massifs de gardénias ou bouturer des rosiers avec ses charmants hôtes. Matériel fourni sur place, *of course* ! Alors, si vous avez les doigts verts et le sécateur qui vous démange...

■ ***Mondes et Merveilles :*** *7, rue du 29-Juillet, 75001 Paris. ☎ 01-42-60-34-54. • mmvoyage@wanadoo.fr • european-garden-tour.com •* Ⓜ *Tuileries. Lun-ven 9h30-18h. Tour-opérateur spécialisé dans les jardins.*

■ ***Alistair Sawday's Special Places to Stay :*** *• sawdays.co.uk •* En vente sur ce site, le guide *British Bed and Breakfast* pour environ 10 £.

Logement chez l'habitant dans des manoirs et des presbytères

Une association, la *Wolsey Lodge,* propose plus de 150 adresses de vieux manoirs ou d'anciens presbytères, dont les proprios accueillent des hôtes pour une ou plusieurs nuits. Fantômes non garantis. Une façon originale de séjourner en Angleterre. Brochures sur demande, auprès de :

■ ***Wolsey Lodges Ltd. :*** *9 Market Place, Hadleigh, Ipswich, Suffolk IP7 5DL. ☎ 01473-82-20-58. • info@wolseylodges.com • wolseylodges.com •*

Logement en auberges de campagne

Dépaysement garanti. Poutres noircies par le temps et grand feu dans la cheminée. Beaucoup de ces auberges, réparties dans toute la Grande-Bretagne, datent des XVIIᵉ et XVIIIᵉ s. Renseignements à l'office de tourisme de Grande-Bretagne.

Dormir dans un phare

Une trentaine de phares *(lighthouses)* à louer, essentiellement dans le sud de l'Angleterre. *☎ 01386-70-11-77.* Plus d'infos sur *• info@ruralretreats.co.uk • ruralretreats.co.uk •*

Échange d'appartements

Il s'agit, pour ceux qui possèdent une maison, un appartement ou un studio, d'échanger leur logement avec un adhérent de l'organisme du pays de leur choix, pendant la période des vacances. Cette formule offre l'avantage de passer des vacances à l'étranger à moindres frais, plus spécialement pour les familles.

■ ***Intervac :*** *230, bd. Voltaire, 75011 Paris. Rens au ☎ 05-46-66-52-76 ou sur • intervac.com •*

■ ***Homelink International :*** *19, cours des Arts-et-Métiers, 13100 Aix-en-Provence. ☎ 04-42-27-14-14. • homelink.fr • Lun-ven 9h-12h, 14h-18h.*

Les hôtels britanniques

Rares et chers, même les plus minables. Peu de Britanniques y dorment. Essayez également, au moins une fois, une *inn,* auberge au-dessus de l'un de ces superbes pubs anciens, pour goûter pleinement à l'atmosphère des lieux.
– ***Un tuyau pour les hôtels :*** les offices de tourisme peuvent vous être très utiles. En effet, la plupart revendent les chambres invendues des hôteliers à des prix défiant toute concurrence. Cela peut être jusqu'à 4 fois moins cher... Et un 4-étoiles à ce prix-là, ça devient intéressant ! L'idéal est de se présenter à l'office vers 16h ou 16h30, juste avant la fermeture... et à vous les bonnes affaires ! Voir aussi, un peu plus haut notre encadré au sujet des promos (fréquentes) sur Internet.

Les hôtels de chaîne

Ce n'est pas dans notre habitude de vous conseiller ce type d'hébergement. Ces hôtels se ressemblent tous ou presque, de Londres à Honolulu. Mais ils sont soumis à des règles d'hygiène strictes, ce qui n'est pas un luxe en Angleterre ! Voici les coordonnées de chaînes qui proposent quelques adresses. Pour réserver depuis la France :

■ ***Travelodge :*** *résas par Internet.* • *travelodge.co.uk* • Notre chouchou. Pas cher si on réserve tôt, chambres spacieuses, propres et pimpantes. On en cite quelques-uns dans nos pages. Notre chaîne préférée dans le genre.

■ ***Premier Inn :*** ☎ *(0044) 1582-56-78-90 et 0871-527-8000 (automate vocal).* • *premierinn.com* •

■ ***Best Western :*** ☎ *0800-904-490 (appel gratuit).* • *bestwestern.fr* •

■ ***Comfort Inn :*** ☎ *0800-912-424 (appel gratuit).* • *comfort-inn.com* •

■ ***Ibis :*** ☎ *0892-686-686 (0,34 €/mn).* • *ibishotel.com* •

■ ***Express by Holiday Inn :*** ☎ *0800-905-649.* • *hiexpress.com* •

Spécial personnes handicapées

♿ Pour tous renseignements concernant l'hébergement et autres conseils pratiques pour les personnes handicapées :

■ ***Tourism for all :*** ☎ *0845-124-99-74 (depuis l'Angleterre) ou 0044-1539-814-683 (depuis la France).* • *tourismforall.org.uk* •

LANGUE ANGLAISE

Pour le gallois, se reporter au chapitre consacré au pays de Galles. Et pour être totalement « aware », ne pas oublier ***Le Guide de conversation du routard en anglais,*** avec tous les mots qui sauvent !

Politesse

bonjour (le matin)	*good morning* ou *hello*
bonjour (l'après-midi)	*good afternoon* ou *hello*
bonsoir	*good evening*
bonne nuit	*good night*
au revoir	*goodbye* ou *bye*
s'il vous plaît	*please*
merci	*thank you* ou *thanks*
pardon	*sorry*

Expressions courantes

je ne comprends pas	*I don't understand*
pouvez-vous répéter ?	*can you repeat ?*

pouvez-vous expliquer ?	*can you explain ?*
où ?	*where ?*
quand ?	*at what time ? when ?*

Vie pratique

pouvez-vous m'indiquer comment aller à... ?	*could you tell me the way to... ?*
poste	*post office*
office de tourisme	*tourist office*
banque	*bank*

Transports

navette	*shuttle*
métro	*subway, tube*
gare	*train station*
taxi	*cab, taxi*
aéroport	*airport*

Argent

combien ?	*how much ? how many ?*
trop cher	*too expensive*
payer	*to pay*

À l'hôtel et au restaurant

hôtel	*hotel*
auberge de jeunesse	*youth hostel*
lit-bébé	*baby cot*
boire	*to drink*
manger	*to eat*
dormir	*to sleep*
plus	*more*
eau	*water*
eau plate/eau gazeuse	*still water/sparkling water*
eau du robinet	*tap water*
café	*coffee (black coffee)*
thé	*tea*
lait	*milk*
pain	*bread*
froid	*cold*
chaud	*hot*
saignant	*rare*
à point	*medium*
bien cuit	*well done*

Nombres

un	*one*
deux	*two*
trois	*three*
quatre	*four*
cinq	*five*
six	*six*
Sept	*seven*
huit	*eight*
neuf	*nine*
dix	*ten*
onze	*eleven*
douze	*twelve*

LIVRES DE ROUTE

– ***So British. Plus de 130 recettes qui vous feront aimer la cuisine anglaise*** *(2012), de Jamie Oliver (Hachette Pratique, coll. « Cuisine »).* Enfin traduit en français, le best-seller de Jamie Oliver est une véritable gourmandise dont on dévore les pages avec un plaisir non dissimulé.

– ***Le Cercle littéraire des amateurs d'épluchures de patates*** *(2009), de Mary Ann Shaffer et Annie Barrows (NiL).* Un petit bijou sous forme de correspondances, qu'on a du mal à lâcher. En 1946, Juliet, à Londres, cherche un nouveau thème de roman. La lettre d'un homme, venant de Guernesey et membre du fameux cercle littéraire, créé pour échapper aux Allemands, change toute sa vie. Et lui offre un sujet en or pour son prochain roman.

– ***La Vie aux aguets*** *(2008), de William Boyd (Points/Seuil).* Ruth Gilmartin, petite trentaine, découvre que sa mère ne s'appelle pas Sally mais Eva, qu'elle n'est pas anglaise mais née en URSS, et que ses activités d'espionne pour le Royaume-Uni du passé la rattrapent... On voyage de Londres à Oxford jusque dans les jardins anglais. Un régal.

– ***Arthur & George*** *(2008), de Julian Barnes (Gallimard, coll. « Folio »).* Portrait de la société anglaise victorienne. On découvre l'Indien George Edalgi, fraîchement sorti de prison pour un crime qu'il n'a pas commis, qui fait appel à... sir Arthur Conan Doyle, le père de Sherlock Holmes ! Un policier original.

– ***Les Piliers de la terre*** *(1989), de Ken Follett (Stock ou Le Livre de Poche, n° 4305).* Le maître du suspense nous plonge dans l'Angleterre du XIIe s et nous fait revivre la palpitante aventure des bâtisseurs de cathédrale. Une saga médiévale prolongée par ***Un monde sans fin.*** Fouillé, documenté, ce roman est une totale et passionnante plongée dans l'Angleterre féodale.

– ***Arlington Park*** *(2008), de Rachel Cusk (Points/Seuil).* La vie de quatre femmes anglaises en banlieue. Un peu l'ambiance de *Wisteria Lane* revisitée. Les affres de la vie quotidienne, son lot d'aigreurs et d'envies avortées. Une Angleterre intime.

– ***Guignol's Band I et II*** *(1944 et 1964), de Louis-Ferdinand Céline (Gallimard, coll. « Folio », n° 2112).* Que peut faire Ferdinand à Londres en 1915, alors que la guerre fait rage de l'autre côté du Channel ? Il a trouvé refuge auprès de la faune interlope de Leicester Square. Ce livre, qui grouille de trouvailles stylistiques, est un hymne lyrique au grand port que Céline adorait, pour avoir bien connu lui-même ce demi-monde londonien.

– ***Les Dix Petits Nègres*** *(1932), d'Agatha Christie (Le Livre de Poche Policier, n° 954 ; version juniors, Le Livre de Poche Jeunesse, n° 816).*

– ***Samedi soir, dimanche matin*** *(1961), d'Allan Sillitoe (Le Seuil, coll. « Points-Roman », n° 287).* Arthur Seaton n'a connu qu'un univers, celui de l'usine de bicyclettes où, embauché comme garçon de courses à 15 ans, il est maintenant ouvrier à la pièce. Approche anarco-réaliste de la condition ouvrière anglaise, de ses aspirations, de ses mutations dans les années 1950, ce roman très autobiographique d'Allan Sillitoe est un classique outre-Manche.

– ***Journal d'un écrivain*** *(1953), de Virginia Woolf (10/18, n° 3225).* Le journal de Virginia Woolf est à la fois le témoignage d'un grand écrivain sur la littérature et un document irremplaçable sur l'Angleterre de l'entre-deux-guerres, sur la vie sociale

FRANGLAIS

Les chevaliers normands qui envahirent l'Angleterre, en 1066, avec Guillaume le Conquérant, parlaient le français. Donc, l'aristocratie a longtemps parlé notre langue. Les emprunts sont nombreux, notamment en politique (minister, government...), *en religion* (vicar, abbey...) *et, bien sûr, en cuisine* (wine, beef, mutton...). *La devise royale est toujours française : « Honni soit qui mal y pense. » Les paysans, eux, parlaient le saxon (d'origine allemande donc sans empreinte latine) :* morning, pig, ox... *L'anglais moderne est un mélange de ces deux origines.*

et culturelle de Londres et, en particulier, du quartier de Bloomsbury, haut lieu de l'intelligentsia britannique.

– ***Albany, Olivia Sturgess 1914-2004*** *(2005), de Floc'h et Rivière (Dargaud).* Une B.D. qui retrace la vie d'une femme écrivain qui a épousé le siècle anglais, ses milieux, ses salons, ses tenues, ses lieux notoires comme Ightam Mote et cet inénarrable flegme britannique parfaitement retranscrit. Une vraie tranche de vie !

– ***Quatuor du Yorshire*** *(4 livres parus de 2004 à 2008), de David Peace (Rivages).* Quatre volets ***(1974, 1977, 1980, 1983)*** pour décrire une Angleterre grise et lugubre, dans la même veine qu'un James Ellroy avec son quatuor de Los Angeles. Peace, en prenant pour incipit à sa fresque l'affaire de l'éventreur du Yorkshire, va brasser, décrire, disséquer une époque trouble et assez pessimiste de son pays, notamment pendant les années Thatcher. Ainsi, les thèmes tels que la corruption policière, les crimes sexuels et les banlieues ouvrières du Nord prennent corps dans un cadre brumeux, pluvieux et plein de mystère. Un réalisme sans concession, au style très affûté et tranchant ; il est encore temps de reculer !

– ***Trois hommes dans un bateau*** *(1889), de Jerome K. Jerome (Flammarion, GF nº 536, ou en édition bilingue, Pocket, nº 3494).* Trois amis londoniens décident de remonter la Tamise en canot jusqu'à Oxford, puis de revenir à Londres. Ce qui fit le succès du livre, ce sont les anecdotes humoristiques qui émaillent cette équipée fluviale.

– ***Harry Potter,*** *de J. K. Rowling (Gallimard Jeunesse).* Il existe sept tomes narrant les aventures de ce malicieux apprenti sorcier, aujourd'hui star mondiale. On suit avec jubilation les tribulations du petit Harry. L'univers fantastique empreint de réalité *so British* décrit par Rowling changera votre regard sur l'Angleterre... En plus, on peut maintenant visiter les lieux qui ont inspiré l'écrivain ! (Voir plus loin la rubrique « Harry Potter » dans « Hommes, culture, environnement ».)

– ***Anarchie au Royaume-Uni*** *(2002), de Nik Cohn (L'Olivier, nº 40).* Une analyse au vitriol qui se lit comme un roman par un critique rock. Explosive, cette vision des années Thatcher nous estomaque. Visite dans les bas-fonds anglais avec tous les damnés de la prospérité. Une écriture incisive et loin des bonnes manières. Décapant.

– ***Voyage excentrique et ferroviaire autour du Royaume-Uni*** *(1983), de Paul Theroux (Grasset, coll. « Les Cahiers Rouges », nº 182).* Américain vivant à Londres, Paul Theroux entreprend en 1983 un voyage le long des côtes de la Grande-Bretagne et de l'Ulster, en vue de visiter son pays d'accueil. Principe de ce voyage : pas de tourisme, pas de visite imposée, mais une découverte de la vie quotidienne.

– ***Bienvenue au club*** *(2003)* et ***Le Cercle fermé*** *(2006), de Jonathan Coe (Gallimard, coll. « Folio », nº 4071 et nº 4541).* Au travers de ses héros, de jeunes lycéens de Birmingham à la fin des années 1970 dans *Bienvenue au club* que l'on retrouve 25 ans plus tard dans *Le Cercle fermé,* Coe nous peint une fresque sociale et politique savoureuse, lucide et sans concession.

– ***England, England*** *(1998), de Julian Barnes (Gallimard, coll. « Folio », nº 3604).* Quand un milliardaire excentrique décide de transformer l'île de Wight en un immense parc d'attractions rassemblant tous les symboles de l'Angleterre (Buckingham Palace, Robin des Bois, les falaises blanches de Douvres, le théâtre de Shakespeare, etc.)... et que la copie en vient à surpasser l'original. Un humour féroce, impitoyable même, pour un portrait noir et délirant d'une Angleterre sur le déclin.

POIDS ET MESURES

Même si la Grande-Bretagne est maintenant *metric,* nos problèmes, eux, sont loin d'être résolus. L'ancien système, totalement abscons, continue à nous poser de sérieux problèmes, notamment en ce qui concerne les distances et les superficies.

Longueur

– 1 pouce = 1 *inch* = 2,54 cm.
– 1 pied = 1 *foot* = 12 *inches* = 30,48 cm.
– 1 *yard* = 3 *feet* = 91,44 cm.
– 1 *mile* = environ 1,6 km (pour convertir les kilomètres en miles, multiplier par 0,62).
– 1 mètre = 39,37 *inches*.

Superficie

– 1 *square foot* = 929 cm².
– 1 *are* = 0,404 ha.
– 1 *square mile* = 2,589 km².

Poids

– 1 *ounce* = 1 *oz* = 28,35 g.
– 1 *pound* (livre) = 1 *lb* (libra) = 0,454 kg.
– 1 *stone* = 14 *lbs* = 6,35 kg.
– 1 kg = 2,205 *lbs*.

ET COMBIEN MESURE UNE VERGE ?

La verge (yard, en anglais) servait d'unité de longueur utilisée dans tout l'Empire britannique. Elle était énorme puisqu'elle correspondait, dit-on, à la distance entre le nez du roi Henry Ier et le bout de sa main, quand elle était bien raide (0,91 m, quand même !).

Températures

Le Fahrenheit n'a pas été terrassé par la réforme. Trop compliqué d'expliquer ici les correspondances. Sachez qu'à 32 °F il gèle, à 77 °F il fait 25 °C et à 100 °F, vous pouvez aller vous coucher pour soigner votre fièvre !

POSTE

– ***Ouverture des bureaux de poste :*** du lundi au vendredi de 8h à 18h, le samedi jusqu'à 13h. Fermés le dim. • *royalmail.com* •
– ***Poste restante :*** voici ce qu'il faut écrire sur la lettre : votre nom et la mention « Poste restante », et, en dessous, l'adresse de la *Central Post Office* de la ville concernée. Gratuit. Conserve les lettres pendant un mois. Apporter une pièce d'identité pour tout retrait. Cette méthode s'applique à pratiquement toutes les postes du royaume tant que vous en connaissez l'adresse.
– L'affranchissement d'une ***carte postale*** pour l'Europe est de 0,60 £ (environ 0,70 €).

L'INVENTION DU TIMBRE

Cette idée géniale fut réalisée par les Anglais en 1840. Ils ont pour cela, gardé le privilège de ne pas inscrire leur nom de pays. Autrefois, le prix était à la charge du destinataire. Un code ou un signe sur la lettre permettait de comprendre le contenu. Voilà pourquoi la Poste fut longtemps déficitaire. L'effigie de la reine est obligatoire.

SANTÉ

Avec les transports et l'éducation, la santé publique est le secteur le plus touché par les années de thatchérisme. C'est un des gros chantiers actuels du gouvernement britannique. En termes de qualité, les soins dispensés par les institutions

hospitalières sont loin d'égaler ceux que l'on peut recevoir sur le continent. Sans compter les délais extensibles à l'infini avant d'espérer décrocher une place pour une consultation ! C'est pourquoi les Anglais sont de plus en plus nombreux à prendre l'avion ou le train pour venir se faire soigner en temps et en heure sur le continent.
Néanmoins, Europe oblige, consultation gratuite si vous venez de l'Union européenne, à condition que vous alliez chez votre *GP* (*general practitioner :* médecin), celui du quartier où vous habitez ou bien étudiez. Demandez à quelqu'un du coin ou à l'opératrice téléphonique.
On peut également aller dans les services d'urgence des hôpitaux tôt le matin (il y a moins de monde) et surtout la nuit. Ce service est gratuit et on vous donnera les médicaments nécessaires pour tenir jusqu'au lendemain, ainsi qu'une ordonnance pour le reste.
Les médicaments sont payants. Il faut souvent prendre rendez-vous à la *surgery* (consultation) : insistez sur l'urgence pour que l'on ne vous soigne pas la semaine prochaine votre grippe d'aujourd'hui.
Si vous vous faites mordre par un chien, vous n'avez aucun risque de rage, les îles Britanniques étant un des rares pays officiellement indemnes de cette maladie. En revanche, la méningite à méningocoque C est un grave problème de santé publique : de vastes campagnes de vaccination ont eu lieu dans toute la Grande-Bretagne. Si vous devez séjourner longtemps dans ce pays, nous vous recommandons de faire de même.
Sachez aussi que l'Angleterre est championne d'Europe de la rougeole et qu'elle connaît depuis quelques années une forte réapparition des oreillons. Il est fortement conseillé d'être à jour vis-à-vis du vaccin ROR (voyez avec votre médecin traitant).
Attention enfin à la pollution, le fameux *smog,* certes en diminution, mais parfois très mal supporté par les malades respiratoires, asthmatiques en particulier.
– ***Services de secours :*** ☎ *999.* C'est gratuit et ça continue de fonctionner même si le poste est cassé.
Même avec votre carte européenne d'assurance maladie (qui remplace le formulaire E111, voir plus haut), disponible auprès de votre centre de Sécurité sociale ou sur le site internet de votre centre (encore plus rapide !), il est conseillé de prendre une assurance complémentaire (voir plus haut « Avant le départ »).

SITES INTERNET

Peu ou pas de sites en français. Il va falloir réviser ses classiques pour surfer...

Pratique

• ***routard.com*** • Rejoignez la plus grande communauté francophone de voyageurs ! Échangez avec les routarnautes : forums, photos, avis d'hôtels. Retrouvez aussi toutes les informations actualisées pour choisir et préparer vos voyages : plus de 200 fiches pays, une centaine de dossiers pratiques et un magazine en ligne pour découvrir tous les secrets de votre destinations. Enfin, comparez les offres pour organiser et réserver votre voyage au meilleur prix. • ***routard.com*** • le voyage à portée de clics !
• ***covoiturage.fr*** • Pour se rendre et se déplacer au Royaume-Uni à moindres frais, un site gratuit et particulièrement bien fait. Parfait pour les passagers qui pourront aller de Paris à Londres, par exemple, pour environ 40 €. Mais aussi pour les conducteurs qui souhaitent réduire le coût du voyage. Une idée sacrément maligne et écolo de surcroît !
• ***ukinfrance.fco.gov.uk/fr*** • Lien vers le riche site de l'ambassade de Grande-Bretagne en France. Qu'ai-je le droit d'apporter ? Que signifie le drapeau britannique ? Pourquoi la reine a-t-elle deux anniversaires ? Très complet. Et en français !

• ***visitbritain.fr*** • Site officiel de l'office de tourisme de Grande-Bretagne. Nombreux liens. Et une boutique pour tous les *passes,* les cartes de transports, etc. Très bien fait. Et en français.
• ***ukphonebook.com*** • Les pages jaunes. Ça peut toujours servir.
• ***news.bbc.co.uk/weather*** • On ne vous y reprendra plus : entre ciré ou chemise à fleurs, toujours, vous saurez !
• ***timeout.com*** • *Time Out,* le magazine indispensable pour les sorties.
• ***timesonline.co.uk*** • *The Times,* le prestigieux quotidien.
• ***guardian.co.uk*** • Site de l'autre journal de référence, *The Guardian.*
• ***bbc.co.uk*** • Site de la BBC, TV et radio.
• ***britishcouncil.org/fr/france*** • Site en français du *British Council* qui encourage les échanges culturels franco-anglais.

Régions

• ***visitsoutheastengland.com*** • et • ***visitsouthwest.co.uk*** • Nombreux liens avec les différentes régions du sud, ses plages et ses jardins. En anglais et parfois en français.
• ***visitwales.com*** • Tout le pays de Galles, ses manifestations et ses hauts lieux touristiques. En français.
• ***londontown.com*** • Restos, boîtes, événements à ne pas louper. Un incontournable avant votre départ pour la capitale. En anglais.
• ***visitheartofengland.com*** • La région des Cotswolds, celle qui vit naître Shakespeare. En anglais.
• ***visitenc.fr*** • Le nord de l'Angleterre, en quatre sous-régions : Nord-Est, Nord-Ouest, Yorkshire et l'île de Man. En français.
• ***golakes.co.uk*** • Site en anglais sur la région du Lake District.
• ***visitnortheastengland.com*** • Régions peu connues. Le Northumberland (pourtant l'une des régions d'inspiration de Harry Potter !) et le comté de Durham. En anglais.

Sites historiques

• ***english-heritage.org.uk*** • Site du patrimoine architectural et archéologique. On peut acheter l'*OVP,* un laissez-passer pour visiter les sites appartenant au réseau (voir plus loin la rubrique « Patrimoine culturel » dans « Hommes, culture, environnement »).
• ***stonehenge.co.uk*** • Site préhistorique de Stonehenge.
• ***bl.uk*** • La *British Library.*

Loisirs

• ***ticketweb.co.uk*** • Programme des concerts de musique pop.
• ***bfi.org.uk*** • Le *British Film Institute.* Histoire de savoir où ont été filmés vos films préférés.
• ***harrods.com*** • Shopping *online* possible.
• ***thebeatles.com*** • Site officiel des Beatles.
• ***royal.gov.uk*** • Site officiel sur la famille royale.

TÉLÉPHONE – TÉLÉCOMS

– ***Réductions :*** le téléphone est moins cher du vendredi 18h au lundi 8h et du lundi au vendredi de 20h à 6h.
– Les numéros en 0845 et 0870 ne sont pas gratuits mais coûtent chacun environ 4 £/mn. Moins cher le soir et le week-end. Heureusement !

– Pour téléphoner d'une ***cabine publique,*** mettez les pièces, puis composez votre numéro. Si le bip-bip est lent, la ligne est occupée. Vous pouvez vous procurer des télécartes *(phone cards)* comme en France, ce qui est commode pour appeler l'étranger. Sinon, pensez à avoir suffisamment de pièces, car on vous coupe la ligne sans crier gare. Vous remarquerez qu'il existe deux types de cabines. La plupart appartiennent à *BT (British Telecom)* et acceptent les cartes téléphoniques vendues par *BT.* Certaines prennent les pièces et les cartes de paiement. On trouve aussi des cabines *Mercury.*

> **TOUT FOUT LE CAMP !**
>
> *Le téléphone portable tue les célèbres cabines téléphoniques rouges. Elles font désormais partie du patrimoine historique. Ainsi, les mairies pourront les louer à British Telecom : 500 £ quand elles fonctionnent et... moitié prix si elles ne sont plus en état de marche.*

– ***Pour téléphoner en France en PCV*** *(reverse-charge call),* il faut composer le 155 sur un poste fixe pour les appels vers l'international. Presque 50 p (0,60 €)/mn. 5 mn minimum.

– ***Grande-Bretagne → Grande-Bretagne :*** pour téléphoner d'un endroit à l'autre à l'intérieur du pays, il faut avoir l'*area code* précédé du 0 (zéro). Pour l'obtenir, composer le 192 (appel gratuit à partir des cabines) afin d'être renseigné par l'opératrice. Le code et le numéro de téléphone sont épelés chiffre par chiffre, et le zéro se prononce comme la lettre « o ». Ainsi, 20 se dira « two o » et non « twenty ».

– ***Grande-Bretagne → France :*** 00 + 33 + numéro du correspondant à 9 chiffres (ne pas composer le 0 initial).

– ***France → Grande-Bretagne :*** 00 (tonalité) + 44 + indicatif de la ville (mais sans le « 0 ») + numéro du correspondant.

Indicatifs des villes

Birmingham	0121
Brighton	01273
Bristol	0117
Cambridge	01223
Canterbury	01227
Cardiff	02920 ou 21
Douvres	01304
Guernesey	01481
Jersey	01534
Leicester	0116
Liverpool	0151
Londres	0207 (centre) ou 0208 (banlieue)
Manchester	0161
Newcastle/Tyne	0191
Oxford	01865
Plymouth	01752
Portsmouth	02392
Sheffield	0114
Southampton	023

Le téléphone portable en voyage

Le routard qui ne veut pas perdre le contact avec sa tribu peut utiliser son propre téléphone portable en Angleterre avec l'option « Europe » ou « Monde ». Mais gare à la note salée en rentrant chez soi ! On conseille donc d'acheter à l'arrivée

une carte SIM locale prépayée chez l'un des nombreux opérateurs, comme Vodafone ou Orange, représentés dans les boutiques de téléphonie mobile des principales villes du pays et souvent à l'aéroport. On vous attribue alors un numéro de téléphone local et un petit crédit de communication. Avant de signer le contrat et de payer, essayez donc, si possible, la carte SIM du vendeur dans votre téléphone – préalablement débloqué – afin de vérifier si celui-ci est compatible. Si besoin, vous pouvez communiquer ce numéro provisoire à vos proches par SMS. Ensuite, les cartes permettant de recharger votre crédit de communication s'achètent dans ces mêmes boutiques ou en supermarché, stations-service, tabacs-journaux, etc. C'est toujours plus pratique pour trouver son chemin vers un *B & B* paumé, réserver un hôtel, un resto ou une visite guidée, et bien moins cher que si vous appeliez avec votre carte SIM personnelle. Malin, non ?
Autre astuce : l'application *Viber* sur *iPhone* qui permet de téléphoner gratuitement via Internet (cela suppose donc le wifi) à tous ceux de votre répertoire qui ont également téléchargé (gratuitement) *Viber.* Un peu contraignant donc, mais vraiment pratique et économique. L'application *Viber* devrait être bientôt élargie aux autres smartphones (notamment aux *Blackberry*).

Urgence : en cas de perte ou de vol de votre téléphone portable

Suspendre aussitôt sa ligne permet d'éviter de douloureuses surprises au retour du voyage ! Voici les numéros des trois opérateurs français, accessibles depuis la France et l'étranger :
– ***SFR :*** *depuis la France, ☎ 1023 ; depuis l'étranger, 📱 + 33-6-1000-1900.*
– ***Bouygues Télécom :*** *depuis la France comme depuis l'étranger, ☎ 0-800-29-1000 (remplacer le « 0 » initial par « + 33 » depuis l'étranger).*
– ***Orange :*** *depuis la France comme depuis l'étranger, 📱 + 33-6-07-62-64-64.*
– ***Free :*** *depuis la France, ☎ 3244 ; depuis l'étranger, ☎ + 33-1-78-56-95-60.*
Vous pouvez aussi demander la suspension depuis le site internet de votre opérateur.

Internet, wifi

La plupart des hôtels, mais aussi des *B & B* et des AJ sont désormais équipés du wifi, généralement gratuit, sauf dans les AJ. Beaucoup d'hôtels et d'AJ possèdent aussi une borne Internet, souvent payante, elle. Vous pourrez aussi vous connecter à différents réseaux wifi à travers les villes, dans certains grands musées, dans des cafés, certains restos et auprès de plusieurs enseignes (on vous laisse découvrir !). Enfin, les bibliothèques possèdent généralement des ordinateurs connectés, qu'on peut utiliser en s'acquittant d'un modique forfait (parfois c'est gratuit !). Et, dans les villes, on trouve aussi, çà et là, des cybercafés.

TRANSPORTS INTÉRIEURS

La route

– ***En voiture :*** vous le saviez peut-être déjà ou vous le devinerez très vite, **ON ROULE À GAUCHE.** Du coup, l'avantage de la location de voiture, c'est que le volant sera du bon côté. Un site pour se renseigner sur le code de la route britannique : ● *direct.gov.uk/en/TravelAndTransport/Highwaycode* ●
– Vous devez être en possession du ***permis de conduire*** français, de la carte grise et de la carte verte d'assurance.

– ***Le réseau routier*** est excellent mais fortement encombré sur les grands axes, de jour comme de nuit. Routes parfois étroites en Cornouailles, dans le nord de l'Angleterre (Lake District, North York Moors National Park...) et au pays de Galles.

– ***Les autoroutes*** sont gratuites, à l'exception de la M6 autour de Birmingham et de certains ponts ou tunnels.

– ***L'essence*** est vendue au litre, Union européenne oblige. Carburant un peu plus cher que sur le continent.

CHAT ALORS !

Percy Shaw, une nuit de 1933, par un brouillard épais, évite de justesse un accident (et un ravin !) grâce aux yeux réfléchissants d'un chat. Ce qui lui donne l'idée de créer des réflecteurs de route pour éviter de tels accidents. Ces réflecteurs s'enfoncent dans le sol à chaque passage de voiture, et s'autonettoient, comme la paupière des chats.

– ATTENTION, la ***priorité*** à droite n'existe pas : donc, à chaque carrefour, un stop ou des lignes peintes sur la chaussée indiquent qui a la priorité.

– Aux ***ronds-points*** *(roundabouts),* à prendre dans le sens des aiguilles d'une montre, les automobilistes déjà engagés sont prioritaires.

– Peu de panneaux STOP en Angleterre, en revanche des panneaux GIVE WAY, qui indiquent de céder le passage sans marquer un arrêt.

– Les vitesses sont indiquées en *miles* (1 mile = 1,6 km ; 1 km = 0,6 mile).

– ***Les piétons*** sont toujours prioritaires. S'ils sont engagés bien évidemment, mais aussi s'ils attendent sagement à un passage piéton. Il vous faudra vous arrêter pour les laisser traverser. Faites-y particulièrement attention, ainsi qu'aux *pelican-crossings,* visuels et sonores, et aux *zebra-crossings* signalés par des boules jaunes lumineuses.

– ***Les véhicules prioritaires*** (police, pompiers, ambulances) le sont vraiment ! Là aussi, il vous faudra marquer un arrêt sur le bas-côté de la route et les laisser passer. Ralentir mollement ne suffit pas !

– On ne badine pas avec les ***limitations de vitesse*** :

➢ en ville : 30 *miles per hour* (48 km/h) ;

➢ sur route : 60 *miles per hour* (97 km/h) ;

➢ sur les autoroutes *(motorways)* et routes à 2 voies séparées *(dual carriageways)* : 70 *miles per hour* (112 km/h).

– Le port de la ceinture de sécurité est obligatoire à l'avant et à l'arrière.

– Taux maximum d'alcoolémie autorisé : 0,8 g/l.

On s'habitue à cette conduite pépère et vous verrez vite qu'il ne sert à rien de pousser, ralenti qu'on est par les nombreux *roundabouts.* Par ailleurs, les caméras de surveillance émaillent l'ensemble du réseau routier anglais. On en trouve même sur les routes de campagne les plus anodines. Vous n'êtes d'ailleurs pas pris en traître, elles sont signalées partout.

– Un détour pour prendre une ***autoroute,*** même éloignée, vous fait souvent gagner un temps considérable. Les autoroutes sont gratuites, ça mérite d'être dit et répété, mais du coup très fréquentées, en particulier par les semi-remorques. Prudence !

– Les Britanniques sont très courtois sur la route. Il est, par exemple, possible (mais pas conseillé tout de même) de faire demi-tour en centre-ville, forçant ceux qui sont derrière soi à s'arrêter, sans provoquer un concert de klaxons. C'est quand on essaie de faire la même chose de retour en France que cette différence de comportement au volant saute aux yeux. C'est peut-être pourquoi le Royaume-Uni détient la palme du plus faible nombre d'accidents en Europe.

– Comment éviter les ***bouchons*** *(traffic-jams),* l'une des grandes plaies des transports en Grande-Bretagne ? Il y en a 10 tristement célèbres : dépliants gratuits dans la plupart des stations-service *(Leaflets to avoid traffic-jams).*

La conduite à gauche

Ce n'est finalement pas si difficile de conduire à gauche, à condition de vous servir de votre rétroviseur de droite et surtout si le passager vous aide dans les dépassements avec une voiture du continent. Le plus difficile est de changer les vitesses si on loue une voiture, on a l'impression d'avoir deux mains gauches, mais on s'y fait vite !

ADROIT À GAUCHE

Les Anglais roulent à gauche et cela remonte au Moyen Âge. Les cavaliers préféraient se tenir du côté gauche de la chaussée, parce qu'en cas d'attaque il était plus facile de dégainer de la main droite en faisant face à l'adversaire. Napoléon imposera la conduite à droite dans toute l'Europe conquise, juste pour énerver ses ennemis britanniques.

Un peu de vocabulaire

Le plein, s'il vous plaît	*fill the tank* (le réservoir), *please*
Essence	*petrol*
Sans plomb	*unleaded*
Pneu	*tyre* (prononcer « taïe »)
Huile	*oil (4 star,* c'est-à-dire 97 octanes*)*
Pare-brise	*windscreen*
Essuie-glace	*wipers* (prononcer « ouaïpeuz »)
Coffre	*boot*
Outils	*tools*
Moteur	*engine*
Batterie	*battery*
Bougies	*lights* (prononcer « laïts »)
Clé de contact	*ignition key*
Réparer	*to mend*
Vérifier	*to check*
Changer	*to change*
Enlever	*to remove*
Nettoyer	*to clean*
(Dé) visser	*to (un) screw*
Louer	*to rent*
Permis de conduire	*driving licence*

Location de voitures

■ ***AUTO ESCAPE :*** *n° gratuit :* ☎ *0820-150-300* ● *autoescape.com* ● *Vous trouverez également les services d'Auto Escape sur* ● *routard.com* ● L'agence *Auto Escape* réserve auprès des loueurs de véhicules de gros volumes d'affaires, ce qui garantit des tarifs très compétitifs. Il est recommandé de réserver à l'avance. *Auto Escape* offre 5 % de remise sur la location de voiture aux lecteurs du *Routard* pour toute réservation par Internet avec le code de réduction : « GDR13 ».

■ ***BSP AUTO :*** ☎ *01-43-46-20-74 (7j/7).* ● *bsp-auto.com* ● Les prix proposés sont attractifs et comprennent le kilométrage illimité et les assurances. *BSP Auto* propose exclusivement les grandes compagnies de location sur place, assurant un très bon niveau de service. Les plus : vous ne payez votre location que 5 jours avant le départ et réduction spéciale aux lecteurs de ce guide avec le code « routard ».

■ ***Hertz :*** ● *hertz.com* ● ☎ *0825-030-040 (0,15 €/mn).*

■ ***Europcar :*** ● *europcar.fr* ● ☎ *0825-358-358 (0,15 €/mn).*

■ ***Avis :*** ● *avis.fr* ● ☎ *0820-050-505 ou 0821-230-760 (0,12 €/mn).*

Auto-stop *(hitch-hiking)*

Grâce à l'amabilité des Britanniques, le stop est relativement facile. Les routiers british sont encore plus sympas que leurs homologues français, et le stop semble

Distances en km	BRIGHTON	BRISTOL	CAMBRIDGE	CANTERBURY	CHESTER	DOUVRES	EDIMBOURGH	EXETER	GLASGOW
BRIGHTON		227	177	153	384	135	708	298	73
BRISTOL	227		255	295	238	318	596	127	59
CAMBRIDGE	177	255		189	293	212	535	382	54
CANTERBURY	153	295	189		394	26	720	387	74
CHESTER	384	238	293	394		427	381	365	37
DOUVRES	135	318	212	26	427		743	410	76
EDIMBOURGH	708	596	535	720	381	743		703	6
EXETER	298	127	382	387	365	410	709		71
GLASGOW	731	592	544	743	375	766	68	719	
LEEDS	391	309	204	403	136	426	324	436	34
LIVERPOOL	413	269	316	425	31	448	348	396	34
LONDRES	88	195	89	100	294	123	620	287	64
MANCHESTER	386	273	270	389	72	421	348	400	34
OXFORD	178	129	126	190	218	213	588	256	56
PORTSMOUTH	78	159	210	221	353	210	741	230	69
SOUTHAMPTON	100	127	214	225	321	235	745	198	66
SWANSEA	369	142	367	433	291	456	672	269	66
YORK	403	368	240	415	175	438	307	495	34

LEEDS	LIVERPOOL	LONDRES	MANCHESTER	OXFORD	PORTSMOUTH	SOUTHAMPTON	SWANSEA	YORK	Distances en km
91	413	88	386	178	78	100	369	403	BRIGHTON
09	269	195	273	129	159	127	142	368	BRISTOL
04	316	89	270	126	210	214	367	240	CAMBRIDGE
03	425	100	398	190	221	225	433	415	CANTERBURY
36	31	294	72	218	353	321	291	175	CHESTER
26	448	123	421	213	210	235	456	438	DOUVRES
24	348	620	348	588	741	745	672	307	EDIMBOURGH
36	396	287	400	256	230	198	269	495	EXETER
40	344	643	344	564	694	667	668	348	GLASGOW
	100	303	64	273	424	488	427	39	LEEDS
00		325	46	249	384	252	322	149	LIVERPOOL
03	325		298	90	121	125	333	315	LONDRES
4	46	298		237	372	340	363	103	MANCHESTER
73	249	90	237		152	103	241	279	OXFORD
24	384	121	372	152		32	312	431	PORTSMOUTH
28	352	125	340	103	32		269	382	SOUTHAMPTON
26	322	333	363	241	312	269		466	SWANSEA
9	149	315	103	279	431	382	466		YORK

DISTANCES ENTRE LES PRINCIPALES VILLES

plus normal parce que les étudiants vont traditionnellement étudier dans une ville éloignée de chez leurs parents. Des restrictions cependant :
– pendant les week-ends, du fait que beaucoup sortent en famille, il est tout à fait compréhensible qu'ils ne veuillent pas s'encombrer d'un étranger ;
– la côte sud en été est fréquentée par une majorité de touristes avec des voitures hyper chargées.
Sur les autoroutes, faire du stop de *services* en *services* (restoroutes). Vous risquez une amende si vous pratiquez le stop sur les voies d'accès autoroutières.
Pour demander à se faire conduire à... : *Could you give me a lift to... ?* Encore un excellent moyen de *brush up your rusty english* !

Bicyclettes *(bikes)* et mobylettes *(mopeds)*

– Dans les petites villes et les villages, il est souvent possible de ***louer une bicyclette*** *(rent a bike)* à la semaine, à un prix très abordable. Presque tous les trains ont des fourgons qui permettent d'embarquer votre vélo sans autre formalité. Vérifiez tout de même les horaires à la gare en demandant le système *bike it by train.*
– Rappelez-vous qu'il est interdit de mettre les ***mobylettes*** sur le trottoir. La plupart des parkings ont un espace réservé.
– *Si vous arrivez avec votre mobylette,* les formalités d'entrée sont les mêmes que pour un véhicule, c'est-à-dire :
➢ un permis de conduire national, international ou britannique ;
➢ une carte verte d'assurance que votre compagnie peut vous délivrer ;
➢ une immatriculation, même pour les moins de 50 cm^3.
– Des pneus de première qualité sont indispensables, et la loi exige des freins en parfait état. Les règlements concernant l'éclairage sont également stricts. Le port du casque est OBLIGATOIRE, ne l'oubliez pas ! *Attention,* les roues de 700-28 n'existent pas en Grande-Bretagne !
– Il est obligatoire, pour embarquer, d'avoir une étiquette avec nom, adresse et destination. La préparer avant le départ, plastifiée, nettement plus pratique. Il n'existe pas de pompe avec mélange. Donc, prévoir un doseur d'huile.
– *La location de mobylettes :* relativement difficile pour des questions d'assurance, et il faut être âgé de 18 ans minimum et posséder son permis depuis au moins un an. Le nombre de compagnies louant des mobylettes est limité, la mob étant rare en Grande-Bretagne.

L'autocar

Il existe des compagnies privées qui organisent des circuits et excursions. Cependant, les autocars en Grande-Bretagne parcourent tout le pays et offrent des tarifs généralement beaucoup plus avantageux que le train. Il faut distinguer les *Country Buses* qui ne desservent que le comté, en général peu confortables, vieux, lents et chers, et les *National Express Coaches* qui sillonnent tout le pays et sont très confortables. Leurs prix sont inférieurs de 30 à 50 % à ceux du train.
Il est possible pour tout le monde de se procurer un *Pass Hobo* à partir de 79 £ qui donne accès sur 7 jours à toutes les lignes de la *National Express.* D'autres *passes* : *Foot Loose* (14 jours) pour 139 £ et *Rolling Stone* (28 jours) pour 219 £. Plusieurs réductions pour les étudiants de 16 à 26 ans. Et pour les plus de 60 ans, c'est 50 % de réduction immédiate (demander le tarif *Route sixty*). Par ailleurs, les *Family Coachcards,* valables pour deux adultes et deux enfants (ou 1+1), permettent aux enfants de voyager gratuitement pendant un an.

■ ***Renseignements centralisés en Grande-Bretagne :*** ☎ *08717-81-81-81 ou 08717-81-81-78.* • *nationalexpress.com* •

■ ***Autres infos*** *sur* • *megabus.com* • Le *low-cost* des bus. Plein de liaisons entre les villes anglaises. Plus vous réservez tôt, moins c'est cher !

– Dernier conseil voyageurs : le port de la ceinture de sécurité est désormais obligatoire dans tous les autocars et minibus de l'Union européenne.

Le train

Depuis la privatisation du réseau ferré anglais, on a pu assister ces dernières années à des expériences difficiles à vivre : retards se répercutant en chaîne au gré des connexions, annonces contradictoires, confort parfois limite limite, etc. À cela se sont ajoutés les nombreux travaux entrepris depuis les accidents meurtriers. Mais depuis quelque temps, les transports en train sont moins pénibles, les retards ou annulations bien annoncés en gare sur des panneaux. Pas de trains rapides, donc pas de réservations obligatoires, sauf pour les trains de nuit. Les possesseurs de la carte *InterRail* bénéficient de plusieurs réductions, bien le stipuler à l'achat. Sachez enfin que le train est bien plus cher que le bus.

Renseignements auprès de ***National Rail Enquires :*** ☎ *(8457) 48-49-50.* • *rail.co.uk* •

Des bons plans transports sur :

• *southwesttrains.co.uk* • Les trains, mais dans le sud-ouest du pays seulement.

• *thetrainline.com* • Site privé mais bien fait. Horaires, prix et tout le toutim.

De manière générale, pour des trajets ponctuels, noter que :

- L'aller-retour dans la journée *(day return)* revient beaucoup moins cher que 2 allers simples.
- On peut bénéficier de tarifs nettement réduits si l'on réserve à l'avance ou en prenant un billet non échangeable et non remboursable *(non-refundable).*
- Il existe de nombreuses autres formules de réduction (familles, jeunes, seniors, étudiants, etc.).

Voir au début de ce guide la rubrique « Comment y aller ? ».

Formules InterRail

Voir au début de ce guide la rubrique « Comment y aller ? ».

Quelques tuyaux

- *Single* signifie aller simple ; *return :* aller-retour ; et *day return :* aller-retour dans la journée.
- Si vous arrivez par Heathrow ou Gatwick et si vous ne voulez pas passer par Londres, les deux aéroports sont reliés au train directement par la gare de Reading. Très intéressant pour l'Ouest et le Nord (Salisbury, Oxford, Bath, Bristol, Exeter, Penzance, Cardiff, Birmingham...). La navette vous conduit à la gare de Reading en 1h.

L'avion

British Airways propose des liaisons aériennes entre plusieurs villes du Royaume-Uni. Pas toujours très intéressant au niveau des tarifs, mais ça peut faire gagner du temps pour les longues distances, évidemment. Pour vous renseigner sur toutes les possibilités de vols intérieurs, allez sur le site • *flightmapping.com/maps/UKIreland* • Hyper pratique : vous cliquez sur la ville de départ de votre choix et vous avez toutes les liaisons possibles par toutes les compagnies aériennes, ainsi qu'éventuellement les alternatives en train.

URGENCES

■ ***Services de secours :*** ☎ *999 (appel gratuit).*

☎ **112 :** voici le numéro d'urgence commun à la France et à tous les pays de l'UE, à composer en cas d'accident, agression ou détresse. Il permet de se faire localiser et aider en français, tout en améliorant les délais d'intervention des services de secours.

HOMMES, CULTURE, ENVIRONNEMENT

« Trois choses ne servent strictement à rien : les seins des hommes, la BBC, et la monarchie britannique. »

Sir Winston Churchill.

La Grande-Bretagne n'est qu'à une trentaine de kilomètres de nos côtes, mais, déjà, ce bras de mer prend des allures d'Atlantique. Le Français qui débarque pour la première fois « de l'autre côté » est immanquablement dépaysé et surpris. Les paysages déclinent toute la palette des verts, qui tranche avec le rouge du mobilier urbain ! Du faux feu qui décore les âtres aux gentilles dames qui vous appellent *honey* ou *darling,* tout mérite les qualificatifs *quaint and cosy* (vieillot et douillet).
Pelouses et trottoirs nets, maisons et jardins bichonnés, il n'y a que le ciel que les Britanniques ont oublié de repeindre. Chacun a de l'espace pour vivre, même si la population britannique, aussi nombreuse que la population française, dispose de moitié moins de surface totale. Laissez-vous charmer par un tout autre art de vivre et par le célèbre flegme britannique, qui n'est pas une légende usurpée !
Dans ce pays monarchique, la jeunesse britannique a fait craquer – voici une cinquantaine d'années – l'austérité victorienne et la respectabilité qui l'enserraient depuis plus d'un siècle. En faisant cohabiter les looks les plus extravagants et le chapeau melon, la Grande-Bretagne a bien évolué. Beaucoup de choses ont changé et, en même temps, rien n'a complètement disparu. Ce pays considère déjà que les Beatles, tout comme l'empire des Indes, appartiennent à son histoire ancienne. Mais au collège d'Eton, les enfants vont toujours à l'école en queue-de-pie.

BOISSONS

Le thé est la boisson nationale et les Anglais en boivent toute la journée. Demandez-le *white* (avec du lait) ou *black* (nature), avec ou sans sucre. Un nombre croissant d'hôtels chic et de salons de thé londoniens remettent à l'honneur les fameux *afternoon teas* avec un grand choix de thés aux arômes différents, des sandwichs et toute une cohorte de gâteaux.
Contrairement aux idées reçues, l'Angleterre produit du vin dans le sud du pays. On assiste même à un réel engouement et on trouve de plus en plus de *wine bars,* plutôt chers, qui proposent toutes sortes de vins au verre (essentiellement italiens et français ou du *new world,* c'est-à-dire australiens, sud-africains, sud-américains). Des vins de cépage, le plus souvent. Aussi surprenant que cela paraisse, les Anglais consomment même plus de vin que de bière depuis le milieu des années 1990 ! Que ceux qui supportent mal l'alcool demandent un *babycham,* un jus de fruits (souvent plus cher que l'alcool), ou même un café.

Pour un demi, commander *half a pint* (prononcer « affeupaïnte ») ; *a pint* (50 cl) coûte proportionnellement moins cher mais demande un certain entraînement. *A shandy* est un panaché.
Pour les non-amateurs de bière, la *ginger ale* vous séduira peut-être. On trouve partout du cidre *(cider)* qu'on commande *dry, medium* ou *sweet,* comme le xérès *(sherry),* délicieux et pas très cher. Essayez aussi le porto *(port).*
Les alcools forts n'allégeront pas trop votre bourse non plus. Le stock de *whiskies* est impressionnant, à choisir parmi les whiskeys irlandais et les bourbons américains. Si vous aimez les liqueurs douces, goûtez le *Drambuie,* au whisky, ou l'*Irish cream,* au café. Si vous préférez les mélanges, essayez un *dry martini* (pas du tout ce à quoi vous vous attendez) ou une *vodka and lime* (prononcer « laïme ») pour faire anglais. Au pays de Galles, goûtez le *chwisgi,* un whisky local. Autrement, en été, autour d'un barbecue ou dans les hauts lieux aristocratiques, on sirote un *Pimm's,* mélange tonique à base de quinine et d'herbes, servi avec des concombres, très rafraîchissant ! Et l'hiver, très logiquement, on le boit chaud, servi avec un jus de pomme. Revigorant !
Dans toutes les grandes villes, des *coffee bars* proposent une variété de cafés italiens : *espresso,* cappuccino... Pas toujours réussis mais salvateurs pour les accros à la caféine et les Anglais, de plus en plus friands de café. Tout change !

Conseils du même tonneau

Il y a trois sortes de bières :
– ***La bière en bouteille.*** *Light* ou *pale ale :* bière blonde qui est un peu la boisson nationale ; *brown ale :* bière brune mais douce ; *stout :* très sombre. La *strong lager* se sert aussi en bouteille.
Actuellement, *ale* et *beer* désignent la même chose. Même si vous n'aimez pas la bière en France, goûtez ce nectar qu'est le *real ale.*
– ***La bière tirée au tonneau*** *(draught),* à la pompe traditionnelle, servie à la température ambiante et peu gazeuse. La *bitter,* blonde amère, est sans conteste la plus populaire, la *pale ale* est plus douce. La *mild* est un peu sucrée et brune.
– ***La bière à la pression,*** ou *keg,* en général blonde, gazeuse et servie froide. On trouve aussi des *lager* qui correspondent à la bière française, et des *stout* (par exemple la fameuse *Guinness*) en bouteille et à la pression.
Selon Gault et Millau, la *Whitbread Gold Label* a le privilège d'être la bière anglaise la plus forte. Il s'agit en fait d'un « barley wine », ou vin d'orge non pasteurisé, autrefois destiné à l'exportation vers la Sainte Russie : le long voyage et les rudes hivers justifiaient le degré alcoolique exceptionnel de ces bières (plus de 10°).

Les pubs

De tradition typiquement britannique, le pub est le lieu de rencontre par excellence. On y vient avec ses collègues, ses amis ou tout simplement en famille pour y passer un joyeux moment de détente et de discussion dans une extraordinaire fusion des classes. En général, le pub offre plusieurs salons dont les différences sont de moins en moins sensibles : *public bar, lounge bar, saloon bar, private bar* (ce dernier est réservé à un club).

Un peu d'histoire

Cercles paroissiaux durant le Moyen Âge, lieux de réunion des ouvriers qui commencent à se syndiquer au XIXe s, les pubs ont souvent conservé leur vitrine en verre dépoli, de vieilles boiseries noircies et patinées, des lumières faiblardes comme au temps de la bougie, et de beaux cuivres.
Les amateurs perspicaces remarqueront que certains noms de pubs reviennent souvent. Parmi ceux-ci, *King's Head* en souvenir de Charles Ier que Cromwell fit décapiter, *Red Lion* qui rappelle les guerres coloniales, *Royal Oak* qui commémore la victoire de Cromwell sur Charles II (qui se réfugia sur un chêne !).

La vague de modernisme a frappé durement, et les *posh-pubs* (littéralement : pubs chic) se sont multipliés. Les pubs que nous indiquons ont tous quelque chose qui les distingue de la masse. Cadre authentique, atmosphère originale, bonnes bières, tenanciers hors du commun, situation géographique, bouffe correcte et pas chère, musique... Parfois presque tout à la fois. Vous en trouverez encore avec des compartiments à porte ou des box, afin que les dames boivent sans honte, d'autres avec des tableaux à numéros au-dessus du comptoir qui indiquaient quelles tables ou quels box étaient assoiffés lorsque le consommateur tirait sur un cordon.

Horaires d'ouverture

Le gouvernement a pris la décision – qui peut paraître paradoxale – d'autoriser la vente d'alcool 24h/24. En laissant le temps aux clients de consommer leurs boissons, le gouvernement espère limiter l'absorption rapide et massive d'alcool. Pari risqué, d'ores et déjà critiqué par les services de santé et de sécurité du pays ; certains émettent un autre son de cloche, soulignant que cette initiative permettra aux caisses de l'État de se remplir grâce à l'augmentation du prix des licences et des amendes délivrées aux consommateurs trop tapageurs...
Jusqu'à la Première Guerre mondiale, les pubs étaient ouverts l'après-midi. Les ouvriers, qui n'avaient jusque-là connu que la pauvreté la plus abjecte, pour la première fois de leur vie gagnèrent un peu d'argent, à cause de la fabrication d'armes en masse. Profitant de cette aubaine, ils allèrent au seul endroit procurant du plaisir à cette époque : le pub. Ils prirent l'habitude d'y rester la plus grande partie du week-end et d'être complètement raides le lundi matin. Le gouvernement alors légiféra, nationalisant tous les pubs et les frappant d'heures réglementaires. Résultat : les Britanniques devinrent le peuple le plus rapide du monde pour ingurgiter des quantités impressionnantes de bière en un temps record !
Le gouvernement prit également le contrôle de la bière et engendra les lois de licence *(licensing laws),* encore en application et que les étrangers trouvent si bizarres. Le contrôle des pubs par l'État dura jusqu'aux années 1970, où ils furent revendus à des particuliers.

Pubs et coutumes

Outre le fait que l'on boive souvent sa bière sur le trottoir quel que soit le temps, les Anglais pratiquent beaucoup le *pub crawling.* Lorsqu'ils sortent à plusieurs, le premier paie une tournée dans un premier pub, le deuxième en paie une autre dans un pub différent et ainsi de suite.
Règle n° 1 dans tout pub qui se respecte : on va directement chercher sa consommation au comptoir et on paie tout de suite. Quand le gosier est de nouveau à sec, il faut retourner au bar pour commander. Ne restez pas assis, vous pourriez attendre longtemps votre verre !
Par tradition, les hommes commandent toujours une *pint* (un demi-litre) et les femmes *half a pint* parce que *« it's more socially acceptable ».* Mais de plus en plus, elles prennent plutôt un verre de vin, blanc de préférence.
L'accès aux mineurs est strictement réglementé (voir plus loin la rubrique « Enfants »). Enfin, n'oubliez pas que les députés de la Chambre des communes ont voté en février 2006 un texte qui **interdit de fumer dans les lieux publics** et que depuis l'été 2007, tirer sur sa clope dans un pub, un restaurant, un club privé ou encore au bureau est passible d'une amende de 50 £.

CUISINE

– Les heures des repas ne sont pas les mêmes qu'en France. Il est en effet parfois difficile de se faire servir un dîner après 20h30 dans les petites villes (où l'on déjeune aussi avant 14h) et 22h dans les grandes. Les Britanniques font rarement un « vrai repas » le midi, comme on l'entend en France, et se contentent généralement d'une soupe, d'un plat, d'un snack léger ou d'un sandwich. Sauf le dimanche pour le traditionnel *roast dinner* qui, comme son nom ne l'indique pas, se mange le midi. Il est cependant très facile de manger « *all day long* » car beaucoup de restos et pubs assurent un service continu, tout au moins en ville.

Le ***full English breakfast*** (petit déjeuner traditionnel) comprend le plus souvent un plat de *cereals* (corn-flakes, muesli) ou de porridge (bouillie d'avoine au lait) et un jus de fruits. Viennent ensuite des œufs, du bacon, des saucisses, des *baked beans* (haricots à la sauce tomate) *on toast*, parfois des champignons ou du poisson (du *kipper* ou du *haddock*) ou encore du *black pudding* (boudin noir). Enfin, pour terminer, des toasts beurrés et accompagnés de marmelade d'orange. Et comme boisson, thé ou café au lait. Cette tradition demeure vivace dans de nombreuses familles, essentiellement le week-end.

Avant de rentrer dans les détails, il convient d'abord de tordre le cou aux idées reçues. Bien manger coûte cher en Angleterre, cela s'avère, malheureusement, une évidence. Il n'en demeure pas moins que la cuisine anglaise a évolué et qu'elle ne mérite plus toute l'opprobre dont on l'a couverte, le plus souvent avec une malice bien chauvine... Il serait vraiment dommage de la réduire à ses clichés. Des chefs comme Gordon Ramsay ou Jamie Oliver ont su la médiatiser, la populariser et les Anglais sont devenus de véritables gourmets, informés et éduqués !

Par exemple, il est couramment admis qu'au Royaume-Uni on ne sait pas faire cuire la viande. Pourtant, il suffit de lécher les cartes de restos pour voir que le bœuf, d'origine anglaise s'il vous plaît, se tient en bonne place. La race (le plus souvent de l'*angus*, l'une des meilleures races à viande au monde), la zone d'élevage, mais aussi de temps de maturation de la viande (souvent plus de 20 jours !) sont généralement précisés. Les amateurs de viande ne seront généralement pas déçus, y compris ceux qui l'aiment « bleue » ! Bon nombre de restos français pourraient en rougir de honte et suivre l'exemple... Agneaux et porcs fermiers ne sont pas en reste... Et il serait vraiment dommage de se priver du plaisir subtil d'un agneau rôti à la menthe !

La cuisine anglaise est également riche en épices (passé colonial oblige) et en légumes. Et là encore, les légumes « oubliés » qui font tant fureur chez nous aujourd'hui, font partie du quotidien des anglais qui ne les ont jamais oubliés, eux ! Panais, courge *butternut* et autre potiron, sont aussi populaires que le petit pois vert (anglais).

Bref, la cuisine anglaise réserve aux curieux de bien belles surprises, riches en saveurs. Encore faut-il bien savoir où goûter toutes ces belles spécialités. Les restos proposent souvent un lunch à un prix très attractif. Enfin, il existe un courant, emmené par les « *gastropubs* », dans la lignée du mouvement *Slow Food*, qui ont à cœur de proposer une cuisine anglaise, moderne, inspirée et à base de produits locaux.

– Les célèbres ***fish & chips*** permettent de manger sur le pouce pour pas cher, du moins dans les *take-away*, affectueusement surnommés « *chippy* ». En revanche, dans ces endroits, c'est souvent gras et graillonneux. Mais que cela reste entre nous... les Anglais ne comprennent pas toujours notre manque d'enthousiasme sur le sujet ! Si vous voulez goûter à un *fish & chips* doré, croustillant et préparé dans les règles de l'art, dans un pub ou un resto, il vous en coûtera facilement 10-15 £. Dans tous les cas, c'est le choix du poisson qui détermine le prix

FISH & CHIPS

Le poisson frit aurait été importé au XVIIe s par les immigrés juifs du Portugal vers l'Angleterre. On y mange déjà des french fries (des frites !). Le mariage des deux plats se fait rapidement et devient même l'emblème du plat ouvrier par excellence, qu'on déguste dans les chip shops, emballé dans du papier journal. Mais l'encre d'imprimerie, c'est pas génial pour assaisonner. En 1980, le papier journal est interdit. Les petites barquettes et des feuilles de papier blanc ont remplacé les journaux. Depuis, la presse va mal !

(et la qualité) du plat ; les meilleurs étant à base de cabillaud ou d'églefin. Vient ensuite le choix et la température de l'huile, la recette de la « *battered* » qui vient envelopper le poisson. On vous le dit et le répète, le pire côtoie le meilleur...
– ***Les supermarchés*** sont aussi une solution très pratique si vous fréquentez les campings ou les AJ (on peut y faire sa cuisine). Certains proposent des *full English breakfast* très honorables et bon marché, et des *salad bars* qui reposeront votre estomac sans vous ruiner.
– Dans les boulangeries, voyez les ***rolls*** fourrés, pour trois fois rien, et les ***pies*** (tourtes salées) à la viande ou aux légumes. *Eat* ou *Pret A Manger* sont deux chaînes qui proposent des sandwichs d'une fraîcheur et d'une qualité irréprochables.
– ***Les pubs,*** bien sûr, pour déguster leur *pub grub* (littéralement « boustifaille ») traditionnel. À midi, on trouve presque toujours au menu la *soup of the day,* les *jacket potatoes* (grosses pommes de terre garnies au choix) et une variété de sandwichs.
On y sert aussi des plats très bons et abordables, dont le *ploughman's lunch* (plusieurs fromages, parfois du jambon, servis avec du pain, des oignons, du *chutney* et de la salade) et le *shepherd's pie* (une sorte de hachis Parmentier). Partout vous trouverez saucisses et *mashed potatoes* (ces dernières accompagnent quasi tous les plats). Le dimanche, essayez également le *carvery lunch* ou le *roast dinner* traditionnels, avec du *roast beef* ou d'autres viandes rôties, des *roast potatoes,* divers légumes généralement très peu cuits et parfois du *Yorkshire pudding.*

OPÉRATION MAINS PROPRES

C'est un Anglais, sir John Montagu, comte de Sandwich, qui est à l'origine du mot « sandwich ». En 1762, refusant d'interrompre une partie de cartes, il se fit servir de la viande froide et du fromage entre deux tranches de pain, de manière à ne pas se salir les mains ni graisser les cartes.

– ***Les restaurants chinois et japonais*** pratiquent des prix relativement modérés. Ils offrent une cuisine de qualité inégale, comme partout, mais les meilleurs d'entre eux sont dignes d'éloges. Ils présentent l'avantage d'avoir des horaires d'ouverture plus souples.
– Il serait criminel de passer du temps au Royaume-Uni sans avoir goûté la ***cuisine indienne*** (ou pakistanaise), représentée quasiment partout. C'est une cuisine riche en saveurs, généralement meilleure qu'en France, qui permet de faire un bon repas pour pas trop cher.
– Il ne faut pas oublier qu'en Grande-Bretagne les deux choses les plus importantes (avant le football et la musique) sont la famille royale et les animaux. De plus, une part non négligeable de la population est d'origine indienne et de confession sikh ou hindoue et donc traditionnellement végétarienne. Sans compter les problèmes de la vache folle qui ont sensiblement modifié les habitudes alimentaires. Rien d'étonnant donc à ce que 10 % des habitants soient ***végétariens.*** D'ailleurs, les restaurants proposent presque systématiquement un menu végétarien généralement moins cher. Les produits *veggies* sont estampillés « V ». Facile !
– La vraie cuisine britannique, vous la connaîtrez en famille ou en commandant le dîner au *B & B.* Un ***repas traditionnel*** se compose généralement d'une viande préparée en cocotte accompagnée de *greens,* avec une prédilection pour les pois étrangement verts et le *cabbage* (chou) *and potatoes* arrosés avec la sauce de la viande *(gravy).* Précédée d'une soupe ou d'un *pie* et invariablement suivie d'un dessert cuisiné, généralement délicieux : *apple pie and custard* ou *clotted cream, crumble, chocolate cake, carrot cake, trifle,* glaces... Ah ! nous allions oublier le cheese-cake dont la base est du biscuit sur lequel on ajoute une sorte de mousse au fromage blanc et à la crème, recouvert d'un coulis de fruits. Hmm ! Il n'y a que la fameuse *jelly* multicolore qui ne soit pas la meilleure invention... mais les enfants en raffolent, accompagnée de glace à la vanille !

– Dans les familles où l'on prend le ***tea*** ou ***high tea*** à la place du dîner, on vous fera goûter une lente torture délicieuse, allant des *crumpets, buns* et *scones* aux gâteaux crémeux. Sans oublier les fameux *cucumber sandwiches*.

– ***Le fromage*** (généralement à pâte cuite) existe bien et les Anglais en sont même fiers, à juste titre. On vous le servira traditionnellement pour un *supper,* c'est à dire en fin de soirée, après le dessert. Essayez le cheddar (le *Montgomery* est connu pour être le meilleur) ou encore le *stilton* servi avec des crackers, en sirotant un verre de porto (mais oui !) et accompagnés d'une branche de céleri. Fermiers et au lait cru, ces fromages sont tout simplement délicieux ! Évitez en revanche les « savons » pasteurisés qui inondent encore les rayons de supermarchés.

– Au pays de Galles, on vous proposera quelques spécialités comme le *cawl cennin,* une épaisse soupe de poireaux, ainsi qu'une soixantaine de variétés de *buns* (commençant toutes par le mot *bara*), le plus connu étant le *bara brith*, à déguster en tranches tartinées de beurre. Une autre spécialité est le *Welsh rarebit,* du fromage fondu dans la bière, mélangé à du beurre et de la moutarde et passé au four. Également le *laverbread,* sorte de gâteau à base d'algues, flocons d'avoine et bacon, surprenant et délicieux.

BON MÉLANGE

La sauce Worcestershire, typiquement anglaise, au goût fort, très prononcé et au nom... imprononçable, a été inventée en 1835 par deux chimistes, John Lea et William Perrins. Un lord anglais souhaitait retrouver le goût d'une sauce découverte au Bengale. On mélangea alors du vinaigre, de la mélasse, des oignons, de l'anchois, de l'ail et... c'était infâme ! Ils décidèrent donc de ranger ce drôle de mélange à la cave. Deux ans plus tard, ils retrouvèrent le flacon, goûtèrent et... adorèrent cette sauce fermentée. Ils décidèrent alors de la commercialiser. Depuis 135 ans, le succès ne se dément pas.

DROITS DE L'HOMME

« Big Brother is watching you ! » : difficile de ne pas penser à Orwell, lorsqu'on évoque le vaste scandale des écoutes mises en place pendant des années par le quotidien *News of the World.* Il a d'autant plus choqué l'opinion, qu'il aurait impliqué au plus haut niveau Scotland Yard, ainsi qu'un proche du Premier ministre David Cameron. La personnalité du propriétaire du journal, le magnat de la presse Ruppert Murdoch, n'a rien fait pour atténuer la colère des Britanniques, dont beaucoup ont pour le coup perdu leur flegme. D'autant que l'on ne plaisante pas avec les libertés publiques en Grande-Bretagne. Ainsi la décision récente de délivrer une carte d'identité obligatoire pour chaque citoyen a provoqué un tel mouvement d'opinion, qu'il a été rangé aux oubliettes de Westminster. Précurseur en la matière (la loi « d'Habeas Corpus » contre la détention arbitraire date de 1679), le système anglais a d'ailleurs, à de nombreuses reprises ces dernières années, freiné les

ET POURQUOI LES IMMIGRÉS VEULENT ALLER EN ANGLETERRE ?

Chez les Anglais, une règle préserve le droit de tous les citoyens, depuis des siècles : l'Habeas Corpus. Cette loi garantit à une personne arrêtée d'être présentée très rapidement à un juge qui décidera de la validité de son arrestation. S'il n'y a pas de délit, elle sera libérée aussitôt. En Angleterre, on peut donc se promener sans avoir de carte d'identité. Ce n'est pas le cas en France !

tentatives de dérapage en matière de lutte antiterroriste (prolongation de la durée de garde à vue...). Mais les ONG britanniques continuent de dénoncer les dérives autorisées par le « Terrorism Act » de 2006, ainsi que les exactions commises par les troupes de Sa Gracieuse Majesté en Irak ou en Afghanistan. La visite de la reine à Belfast en mai 2011 a paradoxalement montré que, si la paix était officiellement revenue en Irlande du Nord, les tensions demeuraient vives. De nouveaux troubles entre les deux communautés ont en effet ressurgi récemment, et en avril 2011, un attentat meurtrier – le premier depuis 2009 – a coûté la vie à un policier. Enfin, les conséquences de la crise sont particulièrement sévères, dans un pays où le système de redistribution sociale est extrêmement faible. Dans certaines régions du royaume, selon l'ONU, la pauvreté chronique fait des ravages, particulièrement chez les enfants.
Pour en savoir plus, contactez :

■ ***Fédération internationale des Droits de l'homme (FIDH) :*** *17, passage de la Main-d'Or, 75011 Paris. ☎ 01-43-55-25-18. • fidh.org • Ⓜ Ledru-Rollin.*

■ ***Amnesty International*** *(section française) : 72-76, bd de la Villette, 75949 Paris Cedex 19. ☎ 01-53-38-65-65. • amnesty.fr • Ⓜ Belleville ou Colonel-Fabien.*

N'oublions pas qu'en France aussi les organisations de défense des Droits de l'homme continuent de se battre contre les discriminations, le racisme et en faveur de l'intégration des plus démunis.

ÉCONOMIE

Le Royaume-Uni se trouve dans le clan très fermé des membres du G8, le club des pays les plus riches du monde. La richesse n'est toutefois pas équitablement répartie, loin de là. 11 années de thatchérisme ont laissé le secteur de la santé et des équipements collectifs en piteux état et le dynamisme de la City ne peut masquer le marasme du Nord, toujours en pleine reconversion industrielle douloureuse. Les Anglais espéraient beaucoup de l'arrivée des travaillistes avec Tony Blair, en 1997, notamment pour les services publics et le secteur de la santé. Pas mal de mesures ont été prises dans ce sens, en augmentant notamment les impôts, mais les Anglais attendent toujours des résultats... compromis par la crise économique mondiale de 2009. Les initiatives de Gordon Brown tirent le pays de la récession mais n'enthousiasment pas franchement les électeurs. Déçus, ils choisissent en 2010 son adversaire conservateur David Cameron, qui doit à son tour affronter la menace de la rue. Son projet de « Big Society » fait peur.
Principales activités du Royaume-Uni : banque et finance, acier, équipements pour le transport, pétrole et gaz, tourisme.
Principaux partenaires : Union européenne et États-Unis.

ENFANTS

Si l'on met de côté le problème du budget, l'Angleterre s'avère une destination géniale en famille. Déjà, il est bon de préciser que la plupart des hôtels, *B & B* ou AJ proposent des chambres familiales, ce qui permet d'alléger singulièrement les frais d'hébergement. Quant aux musées, beaucoup sont gratuits. Et quand ils ne le sont pas, ils proposent des « forfaits famille » ; pensez donc à vous renseigner.
Le moins que l'on puisse dire, en tout cas, c'est que du côté de l'accueil « jeune public », les Anglais font très fort. Ici, l'art est une matière essentielle et on fait tout pour développer au plus tôt la sensibilité artistique des plus petits. On peut toucher, écouter, se déguiser, s'amuser... Voilà pourquoi il n'est pas rare que le musée

anglais ressemble à une ruche bourdonnante, bien loin de l'image que l'on se fait en France du musée-mausolée où doit régner un silence quasi religieux... Ici, pas de doute, vos enfants ne s'ennuieront pas une seconde !
Ces mêmes musées abritent des cafétérias, souvent très agréables, parfaites à l'heure du déjeuner. Le soir, on mange tôt, ce qui s'avère bien pratique avec des enfants en bas âge. Quant à la cuisine de pub, elle ne bouleversera pas les habitudes des plus grands et leur plaira même sûrement.
Encore faut-il savoir que de 14 à 18 ans, l'admission se fait à la discrétion du patron. Bien évidemment, interdiction de consommer des boissons alcoolisées (et attention, ils savent faire la différence !). En dessous de 14 ans, *sorry,* pas d'admission, même en compagnie des parents. Exception faite pour les *family pubs* qui indiquent clairement « *children welcome* » dès l'entrée et proposent des jeux et des menus adaptés. Sinon, il existe un choix large de restos exotiques... Ainsi, tout en perfectionnant leur anglais, vos enfants pourront s'initier aux saveurs du monde !

ENVIRONNEMENT

Le gouvernement a lancé en 2000 la « Waste Strategy » en réaction aux mauvaises habitudes ménagères des Anglais (12 % seulement faisaient alors le tri sélectif). Et cela semble avoir porté ses fruits : dans le *Waste Strategy Annual Progress Report 2008/09,* tous les postes sont au beau fixe. En termes de circulation automobile, Londres fut la première grande capitale à instaurer le péage pour les véhicules motorisés en centre-ville.
Côté nature, à part une déforestation passée abusive, le Royaume-Uni est un pays où les parcs nationaux – 12 en Angleterre et au pays de Galles – bénéficient d'une incomparable protection, un modèle dans le genre. Ils sont individuellement administrés par le *NPA* (National Park Authority), et des associations écolos, comme le *National Trust,* en sont les principaux propriétaires. Le fonctionnement repose souvent sur l'adhésion des visiteurs *(members)* et le volontariat, très répandu parmi les jeunes et les retraités. Le National Trust, pour ne citer que lui, travaille à la préservation de lieux d'intérêt historique et d'espaces naturels : 300 demeures et jardins historiques, plus de 1 100 km de côtes, 3 millions de membres et plus de 43 000 volontaires ! Pour en savoir plus : ● *nationaltrust.org.uk* ●
Prenons la New Forest, devenue parc national en 2005 : cette région – qui accueille plus de 8 millions de visiteurs chaque année – a mis en place un écolabel appelé « Little Acorn ». Ce label récompense les hôtes et leur hébergement qui abandonnent 10 % de leur propriété à la faune sauvage – entre autres exigences.
Quelques particularités britanniques : la randonnée et le *birdwatching* (l'ornithologie), l'un allant souvent avec l'autre. À titre de comparaison : la RSPB *(Royal Society for the Protection of Birds)* compte plus d'un million d'adhérents, dont 150 000 jeunes, contre seulement 43 000 pour son équivalent français, la LPO *(Ligue pour la protection des oiseaux).*

FÊTES ET JOURS FÉRIÉS

Fêtes et festivals

– ***Bath Literature Festival :*** *début mars.* Tous les plus grands écrivains anglo-saxons y sont passés ou y passeront. ● *bathlitfest.org.uk* ●
– ***Oxford and Cambridge Boat Race :*** *le 1er sam d'avr à Londres.* La fameuse course d'aviron entre les universités mythiques et rivales du nord de la capitale. Départ de Putney Bridge et arrivée avant Chiswick Bridge. ● *theboatrace.org* ●

- ***Brighton Festival :*** *3 sem en mai.* L'un des plus grands festivals d'art en Angleterre. Parades, pièces de théâtre, concerts, etc. • *brightonfestival.org* •
- ***Trooping the Colour :*** *un sam de juin à Londres.* La garde royale se plie en quatre et brique ses lustres pour célébrer l'anniversaire de la reine.
- ***Festival de l'île de Wight :*** *3 j. mi-juin.* Tout le monde pensait le festival mort et enterré, depuis le fameux rassemblement de 1970. Que nenni, le voilà qui renaît de ses cendres. Depuis 2002, les oreilles adeptes de bon rock viennent écouter une sélection de groupes variés, du plus vieux au plus récent.
- ***Glastonbury, Festival of Contemporary Performing Arts :*** *(en principe) 3 j. fin juin.* Ce festival de musique mondialement connu rassemble chaque année près de 140 000 passionnés, attirés par sa riche programmation comptant de nombreuses têtes d'affiche internationales. *Glastonbury* est aussi devenu le rendez-vous incontournable des people, dont la célèbre Kate Moss qui ne manque aucune édition. • *glastonburyfestivals.co.uk* •
- ***Newcastle Hoppings :*** *la dernière sem de juin.* La plus grande fête foraine d'Europe.
- ***Derby d'Epsom :*** *en juin.* Course de chevaux à Epsom Downs. Tout le gotha s'y retrouve. Jolis chapeaux en vue ! • *epsomderby.co.uk* •
- ***Llangollen International Musical Eisteddfod :*** *1 sem en juil.* Célébration de l'âme galloise à Llangollen (pays de Galles) par des invités d'une cinquantaine de pays. Musique, danse, concerts et animations de rues. • *international-eisteddfod.co.uk* •
- ***Courses de chevaux d'Ascot (Berkshire) :*** à Ascot ! Fin juillet principalement, pour le « Diamond Day », la course préférée de la reine.
- ***Cardiff Festival :*** *en juil et août.* Toutes les musiques sont célébrées, du jazz au folk en passant par la pop. • *cardiff-festival.com* •
- ***Sidmouth Folk Week :*** *1 sem début août.* Rassemble tous les amateurs de musique folk, rock, mais aussi world. Très prisé dans tout le Sud-Ouest. • *sidmouthfolkweek.co.uk* •

Et puis, dans chaque ville, vous trouverez nombre de fêtes et festivals.

BRITISH PROTOCOL

Si vous êtes invité à l'anniversaire de la reine, faites gaffe : elle est née un 21 avril mais on souffle les bougies le 12 juin. Pourquoi ? Car le climat est moins pluvieux et plus propice aux défilés et manifestations en extérieur. Pas de panique : on s'adresse à la reine aussi bien en anglais qu'en français (ouf !). Elle est bilingue à tel point qu'elle connaît même des chansons de Tino Rossi. En revanche, on évitera « Majesté ». Elle préfère « Madame ». Il ne vous reste plus qu'à attendre le carton (d'invitation).

LE COMTE EST BON

On doit le derby d'Epsom au comte de Derby, 12e du nom, dont l'un des aïeux fut même pressenti pour la couronne anglaise. Il aimait les chevaux au plus haut point et créa, en 1779, cette course hippique de plat pour les chevaux de 3 ans. La course a gardé le nom de son inventeur, même si, aujourd'hui, il est davantage utilisé pour... un match de foot.

Jours fériés *(Bank holidays)*

Ce sont les 1er janvier *(New Year's Day)*, Vendredi saint *(Good Friday)*, lundi de Pâques *(Easter Monday)*, 1er lundi de mai *(May Day)*, dernier lundi de mai *(Spring Bank Holiday)*, dernier lundi d'août *(Summer Bank Holiday)*, 25 décembre *(Christmas Day)* et 26 décembre *(Boxing Day)*.

Les administrations sont fermées, les transports fonctionnent au ralenti. La plupart des musées ferment.

GÉOGRAPHIE

L'île par excellence : l'insularité définit foncièrement la Grande-Bretagne, tant d'un point de vue géographique qu'humain. Mais insularité ne signifie pas homogénéité. Sur 1 000 km du nord au sud se déploie ainsi une très grande variété de paysages, des vieux massifs cambriens des monts Pennine ou du pays de Galles aux littoraux rocheux (Cornouailles), profondément découpés et pénétrés par des bras de mer aux larges estuaires, comparables à la Tamise. Le climat british, océanique et humide, assure une bonne alimentation des rivières et procure aux herbages un vert incomparable ! La plus grande partie de la population (urbanisée à 92 %) se concentre dans le Sud, qualifié de « jardin de l'Angleterre », qui dispose des sols les plus fertiles. Au sud également, des côtes plus rectilignes, bordées de falaises calcaires et qui ont donné à l'Angleterre le surnom d'Albion (du latin *albus*, « blanc »). L'Écosse mise à part, le plus haut point culmine à 1 085 m et se nomme le mont Snowdon, au pays de Galles.

HARRY POTTER

On peut affirmer sans trop se mouiller que tout le monde a entendu parler de Harry Potter, héros d'une saga romanesque dont les livres ont été vendus à plus de 250 millions d'exemplaires, traduits en 60 langues (vendus en France aux éditions Gallimard). Le 7e et dernier tome, *Harry Potter et les Reliques de la mort,* était en tête des ventes... 6 mois avant qu'il ne sorte ! L'épilogue au cinéma a battu tous les records en 2011. L'histoire de l'auteur, J.-K. Rowling (qui est diplômée de français, en outre son grand-père était originaire d'outre-Manche), est exemplaire. Jeune mère célibataire au chômage, c'est dans les brumes d'un pub d'Édimbourg que lui est apparu le célèbre petit magicien. Elle est aujourd'hui plus riche que la reine d'Angleterre *herself.* Les films ont suivi, élargissant encore le public amateur de Quidditch, et les lieux de tournage se sont transformés en lieux de pèlerinage. Alors, profitez de votre voyage en Angleterre pour faire un peu mieux connaissance avec le monde merveilleux de Harry Potter.

À Londres

– ***La gare de King's Cross :*** c'est là que se situe le fameux quai « 9-3/4 ». Le véritable mur en arc brisé se trouve entre les quais 4 et 5. La banque de Gringotts est en réalité « l'Australian High Commission ». Fermée au public, mais on peut en avoir un aperçu à partir de Melbourne Place. ***Charing Cross Road*** s'est transformé pour l'occasion en Chemin de Traverse, où les magiciens font leurs emplettes.
– ***Le terrarium pour reptiles,*** au zoo de Londres, est l'endroit où Harry libère un python, flanquant une frousse mémorable à Dudley.
– Dans *Le Prisonnier d'Azkaban,* Harry Potter s'aventure dans les rues de Londres. Quelques scènes, notamment celles du *Magicobus,* ont été tournées sur le ***Blackfriars Bridge*** et au ***Borough Market.***

À Gloucester

– ***La cathédrale gothique :*** quelques scènes ont été filmées dans le cloître, dont les fondations datent de 681. Tout d'abord, l'entrée vers la salle commune de Gryffondor, la « maison » de Harry, Ron et Hermione. Et puis la scène de l'inondation du couloir dans *La Chambre des secrets.* C'est aussi là que se manifeste le fantôme de Mimi Geignarde.

À Oxford

– ***Le Christ Church College*** a été le décor de l'arrivée des premières années avec le professeur McGonagall. On peut visiter vers 10h30 le réfectoire, qui date de 1529 et qui compte 300 couverts. Une copie en a été construite dans les studios Leavesden, car il ne pouvait contenir que trois tablées alors que les *Harry Potter* en nécessitent quatre pour représenter Gryffondor, Serpentard, Serdaigle et Poufsouffle. Accessoirement, Christ Church doit sa réputation à Lewis Carroll, professeur de mathématiques.
– ***La bibliothèque Bodleian*** (7 millions de livres) a servi de modèle pour réaliser les escaliers mobiles des films, et les scènes de l'infirmerie ont été shootées à l'intérieur de la « Divinity School ».

À Lacock

Bourgade médiévale du Wiltshire qui a vu naître Taalbot, pionnier de la photo, éclipsé désormais par Dumbledore, dont le bureau a été installé dans l'abbaye. L'ancienne salle capitulaire du cloître recèle le miroir du Risèd que Harry découvre dans *L'École des sorciers.* Mais en revanche, sur place, on ne voit pas grand-chose. Un autre tour de magie ?

Ailleurs en Angleterre

– Les vues extérieures de Poudlard et les parties de Quidditch ont été réalisées dans le nord de l'Angleterre, à ***Alnwick Castle.*** Le château est ouvert aux visiteurs au printemps et en été.
– Les scènes du *Poudlard Express* ont été jouées dans un train touristique dans le ***North York Moors National Park,*** l'une des lignes historiques de chemin de fer à vapeur. La gare de Pré-au-Lard est celle de ***Goathland,*** qui n'a pas changé d'un iota depuis son ouverture en 1865.
– ***Virgina Water,*** petit village du XVIIIe s, dans le Surrey, a été le décor des scènes de lac lorsque Harry lance son fameux *« Expecto Patronum »* pour éloigner un Détraqueur.
– Connu comme le village du poète Coleridge, ***Oterry Sainte Mary*** (ville jumelée avec Pont-l'Évêque en France !), dans le Devon, a été transformée en Ottery Saint Catchpole, le lieu d'habitation des Weasley.
– Quant aux sublimes paysages qui entourent Poudlard, on les retrouve pour l'essentiel dans le ***Lake District*** et les ***Highlands.*** Avec leur charme sauvage, nul doute que la magie opère !
Le phénomène Harry Potter se déclinant en sept tomes, l'Angleterre a vu s'embraser le « tourisme magique ». *Lumos !*
Les sites • *beyondboundariestravel.com* • et • *britishtours.com* • proposent peu ou prou des « Harry Potter tours ».
Pour poursuivre l'aventure : *Warner Bros Studio Tour London – The Making of Harry Potter :* possibilité de visiter les studios où ont été tournés les huit films de la saga. Ouverture en 2012. Visite guidée du réfectoire de Poudlard et du bureau de Dumbledore. Accès : Leavesden, près de Watford, au nord de Londres (18 miles). Plus d'infos : • *wbstudiotour.co.uk* •

HISTOIRE

La préhistoire et les Romains

Il y a environ 9 000 ans av. J.-C., la Grande-Bretagne n'était pas encore une île. La Manche n'avait pas tout à fait recouvert la bande de terre reliant les territoires qui formèrent par la suite la France et la Grande-Bretagne, favorisant le passage de quelques hordes préhistoriques. Ainsi, c'est une peuplade d'origine ibérique qui érigea vers le IIIe millénaire av. J.-C. des mégalithes sur les côtes sud et ouest de l'archipel britannique, lequel abritait déjà plusieurs peuples individualisés.

Un des monuments préhistoriques les plus connus en Europe se trouve d'ailleurs dans le sud de la Grande-Bretagne, à *Stonehenge,* dans le Wiltshire. Édifié à partir de 2500 av. J.-C., ce gigantesque assemblage de pierres dressées représente un travail de construction comparable à celui des pyramides par les difficultés qu'il a fallu surmonter pour sa réalisation. Stonehenge fut par la suite un haut lieu religieux, et un ordre druidique y célèbre aujourd'hui encore certaines cérémonies !

C'est César qui baptisa cette île *Britannia.* Les Romains considéraient Britannia comme le bout du monde, et c'est plutôt pour le prestige que César organisera des expéditions en 55 et 54 av. J.-C. Ce n'est qu'en 43 apr. J.-C. que la vraie invasion eut lieu, sous Claudius. La conquête romaine, qui se heurta aux Gallois retranchés dans leurs collines, ne traversa pas la mer d'Irlande et s'arrêta net au pied des Highlands.

Exaspéré par les hordes insoumises d'Écossais qui pillaient sans relâche les plaines fertiles du nord de l'Angleterre, l'empereur Hadrien – après une visite en 122 apr. J.-C. – tenta de les contenir en construisant le fameux mur qui porte son nom. Il s'étendait sur 117 km d'une côte à l'autre, de Wallsend à Bownesson-Solway. Mais en comparaison avec la Grande Muraille de Chine, il fait à peine figure de ralentisseur. En 407, les derniers Romains quittèrent l'Angleterre, chassés par des révoltes de plus en plus fréquentes. Des peuplades germaniques – les Angles (Hollande), les Saxons (Allemagne) et les Jutes (Danemark) – débarquèrent à leur tour puis, après des luttes féroces, parvinrent à créer sept royaumes au centre et dans l'est du pays. Les populations celtes furent repoussées vers les Cornouailles et le pays de Galles, certaines traversant même la mer pour échouer en Irlande ou en Armorique (nos Bretons viennent donc de... Grande-Bretagne). Les Anglo-Saxons se convertirent au christianisme dès la fin du VIe s et saint Augustin – alors missionnaire envoyé par Rome – devint archevêque de Canterbury. Ce titre désigne encore aujourd'hui le plus haut prélat de l'Église anglicane (Rome ne voulant pas annuler le premier mariage d'Henry VIII avec Catherine d'Aragon, c'est sous son règne, en 1534, que la rupture avec le catholicisme se produisit).

Guillaume le Conquérant et l'influence normande

La dernière invasion de l'île fut celle de 1066 par Guillaume le Conquérant, alors duc de Normandie et vassal du roi de France. Le roi anglais Édouard le Confesseur (1042-1066) avait nommé comme successeur son cousin Guillaume, mais il changea d'avis sur son lit de mort et approuva le choix du Conseil : Harold Godwineson (son beau-frère). Guillaume, hors de lui, leva une armée de 6 000 hommes et partit de Dives-sur-Mer, près de Cabourg, pour l'Angleterre. Les deux armées se rencontrèrent à Hastings, où Harold fut vaincu et tué. Guillaume fut couronné le jour de Noël sous le nom de William. De là viendrait, dit-on, le long antagonisme franco-britannique. Alors que l'Angleterre fut conquise par des Français, jamais l'inverse ne se vérifia complètement.

Deux siècles d'influence normande allaient marquer l'Angleterre. Le système féodal importé du continent fut vite instauré et, en 1086, fut rédigé le *Domesday Book.* Ce livre-cadastre, en deux volumes écrits en latin, était unique à l'époque et montrait la sophistication de l'organisation de cette nouvelle monarchie. Il contenait la liste de tous les pro-

GRANDEUR ET DÉCADENCE

Guillaume le Conquérant, l'un des plus grands rois du Moyen Âge, eut un enterrement misérable. La cérémonie eut lieu à l'église Saint-Étienne de Caen. Obèse, son ventre creva lors de la mise en bière, lâchant des odeurs insoutenables pour les participants.

priétaires terriens et l'état du pays, afin d'établir le montant de l'impôt direct sur des relevés précis. Son nom vient de *Doomsday* (jour du Jugement dernier), car il faisait penser aux « comptes » qui seraient exigés par Dieu ce jour-là.
William I (Guillaume Ier), tout comme ses successeurs, passa le plus clair de son temps en France. Richard Ier Cœur de Lion (1189-1199) resta à peine 6 mois en Angleterre, consacrant le reste de son temps aux querelles internes françaises, puis à la 3e croisade en Terre sainte. Son nom est souvent associé à *Robin Hood* (Robin des Bois) et à la forêt de Sherwood grâce aux scénaristes de Hollywood. La vérité historique demeure en fait très confuse. La première référence écrite attestant l'existence d'un Robin se trouve dans *Piers Plowman* de William Langland, publié en 1377. Il est vraisemblable que le héros volait aux riches pour donner aux pauvres – tout en se servant au passage – car, pour avoir traversé les siècles avec tant de panache, il faut un fond de vérité. Mais curieusement, les ballades sur Robin des Bois, pièces de théâtre et histoires datant du XVe s ne font aucune allusion à Richard Ier, ni à un quelconque rôle « politico-social » dans la résistance à la suprématie et à la tyrannie normandes...

La naissance d'une sensibilité nationale

Petit à petit – et surtout à cause d'une coutume répandue dans la noblesse selon laquelle les pères avaient tendance à léguer les terres normandes à un fils et les terres anglaises à un autre –, la séparation avec la France s'accentua et un sentiment nationaliste « anglais » se profila. Le roi de France Philippe II put ainsi récupérer la Normandie parce que le centre de gravité de la couronne anglaise s'était recentré sur l'île, et non plus en Normandie même.
Suite à une révolte des barons et du clergé contre les abus du roi John (Jean sans Terre, 1199-1216), la *Magna Carta* (Grande Charte) fut signée en 1215. Ce document, dont il existe encore quatre exemplaires originaux, est un pas important dans la longue marche vers la démocratie : il limite les pouvoirs du roi et établit des bases pour une véritable justice. Une des clauses, par exemple, est la suivante : « Aucun homme ne saurait être emprisonné sans être jugé et condamné selon la loi du pays... » Certains passages furent même repris dans la déclaration d'indépendance américaine de 1776. Ce document contient l'expression d'une nation se démarquant du continent. Henri III (1216-1272) fut le premier roi anglais à donner des noms anglais à ses fils : Édouard et Edmond.
Puis Édouard III, couronné en 1327, voulut faire valoir ses droits sur le royaume de France, et une guerre éclata entre les deux pays en 1337, qui allait durer plus de 100 ans (bien plus : l'Angleterre attendra le début du XIXe s pour renoncer solennellement à tout droit sur la France !) pour ne s'achever qu'en 1453, l'Angleterre perdant toutes ses possessions françaises sauf Calais. Durant cette période, l'influence culturelle française connut un net recul, qui eut pour conséquence l'élaboration d'une « vraie » langue anglaise écrite au XIVe s.
La paix entraîna dans son sillage une grave crise économique et politique : la guerre des Deux-Roses. Ce conflit, dont l'enjeu était la couronne anglaise, opposait la maison d'York (dont l'emblème était la rose blanche) à la maison de Lancaster (la rose rouge), toutes deux issues

ON PARLAIT LE FRANÇAIS

La fameuse devise britannique « Honni soit qui mal y pense » vit le jour en 1348. Alors qu'il dansait avec sa maîtresse, la comtesse de Salisbury, le roi Édouard III remarqua la jarretière de sa compagne détachée du haut de sa cuisse. Ni une ni deux, le roi se mit à genoux, la rattacha sans se défausser et, pour clouer le bec aux langues bien pendues, prononça ses fameuses paroles : « Honni soit qui mal y pense. » La devise était née, ainsi que l'ordre honorifique le plus ancien de la chevalerie anglaise : l'ordre de la Jarretière.

de la dynastie des Plantagenêts. Cette crise complexe, entraînant les familles les plus puissantes du royaume dans une lutte sanglante et fratricide, fut déclenchée par les échecs successifs du roi Henri VI (rose rouge). Il avait déjà perdu la guerre de Cent Ans contre la France, s'était fait rouler diplomatiquement, et, pour ne rien arranger, ses finances étaient dans un état chaotique. Peu étonnant si l'on sait qu'il était aussi la proie de fréquentes crises de folie... En toute bonne justice, son adversaire, le roi de France, Charles VI, était fou lui aussi. La maison d'York (rose blanche) vit là une opportunité de s'emparer du trône détenu depuis toujours par la maison de Lancaster (rose rouge).

La couronne anglaise face au pays de Galles et à l'Écosse

Le sentiment nationaliste exprimé dans la *Magna Carta* eut une autre conséquence : le fils d'Henri III, Édouard Ier (1272-1307), tourna son attention vers le pays de Galles et l'Écosse. L'impact normand sur le pays de Galles fut immédiat, et une courte campagne – de 1276 à 1284 – eut raison de la résistance galloise, d'autant plus que Henri III avait reconnu le petit-fils de Llywelyn le Grand, Llywelyn ap Gruffudd, comme prince de Galles (titre porté par la suite par tous les fils aînés de la couronne britannique). Les *Laws in Wales Acts* de 1536 et 1542 annexèrent définitivement le pays de Galles à l'Angleterre.

Les rapports entre celle-ci et l'Écosse furent, eux, très ambigus. Les *Lowlands* (Basses-Terres, partie sud de l'Écosse limitrophe avec l'Angleterre) subirent l'influence normande, mais les *Highlands* (Hautes-Terres) restèrent résolument celtes. Édouard Ier arracha la reconnaissance de sa suzeraineté à 13 chefs de clan en 1296 et tenta de conquérir l'Écosse sous ce prétexte, sans grand succès.

Puis vint James Stuart VI (1567-1625), roi d'Écosse (du clan Stewart), qui hérita du trône anglais par son arrière-grand-mère, fille d'Henri VII. Par le biais d'une succession de deux reines et d'un roi sans enfant, la couronne anglaise se retrouva donc sur la tête d'un roi écossais ! James VI d'Écosse prit le nom de Jacques d'Angleterre, où il établit sa cour. Désormais, l'Écosse eut toujours ses rois domiciliés en Angleterre, lesquels considéraient donc leur royaume d'un œil très « anglais » et le traitaient comme une province indisciplinée. En 1707, l'Écosse et l'Angleterre furent définitivement réunies par le très impopulaire *Act of Union* qui ramena néanmoins une certaine sérénité.

L'autre île : l'Irlande...

Épisode mal connu, c'est le pape Adrien IV (un Anglais !) qui aurait reconnu à Henri II (1154-1189) la souveraineté de l'Irlande en 1154 ou 1155. Mais l'Angleterre n'entreprit la conquête de l'île qu'à partir de 1170. Toutefois, il faudra attendre le règne des Tudors pour que l'influence anglaise s'étende à toute l'île. Henri VIII fut « promu » roi d'Irlande en 1541, mais ce pays ne céda qu'après une conquête sanglante en bonne et due forme. De 1608 à 1612, les Anglais ont jeté les bases d'une situation qui fait encore la une de nos journaux : l'implantation massive de protestants écossais en Ulster, ce morceau d'Irlande toujours sous domination britannique. Puis, petit à petit, les propriétaires irlandais furent expulsés de leurs terres dans tout le pays et, en 1703, ils ne représentaient plus que 14 % du « domaine ». Vint ensuite ce terrible passage du Code pénal qui stipulait, entre autres, que la loi ne reconnaissait pas un homme qui se disait irlandais et catholique.

La suite de l'histoire irlandaise n'est que tragédies, allant d'oppressions en révoltes et de révoltes en répressions, traversant deux grandes famines de 1847 à 1851 (suite à une maladie de la pomme de terre), qui décimèrent les Irlandais. La population chuta de 11 à 4 millions d'habitants, la plupart victimes de la faim ou des maladies, que ce soit sur place ou dans les sinistres « bateaux-cercueils » en partance pour le Nouveau Monde. La Grande-Bretagne a ainsi signé les pages les plus noires et les plus honteuses de son histoire, sous les yeux indifférents de l'Europe.

En 1921, l'Irlande obtint – dans un bain de sang – le statut de *Irish Free State,* un « dominion » au sein de l'Empire britannique, puis devint une république en 1937 et quitta définitivement le Commonwealth en 1949. Mais l'Ulster, au nord du pays, reste britannique, avec sa majorité de protestants écossais...

L'ère élisabéthaine

Élisabeth Ire, fille d'Henri VIII et d'Anne Boleyn (décapitée par son Barbe-Bleue de mari !), fut une grande reine (1558-1603). Elle plaça l'Angleterre sur une voie qui la mènera à l'hégémonie mondiale. À la mort de Marie Tudor en 1558, la France tenta de placer Marie Stuart – fille du roi d'Écosse – sur le trône anglais afin de conserver l'influence catholique des Tudors. Mais depuis la scission avec Rome sous Henri VIII, cette nouvelle influence catholique ne trouvait pas de résonance dans le pays. Élisabeth écarta Marie Stuart et s'imposa, résistant aux revendications de la France et de l'Espagne – dont elle brisera la puissance en détruisant sa flotte, l'Invincible Armada, en 1588. En plus d'avoir épanoui les élégances et les arts (Shakespeare), son règne fut une époque de prospérité économique et culturelle, et le commerce maritime connut un véritable essor. La Virginie (ainsi nommée d'après un surnom de la reine), première colonie anglaise en Amérique du Nord, naquit en 1584, et la Compagnie des Indes orientales fut fondée en 1600. En 1605 se produisit un événement qui est encore fêté en Grande-Bretagne de nos jours. Un certain Guy Fawkes, fervent catholique scandalisé par l'oppression subie par les siens sous le règne du nouveau roi Jacques (l'Écossais), décida avec des complices de faire sauter le Parlement le 5 novembre, lors d'une séance où seraient présents le roi et ses ministres. L'attentat échoua et Guy Fawkes fut exécuté devant le Parlement le 31 janvier 1606. Depuis, les enfants britanniques fabriquent des effigies de Fawkes qu'ils promènent dans les rues en quêtant de l'argent aux passants. Le soir venu, elles sont brûlées à grand renfort de pétards et de feux d'artifice, des pommes de terre sont cuites dans les cendres et tout le monde mange dehors.

La guerre civile et Oliver Cromwell

Les rois et les reines se succèdent mais ne se ressemblent pas. Avec l'avènement de Charles Ier (1625-1649), l'Angleterre et le pays de Galles allaient connaître une guerre civile, puis une quasi-dictature militaire avec, à sa tête, Oliver Cromwell. Charles essaya de gouverner en bravant le Parlement, les rapports entre ce dernier et la couronne anglaise s'étant déjà détériorés sous le règne de Jacques Ier. Le conflit politique dégénéra en guerre civile avec, d'un côté, l'armée du Parlement menée par Cromwell et, de l'autre, celle de Charles Ier, soutenu par l'Écosse. De 1642 à 1651, les combats firent rage et se soldèrent par l'exécution de Charles Ier, le 30 janvier 1649. Cromwell prit alors le titre de Lord Protector !

Les Écossais, partisans de l'héritier de Charles Ier, Charles II, donnèrent aussi du fil à retordre à Cromwell en 1650 et 1651. En 1653, celui-ci fit publier l'*Instrument of Government,* qui fut la première Constitution écrite du pays. Cinq ans plus tard, à la mort de Cromwell, en 1658, son fils le remplaça brièvement avant la restauration de la monarchie, en 1660, avec le retour du roi Charles II. Une justice post mortem fut rendue et les corps de Cromwell et de deux de ses compagnons furent

ENGLISH FIRST !

L'idée de couper la tête au roi n'est pas une invention française. Les Anglais y ont pensé 144 ans avant la Révolution française, en étêtant Charles Ier, suite à une guerre civile sanglante. Plus incompréhensible est leur décision d'installer sur le trône, son fils Charles II, particulièrement corrompu. Amazing British !

exhumés, puis pendus comme traîtres à Tyburn, dans Hyde Park, à Londres. Tyburn était le lieu des exécutions de 1388 à 1783 – un peu comme notre place de Grève – et, à l'époque, la croyance populaire conférait au corps d'un pendu des propriétés médicales. Les jours d'exécution étaient fériés, et des foules énormes s'y rassemblaient afin de profiter du spectacle, mais, aussi, éventuellement, de pouvoir toucher le corps ! L'emplacement du gibet est aujourd'hui marqué par une pierre à l'angle nord-est de Hyde Park, sur une borne de carrefour.
Fort du souvenir du sort de son père, Charles II gouverna avec sagesse, manipulant le pouvoir plutôt que de risquer des chocs frontaux avec le Parlement. Guillaume III, docile, signa le *Bill of Rights* en 1689, un acte qui limitait officiellement les prérogatives du roi. Ce document est très important dans l'histoire de la Grande-Bretagne, et à partir de cette date, la monarchie britannique ne remit plus jamais en question l'autorité du Parlement. Au cours du XVIIIe s, elle était toujours présente lors des débats, mais petit à petit, son pouvoir déclina ou fut transmis entre les mains des ministres. L'hymne « God save the King » date de cette époque et est... français ! Louis XIV, remis d'une fistule, était célébré par Lully et Mme de Maintenon ; Haendel entendit l'hymne, le soumit à George Ier qui en fit l'hymne britannique. Comme quoi...
Avec l'apparition, au XIXe s, de partis politiques puissants, l'espace de manœuvre des successeurs au trône se réduisit encore. La reine Victoria (1837-1901) se vit ainsi totalement écartée du jeu politique, et la monarchie fut désormais considérée comme purement représentative, cérémonielle et traditionnelle. Mais en réalité, elle dispose encore de pouvoirs « théoriques » considérés comme une arme de sauvegarde en cas d'une décision anticonstitutionnelle prise par le Parlement ou par le gouvernement.

Les autres îles

Les îles Anglo-Normandes furent la seule partie du duché de Normandie de Guillaume le Conquérant que Philippe II de France ne reprit pas en 1204. Ces îles ne font pas vraiment partie du Royaume-Uni, car elles ont leur propre gouvernement : State of Deliberation pour Guernesey, dont dépendent aussi les îles de Sark (Sercq), Herm et Alderney (Aurigny), et State of Jersey avec les Minquiers et les Ecrehou Rocks. Ces îles ont aussi leur propre monnaie et leurs services postaux. Leur système législatif porte encore de petites traces du féodalisme et diffère légèrement des systèmes britanniques. En théorie, l'anglais et le français sont langues officielles, et même si l'anglais prédomine largement, les étudiants en droit de l'île doivent passer un an dans une université en France, les documents se rapportant à la loi étant encore rédigés en français !

ET LA FAMILLE ROYALE CHANGEA DE NOM

Avec son mariage en 1840, la reine Victoria rentra dans la lignée allemande des Saxe-Cobourg-Gotha. En 1917, le sentiment antigermanique était si fort que la famille royale britannique dut changer de nom. Elle choisit Windsor comme nouveau patronyme, du nom de son château le plus célèbre (et le plus vaste du monde. Ouf, pas d'ISF chez eux !).

Dans la mer d'Irlande se trouve une autre île, renommée pour ses courses de motos (le « Tourist Trophy ») et ses chats sans queue : l'île de Man. L'Angleterre et l'Écosse se disputèrent longtemps cette île, puis Édouard III d'Angleterre eut finalement le dernier mot.

L'Empire britannique

Au début du XXe s, l'Empire britannique représentait un cinquième de la surface du globe, ce qui permettait d'en parler comme d'un « Empire sur lequel le soleil ne se couche jamais ». Aujourd'hui, il en reste quelques miettes comme les îles Falkland (Malouines), les îles Macquaries et la Géorgie du Sud (non loin des côtes de l'Antarctique), Gibraltar (qui a rejeté en 2003 la cosouveraineté de l'Angleterre avec l'Espagne) et les Bermudes (Hong Kong a été rendue aux Chinois fin juin 1997). En revanche, il est intéressant de noter que la plupart des anciennes colonies font partie du Commonwealth, dont les 54 pays membres (y compris l'Inde) – qui représentent près de 30 % de la population mondiale – reconnaissent la reine comme souveraine symbolique, mais pas la république d'Irlande. Quant à l'Australie, où l'Angleterre envoyait ses bagnards, elle s'achemina vers un retrait pur et simple. À chaque visite officielle, la reine y est tout juste traitée comme une vieille copine.

De toutes les colonies, la perte des Indes en 1947 fut certainement la plus douloureuse économiquement mais aussi sentimentalement. Un Anglais sur trois tirait ses revenus directement ou indirectement des Indes. Mais malgré la période de colonisation, puis l'indépendance qui ne s'est pas passée sans heurts, il existait en filigrane une admiration et une fascination réciproques.

La société indienne – comme celle du Pakistan et du Bangladesh – porte encore beaucoup de stigmates britanniques. L'armée pakistanaise, par exemple, possède de fabuleux orchestres de *bagpipes*. Et dans les cercles huppés de Bombay, le *tea-time* et la moustache britannique ne sont pas passés de mode. Aujourd'hui, la Grande-Bretagne compte plus d'un million d'immigrés provenant de l'ancienne colonie qui, hormis les problèmes de racisme sous-jacents, constituent une source d'enrichissement culturel extraordinaire.

PARLEZ-VOUS *IND*LISH ?

La langue anglaise a hérité de plus d'une centaine de mots indiens, dont certains exportés aussi en France comme « bungalow », qui désigne une villa en hindoustani, « pyjama », un pantalon de jambes en hindi, mais aussi « shampooing », de champo, qui signifie « masser » en hindi. Et bien d'autres !

L'Angleterre face à l'Europe...

Il est vrai que dans l'esprit des Anglais, quand ils vont outre-mer, ils visitent le Commonwealth ; mais quand ils traversent la Manche, ils vont à l'étranger. Et de ce fait, l'idée d'être un pays parmi d'autres au sein de la communauté européenne est difficilement acceptable pour eux. La nécessité économique de l'Union européenne est évidente, mais le cœur a ses raisons qui sont incompatibles avec le bon sens. Donc, les Anglais y viennent... en marche arrière ! En gros, les Européens rêvent « d'États-Unis » d'Europe, et les Anglais pensent qu'il serait intéressant d'inclure l'Europe dans le Commonwealth ! Mais il ne faut pas désespérer...

Dans un autre registre, le tunnel sous la Manche fut une idée de Napoléon en 1802. Les premiers travaux de percement par deux compagnies privées des deux côtés débutèrent dans les années 1880, puis plus rien. Un autre projet fut examiné en 1964 et abandonné au début des années 1970. Aujourd'hui, c'est enfin chose faite, mais le tunnel est malgré tout perçu comme un viol par nos voisins insulaires.

Churchill déjà, dans un discours, en 1940, déclarait à l'intention des Allemands : « Nous attendons toujours une quelconque invasion promise de longue date... Les poissons aussi. » Phrase qui tenait plus du bluff que d'autre chose. Car, de juin 1940 à juin 1941, date de l'attaque allemande contre l'Union soviétique, la Grande-Bretagne se retrouva seule face à la puissance du IIIe Reich, et personne ne donnait cher de sa capacité de résistance. La bataille d'Angleterre (août-octobre 1940) fut un tournant décisif dans l'histoire de la Seconde Guerre

mondiale, tant moralement que stratégiquement. Et c'est en pesant ses mots que Churchill déclara après la victoire : « Jamais dans un conflit armé tant de gens n'ont été redevables à un si petit nombre. »
La Grande-Bretagne nous a montré, à travers son histoire, son esprit d'indépendance, sa force de vaincre même, et surtout lorsque les enjeux sont contre elle. Ses excentricités, son *fair play* – qui ne l'est pas toujours... – et son esprit singulièrement insulaire font d'elle un voisin et un partenaire singulier ! Avant de laisser une quelconque anglophobie (ou misanglomanie) se déchaîner, laissons-nous porter par l'humour et la fantaisie de ce kaléidoscope ethnique et culturel qui s'abrite sous l'*Union Jack*.

Principales dates historiques

– ***55 av. J.-C. :*** Jules César débarque en Grande-Bretagne. Colonisation romaine.
– ***410 :*** début des invasions anglo-saxonnes.
– ***Fin du IXe s :*** raids des Vikings.
– ***1066 :*** débarquement de Guillaume le Conquérant, duc de Normandie, en Angleterre. Bataille de Hastings, où il est vainqueur. En quelques années, les Normands vont achever la conquête de l'Angleterre.
– ***1215 :*** *Magna Carta,* obtenue du pouvoir royal par les seigneurs normands et saxons coalisés.
– ***1284 :*** le pays de Galles est intégré au royaume d'Angleterre sous le règne d'Édouard Ier.
– ***1337-1453 :*** guerre de Cent Ans.
– ***1534 :*** Henri VIII, devant le refus du pape d'annuler son mariage, force l'Église d'Angleterre à le reconnaître pour chef.
– ***1542 :*** la deuxième *Laws in Wales Acts* (la première a été signée en 1536) annexe définitivement le pays de Galles à l'Angleterre.
– ***1563 :*** une « confession de foi » instaure définitivement l'anglicanisme.
– ***1587 :*** exécution de Marie Stuart, héritière du trône d'Angleterre, accusée de complot contre la reine Élisabeth Ire.
– ***1600 :*** création de la Compagnie des Indes orientales.
– ***1606 :*** union des couronnes d'Angleterre et d'Écosse sous le règne de James VI (Jacques Ier d'Angleterre).
– ***1649 :*** le roi Charles Ier est décapité à la hache.
– ***1650-1651 :*** l'Écosse est rattachée au nouveau régime du Commonwealth, suite à la guerre victorieuse menée par Cromwell.
– ***1666 :*** incendie de Londres, dont l'architecte Christopher Wren entreprend la reconstruction.
– ***1679 :*** vote par le Parlement de l'*Habeas Corpus* qui garantit les citoyens contre toute arrestation arbitraire.
– ***1689 :*** déclaration des droits.
– ***1707 :*** acte d'Union. Les deux royaumes d'Angleterre et d'Écosse sont définitivement réunis.
– ***Début du XIXe s :*** révoltes populaires durement réprimées.
– ***1801 :*** union de l'Angleterre, du pays de Galles, de l'Écosse et de l'Irlande pour former le Royaume-Uni.

V DE LA VICTOIRE

L'origine du V de la victoire date de la guerre de Cent Ans. Les Anglais et les Français se faisaient face au combat, où ils tiraient avec leur index et leur majeur à l'arc. Dès que les uns capturaient un de leurs ennemis, les autres lui tranchaient ces deux doigts afin de le rendre inoffensif. Pour attiser leur haine, les vaillants Anglais arboraient l'index et le majeur, par provocation.

- ***1837 :*** avènement de la reine Victoria. Naissance du mouvement chartiste qui demande le droit de vote pour tous, revendication soutenue par Benjamin Disraeli, qui deviendra Premier ministre en 1868.
- ***1876 :*** Victoria est proclamée impératrice des Indes.
- ***1884 :*** Le droit de vote est accordé aux hommes de toutes les classes du pays.
- ***1904 :*** Entente cordiale avec la France.
- ***1914 :*** le gouvernement britannique se range aux côtés de la France contre l'Empire germanique.
- ***1918 :*** les femmes de plus de 30 ans obtiennent le droit de vote.
- ***1921 :*** création de l'État libre d'Irlande, qui obtient le statut de dominion.
- ***1928 :*** les hommes et les femmes de plus de 21 ans ont le droit de vote.
- ***Septembre 1939 :*** la France et la Grande-Bretagne déclarent conjointement la guerre à Hitler.
- ***1940 :*** Winston Churchill succède à Chamberlain.
- ***1945 à 1951 :*** gouvernement travailliste d'Attlee, marqué par des nationalisations et des mesures sociales.
- ***1947 :*** l'Inde obtient l'indépendance. Le Pakistan aussi... Les Britanniques s'étant retirés sur la pointe des pieds, tout ce monde se massacre.
- ***1952 :*** avènement de la reine Élisabeth II. Le 9 septembre 2015, elle deviendra la reine britannique au règne le plus long.
- ***1958 :*** émeutes raciales dues à l'immigration massive de gens du Commonwealth.
- ***1973 :*** adhésion de la Grande-Bretagne au Marché commun.
- ***1974-1979 :*** gouvernement travailliste.
- ***1979 :*** gouvernement conservateur de Margaret Thatcher.
- ***1981 :*** émeutes sociales à Brixton, et émeutes d'immigrés et de chômeurs à Londres. Dénationalisation partielle dans plusieurs secteurs de l'économie.
- ***1982 :*** guerre des Malouines (Falkland).
- ***1987 :*** pour la troisième fois, le Parti conservateur, sous la houlette de Margaret Thatcher, remporte les élections législatives.
- ***1990 :*** lors des élections de novembre, n'ayant pas obtenu la majorité absolue de son parti, Margaret Thatcher démissionne. John Major est choisi par le Parti conservateur pour la remplacer.

LA MALÉDICTION DE LA REINE VICTORIA

À cause de mariages consanguins, la reine Victoria, qui régna sur le plus grand empire au monde, propagea l'hémophilie sur une partie des cours européennes. Son 8e enfant fut atteint par la maladie et deux de ses filles étaient porteuses du gène. L'une épousa le tsar Nicolas II, et leur fils, héritier des Romanov, fut lui aussi hémophile.

DEUX MINUTES DE SILENCE

Au lendemain de la Première Guerre mondiale, la tradition de la minute de silence est instituée. Mais en Angleterre et dans les pays anglo-saxons, ce n'est pas une, mais deux minutes de silence qui sont respectées : une pour les défunts et une pour les survivants.

SUCCÈS POLONAIS

Tous les messages des nazis étaient encodés par Enigma, une machine de chiffrage réputée inviolable. Mais en 1929, un de ces engins atterit par inadvertance dans un bureau de poste... polonais. Aussitôt des ingénieurs la copièrent avant de la réexpédier. Ce décryptage influença le cours de la Seconde Guerre mondiale, livrant les dates de bombardements aériens pendant la bataille d'Angleterre et les mouvements des U-Boot de la Kriegsmarine. Les Allemands ont employé Enigma jusqu'en 1945, sûrs de de leur système de code secret.

– ***1991 :*** John Major et le Parti conservateur remportent les élections à la Chambre des communes. La Grande-Bretagne, avec quelques réserves, signe le traité européen de Maastricht.
– ***1994 :*** ouverture du tunnel sous la Manche.
– ***1997 :*** l'élection de Tony Blair, leader du Parti travailliste, met fin à 18 ans de pouvoir conservateur. Dans la nuit du 30 au 31 août, la princesse Diana de Galles (Lady Di) meurt dans un accident de voiture à Paris. Une émotion nationale sans précédent bouleverse le pays.
Une semaine après le « oui » massif des Écossais (74 %), 50,3 % des Gallois se sont prononcés, lors d'un référendum, en faveur de la création d'une assemblée galloise. Mais celle-ci aura des pouvoirs beaucoup plus limités que la Chambre écossaise.
– ***1999 :*** mise en place des Parlements écossais et gallois, à la suite des premières élections autonomes.
– ***2000 :*** la monarchie fête les 100 ans de « Queen Mum ».
– ***Début 2001 :*** « vache folle » et fièvre aphteuse font rage.
Tony Blair et le Parti travailliste *(Labour Party)* sont réélus les doigts dans le nez ! Émeutes raciales à Bradford, dans le nord de l'Angleterre.
– ***Avril 2002 :*** « Queen Mum » tire sa révérence.
– ***2003 :*** Tony Blair engage militairement l'Angleterre dans le conflit irakien, aux côtés des États-Unis, malgré une vive opposition du peuple britannique et la démission de membres de son gouvernement.
– ***2004 :*** la France et l'Angleterre fêtent les 100 ans de l'Entente cordiale entre les deux pays.
– ***2005 :*** Charles et Camilla se marient enfin. Tony Blair est réélu pour la troisième fois à Downing Street, du jamais vu pour un travailliste. Des bombes explosent dans le métro et le bus de la capitale britannique, faisant de nombreuses victimes. Quelques jours plus tard, Jean-Charles de Menezes est tué par erreur dans le métro par la police britannique.

SACRÉE QUEEN MUM !

Jusqu'à sa mort, la mère d'Élisabeth II était la préférée des « Royals » dans le cœur des Anglais. D'abord, elle avait la réputation de tenir l'alcool comme un marin, qualité toujours appréciée chez les Britanniques. Mais c'est surtout son courage pendant la guerre qui fit sa réputation. Jamais elle ne quitta Londres écrasée par les bombardements. Elle apprit même à tirer au pistolet, au cas où Hitler serait entré dans sa chambre...

– ***2006 :*** l'Angleterre prévoit de retirer ses troupes d'Irak en 2008. Parallèlement, *The Independent* note que la guerre aurait rapporté 1,6 milliard d'euros aux entreprises britanniques. Scandale : les tabloïds dévoilent les tortures infligées par l'armée anglaise aux Irakiens. Le port du kilt n'est plus autorisé pour les étudiants écossais à Oxford, sommés de troquer la jupe plissée pour le pantalon et la cravate. Ken Loach obtient la Palme d'or pour *Le vent se lève.* L'ancien agent russe du KGB Litvinenko meurt empoisonné à Londres dans des conditions mystérieuses.
– ***2007 :*** Tony Blair quitte Downing Street après 10 ans aux manettes. Avant son départ, il aura réussi à parachever le processus de paix en Irlande du Nord, qu'il aura pris à bras le corps pendant 10 années. Protestants et catholiques se partagent désormais le pouvoir en Ulster ! Gordon Brown, ancien chancelier de l'Échiquier, prend la suite. Le *Cutty Sark,* clipper des mers, brûle à Londres (Greenwich).

CHARLES. JOB ? PRINCE

Il est ennuyeux d'avoir comme devise « Je sers », lui qui n'a pas fait grand-chose depuis plus de 60 ans. Faut dire qu'en Angleterre la démocratie n'est pas un vain mot. Les « Royals » ne peuvent jamais émettre d'avis sur les problèmes politiques ou autres. Ils doivent suivre les directives du gouvernement, sans broncher. Ici, le Premier ministre est le vrai (et seul) patron.

– ***2008 :*** les balbutiements politiques de Gordon Brown aboutissent à une défaite des travaillistes *(Labour)* aux élections locales de mai 2008. Londres passe à droite.

– ***2009 :*** scandale des notes de frais des députés anglais, plusieurs démissionnent. Le Speaker, le président de la Chambre des communes, jette l'éponge. Du jamais vu depuis 300 ans ! Susan Boyle, star du télé-crochet *Britain's got talent*, flanche en finale devant presque 19 millions de téléspectateurs. Le Vatican pardonne aux Beatles d'avoir dit un jour qu'ils étaient plus célèbres que Jésus-Christ... 40 ans après !

– ***2010 :*** les princes William et Harry entrent à la National Portrait Gallery. Le prince Philip, époux de la reine, se foule la cheville au cours d'une... course de poneys, sa passion. David Cameron devient Premier ministre, et partage la tâche avec Nick Clegg, nommé vice-Premier ministre « Lib deb ».

– ***2011 :*** les Anglais descendent dans la rue pour manifester contre le programme d'austérité annoncé par David Cameron et son intention de réduire les dépenses budgétaires de 90 milliards d'euros d'ici à 2015 avec son programme de « Big Society » ou le transfert des responsabilités aux instances locales. Mariage du prince William qui épouse Kate Middleton à l'abbaye de Westminster le 29 avril. Coût de la cérémonie en habits de conte de fées ? 150 millions d'euros ! Gros scandale à propos des écoutes téléphoniques du groupe de presse britannique Murdoch. Du coup, *News of the World* est sabordé !

– ***2012 :*** Londres accueille les J.O. pour l'ouverture, le 27 juillet, toutes les cloches de la ville de Londres ont sonné 3 mn à 8h. Même les sonnettes des vélos ! La cérémonie d'ouverture orchestrée par Danny Boyle est un franc succès. Avec la Reine en *guest star* ! Première fois qu'elle apparaissait dans un film de fiction, aux côtés, excusez du peu, de son meilleur agent, James Bond *himself*. Entre autodérision, humour tout court (Mr Bean se filmant pendant la cérémonie) et gloire faite aux athlètes, cette cérémonie et ces jeux sont un beau succès pour l'Angleterre.

LES BEATLES ET LEUR REINE

Jamais les Fab Four n'oublieront leur origine ouvrière et travailliste. Lors d'un concert avec la famille royale, ils diront : « Ceux qui ont les billets les moins chers pourront applaudir. Les invités du premier rang agiteront leurs bijoux. » En 1965, lorsque la reine les décorera de l'ordre de l'Empire britannique, ils prendront un malin plaisir à fumer des pétards dans les toilettes de Buckingham Palace. Lennon rendra sa médaille en protestation contre le soutien de l'Angleterre à la guerre du Vietnam.

WELCOME KATE !

L'acceptation unanime de Kate, l'épouse du prince William par les « Royals » (la famille royale) prouve que tout change, enfin. Les parents n'ont aucun quartier de noblesse et, pire que tout, leur fortune provient de leur entreprise de... farces et attrapes. La reine, l'âge aidant, a enfin compris qu'il fallait de la gaieté, pas de chichis, et de l'amour. Soyez rassuré, Kate sait garder la main gauche sous la table pendant les repas. Ouf !

MÉDIAS

Votre TV en français : TV5MONDE

TV5MONDE est reçue partout dans le monde par câble, satellite et sur Internet. Voyage assuré au pays de la francophonie avec films, fictions, divertissements, sports, informations internationales et documentaires.

En voyage ou au retour, restez connectés ! Le site internet • *tv5monde.com* • et sa déclinaison mobile • *m.tv5monde.com* • offrent de nombreux services pratiques et permettent de prolonger ses vacances à travers des blogs et des visites multimédia.
Demandez à votre hôtel sur quel canal vous pouvez recevoir TV5MONDE et n'hésitez pas à faire vos remarques sur le site • *tv5monde.com/contact* •

Euronews

1re chaîne internationale d'information en Europe, avec 400 journalistes de plus de 25 nationalités. La rédaction couvre le monde 24h/24 – en 11 éditions, dont le français. Véritable média international, Euronews pose un regard unique et indépendant sur l'actualité. Fondée en 1993 en Europe et basée à Lyon, en France, la chaîne est accessible à plus de 350 millions de foyers à travers le globe. Euronews est disponible sur tous les terminaux numériques et via ses applis gratuites sur AppleStore et Google Play. Live et VOD sur • *euronews.com* •

Presse

Tous les patrons de presse français restent pantois devant les tirages des journaux anglais. Les Anglais lisent énormément, vous en aurez la preuve partout dans le pays. Il faut reconnaître qu'ils ont le choix. Le quotidien le plus célèbre et peut-être le plus juste n'est autre que le *Times.* Si vous avez l'occasion, jetez un coup d'œil sur le courrier des lecteurs, ça vaut le coup. La presse dite « sérieuse », avec le *Guardian,* le *Daily Telegraph, The Independent,* le *Daily Express* (pas terrible) et le *Daily Mail,* offre un large panorama des différentes tendances politiques du pays. Le *Financial Times,* imprimé sur papier saumon, est l'outil indispensable des businessmen de la City. Vous pouvez consulter les versions en ligne, notamment • *timesonline.co.uk* • et celle du *Guardian* • *guardian.co.uk* •
À côté, il y a les tabloïds, avec le *Mirror* et le *Sun* en tête d'affiche. Ils disent rarement du bien de qui que ce soit, sont fermement anti-européens et traditionnellement antitravaillistes. Ragots, scandales tournant souvent autour de la famille royale, mannequins aux seins nus, c'est le menu quotidien de cette presse populaire aux tirages impressionnants. Il faut aussi dire que les prix des journaux sont deux à trois fois moins élevés qu'en France, cela explique sûrement le fait que 4 millions de personnes achètent le *Sun* chaque jour.

« PAGE 3 GIRL »

Avec le thé et la conduite à gauche, la fille dénudée de la page 3 du quotidien populaire The Sun est une tradition britannique. Depuis plus de 40 ans, on la représente parfois selon l'actualité, en Père Noël ou en joueuse de foot... On dénuda aussi une femme âgée habillée de rouge, la couleur des travaillistes (Murdoch, le propriétaire, déteste les travaillistes !).

Radio

Il y a bien évidemment la *BBC* (la *Beeb* ; • *bbc.co.uk* •) avec ses différentes stations :
– *Radio 1* pour tout ce qui est « musiques jeunes » (pop, rock, hip hop, etc.) ;
– *Radio 2* pour les « music & entertainment » ;
– *Radio 3* pour le culturel plus classique ou pointu (musique classique, jazz, world music, théâtre, etc.) ;
– *Radio 4* et ses émissions ou débats abordant des sujets très divers (culturels, politiques, économiques, etc.) ;

– *Radio 5* pour les infos et le sport ;
– et le *World Service* qui lance toutes les heures le fameux *This is London*...
En tout, 120 millions d'auditeurs dans le monde écoutent des émissions diffusées en 33 langues.

Télévision

Sans conteste la télévision européenne qui s'exporte le mieux dans le monde, capable de produire le *Monty Python Flying Circus* comme les documentaires les plus sérieux. Côté chaînes gratuites, deux chaînes pour la *BBC* et quatre chaînes supplémentaires sur le câble, dont *BBC News*. La première chaîne programme des séries, des variétés et du sport, la seconde est plus culturelle. *ITV 1* (shows et docs sensationnalistes), *Channel 4* (idem), et *FIVE* (intello) sont des chaînes hertziennes privées. Il y a également le satellite avec *MTV, BskyB*...

MONARCHIE : DIEU VA-T-IL SAUVER LA REINE ?

En dépit des apparences, la chef de l'Église anglicane et d'un Commonwealth désuet est à la tête d'un système monarchique plutôt florissant. Les dépenses royales s'élevaient en 2005 à 54 millions d'euros (à la charge du contribuable). La mainmise quasi ancestrale de l'aristocratie, à commencer par la famille Windsor, sur 70 % des terres britanniques est la cause directe de la flambée de l'immobilier. Et la reine ne paie des impôts (sa fortune colossale est tenue secrète) que depuis quelques années.

MY LORD IS RICH

L'aristocratie britannique compte parmi les plus grandes fortunes du royaume, contrairement à la France. Les aristocrates n'ont pas connu de révolution leur confisquant leurs terres. Le droit d'aînesse existe toujours. Et, enfin, ils ont participé à la révolution industrielle. En France, chez les nobles, il était mal vu de travailler. La fortune du duc de Westminster est estimée à 9,145 milliards d'euros contre « seulement » 400 millions d'euros pour la Reine !

Mais le brillant film *The Queen* de Stephen Frears, qui valut à Helen Mirren un oscar en 2007, est sans concession. Il montre l'intimité de la famille royale dans la semaine qui suivit la mort de Diana. La reine apparaît distante, voire cynique, mais surtout désemparée face à la réaction de tout un peuple. Comme si elle découvrait que celui-ci pouvait se rebeller, dans un pays qui n'a pas connu de révolution. Gardienne d'un temple millénaire, elle doit faire face aux médias, à l'émotion de ses sujets et aux pressions de son tout nouveau Premier ministre d'alors, Tony Blair. Celui-ci entreprendra par la suite des réformes plutôt soft : la chasse à courre a été bannie en 2005 et les *peers* ne sont plus désignés, mais désormais élus à la Chambre des lords.

Avec la mort de Diana, une aile du palais a brûlé, à l'image du château de Windsor en 1992, mais les fondations semblent tenir encore, tant qu'Élisabeth II sera aux commandes. Les Britanniques entretiennent avec leur monarchie aux frasques frisant le « sit-comique » (une armée de *tabloïds* en guise de coscénaristes) une relation pour le moins

UN PEU D'AMOUR

Malgré son image rigoriste, à la mort de son mari, la reine Victoria s'entichait d'un serviteur, John Brown. Bien que fruste, celui-ci fut son confident et eut une importance considérable dans les affaires du royaume. Victoria fut enterrée avec une mèche de ses cheveux. On s'interroge encore.

ambiguë, voire irrationnelle. Le discours barbant de la reine fait partie du folklore le jour de Noël. Un peu comme nos vœux du président le Jour de l'an. Et la Constitution peu codifiée lui laisse encore le pouvoir, symbolique, de nommer le Premier ministre. Elle lui concède également la propriété des... cygnes qui peuplent les parcs, relativement à une loi datant du XIVe s ! Mais après Élisabeth II, qu'adviendra-t-il ? Charles, éternel aspirant divorcé et remarié avec Camilla Parker-Bowles, programmé pour régner mais privé du trône, abdiquera-t-il au profit de son fils ? Le potentiel futur roi William V, au physique de gendre idéal, a, en attendant, épousé Kate Middleton en grande pompe en 2011.

TOUCHE PAS À MON CYGNE

En Angleterre, les cygnes appartiennent à la Couronne depuis le XIe s, car le cygne était alors un plat qui était exclusivement réservé aux papilles royales. Les voleurs d'œufs étaient lourdement châtiés. On ne les mange plus depuis longtemps, mais la coutume est restée. Aujourd'hui encore, à la fin juillet, le gardien officiel de la reine, en tenue écarlate de grand apparat, parcourt la Tamise sur une barque pour recenser les cygnes et en rendre compte auprès de Sa Très Gracieuse Majesté.

PATRIMOINE CULTUREL

Les musées

Souvent exceptionnels, de conception fréquemment originale, jamais compassés, pourvus de tout ce qu'il faut pour intéresser les petits, les musées britanniques vont peut-être réconcilier le grand public avec la culture bon enfant. Notez que si l'accès aux musées nationaux est gratuit, l'entrée des autres sites est souvent onéreuse (il n'est pas rare de devoir payer 15 £, soit 17,70 €, pour la visite de châteaux ou jardins, par exemple).

Tarifs réduits

– Bienheureux les plus de 60 ans, qui bénéficient le plus souvent de tarifs réduits, tout comme les étudiants (n'oubliez pas votre carte !) et les familles.
– La compagnie *VisitBritain,* qui patronne de nombreux musées et monuments, propose pour les passionnés d'histoire le *Great British Heritage Pass,* regroupant des associations de protection de patrimoine comme *National Trust, English Heritage, The National Trust for Scotland, Historic Scotland and Cadw* (pour ne citer qu'elles). Ce *pass,* sous forme de carte à puce magnétique, donne libre accès à l'ensemble des sites historiques, châteaux, manoirs et jardins existant en Grande-Bretagne. Pour les tarifs et pour se la procurer, voir plus haut, dans « Angleterre utile », la rubrique « Avant le départ. Great British Heritage Pass ». La carte donne également accès gratuitement à des centaines d'événements et est accompagnée d'un guide couleur avec des cartes.

PERSONNAGES CÉLÈBRES

Les Anglais célèbres sont légion (pour les Gallois, se reporter aux pages consacrées à cette région). Beaucoup aussi (surtout au cinéma) se sont exilés aux États-Unis et ont acquis chez l'oncle Sam les lettres de noblesse que leur ingrate patrie leur refusait dans un premier temps, quitte à les anoblir pour de bon par la suite. On pourrait vous en noircir quelques feuillets bien denses, mais on risque d'en oublier, et non des moindres. Alors, dans chaque activité, *let's go* pour un petit florilège des gloires britanniques.

Royauté et politique

De Richard Cœur de Lion à Élisabeth II, retrouvez toutes les stars royales dans la rubrique « Histoire ».

Les scientifiques et les explorateurs

Lord Bacon, dès le début du XVIIe s, mit au point une nouvelle méthodologie d'observation des phénomènes. Mais ce sont ***Newton,*** découvreur génial de l'attraction universelle, et l'astronome ***Haley,*** observant la comète du même nom, qui propulsèrent le pays dans la modernité scientifique. De ***Darwin*** (théorie de l'évolution) à ***Faraday,*** inventeur de l'électromagnétisme, et ***Hawking*** avec sa *Brève Histoire du temps,* en passant par ***Dunlop*** (le pneumatique), ***Stephenson*** (la locomotive), ***Fleming*** (la pénicilline), l'Angleterre a offert au monde quelques-uns de ses plus grands chercheurs.

Parallèlement, des navigateurs aventuriers sillonnèrent les mers : le capitaine ***Cook,*** en explorant le Pacifique, atteignit les îles Marquises, l'archipel de la Polynésie, la Nouvelle-Zélande et l'Australie. ***Livingstone*** parcourut le continent africain en bon missionnaire, et plus près de nous, ***Scott,*** commandant du *Discovery,* entreprit les premières expéditions dans l'Antarctique. Et ***Lady Ellen MacArthur*** (anoblie par la reine *herself* !), à 28 ans, était la plus rapide à boucler son tour du monde à la voile en solitaire (71 jours 14h et 18 mn, en 2005), avant que le Français Francis Joyon ne lui dame le pion (tout de même 14 jours de moins !) en 2008.

UN NEWTON BIEN SECRET

Avec ses travaux en physique, mathématiques et astronomie, Newton fut l'un des plus grands scientifiques anglais. Et pourtant, pendant 25 ans, dans le plus grand secret, il garda une passion pour l'alchimie. Il croyait dur comme fer que les métaux poussaient sous terre et que certains d'entre eux pouvaient se transformer en or. Le plomb n'était qu'une étape pour devenir de l'argent, lors de sa maturité. On en a mis sur le bûcher pour moins que ça.

Les peintres et les sculpteurs

Jusqu'à la fin du XVIIIe s, la peinture anglaise resta dominée par le genre des portraits conventionnels et flatteurs. ***Hogarth*** fut le premier à leur donner une dimension critique. Mais l'originalité picturale britannique est à chercher dans l'art du paysage : les scènes de chasse et de sport si chères à ***Stubbs,*** la passion pastorale de ***Gainsborough,*** l'accomplissement du romantisme vibrant et lumineux de ***Constable,*** de ***Turner*** et de ***Sisley,*** pionniers de l'impressionnisme. À la même époque, ***Fuseli*** et ***William Blake*** peignirent leurs visions oniriques, qui inspirèrent les surréalistes. Le XIXe s fut marqué par le mouvement des préraphaélites, avec à sa tête ***Rossetti,*** qui revint aux modèles du classicisme italien. Plus novateur, ***Morris*** révolutionna les conceptions esthétiques du design et préfigura l'Art nouveau. Dès les années 1950, ***Francis Bacon*** peignit des toiles aussi géniales qu'angoissées. Les sixties virent émerger ***David Hockney,*** célèbre pour ses immenses toiles du Grand Canyon américain, et les incroyables ***Gilbert and George,*** parfaits excentriques british.

Depuis le début du XIXe s, l'art sculptural anglais, grâce à ***sir Jacob Epstein*** et à ***Henry Moore,*** s'est affranchi de l'anthropomorphisme. S'inspirant de sources « primitives », ***Barbara Hepworth*** chercha l'abstraction pure. Aujourd'hui, ***Michael Craig*** et ***Bill Woodrow*** conceptualisent l'objet dans des installations où s'exprime l'âme anglaise, entre réalisme et poésie.

Les écrivains, les poètes et les dramaturges

Le poète médiéval ***Geoffroy Chaucer*** doit sa renommée à ses *Contes de Canterbury,* dont certains furent qualifiés de grivois, avant que Pasolini n'en fasse des classiques du cinéma mondial. Vint ensuite l'illustre ***Shakespeare,*** dont l'éclat universel éclipsa quelque peu le talent de ses contemporains tel le fascinant ***Marlowe.*** Le XVIIIe s apporta une touche gothique, notamment avec ***Ann Radcliffe.***

Mais c'est surtout le romantique XIXe s qui sonna l'heure de gloire des femmes. ***Jane Austen*** *(Orgueil et Préjugés, Raison et Sentiments)* célébra la femme indépendante. ***Les sœurs Brontë*** lui emboîtèrent le pas avec *Les Hauts de Hurlevent* et *Jane Eyre.* Suivirent ***George Eliot,*** qui décrivit la vie de province, ***Mary Shelley*** et son monstre Frankenstein, et ***Virginia Woolf*** au destin tragique (lire le superbe *The Hours* de M. Cunningham, chez Pocket). Parmi les hommes, ***Byron*** et ***Keats*** s'adonnèrent au lyrisme romantique.

« ÉLÉMENTAIRE, MON CHER WATSON ! »

La célèbre réplique de ce détective anglais imaginé par sir Conan Doyle en 1854 et qu'on aime à répéter lorsqu'une affaire est enfin élucidée n'a... jamais été prononcée dans les 56 romans et 4 nouvelles imaginés par l'auteur. Chose encore plus étrange : il existe à Londres, au 221b Baker Street, dans le quartier de Marylebone, à l'adresse du détective dans les ouvrages de Conan Doyle, un musée dédié à ce personnage qui n'a jamais existé !

Citons aussi les grands poètes épiques ***Coleridge*** et ***T. S. Eliot. Dickens*** fit pleurer la terre entière avec *David Copperfield.* ***Lewis Carroll*** inventa le pays des merveilles dans lequel Alice se glissa. ***Stevenson*** nous enchanta avec des récits d'aventures comme *L'Île au trésor* ou terrifiants tel *Docteur Jekyll et Mister Hyde.* ***Thomas Hardy*** avec *Tess* restera dans l'histoire. ***Kipling*** fit la part belle aux lointaines colonies. ***Oscar Wilde*** bouscula la société victorienne avec son *Portrait de Dorian Gray* et égratigna la bonne bourgeoisie avec *L'Importance d'être constant.* Au début du XXe s, ***D. H. Lawrence*** la scandalisa avec *L'Amant de Lady Chatterley.* ***Conrad*** fut connu du grand public grâce à l'adaptation cinématographique de son livre *Au cœur des ténèbres* par Coppola *(Apocalypse Now).* ***William Golding,*** qui voyait partout le mal en l'homme, le symbolisa dans *Sa Majesté des mouches.* Dans *Chambre avec vue,* ***E. M. Forster*** s'inspira de ses voyages en Italie. Un autre grand écrivain voyageur, ***Somerset Maugham,*** joua l'agent secret pendant la Première Guerre mondiale tandis que ***Graham Greene*** fut correspondant de guerre aux quatre coins du monde. D'autres écrivains explorèrent le temps : ***Huxley*** nous prédit le *Meilleur des mondes* et ***Orwell*** une année *1984* cauchemardesque.

Puis vint le temps des romans à énigme avec ***Conan Doyle*** et son célèbre Sherlock Holmes qui connut d'innombrables émules, avant qu'***Agatha Christie*** (80 romans dits policiers à son actif) ne rende le Devon, Miss Marple et Hercule Poirot célèbres dans le monde entier. De la tasse de thé au verre de whisky, il n'y avait qu'un pas. Toujours concernant le roman noir, n'oublions pas ***James Hadley Chase,*** célèbre pour ses histoires truffées de belles plantes (notamment dans *Pas d'orchidées pour Miss Blandish*). ***John Le Carré*** rendit populaire le roman d'espionnage, mais c'est ***Ian Fleming,***

LA BANDE À BONNOT CHEZ SHERLOCK HOLMES

Le célèbre Jules Bonnot, chef du gang et anarchiste, fut, en toute discrétion, chauffeur de sir Arthur Conan Doyle. Malgré son esprit bien affûté, le célèbre écrivain ne se douta jamais de rien.

en inventant James Bond, qui allait faire de l'espion anglais un véritable héros, sur grand écran encore plus que sur le papier.

Les romancières ***Ruth Rendell*** (passée du policier à suspense au roman psychologique), ***P. D. James*** (romancière au sens noble et à la belle écriture), ***Elizabeth George*** – qui, bien qu'américaine, décrit merveilleusement la *British way of life* – font partie des nouvelles reines du crime, tandis que d'autres, comme ***Ellis Peters,*** nous replongent dans le passé, au gré d'enquêtes dans l'Angleterre moyenâgeuse. ***P. G. Woodhouse*** représente l'humour anglais comme on l'aime, ce qu'on ne peut dire du célèbre dramaturge ***Harold Pinter*** *(L'Amant, Le Retour).* Au théâtre toujours, ***John Osborne*** reçut le surnom de « jeune homme en colère » pour ses critiques de l'*establishment.*

DRÔLE D'OISEAU

Comment Ian Fleming, l'inventeur de James Bond à la fin des années 1950, a trouvé le nom de son agent secret ? La légende indique qu'il cherchait un nom court, se retenant facilement et typiquement anglais. Fleming, fan d'ornithologie, pendant la rédaction du premier roman, lisait A Field Guide to the Birds of West Indies, rédigé par un certain... James Bond. Le nom de son héros était tout trouvé. Le guide est toujours disponible.

Et puis est arrivée la célèbre prodige, ***J. K. Rowling,*** qui vend, à coups de millions d'exemplaires, les aventures de son jeune magicien, champion de Quiddich, Harry Potter, faisant ainsi concurrence, par-delà le temps, à son regretté compatriote ***J. R. R. Tolkien*** et son merveilleux *Seigneur des anneaux.* En 2001, la Grande-Bretagne se dota d'un prix Nobel de plus avec ***V. S. Naipaul,*** anglo-indien né aux Caraïbes. Ce dernier s'est d'ailleurs vu reprocher au début de sa carrière en tant qu'attaché de presse, de ne pas... savoir écrire ! Ainsi l'Angleterre a la plume talentueuse, et des écrivains contemporains comme ***Martin Amis, Nick Hornby, Jonathan Coe*** ou encore ***Hanif Kureishi,*** à l'humour acide et à la verve satirique, témoignent d'une littérature jamais à bout de souffle.

Les musiciens et les chanteurs

Si l'on considère que ***Haendel*** était originaire de Saxe (mais beaucoup de ses œuvres furent écrites en anglais, à commencer par le fameux *Messie*), curieusement seuls quelques noms britanniques s'imposent dans le secteur de la « grande » musique, le baroque ***Purcell,*** le romantique ***Edward Elgar,*** les plus contemporains ***Benjamin Britten*** et ***Gustav Holst,*** mais également le touche-à-tout ***Ralph Vaughan Williams,*** le compositeur de musiques de film ***John Barry*** ou le plus actuel ***John Rutter.*** Finalement, c'est surtout dans la musique populaire que les musiciens anglais ont conquis le monde.

À partir de la déflagration des ***Beatles*** au début des années 1960, les artistes anglais ont déterminé ou accompagné toutes les grandes vagues de la pop. Durant les sixties, c'est une jeunesse nourrie de *rhythm & blues* qui a donné le ton, à l'instar des ***Rolling Stones, Animals, Who*** ou encore les ***Yardbirds*** où officièrent trois des plus grands guitaristes de ces 50 dernières années : ***Eric Clapton, Jimmy Page*** et ***Jeff Beck.***

Au début des années 1970, c'est la scène *glam-rock* qui s'impose avec ***David Bowie, T-Rex, Slade*** ou ***Roxy Music*** tandis qu'***Elton John*** entame une brillante carrière et devient le plus gros vendeur de disques au monde avec « Goodbye Yellow Brick Road » et « Captain Fantastic ».

Mais rapidement, les paillettes vont s'estomper face à la réalité sociale du pays qui engendrera l'explosion *punk,* qui se caractérise par un son brut, simple et direct, dont les ***Sex Pistols*** sont les chefs de file. La fin des années 1970 est riche de nouveaux talents tels que les ***Jam, Clash, Damned, Buzzcocks*** et autres ***Boomtown Rats,*** où officie un certain chanteur irlandais nommé ***Bob Geldof...***

Les années 1980 voient l'émergence de groupes aussi variés que ***Wham, Culture Club, Eurythmics, Ultravox*** ou ***Depeche Mode.*** Au début des années 1990, la scène anglaise explose de nouveau avec l'avènement de la *Brit-pop* dont ***Oasis*** et ***Blur*** sont les principaux ambassadeurs. Au même moment naissait ***Radiohead,*** emmené par son charismatique et légèrement torturé chanteur ***Tom Yorke,*** qui garde la même richesse créative qu'à ses débuts. Plus récemment, en réaction à la pop préfabriquée des stars éphémères issues d'émissions télévisées, une nouvelle génération d'artistes venus essentiellement de la scène alternative, tels les ***Libertines, Franz Ferdinand, Arctic Monkeys*** ou ***Hard Fi,*** a pris le contrôle des *charts* du pays, alors que la scène urbaine semble plus riche que jamais avec les rythmes scandés de ***The Street, MIA*** ou ***Craig David.*** Sans oublier ***Robbie Williams*** et ***Coldplay,*** qui continuent de porter le flambeau de la musique british à travers le monde. La dernière sensation en date reste la chanteuse ***Amy Winehouse,*** disparue tragiquement en juillet 2011. Sa coupe de cheveux très sixties et son timbre de voix soul, rappelant le son si particulier, si chaud, de la fameuse maison de disques *Motown.*

LE BEATLE CACHÉ

Est-ce Dieu possible ? Oui, et il s'appelle Pete Best, a tourné pendant 2 ans avec Ringo, Paul et George, et au moment d'enregistrer « Love me do », il est subitement écarté par le producteur George Martin au profit de Ringo Starr. Le début de la fin pour un homme qui assistera au succès de ses anciens potes (qui ne se sont pas battus non plus pour le retenir) via les médias et de loin, très loin. Employé dans une boulangerie, fonctionnaire, il a sorti son premier album en... 2009. Enfin !

Les grands noms du cinéma

Au premier rang, le plus prodigieux de tous, à la fois acteur, réalisateur et génie tout court : ***sir Charlie Chaplin,*** qui dût pourtant s'exiler aux États-Unis pour faire reconnaître son talent, tout comme le grand ***Alfred Hitchcock. Carol Reed*** *(Le Troisième Homme),* ***David Lean*** (*Lawrence d'Arabie* avec ***Peter O'Toole***) et un peu plus tard ***Richard Lester*** *(Le Knack)* signèrent des films oscarisés et palmisés. Mentionnons également ***Michael Powell,*** réalisateur longtemps méconnu en France, bien qu'il soit considéré par beaucoup comme l'un des cinéastes majeurs de son pays (*Les Chaussons rouges,* 1941 ; *Le Voyeur,* 1960) ou ***Terence Fischer,*** qui tourna une saga des *Frankenstein.* Les années 1970 ont ri avec les ***Monty Python*** (dont s'est détaché ***Terry Gilliam***) et le toujours déroutant ***Peter Greenaway. John Boorman*** passa avec brio de *Délivrance* à *Excalibur.* Dans les années 1980, le cinéma britannique connut un fulgurant essor avec ***Hugh Hudson*** (quatre oscars pour *Les Chariots de feu*) et ***sir Richard Attenborough*** (huit oscars pour *Gandhi*). La nouvelle vague néoréaliste, née dans les années 1970 avec des réalisateurs comme ***Ken Loach*** (*Raining Stones, The Navigators, Le vent se lève,* Palme d'or 2006, *Looking for Eric,* etc.), ***Mike Leigh*** *(Secrets et Mensonges)* et ***Stephen Frears*** *(My Beautiful Laundrette, Les Liaisons dangereuses, The Snapper, The Queen)* s'épanouit pleinement dans les années 1990, ce cinéma politique et social trouvant largement à se nourrir dans l'Angleterre post-thatchérienne. Durant ces mêmes années 1990, le comédien-acteur-réalisateur ***Kenneth Branagh*** s'est fait connaître et reconnaître en revisitant Shakespeare (offrant dans ses premiers films de très beaux rôles à Emma Thompson, son épouse d'alors). Parallèlement, de petits bijoux isolés pleins d'humour séduisent le public français : *The Full Monty, Snatch, Quatre mariages et un enterrement, Petits meurtres entre amis* (de ***Danny Boyle,*** réalisateur également de *Trainspotting*). On versa aussi une petite larme en visionnant *Billy Elliot,* apprenti danseur sur fond de misère sociale dans une ville minière. Enfin, le très beau film de ***Tom Hooper,*** *Le Discours d'un roi,* qui rafle pas moins de quatre statuettes à la cérémonie des oscars en 2011.

Sur les écrans, ***Vivien Leigh*** incarna une inoubliable Scarlett, ***Vanessa Redgrave*** obtint plusieurs fois l'oscar. ***Jacqueline Bisset, Jane Birkin*** et ***Kristin Scott-Thomas*** s'installèrent en France. ***Emma Thompson*** joua avec ***sir Anthony Hopkins*** dans *Retour à Howards End* et *Les Vestiges du jour.* Parmi les acteurs, plusieurs autres se firent anoblir : ***sir Laurence Olivier*** *(Hamlet, Le Limier),* ***sir Alec Guinness*** (Obi-Wan Kenobi dans *Star Wars*), ***sir Sean Connery*** (« My name is Bond »). ***Christopher Lee*** interpréta Dracula à 11 reprises et fut le traître Saroumane, l'horrible magicien du *Seigneur des anneaux,* ***Richard Burton*** eut peur de *Virginia Woolf,* ***David Niven*** forma une fine équipe avec ***Peter Sellers*** dans les différents épisodes de *La Panthère rose,* ***Peter Ustinov*** devint Hercule Poirot, et l'éclectique ***Terence Stamp*** joua les drag-queens *(Priscilla folle du désert).* Citons aussi en vrac : ***Rowan Atkinson*** et son personnage de *Mr. Bean,* ***Kate Winslet, Jeremy Irons, Hugh Grant, Robert Carlyle, Ewan McGregor, Alan Rickman, Tim Roth, Daniel Day-Lewis, Helena Bonham Carter...*** et enfin, pour conclure, un peu d'animation avec ***Nick Park*** et ses personnages de pâte à modeler, *Wallace et Gromit,* le farfelu inventeur et son chien sage et muet mais aux yeux si expressifs !

Les sportifs

Les Anglais ont inventé de nombreux sports, normal qu'ils s'y soient toujours distingués : le foot (***David Beckham,*** la star), le rugby (***Wilkinson,*** le héros du XV de la rose), la boxe – anglaise évidemment – avec ***Lennox Lewis,*** champion du monde des poids lourds à maintes reprises avant de mettre un terme à sa carrière en 2004. À noter aussi ***Christopher Boardman,*** plusieurs fois recordman de l'heure à vélo.

Et d'autres célébrités

Citons en vrac : ***Jack l'Éventreur, Ronald Biggs,*** le génial voleur du train Glasgow-Londres ; ***Philby, Burgess*** et ***Mc Lean,*** les maîtres-espions vendus aux Soviétiques ; ***Alec Issigonis,*** le concepteur de la Mini ; le décorateur ***Terence Conran*** ; l'architecte ***Norman Foster.*** Dans la mode, ***George Brummel,*** le premier dandy, ***Mary Quant,*** qui inventa la minijupe, les stylistes ***John Galliano, Stella McCartney*** et ***Vivienne Westwood.*** En cuisine, ***Jamie Oliver,*** qui tente de redorer le blason de la gastronomie britannique, et ***Hugh Fearnley-Whittingstall,*** qui milite, dans ses bouquins et émissions de télé, pour les produits de saison et fait sortir les poulets anglais de leurs batteries !

On ne pourra aussi ignorer ***Lara Croft,*** l'héroïne du jeu vidéo *Tomb Raider,* fantasme bien réel pour beaucoup d'ados fanatiques, et ***Susan Boyle,*** star du télécrochet *Britain's got talent,* dont les prouesses vocales ont été vues plusieurs millions de fois sur YouTube.

ET L'ANGLETERRE INVENTA LA MINIJUPE

En 1965, Mary Quant imagina la minijupe... pour courir plus facilement après le bus, disait-elle. Sa boutique, Bazaar, à Chelsea fut vite célèbre dans le monde entier. L'Angleterre puritaine tressaillait. La jeunesse avait enfin son style et ses icônes. À cause de cette nouvelle mode, sœur Fiorella, chargée de vérifier la tenue correcte des fidèles à Saint-Pierre de Rome, démissionna pour dépression nerveuse.

RELIGIONS ET CROYANCES

En fondant en 1534 l'Église anglicane, Henri VIII rompt avec Rome, car le pape Clément VII refuse d'annuler son mariage avec Catherine d'Aragon. La nouvelle liturgie sera d'inspiration calviniste et sa doctrine énoncée dans le *prayer book* en 1549. Les protestants d'influence luthérienne trouvèrent le culte anglican encore trop proche du catholicisme. Durant la guerre civile de 1642 à 1649, les *puritans* destituèrent les évêques, mais au retour des Stuarts sur le trône, ils furent contraints de s'exiler et partirent principalement fonder des colonies en Amérique. Voilà pourquoi une majorité d'Américains conservent une foi proche du puritanisme. Depuis, la plupart des Anglais sont de confession anglicane. La reine est le chef de l'Église. Diacres, prêtres et évêques peuvent se marier et prêtent serment d'allégeance à la couronne anglaise. Les femmes peuvent être ordonnées prêtres. 60 % des Anglais reçoivent le baptême anglican. On considère que 45 % sont pratiquants. L'Angleterre compte également des catholiques, des épiscopaliens, des presbytériens, des méthodistes (les fondateurs de l'Armée du Salut) et des baptistes.

TRADITION ROYALE

La reine Victoria était fière de descendre, soi-disant, de David, roi d'Israël. Voilà pourquoi ses fils seront circoncis. Cette coutume perdura 150 ans jusqu'à la princesse Lady Diana qui refusa que ses deux fils subissent la circoncision. Chez les « Royals », ça n'a pas plu.

Les ressortissants du Commonwealth ont installé leurs lieux de culte en grand nombre : *gudwaris* des sikhs, temples hindous, mosquées musulmanes, synagogues juives, temples bouddhistes, etc. Une pluralité qui s'accorde avec la politique de l'archevêque de Canterbury, le chef de l'Église d'Angleterre, Rowan Williams. Les prises de position de ce dernier suscitent parfois le débat au sein du monde anglican. Tout d'abord, concernant les attentats du 11 septembre 2001 à New York. Voulant se démarquer de la position du président George Bush, l'archevêque déclare que « les terroristes pouvaient avoir des objectifs moraux sérieux » et dénonce l'amalgame trop souvent commis qui consiste à ranger les musulmans du côté de « l'axe du mal ». Il génère la polémique également quant à sa tolérance face à l'homosexualité. Enfin, Rowan Williams provoqua une véhémente incompréhension dans l'opinion publique en défendant l'introduction de la charia, la loi islamique, dans certaines parties de la législation britannique (notamment au sujet des affaires familiales et financières). Ce dernier a toutefois précisé qu'il réfutait l'usage de pratiques violentes telles les flagellations ou les décapitations. Depuis, nombreux sont ceux qui réclament sa démission.

SAVOIR-VIVRE ET COUTUMES

En guise de préliminaires

- **Il est désormais interdit de fumer dans tous les lieux publics.**
- Le thé se sert dans un *mug*, ces tasses épaisses à anse large, ou dans des tasses en porcelaine (anglaise). On ne trempe jamais ses toasts dans son thé et on se sert en confiture avec un couteau et non une cuillère. Sinon, *shocking* !
- Le fromage se prend généralement à la fin du repas, après le dessert...

L'ORIGINE DES CARTES DE VŒUX

Albert, l'époux de la reine Victoria, était ignoré par l'aristocratie anglaise : il n'avait pas de quartiers de noblesse. Pour Noël, il pensa à envoyer des cartes de vœux, obligeant ainsi les aristocrates à lui répondre. Tout cela fut possible grâce à l'invention du timbre-poste qui naquit en 1840, en Grande-Bretagne.

– On ne serre jamais la main d'un Anglais, sauf quand on le voit pour la première fois. Quant à la bise, n'en parlons pas. En revanche, un inconnu peut vous appeler *darling, honey* ou même *love*, sans problème !
– Très souvent, au restaurant ou au pub, c'est vous-même qui décidez de l'endroit où vous désirez être assis. Ne vous sentez ainsi pas agressé lorsqu'on vous demande où vous allez manger et indiquez la table sur laquelle votre choix s'est arrêté.
– Personnes handicapées : les Anglais sont exemplairement équipés et très attentifs au confort des *disabled people*. Pour preuve, l'excellent site qui leur est consacré : • *tourismforall.org.uk* • Vous pouvez aussi vous procurer le *Guide Of Disabled Facilities,* dans tous les offices de tourisme.
– Souriez, vous êtes filmé ! Sachez que dans bon nombre de villes anglaises, pas un centimètre carré ne semble échapper à la vigilance des caméras. La vidéosurveillance est omniprésente, y compris dans le bus.

Être ou ne pas être britannique… ou généralités sur quelques différences…

Le droit à la différence

Mais qui sont-ils ? L'ennemi héréditaire, la perfide Albion, a toujours eu le don d'irriter les continentaux. Son flegme dédaigneux a engendré chez les autres peuples à travers les âges un sentiment de méfiance. L'Angleterre est et restera une île, avec toutes les particularités que cela implique. Ignorer la réalité pour imposer sa propre vision du monde est un pilier de la philosophie anglaise. Dur dur dans ces conditions de s'accorder avec les autres pays de l'Union européenne, sur la monnaie unique par exemple ou, plus récemment, sur le conflit irakien, surtout quand il s'agit d'une France elle-même arrogante et sûre de ses convictions. Les Français cultivent l'art de vivre, la table, les bons vins, la haute couture. Les Britanniques aiment à cultiver l'absurde et l'irrationnel. Les concours annuels des plus beaux légumes évoqués dans *Wallace et Gromit et le mystère du lapin-garou* ne sont pas une invention cinématographique, mais une vraie institution généralisée !

> **INIMITIÉS FRANCO-ANGLAISES**
>
> *Même le vocabulaire a gardé des traces de ces luttes qui ont marqué les siècles. Ainsi, en français, prendre la fuite discrètement se dit « filer à l'anglaise », les Britanniques se sont vengés en traduisant « to take french leave ». Idem pour « capote anglaise » qui se dit « french letter ».*

Cela dit, aujourd'hui, la société britannique semble en pleine mutation. Avec Margaret Thatcher, le pays a appris qu'il était au bord de la faillite, et, avec l'arrivée massive d'immigrés en provenance des anciennes colonies, il a dû apprendre à gérer une société multiculturelle. Les barrières, autrefois insurmontables, s'effritent, et le côté caricatural de la société victorienne s'est déjà bien dilué. D'ailleurs, la très chic *Manorial Society of Great Britain* met en vente les titres de noblesse des aristocrates fauchés.
Mais aussi radicaux que pourront être les changements, l'excentricité restera une caractéristique nationale. Car c'est bien dans ce pays, encombré de petites maisons alignées et toutes pareilles, que le droit à la différence est vraiment une réalité. Que ce soit les modes extravagantes de la jeunesse britannique ou les allures de ces vieux aristocrates qui siègent à la Chambre des lords, le fait est là : la Grande-Bretagne aime l'excentricité. Le droit d'*être différent,* que ce soit à titre individuel ou en tant que nation, fait partie de l'héritage culturel de ce pays. On peut ainsi croiser un ou une vendeuse avec percings et tatouages dans une boutique de luxe, ou encore une femme musulmane portant le foulard derrière le guichet d'une banque. Et même Kate Middleton, nouvelle « petite fille » de la Reine est issue d'une famille roturière, ayant fait fortune dans les farces et attrapes !

L'humour anglais

Les racines culturelles de ces comportements peuvent être recherchées jusque dans les légendes arthuriennes. La sublimation, la quête du Saint-Graal, le roi Arthur et ses chevaliers de la Table ronde. Tout cela représente encore aujourd'hui les aspirations profondes de la noblesse anglaise et, par ricochet, celles de l'homme de la rue. Du conflit entre les petites mesquineries quotidiennes et les grandes envolées lyriques est né le goût de la dérision, et ce n'est pas sans raison que les *Monty Python* se sont attaqués au mythe arthurien dans leur premier film. Du coup, les Britanniques adorent être « vannés » et n'ont pas leur pareil pour se moquer d'eux-mêmes. La seule vraie insulte que vous pouvez leur faire est de leur dire qu'ils n'ont pas le sens de l'humour. Un des plus grands succès de librairie outre-Manche (30 éditions !) fut un livre extrêmement drôle et méchant sur le comportement anglais : *How to be an alien (Penguin),* écrit par Georges Mikes, un Hongrois. Il commence son livre ainsi : « Les continentaux pensent que la vie est un jeu ; les Anglais, eux, pensent que le cricket est un jeu ! » Et le reste à l'avenant...

Toilettes publiques

C'est une institution qui provoque la jalousie du reste du monde civilisé. On en trouve dans tous les lieux publics, à proximité des gares, des marchés, des hôpitaux, des rues commerçantes, etc. Elles sont en plus gratuites, plutôt bien entretenues et souvent parfumées. Elles datent de l'époque victorienne, où les principes de l'hygiène étaient érigés au rang des vertus civiques. Quand vous irez vous soulager dans un de ces hauts lieux de la civilisation britannique, vous aurez une petite pensée émue pour la *BTA (British Toilet Association)* qui lutte pour la « survie » de ces toilettes publiques, leur bon entretien et pour qu'elles soient adaptées aux besoins de toutes les populations (personnes âgées ou handicapées, enfants, etc.) ! Et si vous y constatez en plus la présence de fleurs, c'est que votre petit endroit d'adoption participe au concours annuel des plus belles toilettes du pays, diplôme à la clé. Pour plus d'infos sur la *BTA* : • *britloos.co.uk* •

SITES INSCRITS AU PATRIMOINE MONDIAL DE L'UNESCO

Organisation des Nations Unies pour l'éducation, la science et la culture

En coopération avec le centre du patrimoine mondial de l'UNESCO

Pour figurer sur la liste du Patrimoine mondial, les sites doivent avoir une valeur universelle exceptionnelle et satisfaire à au moins un des 10 critères de sélection. La protection, la gestion, l'authenticité et l'intégrité des biens sont également des considérations importantes.
Le patrimoine est l'héritage du passé dont nous profitons aujourd'hui et que nous transmettons aux générations à venir. Nos patrimoines culturel et naturel sont deux sources irremplaçables de vie et d'inspiration. Ces sites appartiennent à tous les peuples du monde, sans tenir compte du territoire sur lequel ils sont situés.
Pour plus d'informations : • *whc.unesco.org* •

- Cathédrale et château de ***Durham*** (1986).
- Châteaux forts et enceinte du roi Édouard Ier dans l'ancienne principauté de Gwynedd (1986) : ***Beaumaris, Caernarfon, Harlech*** et ***Conwy.***
- Le parc de ***Studley Royal*** avec les ruines de Fountains Abbey (1986).
- ***Stonehenge, Avebury*** et les sites associés (1986).
- Le palais de ***Blenheim*** (1987).
- La ville de ***Bath*** (1987).
- Les frontières de l'Empire romain ou ***mur d'Hadrien*** (1987 et 2005).

– La cathédrale, l'abbaye Saint-Augustin et l'église Saint-Martin à ***Canterbury*** (1987).
– Le paysage industriel de ***Blaenavon*** (2000).
– Le littoral du ***Dorset*** et de l'est du ***Devon*** (2001).
– Le port marchand de ***Liverpool*** (2004).
– Le paysage minier des ***Cornouailles*** et de l'ouest du *Devon* (2006).
– Pont-canal et canal de ***Poncysyllte*** (2009).

SPORTS ET LOISIRS

Les Anglais aiment à croire qu'ils ont inventé tous les sports, ce qui est – il faut l'avouer – presque vrai (à l'exception notable du polo, mis au point dans les montagnes du Pakistan). Il y a, en revanche, beaucoup de sports que les Britanniques n'ont jamais réussi à exporter, tel le roulage de fromage par exemple, qui se pratique sur la colline de Cooper's Hill depuis le XVIe s. Il y en a bien d'autres du même tonneau, et nous ne parlerons pas du lancer de troncs d'arbres puisqu'il s'agit d'un jeu écossais...
Autre sport national : les paris sur tout et n'importe quoi. Les *bookmakers* – une institution privée en Grande-Bretagne – prennent des paris sur le sexe du prochain enfant royal à naître, sur le pays qui accueillera les prochains J.O. ou tout simplement sur le temps du lendemain.
– ***Le cricket :*** si les anciennes colonies de l'empire s'y sont mises et constituent des adversaires sérieux, ce sport désespérément immobile, aux subtilités du jeu imperceptibles, aux règles complexes, reste souvent obscur aux yeux des étrangers. Ils ont bien du mal à comprendre que l'on puisse s'enthousiasmer à ce point pour un match qui s'étale parfois sur plusieurs jours !
– ***Le tennis :*** largement inspiré du jeu de paume, le brevet du *lawn-tennis,* comme on l'appela tout d'abord, fut déposé en 1874 par le major Wingfried. En 1875, c'est dans une grande prairie de la banlieue de Londres, à Wimbledon, que l'on installe le premier club et ses terrains. Le premier tournoi s'y jouera en juillet 1877.
– ***Les fléchettes** (darts)* **:** au pub, plus personne ne crache dans la sciure ou dans les crachoirs comme avant ; en revanche, on joue toujours aux fléchettes. Le jeu remonterait à la guerre de Cent Ans. La légende veut qu'un jour où il faisait un temps de chien, les archers anglais, abrités sous une grange, s'amusèrent à lancer des flèches sur la tranche d'un billot de bois ; ils en vinrent à raccourcir leurs projectiles jusqu'à obtenir des *darts* (le mot est français), proches des fléchettes actuelles. Les divisions en secteurs de la cible moderne s'inspireraient des veines du bois. Ainsi naquit ce jeu célèbre aux règles compliquées.
– ***Le ballon ovale :*** l'un des sports nationaux anglais, là où, en tout cas, la population et la ferveur du peuple anglais se retrouvent. L'origine de ce sport remonte au XIXe s, lorsqu'un pasteur prit la balle dans ses bras au cours d'un match de balle au pied à... Rugby ! Depuis, les matchs s'enchaînent, et Wilkinson, depuis la Coupe du monde 2003 remportée par les Anglais, fait chavirer les groupies britanniques. L'Angleterre, l'Écosse et le pays de Galles font aussi partie du Championnat des six nations avec la France, l'Irlande et l'Italie. Assister à un match à Twickenham, le

BINGO !

Les femmes sont dingues du bingo, surtout les vieilles dames. Ce jeu qui ressemble au loto est typique de l'Angleterre. Chaque ville a le sien, en centre-ville (demander). Il faut absolument y faire un tour (en fin de journée) pour y rencontrer la Grande-Bretagne profonde. Observez l'animateur énoncer les nombres tirés au sort. Si jamais vous gagnez grâce à « two fat ladies », pas de méprise, c'est que vous aviez le numéro 88.

temple anglais du rugby, au sud-ouest de Londres, reste une expérience unique : ☎ *(0870) 143-11-11 ou* • *rfu.com/microsites/twickenham/* • Voir aussi notre rubrique « Le rugby : un sport de voyous joué par des seigneurs » dans le chapitre consacré au pays de Galles.

– ***Le ballon rond :*** la *Premier League* (les 20 meilleurs clubs) attire les foules. On se retrouve dans les pubs pour partager les exploits des joueurs de Liverpool, Manchester, Chelsea ou autres. On assiste aux matchs avec ferveur. Un site très amusant pour s'informer : • *footanglais365.com* •

– ***Le surf :*** les spots principaux sont situés au sud-ouest du pays, notamment en Cornouailles (Porthleven). D'autres dans le Dorset, à Bournemouth, et dans le Devon. Mais le must reste quand même Newquay, où se tiennent chaque année quelques compétitions internationales.

– ***La marche et les randonnées :*** les fans de marche se régaleront, les Anglais sont des pros de la rando. Le Devon, les Cornouailles, le Nord entre Sheffield et Manchester, le Yorkshire, le pays de Galles ou encore le Lake District sont autant de lieux de randos sympas. On apprécie particulièrement la lande de la New Forest, dans le sud du pays, où l'on se promène au milieu des animaux en liberté. Attention, cependant, mieux vaut se munir de cartes IGN (les cartes *Ordnance Survey*) et d'une boussole : les chemins ne se trouvent pas toujours aisément et le balisage peut être aléatoire et difficile à suivre. Le balisage est jaune ou bleu, on traverse parfois des champs, des fermes ; mais quand c'est interdit, le balisage est rouge. La plupart des offices de tourisme vendent les cartes de leur région et des brochures rando souvent bien faites. Pour les fanas du *hiking,* un site internet pour se préparer : • *ramblers.org.uk* •

AU SUD ET AU SUD-EST DE LONDRES

Voici deux sites internet qui vous aideront dans la préparation de votre voyage : • *visitsoutheastengland.com* • pour le Sud-Est et • *visitsouthwest.co.uk* • pour le Sud-Ouest.

LE KENT

L'histoire est bien représentée dans ce comté si verdoyant, si anglais, mais qui doit pourtant beaucoup aux influences (certes, pas toujours amicales) du voisin français. On y trouve donc un grand nombre de châteaux forts et de splendides jardins, qui accueillent aujourd'hui les nombreux visiteurs pacifiques débarquant du continent, comme on aime à l'appeler ici. Les ports de cette côte, qui abrite également des stations balnéaires ayant connu de meilleures heures, voient ainsi transiter près de 20 millions de passagers par an. Et ça risque d'aller crescendo avec la nouvelle gare internationale qui marque l'arrêt à Ebbsfleet, entre Sandwich et Ramsgate, à la pointe de la péninsule ! Le nord-ouest du comté est déjà la banlieue de Londres, et si Canterbury est le joyau du Kent, Royal Tunbridge Wells, plus à l'ouest, offre au visiteur le charme tranquille d'une ville d'eau entourée d'une séduisante campagne.

– Site incontournable : • *visitkent.co.uk* •

CANTERBURY

43 000 hab. IND. TÉL. : 01227

Ville close au cœur du Kent, tout droit sortie du Moyen Âge et bâtie autour d'une impressionnante cathédrale, siège de l'Église anglicane. À noter que l'archevêque de Canterbury (l'équivalent du pape pour les Anglais) partage officiellement le pouvoir avec la reine. Le pape (celui du Vatican) ayant refusé le divorce à Henri VIII, ce dernier coupa le cordon qui reliait l'île à Rome et créa sa propre église, la *Church of England,* beaucoup plus tolérante, plus ouverte et plus proche des préoccupations terrestres des gens. D'ailleurs, preuve de sa modernité, cette Église consacre aujourd'hui des femmes prêtres. En plus de la cathédrale, Canterbury réunit la Saint Augustine's Abbey et la Saint Martin's Church, appartenant toutes trois au patrimoine mondial de l'Unesco, et constituant ainsi une étape culturelle unique en Angleterre. Mais la ville ne vit pas qu'au rythme de son église anglicane, bien au contraire. L'animation règne dans les ruelles médiévales où touristes (beaucoup de Français) et étudiants déambulent ensemble, goûtant aux joies de la promenade sur la Stour ou arpentant les rives fleuries de cette dernière. Une effervescence que l'on retrouve une fois la nuit tombée, quand la jeunesse insuffle à ces vieux murs une atmosphère festive, mélangeant concerts intimistes et clubs branchés, sans bien sûr oublier les pubs.

Arriver – Quitter

En bus

Gare routière (plan B2) **:** *Saint George's Lane.* ☎ *(08712) 00-22-33.*
➢ **Londres :** 1 liaison/h. Trajet : env 2h.
➢ **Douvres :** 1 liaison/h. Trajet : env 45 mn.
➢ **Gare internationale d'Ebbsfleet :** 3 liaisons/j. Trajet : env 1h10.

En voiture

➢ **Douvres :** l'A 2 est plus agréable que la M 20.

En train

Gares ferroviaires : *selon votre provenance, arrivée à* **Canterbury East** *(plan A3) ou* **West** *(plan A1) ; ttes les deux sont à 10 mn à pied du centre-ville.* ☎ *(08457) 48-49-50.*
➢ **Douvres :** 2 liaisons/h (1 seule le w-e). Durée : 30 mn.
➢ **Londres :** 2 liaisons/h (1 seule le w-e). Durée : 1h30.

Adresses utiles

Canterbury Information Centre (plan B1-2) **:** *12-13 Sun St, CT1 2HX.* ☎ *37-81-00.* • *canterbury.co.uk* • *Mars-juin et sept-nov, lun-sam 9h30-17h30 ; juil-août, lun-sam 9h30-18h ; mars-nov, également dim 10h-16h.* Guide et plan de ville gratuits (utile pour connaître les zones de stationnement). Office proposant de nombreux services : bureau de change, résa d'hébergement (avec commission) et billetterie pour les spectacles, visites guidées et balades en barque.
✉ **Post Office** (plan B2) **:** *19 St George's St.* ☎ *76-61-29.* Au 1er étage du magasin *WH Smith*.
■ **Banques :** *sur High St et St Peter's St.*
@ **Dot Cafe** (plan A1, **1**) **:** *St Dunstan's St, dans le prolongement de St Peter's St. Tlj 10h-19h.* Une dizaine d'ordis, pas tout jeunes, mais ça fait l'affaire.
@ **Cafe La Trappiste** (plan B1, **2**) **:** *1-2 Sun St.* Quelques ordinateurs dans un bar-restaurant, en plein centre.
■ **Park and Ride :** il est presque impossible de circuler en voiture dans Canterbury, mais il existe un système très pratique et pas cher de parkings surveillés aux abords de la ville. Un bus fait la navette avec le centre ; journée de stationnement et bus à 2,50 £. Ces 3 parkings *(New Dover Rd, Sturry Rd et Wincheap – bien placé quand on arrive de Londres)* fonctionnent du lundi au samedi de 7h à 19h30 ; seul celui de New Dover Rd est ouvert le dimanche. Attention ! Garez-vous bien dans les marques de parking, sinon *ticket* (amende) assuré. Et on sait de quoi on parle !
■ **Location de vélos :** ***Downland Cycles Sales*** *(hors plan par A1), The Malthouse, St Stephens Rd, en remontant North Lane puis prendre sur la gauche.* ☎ *47-96-43.* • *downland cycles.co.uk* • *Lun-sam 9h30-17h30. Vélos à partir de 15 £/j.*

Où dormir ?

Pensez à réserver : vous n'êtes pas seul à vouloir visiter cette ville !

Campings

Yew Tree Park (hors plan par B3, **10**) **:** *Stone St,* ***Petham,*** *CT4 5PL ; à 5 miles de Canterbury.* ☎ *70-03-06.* • *info@yewtreepark.com* • *yewtree park.com* • *Emprunter Old Dover Rd, puis prendre à droite juste après le pub, vers Hythe (B 2068) ; le camping se trouve sur la droite après env 3 miles (indiqué). Bus n° 620 de Canterbury. Ouv d'avr à mi-sept. Compter 14,20-23,50 £ pour 2 avec tente (douche payante).* *Réduc de 5 % (hte saison) sur présentation de ce guide.* Site plaisant, dans une belle nature, calme et ombragé. Grande piscine découverte.
The Camping and Caravanning Club Site (hors plan par B2, **11**) **:** *Bekesbourne Lane, CT3 4AB.* ☎ *46-32-16. À moins de 2 miles du centre-ville, suivre l'A 257 vers Sandwich et Dover. Ne pas se décourager, trottoir très étroit et en montée, et pas de pan-*

neau, aller tt droit après les 2 ronds-points. Tte l'année. Selon saison, 22-26 £ pour 2 avec tente ; env 5 £ de moins pour les membres. Un beau site, vaste, vert, bien équipé, soigneusement tenu et bien situé. On privilégiera les nouveaux emplacements, plus éloignés de l'A 257, pour une nuit sans phares ni bruits de voitures, mais un réveil accompagné de lapins qui sautillent tranquillement.

De bon marché à prix modérés (moins de 40 £ / 48 €)

Youth Hostel Yha Canterbury *(hors plan par B2,* ***11****) : 54 New Dover Rd, CT1 3DT. ☎ 46-29-11. • canterbury@yha.org.uk • Dans le prolongement de Saint George Pl, à 10 mn à pied du centre. Fermé Noël et Jour de l'an. Réception 7h30-10h, 17h-23h. Résa conseillée. Nuit env 20 £/pers en dortoir 2-10 lits ; petit déj 5 £. Pâques-oct, possibilité de dormir dans les tentes installées dans le jardin. Tente pour 4 pers 35 £, avec accès gratuit aux facilités de l'AJ (douches, cuisine).* Auberge dans une belle bâtisse ancienne, avec un joli salon haut de plafond et profonds canapés. Dortoirs simples et propres. Ambiance tranquille.

Kipps Backpackers Hostel *(hors plan par B3,* ***12****) : 40 Nunnery Fields, CT1 3JT. ☎ 78-61-21. • kipps-hostel@gmail.com • kipps-hostel.com • À 10 mn à pied du centre. Réception*

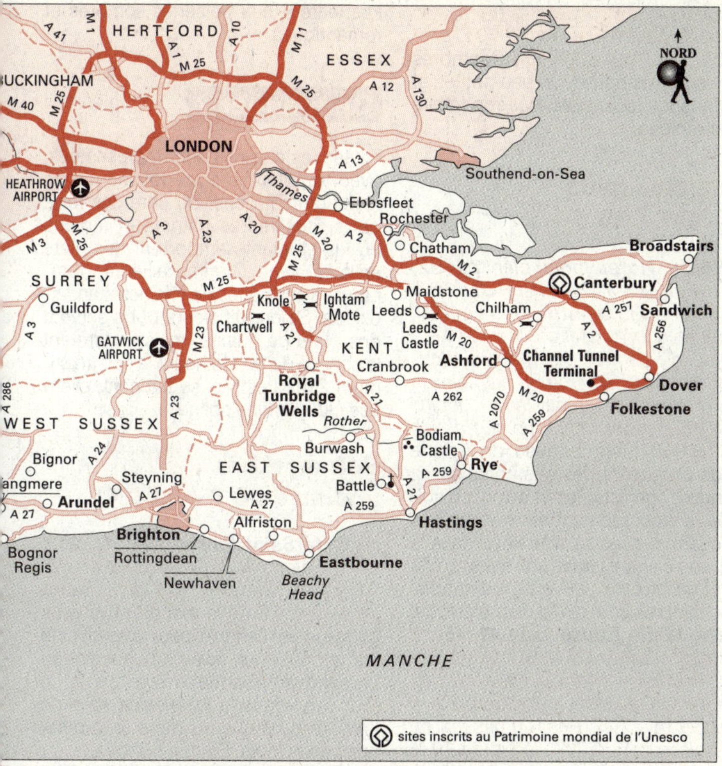

LE SUD DE L'ANGLETERRE

8h-23h. Compter 16-20 £/pers en dortoir. 💻 📶 *Réduc de 10 % sur présentation de ce guide.* La formule « alternative » à l'AJ dans une vieille et belle maison, avec un salon accueillant. Une cinquantaine de places (dortoirs de 4 à 8 lits), avec coffres individuels et salle de bains pour certains. Quelques doubles 38-50 £, et simples. Petit jardin sur l'arrière pour les barbecues aux beaux jours. Petite épicerie de dépannage à l'accueil.

Prix modérés (40-60 £ / 48-72 €)

🏠 ***The Tudor House B & B*** *(plan A1,* ***13****) : 6 Best Lane, CT1 2JB.* ☎ *76-56-50.* • *info@tudorhousecanterbury.co.uk* • *tudorhousecanterbury.co.uk* • *Tte l'année. Doubles avec ou sans sdb 59-69 £ selon saison.* 📶 Adorable maison de plus de 5 siècles, avec un joli jardin (hélas réservé aux propriétaires !) donnant sur la rivière, en plein centre. Superbe escalier et belle cheminée monumentale. Éviter la chambre du haut, humide et froide. Très bon petit déj.

Prix moyens (60-80 £ / 72-96 €)

🏠 ***Clare Ellen Guesthouse*** *(hors plan par A3,* ***14****) : 9 Victoria Rd, CT1 3SG.* ☎ *76-02-05.* • *enquiry@clareellenguesthouse.co.uk* • *clareellenguesthouse.co.uk* • *Dans une petite rue per-*

pendiculaire à Wincheap, à env 10 mn à pied du centre. Doubles 60-70 £, petit déj inclus. Parking gratuit. Chambres claires et très british, un peu petites et gentiment kitsch, avec TV. Propriétaire sympathique.

Plus chic (plus de 80 £ / 96 €)

Ebury Hotel *(hors plan par B2,* ***11****) : 65-67 New Dover Rd, CT1 3DX. ☎ 76-84-33. • info@ebury-hotel.co.uk • ebury-hotel.co.uk • À 10 mn à pied du centre, dans le prolongement de Saint George Pl, pas loin de l'AJ. Fermé Noël-début janv. Doubles 100-120 £, petit déj compris. Parking gratuit.* Fière bâtisse de brique rouge proposant des chambres assez grandes, confortables et à la déco soignée. L'établissement ne manque pas de charme, avec sa cheminée dans le hall, son élégant jardin, son salon douillet et sa piscine couverte. Demandez les chambres côté jardin de préférence.

The White House *(plan A1,* ***15****) : 6 St Peter's Lane, CT1 2BP. ☎ 76-18-36. • info@whitehousecanterbury.co.uk • whitehousecanterbury.co.uk • Doubles 95-120 £. Résa 2 nuits min en hte saison le w-e. Réduc de 10 % sur présentation de ce guide.* Dans une petite rue calme bien qu'en plein centre, une grande maison blanche de type Regency, à l'intérieur cossu et confortable. La déco des 7 chambres ne risque pas de vous faire oublier que vous êtes en Angleterre ! Bon accueil (en français quand la propriétaire est présente) et excellent petit déj.

The Falstaff Hotel *(plan A1,* ***16****) : 8-10 St Dunstan's St, CT2 8AF. ☎ 46-21-38. • stay@thefalstaffincanterbury.com • foliohotels.com/fastaff • Doubles 80-200 £ selon confort et saison. Parking gratuit.* Dans un bâtiment vieux de 600 ans. Plusieurs chambres (avec mezzanine) se situent dans une annexe moderne. Accueil de qualité et ambiance familiale dans ce dédale de couloirs avec ses nombreuses cheminées d'époque. Chambres assez inégales, parfois exiguës... difficile de repousser les vieux murs ! Quelques belles suites, notamment la « Shakespeare », aux boiseries sombres et romantiques.

Où manger ?

Toutes les cuisines sont représentées, avec toutefois une prédominance de restaurants italiens. Du côté des remparts, des restos chinois et indiens où les étudiants emportent des plats en *take-away*. Comme ailleurs, nombreuses enseignes de chaînes standardisées. Sinon, plusieurs pubs servent des plats de qualité, mais ils arrêtent le service de bonne heure le soir (maximum 21h). Les prix se tiennent, clientèle estudiantine oblige.

Bon marché (moins de 8 £ / 9,60 €)

Café Saint Pierre *(plan A1,* ***21****) : 41 St Peter's St, CT1 2BG. ☎ 45-67-91. Tlj 8h-18h (9h-17h30 dim). Sandwichs env 5 £.* Si le mal du pays vous gagne, c'est l'endroit pour un petit café sur le pouce, un éclair au chocolat ou un sandwich-baguette bien garni. Le tout servi dans la jolie petite salle de l'arrière-boutique ou dans le jardinet aux beaux jours. Équipe bilingue.

Saffron Cafe *(plan A2,* ***27****) : 9 Castle St, CT1 2QF. ☎ 78-00-05. • info@saffroncafe.co.uk • Lun-sam 7h30-16h, dim 9h-15h. Plats 4,50-8 £.* Un petit resto style bistrot, à la clientèle plutôt jeune. Salades bien fraîches, goûteuses et croquantes, *baked potatoes* et snacks divers. Une bonne petite adresse sans prétention.

Prix moyens (8-15 £ / 9,60-18 €)

Marlowe's *(plan A1,* ***20****) : 55 St Peter's St, CT1 2BE. ☎ 46-21-94. Plats 8-13 £.* Mex mais pas tex, et de nombreux plats qui partent dans tous les coins de la planète, difficiles à classer. Les 2 étages ne désemplissent pas et une réservation peut être nécessaire le week-end. Déco plaisante, dédiée au cinéma et aux comédies musicales new-yorkaises. En revanche, si vos

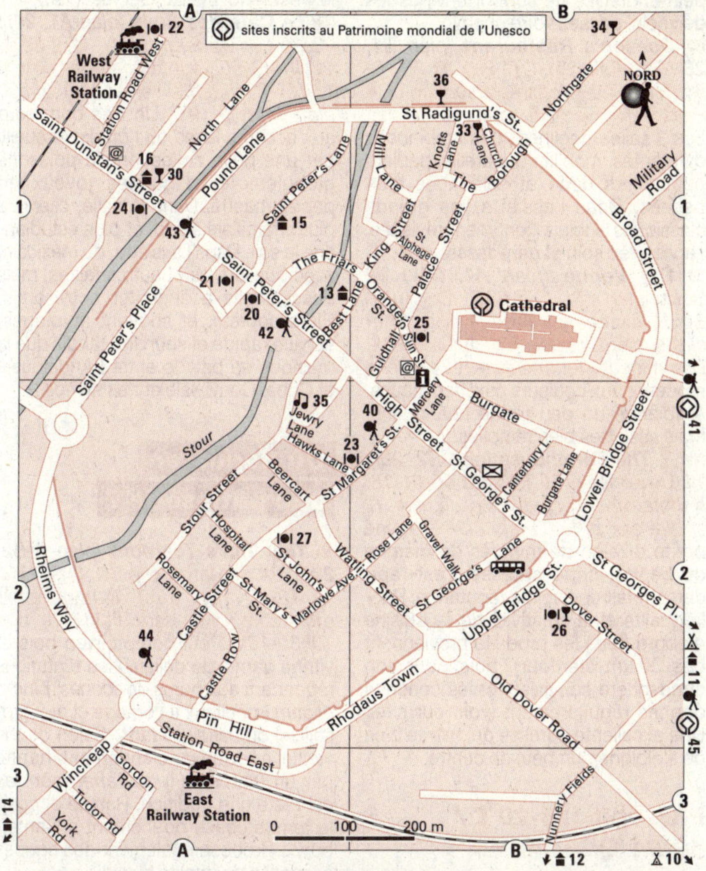

CANTERBURY

Adresses utiles

- Canterbury Information Centre
- @ 1 Dot Cafe
- @ 2 Cafe La Trappiste

Où dormir ?

- 10 Yew Tree Park
- 11 The Camping and Caravanning Club Site, Youth Hostel Yha Canterbury et Ebury Hotel
- 12 Kipps Backpackers Hostel
- 13 The Tudor House B & B
- 14 Clare Ellen Guesthouse
- 15 The White House
- 16 The Falstaff Hotel

Où manger ?

- 20 Marlowe's
- 21 Café Saint Pierre
- 22 The Goods Shed
- 24 Raj Venue et Le Café des Amis
- 25 Deeson's Restaurant
- 26 The Farmhouse
- 27 Saffron Cafe

Où déguster une pâtisserie ?

- 23 Tiny Tim's Tearoom

Où boire un verre ? Où danser ?

- 30 Pub Wetherspoon
- 33 The Parrot
- 34 Penny Theatre
- 35 The Old Brewery Tavern
- 36 The Dolphin

À voir

- 40 The Canterbury Tales
- 41 Saint Augustine's Abbey
- 42 The Hospital of Saint Thomas the Martyr
- 43 West Gate
- 44 Canterbury Castle
- 45 Saint Martin's Church

petites oreilles ne supportent pas les décibels, passez votre chemin.

Deeson's Restaurant (plan B1, **25**) : *25-26 Sun St. CT1 2HX ☎ 76-78-54. • info@deesonsrestaurant.co.uk • Plats 6-13 £ le midi, plus cher le soir.* Les 3 salles déclinent des ambiances différentes, mobilier dépareillé, papiers peints très déco et éclairages bien pensés. Dans l'assiette, les grands classiques anglais gentiment revisités, servis avec soin et gentillesse.

Raj Venue (plan A1, **24**) : *92 St Dunstan's St, CT2 8AD. ☎ 47-00-21. Tlj midi et soir (jusque tard). Spécialités népalaises et indiennes 6-10 £. Dim midi, buffet intéressant 7 £.* Déco moderne aux couleurs psychédéliques. Ambiance un peu froide néanmoins, mais assiettes bien remplies.

The Farmhouse (plan B2, **26**) : *11 Dover St, CT1 3HD. ☎ 45-61-18. • thefarmhousecanterbury.co.uk • Tlj sf dim soir et lun. Plats 6-16 £.* À une petite dizaine de minutes de marche du centre, cette adresse s'est rapidement fait une solide réputation. Pour la qualité et la créativité de sa cuisine d'abord (tous les produits proviennent des 30 km alentour), puis pour son atmosphère conviviale et les concerts donnés régulièrement (voir leur site). Une excellente adresse qui mérite bien de s'éloigner (un peu) du centre.

Plus chic (15-20 £ / 18-24 €)

The Goods Shed (plan A1, **22**) : *Station Rd West, CT2 8AN. ☎ 45-91-53. À côté de West Railway Station. Marché ouv tte la journée, mais repas servis slt 14h30-15h, 18h (16h dim)-21h30. Tlj sf lun. Plats 8-20 £.* Un drôle d'endroit, à la fois marché de producteurs (bio) et resto, installé dans un ancien entrepôt de la gare, avec de larges baies vitrées donnant sur les voies. Sur la mezzanine, de grandes tables en bois accueillent une cuisine bio particulièrement savoureuse et inventive, accompagnée d'un jus de fruits de votre composition. Une de nos adresses préférées à Canterbury, autant pour la qualité des plats que pour l'ambiance. Beaucoup de monde le week-end, mieux vaut réserver.

Le Café des Amis (plan A1, **24**) : *93-95 St Dunstan's St, CT2 8AD. ☎ 46-43-90. • info@cafedez.com • Tlj 12h-22h (22h30 ven et sam, 21h30 dim). Plats 9-19 £.* Un très bon resto aux accents latins où l'on est accueilli par une belle collection de poissons globuleux et d'iguanes joyeux en papier mâché. Dans la salle, clientèle plutôt familiale à midi et plus estudiantine le soir. Dans l'assiette, du mexicain, avec *quesadillas* et autres fajitas, mais aussi paella à déguster entre amis. Plats copieux et souvent atypiques, service rapide et souriant, tandis que la musique se balade entre l'Andalousie et Cuba. Conviviale et très sympa !

Où déguster une pâtisserie ?

Tiny Tim's Tearoom (plan A-B2, **23**) : *34 St Margaret's St, CT1 2TG. ☎ 45-07-93. • info@tinytimstea room.com • Mar-sam 9h30-17h, dim 10h30-16h.* Petit comptoir en bois et vitrine garnis de délicieuses tentations répondant aux noms de *scones, plump pilgrim* (moelleux à l'orange et aux groseilles) ou *bakewell tarts.* Salon de thé vieille époque anciennement habité par un fantôme (!) où l'*afternoon tea* est resté une tradition. Raffiné et cosy, le temps passe doucement à Canterbury... Propose également des soupes et snacks de qualité le midi.

Où boire un verre ? Où danser ?

Les habitants de Canterbury ne sont pas moroses et essaient réellement de rendre le paysage nocturne aussi festif que varié. Vous n'aurez donc que l'embarras du choix. Tout le plaisir consiste à parcourir les ruelles médiévales et à faire plusieurs pubs selon votre inspiration. Les plus jeunes se retrouvent essentiellement dans les bars et restos branchés de Saint Margaret's St. Même en plein hiver, la longueur des jupes est aussi courte que l'ambiance est chaude ! Pour vous aiguiller, allez demander la brochure *W3* (surtout pour les petits concerts et les clubs), qui détaille minutieusement ce qui se trame chaque soir.

The Parrot *(plan B1, **33**) : 1-9 Church Lane, CT1 2AG. ☎ 76-23-55. • theparrot@btconnect.com • Musique live (piano) le 1er mar du mois.* Voici le plus vieux pub de la ville, et même une des plus anciennes habitations de Canterbury. Bas de plafond, avec feu dans la cheminée et parquets patinés. Superbe salle de resto au 1er étage, sous une charpente du XIVe s absolument magnifique. Agréable cour à l'arrière en été.

Penny Theatre *(plan B1, **34**) : 30-31 Northgate, CT1 1BL. ☎ 81-28-50.* Pub jeune, pour jeunes. Grand choix de cafés, du *ristretto* au *moka*. Tous les soirs, alternance entre DJs et matchs de foot sur écran géant. Un billard également.

Pub Wetherspoon *(plan A1, **30**) : North Lane.* Pas de décor traditionnel séduisant, mais ambiance simple et bon enfant, loin des boîtes à touristes. Ces pubs sont connus pour être moins chers que les autres. Formules snack intéressantes et bonne sélection de bières.

The Dolphin *(plan B1, **36**) : 17 St Radigunds St, CT1 2AA. ☎ 45-59-63. • info@thedolphincanterbury.co.uk • Ouv 12h-1h. Musique live (piano) dim soir.* Un de ces vieux pubs rénovés avec un talent tout britannique, joyeux mélange de déco disparate où les bibendums Michelin côtoient les lampes Art nouveau et autre collection de maquettes d'engins roulants. On choisit son coin selon l'humeur, côté bar lumineux, petite salle cosy ou dans le jardin fleuri. Beaucoup de monde le dimanche midi pour le traditionnel et copieux *roast dinner*.

♫ **The Old Brewery Tavern** *(plan A2, **35**) : Stour St, CT1 2RX. ☎ 82-66-82.* Lumières tamisées en début de soirée et *spotlights* déchaînés une fois minuit passé, on apprécie le cadre contemporain et feutré pour prendre un verre et la vaste piste de danse pour les soirées animées par de bons DJs le week-end. L'ambiance est là, jusque dans la file d'attente où les videurs ont le sourire (ça existe), tout en contenant le flux pour que personne ne soit à l'étroit à l'intérieur. Puis une agréable terrasse sur l'arrière pour reprendre son souffle. Bravo !

À voir

– Le *Canterbury Attractions Passport* donne accès à la cathédrale, aux Canterbury Tales, à Saint Augustine's Abbey, ainsi qu'à un musée de la ville. *En vente 26,5 £ (réduc) au **Canterbury Information Centre** (plan B1) : 12-13 Sun St, CT1 2HX. ☎ 37-81-00.*

Cathedral *(plan B1) : ☎ 76-28-62. • canterbury-cathedral.org • Lun-sam 9h-17h30 (17h en hiver), dim 12h30-14h30. Entrée : 9,50 £ ; réduc. Audioguide 4 £. Petit tuyau : gratuit pdt les offices religieux à 17h30 en sem et 15h30 le w-e.* Construite à partir de 1070, terminée cinq siècles plus tard. C'est là que réside le 104e archevêque primat, Rowan Williams, intronisé copatron de l'anglicanisme avec la reine (l'Église et l'État ne sont pas séparés) en 2003 et connu pour ses prises de position controversées (voir la rubrique « Religions et croyances » dans « Hommes, culture, environnement »). Tous les styles y fusionnent étrangement (voyez, par exemple, les deux niveaux en duplex et la crypte romane). Il faut aussi voir la chapelle de saint Jean l'Évangéliste, avec les visages épanouis de la délivrance sur les vitraux. Tous les dimanches à 15h30 est célébré un culte en français, dans la chapelle du Prince Noir (sous la cathédrale), où trouvèrent refuge des protestants *frenchies* après le massacre de la Saint-Barthélemy.

– Au nord de l'édifice, la ***King's School*** occupe des bâtiments adjacents de la même époque, autour d'un espace dégagé d'où l'on a la meilleure vue sur la cathédrale. Visite intérieure possible sur rendez-vous.

The Canterbury Tales (plan B2, **40**) : *dans l'église Saint Margaret, dans le centre-ville.* ☎ *47-92-27.* ● *canterburytales.org.uk* ● *Tlj 9h30-17h juil-août, 10h-17h mars-juin et sept-oct, 10h-16h30 nov-fév. Entrée : 8,25 £ ; réduc.* Un retour au Moyen Âge, un casque audio sur les oreilles (en français), tout en suivant le pèlerinage parmi collines et vallées, évoquant les scènes tirées de Chaucer, poète du XIVe s auteur des *Contes de Canterbury*. Tout y est, même les odeurs nauséabondes dans les rues pavées. Attention où vous mettez les pieds !

Saint Augustine's Abbey (hors plan par B1, **41**) : *Longport.* ☎ *76-73-45.* ● *english-heritage.org.uk* ● *Avr-juin, mer-dim 10h-17h ; juil-août, tlj 10h-18h ; sept-mars, le w-e 10h-17h. Entrée : 4,80 £ ; réduc. Audioguide disponible en français.* Juste à l'extérieur des remparts, les ruines de l'une des abbayes les plus anciennes du pays (598), construite pour convertir les païens au christianisme. 1 000 ans plus tard, la scission de l'Église anglicane sonna le glas de l'abbaye. Quelques tombes et des vestiges de l'architecture romane.

The Hospital of Saint Thomas the Martyr (Eastbridge Hospital ; plan A1, **42**) : *25 High St.* ☎ *47-16-88.* ● *eastbridgehospital.org.uk* ● *Lun-sam 10h-17h. Entrée : 1 £.* Ancien hôpital qui accueillait au Moyen Âge pas moins de 600 pèlerins. On peut visiter la crypte, deux jolies chapelles et un réfectoire. Intéressante fresque du XIIIe s d'un Christ bénissant. Aujourd'hui y vivent quelques retraités. Superbe jardin en bord de rivière.

Saint Martin's Church (hors plan par B2, **45**) : *North Holmes Rd.* ☎ *76-80-72.* ● *whc.unesco.org* ● *Ouv mar, jeu et sam 11h-15h ; dim 9h30-10h30. Entrée gratuite.* Voici la plus ancienne église en activité d'Angleterre. D'ailleurs, l'origine en est controversée. On ne sait pas si le site a d'abord servi aux Romains pour le culte chrétien ou si Augustin (pas encore saint à l'époque) et ses 40 moines en auraient fait leur première base de conversion du Kent au christianisme, en 597. Quelques indices sont parsemés çà et là comme certaines tombes dans le jardin ou, au nord de la nef, l'ancienne porte principale avec ses fonts baptismaux, corroborant... les deux possibilités !

West Gate (plan A1, **43**) : *Saint Peter's St.* ☎ *78-95-76. Slt le sam 11h-12h30, 13h30-15h30. Entrée : 1,30 £.* Seule porte médiévale de la ville encore debout. On peut aussi se promener le long des remparts ou s'accorder une pause dans les jardins avoisinants, en bord de rivière et loin du tumulte de la ville. Tranquille et bucolique avant d'attaquer la cathédrale ou pour pique-niquer.

Canterbury Castle (plan A2, **44**) : *Castle St.* ☎ *37-81-00.* ● *canterbury.co.uk* ● *Tlj de 8h à la tombée du jour. Entrée gratuite.* Il ne reste plus qu'une partie de l'ossature du château, mais la petite promenade est agréable.

À faire

➢ **Visite guidée :** *tour de la ville à pied (env 1h30) ; 1 visite/j. à 11h fév-mars ; 2 visites/j. à 11h30 et 14h avr-fin oct.* ● *canterbury-walks.co.uk* ● *Billets et départ au Canterbury Information Centre. 6,5 £ ; réduc. En prévenant, possibilité d'avoir un guide parlant le français.* Canterbury est une ville qui ne peut se visiter qu'à pied. Cette balade permet d'accéder aux coins les plus cachés, tout en découvrant l'histoire et l'architecture si particulières à cette ville. Très sympa et instructif. Et pour ceux qui en redemandent, un singulier monsieur vous propose son **Ghostly Tour** de Canterbury, *ven et sam, 9 £. Départ à 20h devant l'Alberry's Wine Bar, Saint Margaret's St.* ☎ *19-02-67.* ● *canterburyghosttour.com* ● John Hippisley, vêtu de son chapeau haut-de-forme et de sa cape, vous entraînera dans un dédale de rues et de maisons à la recherche des fantômes de la ville. Anecdotes pleines d'humour et atmosphère de chair de poule se succèdent pendant 1h30.

➢ ***Promenade en barque :*** *Pâques-oct à partir de 10h. Billets à acheter au Canterbury Information Centre ; 8 £.* Une autre façon de découvrir la ville, particulièrement délicieuse par beau temps. Entre autres choses, près du pub *Old Weavers,* vous verrez une drôle de chaise suspendue au-dessus de l'eau. On y mettait les femmes qui parlaient trop (!) ainsi que les sorcières. Si ces dernières survivaient aux immersions répétées, on y voyait une preuve irréfutable de leur possession par le diable, donc on finissait par les brûler... De toute façon, elles n'avaient aucune chance d'en sortir vivantes ! Possibilité de faire cette balade la nuit, à la lueur des chandelles.

Festivités

Pour toutes informations concernant les festivals, consulter le site très complet • *canterburyfestival.com* •

– ***Canterbury Festival :*** *2 sem en oct.* Les arts en grande pompe : musique, théâtre, expos, etc. Infos et résas auprès du *Canterbury Information Centre.*

BROADSTAIRS

31 600 hab. IND. TÉL. : 01843

S'il vous faut absolument voir la mer et marcher sur une plage de sable, allez à Broadstairs, endroit un peu plus charmant que les autres villes du littoral de Thanet, à 18 miles à l'est de Canterbury. Cet endroit, autrefois station balnéaire à succès, est aujourd'hui peu à peu délaissé pour les côtes ibériques, ce qui lui donne un petit charme désuet. Le grand fantôme de la ville, Dickens, y a vécu et Broadstairs et ses habitants s'en souviennent encore.

Arriver – Quitter

En bus

➢ ***De la gare internationale d'Ebbsfleet :*** 2 liaisons/j. Le bus longe la côte avec, entre autres, des étapes à Whistable, Herne Bay et Margate, pour s'arrêter sur High Street à Broadstairs. Le trajet permet d'apprécier le paysage.

En voiture

➢ ***De Canterbury :*** succession de petites routes traversant de charmants villages. Empruntez d'abord l'A 28, continuez sur l'A 253 pour rejoindre l'A 299 qui traverse Acol et vous fait prendre l'A 256 pour arriver à destination. Trajet : env 40 mn, davantage le week-end quand les habitants du coin viennent faire leur shopping dans le gigantesque centre commercial à l'entrée de la ville.

Adresse utile

ℹ ***Visitor Information Centre :*** *2 Victoria Parade, CT10 1QS. ☎ 86-12-32. • tourism.thanet.gov.uk • Dans la Dicken's House, en bordure de mer. Horaires d'ouverture très restreints.*

Où dormir ?

La plupart des *B & B* se trouvent en plein centre, au sud de High St. Essayer notamment dans Queens Rd, Belvedere Rd et Granville Rd, mais rien de bien extraordinaire...

🏠 🍷 ***Royal Albion Hotel :*** *Albion St, CT10 1AN. ☎ 86-80-71. • royalalbion@sheperdneame.co.uk • sheperdneame.co.uk • En plein centre. Doubles 90-130 £.* Vieil hôtel typique des stations balnéaires britanniques du XIXᵉ s, dont les chambres rénovées avec goût offrent une jolie vue sur la mer. Bon accueil et café au rez-de-chaussée très agréable avec vue sur la mer (ouvert également aux non-résidents).

Où manger ? Où boire un verre ?

The Pavilion : *sur la plage. ☎ 60-09-99. Plats simples env 7 £.* Vaste pub de vacances un peu vieillot mais au charme indéniable. Les innombrables clients se tassent sur la grande terrasse ou dans le jardin pour manger les classiques *fish & chips* ou des plats italiens, mexicains, etc. Pas de la grande gastronomie, mais une institution toute britannique... Personnel sympathique malgré la foule.

Morelli's Cappuccino : *Victoria Parade.* Un vrai retour aux années 1950 dans ce café face à la mer. Atmosphère rétro habillée de formica, dominante de rose un peu kitsch, voilà pour le décor. On peut y déguster un vrai café serré ou l'une des 50 glaces qui ont établi la renommée gourmande de l'établissement.

À voir

Dickens House Museum : *2 Victoria Parade. ☎ 86-34-53. Ouv slt l'ap-m en saison (10h-17h à partir de juin). Compter 3 £ ; réduc.* Pour ceux qui en redemandent. La propriétaire des lieux inspira le personnage de Miss Trotwood dans *David Copperfield.*

SANDWICH

5 000 hab. IND. TÉL. : 01304

En abordant Sandwich, essayez d'imaginer que la mer venait auparavant fouetter la ville, faisant d'elle le principal port d'Angleterre et l'un des « Cinque Ports » chargés de protéger l'île. Impressionnant, n'est-il pas ? Désormais, c'est une petite ville tranquille qui semble ne pas avoir changé depuis 400 ans. C'est d'ailleurs ce petit côté « oubliée du temps » qui lui confère un charme indéniable, entre vieilles pierres, mer et campagne.

Pour la petite histoire, Sandwich est jumelée avec Honfleur (en Normandie), pourtant responsable de la destruction quasi intégrale de la ville anglaise au XVe s. Enfin, ce n'est pas ici que naquit le sandwich (voir la rubrique « Cuisine » dans « Hommes, culture, environnement »)...

LE LOBE OU LA VIE !

Dans Strand Street, vous trouverez la Pillory Gate dans un immeuble à la façade légèrement inclinée. Figurez-vous que c'est un vestige authentique de l'endroit où les criminels étaient ridiculisés en public, ou, plus cruellement, cloués par l'oreille à un poteau jusqu'à ce qu'ils se libèrent tout seuls !

Adresse utile

Tourist Information Centre : *The Guildhall, CT13 9AH. ☎ 61-35-65. En hiver, horaires restreints et variables. Contacter alors l'office de tourisme de Douvres au ☎ 20-51-08. • visitsandwich.co.uk • Avr-oct, lun-sam 10h-16h ; plus dim 12h-15h mai-sept.* Personnel aimable et compétent. Demander la brochure *Sandwich Historic Town Trail* en français. Elle vous donnera tous les centres d'intérêt de la ville.

Où dormir ?

Très peu de choix en ville, les bonnes adresses se trouvent surtout dans la campagne environnante.

Camping

Sandwich Leisure Park : *Woodnesborough Rd, CT13 0AA. ☎ 61-26-81. • sandwich-leisurepark.co.uk • À 500 m de l'office de tourisme. À la sortie ouest de la ville, juste après la voie ferrée. Ouv début mars-fin oct. Compter 20-30 £ la nuit pour 1 tente et jusqu'à 4 pers.* Dépassé l'effrayant alignement de caravanes, l'espace pour les tentes s'avère très agréable et spacieux. Beau bloc sanitaires, bien propre. Tout ce qu'il faut pour prendre des calories au bar et les brûler dans la même journée.

Self catering

Saint John's Cottages : *Cattle Market. Contacter Robert et Claudia Maxtone-Graham. ☎ 61-32-70. • sandwichcottages.co.uk • info@sandwichcottages • À côté de l'église bleue* United Reformed Church, *près de l'office de tourisme. Cottages de 2 pers 290-370 £/sem selon saison ; min 2 nuits 105-130 £.* Dans 6 petits cottages style maisons de poupée, des intérieurs à la fois simples, accueillants et mignons comme tout, offrant le confort nécessaire à un long séjour. Cheminées, vieilles pierres, escaliers de Lilliputiens... Cette bâtisse fondée en 1287 comme hospice fut reconstruite en 1805 et sauvée de la destruction par son actuel propriétaire. Dans ce bâtiment historique au jardin soigné, on apprécie le calme, la proximité de la mer et de Canterbury.

Où dormir dans les environs ?

Forstal House : *The Forstal, à* **Preston,** *CT3 IDT. ☎ (01227) 72-22-82. • duncan.forstal@vfast.co.uk • À env 10 km de Sandwich. Suivre les indications pour Preston sur l'A 257 entre Sandwich et Canterbury. Forstal est une rue perpendiculaire à la rue principale, dans le village. Doubles 75-85 £.* Dans une ravissante vieille demeure du XVIIe s blottie au fond d'une impasse, 2 chambres sobres mais bien tenues, avec salle de bains. Dissimulé derrière de hauts murs, le beau jardin arboré et fleuri, avec ses bassins réalisés par le proprio peintre et sculpteur (qui parle très bien le français), confère à cette adresse un doux charme champêtre. Piscine en été.

Molland House : *Molland Lane, à* **Ash,** *CT3 2JB. ☎ (01304) 81-42-10. • mollandhouse.co.uk • À env 3 miles de Sandwich. Sur l'A 257 entre Sandwich et Canterbury, suivre direction Ash ; dans le village, prendre la direction de la Primary School ; la maison est sur la gauche. Doubles 95-120 £ selon durée (2 nuits min en été). Dîner sur commande 13-19 £.* Bien joli petit manoir de brique rouge, tapi au fond d'un champ de verdure entouré de clôtures. Intérieur de charme égayé de fleurs fraîches, joliment restauré et dont on a conservé les murs à colombages. Admirez les vitraux datant du XVIe s, estampillés des armoiries du premier propriétaire ! Déco délicieuse, chambres spacieuses et très confortables (avec TV et lecteur DVD !). Une étape pleine de charme et d'esprit.

Où manger ?

George and Dragon : *24 Fisher St. ☎ 61-31-06. Dans High St, prendre à droite Upper Strand St et, après 500 m, à droite à nouveau. Pizza 8 £, plats 12-16 £.* Petite rue calme et discrète où ce restaurant vous réserve une cuisine inventive et savoureuse (très bon poulet farci à la mozzarella) dans une atmosphère détendue. Plats copieux, petits légumes frais et service adorable ; on aime le style auberge et la chaleur distillée par le four à bois.

Fishermans Wharf : *The Quay. ☎ 61-36-36. • fishwharf36@aol.com • À l'entrée de la ville quand on vient de Ramsgate. Menus 11 £ le midi et 14 £ le* *soir ; plats 9-18 £.* Ambiance pêcheur avec sa salle toute de bois parée, ses poutres et poulies de gréement. Cadre distingué avec un petit jardin pour les repas estivaux. Assiettes bien garnies, fruits de mer et poisson frais, potages qu'on déguste en regardant la rivière onduler paisiblement.

DOUVRES (DOVER)

32 000 hab. IND. TÉL. : 01304

Historique « porte blindée » de l'Angleterre en guerre, et premier port passager de Grande-Bretagne (et ce, malgré la concurrence du tunnel sous la Manche), Douvres a la réputation de ne pas être la ville la plus attrayante du coin. Il est vrai que les bombardements allemands n'ont pas épargné son centre-ville. Ce dernier, aujourd'hui rénové, regroupe toutes les enseignes britanniques : banques, boutiques... qui commencent à dissiper la grisaille asphyxiant la ville. Un élan timide de dynamisme est à constater, à l'image des restaurants sur Market Square ou du port de plaisance, qui par beau temps sont assez agréables. Sachez également que la pointe de Douvres constitue l'endroit d'Angleterre le plus proche de la France. L'imposante forteresse qui domine la ville mérite une visite : elle est tellement bien conçue et située qu'elle n'a cessé d'être en activité du XIIe s à la Seconde Guerre mondiale. L'ensemble est d'ailleurs doté d'un impressionnant réseau de galeries souterraines situées sous les hautes falaises blanches qui dominent le port.

DES COLPORTEURS EN RANG D'OIGNONS !

En 1828, Henri Ollivier, maraîcher breton, a l'idée d'aller vendre à nos cousins anglais sa surproduction d'oignons rosés de la région de Roscoff. Le succès fût tel qu'en 1930, près de 1 500 colporteurs traversent la Manche avec leur vélo chargé de tresses d'oignons rosés. Ces jeunes garçons sont vite appelés affectueusement « Johnnies » (« petit jean ») par les ménagères anglaises, qui acceptent volontiers de payer plus cher les oignons bretons, plus savoureux (Cocorico !).

Arriver – Quitter

Liaisons depuis la France...

Port : ☎ *24-04-00 et 24-14-27.*

➢ **De Calais :**

– *En ferry :* ça tourne 24h/24. Env 1 liaison/h. 2 compagnies : *P & O* (durée : env 90 mn), ☎ *(08716) 64-64-64* (en Angleterre) ; et *Seafrance* (durée : 1h10), ☎ *(08705) 71-17-11* (en Angleterre).

➢ **De Boulogne :** la compagnie *Speed Ferries* assure 3-5 liaisons/j., juste pour les passagers motorisés. ● *speedferries.com* ●

Voir aussi la rubrique « Comment y aller ? » au début du guide.

➢ **De Dunkerque :** la compagnie *Norfolk Line* assure min 7 liaisons/j., mais pour les passagers motorisés slt. Durée : 1h45. ☎ *(00-33) 3-28-28-95-50.* ● *travel.norfolkline.com* ●

... et depuis l'Angleterre

Gare ferroviaire : *Dover Priory Station, Folkestone Rd.* ☎ *(08457) 48-49-50.*

Gare routière : *Pencester Rd (dans le centre).* Les bus *National Express* en journée desservent également le port. Se renseigner auprès de l'office de tourisme pour les horaires et acheter les billets.

➢ **De Londres :** 2 trains/h. Durée : 2h. Liaisons pour London Victoria également avec les bus *National Express* (durée : 2h45, nettement moins cher que le train, comme d'habitude) ; billets à acheter à l'office de tourisme.

Adresses utiles

Tourist Information Centre : *The Old Town Goal, Biggin St, CT16 1DL. ☎ 20-51-08. • whitecliffscountry.org.uk • Lun-ven 9h-17h30, w-e 10h-16h (fermé dim oct-mars).* Sympa, coopératif et efficace. Peuvent prendre vos résas pour les ferries, les bus et les hôtels. Carte de la ville gratuite.

Post Office : *sur Pencester Rd. ☎ (0857) 22-33-44.* Fait également le change.

Banques : *sur Market Sq.*

Bureaux de change : *sur Townwall St, dans Burlington House (sur les quais). Tlj 8h-18h.*

Où dormir ?

Vous n'êtes pas tenu d'y passer la nuit, d'autant que les ferries opèrent 24h/24 et que le tunnel n'est pas très loin. Évitez les *B & B* de Folkestone Rd (genre « je compte les camions pour m'endormir ») et préférez ceux placés dans les rues qui montent vers le château, plus au calme. Inutile de chercher l'auberge de jeunesse, elle a été vendue.

Prix modérés (40-60 £ / 48-72 €)

Maison Dieu Guesthouse : *89 Maison Dieu Rd, CT16 1RU. ☎ 20-40-33. • enquiries@maisondieu.co.uk • brguest.co.uk • De l'office de tourisme, continuer sur Ladywell Rd et prendre à droite sur 200 m Maison Dieu Rd. Doubles 55-65 £ selon confort, petit déj non compris.* Proche du centre, une adresse proposant des chambres à la déco fraîche et plaisante. L'une d'elles offre même une belle vue sur le château. Mrs French, la propriétaire, connaît la ville par cœur et vous donnera quelques conseils pratiques avec beaucoup de gentillesse.

Blériot's Guest House : *Belper House, 47 Park Ave, CT16 1HE. ☎ 21-13-94. • info@bleriots.net • bleriots.net • Du port, si vous êtes à pied, prendre Maison Dieu Rd, puis une rue sur la droite, en côte sévère ; le* B & B *se trouve tt en haut sur la gauche, dans une maison victorienne cossue. En voiture, le plus simple est d'arriver par le château (l'A 258), et sur la Castle Hill Rd, prendre à droite la Connaught Rd qui croise la Park Ave. Fermé fin déc. Doubles 50-60 £, petit déj non compris. CB acceptées mais avec 5 % de frais. Parking gratuit.* Propre, convivial et confortable. Les chambres les moins onéreuses doivent partager les toilettes. Accueil chaleureux.

Victoria Guesthouse : *1 Laureston Pl, CT16 1QX. ☎ 20-51-40. • wham101496@aol.com • dover-victoria-guest-house.co.uk • En venant de l'A 2, prendre Tonwall St et à droite dans Maison Dieu Rd, puis remonter à droite dans Castle Hill Rd, ce sera la 1re à gauche. Fermé 2 dernières sem de janv. Doubles 56-68 £ selon confort, petit déj compris. Parking gratuit.* Intérieur feutré et impeccable, tenu par un couple de retraités adorables. La chambre la plus chère dispose de son petit balcon, les toilettes de la moins onéreuse sont dans le couloir.

Où manger ?

Bon marché (moins de 8 £ / 9,60 €)

Chapter Eight : *12 King St, CT16 1NU. ☎ 21-98-88. En plein centre, à Market Sq. Buffet le midi 5 £, le soir 9 £.* Le paradis des gros estomacs aux bourses plates ! Formule à volonté de plats chinois variés – bœuf au curry, légumes épicés, nouilles – d'un côté et de rudimentaires aliments anglais comme les œufs, le bacon... de l'autre. Cadre pas très intime, mais nourriture vraiment fraîche.

Prix moyens (8-15 £ / 9,60-18 €)

Cullins Yard : *11 Cambridge Rd, CT17 9BY. ☎ 21-16-66. Plats 6-8 £ le* *midi, 10-16 £ le soir.* Situé sur le port de plaisance, ce restaurant au comptoir en forme de drakkar avec sa terrasse sur l'eau aux beaux jours vous réconcilie avec Douvres. À gauche, les falaises, à droite, votre assiette garnie de la pêche du jour : perche, sole, Saint-Jacques. Et gardez un peu de place pour le dessert, notamment le *Banoffi pie* (énorme gâteau à la crème et banane fraîche sur un socle de brioche), réputé dans toute la ville.

I●I ***Dino Ristorante :*** *58 Castle St, CT16 1PJ. ☎ 20-46-78. À 200 m de Market Sq. Tlj sf lun. Résa conseillée. Plats 7-13 £, pizzas env 9 £.* Tout petit resto italien tenu par des Italiens et où l'on mange vraiment italien ! *Antipasti* colorés, plats de poisson pléthoriques et risotto fondant, on ne se trompe pas quant aux saveurs imaginées en lisant la carte. Sicile, Pouilles... toutes les bonnes régions du sud de la Botte se sont donné rendez-vous ici.

À voir

Dover Castle (le château de Douvres) **:** *à Castle Hill. ☎ 21-10-67. ● english-heritage.org.uk ● Ouv 10h-18h (17h oct et 16h nov-mars). Ouvertures variables selon les sem, jetez un œil sur le site. Entrée : 16,50 £ ; réduc.* Impressionnante forteresse qui permet d'apercevoir par beau temps les côtes françaises, distantes seulement de 20 miles. Durant la dernière guerre mondiale, les galeries souterraines abritèrent le QG du contrôle anti-aérien. C'est d'ici que Churchill surveilla le déroulement de la bataille d'Angleterre. Vous avez de là-haut une superbe vue sur l'ensemble du trafic portuaire. Aujourd'hui, on aperçoit des reconstitutions d'intérieurs médiévaux de l'époque d'Henri II (XIIe s). Expos temporaires.

Dover Museum : *Market Sq (en plein centre). ☎ 20-10-66. ● doverdc.co.uk ● Lun-sam 10h-17h ; avr-sept, ouv aussi dim 10h-15h. Entrée : 3,50 £ ; réduc.* L'histoire de Douvres, de la préhistoire jusqu'à la Seconde Guerre mondiale. Arrêtez-vous à l'âge du bronze pour admirer le bateau, vieux de 3 600 ans, retrouvé lors d'un chantier dans le centre-ville. Incroyablement bien conservé. Il aurait servi à traverser la Manche, à l'époque où Moïse en était encore à implorer le ciel pour franchir la mer Rouge. Admirez aussi la collection de dés à coudre retrouvés par la très sérieuse association des chercheurs de métal. Sachez que vous pouvez faire appel à eux si vous perdez vos clés de voiture au pied de la falaise !

Dover Transport Museum : *Willingdon Rd, White Cliffs Bussiness Park, Whitfield. ☎ 82-24-09. ● dovertransport museum.org.uk ● À la périphérie de Douvres. Pâques-sept, ven 13h30-17h, sam-dim 10h30-17h ; oct-Pâques, slt dim 11h-15h. Gratuit, donation libre.* Vieilles voitures et modèles réduits, reconstitution d'un ancien garage... Un sympathique petit musée.

BRAVO BLÉRIOT !

Fabricant de lanternes, ruiné, Blériot voulait gagner le premier prix (25 000 F-or) offert par le Daily Mail pour la 1re traversée de la Manche. Partant de Calais, il était en concurrence avec Latham, dont l'avion était bien plus performant. Le 25 juillet 1909, il se lança pour parcourir les 38 km. Son avion n'arrivait pas à prendre suffisamment d'altitude pour franchir les falaises britanniques. Heureusement, il aperçut une trouée vers Douvres. Latham, le favori, lui, ne s'était pas réveillé...

À faire

Randonnées pédestres

➢ ***Pour voir les falaises,*** partir du port, de Athol Terrace, et suivre le *Saxon Shore Way*. Le sentier mène à ce qui est un peu prétentieusement nommé le *Gateway to* *the White Cliffs Information Centre.* Il s'agit davantage d'une cafétéria que d'un centre d'information. De là partent plusieurs randonnées, notamment une marche de 2 miles qui vous mènera jusqu'au *phare de South Foreland,* d'où eut lieu la première transmission radio vers la France en 1898. Vous pouvez aussi continuer jusqu'aux falaises de craie de Saint Margaret's (et si vous ne souhaitez pas faire le retour à pied, vous pouvez toujours prendre le bus nº 15 de Saint Margaret's).

ASHFORD

59 000 hab. IND. TÉL. : 01233

Ville doublement stratégique, avec l'*Eurostar* qui s'y arrête sur la route de Londres, et sa situation au cœur du Kent, à 20 mn de la côte et de Canterbury, et à 45 mn de Royal Tunbridge Wells. Ashford serait donc, en théorie, un bon point de départ pour découvrir le Kent. Mais voilà... la ville ne déborde pas de charme et l'hébergement n'y est guère folichon. Si l'on ajoute à cela les problèmes de circulation générés par les nombreux centres commerciaux et un système de sens uniques qui rend fou, vous aurez compris qu'un séjour ne s'y impose pas !

Arriver – Quitter

En train

Ashford International : *à 5 mn du centre-ville. Dessert Londres et l'ensemble du Kent, ainsi que Paris. ☎ (08457) 48-49-50 (depuis l'Angleterre).*

➢ **Paris** *(gare du Nord)* **:** liaison en 2h par l'*Eurostar.* 3 arrêts/j. *Rens SNCF : ☎ 36-35 (depuis la France). • eurostar.com •*

➢ ***Londres :*** 4 liaisons/h en train. Durée : env 1h20.

➢ ***Canterbury :*** env 3 liaisons/h en train. Durée : 20 mn. Moins cher en bus, mais trajet en 1h30 avec changement !

➢ ***Hastings :*** env 1 liaison/h en train. Durée : 45 mn. Possible également en bus, mais en au moins 2h et avec changement.

En bus

➢ ***Londres :*** de Victoria Station jusqu'à Park St, à Ashford. 3 bus/j. Trajet : env 2h.

Adresses utiles

Tourist Information Centre : *18 The Churchyard, TN23 1QG. ☎ 62-91-65. • ashford.gov.uk • Au pied de l'église aux 4 clochetons. Lun-sam 9h30-17h (17h30 avr-oct).*

■ ***Banques :*** *sur l'artère piétonne du centre.*

■ ***Location de voitures :*** *Avis à la gare.* Pour les autres loueurs, demander la liste à l'office de tourisme. Le plus simple est de réserver votre voiture depuis votre point de départ.

@ ***Public Library :*** *sur Church Rd. ☎ 62-06-49. Lun-sam 9h-18h (20h jeu et 17h sam).* Une vingtaine de postes assez modernes. Pour un usage ponctuel, prendre un *guest ticket* à l'accueil. Gratuit pendant 1h.

Où dormir ?

Prix modérés (40-60 £ / 48-72 €)

Hayesbank B & B : *18 Canterbury Rd, TN24 8JX. ☎ 62-75-73. • info@hayesbank.com • hayesbank.com • Du centre-ville, suivre l'A 28, direction Canterbury ;* B & B *au début de la Canterbury Rd, sur la droite. Proche du centre et de la gare. Double 50 £.* Grande maison proposant 15 chambres simples avec de belles salles de bains, ainsi qu'une mignonne salle de petit déj (inclus). Un rapport qualité-prix correct, mais la proximité des grandes routes risque de perturber votre sommeil.

Prix moyens (60-80 £ / 72-96 €)

Conningbrook Hotel : *Canterbury Rd, TN29 9QR. ☎ 63-68-63. • conningbrook@shepherdneame.co.uk • shepherdneame.co.uk • Suivre l'A 28 vers Canterbury. À env 4 miles du centre-ville et à 10 mn en voiture du terminal d'Ashford. Double 74 £.* La petite auberge presque de campagne, avec sa taverne chaleureuse aux repas copieux et sa trentaine de jolies chambres aux lits douillets (demandez-en une qui donne sur le jardin). Accueil souriant.

À faire

– ***McArthurGlen Designer Outlet :*** *à 5 mn à pied de la gare Eurostar (il suffit de chercher du regard l'étonnant paysage de tentes blanches).* Dans ce gigantesque complexe se trouvent des dizaines de boutiques proposant de nombreuses enseignes de fringues, à des prix intéressants.

LE KENT

DANS LES ENVIRONS D'ASHFORD

Leeds Castle : *à 3,6 miles au sud-est de Maidstone, en bordure de la M 20 (sortie 8). ☎ 76-54-00 ou (08706) 00-88-80. • leeds-castle.com • Une navette relie le château (parking) à la gare de Bearstead, sur la ligne London-Ramsgate. Avr-sept, 10h30-17h ; oct-mars, 10h30-16h ; dernière admission 30 mn avt ; fermeture 1h après pour le parc et les jardins. Audioguide 3 £. Entrée : 18,50 £ ; réduc.*
Certes, c'est cher, mais la beauté – du type conte de fées – du château mérite d'être vue ; certains le qualifient de plus joli château du monde. L'intérieur est moins saisissant, mais la présence dans chaque pièce d'une personne vous racontant l'histoire est un atout. Ainsi défilent la chambre de Lady Baillie, feue propriétaire qui œuvra énormément à la restauration de ce fantastique pilier de patrimoine, aux appliques en forme d'oiseaux, son dressing et sa splendide coiffeuse... Appréciez, dans la bibliothèque, l'étonnante édition des *Français peints par eux-mêmes.* Pour info, sachez que le traité de Camp David entre Israéliens et Égyptiens y fut ratifié, le château offrant lorsqu'il est fermé l'intimité et la sécurité requises.
Possibilité d'accéder au parc gratuitement en empruntant les *Public Footpaths* (sentiers centenaires de droit public), mais dans ce cas, la fondation qui gère le patrimoine serait privée d'une de ses principales ressources : votre obole. Allons, un bon geste ! À noter dans ce superbe parc, pour les amateurs de casse-tête, le très réussi labyrinthe *(maze)* et sa grotte aux silhouettes macabres... La balade vaut la peine, ne serait-ce que pour voir les fameux cygnes noirs, symbole du château, à l'origine importés d'Australie par Lady Baillie.

ROYAL TUNBRIDGE WELLS

35 000 hab. IND. TÉL. : 01892

Élégance, verdure, villégiature à l'anglaise caractérisent cette sympathique ville d'eau, à la mode du Londres chic depuis que les propriétés médicinales de sa source furent découvertes en 1606. Le cœur en est bien évidemment la source, où l'on peut toujours boire. Celle-ci se trouve aux *Pantiles,* place aux colonnades et aux façades georgiennes. Depuis, la ville s'est harmonieusement développée le long de son impressionnant *common* de 70 ha.

C'est un point de départ idéal pour entamer la route des châteaux et de leurs verdoyants jardins, et pour goûter aux quelques bons crus qu'offre le Kent grâce aux vignobles de Lamberhurst, Sandhurst ou Tenterden.

Arriver – Quitter

En voiture

➢ ***De Rochester :*** prendre l'A 2 direction Londres puis sortir sur la M 25 pour se diriger vers Dover, continuer sur l'A 21, dépasser Tonbridge et prendre l'A 228 et enfin l'A 264 pour arriver en ville. Méfiez-vous des radars ! Trajet : env 45 mn.
➢ ***De Hastings :*** sortir de la ville et prendre l'A 21 vers le nord sur 25 miles afin de terminer votre route sur l'A 264. Trajet : env 50 mn.

En train

Gare ferroviaire : *au pied de Mount Pleasant Rd.*
➢ ***Londres :*** 4 trains/j. (2 le dim). Durée : env 1h.

Adresses utiles

Tourist Information Centre : *The Old Fishmarket, TN2 5TN (The Pantiles). ☎ 51-56-75. • visittunbridgewells.com • Lun-sam 9h-17h.* Équipe très aimable, qui recommande aux personnes en quête d'un hébergement de s'y prendre tôt, au risque de n'avoir rien à leur offrir. On peut donc y réserver une chambre aussi longtemps que l'on veut à l'avance contre une commission de 3 £. Une pancarte est visible sur la porte indiquant les *B & B* sur une carte de la ville lorsque l'office est fermé. Demandez la brochure *A Town Walk*, qui vous aide à visiter agréablement la ville.
✉ ***Post Office :*** *sur Grosvenor Rd.*
■ ***Banques :*** *sur Mount Pleasant Rd et Calverey Rd.*

Où dormir ?

Attention, hébergements chers et très demandés. En outre, les adresses sont parfois difficiles à trouver en raison du relief de la ville. Réserver à l'avance par l'intermédiaire du *Tourist Information Centre* peut être une bonne solution.

Camping

Manor Court Farm : *à* ***Ashurst,*** *TN3 9TB. ☎ (01892) 74-02-79. • manorcourtfarm.co.uk • À 5 miles à l'ouest de Royal Tunbridge Wells par l'A 264 (direction East Grinstead). Prendre la 1re petite route sur la droite après l'église All Saints à Langton Green. Compter 16 £ pour 2 avec tente.* Dans un joli coin de nature, un petit camping tout à fait informel dans une jolie ferme dont la coquette maison de brique rouge fait également *B & B.* Bloc sanitaire avec toilettes, douches et laverie. Également des tables de pique-nique et de quoi faire des veillées au coin du feu, quand les animaux tels que poules et moutons sont rentrés dans leurs auberges respectives.

Self catering

Ford Cottage : *Linden Park Rd, TN2 5QL. ☎ 53-14-19. • fordcottage@gmail.com • fordcottage.co.uk • Près de l'office de tourisme et des Pantiles. Suivre la London Rd et prendre la Linden Park Rd (perpendiculaire à la London Rd). Résa indispensable. Par sem, respectivement 325 et 385 £ pour 2 et 4 pers.* Il s'agit de studios avec salle de bains et grande cuisine, fonctionnels mais un tantinet ternes côté déco, installés dans des bâtisses indépendantes de la maison des proprios, un adorable cottage qui aurait sa place dans *Blanche-Neige et les sept nains* !

Prix moyens (60-80 £ / 72-96 €)

Broadwater B & B : *24 Clarendon Way, TN2 5LD. ☎ 52-81-61. • david.thompson4@which.net • Proche de l'office de tourisme, au sud des Pan-*

tiles. Descendre London Rd, remonter Linden Park Rd (perpendiculaire à la London Rd), tourner à gauche dans Clarendon Way. Doubles 70-75 £ selon confort, petit déj compris. Parking gratuit. CB refusées. Réduc de 10 % sur présentation de ce guide. Dans un quartier résidentiel aux pavillons bien soignés. 2 chambres disposent d'une salle de bains, les 2 autres partagent les sanitaires. Un joli petit nid feutré et douillet à souhait. Accueil vraiment charmant.

Où manger ?

Bon marché (moins de 8 £ / 9,60 €)

Trinity Cafe : *Church Rd (ds le Trinity Arts Centre), TN1 1JP. ☎ 67-86-78. • enquiries@trinitytheatre.net • En haut de Mount Pleasant Rd. Nourriture servie à midi et jusqu'à 20h. Plats 4-7 £.* Un café-resto logé dans une ancienne église ! De gros canapés côtoient les bancs de messe pour déguster des plats équilibrés à base de quiches, salades, viandes blanches et légumes. Vrai moment de détente, très cosy, où l'on peut prendre un verre jusqu'à minuit.

Prix moyens (8-15 £ / 9,60-18 €)

The Barn : *1 Lonsdale Gardens (impasse sur la gauche en remontant Mount Pleasant depuis la gare), TN1 1NU. ☎ 51-04-24. • thebarn01@btconnect.com • Menu 16,95 £, plats 9-14 £.* Pub au rez-de-chaussée, avec une véranda donnant sur le jardin, où l'on sort les tables aux beaux jours. À l'étage, un resto élégant où la nourriture est étudiée tout en restant simple. Un bel endroit, en plein centre-ville.

Sankeys Pub, Seafood Brasserie and Oyster Bar : *39 Mount Ephraim, TN4 8AA. ☎ 51-14-22. Bien descendre sur la droite. Plats 10-18 £, menus à partir de 12 £.* Pub-resto dont le chef français est réputé pour ses fruits de mer. Petites tapas pour commencer, à base d'huîtres locales, gambas... que des produits frais et délicieux. Sélection de poissons impressionnante et recettes alléchantes (cuisine au safran, coriandre...) ; le prix est vraiment justifié. Ambiance feutrée et très belle terrasse pour les beaux jours, personnel agréable... que demander de plus ? Une bière anglaise que l'on vous fera goûter en bon routard que vous êtes !

Où boire un verre ?

Opera House : *88 Mount Pleasant Rd, TN1 1RT. ☎ 51-17-70.* Encore un lieu détourné dont seuls les Anglais ont le secret ! Cette fois, c'est l'ancienne salle d'opéra de la ville que l'on a transformée en bar ! Tables sur la scène, à la place de l'orchestre, dans les loges sur les côtés, des lustres qui brillent de mille feux... Et toute cette population qui vient déguster en toute simplicité de bonnes *ales* à petits prix. Autant d'ingrédients qui font de ce bar un arrêt incontournable et unique. Et il n'est pas impossible qu'en sortant vous vous preniez pour Caruso...

À voir. À faire

➢ **Visites guidées** de la ville : *mars-déc (et selon la météo), jeu et sam à 11h30. Prix : 4 £ (verre de Chalybeate Spring water included !). Rdv à l'office de tourisme.*

The Pantiles : une jolie rue où les quelques boutiques se mêlent aux cafés et restaurants. Belles colonnades, antiquaires, marchands de tableaux. Cadre sympa l'été pour boire un thé en terrasse et surtout goûter à l'eau de la source qui jaillit au bout de la promenade. Moyennant quelques deniers, appréciez cette fraîcheur (très) riche en fer qui fit se sentir lord North plus jeune et gaillard, il y a quelque quatre siècles, et qui donna naissance à la ville. On parle de « pantiles » parce que le dallage, posé à la demande de la princesse Anne vers 1700, était fait, selon un de nos lecteurs, de tuiles cuites pour qu'elle ne glisse pas.

DANS LES ENVIRONS DE ROYAL TUNBRIDGE WELLS

CRANBROOK

À 15 miles de Royal Tunbridge Wells se dresse une des plus petites villes d'Angleterre : Cranbrook. Cette jolie bourgade campagnarde est surtout connue pour son moulin, le *Union Mill,* toujours en activité et qui témoigne de l'importante industrie textile et agricole qui édifia la réputation de la ville durant l'époque médiévale.

TAPIS ROUGE

Cranbrook abrita quelques personnages hauts en couleur tels que Queen Elizabeth I en 1573, et une autre reine dans son genre : Elizabeth Taylor, dans les années 1930. Mais l'un des plus atypiques résidents reste Jaffa, une des montures de Napoléon Bonaparte, qui fut transporté de Belgique jusqu'ici, où il repose en paix...

Où dormir ?

Les deux adresses ci-dessous représentent un pied-à-terre idéal pour l'exploration des châteaux et jardins, notamment ceux de Sissinghurst, qui méritent une bonne semaine d'immersion.

Self catering

Mill Cottage : *The Hill, TN17 3HF. Contacter M. Foulkes ☎ (07790) 67-59-94. • enquiries@mill-cottage.com • mill-cottage.com • En arrivant par l'A 229, au bout de Waterloo Rd à gauche, juste devant le moulin, dans le virage. Résa indispensable. Compter 290-530 £ pour 4 pers/sem (possibilité de rester moins longtemps en basse saison).* Une demeure des plus pittoresque que voilà ! Le temps s'y est arrêté, et l'intimité des colombages donne au confort une touche inhabituelle. Ici, tout est fourni : serviettes, couvertures, TV et films pour se sentir comme chez soi. 2 petites chambres doubles à l'étage, une cuisine tout équipée (lave-linge, four micro-ondes) et un salon bien cosy font de ce lieu restauré et classé un havre d'authenticité. En plein cœur du village et avec l'imposant moulin comme voisin, le retour aux sources est garanti !

Three Chimneys Farm Holidays Cottages : *Bedgebury Rd,* ***Goudhurst,*** *TN17 2RA. ☎ (01580) 21-21-75. • marionfuller@threechimneysfarm.co.uk • threechimneysfarm.co.uk • De Tunbridge Wells, prendre l'A 262 direction Goudhurst et tourner à droite sur la B 2079 ; 2 miles plus loin, prendre à gauche (indiqué), un long chemin en forêt légèrement cahoteux y mène. Résa indispensable. Compter respectivement 350, 575, 800 et 950 £ pour 2, 4, 6 et 9 pers/sem. Parking gratuit.* Qui pourrait soupçonner qu'au milieu de cette vaste forêt se cache un des plus beaux domaines du Kent bucolique ? Plantée sur la plaine, la propriété compte 5 cottages au raffinement certain. Marion Fuller, la propriétaire, est architecte et a mis tout son savoir-faire dans le savoir-vivre. Habitations spacieuses à la décoration épurée, mobilier en bois et bûches pour le poêle, agencements astucieux et modernes, cuisines et salles d'eau belles et fonctionnelles, l'harmonie règne dans chaque recoin !

LA ROUTE DES CHÂTEAUX ET JARDINS ANGLAIS

Sur un air de châteaux de la Loire et de Dordogne, un bien bel itinéraire se dessine à travers la campagne. Des sites brillamment mis en scène ont

germé, soulignant une trop rare collaboration entre l'homme et la nature, et leur popularité ne cesse de croître. Ainsi, c'est avec beaucoup de plaisir qu'on ira flâner, en amoureux ou en famille, au milieu de toutes ces couleurs et odeurs.

Chartwell : *suivre l'A 21 vers Sevenoaks et prendre ensuite l'A 25 vers Westerham. ☎ (01732) 86-83-81. • nationaltrust.org.uk/chartwell • Mars-oct, mer-dim 11h-17h ; juil-août, mar-dim. Entrée : 12,90 £ ; réduc.* Pour les fans de Winston Churchill. Visite de la maison où il a séjourné en famille pendant une cinquantaine d'années, de l'atelier (qui contient pas mal de ses œuvres) et du jardin.

Knole : *prendre l'A 225 juste avt Sevenoaks. ☎ (01732) 46-21-00. • nationaltrust.org.uk/knole • De mi-mars à fin oct, mer-dim 12h-16h, mais jardins ouv avr-sept slt mar 11h-16h. Entrée : 11,50 £ ; réduc.* Une des plus grandes demeures privées d'Angleterre, datant du XVe s, et une des plus fascinantes. En effet, la symbolique des chiffres y est plus que présente. Les 7 cours représentent les 7 jours de la semaine ; les 52 escaliers, les 52 semaines ; et les 365 pièces, les 365 jours de l'année. Par ailleurs, la demeure a une riche histoire où se mêlent allègrement rois, reines, ducs et archevêques. Vous y trouverez aussi des portraits signés Gainsborough ou Van Dyck.

Ightham Mote : *sur l'A 227, à l'est de Sevenoaks et au nord de Tonbridge. ☎ (01732) 81-03-78. • nationaltrust.org.uk/ighthammote • Mars-oct, jeu-lun 11h-17h ; juin-août, tlj sf mar ; nov-déc, jeu-dim 11h-15h. Fermé janv-fév. Entrée : 11,50 £ ; réduc.* Beau manoir médiéval, entouré d'une douve et de jolis jardins. Ce bâtiment a fait l'objet du plus grand programme de conservation jamais entrepris par le *National Trust.*

Sissinghurst Castle Garden : *de Cranbrook, remonter l'A 229 pour rejoindre l'A 262, c'est indiqué. ☎ (01580) 71-07-00. • nationaltrust.org.uk/sissinghurst • Ven-mar 10h30-17h30. Fermé nov-fév. Entrée : 11,50 £ ; réduc.* Des jardins qui sont la création contemporaine de propriétaires bien romantiques... Reposant sur les ruines d'une vaste maison élisabéthaine, la structure du jardin est une succession d'espaces intimes faisant penser à une mosaïque bien ordonnée de couleurs que l'on vous conseille d'apprécier sur fond de soleil déclinant.

Scotney Castle Garden : *de Cranbrook, remonter l'A 229 pour rejoindre l'A 262 vers Royal Tunbridge Wells et redescendre par l'A 21, après Lamberhurst. ☎ (01892) 89-38-20. • nationaltrust.org.uk/scotneycastle • Mars-oct, tlj 11h-16h30 ; nov-déc, w-e 11h-14h. Fermé janv-fév. Entrée : 14 £ ; 9 £ pour le jardin seul ; réduc.* Encore un endroit parfait pour demander la main de votre dame... Ce décor de conte de fées, où les ruines du château flottent sur un petit lac, ne laissera pas votre âme de poète indifférente. Au rythme des saisons, jonquilles, campanules, rhododendrons et mur de roses courant sur les façades distillent des fragrances enivrantes.

Groombridge Place Garden and The Enchanted Forest : *de Royal Tunbridge Wells, A 229 direction Ashurst et prendre à gauche la B 2110. ☎ (01892) 86-14-44. • groombridge.co.uk • Tlj 11h-17h30. Fermé nov-mars. Entrée : 9-10 £ selon j. et saison ; réduc.* Amusant et impressionnant, original avec un vrai grain de folie ! Ainsi, perdez-vous dans le « jardin ivre » aux arbres complètement déstructurés, faites une pause dans le « jardin secret » où les cerisiers abritent un petit ruisseau, ou venez prendre racine dans le « jardin Knot » (à l'image de ce couple fait de buissons) ; les surprises sont multiples dans ce parc. Et ce n'est pas fini, car une fois que vous aurez mis les pieds dans la « forêt enchantée », avec ses ponts suspendus et sa promenade en bois qui zigzague entre les arbres, vous n'entendrez plus le mot jardin de la même manière.

LE SUSSEX

Région qui s'étend de Rye à Portsmouth, à moins de 60 miles au sud de Londres. Scindée en East et West Sussex, elle présente plusieurs stations balnéaires qui ont connu leurs heures de gloire au XIXe s. La coupure se situe au niveau de Brighton, ville pleine d'énergie, envahie par les noceurs durant le week-end.

RYE

5 000 hab. IND. TÉL. : 01797

Située en bordure du Kent et dernier maillon de la chaîne des « Cinque Ports » protégeant l'Angleterre, Rye connut une histoire mouvementée, intimement liée à celle des Français, qu'il s'agisse du commerce ou des conflits guerriers. C'est aujourd'hui l'une des plus jolies petites villes du Royaume. Perchée sur sa colline, elle a su conserver son aspect médiéval, où les échoppes de brocante ont pris leurs quartiers. Assez touristique donc, mais néanmoins très agréable, Rye fait penser à un coffre renfermant nombre de jolis secrets.

Arriver – Quitter

En voiture

➢ ***De Royal Tunbridge Wells,*** env 50 mn par l'A 21, sur une route de forêt qui passe en lisière de Bedgebury et ses immenses pins. Route sur une voie, donc on prend son temps, avec tous les radars... Puis prendre la B 2089 qui traverse Broad Oak.

➢ ***D'Ashford,*** succession de petites routes qui vous fera emprunter l'A 2042 pour rattraper l'A 2070 et enfin l'A 259. Trajet : env 30 mn.

En train

Gare ferroviaire : *Station Approach (à 150 m au nord de Cinque Ports St). ☎ (08457) 48-49-50.*

➢ ***Hastings, Brighton :*** env 1 train/h. Trajet : 20 mn pour Hastings et 1h20 pour Brighton.

➢ ***Ashford :*** env 1 train/h. Trajet : 25 mn.

En bus

Gare routière : *au même endroit que la gare ferroviaire. ☎ (08712) 00-22-33.*

➢ Liaisons régulières et directes avec ***Hastings*** *par le bus n° 100,* qui devient *le n° 711 pour* ***Folkestone*** et ***Douvres,*** et avec changement(s) pour ***Brighton, Ashford*** et ***Royal Tunbridge Wells.***

Adresses utiles

Tourist Information Centre : *The Heritage Centre, Strand Quay, TN31 7AY. ☎ 22-66-96. • visitrye.co.uk • (version en français bien faite) et • ryeheritage.co.uk • Tlj 10h-17h avr-oct, 10h-16h (voire 15h en période très creuse) nov-mars.* Équipe sympathique, malgré la foule des visiteurs. Très intéressante collection d'automates anciens au 1er étage. Drôle et très sympa.

Banques : *sur High St, comme l'essentiel des commerces.*

@ ***Library & Community Help Point :*** *30 High St. Dans le centre. ☎ 0345-60-80-196. Lun-sam 9h-17h30.*

Où dormir ?

Tout ce qui est dans le centre de la vieille ville est plus cher mais plus romantique et plus classe. Sinon, quelques *B & B* au calme sur Military Rd.

Camping

⩓ ***Sculdown Vineyard, Sussex Tipi Holidays :*** *Chitcombe Rd, Broad Oak, Rye, TN31 6EX. ☎ (01424) 71-38-68. • sussextipis.co.uk • Env 7 miles à l'ouest de Rye. Prendre la B 2089 jusqu'à Broad Oak, puis continuer sur Udimore Rd et Chitcombe Rd. Ouv avr-sept. Formules 2 et 3 nuits le w-e et basse saison, jusqu'à 7 nuits en sem l'été. Compter 180 et 200 £ les 2 nuits pour 2 (230-300 £ pour 4 pers).* Ici, vous ne dormirez pas sous la tente mais dans un tipi douillettement équipé (les matelas sont fournis ainsi que le bois pour le feu, mais pas les sacs de couchage). Cadre bucolique plein de charme. Sympathique mais tout de même cher.

Prix modérés (40-60 £ / 48-72 €)

☗ ***Glencoe Farm :*** *West Undercliff, TN31 7DX. ☎ 22-43-47. • glencoefarm.co.uk • Traverser la voie ferrée par Udimore Rd, puis sur la gauche à 500 m. Chemin cahoteux à l'arrivée. Double env 60 £. CB refusées. Parking gratuit.* Vraiment tout près du centre-ville, et pourtant on est déjà dans les champs, avec vue sur la mare aux canards et les moutons. Un petit sentier, longeant la rivière, permet de rejoindre le centre en 5 mn. Chambres assez neutres et pas bien grandes mais parfaitement confortables.

☗ ***Cliff Farm :*** *Military Rd,* ***Iden Lock,*** *TN31 7QE. ☎ 28-03-31. • info@cliff-farm.com • cliff-farm.com • À env 2 miles au nord-ouest, en prenant la 1re à droite après le passage à niveau de l'A 268 ; facilement reconnaissable au bidon de lait suspendu à l'entrée du chemin. Ouv début mars-fin oct. Double 50 £.* Accueil charmant de Pat et Geoff Sullivan, dans une déco rustique de goût (Geoff est charpentier), chambres aux tons pastel et nappes à carreaux dans la salle de petit déjeuner. Le tout servi dans un calme olympien. Vraiment bien pour le prix. Seul petit hic : une seule salle de bains pour tous les hôtes, prévoir un peu de temps pour la douche !

☗ ***Regent Motel :*** *42 Cinque Ports St, TN31 7AN. ☎ 22-58-84. • enquiries@regentmotel.co.uk • regentmotel.com • Dans le centre, à côté du poste de police et de la gare. Fermé de mi-déc à mi-janv. Doubles 55-57 £. Parking gratuit. Réduc de 10 % sur présentation de ce guide à partir de la 2e nuit (sf sam).* Pas de panique, la déco des chambres est plus chaleureuse que celle de la réception. Pas de petit déj, mais de nombreuses possibilités tout autour. Accueil détendu.

Prix moyens (60-80 £ / 72-96 €)

☗ ***The Queen's Head :*** *19 Landgate, TN31 7LH. ☎ 22-21-81. • info@oldborougharms.co.uk • queensheadrye.com • À la sortie nord-ouest du village, avt la voie ferrée. Double 80 £, petit déj inclus.* Une belle auberge du XVIIe s, qui fait aussi pub et resto. Chambres correctes mais petites pour le prix et juste au-dessus du pub !

Plus chic (80-120 £ / 96-144 €)

☗ ***The Old Borough Arms Hotel :*** *The Strand, TN31 7DB. Sur les quais côté ouest, à l'angle de Mermaid St. ☎ 22-21-28. • info@oldborougharms.co.uk • oldborougharms.co.uk • Doubles 79-115 £, petit déj compris. Parking gratuit. Réduc de 10 % sur présentation de ce guide.* C'est dans cette auberge que se retrouvaient contrebandiers, voleurs et voyageurs de la malle-poste. Splendide bâtiment de 1720, qui a pour mur porteur l'ancienne muraille qui protégeait la ville (notamment de l'invasion française...). Chambres élégantes, déco contemporaine très plaisante et belles salles de bains. Sympathique petit salon de thé attenant. Notre adresse préférée.

Où manger ?

Rye offre une bonne sélection de restos, souvent touristiques, donc chers. Les nombreux salons de thé et pubs sont une alternative pour se restaurer à moindre coût.

Plus chic 15-20 £ (18-24 €)

The Ypres Inn : *Gun Gardens. ☎ 22-32-48. Tlj sf dim soir. Plats copieux 10-20 £. Musique live ven, et dim ap-m dans le jardin.* Un pub avec un chef, mélange rare qui vaut la peine d'être encouragé. Il sert de l'agneau, du bar, des fruits de mer ou du jambon grillé macéré dans le cidre et le miel. Sans oublier le super jardin, à même les remparts d'Ypres Tower.

The Mermaid Inn : *Mermaid St. ☎ 22-50-69. Bar ouv tte la journée et resto 12h-14h30, 19h-21h30. Plats du bar 10-18 £.* Une institution qui date de 1490 ! Le bar propose une restauration simple et abordable orientée vers le poisson ; au resto, c'est hors de prix. On aime surtout venir se blottir dans un fauteuil style Louis XIII, devant une cheminée à convertir les frileux (en hiver), tout en écoutant les notables de la ville faire salon en buvant un verre. En été, préférez une des petites terrasses parsemées çà et là sur la place, pour regarder le soleil couchant.

Où boire un verre ?

The Hope Anchor : *Watch Bell St. ☎ 22-22-16.* L'endroit idéal pour une petite halte sur les hauteurs du superbe quartier médiéval, avec une bien jolie vue sur la région. Fait aussi hôtel et resto, chic et cher.

À voir

– Outre remonter le temps dans les ruelles de Rye, le *Tourist Information Centre* propose un ***son et lumière*** à ne pas manquer autour d'une maquette de la ville au 1/100 qu'un couple de passionnés a mis 4 ans à réaliser. L'histoire animée de Rye toutes les demi-heures, en français si nécessaire *(voir horaires au Tourist Information Centre ; entrée : 3,50 £).* Remarquable et instructif.

– Le *Tourist Information Centre,* encore lui, vous propose un audioguide en anglais et un plan de la ville où figurent 25 points pour une véritable ***visite guidée.*** Là aussi, c'est payant (4 £), mais vous avez la journée ou la nuit entière (très sympa).

St Mary's Church : *sur Church Sq. Donation bienvenue de 1,50 £.* Cette élégante église du XIIe s, située au cœur du quartier médiéval, mérite vraiment une visite. On peut monter au clocher (2 £) pour une vue de la ville et des environs. De là-haut, on ressent la détresse de ceux qui ont vu leur ville cernée par l'ennemi ! Attention, la montée est très étroite et glissante. En bas, le pendulaire d'une des plus vieilles horloges d'Angleterre se balance au beau milieu du plafond de l'église.

Rye Castle Museum : *3 East St. ☎ 22-67-28. • ryemuseum.co.uk • Avr-oct, jeu-lun 10h30-13h, 14h-17h ; nov-mars, tlj 10h30-15h30. Entrée : 3 £.* Petit musée privé installé dans la *Ypres Tower,* ce qu'il reste du château de Rye et qui fit également office de prison pendant 400 ans. Une annexe sur East Street *(2,50 £ ou ticket commun 5 £).* Les petites expos retraçant brièvement l'histoire de la ville, du château (datant du XIIIe s) et les changements subis par l'environnement de Rye au fil des siècles s'éparpillent un peu et gagneraient à être un poil plus approfondies, mais la bâtisse elle-même et son intérieur méritent bien un petit coup d'œil.

The Lamb House : *West St ; en montant vers l'église. ☎ (01580) 76-23-34. Avr-oct, mar et sam slt 14h-18h. Entrée : 4,60 £ ; réduc.* Élégante bâtisse georgienne que la famille Lamb vendit au romancier américain Henry James vers 1860. Ce dernier, captivé par la demeure et ses jardins, y resta pendant la quasi-totalité du reste de sa vie. On y aperçoit encore quelques effets personnels lui ayant appartenu.

The Mint : rue traditionnelle commerçante, splendide le soir, à la tombée de la nuit quand le soleil se couche dans son axe. Charme des devantures avec leurs jolies fleurs. À voir absolument.

Moins d'un mile à pied dans les prés vous mèneront au **Camber Castle,** construit de 1539 à 1543, puis abandonné un siècle plus tard, car la mer s'était, entre-temps, retirée. À proximité, direction est, un observatoire caché permet de regarder les oiseaux de ce milieu humide.

Manifestations

– ***La fête du Maire*** *(Rye Mayor Making Ceremony and Throwing of Hot Pennies)* **:** *en mai.* Le maire jette des pièces de monnaie, fraîchement frappées et encore chaudes, dans la rue. Objectif : commémorer le privilège dont jouissait Rye du temps où la ville était l'un des « Cinque Ports ».
– ***Rye Art Festival :*** *en sept.* • *ryefestival.co.uk* • Arts et littérature. À noter que de nombreux écrivains ont, à un moment ou un autre, vécu à Rye. Animations pour petits et grands.

HASTINGS

85 000 hab. IND. TÉL. : 01424

Grande station balnéaire avec quelques atouts, qui se réveille petit à petit. Surtout connue pour la célèbre bataille menée en 1066 par Guillaume le Conquérant. Au premier abord, ce n'est qu'une longue façade de maisons et d'hôtels collés à la plage et adossés à des collines abruptes. Mais en y regardant de plus près, on s'aperçoit que la vieille ville, du côté du port, a su conserver un petit air de village. Paradis des chineurs sur High Street, restaurants et pubs éclectiques sur George Street, tout est assez concentré. La balade se poursuit sur le front de mer, avec ses classiques attractions. Le haut de Hastings, en pleine reconstruction « à l'américaine », regroupe de grands centres commerciaux et concentre désormais l'essentiel de l'activité.
Enfin, signalons qu'il est quasiment impossible de se garer ailleurs que dans les grands parkings payants.

SANS RANCUNE

Tous les ans, à Noël, le tournoi d'échecs de Hastings est le rendez-vous des grands joueurs de la planète. Même Kasparov y a joué. En fait, ce sont les Normands qui auraient introduit les échecs à Hastings, au Moyen Âge. Au cours d'une partie contre Louis II, dit le Gros, en 1086, Guillaume le Conquérant soupçonne son adversaire de triche et lui... fracasse le jeu sur la tête. Heureusement, le plateau n'était pas de marbre !

Arriver – Quitter

En voiture

➢ ***Rye :*** l'A 259 assez verte et rapide (env 25 mn) traverse Winchelsea et vous fait arriver à l'est de Hastings, dans la vieille ville.

En train

Gare ferroviaire : *11 Station Approach.* ☎ *(08457) 48-49-50.*

➢ ***Brighton et Lewes :*** 1 train/h. Durée : env 1h.

➢ ***Eastbourne :*** 2 trains/h. Durée : env 30 mn.

➢ ***Rye et Ashford International :***

1 train/h. Durée : 20 mn pour Rye et 45 mn pour Ashford.
➢ ***Londres :*** 1 train/h pour *London Victoria*. Durée : env 2h. Également 1 train/h pour *London Charing Cross*. Durée : 1h45.

En bus

➢ ***Rye, Folkestone et Douvres :*** liaisons régulières avec le *Stagecoach* n° 711, qui devient le n° 100 en direction de Rye.
➢ ***Eastbourne :*** liaisons régulières et directes avec les *Stagecoach* n°s 98 et 99 (préférez ce dernier, plus rapide) ou 1-2 liaisons/j. avec le *National Express* n° 023 ou 024.
➢ ***Royal Tunbridge Wells :*** quelques liaisons/j. avec le *National Express* n° 023 ou le bus n° 254.
➢ ***Londres :*** 1-2 liaisons/j. avec *London Victoria* avec le *National Express* n° 023 ou 024.

Adresses utiles

Tourist Information Centre : *Queens Square ; face au Priory Meadow.* ☎ *45-11-11.* • *visit1066country.com/hastings/* • *Lun-ven 8h30-18h15, sam 9h-17h, dim 10h30-16h. Équipe efficace et souriante. Vend les tickets de bus. Autre bureau d'infos à l'entrée du port, tlj 10h-17h (16h30 dim) début avr-fin oct ; le reste de l'année slt le w-e 10h-16h30.*
✉ ***Post Office :*** *16 Cambridge Rd.* ☎ *0870-774-07-40 (n° national).*
■ ***Banques et bureaux de change :*** *sur Robertson St et Queens Rd.*
@ ***Revolver :*** *26 George St.* ☎ *43-98-99. Ouv midi-minuit.* Pub à l'ambiance feutrée, en plein centre, qui propose 4 postes.
■ ***Laverie :*** ***Whiterock,*** *sur l'esplanade, près du pier. Ouv 8h-20h (dernière machine à 18h30).*

Où dormir ?

Désolés de vous l'apprendre, mais, à une ou deux belles exceptions près, l'hébergement à Hastings s'avère d'un rapport qualité-prix médiocre, notamment en été et le week-end quand les prix décollent.

Camping

⛺ ***Crowhurst Park :*** *à* ***Battle,*** *4 miles au nord-ouest, sur l'A 2100.* ☎ *77-33-44.* • *crowhurstpark.co.uk* • *Loc à la sem ou pour le w-e hors saison. Compter 300-690 £ la sem pour le plus petit des bungalows (2 adultes et 2 enfants).* Ils sont luxueux, de style scandinave, avec tout le confort moderne. Large terrain pour les caravanes. Manoir du XVIIe s qui fait bar-resto et belle piscine. Bref, un vrai petit village où la détente règne en maître.

Prix modérés (40-60 £ / 48-72 €)

The Lindum : *1a Carlisle Parade, TN34 1JG.* ☎ *43-40-70.* • *info@thelindum.co.uk* • *thelindum.co.uk* • *Sur le front de mer, proche du centre. Doubles 40-70 £ selon saison, petit déj non compris.* Une bonne petite adresse, simple et accueillante, proposant des chambres pas bien grandes mais lumineuses et soignées. Accueil tout sourire !

Prix moyens (60-80 £ / 72-96 €)

Senlac Guesthouse : *47 Cambridge Gardens, TN34 1EN.* ☎ *43-00-80.* • *info@senlacguesthouse.co.uk* • *senlacguesthouse.co.uk* • *Central, derrière la gare. Doubles 60-75 £ sans ou avec sdb, petit déj compris. Réduc de 10 % sur présentation de ce guide.* Cette petite rue au nom trompeur regroupe quelques *B & B*. Les chambres, fraîchement modernisées, sont cosy et coquettes, les salles de bains (privées comme partagées) sont propres et le petit patio s'avère très séduisant pour le petit déjeuner au soleil.
Lavender & Lace : *106 All Saints St, TN34 3BE.* ☎ *71-62-90.* • *lavenderlace1066.co.uk* • *Doubles 70-90 £, min 2 nuits juil-août.* *B & B* dans une adorable maison du XVIe s, tout en poutres apparentes (attention à la tête), située dans la plus vieille rue de la ville, à l'extrémité est

du centre. Les chambres sont décorées avec beaucoup de goût, on aime les jolis meubles d'époque. C'est un peu exigu mais si intime, avec tellement de caractère ! Propriétaires charmants.

Tower House 1066 : *28 Tower Rd West,* ***St Leonards-on-Sea,*** *TN38 0RG. ☎ 42-72-17. • reservations@towerhouse1066.com • towerhouse1066.co.uk • Dans la ville jumelle de Hastings, que l'on rejoint aisément à pied. Du front de mer, suivre la direction de Londres (A 21) et remonter la London Rd sur moins de 1 mile, puis tourner à gauche dans la Tower Rd West. Doubles 75-99 £, petit déj compris. Réduc de 10 % sur présentation de ce guide.* Notre coup de cœur à Hastings. Dans une belle maison de brique rouge précédée de son jardinet, une petite quinzaine de chambres. Intérieur bourgeois et atmosphère feutrée. La déco et l'accueil sont vraiment soignés. Du charme, de l'élégance... parfait comme petit nid pour un week-end en amoureux ou pour se faire plaisir, tout simplement. Possibilité de dîner sur place.

The Jenny Lind Hotel : *69 High St, Old Town, TN34 3EW. ☎ 42-13-92. • jennylindhastings.co.uk • Dans le cœur de la vieille ville, à côté du Old Town Hall Museum. Double 70 £, petit déj compris.* Auberge-resto très clean. Au-dessus du pub, quelques chambres confortables. Évitez cependant d'y dormir un soir de concert si vous aspirez à une nuit calme...

Où manger ?

Bon marché (moins de 8 £ / 9,60 €)

Jempsons : *18-20 Wellington Pl. À deux pas de la plage, dans le centre. Ouv 7h30-18h. Bons sandwichs env 2 £.* Cadre agréable avec terrasse. Goûtez les gâteaux à la crème (si, si, c'est bon).

Judges Bakery : *51 High St. Dans le centre. Ouv 8h15-19h. Sandwichs bio 2-5 £ à emporter.* Une boulangerie dont la renommée s'étend au-delà des frontières de Hastings ! Ici, on fait dans le bio et les sandwichs aux différents types de pains (*ciabatta,* pain suédois, etc.) vous mettront les papilles en émoi. C'est beau, coloré, appétissant et bon ! Fait aussi épicerie, aux étals garnis de produits très sélects.

Prix moyens (8-15 £ / 9,60-18 €)

Latham's Brasserie : *63 George St, TN34 3EE. ☎ 43-49-60. Sélection de plats 6 £ le midi ; sinon, env 14 £. Réduc de 10 % (à partir de 25 £) sur présentation de ce guide.* Resto-bistrot qui la joue sobre, chaleureux, avec une petite touche de vieux Paris. Cuisine fraîche allant des pâtes bien cuites, mijotées dans une sauce un peu relevée, au bœuf bourguignon, en passant par les poissons et fruits de mer. Ici tout le monde chantonne, des clients aux serveurs, tandis que le temps s'égrène, jusqu'au dessert.

Où boire un verre ?

The Stag : *14 All Saints St, Old Town. ☎ 44-47-58.* Un pub riche en anecdotes ! Passage secret, trésor découvert (butin présumé d'un larcin de contrebandiers), fantômes et chats momifiés... un endroit qui aurait plu à l'écrivain Edgar A. Poe ! Institution de la vieille ville donc, venez vous enivrer des détails de ces histoires en sirotant un verre avec les gens du coin.

Cinque Ports Arms : *105 All Saints St, Old Town. ☎ 44-47-58.* Très vieux pub à l'ambiance chaleureuse, notamment le soir. Il y a même un piano sur lequel vous êtes cordialement invité à jouer.

À voir

– Visites guidées gratuites de la vieille ville et des principaux monuments de début avril à début septembre. Programme et horaires disponibles à l'office de tourisme.

➢ Prendre **West Hill Lift** pour faire les 2 visites suivantes ou y aller à pied (seulement 10 mn, mais ça grimpe dur !). *Rens : ☎ 45-11-11. Tlj 10h-17h30 mars-sept et 11h-16h oct-fév. Entrée : 2,50 £ ; réduc.* C'est encore un autre Hastings (vert) qu'on découvre là-haut, étonnamment plus proche de la mer. Un peu plus loin, le petit frère : l'***East Hill Lift,*** déconseillé aux personnes sujettes au vertige, mais superbe vue.

Commencer par **Hastings Castle** (les ruines du château de Guillaume le Conquérant) *: Castle Hill Rd. ☎ 44-44-12. Fermé nov-fév. Mars, w-e slt, 10h-16h ; avr-sept, tlj 10h-16h ; oct, 10h-15h. En dehors de ces horaires, inutile de grimper, le site est fermé de façon que l'on ne voie rien ! Entrée : 4,35 £ ; réduc.* En 1066, le roi Harold succède à Édouard le Confesseur à la couronne du royaume d'Angleterre. Guillaume, duc de Normandie et cousin d'Édouard, considère cette succession illégitime, prétextant son lien de sang avec feu son cousin. Il part donc à la conquête de ce pays, bien décidé à le contrôler lui-même. Il profite de l'éloignement de Harold, qui combat dans le Nord, pour débarquer avec ses troupes sur les côtes anglaises. Harold rejoint Guillaume, et les deux rivaux s'affrontent lors de la célèbre bataille de Hastings. Affaibli par son précédent conflit, Harold est tué et Guillaume, vainqueur, est alors doublement baptisé William Ier, roi d'Angleterre, et Guillaume le Conquérant. À l'intérieur des ruines, « the 1066 Story », un son et lumière sous une tente médiévale qui explique tout sur le débarquement de Guillaume le Conquérant en 1066. Possibilité de se faire projeter la version en français le matin si c'est calme ou si vous êtes en groupe ; téléphonez avant.

Smugglers Adventure *(Les caves de Saint-Clément) : West Hill. ☎ 71-87-76. • smugglersadventure.co.uk • Pâques-sept, tlj 10h-17h ; oct-Pâques, 11h-15h (16h w-e). Entrée : 7,40 £ ; réduc.* Musée des Contrebandiers situé dans un fabuleux labyrinthe souterrain dans la falaise, qui permettait de trafiquer (plus ou moins) tranquillement. C'est très vivant, et le mot « aventure » est à peine exagéré. À la fois impressionnant et amusant.

Old Town Hall Museum : *High St, au pied du château. ☎ 45-10-52. Avr-sept, lun-sam 10h-17h, dim 12h-17h ; oct-mars, lun-sam 10h-16h, dim 12h-16h. Entrée gratuite.* Petit musée qui fonctionne comme une machine à remonter le temps. Plus vous montez, plus vous découvrez les origines de la ville de Hastings. Intéressant.

The harbour *(le port) :* ce port de pêche est devenu la plage où sont tirées les embarcations des pêcheurs. À marée haute, il faut les remettre à l'eau !

The Old Town : agréable réseau de ruelles en pente. L'autre aspect de Hastings, qui lui donne du caractère.

Bluereef Aquarium : *Rock-a-Nore Rd. ☎ 71-87-76. • bluereefaquarium.co.uk • Mars-oct, 10h-17h ; nov-fév, 10h-16h. Entrée : 8,20 £ ; réduc.* Des méduses comme s'il en pleuvait. Voir la nurserie avec le développement artificiel de requins et de raies. Vous passez sous un impressionnant tunnel de 110 t d'eau, reconstituant une faune tropicale avec sa barrière de corail !

The Hastings Museum and Art Gallery : *John's Pl, Bohemia Rd. ☎ 45-10-52. • hmag.org.uk • Tt près de la gare, à l'est du centre-ville (5 mn à pied). Avr-sept, mar-sam 10h-17h, dim 12h-17h ; oct-mars, mar-dim 10h-16h. Entrée gratuite.* Un patchwork d'expos consacrées aux personnages remarquables de la ville, dont Grey Owl qui révolutionna les principes de la conservation de la nature et John Logie qui inventa la télévision. Également quelques dinosaures égarés au pied de la falaise et une belle collection de tableaux sur la région.

DANS LES ENVIRONS DE HASTINGS

Battle Abbey : *4 miles au nord-ouest ; suivre l'A 2100. ☎ 77-57-05. • english-heritage.org.uk/battleabbey • Bus n° 254 (1 bus/h) avec Local Rider depuis Hastings. Sinon, 2 trains/h depuis Hastings et Londres. Avr-sept, tlj 10h-18h ; oct-mars, 10h-16h, parfois slt le we, se renseigner. Entrée : 7,30 £ ; réduc.* Belle promenade autour du site de la bataille de Hastings, mais décevant, car il n'y a rien à voir aujourd'hui. Vestiges de l'abbaye construite par Guillaume le Conquérant. On ne pénètre pas dans le *college,* sauf durant l'été. Possibilité de disposer gratuitement d'un audioguide qui retrace les préparatifs de la bataille suivant trois points de vue.

Yesterday's World : *High St, en face de la Battle Abbey. ☎ (0144) 85-35-38. • yesterdaysworld.co.uk • Janv-mars, tlj 10h-16h ; avr-oct, 10h-17h30 ; nov-déc, 10h-16h30. Fermé fin déc-début janv. Entrée : 7,25 £ ; réduc.* Extraordinaire maison à remonter le temps. Tout y est répertorié : de l'ancienne gare à la chambre noire du photographe, en passant par les différents commerces de l'époque. Le tout accompagné par des odeurs (chocolat, gâteaux...). Pour les enfants, un village miniature où ils pourront prendre le thé avec la reine Victoria ou bien même se marier en toute intimité.

LE SUSSEX

Batemans : *à moins de 1 mile de Burwash et 15 miles au nord de Hastings, par l'A 21. ☎ (01435) 88-23-02. • nationaltrust.org.uk/batemans • Tlj sf jeu et ven 11h-17h ; nov-déc 11h30-16h (la maison est fermée en nov) ; le jardin ouvre 1h plus tôt. Fermé janv-fév. Entrée : 9 £.* La maison du célèbre écrivain Kipling, où il vécut, écrivit et mourut. Sa femme l'a léguée telle quelle, c'est donc plus intime et plus personnel qu'un musée. C'est aussi très joli, perdu dans les champs, avec néanmoins un superbe jardin... à l'anglaise. Voyez le bureau de Kipling, avec tous ses livres, surtout des livres d'histoire, et l'intégrale de R. L. Stevenson ; sa salle d'étude, avec ses manuscrits et souvenirs des Indes ; et sa Rolls Royce, toujours dans le garage.

UNE PRESSE UN PEU TROP PRESSÉE !

Rudyard Kipling fut déclaré mort le 18 janvier 1936. Chose peu banale, c'est le journal local qui lui apprit son décès ! En lisant cela, et avec humour, l'écrivain envoya une note à la revue disant qu'il venait d'apprendre qu'il était décédé et que donc il souhaitait mettre un terme à son abonnement !

Bodiam Castle : *suivre l'A 21 vers Royal Tunbridge Wells et bifurquer sur la B 2244, à hauteur de Salehurst, à une douzaine de miles. ☎ (01580) 83-01-96. • nationaltrust.org.uk/bodiam-castle • Fév-oct, tlj 10h30-17h ; nov-déc, mer-dim 11h-16h ; janv, sam-dim slt 11h-16h. Entrée : 7 £.* Vous l'avez fait, et les enfants continuent de le faire aujourd'hui sur les plages de sable : un beau château. Avec sa dizaine de tours rondes et carrées et son énorme douve pleine d'eau, c'est une demeure grandiose. C'est aussi étonnamment petit si l'on imagine 150 personnes y vivant, entre le seigneur, sa famille, les invités de marque, les soldats, les serviteurs, etc. Et il est surprenant de constater que Bodiam n'a jamais joué de rôle important dans cette région pourtant chargée d'histoire.

EASTBOURNE

95 000 hab. IND. TÉL. : 01323

Station balnéaire au charme désuet, qui continue sur sa lancée victorienne, sans complexe, avec ses hôtels chic et imposants. Les vacanciers affluent

toujours en famille l'été, alors qu'un tourisme de retraités investit les lieux le reste de l'année. Il faut reconnaître que le *pier* est un des plus élégants de cette côte et que la balade du front de mer, une glace à la main, permet de prendre une bonne bouffée d'air. Mais ce dernier, une fois arpenté, résume l'intérêt d'Eastbourne. Et même si Debussy y composa *La Mer,* nous vous conseillons pour notre part d'y composer un rapide séjour et de filer à Brighton, moins fade (c'est le moins qu'on puisse dire !).

Arriver – Quitter

En voiture

➢ ***De Hastings,*** env 50 mn pour rejoindre Eastbourne par l'A 259. Joli trajet qui traverse Bexhill (d'ailleurs très mignon, si vous désirez vous y arrêter) et d'où l'on aperçoit la mer.

➢ ***Brighton*** est relié à Eastbourne par l'A 259. Compter env 50 mn de route, charmante, avec ses nombreuses vallées envahies de moutons.

En train

Gare ferroviaire : *Station Parade.* ☎ *(08457) 48-49-50.*

➢ Liaisons régulières avec ***Londres, Brighton, Lewes, Hastings, Rye*** et ***Ashford.***

En bus

Gare routière : *sur Terminus Rd.* ***Eastbourne Buses :*** ☎ *41-64-16.* ***Brighton & Hove :*** ☎ *(01273) 88-62-00.* ***Stagecoach :*** ☎ *(08456) 00-22-99.*

➢ ***Hastings :*** *Stagecoach* n°s 98 et 99. Liaison ttes les heures.

➢ ***Brighton et Hove :*** bus de la compagnie *Brighton & Hove* n°s 12, 12A (slt l'été) et 13. Liaisons très régulières, trajet 1h20.

Adresses utiles

Tourist Information Centre : *Cornfield Rd, BN21 4QL.* ☎ *0871-663-0031.* • *visiteastbourne.com* • *Mars-oct, lun-ven 9h30-17h30, sam 9h30-16h (17h en été, et ouv le dim 10h-13h) ; nov-fév, lun-ven 9h30-16h30, sam 9h-13h.* Demandez la brochure gratuite des infos générales de la ville, toujours pratique.

✉ ***Post Office :*** *sur Terminus Rd.* ☎ *(08457) 22-33-44.*

■ ***Banques et commerces :*** *sur Terminus Rd.*

Où dormir ?

Prix modérés (40-60 £ / 48-72 €)

The Guest House : *10 Elms Ave, BN21 3DN.* ☎ *72-63-30.* • *enquiries@theguesthouse-eastbourne.co.uk* • *theguesthouse-eastbourne.co.uk* • *Sur Marine Parade, au niveau du pier (la jetée), prendre la petite rue qui part en oblique. Double 60 £, petit déj inclus. CB refusées.* Bel alignement de *B & B* dans cette charmante rue bordée de part et d'autre de maisons aux grands balcons blancs. Atmosphère fraîche, printanière et élégante ; on peut dire que la déco est réussie. La moquette s'enfonce sous les pieds et le confort est douillet. Une belle adresse.

Prix moyens (60-80 £ / 72-96 €)

Devonia Hotel : *74 Royal Parade, BN22 7AQ.* ☎ *72-00-59.* • *info@devoniaeastbourne.com* • *devoniaeastbourne.com* • *Sur le front de mer, vers l'est, juste en face du* Military Museum. *Doubles 70-80 £, petit déj compris. Parking gratuit.* Intérieur plus moderne que l'extérieur, tout en restant simple et chaleureux. Demandez une chambre qui donne sur la mer, si possible celle avec le balcon et sa petite table, un peu plus romantique. Fleur fraîche tous les matins pour le petit déj. Ce dernier est savoureux et sera à commander le soir, pour laisser le temps au proprio-chef de cuisiner votre sélection dans les règles de l'art.

Cromwell Hotel : *23 Cavendish Pl, BN21 3EJ. ☎ 72-52-88. • cromwell-house.co.uk • Dans la grande rue perpendiculaire à Marine Parade, juste en face du pier. Doubles 66-70 £ selon saison.* Les chambres sont agréables et spacieuses, décorées avec une certaine élégance, toutes différentes, et le *lounge* meublé de fauteuils club moelleux. Tout ça très proche des restaurants.

Sea Beach House Hotel : *39-40 Marine Parade, BN22 7AY. ☎ 41-04-58. • seabeachhouse.com • À env 200 m du pier. Doubles 68-76 £ selon vue, petit déj inclus.* Belle maison ancienne en bord de mer et proche du centre, proposant 10 chambres harmonieuses et coquettes, certaines avec cheminée, d'autres avec de jolis vitraux. Pour les beaux jours, un agréable *tea garden* abrité de la rue. Accueil à l'image du lieu, charmant.

LE SUSSEX

Plus chic (plus de 80 £ / 96 €)

The Grand Hotel : *King Edwards Parade, BN21 4EQ. ☎ 41-23-45. • grandeastbourne.com • À l'ouest du front de mer. Doubles 200-280 £ selon vue ; et pour une vue directe sur la mer, il faut viser les suites à 400 £ !* Le vieil hôtel de bord de mer au charme fou, énorme, superbe. Salons d'une hauteur sous plafond à donner le vertige, personnel en habit... le grand jeu. Tous les services d'un hôtel de luxe évidemment, l'élégance et l'atmosphère en plus. Les vastes chambres sous les combles sont encore abordables (tout reste relatif, bien sûr !), mais hélas sans vue et relativement classiques. Petit déj-buffet excellent, piscines (intérieure et extérieure), salle de fitness, spa... C'est ici, peut-être entre le bar de l'hôtel et le lobby, que Debussy acheva *La Mer.* Idéal également l'après-midi, pour un *tea-scone* dans la grande tradition. Tenue correcte exigée au resto.

Où manger ?

Très nombreux restaurants de tous les coins du monde, mais hélas, rien d'inoubliable.

Bon marché (moins de 8 £ / 9,60 €)

Cape Code Cafe : *dans l'hôtel* New England, *Royal Parade (la promenade en bord de mer). ☎ 41-03-74. Salon de thé tlj 10h-18h (17h en hiver). Snacks 5-10 £ ; thés à partir de 3 £.* Une institution. Chic et pas si cher. Un pianiste joue parfois l'après-midi et le soir. On entend même les cuillères tintinnabuler. Désuet et délicieux. Idéalement situé et jolie terrasse.

Prix moyens (8-15 £ / 9,60-18 €)

Maxims : *53 South St. ☎ 72-17-13. Tlj jusque très tard. Plats 5-15 £. Accès payant dès 22h ; on entre alors par West St (petite rue parallèle à South St).* De tout sur la carte : viande, poisson, snacks, pizzas, ainsi qu'une sélection de tapas appétissantes. Bar dans la cave, où se produisent des groupes.

The Lamb Inn : *36 High St, Old Town. ☎ 72-05-45. • info@thelamb.eu • Presque en face de Manor Gardens, à 5 mn à pied du centre-ville. Plats 6-13 £.* Vieille auberge, plutôt grande, datant du Moyen Âge. Les caves sont du XIIe s, et on vous les fera visiter si vous le demandez gentiment (mais pas en plein boom, évidemment). Il paraît qu'on y faisait du trafic de contrebande. Carte plutôt bien fournie et prix raisonnables. Bon mais pas très copieux.

Cosmo : *113-115 Seaside Rd. ☎ 73-88-33. • eastbourne@cosmo-restaurants.co.uk • Tlj. Formule buffet à volonté 6,50 £ le midi, 12 £ le soir, 13 £ le w-e.* Un resto asiatique tout clinquant, proposant une trentaine de plats le midi et une cinquantaine le soir. Rien de bien raffiné, mais de quoi satisfaire les estomacs affamés sans se ruiner.

Curry Leaf : *8 Susans Rd. ☎ 72-79-00. Tlj sf mar. Plats 6-15 £. Dans le centre.* Ici, ni tentures ni autres repères nous embarquant au pays de Krishna. Mais dans l'assiette, les saveurs indiennes sont bien là, parfaitement équilibrées et parfumées d'herbes fraîches. Le chef est fier de ses *Pep-*

per King Prawns et de son *Garlic Chili Chicken,* et il a raison ! Accueil particulièrement attentionné et charmant.

|●| ***Meze Restaurant :*** *15 Pevensey Rd, à l'angle de Susans Rd, dans le centre. ☎ 73-18-93. Tlj. À partir de 4 £ pour les mezze. Plats 10-15 £.* Un chaleureux petit resto turc où grillades et brochettes sont préparées sous vos yeux au charbon de bois. Quelques spécialités au four, comme le bar à l'ail et au citron. Parfait pour faire voyager les papilles ! Accueil adorable.

Où manger une glace ?

Thayer's : *7 Seaside Rd. ☎ 19-64-06. De Marine Parade, prendre à gauche dans le Sea Houses Sq. Ferme plus tard que les autres glaciers.* Sélection assez surprenante de glaces tant par le choix que par les parfums : cheesecake myrtille, *crumble*... Les classiques sont là aussi, bien sûr. L'accessoire indispensable pour se lancer à l'assaut de la Promenade.

À voir

Redoubt Fortress & Military Museum : *Royal Parade. ☎ 41-03-00. Mar-dim 10h-17h. Entrée : 4,50 £ ; réduc.* Cette forteresse, construite au début du XIXe s pour protéger Eastbourne et la côte de Folkestone à Seaford des invasions napoléoniennes, abrite le musée militaire. La collection de plusieurs régiments y est présentée.

Eastbourne Heritage Centre : *2 Carlisle Rd. ☎ 41-11-89. Lun et jeu 14h-16h avr-sept. Entrée : 2,50 £ ; réduc.* Pour en apprendre davantage sur Eastbourne et son histoire, à travers des photos notamment.

Museum of Shops : *20 Cornfield Terrace. ☎ 73-71-43. Tlj 10h-17h (horaire de fermeture variable selon saison). Entrée : 5 £ ; réduc.* Pour une petite promenade dans les boutiques ou les pièces reconstituées à la mode des années 1850-1950.

Musique

– ***The Bandstand :*** *grande parade presque tlj en été, un peu moins régulièrement en juin et sept. ☎ 41-06-11. • eastbournebandstand.co.uk • En principe, une représentation/j., l'ap-m. À partir de 7 £ si vous prenez un transat.* Orchestres jouant en plein air, sur le bord de mer, de la musique classique et des marches militaires.

DANS LES ENVIRONS D'EASTBOURNE

BEACHY HEAD (01323)

Des falaises, très hautes, 150 m en chute libre (ils sont nombreux à venir y faire le dernier saut). À noter, il y a une cabine téléphonique tout près, avec le numéro de téléphone des *Samaritans,* une association d'entraide (une sorte de *SOS Suicide*). Cela dit, le coin est vraiment superbe. Couvrez-vous, l'endroit est battu par un vent à défriser les moutons. D'ailleurs, regardez la forme des arbres... ils suivent le sens du vent.

➢ Pour vous y rendre, suivez la B 2103 à l'ouest d'Eastbourne ou prenez les *Brighton & Hove coaster* n°s 12A et 13 *(de la gare routière ; avr-sept, lun-sam ttes les 20 mn, dim ttes les 30 mn).*

Où manger ? Où boire un verre autour de Beachy Head ?

The Tiger Inn : *à **East Dean.** ☎ 42-32-09. Sur la route de Seaford à Eastbourne (A 259), suivre la direction Birling Gap.* Dans une sorte de petit hameau ceint de murs de pierres grises. Le pub fait face à une jolie pelouse que l'on contemple des tables installées en terrasse aux beaux jours. Intérieur croquignolet et de caractère (avec la cheminée et son inévitable faux feu). Endroit bondé l'été.

À voir. À faire

– Les falaises et leur arrière-pays vallonné et verdoyant sont sillonnés de sentiers de randonnée.

Beachy Head Countryside Centre : *à Beachy Head. ☎ 73-72-73. • beachyhead.org • Avr-sept, tlj 10h-16h. Entrée libre.* Présentation des falaises et leur environnement.

ALFRISTON *(01323)*

Très joli petit village, joyau des Downs, à une quinzaine de kilomètres d'Eastbourne et à 3 miles de Seaford. Idéal comme point de départ ou comme étape pour marcheurs.

➢ Pour s'y rendre en bus depuis Eastbourne, prendre le nº 126 (5 liaisons/j., sf dim, et dernier bus vers 16h).

Où manger ? Où boire un verre ?

The Sussex Ox : *Milton St. ☎ 87-08-40. • mail@thesussexox.co.uk • À 1,2 mile au nord du village, sur la rive est de la Cuckmere. Suivre direction Lullington et Litlington, puis Milton.* Pub proposant une très bonne cuisine, avec des produits frais et goûteux. D'ailleurs, les habitués n'hésitent pas à faire plusieurs miles pour s'y retrouver en fin de semaine.

Alfriston possède quelques pubs de rêve : ***Ye Olde Smugglers-Market Inn, The Star Inn, The George Inn.*** Tous sont situés sur la rue principale et offrent des bières au coin du feu.

BRIGHTON

243 500 hab. IND. TÉL. : 01273

◗ Pour le plan de Brighton, se reporter au cahier couleur.

Brighton est une ville qu'on aime beaucoup. Elle fut « lancée » par George IV et lui est restée fidèle dans l'esprit : aussi anglaise que ce roi put l'être. Avec, en même temps, une tendance décadente. C'est aujourd'hui plus qu'une station balnéaire, bel et bien une ville cosmopolite où cohabitent Londoniens en villégiature, « Brightoniens » travaillant à Londres, étudiants des beaux-arts ou de l'une des deux universités de la ville, ou encore étudiants en linguistique venus du monde entier ; ajoutez à ce tableau de petites communautés

« new-baba-cool-squatteurs » et aussi la plus grande population gay du pays, sans oublier des vacanciers et quelques retraités.
Voilà enfin une ville qui n'a ni château fort ni cathédrale, et qui n'en rougit pas ! Cette fourmilière compte dans ses rangs une sorte de grand « palais des jeux », plus de 400 restaurants et, toujours à l'état d'ébauche, une large promenade que Franck Gehry (le créateur du musée Guggenheim à Bilbao) propose de réaménager pour 30 millions de livres sterling (33 millions d'euros). Si le projet n'a pas encore démarré, c'est parce qu'il existe encore des conservateurs à Brighton (qui l'eût cru) qui s'interrogent et craignent de voir leur bord de mer défiguré.
Sinon, voilà une nouvelle qui ne va pas plaire à votre portefeuille : le stationnement à Brighton est encore plus cher qu'ailleurs, c'est dire ! En centre-ville, vous n'aurez le choix qu'entre les parkings souterrains... et les parkings souterrains (ou plutôt les « maisons » à parking). Et en vous éloignant légèrement dans les rues un peu plus résidentielles, vous constaterez que seuls les résidents sont autorisés à y stationner. La solution la moins onéreuse consiste à se garer à Hove, au parking de *Hove Town Hall* (4,50 £ /j.) et de circuler ensuite en bus et/ou à pied. Enfin, pour faire branché, vous devez dire *Brighton & Hove,* car les deux villes mitoyennes ont fusionné en 1999.

BRIGHTON LA BRANCHÉE

En se fondant dans la ville, on ne peut que ressentir cette effervescence qui s'est emparée de chaque quartier. C'est simple, tous les week-ends, Brighton explose ! Les hôtels sont complets, les nombreux restaurants tournent à plein régime et l'ambiance dans les rues est totalement électrique. Ce n'est pas pour rien que le jeune chef Jamie Oliver, la nouvelle coqueluche de la gastronomie anglaise, y a pris ses quartiers. Ce dernier, après être parti en guerre contre la malbouffe dans les cantines scolaires, se lance dans la cuisine italienne pour le plus grand bonheur des gourmands de la ville. Le chanteur Fatboy Slim (mais si, le Funk Soul Brother...) est aussi de la partie, ayant ouvert un restaurant japonais ! On vous le dit, Brighton est l'endroit où il faut être ! Des *boutique hotels* ont poussé un peu partout, rivalisant de folie et d'excentricité. Et l'architecture n'est pas en reste non plus. On innove, à l'image du New England Quarter au nord de la station balnéaire, ou encore du I-360. Toujours en projet, cette espèce de capsule aérodynamique accrochée à son mât doit offrir, en s'élevant vers le ciel, un panorama à couper le souffle. Les architectes, David Marks et Julia Barfield, n'en sont pas à leur coup d'essai ; ce sont en effet eux qui, dans le même style, ont réalisé le London Eye... Enfin, ce portrait de Brighton ne serait pas complet si l'on n'évoquait pas sa vie nocturne où, forte de sa largesse d'esprit, la ville est le théâtre de joyeuses festivités, d'accoutrements extravagants, de clubs à l'ambiance explosive qui mènent facilement jusqu'au petit matin.

Arriver – Quitter

En avion

➢ ***De Cergy-Pontoise, Le Touquet, Deauville et Caen,*** la compagnie *Skysouth* organise une trentaine de vols directs jusqu'à l'aéroport Art déco de Shoreham. • *skysouth.co.uk* • Trajet env 50 mn, dans de petits avions 10 places.
Shoreham se trouve sur l'A 27, entre Brighton et Worthing.
Nombreux trains pour Brighton de la gare Shoreham-by-Sea, à 5 mn de taxi de l'aéroport. Et puis, sinon, Gatwick n'est pas si loin non plus (42 km)...

En voiture

➢ ***Eastbourne*** est relié à Brighton par l'A 259. Trajet : env 50 mn, donc on prend son temps et on regarde les moutons et la mer, charmant en fin de journée.

➢ ***Worthing,*** par l'A 259 : on longe la côte. Front de mer, bordé de petites maisons blanches. Plages de galets avec vente de poisson.

En train

Gare ferroviaire *(plan couleur C1) : Terminus Rd ; à l'angle de Queens Rd et de Trafalgar St. ☎ (08457) 48-49-50.*

➢ ***Londres :*** 4 trains/h pour *London Victoria.* Durée : 1h. Pour un A/R dans la journée, billet *Southern Day Save* pour 12 £ (sf w-e) à acheter au *Visitor Information Centre.* Moins cher qu'à la gare.

➢ ***Lewes :*** 8 trains/h, trajet : env 15 mn.

➢ ***Eastbourne, Hastings :*** 2 trains/h, env 40 mn de trajet pour Eastbourne et 1h pour Hastings.

➢ ***Rye, Ashford :*** 1 train/h, env 1h20 de trajet pour Rye et un peu moins de 2h pour Ashford.

➢ ***Worthing :*** 5 trains/h, env 20 mn de trajet.

➢ ***Chichester, Portsmouth :*** 3 trains/h env. Env 50 mn pour Chichester et 1h30 pour Portsmouth.

En bus

Gare routière *(plan couleur C3) : à Half Crown House, au 26 Old Steine, arrêt Z.* Concernant les bus de ville, la plupart passent par la gare ferroviaire sur Terminus Rd. Pour parcourir la ville en bus, préférer le ticket à la journée (3,70 £), qu'on trouve à l'office de tourisme, aux tickets vendus à l'unité (2 £) pour se rendre dans le centre.

➢ ***Londres :*** 1 bus direct/h env avec *National Express.* Durée : env 2h30.

➢ ***Lewes :*** bus ttes les 15 mn, trajet 30 mn. Plus long qu'en train, mais le bus peut se prendre en plein centre, à côté du *Visitor Information Centre.*

➢ ***Portsmouth :*** liaisons régulières et directes avec le *Stagecoach South* n° 700. Durée : env 3h30.

➢ ***Eastbourne :*** liaisons régulières et directes avec le *Brighton & Hove* n° 12.

Adresses utiles

Brighton & Hove Visitor Information Centre *(plan couleur C2-3) : Royal Pavilion Shop, 4-5 Royal Pavilion Buildings. ☎ 29-03-37. • visitbrighton.com • Tlj 10h-17h ; en hte saison, 9h30-17h30.* Un bon conseil : se garer au parking *The Lanes* ou *Church Street.* Carte de la ville gratuite et bon accueil.

✉ ***Post Office*** *(plan couleur B2) : 2-3 Churchill Square. Dans le centre commercial, relais au magasin WH Smith. ☎ (08457) 22-33-44.*

■ ***Banques*** *(plan couleur C2-3) : sur Pavilion Buildings et North St.*

■ ***M's Cycle Hire :*** *tlj 8h30-18h. ☎ (07852) 98-61-65. • m-cyclehire.co.uk • Loc de vélos à la journée à partir de 12 £, ou à la sem 75 £. Vélos pour enfants moins chers.* Pas d'adresse, on vous apporte votre vélo où vous voulez, sur un simple coup de fil. C'est pas formidable, ça ?

@ ***Call Centre*** *(plan couleur B2) : 7 Cranbourne St. Tlj 8h-22h.* Fait vraiment riquiqui de l'extérieur... et l'est vraiment à l'intérieur ! Cependant, le réduit à l'étage accueillant les ordinateurs est plutôt agréable et bien équipé malgré son exiguïté.

@ ***Allsorts Newsagents*** *(plan couleur C2) : 159 North St. Tlj 7h-minuit.* Avant de monter à l'étage où se trouve une vingtaine d'ordis, passer par l'épicerie pour demander une connexion.

Où dormir ?

Les hôtels sont chers à Brighton et les prix explosent littéralement en fin de semaine. Il n'est pas rare de voir les tarifs doubler, voire tripler pour une même chambre entre un jour de semaine hors saison et un week-end en été. Pour plus de lisibilité, nous indiquons donc les fourchettes de prix minimum et maximum pour chacune des adresses et retenons le prix le plus bas pour le classement dans les différentes catégories. On vous conseille par ailleurs de réserver avant d'arriver en ville, surtout le week-end.

Camping

Sheepcote Valley Caravan Club Site *(hors plan couleur par D3, 34) : East Brighton Park, BN2 5TS. ☎ 62-65-46. • caravanclub.co.uk •*

BRIGHTON

À env 1 mile à l'est du Palace Pier, en retrait de la Marina. Suivre l'A 23 jusqu'au front de mer, puis l'A 259 vers Rottingdean et Newhaven ; attention, le petit panneau indiquant le camping sur la gauche arrive un peu au dernier moment. Réception 8h-20h (17h en hiver). Compter 18-26,5 £ pour 2 avec tente. Situé derrière les terrains de foot, en pleine verdure, un grand terrain moderne, bien équipé et propre. Coin tentes un peu en pente...

Dans The Lanes

Ce quartier très central vous permet d'être à proximité de la mer et donc du *pier,* à deux pas du Royal Pavilion et de l'activité nocturne avec ses nombreux pubs et clubs, en bordure de plage comme dans West Street. Les restaurants y sont variés et offrent généralement une cuisine de qualité.

Prix modérés (40-60 £ / 48-72 €)

■ ***St Christopher's*** *(plan couleur C3,* ***21****) : 10-12 Grand Junction Rd, BN1 1PN. ☎ 20-20-35. • st-christophers.co.uk • Entrée par le bar* Belushi's. *Résa conseillée le w-e. Compter 14-26 £/pers selon sem ou w-e, en dortoir 4-8 lits ; doubles 21-55 £. Tarifs intéressants sur Internet.* Juste devant le *pier* et donc... la mer ! Chambres bien tenues, avec parquet et même un petit effort de déco, et une belle vue pour certaines. Douche et lavabo dans la chambre pour la plupart. Ambiance survoltée le week-end où tout le monde se retrouve au pub de l'*hostel* (réduc pour les résidents).

Dans North Laine

De l'énergie à revendre dans ce quartier au nord des Lanes, caractérisé par une atmosphère bohème, très *arty,* que vous pourrez ressentir au sein de rues telles que Kensington Gardens ou Sidney Street. Les boutiques de fripes, de brocante, les cafés aux terrasses qui dominent les rues, les disquaires ou encore les galeries d'art, on trouve de tout dans ce véritable poumon de Brighton. Idéal pour se restaurer ou pour un moment de shopping.

Plus chic (80-120 £ / 96-144 €)

■ ***Myhotel*** *(plan couleur C2,* ***27****) : 17 Jubilee St, BN1 1GE. ☎ 90-03-00. • myhotels.com • Juste à côté de la bibliothèque. Doubles 95-175 £ ; beaucoup plus pour les suites.* Avec une devise telle que « l'endroit qui fait se rencontrer Freddie Mercury et Maharishi », on peut s'attendre à un certain grain de folie... Et on n'est pas déçu ! Chambres au look de capsule spatiale avec un mobilier on ne peut plus design tout en courbes, de la coiffeuse intégrée à la tête de lit jusqu'aux toilettes en forme d'œuf ! On aime les couleurs gaies, l'équipement ultramoderne (lecteur DVD, chaîne hi-fi), l'accueil enjoué. Bar futuriste, avec des écrans alignés dupliquant des sauts de dauphins ou autres images lénifiantes. Bref, on se croirait dans une version *feng shui* d'un improbable mélange des films *Orange mécanique* et *2001 : l'Odyssée de l'espace*... Génial !

Dans Brunswick – Hove

Parcelle ouest de Brighton, à la limite ou à Hove (même si maintenant les deux ne forment qu'un), plus calme, plus vert et pavillonnaire que dans le centre. Ce dernier se rejoint facilement par la Western Road, à pied ou en bus, et permet de se dégoter un logement souvent un peu moins onéreux.

De prix modérés à prix moyens (40-80 £ / 48-96 €)

■ ***Seafield House*** *(hors plan couleur par A3,* ***20****) : 23 Seafield Rd, Hove BN3 2TP. ☎ 77-77-40. • enquiries@fieldhousehotels.co.uk • fieldhousehotels.co.uk • À env 30 mn à pied du centre, 5 mn en bus (fréquents). Doubles 55-180 £ selon j. et saison, petit déj compris. Possibilité de se garer gratuitement (une rareté !) s'il reste des places disponibles.* Un peu excentré certes, mais tout près du front de mer, dans un quartier à la fois tranquille et animé, un petit hôtel aux chambres classiques mais très soignées et coquettes. On apprécie les petites attentions, comme la petite bouteille de vin offerte qui vous attend dans votre chambre et les peignoirs de bains (sur demande). Excellent rapport qualité-prix.

Artist Residence *(plan couleur A2,* ***22****) : 33 Regency Square, BN1 2GG. ☎ 32-43-02. • info@artistresidence.co.uk • artistresidence.co.uk • Doubles 60-120 £ selon j. et saison, petit déj compris.* Un lieu atypique où toutes les chambres ont été décorées par des artistes différents, du sol au plafond. Pas un bout de mur qui ne soit peint (sauf dans les toutes petites mais impeccables salles de bains). Vue superbe sur l'ancien *pier* de certaines chambres. La réception fait aussi galerie, très sympa. Petite terrasse sur l'arrière, avec un mur couvert d'un immense graff. Attention, ça décoiffe !

The Iron Duke Hotel *(hors plan couleur par A3,* ***23****) : 3 Waterloo St, Hove BN3 1AQ. ☎ 73-48-06. • info@irondukebrighton.co.uk • irondukebrighton.co.uk • Dans une rue perpendiculaire à King's Rd, à 50 m de la mer et à 10 mn à pied du centre. Doubles 55-85 £ selon confort, j. et saison. Réduc de 10 % sur présentation de ce guide hors w-e.* En bas, un pub de quartier à la clientèle hétéroclite. Chambres impeccables et confortables ; certaines disposent d'une salle de bains. Toilettes sur le palier. Un bon rapport qualité-prix. Comme nous ne sommes pas les seuls à le penser... il est préférable de réserver. Accueil pêchu et disponible.

Regency Landsdowne Guesthouse *(hors plan couleur par A3,* ***24****) : 45 Landsdowne Place, Brunswick, Hove BN3 1HF. ☎ 32-18-30. • regencylansdowne@aol.com • regencylansdowne.co.uk • À env 15 mn à pied du centre et à 200 m du front de mer. Doubles 44-80 £ selon confort et date.* Simple et un brin vieillot, mais les chambres sont nickel, claires et calmes. Accueil gentil comme tout du propriétaire, qui parle même un peu le français. Une des rares adresses qui n'explosent pas (trop) les prix pendant le week-end.

Regency Hotel *(plan couleur A2,* ***29****) : 28 Regency Square, BN1 2FH. ☎ 20-26-90. • regencyhotelbrighton.com • Doubles 65-180 £.* Beau et fier hôtel (l'ancienne demeure de l'arrière-grand-mère de Winston Churchill !), dans le prolongement du West Pier (celui qui est détruit). Chambres décorées avec goût, toutes différentes et parfaitement cosy. Très bonne adresse.

Motel Schmotel *(plan couleur A-B2,* ***32****) : 37 Russell Square, BN1 2EF. ☎ 32-61-29. • info@motelschmotel.co.uk • motelschmotel.co.uk • Doubles 60-120 £.* Dans une des charmantes maisons d'une adorable petite rue, face à un joli jardin. Modernité élégante, sobriété reposante, atmosphère conviviale et chaleureuse, accueil dynamique...Tout est là pour donner envie de poser ses valises quelque temps. Un vrai coup de cœur.

Dans Kemp Town

Quartier paisible et joyeux à l'est du centre-ville, où les loyers moins élevés qu'ailleurs ont permis aux *guesthouses* et hôtels de pousser sans complexe. Toujours à proximité de la mer et à 10 mn à pied du centre pour le plupart de nos adresses, en passant par l'animée St James' Street.

De prix modérés à prix moyens (40-80 £ / 48-96 €)

Christina Guest House *(hors plan couleur par D3,* ***30****) : 20 St George Terrace, BN2 1JH. ☎ 69-08-62 et 60-36-39. • christinaguesthouse@yahoo.co.uk • christinaguesthouse.co.uk • Prendre St James' St, puis à gauche dans Freshfield Rd et 1re à droite. Doubles 55-75 £.* Intérieur sans prouesses esthétiques, mais les chambres sont calmes, impeccables et confortables, avec 4 d'entre elles disposant d'une douche et d'un lavabo dans la chambre. Esprit un brin vieillot, mais bon rapport qualité-prix et accueil attentionné. Proche du centre et de la mer.

Snooze *(hors plan couleur par D3,* ***31****) : 25 St Georges Terrace, BN2 1JJ. ☎ 60-57-97. • info@snoozebrighton.com • snoozebrighton.com • Doubles 65-140 £ selon sem ou w-e, petit déj compris. Réduc de 10 % sur présentation de ce guide.* Toute l'énergie de Brighton est résumée dans cette *guesthouse*. Chambres surprenantes, pleines de bonne humeur et d'inventivité. Mélange de meubles chinés et personnalisés, lampes rétro, enseignes *vintage*, cheminées peintes en fonction du thème des chambres (toutes différentes), voilà un aperçu de l'ouvrage des propriétaires. Assurément, ils s'en sont donné à cœur joie ! Jusque dans la salle de petit déj, qui ressemble à une cafétéria américaine des années 1960. Agréable terrasse sur l'arrière. Encore un coup de cœur !

Aquarium Guesthouse *(plan couleur D3,* ***25****) : 13 Madeira Pl, BN2 1TN. ☎ 60-57-61. • info@aquarium-guesthouse.co.uk • aquarium-guesthouse.co.uk • Selon saison, 62-79 £ la double en sem et 76-94 £ le w-e, avec fruits frais et boissons chaudes dans les chambres en guise de petit déj.* Adresse coquette aux chambres très épurées. Murs bleu pâle et meubles en bois clair, un côté aseptisé qui se dilue dans une atmosphère zen, ambiance spa. Les salles de bains sont propres et lumineuses mais assez exiguës. Une adresse reposante donc, qui reste toutefois un peu chère.

Sea Spray *(plan couleur D3,* ***28****) : 25 New Steine, BN2 1PD. ☎ 68-03-32. • seaspray@brighton.co.uk • seaspray brighton.co.uk • Doubles 59-110 £ selon confort ; également 4 suites, à partir de 215 £.* Chambres à thème, allant de Dalí au boudoir rose à plumes. Très confortable et spacieux, mais la déco ne fera pas l'unanimité : mauvais goût pour certains, un must du kitsch pour d'autres. À vous de juger.

Alvia *(hors plan couleur par D3,* ***35****) : 36 Upper Rock Gardens, BN2 1QF. ☎ 68-29-39. • enquiries@alviahotel.co.uk • alviahotel.co.uk • À 10 mn à pied du centre et du front de mer. Doubles 70-100 £ selon confort et j.* Une petite adresse tout en harmonie et douceur. Déco contemporaine élégante bien qu'un peu convenue, mais l'ensemble s'avère très plaisant et presque chic.

Dans New England Quarter

Situé à l'est de la gare, derrière Trafalgar Street, ce quartier se veut résolument contemporain. Malgré des nids de travaux un peu partout, on voit se dessiner des blocs d'immeubles aux lignes sobres et harmonieuses, aux couleurs douces et aux balcons de bois, dans un cadre assez fleuri et réservé aux piétons. Car c'est un peu ça le concept, bureaux ou logements, l'environnement répond à une charte d'urbanisme tout sauf agressif, en plébiscitant les matériaux durables, les espaces verts et les lieux associatifs. Les cafés et boutiques s'implantent petit à petit.

De prix moyens à très chic (60 à plus de 120 £ / 72-144 €)

Jurys Inn *(hors plan couleur par C1,* ***33****) : 101 Stroudley Rd, BN1 4DJ. ☎ 86-21-21. • jurysinns.com • À 2 mn à pied de la gare. Doubles 60-150 £ selon sem ou w-e et confort.* Cette chaîne d'hôtels peut se vanter d'innover dans le bon sens. Ici, on fait dans le renouvelable et ça marche : panneaux solaires, récupération de l'eau de pluie, équipement dans les chambres visant à ne pas gâcher d'énergie (douche, lumière). Bravo, surtout que les chambres sont spacieuses, fonctionnelles et confortables. Un petit bémol cependant sur la déco, assez standard finalement. L'accueil est vraiment courtois.

Où dormir dans les environs ?

Camping

Blackberry Wood Campsite : *Streat Lane,* ***Streat****. ☎ (01273) 89-00-35. • blackberrywood.com • À env 10 miles au nord de Brighton, entre Ditchling et Plumpton. De Brighton, prendre l'A 23 vers le nord et sortir*

BRIGHTON

vers Hassocks ; suivre la direction de Dichtling et Plumpton (B 2116) ; Streat se situe entre ces 2 villages ; guetter la Streat Lane sur la gauche ; attention, la route est bien étroite et le camping pas indiqué. Ouv Pâques-sept. Compter 23 £ pour 2 avec tente en été. Petit camping privé au plus près de la nature, dont la vingtaine d'emplacements s'organisent autour d'une cabine téléphonique incongrue et son lampadaire ! On vient ici pour profiter en paix du gazouillis des oiseaux, refaire le monde jusqu'à pas d'heure autour d'un feu de camp, se promener dans la nature généreuse aux alentours, ou s'oxygéner dans ce ravissant coin de campagne.

Prix moyens (60-80 £ / 72-96 €)

B & B The Squirrels : *Henfield Rd, Woodmancote,* ***Henfield,*** *BN5 9BH. ☎ 49-27-61. • squirrels500@googlemail.com • À une douzaine de miles de Brighton. Prendre la B 2118 (sur l'A 23 ; ce n'est pas la 1re sortie pour Henfield mais la 2e), puis la B 2116 direction Henfield ; suivre ensuite la direction Albourne Rd. Double env 60 £, déj compris. CB refusées.* Certes, c'est un peu loin, mais la route se fait bien et cela en vaut la peine. Vous adorerez le calme de ce lieu perdu au fin fond de la campagne, les œufs brouillés de Mr Pound (qui parle le français) et les confitures de sa femme. Autant de raisons pour leur rendre une petite visite. Notre coup de cœur.

Où manger ?

Plus de 450 restaurants à Brighton. Dans Preston Street *(plan couleur A2)*, de nombreux restos cosmopolites. Y aller au feeling.

Dans The Lanes

Bon marché (moins de 8 £ / 9,60 €)

Bombay Aloo *(plan couleur C2,* ***41****) : 39 Ship St. ☎ 77-60-38. • info@bombay-aloo.co.uk • Quasi face à la poste. Indien végétarien ouv 12h-23h (minuit ven et sam). Formule buffet à volonté géniale à partir de 4,95 £ ; 15h15-17h15, le prix tombe à 3,50 £, un record !* Très bon.

Prix moyens (8-15 £ / 9,60-18 €)

Food for Friends *(plan couleur C3,* ***42****) : 18 Prince Albert St. ☎ 20-23-10. • info@foodforfriends.com • Tlj 12h-22h. Plats 7-15 £. Jazz jeu soir.* Des plats végétariens et bio pas trop chers ou de belles salades tout simplement. Que de l'authentique et du goûteux. Déco à l'image de la salade composée, fraîche et légère. Vraiment très bien.

Plus chic (15-20 £ / 18-24 €)

Terre à Terre *(plan couleur C3,* ***48****) : 71 East St. ☎ 72-90-51. • mail@terreaterre.co.uk • Impossible sans résa, c'est dire ! Plats 7-15 £.* Un végétarien remarquable où l'on vient le cœur léger pour en ressortir bien calé. Ambiance gentiment chic mais pas guindée pour autant, murs colorés, cuisine inventive et délicieuse. Qui a dit que la cuisine végétarienne était ennuyeuse ?

Très chic (plus de 20 £ / 24 €)

Jamie's Italian *(plan couleur C3,* ***52****) : 11 Black Lion St, BN1 1ND. ☎ 91-54-80. Tlj 12h-23h (22h30 dim). Plats de pâtes autour de 12 £, repas env 30 £. Pas de résa en dessous de 6 pers.* La star de la télécuisine anglaise, Jamie Oliver, s'amuse à ouvrir des restos pas chers, où il fait goûter une cuisine familiale et quelques-uns de ses plats préférés. Pas d'esbroufe, que du plaisir ! Là, il a choisi de nous inviter en Italie : pizzas, poissons frais, et quelques *antipasti*, arrosés de bons crus de la Botte. Mamma mia ! Un peu branchouille, mais bonne ambiance.

Dans North Laine

Bon marché (moins de 8 £ / 9,60 €)

Kensingtons (plan couleur C2, **51**) : *1-2 Kensington Gardens. ☎ 57-09-63. Ouv 10h-19h. Plats, snacks moins de 6 £.* Une porte vous conduit à l'étage, dans ce petit café pourvu d'une terrasse suspendue au-dessus de la rue grouillante de monde. Ici, on sert des salades, *jacked potatoes* (les pommes de terre garnies) et *full English breakfast* ; pas toujours diététique mais très nourrissant ! Le must pour prendre le soleil en début d'après-midi, farnienter avec un livre ou regarder les girouettes artisanales vous indiquer la direction à emprunter.

Dumb Waiter (plan couleur C1, **50**) : *28 Sydney St. ☎ 60-25-26. Ouv 10h-19h. Plats 3-7 £.* Encore des couleurs joyeuses pour cette adresse qui cache un petit jardin tout ce qu'il y a de charmant à l'arrière du resto. Salades copieuses, généreux *English breakfast* et dodus sandwichs auront raison d'une bonne fringale. Pas très raffiné, mais efficace !

The Manor (plan couleur C2, **45**) : *52 Gardner St. ☎ 69-17-00. • georgina@themanorbrighton.co.uk • Tlj 9h-17h (18h sam). Snacks et sandwichs env 4 £ ; menu 7,50 £.* Un petit endroit pour caler une petite faim, avec des tables en bois clair et un plafond rose bonbon. Joyeux et décontracté, à l'instar du quartier. Les plats proposés au menu sont simples, frais, goûteux et faits maison. Vraiment bien pour le prix.

Prix moyens (8-15 £ / 9,60-18 €)

Iydea (plan couleur C1, **47**) : *17 Kensington Gardens. ☎ 66-79-92. • lunch@iydea.co.uk • Tlj 9h-17h30 (17h dim). Repas 5-9 £. wifi en dehors du rush de midi.* Un resto végétarien qui risquerait bien de séduire les plus carnivores ! On compose soi-même son assiette en choisissant parmi une belle palette de plats, puis on installe son plateau sur un coin de table. Très réussi, de la finesse des plats à la déco jeune et dynamique, le tout dans une ambiance chaleureuse et décontractée. Et nous ne sommes pas les seuls à aimer, c'est toujours bondé !

Wai Kika Moo Kau (plan couleur C1, **43**) : *11 A Kensington Gardens. ☎ 67-11-17. Ouv 11h-18h (22h50 w-e). Plats 7-10 £.* Végétarien cosmopolite et bon enfant, proposant des plats aux accents indiano-mexicano-cajuns bien goûteux et généreusement servis. Vins, bières et cidres bio. Accueil souriant et attentionné.

Bill's (plan couleur C2, **40**) : *100 North Rd. ☎ 69-28-94. • brighton@billsproducestore.co.uk • Ouv 8h-22h (9h dim). Plats 7-15 £.* Un ancien parking reconverti en théâtre pour les yeux et les papilles. Couleurs et saveurs s'unissent dans cette vaste halle décorée d'étals de fruits et légumes de saison, de bocaux de condiments et divers flacons d'huile sur les murs. La fraîcheur prime et les mets sont variés. Et en général, un « Oh my God ! » accompagne l'arrivée des desserts tant les gâteaux crémeux et les tartes aux fruits, décorés de fleurs, sont volumineux et savoureux. Un must, le *White & Dark Chocolate delice.* Excellente ambiance, service rapide et efficace malgré la foule.

Wagamama (plan couleur C2, **46**) : *Kensington St. ☎ 68-88-92. Tlj jusqu'à 23h (22h50 dim). Plats env 8 £.* Le concept de cette chaîne inspirée de la cuisine japonaise ne change pas et ne cesse de nous séduire. Grandes tablées, espaces aérés, sobres et métallisés, et assiettes où se mêlent goûts et saveurs inhabituels. Ça crépite, ça palpite sous vos yeux ! *Sobas, udons* (grosses nouilles), mélangés à des champignons, des fruits de mer, des légumes sautés, le tout agrémenté d'épices et de condiments aux noms acidulés. Superbes cocktails de fruits. Service convivial et jeune.

Dans Brunswick – Hove

Prix moyens (8-15 £ / 9,60-18 €)

The Hove Kitchen (hors plan couleur par A2, **49**) : *102-106 Western Rd, Hove. ☎ 72-54-95. • welcome@*

thehovekitchen.com • À env 15 mn de marche du centre. Ouv mar-sam 9h jusque tard ; dim-lun 9h-18h. Plats 4,50-14,50 £. Formule midi et début de soirée 10 £. Dans une vieille bâtisse où subsistent quelques beaux éléments d'architecture, un immense resto tout vitré sur la rue, décoré avec goût et humour. Plusieurs salles, chacune son ambiance, et un espace assez fabuleux réservé aux enfants, qui s'en donnent à cœur joie avec les innombrables jouets mis à leur disposition. Pendant que les gamins s'éclatent, les parents dégustent une cuisine légère aux accents méditerranéens, moderne et raffinée. On a adoré !

Harry's English Restaurant *(hors plan couleur par A2,* ***44****) : 41 Church Rd (dans le prolongement de Western Rd), Hove. ☎ 72-74-10. À 10 mn à pied du centre. Ouv 9h-22h30 (9h30-21h30 dim). Plats 9-15 £.* Bistrot qui sert de la cuisine traditionnelle anglaise revue et corrigée pour le meilleur. Puddings dans la grande tradition, avec de la bonne *custard* chaude. Déco post-moderne avec toutefois une touche d'intimité.

Où boire un thé ?

The Grand Hotel *(plan couleur B3,* ***61****) : King's Rd. ☎ 22-43-00. • reception@grandbrighton.co.uk • English tea dans toute sa splendeur env 13 £.* Il fera parfaitement l'affaire si vous recherchez un *tea-room* avec un peu de cachet. Pour la petite histoire, pendant que vous dégustez un thé accompagné de mille gâteaux appétissants, sachez que c'est ici même que l'IRA tenta d'éliminer Margaret Thatcher et tout son état-major du Parti conservateur en faisant sauter l'hôtel. La Dame de Fer ne fut pas blessée, mais ils causèrent bien des dégâts. L'hôtel ferma quelques années et en profita pour se faire un lifting. Maggie vint par surprise à l'inauguration, prouvant, s'il était besoin, qu'elle n'était pas du genre à se laisser impressionner.

The Tea Cosy *(plan couleur D3,* ***60****) : 3 George St. ☎ 26-79-29. Mer-dim 12h-17h (18h sam). Cream tea avec scones env 5 £. Aussi des sandwichs au concombre et autres classiques.* Si vous voulez du kitsch, de la famille royale déclinée sur tous les supports possibles et imaginables, le bien nommé *Tea Cosy* est... *the place to be* ! Plus un centimètre de mur ou de plafond disponible pour ajouter un objet à l'effigie de la royauté britannique. Entre autres, jetez donc un œil sur la collection de cache-théières en crochet, une merveille du genre !

Où boire un verre ? Où écouter de la musique ?

The Font *(plan couleur C2,* ***62****) : Union St.* Ancienne église reconvertie en pub, fier de sa nouvelle devise : « Boire à en mourir »... on est fixé ! Chaude ambiance et faune bigarrée.

Pump House *(plan couleur C3,* ***63****) : 46 Market St (sur la place). Dans une clairière, au cœur du quartier des Lanes. Ouv 11h-23h.* Dans le plus vieux bâtiment de la ville, un pub assez classe mais pas snob pour autant. Admirez les tableaux au plafond.

Fortune of War *(plan couleur B3,* ***64****) : 157 King's Rd Arches. ☎ 20-50-65. Sur la plage. Ouv 11h-23h.* Une déco de cale de navire assez réussie, mais on n'en profite pas vraiment, vu le monde et la musique à faire exploser les tympans. En revanche, on peut prendre son verre et aller le boire sur la plage. Sympa, le soir, de voir tous ces jeunes qui débutent ici la soirée.

The Mash Tun et Fitzherberts *(plan couleur C2,* ***65****) : à l'angle de New Rd et Church St. ☎ 68-49-51.* Pubs animés, tendance beaux-arts, alternatifs. Tous les styles s'y retrouvent, pour écluser quelques pintes sur fond de musique survitaminée.

Amsterdam *(plan couleur D3,* ***66****) : 11-12 Marine Parade. ☎ 68-88-25.* Un pub plutôt gay, mais pas que. Pas mal d'ambiance en fin d'après-midi le week-end. Surplombe la mer. Fait aussi sauna à partir de 16h.

King and Queen *(plan couleur C2,* ***67****) : 13 Marlborough Pl. ☎ 60-*

72-07. Tlj. Maison à colombages et en brique rouge, avec une jolie cour transformée en terrasse. Vieux pub datant du XVIIIe s (construit en l'honneur de George III et de la reine Charlotte), qui s'est converti en karaoké le mardi soir. Attention, âge minimum : 18 ans. Billard.

Ohso Social *(plan couleur C3,* ***68****) : 250a King's Rd Arches. ☎ 74-60-67.* Une petite terrasse en bois juste à côté du *pier* pour prendre le dernier soleil de la journée. Ambiance et déco éclectiques. Musique live en fin de semaine.

The Coopers Cask *(hors plan couleur par A2,* ***69****) : 3 Farm Rd. ☎ 73-69-45. Dans une petite rue perpendiculaire à Western Rd, au niveau du resto* The Hove Kitchen. *Tlj.* Quelques tables sur le trottoir devant les jardinières fleuries, et une petite salle chaleureuse où la jeunesse du quartier se retrouve pour refaire le monde autour d'une bonne bière. Le dimanche midi, clientèle plus familiale pour le traditionnel *roast dinner,* certes un peu plus cher que la moyenne mais vraiment excellent. Un vrai pub local, dynamique et très sympa.

Où danser ?

L'office de tourisme propose gratuitement le *What's On*, un magazine mensuel qui recense tous les endroits *in* du moment, leur programme et leurs promos. Brighton est un lieu de fête bien connu. Le nombre de boîtes par habitant y reste le plus élevé du pays, le West End de Londres mis à part. Les prix varient de 2 £ en semaine jusqu'à 12 £ le week-end. En voici quelques-unes :

♫ **Digital** *(plan couleur B3,* ***80****) : 187-193 King's Rd Arches. ☎ 22-77-73. • yourfutureisdigital.com •* Dans des entrepôts-caveaux, face à la mer. Tout le monde connaît. L'endroit où il faut être pour une bonne sélection d'électro, ainsi que de nombreux shows de talentueux DJs.

♫ **Casablanca Jazz Club** *(plan couleur B3,* ***81****) : 3 Middle St. ☎ 32-18-17. • casablancajazzclub.com •* Beau club qui, malgré son nom, ne sert pas que du jazz, mais aussi du funk et pas mal de latino. Nombreux concerts.

♫ **The Honey Club** *(plan couleur C3,* ***82****) : 214 King's Rd Arches. ☎ 20-28-07. • thehoneyclub.co.uk •* Très bel espace, immense, sous les arcades, face à la mer. Vraiment sympa. Beaucoup de techno-house, mais pas uniquement. Population assez étudiante.

♫ **Oceana** *(plan couleur B3,* ***84****) : West St. ☎ 96-85-90. • oceanaclubs.com/brighton •* Immense complexe aux différentes ambiances où une bonne partie des noceurs de la ville va terminer la soirée. Différentes alcôves proposant une salle « New York disco » au sol en damier lumineux, une *Ice Room* toute blanche, un boudoir parisien... Assez impersonnel, mais fête garantie.

♫ **Tru** *(plan couleur B3,* ***83****) : West St également. ☎ 32-16-28. • trubrighton.com/brighton •* Grosse boîte à la mode fréquentée par les étudiants. Une salle pour les amateurs de hip-hop et de soul, et une autre pour sauter et guincher sur de la pop... britannique, bien sûr !

BRIGHTON

À voir

The Royal Pavilion *(plan couleur C2-3,* ***90****) : ☎ 29-09-00. • royalpavilion.org.uk • Avr-sept, 9h30-17h45 ; oct-mars, 10h-17h15 ; dernière admission 45 mn avt fermeture. Entrée : 10 £ ; réduc. Audioguide (compris dans le prix) en français.* Incroyable extravagance architecturale qui mélange les styles arabe, chinois et moghol. Résidence du prince de Galles, futur George IV, qui incarnait le dandysme le plus britannique. L'intérieur regorge de décors orientaux travaillés à outrance, le summum de la démesure exprimé dans la salle de musique. Le prince y donnait d'immenses fêtes paillardes. Un escalier reliait directement les appartements du roi à la chambre de sa maîtresse. De ce fait, la reine Victoria laissa à l'abandon ce lieu hanté par le péché où elle avait pourtant séjourné avant d'accéder au trône.

Brighton Museum & Art Gallery *(plan couleur C2,* ***91****) : Royal Pavilion Gardens. ☎ 29-09-00. • brighton.virtualmuseum.info • Mar-dim 10h-17h. Gratuit.* On se promène dans d'intéressantes et riches galeries, très ludiques. D'abord, on contemple avec amusement et curiosité le mobilier et les objets design du XXe s, présentant des œuvres de Dalí, Solon ou encore Lalique. Ensuite, une section mode assez bien faite permet d'appréhender l'art de se vêtir à travers les âges. On trouve également une salle destinée à la porcelaine et aux poteries de Mr Willet, un notable de Brighton, retraçant l'histoire du pays sur différents supports comme des assiettes, des vases... Enfin, une partie de l'exposition est réservée aux photos de la ville et s'articule autour de thèmes sociaux. Ainsi, des sections « Vivre à Brighton », « Travailler à Brighton » ou encore « Brighton et moi » sur les loisirs, rendent la visite vraiment interactive.

The Brighton Pier *(plan couleur C-D3)* **:** centre de jeux en tout genre, éclairé par 13 000 ampoules. Précisons qu'il est orphelin depuis que le deuxième *pier*, le West Pier, s'est écroulé sous l'effet des vagues, fin 2002. Tout un symbole de la ville anéanti. Sa « carcasse » brune émerge encore des flots, juste en face des grands hôtels. Une vision assez surréaliste.

À faire

BRIGHTON

– ***Golf :*** « Pitch & Putt » est l'expression en vigueur pour désigner un véritable parcours de 1h30 à 2h avec deux clubs (cannes), un pour les coups longs (fer 7 ou 8) et un pour « pousser » la balle dans le trou *(putt)*. Très informel et une excellente initiation, fort peu coûteuse de surcroît. Pour le minigolf, on dira « crazy golf ».

■ ***Roedean Miniature Golf*** *(hors plan couleur par D3) : Marine Drive, au-dessus de la Marina (bus nos 14,.14B, 711 ou 712). ☎ 60-48-38. Tlj de l'aube au crépuscule.*

■ ***Rottingdean*** *(hors plan couleur par D3) : à l'entrée du village par la route du bord de mer en venant de Brighton. ☎ 30-21-27. Tlj de l'aube au crépuscule.* Beau parcours surplombant la mer et dominé par un moulin.

Manifestations

– ***Brigthon Festival :*** *pdt tt le mois de mai. • brightonfestival.org •* Le plus grand festival d'arts de Grande-Bretagne, dans les rues, les cafés, les théâtres...
– ***Gay Pride :*** *en août. • brightonpride.org •* Départ de Preston Park.

DANS LES ENVIRONS DE BRIGHTON

Lewes : *à env 15 km à l'est de Brighton, sur l'A 27.* Sympathique petite ville bâtie sur une butte aux ruelles et aux maisons charmantes, mais où la circulation et le stationnement sont difficiles. C'est le siège administratif du comté de l'East Sussex et un pôle pour les amateurs d'antiquités. C'est aussi la ville de *Harvey's*, le dernier brasseur en activité du Sussex.
– Le **château,** sans grand intérêt, se visite *– tlj 10h (11h lun)-17h30 ; entrée 6,40 £.* Le ***musée-maison d'Anne de Clèves*** est quant à lui fermé pour travaux.
– Lewes sort de ses gonds le 5 novembre, lors de la **fête** nationale aux pétards dite ***de Guy Fawkes,*** terroriste qui tenta de faire sauter le Parlement anglais en 1605. Ici, fait unique, plusieurs processions et des milliers d'hérétiques brûlent des effigies du pape de l'époque et d'ennemis emblématiques (comme la fièvre aphteuse) en commémoration des 17 martyrs protestants brûlés à Lewes par Marie Tudor.

– Enfin, il ne reste que des ruines de l'énorme *prieuré cluniste* que l'on peut voir (notamment depuis le train) mais pas visiter. Avant sa destruction par Cromwell sur ordre de Henri VIII, on récupéra les pierres de taille (de Caen) pour construire *The Grange* sur Keere St, belle demeure avec de jolis jardins publics.

ℹ ***Tourist Information Centre :*** *187 High St. ☎ 48-34-48. • enjoysussex.info • Lun-ven 9h-17h, sam 9h30-17h30 (10h-14h oct-mars), dim 10h-14h (fermé oct-mars).*

🍽 ***Robson's of Lewes :*** *22 High St. ☎ 48-06-54. • robsonsoflewes.co.uk • Ferme à 17h. Réduc de 10 % sur le prix du plat sur présentation de ce guide.* Sandwichs, salades, délicieux gâteaux et bons cafés à emporter ou à déguster sur place dans la petite arrière-salle illuminée par un bow-window ouvrant sur un jardinet fleuri. Atmosphère plaisante et soignée. Parfait pour un petit déj, un lunch léger ou un p'tit thé.

Rottingdean : *à 3 miles à peine à l'est de Brighton, par le bord de mer. Accès possible par l'Under Cliff Walk depuis la Marina (chemin au pied des falaises de craie), ou en bus nos 2, 2A, 12, 12A, 13 et 14 (A, B, C).* Rottingdean est un petit village au creux des falaises. Les maisons y sont pratiquement toutes construites avec des galets de silex. Mais on y trouve un remarquable ensemble de maisons Tudor à colombages datant du début du XVIe s, avec des encorbellements sculptés.
Rudyard Kipling vécut ici quelques années et y écrivit quelques-unes de ses œuvres. Il y a d'ailleurs une maison-musée face aux Kipling Gardens, joli jardin anglais à l'abri de murs de silex. Peut-être y verrez-vous des joueurs de croquet en pleine partie. On vous conseille surtout d'y aller en fin d'après-midi pour regarder le soleil se coucher sur le moulin au milieu des roses. Unique.

☕ Enfin, ne quittez pas Rottingdean sans avoir goûté les meilleurs *scones* du pays dans un salon de thé comme on les aime (avec jardin fleuri en plus) : ***The Olde Cottage,*** dans la rue principale, en allant vers la mer. Sert aussi des snacks et plats du jour.

Steyning : joli village, anciennement grande ville et port, avec des maisons à colombages, une vieille église et une vieille auberge. Yeats y écrivit bon nombre de ses œuvres.

ARUNDEL

3 000 hab. IND. TÉL. : 01903

Ce village très touristique, blotti au pied de son imposant château d'allure féodale et d'une petite cathédrale récente, plus saisissante de loin que de près, offre un sacré contraste lorsqu'on vient de quitter Brighton. Voilà une étape pour se réconcilier avec dame Nature et renouer avec la vieille pierre.

Arriver – Quitter

En voiture

➢ ***Brighton :*** suivre l'A 27, direction Portsmouth.
➢ ***Worthing :*** si vous avez le temps, prenez l'A 259 direction Bognor Regis, pour longer la côte ; ensuite, remontez par l'A 29. Sinon, suivez l'A 27, direction Portsmouth.

En train

Gare ferroviaire : *un peu à l'écart du centre, à 1 mile. ☎ (08457) 48-49-50.* Pas de bus pour rejoindre le centre, 15 mn de marche.
➢ ***Brighton :*** 2 trains/h, trajet : 1h10 env.

➢ ***Chichester :*** 2 trains/h, trajet : env 25 mn.

Adresses utiles

🅸 ***Visitor Information Centre :*** *1-3 Crown Yard Mews, BN18 9AJ. ☎ 88-22-68. • sussexbythesea.com • En saison, tlj 10h-16h ; en hiver, horaires réduits.*

■ ***Banque : Lloyds,*** *dans High St.*

Où dormir ?

Arundel n'est pas un arrêt obligé pour la nuit. Cela dit, voici quand même des adresses, au cas où...

Camping

Beaucoup de campings dans la région, de tous styles. Liste disponible au *Visitor Information Centre.* Le plus proche se trouve à Crossbush, mais voici notre préféré :

⛺ ***Ship & Anchor Marina Camping :*** *à* ***Ford,*** *BN18 0BJ. Tt près de Ford Station (l'autre gare), à 3 miles d'Arundel. ☎ (01243) 55-12-62. • ysm36b@dsl.pipex.com • Ouv mars-sept. Compter 14-19 £ pour 2 avec tente, avec électricité. Eau chaude payante. Réduc de 10 % sur présentation de ce guide.* Calme, le long de l'Arun. Un peu rustique mais spacieux et économique. S'il ne fait pas beau, faites comme tout le monde : rendez-vous au pub sympa du camping pour goûter à l'*Arundel Castle Beer.*

Prix modérés (40-60 £ / 48-72 €)

⛺ 🏠 ***Youth Hostel : Warningcamp,*** *BN18 9QY. ☎ 88-22-04. • arundel@yha.org.uk • À 1 mile d'Arundel (un peu moins de la gare) ; suivre la direction de Brighton, puis les panneaux « YHA » sur la petite route de Warningcamp. Aucun bus ne mène à l'AJ. Juin-sept, résa indispensable 48h avt. Compter env 20 £/pers en dortoir de 6 lits et 45 £ pour une double, petit déj non compris. Fait également camping (env 9 £/pers, petit déj non compris), avec accès aux services de l'auberge.* Très joliment située en pleine campagne, parfait si vous voulez être au vert. Tout le confort et les commodités nécessaires : laverie, cuisine et vaste salle de restauration, beau bar servant de l'alcool et *lounge* avec billard et baby-foot.

Prix moyens (60-80 £ / 72-96 €)

🏠 ***Arden Guesthouse :*** *4 Queen's Lane, BN18 9JN. ☎ 88-25-44. • info@ardenguesthouse.net • ardenguesthouse.net • Au bout de High St, passer le pont ; prendre la rue à droite juste derrière le petit supermarché et la station-service. Doubles 63-73 £, sans ou avec sdb.* Une *guesthouse* tenue par une charmante dame qui propose 8 chambres dans sa maison labyrinthe, classiques mais coquettes, à l'ambiance toute britannique.

Plus chic (80-120 £ / 96-144 €)

🏠 🍽 ***The Town House Hotel :*** *65 High St, BN18 9AJ. ☎ 88-38-47. • info@thetownhouse.co.uk • thetownhouse.co.uk • Doubles à partir de 95 £ ; jusqu'à 130 £ pour la suite majestueuse. Petit déj compris. Réduc de 10 % sur le prix de la chambre sur présentation de ce guide.* Charmant et romantique à souhait, ambiance feutrée. La chambre la moins onéreuse est certes minuscule avec sa salle de bains privée dans le couloir, mais elle garde la touche d'élégance de ses consœurs. Resto sympathique, avec un superbe plafond italien en bois. Accueil chaleureux (en français aussi).

Où manger ?

🍽 ☕ ***The Bay Tree :*** *21 Tarrant St. ☎ 88-36-79. Dans une rue perpendiculaire à High St. Tlj sf dim soir et lun. Sert aussi le petit déj, ainsi que des sandwichs. Plats 6-23 £.* Resto-salon

LE SUSSEX

de thé de poupée tout cosy, où l'on s'attable dans les 2 petites salles au plafond strié de poutres.

Plusieurs autres adresses très recommandables dans la même rue (Tarrant Street) : ***Tudor Rose, Belindas...*** Des restos et *tea-rooms,* mais souvent fermés le lundi.

À voir

Pas grand-chose hormis le ***château.*** *88-21-73. • arundelcastle.org • Ouv avr-oct mar-dim, tlj en août ; chapelle et jardins 10h-17h (donjon 16h30). Entrée : 17 £ ; réduc.* Très impressionnant, comparé aux petites maisons d'Arundel. Il appartient au duché de Norfolk, et en est la demeure familiale. La partie ouverte au public possède un côté très seigneurial mais fortement mâtiné de religieux. En effet, en dehors de la splendide bibliothèque de bois et de velours, on a l'impression que toutes les pièces ont ou ont eu une fonction religieuse. Ce n'est pas un hasard si le duc de Norfolk occupe des fonctions importantes au sein de l'Église catholique. C'est sa famille qui a financé la construction de la cathédrale de la ville en 1869-1873.

St Nicholas Church (côté ville) ***et Fitzalan Chapel*** (côté château) **:** ce bâtiment du XIVe s est un rare exemple de cohabitation religieuse puisque l'église est anglicane d'un côté et catholique de l'autre ! La famille Norfolk jouissait déjà de ce droit privé sous Henri VIII. Les deux sections, autrefois séparées par un mur puis par un portail, sont à présent séparées par une vitre.

St Philipp's Cathedral : *à côté du château.* Construite au XIXe s, mais dans le style roman. Tous les ans, 60 jours après Pâques, s'y déroule « the carpet of flowers » : on recouvre la nef de fleurs, d'après une tradition italienne que le duc Henry de Norfolk aurait observée lors d'un voyage en 1877.

LE SUSSEX

CHICHESTER

26 500 hab. IND. TÉL. : 01243

Petite ville qui fut en son temps une importante base romaine, lors de la conquête de l'île. Située entre Portsmouth (à 19 miles) et Brighton (à 28 miles), elle possède une imposante cathédrale, la seule visible de la mer en Angleterre. Il est très facile de s'orienter dans Chichester grâce au *Market Cross,* petit monument d'où partent quatre rues (le *cardo* et le *decumanus*) : North, East, South et West (logique !).
Les deux premières semaines de juillet s'y déroule un festival de musique réputé qui draine les amateurs de classique et de jazz vers la cathédrale. Des troupes de théâtre se produisent alors dans les rues.

Adresses utiles

Tourist Information Centre : *29A South St. 77-58-88. • visitchichester.org • Lun-sam 9h15 (10h15 lun)-17h15 ; dim 10h30-15h (avr-oct).*

Post Office : *en face de la cathédrale.*

Banques : *sur South St, East St et North St.*

Gare ferroviaire : *à South Gate. (08457) 48-49-50.*

Gare routière : *à South Gate, tt près de la gare ferroviaire. 0871-200-22-33 (Traveline, un n° national pour tt savoir des transports en commun).* Attention, le bus met jusqu'à 3 fois plus de temps que le train pour se rendre à Londres.

@ ***Internet Jonction :*** *2 Southdown Buildings (au terminal des bus, face* *à la gare). Lun-ven 9h-20h, w-e 11h-20h.*

Où dormir ?

Camping

⛺ **Lakeside Holiday Park :** *Vinnetrow Rd, PO20 1QH. ☎ 78-77-15. • parkholidaysuk.com • À quelques miles au sud de Chichester ; indiqué à partir du rond-point dit de « Bognor Rd ». Pour 2 avec tente, 9-24 £ selon saison.* Grand confort. Les pêcheurs s'en donneront à cœur joie, car le site compte une douzaine de petits lacs. Des balades, des jeux pour les enfants, magasins et laveries. Rien à redire.

Prix moyens (60-80 £ / 72-96 €)

Anna's B & B : *27 Westhampnett Rd, PO19 7HW. ☎ 78-85-22. • judiths@fsmail.net • annasofchichester.co.uk • À moins de 1 mile au nord-est, dans le prolongement de Saint Pancras Rd, juste à côté d'un concessionnaire automobile. Doubles avec sdb 60-80 £ selon saison. Parking. Réduc de 10 % sur présentation de ce guide.* Dans une maisonnette, 3 chambres décorées avec sobriété mais une certaine élégance. Un cocon bien douillet. Demandez juste à ne pas dormir dans la chambre qui donne sur la route car, pour le coup, cette dernière est presque en dessous de la fenêtre !

LE SUSSEX

Où manger ?

Prix moyens (8-15 £ / 9,60-18 €)

Wests : *West St ; juste en face de l'entrée de la cathédrale. ☎ 53-96-37. • wests@marstons.co.uk • Pub ouv 11h-23h (22h30 dim) ; resto ouv jusqu'à 21h slt. Plats 6-15 £.* Dans une église désaffectée, un pub étonnant. On se retrouve autour du comptoir pour commander à manger et à boire. Ambiance musclée les soirs de match de foot, retransmis sur écran géant, comme il se doit.

The Nags : *3 Saint Pancras Rd. ☎ 78-58-23. • info@thenagshotel.co.uk • Ouv 12h-23h. Plats 5-17 £.* Un immense pub composé de plusieurs salles aux ambiances différentes, avec la possibilité de s'installer dehors quand le temps le permet. Très bonne cuisine pour un pub, et remarquable *roast dinner* sous forme de buffet à volonté, servi tous les jours midi et soir, pour 11 £.

À voir

Cathedral : *☎ 78-25-95. Tlj 7h15-19h (18h en hiver). • chichestercathedral.org.uk • Visites guidées à 11h15 et 14h30. Donation de 4,50 £ bienvenue.* L'histoire de la cathédrale commence avec un évêque nommé Luffa et des Normands fraîchement débarqués. On se mit au travail en 1091, et moins de 100 ans plus tard, l'édifice était terminé... Entre-temps, les goûts avaient évolué : voilà pourquoi la nef est romane, les porches, l'arrière-chœur et les fenêtres participent du gothique primitif, la tour et la chapelle du gothique « décoré », tandis que le clocher, sa flèche et le cloître sont en gothique dit « perpendiculaire ». L'intérieur montre également un mélange de styles allant jusqu'à l'art moderne du XXe s. Comme les chandeliers autour de l'autel, la tapisserie de John Piper (tissée en France), les tableaux de Graham Sutherland et le vitrail de Marc Chagall d'un rouge rutilant. Pour admirer ce dernier, aller du côté gauche de la cathédrale, au-delà du transept nord. On peut voir également une mosaïque romaine découverte lors de travaux sur les fondations.

The Pallants : quartier constitué d'un ensemble de façades georgiennes du XVIIIe s (époque de la splendeur marchande de la ville). Le centre est piéton. Laissez votre voiture dans un parking à l'extérieur.

Pallant House : *9 North Pallant. ☎ 77-45-57. • pallant.org.uk • Mar-sam 10h-17h (20h jeu) ; dim et j. fériés 11h-17h. Entrée : 7,50 £ ; réduc.* Un bel écrin contemporain pour une riche collection d'art moderne britannique. Expos permanentes et temporaires.

Festival

– ***Chichester Festivities :*** *1re quinzaine de juil. Rens à l'office de tourisme. • chifest.org.uk •* Musique et théâtre envahissent l'ensemble de la ville, carnaval le 1er jour.

DANS LES ENVIRONS DE CHICHESTER

Fishbourne Roman Palace and Museum : *Salthill Rd, à* ***Fishbourne.*** *☎ 78-58-59. • sussexpast.co.uk • À 2 miles à l'ouest de Chichester. Suivre la route de Portsmouth, c'est indiqué. Ouv les w-e de janv 10h-16h ; nov-fév, tlj 10h-16h ; mars-oct, tlj 10h-17h. Entrée : 8,20 £ ; réduc.* Au cours des années 1960, des fouilles ont mis en évidence un véritable palais romain, unique en Angleterre. Celui-ci avait été construit pour le seigneur local (non romain) en échange de ses bons et loyaux services, permettant ainsi aux Romains d'avoir un port sûr d'où conquérir l'ouest de l'île. Les fouilles continuent dans les environs pour trouver des traces plus « militaires ». Le palais était pavé de mosaïques que l'on peut (encore) admirer grâce à un ingénieux système de rampes permettant de survoler toutes les pièces mises au jour. Notez un splendide *Cupidon sur un dauphin.* Tout est expliqué en français et un petit film met en scène l'ensemble des personnages découverts et ceux qui les ont mis au jour.

Pour les amateurs, il existe un autre site de villa romaine à ***Bignor,*** au nord-est de Chichester, au nord d'Arundel (A 284). *☎ (01798) 86-92-59. • bignorromanvilla.co.uk • Tlj 10h-18h juin-août (17h mars-mai et sept-oct). Fermé nov-fév. Entrée : 6 £.* On y voit une des plus belles mosaïques du pays, longue de 24 m.

Bosham Church : à ***Bosham.*** Église saxonne fondée par un moine irlandais, dont la partie originale date du IXe s. Le roi Canut la fréquentait, tandis que plus tard le roi Harold y pria avant sa défaite contre les Normands à Hastings. L'église figure d'ailleurs sur la tapisserie de Bayeux sous le nom « Bosham ». Détails intéressants, hormis les traits d'architecture saxonne : des croix gravées par les croisés à leur retour des croisades près de la porte d'entrée, des étoiles de David dans le chœur et, à l'extérieur, la pierre tombale sculptée d'un marin noyé en 1759.

Tangmere Aviation Museum : *☎ 77-52-23. • tangmere-museum.org.uk • À 3 miles à l'est de Chichester ; fléchage sur l'A 27, vers Arundel. Fév-nov 10h-16h30 (17h30 mars-oct). Entrée : 7,50 £ ; réduc.* En tant que base de chasse de la Royal Air Force, Tangmere a joué un rôle important lors de la furieuse bataille d'Angleterre en 1940. Les escadrilles sortaient plusieurs fois par jour pour s'opposer aux chasseurs et bombardiers de la Luftwaffe. Le musée restitue parfaitement la fébrile activité de cette période, avec une foule de détails (opérations clandestines, rôle des auxiliaires féminines...). Une curiosité : le plan d'invasion de l'Angleterre conçu par Hitler. À remarquer également, l'hommage aux aviateurs allemands abattus. Dans un hangar, quelques spécimens d'avions de légende comme le Spitfire, le Meteor, le Hurricane et le Hawker Hunter, et plusieurs Marine Swifts. Tangmere est dirigé par des vétérans qui expliquent avec plaisir aux enfants le rôle qu'ils jouaient pendant la guerre avec chacun de ces avions grandeur nature. Un devoir de mémoire ludique et émouvant.

LE HAMPSHIRE ET LE WILTSHIRE

PORTSMOUTH

198 000 hab. IND. TÉL. : 02392

Cette ville, à l'aspect éclaté déroutant et enlaidie par les reconstructions de l'après-guerre, est avant tout l'un des plus anciens et importants ports britanniques, lié essentiellement à la défense et au fret. Le quartier de *Southsea* est assez vivant en été avec ses vastes pelouses qui longent le front de mer et où se retrouve la jeunesse pour taper dans le ballon ou bouquiner au soleil. Mais il faut aller à *Gunwharf Quays* pour trouver une réelle animation, la face contemporaine de Portsmouth avec son nouvel emblème, la *Spinnaker Tower,* dressée vers le ciel comme un symbole de modernité. Le vaste campus universitaire draine une population estudiantine qui dynamise tant bien que mal certains quartiers. Mais il faut reconnaître que, même si la ville tente peu à peu de sortir de sa réputation grise et fade, son charme reste limité... Seuls les passionnés d'histoire navale et militaire y trouveront un réel intérêt, avec les nombreux musées consacrés au sujet.

UN PEU D'HISTOIRE

L'histoire de Portsmouth est fortement liée à la crainte de l'invasion, de la menace de l'Invincible Armada de Philippe II aux projets de débarquement de Napoléon et de Hitler. Le facteur militaire n'a jamais cessé de jouer un grand rôle dans les mentalités et le mode de vie, façonnant l'architecture et l'aménagement du littoral. La permanence de garnisons de régiments prêts à embarquer sur les navires pour assurer la prééminence de Sa Gracieuse Majesté sur toutes les mers du globe a fini par créer une mythologie guerrière qui ne séduit pas que les nostalgiques de l'Empire.
C'est de Portsmouth et des villes voisines que sont partis les centaines de milliers de *Tommies* et de *GIs,* une certaine nuit précédant le 6 juin 1944, pour sauver la liberté et la démocratie en Europe. Le *musée du D-Day* nous restitue tout cela avec beaucoup d'émotion. On peut facilement consacrer une journée à faire le tour de ces souvenirs maritimes, à commencer par le *HMS Victory,* navire de l'amiral Nelson avec lequel les Anglais gagnèrent la bataille de Trafalgar contre Napoléon au large de l'Espagne. Sur le même site, le *HMS Warrior,* premier navire cuirassé de l'époque victorienne, et le fameux *Mary-Rose,* navire anglais qui coula au XVIe s et qui fut miraculeusement renfloué.

PORTSMOUTH

Arriver – Quitter

En voiture

➢ ***Brighton :*** env 1h15 pour rejoindre Portsmouth par l'A 27, qui se transforme après une cinquantaine de miles en M 27 ; empruntez la sortie 12 pour ensuite rouler sur la M 275 ; et vous êtes arrivé ! Idem de *Chichester,* sauf que vous rattrapez l'A 27 par l'A 259.

➢ ***Southampton :*** sortez de la ville par l'*Itchen Bridge* pour prendre la M 27 vers Fareham Portsmouth et empruntez la sortie 12 pour terminer sur la M 275. Trajet : env 30 mn.

En ferry

La compagnie *Brittany Ferries* assure les liaisons entre Portsmouth et la France :

➢ ***Cherbourg :*** 2-3 traversées/j. Durée : 3h-3h30 selon le type de ferry.

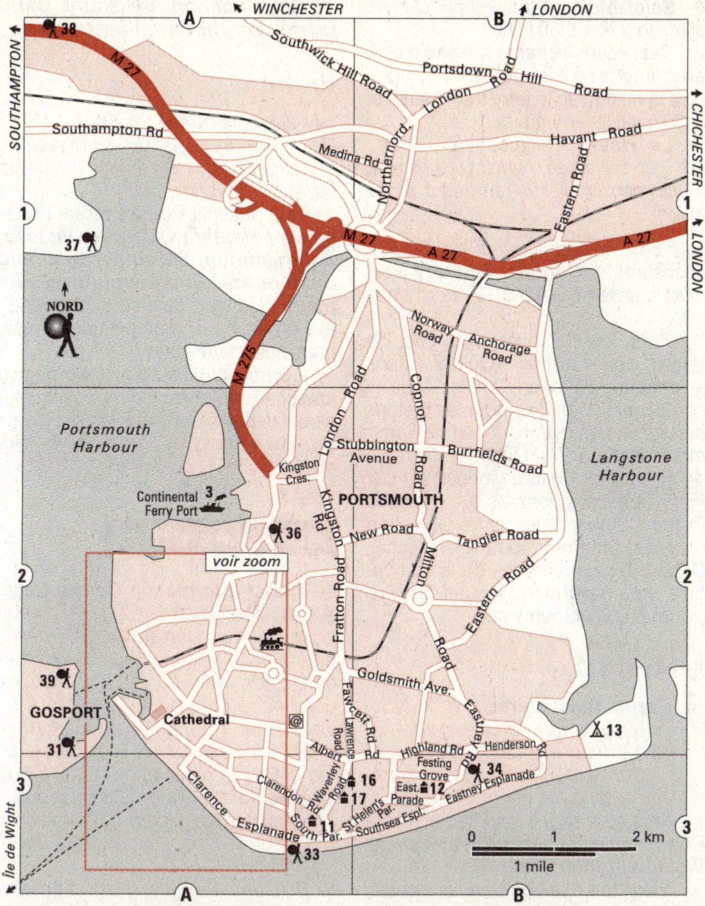

PORTSMOUTH – PLAN D'ENSEMBLE

Adresses utiles

@ Online Café
3 Continental Ferry Port

Où dormir ?

11 Portsmouth and Southsea (Backpackers) Lodge, Gainsborough House et Florence House Hotel
12 Oakleigh Guesthouse
13 Southsea Leisure Park
16 Birchwood Guesthouse
17 Abbey Lodge Guesthouse

À voir

31 Royal Navy Submarine Museum
33 Southsea Castle
34 Royal Marines Museum
36 Maison natale de Charles Dickens
37 Porchester Castle
38 Fort Nelson, Museum of Artillery
39 Explosion ! Museum of Naval Firepower

➢ ***Saint-Malo :*** 1 traversée/j. Durée : 9h de jour et 10h30 la nuit.
➢ ***Caen-Ouistreham :*** 4 traversées/j. avec le ferry rapide. Durée : 6h (un peu plus la nuit) avec le ferry traditionnel et 3h30 avec le ferry rapide.
➢ ***Le Havre :*** 2 liaisons/j. Durée : 3h15 de traversée. Avec *LD Lines* (voir « Comment y aller ? » au début de ce guide).

Les ferries venant de France accostent au ***Continental Ferry Port*** *(plan d'ensemble A2,* ***3****), au nord de la ville.*
➢ Pour les liaisons avec ***l'île de Wight,*** voir « Arriver – Quitter » dans le chapitre consacré à l'île. Avec la compagnie *Wightlink,* pour les piétons partant en catamaran, départ de *Portsmouth Harbour Train Station (zoom A2,* ***4****),* et pour les voitures, départ du *Car Ferry Terminal (zoom A2,* ***6****),* au sud du Portsmouth Harbour, entre Gunwharf Quays et Old Portsmouth (bien fléché). Départ des catamarans de la compagnie *Hovertravel* au *Hovercraft Terminal (zoom A3,* ***5****)* à Southsea.

En train

Gares ferroviaires : *☎ (08456) 00-06-50. S'arrêter sur Commercial Rd (zoom A2) pour aller dans le centre et à The Hard (zoom A2) pour les catamarans vers l'île de Wight.*
➢ Plusieurs trains par heure relient Portsmouth à ***Londres Waterloo*** et ***Victoria Station.*** Durée : 1h30-2h.
➢ ***Brighton :*** liaison ttes les heures. Durée : env 1h30.
➢ ***Southampton, Salisbury, Bath, Bristol, Winchester :*** 1 liaison/h env.

En bus

Gare routière *(zoom A2) : The Hard. ☎ (08712) 00-22-33 (Traveline, nº national pour les infos sur ts les transports en commun).*
➢ Bus *National Express* reliant Portsmouth à ***Heathrow, Londres Victoria, Southampton, Salisbury, Brighton, Eastbourne, Bournemouth*** et ***Plymouth.*** Liaisons beaucoup plus réduites qu'en train, moins rapides mais bien moins onéreuses.
➢ ***Londres :*** *Megabus* (compagnie *low-cost*) et *Greyhound* proposent plusieurs départs/j. env ttes les 2h. Trajet : env 2h. ● *megabus.com* ● *greyhound.com* ●

Adresses utiles

Tourist Information Centre *(zoom A2,* ***1****) : The Hard. ☎ 82-67-22. ● visitportsmouth.co.uk ● Sur le port même, à côté des « Historic Ships ». Tlj 9h30-17h15. Un autre bureau sur Clarence Esplanade (zoom A3,* ***2****), à côté du* Blue Reef Aquarium. *Mêmes nº de téléphone et horaires.* S'occupe également de la réservation des *B & B* et de la vente des billets de ferry et bus.
Post Office *(zoom A3) : relais de poste dans une boutique au 94-96 Palmerston Rd.*
Brittany Ferries *(plan d'ensemble A2) : Wharf Rd, près de Conti-*

Adresses utiles
- 1 Tourist Information Centre, The Hard
- 2 Tourist Information Centre, Clarence Esplanade
- 4 Portsmouth Harbour Train Station vers l'île de Wight
- 5 Hovercraft Terminal vers l'île de Wight
- 6 Car Ferry Terminal vers l'île de Wight

Où dormir ?
- 14 Rees Hall et The Pembroke Park Hotel
- 15 Fortitude Cottage

Où manger ?
- 20 Rosie's Wine Bar
- 21 Montparnasse
- 22 The Spice Island Inn et The Still & West Country House
- 23 Lou Lou's

Où boire un verre ?
- 24 Drift

À voir
- 30 Portsmouth Historic Dockyard
- 31 Royal Navy Submarine Museum
- 32 D-Day Museum
- 35 The Blue Reef Aquarium
- 40 Aspex

PORTSMOUTH

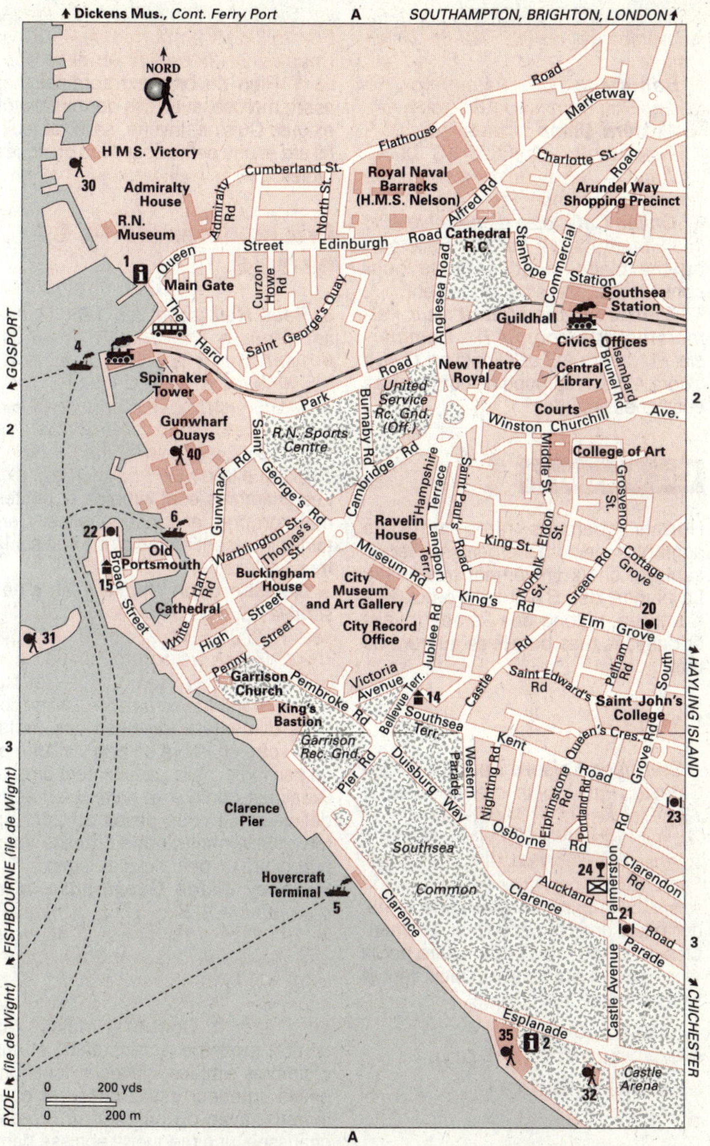

PORTSMOUTH – ZOOM

nental Ferry Port. ☎ (08705) 56-16-00 (en Angleterre) ou 0825-82-88-28 (en France).

■ ***Banques :*** *sur Palmerston Rd (zoom A3) et Commercial Rd (zoom A2).*

■ ***Western Union : Intercash,*** *105 E Commercial Rd. ☎ (0800) 83-38-33. Pratique si vous devez recevoir de l'argent de l'étranger.*

@ ***Online Café*** *(plan d'ensemble A2) : 163 Elm Grove. Tlj 9h-21h.* Salle parquetée claire et accueillante pour consulter ses mails tranquillement.

Centres commerciaux : *sur Palmerston Rd (zoom A3), Commercial Rd (zoom A2) et Gunwharf Quays (zoom A2)* qui regroupe de nombreuses enseignes connues.

Où dormir ?

Hormis quelques rares adresses agréables, peu d'hébergements séduisants et choix finalement très limité. La plupart des *B & B* sont groupés à Southsea, le long des *Parade* (quais) et dans les rues parallèles au front de mer.

PORTSMOUTH

Camping

Southsea Leisure Park *(Southsea Caravan Park ; plan d'ensemble B2, **13**) : Melville Rd, PO4 9TB. ☎ 73-50-70. • info@southsealeisurepark.com • southsealeisurepark.com • Tte l'année. Env 23-33 £ pour 2 avec tente selon saison.* Camping un peu triste et nu, délimité d'un côté par un mur d'immeubles de petite taille et de l'autre par la mer. Pas mal situé mais en plein vent et tout de même très cher.

De bon marché à prix modérés (moins de 40 £ / 48 €)

Portsmouth and Southsea (Backpackers) Lodge *(plan d'ensemble A3, **11**) : 4 Florence Rd, PO5 2NE. ☎ 83-24-95. • portsmouthbackpackers.co.uk • À 2 mn du front de mer, dans le quartier des pubs et de l'animation nocturne. Arrêt des bus n°s 5, 6 et 40 sur Clarendon Rd, à 300 m du lodge. Env 15 £/pers en dortoir de 4-10 lits. Doubles 34-38 £ sans ou avec sdb.* Rien de bien extraordinaire et assez morose, avec des dortoirs plutôt exigus. Cuisine, laverie, salle de jeux, billard et une petite cour avec quelques tables.

Prix modérés (40-60 £ / 48-72 €)

Rees Hall *(zoom A2, **14**) : Southsea Terrasse, PO5 3AP. ☎ 84-48-84. • reservations@port.ac.uk • port.ac.uk/holidays • Gigantesque résidence ouv aux non-résidents de mi-juin à mi-sept slt. Double avec sdb 49 £ et simple 39 £, petit déj compris ; réduc de 10 % à partir de 7 nuits si résa avt.* Les chambres sont simples et petites mais propres et fonctionnelles. Certaines jouissent même d'une vue sur la mer... le luxe !

Gainsborough House *(plan d'ensemble A3, **11**) : 9 Malvern Rd, Southsea, PO5 2LZ. ☎ 82-26-04. • enquiries@gainsboroughhouse.co.uk • gainsboroughhouse.co.uk • Double avec sdb commune env 50 £.* Mrs Filer vous diligentera (on pèse nos mots) vers votre chambre un brin vieillotte et un peu terne, mais parfaitement propre. Breakfast copieux et *scrambled eggs* délicieux. Si vous devez attraper un ferry tôt le matin, votre hôtesse vous proposera un petit déj plus léger.

Abbey Lodge Guesthouse *(plan d'ensemble A-B3, **17**) : 30 Waverley Rd, PO5 2PW. ☎ 82-82-85. • linda@abbeylodge.co.uk • abbeylodge.co.uk • À 10 mn à pied de la mer. Résa conseillée. Doubles 50-55 £ sans ou avec sdb.* Coquette maison au confort moderne (écrans plats) et aux chambres simples, claires et fonctionnelles. Intérieur assez cossu et chaleureux, avec du parquet au rez-de-chaussée, une moquette épaisse dans les chambres et une belle *dining room* pour prendre le petit déj.

The Pembroke Park Hotel *(zoom A2, **14**) : 1 Bellevue Terrace, PO5 3AT. ☎ 29-68-17. • pembroke@gmail.com • pembroke-park.co.uk • Bien situé, à 5 mn du port. Doubles 50-70 £*

selon confort, petit déj inclus. Parking gratuit. Les chambres, aux couleurs pimpantes, sont sans grande originalité mais confortables. Possibilité de prendre son petit déj tôt pour attraper un ferry matinal.

🏠 ***Oakleigh Guesthouse*** *(plan d'ensemble B3,* ***12****) : 48 Festing Grove, Hants, PO4 9QD. ☎ 81-22-76. • oakleigh-guesthouse.co.uk • Résa conseillée, car souvent complet. Doubles 45-48 £.* Dans une maisonnette modeste mais bien tenue. Les chambres les plus chères disposent d'une minuscule salle de bains. Correct pour le prix, rien de plus. Quelques chambres bon marché pour le voyageur solitaire.

Prix moyens (60-80 £ / 72-96 €)

🏠 ***Fortitude Cottage*** *(zoom A2,* ***15****) : 51 Broad St, PO1 2JD. ☎ 82-37-48. • info@fortitudecottage.co.uk • fortitudecottage.co.uk • Juste à l'entrée du vieux port. Fermé en déc. Doubles 65-135 £, petit déj inclus. Parking gratuit.* Les chambres les plus onéreuses, situées au 3e étage, jouissent d'un balcon et d'une terrasse avec vue sur la Spinnaker Tower. Le prix intermédiaire a vue sur le port mais pas de balcon, et enfin, les moins chères sont des *twins* en rez-de-chaussée. Hébergement un peu plus coûteux que la moyenne, mais la qualité suit. Maggie et Mike, les adorables propriétaires, ont fait de ce cottage une bien jolie étape à la déco moderne, fraîche et élégante. Belle salle à manger pour prendre le petit déj, face au port.

🏠 ***Birchwood Guesthouse*** *(plan d'ensemble A-B3,* ***16****) : 44 Waverley Rd, PO5 2PP. ☎ 81-13-37. • enquiries@birchwood.uk.com • birchwood.uk.com • Bien situé, à 5 mn du port. Doubles 62-70 £, petit déj compris.* 📶 Un jardinet fleuri devant une maison soignée proposant des chambres simples mais gaies, confortables et d'une propreté irréprochable. Les propriétaires vous prépareront un petit déj en cas d'embarquement matinal sur le ferry.

Plus chic (plus de 80 £ / 96 €)

🏠 ***Florence House Hotel*** *(plan d'ensemble A3,* ***11****) : 10 Florence Rd, PO5 2NE. ☎ 75-35-55. • somersethousehotel.co.uk • Doubles à partir de 80 £ ; suite 150 £.* Dans une jolie rue calme, on est agréablement surpris par la décoration moderne et élégante de cette belle maison ancienne. Les chambres sont délicieusement cosy, les couleurs savamment choisies et les salles de bains impeccables. Un peu cher certes, mais une des plus belles adresses de Portsmouth.

Où manger ?

Outre les adresses que nous indiquons ci-dessous, vous trouverez de nombreux restaurants dans le complexe de Gunwharf Quays, de l'italien au japonais, en passant par les fast-foods et les tex-mex. Exclusivement des restos de chaînes, certains joliment installés au bord de l'eau, mais tous assez cher.

Bon marché (moins de 8 £ / 9,60 €)

🍴 ***Lou Lou's*** *(zoom A3,* ***23****) : 37 Marmion Rd, Southsea. ☎ 82-51-13. Tlj 8h-17h30. Sert le petit déj tte la journée, des snacks env 4-7 £, et se transforme en un charmant salon de thé l'ap-m.* On y trouve de tout, de bons cafés et de goûteux gâteaux maison, voire de la tartiflette végétarienne ! L'endroit est petit et se remplit très vite le midi. Décor d'ancien bistrot ouvrier égayé d'une touche fraîche et féminine. Vieux carrelage et parquet, petites tables rondes au plateau de marbre, fleurs qui tombent du plafond, œuvres d'artistes locaux aux murs...

Prix moyens (8-15 £ / 9,60-18 €)

🍴 ***The Spice Island Inn*** *(zoom A2,* ***22****) : 1 Bath Sq, Old Portsmouth. ☎ 87-05-43. Plats 7-15 £.* Un des classiques de la ville. Le pub partage le rez-de-chaussée avec un resto qui se poursuit à l'étage. La belle et imposante bâtisse domine la pointe du vieux Portsmouth, et ses larges baies vitrées offrent une vue sur l'activité du port et la Spinnaker Tower. Terrasse pour regarder les énormes ferries passer.

The Still & West Country House *(zoom A2, **22**) : Bath Sq, Old Portsmouth. ☎ 82-15-67. • stillandwest@fullers.co.uk • Plats 5-13 £.* Pub depuis 1733 au vieux port, là où grouillaient les bars et tavernes il y a bien longtemps. Resto au rez-de-chaussée avec le pub, mais aussi à l'étage, d'où l'on peut apprécier l'incessant et fascinant ballet des navires passant au ras des fenêtres pour entrer dans le port ou en sortir. Carte assez banale, mais bonnes préparations de poisson.

Plus chic (15-20 £ / 18-24 €)

Rosie's Wine Bar *(zoom A2, **20**) : 87 Elm Grove. ☎ 75-59-44. • rosies@rosies-vineyard.co.uk • Lun-ven dès 17h30, w-e tte la journée. Plats 9-17 £.* Un vrai bar à vins chaleureux où vert et verre vont de pair. Vert pour la couleur de la déco, pour les paniers de feuillages suspendus autour de la verrière ; et verre pour les crus pléthoriques que l'on y sert. La nourriture y est consistante et les plats plutôt bien faits. Les vendredi soir et dimanche midi, le repas se fait sur fond de jazz live. Petit jardin bien agréable en été.

Très chic (plus de 20 £ / 24 €)

Montparnasse *(zoom A3, **21**) : 103 Palmerston Rd. ☎ 81-67-54. Tlj sf dim et lun. Plats le midi 18-25 £ ; menus 31,50-36,50 £ le soir.* Petit resto qui se distingue par une cuisine anglaise fine sous influence française et italienne. Canard, lapin, poisson... Les prix sont élevés, mais la qualité est assurée et l'atmosphère douce et intime.

Où boire un verre ?

Drift *(zoom A3, **24**) : 78 Palmerston Rd. ☎ 77-98-39.* Bar tout en longueur et sur 2 niveaux, où la jeunesse en goguette vient commencer la soirée. Cadre contemporain et ambiance feutrée qui laisse place à des concerts et soirées endiablés le week-end.

PORTSMOUTH

À voir. À faire

Les musées de Portsmouth sont très chers. Pour peu que vous voyagiez en famille, votre porte-monnaie risque de s'en sortir avec quelques égratignures quasi guerrières elles aussi ! Avant de commencer les visites, nous vous conseillons de passer à l'office de tourisme qui propose des billets souvent moins chers qu'aux guichets des musées ou attractions.

– Toute l'année, ***visites guidées thématiques*** (Dickens, les pubs de Portsmouth, D-Day Walk, la balade des fantômes...) : *le dim à 14h30. Tarif : env 3 £. Programme complet disponible à l'office de tourisme (☎ 82-67-22).*

Harbour Tours : *Historic Dockyard, Victory Gate. ☎ 83-97-66. 1 départ/h 11h-15h, visite env 45 mn. Ticket 5 £. Achat des tickets sur le bateau.* Pour visiter le port en bateau et s'offrir un aperçu de tous les navires de guerre, ou le traverser, avec quatre arrêts possibles entre Historical Dockyards et Gosport (de l'autre côté de la rade).

Spinnaker Tower *(zoom A2) : Gunwharf Quays. ☎ 85-75-20. • spinnakertower.co.uk • Tlj 10h-18h (19h dim-jeu en saison). Tarif : 8,25 £.* Elle est en passe de devenir le symbole de Portsmouth. Vous ne pourrez pas manquer cette grande tour blanche qui s'élance vers le ciel et dont la silhouette rappelle celle d'un mât avec sa voile bombée au vent. Haute de 170 m, elle se compose de trois niveaux (et d'un café au rez-de-chaussée). Celui du bas offre la vue la plus large sur la ville et ses environs. Qui osera s'aventurer sur la petite plate-forme vitrée qui offre une vue plongeante 100 m plus bas ?

Portsmouth Historic Dockyard (zoom A2, **30**) **:** *The Hard. Infos 24h/24 : ☎ 86-15-12. • historicdockyard.co.uk • Parkings fléchés à 300 m (mais chers !). Accès également en train : arrêt Portsmouth Harbour. Tlj 10h-18h (17h nov-mars) ; derniers billets 1h30 avt fermeture. Sous cette dénomination, on retrouve, dans une partie de la base navale, un ensemble d'« attractions » centrées sur l'histoire maritime britannique et celle des chantiers navals de la ville. Prévoir plusieurs heures pour en faire le tour. Le* All-in Passport, *très avantageux et valable sans limitation dans le temps, donne droit à ttes les entrées : 21,50 £ (Harbour Tours compris).*

Les attractions se visitent dans l'ordre que l'on veut (sauf pour le *Victory*, où une heure de visite fixe vous est attribuée).

– ***Le Mary-Rose :*** après avoir disparu corps et bien le 19 juillet 1545 au cours d'une attaque contre les Français, l'épave du navire de guerre est découverte en 1960, engluée dans la vase du Solent. Un programme de fouilles aboutit au renflouage en 1982. Émotion intense lorsque le bord droit du navire, bien conservé dans sa gangue de vase, émerge de l'eau après 437 ans passés à servir d'abri aux crabes. En plus de l'exploit technique, le sauvetage du *Mary-Rose* contribue à fournir un exceptionnel témoignage sur la vie à l'époque des Tudors.

Un film de 15 mn retrace l'incroyable aventure du renflouage. Audioguide gratuit en français.

– Le trois-mâts ***HMS Victory*** est le navire-amiral de Lord Nelson. C'est à bord de ce bateau que celui-ci infligea, le 21 octobre 1805, une cuisante défaite à la flotte franco-espagnole, mais il y perdit la vie et acquit ainsi la dimension d'un héros de l'Antiquité. Le *Victory* fut mis en cale sèche et restauré en 1922. Il reste toujours, symboliquement, le navire-amiral du commandant en chef de la Royal Navy.

La visite dure 45 mn et se fait en compagnie d'un guide qui vous remettra un commentaire traduit en français, si votre compréhension de l'anglais n'est pas assez affûtée (le vocabulaire de marine est bourré de termes techniques). On apprend beaucoup sur la vie des marins à bord des navires de Sa Majesté : recrutement à la sortie des tavernes, discipline de fer, châtiments disciplinaires, conditions de vie spartiates et promiscuité. Si les animaux embarqués étaient réservés aux officiers, il faut savoir que le coffre suspendu qui leur servait de couche pouvait aussi faire office de cercueil en cas de décès en mer. Au combat, l'ingénieuse organisation au feu utilisant 12 hommes à chaque batterie et des « powder monkeys » (gamins agiles employés à descendre et remonter en voltige de la cale pour réapprovisionner en poudre) permettait une salve toutes les 90 secondes, contre 4-5 minutes pour les adversaires. On peut voir sur le sol les boulets à chaîne et à barre, destinés à provoquer le démâtage des navires ennemis.

MISE EN BIÈRE... NON, EN BRANDY !

Sur le pont, près de la barre, manœuvrée par plusieurs hommes, on peut voir une plaque de cuivre marquant l'endroit où Nelson s'effondra, frappé par le tir d'un « sniper » français. Il mourut 3h plus tard, rassuré sur l'issue victorieuse de la bataille. Comme il ne voulait pas être immergé, on conserva son corps dans un tonneau de brandy tout au long des 6 semaines du voyage de retour. Il repose à la cathédrale Saint-Paul de Londres.

– ***Le HMS Warrior,*** au mouillage du côté gauche de l'entrée de la base, fut qualifié par Napoléon III de « serpent noir au milieu des lapins ». Le plus formidable vaisseau de son époque, construit en 1860, innovait par son profilage bas sur l'eau et par le blindage en métal de sa coque. Voguant à la voile et à la vapeur, il a encore toutes les caractéristiques des voiliers, avec une immense mâture qui lui permettait de filer à 10 nœuds. On visite ses quatre immenses ponts où des mises en scène illustrent les aspects de la vie à bord : du carré des officiers en passant par les ponts, les soutes, la salle des machines et les cuisines, bien isolées pour éviter les incendies. Et on ressort tout imprégné des souvenirs concernant la grandeur de la marine au service de la reine Victoria. Paradoxalement, le *Warrior* (le « Guerrier ») n'a jamais connu le combat.

– ***The National Museum of Royal Naval*** complète idéalement la visite par une succession de bâtiments (commencer par l'extrémité, côté *Victory*) consacrés à l'histoire de la Royal Navy depuis 1485. Dans une muséologie agréable et chronologique, on trouve quantité de maquettes, scènes de batailles, uniformes, documents photographiques et d'objets émouvants (des lettres de marins à leurs épouses) évoquant tous les aspects de la plus formidable marine de tous les temps. Section consacrée à Nelson et à ses amours avec Lady Hamilton, ainsi que *The Sailing Navy,* une expo permanente qui relate d'une manière interactive la vie des marins au service de Sa Très Gracieuse Majesté. Dioramas de batailles et collection de médailles navales complètent le tableau.

– Pour finir, en passant par les inévitables boutiques à souvenirs, au Boathouse n° 7, à côté du restaurant self-service, une non moins intéressante exposition, ***Dockyard Apprentice.*** Audioguide en français. Expo consacrée aux chantiers navals (le complexe industriel le plus important du monde en 1850 !) qui donnaient du travail à toute une ville. Ils furent rudement mis à contribution lors des deux guerres mondiales. Base arrière d'une importance vitale pour le maintien de la puissance maritime britannique ; bombardés à plusieurs reprises, ils employaient, en 1918, pas moins de 23 000 personnes se relayant jour et nuit. Tous les métiers de la construction navale sont évoqués par des mannequins et une ambiance sonore de circonstance. Si vous le souhaitez, toutes les heures partent des mini-croisières faisant en 45 mn le tour de la base et des vaisseaux qui y sont mouillés. Renseignements auprès des hôtesses de l'entrée.

– ***Action stations :*** un musée « actif » à la gloire de la Royal Navy, constitué uniquement de simulateurs et de films sur écran géant. On s'amuse à piloter un hélicoptère, à escalader une paroi mobile ou à intercepter un Exocet ennemi. La justification pédagogique de tout cela semble parfois discutable, mais, après tout, le site entier des docks n'est-il pas consacré à expliquer comment on fait la guerre depuis des siècles ? En tout cas, pour les mordus, des écrans attractifs révèlent tout sur la procédure pour devenir *marine*...

Aspex *(zoom A2, **40**) : The Vulcan Building, Gunwharf Quays. ☎ 77-80-80. • aspex.org.uk • Tlj 11h-16h. Entrée gratuite.* Pour faire une pause au milieu de tous ces bateaux et sites marins, une galerie d'art contemporain dynamique s'est installée dans ce quartier nouveau. Expositions très interactives, hall d'entrée réservé aux artistes et stylistes émergents, on aime ou pas mais quoi qu'on en pense, ça interpelle ! Petit café pour se remettre de ses émotions juste à côté de l'entrée.

À Gosport, de l'autre côté de la rade...

➢ *Accès en empruntant le petit ferry à côté de la gare. Départs au moins ttes les 15 mn. Billet : 2,70 £ A/R.* Sur place, prendre le bus n° 30 ou rejoindre le musée à pied (la balade est sympa).

Royal Navy Submarine Museum *(plan d'ensemble et zoom A2, **31**) : Haslar Jetty Rd. ☎ 51-03-54. • rnsubmus.co.uk • Tlj 10h-17h30 (16h30 nov-mars, fermé lun-mar hors vac scol Noël et fév). Entrée : 10 £ ; réduc.*
On repère facilement le museau noir du sous-marin au milieu des bateaux de plaisance. Si vous n'êtes pas saturé par l'ambiance martiale des vaisseaux de la Royal Navy, après une petite intro audiovisuelle, vous plongerez dans les entrailles d'un vrai sous-marin à propulsion diesel classique, le *HMS Alliance,* lancé en 1945.

On ne peut s'empêcher, malgré la taille du submersible, d'être impressionné par l'étroitesse des lieux et imaginer la solidarité indispensable à l'équipage pour supporter des conditions de vie précaires, le bruit et le stress généré par la navigation en plongée.
À visiter également (seulement par groupes de 5), le premier sous-marin anglais, le *Holland I,* sauvé des fonds marins de Plymouth en 1982 et conservé dans un hangar déshumidifié en permanence.
Dans le même complexe, des torpilles, des sous-marins de poche, un petit musée du scaphandre et un plus grand, avec force maquettes et photos de l'histoire du sous-marin, depuis les ancêtres à pédales jusqu'aux monstres nucléaires contemporains.

Explosion ! Museum of Naval Firepower *(plan d'ensemble A2,* ***39****) : Priddy's Hard, Gosport PO12 4LE. ☎ 50-56-00. • explosion.org.uk • Avr-oct, tlj 10h-17h ; nov-mars, sam-dim 10h-16h. Entrée : 10 £ ; réduc.* Comme son nom l'indique, le musée est consacré aux explosifs de guerre et à la poudrerie de Portsmouth, active de 1777 à 1989. On y fait l'éloge des femmes qui, en temps de conflit, remplissaient minutieusement les cartouches de toutes tailles, barils et bombes. Tout y passe : torpilles, mines flottantes, mitraillettes... Un film interactif et d'impressionnantes reconstitutions vous entraînent sur le pont d'un navire par temps fort, où vous pourrez compter le nombre de roquettes chargées en une minute. Le musée a déjà remporté plusieurs prix... à croire que la guerre fait toujours recette !

Clarence Esplanade

The Blue Reef Aquarium *(zoom A3,* ***35****) : Clarence Esplanade. ☎ 87-52-22. • bluereefaquarium.co.uk • Tlj 10h-18h (17h nov-mars). Entrée : 9,75 £ ; réduc.* Bel aquarium, sans bombardiers ou autres sous-marins guerriers, accueillant plus de 300 espèces et également quelques reptiles. Étonnant tunnel sous-marin, très fréquenté par les familles et leurs petits qui manifestent leur enthousiasme pour ce monde aquatique « un peu » bruyamment.

D-Day Museum *(zoom A3,* ***32****) : Clarence Esplanade. ☎ 82-72-61. • portsmouthmuseums.co.uk • Tlj 10h-17h30 (17h nov-mars). Entrée : 6,50 £. Audioguide en français.* Film d'introduction de 15 mn, racontant le *Blitz* de 1940, ainsi que l'organisation et la solidarité de la population britannique pendant ces 4 années où les Anglais furent presque les seuls à affronter les nazis. On apprend ainsi comment lancer la grenade, on réécoute les standards de jazz de l'époque, totalement baigné dans cette atmosphère. À la sortie de l'auditorium, une immense tapisserie circulaire en 34 panneaux, qui, à la manière de la tapisserie de Bayeux, raconte 1940-1945 et les préparatifs du Débarquement. Le musée proprement dit vous balade tout au long d'un itinéraire émaillé de tableaux vivants et de vitrines fourmillant de détails sur les préparatifs logistiques de l'opération Overlord. Passionnantes explications sur les leurres, les trucs et les astuces destinés à égarer les Allemands sur les projets réels du site du Débarquement. Grosse exposition du matériel de transport utilisé.

Southsea Castle *(plan d'ensemble A3,* ***33****) : Clarence Esplanade, à côté du D-Day Museum. ☎ 82-72-61. • southseacastle.co.uk • Tlj sf lun 10h-17h ; fermé nov-mars. Entrée libre.* Fort bâti par Henri VIII en 1544, dans la crainte d'une invasion française. C'est de là que le roi vit sombrer le *Mary-Rose*. Remparts, tunnels, panoramas marins et expositions retraçant l'histoire militaire de la région et les stratégies en vigueur dans une pareille forteresse.

Royal Marines Museum *(plan d'ensemble B3,* ***34****) : à l'extrémité est de l'Esplanade. ☎ 81-93-85. • royalmarinesmuseum.co.uk • Tlj 10h-17h. Entrée : 7,95 £ ; réduc.* Musée consacré à un corps d'élite fondé en 1664, qui s'est distingué dans toutes les campagnes du British Empire. Lord Louis Mountbatten (dernier vice-roi des Indes) en était le colonel en chef. Plein de choses à voir, avec un goût certain pour la mise en scène et les aspects pittoresques : ainsi, les péripéties de l'exploration du Pacifique par le capitaine Cook. Présentation vivante, pas du tout ennuyeuse ou grandiloquente.

LE P'TIT GARS DE LA MARINE

Au Royal Marines Museum, découvrez le destin singulier de l'incroyable Anna Snell, qui s'engagea et combattit de 1745 à 1750, sous une identité masculine. Elle finit par révéler sa féminité lorsqu'une femme voulut épouser le valeureux marin qu'elle était !

Le centre historique

Le vieux Portsmouth : il ne reste plus grand-chose du centre historique, autrefois entièrement cerné par les remparts. La *Luftwaffe* est passée par là en 1940-1945. Néanmoins, autour de la cathédrale Saint-Thomas subsiste un noyau de la vieille ville : quelques remparts et deux tours, une ronde et une carrée, à proximité de Broad St.
À l'extrémité de celle-ci : *The Point,* petite esplanade avec des bancs d'où l'on peut observer le trafic incessant des bateaux. Également de sympathiques adresses pour boire un verre ou manger (voir « Où manger ? »).

Portsmouth, c'est également le lieu de naissance et de mort de ***Charles Dickens.*** On peut d'ailleurs visiter sa maison natale et son énième ***musée*** *(plan d'ensemble A2,* ***36****) : 393 Old Commercial Rd. ☎ 82-72-61. • charlesdickens birthplace.co.uk • Tlj sf lun avr-sept 10h-17h30. Entrée : 4 £.*

PORTSMOUTH

DANS LES ENVIRONS DE PORTSMOUTH

Porchester Castle *(plan d'ensemble A1,* ***37****) : 3 miles au nord par la M 27 ou bus nos 1A ou 5 ; gare de Porchester à moins de 1 mile. ☎ 37-82-91. • english-heritage.org.uk • Tlj 10h-18h (16h oct-mars et parfois slt le we). Entrée : 4,90 £ ; réduc.* Au nord de la baie de Portsmouth, une formidable forteresse entourée par la mer, dont l'enceinte principale, aux murs épais de 3 m, date des Romains. Occupée et modifiée par les Saxons, elle fut améliorée par Henri Ier au XIIe s (donjon) et servit de base de départ à l'armée d'Henri V avant la bataille d'Azincourt (1415). Un prieuré put s'installer dans sa vaste enceinte de 3,5 ha où furent parqués 4 000 prisonniers français des guerres napoléoniennes. Belle vue sur la baie de Solent depuis les remparts.

Fort Nelson, Museum of Artillery *(plan d'ensemble A1,* ***38****) : entre Portsmouth et Southampton par la M 27, sortie no 11. ☎ 08700-23-37-34. • royalar mouries.org • Avr-oct, tlj 10h-17h ; nov-mars, 10h30-16h. Gratuit.* Le musée le plus bruyant des îles, consacré à l'histoire de l'artillerie, dans l'un des forts édifiés à l'époque victorienne dans la crainte d'une invasion française. Présentation audiovisuelle et visite, accompagnée d'un audioguide tout au long des salles, des casemates-tunnels enfouis sous la forteresse. Tous les canons, mortiers et obusiers du monde, depuis la bombarde turque des Dardanelles de 1464 jusqu'au « super canon » irakien de la guerre du Golfe, s'y trouvent exposés et font régulièrement frissonner les visiteurs en faisant tonner leurs bouches à feu. De fréquentes reconstitutions historiques s'y déroulent, au grand plaisir des Anglais qui en sont très friands. On peut même y organiser sa réception de mariage !

L'ÎLE DE WIGHT

120 000 hab. IND. TÉL. : 01983

Cette île en forme de losange est un des endroits les plus charmants d'Angleterre, avec ses petits cottages aux toits de chaume et son climat particulièrement doux. De nombreux Anglais rêvent d'ailleurs d'y passer leur retraite (par exemple les Beatles, réécoutez *When I'm sixty-four*). L'île de Wight, c'est aussi le souvenir de ce mois d'août 1970 où 600 000 personnes se retrouvèrent pour célébrer un festival qui resta dans tous les esprits, après trois étés mémorables. Toute la génération hippie a rêvé en écoutant John Baez chanter a cappella, ou encore Bob Dylan, les Who, Joe Cocker et autres figures emblématiques de la musique des sixties... de quoi faire se retourner dans sa tombe la reine Victoria qui y passait ses congés payés et y mourut ! Avant cela, l'endroit fut la résidence de Charles Ier qui attendait que ses sujets lui coupent la tête. Enfin, les rivages abrités de l'île ont rassemblé les forces armées qui participèrent au Débarquement.
La saison dans l'île ne débute vraiment qu'à partir d'avril. Avant ce mois, beaucoup d'établissements sont fermés et, à part quelques résidents, un écho de silence se répand sur la lande avant de se dissiper à l'arrivée des saisonniers. En revanche, après, ça déménage ! Tourisme organisé, hippies en pèlerinage, familles, tout le monde en est ! Ainsi, on s'y rendra pour passer quelques jours de repos au bord d'une des plages fréquentées de l'est ou pour parcourir le superbe *Coastal Path* qui va de Ventnor à la pointe ouest de l'île gardée par les Needles, ces pointes rocheuses surgissant de la mer à proximité des impressionnantes falaises d'Alum Bay. Et si l'envie vous prend de ressortir vos pattes d'eph', sachez que même si la musique s'est un tantinet modernisée, le festival de l'île de Wight a repris du service ! Rock'n'roll attitude ! Enfin, pour ceux qui restent une semaine, on plébiscite la randonnée à pied, à bicyclette ou à cheval pour découvrir les clairières et paysages boisés aux sinueuses rivières qui habillent le centre et le nord. La plupart des possibilités hôtelières sont concentrées à l'est et au sud de l'île. Mais attention, l'hébergement est cher !

Arriver – Quitter

➢ ***Portsmouth :*** avec *Wightlink Isle Of Wight Ferries.* ☎ *(0871) 376-10-00.* • *wightlink.co.uk* • Liaisons 24h/24, départs ttes les 30 mn en journée et ttes les heures 22h-8h env. Pour les voitures, trajet de 35 mn en car-ferry entre *Old Portsmouth* et *Fishbourne.* Pour les piétons, trajet de 15 mn en catamaran entre *Portsmouth Harbour Train Station* et *Ryde.*

➢ ***Southsea (Portsmouth) :*** avec *Hovertravel.* ☎ *(01983) 81-10-00.* • *hovertravel.co.uk* • Service hovercraft, pour piétons slt, entre *Southsea* et *Ryde,* 7h-20h30 env ; durée : 10 mn.

➢ ***Southampton :*** avec *Red Funnel Ferries.* ☎ *(08448) 44-99-88.* • *redfunnel.co.uk* • Départs ttes les 30 mn. Pour les piétons, liaisons avec *West Cowes,* 6h30-23h30 ; durée : 20 mn en *high-speed.* Pour piétons et automobiles, liaisons avec *East Cowes,* 24h/24 ; durée : 1h en car-ferry.

➢ ***Lymington :*** avec *Wightlink.* ☎ *(0871) 376-43-42.* • *wightlink.co.uk* • Env 1 liaison/h avec *Yarmouth* pour véhicules et piétons, 6h-22h ; durée : 30 mn.

– Attention, les tarifs peuvent être très élevés : traversée A/R pour un piéton autour de 12 £ et pour embarquer votre auto (conducteur et 3 passagers), 40-130 £ l'A/R (selon heure, jour, saison et nombre de jours sur place) ; prix normalement plus doux en réservant à l'avance. De plus, en haute saison, malgré la fréquence des traversées, il est vivement recommandé de réserver, sous peine de poireauter

plusieurs heures en attendant son tour.

Transports intérieurs

➢ Une compagnie de ***bus,*** la *Southern Vectis Omnibus,* sillonne Wight et propose le « Rover Ticket » qui permet de visiter l'île de A à Z. *Valable 1, 2 ou 7 j. consécutifs ; prix : 10-30 £. ☎ (01983) 82-70-00. • islandbuses. info •* Les billets s'achètent dans le bus, auprès du chauffeur, ou dans les *Co-op* de Cowes, Shanklin et Ryde, et au *Spar* de Newport.

➢ Une ligne de ***train*** permet d'aller de Ryde à Shanklin. Avant Brading, à Smallbrook Junction, une petite voie remise en service permet à un train touristique à vapeur de rejoindre Wootton. *Tarifs et horaires : Island Line, ☎ (08457) 48-49-50.*

➢ ***Auto-stop :*** assez difficile, car l'île

L'ÎLE DE WIGHT

est le royaume des autocars de tourisme. Donc, à moins d'en trouver un sympa...

➢ ***Location de voitures :*** *à Ryde,* ***Esplanade Car Hire,*** *9-11 George St. ☎ 56-23-22. À 2 mn du ferry.*

➢ ***À vélo :*** attention aux distances assez trompeuses, au vent et au relief, loin d'être tout plat. Réduire donc les estimations journalières. Un petit guide très bien fait et illustré (en vente dans tous les *Tourist Information Centres*) propose une douzaine de circuits superbes. Plusieurs loueurs sur l'île.

➢ ***À cheval :*** moyen original pour parcourir l'île. *Plusieurs structures :* ***Romany Riding Stables*** *(Porchfield), ☎ 52-54-67 ;* ***Allendale Stables*** *(Godshill), ☎ 84-02-58 ;* ***Sally's Riding Stables*** *(Bembridge), ☎ 87-22-60 ;* ***Brickfield Horse Country*** *(Ryde), ☎ 56-68-01.*

➢ Nombreux ***sentiers de grande randonnée.*** Les itinéraires peuvent s'acheter dans les offices de tourisme locaux et sont fléchés. Attention cependant, on se perd facilement, le chemin à prendre n'est pas toujours le plus évident... munissez-vous impérativement de la carte de l'île publiée par *Ordnance Survey* (l'équivalent d'une carte IGN). La boussole peut également s'avérer utile.

– Pour visiter Wight, l'idéal est de partir de Cowes, au nord, et d'effectuer le tour de l'île dans le sens des aiguilles d'une montre, pour aboutir à Newport.

COWES

L'endroit idéal pour pratiquer le yachting. Divisé en deux parties distinctes. ***East Cowes*** est le point d'arrivée du ferry et le point de départ des visites vers Osborne House et Barton Manor. Beaucoup plus traditionnel que ***West Cowes,*** qui est sans doute le port de plaisance le plus célèbre et excelle dans l'organisation de régates et de rassemblements de toutes sortes. Il abrite également le très sélect *Royal Yacht Squadron Club* depuis 1854. Les deux parties sont reliées par un pont flottant, tracté par des chaînes. Payant pour les voitures (1,50 £), gratuit pour les piétons.

Adresses utiles

- ***Tourist Information Centre :*** *Fountain Quay.* ☎ *81-38-18 et 82-10-00.* • *islandbreaks.co.uk* • *iwight.com* • *Au bord de l'eau, à côté de l'embarcadère pour Southampton. Mar-sam 9h30-17h.*
- ***Gare routière :*** *Carvel Lane ; juste en face du supermarché Co-op et de la poste.* ☎ *82-70-00.*
- ***Co-op :*** *à l'entrée de High St.* Pour acheter tous vos tickets de transport.
- ***Poste :*** *High St ; également dans le supermarché The Co-op.*
- ***Cowes Internet :*** *12 Shooters Hill, au début de High St.* ☎ *24-77-74. Lun-sam 9h-21h, dim 10h-16h.* Une dizaine d'ordinateurs dans un long couloir.
- ***Location de vélos :*** les loueurs ayant tendance à changer régulièrement, on vous conseille de vous adresser à l'office de tourisme.

Où dormir ?

- ***Camping Waverley Park :*** *51 Old Rd, East Cowes, PO32 6AW.* ☎ *29-34-52.* • *waverleypark.co.uk* • *Ouv début avr-fin sept. Compter 10-15 £ pour 2 avec tente selon saison. Loc de bungalows (min 1 sem).* Terrain ombragé, en pente douce, qui offre un beau panorama sur le port de plaisance. Bien équipé (piscine chauffée, magasins et laverie) et atmosphère plaisante.

Où manger ?

- ***Baan Thai Restaurant :*** *10 Bath Rd.* ☎ *29-19-17. Fermé dim et lun. Plats 5-8 £.* Petit resto thaï servant, avec le sourire, une cuisine de bonne facture.
- ***The Red Duster :*** *37 High St.* ☎ *29-03-11. Plats env 16 £.* Le spécialiste du poisson à Cowes. Cuisine assez originale, fine et délicate, comme le saumon fumé au paprika. Cadre sympa avec banquettes en bois. Un peu cher tout de même. Pour se faire un petit plaisir de la mer.

Où boire un verre ?

- ***Octopus' Garden Café :*** *63 High St.* ☎ *29-11-88.* Un hommage total aux Beatles dans ce café. Intérieur aux couleurs du *Yellow Submarine,* photos, mugs, tout leur est dédié... mais sans fausse note. D'ailleurs, n'hésitez pas à sélectionner une chanson ou deux sur le vieux juke-box des années 1960. Parfait pour prendre un thé et une part de *carrot cake* avant que l'averse passagère ne s'enfuie.

À voir

Osborne House : à l'est de Cowes. ☎ 20-00-22. • english-heritage.org.uk • Bus nº 4 de Ryde-East Cowes ou nº 5 de Newport. Avr-sept, tlj 10h-17h ; oct, tlj 10h-16h ; nov-mars, mer-dim slt pour des visites guidées, résa à l'avance. Entrée : 13 £ ; réduc. Nombreux touristes ; éviter les heures de pointe. Vaste demeure de style italien, qui fut la résidence d'été de la reine Victoria et d'Albert, son époux, qui dessina les plans en souvenir d'une villa de la baie de Naples. Veuve en 1861, Victoria y passa encore 40 ans de vacances, en veillant à ce que tout reste à la même place comme du vivant de son prince consort bien-aimé. Le tsar Nicolas II y était souvent invité. La *Durbar Room* est une étonnante salle décorée comme dans un palais de maharadjah, avec tous les présents reçus en hommage par l'impératrice des Indes. Victoria y mourut en 1901 ; on se recueille devant sa dernière couche. Dans le parc, le *Swiss Cottage* construit à l'intention des enfants royaux. C'est ici qu'ils apprenaient à cuisiner et à jardiner. À voir aussi, un petit musée où sont rassemblés les objets rapportés de voyages par les membres de la famille royale. Superbe.

– ***Les régates de Cowes :*** *juil-août.* Les plus célèbres et les plus huppées d'Angleterre.

– ***Le carnaval illuminé de Cowes :*** *fin août.* À la tombée de la nuit, commence sur Ward Avenue pour terminer sur la Parade.

SANDOWN

Vaste plage familiale et belle promenade sur le pourtour de la baie. On atteint *Culver Cliff* (à 3 miles au nord-ouest) en longeant la crête des falaises. Sandown possède la seule jetée *(pier)* de l'île, avec arcades, cafétérias et théâtre. Dommage que le front de mer soit si surchargé en été...

Adresses utiles

Tourist Information Centre : *8 High St. ☎ 81-38-13. Lun-sam 9h30-15h30 (17h Pâques-oct) ; dim 10h-15h30.*

Arrêt de bus : *9 Beachfield Rd. Dans le prolongement de High St. Central, près de l'office de tourisme et presque en face de la poste.*

Où dormir ?

Camping

Adgestone Camping Park : *Lower Adgestone Rd, PO36 0HL. ☎ 40-34-32. • campingandcaravanningclub.co.uk • De mi-mars à fin oct. Prévoir 12,70-17,60 £ pour 2 avec tente ; env 5,50 £ de moins pour les membres.* Joli site bien équipé (piscine chauffée, boutique), planté en pleine campagne mais relativement proche de la ville et des plages (1 mile). Très fréquenté en été, on peut alors s'y sentir un peu entassé.

De prix modérés à prix moyens (40-80 £ / 48-96 €)

Southwood House : *26 Albert Rd, PO36 8AW. ☎ 40-72-97. • southwoodhouse@aol.com • Dans une petite rue reliant High St à Victoria Rd, à 2 mn de la plage et du centre. Doubles 42-52 £ selon saison, petit déj inclus. CB refusées.* Une vraie bonne adresse. Nigel est un hôte à la fois discret et attentionné qui a aménagé sa maison avec goût et délicatesse. Chambres fraîches, paisibles et gaies. De plus, possibilité d'utiliser gratuitement la piscine de l'hôtel d'en face.

Bertram Lodge : *3 Leed St, PO36 9DA. ☎ 40-25-51. • bertramlodge* *hotel.com • À 5 mn de la plage. Double 56 £.* C'est une maison de musiciens. D'ailleurs, en juillet-août, musique live 2 fois par semaine, dans le salon... mais, pas de panique, tout le monde range son instrument à 23h ! Chambres confortables, lumineuses et assez grandes pour la plupart, toutes avec salle de bains.

The Parkbury Hotel : *31 Broadway, PO36 9BB. ☎ 40-25-08. • parkbury hotel.co.uk • À l'angle de Winchester Park Rd. Doubles 74-96 £ selon saison ; env 10 £ de moins à partir de 2 nuits.* Grosse bâtisse victorienne bien entretenue avec un superbe jardin et une romantique fontaine. Les chambres sont parfaitement confortables, faute d'être charmantes comme on l'attendrait dans ce genre d'établissement. Piscine et sauna.

Où manger ?

Une brochette bien serrée de restos touristiques sur le front de mer, mais les bonnes adresses se font rares.

Kings House Bar Café : *High St. ☎ 40-64-45. Tlj 11h (12h dim)-23h. Plats env 7 £.* Repas servis dans le bar aux couleurs vives, sous la véranda, ou en terrasse avec vue sur la mer. Plats simples et sains, dans un cadre plaisant et joyeux.

À voir

Dinosaur Isle : *Culver Parade, sur la B 3395 qui longe la côte. ☎ 40-43-44. • dinosaurisle.com • Ouv 10h-18h (17h sept-oct, 16h nov-mars). Entrée : 5 £ ; réduc.* Un musée interactif bien fait, pour un bond en arrière de 125 millions d'années, au temps des dinosaures, bravo ! Vous pourrez également demander aux chercheurs sur place d'examiner les fossiles que vous aurez découverts sur l'île (où ils foisonnent).

– ***Les carnavals de Sandown :*** *fin juil.et fin août.* Deux défilés, un traditionnel et un illuminé. Demandez les horaires et points de départ à l'office de tourisme.

L'ÎLE DE WIGHT

SHANKLIN

Sœur de la précédente et même style de front de mer, un brin plus chic, avec des plages de sable blond reliées au haut par un funiculaire. Beaucoup de monde en été. Au sud, un embryon de « Old Village » aux maisons coiffées de chaume. Curiosité locale : les *chine,* sortes de minigorges avec cascades, créées par un ruisseau dévalant de la falaise, couvertes d'une végétation luxuriante et joliment éclairées le soir. Pour les marcheurs, très belle balade entre Shanklin et Ventnor, sur la falaise.

Adresses utiles

Tourist Information Centre : *67 High St, PO37 7NP. ☎ 81-38-18. Lun-sam 9h30-17h (16h30 en hiver) ; dim 10h-16h.* Y demander également les infos concernant Ventnor, qui ne possède plus d'office de tourisme.

Gare routière : *Languard Rd (qui débouche sur High St).*

Gare ferroviaire : *Regent St (qui débouche aussi sur High St).*

Où dormir ?

CAMPING

Landguard Camping Park : *Landguard Manor Rd, PO37 7PJ. ☎ 86-70-28. • landguard-camping.co.uk • À 1,2 mile du centre. Dans Shanklin, de High St, prendre Regent St (direction gare ferroviaire), puis la 1re à gauche (Balcon Cross Rd) et à droite dans la Landguard Rd qu'il faut remonter. Compter 12,50-16 £ pour 2 avec tente.*

Le camping se cache derrière un imposant complexe de vacances comprenant bungalows, piscine chauffée et club de loisirs. Passer le complexe et continuer la petite route jusqu'au terrain où vous pourrez planter votre tente dans un vaste champ bien tenu.

SELF CATERING

Rubstone Cottage : *Old Village, PO37 6NT. ☎ (01483) 41-51-85. • haynesrk@talktalk.net • De l'office de tourisme, descendre High St vers la vieille ville et tourner à droite dans la petite allée de gravier qui fait face à la Chine Av. Résa indispensable. Cottage 4 pers 180-535 £/sem selon saison.* Grande maison en pierre de taille qui, sur 2 étages, plaît pour son côté chaleureux et familial. On se sent chez soi avec ses 2 grandes chambres, sa salle de bains moderne et sa vraie cuisine à l'équipement complet. Sans oublier un large salon et une salle à manger séparée et décorée avec goût. Petit banc dans le jardin pour prendre le soleil.

Prix modérés (40-60 £ / 48-72 €)

Hazelwood Guesthouse : *14 Clarence Rd, PO37 7BH. ☎ 86-28-24. • hazelwoodiow.co.uk • Doubles 44-50 £.* C'est la seule maison de la rue peinte en blanc et bleu ciel, vous ne pouvez pas la rater. À l'intérieur, c'est identique : des chambres bleu pâle confortables à la déco simple. Ça fait du bien quand ce n'est pas chargé de fleurs partout sur les murs, quand même ! Ah si ! les rideaux ont résisté. Adresse agréable et propriétaires charmants.

Richmond Hotel : *23 Palmerston Rd, PO37 6AS. ☎ 86-28-74. • richmondhotel-shanklin.co.uk • De l'office de tourisme, prendre High St vers North Rd et ensuite la 1re à droite. Double 54 £.* 9 chambres, toutes avec salle de bains, en plein centre de Shanklin et dans une rue calme. Une déco gentiment surannée qui met le rouge à l'honneur, mais dans l'ensemble, c'est propre et confortable.

Malton House Hotel : *8 Park Rd, PO37 6AY. ☎ 86-50-07. Doubles 50-58 £.* Une élégante maison victorienne, à quelques minutes à pied de la mer et du centre. Salon, bar et chambres confortables. Certaines bénéficient d'une timide vue sur la mer. Rien d'inoubliable, un brin tristounet mais correct pour le prix.

Où manger ?

The Crab Inn : *94 High St. ☎ 86-23-63. Au centre du « Old Village ». Plats 7-21 £.* Pub traditionnel du XVIIIe s, au toit de chaume. Cuisine variée et tout à fait correcte, la spécialité de la maison restant le crabe servi sur son lit de salade. Côté service et rendement, ça carbure. On choisit sa place et on passe sa commande au comptoir (et on va éventuellement chercher sa bière au bar adjacent).

Fisherman's Cottage : *Western Esplanade. ☎ 86-38-82. Au pied de la falaise, tt au bout de l'esplanade, les pieds dans l'eau, à côté du Shanklin Chine. Fermé en hiver. Plats env 7 £.* Pub à l'ambiance familiale, où l'on peut manger simplement en profitant des animations nocturnes régulières.

À voir

– **Les carnavals de Shanklin :** *début août.* Partent de Popham Rd, au coucher du soleil.

À voir dans les environs

Appuldurcombe House : *de Shanklin, prendre la direction Newport, puis c'est fléché. ☎ 85-24-84. • appuldurcombe.co.uk • Avr-oct 10h-16h ; maison* *fermée le sam. Entrée : 3,75 £, 7,50 £ avec la fauconnerie ; réduc.* Une ancienne demeure baroque, maintenant en ruine, toujours gérée par la famille Worsley, et ce depuis 300 ans. Un conseil : allez-y dès l'ouverture. Vous promener au milieu de ces vieilles pierres encore dans la brume vous fera frémir... Jardin splendide dessiné par Capability Brown, un des plus grands paysagistes. Si l'envie vous dit, l'actuel Mr Worsley a créé *The Falconry Centre,* juste à côté. Trois fois par jour, le propriétaire fait une démonstration avec ses faucons. Impressionnant. Possibilité de prendre un ticket groupé avec la visite de la maison.

Godshill : *à 5 miles à l'ouest.* Joli village dont les cottages aux toits de chaume sont groupés autour d'une église gothique. Vraiment superbe, mais beaucoup de touristes.

– Juste avant l'église, ***The Model Village.*** *☎ 84-02-70. • modelvillagegodshill.co.uk • Tlj 10h-15h30 (17h avr-juin et sept-oct et 18h juil-août). Fermé janv-fév. Entrée : 3,75 £.* Tout le village en miniature à l'échelle 1/10, tenu par un groupe de femmes fort sympathiques et souriantes. Et pour une fois, c'est bien fait et divertissant.

– Et selon l'adage « En Angleterre, faites comme les Anglais », à Godshill le routard aux poches bien remplies pourra louer une voiture parmi les plus beaux modèles british. Chez ***Wight Classics Ltd,*** *Silverleys dans High St,* on peut conduire à la journée (ou plus) une Jaguar Type E, une Triumph Stag ou encore une Minor Morris (90-180 £/j.). De vrais objets de collection, passez-y au moins pour le plaisir des yeux.

➢ De Godshill, la route dans les terres qui lézarde dans la verte campagne et mène à de jolis petits villages tels que Brighstone, Brook, Mottistone, est charmante (mais vraiment pas large !).

VENTNOR

Sûrement un des plus beaux sites de l'île, avec ses villages voisins de Bonchurch et de Saint Lawrence, une petite cité de pêcheurs aux maisons étagées en terrasses. L'atmosphère y est beaucoup plus calme et authentique que dans les précédentes villes. Superbes points de vue et arrêt obligatoire à la terrasse du pub sur la jetée quand le soleil se pointe. Ça sent presque la Méditerranée... Également réputée pour son festival international de jazz courant avril.

Adresse utile

Pas vraiment de gare routière, mais 2 ***arrêts de bus*** : l'un sur Albert St (en arrivant de l'est de l'île), l'autre sur High St (en arrivant du centre et de l'ouest). Dans les 2 cas, en plein centre.

Où dormir ?

Self catering

Wyndcliffe Holidays Apartments : *16 Spring Garden, PO38 1QX. Contacter Mr ou Mrs Young au ☎ 85-34-58. • admin@wyndcliffe-holidays.com • wyndcliffe-holidays.com • De Shanklin, sur la Leeson Rd, tourner à gauche dans St Boniface Rd, puis continuer sur Madeira Rd et tourner à droite et tt au bout de Spring Gardens. Résa indispensable. Apparts 3 pers 285-405 £/sem selon saison.* Ce qui coupe le souffle d'emblée, c'est la vue sur la mer. Impossible d'en avoir une plus dégagée dans la mesure où la maison est à flanc de colline. Ensuite, les 3 appartements sont cosy et luxueusement aménagés, spacieux avec salons confortables, cuisines bien équipées et chambres séparées, le petit jardin fleuri... autant de détails qui en font un nid idéal pour les vacances. Et les propriétaires complètent ce joli tableau avec leur gentillesse et leur dynamisme.

De prix modérés à prix moyens (40-80 £ / 48-96 €)

Cornerways : *39 Madeira Rd, PO38 1QS. ☎ 85-23-23. • info@cornerwaysventnor.co.uk • cornerwaysventnor.co.uk • Fermé fin déc. Résa conseillée. Selon saison, doubles 72-92 £, petit déj compris.* À 10 mn à pied du centre, dans un coin tranquille, une belle et grande maison victorienne, avec des tapis épais, de hauts plafonds, un salon intime et accueillant, des chambres superbes, toutes avec une jolie vue sur la mer ou la végétation... le rêve !

St Augustine Villa : *sur l'Esplanade, PO38 1TA. ☎ 85-22-85. • info@harbourviewhotel.co.uk • harbourviewhotel.co.uk • Fermé nov-janv. Doubles 92-108 £ selon confort ; la 7e nuit est gratuite. Parking gratuit. Réduc de 10 % sur le prix de la chambre sur présentation de ce guide.* Solide et belle demeure accrochée à la colline, en face de la plage... fière allure ! Chambres modernes ou plus classiques, à vous de choisir ! Terrasse et véranda pour prendre le petit déj, face à la mer. Cher mais assez magique.

Où manger ?

De bon marché à prix moyens (8- 5 £ / 9,60- 18 €)

The Thistle Café : *30 Pier St. ☎ 85-26-81. En allant vers la mer. Plats copieux env 6 £.* Cuisine traditionnelle anglaise sans fantaisie mais bon marché, fraîche et copieuse. Petite salle avec tables en bois et toiles cirées, et personnel adorable.

The Spyglass Inn : *sur l'Esplanade. ☎ 85-53-38. Tt au bout de la digue, à droite ; accès assez raide. Plats 7-12 £.* Si vous ne deviez voir qu'un pub en Angleterre, ce pourrait être celui-là. Le site d'abord, avec son immense terrasse donnant directement sur la mer, tel un pont de navire. Puis l'intérieur, indescriptible, très bas de plafond, de petites pièces dans tous les sens, de vieilles photos et antiquités marines partout... Ça sent bon la flibuste ! Dans l'assiette, homards et crabes, ainsi que quelques plats végétariens. Musique le soir. Assez touristique évidemment, mais quelques personnages locaux hauts en couleur également. Quelques chambres disponibles.

Très chic (plus de 20 £ / 24 €)

Rex : *Church St. ☎ 85-33-55. Plats à partir de 7 £ ; repas gastronomique complet min 30 £.* Installé dans un étonnant immeuble Art déco, un resto résolument moderne et élégant, avec de larges baies vitrées et terrasses surplombant la mer. Les prix sont un peu plus élevés qu'ailleurs, mais on peut se contenter d'une salade composée croquante et goûteuse, sans risque d'être déçu. Avec une excellente carte des vins, français... Les propriétaires ont vraiment du nez, leur union franco-anglaise y est pour beaucoup sûrement ! Le soir, piano-bar, violon et bougies. Idéal pour un p'tit luxe en amoureux !

À voir

Ventnor Botanical Gardens : *The Undercliff Drive. ☎ 85-53-97. • botanic.co.uk • Tlj 10h-17h. Entrée gratuite.* Une des plus importantes collections de faune et de flore du sud-est de l'Angleterre. Végétation subtropicale, en provenance d'Australie, d'Asie et d'Afrique du Sud. Herbes aromatiques et plantes médicinales. Un havre de paix d'une grande beauté.

St Catherine Lighthouse : surprenant contraste entre le vert des pâturages, le bleu de la mer et la blancheur du phare. C'est aussi le point de départ de notre partie préférée de l'île, avec de jolies maisons aux toits de chaume et une nature intacte.

Entre Niton et Chale, sur les hauteurs, le ***Saint Catherine Oratory,*** familièrement appelé le *Pepper Pot* (« moulin à poivre »), est en fait un phare médiéval, remontant au XIVe s.

– ***Isle of Wight International Jazz Festival :*** *sem après Pâques.* Un des plus grands rassemblements de jazz dans le sud de l'Angleterre. Invités prestigieux, comme Maceo Parker, scènes libres, repas à thème, pendant 3 jours toute la ville swingue en rythme. *Rens : 6 Pier St. ☎ 85-62-06. • iowjazzfestival.com •*

CHALE

Sur l'A 3055, après St Catherine's Point, ce tout petit village sur le côté le moins fréquenté de l'île est idéal pour faire un break. St Catherine's Point, l'endroit le plus au sud, est atteignable par un sentier de randonnée partant de Niton pour y trouver, en plus de la vue, un phare qui doit se sentir bien seul au monde.

Où dormir ? Où manger ?

The Wight Mouse Inn : *☎ 73-04-31. • innforanight.co.uk • Doubles 58-80 £ selon saison.* Grand pub-auberge du XVIIe s, avec beaucoup de passage. Certaines chambres sont décorées de jolis meubles anciens, d'autres bénéficient d'une vue sur la mer avec de superbes couchers du soleil. Grand jardin et aire de jeux très bien faite pour les enfants. Belle salle de restaurant avec une grande cheminée. Une halte qui conviendra particulièrement bien aux familles.

À voir

Blackgang Chine : *☎ 73-00-30. • blackgangchine.com • Avr-oct, tlj 10h-17h (18h en août). Entrée : 10,50 £.* Vallée encaissée garnie de jardins paysagers transformés en parc à thème avec des attractions du genre « Dinosaurland », village des contrebandiers et fort des pirates. Pour distraire les enfants si le temps est maussade.

La route côtière qui va de Saint Catherine's Point jusqu'à la pointe des Needles offre la perspective linéaire d'un rivage presque désert, ponctué à l'ouest par les falaises de Compton Bay. Idéal, donc, pour des balades le long du *footpath.* La baignade n'y est pas trop recommandée en raison des courants. C'est aussi sur ce rivage que l'on a découvert des fossiles de dinosaures. Sublime coucher de soleil quand vous arpentez la route en voiture. D'ailleurs, n'hésitez pas à vous arrêter sur les renfoncements prévus à cet effet, pour apprécier la vue et déguster un en-cas ou une boisson vendus sur place.

Dinosaur Farm Museum : *avt Brightstone, sur la Military Rd A 3055. ☎ 74-04-01. • dinosaurfarm.co.uk • Ouv avr-nov 10h-17h (18h en août). Résa conseillée. Entrée : 3 £ ; réduc.* Vous y verrez le squelette d'un brachiosaure géant (souvenez-vous, dans *Jurassic Park,* c'est le grand herbivore qui éternue), découvert dans le sol des collines où il était enfoui depuis 120 millions d'années. Pour les amateurs, une chasse aux fossiles est organisée à partir de là.

TOTLAND BAY

Faubourg balnéaire de Freshwater, Totland est un endroit de rêve avec une superbe plage de sable et de galets. Idéal pour barboter et naviguer.

Où dormir ?

Prix modérés (40-60 £ / 48-72 €)

☗ ***Youth Hostel :*** *Hurst Hill, PO39 0HD. ☎ 75-21-65. • totland@yha.org.uk • Du mémorial de la guerre, prendre à gauche (Weston Rd), tourner à gauche au bout de la rue, puis encore à gauche face à l'église. Bus n*[os] *7 et 7A de Yarmouth. Réception à partir de 17h. Fermé nov-fév. Nuit en dortoir de 4, 6 ou 8 lits 17,95 £/pers ; double 42,95 £ ; 3 £ de moins pour les membres.* AJ agréable et confortable, avec une belle salle commune où vous pourrez profiter des jeux de société et d'une petite bibliothèque. Bien équipé (laverie, cuisine et petite boutique). Accueil chaleureux.

☗ ***Littledene Lodge Hotel :*** *Granville Rd, PO39 0AX. ☎ 75-24-11. • littledenehotel@aol.com • En venant de Yarmouth, 1*[re] *vraie rue à droite après le rond-point (le 1*[er] *chemin est une impasse). Doubles 46-50 £ selon saison.* Petite *guesthouse* pas très engageante, mais les chambres sont claires et propres. Demander à en voir plusieurs, car certaines sont néanmoins nettement plus souriantes que d'autres, assez chargées entre les rideaux, la moquette et le papier peint dont on vous laisse deviner les motifs.

Prix moyens (60-80 £ / 72-96 €)

☗ ***The Granville B & B :*** *Granville Rd, PO39 0AZ. ☎ 75-60-30. En venant de Yarmouth, 1*[re] *vraie rue à droite après le rond-point (le 1*[er] *chemin est une impasse). Doubles à partir de 68 £, petit déj compris. CB refusées. Parking privé sur l'arrière, gratuit.* Très belle maison de brique rouge avec ses bow-windows à colombages. Intérieur plutôt contemporain, élégant, raffiné et accueillant. Petite terrasse pour lire le journal. 2 gentils Médor montent la garde sans grande conviction, mais l'accès aux chambres leur est bien sûr strictement interdit.

☗ ***Chart House :*** *Madeira Rd, PO39 0BJ. ☎ 75-50-91. Dans la rue juste en face de la poste. Ouv début avr-fin sept. Doubles 62-64 £ selon mois.* Voici une bien douce adresse. Belle maison douillette et joyeuse, dans un joli jardin. Chambres mignonnes comme tout, impeccables et lumineuses, avec des rideaux fleuris et froufrouteux. Total look british ! Salles de bains minuscules. Sue se fera un plaisir de vous préparer un bon dîner, avec des produits frais, à condition de la prévenir. Enfants pas vraiment bienvenus.

À voir

☨☨☨ ***The Needles :*** spectaculaires « aiguilles » qui ont fait et qui font toujours le malheur de bien des marins. C'est la carte de visite de l'île. Une balade s'impose, vers les falaises d'Alum Bay aux strates polychromes entourées de murailles de craie. De l'argile des falaises, on extrayait autrefois l'alun. Au bout des aiguilles, Marconi installa, en 1897, le premier poste émetteur de télégraphie sans fil des îles Britanniques. Malheureusement, le site a perdu sa virginité naturelle depuis l'implantation d'un parc d'attractions *(Needles Pleasure Park),* avec télésiège jusqu'au sommet de la falaise, aussi ringard qu'inutile. Néanmoins, de là partent des embarcations qui font le tour des Needles.

☨ ***The Old Battery :*** *☎ 75-47-72. • theneedlesbattery.org.uk • De mi-mars à début nov, tlj 10h30-17h. Entrée : 5,10 £.* Géré par le *National Trust,* c'est un fort construit en 1860 pour parer à la menace d'une invasion française. On peut y voir une expo dans l'ancienne poudrière, des canons d'époque, et parcourir un long tunnel débouchant sur un surplomb au-dessus des Needles.

Le poète *Tennyson* affectionnait ce coin de l'île. Sur l'une des ***Freshwater Cliffs,*** on a érigé une croix celtique de 12 m de haut en sa mémoire.

YARMOUTH

Bien que rasée par les Français en 1377, cette charmante bourgade a su renaître de ses cendres et devenir un bon point d'ancrage pour visiter la partie ouest de l'île. Très paisible, à l'embouchure de la rivière Yar et à l'arrivée du ferry de Lymington. À côté du *George Hotel,* vous trouverez les vestiges d'un fort défensif bâti sous Henri VIII.

Adresses utiles

Tourist Information Centre : *The Quay. ☎ 81-38-18. Lun-sam 9h30-17h (16h30 oct-mars) ; dim 10h-15h30.*
Isle Cycle Hire : *rens chez* Wavell's B & B, *The Sq. ☎ 76-02-19. Vélo env 15 £/j.*

Où dormir ?

De prix moyens à plus chic (60-120 £ / 72-144 €)

Jireh Guesthouse : *Saint James Sq, PO41 0NP. ☎ 76-05-13. • jireh-house.com • Doubles env 78-84 £.* Adorable ancienne demeure de pierre, faisant également salon de thé et resto. Les chambres sont un peu exiguës pour le prix, mais l'ensemble reste cosy et plaisant. En été, possibilité d'y dîner en prévenant. Très joli patio.
George Hotel : *Quay St, PO41 0PE. ☎ 76-03-31. • thegeorge.co.uk • Doubles 190-267 £ selon taille de la chambre, vue et balcon ou non.* Une des adresses de charme et de luxe de l'île. Ancienne résidence du gouverneur, où descendit, en toute simplicité, le roi Charles II, il y a 3 siècles. Ameublement d'époque, chambres au confort incomparable, table réputée pour le dîner et salle de petit déj tout en jaune et bois de pin raviront des lecteurs en quête d'une touche de *British way of high life...* et au portefeuille bien garni !

Où camper dans les environs ?

The Orchards Caravan and Camping Park : *à* **Newbridge,** *à l'est de Yarmouth par la B 3401. ☎ 53-13-31. • orchards-holiday-park.co.uk • Fermé de début janv à mi-fév. Selon saison, 15-25 £ pour 2 avec tente.* Vue panoramique sur les collines et le Solent. Un des meilleurs campings de l'île, avec double piscine chauffée, cafétéria, bar, boutique et toutes les prestations de sa catégorie. Également quelques caravanes à louer.

Où manger ?

Bon marché (moins de 8 £ / 9,60 €)

Mariner Coffee-House : *The Sq. ☎ 76-10-21. Fermé à 17h.* Charmante petite adresse pour savourer un breakfast ou avaler un sandwich sur le pouce à prix modérés.
The Gossip's Café : *au bout de The Sq. ☎ 76-06-46. Ouv 8h45-17h (17h30 le w-e). Plats env 6 £.* Vue imprenable sur le port. Ici, on cancane en buvant tranquillement son thé ou sa bière tout en attendant de reprendre le ferry. Cuisine originale aux accents méditerranéens et mexicains. Propose aussi tous les classiques anglais. Agréable.

Prix moyens (8-15 £ / 9,60-18 €)

Salty's : *à côté du bureau de* Wightlink, *sur le port ; à l'étage. ☎ 76-15-*

L'ÎLE DE WIGHT

50. Fermé lun. Souvent bondé, résa utile. Plats 9-12 £. Le roi du poisson frais, sans oublier les moules et les fruits de mer. Décor à l'avenant.

À voir dans les environs

Fort Victoria : *Westhill Lane, à l'ouest de Yarmouth. ☎ 82-38-93. • fortvictoria.co.uk • Pâques-oct, tlj 10h-17h env selon les attractions ; payant.* Complexe touristique proposant (séparément) un planétarium, un aquarium, un petit musée océanographique et une maquette géante de trains miniatures. Le genre de ceux que tous les pères ont toujours rêvé de s'offrir pour leur fils !

Calbourne Mill : *sur la B 3399, à mi-distance entre Freshwater et Newport. ☎ 53-12-27. • calbournewatermill.co.uk • Avr-nov, tlj 10h-17h. Entrée : 7 £.* Moulin à eau du XVIIe s toujours en activité dans un musée de la vie rurale. Belle promenade à travers le parc.

NEWPORT

Capitale au centre de l'île, aux airs de bourgade de province commerçante. Maisons assez banales et ambiance un peu terne. Autant ne pas y faire de vieux os et rester sur la route côtière. À moins que vous ne soyez là pour vous déchaîner sur les airs de guitares distillés pendant le festival de l'île de Wight !

Adresse utile

Tourist Information Centre : *The Guildhall, High St. ☎ 81-33-18. Tte l'année, lun-sam 9h30-17h, dim 10h-15h30.*

Où dormir ?

Très peu de choix. De toute façon, pas grand intérêt de passer la nuit ici, mieux vaut dormir en bord de mer. Voici néanmoins deux adresses, au cas où...

Prix moyens (60-80 £ / 72-96 €)

Wheatsheaf Hotel : *16 Saint Thomas Sq, PO30 1SG. ☎ 52-38-65. • information@wheatsheaf-iow.co.uk • wheatsheaf-iow.co.uk • Double 75 £.* Dans une belle bâtisse du XVIIe s, quelques chambres inégales. Certaines sont assez charmantes et romantiques, d'autres sans caractère particulier. En bas, un pub fait de coins et de recoins sert des plats simples mais corrects.

The Newport Quay Hotel : *41 Quay St, PO30 5BA. ☎ 52-85-44. • newportquayhotel.co.uk • Doubles 80-90 £.* L'entrée est prometteuse avec son salon cosy, ses gros fauteuils moelleux et ses airs d'hôtel cossu. Hélas, ce petit luxe s'arrête à la porte des chambres, assez inégales, aux salles de bains minuscules. Essayez d'en voir plusieurs avant de vous installer. Mauvaise insonorisation.

Où manger ?

Prix moyens (8-15 £ / 9,60-18 €)

God's Providence House : *12 Saint Thomas Sq. ☎ 52-20-85. Tlj 9h-17h. Sandwichs, snacks, gâteaux à prix doux et env 8 £ pour un petit plat.* Maison georgienne avec un superbe bow-window. Plusieurs salles intimes et douces, avec une jolie collection d'assiettes aux murs. Les serveuses, habillées de noir avec tablier blanc vous servent à pas feutrés. Ambiance d'un autre âge. Parfait pour grignoter quiches et autres plats simples, ou pour un *cream tea* accompagné de *scones* aux fruits.

Joe Daflo's : *20 High St. ☎ 53-22-*

20. Lun-sam 10h-23h ; dim 11h-22h30. Compter 7-15 £. Chaîne qui joue la version contemporaine du pub-resto : salle immense et lumineuse, tableaux colorés, plantes vertes... bref, à l'opposé du pub traditionnel. Les plats, d'inspirations française et italienne, sont délicieux, généralement proposés en 2 tailles. Attention, les portions dites « normales » sont déjà très copieuses. Longue carte des vins et bonnes bières.

Festival

– ***Isle of Wight Festival :*** *mi-juin. Seaclose Park.* • *isleofwightfestival.com* • Une version contemporaine de ce festival qui connut son apogée en 1970, en plein âge d'or hippie. Mais rassurez-vous, le rock y est toujours à l'honneur et la sélection des groupes qui jouent pendant 3 jours est de qualité. Depuis 2002, on y a quand même vu défiler les Rolling Stones, Police et les Sex Pistols ! Les têtes d'affiche de ce calibre sont escortées par la nouvelle scène, complètement décomplexée. Ambiance d'euphorie en plein air, comme avant !

WIGHT IS WIGHT

Le festival de 1970 connut un tel succès que les autorités et les organiseurs furent complètement débordés par la foule, surtout celle qui ne possédait pas de billet d'entrée... Pour éviter que ce genre de mésaventure ne se reproduise, le Parlement prononça le « Isle of Wight Act », empêchant les rassemblements de plus de 5 000 personnes sans la licence appropriée !

À voir dans les environs

Carisbrooke Castle : *à 2 miles au sud-ouest de Newport, à* **Carisbrooke.** ☎ *52-31-12.* • *carisbrookecastlemuseum.org.uk* • *Tlj 10h-15h45 (16h45 avr-sept). Entrée : env 7,30 £ ; réduc.* C'est le seul château médiéval de l'île de Wight. Il est célèbre parce que Cromwell y enferma Charles Ier avant de le ramener à Londres pour lui raccourcir le col. Petit musée historique dans le beau *Great Hall* médiéval. Voir aussi le *Well House* : l'eau de ce puits, profond d'environ 50 m, est amenée par l'intermédiaire d'une roue à aubes actionnée par un âne (ce fut une des premières roues de ce genre en Angleterre). Ne vous y trompez pas, si l'âne se tue encore à cette tâche, c'est pour satisfaire les touristes. Du haut du donjon normand, joli panorama sur les environs.

SOUTHAMPTON

237 000 hab. IND. TÉL. : 02380

Un port industriel sans beaucoup de charme, mais il est vrai que les dégâts de la dernière guerre n'ont pas laissé grand-chose debout : 30 000 bombes y ont détruit 4 000 maisons. Quelques traces du passé médiéval subsistent, miraculeusement égarées au milieu d'un environnement moderne agressif. C'est de Southampton que sont partis, le 15 août 1620, les pèlerins du *Mayflower* en route pour le Nouveau Monde. C'est aussi à partir de Southampton qu'en 1944 transitèrent 3,5 millions de soldats et 15 millions de tonnes de matériel vers les plages normandes. Et comme nous sommes dans une ville dont l'histoire est marquée par les départs, sachez que c'est d'ici que le *Titanic* est parti...

Arriver – Quitter

En voiture

➢ ***Winchester :*** sortir de la ville par la B 3055 pour rejoindre l'A 3090, emprunter la M 3 direction Southampton, poursuivre sur la M 27 jusqu'à la sortie 5 et terminer sur l'A 335 pour arriver à bon port. Attention aux embouteillages en fin de week-end. Sinon, trajet env 30 mn.

En train

Gare ferroviaire : *Blechynden Terrace.* ☎ *(08457) 48-49-50.*
➢ ***Londres :*** plusieurs trains/h.
➢ Liaisons avec **Bath, The New Forest, Brighton, Bournemouth** et **Portsmouth.**

En ferry

➢ ***New Forest :*** de Hythe, à quelques miles à l'est de Beaulieu, la compagnie *Hythe Ferry* (☎ *84-07-22.* • *hytheferry.co.uk* •) fait la navette jusqu'à *West Quay.* Trajet : env 12 mn. Billet env 5 £.

En bus

Gare routière : National Express Coach, *Harbour Parade.* ☎ *(08717) 81-81-78.*
➢ ***Londres :*** avec les bus *National Express* (le n° 032 est le plus rapide et direct).
La compagnie *Greyhound* propose env 5 A/R par jour. ☎ *(09000) 96-00-00.* • *greyhound.com* • Attention, numéro payant très cher ! Mieux vaut réserver sur Internet ou acheter son billet au *Tourist Information*. Trajet : 2h20.

En avion

✈ ***Aéroport :*** *à 5 miles du centre.* Bus U1 entre le centre et l'aéroport (prix : 2 £). Sinon, tous les trains de Londres s'arrêtent à l'aéroport (ttes les 30 mn) et c'est plus rapide.
➢ Nombreux vols quotidiens vers la France et l'Angleterre (voir « Comment y aller ? » au début du guide), notamment par *Air France.*

Adresses et info utiles

Southampton Tourist Information : *9 Civic Centre Rd, SO14 7FJ.* ☎ *83-33-33.* • *visit-southampton.co.uk* • *Tte l'année lun-sam 9h30-17h, dim 10h-15h30.* Se garer au parking *Marlands.* Personnel attentif et aimable. Demander la brochure *Southampton Titanic Walk,* illustrée de photos, pour visiter les sites importants de la ville jusqu'au port d'embarquement.
– La *Southampton Tourist Guides Association* (☎ *57-18-58*) propose des visites guidées thématiques gratuites à 10h30, les dimanche et jours fériés toute l'année ; les dimanche, lundi et mercredi en juin ; tous les jours en juillet et août (et toujours à 10h30).
✉ ***Post Office :*** *dans High St (centre-ville) ou London Rd au nord de la ville.*
■ ***Banques :*** ***Lloyds TSB*** *dans Above Bar St et* ***HSBC*** *dans High St (en plein centre), ainsi qu'un* ***ATM*** *au supermarché* ASDA, *juste à côté de la station de bus.*
@ ***Barget Internet Café :*** *au sous-sol de Bargate Shopping Centre. Lun-sam 9h-19h, dim 10h-17h30.* Un peu bruyant et pas spécialement chaleureux, mais postes nombreux et connexions rapides.
@ ***Enham :*** *55 The Mall Marlands. Lun-sam 9h-17h30.* Au 1er étage du centre commercial. Propose quelques snacks et boissons.

Où dormir ?

Voici quelques adresses si vous tenez absolument à dormir à Southampton. Quelques *B & B* dans The Polygon et autour de Landguard Rd, mais rien qui ne vous retiendra bien longtemps. La ville ne débordant pas de charme, nous vous conseillons plutôt de dormir un peu plus loin. Pourquoi pas vers la New Forest ?

Prix modérés (40-60 £ / 48-72 €)

Linden Guesthouse : *51-53 The Polygon, SO15 2BP.* ☎ *22-56-53.*

• trisha@lindenguesthouse.net • lindenguesthouse.net • Un peu à l'écart du centre, sur les hauteurs. Prendre Morris Rd face à la gare, puis la 1re rue à droite. Fermé déc. Doubles 45-50 £, sans ou avec sdb. CB refusées. Réduc de 10 % sur présentation de ce guide. Une dizaine de chambres pas très guillerettes, mais propres et bon marché. Et Tricia est une hôtesse vraiment adorable !

Claremont : *33-35 The Polygon, SO15 2BP. ☎ 22-53-34. • reservations@claremontguesthouse.co.uk • claremontguesthouse.co.uk • Doubles 50-55 £.* Passé l'entrée peu engageante, on est agréablement surpris par les chambres colorées, presque coquettes, mais tout de même assez exiguës.

Où dormir dans les environs ?

Pyesmead Farm : *S051 6EE, Plaitford,* ***Romsey.*** *☎ (01794) 32-33-86. • info@pyesmeadfarm.co.uk • pyesmeadfarm.co.uk • À env 12 miles au nord-ouest de Southampton. De Southampton, rejoindre la M 27 vers Totton, puis suivre l'A 36 vers Salisbury (ne pas aller à Romsey) ; en arrivant dans Plaitford, c'est le chemin à droite à la cabine téléphonique (avt le pub). Double 60 £.* Dans une ferme (l'odeur ne trompe pas !), une petite maison de brique rouge à l'intérieur en bois clair. Chambres confortables, avec salle de bains. Pour un séjour au vert, juste à côté de la New Forest, avec les animaux comme plus proches voisins, une très jolie piscine couverte et même un sauna ! Amateurs de pêche, 2 lacs privés attendent vos appâts. Une douce adresse champêtre.

Où manger ?

Pour croquer un bout, Oxford Street et Above Bar Street offrent une bonne palette de restos (assez chers néanmoins).

De bon marché à plus chic (8-20 £ / 9,60-24 €)

The Red Lion : *55 High St. ☎ 23-80-33. Plats 7-18 £.* Un vieux pub de la ville, au pied de Bargate. Déco du Moyen Âge avec des étendards et une armure en pied. Du balcon aurait été ourdie une conspiration contre Henri V en 1415. Et ce n'est pas au comptoir que les coupables démasqués ont payé leurs agissements.

Olive Tree : *29 Oxford St. ☎ 34-33-38. Plats 11-18 £.* Une grande salle à la déco design, élégante et épurée. Si l'ambiance est tamisée, elle est cependant loin d'être feutrée, la musique se mêlant au brouhaha des conversations. On y vient pour le plaisir de savourer une cuisine italienne fine et soignée. L'addition monte vite, mais on ressort le palais et le ventre contents.

Buon Gusto : *1 Commercial Rd. ☎ 33-15-43. • buongusto.soton@yahoo.co.uk • Plats 6-20 £. Fermé dim midi.* Bien placé entre l'office de tourisme et Polygon, un resto italien à la déco contemporaine et élégante déclinée ici en noir et blanc, dans une ancienne maison qui ne manque pas d'allure. Risottos mijotés, *pasta* parfumées, viandes et poissons parfaitement cuits, pizzas et autres lasagnes. Un vrai resto italien qui émoustille agréablement les papilles. Mais, attention, l'addition prend facilement son envol avec le vin !

Où boire un verre ?

Nous vous conseillons de partir à la découverte de *Bedford Place,* un quartier au nord de la ville où l'ambiance sera plus animée que dans le centre. Pour des bars et clubs festifs, longer *London Rd* et s'aventurer dans les ruelles perpendiculaires.

Orange Rooms : *1-2 Vernon Walk. ☎ 23-23-33.* Justement en plein cœur de *Bedford Place,* un endroit qui change du classique pub des familles. Retour aux années 1970, dans un décor digne de *Starsky & Hutch,* au mobilier *vintage* et couleurs kitsch. On savoure de bons cocktails en écoutant quelques tubes funky à souhait. D'ailleurs, certains soirs de la semaine, c'est vous qui faites votre sélection musicale en choisissant dans la liste du DJ ! Alors tous à vos Vespa, c'est parti !

The Grapes : *Oxford St. ☎ 33-32-20.* Ambiance qui n'a guère changé depuis 1912, date à laquelle l'équipage du *Titanic* s'est retrouvé une dernière fois avant le grand départ. Beaucoup de monde une pinte à la main, la cheminée qui crépite et les photos nostalgiques du paquebot et des disparus.

Duke of Wellington : *38 Bugle St. ☎ 33-92-92. Près des remparts.* Beau pub historique aux boiseries patinées.

À voir

The City Art Gallery : *Northguild Building, Commercial Rd. ☎ 83-30-07. • southampton.gov.uk/art • Lun-ven 10h-17h. Entrée gratuite.* La collection de la galerie contient quelque 3 500 œuvres couvrant aussi bien la Renaissance italienne que l'école anglaise des XVIIIe et XIXe s (Gainsborough, Turner et Reynolds) ou encore les impressionnistes français, mais elle est surtout connue pour son importante collection d'art anglais du XXe s. Le lieu présente les œuvres de la collection permanente par roulement, ainsi que des expos temporaires.

Quelques belles galeries d'art contemporain sont disséminées dans la ville, comme la très belle **John Hansard Gallery** *(☎ 59-21-58 ; • hansardgallery.org.uk •),* à l'université de Southampton.

Sea City Museum : *Havelock Rd. ☎ 83-30-07. • seacitymuseum.co.uk • Tlj 10h-17h. Entrée 8,50 £ ; réduc. (ticket groupé avec la Tudor House 11,50 £).* Ce tout nouveau musée inauguré en avril 2012 retrace l'histoire maritime de la ville depuis les puritains du *Mayflower* à nos jours, en passant par la tragédie du *Titanic,* le fameux transatlantique qui quitta Southampton le 10 avril 1912 pour son premier et dernier voyage. Cet épisode légendaire de l'histoire de la ville fait l'objet d'une exposition spéciale. Incluant les collections des anciens *Maritime Museum et Museum of Archeology,* ce site constitue la dernière grande fierté de Southampton dans le domaine culturel.

Solent Sky (The Hall of Aviation) : *Albert Rd South ; près d'Ocean Village. ☎ 63-58-30. • spitfireonline.co.uk • Mar-sam 10h-17h, dim 12h-17h. Entrée : 6,50 £ ; réduc.* Quelques beaux spécimens de machines volantes, dont le prototype de ce qui allait devenir le célèbre *Spitfire,* et un géant de l'air (pour l'époque), le *Sandringham Flying Boat.*

Les docks : agréable promenade pour voir défiler quelques belles coques prêtes à s'adonner aux plaisirs de la voile dans le Solent. Pour suivre de plus près leurs ébats nautiques : *Blue Funnel Cruises (☎ 22-32-78 ; • bluefunnel.co.uk •).* Autre curiosité : le *SS Shieldhall,* cargo à vapeur qu'on peut visiter à quai, quand il n'est pas en mer *(☎ 60-31-90 ; • ss-shieldhall.co.uk •).* Dans le même style, sur les **Western Docks,** on peut admirer les incroyables transatlantiques de la compagnie *Cunard,* à savoir le *Queen Mary 2* et le petit dernier, le *Queen Victoria.* Véritables villes flottantes, les plus grands paquebots du monde, ces navires partent du *Terminal City Cruise* d'avril à décembre, donc renseignez-vous auprès de l'office de tourisme pour savoir s'il y en a un à quai lors de votre passage en ville.

Le vieux Southampton a encore quelques beaux restes qui détonnent dans le décor urbain ultramoderne. Une promenade s'impose à partir de l'impressionnante *Bargate,* une porte flanquée de tours massives, et en poursuivant par les remparts de l'enceinte ouest jusqu'au monument du *Mayflower.* Un fragment de l'enceinte est subsiste de l'autre côté de High St et comprend *God's House Tower,* qui servit d'hébergement dès le XIIe s aux pèlerins se rendant à Winchester et à Canterbury. Elle abrite désormais le Musée archéologique. La petite *Saint Julian Chapel* fut donnée par la reine Élisabeth aux réfugiés huguenots de Wallonie fuyant, au XVIe s, l'Inquisition.

Medieval Merchant's House : *58 French St. ☎ 22-15-03. • english-heritage.org.uk • Avr-sept, dim 12h-17h. Entrée : 4 £ ; réduc.* Avec un gros tonneau se balançant au bout d'une poterne, la demeure à colombages d'un négociant en vins du XIVe s, John Fortin, dont on a recréé le mobilier et le mode de vie. Audioguide en français. Petit mystère dans la cave : alors que le musée est hermétiquement fermé pendant tout l'hiver, à deux reprises la conservatrice a découvert des traces de pas sur le gravier, autour des tonneaux ! Sans doute le fantôme du marchand venu déguster ses crus d'Aquitaine...

DANS LES ENVIRONS DE SOUTHAMPTON

Broadlands : *à 8 miles au nord-ouest par l'A 3057, avt d'arriver à Romsey. ☎ (01794) 52-97-50. • broadlandsestates.co.uk •* Vaste demeure de style palladien (de l'architecte italien du XVIe s), petit nid d'amour pour les lunes de miel royales et surtout ancienne résidence de Lord Louis Mountbatten, dernier vice-roi des Indes et négociateur de la partition entre l'Inde et le Pakistan. Tout juste restauré.

Saint Mary's Abbey : *à* **Romsey.** À 9 miles de Southampton, et à 11 miles de Winchester, la petite ville de Romsey offre une atmosphère bucolique au bord de la Test. Elle a conservé une église abbatiale à l'architecture romane d'une pureté et d'une simplicité exceptionnelles. Si les fondations remontent au Xe s, ce que l'on peut voir actuellement date de 1130. À l'intérieur, un *Christ en croix* de l'époque saxonne.

WINCHESTER

35 000 hab. IND. TÉL. : 01962

À 12 miles au nord-est de Southampton, la première capitale d'Angleterre, depuis les rois saxons (et en alternance avec Londres jusqu'au XVIe s), a aujourd'hui le charme d'une petite ville de province toute tranquille. Là se réunissaient les chevaliers autour de leur Table ronde. Les souvenirs d'Arthur, d'Alfred le Saxon et de Guillaume le Conquérant hantent encore les murs de la cité. Winchester possède également la plus longue cathédrale d'Europe après Saint-Pierre de Rome, et Winchester College, la plus ancienne et la plus belle *public school* du pays. Une ville qui n'est pas sans rappeler Canterbury, où l'on explore les étroites ruelles reliées à High Street, comme ça, juste pour le plaisir de flâner et de se repaître à satiété de la magie indicible des vieilles pierres de l'*Old England,* en fredonnant les paroles de la chanson rétro « Winchester Cathedral »...

Arriver – Quitter

En train

Gare ferroviaire : *Station Rd. ☎ (08456) 00-06-50. Au nord-ouest.*
➢ **Londres :** nombreuses liaisons tte la journée avec London Waterloo. Durée : env 1h.
➢ Liaisons régulières pour **Portsmouth** (1h), **Brighton** (1h40), **Southampton** (à peine 30 mn) et **Bournemouth** (1h10).

En bus

Gare routière : *Broadway, en face du Guildhall et de l'office de tourisme. ☎ (0871) 200-22-33 (Traveline, n° national pour les infos sur les transports en commun).*
➢ **Londres :** *National Express* n° 032. 1 liaison min ttes les 2h avec London

Victoria. Durée : 2h.
Avec *Megabus,* départ de Victoria Coach Station pour le parking St Catherine, à Winchester. Prix intéressants.
➢ ***Salisbury :*** bus *Wilts & Dorset* n° 68. 1 liaison ttes les 2h 7h-18h. Ne circule pas le dim. Durée : env 1h20.
➢ ***Bournemouth, Southampton :*** *National Express* n°s 032, 310 et 539. Plusieurs liaisons/j. Durée : 30 mn pour Southampton, 1h30 pour Bournemouth. Un bus également avec *Megabus,* en fin de journée, qui part du parking St Catherine et joint Bournemouth en 1h.
➢ ***Portsmouth :*** *National Express* n° 203. 1-2 liaisons/j. directes. Durée : 1h20.

Adresses et infos utiles

i @ ***Tourist Information Centre :*** *The Guildhall Broadway, SO23 9LJ. ☎ 84-05-00. • visitwinchester.co.uk • Lun-sam 10h-17h, dim 11h-16h.* Accueil chaleureux et efficace. Demandez le *Winchester Explorer* (en anglais). Vend également les billets des visites guidées de 1h30 de la ville (4,50 £). Peut vous réserver un hébergement (commission). Accès Internet gratuit.
✉ ***Post Office :*** *sur High St, à l'arrière du magasin* WH Smith.
■ ***Banques et commerces :*** *dans High St, la rue commerçante.* Banques, bureaux de change et tous les grands magasins.
■ ***Parking :*** pour un stationnement de plus de 4h, il est fortement recommandé d'utiliser les *Long Stay Parkings,* en proche périphérie. Le système « Park and Ride » (3 £/j.) permet d'utiliser gratuitement les navettes *(env ttes les 10 mn sf dim et vac scol)* entre le parking et le centre-ville.
– ***Marché :*** *mer-sam, sur Middle Brook St.*

Où dormir ?

L'hébergement à Winchester est onéreux et relativement réduit puisque les *B & B* n'offrent généralement qu'une seule chambre. On vous recommande donc de réserver avant d'arriver, en passant éventuellement par l'office de tourisme qui prend une commission de 5 £ pour les résas par téléphone ou 4 £ pour les résas sur place. Comme d'habitude avec les offices de tourisme, 10 % du prix de la chambre seront demandés lors de votre réservation, mais votre hôte déduira cette somme de votre facture. Par ailleurs, comme dans certaines autres villes, les *B & B* ne s'affichent pas et il faut donc savoir ce que l'on cherche (et avoir une adresse précise) pour les trouver.

Prix modérés (40-60 £ / 48-72 €)

Cheriton House : *61 Cherinton Rd, SO22 5AY. ☎ 62-03-74. • cheritonhouse@hotmail.com • Au nord-ouest de Winchester, à 15 mn à pied du centre-ville et 10 mn de la gare ferroviaire. Dans Stockbridge Rd, prendre à gauche sur Fordington Rd, c'est la maison qui fait l'angle avec Cherinton Rd. Doubles 50-55 £ selon saison, petit déj compris.* Vaste maison dans un quartier résidentiel proposant seulement 2 chambres, agréables et calmes, avec salle de bains à partager. On apprécie la lumineuse véranda pour prendre un copieux petit déjeuner préparé avec soin par Mrs Owen.

Plus chic (plus de 80 £ / 96 €)

Wykeham Arms : *75 Kingsgate St, SO23 9PE. ☎ 85-38-34. Doubles 129-164 £, petit déj compris.* Un lieu plein de charme et d'esprit ! Vénérable et respectable hostellerie décorée de livres et de gravures, et beau pub animé tous les soirs qui loue des chambrettes douillettes et sacrément élégantes, meublées avec talent. Cuisine appétissante et variée, que l'on peut savourer en terrasse aux beaux jours ou à la chaleur d'un feu dans la cheminée le soir. Belle carte des vins.
Hotel du Vin : *14 Southgate St, SO23 9EF. ☎ 84-14-14. • hotelduvin.*

com • Doubles 135-265 £, petit déj non compris. Notre coup de cœur, malgré les tarifs... Et pour cause ! Chaque chambre, aux couleurs d'une maison de vin, pourrait figurer sans complexe dans un magazine de déco, une merveille. Quelques suites magnifiques, un peu en retrait dans le jardin. Nos préférées : la « Pommery » et la « Veuve-Clicquot »... Fait également resto (voir *The Bistro* dans « Où manger ? »).

Giffard House Hotel : *50 Christchurch Rd, SO23 9SU. ☎ 85-26-28. • giffardhotel.co.uk • En voiture, prendre la sortie 11 sur la M3 et suivre les panneaux Winchester et Saint Cross. Puis, 1,5 mile après le 2e rond-point, prendre la 1re à gauche après le garage BP, et la 2e à droite. Doubles 91-128 £ selon confort, petit déj compris.* Toutes les maisons de cette jolie rue, à 10 mn du centre à pied, sont magnifiques. Celle-ci ne fait pas exception, victorienne, vaste et cossue. L'aménagement suit sans surprise, avec ses beaux vitraux, ses gravures et ses objets raffinés. Les salles de bains sont assez petites (comme souvent dans les maisons de cette époque), mais les chambres offrent un luxe élégant et confortable, sans être prétentieux pour autant. Jardin soigné lui aussi, une beauté. Accueil simple et sympathique.

Où dormir dans les environs ?

Camping

Hill Farm Caravan Park : *à env 5 miles au sud-ouest de Winchester ; suivre l'A 3090, dépasser Romsey et suivre l'A 27 vers Salisbury, entrer dans Sherfield English, prendre à droite dans Branches Lanes et continuer sur 1 mile. ☎ (01794) 34-04-02. • gib@hillfarmpark.com • hillfarmpark.com • Ouv mars-fin oct. Selon saison, 14-30 £ pour 2 pers, 2 chiens (!), avec tente et voiture.* En pleine campagne, ce vaste terrain aux emplacements bien entretenus vous permettra de planter votre tente à l'ombre d'un arbre et sans empiéter sur la propriété du voisin. Joli bloc sanitaire en bois. Situation idéale, à mi-chemin entre Winchester et The New Forest.

Où manger ?

Dans High Street et ses ruelles adjacentes, nombreux salons de thé, pubs et restaurants qui rivalisent de charme, souvent avec terrasses aux beaux jours.

Bon marché (moins de 8 £ / 9,60 €)

The Forte Tea Rooms & Brasserie : *78 Parchment St, SO23 8AT. ☎ 85-68-40. Lun-sam 9h-17h. Snacks et repas légers 5-7,50 £. Café ou thé offert pour un repas sur présentation de ce guide.* À l'étage, une grande salle aux couleurs chaudes où toutes les générations se retrouvent pour le petit déj, un déjeuner rapide ou le thé accompagné de son petit gâteau pour la pause sucrée.

Prix moyens (8-15 £ / 9,60-18 €)

Ask : *101 High St. ☎ 84-94-64. Plats 6-13 £.* Une chaîne de restos qui se développe souvent dans des bâtiments historiques... et celui-ci est superbe. Cuisine italienne, dans un bien joli écrin intime et chaleureux.

De plus chic à très chic (15 € à plus de 20 £ / 18-24 €)

The Bistro : *14 Southgate St. ☎ 84-14-14. Tlj midi et soir. Plats 13-40 £.* Cadre d'un raffinement fou (voir l'*Hotel du Vin* dans « Où dormir ? ») et carte qui change régulièrement. Les saveurs et la finesse des plats, en revanche, sont constantes. Belle carte des vins, comme il se doit. Ravissant jardin pour le déjeuner. Et entre nous... les toilettes valent le détour !

Wykeham Arms : voir la rubrique « Où dormir ? ».

Où boire un thé ?

Ginger Two : *29 St Thomas St. ☎ 87-77-33. Lun-ven 7h30-17h30 ; sam 8h30-17h30 ; dim 10h-17h.* Tout mignon derrière sa baie vitrée, ce petit salon de thé expose fièrement ses gros gâteaux crémeux et autres gourmandises sucrées. Également des snacks légers faits avec des produits locaux. Simple, bon et charmant.

Où prendre un verre ?

Green's Wine Bar : *4 Jewery St. ☎ 86-96-30.* Une touche de vieux Paris dans ce café-brasserie aux cuivres rutilants et aux chaises en bois, où l'ambiance feutrée se prête à la dégustation d'une boisson chaude accompagnée du gâteau du jour au goûter, ou à quelque chose de plus corsé le soir.

À voir. À faire

Winchester Cathedral : *au centre de la cité, entourée d'une vaste pelouse où il est agréable de rester quelques instants à méditer sur les 900 ans d'histoire et les millions de pèlerins qui sont passés par là auparavant. Lun-sam 9h30-17h, dim 12h30-15h. Entrée : 6,50 £ ; réduc. Visite guidée gratuite (en anglais) possible. Pour monter à la tour, vous devrez débourser 6 £ supplémentaires et également 1 £ pour la bibliothèque (aux horaires très restreints). On vous conseille le billet qui combine la cathédrale, la tour et la bibliothèque pour 9,50 £.*

Non contente, avec ses 168 m, d'être l'église la plus longue d'Europe après Saint-Pierre de Rome, la cathédrale de Winchester est aussi une des plus riches et des plus intéressantes d'Angleterre. Elle est bâtie à l'emplacement où se trouvait, dès le VIIe s, un sanctuaire de l'époque saxonne. On distingue encore les fondations de cet édifice sur la pelouse. La cathédrale actuelle est due à l'initiative de l'évêque Walkelyn, après l'arrivée des Normands, de 1079 à 1093. À la suite des transformations successives, trois styles sont identifiables : le roman pour la crypte, les transepts et la tour ; le gothique primitif pour le chœur et sa partie arrière ; et le gothique « perpendiculaire » pour la façade, la nef et la chapelle.

LA PALME D'OR

On s'aperçut, en 1905, que les fondations de la cathédrale s'enfonçaient petit à petit dans le sol assez marécageux. C'était sans compter sur le courage et la patience de William Walker qui creusa des tranchées sous les murs avec l'aide d'un scaphandrier. Pendant 6 ans, il œuvra à la consolidation sous-marine de l'édifice ! Plus de 115 000 blocs de ciment et 25 000 sacs de ciment plus tard, le héros a sa statue dans la cathédrale. Un minimum !

La cathédrale faillit être rasée au cours de la guerre civile en 1652, mais, grâce à une pétition, les habitants de Winchester parvinrent à faire revenir le Parlement sur sa décision. La façade est peu ouvragée, mais la peinture rouge sang de ses portes est du plus bel effet.

Rythmée par ses 12 travées, la ***nef*** constitue l'aspect le plus spectaculaire de la cathédrale. Ses piliers romans d'origine, retaillés au XVe s en gothique, soutiennent des arches pleines d'élégance surmontées d'un triforium éclairé par de hautes baies. Le dessin nervuré de la voûte est renforcé d'innombrables clefs de voûte.

Dans le bas-côté gauche, non loin des fonts baptismaux en pierre noire de Tournai, la tombe de la romancière Jane Austen. Son épitaphe ne mentionne pas sa qualité d'écrivain : en 1817, il n'était pas de bon ton pour une lady de s'adonner à l'écriture !

Par le transept gauche (au nord), on accède à l'étonnante ***crypte*** normande, parfois inondée en hiver. Au milieu de celle-ci, un puits plus ancien que la cathédrale.

Belles fresques du XIIIe s dans la chapelle du Saint-Sépulcre, et vitraux des préraphaélites Burne-Jones et William Morris.

– ***Le chœur*** est séparé de la nef par un jubé de bois, une clôture surmontée d'une plate-forme, reprenant le style des stalles. Jetez un œil aux 500 « miséricordes » humoristiques qui décorent les bancs où les moines posaient leur auguste séant lors des interminables offices. Plus sérieux : l'immense retable du maître-autel sculpté en grès fin et considérablement endommagé lors de la Réforme. On a refait les statues au XIXe s, la preuve : la reine Victoria y côtoie les rois saxons. La voûte de bois du chœur est parsemée d'écussons et d'effigies royales. Sur les clôtures sculptées sont posés les sarcophages contenant les restes des souverains et évêques d'avant la conquête normande.

– ***L'arrière-chœur,*** qui prolonge considérablement la cathédrale, contient de monumentaux tombeaux d'évêques aux plafonds finement ouvragés. Tout à l'arrière, la *Lady Chapel* avec ses peintures murales (copies) relatant les miracles de la Vierge. Devant la chapelle, une surprenante statue de Jeanne d'Arc. Sans doute est-elle là pour hanter le repos éternel du cardinal de Beaufort, tout proche, un de ceux qui la firent condamner au bûcher. À gauche, la *chapelle des Anges gardiens* aux magnifiques voûtes peintes en 1241 et superbement restaurées. Sur le côté droit du chœur, la chanterie de l'évêque Fox, avec un gisant décharné assez impressionnant.

– Par le transept droit (sud), on grimpe quelques marches pour visiter la ***bibliothèque*** (horaires restreints) qui contient plus de 2 000 volumes, dont la célèbre *Bible de Winchester* du XIIe s, somptueusement enluminée. Au-dessus, la galerie du 2e niveau abrite une enfilade de vitrines où sont exposés les objets constituant le *Trésor,* dont le fauteuil de Marie Tudor.

☛☛ ☺ ***City Museum :*** *The Sq. ☎ 86-30-64. À la diagonale de l'entrée de la cathédrale. Avr-oct : lun-sam 10h-17h, dim 12h-17h ; nov-mars : mar-sam 10h-16h, dim 12h-16h. Entrée gratuite ; audioguide en français 2 £.* Petit musée d'histoire et d'archéologie locale assez ludique. Le système est simple : plus vous grimpez les marches et plus vous remontez le temps. Ainsi, vous découvrirez les devantures de boutiques du début du XXe s au rez-de-chaussée. Notez au fond du tabac la pub pour notre chère Gauloise version british. Au dernier étage, des fondements romains et une superbe mosaïque. Au passage, observez le cours de l'Itchen (la rivière locale) sur un panneau de lumière.

☛☛ ***Winchester College :*** *College St. ☎ 62-11-00. • visitwinchester.co.uk • Accès en contournant le Cathedral Close par la droite et en passant par King's Gate, la porte du XIIIe s. Tte l'année, visites guidées slt : lun-sam à 10h45, 12h, 14h15, 15h30 sf mar et jeu slt à 10h45 et 12h ; dim à 14h15 et 15h30. Entrée : 6 £.* L'école la plus ancienne du pays, fondée en 1382 par l'évêque Wykeham pour accueillir, en principe, les étudiants « pauvres ». En réalité, l'idée était surtout de regarnir les rangs du clergé, décimé par la peste noire... Le *College* enseigne à présent à 700 rejetons de l'*upper class,* qui poursuivent ensuite leur cursus à Oxford. En plus des superbes vitraux et du plafond voûté de bois peint dans la chapelle, on peut voir, dans le cloître du XIVe s, un oratoire du XVe s.

☛ ***The Great Hall :*** *Castle Ave. ☎ 84-64-76. Tlj 10h-17h. Gratuit. Donation de 2 £ bienvenue.* C'est tout ce qui reste du château de Winchester, une grande halle, ancien tribunal, à la charpente de bois soutenue par des colonnes de marbre. Au mur, la « Table ronde » du roi Arthur et ses 5 m de diamètre, avec, au centre, la Rose des Tudors et le nom de ses fameux chevaliers, qui ont peu de chance d'avoir cassé la graine autour de celle-ci puisqu'elle date du XIVe s ! Devant le bâtiment, *Eleanor's Garden,* reconstitution d'un jardin médiéval.

☛☛ ***Peninsula Barracks Winchester's Military Museums :*** *Romsey Rd. ☎ 87-78-26. Lun-ven 10h-17h, w-e 12h-16h. Certains musées sont gratuits et d'autres payants.* Pour les amateurs de sagas guerrières et de casques à boulons, un ensemble de casernes où sont regroupés les musées de cinq régiments de prestige : le *Light Infantry,* les *King's Royal Hussars,* le *Royal Hampshire Regiment,* les *Royal Green Jackets* (avec un diorama géant de la bataille de Waterloo) et, pour finir, les *Ghurkas,* originaires du Népal. Tous leurs uniformes, leurs sabres, leurs armes préférées, leurs décorations astiquées comme pour la parade et leurs hauts faits d'armes sur tous les théâtres d'opérations de la planète.

Saint Cross Hospital : *Saint Cross Rd, à 1,2 mile au sud de la ville par une agréable promenade bucolique ; itinéraire fléché en bleu.* ☎ *85-13-75.* • *stcross hospital.co.uk* • *Avr-oct : lun-sam 9h30-17h, dim 13h-17h ; nov-mars : lun-sam 10h30-15h30. Entrée : 4 £.* C'est la plus ancienne institution charitable de Grande-Bretagne (1132), toujours habitée par des moines qui proposent des rafraîchissements aux visiteurs. Beaux bâtiments de brique aux hautes cheminées du XVe s. À l'intérieur de la chapelle de la Vierge, un triptyque d'un maître de l'école des primitifs flamands.

Festival

– ***Winchester Festival :*** *début juil.* • *winchesterfestival.co.uk* • Musique, cinéma, théâtre... L'art, sous toutes ses formes, investit la ville.

THE NEW FOREST

À l'ouest de Southampton et au sud-ouest de Winchester, un des plus jolis coins d'Angleterre. Immense territoire de lande, de bruyères et de genêts, parsemé de sous-bois tapissés de jacinthes sauvages. On y croise toutes sortes d'animaux en liberté, même dans les villages ! Une grande partie de cette région est réservée aux promenades pédestres. Près de 222 miles de sentiers sont balisés pour circuler à pied, à cheval ou à vélo. Pour les amoureux de la randonnée, nombreux itinéraires à tracer soi-même. Il existe une carte très précise au 1/25 000 de la New Forest, éditée par *Ordnance Survey* (pas très pratique à déplier en rando, on vous l'accorde !).
Il faudra donc prendre le temps pour goûter aux charmes de cette contrée très encombrée l'été. Sur les routes, la vitesse est limitée à 40 miles (*because* les bêtes en liberté), et on est fortement encouragé à abandonner sa petite auto dans les parkings limitrophes. Un bon service de bus relie les villages, et Brockenhurst et Lymington sont desservis par le train.
Conan Doyle, le créateur de Sherlock Holmes, a été inhumé dans le cimetière de Minstead. Par ailleurs, c'est à Lyndhurst que vécut Mrs Reginald Hargreaves qui, alors qu'elle n'était encore qu'une fillette, inspira à Lewis Carroll son célèbre conte *Alice au pays des merveilles,* après lui avoir raconté ses rêves lorsqu'elle s'était endormie dans la forêt.

UNE PROPRIÉTÉ DE LA COURONNE

Créée par Guillaume le Conquérant il y a presque 1 000 ans, la « New » Forest servait à l'origine exclusivement au bon plaisir du souverain. Une gestion complètement féodale du site est en vigueur depuis toujours ou presque, nous ramenant à l'époque où gabelle et dîme faisaient partie du vocabulaire courant (dans notre bon royaume françois, bien sûr !). Ainsi, les propriétaires *(commoners)* se partagent les bêtes et les droits de pâturage. Les *keepers* et les *agisters* s'occupent de l'entretien du domaine commun et reçoivent une taxe de la part des *commoners.* L'administration est régie, quant à elle, lors des assemblées publiques des *Verde-*

rers. Dans un autre registre, Lord Montagu, fleuron de l'aristocratie locale, perçoit encore, du haut de son château-musée de Beaulieu, une redevance des sujets vivant sur ses terres.

L'année 2005 aurait pu sonner le glas de cette organisation moyenâgeuse, lorsque la New Forest fut désignée comme parc national. Mais la reine n'est jamais loin, et la *Forestry Commission* (un organe gouvernemental responsable des forêts du Royaume-Uni) opta pour un schéma similaire d'intendance ; la couronne anglaise restant le principal propriétaire de la lande.

LYNDHURST (3 120 hab. ; ind. tél. : 02380)

Au cœur de la zone et village principal de la New Forest. Très touristique et animation permanente. Une bonne gamme de commerces de déco et de design, des antiquaires hors de prix et des magasins de jouets de toutes tailles. Lewis Caroll et Harry Potter ont investi les lieux.

Adresses utiles

Visitors' Information Centre : *Main Car Park. ☎ 28-22-69. • thenewforest.co.uk • Tlj 10h-17h.* Centre névralgique de l'information touristique pour la région. Petit musée adjacent *(ouv 10h-16h ; 3,50 £ l'entrée)* proposant une expo permanente assez didactique avec petit film sur le passé de la forêt, les coutumes, et une galerie de portraits surprenants, tel ce chasseur de serpents vivant dans une hutte de branchages. Liste des hébergements en *B & B* dans la région et toutes les infos sur ce que l'on peut faire avec les enfants (y compris quand il pleut), les itinéraires de balades à vélo, les musées, etc. Demander la revue gratuite *New Forest Focus* et la carte détaillée de la région (2 £).

✉ ■ **Poste et banques** : ***Lloyds*** *et* ***Natwest*** *dans High St.*

■ **A. A. Bike Hire :** *Fern Glen, Gosport Lane. ☎ 28-33-49. • aabikehirenewforest.co.uk • Juste à côté de l'office de tourisme, une sorte de cabane en bois à demi dissimulée par les arbres, pas facile à voir. Tlj 9h-18h. Petite reine 10 £/j.* Location de VTT, tandems, ainsi que des vélos et sièges pour enfants.

Où dormir ?

Campings

Ashurst Camping : *à mi-chemin entre Lyndhurst et Totton, par l'A 35 (à 1,5 mile). ☎ (02380) 29-20-97. • forestholidays.co.uk • À 5 mn à pied de la gare d'Ashurst. Ouv fin mars-fin sept. Compter 10-21,50 £ pour 2 selon j. et saison.* Vous planterez votre tente sur un vaste site, dans une clairière à laquelle des chênes séculaires apportent un peu d'ombre en cas de besoin. Et aurez pour voisins de gentils Shetland ! Magique.

Denny Wood et Matley Wood : *2 campings dans la forêt, sur la B 3056, à 2,4 miles de Lyndhurst. ☎ (0131) 314-65-05. • forestholidays.co.uk • Ouv de mi-avr à sept. Réception commune à Denny Wood. Compter 7-10,50 £ pour 2 selon saison.* Attention, accès réservé aux campeurs équipés de toilettes chimiques. En effet, ni douches ni toilettes sur le camping, uniquement de l'eau potable. Rustique donc, mais petits sites au plus près de la nature, tranquilles à souhait.

Prix moyens (60-80 £ / 72-96 €)

B & B Kingswood Cottage : *10 Woodlands Rd,* ***Ashurst,*** *SO40 7AD. ☎ 29-25-82. • kingswoodcottage@yahoo.co.uk • kingswoodcottage.co.uk • À 5 mn de la gare à pied et du village en voiture. Prendre l'A 35 vers Totton et la 1re à gauche après le panneau indiquant Ashurst, avt le pont. Difficile à repérer car dans un virage et pas de panneau. Doubles 66-80 £, petit déj compris. CB refusées. Parking gratuit. Carte de la New Forest offerte sur présentation de ce guide.* Cette mai-

THE NEW FOREST

son présente surtout un intérêt par sa situation en lisière de forêt et son grand jardin fleuri où coule un ruisseau. Les 3 chambres sont quant à elles un peu exiguës et vieillottes, mais bon accueil de la propriétaire qui parle quelques mots de français.

Temple Lodge : *2 Queens Rd, SO43 7BR. ☎ 28-23-92. • templelodge@btinternet.com • templelodge-guesthouse.com • Juste à la sortie du village, vers Totton. Doubles 70-100 £, petit déj compris. Parking gratuit.* Dans une grande maison bourgeoise victorienne collée à sa jumelle. Intérieur cossu, chambres spacieuses et raffinées, toutes différentes. Un authentique cocon british, chic et élégant.

B & B Clayhill House : *à la sortie de Lyndhurst sur la route de Brockenhurst (1 mile), SO43 7DE. ☎ 28-23-04. • clayhillhouse@tinyworld.co.uk • clayhillhouse.co.uk • Fermé fin déc-début janv. Résa indispensable. Double env 80 £, petit déj inclus.* Une jolie maison en bord de route mais déjà dans la forêt, où les daims viennent brouter le soir sous vos fenêtres. Chambres assez spacieuses et plaisantes, à la déco fraîche. Éviter toutefois celle donnant sur la route un peu passante.

Où manger ?

Prix moyens (8-15 £ / 9,60-18 €)

The Crown Stirrup : *à la sortie de Lyndhurst, sur la route de Brockenhurst, juste à côté du* B & B Clayhill House. *☎ 28-23-39. Plats 5-13 £. Parking.* Un pub de campagne bas de plafond, avec de larges tables en bois et un carrelage d'époque. Goûter à la *ploughman* servie sur un lit de roquette avec des pickles et un émincé d'oignons. Joli jardin à l'arrière et aire de jeux pour les enfants. Parfait pour remonter les troupes avant d'aller en forêt.

The Fox and Hounds : *22 High St. ☎ 28-20-98. • thefoxandhounds@whichemail.co.uk • Viandes et poissons 7-12 £.* Ancien relais de diligence et l'un des pubs historiques du village. Cuisine simple, mais chaude ambiance le soir autour d'une bonne *ale*. Si vous y passez au Jour de l'an, vous assisterez sans doute aux frasques du fantôme des lieux, qui s'amuse, paraît-il, à ouvrir les robinets de gaz dans la cuisine !

Où manger dans les environs ?

The New Forest Inn : *à* ***Emery Down.*** *☎ 28-46-90. À env 1 mile de Lyndhurst, sur la route de Christchurch. Le village est indiqué sur la droite. Plats 7-16 £.* Au cœur d'un des plus jolis villages de la région, un pub de rêve, avec le houblon séché au-dessus du bar, la cheminée bienvenue après une balade, le salon cosy et une salle chaleureuse comme on les aime. Et, comble du bonheur, une cuisine délicieuse servie généreusement. Excellentes bières locales (ou pas !) et jolie carte des vins. Pour coller un peu plus encore à la carte postale, un ravissant jardin sur l'arrière, entouré d'arbres et parsemé de tables. Un gros coup de cœur !

Où prendre le goûter ?

The Greenwood Tree : *65 High St. ☎ 28-24-63. • thegreenwoodtree@hotmail.com •* Hmm... gâteaux au chocolat, à l'abricot, aux dattes... Nappés, dorés, fondants, bref, autant de qualificatifs qui auront leur importance au retour d'une longue balade, avec une boisson chaude. Également quelques snacks, soupes et salades.

The Mad Hatter Tea Rooms : *10 High St. ☎ 28-23-41.* Un café où le monde d'*Alice au pays des merveilles* a élu domicile, truffé de figurines et divers objets à l'effigie du Chapelier Fou ou du lapin toujours en retard. Excellents *cream teas* qu'on peut déguster en terrasse, sur le toit.

À voir

St Michael and all Angels Church : *High St. Ouv pdt les offices slt pour cause de vandalisme !* Bel édifice du XIXe s en brique rouge, richement décoré de vitraux colorés et d'une fresque de la même époque. Derrière l'église se trouve le tombeau familial d'Alice Hargreaves *(Alice au pays des merveilles)*. On découvre qu'elle prit part activement à la vie du village jusqu'à sa mort en 1934.

CHEVAUX DE RACE

Vous aurez sûrement remarqué, avec ses splendides propriétés qui bordent les routes, que Lyndhurst n'est pas une ville qui crie famine ; ce constat s'étend d'ailleurs à toute la New Forest. Sur High Street, on peut même trouver un concessionnaire Maserati (qui fait aussi Ferrari...) ! Pas mal, pour un village d'un peu moins de 4 000 habitants. Eh oui ! ici, les chevaux sont partout, même sous le capot.

Longdown Activity Farm : *Longdown,* ***Ashurst.*** *☎ 29-28-37. • longdownfarm.co.uk • À 10 mn de Lyndhurst, sur l'A 35, entre Ashurst et Totton. Fév-oct, tlj 10h-17h ; nov-déc, slt le w-e. Fermé janv. Entrée : 7,75 £ ; réduc.* L'endroit idéal pour jouer à l'apprenti fermier, nourrir les lapins ou traire une chèvre. Tout plein d'attractions qui raviront les têtes blondes. Pour ceux que ça botte, on peut goûter le fruit de son travail harassant au petit café campagnard. Attention aux carambolages avec les tracteurs à pédales : il y en a partout et ça bosse dur !

Balades en forêt

Les forêts sont le terrain de nombreuses balades. Voici quelques-unes de nos préférées, à environ 4 miles du village.

➢ De Lyndhurst, prendre la direction *New Milton-Christchurch,* puis *Emery Down.* Juste après l'auberge *New Forest Inn,* tourner à gauche vers *Bolderwood.* Sur la gauche, à environ 1 mile, on aperçoit les vestiges d'un foyer. Il s'agit désormais d'un mémorial dédié aux armées portugaises qui aidèrent pendant la Première Guerre mondiale aux constructions navales implantées dans la région. Plus loin, un immense parking, *Bolderwood.* Le point de départ pour trois promenades dans les futaies : ***Deer watch trail*** (sur les traces des cerfs, moins d'un mile), ***Jubilee grove trail*** (des vues imprenables sur des arbres bicentenaires, pour 500 m de plus) et ***Radnor trail*** (à travers les sous-bois jusqu'à la rivière de Bratley, 2 miles). N'oubliez pas vos chaussures à crampons. C'est paisible et calme. Respirez... Et si vous avez crié en voyant le *Projet Blair Witch,* faites vite demi-tour !

BROCKENHURST *(ind. tél. : 01590)*

Un autre petit bourg sympa, moins touristique que Lyndhurst, moins joli aussi. Point de départ de belles balades en forêts et à vélo.

Arriver – Quitter

En bus

➢ ***Southampton :*** 10 liaisons/j.

En train

Gare ferroviaire : *sans surprise, à côté du passage à niveau.*

➢ ***London Waterloo :*** 2 trains/h. Durée : 1h30.

➢ ***Bournemouth et Poole :*** 2 trains/h. Durée : env 25 mn pour Bournemouth et 40 mn pour Poole.

➢ ***Southampton et Winchester :*** 3 trains/h. Durée : env 15 mn pour Southampton et 45 mn pour Winchester.

Adresse utile

■ ***Location de vélos :*** ***New Forest Cycle Experience,*** *Brookley Rd.* ☎ *62-42-04.* • *cyclex.co.uk* • *Au milieu du carrefour, près du passage à niveau. Tlj 9h30-17h30. Compter 13-17 £/j. selon vélo.* On vous fournira un fascicule avec 7 itinéraires pour cyclistes très bien fléchés et couvrant l'ensemble de la région.

Où dormir ?

De prix modérés à prix moyens (40-80 £ / 48-96 €)

Seraya B & B : *8 Grigg Lane,* ***Hants,*** *SO42 7RE.* ☎ *62-24-26.* • *edwimward@btinternet.com* • *serayanewforest.co.uk* • *À 2 mn à pied du centre du village. En voiture, prendre la direction de Beaulieu au niveau de la banque* Lloyds TSB. *La maison se trouve env 200 m plus loin. Selon confort et saison, doubles 55-68 £, petit déj compris. CB refusées.* Dans un quartier pavillonnaire, une petite maison en brique rouge (pour changer !) proposant des chambres pas bien grandes mais au confort douillet. Accueil délicieux de Janet et breakfast énergétique pour démarrer la journée.

Où manger ?

|●| ***The Snake Catcher Pub :*** *sur la route principale, près du passage à niveau.* ☎ *62-23-48.* • *info@thesnakecatcher.co.uk* • *Snacks env 4,50 £, plats plus consistants 7 £.* Un pub récent mais bien dans la tradition, à la mémoire de Henry « Brusher » Mills, qui vécut au XIXe s dans la région et reste connu pour les quelque 35 000 serpents qu'il s'est amusé à attraper. Le surnom lui vient de son activité annexe de brosseur de glace sur les étangs, pour les patineurs l'hiver.

|●| ***Dynasty Indian Restaurant :*** *Brookley Rd.* ☎ *62-40-87. Ouv 12h-14h30, 18h-minuit. Plats 7-11 £.* Comme son nom l'indique, un indien. Bien pratique puisque ouvert tous les jours et fournissant des plats à emporter, utile si l'on campe dans les environs.

À voir dans les environs

Beaulieu (les Anglais prononcent « Biouli ») *: à l'est de Brockenhurst, par la B 3055.* Beaulieu est un petit village, rendu célèbre par les ruines de son abbaye et son **National Motor Museum** *(musée national de l'Automobile), vraiment étonnant. ☎ 61-23-45. • beaulieu.co.uk • Tlj 10h-17h (18h juin-sep). Entrée : 19 £ ; heureusement, un ticket familial peut en réduire légèrement le coût.*

Dans un hall immense, 250 véhicules anciens, dont la décapotable blanche ayant appartenu à Marlène Dietrich. On peut y admirer des ancêtres astiqués jusqu'au bouchon de radiateur (dont une Renault 1899), une magnifique panoplie des marques légendaires britanniques (Rolls, Bentley, Jaguar, etc.), des rutilantes voitures de pompiers et des véhicules utilitaires comme dans les B.D. de *Blake et Mortimer*, un vieux garage des années 1930 avec ses odeurs de cambouis et les vieilles rengaines qui sortent du poste de TSF. On peut aussi voir un arsenal de motos de tous âges et les bolides de F1 de Senna ou de Villeneuve.

Toutes sortes d'attractions (certaines payantes) en rapport avec le train et la voiture, dont un parc d'animation avec monorail suspendu, qui fait le tour du site jusqu'à l'abbaye, la conduite d'une voiture ancienne, un simulateur de 4x4 et *Wheels* : dans de petites nacelles sur rail peuvent prendre place deux adultes et un enfant ; on passe dans une immense salle obscure où les dernières découvertes en matière de robotique et de technique audiovisuelle permettent de recréer toutes les époques de l'automobile en montrant comment la voiture a modifié la vie quotidienne du XXe s.

MY NAME IS...

On trouve également dans le musée un hall consacré aux véhicules aquatiques de James Bond ainsi que la tenue pas très sexy de Moneypenny dans Octopussy et tout plein de gadgets inventés par les services secrets de Sa Majesté.

En plus, visite des *ruines de l'abbaye cistercienne* (expo sur la vie des moines) et de **Palace House,** la demeure de lord Montagu of Beaulieu, qui appartient à sa famille depuis 1538. Le décor est un mélange de rigueur monastique et de confort victorien.

Buckler's Hard : *à moins de 2 miles au sud de Beaulieu. ☎ 61-62-03. • bucklershard.co.uk • Tlj 10h-17h (17h30 juil-août, 16h30 nov-fév). On paie l'entrée au Musée maritime dès l'arrivée au parking : 6,20 £ ; réduc.*

Village historique au bord de la Beaulieu River, port d'attache du navigateur solitaire Sir Francis Chichester. Le hameau fut fondé au XVIIIe s par le duc Montagu pour en faire un port de commerce vers les Antilles. L'entreprise capota, mais le site devint une annexe des Dockyards de Portsmouth, et on y construisit certains des plus beaux fleurons de la flotte de Nelson. Le *Musée maritime* retrace avec force détails cette vocation du village. Pas mal du tout.

– *Le village :* à peine deux rangées face à face de petites maisons de brique. Atmosphère bucolique. La maison du chef de chantier Adams est convertie en hôtel-resto-bar. Chambres plutôt chères. Côté rivière, il ne reste que quelques moignons des pontons du chantier qui périclita lors de l'avènement de la construction navale métallique. On peut embarquer sur le *Swiftsure* pour une minicroisière d'une demi-heure sur la rivière (payant).

Exbury Gardens : *à 2 miles au sud-est de Beaulieu. ☎ (02380) 89-12-03. • exbury.co.uk • Mars-début nov, 10h-17h. Entrée hte saison : 9,50 £ (14 £ avec balade en train) ; réduc.* Un jardin exubérant créé par Lionel de Rothschild en 1920 et géré aujourd'hui par ses deux fils. Un festival de belles odeurs et de belles couleurs, sur 20 ha. Il y en a pour quasi toutes les saisons : rhodos, magnolias et camélias au printemps, roses en été, et érables et azalées à l'automne. En été également, un petit labyrinthe avec une sortie pas si évidente que ça à trouver...

LYMINGTON *(ind. tél. : 01590)*

À 5 miles au sud de Brockenhurst, cette bourgade côtière offre un joli port de pêche aux rues pavées et maisons anciennes tarabiscotées. C'est aussi un point de départ pour l'île de Wight.

Arriver – Quitter

En ferry

➢ ***Yarmouth :*** 1 ferry ttes les 30 mn en hte saison, alternant piétons et voitures. ☎ *(0871) 376-10-00.* • *wightlink.co.uk* •

En train

La gare se trouve sur Station St (logique !), du côté des quais.
➢ ***Southampton :*** 2 trains/h, trajet : env 45 mn.

Adresses utiles

ℹ ***Visitors' Information Centre :*** *New St.* ☎ *68-90-00.* • *thenewforest.co.uk* • *Lun-sam 10h-17h.* Accueil pro et aimable. Possibilité d'y acheter les billets pour le ferry.
✉ ***Poste :*** *sur High St.*

Où dormir dans les environs ?

Self catering

☗ ***Rose Cottage :*** *East Lane, Everton,* ***Hants,*** *SO41 0LJ. Sortir de Lymington par l'A 337 direction Everton, env 3 miles plus loin tourner à droite sur Christchurch Rd et prendre à droite au pub Crown Inn ; c'est au bout d'East Lane, sur la gauche. Résa indispensable auprès de Mrs Taylor au* ☎ *64-52-17.* • *office@zinniacottages.co.uk* • *zinniacottages.co.uk* • *Une belle maison pour 4 pers 250-580 £/sem selon saison.* Bien cachée derrière sa haie, une demeure qui fleure bon les vacances. 2 chambres confortables et lumineuses, un salon avec télé et chaîne hi-fi, une cuisine tout équipée qui donne sur un petit patio. Tout y est doux et accueillant, comme le jardin où faire la sieste en été et une cheminée dans le salon pour l'hiver.

Balade en forêt

➢ Une des plus jolies promenades de la New Forest, la ***Rhinefield Drive,*** commence à 2,4 miles du bourg, en prenant à droite, à l'extrémité ouest de Brookley Rd (qui débouche sur Rhinefield Rd). Il s'agit d'une large allée bordée d'immenses cyprès, cèdres et séquoias, la plupart mesurant plus de 30 m de haut. Remarquez aussi les sapins de toutes espèces, parmi les plus hauts et les plus anciens du pays. La Rhinefield Drive vous conduira ensuite, en traversant l'A 35, à *Knightwood Oak,* un chêne vieux de 350 ans protégé par sa petite clôture. Tout le long de cette route, on ne sait quel parking choisir pour arrêter son moteur et sortir du coffre son bâton de marche.
On a aimé ***The Tall Trees trail*** : 1,5 mile de marche en boucle à partir des parkings de Blackwater ou de Brock Hill. Pour admirer les sapins Douglas plantés sous le règne de Victoria. Sinon, des parkings de *Puttles Bridge* ou de *Whitefield Moor,* découvrez les prairies vertes où paissent des chevaux sauvages et suivez le cours de l'Ober.

Balades à vélo

Au *New Forest Cycle Experience* de Brockenhurst et au *Visitors' Information Centre* de Lyndhurst, possibilité d'acheter *(env 4 £)* un petit set de plusieurs fiches itinéraires. Tous les circuits sont à thème et démarrent de Brockenhurst, mais on peut les rejoindre en cours de route. « L'ornemental loop » permet notamment, en quelque 8 miles, de traverser un arboretum et un sanctuaire de daims. Si vous vous sentez d'attaque, poussez jusqu'à Beaulieu (2 circuits possibles, de 6 miles et 16 miles), à travers bois et marécages, ou alors empruntez une ancienne voie ferrée sur 20 miles.

BURLEY *(ind. tél. : 01425)*

Un village dans l'ouest du parc national de la New Forest, dont le centre est essentiellement composé de magasins de souvenirs qui perpétuent la tradition locale des... sorcières. Dans l'une des boutiques, on remarque la photo de Sybil Leek, la dernière sorcière « officielle » de la New Forest, qui vécut à Burley dans les années 1950. Chassée par la population qui la voyait d'un mauvais œil, elle émigra aux États-Unis. Ses talents ne valaient cependant pas ceux de Mary Dore, qui, au XVIIIe s, aimait se transformer en chat noir ! Possibilité de faire des balades à cheval. Ils sont partout en liberté, même dans les rues. Il existait ici une charmante tradition de gitans forestiers et de poneys, liés à la couronne anglaise, qui vient à peine de disparaître.

Adresses utiles

■ ***Location de vélos :*** ***Forest Leisure Cycling,*** *The Cross. ☎ 40-35-84. Tlj 9h30-17h.*

■ ***Coven of Witches :*** *The Cross.* Boutiques de souvenirs ultra-kitsch, où les sorcières miniatures sont légion.

Où dormir ?

CAMPING

⛺ ***Holmsley Camping :*** *à env 5 miles au sud de Burley ; indiqué de l'A 35, entre Lyndhurst et Christchurch. ☎ (01425) 67-45-02. ● forestholidays.co.uk ● Ouv de mi-avr à oct. Compter 9,50-25,50 £ pour 2 selon saison, confort (électricité ou pas) et jour.* Peut-être pas le plus charmant mais parfaitement équipé et vaste, dans un joli coin.

SELF CATERING

🏠 ***Great Wells Cottages :*** *Beechwood Lane, BH24 4AS. En arrivant de Lyndhurst par Chapel Lane, prendre à gauche sur Beechwood Lane. ☎ 40-23-02. ● cottages-newforest.co.uk ● greatwells@aol.com ● Garden cottage pour 2 pers 300-475 £/sem selon saison. Résa indispensable auprès de Mrs Stewart. CB refusées.* Une petite retraite bucolique s'offre à vous, tout en nature et jolies couleurs. Cernée par les arbres et les chevaux, cette belle petite bâtisse joue la carte du confort intime avec son immense lit à baldaquin, ses larges fenêtres communiquant avec une terrasse en graviers pourvue de mobilier en teck et d'un barbecue pour l'été. La salle de bains avec sa large baignoire compense la minuscule cuisine. La proprio possède un autre cottage dans le coin, pour une famille, un peu moins charmant toutefois.

Bon marché (moins de 20 £/pers – 24 €)

⛺ 🏠 ***Youth Hostel :*** *Cottesmore House, Cott Lane, Burley, BH24 4BB. ☎ 40-32-33. ● burley@yha.org.uk ● À l'est du village, près du terrain de cricket. En pleine forêt. Fermé nov-fév. Réception à partir de 17h. Env 18 £/pers en dortoir de 4-10 lits. Possibilité*

HAMPSHIRE ET WILTSHIRE

de louer une tente pour 4 pers 39 £, ou un tipi pour 6 pers 59 £. Ancienne maison familiale, avec un salon douillet tout de rouge coloré et une jolie salle à manger illuminée par ses grandes fenêtres. Cuisine à disposition, lave-linge, joli jardin et accueil sympathique.

De prix modérés à prix moyens (40-80 £ / 48-96 €)

Bay Tree House B & B : *1 Clough Lane, Burley,* ***Ringwood*** *BH24 4AE.* ☎ *40-32-15.* • *annette@anetteallen.co.uk* • *annetteallen.co.uk* • *À la sortie nord du village, en suivant la direction de Ringwood, après Old Farmhouse. Fermé nov-fév. Double 70 £ avec petit déj. CB refusées.* Dans une demeure moderne où la propriétaire, Annette, n'a rien d'une sorcière, malgré sa collection de chouettes. Elle se révèle fort accueillante et une vraie fée du logis.

Plus chic (plus de 80 £ / 96 €)

Wayside Cottage B & B : *27 Garden Rd, Burley,* ***Ringwood*** *BH24 4EA.* ☎ *40-34-14.* • *wayside-cottage.co.uk* • *Du centre, petit chemin à gauche après le Old Farmhouse. Doubles 75-80 £, petit déj compris. CB refusées. Min 2 nuits le w-e.* Jolie maison blanche aux fenêtres bleues et à l'atmosphère feutrée. Les chambres, douces et confortables, offrent une vue paisible sur le joli jardin fleuri.

Où manger ? Où boire un verre ?

Old Farmhouse : *dans la rue principale, en direction de Ringwood.* ☎ *40-22-18. Pour un thé avec ses gâteaux, prévoir env 5 £.* Petit cottage spécialisé dans les *scones,* cakes et *cream teas.* Servent aussi des lunchs légers (et le dîner également en saison).

Burley Coach House : *show-room* pour déguster la production locale de vins « améliorés » à la framboise, à la pêche ou à la rhubarbe. Essayez, on n'en meurt pas !

À voir dans les environs

Liberty's Raptor & Reptile Centre : *Crow Lane, à* ***Crow,*** *au sud du village de Ringwood.* ☎ *47-64-87.* • *libertyscentre.co.uk* • *Mars-oct, tlj 10h-17h ; le reste de l'année, slt le w-e 10h-16h. Entrée : 7,95 £ ; réduc.* Minizoo spécialisé dans l'exposition de toutes les variétés de chouettes, de hiboux, d'effraies et de grands ducs ; quelques rapaces, et parmi eux, le spectaculaire secrétaire dont la tête fait penser à l'un des Beatles. Les cages sont un peu tristounettes, mais les volatiles sont régulièrement sortis pour prendre l'air (à 12h, 14h et 15h), au grand plaisir des visiteurs. Les âmes sensibles se pencheront sur les soins dispensés à l'« hospit'owl » (sic) et regretteront peut-être que tous ces splendides oiseaux soient prisonniers. Mais que de temps et de patience faudrait-il pour en apercevoir, ne fût-ce qu'un seul, dans la nature ? Également une « maison aux reptiles ».

Moors Valley Country Park : *à l'extrême ouest de la New Forest, à l'ouest de Burley et de Ringwood, et à l'intersection entre l'A 31 et l'A 338.* ☎ *47-07-21.* • *moors-valley.co.uk* • *Tte l'année de 8h au coucher du soleil.* Un immense parc aménagé pour toutes sortes d'activités : balades à pied, vélo (location possible), minitrain à vapeur pour se promener, golf, parcours de santé, accrobranche... Idéal pour les enfants, mais moins pour le porte-monnaie des parents, la plupart des activités sont payantes et il faut ajouter le parking (6-8 £ la journée) !

SALISBURY

39 200 hab. IND. TÉL. : 01722

Fondée lors du déménagement des habitants d'Old Sarum en 1220 vers un nouveau site moins aride que la colline fortifiée héritée des Romains, Salisbury est à présent une paisible cité en bordure de l'Avon. La ville médiévale s'est dotée d'une majestueuse cathédrale, à la flèche pleine de fierté, et d'un ensemble de monuments qui méritent qu'on leur consacre quelque temps. On peut y séjourner pour rayonner vers les sites de Stonehenge et de Stourhead.

Arriver – Quitter

En voiture

➢ ***De Burley :*** sortir de la ville par l'A 31 direction Ringwood, continuer vers Fordingbridge et emprunter l'A 338 pour arriver à Salisbury. Trajet : env 30 mn.

En train

Gare ferroviaire *(plan A2)* **:** *South Western Rd, à l'ouest de la ville. ☎ (08457) 48-49-50.*

➢ ***Londres Waterloo :*** 2 trains/h ; trajet : env 1h30.

➢ ***Portsmouth :*** 2 trains/h ; trajet : env 1h20.

➢ ***Southampton :*** 3 trains/h ; trajet : env 30 mn.

➢ ***Bournemouth :*** 2 trains/h ; trajet : env 1h15.

Adresses et infos utiles

Tourist Information Centre *(plan B2)* **:** *Fish Row, à l'arrière du Guildhall, SP1 1EJ. ☎ 33-49-56. • visitsalisbury.com • Lun-sam 9h30-17h30 ; dim 11h-15h (fermé sept-mai).* Brochure en français bien faite et gratuite, avec plan de la ville. Résa des *B & B*. D'avril à octobre, visite guidée de la ville à 11h (4 £/pers) et *Ghost Walk* de mai à septembre, le vendredi à 20h (4 £/pers). Durée : 1h30. Départs de l'office de tourisme.

✉ ***Post Office*** *(plan B2)* **:** *24 Castle St, à l'angle de Chipper Lane. ☎ (08457) 22-33-44. À deux pas de Market Sq.*

Gare routière *(plan B2)* **:** *sur Endless St, à côté du Guildhall. ☎ (01722) 33-68-55.*

Adresses utiles

- Tourist Information Centre
- @ The Library

Où dormir ?

- 10 Coombe Touring Park
- 11 Salisbury Camping and Caravanning Club Site
- 12 Youth Hostel
- 13 Potters Way B & B
- 15 Leena's Guesthouse
- 16 Byways House
- 17 Edwardian Lodge
- 18 Grasmere House
- 19 Bridge Farm B & B

Où manger ?

- 30 The Café on the Park
- 31 Haunch of Venison
- 32 Qudos
- 33 Alpino
- 34 The Old Mill Hotel

Où prendre le thé ?

- 40 Reeve the Baker
- 41 The Cross Keys

À voir

- 50 Salisbury and South Wiltshire Museum
- 51 Redcoats in the Wardrobe
- 52 Mompesson House
- 53 Wilton House
- 54 Regimental Badges
- 55 Old Sarum Castle

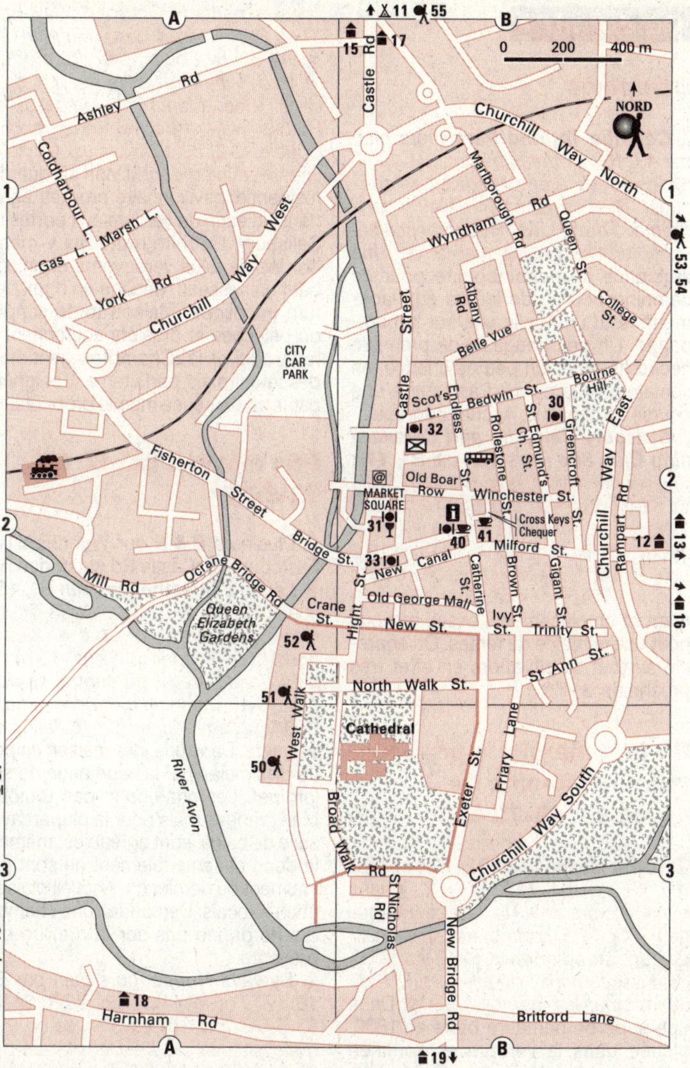

SALISBURY

@ **The Library** (plan B2) **:** *Market Sq.* ☎ *34-32-73. Horaires un peu compliqués... Globalement, ouv lun-ven 9h-17h.*

– **Marché :** *mar et sam 8h-15h, sur Market Sq. Également un Farmer Market le mer ts les 15 j., toujours sur Market Sq.*

– **Consigne :** depuis les attentats de Londres, plus de consigne à la gare mais au pub juste en face, le *Cat Tavern.*

Où dormir ?

Campings

⛺ **Coombe Touring Park** (hors plan par A3, **10**) : *Notherhampton, SP2 8PN.* ☎ *32-84-51. À env 4,2 miles au sud-ouest. Bien indiqué, derrière l'hippodrome. Fermé déc. Résa conseillée. Compter 13 £ pour 2 avec tente.* Une ambiance très cosmopolite pour ce camping pourvu de larges emplacements et d'une belle vue sur la campagne. Un petit magasin de première nécessité. Avec un peu de chance, en semaine, vous pourrez assister à une course de chevaux. Accueil adorable.

⛺ **Salisbury Camping and Caravanning Club Site** (hors plan par B1, **11**) : *Hudson's Field, Castle Rd, SP1 3RR.* ☎ *32-07-13. Près d'Old Sarum, à env 1,5 mile au nord du centre-ville. Ouv début avr-fin oct. Compter 14-19 £ pour 2 avec tente selon saison ; 6 £ de plus pour les non-membres.* Équipement et emplacements assez moyens pour une centaine de tentes. On apprécie surtout sa situation, en effet très proche de la ville.

De bon marché à prix modérés (moins de 40-60 £ / 48-72 €)

🏠 **Youth Hostel** (plan B2, **12**) : *Milford Hill, SP1 2QW.* ☎ *32-75-72. • salisbury@yha.org.uk • Tte l'année. Réception 7h30-23h, mais check-in à partir de 13h. Lit en dortoirs (4-12 lits) 23 £, petit déj compris ; double 52 £, 3 £ de moins pour les membres.* 💻 📶 Dans une superbe demeure bâtie en 1830, nichée dans la verdure et dominée par un arbre majestueux. Si les parties communes sont chaleureuses et accueillantes, les chambres sont banales et la déco inexistante. Douches et sanitaires simples et propres. Cuisine et laverie. Grande capacité d'accueil depuis qu'une extension, plus moderne, a été construite.

🏠 **Potters Way B & B** (hors plan par B2, **13**) : *20 Potters Ways, Laverstock, SP1 1PX.* ☎ *33-50-31. Passer sous le pont de Churchill Way East (Ring Rd), tt droit dans Milford Hill, suivre Shady Bower, prendre à droite Milford Mill Rd et continuer tt droit dans Queen Manor Rd ; l'impasse de Potters Way se trouve sur la gauche. Double 45 £, petit déj inclus. CB refusées. Parking gratuit.* Dans un quartier résidentiel pavillonnaire propret, égaré dans un écrin de verdure aux portes de Salisbury. L'étroite route qui y mène, bordée de talus verdoyants et enjambant un ruisseau, dégage un doux parfum bucolique. Maison toute simple, où peluches et bibelots accrochent le regard ici et là. Chambres gentiment désuètes, mais parfaitement soignées par la chaleureuse mamie propriétaire.

Prix moyens (60-80 £ / 72-96 €)

🏠 Plusieurs ***B & B*** sur Wyndham Rd, Eastcourt Rd, Castle Rd et London Rd.

🏠 **Leena's Guesthouse** (plan B1, **15**) : *50 Castle Rd, SP1 3RL.* ☎ *33-54-19. • leenas@btinternet.com • leenasguesthouse.co.uk • À env 15 mn à pied de la gare et du centre. Double 67 £, petit déj inclus. Parking gratuit.* 📶 *10 % de réduc sur présentation de ce guide.* Dans une jolie maison en partie dissimulée par la végétation de son jardinet. Les chambres, pas toujours bien grandes mais pour la plupart avec salle de bains, sont agréables, même si la déco et l'ameublement ne sont pas vraiment du dernier cri. Accueil plaisant et en français. Demandez une chambre qui ne donne pas sur la rue, un peu bruyante.

🏠 **Byways House** (hors plan par B2, **16**) : *31 Fowler's Rd, SP1 2QP.* ☎ *32-83-64. • info@bywayshouse.co.uk • bywayshouse.co.uk • Dans la rue partant en face de l'AJ. Fermé 25 déc-1er janv. Doubles 60-75 £. Parking gratuit.* 📶 *Réduc de 10% sur présentation de ce guide (sf juil-août).* Grande et noble demeure victorienne proposant une vingtaine de belles chambres confortables au charme classique. Celles du rez-de-chaussée sont un peu plus neutres et banales, excepté certaines avec un petit jardin (un peu plus chères). Breakfast traditionnel.

Edwardian Lodge (plan B1, **17**) : *59 Castle Rd, SP1 3RH. ☎ 41-33-29. • enquiries@edwardianlodge.co.uk • edwardianlodge.co.uk • Doubles 62-78 £, petit déj inclus. Parking gratuit.* Chambres parfaitement confortables mais à la déco un peu datée, avec salles de bains fonctionnelles bien qu'assez exiguës. La rue étant passante, préférez les chambres sur l'arrière. Excellent accueil de Richard, qui se fera une joie de perfectionner son français avec vous !

Plus chic (plus de 80 £ / 96 €)

Grasmere House (plan A3, **18**) : *70 Harnham Rd, SP2 8JN. Après New Brigde Rd, prendre la direction de Wilton. ☎ 33-83-88. • info@grasmerehotel.com • grasmerehotel.com • Doubles 85-155 £. CB refusées. Parking gratuit. Réduc de 10% sur présentation de ce guide.* Un hôtel d'une quarantaine de chambres niché dans une belle végétation, avec un jardin qui descend tranquillement vers la rivière et une belle vue sur le clocher de la cathédrale. Voilà pour le cadre. Les chambres, aux noms de poètes, offrent une élégance classique et bourgeoise. Les plus chères sont dotées d'un lit à baldaquin... très chic ! Bon petit déj, servi dans la véranda.

Où dormir dans les environs ?

Bridge Farm B & B (hors plan par B3, **19**) : *Lower Rd, **Britford**, SP5 4DY. ☎ 33-23-76. • mail@bridgefarmbb.co.uk • bridgefarmbb.co.uk • Sortir de la ville direction Bournemouth, dépasser les quartiers résidentiels et tourner à gauche sur Lower Rd, et encore à gauche au panneau Farm Shop, puis continuer tt droit. Double 65 £, petit déj compris. Parking gratuit.* Un domaine fermier où le temps a décidé de faire une petite escale pour se reposer. La propriété, qui borde la rivière Avon, possède 3 vastes chambres à la déco classique et literie moelleuse. Avant d'aller batifoler dans le jardin, on prendra le petit déj sur une solide table de bois noble juste assez grande pour tous les plats !

Où manger ?

Bon marché (moins de 8 £ / 9,60 €)

The Café on the Park (plan B2, **30**) : *53 Salt Lane, SP1 1EG. Bagels et jacked potatoes 2,50-4 £.* Quelques tables en chêne pour ce petit café à l'ambiance zen. La garniture des snacks est fraîche et variée ; et aux beaux jours, on peut aller manger dans le parc juste en face. Très plaisant.

De prix moyens à plus chic (8-20 £ / 9,60-24 €)

Haunch of Venison (plan B2, **31**) : *1-5 Minster St, SP1 1TB. ☎ 41-13-13. Fermé à Noël. Plats 5-15 £.* Superbe pub ancien, avec boiseries patinées, murs et plafonds de guingois et feu dans la cheminée. On peut se contenter d'y boire un verre ou s'attabler dans la jolie salle du 1er étage pour une cuisine de pub sans grande imagination mais plutôt bonne. Pour la petite histoire, on a découvert ici le bras momifié d'un joueur de cartes du XVIIIe s... Bon appétit !

Qudos (plan B2, **32**) : *38 Castle St, SP1 1BN. ☎ 41-37-55. • info@qudossalisbury.co.uk • Plats 6-20 £. Musique live 5 soirs/sem.* Dans un vieux pub victorien dont il reste quelques jolis éléments (superbe cheminée !), un resto résolument contemporain, avec lumières tamisées et ambiance cosy-chic. La carte se balade entre l'Angleterre et l'Italie et se spécialise dans les grillades de viande et de poisson. Clientèle assez jeune et gentiment branchée.

Alpino (plan B2, **33**) : *70A New Canal, SP1 2AQ. ☎ 33-89-32. Plats 7-20 £.* Une fois les escaliers grimpés, ce resto italien à la façade triste se transforme en antre de chaleur. D'accord, la déco n'a rien d'inoubliable, mais les lasagnes sont bonnes, les pizzas ont la pâte légère et les prix sont doux. Service volubile, à l'italienne. On vous accueillera toujours avec le sourire, même après 22h. Et ça, ce n'est pas négligeable !

The Old Mill Hotel *(hors plan par A3, **34**) : Town Path, à **Harnham.** ☎ 32-75-17. • theoldmill@simonandsteve.com • Plats 7-20 £.* Le resto le plus ancien de la ville, dans un moulin du XIVe s. Cuisine traditionnelle de pub et quelques plats végétariens. Très agréable jardin où sont installées quelques tables pour profiter de la vue bucolique sur la rivière et observer les canards glisser sur l'eau.

Où prendre le thé ?

Reeve the Baker *(plan B2, **40**) : 61 River St., SP2 0AW. ☎ 32-20-50. À l'étage.* Demandez le « Stonehenge tea », assortiment de *scones* au fromage et *apple pie,* pour moins de 5 £. Également petite restauration.

The Cross Keys *(plan B2, **41**) : 1 Cross Keys Chequer, SP1 1EL. ☎ 32-09-93.* Large éventail de douceurs gourmandes, telles que gâteau au chocolat, tarte au citron et sa meringue, saint-honoré au café et *apple pie*.

Où boire un verre ?

Les meilleurs pubs pour passer une soirée à rencontrer les habitant(e)s, en dehors des 2 cités plus haut : ***The Cloisters,*** Catherine St ; ***The Pheasant Inn*** (belle déco), Salt Lane ; ***The Red Lion,*** Milford St (hôtel habité par un fantôme !) ; ***The New Inn,*** New St, près de la cathédrale.

À voir

Salisbury Cathedral *(plan B3) : • salisburycathedral.org.uk • Tlj 7h15-18h15. Don bienvenu 5,50 £. Des guides en français peuvent vous accompagner pour une visite commentée.*

Face à l'entrée, à l'intérieur, une reproduction miniature de la cathédrale qui vous montre parfaitement les différentes étapes de sa construction. En été, vous pouvez participer au « Brass Rubbing », le frottage des cuivres des plaques gravées, et emporter en souvenir un décalque sur papier. Fichée dans un cadre majestueux et rendue célèbre par les toiles de Constable, c'est la seule cathédrale d'Angleterre qui fut construite d'un seul élan (de 1220 à 1258), en gothique « early English », ce qui se traduit par une exceptionnelle unité de style. La flèche, ajoutée au XIVe s et haute de 123 m, est la plus haute du pays. Le soir, elle prend des teintes ocre. Pour avoir une jolie vue sur la cathédrale, il est conseillé de s'approcher par *Saint Ann's Gate*. La façade ouest, flanquée de deux tours d'angle, est décorée de cinq étages de statues restaurées au XIXe s.

– On entre par le magnifique ***cloître,*** dont les voûtes d'ogive des galeries sont décorées de clefs figurant des sirènes et des dragons. À l'opposé, on pénètre dans la salle capitulaire *(Chapter House),* réelle splendeur architecturale de forme octogonale à la voûte en éventail s'épanouissant à partir d'une élégante colonnade de marbre. Par-dessus les arcades se déroule une frise sculptée narrant des épisodes de l'Ancien Testament : la Genèse, l'Exode et la tour de Babel. Dans une vitrine est exposé un des quatre exemplaires connus de *la Magna Carta,* la Grande Charte, base du droit anglais, concédée par Jean sans Terre en 1215. Ce texte contient, entre autres, l'*Habeas Corpus,* règle selon laquelle « aucun homme ne saurait être emprisonné sans être jugé et condamné selon la loi du pays ».

– L'intérieur de la ***nef*** est d'une élégance un peu austère, sans doute à cause de l'alternance grise et noire de la pierre et du marbre utilisés. Le dessin général est celui d'une croix de Lorraine avec une paire de doubles transepts. À gauche, dans le bas-côté nord, l'une des plus anciennes horloges d'Europe (1386), sans cadran mais qui sonne à l'heure pile. À la croisée du transept, on peut constater la courbure des colonnes, pas assez fortes pour supporter l'ajout des 6 500 tonnes

de la tour et de la flèche : il a fallu compenser en construisant des arcs-boutants dans les galeries supérieures et des arches croisées de soutien dans le transept. Mais ce n'est pas suffisant puisque, au sol, on peut voir une plaque de cuivre qui marque les 75 cm d'écartement de la tour vers le sud-ouest. Dans le transept nord, un coffre en demi-cercle du XIIIe s et des drapeaux de régiments un peu mités.
– ***Le chœur*** abrite des stalles d'origine et, dans le 2e transept nord, une pierre de cristal tournante entourée des restes du jubé médiéval, remise à la cathédrale par Laurence Whistler en mémoire de son frère tué en 1944 sur les plages de Normandie. Dans le bas-côté gauche, le gisant décharné du chapelain d'Henri VIII. Dans l'*arrière-chœur,* la chapelle de la Trinité avec une belle *madone* de bois du XIVe s. Entre les deux transepts sud, le tombeau de sir Richard Mompesson et de sa femme, repeint d'après les couleurs d'origine. D'autres gisants dans le bas-côté droit de la nef : celui de William Longespée dans une belle armure de cotte de mailles et le cénotaphe de l'évêque Osmund, devenu saint en 1457, dans lequel on a percé des ouvertures pour permettre aux malades de se glisser pour être plus près des précieuses reliques. Signe de la prédominance des familles normandes, beaucoup de ces gisants portent des noms français.
– Si le cœur vous en dit, 360 marches vous attendent pour grimper à la base de la ***flèche,*** d'où l'on voit *Old Sarum* (site original de la ville de Salisbury).

🏛🏛 ***The Close :*** autour de la cathédrale, plusieurs centres d'intérêt :
– ***Salisbury and South Wiltshire Museum*** *(plan A3,* ***50****)* ***:*** *The King's House, 65 The Close. ☎ 33-21-51. • salisburymuseum.org.uk • Lun-sam 10h-17h ; dim slt juin-sep 12h-17h. Entrée : 6 £ ; réduc.* Maison médiévale de brique et de silex, où Jacques Ier avait ses habitudes. Excellent petit musée historique qui permet de remonter à la nuit des temps avec une très intéressante section consacrée à la préhistoire et aux mégalithes de Stonehenge en particulier. Utile avant de découvrir le site. Belle série de gravures de Stonehenge vue par les peintres et les caricaturistes, comme un superbe tableau de Turner. On apprend tout de l'abandon d'Old Sarum et de la fondation de Salisbury. Suite au drainage des anciens égouts sont réunis des objets usuels, témoins précieux pour illustrer la vie quotidienne sur plusieurs siècles. À l'étage, une superbe série de vitrines avec des costumes de la région et la reconstitution d'un cabinet médical des années 1940.
– ***Redcoats in the Wardrobe*** *(plan A2,* ***51****)* ***:*** *58 The Close, West Walk. ☎ 41-94-19. • thewardrobe.org.uk • Lun-sam 10h-17h (mar-sam en fév et nov) (et dim avr-oct 12h-16h30). Fermé déc-janv. Entrée : 3,95 £ ; réduc.* Musée militaire consacré aux « Tuniques rouges », (les soldats des régiments royaux du Gloucestershire, du Berkshire et du Wiltshire). Fantassins présents sur tous les fronts, depuis les guerres anglo-américaines jusqu'à la Birmanie en 1945, en passant par l'Afghanistan, la Crimée, le Bengale, le Soudan, les campagnes contre les Zoulous, Pékin, les Flandres et l'Italie. Bref, un classique du genre avec de beaux uniformes, des armes, des souvenirs de campagnes, et même un chien-mascotte décoré comme survivant d'un combat contre les Pachtouns de la Khyber Pass.
– ***Mompesson House*** *(plan A2,* ***52****)* ***:*** *Chorister's Green. ☎ 33-56-59. • nationaltrust.org.uk • De mi-mars à oct, 11h-17h. Fermé jeu et ven. Entrée : 5,90 £.* Hôtel de maître du XVIIIe s, représentatif de l'architecture « Queen Ann ». Décoration baroque, stucs, escalier monumental en chêne et collection imposante de verres d'époque. Joli jardin clos.

🏛🏛 ***Medieval streets :*** entre The Close et la place du Marché, des rues piétonnes attachantes, aux maisons à pignons et colombages, rappelant par leurs noms les métiers anciens : bouchers, marchands de poisson ou orfèvres.

🏛🏛 ***Queen Elizabeth Gardens*** *(plan A2)* ***:*** charmante promenade le long de la rivière.

Manifestation

– ***Salisbury International Arts Festival :*** *ts les ans, fin mai-début juin. Plus d'infos sur • salisburyfestival.co.uk • Billets d'accès en vente à l'office de tourisme.* La ville s'enflamme, feux d'artifice à l'appui, pour la musique, le théâtre, la photo, le cinéma, la danse, etc. Des thèmes sont développés chaque année autour d'invités.

DANS LES ENVIRONS DE SALISBURY

Wilton House *(hors plan par B1, **53**) : à 3 miles à l'est de Salisbury, sur l'A 30. ☎ 74-67-20. • wiltonhouse.com • Mai-août, tlj 11h30-16h30. Entrée : 14 £ ; réduc. Pour slt le parc paysager et ses grands cèdres : 5,50 £.* Wilton House est une grande demeure classique, résidence du comte de Pembroke. Un de ses ancêtres employa des tisserands français, réfugiés huguenots. À admirer : les coffres de voyage, les collections de porcelaines, une collection de 200 nounours, des portraits de Van Dyck, une splendeur de train électrique et une mèche de cheveux de la reine Élisabeth Ire ! Les lieux ont servi de décor naturel à de nombreux films, comme *Raisons et Sentiments,* d'après Jane Austen, avec Emma Thompson, *The Madness of King George* ou encore *Mrs Brown.*

Regimental Badges *(hors plan par B1, **54**) : quelques miles plus à l'est, au flanc d'une colline au bord de l'A 30.* Les soldats de la Première Guerre mondiale qui étaient en garnison à Fovant s'amusèrent, pour tuer le temps, à dessiner dans le sol les insignes de leurs régiments. Ils s'inspirèrent de la technique préhistorique employée dans la région, qui consiste à découvrir la roche sous la mince couche de terre.

Old Sarum Castle *(hors plan par B1, **55**) : à 2 miles au nord de Salisbury. ☎ 33-53-98. • english-heritage.org.uk/oldsarum • Bus nos 5, ou 9 de Salisbury. Juil-août, tlj 9h-18h ; avr-juin et sept, 10h-17h ; mars et oct, 10h-16h ; nov-fév, 11h-15h. Entrée : 3,70 £ ; réduc.* C'était une colonie celte à l'âge du fer, époque à laquelle les fossés furent creusés, avant l'arrivée des Romains, qui installèrent un bourg à l'intersection des routes de Bath à Winchester et de Dorchester à Londres. Après leur départ, Old Sarum végéta avec les rois saxons jusqu'à la conquête normande, durant laquelle Guillaume le Conquérant fit construire un château et une cathédrale. À peine achevée, cette dernière fut détruite par la foudre. On en rebâtit une nouvelle. Mais des conflits éclatèrent entre clergé et garnison. Mal abrité et manquant d'eau, le site fut abandonné à partir de 1220 au profit de Salisbury, où la nouvelle cathédrale draina les populations. Pillée pour ses pierres qui servirent à la construction de The Close, la colline fut laissée au vent et aux corbeaux pendant six siècles. Seules des reconstitutions historiques autour des minces ruines du château et de la cathédrale (mai-septembre) lui rendent un semblant de vie.

STONEHENGE

Site préhistorique classé au Patrimoine mondial de l'humanité par l'Unesco, ce mystérieux cercle de pierres bleues géantes, les *sarsens*, venues des Preseli Hills, au sud du pays de Galles, est une énigme archéologique qui, au même titre que les pyramides d'Égypte ou les statues de l'île de

Pâques, aura fait couler beaucoup d'encre. *Stonehenge* se traduit par « pierre suspendue », mais sa signification réelle a toujours exalté l'imagination des peintres, des écrivains et des ésotéristes et mystiques de tout poil.
Cependant, autant vous prévenir : Stonehenge attire les foules. La ruée vers les pierres et l'exploitation très organisée du site (et heureusement, puisqu'il faut bien le préserver) ôtent au lieu son aura mystérieuse et gâchent un peu le plaisir de la visite.

UN PEU D'HISTOIRE

L'ANACHRONISME D'OBÉLIX

En le faisant livreur de menhirs, Goscinny et Uderzo nous ont bien fait rigoler mais ils ont créé une belle confusion dans nos esprits. Carnac ou Stonehenge datent du IIIe ou IVe millénaire avant notre ère, donc... bien avant l'arrivée des Gaulois ou des Celtes. L'erreur remonte, en fait, au XIXe s. Avant cette époque, les historiens ne connaissaient pas l'existence de peuples antérieurs aux Gaulois. Donc, ce qui était très ancien était obligatoirement... gaulois !

Cet alignement de mégalithes était probablement lié à l'observation de la course du soleil dans le ciel et du cycle des saisons, et aurait pu servir ainsi de calendrier. Un bloc indique le point de l'horizon où le soleil se lève lors du solstice d'été, tandis que des pierres plus petites, situées au sud-est, désignent le lieu du lever du soleil au moment du solstice d'hiver. À la première époque, la région était peuplée de chasseurs nomades et de quelques tribus de pasteurs sédentarisés. La première phase consista à creuser un fossé circulaire de 91 m de diamètre, bordé à l'intérieur d'un remblai de craie et matérialisé par 56 trous. Au nord-est, le remblai était interrompu pour permettre une entrée marquée à l'intérieur par deux pierres verticales et à l'extérieur, vers la route, par la Heel Stone qui vient étendre son ombre au centre lors du lever du soleil le 21 juin. Au milieu, quatre blocs de grès furent plantés aux quatre points cardinaux. L'enceinte fut utilisée comme lieu de culte et d'inhumation. Il fallut nécessairement, par la suite, une organisation sociale hiérarchisée pour permettre la mise sur pied d'une entreprise aussi complexe et acheminer 80 blocs de pierres bleues de 4 t depuis les collines du pays de Galles (à 230 miles !) et les dresser en double cercle au centre de l'enceinte. À la troisième phase, vers 1650 av. J.-C., on ajouta le cercle extérieur de trilithons de grès de 25 t (provenant d'un gisement distant de 18 miles), taillés sur le dessus en tenons de façon à pouvoir accueillir les mortaises creusées dans les lourds linteaux et former un anneau ininterrompu. À l'intérieur, cinq trilithons géants (de 45 t) coiffés de leur linteau massif furent disposés en fer à cheval. L'alignement des pierres bleues fut alors réagencé. D'après les dernières recherches, et les squelettes retrouvés enterrés, souffrant de traumatismes, le lieu aurait été un important centre de guérison, au même titre que Lourdes aujourd'hui. En effet, les pierres bleutées ici présentes sont les mêmes que les pierres galloises présentes près des sources d'eau là-haut, des sources d'eau miraculeuses. Les plus touchés par la maladie faisaient alors le pèlerinage.
Quoi qu'il en soit, des blocs furent déplacés et on ne peut qu'émettre des hypothèses. La passion de l'astronomie était, par exemple, commune à beaucoup de peuplades antiques... Une chose est sûre en tout cas : il ne s'agit pas d'un monument druidique, les trois périodes de sa construction étant bien antérieures à l'arrivée des Celtes, au IIIe s avant notre ère.
Les guides du XIXe s contribuèrent largement à dégrader le site en prêtant de petits marteaux aux touristes pour se faire des souvenirs. On ne peut plus approcher les pierres aujourd'hui et on se balade à une vingtaine de mètres de distance. Rassemblement festif pour le solstice d'été (21 juin). Lieu quasi inaccessible à ce moment-là.

Arriver – Quitter

Stonehenge se situe à 2 bons miles à l'ouest d'Amesbury, à la jonction de l'A 303 et de l'A 344, et à 9 miles de Salisbury.

➢ ***Salisbury :*** bus *Stonehenge Tour.* En voiture, au départ de Salisbury, prendre la Ring Rd et suivre l'A 345 vers Amesbury, tourner dans la 2e à gauche, Stratford Rd. Route beaucoup plus sympa, avec de nombreuses maisons aux toits de chaume.

Infos utiles

ℹ ***Renseignements :*** *☎ (08703) 33-11-81. • stonehenge.co.uk • Tlj mars-oct 9h30-18h (19h juin-août) ; le reste de l'année, 9h30-16h. Arrivez tôt, c'est vite envahi de cars de touristes. Entrée : 7,50 £ ; réduc. Audioguide en français gratuit.* Pour ceux qui trouvent l'entrée sur le site un peu chère, sachez qu'on le voit très bien de la route !

Où dormir ?

⛺ ***Stonehenge Touring Park :*** ***Orcheston,*** *SP34SH, près de Shrewton. ☎ (01980) 62-03-04. • stay@stonehengetouringpark.com • stonehengetouringpark.com • À 3,6 miles au nord-ouest du site de Stonehenge sur l'A 360 ; suivre la direction « Devizes ». Résa conseillée. Compter 9-15 £ pour 2 avec tente.* Un vaste terrain arboré et bien tenu. Très fréquenté en saison en raison de sa situation. Village avec commerces à proximité.

DANS LES ENVIRONS DE STONEHENGE

Avebury Stone Circle : *à env 22 miles au nord de Stonehenge, en direction de Swindon, au bord de l'A 4361. Prendre le bus* Wilts & Dorset *nos 4 et 6 depuis Salisbury jusqu'à Pewsey, et de Pewsey, les bus nos 95 et 96 vous mèneront à destination ; 4-6 fois/j., trajet env 1h30. Parking payant : 5 £/j. en été, 2 £ en hiver. Entrée gratuite.* Autre site important de mégalithes. Le village, mignon tout plein, se trouve encerclé par 11 ha de pierres et de terrassements datant de 1800 av. J.-C. Le plus grand alignement comportait 98 mégalithes, dont 27 ont subsisté. Étant donné l'étendue, il est difficile d'avoir une vue d'ensemble, d'autant qu'au XVIIIe s les habitants utilisèrent les pierres comme matériaux de construction. On apprécie néanmoins l'endroit, qui a su préserver un charme que Stonehenge n'a plus (même si le site d'Avebury est lui aussi très fréquenté en saison). On peut reconstituer le puzzle en visitant le *musée Alexander-Kieller,* qui apporte tous les éléments d'information pour corréler ces observations avec les autres sites de la région. *☎ (01672) 53-92-50. Tlj « from dawn to dusk ». Entrée : 4,90 £.*

Shaftesbury : *à 21 miles à l'ouest de Salisbury (route A 30).* Petite ville au centre très bien conservé. Le roi Alfred profita de sa position stratégique, à 200 m d'altitude, pour mener sa lutte contre les Danois. Très célèbre *Gold Hill,* rue piétonne pavée, bordée de maisons typiques. En haut de la rue, *Gold Hill Museum,* intéressant.

Stourhead Gardens : *à* ***Stourton,*** *à 9 miles au nord-ouest de Shaftesbury. ☎ (01747) 84-11-52. • nationaltrust.org.uk/stourhead • Ouv « variables » : jardins tte l'année, tlj 9h-18h ; maison ouv de mi-fév à oct, 11h-17h, fermée mer et jeu sf en été. Entrée (maison et jardins) : 13,80 £. Pour maison ou jardins : 8,30 £ ; réduc.* À ne pas manquer pour les fans de jardins anglais. Un des sommets de l'art paysager, dû au talent d'un banquier du XVIIIe s, Henry Hoare. Inspiré par l'Antiquité classique et influencé par les tableaux de Nicolas Poussin et de Claude Lorrain, il composa avec patience une partition végétale et architecturale autour d'un lac triangulaire, alternant les essences rares et les frondaisons de couleurs juxtaposées, et les émaillant de ponts, de grottes, de temples, de fontaines et de statues judicieusement révélés au regard. Un vrai régal pour l'œil. La maison, de style palladien, abrite un beau mobilier chippendale (du nom de l'ébéniste britannique du XVIIIe s), des toiles de Poussin et des porcelaines.

BOURNEMOUTH

165 000 hab. IND. TÉL. : 01202

Le « Monaco anglais », autant par la douceur de son climat que pour son atmosphère, ou encore pour ses salles de jeux. Pendant l'ère victorienne, plus de 3 millions de pins furent plantés pour mêler aux odeurs marines les parfums résineux, considérés comme excellents pour la santé. Il faut reconnaître que tous ces superbes parcs dévalant un relief vallonné et ces maisons cossues ne manquent pas de charme. Alors les touristes retraités et aisés s'y précipitent hors saison, et les familles investissent les 12 km de plage de sable dès que le soleil pointe le bout de son nez. Puis on passe du bingo au shopping, les deux activités majeures après la plage. Pour notre part, on préfère nettement les solitudes de Purbeck Island, un peu plus loin.

Arriver – Quitter

En voiture

➢ ***De Salisbury :*** sortir de la ville par l'A 338 et continuer sur env 30 miles.

En train

Gare ferroviaire : *Holdenhurst Rd. ☎ (08457) 48-49-50.*
➢ ***London Waterloo, Southampton, Brockenhurst*** *(The New Forest)* ***:*** env 2 liaisons/h. Durée : 2h15 pour Londres, 45 mn pour Southampton et 25 mn pour Brockenhurst.
➢ ***Winchester :*** env 2 liaisons/h. Durée : 1h15.

En bus

Gare routière : *les* Yellow Buses *(bus de ville) ont un bureau sur Avenue Rd. ☎ 63-60-60. Pour les* Red Buses *(liaisons régionales et nationales) et la compagnie* Wilts & Dorset, *le terminal se trouve à Poole, au Dolphin Centre. ☎ 67-35-55. Les* National Express *arrivent près de la gare ferroviaire.*
➢ ***Londres :*** env 2 liaisons/h avec les bus *National Express.* Durée : 2h40-3h.
➢ Plusieurs liaisons/j. avec ***Salisbury*** (1h10), et ***The New Forest*** avec les bus *Wilts & Dorset,* avec un changement à Lymington.

Adresses utiles

Tourist Information Centre : *Westover Rd, BH1 2BU. ☎ 0845-051-17-00. • bournemouth.co.uk • Lun-sam 10h-16h. Juil-août, lun-sam 9h30-17h30 ; dim 11h-15h.* Utile pour une réservation de chambre. Vend aussi des billets de bus. Excellent accueil.
Post Office : *au magasin* WH Smith, *9-13 Old Christchurch Rd.*
Banques et bureaux de change : *Old Christchurch Rd (dans la partie piétonne).* On trouve aussi, dans cette rue, une trentaine de restos.
@ ***The Cyber Place :*** *25 Saint Peter's Rd. ☎ 29-00-99. Tlj 9h30-minuit.* Dans une grande salle agréable, avec de la bonne musique, du vrai café et des bricoles à grignoter.

Où dormir ?

Bournemouth est cher et, malgré plus de 400 adresses d'hébergement, il est assez difficile de trouver un bon rapport qualité-prix, surtout en haute saison. Côté campings, rien à Bournemouth même. Alors, amis des espaces où la nature a encore ses droits, nous vous conseillons de prendre la direction de l'est ou de l'ouest, ou encore de pousser jusqu'à la New Forest où vous ne serez pas déçus.

Bon marché (moins 40 £ / 48 €)

Bournemouth Backpackers : *3 Frances Rd, BH1 3RY. ☎ 29-94-91. • bournemouthbackpackers.co.uk • Proche de la gare. Traverser la route principale, prendre à droite à l'église en brique rouge et ensuite la 2e à gauche. Ceux qui arrivent par bateau à Poole prendront le train jusqu'à Bournemouth Central. Appelez avt pour annoncer votre arrivée ; résa fortement conseillée (jusqu'à 4 sem à l'avance). Fermé en hiver. Selon saison, 13-18 £/pers en dortoirs de 4-6 lits. CB refusées. Parking gratuit.* La seule AJ (privée) de la ville. Une vingtaine de lits dans une maison édouardienne très simple. Chambres correctes et propres, comme les sanitaires. Cuisine et une petite cour sur l'arrière, avec tables en été. Ambiance comme à la maison, où l'on n'hésite pas à s'asseoir avec tout le monde sur les gros et moelleux canapés du *lounge*, pour discuter ou regarder la télé.

De prix modérés à prix moyens (40-80 £ / 48-96 €)

Amarillo : *52 Frances Rd, BH1 3SA. ☎ 55-38-84. • info@amarillohotel.co.uk • amarillohotel.co.uk • Du centre, prendre Christchurch Rd et tourner à gauche dans Derby Rd. Doubles 50-70 £ selon saison, petit déj compris.* Dans un quartier verdoyant et tranquille, une jolie maison victorienne en brique rouge joliment rénovée, mélangeant mobilier ancien et contemporain. Chambres pimpantes, à la déco fraîche et moderne, douillettes à souhait. Une excellente adresse, pleine de charme et de gentillesse, d'un rapport qualité-prix exceptionnel pour cette ville. Notre coup de cœur, assurément !

Cransley : *11 Knyveton Rd, BH1 3QG. ☎ 29-00-67. • info@cransley.com • cransley.co.uk • Du centre, prendre Christchurch Rd et tourner à gauche dans Annerley Rd. Doubles 75-80 £ selon saison, petit déj compris. Parking.* Dans une jolie rue aux arbres hauts et fiers, une maison accueillante décorée avec soin. Ambiance différente dans chaque chambre, tantôt contemporaine épurée, tantôt romantique et fleurie. Une jolie adresse, douce, reposante et délicate.

The Blue Palms Hotel : *26 Tregonwell Rd, West Cliff, BH2 5NS. ☎ 55-49-68. • bluepalmshotel.com • À 5 mn des plages et du centre. Début juil-début sept, 3 nuits min exigées. Doubles 67-75 £ selon j. et saison. Réduc pour séjour de plus de 7 j. Parking.* Le propriétaire est dingue de la belle Marilyn. Elle est partout et sous toutes les formes ! Quelques chambres sont épargnées pour laisser la place à d'autres stars hollywoodiennes. Tout ça est bien sympa et ne manque pas d'humour, tout comme l'accueil d'ailleurs, adorable. On en oublierait presque de dire que les chambres sont confortables, bien équipées et plaisantes.

Ingledene Guesthouse : *20 Gardens View, BH1 3QA. ☎ 29-19-14. • ingledenehouse@yahoo.com • ingledenehouse.co.uk • Du centre, prendre Christchurch Rd, tourner à gauche dans Derby Rd et continuer tt droit. Doubles 45-60 £ selon saison, petit déj compris. Réduc de 10 % sur présentation de ce guide.* Une solide maison face à un joli petit parc, dans un quartier paisible. L'ensemble est un peu froid malgré les couleurs on ne peut plus vives des chambres. Confort simple et petit bar-salon où l'on peut consommer de l'alcool.

Où manger ?

Un peu partout, restos de chaînes, bars et *fish & chips* qui se ressemblent tous. On ne trouve pas moins d'une trentaine de restos dans Old Christchurch Rd.

Prix moyens (8-15 £ / 9,60-18 €)

🍴 🍷 ***The Goat and Tricycle :*** *27-29 Westhill Rd, BH2 5PF. Rue donnant dans Poole Hill. ☎ 31-42-20. Plats 5-11 £.* Un vrai pub de quartier pour une immersion sans fard dans la vie locale. Le salon avec quelques bouquins et bibelots divers, le long comptoir et sa série de pompes à bière, quelques tables de-ci de-là, un billard en contrebas et un écran géant pour les soirs de matchs. Plein de petites scènes de vie à observer en sirotant une bonne *ale*. Cuisine de pub, classique mais plutôt réussie.

🍴 ***Wagamama :*** *31-32 Westover Rd. ☎ 29-68-50. Tlj 12h-23h (22h dim). Plats 8-12 £.* Encore un restaurant de chaîne, qui donne dans la cuisine d'inspiration asiatique cette fois. Concept sympathique de grandes tables à partager où l'on commande surtout des bols de nouilles ou de riz garnis de viandes.

Très chic (plus de 20 £ / 24 €)

🍴 ***Westbeach Restaurant :*** *Pier Approach, presque en face du pier, sur la promenade du front de mer. ☎ 58-77-85. Tlj 9h30-11h, 12h-15h30 (17h w-e), 18h-22h. Plats 6-24 £ (35 £ pour la langouste !). Musique live jeu soir.* Cuisine tendance allégée, joliment mise en scène dans les assiettes. On vient ici pour le poisson et quelques fruits de mer, mais aussi pour le cadre, avec cette belle salle aux baies vitrées ou la terrasse donnant toutes deux directement sur la mer. Cher mais pas snob, même le soir quand les bougies tamisent l'atmosphère et que les musiciens envoient leur jazz de dîner chic. Attention, l'addition largue vite les amarres avec le vin !

À voir. À faire

★ Votre œil exercé saura repérer, dans les ***jardins,*** les nombreux écureuils peu farouches et curieux. Notre jardin préféré est celui qui se trouve derrière l'office de tourisme, et au milieu duquel coule la Bourne Stream.

★★★ ***Russell-Cotes Art Gallery and Museum :*** *☎ 45-18-58. • russell-cotes.bournemouth.gov.uk • Mar-dim 10h-17h. Gratuit.* Situé sur la promenade d'East Cliff surplombant la mer, dans le centre de Bournemouth, ce bâtiment somptueux et excentrique possède des plafonds peints très colorés et de jolis vitraux et ornements de métal forgé. Collections d'art contemporain et expositions temporaires. Quelques concerts et diverses manifestations artistiques également.

– ***Surf :*** un récif artificiel a été conçu sur la plage, le premier d'Europe (les autres se trouvent en Nouvelle-Zélande et en Australie). Plus de 1 ha de superficie, à 225 m de la côte, à l'est de Boscombe Pier, une droite émerge, classée type 5. À vos planches !

POOLE

123 500 hab. IND. TÉL. : 01202

Port de plaisance voisin de Bournemouth et port tout court (liaisons en ferries avec Cherbourg et Saint-Malo). C'est aussi l'une des plus vastes baies d'Europe avec, sur une île au milieu, *Brownsea Island,* réserve d'oiseaux (dont des paons) et lieu du premier camp scout organisé par Baden Powell en 1907. La balade sur les quais, avec ses yachts gigantesques, ses vieux entrepôts et l'activité du port, peut mériter d'y passer un moment. À part ça, rien de bien exaltant.

Arriver – Quitter

En ferry

➢ ***Cherbourg :*** 1-3 liaisons/j. avec *Brittany Ferries.* Durée : 3h30 (ou 1h30 avec le *Normandie Vitesse* en hte saison).
➢ ***Saint-Malo :*** 1-2 départs/j. avec *Condor Ferries.* Durée : 4h40. Attention : début oct-fin avr, les liaisons s'effectuent entre Saint-Malo et Weymouth, à 40 mn de Poole.
➢ ***Sandbanks*** (l'extrémité ouest du port, une presqu'île) **:** liaisons régulières avec *Blue Line Cruises.*
➢ ***Brownsea Island :*** liaisons fréquentes avec *Blue Line Cruises* et *Brownsea Island Ferries.*
➢ ***Purbeck Island :*** emprunter le petit ferry à chaînes qui relie *Sandbanks* à *Studland.*

En train et en bus

Gare ferroviaire : *Holes Bay Rd. ☎ (08457) 48-49-50.*
➢ ***London Waterloo :*** 3 trains/h avec *National Rail Enquiries,* trajet : 2h. Sinon, 5 bus/j. avec la compagnie *low-cost Megabus.*
➢ ***Southampton :*** 3 trains/h, trajet : env 1h.

Adresses utiles

ℹ ***Poole Welcome Centre :*** *Enefco House, Poole Quay, sur les quais. ☎ 25-32-53. • pooletourism.com • Tlj 10h-17h (16h sam et fermé dim nov-mars) ; tlj 10h-18h en juil-août.* Demander le petit guide de la ville (0,50 £), avec des bons de réduction pour plusieurs attractions.
■ ***Blue Line Cruises :*** *☎ (01202) 46-78-82. • bluelinecruises.co.uk •*
■ ***Brownsea Island Ferries :*** *☎ (01929) 46-23-83. • brownseaisland ferries.com •*
■ ***Brittany Ferries :*** *☎ (08712) 44-14-00 (d'Angleterre) ou 0825-828-828 (0,15 €/mn ; de France). • brittany ferries.com •*
■ ***Condor Ferries :*** *☎ (08456) 09-10-26. • condorferries.com •*

Où dormir ?

Comme chez sa voisine Bournemouth, l'hébergement est cher à Poole et les adresses agréables sont, étonnamment, assez rares.

Campings

À ***Upton*** et ***Hamworthy*** (à la périphérie ouest de Poole, sur l'A 35). Mais c'est l'industrie et c'est cher. Pour quelque 6,6 miles de plus, préférez le ***Birchwood Tourist Park :*** *North Trigon,* ***Wareham,*** *BH20 7PA. ☎ (01929) 55-47-63. • birchwoodtouristpark@hotmail.com • birchwoodtouristpark.co.uk • Prendre la direction de Dorchester par l'A 35, sortir vers Wareham, puis suivre la direction de Bere Regis. Compter 14,50-26,50 £ pour 2 avec tente selon saison.* Grand terrain très propre, sans ombre mais tranquille, entouré d'une belle végétation, avec nombreuses commodités dont une épicerie, machines à laver, aire de jeux pour les enfants et location de vélos.

De prix modérés à prix moyens (40-80 £ / 48-96 €)

Quayside B&B : *9-11 High St, BH15 1AB. ☎ 68-37-33. • poole quayside.co.uk • Proche des quais et du Poole Welcome Centre. Doubles 55-75 £, petit déj inclus.* Un petit *B & B* idéalement situé à deux pas des quais, ce qui justifie un prix relativement élevé au regard de la petitesse des chambres. Elles restent néanmoins plaisantes, toutes blanches, égayées par des housses de couette colorées. Le petit déj se prend derrière une baie vitrée donnant sur l'activité de la rue. Simple, central et sympathique.

Où manger ?
Où boire un verre ?

Tout le long des quais, des restaurants et pubs avec terrasse. Y aller au feeling, ils se ressemblent tous. Également une poignée de *fish & chips,* évidemment.

Prix moyens (8-15 £ / 9,60-18 €)

🍽 🍷 ***The Antelope :*** *8 High St. ☎ 67-20-29. Plats 5-15 £.* Ancienne auberge de relais, ce pub sert depuis plus de 500 ans de repaire aux gens du coin, qu'ils veuillent manger ou boire un verre. Cuisine de pub traditionnelle, avec une belle sélection de poissons. Jolie terrasse en bois sur l'arrière, bien agréable et tranquille aux beaux jours.

🍽 🍷 ***Corkers :*** *1 High St. ☎ 68-13-93. Tlj 7h-minuit. Plats 4-14 £.* Posée sur les quais, une brasserie qui répond à toutes les faims de la journée, du petit déj au dîner même tardif. La carte part dans tous les sens, du simple snack au traditionnel *fish & chips,* mais aussi curries, *mezze,* pizzas, viandes, poissons, gâteaux crémeux... Rien qui mettra vos papilles en émoi, mais un large choix donc, et des assiettes bien remplies.

À voir

Poole Museum : *4 High St. ☎ 26-26-00. • boroughofpoole.com • Mar-sam 10h-16h ; 12h-16h le dim. Fermé le lun. Entrée libre.* L'histoire et la prospérité de la ville à travers son activité marchande, ses pêcheurs, ses pirates et ses contrebandiers. Évocation du mouvement scout.

Compton Acres Gardens : *164 Canford Cliffs Rd. ☎ 70-07-78. • comptonacres.co.uk • Situé entre Bournemouth et Poole, en direction de Sandbanks ; suivre les panneaux. Avr-oct, 10h-18h ; nov-mars, 10h-16h. Entrée : 6,95 £ ; réduc.* Superbe jardin qui comprend sept sections distinctes et nettement séparées : jardins japonais, italien, romain, anglais, de rocaille, de bruyère et palmeraie. Il passe pour être un des plus beaux d'Europe. Pour les amateurs de chlorophylle, visite à ne pas manquer. Possibilité de manger au très agréable *Café Colonial.*

THE WEST COUNTRY

Peu à peu, le vert se fait plus vert, c'est le pays des pommes qui donnent leurs couleurs aux joues des héroïnes de Thomas Hardy, romancier né à Dorchester. Il faut goûter le cidre aux nombreuses variétés et servi à la pression dans chaque pub, la crème *(clotted cream)*, les caramels *(toffees)*. Et s'offrir un *cream tea*, spécialité du *Devon* : un *scone*, tranché horizontalement pour y tartiner confiture de fraises et crème double avec théière à votre goût. Le folklore est vivant, le fantastique intervient sur les rivages hantés par des pirates comme dans les romans de Daphné du Maurier, situés en Cornouailles, et les *pixies*, gnomes qu'on ne trouve pas que sur les pelouses, survivent bien dans ce climat plus doux.

Nous allons traverser le Dorset et ses longues plages à demi désertes sillonnées par les chercheurs de fossiles, le Devon crémeux, les Cornouailles jusqu'au bout du monde local, et revenir par la côte nord du Devon et le Somerset. Tout cela correspond à peu près historiquement au Wessex, le territoire du royaume d'Alfred, souverain saxon.

PURBECK ISLAND

IND. TÉL. : 01929

Comme son nom ne l'indique pas, c'est une péninsule, réputée pour son marbre et dotée d'un chapelet de plages peu fréquentées, de baies et de criques à l'architecture naturelle spectaculaire. En son centre, les ruines du château de Corfe, au charme mystérieux (voir plus loin « Dans les environs de Swanage »).

Arriver – Quitter

➢ ***Poole :*** emprunter le petit ferry à chaînes qui relie *Sandbanks à Studland*. Région côtière, Purbeck Island est également accessible en voiture, en contournant Poole par l'ouest. Falaises, plages, toits de chaume et champs vallonnés. Une belle région ignorée des touristes.

SWANAGE

8 500 hab.

IND. TÉL. : 01929

L'alternative gagnante à la foule de Bournemouth. Station balnéaire de taille modeste, elle n'en possède pas moins une agréable anse de sable blond bien orientée au soleil. On pratique la plongée dans les eaux du port. Au nord, au-delà d'une série de falaises de craie blanche, l'arc immense des dunes de la

baie de Studland, fréquentée par des myriades d'oiseaux nicheurs ; au sud et à l'ouest, une succession ininterrompue de falaises et de criques longées par le *South West Coastal Path*. À vos chaussures de rando !

Arriver – Quitter

En bus

Wilts & Dorset Bus Terminal : *Station Rd.* ☎ *(01202) 67-35-55.*

➢ En bus, nombreuses liaisons avec la péninsule de ***Purbeck, Lulworth, Corfe Castle, Wareham...***

En train

Gare ferroviaire : *Station Rd.* ☎ *42-58-00.*

➢ Départ d'un ***train touristique à vapeur,*** qui traverse la campagne du Dorset vers ***Corfe Castle.*** 6-20 liaisons/j. selon saison. Chouette balade en perspective si le soleil est de la partie. Diverses animations au cours de l'année et dîner à bord le samedi soir en saison.

Adresses utiles

Tourist Information Centre : *The White House, Shore Rd.* ☎ *42-28-85. • swanage.gov.uk • Dans un cottage au bord de la plage. Ouv 10h-17h. Fermé dim hors saison.* Accueil prévenant. Miniguide en français. Toutes les infos sur le *Coastal Path* et les diverses balades.

Divers Down Diving School : *The Pier, High St.* ☎ *42-35-65. École de plongée. Compter tt de même 40 £ pour une plongée.*

Où dormir ?

Camping

Cauldron Barn Farm Caravan Park : *Studland Rd,* ***Ulwell.*** ☎ *42-20-80. À env 1 mile de Swanage.* Un camping de taille familiale, dans un environnement rural. Tout confort, à prix très honnêtes, et proche du centre-ville comme de la plage.

De bon marché à prix modérés (moins de 40 £ / 48 €)

Youth Hostel : *Cluny Crescent.* ☎ *42-21-13. Tte l'année. Réception à partir de 17h.* Une maison victorienne surplombant le port, à 500 m de l'arrivée des trains et des bus. Une centaine de lits, la plupart en dortoirs. Cuisine, laverie, salle de jeux et TV. Très fréquenté par les groupes scolaires.

Prix modérés (40-60 £ / 48-72 €)

Goodwyns Guesthouse : *2 Walrond Rd, BH19 1PB.* ☎ *42-10-88. Tte l'année. 3 doubles avec sdb 50-58 £.* Une jolie maison d'hôtes avec jardin fleuri. Chambres claires et relativement spacieuses, certaines avec balcon et vue sur la mer. Accueil charmant et *full English breakfast.*

Oxford House : *5 Park Rd, BH19 2AA.* ☎ *42-22-47. • enquiries@theoxfordswanage.com • theoxfordswanage.co.uk • À partir de 70 £, petit déj inclus. Réduc de 10 % sur présentation de ce guide lun-jeu en mars-juin et oct-nov.* Au-dessus du *pier,* 2 maisons édouardiennes, tout en hauteur, se partagent une dizaine de chambres sympas et bien équipées, pour un prix très abordable. Atmosphère amicale.

The Purbeck Hotel : *19 High St, BH19 2LP.* ☎ *42-51-60. • purbeckhotel.co.uk • Double avec sdb env 55 £.* Chambres à l'étage. Propre et confortable. On profite de la cuisine servie au resto mais aussi du pub populaire au rez-de-chaussée.

Où manger ?

Tawny's Wine Bar : *52 High St.* ☎ *42-27-81. Plats env 10 £.* Cadre tout simple pour ce resto de spécialités internationales, à tendance italienne et végétarienne. Bon choix de vins au verre. L'ensemble est très correct, mais tout de même un peu cher.

DANS LES ENVIRONS DE SWANAGE

Corfe Castle : *The Sq, au milieu de l'adorable village de* ***Corfe,*** *au centre de la péninsule de Purbeck par l'A 351. ☎ 48-12-94. • nationaltrust.org.uk • Liaisons aisées en bus et train à vapeur depuis Swanage. Tlj mars et oct 10h-17h ; avr-sept 10h-18h ; nov-fév jusqu'à 16h. Prix : 8,50 £. Également ticket combiné : train + entrée.* Les ruines du château émergent dramatiquement d'un éperon rocheux depuis le XIe s. En 987, le roi Édouard y fut assassiné à l'âge de 17 ans d'un coup de poignard dans le dos porté par sa belle-mère pendant qu'il dégustait un verre de vin ! Il fut ainsi canonisé sous le nom de saint Édouard, roi et martyr. Du haut du donjon, la vue sur les environs est magnifique.

Juste à l'entrée du château, petit ***tea-room.*** *☎ 48-13-32. Tlj en saison.* Délicieux salon de thé qui propose le fameux *Dorset cream tea* et de savoureux gâteaux maison.

WAREHAM

IND. TÉL. : 01929

Au fond de la baie de Poole Harbour, sur la Frome River navigable, Wareham (capitale de la péninsule) possède une église, *Lady Saint Mary Church,* qui contient un sarcophage saxon en pierre : il pourrait être celui d'Édouard le martyr (voir « Corfe Castle », ci-dessus). Dans le *Musée municipal* (ouvert de Pâques à septembre ; visite gratuite), une évocation de T.E. Lawrence, le fameux Lawrence d'Arabie, qui vécut dans un cottage à Cloud's Hill, à 6 miles au nord de Wareham. S'y trouve aussi un monument à sa mémoire, qui aurait dû se situer dans la cathédrale de Salisbury mais qui fut refusé par le doyen en raison de l'homosexualité de Lawrence.

Adresse utile

Purbeck Information & Heritage Centre : *Holy Trinity Church, South St. ☎ 55-27-40. • purbeck-dc.gov.uk • Tlj sf dim 9h30-16h ; en hiver, 10h-15h.* Très abondante documentation sur la région mais aussi tout le Devon et les Cornouailles. Petite expo d'artisanat local. Infos sur les îles voisines.

Où dormir dans les environs ?

Bradle Farmhouse : ***Church Knowle,*** *BH20 5NU. ☎ 48-07-12. • info@bradlefarmhouse.co.uk • bradlefarmhouse.co.uk • Double 78 £. CB refusées.* Superbe ferme du XIXe s, située dans un environnement pittoresque, avec gazon anglais à perte de vue et paysage bucolique à souhait. Quelques chambres spacieuses et confortables, avec salle de bains. Petit déj gargantuesque (inclus) avec les bons produits de la ferme, prêt de vélos pour éliminer le tout, et un accueil vraiment chaleureux.

Où manger ?

The Quay Inn : *The Quay. ☎ 55-27-35. Tlj midi et soir. Plats env 6 £.* Le pub sympa de la ville, juste en face de la rivière Frome. Une jolie maison du XVIIIe s, quelques tables en terrasse sur le quai et un petit jardin à l'arrière.

Du *pub grub* très honnête, des plats de viande rôtie le dimanche *(carvery lunch)* et une atmosphère très conviviale.

🍽 ***The Old Granery :*** *The Quay. ☎ 55-20-10. Perpendiculaire au précédent. Tlj midi et soir. Plats env 10 £.* Au bord de l'eau, avec une belle terrasse pour les beaux jours. Plus cher que *The Quay Inn* voisin, mais cuisine plus élaborée.

LULWORTH

IND. TÉL. : 01929

Ensemble formé par East et West Lulworth et la baie spectaculaire de Lulworth Cove. Mignons villages avec aussi le superbe château du XVIIe s, mais surtout un rivage découpé par l'érosion offrant quelques-uns des plus beaux sites de la côte anglaise. Le littoral est composé de cinq variétés de roche, certaines datant de plus de 140 millions d'années. L'endroit se prête à de belles balades sur le sentier longeant les falaises. Très prisé en été et franchement encombré, mais superbe le reste de l'année.

➢ *Accès par la B 3070 depuis Wareham.*

Adresse utile

ℹ ***Lulworth Cove Heritage Centre :*** *☎ 40-05-87. • lulworth.com • Ouv 10h-16h ou 17h (18h en été). Entrée gratuite.* À la fois office de tourisme local, qui vend des itinéraires de promenades, et petite expo didactique pour comprendre les phénomènes géologiques et physiques qui ont contribué à l'érosion du rivage et de la baie de Durdle Door. La faune, la flore et l'activité humaine (la contrebande) ne sont pas oubliées.

Où dormir ?

Camping

⛺ ***Durdle Door Caravan Park :*** *Lulworth Cove, BH20 5PU. ☎ 40-02-00. Ouv mars-oct. Compter 10-20 £ pour 2 ; beaucoup plus cher pdt les vac scol.* Sur la falaise surplombant l'arche, situation idéale pour les balades et à 5 mn du petit village de Lulworth Cove. Location de caravanes, mais les tentes sont les bienvenues.

De bon marché à prix modérés (moins de 40 £ / 48 €)

🏠 ***YHA Lulworth Cove :*** *School Lane, West Lulworth ; juste au pied du camp d'entraînement militaire ! ☎ 40-05-64. Réception ouv jusqu'à 10h, puis à partir de 17h. Résa conseillée, surtout l'été ! Prévoir 11 £/pers.* L'AJ a plus l'aspect d'un baraquement, mais elle a été complètement rénovée. Une trentaine de lits en dortoir de 4 ou 5. Cuisine et laverie. Possibilité de repas sur place.

Prix moyens (60-80 £ / 72-96 €)

🏠 🍽 ***The Lulworth Beach Hotel :*** *Lulworth Cove, BH20 5RQ. ☎ 40-04-04. • lulworthbeachhotel.com • Fermé en déc. Doubles 40-80 £ selon confort et saison.* Un chouette hôtel et resto de produits de la mer. À deux pas de la plage de Lulworth Cove et des sentiers côtiers. Confort impeccable, déco très soignée et chambres charmantes.

À faire

➢ Au village de Lulworth Cove, un petit détour par le ***Heritage Centre,*** puis grimper au-dessus de la falaise, suivre le chemin et contempler à l'envi les flots bleus. À noter, à droite de la baie au cercle parfait, la petite crique aux strates de roches verticales, comme poussées violemment par la force incroyable de la plaque océane.

Lulworth Castle and Park : *accès par la B 3070. ☎ 40-03-52. • lulworth.com • Tte l'année 10h30-16h (18h en été) ; fermé sam. Entrée : 5 £.* Imposant château du XVIIe s et immense parc. Le château lui-même est encadré de tours crénelées et conserve sa façade d'origine (1604). On peut visiter *Saint Mary's Chapel,* une des premières chapelles catholiques construites après la Réforme anglaise. Aux beaux jours, grand parc arboré et animations.

WEYMOUTH

39 000 hab. IND. TÉL. : 01305

Ville portuaire sans grand charme, excepté la longue plage de sable qui borde l'esplanade et le petit quartier historique autour du port. Le centre-ville est plutôt dynamique et offre une halte sympa pour une journée de plage et de sortie nocturne le long des quais. On peut aussi opter pour une excursion sur la presqu'île de Portland, plus sauvage et offrant de belles promenades.

Adresses utiles

Tourist Information Centre : *King's Statue, The Esplanade. ☎ 78-57-47. Au bord de la plage. Oct-Pâques, tlj 10h-16h ; Pâques-sept, tlj 9h30-18h.*

Banques : *sur St Mary St.*

Où dormir ?

Bon marché (moins de 40 £ / 48 €)

Seaways Guesthouse : *5 Turton St, DT4 7DU. ☎ 77-16-46. Doubles 32-36 £. CB refusées.* Classique maison georgienne dans une ruelle minuscule, en plein centre. Des chambres agréables, notamment sous les toits, joliment décorées par thème de couleur. Salles de bains et w-c communs. Bon petit déj anglais et accueil sympathique de John.

Prix modérés (40 à 60 £ / 48-72 €)

Harbour Lights Guesthouse : *20 Buxton Rd, DT4 9PJ. ☎ 78-32-73. Fermé déc-fév. Doubles très spacieuses, avec douche, w-c et TV 42-50 £.* Jolie maison victorienne, avec vue sur le port de Portland ou le jardin à l'arrière. À proximité de toutes les plages. Agréable.

B & B Cavendish House : *5-6 The Esplanade. ☎ 78-20-39. Tte l'année. Double env 52 £. Séjour min 2 nuits en saison.* Maison georgienne en face de la baie, côté sud. Adresse familiale au bon rapport qualité-prix.

Où manger ?

Bon marché (moins de 8 £ / 9,60 €)

Seagull Café : *10 Trinity St. ☎ 78-47-82. Sur le port. Midi et soir sf dim.* Cadre sympa et bon *fish & chips* à déguster.

De prix moyens à plus chic (8-20 £ / 9,60-24 €)

Galley Bar & Bistro : *Hope Sq. ☎ 78-40-59. Compter 15 £.* Cadre chaleureux, murs en brique, jolie déco marine et bougies le soir. Excellent poisson mais aussi quelques bons plats de viande. Bon rapport qualité-prix et atmosphère conviviale.

The Sea Cow Restaurant : *Custom House, Quay 7. ☎ 78-35-24. Compter 10-16 £, service non compris !* Resto-bar à tapas et crustacés en tout genre. Plats végétariens. Cadre sympa et chouette vue sur le port. Menu gastronomique le dimanche midi, à prix compétitif.

Balti Restaurant : *27 Commercial Rd. ☎ 78-35-15. Tlj midi et soir (jusqu'à 23h).* Un indien digne d'éloges : cadre soigné, cuisine raffinée et service nickel pour des prix tout à fait convenables.

Mallam's : *5 Trinity Rd. ☎ 77-67-57. Bonne formule 20 £.* Élégance et belle vaisselle pour une utilisation judicieuse et imaginative des produits de la mer et une variété de spécialités british agneau, bœuf et lapin.

À voir

Brewers Quay : *Hope Sq, Old Harbour. ☎ 77-76-22 brewersquay.com.* Dans une ancienne brasserie du XIXe s, boutiques de souvenirs, pub et attractions.

Timewalk : *Brewers Quay, Hope Sq. ☎ 77-76-22. Tlj 10h-17h30.* Une promenade interactive avec son et lumière dans le passé de la ville. Un curieux chat-narrateur vous invite à le suivre au long d'un périple qui retrace les grandes étapes de l'histoire de Weymouth. C'est bien foutu et didactique.

Portland Island : *reliée à Weymouth par un cordon naturel en galets, qui se prolonge sur 18 miles à l'ouest jusqu'à Bridport.* Appelée par Thomas Hardy « la Gibraltar du Wessex », elle fut auparavant exploitée comme carrière et a fourni une pierre de qualité, notamment pour la cathédrale Saint-Paul de Londres. L'ancienne carrière connaît une seconde vie depuis quelques années avec la création du *Sculpture Park,* ouvert aux artistes du monde entier. On peut aussi y visiter le château fort datant d'Henri VIII, un musée dans le bourg de Church Ope Cove et le phare de Portland Bill, tout à l'extrémité.

Portland Tourism Information : *bureau à la pointe nord, à Portland Bill. ☎ (01305) 78-57-47. • visitweymouth.co.uk •* Infos pratiques et diverses activités sur la presqu'île.

DORCHESTER

15 000 hab. IND. TÉL. : 01305

« Sous-préfecture » assoupie, à 6 miles au nord de Weymouth. La région est presque entièrement classée site naturel exceptionnel. Le style architectural de la ville a subi de nombreuses influences, depuis les Romains jusqu'au prince Charles en personne, qui a « inventé » le quartier de *Pounbury,* afin de reconstituer un village traditionnel en utilisant des matériaux locaux. Le résultat n'est pas si mal. Même les halles imitation Moyen Âge n'ont pas été oubliées.

Adresse utile

Tourist Information Centre : *Antelope Walk ; à l'angle de Trinity St. ☎ 26-79-92. • westdorset.com • À un saut de South St, la rue piétonne et commerçante. Lun-sam 9h-17h (16h en hiver).* Guide gratuit de balades dans la ville et dans les environs, et visites guidées en été.

Où dormir ?

De prix modérés à prix moyens (40-80 £ / 48-96 €)

Sunrise Guesthouse : *34 London Rd, DT1 1NE. ☎ 26-24-25. • sunriseguesthousedorchester.com • À la sortie nord-est de la ville, à 5 mn à pied après le Ring Rd. Fermé à Noël. Double ou triple env 55 £.* Dans une maison moderne qui a gagné tous les prix de fleurissement ces derniers temps. Excellent accueil. Kitsch mais confortable.

Maiden Castle Farm : *Dorchester DT2 9PR. ☎ 26-23-56. • maidencastlefarm.co.uk • Au sud de la ville ; de l'A 35, prendre l'A 354 vers Weymouth, puis tourner tt de suite dans un petit chemin à droite. Tte l'année. Doubles 70-90 £.* Superbe ferme victorienne aux murs couverts de lierre. Grand jardin très agréable, peuplé de paons ! Produits de la ferme. Une halte bien bucolique !

Où manger ?

The Horse with the Red Umbrella : *10 High West St, DT1 1UJ. ☎ 26-20-19. Lun-sam 9h-17h. Bon petit déj, snack ou goûter env 5 £.* Excellent salon de thé et petite boutique de produits locaux. *Full English breakfast* le matin, bonne soupe du jour, *jacket potatoes* et sandwichs frais le midi. Atmosphère cosy et accueil adorable.

Judge Jeffrey's Restaurant ou **Prezzo :** *6 High West St. ☎ 25-96-78. Ouv 12h-minuit. Env 9 £.* Demeure historique qui vit se dérouler, en 1685, les « assises sanglantes » présidées par le juge Jeffrey qui condamna à mort 292 hommes coupables d'avoir soutenu la rébellion du duc de Monmouth. Le lieu est à présent plus paisible et propose une bonne cuisine italienne, dans un décor fort élégant. Différentes salles, toutes très agréables et jolie cour pour les beaux jours.

À voir

Quelques ***ruelles anciennes.***

The Dorset Teddy Bear Museum : *à l'angle de High East St et Salisbury St. ☎ 26-60-40. • teddybearmuseum.co.uk • Avr-sept inclus, tlj 10h-17h (16h le reste de l'année). Fermé 13-26 déc. Entrée : 5,99 £ ; réduc.* Tout sur les nounours, de la cave au grenier. On découvre ainsi l'histoire de véritables institutions britanniques : Paddington et Winnie l'ourson (le vrai, pas celui de Walt Disney !) et quelques pièces de collection conçues spécialement pour le musée.

LA NAISSANCE DE TEDDY BEAR !

Lors d'une partie de chasse en 1902, le président Théodore Roosevelt (surnommé Teddy) refuse de tuer un ourson. Dans le journal du lendemain, un illustrateur croque un président protecteur, assis à côté d'un ourson qu'il prend chaleureusement par l'épaule. Morris Michtom, dont la femme confectionnait des jouets, obtient l'autorisation du 26e président des États-Unis de commercialiser un petit ours en peluche portant son nom. Depuis, des millions d'enfants font des câlins à leur Teddy bear préféré (qui est, ne l'oublions pas, une bête méchante !) !

Tutankhamun – The Exhibition : *High West St. ☎ 26-95-71. • tutankhamun-exhibition.co.uk • Avr-sept, tlj 10h-17h ; oct-mars 10h-16h. Fermé 13-26 déc. Entrée : 7,99 £.* La seule expo qui retrace l'histoire de la découverte du tombeau de Toutânkhamon par Howard Carter. Véritable son et lumière, avec reconstitution du tombeau où se trouvait le trésor.

Dorset County Museum : *High West St. ☎ 26-27-35. • dorsetcountymuseum.org • Ouv lun-sam 10h-17h (16h en hiver). Entrée : 6,50 £ ; réduc.*

Audioguides gratuits pour les enfants. La visite du bâtiment vaut à elle seule le détour pour sa superbe galerie victorienne. Mosaïques romaines (trouvées dans l'ancienne ville de Dorchester alors appelée Durnovaria), bureau de Thomas Hardy (célèbre écrivain originaire du Dorset), dont Polanski adapta *Tess d'Uberville* avec Nastassja Kinski. Un parcours de détective proposé aux enfants leur permettra de mettre la main sur un meurtrier. D'autres salles consacrées à l'archéologie et à la géologie de la région. Un peu poussiéreux, mais sympa un jour de pluie.

DANS LES ENVIRONS DE DORCHESTER

Pour découvrir de vos yeux ébahis le colosse (60 m de long), dessiné dans la craie d'une colline, il faut se rendre à ***Cerne Abbas*** (sur l'A 352, à 12 miles au nord de Dorchester). Il est ithyphallique comme on dit, à vous de juger... Le géant serait Baal, Hercule, ou plus probablement le dieu celte Cernunnos.

Dans le même registre, sur la route A 353 de Weymouth en direction de Lulworth, regardez bien : on trouve dans les champs, sur la gauche, un autre dessin à craie représentant un cheval blanc avec un cavalier en armure.

Sherborne Castle : *près de la cité de Sherborne, riche en constructions médiévales, dont une magnifique église abbatiale, à 15 miles au nord de Dorchester par l'A 352. ☎ 81-31-82. • sherbornecastle.com • Pâques-fin oct, 11h-16h30 (sf lun et ven), 14h-16h pour l'intérieur du château le sam. Entrée : 10 £.* Construite en 1594 pour sir Walter Raleigh, un illustre marin, cette résidence de prestige fut érigée sur les rives de la rivière Yeo, en face des ruines d'une forteresse normande, puis embellie par sir John Digby dont les descendants actuels ont hérité. Le parc, avec cascades et orangerie, fut aménagé par le maître jardinier de l'époque, Capability Brown.

Sur la jolie route côtière allant de Weymouth (via Chickerell) à Bridport, on traverse ***Abbotsbury,*** petit village de carte postale aux maisons de pierre ocre et toits de chaume. Aux abords de la lagune intérieure provoquée par un banc de galets (Chesil Bank), on peut y visiter la *Swannery,* un élevage de cygnes. *☎ 87-18-58. • abbotsbury-tourism.co.uk • De mi-mars à début nov, 10h-17h ou 18h. Entrée : 10,50 £.*

LYME REGIS

IND. TÉL. : 01297

Port et station balnéaire assez intime, coincé entre des falaises grises à l'extrémité ouest du Dorset, Lyme Regis est un endroit vraiment attachant et dynamique, où flottent un petit parfum « Regency » et un charme authentique. Les bords de mer de la région sont arpentés à marée basse par d'innombrables chasseurs de fossiles, très abondants le long des falaises. La côte de Lyme Bay se prête aussi à de chouettes balades sur les sentiers balisés, notamment le *Gun Cliff Walk,* qui longe la mer depuis Marine Parade vers l'est, offrant de superbes panoramas.

Adresses utiles

Tourist Information Centre : *Guildhall Cottage, Church St. ☎ 44-21-38. • westdorset.com • Lun-sam 10h-15h ou 17h selon saison ; dim jusqu'à 16h (slt avr-oct).* En été, organise des visites guidées de la ville, le long de la rivière Cobb ou sur les sentiers côtiers. Se renseigner sur place.

Banques : *distributeurs* ***Lloyds,***

NatWest et HSBC sur Broad St.
Gare ferroviaire : *la plus proche est à Axminster. ☎ (08457) 48-49-50 ou (0845) 600-06-50 (pour résa de billets payables par CB).*

Où dormir ?

Old Lyme Guesthouse : *29 Coombe St, DT7 3PP. ☎ 44-29-29. • oldlyme.guesthouse@virgin.net • oldlymeguesthouse.co.uk • Au cœur du centre historique, à côté du Dinosaurland Fossil World. Double 80 £, petit déj compris. CB refusées. Parking gratuit.* 5 chambres (dont une familiale) complètement rénovées, dans une maison du XVIIIe s. Jolie déco très british. Excellent breakfast.
Rotherfield Guesthouse : *View Rd, DT7 3AA. ☎ 44-55-85. • rotherfieldguesthouse.com • Tte l'année. Double avec sdb et TV env 60 £. CB refusées.* Grande bâtisse avec 7 chambres aux lits douillets. Les chambres nos 2, 3 et 6 offrent une vue immanquable sur la baie. Accueil prévenant, excellent petit déj roboratif (végétarien sur commande). Salle à manger avec panorama spectaculaire.
Manaton Guesthouse : *Hill Rd, DT7 3PE. ☎ 44-51-38. • info@manatonlymeregis.co.uk • manatonlymeregis.co.uk • Tte l'année. Doubles avec sdb et TV 65-75 £. Remise de 10 % sur présentation de ce guide hors vac scol et hte saison.* Petite maison sur les hauteurs du village, à 5 mn à pied du centre historique. Les chambres nos 3 et 4 sont très agréables, claires, avec vue sur la mer au loin. Salle à manger avec véranda et jardin fleuri. Accueil très cordial de John et Glenda. Une bonne adresse.

Où manger ?

Si le temps s'y prête, faites comme tous les Anglais : offrez-vous un bon ***fish & chips*** à déguster sur la jetée ou sur un banc face à la mer. Plusieurs échoppes le long de Marine Parade.
The Mad Hatter's Restaurant : *34 Broad St. ☎ 44-32-47. En haut de la rue, près de la poste. Peu de places, résa conseillée. Le midi env 10 £, le soir 17 £.* Petites pièces en enfilade. Une pierre blanche dans le paysage culinaire de Lyme Regis qui manque un peu de diversité. Produits de la mer. Bonne cuisine servie copieusement, avec les inévitables pommes de terre et petits pois fluo.
Rumours : *14-15 Monmouth St, à l'angle de Coombe St. ☎ 44-47-40. Env 20 £.* Décor coquet, style bistrot parisien. Bons plats de poisson et de fruits de mer. Accueil charmant et desserts maison pour conclure le tout.
Country Stocks Georgian Tea-Room : *53 Broad St. ☎ 44-35-68. Tte l'année, tlj 10h-17h.* Le salon de thé traditionnel, véritable institution dans la ville. Large choix de thés parfumés ou café, et surtout de savoureux gâteaux maison, *scones, tea-cake* et *clotted cream* onctueuse à souhait... Tout est fameux et garanti maison.
The Town Mill Bakery : *Coombe St. Tlj 6h-16h. Fermé janv.* Un drôle d'univers, assez indescriptible, une sorte de hangar-boulangerie-snack expérimental où tout tourne autour du pain et de la convivialité. Pas moins de 40 sortes de pain sont confectionnées ici quotidiennement devant vos yeux. Décor minimum... disons, pas de déco du tout ! On s'installe autour de grandes tables en bois où trônent de généreuses mottes de beurre, pots de miel et autres confitures appétissantes, pour grignoter fromages, *scones,* pâtisseries délicieuses, ou encore des *beans on toast.* Chacun se sert, prend un journal, une revue ou un beau livre d'art sur une étagère. Inattendu, anticonformiste et éminemment sympathique.

À voir. À faire

Lyme Regis Philpot Museum : *Bridge St, près de l'office de tourisme. ☎ 44-33-70. • lymeregismuseum.co.uk • Avr-oct, tlj 10h (11h le dim)-17h ; nov-mars, mer-dim 11h-16h. Entrée : 3,75 £.* Musée de la vie locale, où l'on parle de la tradition du crieur public, de l'histoire du Cobb, la jetée, de la répression qui suivit, au XVIIe s, la rébellion du duc de Monmouth, et de la première découverte, en 1811, d'un fossile complet d'ichtyosaure par une gamine de 12 ans, Mary Anning. Excursions à la découverte des fossiles, selon la marée (se renseigner sur place).

Dinosaurland Fossil World : *Coombe St. ☎ 44-35-41. • dinosaurland.co.uk • Fév-oct 10h-17h. Horaires variables en hiver, se renseigner. Entrée : 5 £ ; réduc.* Ne mériterait qu'une visite rapide s'il n'y avait la qualité des commentaires qui donnent une saisissante explication de l'évolution des reptiles. Nombreux fossiles, comme il se doit, et vivariums où les iguanes s'ennuient un peu en attendant le visiteur. Organise aussi des promenades guidées à la recherche de fossiles.

Charmouth Heritage Coast Centre : *☎ 56-07-72. • charmouth.org • Tlj 10h30-16h30 (mer-dim en hiver).* Pour les marcheurs invétérés, faites le détour jusqu'au village voisin au centre d'information qui propose toutes les infos pratiques sur les sentiers de randonnée (2-8h de marche). Nombreuses brochures à disposition. Plus de 20 miles de balades en perspective !

LES ÎLES ANGLO-NORMANDES (CHANNEL ISLANDS)

Angleterre en miniature et port franc tout près de la France, les deux plus grandes sont très visitées, surtout le week-end. Lors de son exil à Guernesey, de 1855 à 1870, Victor Hugo disait que les îles Anglo-Normandes étaient « des morceaux de France tombés à la mer et ramassés par l'Angleterre ».

Arriver – Quitter

France-Guernesey

➢ ***Par avion :*** de Paris avec *Flybe (☎ 0044-1-392-26-85-13 ; • fr.flybe.com •)*, de Dinard avec *Aurigny Air Services (☎ 00-44-1-481-82-28-86 ; • aurigny.com •)*. Mais aussi depuis Saint-Brieuc avec *Blue Islands (☎ 044-1-481-727-567 ; • blueislands.com •)*.

➢ ***Par bateau :*** de Saint-Malo avec *Condor Ferries (☎ 0825-135-135, 0,15 €/mn ; • condorferries.fr •)*.

France-Jersey

➢ ***Par avion :*** de Paris avec *Flybe (☎ 00-44-1-392-26-85-13 ; • fr.flybe.com •)*, depuis Saint-Brieuc avec *Blue Islands (☎ 044-1-481-727-567 ; • blueislands.com •)*.

➢ ***Par bateau :*** *Condor Ferries (☎ 0825-135-135, 0,15 €/mn ; • condorferries.com •)*.

Dans tous les cas, bien se renseigner, car la plupart de ces liaisons ne sont que saisonnières. Évaluez bien le temps du trajet si vous voulez faire juste un A/R dans la journée. Comptez, par exemple, 45 mn pour aller du point de débarquement à Saint-Hélier.

JERSEY

C'est l'île la plus visitée. Capitale : ***Saint Hélier.*** Château à moins d'un mile, que l'on peut atteindre à marée basse. Les plus belles plages sont au nord.

Office de tourisme : *Liberation Sq, Saint Hélier JE1 1BB. ☎ (01534) 44-88 00. • jersey.com •*

GUERNESEY

Elle était plus à la mode au début du XXe s. Capitale : ***Saint Peter Port.*** Location de vélos au débarcadère.

Office de tourisme : *Saint Peter.* ☎ *(01481) 72-35-52.* • *visitguernsey.com* •

À voir à Saint Peter Port

La capitale de l'île de Guernesey regorge de ruelles sinueuses. Les boutiques, installées dans d'anciens entrepôts, furent souvent des cachettes pour les pirates et les contrebandiers. Charme des commerces, dont les noms sont souvent français.

Belle ***église*** du XIIe s.

Castle Cornet : château du XIIIe s *(tlj fin avr-oct 10h-17h).* Ajouts des époques élisabéthaine, georgienne, victorienne et de l'occupation allemande. Musée avec matériel militaire et maritime. Ne soyez pas surpris par le coup de canon tous les jours à midi sur les remparts.

Hauteville House : *38, rue de Hauteville.* ☎ *(01481) 72-19-11.* • *hautevillehouse.com* • *Tlj sf dim avr-fin sept 10h-16h (avr 12h-16h). Vistes guidées. Entrée : 6 £.* De 1855 à 1870, ce fut la maison d'exil de Victor Hugo, où il écrivit *Les Travailleurs de la mer* et *Les Misérables.* Décorée par Hugo lui-même. Belle collection de meubles et extraits de ses mémoires.

L'île présente également une superbe ***vue panoramique*** tout le long du littoral, sur une vingtaine de kilomètres. On y trouve des oiseaux très rares.

EXETER

115 000 hab. IND. TÉL. : 01392

Pour le plan d'Exeter, se reporter au cahier couleur.

Ville située sur la rivière Exe, violemment bombardée pendant la dernière guerre. Aujourd'hui, certains quartiers du centre sont en pleine restructuration, vastes et ambitieux travaux qui font de cette ville un curieux paysage urbain, allant du plus ancien (souvent reconstitué) au plus contemporain. Avant la guerre, on pouvait y retrouver un résumé d'histoire anglaise : fort, puis ville romaine, elle fut assiégée par Guillaume, s'est enrichie au Moyen Âge par le commerce de la laine, fut une base contre l'Invincible Armada et aussi assiégée pendant la guerre civile tour à tour par les deux camps adverses... La cité possède une admirable cathédrale et un centre animé avec quelques richesses historiques. C'est aussi le point de départ vers le Dartmoor National Park au sud et l'Exmoor National Park au nord, sans oublier les belles plages des environs.

Arriver – Quitter

En train

Gares ferroviaires : ☎ *(08457) 48-49-50. Il y en a deux. La plus fréquentée est celle d'**Exeter Saint David** (hors plan couleur par A1, **2**), un peu excentrée.* Du centre, 20 mn à pied ou alors bus fréquents depuis High St. C'est là que s'arrêtent les trains rapides de London Paddington (trajet : env 2h10). Les liaisons avec London

Waterloo ont lieu à ***Exeter Central*** *(plan couleur A1, **3**),* sur Queen St, mais le trajet est plus long (env 3h). Exeter étant le carrefour de plusieurs lignes, il y a des trains fréquents pour toutes les directions, jusqu'en Écosse !

➢ ***Londres-Paddington :*** env 10 trains/j. Trajet en 2h30-3h.

➢ ***Penzance :*** trajet en 3h.

➢ ***Torquay :*** nombreux trains ; trajet en 45 mn.

En bus

🚌 ***Gare routière*** *(plan couleur B1) : Paris St ; face à l'office de tourisme.* ☎ *25-62-31.*

➢ *National Express,* ☎ *(08705) 80-80-80,* assure des liaisons avec de nombreuses villes d'Angleterre et les parcs nationaux.

➢ ***Bus locaux :*** pour *Plymouth* : le *X9*, par Moretonhampstead. Pour *Bude* : par Okehampton.

Adresses utiles

ℹ ***Exeter City Tourist Information Centre*** *(plan couleur B1) : Civic Centre, Paris St.* ☎ *26-57-00.* • *exeter.gov.uk* • *Tte l'année, lun-sam 9h-17h, dim (juil-août) et j. fériés 10h-16h.* Bonnes brochures sur la ville et la région. Pour ceux qui vont arpenter le parc de Dartmoor, demander le *Dartmoor Visitor Guide,* gratuit et complet. Prendre également le magazine sur Exeter, bien pratique pour les concerts et les diverses activités. Service de résas de logements, vente de télécartes. Organise de chouettes visites guidées de la ville. Quelques-unes en français. On apprend beaucoup sur l'histoire de la ville, la cathédrale, les quais et les fantômes locaux... Gratuit !

✉ ***Post Office*** *(plan couleur B1) : bureau principal sur Bedford St.*

■ ***Banques*** *(plan couleur B1) :* ***Barclays, Lloyds*** *et* ***Midland*** *sur High St.* Elles possèdent toutes un bureau de change et un distributeur.

■ ***Location de vélos et de canoës*** *(plan couleur B3, **1**) :* ***Saddles & Paddles,*** *4 Kings Wharf, sur The Quay.* ☎ *42-42-41.* • *sadpad.com* • *Env 15 £/j. ; réduc.* Loue des vélos et des canoës pour se balader le long du canal maritime et de la rivière Exe. On peut ainsi rallier la côte à la rame en passant par 2 excellents pubs (voir plus loin « Où manger ? Où boire un verre ? », le *Double Locks*), ou encore pédaler tranquillement dans la campagne environnante. Vraiment sympa.

Transports dans la région

Plusieurs compagnies sillonnent le Devon et les Cornouailles.

🚌 ***First National :*** couvre la région jusqu'à Plymouth et une partie des Cornouailles. Liaisons avec Exeter et Exmouth. Possibilité de tickets de 3 ou 7 j. Ils s'achètent notamment à l'office de tourisme.

🚌 ***Stage Coach :*** • *stagecoachbus.com* • Valable 1 sem et couvre toute la Riviera. S'achète dans le bus.

Ceux qui veulent explorer le Dartmoor National Park peuvent prendre le bus qui traverse le parc, le n° 82 depuis la gare routière d'Exeter. Trois bus/j. l'été. On peut prendre le 1er bus, s'arrêter au 1er arrêt, reprendre le 2e bus, puis un 2e arrêt, et ainsi de suite jusqu'à Plymouth. C'est le seul moyen de visiter le parc sans voiture.

Où dormir ?

Camping

⛺ ***Hill Pond Camping Site :*** *à* ***Clyst Saint Mary*** *EX5 1DP, sur la route de Sidmouth et de Lyme Regis (A 3052).* ☎ *(01395) 23-24-83.* 📱 *0843-208-6541. À 6 miles d'Exeter. De la gare routière, bus n° 52 ttes les 30 mn (arrêt à proximité). Compter 7 £ pour 2. Eau chaude payante.* Dans le genre rural et sympathique. Hill Pond a un charme rudimentaire, les propriétaires sont des gens prévenants et gentils. On est proche des jolies plages de Budleigh Salteton et de Sidmouth.

De bon marché à prix modérés (moins de 40 £ / 48 €)

Youth Hostel Mount Wear House : *47-49 Countess Wear Rd. ☎ 87-33-29. Fax : 87-69-39. • exeter@yha.org.uk • yha.org.uk • À 3 miles du centre, au sud-est, en direction d'Exmouth (dans la rue du* Tally Ho Pub*). Vraiment pas pratique sans voiture. De la gare Saint David, prendre le minibus N jusqu'à High St, puis le bus T, K (6h30-23h) ou nº 57 ; demander au chauffeur où descendre. Tte l'année. Réception 8h-10h, 17h-21h30. Couvre-feu 23h. Compter 19,50 £/pers en dortoir de 4-8 lits ; 43,50 £ la double.* Une grande demeure du XIXe s toute blanche, très au calme, dans un quartier résidentiel. Bien équipée. Garçons et filles séparés. Près de 60 lits en tout. Cuisine disponible. Petit déj et dîner servis.

Globe Backpackers *(plan couleur B2,* ***10****) : 71 Holloway St, EX2 4JD. ☎ 21-55-21. • info@exeterbackpackers.co.uk • exeterbackpackers.co.uk • Au sud de la ville, à 5 mn du centre, c'est la maison avec une grande façade en trompe l'œil. Réception 8h30-11h et 15h30-23h. Double 45 £ ; à partir de 17,50 £/pers (18,50 £ le w-e) en dortoir de 4-10 lits.* Douches chaudes, cuisine, TV. Ambiance très sympa.

B & B at the University of Exeter *(hors plan couleur par B1,* ***11****) : Holiday Booking Office, Prince of Wales Rd, EX4 4PT. ☎ 21-55-66 et 72-25-24. • accommodation@exeter.ac.uk • eventexeter.com • En dehors du centre-ville (itinéraire bien fléché), à 15 mn à pied. Ouv de Pâques à mi-avr et 22 juin-21 sept. 2 campus. Sur Streatham, singles 26,95-39,95 £ (suivant confort, avec ou sans petit déj) ; doubles 34,95-59,95 £. Sur St Lukes's, singles 24,95-30 £ ; double 40 £ (sdb, pas de petit déj).* Situé dans un immense parc offrant toutes les possibilités de se détendre : piscine, squash, tennis, etc. Chambres (des étudiants partis en vacances) simples ou doubles, avec ou sans salle de bains. La déco est plutôt rudimentaire, mais l'ensemble est propre et bien tenu. Petit déj et cuisine à disposition.

Prix modérés (40-60 £ / 48-72 €)

Braeside Guest House *(plan couleur A1,* ***17****) : 21 New North Rd, EX4 4HF. ☎ 25-68-75. • braeside.biz • Double 65 £, petit déj inclus.* B & B classique de 7 chambres. Certes, pas trop grandes, mais assez cosy et de bon confort. Petite terrasse sur jardinet devant.

Telstar Hotel *(plan couleur A1,* ***12****) : 75-77 St David's Hill, EX4 4DW. ☎ 27-24-66. • reception@telstar-hotel.co.uk • telstar-hotel.co.uk • À 10 mn du centre et 5 mn de la gare à pied. Fermé 20 déc-4 janv. Doubles 55-68 £ sans ou avec sdb. Parking.* Une adresse entre le petit hôtel et le *B & B.* Chambres soignées mais tout de même un peu exiguës pour le prix et accueil routinier. Cour intérieure tranquille pour les jours ensoleillés.

Dunmore B & B *(hors plan couleur par B1,* ***13****) : 22 Blackall Rd, EX4 4HE. ☎ 43-16-43. • dunmorehotel.co.uk • Un peu au nord de la gare centrale et à 5 mn à pied du centre-ville. Doubles 56-62 £ sans ou avec sdb.* Dans une rangée de maisons en brique, *B & B* tranquille, au bon rapport qualité-prix. Chambres confortables, toutes avec TV et déco coquette.

Oakcliffe B & B *(plan couleur A1,* ***14****) : 73 St. David's Hill, EX4 4DW. ☎ 25-82-88. • oakcliffe@excite.com • oakcliffehotel.com • À 10 mn du centre et 5 mn de la gare à pied. Doubles 55-60 £ sans ou avec sdb.* Dans une maison victorienne, quelques chambres à la déco un peu convenue mais douillettes et confortables. Certaines offrent même des lits *king size...* le luxe ! Accueil charmant et attentionné.

Prix moyens (60-80 £ / 72-96 €)

The Bendene Hotel *(plan couleur A1,* ***15****) : 15-16 Richmond Rd, EX4 4JA. ☎ 21-35-26. • reservations@bendene.co.uk • bendene.co.uk • Doubles 52-80 £ sans ou avec sdb. Petit déj inclus. CB refusées.* Un excellent rapport qualité-prix pour cet hôtel situé entre la gare et le centre historique. Maison édouardienne entièrement rénovée. Chambres impeccables à la déco très soignée, tout confort. On peut aussi profiter d'une grande piscine en plein air (si le temps s'y prête !). Accueil serviable et petit déj copieux. Une adresse *very British*.

The Clock Tower Hotel *(plan couleur A1,* ***16****) : 16 New North Rd, EX4 4HF. ☎ 42-45-45. • reservations@clocktowerhotel.co.uk • clocktowerhotel.co.uk • À 10 mn à pied de la cathédrale et proche des 2 gares. Doubles 73-83 £. Parking.* Grande demeure avec terrasse donnant sur rue (mais assez passante, hélas). Chambres sans grande originalité mais très confortables, avec TV et salle de bains. Cadre gentiment chic et bon accueil.

Où manger ?
Où boire un verre ?

Bon marché (moins de 8 £ / 9,60 €)

The Old Firehouse *(plan couleur B1,* ***29****) : 50 New North Rd. ☎ 27-72-79. Lun-jeu 12h-15h, 17h-1h ; ven et sam 17h-2h ; dim 18h-minuit. Plats env 5 £. Musique live jeu, sam et dim.* Un des pubs préférés de la jeunesse d'Exeter, qui se retrouve pour refaire le monde autour d'une bonne bière. Tables dans la petite cour devant. À l'intérieur, sur 3 niveaux, jolie déco, lumière tamisée, murs en pierre, bougies et guirlandes lumineuses pour l'ambiance. Pas facile de se trouver un coin de comptoir ou de table à certaines heures ! Le week-end, plein comme un œuf ! Cuisine de pub tout à fait honorable, à prix imbattables. Un des pubs les plus séduisants et animés de la ville.

Coolings *(plan couleur B1,* ***21****) : 11 Gandy St. ☎ 43-41-84. • info@coolingsbar.co.uk • Tlj midi et soir (bar slt). Compter 5-10 £.* Un resto et bar à vins agréable, au cadre hétéroclite tout en bois et chrome. Surtout fréquenté le midi pour le buffet de salades fraîches accompagnant quiche, tourte à la viande ou *jacket potatoes* et une sélection de vins au verre. Cave sympa avec large voûte en brique basse de plafond, coins et recoins intimes, grand choix de cocktails, musique omniprésente *(ouv mer, ven et sam soir).*

Sur *Gandy*, d'autres lieux populaires comme le ***John's Gandy*** avec son immense mezzanine. Concerts live vers 21h.

Prix moyens (8-15 £ / 9,60-18 €)

Herbies *(plan couleur A2,* ***24****) : 15 North St, EX4 3Q5. ☎ 25-84-73. • eatoutdevon.com • Tlj sf dim et lun soir 11h-14h30 et 18h-21h30 (sam 10h30-15h). Congés : fêtes de fin d'année. Carte env 15 £. Vins organiques à partir de 13,35 £.* Un bon resto végétarien. Déco originale et colorée. Clientèle tendance « néo-baba » et service assuré par une jeune équipe d'étudiants. Recettes originales et goûteuses : soupe du jour, gratin de légumes, quelques plats lorgnent du côté de la Méditerranée... Publications écolos et lectures engagées, ambiance relax et prix très honnêtes. Un de nos coups de cœur dans le centre-ville.

Double Locks *(hors plan couleur par B3,* ***25****) : Canal Banks ; accessible à pied (petite trotte quand même), à vélo ou en canoë depuis les quais d'Exeter ! ☎ 25-69-47. Tlj midi et soir.* Ancienne maison de l'éclusier de 1701. La double écluse date, elle, de 1827. C'est la plus grande du pays (95 m de long, 8 m de large), elle permettait le passage de 2 bateaux en même temps. Pub installé depuis plus de 10 ans le long de la rivière Exe, c'est le rendez-vous de toutes les générations. Cadre superbe avec une vaste pelouse, idéale pour siroter une bière aux beaux jours. Beaucoup d'étudiants festifs en fin de semaine, des babas cool, des familles populaires... En hiver, le feu ronronne dans l'âtre. Nourriture de qualité et servie copieusement. Excellentes *ales* locales. Bons concerts le week-end. Surtout, beau festival du cidre en août, lors de l'*August Bank Holiday* !

The Ship Inn *(plan couleur B1,* ***26****) : St Martin's Lane (ruelle sur le* *côté de Cathedral Yard). ☎ 27-20-40. Repas jusqu'à 21h. Lunch 5,95 £. Plats 6,95-9,45 £.* Pub qui doit sa renommée à sir Francis Drake, qui y a bu un godet en bavardant avec sir Walter Raleigh. Belle déco façon bateau, pour rappeler le passage des marins, long comptoir en bois. Spécialité de poulet bardé de jambon et farci de fromage de chèvre, tomates séchées, épinards... *Pies*, assiettes composées, ou encore *sausage sandwiches* pour maintenir le cap !

I●I 🍷 ***Hour Glass Inn*** *(plan couleur B3,* **27***) : 21 Melbourne St. ☎ 25-87-22. Tlj sf lun 12h-15h, 17h-23h. Résa conseillée. Compter 6-20 £.* Un petit pub chaleureux, mignon comme tout, un peu excentré mais qui mérite vraiment le détour. Tonneaux alignés au-dessus du comptoir, déco choisie avec goût et esprit et 2 ravissantes salles de resto. Pour ajouter au plaisir, une cuisine remarquable, raffinée, inventive et goûteuse, une sélection de vins du monde entier et une vingtaine de rhums. Sans oublier les excellentes *ales, of course...*

I●I 🍷 ***The Well House Tavern*** *(plan couleur B2,* **28***) : Cathedral Yard. ☎ 22-36-11. Tlj. Bons petits plats le midi (soir jusqu'à 21h). Prix raisonnables.* Vieux pub en face de la cathédrale qui s'est un peu modernisé, mais toujours décoré de jolies gravures. En outre, il a su conserver quelques vestiges du passé comme sa vieille cave poussiéreuse, son puits et sa vénérable cheminée à carreaux de Delft. Excellente adresse pour boire un verre et grignoter. Fameux pour ses « *mixer twist drinks* ». Au sous-sol, dans une niche, il y a un squelette, avec cette inscription : *Birth is the first step unto death.* Ce qui signifie : « La naissance est le premier pas vers la mort. » Ça vous met de bonne humeur pour la journée !

EXETER

Plus chic (15-20 £ / 18-24 €)

I●I ***Angela's Restaurant*** *(plan couleur A2,* **20***) : 38 New Bridge St. ☎ 49-90-38. Lunch mer-sam 12h30-14h et dîner mar-sam 18h30-22h. Résa hautement conseillée (même les soirs de sem). Lunch menus 18,50-22,50 £. Repas complet 35-40 €. Vins à partir de 19,95 £.* Petite salle intime ornée de bucoliques tableaux, nappes et serviettes en tissu, fleurs fraîches... Fort belle cuisine traditionnelle avec un coup de main cependant très personnel du chef. Poisson arrivant direct du bateau et produits frais selon marché. Cuissons parfaitement exécutées, poissons gardant toutes leurs qualités gustatives, associations de saveurs maîtrisées, sauces légères... Goûter cette queue de lotte aux asperges locales et crème citronnée ou la sole farcie au crabe ou la poitrine de pintade farcie aux champignons sauvages, thym et citron. Succulent cheese-cake. En prime, accueil affable et souriant de l'adorable Angela, aux petits soins pour ses convives !

I●I ***ASK*** *(plan couleur B2,* **22***) : 5 Cathedral Close. ☎ 42-71-27. Tlj midi et soir jusqu'à 23h. Compter env 20-25 £.* 2 grandes salles dans une demeure ancienne haute de plafond : la salle à manger au cadre assez sobre et le bar avec sa cheminée de pierre médiévale. Cuisine italienne de bonne facture : goûteux *antipasti*, pizzas craquantes, pâtes et raviolis cuits comme il faut... Service jeune.

Où manger dans les environs ?

Très chic (plus de 20 £ / 24 €)

I●I ***The Jack in the Green Inn : Rockbeare,*** *EX5 2EE. ☎ (01404) 82-22-40. • jackinthegreen.uk.com • D'Exeter, direction l'aéroport. Au rond-point le plus proche de ce dernier, pancarte « Rockbeare », petit village à quelques km. Tlj midi et soir. Repas 25-45 £. Menu « Totally Devon » 21 £.* Voilà une adresse avant tout pour les gourmets qui ont du temps à passer dans le coin. Elle est réputée pour la grande qualité de sa cuisine, strictement exécutée à partir de producteurs locaux. Leur devise : « *Vous n'y trouverez pas d'asperges en octobre !* » 2 lieux séparés par le comptoir : le resto, cadre intime, vaisselle sophistiquée (résa quasi obligatoire), et la vaste salle du bar, aérée, tables bien séparées où l'on a la garantie d'avoir de la place et d'y manger rapidement. Côté bar, une belle cuisine de brasserie, snacks élaborés et grand choix de *pub grub* *(7,50-15 £ max le plat)*, comme le tendre *smoked haddock* ou le *blackened chili braised pork*. Côté resto, plats plus sophistiqués bien sûr *(18,50-23,50 £)*. Dommage cependant que la notoriété leur ait un peu tourné la tête et que l'accueil soit un tantinet *stiff* et l'atmosphère conformiste !

Où sortir ? Où danser ?

Timepiece *(plan couleur B1,* ***30****) :* *Little Castle St.* ☎ *49-30-96.* *0797-079-7616. Entrée pour les concerts 3-5 £ slt.* Pour la musique, l'ambiance, le lieu historique même, la meilleure adresse d'Exeter. Imaginez, c'est une ancienne prison du XIe s où *Mary Trembles, Temperance Lloyd, Susannah Edwards* et *Alice Molland* furent les dernières femmes d'Angleterre à être pendues, en 1685, pour sorcellerie (leur cellule est toujours sous la salle). Reconstruite en 1798, elle devint ensuite la demeure du gouverneur. Grande cour animée les soirs d'été et bar immense, lumières tamisées, plein de coins et recoins, plancher en bois usé et rongé par les libations, atmosphère hyper animée, musique à tue-tête... Les pompes à bière chauffent à blanc. En outre, le patron, grand collectionneur, l'a transformé en véritable musée de la plaque publicitaire émaillée (avec de formidables spécimens)... 3 fois par semaine, concerts de grande qualité (rock, blues, reggae, tous les genres). La journée, le lieu abrite aussi le *Old Timers*, un sympathique bar à vins-snack.

Hole in the Wall *(plan couleur B1,* ***30****) :* *Little Castle St.* Là aussi, un des hauts lieux de la vie nocturne. Les étudiants vont d'ailleurs d'une boîte à l'autre suivant les concerts. Au 1er étage, la salle de danse et de concert, ainsi que 4 billards.

Phoenix Bar – Arts Centre *(plan couleur B1,* ***23****) :* *Bradninch Pl, Gandy St.* ☎ *66-70-80. Tlj sf dim 10h-23h.* Si vous avez soif de culture et d'un bon *espresso,* faites d'une pierre deux coups dans cette cafét' tenue par le Centre d'arts d'Exeter. Installé dans un énorme édifice de 1909. Quelques snacks le midi, bières, vins au verre, gâteaux, thé et cappuccino. Profitez-en pour vous informer de l'actualité culturelle de la ville et jeter un œil aux expos temporaires. Parfois, des teufs d'enfer (payantes).

À voir

St Peter's Cathedral *(plan couleur B2) :* ☎ *25-55-73.* • *exeter-cathedral.org.uk* • *Ouv lun-sam 9h-16h45. Entrée 5 £.* On vous demande de verser votre obole pour l'entretien de la cathédrale et pour filmer ou faire des photos. La cathédrale mérite à elle seule la visite de cette ville.

C'est un remarquable édifice de style gothique, édifié au milieu d'un superbe espace de verdure. Cette vaste cathédrale date originellement de la période romane, dont il subsiste les grosses tours latérales du transept, ornées de tourelles. Tout le reste a été élevé au XIVe s. On considère que c'est l'un des joyaux de l'art gothique dans le monde. Curieuse et immense façade, presque entièrement couverte de statues d'évêques et de rois jusqu'au balcon crénelé. Belle rosace flamboyante surmontée de créneaux elle aussi. Plein de belles choses à voir, évidemment. Voici les plus importantes.

– ***La nef :*** c'est la nef gothique la plus grande du monde. Il faut absolument regarder dans les miroirs disposés à différents endroits pour réaliser la magnificence des drapés de pierre de la voûte, en particulier près de la porte d'entrée. Superbe jeu des nervures qui élance et affine l'édifice. Tout autour de la cathédrale, sur les bas-côtés et sur tous les bancs, vous verrez les *Exeter Rondels* (coussins brodés qui racontent l'histoire de la ville depuis sa fondation).

– ***Le jubé :*** séparation de la nef et du chœur. Élégante dentelle de pierre datée du début du XIVe s, surmontée d'un admirable buffet d'orgue du XVIIe s. Dans les trouées du jubé, 13 tableaux illustrent l'Ancien et le Nouveau Testament.
– ***Bras gauche du transept :*** belle horloge astronomique bleu et or datant du XVe s, époque où la Terre était encore considérée comme le centre de l'univers. La lune s'inscrit dans le cercle suivant et le soleil dans le troisième, symbolisé ici par une fleur de lys. Le tout indique l'heure (mais pas les minutes), ainsi que... l'âge de la lune. Les minutes sont données par le cadran du dessus, installé au XVIIIe s.
– Dans le ***chœur,*** chaire de l'évêque, du XIIIe s, considérée comme l'une des plus belles chaires gothiques. Admirables stalles aussi, bien plus tardives (XIXe s), et clefs de voûtes ouvragées.
– Derrière le chœur, la ***chapelle Notre-Dame*** (XIIIe s) abrite de nombreux tombeaux d'évêques. Là encore, belles nervures de la voûte.
– Voir, tout autour du chœur, les magnifiques ***vitraux,*** notamment le gigantesque ensemble au-dessus des arcades du chœur. La plupart sont d'origine.
– De-ci, de-là, noter les ***corbeaux,*** sculptures situées à l'extrémité des nervures de la nef, entre arches et arcades. Certains illustrent des scènes comme le Couronnement de la Vierge ou représentent des ecclésiastiques.

La place est entourée de superbes demeures de style élisabéthain. Ce sont en fait uniquement des façades fort bien reconstituées après la guerre et qui redonnent tout son cachet au lieu. Aux nos 10-11, *Cathedral Close,* superbe demeure avec portail très ancien sculpté (et coquille Saint-Jacques en demi-lune). Adorable cour croulant sous les glycines, avec pavés ronds et petite chapelle gothique... Le temps s'est arrêté à Jacques II, un charme fou !

St Nicholas Priory *(plan couleur A2)* **:** ancien prieuré bénédictin du XIe s. On visite la crypte romane et quelques salles, dont la *Prior's Room* au plafond de bois remarquable.

Rougemont and Northernhay Gardens and Castle *(plan couleur B1)* **:** au milieu de ces deux parcs, les restes du mur d'enceinte de la ville, construit par Guillaume le Conquérant après 1066. Observez la technique romaine sur le mur : les briques en arêtes de poisson. Traverser les jardins sur la gauche pour jeter un coup d'œil aux *catacombes,* dont la ville avait ordonné l'aménagement au XIXe s. Elles furent reconverties en morgue après une grande épidémie de peste. On hissait les cadavres du bas du fossé.

Balade sur ***High Street*** *(plan couleur B1)* où se trouvent de belles façades. Au débouché de Martin's Lane au 223, High St, magnifique maison sur arcades et encorbellement, avec deux bow-windows et boiseries sculptées. À côté, la façade plus fantaisiste de *Hosiers Taylor*. Plus haut, au coin de High et de Gandy, autre jolie maison du XIVe s, avec galerie en grès rouge et bow-windows sculptés d'animaux fantastiques. En face de *Marks & Spencer,* la demeure abritant le magasin *Laura Ashley* date de 1564 et présente un triple encorbellement. Même trottoir, au n° 53, ravissante façade à colombages de la banque *Santander* (avec un saint dans une niche). Au n° 46, l'une des plus anciennes maisons de la ville. Sur la droite, étrange hôtel de ville sur arcades, le *Guildhall,* avec sa façade style Renaissance. On peut entrer pour visiter la belle salle toute boisée du XVIIe s. C'était le tribunal municipal. Petit musée en mezzanine *(horaires variables ; ☎ 66-55-00).* Plus loin, même trottoir, l'insolite *Parliament Street,* longtemps au *Guinness Record Book* comme la rue la plus étroite au monde (0,80 à 1,20 m de large). En face, l'imposante église *St Petrock* en grès rouge. Enfin, au carrefour de High St et Bridge North St, élégant double pignon à volutes de style flamand du plus bel effet.

Tout au bout, ruines du pont médiéval. En prenant sur la droite, on rencontre des pubs agréables au bord de l'eau et on parvient à ***The Quayside*** *(plan couleur B2-3).* Cet ancien quartier d'entrepôts a été réhabilité et transformé en quartier d'habitations modèle et coquet. En 1564, un canal fut creusé pour permettre aux bateaux de parvenir à Exeter. Construction de la *Custom House* en 1680. Le commerce de la laine fit la fortune de la ville, surtout au XVIIIe s. L'arrivée du chemin de fer en 1844 provoqua cependant le déclin de la voie maritime et des Quays. C'est ici que se concentrent les clubs de la ville et quelques pubs très fréquentés par les étudiants. Ambiance survoltée en fin de semaine. Avec son plan d'eau et ses quelques planches à voile, le coin reste sympathique. On y trouve aussi quelques antiquaires intéressants (meubles, objets et bric-à-brac à tous les prix). Balades en bateau *(le w-e avr-oct ; tlj juil-août).*

– ***Visitor Centre :*** *The Quay. ☎ 27-16-11. Tlj avr-oct 10h-17h. Basse saison, le w-e 11h-16h.* Installé dans un ancien entrepôt datant du XVIIe s. Intéressant audiovisuel racontant 2 000 ans d'histoire de la ville. Visites guidées l'été.

Remontez ensuite jusqu'à Fore St, tournez à droite dans West St sur ***Saint Mary's Steps Church*** *(plan couleur A2)* pour admirer les petites maisons anciennes et les vestiges de la West Gate. C'est ici que Guillaume d'Orange pénétra dans la ville pour en prendre possession. Belle série de demeures à colombages qu'on bâtissait toutes petites à la base, puis de plus en plus larges, à la fois pour gagner de l'espace sur la rue et de l'argent sur les taxes foncières ! Celle du coin, à double encorbellement, semble tenir en équilibre par miracle. Entre l'église gothique en grès rouge et ces maisons, montez ***Stepcote Hill,*** qui garde totalement son aspect du XVe s. Grimpez, poursuivez dans la même direction, tournez à droite pour l'entrée ouest de la cathédrale. La nuit, tout le quartier prend des teintes expressionnistes....
Derrière le *Southgate Hotel,* entre South St et Cathedral Close, longue portion des remparts avec vestiges de tours.

DANS LES ENVIRONS D'EXETER

Killerton House and Gardens : *à* ***Broadclyst,*** *au nord d'Exeter. ☎ 88-13-45. • nationaltrust.org.uk • En été (à partir de mi-mars), tlj 11h-17h ; hors saison, horaires restreints et compliqués... se renseigner. Entrée : 9,30 £.* Superbes jardins anglais élaborés au XVIIIe s. Magnolias, azalées et rhododendrons sont les fleurs reines de ces espaces aménagés.

La rive est de l'estuaire de l'Exe offre de jolies balades dans la campagne, ainsi que les quelques plages qui la prolongent. On les atteint par bus, route A 316, et par train d'Exeter Saint David's.

TOPSHAM *(ind. tél. : 01392)*

Un de nos villages préférés. Dans la banlieue d'Exeter, toujours sur la rivière Exe, c'est un lieu de rendez-vous très prisé l'été, notamment par la population branchée et chic d'Exeter.
La rue qui longe la rivière est bordée uniformément de maisons à pignons à la flamande, de toutes les couleurs, du XVIIe s. On se croirait de l'autre côté du Channel. Merci aux tisserands et aux commerçants flamands qui ont créé ce havre de calme. Beaucoup d'antiquaires, de salons de thé et de ruelles tranquilles.

Arriver – Quitter

➢ ***Exeter :*** en voiture, prendre la route A 376. En bus, liaisons fréquentes (ttes les 10 mn) avec High St ou la station de bus. En train, moins pratique, mais liaisons régulières avec la gare centrale d'Exeter.

Adresse utile

■ ***Banque Lloyds :*** *78 Fore S* Distributeur.

Où dormir ?

De prix moyens à plus chic (60-120 £ / 72-144 €)

Broadway House : *35 High St, EX3 0ED. ☎ 87-34-65. • heather@broadwayhouse.com • broadwayhouse.com • Dans le centre-ville. Salon de thé et resto fermés dim et lun. Doubles 68-70 £. Parking.* Élégante demeure georgienne en brique rouge couverte de vigne vierge. Cadre d'un charme adorablement désuet. Noter les rarissimes cuirs de Cordoue du XVIIe s dans le hall d'entrée ! À l'étage, des chambres spacieuses d'un autre temps, papier peint à fleurs, tons doux, mobilier années 1940, très confortables, avec salle de bains. Au rez-de-chaussée, le *Georgian Tearoom,* salon de thé traditionnel avec service en tablier, d'excellents *cream tea* et gâteaux maison. Pour le lunch, bons petits plats préparés par la maîtresse de maison. Charme suranné, pour un thé dans la grande tradition. On aime !

Reka Dom : *43 The Strand, EX3 0AY. ☎ 87-33-85. • rekadom@hotmail.co.uk • rekadom.net • Doubles 80-100 £. CB refusées. Sur présentation de ce guide, réduc de 5 £/nuit.* Dans une authentique maison de marchand du XVIIe s surmontée d'une tour panoramique. Superbe demeure avec un charme fou et vue sur l'estuaire depuis les chambres. Petit déj très copieux servi dans une salle remplie de jolies faïences. La suite, avec une salle de séjour, offre une vue panoramique sur l'estuaire. Pour routards en mal de romantisme, un luxe à s'offrir absolument. Une pure merveille !

Où manger ?
Où boire un verre ?

EXETER

Prix moyens (8-15 £ / 9,60-18 €)

The Cafe : *76 Fore St. ☎ 87-78-27. Tlj sf dim 9h30-16h45.* Un grand café-salon de thé dans une ancienne salle de classe aux murs de brique peints en blanc, tables en bois clair et étagères pleines de bouquins, vieux plancher et toiles cirées. Clientèle plutôt féminine. On se retrouve entre copines autour d'un *full English breakfast* ou pour déguster de bons gâteaux ou *scones* faits maison. Petit menu sympa le midi. Agréable *courtyard garden.*

The Passage House Inn : *Ferry Rd. ☎ 87-36-53. • lionellavoine@hotmail.co.uk •* Une terrasse tranquille et recherchée pour regarder les bateaux remonter la rivière. À l'intérieur, pub classique (de 1788) avec une partie resto. Mieux vaut arriver de bonne heure pour y manger. C'est très connu, et la fraîcheur du poisson est légendaire. Bons *fish & chips* et burgers, *ferryman smoked fish platter,* quelques viandes un poil plus chères...

The Lighter Inn : *sur le quai. ☎ 87-54-39. Plats 8,25-14,25 £.* Inévitable pub situé devant le petit port et... le parking. C'est avant tout l'endroit idéal pour boire une bière face à l'estuaire. On y mange aussi, plutôt bien. Poissons du jour au tableau noir. Ambiance conviviale.

Bridge Inn Freehouse : *Bridge Hill. ☎ 87-38-62. Un peu à l'écart du centre, sur la route d'Exmouth, sur la gauche. Lun-jeu 18h-22h30, ven-sam 18h-23h, dim 19h-22h30.* Bonne grosse taverne toute rose qui propose une des plus larges sélections de bières de la région. Depuis le XVIe s, elle n'a pas bougé et a conservé ses petites alcôves. C'est aussi le seul pub d'Angleterre à avoir reçu la visite officielle de la reine, photos à l'appui ! Authentique en diable. Un petit monument en soi !

Très chic (plus de 20 £ / 24 €)

La Petite Maison : *35 Fore St. Tt proche du port. ☎ 87-36-60. Tlj sf dim-lun soir slt. Résa quasi obligatoire. Menus 30,75-39,95 £, café compris.* Dans un cadre contemporain conjuguant élégance et sobriété, découvrez une des plus belles adresses régionales, à prix encore abordables. Le chef, qui est passé par de grandes maisons, notamment Michel Guérard, propose une cuisine traditionnelle exclusivement basée sur la qualité des produits, leur origine locale et le respect des saveurs. Suivant scrupuleusement saisons et marché, la carte change tous les mois. L'occasion d'innover et d'apporter à chaque fois une touche perso. Quasiment tout est fait maison, pain, *chutneys*, glaces, desserts... Quelques spécialités : la *lamb collection* (savoureux morceaux d'agneau), le risotto aux champignons sauvages, sauce cherry et truffe, les filets de bar et lotte sauce crevette... Beaux desserts comme la *panacotta* vanille et cointreau, la poire tatin, etc.

À voir. À faire

➢ ***Se balader*** dans la sympathique rue centrale et les ruelles perpendiculaires jusqu'au bord du fleuve.

➢ ***Un tour de bateau :*** ***Sea Dream,*** *sur le port.* ☎ *(07778) 37-05-82.* • *topshamtoturfferry.co.uk* • *Tlj pdt les vac de Pâques et juil-août ; sept-avr, le w-e slt. Compter 5 £ A/R, 3 £ aller simple.* Un petit ferry qui permet de traverser l'estuaire jusqu'au délicieux pub *Turf Lock Inn* situé de l'autre côté. Agréable et joli point de vue sur les rives et Topsham.

AUTANT EN APPORTE LE VENT DES CORNOUAILLES !

Vivien Leigh, la plus grande actrice anglaise de tous les temps, adorait Topsham. Son premier mari fut le frère de Dorothy Holman, la fondatrice du musée de la ville. Une aubaine pour ses admirateurs et les cinéphiles, ils y retrouveront avec émotion nombre d'images insolites et de souvenirs liés à l'héroïne d'Autant en emporte le vent et d'Un tramway nommé Désir...

👁👁 ***Topsham Museum :*** *25 The Strand.* ☎ *87-32-44.* • *devonmuseums.net/topsham* • *Avr-oct, lun, mer, jeu, sam et dim 14h-17h (mar en août). Gratuit.* C'est dans ce quartier que l'on construisait les bateaux. Belle maison datant de 1688, typique des demeures des riches marchands de l'époque. Longtemps habitée par Dorothy Holman, qui y créa un petit musée en 1967 pour rendre hommage aux chantiers navals, l'activité de sa famille. À sa mort en 1983, elle légua le musée à la ville qui, par la suite, s'enrichit de multiples dons. Riches collections racontant l'histoire maritime de la ville. Au rez-de-chaussée, *The Cygnet,* une curieuse embarcation en forme de cygne, et un saumon de 27,8 kg, exemple de ce qu'on pouvait pêcher dans la rivière Exe avant les pollutions industrielles. Visite de la cuisine, qui n'a guère changé depuis les années 1940. Agréable salon de thé. Dans l'escalier, noter cet impressionnant arbre généalogique de la famille Holman depuis William (1243 !). Au 1er étage, grande salle lumineuse avec petite section archéologique, meules romaines, maquettes de bateaux, maisons de poupée... Riches témoignages des activités de pêche et de construction de bateaux et grande maquette du village en 1900. Salle consacrée à *Vivien Leigh,* avec nombre de souvenirs de ses grands succès et sa célèbre chemise de nuit dans *Autant en emporte le vent* (cadeau à sa belle-sœur Dorothy). Reconstitution du salon et de la salle à manger des XVIIe et XVIIIe s avec de beaux objets et mobilier d'époque. Enfin, adorable jardin où il fait bon prendre le thé avec de délicieux gâteaux. Ce musée est un de nos grands coups de cœur !

Quay Antique Centre : *sur le quai. ☎ 87-40-06. • quayantiques.com • Tlj 10h-17h.* Stands d'antiquités et bibelots dans un vieil entrepôt maritime de trois étages.

EXMOUTH

Station balnéaire familiale et typique avec ses rangées de maisons georgiennes et sa belle plage devant. Bonne grosse bourgade tranquille et pépère, sans intérêt débordant. Les plus belles demeures se trouvent sur Beacon Terrace.

➢ Train d'Exeter en 25 mn.

Adresse utile

Tourist Information : *Alexandra Terrace, Rolle St. ☎ (01395) 22-22-99. • exmouthguide.co.uk • Tte l'année, lun-ven 9h-17h (sam 9h-16h).* Nombreuses brochures et toutes les infos de balades à faire dans la région.

À voir

À la Ronde : *Summer Lane, à 2 miles au nord d'Exmouth ; indiqué sur la gauche en venant de Topsham (A 376). ☎ (01395) 26-55-14. • nationaltrust.org.uk/alaronde • De mi-mars à oct, tlj sf jeu et ven 11h-17h (ouv le jeu et ven en été). Horaires restreints en hiver, se renseigner. Entrée : 7,20 £.* Voici une « folie » néo-gothique de la fin du XVIIIe s, construite par deux cousines sur le modèle de la basilique byzantine de San Vitale de Ravenne. Visite ludique de la demeure plantée au milieu d'un grand parc. Un détail insolite : les deux vieilles filles exigèrent que seule la descendance féminine puisse hériter de la maison. Un siècle plus tard, il ne restait plus qu'un pasteur dans la lignée. Agréable salon de thé.

Les plages : au sud d'Exmouth (rive sud du fleuve), on gagne les plus belles plages de la région en prenant le train d'Exeter jusqu'à *Dawlish Warren* et plus au sud jusqu'à *Teignmouth.* Le train emprunte un très beau trajet. Comme sur la Côte d'Azur, voie ferrée le long de la plage, mais les trains sont rares. Plage de sable, familiale mais pas trop surpeuplée. On peut également y aller en bus avec le nº 85 de la station d'Exeter.

SIDMOUTH

Une autre petite station balnéaire aux falaises rouge brique. La ville est célèbre dans le Devon pour son festival international de musique. Musique folk et celte avant tout, mais aussi rock, pop et world.

Adresse utile

Tourist Information : *Ham Lane. ☎ (01395) 51-64-41. • visitsidmouth.co.uk • En saison, lun-jeu 10h-16h, ven-sam 10h-17h et dim 10h-13h ; horaires restreints hors saison.*

Où manger ? Où prendre un cream tea ?

The Clocktower Café : *Connaught Gardens. ☎ (01395) 51-24-77. Dans un jardin situé en haut des falaises, à 5 mn du centre-ville, sur la droite quand on regarde la mer. Tlj, tte l'année.* Une véritable institution à l'heure du thé, avec des parts de gâteaux à faire bondir les diététiciens ! Quelques plats et sandwichs le midi. À savourer en terrasse, dans le paisible jardin anglais, ou dans une jolie salle à l'étage, avec vue sur la mer.

DARTMOOR NATIONAL PARK

Il s'agit en fait de toute une région – globalement située entre Exeter, Plymouth et Okehampton – qui pourrait justifier à elle seule un voyage en Angleterre tant les paysages y sont grandioses. Vaste lande sauvage et vallonnée, persillée de reliefs rocheux... superbe et impressionnant. On comprend pourquoi Conan Doyle y a situé l'action d'une des plus sombres énigmes que Sherlock Holmes ait jamais eu à résoudre, *Le Chien des Baskerville.*

Arriver – Quitter

En voiture

➢ Prendre la route B 3212 qui traverse la lande. Problèmes à prévoir pour les caravanes ou camping-cars : routes très étroites bordées de haies, où il est difficile de se croiser.

En bus

➢ Pas vraiment très pratique d'explorer le parc en bus, mais on peut toujours emprunter le n° 82 *Transmoor Link* depuis la gare routière d'Exeter (3 bus/j. en été). Ce bus traverse le parc et va jusqu'à Plymouth en faisant plusieurs arrêts. Il est tout à fait possible de prendre ce bus, de s'arrêter quelques heures, de reprendre le 2e bus, de s'arrêter de nouveau, et ainsi de suite. Mais c'est un peu au pas de course. Arrêts du bus notamment à Chudleigh, Bovey Tracey ou Ashburton.

À vélo

➢ Si vous avez quelques jours devant vous, c'est une chouette idée. Locations à Exeter (voir « Adresses utiles » dans cette ville) ou à Plymouth. Routes pas toujours faciles, obligation de portage dans certains secteurs.

À cheval

➢ C'est un excellent moyen de visiter le parc, y compris pour des débutants. Plusieurs possibilités :

– ***À Widecombe-in-the-Moor* : Shilstone Rocks Riding & Trekking Centre.** ☎ *(01364) 62-12-81. Prix raisonnables.* Balades à la journée. Bombes et matériel prêtés gracieusement.
– ***À Lydford*** *(près de Okehampton)* **: *Lydford House Riding Stables.*** ☎ *(01822) 82-03-21.* Stages d'une semaine pour apprendre à monter. Très bon accueil.

Infos utiles

Procurez-vous le journal *Dartmoor National Park* auprès des offices de tourisme. Très bien fichu, il donne tous les bons plans et les choses à visiter dans le parc.

Centres d'informations dans le parc

Voici les plus importants. Tous distribuent de la doc, vendent des cartes et des propositions de balades et d'itinéraires. Vous pouvez également consulter leur site internet : • *dartmoor-npa.gov.uk* •

– ***À Princetown* : High Moorland Visitor Centre,** *Old Duchy Hotel, Tavistock Rd.* ☎ *(01822) 89-04-14. Tlj 10h-17h (16h en hiver).*
– ***À Postbridge* :** *sur la B 3212.* ☎ *(01822) 88-02-72. Mêmes horaires.*
– ***À Tavistock* :** *Town Hall Building.* ☎ *(01822) 61-29-38. Lun-sam 10h-17h (16h en hiver).*
– ***À Haytor* :** *Lower Car Park, Main Rd.* ☎ *(01364) 66-15-20.*
– ***À Moretonhampstead* : Community Information Point,** *The Sq.* ☎ *(01647) 44-00-43.* Un des meilleurs points d'information sur Dartmoor. Personnel très accueillant.

Où dormir dans le parc ou aux abords ?

Campings

Dartmoor View Holiday Park : *Whiddon Down,* ***Okehampton.*** *☎ (01647) 23-15-45. Fax : 23-16-54. Sur l'A 30, à mi-chemin entre Exeter et Okehampton.* Terrain très sympa, à l'image des proprios. Piscine chauffée, douches chaudes et laverie.

The River Dart Country Park : *Holne Park,* ***Ashburton.*** *☎ (01364) 65-25-11. • riverdart.co.uk • À côté de Newton Abbot. 26,5 £ pour 2 pers. Accès au site pour les non-résidents : 6,25 £.* Un gigantesque site absolument magnifique qui, au-delà de posséder un camping dans un lieu extraordinaire, offre tout un tas d'activités avec installations ludiques très bien faites pour les enfants, circuits aventure, plage, activités nautiques, escalade, balades superbes, etc. Plus cher qu'un camping classique, mais le lieu est vraiment exceptionnel.

Camping Barn, Runnage Farm : *à* ***Postbridge.*** *☎ (01822) 88-02-22.* Équipé également d'un dortoir.

The Plume of Feathers : *à* ***Princetown.*** *☎ (01822) 89-02-40. • theplumeoffeathers.co.uk • Résa conseillée.* Équipé également de plusieurs dortoirs (42 lits en tout).

Auberges de jeunesse

Trois ***auberges de jeunesse*** dans le parc :

– ***À Steps Bridge :*** *Exeter EX6 7EQ, près de Dunsford. ☎ (01647) 25-24-35. Bus nº 359 depuis Exeter. À partir de 14 £/pers. Tte l'année.* Une maison en bois modeste mais très sympa, en pleine forêt. Plutôt réservé aux groupes, mais ouvre ses portes aux individuels quand il y a de la place.

– ***À Bellever :*** ***Postbridge,*** *PL20 6TU. ☎ (01822) 88-02-27. Sur une petite route à un bon mile de la B 3212, bien isolée au bord de la forêt. Avr-sept. Lit 14 £.*

– ***À Okehampton :*** *Klonduke Rd, EX20 1EW. ☎ (01837) 539-16. • okehampton-yha.co.uk • Dans l'ancienne gare restaurée. Tte l'année. Résa conseillée. Réception à partir de 17h. Compter 32 £ pour 2.* Capacité d'accueil : 124 personnes en chambres de 4 et 6 lits. Repas du soir de 19h à 20h.

Balades dans le parc de Dartmoor

– ***Conseils :*** impossible ici de résumer les balades à faire. Le mieux est vraiment de se reporter à l'excellent journal gratuit *Dartmoor National Park,* qui les énumère et propose une bonne carte. On trouve aussi des dizaines de publications sur les possibilités de balades dans les librairies et les offices de tourisme locaux.
En tout cas, n'oubliez pas lors de vos promenades sur la lande que le temps y est très changeant. Il est nécessaire d'avoir du bon matériel imperméable et de bonnes chaussures !

LUSTLEIGH

Où manger ? Où boire un verre ?

The Cleave : *Lustleigh, près de Bovey Tracey, TQ13 9TJ. ☎ (01647) 27-72-23. Mar-dim, midi et soir.* Chouette pub du XVIIIe s aux vieilles poutres et toit de chaume. Plusieurs salles conviviales. Très fréquenté le dimanche pour le traditionnel *carvery lunch* en famille. Agréable jardin tout autour pour siroter une bonne *ale* sur un banc. À Noël, le lieu est surchargé de décos ; à ne pas manquer !

CHAGFORD

On pénètre vraiment dans la lande : herbe rase, bruyère, poneys et moutons en liberté. Ne manquez pas, dans cette charmante bourgade, cette incroyable boutique *James Bowden and Son Hardware and Moorland Centre* *(lun-sam 9h-17h)*. Sur plusieurs niveaux et dans un espace réduit, on y trouve absolument tout. Depuis plus d'un siècle, Chagford, grâce à cette boutique, peut se targuer d'être la bourgade la mieux approvisionnée de la région. Juste à côté, la *quincaillerie Webber*, qui n'a pas à rougir, avec des tarifs tout aussi (plus ?) compétitifs.

Où dormir ?

Easton Court Country House : *Easton Cross, TQ13 8JL. ☎ (01647) 43-34-69. • stay@easton.co.uk • easton.co.uk • À env 2 miles du centre de Chagford, à l'intersection de la B 3206 et de l'A 382. Doubles 70-85 £, petit déj inclus. Sur présentation de ce guide, chambre supérieure si disponible.* Un cadre exceptionnel et romantique, une maison Tudor fort bien restaurée avec toit de chaume, murs de granit, poutres apparentes et grande cheminée. TV. Super accueil.

À voir dans les environs

Castle Drogo : *à 2,4 miles au nord de Chagford. ☎ (01647) 43-33-06 • nationaltrust.org.uk/castle-drogo • Tlj 11h-17h ; horaires variables en hiver, se renseigner. Entrée 9,30 £.* Folie d'un riche « épicier » du début du XXe s qui s'est fait construire, en 1910, un château fort tout en granit sur une colline qui domine la lande et la vallée de la Teign. Entre le blockhaus moderne et la forteresse médiévale, particulièrement austère et triste, dans un cadre superbe en revanche, entourée de collines.

DREWSTEIGNTON

Où manger ?
Où boire un verre ?

Drewe Arms : *sur la place centrale du village, devant l'église. ☎ (01647) 28-12-24. Tlj 11h-18h30 ; service midi et soir.* Une maison datant du XVIe s, avec plafond bas, larges poutres et sol pavé de pierres. Cosy à souhait, notamment près de la vieille cheminée en hiver. Côté cuisine, le classique *pub grub* avec quelques plats inventifs variant au gré des saisons, le *ploughman's lunch* et le *carvery* le dimanche ! Sans oublier une fameuse bière locale pour accompagner le tout. Une de nos adresses préférées.

DE CHAGFORD À TWO BRIDGES

La route serpente à travers des collines de landes, de murets de granit jaunis d'ajoncs. Elle traverse des forêts de chênes centenaires moussus, enjambe la rivière Dart sur d'étroits ponts médiévaux. Chaque saison offre une palette de couleurs différentes, mais le printemps et l'automne proposent incontestablement les plus chatoyantes. Soyez prudent, car il y a de nombreux moutons sur la route.

POSTBRIDGE

Vous trouverez ici un centre d'information sur le parc : brochures gratuites, plans, informations et accueil très aimable, en anglais seulement, hélas. Et surtout, pour vérifier si l'armée ne s'exerce pas au tir ce jour-là dans ce coin si amoureusement choisi : voir les horaires des *firing ranges* !

DE POSTBRIDGE À TWO BRIDGES

Où dormir ? Où manger ?

The Cherry Brook : *Two Bridges, **Yelverton,** PL20 6SP. ☎ (01822) 88-02-60. • info@thecherrybrook.co.uk • thecherrybrook.co.uk • Entre Postbridge et Two Bridges. Resto ouv tlj sur résa. Une petite dizaine de belles chambres très confortables avec sdb env 89 £, petit déj inclus. Menu 25 £.* En pleine lande, calme absolu et vue magnifique. Très douillet. Cuisine de qualité, à base de bons produits locaux. Une adresse que nous aimons beaucoup.

Balades dans les environs

➢ Possibilité de splendides ***balades vers les Tor*** (restes granitiques). Quel paysage ! Pour vraiment s'éloigner sans se perdre, ou pour ne pas passer devant des trésors sans comprendre, n'hésitez pas à suivre une *walk* commentée par l'un des *rangers.* Cette lande est la plus riche d'Europe en sites néolithiques : plus de 2 000 cercles, pierres levées, etc. Il y a 200 ans, on pouvait s'installer librement si l'on construisait quatre murs et un âtre en un seul jour ; d'où le style local. Il y a 100 ans fut inventé un système dément de boîte aux lettres en pleine lande : on y dépose sa lettre, sans timbre, juste avec le tampon qui est dans la boîte. Le premier voyageur qui passe ramasse le courrier et le porte plus loin. Et ça a marché. Ça fonctionne toujours aujourd'hui, car les collectionneurs de *postmarks* arpentent la lande, signent le *Visitor's Book,* tamponnent leur courrier et le mettent avec le vôtre dans une boîte aux lettres plus civilisée en revenant en ville.

➢ En allant sur ***Two Bridges*** et ***Princetown,*** on aperçoit la sinistre *prison de Dartmoor,* dont on peut faire le tour de loin en voiture. Sur la petite route, vous trouverez des poneys bien laineux en liberté.

➢ Un autre bon départ d'excursion, avec bureaux d'information et jolies auberges : ***Bovey Tracey,*** pour aller aux ***Becky Falls,*** les cascades. *• beckyfalls.com • Ouv de mi-fév à début nov, 10h-17h. Attention, l'entrée est désormais payante (et chère !) : 7,95 £ en saison.* Au moins, vous ne risquez pas de vous perdre, vous ne serez pas seul !

➢ Possibilité de randonnée à cheval aux environs de ***Buckland-in-the-Moor.***

WIDECOME-IN-THE-MOOR

Ravissant village perché au sommet d'une colline, organisé autour de sa belle église du XVe s... et de son pub !

Où dormir ? Où manger ? Où boire un verre ?

Bon marché

Dartmoor Expedition Centre : *Rowden, Widecome-in-the-Moor. Près de Newton Abott. ☎ (01364) 62-12-49. Tte l'année, 7h30-10h30. Résa souhaitée.* Logement en dortoirs, couchage compris. Cuisine. Organise des activités : marche, escalade, canoë, spéléo...

Prix moyens (40-60 £ / 48-72 €)

🏠 ***Rutherford House :*** *Widecome-in-the-Moor, près de Newton Abbot, TQ13 7TB. ☎ (01364) 62-12-64. • mail @rutherford-house.co.uk • rutherford-house.co.uk • Fermé nov-Pâques. Double env 52 £.* Une petite maison juste à l'extérieur du village. Seulement 3 chambres, confortables, avec salle de bains. Ian, le maître des lieux, est un personnage. Il adore la France et s'est passionné pour les 2CV qu'il collectionne activement (déjà 9 modèles !). Il saura aussi vous conseiller sur les nombreuses balades. Petit déj extra, préparé par Pauline, sa sympathique épouse.

🍽 🍷 ***The Old Inn :*** *Widecome-in-the-Moor, près de Newton Abbot. ☎ (01364) 62-12-64. Tlj midi et soir.* Superbe pub datant du XIVe s, récemment rénové... un peu trop, au goût des habitués. On vient de toute la région pour y déguster une savoureuse cuisine régionale et boire de bonnes *ales*. Atmosphère très chaleureuse, surtout en fin de semaine où le lieu est bondé. Une véritable institution.

🍽 🍷 ***The Rugglestone Inn :*** *Widecome-in-the-Moor, en bas du village. ☎ (01364) 62-13-27. • richard@ rugglestone-eclipse.co.uk • Tlj midi et soir.* Un autre pub extraordinaire, tout petit, construit en 1740, en pleine campagne. Pièces grandes comme un mouchoir plié et ambiance *friendly* comme on les aime. On peut aussi s'installer dans le jardinet traversé par un petit ru. Bon *pub grub* et un assez grand choix de plats faits maison, plutôt réussis.

TOTNES

6 000 hab. IND. TÉL. : 01803

Bourgade florissante au Moyen Âge. Ses habitants préservent eux-mêmes leurs très belles demeures. Superbes maisons de marchands des XVe et XVIe s dans les rues du centre. On bâtissait de belles façades pour le prestige et on faisait des ajouts derrière ; il faut donc entrer dans les petites cours et les allées.

Arriver – Quitter

En train

🚂 ***Gare ferroviaire :*** *sur Station Rd. Rens à Plymouth : ☎ (01752) 22-13-00 ; ou ligne nationale : ☎ (08457) 48-49-50.*

➢ ***Penzance-Plymouth-Londres :*** Totnes se situe sur cette ligne de train. Nombreuses liaisons.

➢ ***Paignton :*** liaisons par petit train à vapeur. Sympa.

En bus

🚌 ***Gare routière :*** *ts les bus régionaux partent de The Plains, place située à côté du* Royal Seven Stars Hotel.

Adresses utiles

ℹ ***Tourist Information Centre :*** *The Town Mill, Coronation Rd. ☎ 86-31-68. • totnesinformation.co.uk • Tlj sf dim 9h30-17h.* Situé dans un ancien moulin à eau où l'on peut encore voir les rouages en activité. Brochures bien faites sur la ville. Service de logement. Accueil particulièrement aimable.

■ ***Banques :*** *celles que nous indiquons possèdent un distributeur.* ***Barclays*** *et* ***HSBC*** *sur High St ;* ***Lloyds*** *et* ***National Westminster*** *sur Fore St.*

■ ***Dartington & Totnes Company :*** *28 Follaton Ave. ☎ 86-47-17.* Cette agence organise des excursions pour la journée ou plus, à des prix très étudiés.

■ **Location de vélos :** *Re-Cycle-Cycles, Mot Pursuit. ☎ 86-51-74.*

Où dormir ?

La ville est agréable certes, mais il nous semble beaucoup plus sympa de dormir à Dartmouth, à l'embouchure du fleuve Dart.

Prix modérés (40-60 £ / 48-72 €)

King William IV Hotel : *45 Fore St. ☎ 86-66-89. En plein centre. Double env 50 £. Repas env 12 £.* Superbe pub établi dans une maison élisabéthaine à la façade fleurie. Accueil chaleureux et chambres très correctes, toutes avec salle de bains. Côté cuisine, des plats de qualité servis copieusement et une bonne sélection de bières locales. Bonnes prestations.

Prix moyens (60-80 £ / 72-96 €)

The Four Seasons Guesthouse : *Bridgetown. ☎ 86-21-46. À 5 mn à pied du centre historique, après le pont. Double env 70 £.* Une maison sympathique, même si la décoration très anglaise ne sera pas du goût de tout le monde... L'ensemble est plutôt kitsch, mais l'accueil y est chaleureux, les prix raisonnables et le petit déj très copieux.

The Old Forge : *Seymour Pl. ☎ 86-21-74. • oldforgetotnes.com • À 5 mn à pied du centre, après le pont. Doubles en-suite 62-82 £ selon saison.* Superbe bâtiment en pierre de la fin du XIVe s, ancien atelier de forgeron au rez-de-chaussée et tribunal au 1er étage, reconverti aujourd'hui en hôtel. Les chambres sont parfaitement coquettes, mais assez petites pour la plupart. Confort et jardin à l'anglaise, beaucoup de charme.

Où manger ?

Willow Vegetarian Garden Restaurant : *87 High St. ☎ 86-26-05. Lun-sam 10h-17h, plus le soir à partir de 19h lun, mar, jeu et dim. Compter 6-17 £. CB refusées.* Atmosphère chaleureuse pour ce resto végétarien proposant un menu indien certains soirs. Une cuisine goûteuse et un accueil très agréable.

Anne of Cleves : *56 Fore St. ☎ 86-31-86. Lun-sam 9h30-17h ; dim 10h30-16h30.* Lunch assez bon marché et quelques plats végétariens. Mais surtout, une variété de pâtisseries alléchantes, *crumbles, scones* et *rock cakes* exposés en vitrine. Pour profiter pleinement de toutes ces douceurs locales, à déguster avec une bonne louche de *clotted cream.*

À voir

La rue principale, *Fore Street,* qui devient *High Street,* est celle qui concentre la plupart des centres d'intérêt de la ville. Elle mène au château.

Totnes Elizabethan Museum : *70 Fore St. De mi-mars à fin oct, lun-ven 10h30-17h. Entrée : 2,50 £.* Témoignages de la vie des siècles passés dans une ancienne maison de marchand. Belles maisons de poupée et collection de jeux anciens.

Totnes Castle : *Castle St, tt en haut de High St. ☎ 86-44-06. Avr-juin et sept 10h-17h ; juil-août 10h-18h ; oct 10h-16h. Ouvert le we (10h-16h) nov-mars. Entrée : 3,50 £.* Forteresse normande édifiée au XIIIe s, détruite puis reconstruite plus tard. Il en reste de belles ruines, et surtout ce gros donjon rond et crénelé. Pour y grimper, 200 marches. On est récompensé par une vue imprenable sur le village, la rivière Dart et la campagne alentour.

The Guildhall : *situé derrière High St, sur la promenade des remparts. ☎ 86-21-47. Avr-oct, lun-ven 10h30-13h30, 14h-16h30. Entrée : 1,25 £.* À l'origine, le bâtiment abritait le réfectoire du prieuré bénédictin, fondé en 1088. Reconverti au milieu du XVIe s pour accueillir la guilde des marchands, qui gérait la ville. À partir de 1624, il servit tour à tour de tribunal et de prison. On visite encore les cellules où les prisonniers attendaient leur procès, puis on accède par un escalier du XVIIe s à la chambre du Conseil ; belle frise de plâtre et table où Oliver Cromwell prit place en 1646. À voir également, dans le salon du maire, de belles tenues de cérémonie encore utilisées de nos jours.

Berry Pomeroy Castle : *à* ***Berry Pomeroy,*** *à env 2 miles de Totnes. ☎ 86-66-18. Avr-juin et sept 10h-17h ; juil-août 10h-18h ; oct 10h-16h. Ouvert le we (10h-16h) nov-mars. Entrée : 4,80 £.* Encore de belles ruines d'un château médiéval qui ne fut jamais achevé. Ce château est censé être hanté par plusieurs générations de fantômes.

À faire

➢ ***Excursion sur la rivière Dart :*** *à partir de Pâques. • dartmouthrailriver.co.uk • Il existe des billets combinés train à vapeur + bateau de la gare de Paignton. Pour la descente du fleuve, se renseigner sur le quai de Totnes. Autour de 20 £. Horaires variant selon les marées de l'estuaire. Durée : env 1h15.* L'aller-retour coûte à peine plus cher que l'aller simple. Beaux paysages fréquents : on voit la propriété d'Agatha Christie, et, favorite de la famille royale, l'*École navale.* Une balade très plaisante.

➢ ***Voyage en train à vapeur de Totnes à Buckfastleigh :*** *à partir de Pâques. Avec South Devon Railway, • southdevonrailway.co.uk •* L'abbaye était le modèle des Baskerville, le prieur y était vampire. Une partie du personnel des trains à vapeur est bénévole, pour que persiste le grand esprit des chemins de fer.

THE ENGLISH RIVIERA : TOR BAY

55 000 hab. IND. TÉL. : 01803

Nom officiel de la réunion arbitraire de trois villes : *Torquay, Paignton* et *Brixham,* sur une baie très abritée qui servit contre l'Invincible Armada et pour le blocus continental. Mérite son nom pour le microclimat très clément qui règne sur toute cette partie de la côte. La plus grande des trois villes est Torquay, c'est aussi la moins intéressante, la plus touristique. Paignton se révèle plus tranquille, plus ennuyeuse aussi. Brixham est en fait la seule à posséder un certain charme, grâce à son petit port. Sa renommée date du retour des Indes des colons couverts d'or recherchant la chaleur, d'où la richesse des villas sur le promontoire et des églises. Aujourd'hui, ce sont surtout des retraités qui y séjournent pour prendre le bon air, faisant de cette ville une des plus conservatrices... Paignton est tout de même agréable et le petit port de pêche de Brixham est plein de charme.

TORQUAY ET AGATHA CHRISTIE

La grande femme de lettres est née en 1891 à Torquay. Infirmière militaire avant d'être romancière, elle eut l'idée de son célèbre détective Hercule Poirot lorsqu'elle soignait des réfugiés belges ayant quitté leur pays lors de l'invasion allemande, durant la Première Guerre mondiale. Ainsi naquit Poirot, personnage méticuleux, élégant et malin. Agatha Christie écrivit son premier roman mettant en scène le petit détective à moustaches gominées peu de temps après la guerre. Ce fut *La Mystérieuse Affaire de styles.* Parmi ses succès les plus grands et les plus traduits, *Dix petits nègres, Le Crime de l'Orient-Express, Le Meurtre de Roger Ackroyd.* La romancière vécut très longtemps dans la région et mourut à Wallingford en 1976.

AGATHA CHRISTIE, CONSEILLÈRE CONJUGALE AVISÉE !

Aux femmes effrayées à l'idée de vieillir et de ne plus être désirées par leurs futurs maris, elle conseillait d'épouser, comme elle, un archéologue, rajoutant malicieusement : « Plus vous vieillissez, plus il vous aime, et plus vous suscitez son intérêt ! »

Arriver – Quitter

En train

➢ ***Londres-Torquay :*** quelques trains/j. directs. Sinon, changement à Newton Abbot ou Exeter.
➢ ***Totnes-Paignton :*** liaisons par petit train à vapeur. Sympa.

En bus

➢ ***Londres-Torquay :*** bus direct depuis Victoria Station avec la compagnie *National Express.* Durée : 5h.
➢ ***Torquay-Paignton :*** bus n° 100. À Torquay, départ du Pavilion, sur le port.
➢ ***Torquay-Brixham :*** bus n° 12 tte l'année ou, en été, au Pavilion de Torquay, prendre l'*Open Top* décapotable 127 (1h).

En bateau

➢ Liaisons très fréquentes entre ***Torquay*** et ***Brixham.*** Trajet en 30 mn env. À Torquay, *Princess Pier (☎ 29-72-92)* ; à Brixham, *New Pier (☎ 85-20-41).*

Adresses utiles

À Torquay

Tourist Information Centre : *Vaughan Parade, sur le port, en face du Pavilion. ☎ 29-62-96 et (09066) 80-12-68 (infos par tél). • theenglishriviera.co.uk • Mai-sept, tlj 9h30-18h ; oct-avr, lun-sam jusqu'à 17h, fermé dim.* Bon accueil et brochures bien conçues. Possibilité de réserver un logement pour le jour même. Pratique, car s'il y en a des centaines ici, l'été tout est vite complet.
✉ **Post Office :** *Fleet St. Près du port.*
■ **Banques :** *la plupart sont autour du port, sur Fleet St et Union St, la rue principale, et possèdent un distributeur.*

À Paignton

Tourist Information Centre : *Esplanade Rd, en dessous du grand cinéma Apollo. ☎ 55-83-83. Mai-sept, tlj jusqu'à 18h ; oct-avr, 9h30-13h, 14h-17h.* Juste derrière, cafétéria avec belle vue sur la plage.

À Brixham

Tourist Information Centre : *The Quay. ☎ 85-28-61. Lun-ven 9h30-17h ; ouv tlj en été.*
✉ **Post Office :** *sur Fore St.*
■ **Banques :** *on en trouve plusieurs dans la rue piétonne, Fore St.* La plupart possèdent un distributeur.
Bus : *pas de gare routière, mais ts les bus s'arrêtent et partent de Bank Lane.*

Où dormir ?

Campings

Très nombreux campings tout autour de Torquay, de Paignton et de Brixham. Concentrés le long de Totnes Rd (A 385), à l'ouest de Paignton, sur Long Rd ; et enfin, le long de Dartmouth Rd, qui longe la mer. Cependant, on préfère la formule des petits campings à la ferme, un peu paumés mais bien plus sympathiques. Toutes les adresses sont disponibles auprès des offices de tourisme.

Au sud-ouest de Paignton, nombreux campings dans la campagne, notamment **Whitehill Farm Camping** (☎ 01803-78-23-38), très confortable, superbe piscine. Le **Ramslade Touring Park** (☎ 01803-78-25-75) est très bien aussi, jolie situation, bon confort.
Proche du centre de Brixham, **Centry Touring** (☎ 85-32-15) et, un peu plus loin, **Upton Manor Farm** (☎ 88-23-84 ; • uptonmanorfarm.co.uk •), sur St Mary's Rd.

À Torquay

De bon marché à prix modérés (moins de 40 £ / 48 €)

Torquay Backpackers International Hostel : *119 Abbey Rd, TQ2 5NP.* ☎ *29-99-24.* *07912-426-252.* • *jane@torquaybackpackers.co.uk* • *torquaybackpackers.co.uk* • *Au sommet de la rue, juste en face du casino (et reconnaissable à la voiture jaune à la retraite sur la terrasse !). Tte l'année. Check in 9h-12h, 17h-21h30. Dortoir 4-8 lits 14 £/pers ; une seule chambre double 30 £. Réduc de 10 % sur présentation de ce guide.* Cuisine à disposition. Une très bonne adresse, sympa et intime comme tout. Si vous arrivez en bus ou en train, on viendra même vous chercher, à condition d'avoir prévenu. Pas de couvre-feu.

Prix modérés (40-60 £ / 48-72 €)

Très nombreux **B & B** dans cette station particulièrement touristique. La plupart sont concentrés sur Avenue Rd, Bridge Rd et Morgan Ave, à 10 mn du port à pied. Ils proposent le même type de services, à prix voisins. Les hôtels les plus chic se regroupent sur Babbacombe Rd. Certains offrent une belle vue sur la côte.

Hillsborough Hotel : *18 Morgan Ave, TQ2 5RS.* ☎ *29-32-86.* • *hillsboroughhotel.co.uk* • *Tte l'année sf Noël. Doubles 50-55 £ selon saison.* Petit hôtel familial avec de larges bow-windows. Accueil souriant et chambres de bon confort. Parking privé.

The Wilsbrook : *77 Avenue Rd, TQ2 5LL.* ☎ *29-84-13.* • *thewilsbrook@hotmail.com* • *wilsbrook.co.uk* • *Doubles 60-70 £ selon saison. Réduc de 5 % à partir de 3 nuits sur présentation de ce guide.* Jolie maison victorienne. Toutes les chambres sont *en-suite*, bien aménagées, claires et plaisantes. Petite terrasse. Un bon rapport qualité-prix et un excellent accueil.

The Baytree : *14 Bridge Rd, TQ2 5BA.* ☎ *29-37-18. Doubles 56-60 £ selon saison.* Dans un quartier résidentiel calme. Une vraie maison de poupée. Chambres aux tons doux, particulièrement cosy et confortables. Accueil affable.

Kingston House : *75 Avenue Rd, TQ2 5LL.* ☎ *21-27-60.* • *stay@kingstonhousetorquay.co.uk* • *kingstonhousetorquay.co.uk* • *Double 90 £. Réduc de 15 % pour un séjour de plus de 3 nuitées.* Belle maison victorienne fort bien tenue. Déco et confort très british. Copieux *English breakfast*. Agréable terrasse. Accueil tout sourire.

Torbay Star Guesthouse : *73 Avenue Rd, TQ2 5LL.* ☎ *29-39-98.* • *torbaystar@btinternet.com* • *torbaystarguesthouse.co.uk* • *Doubles 55-60 £ selon saison.* 5 chambres spacieuses et agréables. Petit déj pantagruélique et repas sur demande mitonnés par le chef de maison. Accueil charmant. Excellent rapport qualité-prix.

À Brixham

Plusieurs **B & B** à l'ouest du port, dans New Rd et vers le môle, sur la route de Berry Head. Fleuris et accueillants.

Où dormir dans les environs ?

Maypool Youth Hostel : *Maypool House,* ***Glampton*** *TQ5 0ET.* ☎ *84-24-*

44. À 5 miles de Paignton et de Brixham. Bus nos 12 et 12A depuis Paignton. Bus no 100 de Torquay, Paignton ou Brixham ; arrêt à Windy Corner, puis 1 mile à pied (!). Ouv début mars-fin oct. Réception 8h-10h, 17h-22h. Couvre-feu 23h. Dortoirs 4-12 lits. Adresse extraordinaire dans un lieu de charme. Une superbe demeure victorienne dans un grand jardin arboré, avec une vue plongeante et magnifique sur l'estuaire. Possibilité de petit déj et repas.

Où manger ?
Où boire un verre ?

À Brixham

Bon marché (moins de 8 £ / 9,60 €)

I●I ***Saxty's :*** *1 The Quay (Middle St) ; juste avt d'arriver sur le port, sur la gauche. ☎ 85-85-19. Tlj jusqu'à 21h. Nombreux plats à ts les prix sur un grand tableau noir.* Boutique à l'ancienne toute verte. Populaire et touristique à la fois. Comme décor, un tel festival de peintures amateur, voire de croûtes, que ça en devient presque original et beau ! Sandwichs, *fish & chips, Torbay sole fillett, jacket potatoes,* etc. Beaucoup de choix. Une véritable institution à prix démocratiques.

À Torquay

Prix moyens (8-15 £ / 9,60-18 €)

I●I 🍷 ***The Hole in the Wall :*** *6 Park Lane, The Strand. ☎ 20-07-55. • holeinthewalltorquay.co.uk • Dans une ruelle au-dessus du port ; de la Clock Tower, prendre Torwood St et immédiatement le passage sur la droite. Compter 8,95-14,95 £. Live music (dim, mar et jeu).* À ne pas rater. Accueil jovial. C'est une ancienne et minuscule maison de contrebandiers, déjà un pub en 1540 et qui, bien sûr, en joue aujourd'hui commercialement à fond. Cependant, ce n'est pas gênant car atmosphère sympa, musique agréable et petite cuisine de pub simple et fraîche, servie midi et soir. Au resto, une bonne cuisine, là encore, fraîche et de qualité. Au tableau noir, les plats du jour. Ne pas manquer le délicieux haddock fumé sur son lit d'épinard ou la belle sole sauce citron. Mon tout servi copieusement.

I●I ***Camelot :*** *Fleet Walk. ☎ 21-53-99. Tlj 11h jusque tard. Sur la droite, juste avt le rond-point. Plats 8,95-16,45 £.* Mixed grill *ou poulet entier 12,95 £.* Ici, tout est imaginé pour vous plonger dans l'atmosphère médiévale. Le cadre, le service en habit d'époque, les gobelets pour déguster le vin ou les pichets de terre pour la bière. Menu de très bonne qualité, avec des plats grillés au feu de bois et des formules pour 2 à prix démocratiques.

I●I ***Hanbury's Fish and chips :*** *Princes St, Babbacombe. ☎ 31-46-16. Tlj sf dim 11h45-13h45 et 17h30-21h.* Une atmosphère cosy pour ce resto spécialisé dans le *fish & chips* de qualité et les fruits de mer. Depuis 1922, régale la ville. A trusté plusieurs années les *Awards* comme étant la meilleure *fish & chips shop* du Sud-Ouest ! Carte des vins et bières locales bien fournie. Salle de resto à côté du *take away*.

Plus chic (15-20 £ / 18-24 €)

I●I ***The Elephant :*** *3-4 Beacon Terrace, TQ1 2BH. ☎ 20-00-44. • info@elephantrestaurant.co.uk • Tlj sf dim-lun 12h-14h30 et 18h30-21h30. Lunch 16,50-20 £, dîner 19,50-24 £ (sf sam). Merlot du Chili à partir de 17,50 £.* Il y a le resto ouvert que le soir (assez cher, carte assez courte, menus 39,50 £ et 49 £) et la brasserie. Nous avons privilégié cette dernière pour son cadre très agréable et le beau rapport qualité-prix de sa cuisine. Décor contemporain où s'insèrent des tonneaux peints, des moulures, des cadres dorés, ce qui donne une touche chaleureuse à l'ensemble. Différents niveaux, coins et recoins garantissent l'intimité. Produits d'une belle fraîcheur, jolie présentation. Goûter au délicieux gaspacho concombre, crabe, ail et crème fraîche, au filet de porc *saltabocca et polenta...* Cheese-cake aux fruits de la passion d'anthologie et que dire de l'*orange panacotta* !

7 Fish Bistro : *7 Beacon Terrace. Tlj sf dim-mar midi, 12h15-13h45 et 18h-21h45. Poisson du jour 13,75 £. Shellfish platter 27,50 £.* Cadre bleu et blanc aux accents vaguement méditerranéens, céramiques, toiles cirées, vieux plancher pour une bonne cuisine de poisson et fruits de mer.

À Paignton

Prix moyens (8-15 £ / 9,60-18 €)

The Harbour Light : *North Quay, The Harbour, TQ4 6DU. ☎ 66-65-00. Tlj fin mai-nov 18h-21h (en basse saison w-e slt). Plat du jour 10 £, poisson 11,30-16,50 £. Sunday lunch 14,50 £ mai-déc.* Au bout de la plage (venant de Torquay). Bien située, avec vue sur le charmant petit port, une longue bâtisse traditionnelle blanche aux volets bleus. Sympathique affaire familiale depuis près de 60 ans et offrant, dans un cadre agréable, de bonnes spécialités d'agneau, coq au vin, poulet à l'ail et poisson bien sûr. Belle carte des vins.

Où déguster le meilleur cream tea ?

The Osborne Hotel : *Hesketh Crescent, Meadfoot Beach, TQ1 2LL. ☎ 21-33-11.* Thés, *scones* et gâteaux sont servis à la brasserie dans les règles de l'art. Et pour boire un verre, superbe terrasse surplombant la mer.

À voir

À Torquay

Torquay Museum : *529, Babbacombe Rd, TQ1 1HG. ☎ 29-39-75. • torquaymuseum.org • Bus n° 32 depuis le centre-ville. Tte l'année lun-sam 10h-17h, plus dim de mi-juil à sept 13h30-17h. Entrée : 5,15 £ ; réduc.* Musée généraliste plutôt hétéroclite : collections d'archéologie et de géologie, découverte interactive de l'histoire naturelle de la région, objets de la vie rurale et ferme du Devon reconstituée... On y trouve notamment le plus ancien fossile humain européen (37 000 ans). Il faut cependant monter tout en haut pour trouver la salle dédiée à l'enfant du coin : Agatha Christie. Témoignages à travers photos, premières éditions de ses romans, manuscrit original et différentes notes de travail. Quelques vêtements et souvenirs personnels aussi...

Torre Abbey : *The King's Drive, TQ2 5JE (rue perpendiculaire à Torbay Rd). ☎ 29-35-93. • torre-abbey.org.uk • Pâques-nov, tlj 10h-17h (dernière entrée à 16h). Entrée : 5,85 £ ; réduc.* En rénovation, doit rouvrir en 2014. Ancien monastère bâti au XIIe s, qui subit de nombreuses vicissitudes. L'église est depuis bien longtemps en ruine ; quant aux quartiers d'habitation des moines, ils furent transformés au cours des siècles en demeure bourgeoise puis en musée des Beaux-Arts : quelques pièces archéologiques, peintures des XVIIIe et XIXe s (notamment, le peintre préraphaélite *William Holman Hunt*). Nombreuses sculptures. La Remington portable d'Agatha Christie, photos, notes manuscrites... Salon de thé victorien très agréable (bons gâteaux et miel en vente). Très agréable jardin fleuri et pittoresques *Cactus et Palm House*.

À Paignton

Paignton Zoo : *sur la route de Totnes à Paignton (A 385) ; accès sur Totnes Rd. ☎ 69-75-00. • paigntonzoo.org.uk • Tte l'année sf à Noël, ouv tlj à 10h, horaires* *de fermeture variés env 17h. Entrée : 13,10 £ ; réduc en ligne.* Gigantesque espace et remarquables aménagements prouvant un louable souci de bien-être pour les animaux. Très anglais.

À Brixham

Sur le quai, superbe ***navire*** reproduisant aux deux tiers la *Golden Hind* (la « Biche dorée »). C'est la caravelle sur laquelle sir Francis Drake fit le tour du monde de 1577 à 1580. Pas vraiment la peine de payer, on la voit très bien de l'extérieur.

Berry Head National Park : *à plus de 1 mile à l'ouest. Infos : ☎ 88-26-19. • berryhead.org.uk •* Réserve naturelle qui abrite une grande variété de plantes rares et d'oiseaux (guillemots).

Coleton Fishacre House and Garden : *Brownstone Rd, à env 4 miles de Kingswear (route Brixham-Dartmouth). ☎ 75-24-66. • nationaltrust.org.uk/coleton-fishacre • Bus Stagecoach nos 22 et 24. Mars-oct, tlj sf jeu-ven 10h30-17h ; de nov à mi-déc, sam-dim 11h-16h. Entrée : 9,75 £ ; réduc.* Une maison du début du XXe s dans la plus pure tradition de la côte sud-ouest. Magnifique jardin d'essences exotiques rares du monde entier.

À faire

À Torquay

On vous conseille vivement d'éviter les plages près du port. En longeant la côte, succession de plusieurs petites ***plages*** coincées entre les falaises de roches rouges. Plutôt agréables hors saison mais bondées l'été. Au nord de la ville s'étend ***Babbacombe Beach,*** la plus vaste et la plus cotée. *• babbacombebeach.com •* Accès avec les bus nos 32 ou 100 du port ou par un sentier côtier. Une superbe vue en descendant le long des falaises rouges.

➢ Un superbe ***sentier maritime*** longe la côte et offre une vue imprenable sur les échancrures de la côte et quelques villas vertigineuses bien intégrées au site. Cette balade dans l'anse de Torbay fait partie du *South West Coast Path,* sentier de randonnée longeant le Devon et les Cornouailles sur plus de 22 miles. Toutes les infos auprès du *Countryside Trust (☎ 60-60-35 ; • countryside-trust.org.uk •).*

À Paignton

De grandes plages de sable bordent la ville. ***Goodrington Sands,*** à l'ouest, est la plus tranquille.

➢ ***Train entre Paignton et Kingswear :*** *Steam Railway : ☎ 55-58-72. • dartmouthrailriver.co.uk • Petit train à vapeur et à touristes, à prendre à la gare de Paignton.* Il suit les rives de la rivière Dart et la côte sur 7 miles. Plusieurs liaisons quotidiennes en été. Personnel en costume d'époque. À l'arrivée à Kingswear, on peut prendre un ferry qui traverse la rivière pour gagner Dartmouth. Belle vue. Excursion d'une journée possible combinant train, bateau et retour.

➢ Plusieurs petits ***bateaux*** proposent des balades au départ du port, et peuvent même vous conduire à Dartmouth. Également, pêche au maquereau.

À Brixham

Les deux petites plages de sable de ***Fishcombe*** et de ***Churston Cove*** sont les plus proches du port. ***Shoalstone Beach*** est agréable pour prendre le soleil sur ses grands rochers plats ; et ***Saint Mary's Bay,*** la plus éloignée, abrite une vaste plage de sable entourée de falaises.

➢ Possibilité de partir à la ***pêche*** : demandez aux petits kiosques à l'est du bassin. Toute l'année, pêche au maquereau et en haute mer. Bonne petite balade en perspective. On peut même aller taquiner le requin avec les bateaux *Sea Spray III* (☎ 85-13-28) et *Gemini II* (☎ 85-17-66). Et on garde ses prises.

➢ ***Remonter la rivière Dart en bateau :*** Western Lady Ferry Service. • westernladyferry.com • S'adresser sur le port de Brixham, au kiosque *New Pier* (☎ 85-20-41). Nombreuses liaisons quotidiennes en ferry et bateau jusqu'à Torquay.

DARTMOUTH

5 000 hab. IND. TÉL. : 01803

Dartmouth évoque un peu Honfleur avec sa petite activité portuaire, ses belles maisons, son charme douillet. Après les villes surfaites de la Riviera, on est content de trouver ce petit bout de ville qui ne semble pas vivre uniquement du tourisme. Ce fut le point de départ de nombreux bateaux vers le Nouveau Monde, puis des marins terre-neuvas. Des façades à la décoration tarabiscotée, quelques chouettes antiquaires, et même un club de boules. C'est dire si c'est sympa ! Régate fin août. Une belle escale sur la côte de Tor Bay.

Arriver – Quitter

En train, puis en ferry

➢ ***Paignton :*** liaison par train à vapeur jusqu'à Kingswear et ferry (pour traverser le fleuve). *Steam Railway :* ☎ 55-58-72. Liaisons quotidiennes. Quand même bien cher pour une si courte traversée.

En bateau

➢ ***Totnes :*** liaison en bateau plusieurs fois/j.

En bus

Sur le quai à côté du *Station Restaurant.*

➢ Pour ***Totnes,*** bus nº 89. Pour ***Plymouth,*** bus nº 93. Pour ***Paignton,*** prendre le bus nº 200 de Kingswear (de l'autre côté du fleuve).

➢ ***Torquay :*** via Paignton et Kingswear. 6 A/R par j. (fréquence moindre le dim), par les bus *Stagecoach.* ☎ (01392) 42-77-11. Également, bus nº 111 (par *Totnes*, quasiment ttes les heures).

Adresses utiles

ℹ ***Tourist Information Centre*** *(plan B1) : sur Mayor's Ave. ☎ 83-42-24. • discoverdartmouth.com • À gauche du port, quand on regarde l'eau. Lun-sam 9h30-17h30, plus dim juil-août 10h-16h.*

✉ ***Post Office*** (plan A1) *: sur Victoria Rd.*

@ ***Com City*** *(plan B1) : Palladium Arcade, Duke St. ☎ 83-44-26. En plein centre et à deux pas du port. Lun-sam 9h-17h. Compter 1,50 £ les 30 mn, 2,50 £/h.*

■ ***Banques avec distributeurs :*** ***National Westminster,*** *2 Duke St ; et la* ***Lloyds*** *un peu plus loin.*

Où dormir ?

Prix modérés (40-60 £ / 48-72 €)

Camelot B & B (plan A1-2, **10**) : *61 Victoria Rd, TQ6 9RX. ☎ 83-38-05. 07870-66-58-63. • jwright@talktalk.net • Fermé 15 j. fin déc. Doubles 60-65 £ avec petit déj.* Chambres avec lavabo ou *en-suite*. Simple, mais confort correct, propre et familial. Un bon rapport qualité-prix. Excellent accueil.

Seale Arms (plan A1, **11**) : *10 Victoria Rd, TQ6 9SA. ☎ 83-27-19. • enquiries@sealearms.co.uk • sealearms.co.uk • Doubles 50-70 £ selon saison.* Atmosphère chaleureuse et déco des chambres soignée. Certaines sont carrément luxueuses, avec lit à baldaquin, lumières douces et belle salle de bains. Petit déj et bon accueil. Pub classique en bas.

Cherubs Nest (plan B2, **12**) : *15 Higher St, TQ6 9RB. ☎ 83-24-82. 07966-79-95-36. • cherubsnest.co.uk • Tte l'année. Doubles 70-80 £.* Les chambres ne sont pas bien grandes, mais elles sont confortables et vraiment cosy. Excellent accueil et pub formidable ! (Voir *The Cherub Inn* dans la rubrique « Où manger ? ».) Bon accueil.

Où camper dans les environs ?

Leonards Cove : *à* **Stoke Fleming**, *village situé à 2 miles de Dartmouth. ☎ 77-02-06. • info@leonardscove.co.uk • Compter 14,50-22 £ pour 2, selon saison.* À proximité de la jolie plage de Black Pool. Belle vue sur la mer en haut des falaises. Beaucoup de mobile homes à demeure. Agréable, et sanitaires propres. Belle balade par le *footpath* pour rejoindre Dartmouth en 1h de marche.

Où manger ?

Bon marché (moins de 8 £ / 9,60 €)

Crab Shell (plan B1, **20**) : *1 Raleigh St (entre Fairfax Pl et South Embankment). ☎ 83-90-36. Tlj 10h30-14h30 (dim 11h).* Une sympathique petite boutique offant un grand choix de bons sandwichs, dont la spécialité maison, au crabe. Également un fondant maquereau fumé, crevettes, thon mayo et toutes ces sortes de choses. Frais et goûteux.

Ice Cream Dairy – The Good Intent (plan B2, **21**) : *30 Lower St (en face du Lower Ferry). ☎ 83-21-57. Tlj 9h-18h.* Glace tout le monde depuis 1928 ! *Devon clotted cream, shortbreads*, biscuits, chocolats maison et moult caramels, sans oublier les délicieuses glaces maison pour faire le plein de douceurs. Plus de 20 parfums.

Saveurs (plan A1, **22**) : *3 Victoria Rd. ☎ 83-58-52. Lun-mar 8h-17h30, mer-sam 8h-21h30, dim 8h30-21h30. 10 % de réduc sur l'addition sur présentation de ce guide. Picnic basket 9,40 £/pers.* Une boulangerie-pâtisserie française offrant de bons sandwichs, paninis et gâteaux. Pour déjeuner dans la campagne, le *picnic basket* est bien garni.

Prix moyens (8-15 £ / 9,60-18 €)

The Cherub Inn (plan B2, **12**) : *13 Higher St. ☎ 83-25-71. Service 12h-14h, 19h-22h. Assez bon marché le midi ; le soir, à la carte.* Notre meilleure adresse, et de loin. En outre, abritée dans une superbe demeure datant de 1380. À l'intérieur, la grosse poutre porteuse est un tronc d'arbre. Mignon, chaleureux, familial, cosy, et on en passe. Toujours beaucoup de choix, plusieurs poissons frais et d'excellents sandwichs au crabe ou aux crevettes pour le lunch.

The Windjammer (plan A1, **23**) : *23 Victoria Rd, TQ6 9RT. ☎ 83-22-28. • thewindjammerinn@gmail.com • thewindjammer.co.uk • Tlj jusqu'à 21h. Autour de 15 £. Café offert sur présentation de ce guide.* Jolie façade chargée de fleurs pour ce pub accueillant. Décor marin, moelleuses banquettes de moleskine et cheminée pour les jours d'hiver. Menu simple variant selon

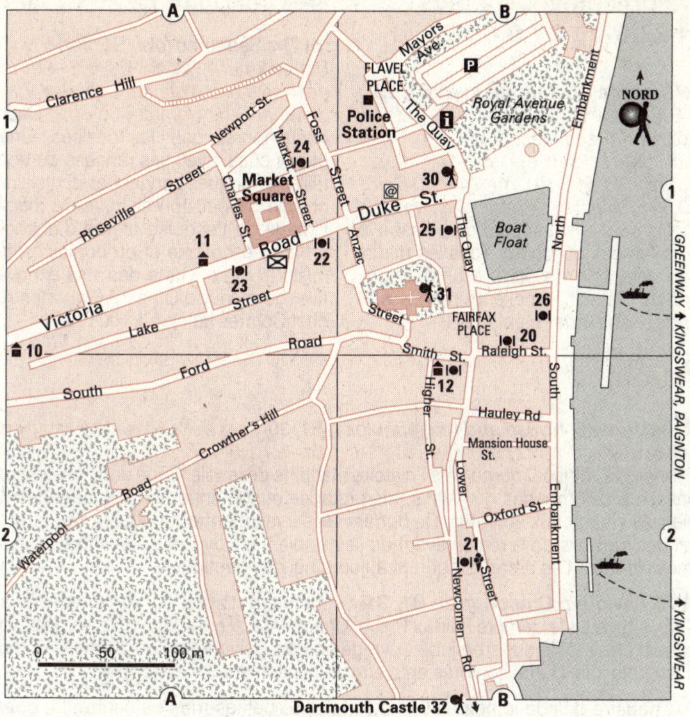

DARTMOUTH

Adresses utiles

- Tourist Information Centre
- @ Com City

Où dormir ?

- **10** Camelot B & B
- **11** Seale Arms
- **12** Cherubs Nest

Où manger ?

- **12** The Cherub Inn
- **20** Crab Shell
- **21** Ice Cream Dairy – The Good Intent
- **22** Saveurs
- **23** The Windjammer
- **24** The Dolphin
- **25** Taylor's Restaurant
- **26** The Seahorse

À voir

- **30** Butterwalk House and Museum
- **31** St Saviour's Church
- **32** Dartmouth Castle

la saison. Frais, goûteux et les desserts ne sont pas en reste... La maison est aussi célèbre pour ses excellents *ales* et cidres locaux. Le tout à des prix raisonnables.

The Dolphin (*plan A1*, **24**) *: Market Sq. ☎ 83-38-35. Résa conseillée le w-e. Env 10-12 £. Bon* full English breakfast *11h-16h sam.* Curry Night *mar soir.* Jolie façade mi-ardoise mi-fantaisiste. Resto à l'étage, une petite salle chaleureuse au sol gauche (grandes dalles de pierre), vieux comptoir de bois et bougies sur les tables. Pizzas, risotto asperges, thym et citron, *steak and ale pie*, fruits de mer, etc. Un bon rapport qualité-prix.

De prix moyens à plus chic (8-20 £ / 9,60-24 €)

Taylor's Restaurant (plan B1, **25**) : *8 The Quay. ☎ 83-27-48. Au 1er étage, donnant directement sur le port. Tlj sf dim-lun 12h-14h et 19h-21h. Menus 12,95-14,95 £ (le midi) et 16,50-19,50 £. N'accepte pas les enfants de moins de 7 ans.* Le resto de poisson le plus fameux du bourg. Tous les midis, une sélection de plats à prix raisonnables ; le soir, excellents menus à la carte. *Fish Platter* plébiscité !

Très chic (plus de 20 £ / 24 €)

The Seahorse (plan B1, **26**) : *5 North Embankment. ☎ 83-51-47. • enquiries@seahorserestaurant.co.uk • Tlj sf dim-mar midi. Compter 30-35 £.* Cadre contemporain dans les tonalités jaunes et blanches, avec ses rangées de bouteilles et longues banquettes. Excellente cuisine de poisson et fruits de mer, à l'image de l'exquise crème d'anchois en amuse-bouche et du copieux *fritto misto di mare*. Carte des vins exhaustive, du merlot d'Oc à 19 £ au montrachet Comtes Lafon à 1 100 £...

À voir

Butterwalk House and Museum (plan B1, **30**) : *sur Duke St, juste à l'angle de Mayor's Ave. Avr-oct, mar-sam 10h-16h, dim-lun 13h-16h ; nov-fév, tlj 12h-15h. Entrée : 2 £.* Musée tourné vers l'histoire maritime de la ville. Situé dans une longue bâtisse à colombages du XVIIe s, bien retapée et soutenue par des colonnes de pierre à chapiteaux sculptés. Ce *butterwalk* servait d'entrepôt pour le beurre et le lait des fermiers de la région avant qu'ils ne soient envoyés sur les différents marchés alentour. Les arcades abritent aujourd'hui des boutiques.

St Saviour's Church (plan B1, **31**) : structure gothique du XIVe s rénovée au XVIIe, située juste derrière Fairfax Place. Charmante. À noter, sa voûte en bois, son balcon ciselé et le superbe jubé ouvragé en bois polychrome qui ferme le chœur. Enfin, une jolie chaire sculptée en pierre, curieusement polychromée.

Chouette balade le nez en l'air à travers les petites rues du centre. Le ***quartier historique*** autour du port possède quelques belles maisons à colombages, notamment sur *High St* (parallèle à Lower St). La rue principale et les ruelles autour de *Market Square* recèlent des boutiques d'antiquités et des galeries d'art. Jetez aussi un œil à l'ancien marché, qui abrite aujourd'hui quelques ateliers d'artisans.

Dartmouth Castle (hors plan par B2, **32**) : *☎ 83-35-88. • english-heritage.org.uk • Avr-oct, tlj 10h-17h (18h en juil-août, 16h en oct) ; nov-mars, slt le w-e 10h-16h. Entrée : 4,80 £ ; réduc.* Dressé sur son promontoire au bout de la jetée, dans une situation superbe, à l'extrémité de l'embouchure du fleuve Dart, voici un beau château du XIVe s, qui tient encore debout. À part quelques canons, les salles sont bien vides et la vue qu'offre le château peut parfaitement être appréciée de l'extérieur. Seuls les passionnés jetteront un œil à l'intérieur. On profite surtout d'une belle balade le long de la mer, en empruntant le *South West Coast Path* jusqu'au château. En saison, le *Castle Ferry* assure la liaison depuis le port de Dartmouth.

À faire

➢ **Balade en bateau :** *River Link, 5 Lower St. ☎ 83-44-88.* Une belle excursion sur la rivière Dart à la journée ou demi-journée. Également des excursions en mer et une liaison avec Totnes, en saison. Prix un peu élevés cependant.

Plage de Black Pool Sands : *à env 2 miles de Dartmouth, entre Stoke Fleming et Strete.* Superbe plage de sable blond enfermée dans une enclave au milieu d'une côte déchiquetée. Très fréquentée en été, voire surpeuplée.

PLYMOUTH

240 000 hab. IND. TÉL. : 01752

Grand port maritime et militaire qui n'a pas un charme fou. En 1620, les *Pilgrim Fathers,* qui avaient appareillé de Southampton, firent une dernière escale à Plymouth avant d'affronter l'Atlantique. Ils allaient fonder en Nouvelle-Angleterre une colonie à l'abri des persécutions. Ce furent les premiers immigrants américains. Une plaque commémore le point de départ de leur bateau, le célèbre *Mayflower.* Deux quartiers agréables : *The Barbican,* ancien quartier de pêcheurs, et *The Hoe,* colline résidentielle, tous les deux longeant la mer. Ne pas manquer *Brunel's Bridge,* à *Saltash.* Pont de chemin de fer sur la Tamar, de 1850. Vous ne pouvez le rater ! Il est parallèle au pont que vous devez emprunter pour passer en Cornouailles. Au fait, Mr Brunel était un grand ingénieur, un peu l'équivalent de M. Eiffel, il a construit le premier bateau en acier.

TOUR DU MONDE À LA VOILE

S'il fallait ne citer qu'un marin parmi tous ceux de la grande époque élisabéthaine, ce serait sir Francis Drake. Né en 1540, il se fit connaître en combattant les Espagnols. On lui confia la mission de faire le tour du monde, qu'il boucla en 3 ans. Sa réputation ne fit que s'accroître auprès de la Cour et il fut élu maire de Plymouth, alors la plus grande base navale du pays. Il se distingua une nouvelle fois lorsqu'il anéantit l'Invincible Armada.

Arriver – Quitter

En train

Gare ferroviaire : North Rd. ☎ 22-13-00. *Infos générales 24h/24 :* ☎ *(08457) 48-49-50.*

➢ ***Penzance :*** plusieurs trains/j. Environ 2h de trajet.

➢ ***Exeter :*** nombreux trains. 1h de trajet.

➢ ***Londres Paddington :*** quelques trains quotidiens. En moyenne 4h-4h30 de trajet.

En bus

Gare routière *(plan B1)* **:** *Bretonside ; à côté de Saint Andrew's Cross, en plein centre.*

➢ Plusieurs compagnies privées desservent toutes les Cornouailles. La plus importante est *First Western* (☎ *22-22-66).* Très nombreuses correspondances. *National Express* relie la majorité des grandes villes (6 à 8 départs pour Londres).

En ferry

Par *Brittany Ferries.*

➢ ***Roscoff :*** de mai à mi-nov, 1-3 ferries/j. *Infos et résas :* ☎ *(08705) 36-03-60.* De Plymouth, départ du terminal Millbay, au sud de la ville. Durée du trajet : 6h.

➢ ***Santander (Espagne) :*** 1-2 départs/sem tte l'année. Durée : 24h.

Adresses utiles

Plymouth Tourist Information *(plan B2)* **:** *3-5 The Barbican, en face de Mayflower Steps.* ☎ *30-63-30.* • *visitplymouth.co.uk* • *Pâques-sept, lun-sam 9h-17h, dim 10h-16h ; horaires restreints le reste de l'année.* Réservation de logements, plan de la ville, télécartes. Accueil efficace.

✉ ***Post Office :*** *Saint Andrew's Cross.*

■ ***Banques :*** ***Lloyds*** *: 8 Royal Parade ;* ***Midland*** *: 4 Old Town St (petite rue qui donne sur Saint Andrew's Cross) ;* ***NatWest*** *: 156 Armada Way.* Ces banques font le change et possèdent un distributeur.

Où dormir ?

Campings

⛺ ***Riverside Caravan Park :*** *Leighman Manor Drive, Marsh Miles, Plymouth, PL6 8LL. ☎ 34-41-22. • riversidecaravanpark.com • Dans une banlieue de la ville, à 2,4 miles, direction Exeter, puis Plymton. Bus n*[os] *20 et 22. Compter 10,50-18 £ selon saison.* Vaste camping arboré sur le bord de la rivière Plym. Bien équipé : magasin, douches, lave-linge, sèche-linge, resto et *take away* l'été, etc.

⛺ ***Briar Hill Caravan & Camping Park :*** *Briar Hill Farm,* **Newton Ferrers,** *PL8 1AR. ☎ 87-22-52. Tte l'année. Compter 8-16 £.* Petit camping à la ferme, en pleine campagne. Douche chaude et sanitaires impeccables. Simple et familial. À proximité, le charmant petit village de Noss Mayo et son pub *The Swan,* à ne pas rater pour prendre un repas ou simplement boire une bonne *ale* en contemplant le port et l'estuaire.

De bon marché à prix modérés (moins de 40 £ / 48 €)

🏠 ***Plymouth Globe Backpackers*** *(plan A2,* ***10****) : 172 Citadel Rd, The Hoe, PL1 3BD. ☎ 22-51-58. • info@plymouthbackpackers.co.uk • plymouthbackpackers.co.uk • Tte l'année. Pas de couvre-feu. Souvent plein, résa conseillée. En dortoir 4-8 lits, 16 £/pers, 70 £/sem ; double 40 £.* 📶 Bel immeuble victorien du XIXe s. Quartier calme. Couchage fourni. Douches, laverie, salle de jeux et TV. Cuisine équipée. Ambiance vraiment cool. Très propre et paisible.

Prix moyens (60-80 £ / 72-96 €)

La majorité des *B & B* à prix raisonnables se situent dans le quartier résidentiel du Hoe, autour d'un grand parc très agréable, sur la colline qui domine le port et la baie. Pas loin du *Barbican.* En saison, réservez si vous le pouvez, car c'est vite complet.

🏠 ***Squires Guesthouse*** *(plan A2,* ***11****) : 7 Saint James Place East, The Hoe. ☎ 26-14-59. • info@squiresguesthouse.com • squiresguesthouse.com • Petite rue perpendiculaire à Citadel Rd. Double 54 £, petit déj inclus.* Petite maison confortable, dans une rue tranquille. Chambres assez petites mais impeccables, salle de bains commune. Excellent petit déj et bon accueil. Calme et parfait pour reprendre le ferry le lendemain !

🏠 ***Tudor House Hotel*** *(plan A2,* ***12****) : 105 Citadel Rd, The Hoe, PL1 2RN. ☎ 66-15-57. • susan@tudorhouseplymouth.co.uk • tudorhouseplymouth.co.uk • Doubles 50-55 £ selon saison.* Chambres ensoleillées et confortables, sans déco particulière. Petit déj copieux et accueil *charming* !

🏠 ***Acorns and Lawns Guesthouse*** *(plan A2,* ***13****) : 171 Citadel Rd, ☎ 22-94-74. Doubles 40-60 £.* Chambres avec ou sans douche, propres et confortables. Jolie vue sur le parc.

– En revanche, éviter absolument l'***Avalon Guesthouse*** à côté : accueil exécrable !

Au pied de la colline du Hoe

🏠 ***Mariners Guesthouse*** *(plan A2,* ***14****) : 11 Pier St, PL1 3BS. ☎ 26-17-78. • marinersguesthouse@blueyonder.co.uk • marinersguesthouse.co.uk • Double 55 £.* Dans une rue populaire et agréable, une grande maison conviviale avec des chambres confortables. Si elle est libre, demander la *family room,* beaucoup plus grande et lumineuse que les autres, au même prix (pour 2).

🏠 ***Osmond Guesthouse*** *(plan A2,* ***15****) : 42 Pier St. ☎ 22-97-05. • info@osmondguesthouse.co.uk • Double env 48 £.* Autre adresse honnête. Chambres confortables, avec un côté cosy (chauffage central, sèche-cheveux, etc.). Jolie salle à manger (murs immaculés, mobilier de bois blanc) et bon breakfast. Ensemble très bien tenu.

🏠 ***The Rusty Anchor Guest House*** *(plan A2,* ***16****) : 30 Grand Parade. ☎ 66-39-24. • enquiries@therustyanchor-*

PLYMOUTH

Adresse utile

- Plymouth Tourist Information

Où dormir ?

- **10** Plymouth Globe Backpackers
- **11** Squires Guesthouse
- **12** Tudor House Hotel
- **13** Acorns and Lawns Guesthouse
- **14** Mariners Guesthouse
- **15** Osmond Guesthouse
- **16** The Rusty Anchor Guest House
- **17** The Bowling Green

Où manger ?

- **22** Tudor House Tea-Room
- **23** Pasta Bar
- **24** Bistro One
- **25** Barbican Kitchen

Où boire un verre ? Où écouter de la musique ?

- **30** Minerva
- **31** Jack Cham's
- **32** Blues Bar
- **33** The Cider Press

À voir

- **25** Plymouth Gin
- **40** Plymouth City Museum and Gallery

plymouth.co.uk • therustyanchor-plymouth.co.uk • Doubles 52-68 £ selon confort et saison. Une belle maison, aux 7 chambres à la déco fraîche et plaisante. Chaleureuse salle à manger ouverte sur la cuisine pour le petit déj. Convivial et charmant.

Plus chic (80-120 £ / 96-144 €)

The Bowling Green *(plan A2,* ***17****)* **:** *9-10 Osborne Place.* ☎ *20-90-90. • info@thebowlinggreenplymouth.*

com • thebowlinggreenplymouth.com • Single 60 £. Double 75 £, petit déj inclus. Réduc le w-e. Dans un quartier résidentiel tranquille, en face du parc, élégant petit hôtel de style georgien. Bon accueil, excellent confort. Petit jardin.

Où manger ?

Tout se concentre sur le Barbican, ancien quartier de pêcheurs dont l'axe principal est Southside St.

Bon marché (moins de 8 £ / 9,60 €)

Tudor House Tea-Room *(plan B2,* **22***) : New St, The Barbican, juste à côté de l'*Elizabethan House. ☎ *25-55-02. Autour de 6 £.* Une jolie maison de poupée où déguster de savoureux gâteaux maison (délicieux *scones* et *rock cake*) accompagnés de crème fermière, ainsi que bons sandwichs et salades.

Prix moyens (8-15 £ / 9,60-18 €)

Pasta Bar *(plan B2,* **23***) : 40 Southside St, The Barbican, proche du* Tourist Information. ☎ *67-12-99. Tlj midi et soir. Autour de 8 £. Plus cher le soir.* Une bonne halte pour déjeuner, avec des prix très raisonnables. Cadre plaisant, tables bistrot presque parisiennes et moquette anglaise très chamarrée. Plats de pâtes, pizza maison, sandwichs et snacks divers.

De prix moyens à plus chic (8-20 £ / 9,60-24 €)

Bistro One *(plan B1,* **24***) : 68 Ebrington St.* ☎ *31-33-15. • stephen@bistro-one.co.uk • Tlj sf dim, lun et mar soir 10h-14h30 (sam 11h-14h) et 19h-22h. Résa conseillée. Compter 22-30 £. Menu gastro 4 services 32,50 £.* Dans une petite rue victorienne en dehors des sentiers battus, ce lieu atypique, style p'tit resto de quartier simple et chaleureux bien de chez nous, offre une riche cuisine de famille. Ici, tout est strictement concocté avec des produits régionaux sélectionnés avec rigueur. Rillettes maison peu grasses, chèvre grillé avec poire pochée, mini *seafood mezze, cornish loin of beef* d'une tendreté sans égale, superbe côte de bœuf, pâtes au champignons sauvages, basilic, vermouth et crème fraîche... Spécialité d'huîtres grillées. Au tableau, les inspirations et poissons du jour. Courte carte des vins, mais que des coups de cœur de Stephen Barrett, l'affable patron. Dégustation régulière de petits crus. Expos temporaires de peintures de qualité.

Barbican Kitchen *(plan B2,* **25***) : 60 Southside St.* ☎ *60-44-48. Tlj 12h-15h et 17h-22h30. Menus 10,95 et 14,95 £ (le midi et de 17h à 18h30). Compter 20-25 £ à la carte. Merlot du Chili 14,95 £.* Au 1er étage de la Black Friars Distillery. Longue salle à manger, genre chaleureux grenier avec poutres, longues et confortables banquettes, coussins. Clientèle branchouillée pub, médias... Cuisine de brasserie généreuse et d'une belle fraîcheur, à l'image de ces délicieux gnocchis accompagnés d'un mesclun aux champignons et pignons. Grand choix de hors-d'œuvre, en majorité à partir de produits locaux, burgers, chilli, grillades variées... Service jeune et alerte.

Où boire un verre ? Où écouter de la musique ?

Minerva *(plan B1,* **30***) : 31 Looe St.* ☎ *22-30-47. • theminervainn@blueyonder.co.uk • Tlj jusque tard.* Jam session *le jeudi, concerts live (ven-sam à 21h et dim à 16h30).* Le pub le plus ancien de la ville, ouvert depuis 1540 ! Niché pas loin du port, dans un vieux quartier joliment rénové. Tout en longueur, bas de plafond avec de vénérables poutres en chêne. Le feu crépite dans l'âtre aux premiers frimas. Sir Francis Drake, qui vivait en haut de la rue, venait s'y détendre et jouer à la bataille navale sur le vieux comptoir de bois... Chaleureuse ambiance, surtout au moment des concerts.

Jack Cham's (plan B1, **31**) : *50 Ebrington St. Tlj sf dim jusqu'à 1h.* Ce « *off Barbican pub* », niché dans un building de 1895, dans une rue excentrée, satisfera ceux et celles à la recherche de lieux marginaux... Point de rendez-vous d'une clientèle de quartier un poil destroy et tatouée, atmosphère électrique certains soirs et bons concerts en fin de semaine...

Blues Bar (plan B2, **32**) : *8 The Parade, The Barbican. ☎ 25-73-45. Tlj jusque tard.* Lieu chaleureux pour d'excellents concerts de blues et de jazz. Superbe atmosphère au moment du festival, il va sans dire !

The Cider Press (plan B2, **33**) : *7 Quay Rd. ☎ 20-51-51. Tlj jusque tard.* Excellent pub avec musique live les jeudi et samedi.

À voir. À faire

The Barbican (plan B2) : ancien quartier de pêcheurs aujourd'hui rénové et fort bien mis en valeur. Quand on pense que le quartier fut violemment bombardé lors de la dernière guerre et que nombre de maisons anciennes disparurent, on imagine quel charme il pouvait posséder jadis ! Se balader sur Southside St jusqu'au petit port. Certes, très touristique, beaucoup de monde en été, mais le charme opère toujours. C'est dans une maisonnette au bout de cette rue que les passagers du *Mayflower* prirent leur dernier verre avant de naviguer vers des contrées nouvelles, un soir de 1620.

Plymouth Gin (plan B2, **25**) : *Black Friars Distillery, 60 Southside St, The Barbican ; à côté du resto* The Distillery. *☎ 66-52-92. • plymouthgin.com • Visite guidée lun-sam 10h30-16h30 ; dim 11h30-15h30. Entrée : 6 £ ; réduc.* Vieille distillerie de gin, aujourd'hui encore en fonction. Visite des bâtiments historiques, ancien monastère datant de 1431, tous les secrets de fabrication du gin depuis le XVIIIe s et, bien sûr, dégustation et vente de la production. Intéressant mais très cher tout de même !

The Elizabethan House (plan B2) : *32 New St (rue parallèle à Southside St). ☎ 30-43-80. Avr-sept mar-sam 10h-12h, 13h-17h. Entrée : 2,50 £ ; réduc.* Décoration typique d'une maison de l'époque, type marchand ou capitaine de navire. Bien pour les jours pluvieux. Petite plongée dans le Plymouth de sir Francis Drake : plafonds bas, plancher qui craquent pour découvrir les reconstitutions réussies de la cuisine d'époque et, à l'étage, de la salle à manger et de la chambre à coucher.

Merchant's House Museum (plan A-B1) : *33 Saint Andrew's St. ☎ 30-43-81. Avr-sept, 10h-12h, 13h-17h ; fermé dim et lun. Entrée : 10 £ ; réduc.* Musée des différentes corporations locales, installé dans une magnifique maison du XVIe s à double pignon et double encorbellement. Organisé selon la comptine : « Tinker, Teacher, Tailor, Soldier, Sailor, Richman, Poorman, Apothecary, Thief. » Au dernier étage, une boutique d'apothicaire a été installée et fonctionne encore. On vous montre comment étaient autrefois fabriqués les médicaments. Très intéressant.

Balade dans la quartier de Looe Street (plan B1) : dans le même coin que la *Merchant's House,* à la suite d'un remarquable programme de rénovation, découvrez quelques aspects pittoresques du vieux Plymouth. En particulier, *Looe Street*. En haut de la rue, la maison du coin fut le site de la demeure de sir Francis Drake, l'année de la Grande Armada. Au nº 36, belle demeure ancienne aux élégantes fenêtres. Celles qui suivent possèdent également du caractère. Au nº 31, le *Minerva Inn,* le plus ancien pub de la ville, l'un de nos préférés. En face, au niveau de Vauxhall Street, le grand ensemble des *Corporation Buildings,* intéressant exemple de programme de logements populaires du début du XXe s, avec ruelle privée au milieu. Même architecture côté How Street.

The Hoe *(plan A2)* **:** c'est le nom de cette colline qui domine la baie. Aménagée en grand parc, en quartier résidentiel, et aussi en citadelle militaire. Du sommet, sur la promenade, panorama superbe sur la baie et les vaisseaux militaires toujours ancrés par ici. Sympa en été pour pique-niquer sur les pelouses anglaises. On peut aussi grimper en haut de la *Smeaton's Tower,* grand phare rouge et blanc.

National Marine Aquarium *(plan B2)* **:** *Fish Quay, The Barbican (très bien fléché). ☎ 27-52-14 et 22-00-84. • national-aquarium.co.uk • Tlj 10h-18h avr-sept ; 10h-17h oct-mars. Entrée : 11,75 £ ; réduc.* Toute une variété de poissons de la côte anglaise et des mers du globe. Bassins remplis d'hippocampes, de corail ou de poissons multicolores, d'étoiles de mer, de crabes et de crustacés... Derrière la vitre d'un aquarium géant, on peut observer la vie des requins, certains mesurant plus de 2,50 m de long. De même, peut-on dialoguer avec les plongeurs lors du « *dive show* ».

Plymouth City Museum and Gallery *(plan B1,* **40***)* **:** *Drake Circus, PL4 8AJ. ☎ 30-47-74. Tlj sf dim-lun (sf lun fériés) 10h-17h30 (sam 17h). Gratuit.* Installé dans un élégant édifice édouardien baroque (1910). Collections d'arts décoratifs, de peinture d'histoire naturelle et d'histoire de la ville. Avec une intéressante petite section égyptienne, ainsi que, dans la galerie de l'Atrium, de nombreuses faïences et porcelaines. Enfin, ne pas manquer la *collection Cottonian,* consacrée au souvenir et aux œuvres de sir Josuah Reynolds, natif de la ville.

➢ **Tours en bateau :** *du port.* ***Tamar Cruising,*** *Mayflower Steps, The Barbican, ☎ 82-21-05, • tamarcruising.com • et* ***Plymouth Boat Cruises,*** *à Torpoint, ☎ 82-27-97.* Plusieurs tours dans la journée. Se renseigner sur place, car les départs dépendent des marées.

Festival

– **Jazz and Blues Festival :** *fin avr-début mai. Info : ☎ (07780) 64-43-38 et (01752) 30-63-30. • barbicanjazzandbluesfestival.com •* Programme de très haute qualité.

DANS LES ENVIRONS DE PLYMOUTH

Buckland Abbey : *à* ***Yelverton,*** *à 11 miles au nord de Plymouth par l'A 386 et à 6 miles au sud de Tavistock. ☎ (01822) 85-36-07. • nationaltrust.org.uk • Tlj 10h30-17h30 de mi-mars à oct ; le reste de l'année, horaires restreints et fermetures : se renseigner. Entrée : 9 £.* Voici la résidence du grand navigateur sir Francis Drake. C'est une ancienne abbaye cistercienne du XIIIe s, transformée en résidence privée trois siècles plus tard. À l'intérieur, souvenirs personnels du navigateur et objets liés à la vocation maritime de la région. Belle cuisine conservée intacte depuis le XVIe s. Intéressant. Petit salon de thé, grand parc et jardins élisabéthains. Une visite agréable.

The Garden House : *à* ***Buckland Monachorum,*** *Yelverton, près de Tavistock. ☎ (01822) 85-47-69. • thegardenhouse.org.uk • À 10 miles de Plymouth, sur la route de Tavistock par l'A 386 ; bien signalé. Tlj 10h30-17h mars-oct. Entrée : 7,30 £ ; réduc.* Encore un magnifique jardin comme seuls les Anglais savent les composer. Couleurs et senteurs extraordinaires et vues magnifiques sur la campagne environnante. À ne pas manquer si vous disposez d'un peu de temps.

LES CORNOUAILLES

Dans cette excroissance qui regroupe les régions du Somerset, du Devon et des Cornouailles, au sud-ouest de l'Angleterre, le temps semble s'être arrêté. Là apparaissent les petits ports encaissés, les routes étroites et une certaine douceur de vivre. Ceux qui désirent se limiter à la visite de cette région auront intérêt à emprunter un bateau des *Brittany Ferries* (Roscoff-Plymouth). Prenez un petit bout de Bretagne, d'Écosse et d'Irlande. Arrosez le tout d'une pluie fine, de vent sifflant, puis laissez sécher au soleil. Voilà les Cornouailles, terre de légendes celtiques, de falaises noires, de plages dorées et dociles, d'océan tourmenté. Ultime avancée de granit dans l'océan, figure de proue de la Grande-Bretagne, les Cornouailles, c'est une région au faible relief mais à fière allure, romantique à souhait. Pour bien la visiter, il faut une bonne semaine. Même si, géographiquement, les Cornouailles s'étendent sur une petite surface, leur intérêt est bien plus grand qu'une bonne partie de la côte sud anglaise. C'est un voyage en soi, auquel on peut très bien ajouter la ville de Bath, un des fleurons touristiques du pays, ou Bristol, dynamique ville pleine de (bonnes) surprises (voir plus loin « À l'ouest de Londres »). Pour la page « people », sachez que Camilla Parker-Bowles est désormais, de par son mariage avec le prince Charles, duchesse de Cornouailles.

TRANSPORTS, HÉBERGEMENT ET QUELQUES CONSEILS

Déjà, deux très bons sites internet qui vous aideront dans vos recherches : • cornwalltouristboard.co.uk • visitsouthwest.co.uk •
Le plus simple reste, bien sûr, d'y venir en voiture afin de profiter pleinement du paysage et des petits villages reculés. Cependant, tout le West Country et les Cornouailles sont, en saison, globalement bien desservis par un réseau de bus. Dans les offices de tourisme, vous trouverez des brochures complètes sur les différentes liaisons. Attention, souvent, il n'y a qu'un ou deux bus par jour pour chaque destination. Tous les renseignements par téléphone auprès de *Traveline Southwest* : ☎ (08706) 08-26-08 ; • travelinesw.com •

DRÔLE DE NOM

Seules deux villes au monde possèdent un point d'exclamation dans leur nom. L'une d'entre elles se trouve au Sud-ouest de l'Angleterre, dans le Devon. C'est la bourgade de Westward Ho ! Elle aurait été nommée ainsi d'après le roman du même nom écrit par Charles Kingsley, publié en 1855. La seconde se situe au Québec, et répond au doux nom de Saint-Louis-du-Ha ! Ha ! Espérons que leurs habitants aient le sens de l'humour.

– ***Pour circuler en bus,*** il existe des forfaits « Cornouailles 7 jours » ou « 3 jours » pour certaines compagnies. Se renseigner auprès de la *First Western au* ☎ (01752) 40-20-60 *et* (01503) 22-06-60, qui dessert toutes les Cornouailles, ou

auprès des offices de tourisme. Se procurer le *Cornwall Public Transport Summer Timetable,* indispensable pour ceux qui voyagent en bus.

– ***Pour circuler en train,*** il faut savoir que la privatisation des transports n'a pas rendu la compréhension des choses très facile : les lignes sont réparties entre plusieurs opérateurs. Le mieux est d'appeler au numéro national qui renseigne les usagers : ☎ *(08457) 48-49-50* ; ou *South Wales & West Railway* : ☎ *(01793) 51-54-75.* Un dépliant avec les différentes liaisons est distribué dans tous les offices de tourisme.

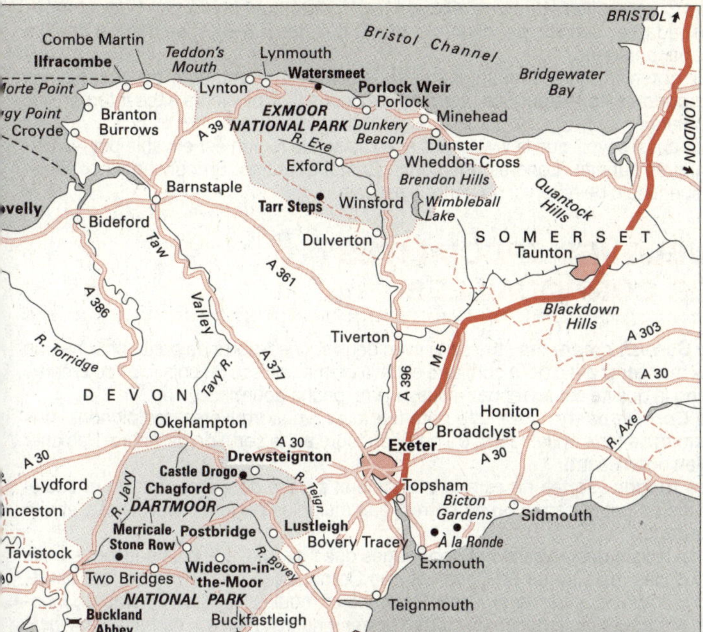

LES CORNOUAILLES ET LE DEVON

– On peut embarquer son ***vélo*** dans le train pour une somme modique (résa souhaitée) mais pas dans les bus.

– Ceux qui sont ***en voiture*** devront, pour pouvoir visiter les villages touristiques, laisser leur véhicule au parking (payant, naturellement !). Sachez aussi que les routes sont souvent très étroites et qu'il faut fréquemment se ranger pour laisser passer les voitures en face. Vitesse très modérée recommandée. On ne peut donc faire qu'un nombre de kilomètres assez limité dans une même journée.

– Les Cornouailles étant une région assez touristique, prévoir un budget ***logement*** adapté : sachez, par exemple, que le prix des *B & B* est en général de 20 à 40 £ par personne.
Pour obtenir tous les renseignements sur les hébergements de charme, les transports et les restaurants, vous pouvez consulter plusieurs sites internet très complets : • *cornwall-calling.co.uk* • *westcountryholidays.com* •
Il faut aussi savoir que le week-end et en saison la région est envahie par les Britanniques habitant Londres, Plymouth, Bristol et autres. En conséquence, il est indispensable de réserver en période estivale.

QUELQUES SPÉCIALITÉS DES CORNOUAILLES

– ***Le Cornish cream tea :*** thé servi avec deux *scones,* sorte de petite brioche que vous mangerez avec de la confiture et de la crème épaisse du coin *(clotted cream).* Quand la qualité est au rendez-vous, un vrai péché gourmand.
– ***La Cornish pasty :*** dans une pâte feuilletée, vous trouverez des oignons, des pommes de terre en lamelles, du bœuf ou toute autre sorte de garniture. Pas cher et bien nourrissant.
– ***Les fudges :*** sortes de caramels onctueux à base de crème, beurre et sucre, débités en petits carrés ou en barres, aux multiples parfums. Délicieux... et vite écœurant.
– Voici la liste des poissons et coquillages que l'on trouve le plus souvent sur les menus des restaurants du Devon et des Cornouailles : *cod* = morue, cabillaud ; *crab* = crabe ; *cockles* et *mussels* = coques et moules ; *lobster* = homard ; *mackerel* = maquereau ; *monkfish* = lotte ; *oyster* = huître ; *plaice* = carrelet ; *prawns* = crevettes ; *salmon* = saumon ; *seabass* = bar ; *shark* = requin ; *skate* = raie.

CLIMAT

Dans cette région où le temps est très capricieux, les quatre saisons peuvent se succéder dans la même journée : ayez donc toujours sous la main lunettes de soleil, K-way et petite laine. Mais vous serez récompensé par les très beaux couchers de soleil, les effets de brume mystérieux et la lumière.

RANDONNÉES PÉDESTRES

Voici une région bénie pour les promeneurs. Il existe un important réseau de chemins de randonnée le long de la côte *(Coastal Path),* reliant pratiquement tous les villages entre eux au plus près de la côte alors que les routes sinuent toujours un peu à l'intérieur. De bonnes cartes répertoriant tous ces chemins sont en vente dans les offices de tourisme. Ils sont très bien indiqués et entretenus en majorité par le *National Trust.*

LOOE

4 000 hab. IND. TÉL. : 01503

Joli petit port de pêche situé de chaque côté d'un estuaire. C'est pour cela qu'il y a *West Looe* et *East Looe.* Pas mal de touristes en haute saison. La proximité du Gulf Stream, qui passe dans les environs, fait de Looe un endroit

célèbre pour la pêche aux requins. Possibilité d'une partie de pêche (du requin bleu de 100 kg jusqu'au mako de 500 kg) autour du mois de juin, en particulier. Assez cher. N'oubliez pas votre appareil photo pour épater vos collègues de bureau.

Si vous aimez les promenades en bateau, négociez avec un marin votre aller à Polperro en bateau. Normalement, ils font l'aller-retour. Ainsi, vous verrez la côte de la mer et les criques utilisées par les contrebandiers, entre autres Talland Bay.

– Toute l'animation se concentre à *East Looe,* sur Fore St.

– Goûtez absolument au *Cornish fudge,* des boutiques en vendent tout le long de Fore St.

Adresses utiles

i *Tourist Information Centre :* *The Guildhall, Fore St. ☎ 26-20-72. • visitsoutheastcornwall.co.uk • Pâques-oct, tlj 10h-17h ; le reste de l'année, lun-ven 10h-12h.* Accueil charmant et compétent.

Bus : *liaisons entre Looe, Polperro et le sud-ouest des Cornouailles avec* ***Western Greyhound,*** *☎ (01637) 87-18-71.* Bus de village en village.

@ *Looe Enterprise Centre :* *Higher Market St, East Looe. Lun-ven 10h-16h, plus le w-e en été.*

■ ***Banques avec distributeurs :*** *plusieurs établissements sur Fore St et Higher Market St.*

Où dormir ?

Prix modérés (40-60 £ / 48-72 €)

Tidal Court Guesthouse : *3 Church St, West Looe, PL13 2EX. ☎ 26-36-95. • jrhocking@live.co.uk • Tte l'année. Double env 60 £, petit déj inclus. Réduc de 10 % sur le prix de la chambre sur présentation de ce guide.* Quartier moins touristique, à deux pas du débarcadère de la « barque ferry ». Vénérable petite maison de pierre très fleurie datant du XVe s. D'où le côté étroit, les plafonds bas, couloirs et escaliers de guingois ! Très bien tenu. La propriétaire de ce *B & B* est absolument charmante. Elle vous trouvera une chambre chez une amie si sa maison est pleine, donc pas de souci ! Elle assure aussi un *full English breakfast* pour faire le plein d'énergie.

Little Harbour Guesthouse : *Church St, West Looe, PL13 2EX. ☎ 26-24-74. • littleharbour@btinternet.com • littleharbour.co.uk • Tte l'année. Doubles 50-70 £ selon saison, petit déj inclus. Parking gratuit. Réduc de 10 % sur le prix de la chambre sur présentation de ce guide, sur résa par e-mail.* À côté de la précédente. Façade blanche et fleurie, une petite maison de poupée proposant 5 chambres, toutes différentes et confortables. Quelques-unes offrent une vue sur le port. Accueil chaleureux et copieux petit déj.

Jolly Sailor Ye Olde Inn : *Princes Square. ☎ 26-33-87. Mêmes prix.* Un peu avant les 2 adresses précédentes, elle intéressera ceux qui rêvent d'habiter un vieux pub plein de charme construit en 1516 (le plus ancien de la ville). La poutre principale fut remplacée en 1805 par un bout de charpente de bateau français capturé à la bataille de Trafalgar. Chambres plaisantes, certaines avec lit à baldaquin sculpté. On aime bien la no 3. La no 5, plus petite, a sa salle de bains privée à part. L'ensemble est bien tenu et le pub chaleureux... surtout le mardi soir lors des récitals de chants marins (et le jeudi soir aussi pour la *Shanty Night*). Bonne sélection de *ales* locales.

Dolphin Guest House : *Station Rd, East Looe, PL13 1HL. ☎ 26-25-78. • dolphinhouse@btconnect.com • dolphin-house.co.uk • À l'entrée du village, sur la gauche, en hauteur, face au parking et à la station-service. Fermé en nov. Doubles 65-80 £ selon confort et exposition, petit déj compris.* Hôtel familial et confortable. 7 chambres. Certaines pas trop grandes, mais toutes *en-suite,* avec une touche de charme victorien. Salon panoramique.

Pratique, car à côté d'un grand parking, mais il faut tout de même monter une bonne volée de marches pour y arriver !

Plus chic (plus de 80 £ / 96 €)

Trehaven Manor Hotel : *Station Rd, East Looe, PL13 1HN. ☎ 26-20-28. • enquiries@trehavenhotel.co.uk • trehavenhotel.co.uk • À 5 mn à pied du centre. Doubles en-suite 74-135 £ selon taille et saison. 2 nuits min juin-sept.* Une fière demeure du XVIIIe s, au milieu d'un grand parc de verdure. Ancien presbytère. Superbe vue sur l'estuaire et le port. 7 chambres spacieuses (comme la nº 6, la plus chère) et tout confort. La plupart dominent le village de Looe. Déco tendance Laura Ashley, avec mobilier cossu, beaux tissus, élégante cheminée, etc. Une halte chic et reposante.

Où dormir dans les environs ?

Campings

Trelay Farm Park : *Penlynt-by-Looe, PL13 2JX. ☎ 22-09-00. • stay@trelay.co.uk • trelay.co.uk • Sur la route entre Looe et Polperro (à 3 miles de chaque). Compter env 8 £ pour 2 avec tente. Confortables caravanes ; ven-lun 135 £ ; lun-ven 165 £.* Env 70 emplacements. Perdu en pleine campagne. Assez arboré. Sanitaires impeccables. Petite restauration en été. Nombreuses possibilités de balades alentour.

Tencreek Holiday Park : *à l'ouest de la ville, à moins de 2 miles du centre, sur Polperro Rd. ☎ 26-24-47. • tencreek@dolphinholidays.co.uk • dolphinholidays.co.uk • Tte l'année. Selon saison, 10,50-20,50 £ pour 2 avec tente. Caravanes 170-855 £/sem (6-8 lits) selon saison.* Belle vue sur la mer. Confortable : resto, piscine, bar, jeux, douches gratuites, possibilité de faire sa lessive. Sport à voile à proximité. Nombreux mobile homes à louer.

Prix moyens (60-80 £ / 72-96 €)

Coombe Farm : *Widegates, Looe, PL13 1QN. ☎ 24-02-23. • coombe_farm@hotmail.com • coombefarmhotel.co.uk • Fermé fin déc-début janv. À 4 miles de Looe, sur la route de Plymouth. Doubles 70-80 £ selon saison.* Très belle maison en pleine campagne, délicieusement décorée, avec de véritables antiquités. Les chambres, au rez-de-chaussée de maisonnettes en pierre, sont confortables et bénéficient d'une vue superbe sur les environs. Chauffage, TV satellite, entrée indépendante. Calme assuré. Belle piscine, jeu de croquet, billard, etc.

Où manger ? Où boire un verre ? Où déguster de bons gâteaux et de bonnes glaces ?

Bon marché (moins de 8 £ / 9,60 €)

Dave's Dinner : *sur le quai près de Ferry Side. ☎ 26-23-41. Ferme à 18h. Env 5 £.* Un *fish & chips* populaire. Bonne odeur de frichti, de *crab cakes* et lumière aux néons. Toujours du monde !

Kelly's : *Fore St, East Looe. ☎ 26-30-20.* Immanquable, juste à l'entrée de la rue principale. Un des *fish & chips* les plus fréquentés du village. Nombreuses tables pour déjeuner sur place, mais odeurs tenaces. De savoureuses *Cornish ice creams* pour conclure le tout.

Ye Olde Fishermans Arms : *sur Higher Market St, face au musée. ☎ 26-58-00. Musique live ven.* Vieux pub authentique aux plafonds bas et imprégnés des vapeurs de bière. Accueil affable. Ne manque plus que les contrebandiers.

Looe Bakery : *Fore St, East Looe. Lun-sam 8h-16h30 ; tlj en saison.* Hmm ! les délicieux gâteaux, *scones*, *rock cakes* et autres montagnes de calories ! Vraiment goûteux et garantis maison.

Essayez aussi les *Cornish ice creams* de ***Martins Dairy,*** une crémerie traditionnelle sur Fore St. Les glaces sont fameuses...

Prix moyens (8-15 £ / 9,60-18 €)

The Golden Guinea Restaurant : *Fore St, East Looe. ☎ 26-27-80. Tte l'année sf janv. Service midi et soir jusqu'à 22h (20h basse saison). Menus 9,95 et 12,95 £.* Dans une vénérable maison ancienne au toit qui ondule. Cadre rustique réussi. Touristique, certes, mais ils servent d'aimables petits plats maison. Vu le nombre de tableaux noirs, y a du choix ! Menu végétarien également disponible et *cream tea* pour la pause goûter. Quelques box pour familles.

Ye Olde Salutation Inne : *Fore St, East Looe. ☎ 26-27-84.* Pub du XVIe s où se retrouvent les vrais marins depuis de nombreuses générations. D'ailleurs, des horloges indiquent l'horaire des marées. Photos des plus gros requins pêchés. Jeu de fléchettes et snooker. Atmosphère authentique. Le soir, quelques plats locaux mais aussi indiens et italiens. Cependant, on y va surtout pour boire un verre.

Plus chic (15-20 £ / 18-24 €)

Trawlers On The Quay : *Buller Quay. Proche du Passenger Ferry. ☎ 26-35-93. Tlj, lunch 12h-14h, tea-time 14h-17h, dinner 18h-21h. Résa très recommandée. Compter 20-25 £.* Adresse récente, mais qui a déjà gagné des *awards* ! Cadre plaisant et aéré pour une belle cuisine fraîche et moderne. Accueil jeune. Goûter au *sea food cataplana* (poisson blanc et coquillages), aux beignets de crabe, au *brill* en papillotte au gingembre, ail et palourdes... Terrasse sur le port.

Morrells Bistro : *Higher Market St. ☎ 26-36-04. 0781-616-6354. • ijmorrell@aol.com • Tlj sf mar 11h-15h et 18h30-21h30. Fermé 2 sem en janv et 2 sem en nov. Menu 6,45 £ (le midi). Repas 15-25 £. Special steak and beer mer-jeu 12h-19h.* Un coquet petit nid. Raffiné, discret, et ambiance musicale douce. Superbe cuisine, goûteuse, saine et parfumée. Ça change un peu des pubs et des restos conventionnels. Tout, ici, est bien travaillé, suivant l'inspiration du moment.

LES CORNOUAILLES

À voir. À faire

Promenade agréable à travers les rues étroites d'***East Looe.*** Petites maisons des siècles passés.

Old Guildhall Museum : *sur Higher Market St, East Looe. ☎ 26-20-70. À deux pas de la plage, dans l'ancien tribunal du village. Tlj sf sam 11h-16h de fin mars à mi-oct. Entrée : 1,80 £ ; réduc.* Minuscule musée régional. Maquettes de bateaux, gravures, minéraux de la région, etc. Évocation de métiers anciens (pêche, industrie) et du bon temps des contrebandiers. Modeste et sympathique. Admirez le pilori et l'appareil qui servait à affûter les couteaux.

Promenades en bateau : *à l'extrémité est du quai. Rens : ☎ 26-43-55.* Plusieurs panneaux appartenant à différentes compagnies annoncent les jours et les horaires auxquels elles proposent des balades et des excursions aller-retour à Polperro, Fowey ou Mevagissey. Possibilité également de parties de pêche en mer.

Au bout de l'estuaire, à l'extrémité du port, belle plage de sable de ***East Looe,*** bondée en été. Un peu plus loin, ***Second Beach,*** petite plage creusée dans la roche, qui abrite de nombreux crabes, crevettes et anémones de mer. À marée basse, on accède à pied jusqu'à une autre petite plage, ***Plaidy Beach,*** ou bien on emprunte le sentier côtier. De l'autre côté de l'estuaire, à West Looe, ***Hannafore,*** longue plage de rochers juste en face de Looe Island.

POLPERRO

IND. TÉL. : 01503

Minuscule port de pêche au charme indicible, tapi au fond d'une crique rocheuse dans le creux d'une vallée étroite. Il y a les barques qui dansent, les mouettes qui crient, il y a l'odeur du poisson, et puis les maisonnettes blanches et la promenade qui relie le port à la plage... Il faut dormir ici au moins une nuit pour découvrir le village tôt le matin, avant l'arrivée des hordes touristiques, et tard le soir après leur départ.

Polperro doit sa notoriété à la contrebande. De tout temps, quand il y avait une marchandise interdite ou taxée à acheminer dans le pays, les échancrures naturelles de la côte des Cornouailles servaient de cachette. Alcool, puis, plus tard, drogue, Polperro a derrière elle une longue tradition d'illégalité. Aujourd'hui, tout cela est bien fini !

Adresse et info utiles

■ ***Banques :*** *dans l'unique rue principale.*

– Obligation de se garer sur le ***parking*** payant à l'entrée du village. N'essayez pas de vous engouffrer en voiture, vous seriez obligé de faire demi-tour, vu l'étroitesse de l'unique rue. Pour les paresseux, un bus électrique assure les allers-retours en été, toutes les 10 mn. Également quelques calèches à cheval, pour les romantiques !

Où dormir ?

Camping

Polruan Holidays Camping & Caravaning : *Polruan-by-Fowey, PL23 1QH. ☎ (01726) 87-02-63. • polruanholidays.co.uk • Compter 14-22 £ pour 2 avec tente, selon saison. Loc de mobile homes 180 £/sem. Douches chaudes comprises.* C'est sûrement un des campings les plus agréables dans le coin. Tout proche du sentier côtier, en pleine nature. Bon confort. Sanitaires impeccables.

Prix modérés (40-60 £ / 48-72 €)

Five Trees B & B : *The Coombes, PL13 2RH. ☎ 27-30-49. • gary103@btinternet.com • five-trees.co.uk • À l'entrée du village, sur la gauche en allant vers le port. Fermé en hiver. Double env 50 £, petit déj inclus. Parking gratuit.* Modeste petite maison fleurie à la façade rouge et blanc. 2 chambres doubles et 1 chambre simple. Sanitaires communs. Un des moins chers du coin. Bon accueil.

Prix moyens (60-80 £ / 72-96 €)

The Claremont Hotel : *The Coombes, PL13 2RG. ☎ 27-22-41. • enquiries@theclaremonthotel.co.uk • theclaremonthotel.co.uk • Doubles 60-92 £ selon taille et saison, petit déj inclus. En principe 2 nuits min (le village le mérite !). Parking gratuit devant l'hôtel (vraiment un plus !). Début nov-fin mars, 3 nuits pour le prix de 2 (sf pdt les fêtes et festivals).* Petit hôtel familial de 3 étages dans la rue principale, orienté plein sud. Entrée fleurie. Tout le confort moderne sans avoir perdu de son charme. Les 12 chambres possèdent toutes leur personnalité. Notamment les nos 10, 11 et, surtout, la no 12, la « *Crow Nest* », sous les toits, la plus romantique avec ses murs en palissandre... Accueil particulièrement prévenant et souriant. Beau petit déjeuner.

The Watchers : *The Warren, PL13 2RD. ☎ 27-22-96. • polperro.org • Double 70 £.* Une belle maison surplombant le port, accessible uniquement à pied. Tenu par un couple de retraités (qui n'accepte pas les enfants). Une seule chambre au confort correct. Petit déj servi dans une pièce vitrée, avec une vue à couper le souffle sur la crique et le port.

Chyavallon : *Landaviddy Lane, PL13 2RT. ☎ 27-27-88. • chyavallon@btinternet.com • chyavallonpolperro.co.uk • Fermé de mi-nov à mi-fév. 3 doubles avec TV 75 £, petit déj compris. Parking privé.* Dans une ancienne maison de pêcheurs, surplombant le village. 2 chambres à la déco très british. Accueil pro et chaleureux et excellent petit déj (l'hôte peut vous indiquer la route qui permet de gagner d'une autre façon le *B & B*).

Où manger ?
Où boire un verre ?

Bon marché (moins de 8 £ / 9,60 €)

The Wheelhouse Family Restaurant & Tea-Shop : *The Quay. ☎ 96-21-49. 0770-211-5992. • rensor@orange.net • Tlj sf sam 12h-15h (plus 18h-20h en été).* Cod and chips *5 £.* Petite cafétéria au bord du port. Une authentique maison de poupée à la déco chargée. Quelques tables dans un cadre *charming* ! Spécialité de *shell'O crab* et autres populaires nourritures... Ne sert pas d'alcool, mais on peut apporter sa bouteille.

Prix moyens (8-15 £ / 9,60-18 €)

The Blue Peter Inn : *sur le port, à deux pas du chemin côtier. ☎ 27-27-43. • sjsbluepeter@aol.com • Tlj 11h-23h. Au lunch, plats à moins de 9 £, le soir à moins de 14 £.* Tout au bout du quai, ce qui lui permet de dire qu'il est le dernier pub avant la France ! Dans une superbe petite maison de pêcheurs, bonne cuisine de pub et de savoureux plateaux de fruits de mer, notamment un excellent crabe, la spécialité locale. Goûter au *cornish crab linguine,* au *goan curry,* au *brocoli and linguine cream* et *blue cheese...* Grand choix de bières et excellents concerts live (folk local ou jazz). Atmosphère chaleureuse pour cette adresse très populaire.

The House on the Props : *Talland St, côté gauche du port, là où se déverse le cours d'eau. ☎ 27-23-10. • stephenshepard@btinternet.com • houseontheprops.com • Fermé nov-mars. Tlj 9h30-20h. Double 80 £ (réduc à partir de la 2ᵉ nuit), petit déj inclus.* Plats traditionnels servis dans un chouette décor maritime. Goûter au *mussel chowder* et au trio de poissons (haddock, lotte et sole) à la crème et vin blanc... Très sympa. Super aussi pour prendre un petit déj (quasiment toute la journée) ou un thé, avec de bons gros *scones* tout frais (patron ancien pâtissier !). Quelques chambres *en-suite* à louer.

Plusieurs ***salons de thé*** dans la rue principale.

À voir. À faire

Polperro Heritage Museum of Smuggling and Fishing : *situé dans une ancienne usine de sardines surplombant le port. ☎ 27-30-05. Pâques-sept, tlj 11h-17h. Entrée 1,80 £ ; réduc.* Musée consacré à l'histoire de la ville à travers la pêche, mais aussi de la contrebande. Belle galerie de photos du début du XXᵉ s et d'objets étonnants. On a retenu l'histoire de Robert Jeffrey, engagé de force dans la marine de Sa Majesté et condamné à vivre sur une île déserte pour avoir volé la bière du capitaine...

Shellhouse : dans la ruelle qui mène au musée, sur la gauche, jeter un œil à cette maison dont les murs sont incrustés de coquillages.

➢ ***Promenade vers Talland Bay et Looe :*** chemin de randonnée que l'on emprunte au-delà du port, sur la gauche, et qui mène à cette belle crique célèbre pour la contrebande. Le chemin surplombe la mer, on aperçoit la baie de Looe jusqu'à laquelle on peut poursuivre. Promenade très agréable.

➢ ***Promenade en bateau : Polperro Boat Trip.*** ☎ *(07-885-)82-78-91. Départ au pied du* Blue Peter Inn. *Compter 4 £ (réduc) pour 30 mn.* Une excellente idée ces petites balades en mer de 30 mn ou ces parties de pêche de 2h. Super aussi d'aller à Looe sur ces petits bateaux de pêcheur. La côte et la vision de Polperro sont de toute beauté.

FOWEY

IND. TÉL. : 01726

Prononcez « Foille ». Mignon petit port. Ici, le village s'étend parallèlement à l'eau. En traversant par le ferry, on a une vue de carte postale sur le village en face. Port depuis le XIIe s, Fowey a continué la lutte contre la France longtemps après la fin de la guerre de Cent Ans. C'est aussi la patrie de Daphné du Maurier, la romancière qui a écrit *Rebecca, L'Auberge de la Jamaïque* et inspiré Hitchcock pour *Les Oiseaux.* Un petit musée lui est consacré. Un festival lui est dédié chaque année début mai. ● *dumaurierfestival.co.uk* ●

Arriver – Quitter

➢ Si vous êtes ***en voiture,*** prenez le ferry à Bodinnick. La route y conduit naturellement. Traversée de 5 mn pour Caffa Mill, juste en face. Liaisons de 6h au crépuscule, env ttes les 15 mn. Parfois beaucoup d'attente, car le ferry prend peu de véhicules. Vu l'étroitesse des rues, il faut garer sa voiture dans les parkings aux extrémités de la ville.

➢ ***À pied ou en ferry,*** on traverse l'estuaire jusqu'à Polruan. Départs du Whitehouse Quay à Fowey, ttes les 15 mn jusqu'à 19h (plus tard en été). Compter env 1 £.

Adresses utiles

ℹ ***Tourist Information Centre :*** *5 South St, près de l'église.* ☎ *83-36-16.* ● *fowey.co.uk* ●

■ ***Banques avec distributeur de billets :*** *Barclays et HSBC, en face du* Lugger Inn.

Où dormir ?

Campings

⛺ ***Yeate Farm Camp and Caravan Site :*** *Yeate Farm, PL23 1LZ.* ☎ *87-02-56. Juste avt le ferry de Bodinnick, dans une prairie, à côté de la ferme dont il dépend. Env 16 £ pour 2, douches chaudes incluses.* Avant de vous installer, vérifiez auprès de la fermière que vous pouvez planter votre tente là où vous voulez ! Installations correctes.

⛺ ***Penhale Caravan and Camping Park :*** *entre Par et Fowey, PL23 1JU, sur l'A 3082 (à 2 miles de Fowey).* ☎ *83-34-25.* ● *penhale-fowey.co.uk* ● *Fermé oct-mars. Compter 4,35-5,55 £/ pers pour cyclistes et backpackers, 11,95-17,60 £ pour 2, selon saison.* Camping assez bien équipé, superbe environnement. Il présente cependant un certain désavantage : il est en pente. Si vous avez une grande tente, vous pouvez avoir du mal à trouver un coin plat suffisamment grand pour la planter ! Belle vue lointaine sur les champs vallonnés et la mer.

Prix modérés (40-60 £ / 48-72 €)

🏠 ***Youth Hostel Golant :*** *Penquite House, à quelques miles de Fowey.* ☎ *(0845) 371-9019.* ● *golant@yha.org.uk* ● *Du village, suivre la B 3269 en direction de Saint Austell ; au 1er croisement, panneau sur la droite pour la* Youth Hostel *; après, encore 2 miles, c'est indiqué, mais pas de transport public pour y aller. Le bus s'arrête au*

Castle Dore Crossroads *(si arrivée de nuit, prévoir lampe de poche). Fév-oct ; fermé ven soir à partir de début sept. Réception 8h-10h, 17h-22h30. Couvre-feu 23h. Env 36 £ pour 2.* Très bien situé au-dessus de la rivière. 90 lits répartis en 2 grands dortoirs et plusieurs chambres familiales dans une belle *country house* de style georgienne. Superbe vue sur la vallée. Cuisine disponible, bien équipée.

Prix moyens (60-80 £ / 72-96 €)

Trevanion Guesthouse : *70 Lostwithiel St, PL23 1BQ. ☎ 83-26-02. • alissteve@trevanionguesthouse.co.uk • trevanionguesthouse.co.uk • Juste à l'entrée du village, sur la gauche. Double en-suite 75 £. CB refusées.* Maison de caractère du XVIe s, située dans le haut de la ville. Chambres confortables et douillettes. Accueil affable. Bon petit déj copieux.

The Lugger Inn : *Fore St, PL23 1AH. ☎ 83-34-35. Double env 40 £, sans petit déj.* Une seule chambre au dernier étage de ce vieux pub du XVIIe s. Sanitaires et salle de bains communs. Au rez-de-chaussée, un comptoir chargé de cuivres et une grande salle conviviale pour déguster une bonne cuisine locale.

The Ship Inn : *sur la place du petit port même, PL23 1AZ. ☎ 83-22-30. • shipinnfowey@hotmail.com • Doubles 60-70 £, petit déj inclus.* Aujourd'hui pub-hôtel. Sanitaires obligatoirement communs car c'est une très ancienne demeure élisabéthaine trop fragile pour pouvoir la transformer. En revanche, fort bien tenue et elle propose une surprise aux malins qui auront la bonne idée de réserver à l'avance. Quelques chambres à l'étage correctes et lumineuses (dont une spacieuse *family room*), mais le must, c'est la « *Oakoom 1570* », couverte de boiseries et datant du XVIe s... une pure merveille ! En prime, un accueil pro et chaleureux. Beau vitrail dans la salle à manger. Émouvant, un des ancêtres de la famille vit partir la *Grande Armada* en 1588 !

Plus chic (80-120 £ / 96-144 €)

King of Prussia : *3 Town Quay, PL23 1AT. ☎ 83-36-94. • kingofprussiafowey@yahoo.com • kingofprussiafowey.co.uk • Doubles 90-100 £.* Hyper bien situé, avec des chambres cosy et lumineuses dominant le port. Belles salles de bains. Pub joliment modernisé, avec bow-window donnant sur le port, où l'on peut manger midi et soir. N'allez pas croire que le roi de Prusse soit venu ici : l'enseigne est le surnom d'un contrebandier local, un vrai héros ! Cuisine régionale de bonne facture et traditionnel *carvery lunch* le dimanche.

Très chic (plus de 120 £ / 144 €)

Old Quay House : *28 Fore St, PL23 1AQ. ☎ 83-33-02. • info@theoldquayhouse.com • theoldquayhouse.com • Doubles 180-320 £ suivant confort et exposition. Promo en basse saison.* Au cœur de la vieille ville, ce superbe hôtel de charme dans une vénérable demeure de plus de 150 ans. 11 chambres personnalisées, aux teintes douces, matériaux nobles et élégant mobilier. Certaines avec large fenêtre ouverte sur le port. Restaurant renommé. Terrasse les pieds dans l'eau.

Où manger ? Où boire un verre ?

De bon marché à prix modérés (moins de 8-15 £ / 9,60-18 € €)

Sam's : *20 Fore St. ☎ 83-22-73. Ferme tard.* Façade en boiserie vert et blanc. En fait, il y en a 2 qui portent le même nom ; préférer, et de loin, celui-ci. Cadre charmant avec box en bois. Bouillabaisse, moules, salades, lasagnes, etc. Spécialité de *fish burgers* (une bonne dizaine dont le

« *beast* » d'une pound !). Tableau noir au-dessus de la cheminée (qui fonctionne) avec les plats du jour. Bonne atmosphère et prix raisonnables.

The Toll Bar : *1 Loswithiel St ; près du Ship Inn. ☎ 83-30-01. Tlj sf mar.* Agréable resto tout en longueur, avec une partie donnant sur la rue et une véranda-terrasse ouvrant sur le port. Cuisine variée à tendance méditerranéenne : *pancakes,* lasagnes, *nachos,* paninis, sandwichs... Gâteaux maison pour le *tea-time.* Jolie véranda avec vue panoramique.

Niles Bakery : *14 Fore St. ☎ 83-32-39. Ouv 8h30-17h.* Boulangerie-snack pour grignoter sur le pouce sandwichs, *cornish pastries,* etc. Simple, bon et frais.

Brown Sugar : *en face de l'église. ☎ 83-33-82. Ouv 7h30-19h en été, 8h-17h en hiver. Full cream tea 4,45 £.* Un petit salon de thé moderne, lumineux et accueillant servant sandwichs, salades, grande assiette de 3 fromages locaux, pâtisseries... et un bon café ! Vue sympa sur l'animation de la rue et l'église.

The Ship Inn : *voir « Où dormir ? ». Repas servis midi et soir.* Pub chargé d'histoire. Une des salles est conservée quasiment intacte depuis 1570. Superbe plafond ornemental, beau vitrail, cheminée de pierre et panneaux de chêne sur les murs. Honnête cuisine. Billard.

Safe Harbour : *58 Lostwithiel St. ☎ 83-33-79. Peu avt la Trevanion Guest House.* Bien que cette adresse offre quelques chambres (au confort inégal), c'est avant tout le pub qui présente un intérêt. Bon accueil et excellente cuisine à prix fort modérés (majorité des plats en dessous de 10 £). Spécialité de poisson frais bien sûr, moules, agneau, *pasta,* etc.

Red Herring : *38 Esplanade. ☎ 83-49-41. Tlj sf mer (tlj en août).* Un peu en dehors des flux touristiques. Tenu par des jeunes. Petite terrasse au soleil sur rue calme où l'on peut déguster de bonnes tapas et quelques petits plats chauds corrects.

À voir. À faire

St Fimbarrus's Church : superbe église du XVe s, juste derrière le port. Imposante tour carrée et lourde voûte en berceau. À l'intérieur, jubé de bois et beaux fonts baptismaux.

➢ **Balade vers Saint Catherine Castle Point :** superbe balade le long de l'Esplanade qui mène à l'extrémité du port en surplombant l'estuaire. Elle se prolonge jusqu'à la vieille tour, tout au bout. Ici gît un illustre inconnu, dont la tombe jouit d'une vue imprenable. Verdoyant promontoire entre l'océan et la rivière.

➢ **Fowey River Canoe Expedition :** *17 Passage St. ☎ 83-36-27. • foweyriverexpeditions.co.uk • Dans la rue principale. Ouv de fin mai à mi-sept. Résa la veille. Compter 24 £/j. par pers.* Une bonne idée de balade originale. De Fowey à Galant en canoë, 5h à votre rythme, avec un accompagnateur.

➢ Et toujours le fabuleux **Coastal Path,** réseau de chemins de randonnée longeant la côte.

DANS LES ENVIRONS DE FOWEY

Lanhydrock : *à 3 miles au sud-est de Bodmin, au bord du fleuve Fowey. ☎ (01208) 26-59-50. • nationaltrust.org.uk/lanhydrock • Début avr-fin sept, tlj sf lun 11h-17h30 ; mars et oct, 11h-17h. Jardin accessible tte l'année, 10h-18h. Entrée : 11,80 £.* Certainement une des plus belles demeures des Cornouailles située dans un parc immense et merveilleux. Originellement du XVIIe s, réaménagée deux siècles plus tard après un incendie dévastateur. Durant la visite, on découvre une cinquantaine de pièces de style victorien. Ne pas partir sans se balader dans le parc et les jardins, soignés et sauvages à la fois, comme savent si bien le faire les Anglais. Des sentiers mènent jusqu'au fleuve. On peut coupler cette visite avec un voyage en train à vapeur (voir plus bas « Bodmin and Wendford Railways »).

The Jail : *Berrycombe Rd, dans la ville de* ***Bodmin.*** *☎ (01208) 76-292. • bodminjail.org • Prendre la direction de Saint Austell et tourner à droite dans Cardell Rd. Ouv tlj de 10h au coucher du soleil. Entrée : 6,50 £ ; réduc.* C'est l'ancienne prison du comté. En service depuis 1779, elle vit la dernière pendaison au début du XXe s. C'est ici que furent cachés les joyaux de la couronne anglaise durant la Grande Guerre. Le lieu est effrayant à souhait. Reconstitution très réaliste de la vie des prisonniers ; on est ravi de pouvoir ressortir !

➢ ***Bodmin and Wenford Railways :*** *Bodmin General Station. ☎ (01208) 73-555. • bodminandwenfordrailway.co.uk • 1er départ vers 10h, retour vers 16h. Liaisons plus fréquentes en été. Diverses animations en saison. Compter env 5-11,50 £ ; réduc.* Les amateurs de trains à vapeur peuvent s'offrir une chouette balade d'une journée à travers la campagne environnante. Superbe trajet avec plusieurs arrêts dans la forêt de Cardinham, à Lanhydrock et le long de la rivière Camel.

MEVAGISSEY

IND. TÉL. : 01726

Si ce village ne possède pas tout à fait le charme de ses voisins, le port et la vue depuis celui-ci sont vraiment surprenants. Avez-vous vu ce curieux double port, dont l'une des parties s'emboîte dans l'autre, construit au XVIIIe s ? Dans les environs, deux lieux absolument extraordinaires, *The Lost Gardens of Heligan* et *The Eden Project*... à ne manquer sous aucun prétexte !

Adresse utile

Tourist Information Centre : *St George Sq. ☎ 84-48-57. • mevagissey-cornwall.co.uk • Pâques-oct, tlj 10h-16h ; horaires restreints hors saison.* Bons renseignements et carte gratuite de la ville. On peut également y envoyer fax et e-mails.

Où dormir ?

Camping

Treveor Farm : *Gorran,* ***Saint Austell,*** *PL26 6LW. ☎ 84-23-87. • wenayann.bennett@virgin.net • treveorfarm.co.uk • À 5 miles de Mevagissey. Avr-sept. Pour 2 pers, 4,50-13,50 £ selon saison.* Vaste camping à la ferme. Sanitaires complets, avec douches chaudes. Accès à la belle plage de Carhays.

Également de nombreux campings sur la route de Saint Austell à Mevagissey.

Bon marché (moins de 20 £/pers – 24 €)

Youth Hostel : *à* ***Boswinger,*** *à env 4 miles de Mevagissey, dans la direction de Gorran. ☎ 0845-371-9107 et 84-32-34. • boswinger@yha.org.uk • Fermé mer. Résa conseillée en été. Compter 16,40-20,40 £ selon saison.* Petite AJ, ancienne ferme reconvertie, dans un village à peine plus grand. Une quarantaine de lits. Dortoirs simples et 3 chambres doubles. Cuisine. Bonne ambiance.

Prix modérés (40-60 £ / 48-72 €)

Fountain Inn : *Cliff St, PL26 6QH. ☎ 84-23-20. • fountain@mevweb.com • Doubles 50-60 £ selon saison et confort.* Au-dessus d'un des plus anciens pubs du port (XVe s), 3 chambres pas bien grandes mais confortables et séduisantes, avec ou sans salle de bains.

LES CORNOUAILLES

Prix moyens (60-80 £ / 72-96 €)

Tanglewood House B & B : *Valley Rd, PL26 6SB. ☎ 84-36-57. ● stay@tanglewoodbandb.co.uk ● tanglewoodbandb.co.uk ● À l'entrée du village, sur la droite. Doubles 85-95 £ selon saison, petit déj compris.* Grande et élégante *mansion*. Chambres claires et sans froufrous, décorées avec élégance. Certaines offrent même une jolie vue sur la mer. Délicieux breakfast avec tout ce qu'il faut pour bien démarrer la journée (il a obtenu un *award* en 2010). Superbe jardin très fleuri. Possibilité de parking, une aubaine !

Où manger ?

De bon marché à prix moyens (moins de 8-15 £ / 9,60-17,80 €)

The Ship Inn : *Market St. ☎ 84-33-24. ● shipinnian@hotmail.co.uk ● Dans la rue principale. Doubles 50-68 £ selon saison. Cuisine 12h-21h en continu en été (hiver 12h-15h et 18h-21h). Repas 10-15 £.* Un des plus anciens pubs du village. Belle demeure de pierre, où l'on peut manger, boire et dormir sur place. Poisson frais midi et soir et *pub grub*, comme il se doit. *Live music* le week-end.

Taste Buds Cafe : *11 Market Sq. ☎ 84-43-47.* Une petite salle vitrée donnant sur la rue. Clair, simple et bon marché, pour avaler un sandwich, un snack, ou boire un thé dans une ambiance marine.

Plus chic (15-20 £ / 18-24 €)

Alvorada Portuguese Restaurant : *Church St (la rue principale). ☎ 84-20-55. Fermé dim soir, ainsi qu'en déc-janv. Autour de 20 £.* Resto portugais avec déco tout droit venue de là-bas. Salle proprette et colorée. Antonio et Sue, les propriétaires, sont adorables. Délicieuses spécialités portugaises préparées avec des produits locaux. Seulement 8 tables, hélas !

À voir. À faire

Mevagissey Museum : *au bout du port, sur Island Quay. ☎ 84-31-05. ● mevagisseymuseum.co.uk ● Pâques-fin oct, tlj 11h-16h, jui-août 11h-17h. Entrée libre, donations bienvenues.* Musée du village aménagé et dirigé par une équipe de bénévoles. Scènes de la vie quotidienne d'autrefois, mais aussi un incroyable bric-à-brac. Vaut vraiment le coup d'œil.

➢ Encore et toujours le ***Coastal Path,*** réseau de chemins de randonnée qui relie les villages côtiers. On le prend au port. Le sentier de Mevagissey à Saint Mawes offre des panoramas grandioses à travers de superbes chemins creux et relie quelques plages escarpées comme ***Hemmick Beach,*** petite plage de sable coincée entre deux falaises.

DANS LES ENVIRONS DE MEVAGISSEY

The Lost Gardens of Heligan : *Pentewan,* ***Saint Austell,*** *PL26 6EN. ☎ (01726) 84-51-00. ● heligan.com ● Au nord-est de Mevagissey. Prendre la route de Saint Austell et, à Tregiskeys, tourner à gauche (bien fléché). En venant de Saint Austell, prendre la B 3273. Tlj 10h-18h (17h en hiver). Entrée : 10 £ ; réduc.* Un des domaines les plus mystérieux et les plus envoûtants d'Angleterre. Les premières mentions de ce jardin datent du XIIe s, mais c'est à la fin du XVIIIe s que sa véritable forme vit le jour. Trois générations développèrent le domaine et y apportèrent des essences rares. Durant la Première Guerre mondiale, ces jardins

furent donnés à Sa Majesté pour y accueillir les officiers convalescents. Dès lors, on cessa lentement de les entretenir, jusqu'à leur quasi-disparition sous les mauvaises herbes. En 1990, les héritiers décidèrent de les reconstituer selon les plans d'origine, et ce pour le plus grand bonheur des visiteurs.
Le parc, immense, se divise en plusieurs parties. La visite débute par les jardins d'agrément, le potager, et se poursuit par la vallée perdue avec ses ponts et ses étangs, et surtout la jungle aux plantes tropicales exubérantes. L'allée serpente à travers des tunnels de bambous, de palmiers et de fougères arborescentes. Y aller à l'ouverture ou en début d'après-midi pour profiter du coucher du soleil. Il faut en effet compter quatre bonnes heures de visite, tant le lieu se révèle hors du commun.

The Eden Project : *Bodelva, **Saint Austell,** PL24 2SG. ☎ (01726) 81-19-11. • edenproject.com • Bus de Saint Austell et de Newquay. Accessible et indiqué à partir des routes A 30, A 390 et A 391. Avr-oct 9h-18h ; mars 9h-16h30. Entrée : 20,70 £ ; réduc.* Un jardin d'éden sorti tout droit d'un film de science-fiction... écologique et génial ! Dans un gouffre argileux qui ne ressemblait à rien, on a créé de gigantesques et insolites bulles de plastique (les serres les plus grandes du monde !) abritant chacune différents types de végétation. Dans le biome humide des tropiques, on circule dans une épaisse forêt équatoriale de Malaisie, oubliant la voûte en plastique située à une cinquantaine de mètres au-dessus de nos têtes. Des habitations en bambou, quelques objets bien choisis et le chant des oiseaux alimentent l'illusion. Une vraie jungle et toutes ses espèces végétales réunies en un seul lieu. Hallucinant ! Dans le biome tempéré et chaud, les odeurs de Méditerranée nous chatouillent les narines, les paysages d'Afrique du Sud ou de Californie jaillissent d'une terre aride et sèche. Partout, des explications judicieuses sur le traitement de chaque espèce et son impact sur notre quotidien.

PORTLOE

IND. TÉL. : 01872

Un de nos minicoups de cœur ! Charmant port de poche, l'un des plus petits de Cornouailles, littéralement blotti dans une entaille de la côte. Attention, la route qui y mène, à travers un épais bocage, est probablement la plus étroite d'Angleterre et quasiment sans « *lay by* »... Émotion garantie pendant le trajet... À l'arrivée aussi, devant la sérénité et l'intimité du village. Plage sauvage de *Porthbeor* aux environs et délicieuse balade en bord de mer.

Où dormir ? Où manger ?

Prix modérés (40-60 £ / 48-72 €)

The Ship Inn : *à l'entrée du village. ☎ 50-13-56. Double 70 £. Plats 7,95-12,50 £.* Petite auberge traditionnelle offrant des chambres *en-suite* de bon confort (penser à réserver !). Pub au rez-de-chaussée dans un cadre chaleureux, photos anciennes, figure de proue, collection de bières artisanales et feu qui crépite... Petite cuisine locale de bon aloi : *chilli* maison, steak « vieilli » 21 jours, poisson bien sûr.

Spécial coup de folie ! (plus de 170 £ / 144 €)

The Lugger Hotel : *au port. ☎ 50-13-22 et 844-414-6550. • office@luggerhotel.com • luggerhotel.com • Accès par la 3078 (direction de St Mawes, puis tourner pour Veryan). Résa obligatoire. Doubles à partir de 170 £. Repas 40-50 £. Promotions l'hiver sur 1 sem (et plus). Parking privé.* Ancienne auberge du XVIIe s, jadis refuge de contrebandiers (un de ses anciens proprios fut pendu en 1890). Aspect extérieur guère changé, mais intérieur rénové en un véritable hôtel de luxe qui s'assume : prix élevés, accueil un tantinet snob et compassé. Décoration au design élaboré n'utilisant que des matériaux nobles, bois portugais, mobilier en osier, riches tissus... Certaines des 22 chambres avec vue privilégiée sur le port et confort maximal. Exquis petit déjeuner à la hauteur des prix. Resto réputé pour ses poissons et fruits de mer. Spa pour les clients.

SAINT MAWES

IND. TÉL. : 01326

Petite station balnéaire située sur la péninsule de Roseland. Vue splendide sur l'ensemble de la baie, dans laquelle se déroulent de nombreuses régates en été. Contrairement aux villages voisins, ici la baie est ouverte et large. Du village lui-même se dégage peut-être un peu moins de charme que de certains autres. Attention, on se gare obligatoirement à l'entrée du village, mais les tarifs du parking sont raisonnables.

Arriver – Quitter

➢ ***En voiture :*** prenez le ferry à Feock *(King Harry Ferry)* pour traverser l'estuaire. Liaisons très fréquentes. Compter 4,50 £ pour un trajet, 6,50 £ l'A/R.
➢ ***En bateau :*** allez en bateau de Saint Mawes à Falmouth. Dans l'autre sens, itou.

Adresse utile

🛈 ***Roseland Visitor Centre :*** *The Millenium Rooms, The Sq. ☎ 27-04-40. • roselandinfo.com • Pâques-fin sept, tlj jusqu'à 17h.*

Où dormir ?

Camping

⛺ ***Treloan Coastal Farm Holidays :*** *Treloan Lane, Porthcatho, The Roseland,* ***Truro,*** *TR2 5EF. ☎ 58-09-89. • coastalfarmholidays.co.uk • À partir de 12 £ l'emplacement pour 2.*

De prix modérés à prix moyens (40-80 £ / 48-96 €)

🏠 ***B & B Lowen Meadow :*** *Newton Rd, TR2 5BS. ☎ 27-00-36. À 5 mn du port à pied. En voiture, longer le quai vers la droite sur env 1 km. Double 60-80 £ selon saison, petit déj inclus. Parking. CB refusées.* Jolie maison décorée avec goût et très accueillante. Une seule chambre coquette comme tout. Superbe vue et grand pré devant, qui semble dévaler jusqu'à la mer. Une belle adresse.

🏠 ***Newton Farm B & B :*** *Newton Rd, TR2 5BS. ☎ 27-04-27. Maison juste à côté du* B & B Lowen Meadow. *Fermé oct-mars. Double 60 £, petit déj compris. CB refusées.* Même famille que l'adresse précédente. 4 chambres coquettes et impeccables, avec 2 salles de bains communes. Déco soignée, avec moquette d'un rouge écarlate audacieux. Belle vue et jardin fleuri à l'avant de la maison. Accueil adorable d'un couple de retraités.

Où manger ?
Où boire un verre ?

Prix moyens (8-15 £ / 9,60-18 €)

🍽 🍷 ***Victory Inn :*** *Victory Hill, TR2 5DQ. ☎ 27-03-24. Plats 8,50-13,50 £. Musique live certains soirs.* Pub chaleureux où se retrouvent les gens du coin. Cuisine correcte avec spécialités de poisson et de fruits de mer, mais aussi quelques plats régionaux, dont un craquant saumon mariné orange et vanille, à la crème basilic et fenouil braisé.

The View : *The Sea Front. ☎ 27-02-66.* Un chouette bar face à la mer. Déco tendance méditerranéenne, couleurs vives, parquet et sofas rendent l'atmosphère conviviale. Quelques snacks et plats simples inscrits au tableau, à prix honnêtes. La brasserie au 1er étage propose un menu plus élaboré, avec la pêche du jour et quelques plats inventifs. On apprécie surtout le cadre lumineux et moderne qui change des pubs traditionnels. C'est aussi un hôtel de luxe (le *Ship and Castle*) tout à fait hors de prix.

Plus chic (15-20 £ / 18-24 €)

The Rising Sun : *The Sq, TR2 5DJ. ☎ 27-02-33. • info@risingsunstmawes.co.uk • risingsunstmawes.co.uk • Doubles 75-165 £ selon saison. Compter un bon 25-30 £ pour le repas.* Grande demeure victorienne abritant un resto sympathique devant la baie, sur le port. C'est le resto chic de Saint Mawes. Chaises et tables en rotin, service stylé. Excellents produits de la mer et viandes de qualité. Côté pub, atmosphère conviviale et bonne cuisine abordable. Populaire *carvery* le dimanche midi et le mercredi à 18h.

À voir. À faire

À environ 1 mile de Saint Mawes, s'arrêter à ***Saint Just in Roseland*** pour découvrir une superbe *église fortifiée* bâtie au fond d'un vallon, au milieu d'un cimetière-jardin aménagé avec amour tout au bord de l'estuaire. Ce pittoresque cimetière avec des palmiers et des corbeaux ajoute à l'endroit une atmosphère mystérieuse, voire surréaliste. Romantisme fou.

Saint Mawes Castle : *à l'extrémité de l'estuaire, à moins de 1 mile du centre de Saint Mawes. ☎ 27-05-26. • english-heritage.org.uk • En juil-août, tlj sf sam 10h-18h ; avr-juin et sept jusqu'à 17h ; horaires restreints en hiver (nov-mar, que le we), se renseigner. Entrée : 4,40 £ ; réduc.* Visite avec un audioguide en anglais. Balade agréable à pied, mais parking pour voitures également. Forteresse construite en 1540 par Henri VIII pour se défendre des attaques du pape. Énorme tour ventrue et basse en forme de trèfle, entourée de fortifications, sur un promontoire, face à la baie. De l'autre côté de la baie, vous apercevez son double : *Pendennis Castle.* Les deux forteresses protégeaient l'estuaire de la Fal. Elles n'ont jamais été abîmées.

– Sur le port, des pêcheurs proposent des ***parties de pêche.*** Lire les grands panneaux.

TRURO

22 000 hab. IND. TÉL. : 01872

Petite ville ancienne et provinciale, un peu à l'intérieur des terres, Truro se révèle plus animée qu'il n'y paraît. Autrefois grand port fluvial pour le transport du cuivre et de l'étain, ce gros bourg est devenu, durant les XVIIIe et XIXe s, LA ville de référence en Cornouailles. Comme Bath, elle s'est parée de demeures georgiennes et a même obtenu le statut d'évêché à la fin du XIXe s, ce qui lui a permis d'entreprendre la construction de sa cathédrale.

Aujourd'hui, on vient à Truro pour le shopping, car, outre de nombreux centres commerciaux, la ville regorge de petites boutiques à la mode et de restos vraiment inattendus. Le lacis des ruelles autour de la cathédrale vaut aussi une agréable balade. Sa très bonne situation géographique permettra à ceux

qui veulent allier promenades dans la campagne et sorties nocturnes d'en faire un camp de base pour visiter les Cornouailles.

Adresses utiles

🛈 ***Tourist Information Centre*** *(plan C1)* **:** *Municipal Buildings, Boscawen St ; au rdc de la mairie. ☎ 27-45-55. • tic@truro.gov.uk • truro.gov.uk • Lun-ven 9h-17h30, et, en saison, sam jusqu'à 16h.* Bien documenté et particulièrement compétent.

✉ ***Post Office*** *(plan C1)* **:** *High Cross.* Près de la cathédrale.

■ ***Banques :*** *la plupart sont sur Boscawen St.*

Gare ferroviaire *(plan A1)* **:** *Station Rd. ☎ (08457) 48-49-50.* Plusieurs trains/j. pour Penzance et Saint Austell. Également Londres Paddington, Torquay, Exeter (2/j.), Newquay, Falmouth, Penzance.

Gare routière *(plan D1)* **:** *sur Green St.* Bus toutes les 30 mn pour Falmouth (trajet en 1h). *National Express : ☎ 08717-81-81-81. Western Greyhound : ☎ 01637-87-18-71 ; • westerngreyhound.com •* Bus pour Plymouth (4 à 5/j.), Newquay, Penzance, Saint Ives, St Mawes, Padstow, Tintagel, Boscastle, etc.

– ***Farmers Market :*** *les mer et sam mat, sur Lemon Quay.*

Où dormir ?

Prix modérés (40-60 £ / 48-72 €)

Cliftons *(hors plan par D1,* ***10****)* **:** *46 Tregolls Rd, TR1 1LA. ☎ 27-41-16. • cliftonsbandb@hotmail.com • cliftonsguesthouse.co.uk • À l'entrée de la ville sur l'A 3 (en venant de Saint Austell) et à 10 mn à pied de la cathédrale. Double en B & B env 63 £. Parking privé.* Dans une grande maison victorienne de caractère avec bow-windows, de belles chambres aux couleurs claires, toutes *en-suite*. Agréable et bien tenue par Peter et Sarah. Super petit déjeuner.

The Donnington Guesthouse *(plan A2,* ***11****)* **:** *41-43 Treyew Rd, TR1 2BY. ☎ 22-25-52. • info@donnington-guesthouse.co.uk • donnington-guesthouse.co.uk • À 20 mn à pied du centre. 5 chambres doubles à partir de 60 £. Parking.* Maison victorienne de charme, avec une belle vue sur la cathédrale et la campagne. Une dizaine de chambres confortables et petit déj copieux préparé par la maîtresse de maison. Attention quand même, certaines sont vraiment petites, sans table ni chaise... À l'arrière, agréable jardin et petit cottage à la déco un peu rustique mais tout équipé.

The Bay Tree Guesthouse *(plan B1,* ***12****)* **:** *28 Ferris Town, TR1 3JH. ☎ 24-02-74. • baytree-guesthouse.co.uk • À 5 mn à pied du centre historique. Fermé Noël-Jour de l'an. Doubles à partir de 55 £. CB refusées. 10 % de réduc sur présentation de ce guide.* Petite maison à la façade fleurie, tenue par Ann, qui adore les photos, les bibelots et, bien sûr, les fleurs naturelles et artificielles. Ses chambres sont douillettes, un tantinet chargées côté déco, toutes avec salle de bains et chauffage central. Quelques familiales aussi. Accueil vraiment convivial et enthousiaste. Petit déj généreux servi dans une salle à manger cosy et colorée. Piscine.

Plus chic (80-120 £ / 96-144 €)

Mannings Hotel *(plan C1,* ***13****)* **:** *Lemon St. ☎ 27-03-45 et 24-79-00 (resto). • reception@manningshotels.co.uk • manningshotels.co.uk • Doubles 99-109 £, petit déj continental inclus ; 85-95 £ le w-e, sf juil-août et déc. Appartements 129 £ (115 £ le w-e). Resto en service continu 11h-21h30. Plats 10,95-21,95 £.* Superbe hôtel au cœur de la vieille ville. Cadre d'un design hyper raffiné, dans de belles harmonies de couleurs, élégant mobilier contemporain, alliance de modernité et de matériaux crus (pierre apparente, brique rouge)... Confort maximal (TV écran plat, coin bureau, ravissantes salles de bains, sèche-cheveux, etc.). 9 appartements à côté de l'hôtel dans des maisons particulières de charme, avec cuisine équipée et cadre tout aussi raffiné. On prolonge le plaisir au resto dans des salles lumineuses mariant pierre apparente, vénérables moulures et style contemporain le plus accompli ! Cuisine moderne et joliment présentée, pour tous les goûts, tous les budgets : sandwichs, snacks, salades pas chers du tout. Plats savoureux. Vin de la maison à 13,95 £ et gouleyant montepulciano à 14,50 £...

Où manger ?

Xen Noodle Bar (plan C1, **20**) : *47-49 Calenick St. ☎ 22-29-98. Tlj, midi et soir jusqu'à 21h30. Plats env 7 £.* Un grand resto aux murs rouge et blanc, avec un coin bar où pendent de jolies cages à oiseaux (sans les oiseaux). Lumières *lounge* pour éclairer une cuisine sino-japonaise dans de belles assiettes blanches. Nombreux plats de nouilles, bien sûr, copieusement servis dans un bouillon ou cuits au wok. En cuisine et dans la salle, le personnel est authentiquement asiatique. Souvent bondé.

Saffron (plan D1, **21**) : *5 Quay St, TR1 2HB. ☎ 26-37-71. • saffronrestaurant@btconnect.com • Lun-sam midi et soir jusqu'à 21h (22h w-e). Compter 12,50 £ le midi (avec une boisson) et env 25 £ le soir.* Early dinner *13 £ 17h-18h45.* Dans un décor chaleureux aux murs safran, des produits bio de terroir pour une cuisine savoureuse et saine. Pas très copieux, mais vraiment délicat et délicieux. Une halte reposante très agréable.

De prix moyens à plus chic (8-20 £ / 9,60-24 €)

Indaba Fish (plan C2, **22**) : *Tabernacle St. ☎ 27-47-00. Tlj sf dim midi et soir 22h. Pré-menus théâtre 17h45-18h45 13,95 £ et 16,95 £.* D'abord, c'est un cadre fort plaisant, grand volume aéré au décor contemporain tout en graphismes et élégance. Ensuite, c'est une cuisine raffinée à partir de produits soigneusement sélectionnés, sachant allier avec bonheur saveurs méditerranéennes et asiatiques. Large thématique autour du poisson et des fruits de mer. Goûter au classique et populaire *Indaba fish & chips,* à l'onctueux *seafood chowder,* au parfumé *goan curry,* aux moules crème et noix de coco, à la bouillabaisse maison. En prime, une superbe bande-son jazzy et un service jeune et alerte.

Mannings (plan C1, **13**) : voir plus haut « Où dormir ? ». Cadre sophistiqué et remarquable cuisine moderne à prix tout à fait abordables !

Où boire un verre ?
Où boire un thé ?

The Old Ale House (plan D1, **30**) : *Quay St. ☎ 27-11-22. 07768-45-04-01. Ouv 11-23h ; plus tard le w-e.* Un pub comme on en rêve. De loin le plus authentique avec son long comptoir de bois sculpté, ses glaces gravées, ses vieilles tables, son côté patiné et ses poutres apparentes sous son plafond bas. Bonne bouffe, en plus, et bières au tonneau ! Au choix : *scampi,* champignons strogonoff, *sizzling beef, seafood paella...* Musique live certains soirs. Adresse adorée par les locaux... et par nous !

Charlotte's Tea-House (plan D1, **31**) : *Coinage Hall, 1 Boscawen St. ☎ 26-37-06. Tlj sf dim 10h-17h.* En plein centre-ville, au 1er étage d'un building de 1868 qui abrite aussi une riche boutique d'antiquités, pour vous donner le ton du lieu, où les serveuses sont habillées en tenue victorienne *(so British !).* Sandwichs, salades, tarte au fromage de chèvre, *jacket potatoes* et surtout un grand choix de thés et de gâteaux maison.

Bunter's (plan C1, **32**) : *Little Castle St. ☎ 24-12-20. Tlj 11h-23h30.* Live music *jeu soir et DJ mer, ven et sam.* Chacun trouvera ici ce qu'il cherche : diffusion de matchs sportifs sur écran géant pour les uns, billard pour les autres, et plusieurs bars bien garnis pour tout le monde. Le rendez-vous de la jeunesse le week-end. Le tout dans un cadre plutôt agréable bien que très grand.

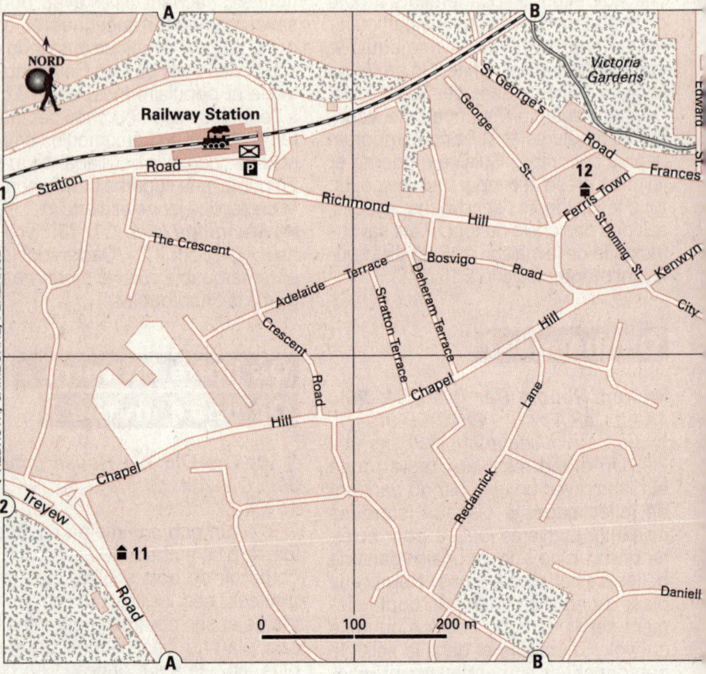

■ **Adresse utile**

- Tourist Information Centre

Où dormir ?

- **10** Cliftons
- **11** The Donnington Guesthouse
- **12** The Bay Tree Guesthouse
- **13** Mannings Hotel

One Eye Cat *(plan C1, **33**) : 116 Kenwyn (et Victoria Square). ☎ 22-21-22. Tlj 12h-14h30 et 18h-23h (20h30 la cuisine le w-e, minuit le w-e et 16h le dim).* Installé dans une ancienne chapelle méthodiste. Ça donne un vaste espace bizarre de style contemporain mâtiné d'ancien, avec cadres dorés lui donnant un côté baroque, grande fresque avec chats... Confortables banquettes pour le *tea and scones, smoothies,* vin au verre, cocktails, etc. Excellente petite cuisine de brasserie. Mezzanine agréable. Terrasse aux beaux jours.

À voir. À faire

The Royal Cornwall Museum *(plan C1) : River St. ☎ 27-22-05. ● royalcornwallmuseum.org.uk ● Ouv mar-sam 10h-16h45. Fermetures exceptionnelles possibles, se renseigner. Entrée gratuite.* Fait revivre le passé de la région : belles collections de 1 200 minéraux, de céramiques, de poteries, et même une galerie égyptienne avec momie et objets funéraires traditionnels. Les industries

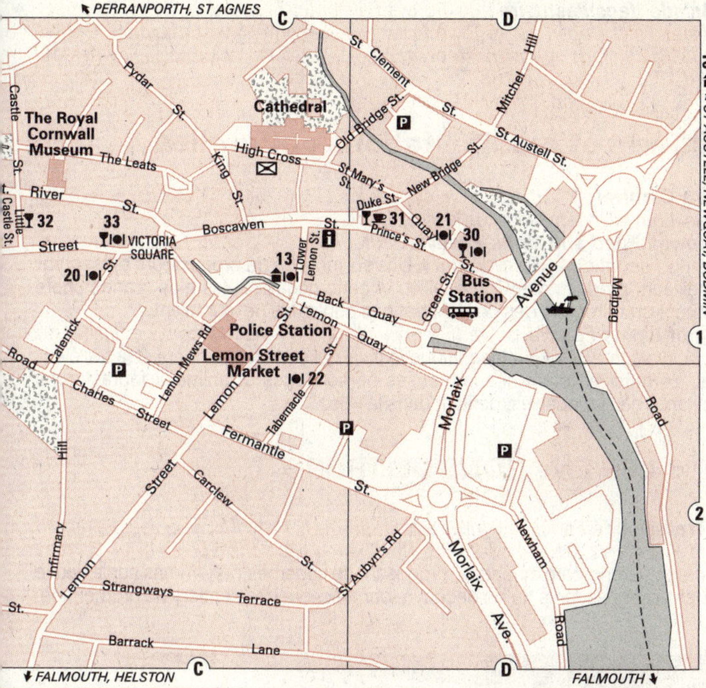

TRURO

Où manger ?	Où boire un verre ? Où boire un thé ?
13 Mannings Hotel	**30** The Old Ale House
20 Xen Noodle Bar	**31** Charlotte's Tea-House
21 Saffron	**32** Bunter's
22 Indaba Fish	**33** One Eye Cat

traditionnelles qui ont fait la richesse des Cornouailles, *fish, tin and copper,* sont évoquées, ainsi que la vie des gens et l'émigration.

Cathedral *(plan C1) : High Cross. ☎ 27-67-82. • turocathedral.org.uk • Tlj 7h30-18h ; dim 9h-19h. Entrée gratuite. En plein centre.* Sa construction débuta à la fin du XIXe s, lorsque Truro parvint à récupérer son statut d'évêché. Élevée en style néogothique normand, c'est la première cathédrale anglicane qui fut construite après celle de Saint Paul à Londres. Dans le genre pastiche, c'est du lourd, mais il faut reconnaître qu'à l'époque on n'a lésiné ni sur les moyens ni sur les détails ! Les rosaces du transept et de la nef ont nécessité un sacré boulot ! Elle vaut aussi le détour pour ses vitraux (qui peuvent être considérés comme les plus représentatifs de l'ère victorienne), le mémorial de la famille *Robartes* (1614), l'autel et la chaire en pierre ciselée, le lutrin en cuivre et une très belle *pietà* du XIIIe s.

Bosvigo Gardens *(hors plan par A1) : Bosvigo Lane. • bosvigo.com/gardens • Sur la route de l'hôpital, prendre la 1re à droite après le County Hall. Ouv mars-fin sept, slt mer-ven 11h-18h. Entrée 5 £.* Un jardin typique des Cornouailles dont les massifs se parent de magnifiques couleurs au printemps et en été.

➢ ***Balade dans l'estuaire :*** *de Truro à Falmouth, promenade de 1h. Liaisons régulières l'été. Départ sur le Town Quay avec la compagnie* ***Enterprise Boats.*** *☎ (01326) 37-42-41. • enterprise-boats.co.uk • 2-5 fois/j. selon saison et marées, 9h-18h.*

Festivals et manifestations culturelles

– ***Truro Carnival :*** *1re quinzaine de sept. Infos : ☎ (07549) 51-96-28. • trurocity carnival.com •* Un temps fort de la ville.
– ***Cornwall Food and Drink Festival :*** *autour du 20-25 sept, sur Lemon Quay. • cornwallfoodanddrinkfestival.com •* Une soixantaine de producteurs présentent les meilleurs produits des Cornouailles. À cette occasion, les plus grands chefs effectuent gratuitement des démonstrations publiques de leur talent.
– ***City of Lights Festival :*** *vers la mi-nov (date exacte à l'office du tourisme ou • trurocityoflights.co.uk •).* Magnifique festival qui célèbre la lumière et la fée électricité. Le must en étant ces immenses personnages et animaux fantastiques façon lanternes japonaises, défilant dans la ville.

DANS LES ENVIRONS DE TRURO

Trelissick : *à* ***Feock,*** *à 6 miles au sud de Truro. Prendre l'A 39 vers Falmouth puis la B 3289. ☎ (01872) 86-20-90. Tlj 10h30-17h30 ; 11h-16h en hiver. Entrée : 8 £ ; réduc.* Grand parc aménagé, proposant de superbes panoramas sur le fleuve Fal. Des essences rares qu'on découvre par de chouettes sentiers de promenade.

FALMOUTH

18 000 hab. IND. TÉL. : 01326

Grand port de mer, à l'embouchure du fleuve Fal, comme son nom l'indique. C'est ici que les navires du cap Horn venaient prendre leur ordre de mission au retour et savoir où décharger leur cargaison. Quelques belles plages du côté de Swanpool. Ici, on est dans une grande ville éclatée, très étendue. Donc rien à voir avec les petits villages qu'on vient de visiter. Le port n'en finit plus de s'étirer, de larges rues sillonnent les collines, et il n'existe pas de petit centre vraiment chaleureux. La section la plus animée s'organise autour de Church Street (rue piétonne), qui change de nom régulièrement. Balnéaire et portuaire, Falmouth attire pourtant beaucoup de touristes, grâce à ses belles et longues plages et à son Musée national maritime.

Adresses utiles

Tourist Information Centre : *28 Killigrew St. ☎ 31-23-00. • go-cornwall.com • Sur une place en face de la poste. En été, lun-sam 9h30-17h30, dim 10h-14h ; hors saison, jusqu'à 16h30 et fermé dim.* Procurez-vous le *Falmouth Locally,* bourré d'infos sur la ville, et le *Falmouth Arts Centre* qui vous donnera tous les détails sur les manifestations culturelles.

Post Office : *The Moor.*

Gares ferroviaires : *il y en a 3. À l'ouest,* Penmere Station *; au centre,* Falmouth Town *(The Dell) ; à l'est,* Falmouth Docks *(fin de la ligne). Résas de billets possibles à l'agence* ***Newel Travel,*** *26 Killigrew St. ☎ 31-50-66.* Terminus de la ligne venant de Truro.

Autocar et bus : *The Moor (sur la place de l'hôtel de ville).* Les bus locaux *Truronian* desservent les petites villes des environs (Truro, Penzance...). *First Western* aussi : ☎ (08706) 08-26-08. Bonnes liaisons pour la péninsule de Lizard en été, Gweek, Helston, etc. (n° 535 *Western Greyhound*), ainsi que pour Newquay (n° 89), Truro (n° 88 *First*, n° 588 *Western Greyhound*), Penzance (n° 2), St Austell.

■ ***Location de vélos :*** *2 adresses recommandables.* ***Falmouth's Bike Shop,*** *2 Bells Court (proche du centre), ☎ 31-76-79. Et* ***Bissoe Tramways Cycle Hire,*** *Old Conns Works, Bissoe, ☎ (01872) 87-03-41.*

Liaisons par ferry

➢ ***Pour Saint Mawes :*** *☎ 31-35-87. Compter 4,50 £ le trajet ; 6,50 £ l'A/R.* Liaisons de Feock à Philleigh ttes les 30 mn en été, 7h30-21h30 en sem, 10h-20h30 dim. Ttes les heures slt hors saison, et horaires restreints.

Où dormir ?

Campings

Tregedna Farm : *Maenporth. Ouv début mai-fin sept. Prévoir 16 £ pour 2.* C'est le camping le plus proche du centre. Environnement agréable, douches chaudes, etc. Belles balades aux alentours.

Pennance Mill Farm : *Maenporth, Falmouth, dans l'enceinte d'une ferme laitière. ☎ 31-74-31 et 31-26-16. • pennacemill@amserve.com • pennancemill.co.uk • Mars-oct. Compter 20-23 £ selon saison.* Petit, familial, équipement correct. Une trentaine d'emplacements et 4 chalets. Petite boutique. Terrain de jeux pour les enfants. Plage de Maenporth à 800 m.

De bon marché à prix modérés (moins de 40 £ / 48 €)

Falmouth Lodge Backpackers : *9 Gyllyngvase Terrace, TR11 4DL. ☎ 31-99-96. 📱 07525-72-28-08. • falmouthbackpackers.co.uk • À 10 mn à pied de la gare Falmouth Town, proche des plages et du centre-ville. À partir de 19 £/pers en dortoir, single 25-30 £, doubles 42-50 £. 💻 📶 10 % de réduc sur présentation de ce guide, nov-mars.* Une grande maison à colombages dans une jolie rue d'un quartier calme. Salle de TV douillette, cuisine à disposition, thé et café... Les dortoirs sont bien tenus et les sanitaires impeccables. Bon accueil. Parking. Adresse chaleureuse et paisible.

De prix modérés à prix moyens (40-80 £ / 48-96 €)

Ivanhoe B & B : *7 Melvill Rd, TR11 4AS. ☎ 31-90-83. • info@ivanhoe-guesthouse.co.uk • ivanhoe-guesthouse.co.uk • Doubles 60-70 £. CB refusées. 📶* Notre adresse préférée. Très jolie demeure dans une rue bordée de maisons édouardiennes aux jardinets soignés. Belles chambres coquettes et confortables, avec de petites attentions sympathiques comme des peignoirs et des bouquins. Déco soignée et très agréable. Petit déj (inclus) excellent (confitures maison). Accueil vraiment charmant. La proprio vous conseillera sur les bonnes adresses de la ville et les diverses activités. Et si vous prévenez, on vient vous chercher à la gare ou à la station de bus.

Melvill House Hotel : *52 Melvill Rd, TR11 4DQ. ☎ 31-66-45. • melvillhousé@btconnect.com • melvill-house-falmouth.co.uk • Doubles 70-80 £.* Grande maison victorienne à la façade rose. 7 chambres spacieuses et confortables, toutes avec salle de bains. Préférez celles avec vue sur le port et la mer. Bon petit déj et accueil prévenant.

Castleton Guesthouse : *68 Killigrew St, TR11 3PR. ☎ 37-26-44. • falmouth-bandb.co.uk • Double env 58 £, petit déj inclus. Parking sur résa (très difficile de se garer dans le coin). Réduc de 5 £/chambre par nuit sur présentation de ce guide.* *B & B* d'allure plus modeste que les précédents. Chambres sans charme particulier, cependant correctes, avec ou sans sanitaires. Accueil sympa. Un bon rapport qualité-prix pour les petits budgets.

Engleton House : *67 Killigrew St,*

TR11 3PR. ☎ 37-26-44. • falmouth-bandb.co.uk • À 2 mn du centre-ville. Fermé oct-mars. Double 58 £. Réduc de 5 £/chambre par nuit sur présentation de ce guide. Assez similaire au précédent, même proprio.

Beaucoup d'autres ***B & B*** sur Melvill Rd.

Plus chic (plus de 80 £ / 96 €)

St Michael's Hotel : *Gyllyngvase Beach, TR11 4NB. ☎ 31-27-07. • info@stmichaelshotel.co.uk • stmichaelshotel.co.uk • Doubles 60-105 £/pers en B & B selon saison. Réduc importante en ½ pens si arrivée le dim et séjour de 5 j. Menus 23-28 £.* Bel hôtel de luxe précédé d'un magnifique jardin aux essences rares (notamment un arbre incroyablement tordu !). Chambres de grand confort. Au *Flying Fish,* une cuisine de poisson et fruits de mer de fort bonne réputation. Cadre lumineux, douces couleurs marine, grand comptoir en U et beau jeu de lumières tempérées. Terrasse avec vue panoramique. Centre de spa ultramoderne.

Trelawey Guest House : *6 Melvill Rd, TR11 AAS. ☎ 31-66-07. 0779-267-9553. Double 100 £, familiale 125 £, petit déj inclus.* Charmante maison édouardienne et son jardin de curé fleuri. Chambres de bon confort *en-suite* (TV écran plat, etc.). Copieux petit déj. Accueil souriant.

Où manger ? Où boire un verre ? Où danser ?

Bon marché (moins de 8 £ / 9,60 €)

De Wynns Restaurant & Coffee-House : *55 Church St, en face de St George Arcade. ☎ 31-92-59. Ouv 10h-17h. Autour de 5 £.* Superbe bow-window victorien. Chouette déco avec parquet patiné et vieilles étagères en bois. Atmosphère très cosy. Tout pour le *high tea* : pâtisseries, sandwichs au crabe frais, saumon fumé et asperges aux œufs pochés, *pies* et *cakes* (dont le célèbre *Granny Nunn's bread pudding* !).

The Gem : *6 Quarry Hill ; derrière The Moor. Lun-sam 11h30-14h, 17h-21h.* Considéré comme un des meilleurs *fish & chips* de la ville. À déguster sur place dans un cadre agréable, ou à emporter. Service souriant.

Harbour Lights : *Arwenack St, près du Quayside Inn. ☎ 31-69-34. Tlj jusqu'à 22h.* Un autre bon *fish & chips,* dans un cadre moderne, avec une belle salle donnant sur le port. Bon, copieux et peu onéreux. Spécialités : *crab cakes, Haddock Moby Dick...* Bon demi-poulet pour 7,25 £...

Rick Stein : *Discovery Quay. Tlj 12h-14h30 et 17h-21h.* C'est la première implantation du célèbre Rick Stein en dehors de Padstow (où il nourrit la moitié de la ville !). Immense *fish & chips* (130 places) de grand standing, dans un cadre de céramique et bois blanc, clair et aéré. En principe, frites maison, bon *battered fish* et poissons grillés au feu de bois. À l'étage, un *Oyster Bar* (à partir de 17,50 £ la douzaine), avec une intéressante sélection de fruits de mer (et même de champagne).

Prix moyens (8-15 £ / 9,60-18 €)

Ware House Bistro : *Custom House Quay, en bas des marches, à côté du Quayside Inn. ☎ 31-30-01. Résa conseillée, surtout en fin de sem. Plats 12,25-17,25 £. Intéressants menus à 16,95 £ et 20,95 £.* Une des meilleures adresses en ville et nous ne sommes pas les seuls à le penser. Petite salle basse de plafond, à la fois chic, chaleureuse et détendue. Cuisine délicate, savoureuse et tout à fait abordable... un exploit !

Oscar's : *9 Tidermill House, Discovery Quay. ☎ 21-28-00. Tlj mat, midi et soir jusque tard, petit déj en continu. Compter env 20 £. P'tits vins chiliens ou espagnols à partir de 12,50 £.* On aurait pu parier que, située sur la place la plus touristique du port, cette adresse se contenterait d'une cuisine tout-venant, simplement banale ou classique... Perdu ! C'est frais, particulièrement élaboré, à partir de bons produits locaux, servi généreusement et à prix tout à fait abordables. En outre, vaste terrasse (normal, il y a de la place !) et salle plaisante et confortable. Carte très étendue : honorable bouillabaisse au bouillon parfumé et épicé juste ce qu'il faut, belles assiettes composées aux herbes fraîches, pâtes, *sunday roasts*, etc.

Quayside Inn : *41 Arwenack St. ☎ 31-21-13. Musique live certains soirs.* Burger and pint *5,99 £.* Curry night *le jeu et* grill night *le mar.* Un pub très populaire qui brasse toutes les générations. Cadre chaleureux, bois, cuivres rutilants, fauteuils baquets et banquettes conviviales. De bonnes *ales* pour les puristes (au tableau, celles de la semaine), mais aussi une sélection de vins au verre. Cuisine de pub à prix honnêtes.

The Chain Locker : *sur le quai du petit port. ☎ 31-10-85. Tlj midi et soir jusqu'à 23h.* Grande terrasse face au port. À l'intérieur, cadre bois vernis et ambiance maritime avec bouées, poulies, hélices, plans de bateaux, boiseries patinées, délicieuses *ales*. Bref, un pub comme on les aime ! Côté cuisine, c'est un poil plus basique, carte variée, poisson frais. Les rugueuses tables rondes dehors racontent d'ailleurs des années de chips ruisselantes... Juste à côté, le *Ship Wright*, également très populaire.

The Front : *sur le quai, à 50 m du précédent.* Ce *Front* ne paie pas de mine, mais il fut cependant élu « pub de l'année 2011 » pour les Cornouailles. Au tableau noir, les *real ales* et *real ciders* de la semaine, que l'on déguste en terrasse dans le joyeux désordre de barils...

Shades Club : *4 Quay St. ☎ 31-13-23.* Un des clubs les plus remuants de la ville. On y boit flopée de bières et cocktails détonants, et on y danse jusqu'à 2h du matin.

Où manger chic dans les environs ?

The Cove : *Maenporth Beach. ☎ 25-11-36. • thecovemaenporth.co.uk • À 3 km au sud de Falmouth. Tlj 12h-15h et 18h30-21h30 (juil-août service continu). Plats 11,25-12,95 £ (lunch) et 13,95-23,95 £* (dinner). Grande salle lumineuse face à la crique pour une bonne et classique cuisine à base de poisson. Frais et copieux sandwichs également et populaire *sunday roast* (12h-17h).

À voir. À faire

National Maritime Museum Cornwall : *Discovery Quay. ☎ 31-33-88. • nmmc.co.uk • Tlj 10h-17h. Entrée : 9,50 £ ; réduc.* LE musée maritime du IIIe millénaire ! Vaste bâtiment d'architecture moderne, qui renferme 3 étages d'exposition interactive et ludique sur les bateaux et leurs usages à travers l'histoire. La 1re salle nous plonge dans l'ambiance avec un impressionnant jeu de son et lumière qui anime des dizaines de maquettes. On pénètre ensuite dans une immense salle-hangar qui abrite une grande variété de bateaux, suspendus au plafond pour en apprécier chaque détail. Superbes spécimens de la marine nationale. On visionne les légendes et la présentation de chaque navire en actionnant une drisse. Une autre salle est consacrée aux technologies maritimes, météo, radars, maniement de la barre... Nombreux ateliers interactifs. N'oubliez pas de grimper en haut du phare qui domine le port et permet d'observer la baie et les bateaux à l'aide de jumelles. On termine par la visite d'une salle d'expos temporaires (photos, peintures) et, pourquoi pas, par une course de voiliers à moteur sur le bassin artificiel.

The Princess Pavilion and Gyllyngdune Gardens : *entrée sur Melvill Rd.* Beaux jardins et pavillon dans lequel ont lieu des concerts de musique traditionnelle. Kiosque au milieu des pelouses et jardins en contrebas. Dans le pavillon, on fait également du théâtre amateur.

Ships and Castles : *tt près de Pendennis Castle, sur Castle Drive. Tte l'année, tlj.* Vaste complexe de piscines et toboggans, grosses bouées, etc. S'il pleut ou si vous trouvez l'eau de mer trop froide.

➢ **Balade sur le fleuve Fal :** *en saison, on peut remonter le Fal jusqu'à Truro. Billets et départs du Prince of Wales Pier. 4 bateaux/j. ; départs selon marée. Compter 2h de bateau (1h aller, 1h retour) et env 6 £/pers.* L'estuaire est très profond et sert de garage à tankers ; on peut aussi y voir de vieilles barges en béton utilisées pendant la Seconde Guerre mondiale et abandonnées là. Très belle forêt de chênes sur une rive. Très sympa.

Les plages : plusieurs belles plages en ville même et aux environs, en particulier *Gyllingrase Beach* et, non loin, *Swanpool Beach.* Jolie anse de *Maenporth Beach.*

DE FALMOUTH À HELSTON (PAR LE CHEMIN DES ÉCOLIERS)

Si vous souhaitez rejoindre *Helston, Coverack* et *Lizard Point,* au long de routes vagabondes, voici un itinéraire totalement inédit.
Quitter Falmouth par la route côtière en direction de Mawnan Smith et Helford River. En chemin, beaux jardins, ports de poche et jolis points de vue. Cependant, nous prévenons nos lecteurs : avoir des nerfs d'acier ! Vous allez devoir affronter, à travers un épais bocage, les routes parmi les plus étroites de Cornouailles, parfois encore plus que la voiture. Des pancartes précisent même « *Non suitable to big cars !* ». Émotions garanties (là, on renoue aisément avec des prières oubliées). En particulier, aux alentours de *Mawnan Smith, Porth Navas, Gweek...*

Glendurgan Gardens : *un peu au sud du village de Mawnan Smith et à 5 miles de Falmouth. ☎ 25-20-20. • nationaltrust.org • De mi-fév à oct, 10h30-17h30. Fermé dim et lun (ouv lun en août). Entrée : 7,50 £ ; réduc.* Sur 13 ha d'une vallée qui bénéficie d'un microclimat subtropical, on fait pousser depuis plus d'un siècle des essences provenant de Chine, de Nouvelle-Zélande, d'Australie, d'Amérique du Sud... Une forêt luxuriante superbement aménagée. Très connue pour ses admirables camélias, ses rhododendrons et ses plantes rares. Il faut du temps pour explorer cet univers d'une incroyable richesse, qui abrite plus de 1 000 espèces. Descendez jusqu'au charmant village de *Durgan,* au bord de la rivière Helford. De là, on peut louer une barque et se promener. Il y a aussi une petite plage et des coins pour pique-niquer.
Pour les amateurs de roses, la visite du *Fox Rosehill Garden* s'impose.

Cornish Seal Sanctuary : *sur la route B 3291, dans le village de* **Gweek.** *☎ 423-21-10. • sealsanctuary.co.uk • Tlj 10h-16h30 (horaires de fermeture variables, se renseigner). Entrée env 8 £.* Pour tous les amoureux des phoques, une visite s'impose. Hôpital pour bébés phoques, où l'on récupère les pauvres malheureuses bêtes mal en point. Repas des phoques qui ne se privent pas de jouer d'incroyables numéros de cabotin. On peut observer de près leurs évolutions sous l'eau, à travers des vitres encastrées sous leur piscine.

COVERACK

Délicieux village qui s'étire le long d'une petite baie. Très tranquille et entouré d'une belle campagne. Endroit bien connu des véliplanchistes, qui aiment le vent régulier soufflant dans la baie. Halte tranquille et agréable. Quelques maisons au toit de chaume. Hélas, pas grand choix pour se loger.

➢ **Bus :** fréquents de Helston. N° 538 par Mawgan, avec *Western Greyhound (☎ 01637-87-18-71).*

Adresse utile

@ **Wave Café :** *au bourg tlj 10h-17h.*

Où dormir ? Où manger ?

Camping

Little Trevothan Caravan and Camping Park : *Trevothan, TR12 6SD. ☎ (01326) 28-02-60. • sales@littletrevothan.co.uk • littletrevothan.co.uk • Env 1 mile avt Coverack, tourner à droite avt la station-service* Regent-Zoar *et suivre les panneaux. À env 30 mn à pied du village. Compter 9,50-12 £ pour 2.* Un petit camping très agréable. Douches chaudes, laverie et petite épicerie. Location de caravanes. Vaste pelouse et aire de jeux pour les enfants.

De bon marché à prix modérés (moins de 40 £ / 48 €)

Youth Hostel : *Parc Behan, School Hill, Coverack TR12 6SA. Au sommet de la colline, au-dessus du village. ☎ 0845-371-9014 et 0800-0191-700. • coverack@yha.org.uk • Env 1 mile avt Coverack, tourner à droite avt la station-service* Regent-Zoar *et suivre les panneaux. À env 10 mn à pied du village par une bonne grimpette. Ouv avr-nov. En dortoir de 8 lits 14 £/pers ; double 43 £ ; petit déj en sus. Tipi pour 6 pers 70 £, génial pour une famille.* Dans une élégante maison victorienne dominant la baie. Chambres confortables, ambiance familiale. Une quarantaine de lits en tout, en dortoirs, chambres doubles et *family rooms*. Salon, cuisine, billard, véranda et aire de jeux pour les enfants. Possibilité de prendre ses repas. Pelouse pour camper. Excellente adresse avec une vue splendide, très fréquentée par les véliplanchistes, car c'est aussi un centre de planche à voile.

Prix modérés (40-60 £ / 48-72 €)

B & B Bay View Cottage : *au milieu de la baie, sur le front de mer. ☎ 28-04-74. Double 60 £.* Ancienne petite maison de pêcheur. Accueil chaleureux de Mrs E. Daw, une gentille mamie. Une seule chambre, toute simple et sans salle de bains (séparée) mais bien tenue et avec une superbe vue sur la mer. Généreux petit déj.

The Paris Pub and Hotel : *au bout du port. ☎ 28-02-58. • info@pariscoverack.com • Double 75 £, petit déj inclus. Lunch 12h-14h30 et dinner 18h-21h.* Sunday carvery lunch *12h30-15h (l'été, résa conseillée). Repas 12-15 £.* Il tient son nom du paquebot *SS Paris* qui eut l'idée de s'échouer dans le coin en 1899. 4 chambres simples et propres avec salle de bains et vue. Pub spacieux et confortable, avec un long comptoir en bois sculpté. Salle de restaurant panoramique. Petite cuisine de pub honnête. *Daily specials* au tableau noir. Billard pour les amateurs.

Harbour Lights Restaurant : *devant la baie. ☎ 28-06-12. Tlj Pâques-oct, lunch et les soirs jeu-sam 18h15-20h30. Plats 7-13 £.* Petite terrasse et salle proprette avec feu dans l'âtre. Plats variés dont certains végétariens. Petite cuisine correcte pour caler une petite faim : maquereaux de la baie salade, *seafood combo*, moules, etc.

Où manger ? Où acheter de bons produits dans les environs ?

Roskilly's : *Tregellast Barton Farm,* **St Keverne.** *À quelques km de Coverack (bien indiqué). ☎ (01326) 28-04-79. • roskillys.co.uk • Resto ouv tlj 9h-18h (9h-21h en été et 11h-15h en hiver).* Une très grande ferme pratiquant depuis des dizaines d'années l'agriculture durable et ayant constitué un véritable complexe multi-activités. Le lait de ses 100 vaches Jersey rentre bien sûr dans la fabrication de ses fameuses glaces, qu'on retrouve désormais dans de nombreuses boutiques ou cartes de restaurant... Une sorte de label, comme on dit chez nous « glaces de chez *Bertillon* ou *Ben and Jerry* » ! Tout ce qui est proposé au resto ***Croust House*** est fabriqué maison à partir des bons produits de la ferme (sans pesticides) ou fourni par d'autres producteurs de la péninsule de Lizard qui travaillent dans le même sens. Vaste choix : pizzas, sandwichs, salades, quiches, *burgers*, tagliatelles, gâteaux maison et... glaces délicieuses comme la « orange et mascarpone »... Grosses tables dehors dans une ambiance bucolique et sereine. Au plus fort de l'été, barbecue et musique ! Boutique avec confitures, *fudge, chutneys, cakes*, etc. Possibilité de se balader sur la propriété et pour les enfants d'assister à la traite des vaches vers 16h30. Enfin, location de confortables cottages de 4 à 6 personnes (☎ 28-08-58). En demi-saison, pas trop de monde et on ne ressent pas trop le côté inévitablement touristique de l'affaire !

LE CAP LIZARD

Latitude 49° 57' N, longitude 5° 12' W. Pas de lézard, c'est bien le point le plus au sud de l'Angleterre. Cap d'arrivée de nombreuses courses transatlantiques, c'est sans doute pour cela que son nom vous semble familier. Vue superbe sur le large de cette longue falaise de roches noires s'émiettant un peu. Si le panorama est admirable, le village de Lizard lui-même est particulièrement banal, tout comme la vaste plaine, totalement plate et désolée, qui mène au cap. De plus, les innombrables boutiques de souvenirs gâchent vraiment la visite.

➢ ***Bus :*** depuis Helston, bus n° 537 lun-sam. Bus n° 34 dim et j. fériés.

Où dormir ?
Où manger ?

Camping

Camping Skyburriowe Farm : *Mullion Cove. ☎ 22-16-46. ● evbenney@hotmail.co.uk ● Compter 10-16 £ selon saison.* À 3 miles d'une magnifique plage. Environ 40 places sur une ferme d'élevage. Environnement bucolique, ça va de soi. Arboré et belle prairie. Sanitaires modernes. Quelques chambres en *B & B*...

– Éviter le *Mullion Holiday Park,* énorme et très touristique.

Prix modérés (40-60 £ / 48-72 €)

Lizard Youth Hostel : *the Polbrean, Lizard TR12 7NT. ☎ 0845-371-9550. ● lizard@yha.org.uk ● Lits en dortoir 14-18,40 £. Double 46 £.* À un demi-mile du village, dans un environnement sauvage de rêve, une des plus séduisantes AJ d'Albion. Juste à côté du phare. Soigneusement restaurée, ancienne villa victorienne habitée au début par une artiste (qui eut 13 enfants), puis hôtel, puis pub... Elle offre une trentaine de lits en chambres pimpantes de 3 à 6 personnes. Superbe cuisine équipée et tout le confort espéré. Staff sympa, douces soirées d'anthologie, merveilleuses balades alentour... C'est pas le tout, mais on y retourne !

Prix moyens (60-80 £ / 72-96 €)

The Caerthillian B & B : *au cœur du village. ☎ 29-00-19. ● thecaerthillian.co.uk ● Double 65 £, petit déj inclus.* Grande demeure à pignon, bleu et blanc. Bon accueil par une sympathique jeune famille. Chambres claires et cosy *en-suite*. Généreux petit déj.

Hellarcher Farm : *au bourg. ☎ 29-11-88 et 24-13-73. Double 60 £.* Ni vaches ni cochons ici ! En fait, l'adorable hôtesse possède une affaire de poisson. Elle occupe une ancienne ferme, une vénérable demeure en pierre de caractère et y propose 2 chambres cosy *en-suite* (l'une plus spacieuse). On aime bien cette atmosphère gentiment désuète où tout semble familier et on s'y sent bien d'emblée... Excellent breakfast dans une chaleureuse salle à manger où trône l'antique gazinière.

The Top House : *dans le village même, à côté du parking. ☎ 29-09-74. • mail@thetophouselizard.co.uk • thetophouselizard.co.uk • Doubles 70-80 £. Resto 11h30-14h et 17h30-20h30 (ven-sam 21h). Mer-dim, service continu. Mer soir « curry + pint » 9,95 £.* Très belles chambres confortables, un peu chères, certes, mais vraiment décorées avec talent, vue sur la mer, TV écran plat et belle salle de bains... un petit goût de luxe pas désagréable du tout ! En bas, un pub classique proposant un bon choix de plats qui le sont tout autant. Une curiosité, 2 luxueuses banquettes sauvées d'un bateau naufragé en 1900 !

Hidden Lizard : *au bourg. À deux pas de la Hellarcher Farm. ☎ 29-10-33. Tlj 10h30-18h.* Très sympathique et original salon de thé. À l'étage, une salle chaleureuse décorée de vieux outils et d'anciennes bouteilles de bière en terre cuite. On peut y déguster du crabe tout frais (c'est le voisin qui les pêche), de délicieux sandwichs et paninis avec *coleslaw* et salade, ainsi que les traditionnels *cream teas*... Au rez-de-chaussée, un minimusée ethnographique gratuit et intéressant : reconstitution d'une ancienne forge abandonnée du village et de la laiterie avec ses moules à beurre. Au pied de l'escalier, noter la « baignoire à moutons » d'origine.

À voir. À faire

➢ ***Chemins de randonnée*** balisés autour et le long du cap. Au niveau du parking, au bout de la falaise, panneau d'informations où sont symbolisés les sentiers.

Visite du petit ***phare*** possible *(Pâques-sept, 12h-18h).*

PORTHLEVEN

IND. TÉL. : 01326

Encore un petit port de rêve. Un peu à l'écart des circuits touristiques traditionnels, le village, le port, la campagne, les falaises et les plages ne semblent pas avoir bougé d'un pouce depuis bien longtemps.

Où dormir ?

Campings

Campings : *à* ***Praa Sand,*** *sur la route de Penzance.* Plutôt que le gros complexe indiqué, le routard préférera les campings à la ferme situés à l'ouest du village. Il y en a plusieurs.

Prix moyens (60-80 £ / 72-96 €)

Wellmore End Cottage : *Methleigh Bottoms. ☎ 56-93-10. 07816-67-50-31. • wellmoreend-bandb@tiscali.co.uk • wellmoreend.com • Sur la route de Penzance, à la sortie du village, sur la gauche. À 3 mn à pied du port. Double 70 £, petit déj compris. CB refusées.* Un petit *B & B* qui propose 2 chambres plaisantes et confortables. Accueil charmant de Bridget, la reine du breakfast ! Une adresse pleine de gentillesse où l'on se sent vite comme à la maison.

Suncliff Guest House : *Harbour View. ☎ 56-24-37. Rue qui grimpe derrière le* Ship Inn, *en face du* Harbour Inn *situé de l'autre côté du port. Double 60 £, petit déj inclus.* Une maison blanche assez moderne et tout en longueur, dominant la baie. Les chambres n'ont certes pas de salle de bains (sur le palier et impeccable), mais elles sont plaisantes et bénéficient toutes d'une vue de rêve sur le port. Accueil hors pair. Une très bonne adresse.

Rosemorran B & B : *14 The Crescent, TR13 9LU. ☎ 57-48-55. 07891-33-47-73. • penny@rosemorran14.wanadoo.co.uk • rosemorranbandb.co.uk • À la pancarte de ville (venant d'Helston), tourner à droite dans Gibson Way. Depuis le port, tt droit par Fore St. Double 70 £ (prix dégressifs pour plusieurs j.), petit déj inclus.* Dans un quartier résidentiel. Maison moderne avec jardin. Chambres pimpantes et confortables et deux d'entre elles offrent une vue sur la mer. Charmant accueil de Robert (qui est pêcheur) et Penny (qui livre un super petit déjeuner !).

An Modros Hotel : *Peverell Terrace, TR13 9DZ. ☎ 56-22-36. • info@anmordroshotel.com • anmordroshotel.com • Au bout de Commercial Rd, à gauche dans Peverell Rd, puis à droite. Double 70 £, petit déj inclus.* Dominant superbement le port, un petit hôtel familial, intime et bien tenu. Chambres de bon confort, accueil affable, bar sympa.

Où manger ?
Où boire un verre ?

De prix moyens à plus chic (8-20 £ / 9,60-24 €)

Kota : *Harbour Head, le mieux placé sur le port. ☎ 56-24-07. • kota@btconnect.com • Tlj midi et soir sf dim-lun (en été que le dim). Intéressant menu 15 £ 17h30-19h (et ven-sam midi). À la carte, compter 30-35 £.* Dans un cadre agréable, une cuisine particulièrement élaborée, à partir de produits d'une belle fraîcheur. Ici, on est résolument bio. En outre, un vrai talent pour mettre en valeur les saveurs, y associant finement herbes fraîches et fleurs, avec de subtiles influences asiatiques. Cuissons parfaites. Goûter aux Saint-Jacques cidre et coriandre, au délicieux *hake* sur risotto, au *john dory* tapenade, crabe et palourdes, aux moules au chorizo... Pour dormir, 2 belles chambres (dont une familiale) à 60 £, petit déj inclus (avec son saumon fumé maison !).

The Harbour Inn : *Commercial Rd. ☎ 57-38-76. • harbourinn@staustellbrewery.co.uk •* Un pub-resto sur le port, avec les spécialités habituelles, mais à des prix doux (burger maison, *fish trio,* risotto du jour, *linguini* crème et champignons, etc.). Installé dans l'un des plus anciens bâtiments du port. Grande terrasse bien sympa sur le quai. Salle plaisante en pierre et bois, avec quelques box. Dispose également de quelques belles chambres confortables mais chères, autour de 80 £.

The Ship Inn : *sur le quai opposé de l'Harbour Inn. Compter 15-20 £.* Le pub surplombe la jetée. Terrasse minuscule et adorable. À l'intérieur, on s'attend presque à devoir trinquer avec les derniers boucaniers et contrebandiers de la région. Décor chaleureux de *mugs,* sous-bocks et billets accrochés au plafond. Impressionnante cheminée de pierre. Petite cuisine à prix abordables : *chilli* maison, *haddock fish cake, fish platter* à 13,95 £, sandwichs divers...

PENZANCE

18 500 hab. IND. TÉL. : 01736

La ville la plus occidentale de l'Angleterre est une station balnéaire prisée et peu séduisante de prime abord, avec néanmoins quelques jolies rues et de belles demeures anciennes dans le centre. L'auteur de romans d'espionnage John Le Carré y écrit des best-sellers (à Tregiffian très exactement). Bords de mer peu attractifs, hormis une étonnante piscine Art déco sur la promenade. Grosse animation sur le port en juillet, lors des journées maritimes.

C'est de là que partent les bateaux pour les îles Scilly, réputées pour la douceur de leur climat.

Adresses utiles

Tourist Information Centre : *Station Approach ; à l'arrière de la gare. ☎ 36-22-07. En été, lun-ven 9h-17h30, sam et dim 10h-16h ; hors saison, lun-ven jusqu'à 17h et sam jusqu'à 13h.* Réservation de *B & B*. Brochures et infos utiles pour les îles Scilly.

Post Office : *Market Jew St. Dans la rue centrale.*

Banques : *la plupart sont regroupées sur Market Jew St* ***(Lloyds, Barclays, Midland...).***

Gare ferroviaire : *Station Rd. ☎ (0871) 200-34-56. Info nationale : ☎ 08457-48-49-50.* Pour Saint Ives.

Gare routière : *Station Rd. ☎ (0870) 580-80-80 et (0845) 600-1420.* Dessert de nombreux villages. Voir les fréquences sur place. Pour Falmouth (via Helston, n° 2, avec *First*). Pour Saint Ives (n° 17B). *Traveline : ☎ 0871-200-2233.* Le n° 508 relie également Penzance à Saint Ives (en passant par Zennor).

Penzance Cycle Hire : *à l'angle d'Albert St et Wharf Rd. En face du* Tourist Information Centre. *Loc de vélos. Compter 12 £/j.*

Où dormir ?

Bon marché (moins de 20 £/pers – 24 €)

Penzance Backpackers : *The Blue Dolphin, Alexandra Rd, TR18 4LZ. ☎ 36-38-36. • pzbackpack.com • AJ indépendante, située dans un quartier tranquille, à 10 mn à pied de la mer et du centre. Bus nos 1 et 1A (arrêt Alexandra Rd). Tte l'année. Pas de couvre-feu. Réception 9h-12h et 17h-23h. Env 16 £/pers en dortoir, double 36 £. Réduc pour un séjour de 1 sem.* Dans un quartier résidentiel, grande demeure particulière, avec un palmier devant. 30 lits en dortoirs, une douche par dortoir. Propreté irréprochable. Couchage fourni. Ambiance cool garantie.

Youth Hostel : *Castle Horneck, sur l'A 30. ☎ 0845-371-9653 et 36-26-66. • yha.org.uk • Un peu loin du centre, mais bus (nos 5 et 6) de la gare et à 15-20 mn à pied du centre. Attention : en voiture, l'AJ n'est accessible qu'en empruntant la Ring Rd (A 30). Couvre-feu à 22h30. Fermé janv-fév. Camping 7,50 £ ; lit en dortoir 16,50 £ ; double 37,50 £.* Grande maison du XVIIIe s, style manoir georgien, confortablement équipée. Dortoirs de 2 à 10 lits. Lave-linge. Vastes jardins tout autour, où l'on peut planter sa tente. La cafétéria, ouverte dès 17h30, est très sympathique.

Prix modérés (40-60 £ / 48-72 €)

Treventon Guest House : *Alexandra Place, en bas d'Alexandra St. ☎ 36-35-21. Double 56 £.* Une fière maison victorienne, avec de jolis carrelages et vitraux. Aussi, une montée d'escalier au mélange audacieux de couleurs comme seuls les Anglais osent le faire ! Belles chambres, avec ou sans salle de bains, certaines avec de superbes cheminées. Rapport qualité-prix remarquable.

Con Amore : *38 Morrab Rd, TR18 4EX. ☎ 36-34-23. • krich30327@aol.com • con-amore.co.uk • Double 62 £. Réduc de 10 % sur présentation de ce guide.* Jolie maison victorienne en face d'un grand et superbe jardin public, quasi tropical. Chambres douillettes, à la déco très anglaise. Accueil très chaleureux du propriétaire, qui vous donnera tous les conseils nécessaires pour la visite de la ville.

On trouve également de très nombreux ***B & B** et **guesthouses*** sur Alexandra Rd et Morrab Rd. Compter 15 mn de marche de la gare, vers l'ouest. Parmi les moins chers, le ***Pendennis*** et le ***Trement Hotel*** *(sur Alexandra Rd),* puis le ***Glendower Guesthouse*** *(sur Mennaye Rd donnant sur Alexandra Rd).*

De prix moyens à plus chic (60-120 £ / 72-144 €)

Estoril Hotel : *46 Morrab Rd, TR18 4EX. ☎ 36-24-68. 07551-58-27-73. • info@theestorilhotel.com • theestorilhotel.com • Doubles 78-90 £ selon saison. Parking privé.* À 250 m du front de mer, dans une rue résidentielle, imposante demeure bourgeoise en pierre de 1880 qui a conservé des éléments de charme de son passé. Des cheminées où un bon feu crépite aux premiers frimas, des vitraux, des panneaux de bois élaborés, des moulures et d'épaisses moquettes... En outre, un accueil affable et discret. Chambres d'excellent confort : beau mobilier, TV écran plat, sèche-cheveux, etc. Pour les *honeymooners,* celle à 110 £, avec un superbe lit à baldaquin sculpté ! Copieux breakfast. Il peut même être thaï pour les amateurs d'exotisme (mais sur commande).

Penzance Arts Club : *Chapel House, Chapel St, TR18 4AQ. ☎ 36-37-61. • reception@penzanceartsclub.co.uk • penzanceartsclub.co.uk • Single 60 £. Doubles à partir de 90 £.* Dinner *le w-e à partir d'avr (18h-21h30).* L'ancien consulat portugais est aujourd'hui un rendez-vous d'artistes qui, non content de servir de galerie d'exposition, offre aussi un bar musical, une cuisine de bistrot originale et un hébergement assez raffiné et pas trop cher, avec ce sens inimitable de la déco cher aux Anglais. La plupart des 7 chambres avec vue privilégiée. Belle terrasse et charmants jardins. Un vrai lieu de rencontres.

Où dormir dans les environs ?

Campings

Bone Valley Caravan and Camping Park : **Heamoor,** *TR20 8UJ. ☎ 36-03-13. • wardmandie@yahoo.co.uk • bonevalleyholidaypark.co.uk • À 1,5 mile au nord de Penzance. Sur le Penzance by pass, prendre la direction de Madron (au nord) ; dans le village de Heamoor, prendre la 4e à droite ; après 600 m, tourner à gauche vers Bone Valley ; le camping se trouve à 200 m sur la gauche. Prévoir 15 £ pour 2 avec tente.* Coin verdoyant, délimité par haies et bosquets. Assez bien équipé. Boutique. Accueil charmant.

Higher Chellew : **Nancledra.** *☎ 36-45-32. • camping@higherchellewcamping.co.uk • higherchellewcamping.co.uk • Avt d'entrer dans Penzance, prendre la B 3311 vers Saint Ives ; passer sous le pont et continuer sur 3 miles env ; camping sur la droite. Pour 2 pers avec tente 18-26 £ selon saison.* Très bien équipé. Tranquille, belle vue sur la baie, le Saint Michael's Mount au loin. Location également de confortables bungalows en pierre.

Prix modérés (40-60 £ / 48-72 €)

Kerris Farm : **Paul,** *TR19 6UY. ☎ 73-13-09. • kerrisfarm@btconnect.com • Prendre la route qui grimpe rudement vers Porthcurno ; à env 2 miles, prendre à droite direction Kerris, c'est tt au bout de la route. Si vous êtes à pied, téléphonez et on viendra vous chercher. Double avec TV env 50 £.* Une belle ferme dans un petit village aux vieilles maisons de granit. Des chambres très confortables avec une vue imprenable sur la campagne alentour. Grand jardin et plein de petits recoins pour les enfants. Accueil charmant.

Où manger ? Où boire un verre ?

– Sur le port, des ***marchands ambulants*** vendent de délicieux crabes et crevettes. Un régal de fraîcheur.

De prix moyens à plus chic (8-20 £ / 9,60-24 €)

The Admiral Benbow : *46 Chapel St, à l'angle d'Abbey St. ☎ 36-34-48. Plats 10-15 £.* Pub historique, ancien repaire de l'amiral Bendow qui, entre autres batailles, attaqua Saint-Malo et Dunkerque au XVIIe s ! Mentionné également dans *L'Île au trésor* de Robert Louis Stevenson. Resto au rez-de-chaussée et pub à l'étage, foultitude de minuscules recoins et une déco qui sent la flibuste, avec quelques belles figures de proue et des tas d'objets marins partout. Un tantinet touristique, mais rigolo et nourriture tout à fait honorable.

The Turk's Head Inn : *48 Chapel St. ☎ 36-30-93.* Un des vieux pubs du coin (XIVe s !). Le midi, toujours des *Cornish steak pasties.* Terrasse à l'arrière. Un tableau à l'extérieur affiche les menus. Honnêtes plats de poisson et de viande à prix raisonnables.

The Union Hotel : *Chapel St. ☎ 36-23-19. • enquiries@unionhotel.co.uk • unionhotel.co.uk • Repas 15-20 £.* Encore un endroit chargé d'histoire : ancienne auberge du XVIIe s, c'est dans ce bel édifice élisabéthain qu'en 1805 fut annoncée la mort de Nelson à Trafalgar (au mur, une pièce de musée : la une du *Times* annonçant la nouvelle). Le *Nelson's Bar* est décoré d'eaux-fortes (gravures) racontant les exploits de l'amiral... C'est une adresse essentielle à Penzance. Salon-bar cossu, banquettes de velours et fauteuils. Nourriture variée. Hôtel superbe aux chambres chic et chères.

The Dolphin Tavern : *Quay St, en bas de Chapel St. ☎ 36-41-06.* Déco maritime à fond les voiles. Murs de pierre, sirènes, manomètres et instruments de bords rutilants. Rivalise d'ancienneté avec *The Admiral Benbow.* Très riche en histoires de marins et de contrebandiers. Bonne cuisine : *cod* grillé au jambon de Parme, *pollock* à la bière, *home steak and ale pie,* etc. Loue aussi quelques chambres *en-suite.*

The Bake House : *Old Bakehouse Lane, Chapel St. ☎ 33-13-31. • info@bakehouserestaurant.co.uk • Déj mer-sam, dîner tlj 18h30-21h30 (résa hautement recommandée). Early bird dinner 13,50 £, lun-ven 17h30-18h45.* Là, au fond d'une courette verdoyante, la plus populaire des *steak houses.* Cadre moderne assez sophistiqué, espace aéré avec mezzanine, judicieux jeux de lumière. Dans l'assiette, le meilleur de la production locale et le bœuf de Cornouailles se déclinant généreusement de 9,95 à 19,50 £. Sinon, agneau mariné au feu de bois, filet de *hake* sauce toscane, glaces de chez *Roskilly*... Beaux desserts.

Plus chic (15-20 £ / 18-24 €)

The Bay : *Britons Hill. ☎ 36-68-90. • eat@thebaypenzance.co.uk • Petit déj 7h15-12h, brasserie en continu 12h-19h (avec des menus imbattables : 11,95 £ et 15,95 £), dîner 19h-22h (menus 24,50 £ et 31,95 £). Également, menus spéciaux pour familles ou bandes d'amis 49,50 £ (avec 9 plats) et 79,50 £ (avec 6 verres de vin en plus).* C'est le resto de l'hôtel du même nom (chambres très chères). Grande salle de style contemporain aérée et plaisante pour une des meilleures cuisines de la ville. Terrasse recherchée. En outre, offre des menus pour toutes les bourses. Sélection et fraîcheur rigoureuses des ingrédients, poisson en direct du port de *Newlyn* bien sûr, cuissons exactes, jolies présentations, service pro et souriant tout à la fois, tout concourt ici au succès des différentes formules. Pour le dîner, très conseillé de réserver.

The Vaults : *17-18 Market Place. ☎ 44-84-60. Tlj jusque tard. Musique live le dim.* Cocktail-bar tout récent et rapidement adopté par la tranche 25-35 ans branchouille et... bavarde (malgré la hauteur de plafond, le bruit en arrive à couvrir la musique !). Décor épuré « à la Costes », lumières tamisées. Dans la journée, plus calme. Thé, cakes et divers snacks.

À voir. À faire

Penlee House Gallery and Museum : *Morrab Rd. ☎ 36-36-25. • penleehouse.org.uk • Mai-sept, lun-sam 10h-17h ; oct-avr, 10h30-16h30. Entrée : 4,50 £ ;*

réduc ; gratuit le sam. Œuvres de l'école de Newlyn, arts décoratifs, archéologie et histoire locale dans un tout nouvel habillage. Belle collection de peintures consacrées à l'histoire de Penzance et sa région. Salon de thé agréable, avec véranda sur le jardin.

Chapel Street : certainement la rue la plus coquette et parsemée de maisons historiques, avec *The Union Hotel, The Turks Head Inn,* quelques galeries, et l'ancienne bibliothèque de la ville. On ne peut rater, en face de *The Union Hotel, The Egyptian House,* incroyable façade du XIXe s style « retour d'Égypte », très kitsch. C'était autrefois un musée géologique. En haut de Chapel St, sur la droite, on gagne *Market Jew Street,* cœur commercial de Penzance, qui compte de jolies maisons georgiennes.

➢ ***Pêche en mer :*** si ça vous dit d'aller taquiner le requin... ☎ *36-85-65. Prix très raisonnables. De 2h à la journée entière selon vos envies.*

MARAZION ET SAINT MICHAEL'S MOUNT (MONT SAINT-MICHEL)

IND. TÉL. : 01736

À 2 miles de Penzance, Marazion est un village tranquille, point de départ de la chaussée (submergée à marée haute) qui mène à Saint Michael's Mount. Vaste plage superbe. Tous les hôtels et restaurants se trouvent à Marazion.
– Parking payant sur le port. C'est là qu'on laisse sa voiture pendant qu'on visite le mont Saint-Michel.

Où dormir ?
Où manger ?

De prix modérés à prix moyens (40-80 £ / 48-96 €)

Blue Horizon : *Fore St.* ☎ *71-11-99.* • *bluehorizon1@btinternet.com* • *holidaybreaksmarazion.co.uk* • *Doubles 68-78 £. Parking.* Dans la rue principale. Un *B & B* très plaisant, disposant de chambres lumineuses, peintes de couleurs claires et sobrement décorées (c'est rare !), avec ou sans vue sur la mer, mais toutes avec salle de bains. Petite véranda, salon et jardin, le tout très cosy et accueillant. Il y a même un sauna !

The King's Arm : *Fore St. 71-02-91. Lunch en juil-août 12h-15h. Menus 11,95 £ et 13,95 £.* Steak Night *le ven avec bons desserts maison.* Un bon vieux pub rustique. Cuisine locale servie copieusement et de savoureux *Cornish pasties.* Quelques tables à l'extérieur en cas de beau temps... Patron sympa et atmosphère très agréable. Quelques chambres modestes à l'étage.

Ben's Cornish Corner : *en face du* Godolphin Arms. ☎ *71-92-00. Tlj sf dim. Plats 14,25-16,95 £.* Early bird *menus 16,50 £ et 19,95 £.* Intérieur moderne et sobre pour de bons sandwichs, snacks divers et quelques plats classiques (type filet frit de *hake* aux crabe et asperges).

Plus chic (80-120 £ / 96-144 €)

St Michael B & B : *Fore St.* ☎ *71-13-48.* • *stmichaels-bedandbreakfast.co.uk* • *Double 85 £. Tte l'année sf nov. Ttes les chambres sont* en-suite. *Parking privé.* Au milieu du village, à côté de la chapelle. Un *B & B* très confortable offrant 5 chambres particulièrement cosy et lumineuses. Accueil charmant.

Très chic (plus de 120 £ / 144 €)

The Godolphin Arms & Gig Bar : *West End, TR17 OEN. ☎ 71-02-02. • enquiries@godolphinarms.co.uk • godolphinarms.co.uk • Juste en face du mont, avec une grande et agréable terrasse. Doubles 90-150 £ selon confort, vue et saison. Repas 10-30 £. Musique live ts les w-e.* Côté hôtel, des chambres de très bon confort, certaines avec une vue imprenable sur la mer et le mont. Toutes avec salle de bains et décorées dans des couleurs on ne peut plus vives ! Au pub et resto, excellentes spécialités de fruits de mer. *Roast of the day,* sandwichs et en-cas pour le déjeuner. Personnel accueillant et atmosphère conviviale.

À voir

Saint Michael's Mount : *☎ 71-05-07. • stmichaelsmount.co.uk • À marée basse, on gagne le mont par la chaussée ; à marée haute, on prend le bateau (payant) qui fait l'A/R au départ du quai (liaisons fréquentes en été, aléatoires en hiver). Avr-fin oct, tlj sf sam 10h30-17h (17h30 juil-août) ; hors saison, mar et ven, en fonction des marées. Entrée : 7 £ ; réduc. Visite des jardins slt : 3,50 £ ; avr-juin, lun-ven, juil-sept, slt jeu-ven ; ticket groupé 8,75 £.* Sur ce petit bout d'île à deux pas de la côte, des marchands auraient pris pied au début de notre ère. Une vision de l'archange Michel serait apparue, le lieu devint sacré et on y édifia une chapelle aux alentours du XIe s. Ce n'est qu'un siècle plus tard que les bénédictins du Mont-Saint-Michel français, profitant de la conquête normande, firent édifier un monastère et une église dans le même style que son homologue d'en face, même si celui-ci n'en a ni la prestance ni la taille. Les bénédictins en furent délogés au XVIe s. Devenu garnison militaire, le monastère fut racheté plus tard par des particuliers. Les différents bâtiments qui subsistent aujourd'hui accusent un curieux mélange de styles, avec une prédominance pour le XIIe s. On visite plusieurs salles du château chargées de meubles et de peintures, ainsi que la chapelle du XVIIe s. Balade agréable dans les luxuriants jardins tropicaux autour.

DE PENZANCE À SAINT IVES PAR LA CÔTE

PENWITH

Son caractère un peu rude est dû au sol granitique et à ce sacré vent qui rase tout. La côte est très fortement découpée mais s'ouvre parfois sur de superbes plages. La mer est merveilleusement turquoise, donnant envie d'y plonger. L'ancien chemin des douaniers existe toujours – le *National Trust* l'entretient fort bien –, et c'est en suivant ce *Coastal Path* que vous apprécierez toute la beauté de la région. Une des plus belles sections de la côte, offrant des vues inoubliables sur les villages. Chaque baie est évidemment reliée à la civilisation par la B 3315, puis la B 3306, et le réseau de bus est très complet.

MOUSEHOLE (ind. tél. : 01736)

À 2,5 miles de Penzance s'étend ce petit village avec un port aussi charmant que ses jolies maisons basses. Très chouette, bien que pris d'assaut par les touristes l'été. Laisser son véhicule au parking. Voir le superbe quai de granit, du XIVe s. C'est dans cette région qu'eurent lieu de vigoureux combats avec les Espagnols, notamment à *Spaniard's Point*. Le mieux est de se rendre ici tôt le matin ou en fin d'après-midi.

Où dormir ? Où manger ?

The Ship Inn : *sur le port.* ☎ *73-12-34.* • *shipmousehole@staustellbrewery.co.uk* • *Doubles 65-70 £.* Pub très renommé, qui offre quelques chambres face au port. C'est là que fut réalisé pour la première fois un plat appelé *the starry gazy pie* : une tourte constituée de 7 espèces de poisson. À la fin du XIXe s, alors que la mer était trop démontée pour que les pêcheurs puissent sortir, un courageux s'y risqua quand même et fit une pêche miraculeuse (ou presque). C'était la veille de Noël. Depuis, tous les 23 décembre, on fête ça... et, de plus, c'est gratuit pour tous ! Le patron du bar est un bon vivant et vous racontera personnellement cette histoire. Cadre de charme, grandes dalles de granit au sol, beaucoup de coins et recoins avec banquettes, bien bas de plafond et photos noir et blanc pour la nostalgie. Bon choix à la carte, *specials* au tableau noir, portions généreuses. Excellents *sea food chowder* et *Cornish fish pie, scampi, rib eye steak,* etc. Certains soirs, le *Mousehole Male Voice Choir* répète, et ce chœur de belles voix mâles est assez émouvant. On peut y manger le midi.

Thatched Cottage : *Raginnis Farm, à la sortie de Mousehole, TR19 6NJ.* ☎ *73-13-33.* • *tanya.harvey@btinternet.com* • *chycor.co.uk/bnb/raginnis* • *Fermé autour de Noël. Doubles à partir de 60 £, petit déj compris ; 190 £/sem. Repas 15 £.* La fermière offre 2 chambres dans une ravissante fermette à toit de chaume. Bon confort et vue sur la mer. Grand jardin fleuri. Elle est aux petits soins et peut également vous mitonner un petit plat pour le dîner. Si, par malheur, vous arrivez trop tard, elle vous propose son pré pour planter votre tente et l'usage d'un robinet.

2 Fore Street : *2 Fore St.* ☎ *73-11-64.* • *info@2forestreet.co.uk* • *Tlj 12h-14h et 18h-21h. Résa hautement recommandée. À la carte 25-35 £.* Un de nos grands coups de cœur ! D'abord, cadre frais et lumineux, couleurs douces, bois blanc... Accueil et service alertes et souriants, atmosphère détendue. Le jeune chef, élève de Raymond Blanc, concocte une remarquable cuisine à partir de beaux produits locaux, traités ou cuits à la perfection en de classiques recettes revisitées avec inspiration ! La carte suit son humeur, le marché, la météo, les saisons et évolue sans cesse. Onctueuse soupe de crabe et ses tartines de parmesan gratinées, merveilleux bar de ligne farci aux herbes fraîches... Même le burger pur bœuf de Cornouailles, au *blue cheese* et marmelade d'oignons rouges, devient un plat crédible ! En outre, non seulement une fête pour les papilles, mais aussi un exceptionnel rapport qualité-prix !

LAMORNA COVE *(ind. tél. : 01736)*

Première crique superbe et romantique à souhait après une charmante petite route forestière. On peut remonter le fleuve côtier ; la promenade sous les arbres est merveilleuse, surtout en février, quand les champs sont recouverts de jonquilles. Juste quelques maisons serrées les unes contre les autres autour du port, dans un chaos de rochers... splendide. Parking payant sur le port.

Où dormir ?

Plusieurs beaux **B & B** sur la route entre Mousehole et Lamorna Cove. Panneaux bien lisibles.

Bed & Breakfast : *à* **Lamorna Pottery,** *TR19 6NY, sur la B 3315.* ☎ *81-03-30.* • *mail@lamornapottery.plus.com* • *lamornapottery.co.uk* • *Tte l'année sf janv. Doubles 50-65 £ avec ou sans sdb.* 4 chambres au confort correct. Cadre chaleureux. Fait aussi salon de thé et resto. Superbes gâteaux maison. Jardin ombragé.

PENBERTH COVE *(ind. tél. : 01736)*

À 3,5 miles de Lamorna par le *Coastal Path,* un coin de paradis : la crique est minuscule, un pêcheur y range trois barques et sera heureux de vous vendre un homard si vous le rencontrez à marée basse. Quelques maisons, un bout de fleuve côtier qui se jette là et un romantisme infini.

Où dormir dans les environs ?

Campings

Trenverven Farm : *Saint Buryan, TR19 6DL.* ☎ *81-02-00 et 21. Sur la B 3315. Compter 12-14,50 £ selon saison.* Bien équipé, très propre et pratique, joli gazon, mais pas d'ombre.

Tower Park Caravans and Camping : *Saint Buryan, TR19 6BZ.* ☎ *81-02-86. • enquiries@towerparkcamping.co.uk • 7 mars-31 oct.* Sur la belle péninsule de Penwith. Bien situé, à proximité des sentiers de randonnée. Équipement nickel. Possibilité de laver et sécher le linge, jeux pour enfants, boutique en été... Location d'une dizaine de yourtes de bon confort.

Bed & Breakfast

Boskenna Home Farm : *sur la route du village, Saint Buryan, TR19 6DQ.* ☎ *81-07-05. • julia@boskenna.co.uk • boksenna.co.uk • et • luxury-cornwall.co.uk • Entre Lamorna et Penberth. À pied, prendre le chemin qui remonte à l'intérieur des terres à la hauteur de Saint Loy. Double 90 £, petit déj inclus.* Jolie ferme en pleine campagne et pelouse soignée devant. Bon confort et calme absolu. 2 belles chambres indépendantes dans de petites maisons attenantes et 2 à l'étage dans la maison principale. Bon accueil.

Downs Barn Farm : *Saint Buryan, TR19 6DG.* ☎ *81-02-95. • stay@downsbarnfarm.co.uk • downsbarnfarm.co.uk • Tte l'année sf période de Noël. Doubles 85-90 £ (2 nuits min), petit déj inclus.* Bien indiqué depuis la route de Penzance. Dans un environnement idyllique, sauvage à souhait, une solide demeure de pierre fleurie. 2 chambres cosy, avec de romantiques lits en fer à l'ancienne. L'une avec poutres, l'autre avec salle de bains plus grande. Accueil cordial de Carolyn et super breakfast. Charmant jardin pour goûter la sérénité des lieux. Molly, le labrador, se révèle totalement gentil. On peut difficilement en repartir !

Tregiffian Farm : *Saint Buryan, TR19 6BG.* ☎ *81-02-43. • vicky@tregiffianfarm.co.uk • tregiffianfarm.co.uk • Sur la route entre Lamorna et Penberth Cove. Doubles 70-75 £ petit déj inclus. CB refusées.* Dans une vraie ferme laitière (50 belles frisonnes) isolée en pleine campagne. 2 belles chambres coquettes, avec salle de bains et une superbe vue sur la mer pour l'une d'entre elles. Accueil chaleureux, et produits de la ferme pour le breakfast.

TREEN

Tout petit village au bout de la B 3315, affublé d'un énorme rocher, *Logan Rock,* qui, posé sur d'autres roches, est censé se balancer au gré du vent. La balade à travers champs, puis dans les rochers pour l'atteindre, est fort agréable. De là, très belle vue sur la plage de Porthcurno. Au retour, prendre un pot au pub local, remis en état par le *National Trust* : le *Logan Rock Pub.* Manière agréable de soutenir le NT dans ses efforts de conservation du patrimoine.

Où camper ?

Treen Farm Campsite : *Treen, St Levan, TR19 6LF.* ☎ *07598-46-33-22. • treenfarmcampsite.co.uk • Avr-oct.* Camping à caractère familial avec vue plongeante sur la mer et le Logan Rock. Ferme laitière bio où l'on pourra acheter lait, yoghourt et œufs.

LES CORNOUAILLES

Bloc sanitaire correct, large pelouse, mais pas d'arbres. Boutique en été et salon de thé avec *cream teas* et glaces de chez *Roskilly's*. 2 belles plages de sable proches.

PORTHCURNO *(ind. tél. : 01736)*

Une des plus belles plages de la côte, sable blond et eaux vertes. On s'arrête sur Logan Rock pour admirer les falaises au pied desquelles, à marée basse, certains Anglais se font bronzer sans culotte ! Vraiment un site exceptionnel, d'autant plus qu'il abrite un fameux théâtre en plein air, le *Minack Theatre.* De Porthcurno partaient les câbles téléphoniques transatlantiques ; on peut encore visiter les installations souterraines.

À voir. À faire

Minack Theatre : *☎ 81-01-81. • minack.com • Bus n° 504 depuis Penzance. Avr-fin oct, tlj 9h30-17h (16h30 en oct) ou 11h30 si performance programmée et nov-mars 10h-15h30. Entrée : 4 £. On y donne des pièces de ts horizons, jouées par des troupes locales et internationales, d'avr à mi-sept, lun-ven à 20h, mais il faut faire la queue dès 18h ; matinée les mer et ven à 14h. Résa par tél conseillée (avec carte de paiement) ; attention, résa 1 sem avt, pas plus.*
Le rocher de Porthcurno abrite ce théâtre édifié en 1932 par une femme qui construisit elle-même les gradins, avec truelle et ciment. Elle mit un demi-siècle à réaliser son œuvre, avec un coup de main du gardien du site. Elle mourut à 89 ans, fière de son œuvre théâtrale. Elle avait de quoi, car le théâtre se mêle intimement à la nature, sans la heurter. La scène est suspendue sur la mer et on s'assoit à même la falaise. En attendant le spectacle, on pique-nique, et pendant le spectacle, on boit du vin, c'est la tradition. C'est l'occasion d'entendre déclamer du grand William devant l'océan au-dessus de la falaise... moment d'émotion rare. Mais couvrez-vous le soir, il fait vraiment frisquet.
Petite expo qui raconte la vie de la créatrice de ce lieu unique par le biais de belles photos noir et blanc. Un site à ne pas louper, une programmation remarquable.

On peut rejoindre la ***plage*** par un escalier sur le côté du théâtre.

➢ Encore et toujours le ***Coastal Path,*** ce chemin de randonnée qui longe les falaises. De Porthcurno à Land's End, l'un des plus beaux parcours.

LAND'S END

Le bout du monde... Vraiment ? Un bout du monde très exploité, c'est devenu un parc d'attractions complètement nul et surtout qui n'a absolument rien à faire là (hôtel, resto, boutiques...). On ne peut utiliser le parking que si l'on paie l'entrée au parc. Cela dit, vision surprenante sur de hautes falaises. Les rochers semblent polis et disposés les uns sur les autres. Assez curieux. Il faut s'éloigner de la foule pour apprécier la beauté et la sauvagerie de l'endroit... mais attention, respectez bien les consignes de prudence, car les falaises s'effritent et il y a déjà eu des accidents. La balade au départ de Porthcurno (4,5 miles) est extraordinaire. On boit un verre à mi-chemin, à Porthgwarra, et, si l'on a de la chance, du haut des falaises par temps clair on aperçoit les îles Scilly.

SENNEN *(ind. tél. : 01736)*

À une demi-heure de marche de Land's End. La plage est grandiose, on y pratique le surf toute l'année. Parfois, un groupe de dauphins vient égayer l'horizon.

Où dormir ? Où manger ?

Camping

⛺ ***Trevedra Farm :*** *TR19 7BE. ☎ 87-18-18. • trevedra@btconnect.com • cornwall-online.co.uk/trevedra • Dans les champs, à quelques enjambées des plages, un peu après Sennen. Bien fléché. Accès par l'A 30 après la jonction avec la B 3306. Avr-oct. Compter 12,50-14 £ pour 2 selon saison.* Très bien situé et famille accueillante. Grands espaces mais peu d'ombre malgré tout. Petite épicerie de dépannage. Au plus fort de l'été, conseillé de réserver.

De bon marché à prix modérés (moins de 40-60 £ / 48-72 €)

🏠 ***Whitesand's Lodge :*** *Land's End Backpacker, TR19 7AR. ☎ 87-17-76. • whitesandslodge.co.uk • Grande demeure lumineuse, juste à gauche à l'entrée de Sennen, sur l'A 30, en venant de Penzance, et non loin du rivage. On peut venir vous chercher à Penzance. En dortoir, tipis ou yourtes 12-22 £/pers ou doubles à partir de 60 £. Apparts à louer aussi.* Cuisine, laverie. Resto de 8h30 à 21h30 : petit déj, brasserie et resto (fruits de mer, *curries*, tapas, *pasta*, pizzas, sandwichs, paninis, etc.). Tout pour créer une ambiance conviviale : *lounge*, TV, barbecues, bar, bibliothèque, etc. Décoration très réussie, inspirée des motifs celtiques. Mise à disposition du matériel de surf, planche à voile, escalade et vélos.

SAINT JUST *(ind. tél. : 01736)*

Gentille bourgade provinciale située un peu à l'intérieur des terres. Donc, pas de port croquignolet, pas de plage, pas de falaises... mais jolie place principale triangulaire entourée de solides demeures de pierre. En outre, la mer et le *Coastal Path* ne sont guère loin.

Adresses et info utiles

– Pas d'office de tourisme.
✉ ***Post Office :*** *Market St.*
■ ***Location de vélos :*** *à la* Land's End Youth Hostel.

Où dormir ? Où manger ? Où boire un verre ?

Camping

⛺ ***Kelynack Bunkbarn :*** *Kelynack Camping Park. ☎ 78-76-33. • enquiries@kelynackholidays.co.uk • À 1 mile au sud de Saint Just, sur la B 3306. Bus de Penzance vers Saint Just. À partir de 12 £. Également une bunk barn (simples chambres avec partage du sanitaire) et 3 chambres confortables en-suite à 58 £.* À 1 bon km de la mer, dans la Cot Valley, un camping tranquille et bien équipé dans un bel environnement. Laverie disponible. Bon accueil.

Bon marché (moins de 20 £/pers – 24 €)

🏠 🍽 ***Land's End Youth Hostel :*** *Letcha Vean, 8 Saint Stephen's Hill. ☎ 78-84-37 et 0845-371-9643. • yha.org.uk • À 5 miles au nord de Land's End, à moins de 1 mile au sud du village ; l'auberge est perdue dans la campagne, non loin du cap Cornouailles (Cape Cornwall). Attention, route très étroite. Tlj 1er avr-31 oct. Réception 8h-10h, 17h-22h. Couvre-feu à 23h. Résa impérative ! Lit en dortoir 12 £.* Vraiment le bout du bout du monde ! Du charme, coquette, très bien tenue. Vieille cheminée en céramique. Une cinquantaine de lits en tout, en dortoirs de 8 à 20 lits, draps fournis. Sert des dîners (« *home made specials* », *chicken curry, snacks, crumble*, bières locales...), loue des vélos, calme parfait. Possibilité de camper aussi. Grand jardin avec vue sur le large, environnement particulièrement serein. Pas mal, non ?

De prix modérés à prix moyens (40-80 £ / 48-96 €)

The Commercial Hotel : *13 Market Sq, dans le centre du bourg. ☎ 78-84-55. • commercial-hotel.co.uk • Doubles 50-80 £. Lunch curry 5,95 £ et catch of the day 8,50 £. Réduc de 10 % (sf juil-sept) sur présentation de ce guide.* 11 chambres toutes *en-suite*. Accueil souriant. Très bon pub et prix très honnêtes pour des chambres agréables (TV écran plat). On y mange aussi correctement et à prix fort modérés. 2 bars, 2 salles. On fréquente l'une ou l'autre en fonction de son âge. Belle terrasse derrière avec un charmant jardin. Cyclistes bienvenus.

The Wellington Hotel : *Market Sq. ☎ 78-73-19. • wellingtonhotel@msn.com • wellington-hotel.co.uk •* Une bonne alternative si le précédent est plein. Imposant édifice en granit. 11 chambres *en-suite* (dont la moitié sur jardin et quelques familiales). Impeccables, décor sobre, meublées avec goût. Pub et *beer garden*.

À voir

Cape Cornwall : le voilà, le bout du monde, le vrai. Vue extraordinaire avec ses morceaux d'îlots qui flottent au ras de l'eau, au loin. Couchers de soleil sublimes. Chemins vallonnés, herbe rase, maisons blanches. Bien mieux que Land's End, à 1 mile de là.

Après Saint Just, changement de paysage : les prairies et les haies font place à la ***lande*** découpée par des murets. Des cheminées surgissent par endroits. Ce sont les dernières traces des anciennes mines d'étain.

PENDEEN *(ind. tél. : 01736)*

Ne pas manquer le phare et la balade jusqu'à ***Portheras Cove*** (30 mn), au nord. On y rencontre souvent des phoques. Belle vue de la colline, derrière l'église fortifiée et le cimetière. Ne pas manquer non plus la visite à la *mine de Geevor (☎ (01736) 78-86-62, tlj sf sam),* fermée mais pas désaffectée. Passionnant !

Où dormir dans les environs ?

Camping

Trevaylor Caravan & Camping Park : *dans le village de **Botallack,** TR19 7PU. ☎ 78-70-16. • trevaylor.com • Compter 11-15 £, confortables caravanes (4-6 pers) 220-570 £/sem selon taille et saison.* Camping très plaisant, impeccable et tranquille, composé de plusieurs parcelles bien délimitées par haies et bosquets. Bar et boutique. Les *Crown Mines* sont à peine à 10 mn à pied. Excellent rapport qualité-prix.

ZENNOR

IND. TÉL. : 01736

Minuscule village qui s'intitule ironiquement « dernière paroisse alphabétique d'Angleterre »... Côte sauvage, fascinants panoramas, criques secrètes,

minifalaises, *standing stones* (menhirs) et quelques vestiges de mines. Un chouette camp de base pour souffler un peu et jouer les sœurs Brontë sur le sentier côtier !

Comment y aller ?

➢ ***En bus :*** le nº 508 relie Penzance à Saint Ives en passant par Zennor. Pour Saint Ives, du village, à 9h03, 11h03, 14h03 et 16h03. Pour Penzance, à 7h52, 8h52, 9h52, 11h52, 14h52, 16h52 et 18h02 (à vérifier chez *Western Greyhound* : ☎ *(01637) 87-18-71.* ● *westerngreyhound.com* ● Quant au nº 507, il part du *Gunards Head Hotel,* assurant principalement 4 liaisons avec Saint Just et une seule avec Penzance et Saint Ives.

Où dormir ?
Où manger ?
Où boire un verre ?

Bon marché (moins de 20 £/pers – 24 €)

The Old Chapel Backpackers : *Zennor, Saint Ives TR26 3BY.* ☎ *79-83-07.* ● *zennorbackpackers@btinternet.com* ● *zennorbackpackers.net* ● *Pas de couvre-feu. Compter 18,50 £/pers, 70 £ pour la familiale.* À un pas du centre, dans un bucolique environnement. Solide chapelle de granit reconvertie en superbe AJ indépendante et confortable. Offre 32 lits en minidortoirs et une chambre familiale. Sanitaires impeccables. Vaste et pimpante cafétéria ornée de beaux tableaux : sandwichs, paninis, quiche du jour et bon gâteaux (10h30-17h). Aire de barbecue dehors.

Tinner's Arms : sympathique pub local pour tester les différentes *ales* de la région.

Plus chic (80-120 £ / 96-144 €)

The Gurnard's Head : *Zennor, sur la route entre Pendeen et Saint Ives.* ☎ *79-69-28.* ● *enquiries@gurnardshead.co.uk* ● *gurnardshead.co.uk* ● *Doubles 95-165 £ selon taille et confort.* Lunch menus *14,50-16,75 £ (sf dim), plats 9,50-12 £ (épaule d'agneau tendre, purée et aubergines aux épices ; pollack pommes de terre sautées et épinards, etc.). Le soir, plats 14,50-16,95 £. Intéressante formule du dim :* le Sunday Sleepover *(75 £/pers lunch,* dinner *et* B & B*).* Une grosse bâtisse jaune au bord de la route sans charme particulier, mais offrant de superbes chambres très confortables et cosy à souhait, donnant sur un paysage de lande magnifique. En bas, le pub-resto propose une cuisine vraiment soignée et sortant un peu des sentiers battus, à prix doux. Carte évoluant quotidiennement, poisson du pêcheur local et légumes des voisins. L'hôtel est certes un peu cher, mais les prix sont justifiés. Un conseil : pour le resto, même hors saison en semaine, réserver... Toujours du monde !

À voir. À faire

Wayside Museum : ☎ *79-69-45. Tlj mai-sept 10h30-17h30. Basse saison 11h-17h.* Intéressant petit musée présentant la riche vie rurale, de 3000 av. J.-C. aux années 1950, à travers des milliers d'objets. Installé dans un ancien moulin où subsiste une partie de la machinerie. Témoignages des anciennes mines d'étain, vénérable roue de moulin, vieilles meules en pierre, outils et objets domestiques divers...

L'église Saint Senara : première fondation au XIIe s, par des missionnaires irlandais et bretons. Élégant édifice de granit à l'imposant clocher, où l'on peut admirer une gravure de *mermaid* (sirène) sur une pierre vieille de 600 ans.

LES CORNOUAILLES

Nombreux sentiers côtiers menant à des panoramas d'exception et de séduisantes criques (mais attention aux sirènes). Possibilité de voir les ruines des anciennes mines de ***Levant*** et ***Carn Galver,*** ainsi qu'un spectaculaire « *quoit* » (dolmen). Certes, son chapeau de 13 t est tombé, mais la chambre demeure intacte.

UNE SIRÈNE MÉLOMANE !

Tapie au fond de l'église, une mystérieuse femme en robe d'écailles venait écouter les beaux cantiques de la messe. Un jour, tombée amoureuse de Mattew, le leader de la chorale, elle l'invita à aller se promener à Pendour Cove, l'une des criques les plus romantiques et... l'entraîna dans les flots. Depuis, on dit que certains soirs d'été, si l'on est attentif, de merveilleux chants y jaillissent et couvrent même le ressac...

SAINT IVES

12 000 hab. IND. TÉL. : 01736

Admirable bourgade au bord de la mer qui, depuis le début du XXe s, a attiré et attire encore des dizaines de peintres, jusqu'à faire de la ville, dans les années d'après-guerre, un vrai rendez-vous d'artistes (Virginia Woolf, dans les années 1930, y passait tous ses étés). C'est bien simple, Saint Ives possède tout : l'histoire, la beauté, le charme et le dynamisme. Entre les plages, les musées et les promenades dans son lacis de venelles, on y passe 2 jours sans hésiter. D'autant que la ville peut s'avérer une belle halte gastronomique. Vous remarquerez le mot « chy-an » (prononcez « chaï ») sur de nombreuses façades, il signifie « maison » en patois régional.

Adresses utiles

Tourist Information Centre *(plan A3)* **:** *The Guildhall, Street-an-Pol.* ☎ *79-62-97.* • *visit-westcornwall.com* • *En hiver, mar-ven 9h-17h, sam 10h-13h. En été, lun-ven 9h-17h30, w-e 10h-16h.* Brochure en français sur les balades à faire aux alentours et plan de la ville payant (pour une œuvre caritative).

✉ ***Post Office*** *(plan A2)* **:** *sur Tregenna Hill.*

■ ***Banques avec distributeur* : *Midland, Lloyds*** *et* ***Barclays*** *sur High St.*

@ ***Saint Ives Library*** *(plan A3)* **:** *Gabriel St.* ☎ *79-53-77. Mar-ven 9h30-18h (20h juil-août), sam 9h30-12h30. Compter 1,50 £ les 30 mn.*

Gare ferroviaire *(plan B3)* **:** *entre Warren et The Terrace, juste avt Porthminster Beach. À 15 mn du centre.* ☎ *79-59-08.* Train pour Penzance.

Gare routière *(plan B3)* **:** *proche de la gare ferroviaire.* ☎ *(08706) 08-26-08.* Bus nº 508 pour Penzance par la côte. 4 départs quotidiens. Bus nº 14 pour Truro.

Où dormir ?

Beaucoup de *B & B* disséminés dans toute la ville. Les plus charmants sont les petites maisons autour des plages et du port.

Campings

Trevalgan Touring Park *(hors plan par A3,* ***10****)* **:** *à 1,5 mile de Saint Ives sur la route B 3306, dans la direction de Saint Just, TR26 3BJ.* ☎ *79-64-33.* • *trevalgantouringpark.co.uk* • *Compter 14-24 £ selon saison.* Rapport qualité-prix imbattable pour ce camping à la ferme, proche du *Coastal Path* et des plages. Avec minigolf, multiples jeux pour les enfants... Côté commodités, douches chaudes gratuites, des pièces pour changer bébé et tout ce qu'il faut pour alimenter la caravane.

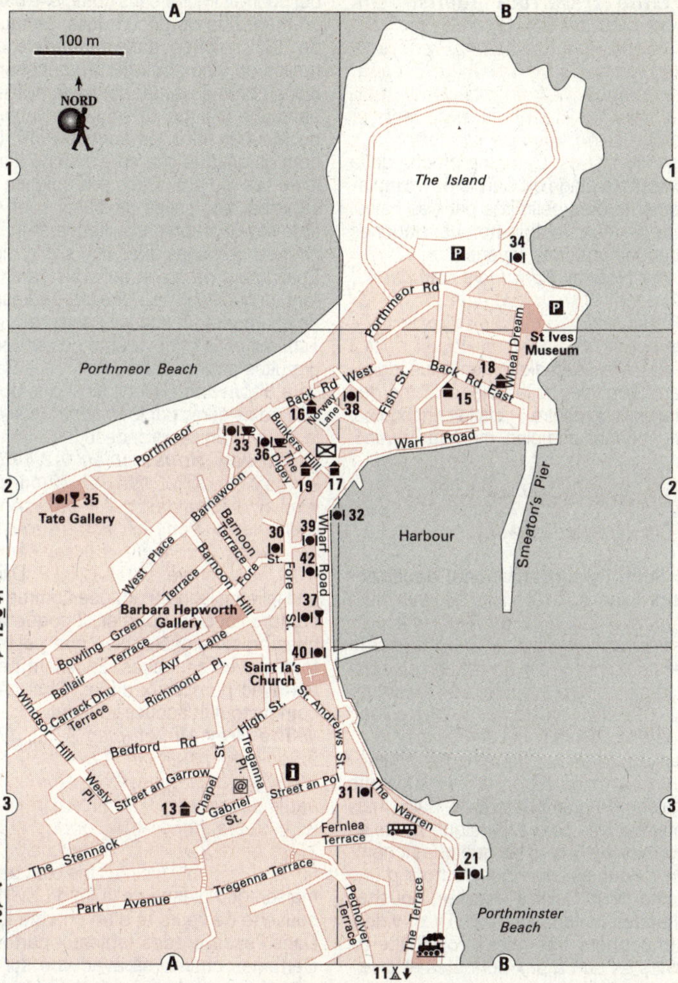

SAINT IVES

■ **Adresses utiles**

- Tourist Information Centre
- @ Saint Ives Library

Où dormir ?

- **10** Trevalgan Touring Park
- **11** Little Trevarrack Tourist Park
- **12** Ayr Holiday Park
- **13** Saint Ives International Backpackers
- **15** Cornerways
- **16** Norway House
- **17** The Grey Mullet
- **18** Downlong Cottage
- **19** The Anchorage
- **21** The Pedn-Olva Hotel

Où manger ? Où boire un verre ?

- **30** Pepper's
- **31** Blas Burgerworks
- **32** Vitals Fish & Chips
- **33** Bumbles Tea-Room
- **34** Porthgwidden Beach Café
- **35** Cafétéria de la Tate Gallery
- **36** The Digey Food Room
- **37** The Lifeboat Inn
- **38** The Loft
- **39** Seafood Café
- **40** Alba
- **41** Garrack Hotel and Restaurant
- **42** Alfresco

⛺ ***Little Trevarrack Tourist Park*** *(hors plan par B3,* ***11****)* **:** *☎ 79-75-80. • littletrevarrack.co.uk • Prendre la direction de Carbis Bay (A 3074), puis... c'est fléché. Ouv fin mai-début sept. Compter 14-26 £ pour 2 avec tente et voiture selon saison. 2 juil-3 sept, bus pour Saint Ives.* Camping proche de la ravissante plage de Carbis Bay. Emplacements bien délimités par des haies. Aire de jeux, mobile homes, douches chaudes gratuites, laverie...

⛺ ***Ayr Holiday Park*** *(hors plan par A2,* ***12****)* **:** *dans Saint Ives même. ☎ 79-58-55. • ayrholidaypark.co.uk • Tte l'année. Compter 14-26 £ selon saison pour 2 avec tente.* Magnifiquement situé, dominant Saint Ives et la baie, à 10 mn des plages et du centre. Parfaitement équipé, cher pour un camping, mais quelle vue !

Bon marché (moins de 20 £/pers – 24 €).

🏠 ***Saint Ives International Backpackers*** *(plan A3,* ***13****)* **:** *The Gallery, Town Centre, TR26 1SG. ☎ 79-94-44. • st.ives@backpackers.co.uk • backpackers.co.uk/st.ives • En face du cinéma. Pas de curfew (couvre-feu). Compter 12-18 £/pers en dortoir selon saison ; doubles 26-38 £. 💻 Réduc de 10 % sur le prix de la chambre sur présentation de ce guide, oct-fév.* Une austère maison de granit datant de 1845, mais intérieur très coloré. Quelque 70 lits en dortoirs de 6 ou 8 et quelques chambres doubles, distribués autour d'une petite cour. Cuisine équipée, douches chaudes, salon avec bar, TV et vidéo. Atmosphère très relax. Possibilité de cours de surf à prix honnêtes et diverses activités nautiques.

Prix modérés (40-60 £ / 48-72 €)

🏠 ***Cornerways*** *(plan B2,* ***15****)* **:** *Bethesda Pl, TR26 1PA. ☎ 79-67-06. • cornerwaysstives@aol.com • cornerwaysstives.com • Derrière le port, juste à côté d'Island Rd. Doubles 55-80 £. CB refusées. Entrée gratuite offerte à la* Tate Saint Ives *sur présentation de ce guide.* Voici une adresse qui mérite le détour et qui pourrait figurer sans complexe dans un magazine de déco ! Jolie demeure de 1837 nichée dans le dédale de ruelles du vieux quartier de pêcheurs. 6 chambres *en-suite,* dont 2 familiales, dans une maison où séjourna Daphné du Maurier dans les années 1940. Le nom de chaque chambre évoque d'ailleurs ses romans. Déco très soignée et superbe. Les salles de bains sont en ardoise. Chambres douillettes et lumineuses, certaines avec vue sur la mer. Épais murs de granit qui vous garantiront un bon sommeil. Une belle adresse de charme et un accueil chaleureux de Tim, qui vous offrira même des entrées gratuites pour la *Tate Gallery* et la *Barbara Heptworth Gallery,* ainsi que pour les jardins gérés par le *National Trust* de la région... un sacré cadeau !

🏠 ***Norway House*** *(plan A2,* ***16****)* **:** *Norway Sq, TR26 INA. ☎ 79-56-78. • nwayhse@talktalk.net • stivescornwall.co.uk • Dans le lacis de ruelles du centre, à côté de l'église. Fermé 4-18 mai. Double en* B & B *60 £.* Dans une jolie maison de poupée comme en compte tout ce quartier, 3 coquettes chambres, soignées bien que petites, toutes avec sanitaires. Excellent petit déj avec nombreux choix. Charmant comme tout et accueil souriant.

🏠 ***The Grey Mullet*** *(plan A-B2,* ***17****)* **:** *2 Bunkers Hill, TR26 1LJ. ☎ 79-66-35. • greymulletguesthouse@lineone.net • touristnetuk.com/sw/greymullet • Juste derrière le port. Fermé 25-26 déc. Doubles* en-suite *à partir de 60-77 £, petit déj inclus.* Une bien belle maison georgienne de la fin du XVIIe s, couverte de fleurs et d'un charme fou. Dans l'escalier, des tableaux partout. Certaines chambres avec vue sur la mer, récemment rénovées, très romantiques. Une très bonne adresse.

🏠 ***Downlong Cottage*** *(plan B2,* ***18****)* **:** *95 Back Road East, TR26 1PF. ☎ 79-81-07. Tte l'année. Double 70 £, petit déj inclus.* Là aussi, dans le vieux quartier des pêcheurs (tout près du musée), un charmant *B & B* dans une maison de caractère toute blanche. Certes, certaines chambres pas trop grandes (normal, à l'époque, ça n'a pas été conçu comme *B & B* !), mais cependant, toutes *en-suite* et très bien tenues. Accueil affable.

Plus chic (80-120 £ / 96-144 €)

The Anchorage *(plan A2, **19**) : 5 Bunkers Hill, TR26 1LJ. ☎ 79-71-35. 07977-92-85-40. • info@anchoragestives.co.uk • anchoragestives.co.uk • Doubles 80-110 £, petit déj inclus. Juin-sept, 4 nuits min. CB acceptées mais 2 £ de commission.* Demeure de caractère datant de 1730, située dans une pittoresque rue en pente. Offre 4 chambres, d'une blancheur immaculée et ayant chacune leur personnalité vu l'ancienneté de la maison (l'une avec poutres apparentes, une autre avec pilier de chêne, une 3e romantiquement sous les combles). Toutes *en-suite,* sauf une (salle de bains privée, mais dans le couloir). Bon confort : sèche-cheveux, TV écran plat, petit frigo sur demande...

Très chic (plus de 120 £ / 144 €)

The Pedn-Olva Hotel *(plan B3, **21**) : Porthminster Beach, TR26 2EA. ☎ 79-62-22. Fax : 79-77-10. Sur The Wharf, au bout de la baie, à 2 mn du centre. Doubles 160-180 £, avec petit déj.* Un hôtel accroché au rocher, les pieds dans l'eau. Chambres assez inégales. Certaines disposent d'un grand balcon et de chaises longues, d'autres sont vraiment minuscules pour le prix. Mais dans tous les cas, on a l'impression d'être dans une sorte de paquebot immobile, avec les mouettes qui frôlent les fenêtres ! Piscine chauffée en extérieur pour l'été (avec accès direct à la plage) et superbe salle de resto. Si ce dernier reste un peu cher, en revanche *Bar food* tout à fait abordable.

Où manger ?
Où boire un verre ?

Bon marché (moins de 8 £ / 9,60 €)

Pepper's *(plan A2, **30**) : 22 Fore St. ☎ 79-40-14. Tlj jusqu'à 22h30. Plats env 8 £.* Dans une petite salle bariolée et chaudement animée. On vient ici pour les pizzas cuites au feu de bois, pour les excellentes pâtes (comme les *seafood fettucine*) et les plats de poisson plutôt bien cuisinés. Une bonne adresse à prix doux.

Vitals Fish & Chips *(plan A-B2, **32**) : sur le port. Midi et soir jusqu'à 22h (en été, 10h-23h). Env 5 £.* Traditionnel *fish & chips* à déguster sur un banc, avec vue sur la baie. On l'aime aussi pour son petit banc de coquillages à grignoter : coques, bulots, crevettes, anchois marinés, etc.

Prix moyens (8-15 £ / 9,60-18 €)

Blas Burgerworks *(plan B3, **31**) : The Warren. ☎ 79-72-72. Tlj sf dim. Fermé de nov à mi-fév. Burgers 7,50-9,95 £.* Découvrez le vrai de vrai *Cornish Burger,* qui vous fera oublier celui des usines à bouffe ! Au bœuf ou au poulet, cuit au feu de bois. Que de bons ingrédients choisis dans la philosophie *Slow Food,* avec garantie de la provenance. Démarche écolo aussi, recyclage des déchets, mobilier de récup'. On aime bien, en outre, le côté *funky* du décor et la devise des lieux : « *Not fast, just fabulous* ! »...

Bumbles Tea-Room *(plan A2, **33**) : The Digey Sq. ☎ 79-79-77. 0779-111-8189. Tlj 9h30-17h.* Pimpant salon de thé peuplé et tenu par de gentilles mamies. On y vient surtout l'après-midi pour les *scones* et gâteaux maison, à déguster avec la fameuse *clotted cream.* Sert également de bons sandwichs frais pour le lunch (avec pain maison). Glaces de chez *Roskilly's.* Sympa, bon et pas cher.

Porthgwidden Beach Café *(plan B1, **34**) : ☎ 79-67-91. Tlj en saison, service continu. Plats 13-14 £.* Idéalement situé, au bord de cette petite plage familiale. Breakfast, *crab linguine,* moules, paella, snacks, cheesecake et *Cornish ice-cream.* Jolie salle avec véranda dominant la crique. Bon marché et sympa. Barbecue en été.

Cafétéria de la Tate Gallery *(plan A2, **35**) : au 2e étage de la galerie, avec une admirable vue sur les toits moussus de la ville et la plage.*

☎ *79-11-22. Nov-fév, fermé le mar. Entrée gratuite pour la cafét !* Quelques plats chauds (assez chers) et gâteaux dans un cadre sobre et moderne, bien dans le style du musée. Terrasse pour les beaux jours.

|●| ☕ ***The Digey Food Room*** *(plan A2, **36**) : 6 The Digey.* ☎ *79-96-00. Lun-sam 10h-17h. Env 8-10 £.* Un resto-épicerie derrière d'élégants bow-windows, avec de petites tables en mosaïque et une cuisine ouverte. Snacks et plats aux accents méditerranéens (belles quiches et tourtes). Fait également salon de thé. 2-3 tables dehors aux beaux jours.

|●| 🍸 ***The Lifeboat Inn*** *(plan A2, **37**) : Wharf Rd, sur le port.* ☎ *79-41-23. Plats 8-12 £. Service en continu. Musique live ven soir et dim ap-m.* Immense pub classique, avec son billard, ses écrans plats branchés non-stop, sa moquette chamarrée, sa clientèle hétéroclite et les mômes qui courent partout. Un des préférés des familles, pour l'espace précisément. Cuisine de pub sans surprise, avec quelques propositions pour végétariens. Populaire pour son *Sunday Carvery.*

Plus chic (15-20 £ / 18-24 €)

|●| ***The Loft*** *(plan B2, **38**) : Norway Lane, derrière le port.* ☎ *79-42-04. Plats le midi 8,95-11,95 £, le soir 14,95-18,95 £.* Early bird *midi et soir 12,95-15,95 £.* Dans une belle salle lumineuse, jolie déco tendance marine, parquet patiné, murs blancs, et petite terrasse ensoleillée, au calme. Cuisine délicate et goûteuse. Intéressante formule le midi. Menu plus cher le soir, avec poisson et fruits de mer. Spécialité de *Loft Shellfish Pot* (gambas, pinces de crabe, huîtres et Saint-Jacques mitonnées au vin blanc, ail, safran et tomate !)... Cher, mais un régal !

|●| ***Seafood Café*** *(plan A2, **39**) : 45 Fore St.* ☎ *79-40-04. Tlj 10h-22h. Compter 15 £ le midi et 25 £ le soir. Demi-homard, salade et chips maison pour 17,95 £.* On choisit son poisson ou sa viande directement à l'étalage, qui sera servi avec de beaux légumes frais. Cuissons parfaites, fritures légères, un régal. Cadre contemporain agréable. Atmosphère chic et détendue à la fois.

|●| ***Alfresco*** *(plan A2, **42**) : Harbourside (sur le port).* ☎ *79-37-37. • enquiries@alfrescocafebar.co.uk • Tlj midi et soir 18h-22h. Lunch spécial. Menu du soir 15,95 £.* Dans un cadre contemporain et sobre, une cuisine raffinée à partir de beaux produits. Petits légumes originaux et une vraie touche personnelle pour mettre en valeur et associer les saveurs. Goûter au *wild sea bass* (bar sauvage avec *crab cake,* salsifis et velouté de coriandre) à 18,95 £, aux moules et *haddock chowder,* au haddock fumé, etc. Belle sélection de fromages régionaux.

|●| ***Alba*** *(plan A2-3, **40**) : Old Lifeboat House, The Wharf.* ☎ *79-72-22. • mail@thealbarestaurant.com • Résa conseillée. Midi, menus 15,25-18,25 £ ; le soir, 30-35 £ à la carte.* Vins à partir de 12,50 £ (un gouleyant navarre rouge) et une bonne sélection de flacons australiens. LE resto chic de la ville, à un prix pas si exorbitant que ça compte tenu de sa qualité. Beaux menus qui varient au fil des saisons. Fort bon *Taster Plate* à 14,95 £ ! Cuisine rondement menée, plébiscitée par de nombreux *awards.* Pour la vue sur le port, préférer le resto au 1er étage. Pour l'excellent rapport qualité-prix, préférer le lunch en brasserie !

Très chic (plus de 20 £ / 24 €)

|●| ***Garrack Hotel and Restaurant*** *(hors plan par A2, **41**) : Burthallan Lane.* ☎ *79-61-99. • info@garrack.com • garrack.com • Sur la colline surplombant la ville et offrant une remarquable vue du port. Dîner 18h-21h. Menus 23-26,50 £.* Light super *13,50 £, 18h-19h.* Sunday lunch *12,95 £ et 15,95 £.* Un resto de grande classe dans une magnifique maison couverte de vigne vierge. Cuisine de qualité avec des produits régionaux. Large carte des vins pour connaisseurs (au moins 70 vins de 10 pays). Les chambres en *B & B (130-202 £ selon saison)* offrent tout le confort attendu à ce prix. Également piscine intérieure, sauna et jacuzzi. Grand jardin arboré et parking.

À voir

Des plages, des musées, oui, mais aussi tout simplement de longues balades sur la plage, des randonnées sur la côte et des parties de cache-cache dans les venelles et les escaliers de la ville.

Tate Gallery *(plan A2)* **:** *Porthmeor Beach. ☎ 79-62-26. • tate.org.uk • Mars-oct, tlj 10h-17h20 ; nov-fév, mar-dim 10h-16h20. Entrée : 6,50 £ ; réduc. Possibilité de billet combiné avec la* Barbara Hepworth Gallery *10 £.* Voici la petite sœur du célèbre musée londonien. La longue tradition d'art de Saint Ives depuis la fin du XIXe s s'est traduite par l'ouverture de ce lieu de rendez-vous des artistes anglais et étrangers ayant vécu ou, en tout cas, ayant été influencés par Saint Ives. Le musée abrite des expositions temporaires de peintures et de sculptures, dans une structure moderne, lumineuse, ondulante et légère. Une variation sur la pierre, le verre, le métal, le blanc et le gris, le tout adouci par des courbes et des hublots. Une réussite. Peu d'œuvres finalement, mais le lieu mérite vraiment le détour.

Barbara Hepworth Gallery and Sculpture Garden *(plan A2)* **:** *Barnoon Hill ; à l'angle d'Ayr Lane. ☎ 79-62-26. Mars-oct, tlj 10h-17h20 ; nov-fév, mar-dim 10h-16h20. Entrée : 5,50 £. Possibilité de billet combiné avec la* Tate Gallery *10 £.* C'est là que la grande dame sculpteur a vécu de 1953 à sa mort, en 1975. Elle légua à la ville sa maison, son jardin et ses sculptures. Intéressant de voir ses œuvres dans l'environnement où elles ont été conçues, et d'apprécier les ébauches et les documents qui restent. Le musée est petit, mais la visite est intéressante. Barbara Hepworth oscillait entre des compositions rudes et géométriques et d'autres tout en rondeur, féminines à l'extrême. Émouvant atelier, encore plein de sa présence. Ses œuvres s'intègrent parfaitement à la végétation tropicale du jardin.

Saint Ives Museum *(plan B1-2)* **:** *Wheal Dream, entre le port et Porthgwidden Beach. ☎ 79-60-05. Début avr-début nov, tlj sf dim 10h-17h (16h sam). Entrée : 2 £.* Sympathique musée d'art et traditions populaires. Un grand et vieux bric-à-brac, l'exact opposé de la Tate Gallery, ou plutôt le parfait complément. Tous les métiers sont évoqués à l'aide d'objets, de gravures, de documents, de vêtements, de mises en scène. Le musée est divisé en petites sections. Nos préférées : d'abord, celles des ancres de marine, surtout les primitives et les ancres du monde entier en réduction. Celle de la police, assez insolite, avec sa collection de matraques en bois sculptées ou ciselées (des poètes, on vous disait !). Puis la belle série de portraits et métiers en noir et blanc. Reconstitution d'un salon petit-bourgeois et d'une cuisine traditionnelle. Salle des maquettes, avec de superbes marines. Étonnant pilori pour les jeunes délinquants utilisé jusqu'en 1927 ! Grande salle avec tous les instruments de bord, une petite section archéologie et géologie, quelques outils. Au sous-sol, le matériel agricole, l'atelier du forgeron et celui de conditionnement des barils des sardines salées (en direction de l'Italie). Dans la dernière salle, vestiges de divers naufrages et expo d'objets traditionnels liés à la mer (spectaculaires photos de bateaux échoués). Enfin, souvenirs du travail dans les mines (on notera les rustiques étayages dans les galeries !)...

Les galeries d'art : pratiquement toutes les rues possèdent au moins une galerie de peinture. Il y en aurait 138 ! Entre les amateurs éclairés et les peintres illuminés, on trouve de tout. Jeter un œil à *Old Mariners Church,* sur Norway Square, qui propose de bonnes expos.

Smeaton's Pier *(plan B2)* **:** c'est le long quai édifié au XVIIIe s, qui ferme le port et où débarquent les pêcheurs et leurs caisses de maquereaux, sous l'œil gourmand d'un phoque, parfois deux (mais ils ne sont pas toujours là).

De temps en temps, il y a même quelques dauphins fainéants qui viennent ici grappiller quelques poissons.

St Ia's Church *(plan A3)* **:** notable pour sa tour haute de 24 m, datant du XVe s. La légende raconte que le missionnaire irlandais saint Ia aurait accosté ici sur une feuille (référence à la forme des bateaux de l'époque ?) et aurait fondé la ville... d'où son nom de Saint Ives. Dans la chapelle de la Vierge, une œuvre de Barbara Hepworth, le grand sculpteur de la ville.

***Les plages* :** la plus belle est indéniablement *Carbis Bay,* à quelques miles à l'est de Saint Ives ; mais derrière le port, ne négligez pas *Porthmeor Surf Beach,* ravissante, ou bien *Porthminster Beach,* à 10 mn du centre vers l'est. De toute manière, les environs de Saint Ives sont truffés de plages et de criques délicieuses. Le problème n'est pas de trouver la plus belle, mais la moins bondée en été.

À faire

– ***Surf* : *Shore Surf School,*** *46 Mount Pleasant. ☎ 75-55-56. • shoresurf.com • Compter 30 £ la ½ journée.* Si vous souhaitez apprendre ou parfaire votre pratique. Tout l'équipement vous est fourni. Équipe de professionnels qui connaissent également les meilleures plages.

DANS LES ENVIRONS DE SAINT IVES

***Saint Agnes* :** par l'A 30, au-delà de Redruth, ce village est représentatif du déclin de l'exploitation de l'étain dans la région. Le port minuscule est surplombé d'un impressionnant promontoire culminant à 191 m, d'où l'on peut apercevoir la côte atlantique jusqu'à Trevose Head, et le Saint Michael's Mount au sud. Des gamins de 12 ans, planche de surf à la main, n'hésitent pas à affronter les gros rouleaux de l'océan.

Blue Hills Tin Streams* :** *Wheal Kitty,* ***Saint Agnes. *☎ 55-33-41. • bluehillstin.com • Prendre la B 3277 jusqu'à Saint Agnes. Traverser le village et prendre la B 3285 en direction de Perranporth, tourner à gauche vers Wheal Kitty et ensuite à droite. Fin avr-oct, lun-sam 10h-14h (16h juil-août-sep). Entrée : 6 £ ; réduc.* La fabrication de l'étain n'aura plus de secrets pour vous après la visite de cette intéressante « usine » du début du XIXe s. Démonstrations également d'artisanat local. Compter une bonne heure de visite.

PERRANPORTH

IND. TÉL. : 01872

De hautes falaises plongent dans la mer, les dunes s'étagent, puis laissent place à une grande plage de sable fin qui paresse majestueusement, roulée par les vagues. Tout le long du chemin côtier, la magie de l'océan vous emporte. Mais le village par lui-même est assez banal.

Où dormir ?

***Youth Hostel* :** *Droskyn Point, Perranporth ☎ 57-38-12 et 0845-371-9755. Prendre Beach Rd à gauche de la plage, jusqu'au parking inférieur, puis Cliff Rd jusqu'au parking supérieur ; l'AJ se trouve derrière Droskin Castle. Fermé mar et mer hors saison. Résa* *recommandée (slt 26 lits). Lits à partir de 27 £.* Tout en haut, sur la falaise, au bord du *Coastal Path,* la vue est grandiose. L'AJ est sise dans une petite maison grisâtre à l'équipement réduit (ancien poste militaire). Elle offre néanmoins une des plus belles vues qu'on puisse imaginer. Repaire de fêlés de surf.

Où dormir ? Où manger très chic dans les environs ?

En direction de Saint Agnes, *Trevaunance Cove* est une charmante crique dotée d'un hôtel-restaurant très chic.

NEWQUAY

21 500 hab. IND. TÉL. : 01637

Certes, Newquay ne possède ni le calme ni l'authenticité typique des petits villages de Cornouailles. Mais la plus grande station balnéaire de la côte a su conserver un charme certain avec ses maisons georgiennes, le célèbre hôtel *Headland,* ses grandes plages dorées et ses points de vue magnifiques sur la baie. En outre, Newquay s'avère un endroit idéal pour le surf et pour faire la fête le soir. Un petit côté « sea, sex and sun » pas désagréable du tout. Beaucoup, beaucoup de boutiques : mode pour les fringues, pratiques pour faire le plein (supermarchés, pharmacie, etc.). En revanche, en basse et même moyenne saison, la ville est déserte le soir (et atmosphère mortelle), autant le savoir !

FORCE DE L'HISTOIRE ET CARESSE DE L'INFIRMIÈRE !

L'hôtel Headland servit, durant la Seconde Guerre mondiale, d'hôpital pour les blessés de la Royal Air Force. Depuis, il connut des moments étranges... Quelques clients de l'hôtel prétendirent avoir rencontré de nuit, au détour des immenses halls et couloirs, de jeunes aviateurs, la tête bandée ou le bras en écharpe, devisant gaiement... En 1994, une cliente raconta même avoir été réveillée un matin par la douce caresse d'une infirmière bien mystérieuse.

Adresses utiles

- ***Tourist Information Centre :*** *Marcus Hill. ☎ 85-40-20. ● newquay.co.uk ● Ouv 9h30-16h30.*
- ***Banques :*** *on les trouve surtout dans Bank St (original, non ?).*
- ***Gare ferroviaire :*** *Cliff Rd.*
- ***Gare routière :*** *Manor Rd.* 3-4 bus/j. pour Exeter (env 3h de trajet). 4-5 bus/j. pour Plymouth (1h40 mn de trajet). 1 bus/h pour Padstow (4 le dim ; 1h15 de trajet). Nombreux bus pour Truro (env 1h de trajet).
- ***Location de vélos : Shoreline,*** *7 Fore St. ☎ 87-91-65. Près du pub* Sailor's. *Prévoir 12 £/j.*

Où dormir ?

Pas mal de solutions logement pour les routards qui ne veulent pas faire un trou dans leur budget et préfèrent se consacrer aux activités sportives qu'offre la ville.

Bon marché (moins de 20 £/pers – 24 €).

Newquay International Backpackers : *69-73 Tower Rd, à proximité de Fistral Beach, TR7 1LX. ☎ 87-93-66. ● newquay@backpackers.co.uk ● backpackers.co.uk ● Dortoirs 13-20 £/*

pers selon saison ; doubles en-suite 28-46 £. Très central. Une soixantaine de lits dans 3 maisons contiguës, joliment décorées de couleurs vives et conviviales. Très propre. Douches (payantes) et nombreuses prestations. Pas de couvre-feu. On vous remet une carte donnant droit à des réductions dans pas mal de commerces. Petite terrasse conviviale sur rue. Barbecue de temps à autre. Rin manage le lieu avec énergie. Une excellente adresse d'AJ indépendante.

Saint Christopher's Inn : *35 Fore St, TR7 1HR. ☎ 85-91-11 et 208-600-7500. • st-christophers.co.uk • bookbeds.com • (pour les résas en été). En dortoir de 4-8 lits, 18-25 £/pers ; compter 50 £ la double, petit déj continental compris.* Pas de couvre-feu. Membre de la célèbre chaîne d'AJ privée. À l'intérieur, le ***Belushi,*** un très grand bar qui surplombe idéalement la mer du haut de sa grande terrasse. Chambres bien tenues, eau chaude, *lockers,* tables de billard. On adore le bar au décor particulièrement *funky* et coloré. Une ambiance vraiment *friendly,* idéale pour lier connaissance.

Plus chic (80-120 £ / 96-144 €)

Seashells Guest House : *55 Fore St. ☎ 87-45-82. • seashellsnewquay@aol.co.uk • seashellsnewquay.com • Doubles 80-90 £ selon saison ; petit déj inclus.* Bien située, à trois pas des plages, une agréable demeure particulière fleurie. Accueil charmant et attentionné de l'hôte. 5 chambres *en-suite* cosy et lumineuses, dont certaines avec vue privilégiée sur le large. Chauffage central. Atmosphère familiale. Copieux petit déjeuner.

Hôtel Headland : *Fistral Beach, TR7 1EW. ☎ 87-22-11. • headlandhotel.co.uk • Doubles 89-389 £ selon saison, taille et exposition, petit déj inclus. Brasserie le midi, bar snacks 15h-18h30, dîner 18h30-21h30 (résa conseillée).* Tout seul sur son promontoire herbu, découpant sa victorienne et massive silhouette sur l'horizon, voici le mythique grand hôtel du sud-ouest de l'Angleterre. De la famille de ces grands hôtels fin XIXe s, comme celui du Palais (à Biarritz) ou le château Frontenac (à Québec). Il a gardé ses immenses volumes, son cadre luxueux, mobilier cossu, lourds tissus, objets d'art et quelques fantômes du passé... De nombreux rois honorèrent les lieux comme Édouard VII, Édouard VIII, George VI et plus récemment le prince Charles (chambres nos 102, 103 et 104 pour celles, ceux, désirant rêver royalement !)... Cuisine de grande réputation servie dans une superbe salle à manger panoramique. Terrasse pour prendre le thé au-dessus des flots. Ouverture en mai 2012 d'un beau complexe piscine spa.

Où manger ? Où boire un verre ?

Bon marché (moins de 8 £ / 9,60 €)

Jon Bouys Fish & Chips : *Gover Lane. ☎ 87-78-23. Au-dessus de Crescent. Env 2,50 £ pour un hamburger et 4 £ le traditionnel et populaire fish & chips.* Sur place, quelques grosses tables dehors. Si vous préférez « à emporter », nombreux bancs face à la mer.

Prix moyens (8-15 £ / 9,60-18 €)

The Red Square : *17-19 Gover Lane. ☎ 87-88-23. Plats 6-11 £. Ouv jusque tard (en principe, 4h le w-e en été).* Un pub moderne avec néanmoins de confortables fauteuils et une cheminée (très design). Murs en brique et chaude ambiance le soir. Grandes assiettes à se partager comme le « full rack » de *barbecue ribs.*

The Central : *11, Central Sq. ☎ 87-38-10. Tlj 11h-minuit (w-e 1h30). Plats à moins de 10 £.* Grande terrasse en plein milieu de la ville (le nom n'a pas été choisi par hasard !) pour les beaux jours. L'une des rares occasions de se restaurer en ville en basse saison. À l'intérieur, bar *smart* sur 2 étages. Mobilier en cuir rouge et tons bois. Long comptoir et box confortables. *Light bites* pour un déjeuner sur le pouce et carte plus fournie le soir. Vrais *fruit smoothies* et milk-shakes. Cuisine de brasserie correcte.

The Red Lion : *North Quay Hill. ☎ 87-21-95.* Au-dessus du petit port, pas loin de l'*International Backpackers,* le plus populaire pub du coin. Chaude ambiance tous les soirs, surtout les vendredi et samedi avec la musique live.

The Fort Inn : *63 Fore St. ☎ 87-57-00. Tlj jusqu'à 22h. Service en continu en été. Repas autour de 20 £. Sept-mai, le midi, fameux* Sunday roast carvery. On passe d'abord sa commande à la caisse, on paie en donnant un numéro de table et on s'installe ensuite. Belle terrasse panoramique sur le port prise d'assaut aux beaux jours. À l'intérieur, vastes salles aux murs de pierre sèche, avec belle cheminée à l'ancienne et long comptoir de bois verni. Familles et enfants vraiment bienvenus (ils ont de la place et un espace jeux). Honnête cuisine de brasserie : sardines fraîches, burgers, *chicken curry,* moules, lasagnes maison et sélection de steaks au charbon de bois...

Plus chic (15-20 £ / 18-24 €)

Lewinnick : *Pentire Headland. ☎ 87-81-17. • ask@lewinnick-lodge.info • Tlj 9h-22h (22h30 en été) en continu. Résa conseillée. Le midi, plats 9-13 £ ; le soir, 10-17,50 £.* Au nord de la ville, accrochée à la falaise, c'est d'abord la plus séduisante terrasse de la ville au crépuscule (au petit déj aussi, d'ailleurs !). Intérieur moderne, lumineux et aéré. Tables bien séparées, service jeune. Cuisine franche, simple, utilisant de bons produits, respectant les saveurs. En outre, d'un remarquable rapport qualité-prix-cadre. Poisson d'une rigoureuse fraîcheur et « *specials* » changeant chaque jour. Copieux *open sandwiches*. Quelques plats réguliers : *fish cake* maison, gnocchis au fromage de chèvre, steak grillé au charbon de bois, tendre épaule d'agneau, belle sole cuite comme il faut... Courte, mais intéressante carte des vins.

À voir. À faire

Blue Reef Aquarium : *sur la plage principale. ☎ 87-81-34. • bluereefaquarium.co.uk • Ouv 10h-17h (16h en hiver). Entrée : 9,75 £ ; réduc.* Un intéressant parcours, très bien présenté, avec des lumières étudiées. Miniconférences ludiques au moins 4 fois par jour à l'heure où les poissons sont nourris. Aquarium à vagues pour les bars, étonnants concombres de mer, dangereux congres qui ne lâchent jamais leur prise une fois attrapée, piscine de poissons locaux que l'on voit du dessus, comme si l'on avait les pieds dans l'eau, marrante tortue connue sous le nom de « tortue nez de cochon », à cause de son nez qui lui permet de chercher de la nourriture dans le sable, pieuvre géante comme dans *Vingt mille lieues sous les mers,* hippocampes vus à travers des « aquariums-microscopes », des nautiles qui existent depuis l'époque des dinosaures, et aussi un tunnel transparent à travers lequel on passe et qui abrite plus de 2 000 poissons dont huit requins et un poisson surnommé Elvis, avec de grosses lèvres bleues.

– **Surf :** deux écoles à votre disposition. ***BSA National Surfing Centre*** *(Fistral Beach, ☎ 85-07-37) ; et* ***ReefSurf School*** *(10-12 Berry Rd, ☎ 87-90-58). Autour de 40-50 £/j.* Les deux sont agréées, avec des moniteurs qualifiés, et fournissent le matériel.

LES CORNOUAILLES

PADSTOW

3 000 hab. IND. TÉL. : 01841

Port de pêche encore très actif, à une vingtaine de kilomètres au nord de Newquay. Entouré de quais sur trois côtés et garni de maisons aux tons pastel, le port est situé à l'embouchure de la rivière Camel, qui filtre depuis le XIXe s le trafic des bateaux depuis qu'un malencontreux banc de hauts-fonds *(Doom Bar)* s'y est installé. Le cadre coquet du port attire le mouillage des *cabin-cruisers* qui côtoient les petits chalutiers.
Aujourd'hui surtout connu pour son célèbre cuisinier Rick Stein (auteur de nombreux livres et émissions télévisées), Padstow connaît un regain d'intérêt. Mr Stein ne possède pas moins de quatre restaurants, un café, un *deli*, une pâtisserie, une boutique, une école de cuisine, sans parler des chambres d'hôtel ; bref, la moitié de la ville lui appartient, vous n'y échapperez donc pas.
Petite touche folklorique : le 1er mai, la ville célèbre un rite païen qui consiste à balader un cheval de bois (censé capturer les jeunes vierges) dans les rues avant de le jeter dans le port.

Arriver – Quitter

➢ ***En train :*** depuis Londres pour ***Bodmin*** (par Exeter). 4-5h de trajet. Puis bus n° 55 pour ***Padstow*** (1h20 de trajet).

Adresses utiles

ℹ ***Tourist Information Centre*** *(plan B1)* **:** *North Quay.* ☎ *53-34-49. Tlj 9h30-17h (16h en hiver et dim).*

■ ***Banques avec distributeur :*** ***Barclay Bank** et **HSBC,** à l'angle de Market Place et Duke St.*

■ ***Padstow Cycle Hire*** *(plan B1,* ***1****)* **:** *South Quay.* ☎ *53-35-33. • info@padstowcyclehire.com • Tlj 9h-17h. Vélo ou VTT 12 £/j.* Idéal pour affronter le *Camel Trail* (voir « À voir. À faire »).

Où dormir ?

Camping

⛺ ***Dennis Cove Camping :*** *Dennis Lane, PL28 8DR.* ☎ *53-23-49. • denniscove@freeuk.com • denniscove.co.uk • Bien fléché depuis l'entrée de la ville ; prendre à droite au supermarché Tesco. Ouv avr-sept. Env 18 £ pour 2 avec tente et voiture.* À deux pas du centre-ville, et pourtant dans un site protégé, au bout d'un chemin de terre. Bien entretenu, mais, au plus fort de l'été, un peu les uns sur les autres. Accueil chaleureux.

Prix moyens (60-80 £ / 72-96 €)

🏠 ***Trealaw Guesthouse and Tea-Room*** *(plan B1,* ***10****)* **:** *22 Duke St, PL28 8AB.* ☎ *53-31-61. • trealaw.com • Compter 70-80 £.* À deux pas du port et de l'animation. Dans une jolie demeure fleurie à pignon. À l'étage d'un adorable *tea-room* (voir rubrique « Où manger ? Où boire un verre ? »), 2 chambres toutes mignonnes, délicieux petit déj en prime. Penser à réserver.

🏠 ***Cyntwell B & B*** *(plan A1,* ***11****)* **:** *4 Cross St, PL28 8AT.* ☎ *53-34-47. • wendy@wgidlow.fsnet.co.uk • et • enquiries@cyntwell.co.uk • cyntwell.co.uk • À 200 m du port. Doubles 75-88 £ selon saison, petit déj inclus.* Ancienne demeure de pêcheur à la modeste façade, mais joliment rénovée à l'intérieur, en préservant charme et caractère. Forcément, chambres assez petites, mais toutes *en-suite,* cosy et de bon confort. On a vraiment fait attention aux détails : plancher de bois blanc, belle salle de bains, drap de

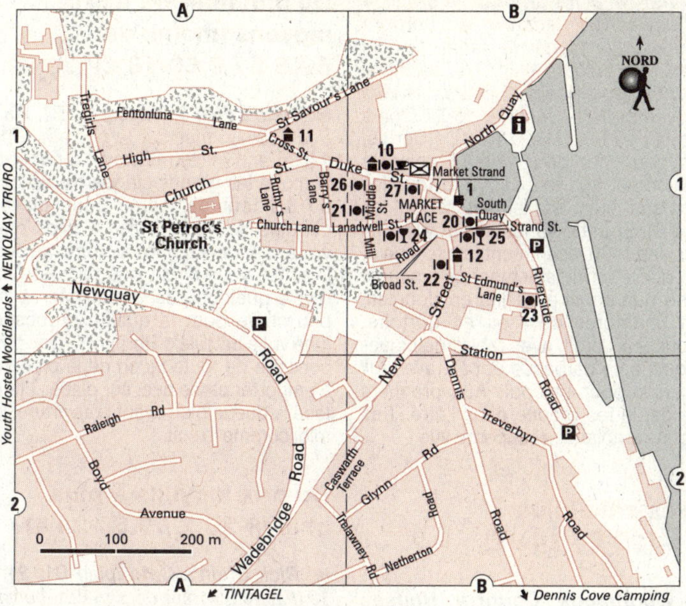

PADSTOW

Adresses utiles

- Tourist Information Centre
- **1** Padstow Cycle Hire

Où dormir ?

- **10** Trealaw Guesthouse and Tea-Room
- **11** Cyntwell B & B
- **12** The White Hart

Où manger ? Où prendre un thé ? Où boire un verre ?

- **10** Trealaw Guesthouse and Tea-Room
- **20** Stein's Fish & Chips
- **21** Rick Stein's Café
- **22** Saint Petroc's Hotel and Bistro
- **23** The Seafood Restaurant
- **24** Jack's
- **25** Harbour Inn
- **26** Margot's Bistrot
- **27** Paul Ainsworth

coton égyptien, sèche-cheveux, TV digitale... Mais pas d'enfants en dessous de 7 ans !

Plus chic (80-120 £ / 96-144 €)

The White Hart *(plan B1,* **12***) : 1 New St.* ☎ *53-23-50. En face du* Saint Petroc's Bistro. *Compter 89 £,* breakfast *inclus.* Dans une demeure chargée d'histoire, 2 chambres cosy, refaites à neuf dans un style à la fois chaleureux et moderne. La plus chère avec coin *lounge* et cuisine. Accueil charmant. Adresse très prisée, penser à réserver longtemps à l'avance.

Où dormir dans les environs ?

Bon marché (moins de 20 £/pers – 24 €)

Treyarnon Bay Youth Hostel *: Tregonnan, PL28 8JR.* ☎ *0845-*

371-9664. • treyarnon@yha.org.uk • À 5 miles de Padstow, en bordure d'une vraie plage de sable. Depuis Padstow, prendre la B 3276, dépasser Saint Meeryn et bifurquer à droite vers Treyarnon Bay. Compter 18-22 £/pers en hte saison. Double 56 £ ! Certes, un peu cher pour une AJ, mais la région est très touristique et tous les prix sont tirés vers le haut (surtout les *B & B*). Et cette AJ, ancienne villa des années 1930 récemment refaite à neuf, se révèle formidablement bien située. Une quarantaine de lits en doubles, en chambres de 4 ou en dortoirs. Douches. Jardin avec tables de pique-nique, coin barbecue et café avec *full licence* pour l'alcool. Aux premiers froids, le feu crépite dans l'âtre. Très bonne ambiance et superbe vue.

Très chic (plus de 120 £ / 144 €)

🏠 ***Woodlands Country House :*** *Treator, PL28 8RU.* ☎ *53-24-26.* • *enquiries@woodlands-padstow.co.uk* • *woodlands-padstow.co.uk* • *(remarquable site internet !). Prendre la B 3276 en direction de Saint Meeryn. Doubles 108-148 £, joliment décorées.* Dans une opulente demeure victorienne de brique rouge. Tout exprime ici l'élégance et l'opulence. Tons doux, beaux tissus... Sans cesse l'expression d'un goût exquis. Notre préférence va à la nº 3, la « Bay Room », très spacieuse, avec un lit à baldaquin, ainsi qu'à la « Beach Room ». *So romantic !*

Où manger ? Où boire un verre ?

Dans l'un des restos de Rick Stein, *of course !* Un seul numéro de téléphone pour les résas : ☎ 53-27-00. • rick stein.com • Tous sont ouverts tous les jours. En tout cas, ce ne sont pas les opportunités de bien manger à Padstow qui manquent. Augmentez votre budget exceptionnellement !

De bon marché à prix moyens (moins de 8-15 £ / 9,60-18 €)

🍴 ***Stein's Fish & Chips*** *(plan B1,* ***20****) : South Quay, situé sur le port. Tlj 12h-14h30 et 17h-20h.* Eh oui ! il remet à la mode les grands standards. Autour de 8 £ tout de même pour, disent certains, le meilleur *fish & chips* que vous mangerez durant votre séjour. D'autres vous diront que l'adresse se révèle quelque peu surestimée et un peu chère pour la qualité proposée (une vraie bataille d'Hernani !). On vous conseille de toute façon de le prendre à emporter parce que, sur place, il faut faire la queue bien avant l'ouverture, le midi comme le soir.

De prix moyens à plus chic (8-20 £ / 9,60-24 €)

🍴 ***Rick Stein's Café*** *(plan B1,* ***21****) : 10 Middle St. Petit déj 8h-10h. Lunch 12h-15h et dinner 18h30-21h30. Le soir, résa conseillée. Menu 22 £. Special 9,50 £.* Une cuisine simple utilisant des produits frais, dans une salle aux murs crème et à l'éclairage étudié : *chicken satay,* crevettes sel et poivre, soupe à l'ail et œuf poché, etc.

Très chic (plus de 20 £ / 24 €)

🍴 ***Saint Petroc's Hotel and Bistro*** *(plan B1,* ***22****) : 4 New St. Tlj 12h-14h et 17h30-22h. Compter env 40 £.* Dans une salle agréable aux boiseries apparentes ou dans le joli jardin avec quelques rares tables (réserver). Délicieuse huile d'olive sur toutes les tables. Cuisine qui pioche ses idées du côté de la France et bon choix de grillades.

🍴 ***The Seafood Restaurant*** *(plan B1,* ***23****) : Riverside. Menu le midi 37 £. Repas env 50 £ et tasting menu 60 £.* Le plus chic d'entre tous. Cadre contemporain spacieux et assez sobre rehaussé par de grands tableaux modernes. Cuisine sophistiquée, de très bonne qualité (surtout à base de poisson), cependant sans vraiment de grands élans créatifs. C'est de l'absolument maîtrisé, cuisson exacte et tout... À l'image de cette belle soupe de poisson et sa rouille délicate et parfumée (la soupière reste sur la table) et des filets de sole aux fleurs d'ail. Menu du midi tout à fait correct pour le prix, à la carte bien sûr, c'est beaucoup plus cher !

Et sinon, pour échapper à Ricky...

Jack's *(plan B1,* ***24****) : Parnalls Court, Lanadwell St, PL28 8BH. ☎ 53-32-38. • padstowjacks.co.uk • Compter 15-20 £.* Notre adresse secrète ! Niché au fond d'une impasse, ce resto de poche offre, avec le sourire, une fraîche petite cuisine, les plats du jour sur l'ardoise, une quinzaine de tapas goûteuses, de belle assiettes de charcuterie et de fromages... Intéressante petite carte des vins démarrant avec un merlot chilien à 16,95 £ (grands bordeaux et bourgognes aussi). Agréable courette.

Harbour Inn *(plan B1,* ***25****) : Strand St, South Quay. ☎ 53-31-48. Service continu 12h-21h30. Plats env 7-8 £.* Si vous voulez échapper à Stein, venez vous réfugier ici ! De l'espace et un chaleureux décor composé de souvenirs de la mer, d'outils de charpentier, maquettes, etc. Accueil à la bonne franquette d'Alan et Sally, gros fauteuils clubs, billard et fléchettes, et enfin tous les standards musicaux des années 1960, en dévorant burgers, *steak and kidney* maison, maquereau grillé, poulet barbecue et bières locales dans une ambiance très vieille marine.

Trealaw Guesthouse and Tea-Room *(plan B1,* ***10****) : 22 Duke St. ☎ 53-31-61.* Dans un minuscule décor de salle à manger de grand-mère, 5 tables à napperon n'attendent que vous pour un traditionnel *Cornish cream tea.* Tout y est : le mobilier cossu, la collection de porcelaines, le gramophone, le carillon de Big Ben et les gâteaux maison.

Paul Ainsworth *(plan B1,* ***27****) : 9 Middle St. 53-20-93. • enquiries@number6inpadstow.co.uk • Tlj sf lun, mai-sept 12-14h et 18h-22h (oct-avr, 19h sf dim-lun). Congés : 3 sem en janv et Noël. Le soir, résa quasi obligatoire ! Compter 25-30 £.* Ce Paul, il a osé affronter Stein il y a peu dans son propre fief... Gagné ! C'est devenu aujourd'hui une des adresses phares des Cornouailles. Cadre contemporain plaisant intégrant harmonieusement le charme et le passé de cette vénérable demeure du XVIIIe s. Cuisine pleine d'inspiration à base de bons produits locaux strictement de saison. Faut dire que nombre d'employés ici ont travaillé chez le grand *Gordon Ramsay*... Poisson et Saint-Jacques du jour, asperges de *St Enodo,* cabillaud *(cod)* aux coques et chorizo divin, épaule d'agneau et rognons épinards, joue de bœuf braisée... et toujours la juste cuisson ! Service jeune, atmosphère relax.

Margot's Bistrot *(plan B1,* ***26****) : 11 Duke St. ☎ 53-34-41. • bazbeachdog@aol.com • Slt le soir sf lun-mar. Menus 23,50-29,50 £ et tasting menu 36 £.* Bon, n'en rêvez pas trop si vous venez de débarquer en ville, les gens réservent parfois une semaine à l'avance (même en basse saison). Excellente cuisine traditionnelle à base de produits fermiers d'une grande fraîcheur et des recettes bien perso, à des prix fort abordables. Ceci expliquant cela, bien sûr ! Autant le savoir, c'est aussi une petite affaire familiale et le service peut parfois apparaître un peu *slow*. Cependant, ici, ça se sait et nulle tension à craindre, car on est déjà content d'avoir pu dégoter une table !

À voir. À faire

Balade romantique dans le village pour découvrir le charme des vieilles demeures de pêcheurs. Sur ***Middle Street*** (la rue du resto *Paul Ainsworth*), noter cette ***Alm's House,*** harmonieuse architecture en brique rouge, avec une jolie porte d'entrée en « pas d'oiseau ». Typique d'un certain habitat populaire (qu'hélas on ne fait plus !), avec ses neuf étroites demeures (dont celle d'une « mamie-chats ») entourant une courette fleurie.

Prideaux Place : *au-dessus de la ville.* ☎ *53-24-11.* • *prideauxplace.co.uk* • *De Pâques à mi-avr et de mi-mai à début oct env, dim-jeu 13h30-16h. Entrée : env 6,50 £. Visite guidée en français.* Manoir élisabéthain (1592) de la famille Prideaux, aux nombreuses pièces richement décorées. Superbes jardins.

Bedruthan Steps : configuration rocheuse spectaculaire au sud de Trevose Head... Les rocs gigantesques arrachés par la mer semblent suivre un alignement cohérent que la légende attribue aux pas du géant Bedruthan.

➢ **Camel Trail :** ancienne ligne de chemin de fer désaffectée qui part de l'estuaire de la Camel pour rejoindre Poley's Bridge, aux confins des Bodmin Moors. Chouette balade sur terrain plat de 18 miles à faire à pied, à vélo ou à cheval.

PORT ISAAC

IND. TÉL. : 01208

Ravissant, merveilleux, délicieux, adorable... (rayer la mention inutile) petit port encaissé au pied d'une colline. Les maisons des XIVe et XVe s ressemblent à des maisons de poupées, coincées les unes contre les autres, face au port qu'elles encadrent. Les murs sont recouverts d'ardoise grise. Port Isaac est tellement minuscule que nous vous recommandons vivement de vous garer sur le parking à l'extérieur de la ville, la circulation en voiture s'avérant très difficile dans les ruelles étroites. Du parking, un chemin longe la côte sur 300 m jusqu'au port.

Où dormir ?

Prix moyens (60-80 £ / 72-96 €)

Hathaway Guesthouse : *9 Roscarrock Hill, PL30 3RG.* ☎ *88-04-16.* • *marion.andrews1@btopenworld.com* • *hathawayguesthouse.co.uk* • *Traverser le village et remonter par l'étroite venelle sur le versant ouest le long de la falaise ; poursuivre jusqu'au bout. Si vous avez réservé, possibilité de vous y rendre en voiture et de vous garer. Doubles à partir de 70 £, petit déj inclus. Résa recommandée. CB refusées.* Demeure victorienne aménagée coquettement. Environnement totalement bucolique. Admirable vue plongeante sur le port dont on profite de la jolie terrasse et de la pelouse devant la maison. 5 chambres cosy, dont 3 avec vue et 2 toutes petites. Propriétaire charmante.

The Old School : *dans la rue descendant vers le port. PL30 3RD.* ☎ *88-07-21. Doubles 70-160 £.* Dans les superbes locaux de l'ancienne école, surplombant la mer. Construite en calcaire et granit en 1877, en forme de chapelle ; l'architecte gagna d'ailleurs un grand prix à l'expo de Chicago. École du village jusqu'en 1976. Une adresse vraiment hors du commun, que ce soit pour y dormir ou pour y dîner (voir rubrique suivante). Chambres décorées avec soin. Les nos 11 et 12 sont nos préférées.

Trewetha Farm : *sur la route B 3267, à 500 m à droite avt Port Isaac.* ☎ *88-02-56.* • *trewethafarm@btopenworld.com* • *trewetha-farm.co.uk* • *Double 70 £. Bungalows à partir de 250 £/sem.* 6 jolis bungalows en bois verni vert, face à la mer, bien aménagés avec salle de bains. Dans la maison datant du XVIIIe s, 4 chambres traditionnelles. Quelques-unes donnent sur la route, mais elle n'est que très peu fréquentée. Accueil délicieux.

Où manger ?
Où boire un verre ?

The Old School : *☎ 88-07-21. 12h-14h30 et 18h-21h30 (bar-menu 20h). Env 25-30 £. Plats 14,50-24,50 £ (le seafood et shellfish special).* Pour ceux qui ne dorment pas à l'hôtel (voir « Où dormir ? »), y dîner se révélera en tous points exceptionnel. On mange dans une belle salle, haute de plafond, aux murs bleu Matisse, des plats vraiment originaux et goûteux. Le chef s'est inspiré de ses voyages au Maroc et en Thaïlande pour moderniser ses recettes.

Golden Lion : avant de remonter la côte, y prendre une petite mousse ou y manger un *proper fish & chips*. Plusieurs petites salles au plancher bien usé, chacune avec leur cheminée. Au sous-sol, le **Bloody Bone Bar,** d'où part un mystérieux tunnel. C'était le lieu de rendez-vous des pirates et contrebandiers du coin. Petite terrasse.

En face, **Nicki B's,** un *Cornish pasty* pour se nourrir à petits prix.

Très chic (plus de 20 £ / 24 €)

The Harbour : *1 Middle St., sur le port même. ☎ 88-02-37. • theharbourportisaac.com • Tlj sf dim 12h-14h et 19h-22h. Lunch, petite restauration : bruschetta, salades diverses. Dîner, plats 14,50-18,50 £.* Devant le port, une maison toute de guingois, l'une des plus anciennes et pittoresques du village. Intérieur cosy à souhait, longue banquette, poutres, tonalités blanches et grises. *Lunch specials* au tableau. Au piano, Emily, une jeune chef qui travailla 3 ans en Bourgogne et apporte une délicate *French touch* à des produits régionaux de premier ordre. Quelques vedettes d'une carte où le poisson est roi et qui bouge beaucoup : lotte à la coppa, tomates cerise et romarin, brème au coriandre, *chilli*, gingembre et oignon nouveau, maquereau crème de radis noir...

DANS LES ENVIRONS DE PORT ISAAC

Port Gaverne : un port minuscule et adorable, avec une poignée de maisons, que l'on peut rejoindre en effectuant une jolie balade le long de la mer. Pour ceux qui auraient peur d'avoir le gosier sec en arrivant, rassurez-vous, le *Port Gaverne Inn* étanchera votre soif.

TINTAGEL

1 500 hab. IND. TÉL. : 01840

Ce petit village haut perché de la côte sauvage est l'une des plus célèbres localités des Cornouailles, car il est associé aux vieilles légendes celtiques et au roi Arthur, qui y serait né. Un lieu d'histoire et de mémoire, cher aux gens des Cornouailles. Le village lui-même n'est vraiment pas terrible, et pourtant, il est prisé l'été par les touristes. Vue absolument extraordinaire et chemin de randonnée superbe le long des falaises.

LE ROI ARTHUR

Est-il vraiment né à Tintagel ? A-t-il seulement existé ? Impossible de l'affirmer. Poser cette question en Cornouailles, c'est presque mettre sa tête sur le billot. Plusieurs dizaines de sites en Grande-Bretagne revendiquent la paternité du roi Arthur, mais ce sont les Cornouailles qui conservent les attaches historiques et sentimentales les plus fortes. D'autres noms illustres se mêlent ici, comme celui de Merlin l'Enchanteur. Pour débrouiller un peu ce maelström de l'imaginaire, il faut dire que si le roi Arthur a existé, il aurait vécu vers le VIe s. Mais tous les contes louant son épopée, qui furent écrits au XIIe s, sont tellement romancés, tellement fantaisistes, que les historiens n'ont jamais vraiment su à quoi s'en tenir. Le roi Arthur serait donc né à Tintagel et aurait eu Guenièvre comme épouse. Avalon fut son royaume et Excalibur son épée. En parvenant à la dégager du rocher dans lequel elle était encastrée, il devint roi. Merlin l'aida à gouverner, éminence grise au chapeau pointu et à la barbe blanche. Perceval, Lancelot, Gauvin, Galaad et les autres, autour de leur Table ronde, se lancèrent dans la quête du Graal, coupe dans laquelle but le Christ lors de son dernier repas. Ni la caverne de Merlin ni Excalibur n'ont jamais été retrouvées. Et le Graal court toujours. La légende continue...

Adresse et info utiles

Tintagel Visitor Centre : *Bossiney Rd, Car Park. ☎ 77-90-84. Mars-oct 10h-17h ; nov-fév 10h30-16h.* Nombreuses brochures sur la ville.

– Plusieurs ***parkings*** privés dans le village, tous payants.

Où dormir ?

Campings

Headland Camping and Caravan Park : *Atlantic Rd, PL3 40DE. ☎ 77-02-39. • headlandcaravanpark.co.uk • À l'extrémité du village. Env 10 £ pour 2 avec voiture.* Camping bien équipé et proche de la mer, mais douches payantes.

The Caravan Club Trewethest Farm : *à mi-chemin entre Tintagel et Boscastle. ☎ 77-02-22. Compter 5 £/pers pour les membres et 10,50 £ pour les autres (une sacrée différence).* Surplombe la mer. Point de départ idéal pour des balades le long du chemin côtier vers l'un ou l'autre village. Équipements modernes. La vue est vraiment superbe, mais le vent peut décourager certains campeurs.

Bon marché (moins de 20 £/pers – 24 €)

Youth Hostel : *à Dunderhole Point, PL34 0DW. ☎ 77-03-34. De Tintagel, allez à Tregatta, tournez à droite et suivez les indications (parfois écrites à la craie !) ; ayez confiance, continuez. Résa conseillée. Lit en dortoir de 4 ou 6 pers 11 £, 3 £ en sus pour les non-membres.* À notre avis, l'AJ la plus chouette de toute la côte des Cornouailles. Confort rustique, mais quel panorama ! Une trentaine de lits. Familial et un peu irréel à cause de cette vue plongeante.

Prix modérés (40-60 £ / 48-72 €)

Castle View : *2 King Arthur's Terrace, Atlantic Rd, PL34 ODD. ☎ 77-04-21. • castleviewbandb@aol.com • tintagelweb.co.uk • Double sans sdb 45 £, petit déj inclus. CB refusées.* Une mignonne petite maison à la façade ornée d'une collection d'animaux en porcelaine. Les chambres, simples, mais toujours bien tenues, sont parmi les moins chères de toute cette côte et, providence des petits budgets, augmentent rarement. Les nos 2, 3 et 4 ont vue sur la mer. En prime, l'accueil adorable des hôtes.

Lewis's : *Bossiney Rd, PL34 0AH. ☎ 77-04-27. • lewisstintagel@hotmail.co.uk • Fermé déc-janv. Doubles à partir de 60 £, petit déj inclus. CB refusées. Parking privé.* En face de l'église méthodiste. Au cœur du village, dans une très belle maison de pierre de schiste du XVIe s, avec façade ronde couverte de vigne vierge. Salon de thé au rez-de-chaussée où vous prendrez votre petit déj, exquis (voir la rubrique suivante). Petit jardin avec terrasse verdoyante et intime. Chambres doubles merveilleuses, avec fleurs fraîches, certaines avec lit à baldaquin (pour le même prix) ou romantiques lits en fer. Une décoration tout en délicatesse, une recherçhe de qualité dans les moindres détails. À chacun, chacune, sa couleur, la rose, la jaune, la verte... On adore !

Où manger ? Où boire un thé ? Où boire un verre ?

Lewis's : *Bossiney Rd.* ☎ *77-04-27. Fermé nov-jan.* Les imposants murs de pierre couverts de vigne vierge abritent une salle en rotonde, où vous dégusterez gâteaux maison, *scones* divins et thés de grandes origines. John, le maître des lieux, vous recevra avec chaleur, fier de son *award,* gagné en 2004, de meilleur *tea-room* de toute la Grande-Bretagne ! Feu de bois, belles nappes, vaisselle choisie et service charmant, tout pour vous faire passer un après-midi à l'anglaise vraiment exquis. Quelques chambres en *B & B (double environ 60 £, petit déj compris).*

Ye Olde Malthouse : *Bossiney Rd, pas loin de la descente vers le château.* ☎ *77-04-61.* • *info@yeoldemalthouseinn.com* • *Menus à partir de 6,95 £.* La maison serait du XIVe s ; plafonds bas. Sert de bons lunchs et grand choix de poisson, *barbecue ribs,* pizzas, paninis, etc. Menu à la carte le soir, un peu plus cher. *Sunday Roast* pas cher. Grosses tables dehors. Fait également *B & B (doubles 60-85 £).* Chambres fleuries, avec ou sans sanitaires.

Pour vous prendre, le temps d'un verre, pour le roi Arthur, nous vous conseillons le ***Camelot Castle,*** construit en 1898, à la véritable apparence de château, prévu dès le départ pour être un hôtel. Autant les chambres, chères et en formica, n'ont aucun intérêt, autant les salons et le pub sont grandioses. Avec la table des chevaliers, bien sûr. Le propriétaire, un célèbre peintre de la région, expose ses œuvres dans le hall.

King's Arthur Arms : *Fore St.* ☎ *77-08-31.* • *kingarthurs.pub@btconnect.com* • *Double 75 £, petit déj inclus.* Grande auberge en pierre de schiste avec pub au rez-de-chaussée. Chambres spacieuses et d'une blancheur immaculée. Bon confort : TV écran plat, sèche-cheveux, etc. Au pub, cuisine maison correcte et bon choix à la carte, sandwichs... Impossible d'ailleurs d'échapper à toutes les offres des ardoises qui entourent le pub...

Cornishman Inn : *Fore Rd.* ☎ *77-02-38.* Un pub spacieux, divisé en plusieurs salles : resto, bar, salle de jeux. Poutres apparentes et vieux objets équestres. Ambiance *friendly* comme tout et succulentes frites maison. Quelques chambres en *B & B* (90-100 £ petit déj compris).

Où dormir ? Où manger ? Où boire un verre dans les environs ?

The Mill House Inn : ***Trebarwith,*** *PL34 0HD.* ☎ *77-02-00.* • *themillhouseinn.co.uk* • *Sur la route de Trebarwith Strand, à 2 miles de Tintagel. Doubles à partir de 90 £. Repas complet min 25 £.* Un moulin plusieurs fois centenaire (1760) au toit d'ardoise et aux murs de grosse pierre, dans un environnement idyllique (il fonctionna jusqu'en 1930). La jeune équipe qui dirige les lieux a donné un souffle presque branché au bar et à la salle de restaurant, tout en conservant les poutres apparentes et les larges dalles de granit originales. Un ensemble très réussi qui donne envie d'y passer une longue soirée. Cuisine bourgeoise plutôt réussie. Les chambres n'offrent pas un grand intérêt, vu leur prix et leur petite taille.

The Trewarmett Inn : ***Trewarmett,*** *PL34 0ET.* ☎ *77-04-60.* • *thetrewarmettinn@btconnect.com* • *thetrewarmettinn.co.uk* • *À 2 miles de Tintagel. Au-dessus d'un pub rustique qui attire un monde fou. Nuit 75 £.* Cuisine de bonne réputation, le chef garantissant 95 % des plats faits maison. Bon choix : lasagnes végétariennes, canard au vin rouge et cannelle, curry thaï, porc et saucisses production locale, etc. Pour les repas du dimanche midi et soir, très conseillé de réserver. Certains soirs, des concerts folk. Une adresse authentique.

À voir

Tintagel Castle : on gagne le château, à 800 m du village, par un agréable chemin ; on est au bord de la falaise avec, devant soi, une vue remarquable sur la côte. ☎ 77-03-28. Avr-oct, tlj 10h-18h (17h oct) ; nov-mars, le we 10h-16h. Entrée : 5,70 £. C'est là que le roi Arthur serait né, vers le VIe s de notre ère. On se balade à travers les ruines, des pans de mur fatigués mais encore fiers, qui s'égrènent le long de la falaise par d'étroits chemins. Bien sûr, il faut pas mal d'imagination pour recomposer les 2 000 ans d'histoire pendant lesquels Tintagel eut son mot à dire dans la politique de la région. Le cadre dans lequel on est plongé face à l'océan suffit à laisser vagabonder son esprit et permet de comprendre pourquoi Tintagel a alimenté la légende et les passions jusqu'à aujourd'hui.

Old Post Office : dans le centre, sur la gauche en allant vers la mer. ☎ 77-00-24. De mi-mars à début nov, tlj 10h30-17h30 (mars et oct-nov 11h-16h). Fermé en hiver. Entrée : 3,50 £, tt de même. Très vieille maison de pierre (XIVe s) qui servit de bureau de poste. Son toit ondule comme les vagues de l'Atlantique, tout gris. Délicieuse et bringuebalante, avec salon et mezzanine, vaste cheminée, escalier escarpé... un bijou de rusticité chaleureuse dont on a très vite fait le tour.

King Arthur's Great Halls : au centre du village, 2 grands halls dédiés à la légende d'Arthur et ses chevaliers de la Table ronde. Tlj 10h-17h (11h-15h en hiver). Entrée : env 3 £. Attraction un peu grand-guignol avec jeux de lumière et effets sonores autour de l'épée Excalibur, fichée dans son enclume. Dans la salle du trône, table ronde, vitraux et peintures préraphaélites. Brochure en français.

St Materi Church : sur la route de l'AJ. Balade dans un paysage d'un autre siècle. Vieille église entourée d'un cimetière où s'élèvent de jolies croix celtes.

DANS LES ENVIRONS DE TINTAGEL

Trebarwith Strand : crique coincée entre deux falaises. Grosses vagues. Vue formidable sur la mer, collines verdoyantes, et pub (le *Port Williams*) qui surplombe le tout avec des tables en terrasse. Très bel endroit.

BOSCASTLE

800 hab. IND. TÉL. : 01840

À 4 bons miles au nord-est de Tintagel. Port minuscule qui fut gravement inondé durant l'été 2004, mais le petit village s'est soudé pour réhabiliter les bâtiments et leur rendre leur beauté d'antan. Pour les automobilistes, parking obligatoire et payant. Charmantes maisons de pierre. S'y rendre à pied de Tintagel, par le chemin de la côte. Prévoir la journée, aller-retour plus visite de Boscastle. De là, il faut découvrir le port caché au fond des falaises qui forment un S. C'est dans cette alcôve naturelle de la côte que la flotte de la reine Élisabeth Ire venait s'abriter. Durant Halloween, les habitants y font la fête, déguisés en sorcières.

Adresse utile

Boscastle Visitor Centre : sur le parking. ☎ 25-00-10. Tlj mars-oct 10h-17h ; nov-fév 10h30-16h.

Où dormir ?

Youth Hostel : AJ située dans la bâtisse la plus proche du port, ancienne écurie construite dans le style du coin. ☎ 25-02-87. À partir de 14 £/pers.

Sunny Side Guesthouse : *en bordure de l'étroite rue, vers le petit port ; y aller à pied. ☎ 25-04-53. Doubles en-suite à partir de 54 £ et autour de 48 £ avec sanitaires sur le palier.* Dans une blanche maison, celle du capitaine du port. Agréable et calme. Situation idéale.

Trerosewill Farm : *Paradise, PL35 0BL. ☎ 25-05-45. • enquiries@trerosewill.co.uk • trerosewill.co.uk • Fermé de mi-oct à mi-avr. Doubles 72-92 £, petit déj compris. TV.* Perché sur la colline, le lieu porte bien son nom, un petit paradis. La maison est moderne, mais c'est surtout la vue spectaculaire sur le village et la côte qui importe. Salle pour le petit déj entièrement vitrée. Accueil très attentionné.

Où dormir dans les environs ?

The Old Rectory : *près de l'église Saint Juliot, à 2 miles au nord de Boscastle. ☎ 25-02-25. • sally@stjuliot.co.uk • stjuliot.co.uk • Ouv mars-nov. Doubles 76-84 £.* Dans l'ancienne maison tout en pierre du vicaire de l'église de Saint Juliot, entourée par un jardin fleuri. Thomas Hardy y séjourna en 1870 et y fit la rencontre de sa future épouse, épisode raconté dans son roman *A Pair of Blue Eyes* (*Les Yeux bleus*, éd. Payot & Rivages). 3 chambres décorées avec soin, un agréable salon où crépite un feu, un petit déj avec confitures maison et fruits du jardin en saison... le bonheur, en somme.

Où manger ? Où boire un verre ?

The Napoleon Inn : un labyrinthe de petites salles dans une auberge du XVIe s. On ne peut se refuser ce plaisir, pour une fois que l'on peut boire à la santé du grand ennemi héréditaire... Ils ne sont pas trop rancuniers ! 2 *beer gardens* pour les beaux jours.

Millers Pandry : *The Old Mill. ☎ 25-02-23.* Dans l'ancien moulin à eau, un minuscule salon de thé improvisé au milieu d'une boutique de souvenirs. Cadre chaleureux pour un chocolat chaud, avec de la crème, bien sûr !

À voir. À faire

➢ **Promenade sur les rochers :** romantique à souhait, surtout au coucher du soleil. Retour à pied possible jusqu'à Tintagel.

Le musée de la Sorcellerie (*The Witch House*) **:** *près de l'AJ, suivre le petit cours d'eau qui descend vers la mer. ☎ (01840) 25-01-11. • museumwitchcraft@aol.com • museumofwitchcraft.com • Pâques-Halloween, lun-sam 10h30-18h, dim à partir de 11h30. Entrée : 4 £ ; réduc.* Panneaux explicatifs en français. Passionnant dans son genre, une vraie somme ethnographique, il présente dans un agencement intelligent les facettes des croyances liées aux magies noire et blanche, et les superstitions qui y étaient attachées. Infos aussi sur la répression féroce de ceux ou celles qui la pratiquaient. Tout y passe : poupées percées d'épingles, évocation des sabbats, boules de cristal, tête de bouc et un vrai crâne de sorcière.

– Deux boutiques sur la route principale, à côté du *Wellington Hotel,* complètent la visite du musée : *The Other World* et *The Mystical Place.* Vous y trouverez tout ce que vous recherchez côté ésotérisme. Attention, les *kids,* une pancarte signale à l'entrée que les enfants désobéissants seront vendus comme esclaves !

AU NORD DES CORNOUAILLES

HARTLAND QUAY

IND. TÉL. : 01237

Les Cornouailles, c'est fini. Nous voici dans le *Devon,* patrie d'Agatha Christie. Au bout d'un chemin perdu, une terrifiante falaise plissée, sombre et fascinante. L'océan sauvage se déchaîne, indomptable. Une austérité à vous couper le souffle. Attention, Miss Marple pourrait bien traîner dans les parages... Parking obligatoire et payant. Face à la mer démontée, un unique pub pour grignoter ou boire un verre avec quelques tables dehors pour voir les vagues s'écraser.

DANS LES ENVIRONS DE HARTLAND QUAY

Où dormir ?

Hartland Youth Hostel : *Elmscott, EX39 6ES. ☎ 44-13-67. Isolée sur la lande, à 2 miles de Hartland. Réception 8h-10h, 17h-22h. Une quarantaine de lits, 11 £/pers.* Ancienne école victorienne au confort sommaire. Le retour à la ferme pour les assoiffés de solitude ou pour les fauchés.

À voir

Stoke : *sur la route entre Hartland et Hartland Quay.* Une vieille église normande, à la voûte peinte remarquable.

Hartland Abbey : *☎ 44-12-64. • hartlandabbey.co.uk • Ouv avr-fin sept, mer, jeu et dim 11h30-17h (14h-17h pour la maison) ; plus lun-mar à partir de fin mai. Entrée : 10,50 £.* Petite brochure pour suivre la visite en français. Demeure bâtie sur les fondations d'un monastère en activité jusqu'au XVIe s. Henry VIII en fit cadeau à son sommelier, et c'est ainsi qu'aujourd'hui encore le domaine appartient à une famille privée qui y habite. Richement meublée, ornée de peintures du XVIIIe s dans les salles de réception, découvertes en 1992 sous le papier peint, ainsi que quelques peintures des débuts de Canaletto à l'étage. Au sous-sol, documents uniques, dont les plus vieux datent du XIIe s, ainsi que de touchantes photos des guerres de colonie auxquelles ont participé des membres de la famille des propriétaires. Belle flânerie jusqu'à la plage à travers le parc.

CLOVELLY

IND. TÉL. : 01237

Des maisons fleuries, accrochées au flanc de la falaise, une ruelle pavée qui descend à pic, un petit port encaissé contemplant l'océan. Charme d'antan... et prix d'entrée dans le village exorbitant avec passage obligatoire par le *Visitor Centre* (cafétéria, boutiques, présentation vidéo). Ouvert 9h-18h. On en fait le tour en 30 mn, mais si on vous l'indique, c'est que le lieu reste malgré tout hyper touristique. Nous, on passe notre chemin !

DANS LES ENVIRONS DE CLOVELLY

Buck Mills : *petit village à 6 miles à l'est de Clovelly.* Ancien village de pêcheurs plein de charme. Une quinzaine de maisons, une plage de galets, et parfois des dauphins qui s'ébattent !

The Gnome Reserve : *à* ***West Putford.*** *☎ (08708) 45-90-12. • gnomereserve.co.uk • À 9 miles au sud-est de Clovelly ; suivre la B 3237, puis l'A 39. Fin mars-fin oct, tlj 10h-18h. Entrée : 3,50 £ ; réduc.* La maison des nains de jardin. On met son chapeau de nain sur la tête, et hop ! c'est parti pour une visite pour le moins dépaysante. Joli parc et musée.

ILFRACOMBE

10 000 hab. IND. TÉL. : 01271

La station balnéaire la plus populaire du North Devon. Une ville qui s'est développée en amphithéâtre autour du port enclavé entre les falaises à partir duquel vous pouvez sortir en mer pour des parties de pêche. Allure coquette et bourgeoise bien dans la tradition victorienne, fort agréable pour y séjourner en famille avec ses boutiques ouvertes plus tard qu'ailleurs, son golf, sa piscine chauffée, son cinéma. Tous les ingrédients réunis pour représenter un échantillon d'Angleterre : crique enserrée entre les murailles d'un promontoire où flotte l'Union Jack, casino-salle de spectacle où se produisent les crooners sur le retour. Galerie de *luna parks*, petite rade bordée de maisons de pêcheurs, pans de rues en terrasses à l'architecture uniforme. Un vrai décor pour maquette de trains électriques.

Adresse utile

Tourist Information Centre : *Promenade. ☎ 86-30-01. • ilfracombe-tourism.co.uk • Tlj 10h-17h.* Facilement reconnaissable à son aspect « pot de yaourt retourné », posé sur la Promenade. C'est là que se trouvent aussi la salle de spectacle et le cinéma.

Où dormir ?

Ocean Backpacker's Hostel : *30 Saint James Pl, EX34 9BJ. ☎ 86-78-35. • oceanbackpackers.co.uk • À partir de 11 £/pers en dortoir de 6 lits.* Passé l'escalier abrupt, le lieu se révèle très agréable : grande cuisine et petite terrasse pour le déjeuner, belle salle TV avec pléthore de cassettes et des tonnes d'infos pour sillonner la région ou découvrir des activités plus sportives.

The Royal Britannia Hotel : *The Harbour, EX34 9EE. ☎ 86-29-39. Doubles 40-50 £.* Directement sur le port, un grand hôtel qui offre des chambres certes un peu vieillottes mais d'un bon rapport qualité-prix, surtout pour celles (les plus chères évidemment) avec salle de bains et vue sur les bateaux. Organise aussi des sorties en mer pour aller taquiner le goujon.

Où manger ? Où boire un verre ?

Smugglers : *sur le port. Roast dinners 6-7 £.* À l'intérieur, des casseroles, théières et autres objets en cuivre pendent au plafond. Un joyeux capharnaüm de taverne à pirates. On mange sur de grosses banquettes rouges une cuisine fraîche et appétissante. Bonnes spécialités de poisson.

The Prince of Wales : *2-3 Fore St, au croisement de Broad St. ☎ 86-63-91. Dernières commandes en cuisine à 20h.* Un pub dont les plus vieilles pierres datent de 1280 et qui a gardé de l'époque une chaleureuse ambiance médiévale. Jeu de fléchettes et billard. Pour les beaux jours, petit jardin ensoleillé.

DANS LES ENVIRONS D'ILFRACOMBE

Croyde : *au sud-ouest d'Ilfracombe.* Belle plage de rouleaux, rendez-vous des surfeurs. Le village possède plusieurs pubs animés (*Hobb's,* notre préféré) ainsi que de nombreux magasins de planches. Très branché. Si vous voulez y passer la nuit, vous trouverez de nombreux *B & B* et plusieurs campings. Pour ceux qui préfèrent plus de calme, possibilité de surfer également à *Braunton Burrows,* aussi connu pour sa réserve naturelle d'oiseaux.

EXMOOR NATIONAL PARK

Le parc national d'Exmoor couvre une superficie de 692 km². Le haut plateau découpé de profondes vallées est divisé par deux chaînes de collines d'où s'écoulent les rivières Barle et Exe. Landes de bruyère, chênes centenaires, c'est aussi le paradis des renards sauvages, des lièvres et d'une multitude d'oiseaux. Il n'est pas rare d'y croiser des hardes de cerfs ou de daims. C'est également la patrie du célèbre poney d'Exmoor, race unique au monde, parfaitement adaptée à la rudesse du lieu et du climat. C'est aussi le pays de Lorna Doone (*Lorna Doone* de R. Blackmore, éd. Phébus), pauvre héroïne de roman, fille de paysan courageuse, aussi célèbre que notre d'Artagnan, qui s'est bravement défendue contre les méchants. L'action du roman est située dans la région.

Comment circuler dans le parc ?

En voiture

➢ La B 3223 ainsi que la B 3224 offrent des paysages merveilleux. *Attention* encore une fois pour les conducteurs de camping-cars et de caravanes, certains tronçons sont très difficilement praticables en raison de leur étroitesse.

➢ Éviter l'A 39, qui n'offre aucun intérêt particulier, sauf si vous souhaitez explorer le parc à partir de Lynton.

En bus

➢ Bus n° 300 de Taunton à Barnstaple.

➢ N° 285 de Porlock ou Minehead à Exford.

➢ N° 398 de Minehead à Tiverton (6 bus/j.). Certainement le plus intéressant.

➢ N° 564 de Minehead via Dunster, Washford, Blue Anchor et retour.

➢ N° 605 de Dunster à Taunton (sam slt).

➢ Nos 309 et 310 de Lynton à Barnstaple.

➢ N° 30 de Barnstaple à Combe Martin.

À vélo

➢ Indéniablement la meilleure façon de visiter le parc, à condition d'avoir du temps devant soi. Voir ci-dessous « Adresses et infos utiles » pour la location.

Adresses et infos utiles

i *Exmoor National Park Information Centres :*

– ***À Dunster :*** *Dunster Steep.* ☎ *(01643) 82-18-35. En été, tlj 10h-17h ; le reste de l'année, slt le w-e.*

– **À Dulverton :** *Fore St. ☎ (01398) 32-38-41.*
– **À Blackmoor Gate :** *sur le parking. ☎ (01608) 76-34-66.*
– **À Combe Martin :** *Seacot, Cross St. ☎ (01271) 88-33-19.* S'y procurer *The Exmoor Visitor,* journal gratuit qui donne tous les renseignements dont vous avez besoin. Ils disposent également d'un site internet très détaillé : *• exmoor-nationalpark.gov.uk •* De nombreux campings à la ferme. Si vous êtes coincé, demandez l'autorisation à un fermier de camper dans son pré. Généralement, ça marche.

■ **Location de vélos :** ***Bike Trail,*** *19 Queen St, à Lynton. ☎ (01608) 76-32-63.* ***Autre agence*** *à Barnstaple : ☎ (01271) 37-25-86. • biketrail.co.uk • pour vous aider à préparer votre itinéraire.*

■ **Centres équestres :** ***Brendon Manor Farm,*** *à Brendon, tt près de Lynton. ☎ (01608) 74-12-46.* ***Periton Park Riding Stables,*** *off Periton Rd (A 39), à Middlecombe. ☎ (01643) 70-60-70.* Balades pour tous niveaux.

■ **Barle Valley Safaris :** *☎ (01398) 32-36-99. Organisation de safaris en Land Rover dans le parc. Prix par ½ journée et/ou soirée. CB refusées.*

Où dormir dans le parc ?

Campings

⛺ **Burrowhayes Farm :** *West Luccombe,* ***Porlock,*** *TA24 8HT. ☎ (01643) 86-24-62. • burrowhayes.co.uk • Selon saison, 8-12 £ pour 2 avec véhicule.* Un bien bel endroit pour camper, le long de la rivière enjambée par des ponts de pierre, à l'ombre des arbres, au cœur du parc d'Exmoor. Sanitaires très propres, avec douche chaude gratuite. Petite boutique bien approvisionnée. L'ancien corps de ferme, non loin, a été transformé en écurie. 17 chevaux vous emmènent (pour 12 £/h), de mars à octobre, à la découverte de la Horner Valley.

⛺ **Cloud Farm :** *Oare,* ***Lynton,*** *EX35 6NU. ☎ (01608) 74-12-34. • doonevalleyholidays.co.uk • De l'A 39, suivre « Doone Valley » ; attention, chemin très cahoteux sur le dernier mile. Tte l'année. Compter 10 £ pour planter votre tente.* En plein milieu de la nature, avec une petite rivière qui coule en contrebas. Sanitaires tout neufs, eau chaude, *tea-room* avec des tables dans le jardin, une trentaine de chevaux pour promenade équestre (19 £/h). Pour des vacances familiales au bout du monde.

⛺ **Northcombe Camping Barn :** *sur la route de Dulverton. ☎ (08707) 70-88-68. Compter 12 £ pour 2.* Un camping à la ferme bien sympathique. La maison est en fait un vieux moulin reconverti. Grand pré pour planter sa tente.

Bon marché (moins de 20 £/pers – 24 €).

🏠 **Youth Hostel :** *Alcombe Combe,* ***Minehead.*** *☎ (01643) 70-25-95. Sur les hauteurs, à 2 miles de Minhead, en pleine campagne, au bout d'un chemin de terre marqué « sans issue ». Compter 11 £/pers en dortoir pour les membres et 3 £ de plus pour les non-membres. Sinon, double autour de 28 £.* Salon convivial avec canapés confortables et cheminée.

De prix modérés à prix moyens (40-80 £ / 48-96 €)

🏠 **Knowle Manor :** ***Timberscombe,*** *TA24 6TZ. ☎ (01643) 84-13-42. À 2 miles de Dunster. Double en* B & B *65 £. CB refusées.* Cet impressionnant manoir à fière allure, dissimulé dans un vaste parc, offre un séjour à prix sage, en tous points exceptionnel (environnement grandiose ; chambres spacieuses au même prix que les plus petites, toutes avec salle de bains). Piscine intérieure chauffée (mars-octobre), billard, possibilité de pêcher la truite, etc. Autant d'activités entièrement gratuites pour toute la famille. Un rapport qualité-prix vraiment fabuleux et un accueil adorable. Possibilité de dîner sur demande. Et ce n'est pas tout : cet endroit abrite aussi une école d'équitation. En plus des balades à l'heure pour tout niveau (22 £), des week-ends sont organisés. Parcours de cross, manège, tout y est pour satisfaire les cavaliers de tout poil.

Selworthy Farm : *Selworthy, TA24 8TL. ☎ (01643) 86-25-77. Sur l'A 39 entre Minhead (10 miles) et Porlock (4 miles). 2 doubles avec sdb 50 £ et 1 single à moitié prix.* Dans le village de Selworthy, aux maisonnettes à toit de chaume, construites au XIXe s par le riche propriétaire terrien du pays pour ses employés, et remises en état par le *National Trust.* Pour les amoureux des bêtes et de l'authenticité, une halte originale dans une ferme en activité où sont élevés moutons, vaches et chevaux.

Selworthy Cottage : *Selworthy, TA24 8TN. ☎ 86-27-31. 2 jolies doubles 50 £.* Un vrai *B & B,* chaleureux comme on en rêve, dans un cottage mignon tout plein. Judith et Stewart vous y bichonneront.

Coombe Farm : *Countisbury, Lynton, EX35 6NF. ☎ (01598) 74-12-36. • robert.pile@btconnect.com • brendonvalley.co.uk • Pratique par l'A 39 : prendre l'embranchement de Malmshead. Compter 27-32 £/ pers, petit déj inclus. Congés : déc-fév.* Un grand corps de ferme du XVIIe s fort bien aménagé. 5 belles chambres, dont 2 avec salle de bains. Très bon accueil de Susan. Pain et confitures maison. Chiens, chevaux, poules et feu de bois : vous êtes à la campagne !

Prix moyens (60-80 £ / 72-96 €)

Exton House Hotel : *Exton, Dulverton, TA22 9JT. ☎ (01643) 85-13-65. Fax : 85-12-13. Prendre l'A 396 en venant de Dunster ; lieu-dit assez mal indiqué mais juste à côté de Bridgetown. Doubles 63-70 £. Réduc de 5 % à partir de 3 nuits, oct-avr, sur présentation de ce guide.* Imposante maison victorienne dominant la vallée de l'Exe. Grandes chambres très confortables à la déco bucolique. Accueil aussi adorable que le lieu.

Très chic (plus de 120 £ / 144 €)

Tarr Farm Inn : *Tarr Steps, TA22 9PY. ☎ (01643) 85-15-07. • tarrfarm.co.uk • Double env 120 £.* Surplombant les fameuses *Tarr Steps,* une maison bourgeoise de l'époque élisabéthaine, nichée dans un endroit idyllique. Chambres coquettes, portant toutes un nom d'une localité régionale (notre préférée : la Mounsey). Magnifique *Tarr Farm breakfast* inclus. Si vous n'y dormez pas, venez au moins y prendre un copieux *cream tea* dans le jardin.

À voir. À faire dans le parc

➢ Comme nous l'avons déjà souligné, les possibilités de ***balades*** sont très nombreuses, trop pour être détaillées. Si vous résidez dans une des adresses ci-dessus, on se fera un plaisir de vous conseiller des itinéraires. Une brochure (payante), *Exmoor Country Walks,* disponible dans les offices de tourisme, complétera cette information.

Wimbleball Lake : *au sud-est du parc d'Exmoor, un joli lac entouré de vallons où paissent des moutons. Possibilité de camper mars-oct 13-15 £ pour 2 avec ttes facilités (w-c, douches, raccordement électrique...).* Petite boutique pour les rafraîchissements. L'occasion aussi de faire de la voile et du kayak. Une bonne façon d'allier visite du parc et détente. Une petite brochure payante indique en détail les balades dans les environs, selon des parcours allant de 45 mn à 4h de marche.

Tarr Steps : *à Winsford. Parking payant avt de s'y rendre à pied.* Un guet de grandes pierres plates, considéré comme le plus vieux pont d'Angleterre. Un environnement bucolique et surtout une adresse d'exception, la *Tarr Farm Inn* (voir plus haut), où l'on peut aussi boire un verre sans se ruiner en profitant du paysage.

West Somerset Railway : voyage entre Minhead et Bishops Lydeard dans un train à vapeur. *• west-somerset-railway.co.uk • Tlj 10h30-17h30. Prix : 3,80-11,40 £ selon nombre de tronçons parcourus.*

Cleeve Abbey : *à 7,4 miles à l'est de Minehead par l'A 39. • english-heritage.org.uk • Tlj : avr-sept 10h-17h (18h juil-août) ; oct-mars 10h-16h. Entrée : 4,30 £.* Ruines d'une ancienne abbaye du XIIe s. S'il ne reste plus grand-chose de l'imposant ensemble de bâtiments que comptait cette abbaye cistercienne, il mérite néanmoins une visite. Voir la salle du chapitre, imposante, et surtout le réfectoire qui possède un plafond d'arches croisées magnifique. Les dalles d'époque sont recouvertes d'inscriptions héraldiques (blasons) d'une grande finesse.

Les villages de ***Lynton-Lynmouth, Dunster*** et ***Exford,*** situés dans l'Exmoor National Park, sont de bons camps de base pour ceux qui ne veulent pas forcément changer de logement trop souvent et souhaitent profiter aussi du calme des lieux lorsque les touristes de la journée se sont retirés. Voici un florilège d'adresses pour un séjour en toute tranquillité.

LYNTON-LYNMOUTH *(2 000 hab. ; ind. tél. : 01608)*

Une arrivée merveilleuse par l'A 39. Une vraie petite route de montagne, aux couleurs chatoyantes. Au fond des gorges gargouille l'Exe.
Deux villes en une : l'une sur le haut de la falaise, l'autre au bord de la mer, à l'embouchure de la rivière Lyn, évidemment ! Une pente à 25 % permet de se rendre de l'une à l'autre (gare à vos freins !) ; il y a aussi un funiculaire *(Cliff Railway)* qui remonte tout droit le long de la falaise *(tlj 8h45-19h ; A/R : 2,60 £)* et qui fonctionne grâce à un ingénieux système de contrepoids hydraulique.

Adresses utiles

National Park Visitor Centre : *sur le port de Lynmouth. ☎ 75-25-09. Avr-sept 9h30-18h30 ; oct 9h30-17h30.* Fournit tous les renseignements pour explorer l'Exmoor.

■ ***Banque Lloyds :*** la seule banque de Lynton, avec un distributeur, mais celui-ci est souvent en panne !

■ ***Journaux français : E. J. Pedder,*** *à l'angle de la rue principale et de Queen St.*

Où dormir ?

Sunny Lyn Camping Site : *Lynbridge. ☎ 75-33-84. • caravandevon.co.uk • En direction de Barbrook à partir de Lynton. Compter 9-11 £, sans ou avec voiture.* Camping au bord de la rivière, ensoleillé le soir. Très bien équipé, mais bondé en été, car tout petit. Bar ouvert jusque tard.

Youth Hostel : *Lynbridge, Lynton, EX35 6A2. ☎ (08707) 75-32-37. • lynton@yha.org.uk • Double 24 £.* Auberge de 36 lits installée dans un ancien hôtel qui surplombe la rivière. Très belle vue. Bâtiment confortable et bien situé, à l'entrée du village.

Gable Lodge : *35 Lee Rd, Lynton, EX35 6BS. ☎ 75-23-67. • gablelodge@btconnect.com • gablelodgelynton.co.uk • Doubles à partir de 66 £. Réduc pour un séjour de 2 nuits min.* Dans une maison de pierre, des chambres *en-suite* équipées de TV, certaines avec balcon privatif. Agréable vue sur l'église réformée de l'autre côté de la rue. Une adresse avec toutes facilités à prix doux.

Rock House Hotel : *Lynmouth, EX35 6EN. ☎ 75-35-08. • rock-house.co.uk • 99 £ la double, petit déj compris. 10 % de réduc sur présentation de ce guide.* Superbe situation pour cet hôtel entouré par la mer. On y accède par un petit pont. Chambres confortables, toutes avec vue sur la mer, sauf les n°s 7 et 8 qui donnent côté village. Un peu petites pour le prix, mais on paie l'environnement, enchanteur. Agréable jardin pour boire un verre.

The Seawood Hotel : *Lynton. ☎ 75-22-72. • seawoodhotel.co.uk • Double 75 £.* Juste en haut du téléphérique, un hôtel de charme avec une vue imprenable sur la crique. On se réveille avec la mer, au chant des oiseaux. 12 chambres avec salle de bains, TV, *tea-tray.* Certaines avec lit à baldaquin.

Où manger ? Où boire un verre ?

The Rising Sun Bar : *Lynmouth.* Pub du XIVe s, au toit de chaume. Succession de petites salles avec poutres apparentes. On y mange très bien. Hôtel chic et cher (à partir de 140 £ la chambre).

Sir George Newnes Tea-Room : *14 Lee Rd, Lynton. ☎ 75-34-78.* Un *tea-room* aux murs vert d'eau ornés de vieilles photos de la région, qui doit son nom à celui qui fit construire le *cliff railway* en 1890. Grandes baies vitrées. Excellent *cream tea* avec *scones* maison, et pour les très, très gourmands, un *Lady Newnes high tea* à se partager. Un vrai péché.

Le Bistro : *Castle Hill, Lynton. ☎ 75-22-91.* Une haute maison en pierre et brique. Menu éclectique avec quelques plats français, espagnols et thaïs, le tout d'excellente qualité. Une bonne adresse qui fait également *B & B* (environ 50 £ pour 2). Réserver la chambre *Countisbury,* qui possède un petit balcon.

À voir. À faire

Valley of Rocks : *le chemin part derrière l'église.* Jolie promenade agrémentée de grandes pentes jusqu'à Woody Bay. Très belles vues sur la côte, et aussi sur la côte galloise qui se trouve en face : uniquement si le temps est beau et clair.

The Lyn Gorge : courte promenade le long de la rivière, chemin escarpé bien fléché... aucun risque de s'égarer. La comparaison avec la Suisse n'est en aucun cas exagérée.

Lyn & Exmoor Museum : *Market St, Lynton. Pâques-oct, lun-ven 10h-16h, dim 14h-16h. Petit droit d'entrée.* Sept pièces consacrées à la vie passée d'Exmoor et Lyn. Gravures, peintures, maquettes, fossiles et autres antiquités. Un incroyable capharnaüm, loin d'être inintéressant.

Exmoor Brass Rubbing Centre : *Queen St, Lynton. ☎ 75-25-29. • brass-rubbing.info • Lun-ven 10h-12h30, 14h-17h.* Pour les amateurs de cuivre repoussé. Vente ou fabrication de vos propres mains. Il n'est pas nécessaire d'être expérimenté. Ce centre est particulièrement renommé. Équipe sympathique et efficace.

Saint Mary Virgin : *tlj 9h-16h.* Une église qui surplombe la mer avec de jolis vitraux et une charpente remarquable.

DUNSTER *(ind. tél. : 01643)*

Très joli village qui fut prospère du temps des tisserands des XVIe et XVIIe s. À un bout de la High St, la halle, et à l'autre bout, le château surplombant le village attestent son ancienne richesse.

Où dormir ? Où manger ? Où boire un thé ?

Myrtle Cottage : *12 High St. ☎ 82-12-12. Compter 50 £ pour 2.* On entre dans cette chaleureuse *guesthouse* par une porte digne de Blanche-Neige et surtout des Sept Nains. 2 chambres *en-suite* pourvues de lits à baldaquin, aux édredons fleuris. *Full English breakfast* inclus. Accueil adorable. Un peu un conte de fées.

The Lutterell Arms : *High St. ☎ 82-15-55. Fax : 82-15-67. Doubles 100-140 £, avec baldaquin pour les plus chères.* La vieille auberge locale qui a pris le nom des aristos, anciens propriétaires du château. Très belle partie gothique du XVe s, avec une cheminée énorme. Le pub se situe dans *the Old*

Kitchen, un endroit assez magique. La partie resto sert une cuisine anglaise modernisée, plutôt chère (27 £ pour 3 plats).

The Yarn Market Hotel : *High St. ☎ 82-14-25. • yarnmarkethotel.co.uk • Double 70 £. Réduc de 10 % sur le prix de la chambre à la résa, sur présentation de ce guide.* Établissement sans prétention, mais chambres claires et spacieuses.

Locks Victorian Tea-Room : *18 High St.* L'entrée se fait entre 2 boutiques kitsch avant de pénétrer dans une courette occupée par des nains de jardin. À l'arrière, maison de poupée où les gâteaux et *scones* vous font de l'œil. Vraiment *charming* !

Soft Homemade Fudge : du *fudge* traditionnel, fabriqué dans l'arrière-boutique, pour les becs sucrés exclusivement. Également des glaces et des cookies délicieux.

À voir

Dunster Castle : *☎ 82-13-14. Tlj 11h-17h. Hors saison fermeture possible du château, se renseigner. Entrée 9,70 £.* Attire la foule en été. Les différentes parties du château furent construites du XIIIe au XIXe s, la partie la plus importante datant du XVIIe s. Très belles écuries du XVIIe s à visiter. Escalier imposant en chêne sculpté, salle étonnante aux murs recouverts de panneaux en cuir peint, de beaux meubles d'époque en chêne et des gravures de Hogarth. Au-delà du château, un moulin à eau du XVIIe s fonctionne encore.

St George's Church : les fondations de cette église (une des cent plus belles d'Angleterre) datent d'il y a environ 800 ans, et les transformations successives ne lui ont pas ôté son cachet roman. Magnifique travail de charpenterie sur la voûte, comme une coque de bateau suspendue. Remarquez les caissons. Son originalité réside dans sa structure en bois finement sculptée qui sépara l'église en deux suite à une dispute, en 1498, entre le clergé et les moines. La cour de Glastonbury trancha : l'administration de l'église fut divisée entre les deux parties et la séparation fut alors érigée. Sachez que, malgré sa délicatesse, elle pouvait supporter, à son sommet, tout un chœur de chorale. Toutes les heures, le carillon sonne une mélodie différente.

The Dunster Dolls Museum : *Memorial Hall, High St. ☎ 82-12-20. Avr-oct, lun-ven 10h30-16h30 ; sam et dim 14h-17h. Petit droit d'entrée.* Pour les amateurs de poupées de tous styles et de toutes ethnies. Maisons et objets s'y rattachant.

EXFORD *(ind. tél. : 01643)*

Prendre l'A 396 puis, à Wheddon Cross, la B 3224. Au cœur de la lande, endroit très agréable comme départ de promenades, entre autres vers *Dunkery Beacon,* le point le plus élevé de cette lande. Très belle vue et pas mal d'animaux.

Où dormir ?

Westermill Farm : *à 2,5 miles d'Exford ; bien indiqué à partir du village. ☎ 83-12-38. Compter 10 £ pour 2 avec voiture.* Au bord de la rivière Exe, 4 prairies en enfilade pour planter sa tente, face à une colline verdoyante. Un endroit très au calme, au milieu des moutons et des poules. Sanitaires bien tenus dans des cabanons en bois. Douches chaudes gratuites. Petite boutique et téléphone.

Youth Hostel : *Whitypoole Rd, Exe Mead, TR24 7PU. ☎ 83-12-88.* En face de *The White Horse.* Ravissante maison en pierre et brique, jardins au bord de l'eau. Une cinquantaine de lits en dortoirs de 4 ou 6, ou chambres de 2 lits superposés. Tous avec lavabo. Cuisine très bien équipée.

Où manger ? Où boire un verre ?

The White Horse : ☎ 83-12-29. *Sandwichs,* Ploughman's lunch, jacket potatoes *5-6 £.* En face de la *Youth Hostel,* un beau pub qui faisait déjà office d'auberge au XVIe s et sur lequel court une luxuriante vigne vierge. Terrasse avec grandes tables en bois au bord de la rivière. Relaxant.

À voir. À faire

➢ ***Promenades le long de l'Exe :*** entre Exford et Winsford particulièrement.

Winsford Hill offre de merveilleux points de vue.

À L'OUEST DE LONDRES

GLASTONBURY

8 800 hab. IND. TÉL. : 01458

Dominée par la silhouette inquiétante du Tor, cette cité ancienne, à 45 miles au sud de Bristol, est célèbre pour incarner le berceau du christianisme en Angleterre. Les ruines de l'abbaye se déploient dans un immense parc de verdure comme seuls les Anglais savent les aménager. On dit que le roi Arthur et son épouse y seraient enterrés.

Sans en avoir l'air, de prime abord, il flotte dans la ville un fumet douceâtre et tenace, rappelant les parfums des chemins de Katmandou. On se croirait revenu au temps du *Flower Power* des années 1970. Il est certain que l'aura de ces lieux sacrés, baignés des contes et légendes merveilleuses nimbant la saga du roi Arthur, attire irrésistiblement toute une faune pittoresque. Les boutiques ésotérico-*new age* dédiées à la légende d'Avalon et à l'underground poussent comme champignons après la pluie. Il en est une que l'on ne peut rater : une énorme feuille...

Adresses et info utiles

Tourist Information Centre : *The Tribunal, 9 High St, BA6 9DP. ☎ 83-29-54. • glastonburytic.co.uk • Lun-jeu 10h-16h ; ven-sam 10h-16h30 (voire plus tôt hors saison) ; fermé dim. (payant).* Beaucoup de renseignements et de brochures (gratuites ou payantes) sur les possibilités d'hébergement dans la ville et ses environs. Procurez-vous *The Oracle,* un petit journal gratuit qui vous donnera toutes les infos culturelles.

✉ ■ ***Poste et banques avec distributeur :*** *dans la rue principale. La **Lloyds** et la **HSBC** de part et d'autre de l'office de tourisme.*

– ***Marché :*** *mar mat.*

Où dormir ?

Bon marché (moins de 40 £ / 48 €)

Glastonbury Backpackers « The Crown Hotel » : *4 Market St, BA6 9H9. ☎ 83-33-53. • thecrownglastonbury.co.uk • Ouv tte l'année. Sur la place centrale. Lit en dortoir 15 £ ; double 40 £. Caution pour la clé 5 £.* Ambiance très décontractée, semblable à la ville. Cafétéria *(The Lunch Box,* à l'heure du déjeuner seulement*)* et musique à tous les étages...

Plus chic (80-120 £ / 96-144 €)

Magdalene House : *Magdalene St, BA6 9EJ. ☎ 83-02-02. • mail@mag* *dalenehouseglastonbury.com • mag dalenehouseglastonbury.com • Doubles 80-100 £, petit déj compris. CB refusées.* Faisant face à l'abbaye, une jolie maison de ville, fraîche et accueillante. Le confort est douillet, la déco riche en bibelots, l'accueil adorable et le petit déjeuner à base de produits locaux et biologiques. Quantité de détails qui font que, une fois n'est pas coutume, l'on se sent vraiment « chez l'habitant ». 3 jolies chambres parfaitement équipées (bouilloire, écran plat, DVD...). L'une d'elles donne en plein sur les jardins et les ruines de l'abbaye. Et il y a même un escalier *Stannah* pour ceux que les escaliers rebutent !

Où dormir dans les environs ?

The Old Oaks Touring Park : *Wick Farm,* ***Wick,*** *BA6 8JS. ☎ 83-14-37. • info@theoldoaks.co.uk • theoldoaks.co.uk • De Glastonbury, prendre l'A 361 vers Shepton Mallet, puis à gauche après 1,5 mile, en direction de Wick ; bien indiqué. Réception 9h-18h. Compter 14-30,50 £ pour 2 avec tente et voiture, selon confort et saison. Loc de « cabines » 34-50 £/nuit. Min de 2-3 nuits parfois demandé.* Superbe camping isolé et calme, dans une petite ferme. On est entouré de vaches. Possibilité de faire sa cuisine et machine à laver. Petite épicerie. Attention : on n'accepte plus les enfants !

Youth Hostel : *à* ***Ivythorn Hill,*** *au sud de Street (3 miles de Glastonbury). ☎ 44-29-61. Bien indiqué sur la route, depuis le rond-point de Street. Bus Badgonline 375 depuis Street, arrêt à Ivythorne. Réception à partir de 17h. Lit en dortoir 13-17,5 £, certaines chambres avec balcon. Cuisine et laverie.* L'AJ est un chalet en haut d'une colline, un peu vieillot mais très correct. Belle vue sur la campagne avoisinante. Une trentaine de lits et possibilité de camping. Pas d'activités proposées.

Middlewick Farm and Cottages : ***Wick,*** *BA6 8JW. ☎ 83-23-51. • midd lewickholidaycottages.co.uk • Prendre l'A 361 sur 1,5 mile vers Shepton Mallet, puis à gauche vers Wick ; c'est alors à 1,5 mile, après le camping* The Old Oaks. *Loc à la sem 430-1050 £ pour 2-6 pers. Loc possible à la nuit ou au w-e pour les plus petits cottages : 75-90 £/nuit pour 2-3 pers.* Une charmante ferme du XVIe s, restaurée avec goût. 11 appartements aménagés dans les différents bâtiments et dépendances. L'ensemble a beaucoup de charme et de cachet. Vue extraordinaire sur les collines avoisinantes, les Mendips. Piscine intérieure chauffée. Petit déj et repas sur commande. Excellent rapport qualité-prix.

Où manger ?

De bon marché à prix moyens (5-15 £ / 6-18 €)

Burns the Bread : *14 High St. ☎ 83-15-32. En face de la* HSBC. Boulangerie-pâtisserie qui sert aussi de succulents sandwichs à emporter. On y arbore la place de finaliste à un concours de boulange !

Rainbow's End Café : *17A High St. ☎ 83-38-96. • rainbowsendcafe@googlemail.com • Ouv 10h-16h ; sur résa ven et sam soir. Plats et salades 4-8 £.* Un snack végétarien et végétalien très bio, avec toiles cirées. On peut siroter des jus (avec de la vraie pulpe) dans le jardin, si l'arc-en-ciel se montre. Ambiance *Flower Power* à souhait.

Café Galatea : *5A High St. ☎ 83-42-84. Tlj sf lun 10h-18h, plus soir ven et sam. Plats 5-12 £.* Un café chic et branché qui fait aussi galerie d'art. Plats uniquement végétariens : salades, pâtes, etc.

The Who'd a Thought it : *Northload St. ☎ 83-44-60. Tlj 12h-14h30 (15h dim), 18h-21h (21h30 ven-sam). Plats 8,50-19 £.* Un pub qu'on adore pour sa déco rigolote : plaques émaillées publicitaires, vélo au plafond, cabine de téléphone ! Bonne cuisine traditionnelle avec en vedette un assortiment de saucisses(-purée). Service souriant.

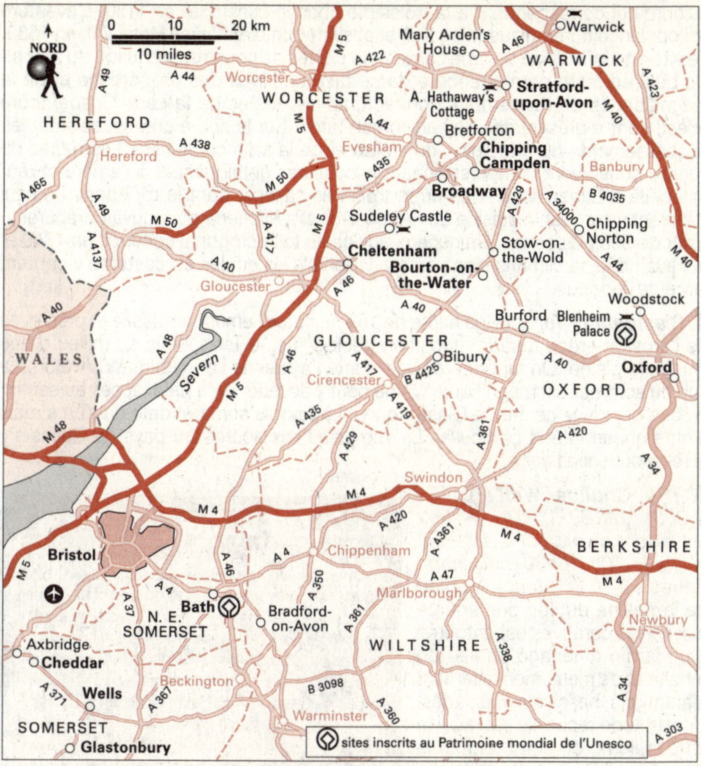

À L'OUEST DE LONDRES

À voir

L'abbaye : *Magdalene St. ☎ 83-22-67. • glastonburyabbey.com • Mars-mai, tlj 9h-18h ; juin-août 9h-21h ; sept-nov 9h-17h ; déc-fév 9h-16h. Entrée : 6 £. On peut disposer d'un baladeur à cassettes (en français) qui commente, en 40 mn, l'essentiel de la visite.* Ne manquez pas la petite expo de l'entrée, qui illustre bien l'histoire des bâtisseurs et leurs techniques, ainsi que les différents aspects de la vie monastique.

Même en ruine, l'abbaye – qui fut le berceau initial du christianisme en Angleterre – continue de susciter une admiration teintée de fascination pour les légendes qui s'y rattachent.

Quoi qu'il en soit, les véritables moines fondateurs de l'abbaye (vers 700) ne démentirent en rien les légendes qui assimilaient Glastonbury à l'île mythique d'Avalon, où gisaient le roi Arthur, sa femme Guenièvre et le Saint-Graal. Leur tombe fut « découverte » en 1191 et officialisée par une inhumation en grande pompe en face du maître-autel en 1278. Agrandissant sans cesse les bâtiments autour de la chapelle d'origine, les moines en firent surtout, à l'instigation de saint Dustan (940), un sanctuaire renommé et un centre intellectuel fécond, pratiquant la règle de saint Benoît. Les pèlerins firent leur prospérité. Les ruines visibles aujourd'hui correspondent à la troisième abbaye construite en 1180. L'aventure et l'opulence durèrent jusqu'au XVIe s, et s'interrompirent avec Henri VIII, en 1539. Le site fut alors utilisé comme carrière de pierres de construction jusqu'au XIXe s. Ce qu'il en reste permet encore de se faire une idée des proportions et de la magnificence de l'ensemble architectural. Les restes de la *Lady Chapel* (côté ouest) sont représentatifs de l'art roman tardif. Sur le sol, à côté, subsistent les soubassements du réfectoire, du cloître et de la salle capitulaire. Les ruines de l'église conservent d'impressionnantes colonnes gothiques, et à l'arrière-chœur (chapelle d'Edgar) étaient enterrés trois rois saxons, dont le roi Edgar. Le seul bâtiment intact est la cuisine de l'Abbé *(Abbot's Kitchen)*, qui pouvait préparer le dîner de 500 personnes. Un curieux édifice au toit octogonal construit en 1340 et qui avait déjà la climatisation : entrez-y donc ! Des guides en costume y content la vie de l'époque.

Glastonbury Tor : colline haute de 158 m, naturellement terrassée et préservée de l'érosion grâce à sa composition géologique, le Tor s'élève au milieu d'une immense plaine. On lui prête d'avoir abrité l'ancienne île mythique d'Avalon. La vue du sommet est magnifique. On ne peut y accéder qu'à pied (accès au sentier en bus depuis le centre de Glastonbury). La tour au sommet date du XIVe s mais n'offre aucun intérêt particulier. La vue jusqu'aux abords du pays de Galles s'y révèle souvent à l'aube.

The Chalice Well : *Chilkwell St. ☎ 83-11-54. • chalicewell.org.uk • Jardins 10h-18h avr-oct, 10h-16h30 nov-mars. Entrée : 3,70 £ ; réduc.* Au pied de la colline du Tor, une source aux vertus curatives est entourée d'un jardin aménagé en lieu de retraite et de méditation, alternant plantations, bassins et cascades. Une attitude recueillie est requise en ces lieux, où serait enfoui le Saint-Graal. Pour l'histoire sainte, il existe deux sources : celle-ci correspond à la *red spring*, créée par le sang du Christ, et à quelques pas en dehors du jardin, la *white spring* issue des larmes et de la sueur du Christ. Elles sont totalement isolées l'une de l'autre... Des bouteilles de cette eau mystérieuse sont en vente !

À L'OUEST D'ÉDEN

La tradition raconte que Joseph d'Arimathie, venu en l'an 60 en ces contrées pour évangéliser les païens, planta son bâton en terre. Celui-ci s'enracina et donna une aubépine miraculeuse qui fleurit en mai et à Noël, et que l'on ne retrouve qu'au Moyen-Orient. Il revint après la mort du Christ pour ériger la première chapelle chrétienne. Il déposa le Saint-Graal, coupe utilisée par Jésus lors de la Cène, près de la source The Chalice Well.

Glastonbury Lake Village Museum : *dans les locaux de l'office de tourisme. Tlj aux mêmes horaires. Entrée : 2,50 £.* Musée archéologique local reconstituant l'habitat lacustre des temps préhistoriques.

Rural Life Museum : *Chilkwell St ; à l'entrée de la ville, en venant de Mallet. ☎ 83-11-97. • somerset.gov.uk/museums • Ouv mar-sam 10h-17h. Entrée gratuite.* Toute la vie rurale du Somerset à travers les objets agricoles rassemblés autour d'une grange gothique du XIVe s, dont la charpente ne laisse pas indifférent. Dans le corps de ferme, la vie de l'époque se prolonge.

À faire

➢ ***Gothic Image Tours :*** *7 High St, dans la librairie* Gothic Image. *☎ 83-12-81 ou (07768) 08-77-66. • gothicimage.co.uk • Tarif dégressif selon le nombre de pers : 80 £ pour 1 ; 90 £ pour 2 ; 100 £ pour 3, 110 € pour 4.* Balades organisées (fort bien d'ailleurs) pour les passionnés de légendes et de culture ésotérique, qui vous replongent dans les temps anciens. De la terre de Merlin en passant par les chemins du roi Arthur et sa quête d'Avalon, ou bien encore l'Irlande enchantée, le catalogue est vaste ! Abbaye, *Chalice Well* et deux vieux chênes à druides en font partie. Le voyage est agrémenté de musiciens et de poètes, et dure 3h. Assez cher tout de même ; à ce prix-là, on aimerait bien voir le Graal !

Fête et festivals

– ***Glastonbury Festival of Contemporary Performing Arts :*** *(en principe) l'avt-dernier w-e de juin (au moment du solstice).* ☎ *83-45-96.* • *glastonburyfestivals.co.uk* • La ville accueille un festival de rock rassemblant des milliers de personnes dans une chaude ambiance depuis 1970.
– ***Festival de musique classique :*** *(en principe) ts les ans, en août.*
– Et en novembre, ne pas manquer le ***carnaval,*** haut en couleur.

DANS LES ENVIRONS DE GLASTONBURY

Le musée de la Chaussure : *High St,* ***Street.*** ☎ *84-21-69. À 2 miles env de Glastonbury. Tlj sf w-e et j. fériés 10h-16h45. Entrée gratuite.* Dans les locaux de l'entreprise *Clarks,* installée ici depuis 1825. Dans trois salles, des chaussures, et rien que ça, de 1700 à nos jours. Également de vieilles machines qui servaient à leur fabrication, et des outils de grande précision !
Pour les fans de l'original *Clarks,* ne pas rater le ***magasin d'usine,*** qui présente des prix bien plus avantageux qu'en France. Et puisqu'on parle de bons plans et de bonnes affaires, sachez qu'un *Outlet shopping center* (le *Clarks Village ; ouv tlj 9h-18h env – 22h jeu*) y a ouvert ses portes. Une cinquantaine d'enseignes nationales et internationales à prix dégriffés.

Montacute : *à env 20 miles sur la route pour Exeter (A 3088). On peut s'y rendre en bus depuis Yeovil.* ☎ *(01935) 82-32-89.* • *nationaltrust.org.uk/montacute-house* • *Ouv de mi-mars à fin oct : tlj sf mar 11h-17h (tlj en août) ; jardins ouv dès 10h tte l'année sf mar (et lun en hiver) et nov-déc. Entrée : 10 £, réduc. Accès aux seuls jardins en hiver : 5 £.* Montacute est un ancien relais de poste sur la route de Londres à Exeter. Ravissant village tout en pierre dorée, qui s'est développé aux XVIIe et XVIIIe s autour de *Montacute House,* propriété du *National Trust.* Ang Lee y a tourné quelques scènes de *Raisons et Sentiments,* avec Emma Thompson et Kate Winslet ; (magnifique) adaptation du roman de Jane Austen, qui reçut plusieurs oscars. La demeure dans le plus pur style élisabéthain est un joyau de la Renaissance. En plus des deux étages magnifiquement meublés, on peut admirer sous les combles restaurés une partie des réserves de la *National Portrait Gallery* : des magnifiques portraits des monarques britanniques et de quelques grands personnages historiques. Splendides jardins (anglais, *of course* !) de 121 ha.

TES YEUX POUR PLEURER... DE RIRE !

Montacute a été désigné comme village anglais où la moyenne d'espérance de vie est la plus longue du pays. Un secret ? Les oignons ! Toutes les personnes âgées du village ont un point en commun : elles ont mangé chaque jour un oignon produit dans les proches environs. Un élixir de jouvence insoupçonné !

WELLS

12 000 hab. IND. TÉL. : 01749

Cette paisible petite ville marchande, et plus petit évêché de Grande-Bretagne, s'étend autour de l'une des plus belles cathédrales gothiques d'Angleterre. Avec celle-ci, le palais épiscopal et le Vicar's Close forment un ensemble harmonieux et attrayant. On y donne de nombreux concerts en juillet.
– Attention : se garer à l'extérieur de la ville uniquement.

Adresses et info utiles

Wells Visitor Centre : *au Wells Museum, 8 Cathedral Green. ☎ 67-17-70. • wellssomerset.com • Tlj 10-17h avr-oct (13h30-16h le dim) ; 11h-16h nov-mars.*

Location de vélos : ***Bike City,*** *38 Market St. ☎ 67-17-11. Lun-jeu 9h-17h30 ; ven et sam 9h-17h. Tarifs intéressants.*

– ***Marché :*** *sam mat ; farmers' market le mer.*

Où dormir ?

Campings

Homestead Park : ***Wookey Hole,*** *BA5 1BW. ☎ 67-30-22. À env 2,5 miles de Wells par l'A 371 ; suivre les pancartes pour les grottes, dans le même village. Ouv Pâques-fin sept. Compter 14 £ pour 2 avec tente et voiture.* Bien situé, au pied des Mendip Hills. Une soixantaine d'emplacements, bordés d'un torrent.

Bucklegrove Caravan and Camping Park : *à la sortie de Wells, vers Cheddar (A 371), à* ***Rodney Stoke,*** *8B2 734Z. ☎ 87-02-61. • bucklegrove.co.uk • Fermé déc-fév. En été, 20-24 £ pour 2 avec tente.* Holiday homes *loués pour 3 nuits min : 77-166 £/nuit.* Super bien équipé et ombragé. Meilleurs emplacements : 107 à 114. On y trouve une boutique, un bar et une piscine couverte et chauffée (sa taille ne permet que quelques brasses...). Un resto, en haute saison uniquement.

Prix modérés (40-60 £ / 48-72 €)

Mary Road B & B : *30 Mary Rd, BA5 2NF. ☎ 67-40-31. • triciabailey30@hotmail.com • maryroadbandbwells.co.uk • À 10-15 mn à pied de la cathédrale et 25 mn en voiture de l'aéroport de Bristol. Venant du centre de Wells, prendre la Hookey Hole Rd, puis à droite Kennion Rd ; enfin la 3e à gauche. Fermé déc. Doubles 50-60 £, petit déj inclus. CB refusées.* Une maison banale et sans charme mais des chambres (avec ou sans salle de bains) modernes et claires. Petit jardin.

Prix moyens (60-80 £ / 72-96 €)

Canon Grange : *Cathedral Green, BA5 2UB. ☎ 67-18-00. • canongrange@email.com • canongrange.co.uk • Doubles 72-78 £ selon confort et vue, petit déj inclus. Sur présentation de ce guide 10 % de remise sur la dernière nuit (si plus de 2 nuits).* Admirablement située (la salle à manger donne sur la cathédrale), une maison du XVe s très confortable. Petit déj très copieux et la maîtresse de maison est adorable. Chambres avec ou sans salle de bains ; préférez celles donnant sur la cathédrale.

Cadgwith House : *Hawkers Lane, BA5 3JH. ☎ 67-77-99. • jackie.lemiere@btinternet.com • cadgwithhouse.co.uk • Derrière la cathédrale, à 500 m dans le prolongement de Thomas St. Fermé à Noël. Doubles à partir de 68 £, petit déj inclus ; familiales 88 £. CB refusées.* Maison neuve sans grand cachet mais chambres fraîches et très spacieuses, avec salle de bains et TV.

Plus chic (80-120 £ / 96-144 €)

🏠 ***The Ancient Gate House Hotel and Rugantino Restaurant :*** *Sadler St, BA5 2SE.* ☎ *67-20-29.* • *info@ancientgatehouse.co.uk* • *ancientgatehouse.co.uk* • *Doubles 95-130 £ avec petit déj, selon confort, vue et saison.* Face au spectacle inoubliable de la cathédrale, une très ancienne auberge proposant 9 chambres au décor médiéval, certaines avec lit à baldaquin, romantiques à souhait. Honnête resto aux compositions italo-britanniques parfois étonnantes. Si c'est complet, le ***White Hart,*** juste en face, leur appartient aussi (une quinzaine de chambres ; • *whitehart-wells.co.uk* •). Jolie façade à colombages.

Où manger ?

De bon marché à plus chic (5-25 £ / 6-30 €)

|●| ***Da Luciano :*** *15-17 Broad St.* ☎ *67-58-84. Tlj sf dim 12h-22h. Pizzas 6,50-16 £ ; fish & chips 6 £ env.* Une pizzeria populaire, aux allures de cafétéria. Le cadre n'est certes pas très glamour, mais les pizzas (proposées en 2 tailles) qui sortent du four valent le détour. Pâte fine (et maison), produits frais... Super accueil. Fait aussi *Take away* ; un peu moins cher. En face (au n° 14), glacier et « *expresso bar* ».

|●| ***The Fountain Inn & Boxers Restaurant :*** *1 St Thomas St.* ☎ *67-23-17.* • *cat@fountaininn.co.uk* • *Tlj, midi et soir. Plats 8,50-16,50 £ ; repas 17-25 £.* Un pub dans la plus pure tradition proposant de bons petits plats bien sympathiques. Jolie déco boisée.

|●| ***The City Arms :*** *69 High St.* ☎ *67-39-16.* • *cityofwellspubcoltd@hotmail.com* • *Plats 6-16 £.* Ce pub, datant de 1615, servit de prison au temps des Tudors avant d'être transformé en abattoir. On y sert aujourd'hui des lunchs et des repas du soir dans la tradition. À l'étage, magnifique charpente d'époque. Agréable courette.

|●| ***Anton's Bistrot, The Crown at Wells :*** *Market Pl, BA5 2RP.* ☎ *67-34-57.* • *reception@crownatwells.co.uk* • *Tte l'année. Formule lunch 10,95 £ servie aussi dim-jeu 18h30-21h30 ; carte env 25 £. Fait aussi hôtel. Doubles à partir de 95 £.* Vous ne pouvez pas le louper avec sa belle façade à bow-windows. De très bonnes spécialités locales dans une ambiance de bistrot.

Où prendre le thé ?

☕ ***The Bekynton :*** *23 Market Pl.* ☎ *67-59-93. Tlj 10h-18h (parfois 22h le w-e et en été).* Un salon de thé à l'ancienne avec une jolie terrasse sur la place. Idéal pour un café, un thé, un petit déj ou un lunch léger.

Où boire un verre ?

🍷 ***The Full Moon :*** *South Over. À 10 mn à pied de Market Pl. Prendre Broad St, puis St John's St.* Pub jeune et très animé.

🍷 ***Sun Inn :*** *Union St.* Pas mal de monde, bonnes bières et parties de billard animées.

🍷 ***The King's Head :*** *High St.* 📶 Ambiance médiévale et très colorée au fond du pub.

À voir

★★★ ***St Andrews's Cathedral :*** *tlj 7h-19h (18h oct-mars).* • *wellscathedral.org.uk* • *Le don d'une obole de 6 £ est fermement encouragé.*

Il faut venir à Wells rien que pour la cathédrale. Sa façade, datant de 1230 et plus large que haute, se présente dans toute la splendeur de son somptueux déploiement. 300 statues rescapées des puritains jouent des coudes sur l'écran de pierre géant pour magnifier les épisodes de l'Ancien et du Nouveau Testament.

La construction de la cathédrale fut entamée en 1180 et achevée seulement au XVIe s, mêlant harmonieusement les différentes évolutions du gothique. Si la nef garde l'austérité du style primitif, la décoration des chapiteaux apporte un peu de fantaisie. Mais c'est l'arc en ciseaux du XIVe s qui impressionne au premier regard : une solution architecturale à l'enlisement des fondations !

Dans le transept sud, les chapiteaux des colonnes recèlent d'amusantes scènes de vie quotidienne. Dans le transept nord, une horloge astronomique de 1390 égrène les quarts d'heure par un tournoi où un chevalier est terrassé. Le chœur arbore des tapisseries médiévales et les armoiries des évêques successifs. Dans le cloître, une des plus importantes bibliothèques médiévales du pays (ouverte seulement les vendredi et samedi), avec plus de 6 000 livres, dont 12 incunables (c'est-à-dire datant d'avant 1500). Ses archives, qui remontent au début du XIIIe s, sont une mine d'or pour les historiens. *Evensongs* à 17h15 en semaine et à 15h le dimanche.

VICAR'S CLOSE, PLUS ANCIENNE RUE MÉDIÉVALE D'EUROPE TOUJOURS HABITÉE !

Pour loger les choristes de la cathédrale, qui donnaient de la voix dès 1140, on a tracé au XIVe s, sur le côté gauche de l'édifice, cette rue pavée et bordée d'une vingtaine de maisons en pierre. Les cheminées remontent, quant à elles, au XVe s. Dans l'entrée de la porte cochère, Moyen Âge et XXIe s donnent ainsi matière à une insolite photographie !

Bishop's Palace : *☎ 67-86-91. • bishopspalacewells.co.uk • Avr-fin déc, tlj 10h-18h (16h nov-déc) ; fermé janv-fin mars. Dernière entrée 1h avt. Entrée : 7 £ ; réduc.* Dans le prolongement du cloître, le palais de l'évêque, bâti il y a plus de 700 ans, solidement fortifié de remparts et ceint de douves, abrite des jardins où coule une source, qui ne débite pas moins de 180 litres par seconde ! À l'intérieur de l'enceinte, les bâtiments principaux servent de résidence à l'évêque actuel, et si le Grand Hall tombe en ruine, la chapelle dédiée à saint Marc, construite en style gothique, recèle de beaux vitraux. La partie appelée « Henderson's Rooms », dans les « state rooms », est accessible au public et consiste en plusieurs halls décorés en gothique « italien ». L'attrait du lieu réside essentiellement dans la promenade que l'on peut faire sur les remparts et qui mène au nord-est jusqu'à un superbe point de vue où l'on peut contempler la cathédrale.

Wells Museum : *8 Cathedral Green. ☎ 67-34-77. • wellsmuseum.org.uk • Pâques-oct, tlj 10h-17h (13h30-16h le dim) ; oct-Pâques, tlj 11h (13h30 dim)-16h. Entrée : 3 £ ; réduc.* Dédié aux maçons et artisans qui bâtirent la cathédrale. Petit musée d'archéologie et d'histoire locales un peu fourre-tout, qui présente, entre autres, des fragments de sculptures de la cathédrale, ainsi qu'une explication des techniques de construction de celle-ci pour gommer les effets de perspective, lorsqu'elle était vue en contre-plongée. Également une défense d'hippopotame retrouvée sur les Mendip Hills et datant de 1 500 ans av. J.-C. Dans un tout autre registre, on peut aussi découvrir les squelettes de la sorcière et de sa chèvre qui habitaient les *Wookey Hole Caves*, brrrrr... !

Wookey Hole Caves : *à 2 miles au nord de Wells, sur la route de Cheddar. ☎ 67-22-43. • wookey.co.uk • Avr-oct, tlj 10h-17h (dernier départ) ; le reste de l'année, 10h-16h. Entrée : 16 £, réduc, notamment sur Internet.* Complexe de belles grottes creusées par la rivière Axe, couplé d'un ensemble d'attractions très touristiques, où la sorcière des lieux (symbolisée par un rocher aux traits de son visage) raconte l'histoire des occupants de ces grottes depuis les Romains. Un peu grand-guignolesque. Par la suite, on a l'occasion de suivre la fabrication du papier et de découvrir d'anciens manèges et des machines à sous avec de vieux pennies. Y aller si vous êtes vraiment désœuvré.

CHEDDAR

5 095 hab. IND. TÉL. : 01934

Patrie d'origine d'un fromage dont la réputation s'étend aujourd'hui bien au-delà des frontières du Royaume-Uni. De nombreuses boutiques en expliquent le processus de fabrication. Très touristique, trop même, sans compter les boutiques innombrables qui gâchent quelque peu la visite. Bondé en été, désert en hiver, on y passera en coup de vent ! Pour ses gorges...

– Liste des hébergements sur ● *cheddarvillage.co.uk* ● (mais on vous conseille de pousser plus loin).

Où manger ?

Hillside Cottage : *The Cliffs. Au niveau des gorges face à l'office de tourisme.* Un *tea-room* parmi d'autres, à la terrasse agréable dominant un étang, pour déguster quelques sandwichs avant de plonger dans les entrailles de la terre.

À voir. À faire

Cheddar Gorge : crevasse étroite et sinueuse que suit une route tracée entre deux parois verticales, percées en plusieurs endroits de grottes abritant de remarquables stalactites. L'idéal est d'aborder les gorges depuis le village mais il y a fort à parier que vous les ferez dans les deux sens..

Black Rock : une réserve naturelle propice à la randonnée.

■ ***Black Rock Outdoors :*** *16 Andrews Rd.* ☎ *74-43-89.* ● *blackrockoutdoors.co.uk* ● *Compter 86 £ pour 4, pour la ½ journée.* Pour ceux qui ont toujours rêvé de spéléologie. Jouer aux explorateurs à travers les grottes de Cheddar. Escalader, ramper dans la boue... Accoutrement adéquat (lampe, bottes, etc.) fourni. Un peu cher toutefois.

Cheddar caves and Gorge : ☎ *74-23-43.* ● *cheddarcaves.co.uk* ● *Pâques, Pentecôte et juil-août, tlj 10h-17h30 ; le reste de l'année, tlj (sf Noël et Nouvel An) 10h30-17h. Dernière entrée 1h avt fermeture. Ticket combiné très cher, 18,50 £ (16,65 £ sur Internet), sans compter le prix du parking obligatoire, mais qui donne droit à 7 « attractions » :*

– *Gough's Cave :* petite balade souterraine avec quelques concrétions spectaculaires et de beaux effets d'éclairage sur le miroir immaculé des lacs intérieurs.
– *Museum of Prehistory :* ossements, objets préhistoriques, dioramas et squelette de 9 000 ans. Pas de quoi se flageller de plaisir.
– *Cox's Cave :* une 2e grotte pour le même prix, mais plus petite et plus excitante, avec des passages étroits et des jeux de lumière.
– *Crystal Quest :* à la suite de la précédente. Show « Heroic Fantasy » avec dragons, fées et héros légendaires à la quête du cristal magique. Stroboscopes et effets laser. On a vu mieux à la Foire du Trône.
– *The Lookout Tower :* grimpette bien raide. On aboutit à la tour d'observation, où le panorama n'est pas trop moche.
– *Gorge Walk :* vous avez le droit à présent de vous promener tout au long de la gorge sur 3 miles. Dire qu'il faut payer pour cela ! Une balade en bus est aussi proposée...

Au retour, le bon public est habilement drainé vers la boutique de souvenirs. Conclusion : vous pouvez garder vos sous, vous ne perdrez rien !

The Cheddar Gorge Cheese : *The Cliffs. Avt la route des gorges, sur la gauche.* ☎ *74-28-10.* ● *cheddargorgecheeseco.co.uk* ● *Tlj 10h-15h30 (boutique 16h).*

Entrée : 2,25 £, valable 1 j. « Le seul cheddar fabriqué à Cheddar ! » Pour tout savoir sur la fabrication du fameux fromage. Dégustation gratuite. Les fromages (au lait cru) affinent dans les *Cheddar caves*...

Axbridge : *à env 2 miles.* Petit village où subsistent quelques maisons à colombages. Sur place, un office de tourisme et un petit musée, aménagé dans le ***King Johns Hunting Lodge,*** une splendide demeure médiévale. À l'heure du lunch ou du *tea,* on fera une pause salutaire à ***The Old Alsmhouse*** *(☎ 73-37-20 ; tlj sf mer),* un ancien hospice du XVe s, transformé en salon de thé.

BATH

84 000 hab. IND. TÉL. : 01225

Certainement l'une des plus belles villes d'Angleterre. Elle est d'ailleurs classée au Patrimoine mondial de l'humanité par l'Unesco depuis 1987. Provinciale, aérée, superbement étagée sur une colline verdoyante, c'est une excursion très prisée au départ de la capitale. La ville a bénéficié d'un plan d'urbanisme extrêmement réussi, ce qui lui confère un charme exceptionnel. Tout date du XVIIIe s, lorsque Ralph Allen s'occupa de restructurer l'urbanisme de la cité en édifiant des ensembles monumentaux et élégants dans le style palladien, composés d'alignements de façades qui ondulent autour des collines. Avec les différentes dénivelées, on découvre toujours des vues surprenantes. Mais Bath avait séduit les Romains dès le début de notre ère, quand ils y découvrirent l'unique source chaude du pays.
Vestiges historiques, monuments superbes, rues élégantes, placettes ravissantes, passages étroits : une halte à Bath s'impose. D'autant plus que toute l'industrie s'est installée à Bristol, bien à l'écart, et que le commerce, le tourisme et les arts regagnent Bath. Ici, chaque mois amène un nouveau festival, avec un point culminant lors du festival de musique et de danse fin mai-début juin. Si la ville est belle, sachez que ce n'est pas grâce à l'État, mais bien aux résidents qui, individuellement ou en association, financent les restaurations et les ravalements : cela leur fait plaisir !

BATH DANS L'HISTOIRE

L'histoire a commencé au temps des Celtes : ici, on adorait Sulis, déesse des bains. Cinq siècles av. J.-C., un prince atteint de la lèpre constata sa guérison après s'être roulé dans la boue chaude. La nouvelle fit le tour du pays et Bath devint réputée pour ses eaux curatives. Plus tard, les Romains trouvèrent regrettable de ne pas utiliser le million de litres d'eau à presque 50 °C, qui sortait chaque jour. Ils construisirent des thermes et un grand temple dédié à Minerve. Aquae Sulis, autrement dit Bath, devint ainsi la première station thermale d'Angleterre. La boue et l'oubli recouvrirent le tout quelque temps, après que les Romains eurent quitté la ville.
Les Saxons ont sans doute un peu dégagé le marécage, puisqu'ils édifièrent une cathédrale géante en plein centre, à côté des anciens bains enfouis sous terre. Ils développèrent la ville dans l'ancienne enceinte romaine.
La source thermale *(spa)* allait à un tout petit train jusqu'au jour où la reine Anne vint s'y faire soigner la première année de son règne (1702). Sa cour de favorites et de mignons s'y installa avec enthousiasme. Ses propriétaires terriens, soucieux d'influencer la reine pour leur parti – Whig ou Tory – venaient y passer la moitié de l'année et s'y firent construire des demeures. C'est à cette époque, au XVIIIe s, que la ville explosa littéralement et vécut son âge d'or.
La réputation thermale de Bath est due à Richard « Beau » Nash, dandy parfait, ordonnateur de plaisirs mondains. Ainsi organisait-il les journées et les soirées de

la bonne société, qui débutaient toujours par un bain thermal ! Grâce à lui, la cité devint un lieu de villégiature privilégié de toute la noblesse anglaise. Sous le règne des trois premiers George, la renommée de Bath ne cessa de croître. Tous les artistes y passaient la saison. Les manufacturiers et les ministres y prenaient leurs sages décisions. Puis voilà qu'on inventa les bains de mer. Et Bath se rendormit...

À la même époque que Richard Nash, Ralph Allen, personnage devenu richissime grâce à l'organisation d'un système postal performant, fit l'acquisition de grandes carrières dans les environs de Bath. C'est avec cette pierre qu'il fit reconstruire la moitié de la ville. Il demanda à l'architecte John Wood de réaliser son rêve dans un style georgien des plus élégant. Il fit élever avec son fils un *square*, un *circle* et un *crescent* (un carré, un cercle et un croissant), aujourd'hui véritable carte d'identité de Bath, ainsi que les *Assembly Rooms*.

À la fin de l'essor de la ville, on divisa les grandes maisons en petits appartements, où s'installèrent les petits-bourgeois et les retraités attirés par le bon air (il fait effectivement un peu plus chaud à Bath).

ŒIL POUR ŒIL, DENT POUR DENT... PIERRE POUR PIERRE

En 1942, Bath subit les assauts de l'aviation allemande. Une réponse de Hitler aux bombardements alliés sur Cologne et sa sublime cathédrale. On raconte que les Allemands auraient, à l'époque, choisi leur cible dans un guide touristique, en optant tout simplement pour la ville la plus renommée, la plus visitée d'Angleterre. Et boum ! Heureusement, les bombardiers allemands furent moins zélés (et moins nombreux). La ville ne subit que peu de dommages, en comparaison avec Cologne, entièrement ruinée au sortir de la guerre.

BATH

Arriver – Quitter

Gare ferroviaire *(plan B3)* **:** *Bath Spa Station, Dorchester St. ☎ (08457) 48-49-50. ● great-western-trains.co.uk ●*

➢ **Londres-Paddington :** ttes les heures ; les rapides mettent 1h30. À signaler, un train très pratique de Londres-Waterloo à Bath, trajet direct en 2h. Demander un billet APEX (résa 1 sem avt) pour un tarif très intéressant. Une ligne transversale également intéressante : Salisbury-Cardiff.

Terminal des bus *(plan A3)* **:** *Ambury St.* ***National Express Coaches*** *: ☎ 0870-580-80-80. ● nationalexpress.com ●*

➢ Nombreux bus directs pour Londres, Bristol, le nord de l'Angleterre et vers les Cornouailles.

Stationnement

Attention, Bath possède un système très strict de stationnement pour les voitures. Soit vous vous garez dans un parking privé (Avon St, Charlotte St, Walcot St, Manvers St, Kingsmead Square...), soit vous utilisez les espaces dans la rue. Dans ce cas, il vous faudra nourrir les parcmètres, plus ou moins chers, selon l'endroit où vous stationnez (certains acceptent les cartes bancaires !). Consultez les panneaux. Ne dépassez pas le temps de stationnement, car les « traffic wardens » passent sans arrêt. Pour plus d'infos, demander *Visit Bath & Beyond the guide* et le *Shopping in Bath* au *Tourist Information Centre.* Également 3 *Park & Ride* bien pratiques : *Newbridge,* juste en face du camping *Marina, Lansdown* et *Odd Down* avec navettes dans le centre toutes les 8 mn.

Adresses utiles

Visitor Information Centre *(plan B2)* **:** *Abbey Chambers, Kingston Buildings. ☎ 0870-444-64-42. ● visitbath.co.uk ● Face aux bains romains et à l'abbaye. Lun-sam 9h30-17h (18h en été) ; dim 10h-16h.* Service de résa de logements en *B & B* ou hôtels. Pratique, vu que la ville est très fréquentée l'été.

Vente de brochures et de cartes, ainsi que la *Visitor Card* (3 £), proposant réductions et avantages sur pas mal d'entrées de musées et d'attractions.
✉ ***Poste*** *(plan A2) : 27 Northgate. Tlj sf dim 9h-17h30.* Abrite au sous-sol le musée de la Poste *(plan A2,* ***41****).*
■ ***Banques :*** *la plupart des banques sont sur Milsom St (plan A1-2) et possèdent un distributeur.* Sinon, un peu partout dans la ville.
■ ***Royal United Hospital :*** *Combe Park. ☎ 42-83-31. Urgences : ☎ 82-40-07. À droite vers l'A 431, en quittant la route de Bristol.*
■ ***Journaux français :*** plusieurs marchands distribuent la presse française, notamment ***The Editor,*** sur Westgate St *(plan A2).*
■ ***Laverie*** *(hors plan par A1,* ***12****) :* ***Spruce Goose,*** *4 Margaret's Buildings. ☎ 48-33-09. Tlj. À 100 m de* The Circus *dans une ruelle sur la droite.*

BATH

Où dormir ?

On le répète, pour les *B & B,* réserver longtemps à l'avance ou passer par le *Tourist Information Centre.* Il y en a une quantité impressionnante à Bath.

Camping

Newton Mill Camping : *Newton Rd, BA2 9JF. ☎ 33-39-09. ● newtonmillpark.co.uk ● Aux portes de la ville, vers Stanton Wick (A 368). Suivre la direction A 4 vers Bristol ; en sortant de la ville, au rond-point du Globe Pub, à gauche vers Newton St Loe, puis sur moins de 2 miles à gauche. Service de bus (nº 5) pour le centre ttes les 10 mn ; idem en sens inverse, à l'arrêt, traverser le champ sur la droite, passer par le portillon et suivre le sentier. Compter 12-20 £ pour 2 avec tente. Réduc de 5 % à partir de 7 j. réservés (ainsi que pour les plus de 55 ans).* Situé dans un cadre magnifique, traversé par une petite rivière idéale pour la pêche. L'ensemble est parfaitement entretenu. Petite épicerie bien approvisionnée. Laverie, salle TV, bar et resto. Salle pour les enfants, avec notamment des jeux vidéo. Bon accueil.

Bon marché (moins de 40 £ / 48 €)

YMCA *(plan A1,* ***1****) : Broad St Place, BA1 5LH. ☎ 32-59-00. ● stay@bath*

Adresses utiles
- **i** Visitor Information Centre
- **12** Laverie

Où dormir ?
- **1** YMCA
- **2** The Henry Guest House
- **3** Youth Hostel
- **4** St Christopher's Inns
- **5** Brindleys B&B
- **6** Parade Park
- **7** The Belmont
- **8** Dukes Hotel
- **9** Bath Backpackers Hostel
- **10** Villa Magdala Hotel
- **11** The Ayrlington

Où manger ?
- **15** Salamander
- **16** Café Retro
- **17** The Whole Bagel
- **18** The Pump Room
- **20** Sally Lunn's, Tilley's Bistro et Demuths Vegetarian
- **21** Jamie's Italian
- **22** Pasti Presto
- **23** Mai Thai
- **25** The Eastern Eye
- **29** Seafoods
- **30** Cornish Bakehouse

Où boire un verre ? Où écouter de la musique ?
- **15** Salamander
- **33** Revolution
- **35** The Bell Inn
- **37** All Bar One
- **38** Pig and Fiddle

Où danser ?
- **32** Po-Na-Na
- **34** Delfter Krug

À voir. À faire
- **40** Building of Bath Museum
- **41** The Postal Museum
- **42** The Museum of Bath at Work
- **43** Promenade en bateau sur l'Avon
- **44** Assembly Rooms et The Fashion Museum
- **45** Royal Crescent
- **46** The Holburne Museum
- **47** The Museum of East Asian Art
- **48** Jane Austen Centre
- **49** Pulteney Bridge

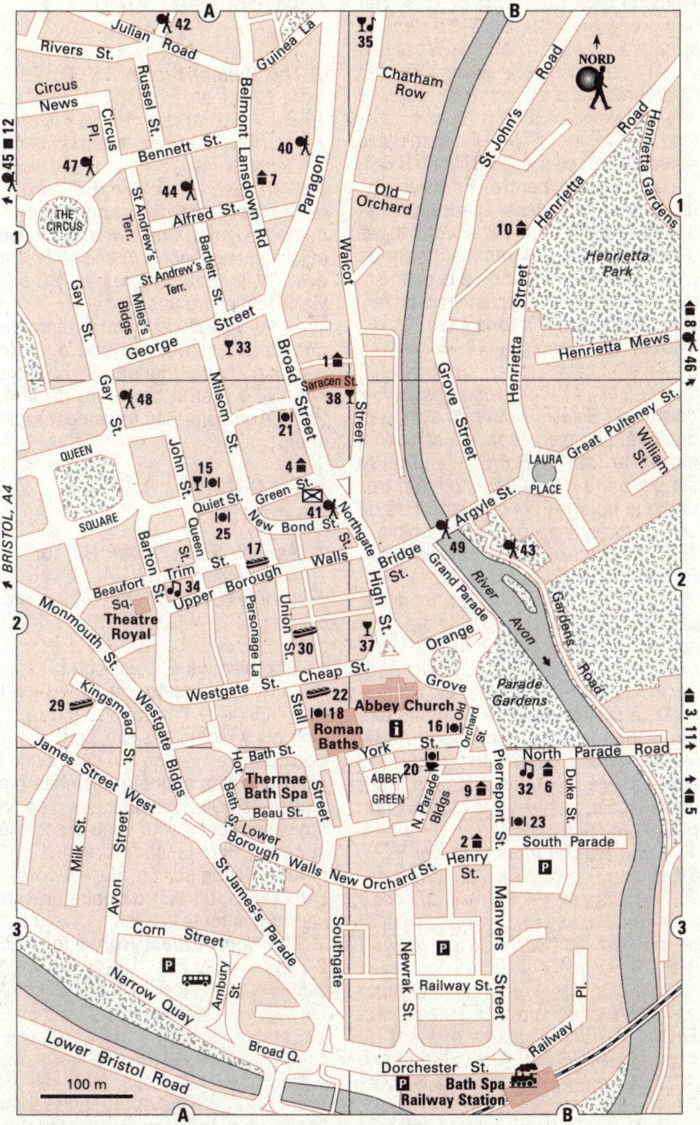
NORD
Julian Road
Rivers St.
Circus News
Circus Pl.
Russel St.
Belmont
Lansdown Rd
Guinea La
Bennett St.
Paragon
THE CIRCUS
Alfred St.
St Andrew's Terr.
Bartlett St.
St Andrew's Terr.
Miles's Bldgs
Gay St.
George Street
Broad Street
Saracen St.
Milsom St.
Gay St.
John St.
QUEEN SQUARE
Quiet St.
Green St.
New Bond St.
Northgate St.
Queen St.
Barton St.
Trim St.
Beaufort Sq.
Upper Borough Walls
Theatre Royal
Monmouth St.
Parsonage La
Union St.
High St.
Cheap St.
Westgate St.
Kingsmead St.
Westgate Bldgs
Stall St.
Abbey Church
Roman Baths
York St.
Orange Grove
Old Orchard St.
James Street West
Hot Bath St.
Bath St.
Thermae Bath Spa
Beau St.
ABBEY GREEN
N. Parade Bldgs
Milk St.
Avon Street
Lower Borough Walls
St James's Parade
New Orchard St.
Henry St.
Corn Street
Narrow Quay
Ambury St.
Southgate
Newrak St.
Railway St.
Manvers Street
Broad Q.
Lower Bristol Road
100 m
Dorchester St.
Bath Spa Railway Station
Railway Pl.
Chatham Row
Walcot Street
Old Orchard
St John's Road
Henrietta Road
Henrietta Gardens
Henrietta Park
Henrietta Street
Henrietta Mews
Grove Street
Great Pulteney St.
William St.
LAURA PLACE
Argyle St.
Bridge St.
Grand Parade
River Avon
Gardens Road
Parade Gardens
North Parade Road
Pierrepont St.
Duke St.
South Parade
BRISTOL, A4
BATH

BATH

ymca.co.uk • bathymca.co.uk • Sur une place piétonne du XVe s ; entrée au niveau du 33 Broad St. Réception 24h/24. Lit en dortoir 6 pers 20-22 £. Chambres simples, doubles et familiales disponibles. Ouv à ts, une cafétéria avec repas 5 £ env. Une formidable adresse avec plus de 200 lits en *B & B*, située en plein centre. En sous-sol, un centre de fitness avec sauna et tout le tintouin pour 5 £ si vous logez à l'auberge. Au programme, cours de gym, mais aussi initiation à la capoeira ou au *kick-boxing* (supplément à payer).

St Christopher's Inns *(plan A2,* ***4****)* **:** *9 Green St. ☎ 48-14-44. • st-christophers.co.uk • Lits en dortoir de 4, 8 ou 10 pers, 17-22 £ selon saison.* Au-dessus du *Belushi's*, un pub sympa et branché. Lits bien espacés, sanitaires nickel, le tout en *B & B*. L'entrée se fait par carte magnétique 24h/24, très pratique pour les couche-tard. Pas de cuisine mais micro-ondes disponible.

Bath Backpackers Hostel *(plan B3,* ***9****)* **:** *13 Pierrepont St, BA1 1LA. ☎ 44-67-87. • hostels.co.uk • En plein centre-ville et à 2 mn de la gare et des bus. Ouv 8h-minuit. 13-26 £/pers, selon le type de dortoir, petit déj inclus.* Cuisine et salle TV. Remarquez, à la réception, le commentaire pour chaque pays. On apprend que les Américains parlent fort et que les Japonais ne s'excusent jamais. Pour les Français, ce n'est pas glorieux non plus. À vous de juger...

Youth Hostel *(hors plan par B2-3,* ***3****)* **:** *Bathwick Hill, BA2 6JZ. ☎ 46-56-74. • yha.org.uk • À 1,5 mile du centre par Great Pultney St. On vous conseille de prendre le bus n° 18 de High St (dans le centre ; plan B2) ou du terminal des bus, car la route grimpe ferme pour s'y rendre ; l'arrêt est juste devant. Sinon, prendre à gauche au bout de North Parade Rd (c'est l'A 36), puis à droite au rond-point. Pas de couvre-feu. 10-23 £/pers en dortoir (4-10 lits).* Belle demeure bourgeoise refaite à neuf, et confortablement aménagée, entourée d'un parc qui domine la ville. Les 121 lits sont souvent complets en été. En y allant vers 17h, vous aurez une petite chance de trouver une place. Sert des repas. Cuisine disponible et salle TV.

Prix moyens (60-80 £ / 72-96 €)

The Belmont *(plan A1,* ***7****)* **:** *7 Belmont Lansdown Rd, BA1 5DZ. ☎ 42-30-82. • belmontbath.co.uk • archie_watson@hotmail.com • Doubles 50-70 £ sans ou avec sdb, petit déj inclus. CB refusées.* À 10 mn à pied du centre, les *backpackers* apprécieront la grimpette finale ! Chambres spacieuses et joliment agencées. Grand salon clair avec TV, livres et magazines. Un style vieille Angleterre très plaisant.

Si les ***B & B*** du centre sont tous complets, essayez un peu à l'extérieur, à partir de Charlotte St *(hors plan par A2)*, il y en a plusieurs dizaines. Plus bruyants et pas forcément moins chers.

Plus chic (80-120 £ / 96-144 €)

Parade Park *(plan B3,* ***6****)* **:** *8-10 North Parade, BA2 4AL. ☎ 46-33-84. • info@paradepark.co.uk • paradepark.co.uk • Doubles 75-105 £, petit déj compris, sans ou avec sdb.* Très bien situé, c'est son principal atout ! Pour le reste, on aime bien la jolie façade et l'atmosphère de pension qui y règne. Les prix sont encore doux pour la ville, ce qui compense la simplicité et la sobriété des chambres (certaines assez petites). Les plus fortunés pourront s'offrir l'une des 2 jolies suites. Éviter la chambre n° 12 : la fenêtre donne sur un mur ! À côté, le *Lambrettas*, un pub où boire un verre sans courir toute la ville.

The Henry Guest House *(plan B3,* ***2****)* **:** *6 Henry St, BA1 1JT. ☎ 42-40-52. • stay@thehenry.com • thehenry.com • Tte l'année. Doubles avec TV 85-95 £ ; 1 chambre familiale 160 £ ; également 1 appart à louer au coin de la rue avec 2 chambres : 160 £ avec petit déj. CB acceptées.* Chambres ravissantes, la plupart avec cheminée, confortables et bien tenues mais de taille variable. L'ensemble vient d'être entièrement rénové, joliment relooké au goût du jour (salles de bains neuves !). Une des adresses les plus centrales, réputée en outre pour son breakfast très copieux. Accueil souriant.

Très chic (plus de 120 £ / 144 €)

Brindleys B&B *(hors plan par B3, **5**) : 14 Pulteney Gardens, BA2 4HG. ☎ 31-04-44. • info@brindleysbath.co.uk • brindleysbath.co.uk • Doubles 110-180 £, petit déj compris, selon confort et saison.* Un « boutique » *B&B* un poil excentré mais dans un quartier calme et résidentiel (le centre-ville n'est jamais qu'à 10 mn à pied !). Cette jolie maison victorienne a été entièrement rénovée au goût du jour et offre des prestations hôtelières dignes d'un 4-étoiles. 6 chambres, seulement, pour plus d'intimité et une déco de charme et d'un grand raffinement. Romantique à souhait ! Une belle adresse, chic et décontractée tout à la fois. Accueil charmant.

Dukes Hotel *(hors plan par B1-2, **8**) : Great Pulteney St, BA2 4DN. ☎ 78-79-60. • info@dukesbath.co.uk • dukesbath.co.uk • Doubles 139-210 £ selon période (moins cher en sem) jusqu'à 230 £ pour les suites, petit déj compris ; belles promos sur Internet.* Pour revivre le temps d'un week-end les fastes d'un Bath révolu ! Il n'y a pas si longtemps, les calèches remontaient cette rue grandiose avec, à leur bord, de jolies dames en toilette... Le *Dukes Hotel* cultive cet esprit et cet apparat. Pompeux mais superbe ! L'adresse est très chic, le tout fleuri et charmant, meublé d'époque. Les chambres les plus chères sont somptueuses, les moins chères évidemment plus petites. Toutes offrent un confort haut de gamme. Une belle adresse pour nos lecteurs qui en ont les moyens. Idéalement placée puisqu'on rejoint le centre en 2 mn en traversant l'Avon par le *Pulteney Bridge*.

The Ayrlington *(hors plan par B2-3, **11**) : 24-25 Pulteney Rd, BA2 4EZ. ☎ 42-54-95. • mail@ayrlington.com • ayrlington.com • Doubles 110-190 £ selon sem ou w-e et standing (2 nuits min le w-e).* Dans une élégante maison victorienne donnant sur l'abbaye de Bath. En été, le magnifique jardin japonais vous accueille pour le thé. Déco classique et cossue, alliant un style *so British* à des objets d'art asiatiques. Les 16 chambres ont été décorées par la maîtresse de maison, à chaque fois selon un thème précis (*Abbey, Empire,* etc.). L'ensemble possède beaucoup de cachet.

Villa Magdala Hotel *(plan B1, **10**) : Henrietta Rd, BA2 6LX. ☎ 46-63-29. • office@villamagdala.co.uk • villamagdala.co.uk • Après Pulteney Bridge, 1re à gauche au rond-point Laura Pl. Doubles 120-170 £.* Grande maison victorienne de 1868 avec un drôle de dédale d'escaliers, desservant 18 chambres à gros tissu fleuri, certaines avec baldaquin. La *dining room* donne sur Henrietta Park.

Où dormir dans les environs ?

Camping

Church Farm Camping : *Winsley, Bradford-on-Avon, BA15 2JH. ☎ 72-22-46. • booking@churchfarmcamping.co.uk • churchfarmcamping.co.uk • Prendre la route de Westminster, dépasser l'université, puis 1re bifurcation à gauche, 1er feu à droite, et à gauche au feu suivant vers Bradford-on-Avon ; le camping est à gauche avt le village. Bus ttes les 30 mn pour Bath. Ouv Pâques-oct. Nuit 15-20 £ pour 2, avec tente et voiture.* Derrière un joli corps de ferme, une petite prairie aménagée pour les tentes. Douches. Possibilité de louer un des petits cottages au mois à partir de 250 £. Dommage qu'ils soient en bord de route.

Plus chic (80-120 £ / 96-144 €)

Rainbow Wood Farm : *Claverton Down, Bath BA2 7AR. ☎ 46-63-66. • lou@rainbowwoodfarm.com • rainbowwoodfarm.com • Prendre la route de Warminster par Widcombe Hill, dépasser l'université de Bath et c'est à 100 m sur la droite. Fermé pdt fêtes de fin d'année. Doubles 82-88 £, petit déj inclus. CB refusées. (payant).* 4 chambres simples, toutes avec salle de bains, dans une authentique ferme

BATH

du XVIIe s au milieu des moutons. Le bonheur rural !

Où manger ?

Bon marché (moins de 8 £ / 9,60 €)

The Whole Bagel (plan A2, **17**) : *4 Upper Borough Walls. ☎ 33-32-59. • info@thewholebagel.co.uk • Tlj 8h-16h, dim 10h30-15h. Compter moins de 4 £.* Idéal pour un repas sur le pouce : on choisit son pain (un bagel à gros trou !) puis sa garniture et le sandwich est composé à la commande. Produits frais, locaux, volontiers végétariens, sans additifs ni conservateurs. Un fast-food qui a tout bon !

Pasti Presto (plan A2, **22**) : *7 Abbey Churchyard. Un large choix de chaussons fourrés à la viande ou aux légumes autour de 2 £.* Un petit snack situé en face de la Pump Room, qui bénéficie d'une vue imprenable sur l'abbaye et possède quelques tables sur le parvis pour grignoter au soleil. Arriver tôt... ! Même terrasse chez *Jacobs*, un joli *coffee house* attenant

Cornish Bakehouse (plan A2, **30**) : *11 Corridor. Un passage couvert entre Union St et High St. Des rolls (petits pains ronds fourrés ou pas) tt frais à partir de 1 £.* Sandwichs, paninis, etc. Qui dit mieux ? Pas de possibilité de manger sur place.

Seafoods (plan A2, **29**) : *38 Kingsmead Sq, BA1 2AA. ☎ 46-51-90. Fermé dim. Compter 5 £ env. Fish & chips* et autres fritures fraîches et appétissantes. Par beau temps, on peut déguster sa fameuse spécialité anglaise sur un banc à l'ombre du grand arbre de la place.

De prix moyens à plus chic (8-30 £ / 9,60-36 €)

Salamander (plan A2, **15**) : *3 John St. ☎ 42-88-89. • salamander@bathales.co.uk • Resto lun-jeu 10h-15h, 18h30-21h, ven-sam 9h-15h, 18h30-21h30, dim 9h-16h. Snacks 3-6 £ ; plats 9-15 £.* En plus de brasser une excellente bière, ce beau pub, chaleureux et authentique, sert également une savoureuse cuisine anglaise, à base de produits locaux et fermiers. Et comme l'un ne saurait aller sans l'autre, on accompagnera son *pie* du jour d'une brune bien mousseuse ou son haddock fumé d'une blanche rafraîchissante. Accueil adorable mais service un peu long. Une de nos adresses préférées en ville.

The Pump Room (plan A2, **18**) : *39 Stall St. ☎ 47-77-85. • events.bath@searcys.co.uk • Ouv 9h30-12h pour le petit déj, 12h-14h30 pour le déj, puis jusqu'à 18h pour le tea-time. Dîner 18h-21h en juil-août slt (et en période de Noël). Le midi, formule 11,95 £ et plats 12 £ env. Un peu plus cher le soir.* Les fans de Jane Austen seront aux anges ! Une salle fastueuse donnant sur les bains romains où, elle et ses héroïnes, venaient déjà prendre les eaux... ou le thé. Et où rien n'a changé depuis. L'atmosphère est évidemment un peu compassée avec sa musique d'ambiance (assurée par un pianiste ou un orchestre de chambre), son immense lustre en cristal, ses nappes blanches et ses serveurs en tenue, mais le rapport qualité-prix est indéniable. Surtout, on adore ce décor suranné, *so British* ! Passage obligé pour tous ceux qui veulent « vivre » Bath (c'est aussi le seul endroit où l'on pourra « déguster » l'eau des thermes).

Mai Thai (plan B3, **23**) : *6 Pierrepont St. ☎ 44-55-57. Tlj, lunch env 8 £, sinon menus 17-22 £.* Enfin un resto thaï où tout est thaï : le décor, les serveurs, la musique et, bien sûr, le menu. Curry du plus doux (le jaune) au plus épicé (le vert), soupe de noix de coco au poulet... Cuisine raffinée à prix doux. Une bonne affaire !

The Eastern Eye (plan A2, **25**) : *8A Quiet St. ☎ 42-32-23. • info@easterneye.com • Tlj 12h-14h30, 18h-23h30 (non-stop w-e) Lunch 8 £ env ; plats 7-18 £ ; menus 20 £ env. Réduc de 10 % sur présentation de ce guide.* On le nomme ni plus ni moins le Taj Mahal de la cuisine indienne ! Un resto indien à la cuisine d'une finesse et d'une qualité exceptionnelles. Vaste salle rehaussée de 3 dômes, décor georgien très sobre, composé de coquets drapés et de tableaux de déesses. Cuisine savoureuse et parfumée à souhait, spécialités de *thalis*, végétariens ou non. Une flopée de serveurs courtois. Très classe pour un prix tout à fait raisonnable.

Sally Lunn's (plan B2-3, **20**) : *4 North Parade Passage. ☎ 46-16-34. Menus (jusqu'à 18h) à 2-3 plats 12-19 £ ; plats 11 £ env.* Fameuse adresse située dans la plus ancienne maison de la ville ; on ne peut plus cosy et intime. Ils font leur propre pain, une sorte de grosse brioche dorée et délicieuse, et concoctent une bonne cuisine traditionnelle, avec sauces travaillées et tout le tralala. Prix mérités. Fait salon de thé le reste de la journée. Au sous-sol, petit musée où l'on découvre une cuisine ancienne (ouvert dans la journée).

Jamie's Italian (plan A2, **21**) : *10 Milsom Pl. ☎ 43-23-40. Tlj 12h-23h (22h30 dim). Formule dégustation 15 £/pers midi-18h ; sinon, compter 8-30 £ à la carte.* Dans un passage nouvellement réhabilité (avec succession de cours et de bâtiments rustiques et industriels), voici le lieu choisi par Jamie Oliver pour son adresse « bathoise ». Encore un sans-faute ! On retrouve tout ce qui a fait son succès ailleurs : des produits nobles, des recettes rustiques, le meilleur de l'Italie à « petits » prix ! On adore le décor improbable et l'ambiance conviviale et informelle... Et quel régal !

Tilley's Bistro (plan B2-3, **20**) : *3 North Parade Passage. ☎ 48-42-00. • dmott@tilleysbistro.co.uk • Lun-sam 12h-14h30, 18h-22h30, dim 18h-21h. Fermé autour de Noël. Lunch et Early bird 12,50-15 £ ; plats 7-19 £.* Végétariens *welcome* ! Un resto aux spécialités françaises, dont la réputation s'étend bien au-delà de la ville. Carte alléchante, service sympa, diligent et en français. Pour les nostalgiques : gratinée à l'oignon, escargots, confit, cassoulet, etc. Carte des vins abondante. On mange au rez-de-chaussée ou en sous-sol.

Demuths Vegetarian (plan B2-3, **20**) : *2 North Parade Passage. ☎ 44-60-59. • us@demuths.co.uk • Tlj midi et soir. Le midi, compter 5-15 £ : le soir, menu 2-3 plats 20-25 £.* Pour nos lecteurs végétariens, bonnes préparations dans un cadre moderne et seyant. Très réussi.

Café Retro (plan B2, **16**) : *18 York St, à l'angle de Terrace Walk. ☎ 33-93-47. Tlj midi et soir jeu-sam. Succulents* T-bone steak *et hamburgers à la viande d'angus 8-12 £. Repas complet 16 £.* Avec son ambiance de *coffee-shop* californien, décontracté et reposant, on aime bien ce petit lieu où l'on peut aussi grignoter salades ou club-sandwichs. La salle du rez-de-chaussée ferme à 18h30, mais on peut se réfugier au resto du 1er étage.

Où boire un verre ? Où écouter de la musique ?

Salamander (plan A2, **15**) : *3 John St. ☎ 42-88-89. Lun-jeu-10h-23h, ven-sam 9h-minuit, dim 9h-22h30. Soirée folk mar.* Un pub très animé qui brasse sa propre bière artisanale, commercialisée sous le nom de *Bath ales*. Blonde, brune ou rousse, elles sont toutes meilleures les unes que les autres. À Noël, goûtez donc la « Festivity », tout un programme ! C'est aussi une excellente table (voir plus haut).

The Bell Inn (plan B1, **35**) : *103 Walcot St. ☎ 46-04-26. Musique live lun soir, mer soir et dim ap-m (13h-15h). Entrée gratuite.* Avec ses fleurs de houblon accrochées au plafond, sa déco patinée et son feu de cheminée, voici l'un des meilleurs pubs de la ville, où se retrouvent toutes les classes sociales et toutes les classes d'âges confondues. Groupes jazz, folkloriques, ethniques, blues, funk ou cajun. On écoute la musique et on se joint au refrain. Quel que soit le spectacle, une soirée chaleureuse.

All Bar One (plan B2, **37**) : *11-12 High St. Des vins au verre en pagaille à partir de 3 £, plats et mezze env 8 £.* Une franchise célèbre en Angleterre. Pas vraiment pittoresque donc. Cela ne l'empêche pas d'être l'un des bars à vin les plus sympas de Bath. La clientèle trentenaire ne s'y trompe pas : musique pop, déco moderne et éclairage feutré donnent à ce lieu une allure « tendance ». Le bar *where people meet people.*

Pig and Fiddle *(plan A-B2, **38**) : 2 Saracen St, à deux pas du YMCA. Concert mar et dim.* Pub sympa pour siroter vos bières en regardant les dizaines de cochons peints sur les murs ou accrochés au plafond, tout en hurlant à l'unisson des fans de rugby. Grande terrasse chauffée et télé à l'extérieur ! À ne pas rater les soirs de match...

Revolution *(plan A1, **33**) : George St. Tlj 11h (10h w-e)-minuit.* Bar branché sur 2 étages dans les locaux de l'ancienne poste. Parquet, confortables fauteuils, déco postmoderne, musique funky-house plein les oreilles. Le Tout-Bath s'y presse en fin de semaine malgré des boissons un peu chères.

Où danser ?

Delfter Krug *(plan A2, **34**) : en face du Théâtre royal, au coin de Barton St et d'Upper Borough Walls. ☎ 44-33-52. Lun-sam. Entrée payante.* LA boîte branchée qui dure (jusqu'à quand ?). Soirées funky-sexy-house, popastic, 1980's, fresh & funky... Club à l'étage et DJ également au bar.

Po-Na-Na *(plan B3, **32**) : 8-9 North Parade Rd. ☎ 42-49-52. Lun-sam jusqu'à 2h. Entrée payante.* En sous-sol, une succession de petites caves avec des tissus au plafond. Musique hip-hop, soul, funky et house. On y boit, on y danse, mais on peut aussi y discuter presque au calme dans quelques recoins confortables.

Où sortir ?

Le Théâtre royal *(plan A2) : Saint John's Pl. ☎ 44-88-44.* Beau théâtre, sauvé par le bénévolat, qui propose des pièces de qualité, parfois même en exclusivité pré-londonienne.

Cinémas : *principalement l'**Odeon** est dans le Kingsmead sur James St West (A2-3), et le **Little Theatre Cinema** sur Saint Michael's Pl. Tickets env 5 £.*

Shopping

Milsom Street *(plan A1-2) :* pour l'élégance. Jane Austen y allait déjà !

Paxton & Whitfield *(plan A2) : 1 John St. • paxtonandwhitfield.co.uk •* Le meilleur du fromage anglais ! Pour faire le plein de cheddar et de stilton ou tout simplement pour un en-cas à emporter... Les plus gourmands pourront passer commande sur Internet.

Shires Yard : *sur Milsom St.* Des boutiques de fringues de créateurs dans un dédale piéton pavé, aux murs en pierre. Entre deux courses, arrêtez-vous pour boire un verre chez *René* dans le grand patio très agréable été comme hiver, avec sa quarantaine de tables *(ouvert jusqu'à 17h30).*

Bar Chocolat *(plan B2) : 3 Argyle St.* En boisson, en bouchées, en tablettes, et avec des arômes originaux (essayer le « chili pepper »). Bien sûr, c'est hors de prix, mais quand on aime...

Marché couvert *(plan B2) : entre Grand Parade et High St.* Bric-à-brac pour s'abriter en cas de douche.

Antiquités : question vieilleries, Bath est une ville réputée. D'ailleurs, des antiquaires français viennent régulièrement faire leurs courses ici. *Bartlett St* et *Saville Row (plan A1)* sont les rues où se concentrent les boutiques. *• bathantiquesonline.com •*

À voir

La ville s'explore avant tout à pied. Si vous ne choisissez pas les *Walking Tours*, voici une proposition d'itinéraires à la recherche des plus beaux édifices, en passant par les musées les plus intéressants. Départ d'Abbey Church Yard, où se trouve le *Tourist Information Centre.*

Abbey Church *(plan B2) : au centre-ville. Ouv lun-sam 9h-18h (16h30 en hiver) ; dim 13h-14h30 et 16h30-17h30. Entrée gratuite, mais participation bienvenue. Evensongs dim à 17h30 (offices chantés par le chœur d'enfants).*

C'est au XVe s que l'église abbatiale actuelle fut construite dans un style dit gothique « perpendiculaire », surmontée en son centre par une imposante tour carrée, afin de remplacer la cathédrale romaine tombée en ruine. Elle même ruinée, elle devint église paroissiale en 1569. Avant d'entrer, jeter un œil à la façade. De chaque côté de la vaste baie vitrée centrale, on voit une échelle que gravissent des angelots, évocation d'un rêve de l'évêque qui décida d'édifier l'église et qui transforma ses rêves en réalité.
À l'intérieur, outre les belles proportions, ce qui frappe essentiellement, c'est l'élégance étonnante de la voûte de la nef, composée de nervures fines qui dessinent des éventails énormes. Très réussi. Derrière le maître-autel, vaste vitrail qui décrit la vie du Christ en 56 panneaux. Les murs des nefs latérales sont couverts d'ex-voto sculptés dans la pierre. Ceux qui s'intéressent à chaque élément architectural de l'abbaye prendront la petite brochure gratuite en français distribuée à l'entrée.

Roman Baths *(plan A-B2-3)* **:** *sur la place à côté de l'abbaye. ☎ 47-77-85. • romanbaths.co.uk • Tlj mars-juin et sept-oct, 9h-17h ; juil-août, 9h-21h ; nov-fév, 9h30-16h30 ; dernière visite 1h avt fermeture. Entrée : 12,50 £ env ; réduc. Ticket combiné possible avec le* musée de la Mode *15,75 £, dans l'*Assembly Rooms. *Pour ce prix, n'oubliez pas votre « combiné acousti-guide » en français (version enfants disponible).*
On entre dans le vaste bâtiment de style néoclassique qui les entoure. Ce style dit « palladien », celui de toute la ville, était « à l'imitation des Romains ». Il est amusant de se dire que les architectes du XVIIIe s n'avaient aucune idée des vestiges romains qui s'étendent sous la ville dans toutes les directions. Ils ne furent exhumés qu'à la toute fin du XIXe s. Jane Austen ne les a donc jamais connus. Il est vrai que l'on a parfois du mal à s'y retrouver dans toutes ces couches architectoniques ! Même si la physionomie du quartier a bien changé depuis, on sait que dès le XIIe s, autour de l'église romane, les pauvres pouvaient prendre des bains gratuitement. Ce qui témoigne d'une tradition quasi ininterrompue.
La température de l'eau avoisine 47 °C. Les médecins en prescrivaient jusqu'à 5 litres par jour ! Un pensum si l'on pense au goût de cette eau, riche de 43 minéraux et de 7 oligo-éléments ! Ceux qui veulent s'abreuver à une « fontaine sacrée » iront jusqu'à *The Pump Room,* un resto chic d'où l'on voit un bassin (voir plus haut « Où manger ? »). La dégustation est gratuite avec le billet d'entrée. Déjà, en 1706, les bourgeois (et plus tard, Jane Austen) buvaient leur verre d'eau chaude soufrée en musique. Hier comme aujourd'hui, une formation classique ou un pianiste y joue en alternance du matin au soir.
En visitant les bains, on découvre d'autres vues et l'ensemble des vestiges des bains romains, dont une partie est transformée en un musée bien agencé. Aujourd'hui encore, les fouilles continuent. On y verra trois trouvailles essentielles : d'abord, une grosse tête de « Gorgone » en pierre, sculptée dans un style celtique et dont la chevelure mêlée de serpents représenterait la puissance. Les historiens ont reconnu en « elle » le dieu Jupiter. Elle était placée sur le fronton du temple de Sulis, déesse celte des Bains, très vite associée à Minerve, déesse romaine de la Santé et de la Guérison. Au fond du musée, la 2e pièce maîtresse : une tête de bronze doré de Sulis-Minerve, trouvée au XVIIIe s, superbe de grâce et de finesse et qui montre l'importance de cette déesse à double identité. Elle composait une statue sur pied à l'intérieur du temple et une torche devait brûler en permanence à côté d'elle. Une 3e découverte, sans doute la plus insolite : les « malédictions de Bath ». Il s'agissait de messages inscrits sur des plaquettes de plomb censés jeter des imprécations sur les personnes visées. Quand on s'estimait lésé ou victime d'un larcin, on s'adressait au scribe qui gravait la plaquette que l'on jetait ensuite dans la source sacrée, au bon vouloir de la déesse. On a retrouvé de ces plaquettes par milliers ! Également des restes de mosaïques, des pierres tombales, notamment celle d'une noble romaine : remarquez tout l'art de sa coiffure ! Explorez les différents bains circulaires, semi-circulaires, carrés, et, bien entendu, le grand bassin entouré de colonnades. On comprend bien l'ingénieux système de

chauffage par le sol : les mosaïques reposaient sur des piliers de briques chauffées par un fourneau au charbon. Chaque bassin proposait une température différente avec un *frigidarium,* un *tepidarium,* un *caldarium* et un *laconicum* (sauna). Dans les bains est, le quartier des femmes. Enfin le grand temple, les coursives et les vestiaires constituaient une véritable petite société qui s'agitait en sous-sol.

Jane Austen Centre *(plan A2, **48**) : 40 Gay St. ☎ 44-30-00. • janeausten.co.uk • Tlj avr-oct 9h45-17h30 (19h jeu-sam en juil-août) ; nov-mars, tjl 11h-16h30, sam 9h45-17h30. Entrée : 7,45 £ ; réduc.*

Un musée dédié à la célèbre romancière anglaise, à sa vie, son œuvre et son époque. Jane Austen (1775-1817) résida à Bath par intermittence. Ses premiers romans furent rédigés ici et deux d'entre eux ont Bath pour décor : *Northanger Abbey* et *Persuasion.* On a coutume de dire que Jane détestait Bath. En réalité, elle aimait la ville et les distractions qu'elle offrait. Mais elle détestait l'étiquette et tout le protocole qui s'attachaient à la vie mondaine qu'on y menait. On venait à Bath pour être vu « en société », pour frayer, parader, se pavaner... Et elle détestait ça ! Quels qu'aient été ses sentiments ambigus et changeants, il est indéniable que Bath a eu une énorme influence sur son œuvre. C'est ici qu'elle aiguisa son sens de l'observation, de la satire et de l'ironie sarcastique.

On ne saurait parler de musée mais la visite s'avère fort intéressante (à condition de bien maîtriser l'anglais !). Un guide en costume d'époque présente brièvement l'auteur, puis l'on découvre, au fil des (quelques) salles, des costumes, des écrits, des citations, ainsi qu'une vidéo de 15 mn. Les fans seront évidemment comblés, les autres pourront s'imprégner comme nulle part ailleurs de l'atmosphère georgienne de Bath et saisir ce subtil mélange de pudibonderie et de frivolité, de luxe et de décadence, de bienséance et de préjugés. On ne peut rêver meilleur guide que Jane ! Le centre édite d'ailleurs une petite brochure qui recense les lieux que Jane fréquenta : le *Circus,* les *Assembly Rooms* (et son salon de thé), la *Pump Room,* etc., ou encore *Queen Square* où elle résida. Il propose aussi des balades thématiques dans la ville (voir plus loin). On vous déconseille l'application pour *smartphone* (pas très au point, elle requiert surtout une connexion Internet permanente ; hors de prix donc !).

Assembly Rooms et The Fashion Museum (plan A1, **44**) : *Bennett St, près du Crescent. Tlj mars-oct 10h30-18h ; nov-fév 10h30-17h (dernière entrée 1h avt). Entrée : 2 £ (ou comprise avec le musée de la Mode).*

– Dans les *Assembly Rooms,* on découvre une série de belles salles pleines d'élégance, édifiées au milieu du XVIIIe s par John Wood fils pour que la bonne société se retrouve à danser et disputer des parties de cartes *(card-rooms),* fumer le cigare, prendre le thé. Vaste salle de bal, salons clinquants... À l'époque, on avait de l'argent et il fallait le montrer. Cet endroit faisait office de faire-valoir. On se croirait dans un roman de Jane Austen ! Dommage que les salles soient souvent louées (et encombrées).

– Au sous-sol, *musée de la Mode. ☎ 47-77-89. • museumofcostume.co.uk • Entrée 7,50 £ ; réduc et ticket combiné avec les bains romains possible. Audioguide en français.* Toute l'histoire de la mode du XVIIIe s à nos jours. De très beaux (mais rares) modèles. Un musée un peu triste et surtout très cher. Dommage.

The Circus *(plan A1) :* avec le *Royal Crescent* voisin, c'est l'ensemble architectural le plus impressionnant de la ville. Circulaire, comme son nom l'indique, planté en son centre de cinq gigantesques platanes. Ils furent élevés au milieu du XVIIIe s, toujours par John Wood père et fils. À chacun des 3 niveaux des 30 façades apparaît une série de doubles colonnettes respectivement doriques, ioniques et corinthiennes. Avez-vous remarqué la frise qui court au-dessus du 1er niveau ? Elle est constituée de 528 symboles des arts et des sciences, et la petite histoire raconte qu'il n'y en a pas deux identiques. Superbe ensemble où séjournèrent notamment William Pitt, David Livingstone, William Gainsborough et bien d'autres (les maisons en question arborent une plaque). En empruntant Brock St (vers le nord-ouest), on parvient au *Royal Crescent.*

Royal Crescent *(hors plan par A1, **45**)* **:** prononcez « cresnt ». C'est le plus grand ensemble cohérent de la ville, composé de 30 maisons classiques en pierre de Bath, toutes jointes entre elles par de très épurées colonnes ioniques. On doit encore le *Crescent* à John Wood fils, qui a su dégager une vaste perspective grâce au large trottoir et surtout à la douce inclinaison de son immense pelouse, qui offre une vue superbe sur la campagne et un terrain de jeux fantastique pour petits et grands. L'été, il n'est pas rare d'y voir de vieux *British* jouer aux boules avec le plus grand sérieux.
Au nº 1 du *Royal Crescent* (côté Brock St), visite possible d'une maison dont la décoration et l'ameublement ont été parfaitement reconstitués sur le modèle de l'époque georgienne, encore une fois sauvée par le privé *(☎ 42-81-26. • bath-preservation-trust.org.uk • ; ouv début fév-oct, tlj sf lun 10h30-17h ; entrée 6,50 £, réduc).*

Pulteney Bridge *(plan B2, **49**)* **:** construit au XVIIIe s lui aussi, c'est le Ponte Vecchio de Bath, avec ses boutiques et son animation d'antan superbe. Vue délicieuse sur le déversoir semblable à un fer à cheval. Petit salon de thé, avec jolie vue sur l'Avon...

Quelques autres ***rues*** intéressantes à Bath : les *Parades* qui ont des cafés à terrasse en été, fanfares sur Parade Gardens parfois, *Great Pulteney St (plan B2),* dans un style georgien parfait, frisant l'ennui. Et puis encore *Upper Borough Walls (plan A2), Queen Square (plan A2).*

BATH

Si vous avez encore du temps

The Museum of Bath at Work *(plan A1, **42**)* **:** *Julian Rd. ☎ 31-83-48. • bath-at-work.org.uk • Avr-fin oct, tlj 10h30-17h ; le reste de l'année, w-e slt ; dernière visite 1h avt fermeture. Fermé en déc. Entrée : 5 £ ; réduc ; ticket familial 12 £.* On y découvre 2 000 ans de labeur à Bath et l'histoire de l'industriel Mr Bowler, qui fit fortune à la fin du XIXe s dans la fonderie et l'eau minérale.

The Postal Museum *(plan A2, **41**)* **:** *27 Northgate St. ☎ 46-03-33. • bath postalmuseum.org • Tlj sf dim 11h-17h (16h30 en hiver). Entrée : 3,50 £ ; réduc.*
Pourquoi un musée de la Poste ? Tout simplement parce que c'est d'ici que Ralph Allen mit au point le premier système postal avec lequel il fit fortune ; fortune grâce à laquelle il entreprit de faire reconstruire la ville telle qu'on la connaît aujourd'hui. Il fit partir la première diligence de poste qui réalisa Bristol-Londres en 16h, un record !
Le musée retrace toute l'histoire du timbre. En 1840, idée géniale : montrer que le port de 1 penny avait bien été payé en collant un vieux machin : le premier timbre du monde, le célèbre *Penny Black,* est parti de Bath. Même les cartes de Noël ont été inventées ici. Le musée intéressera tout aussi bien les non-collectionneurs, avec ses lettres d'argile assyriennes, son courrier écrit verticalement et horizontalement pour économiser le timbre, ses lettres détériorées dans toutes les catastrophes imaginables. Intéressantes photos et peintures des premiers avions postaux et cartes postales originales. Au fait, on peut même y faire tamponner ses cartes avant de les poster à l'étage, à la poste centrale.

Building of Bath Museum *(plan A1, **40**)* **:** *dans* The Countess of Huntingdon's *Chapel, The Paragon. ☎ 33-38-95. • bath-preservation-trust.org.uk • De mi-fév à fin nov, sam-lun 10h30-17h. Entrée : 4 £ ; réduc.* Toute l'histoire architecturale georgienne de la ville. À l'entrée, on vous propose de scier un gros bloc de pierre calcaire de Bath. Un jeu d'enfant. Musée un peu technique, présentant bien l'évolution des matériaux et des décors à travers le temps, et comment on concevait une maison à l'époque georgienne. Gravures, photos, plans, maquettes, outillages, exemples de matériaux. Au fond, maquette de la ville au 1/500. Petit musée pointu, qui passionnera surtout les amoureux d'architecture, les étudiants en archi et les architectes eux-mêmes.

The Holburne Museum *(hors plan par B2,* ***46****) : tt au bout de Great Pulteney St, à l'entrée du Sydney Garden. ☎ 38-85-69. • bath.ac.uk/holburne • Tlj 10h (11h dim)-17h. Entrée gratuite ; 6,50 £ pour les expos temporaires.* Cette élégante demeure classique abrite des collections d'art décoratif européen, essentiellement du XVIIIe s (porcelaine, argenterie...) et aussi du mobilier et des peintures des XVIIe et XVIIIe s pour l'essentiel. Expos temporaires également. Sur le côté du bâtiment, petit salon de thé.

The Museum of East Asian Art *(plan A1,* ***47****) : 12 Bennett St. ☎ 46-46-40. • meaa.org.uk • Tlj sf lun 10h (12h dim)-17h. Entrée : 5 £ ; réduc.* Pour les passionnés d'art asiatique. De très belles pièces provenant de Chine, du Japon et d'Asie du Sud-Est du Ve s av. J.-C. à nos jours.

Henrietta Park *(plan B1) :* jardin d'odeurs pour non-voyants. Pancartes en braille et plantes très parfumées.

BATH

Victoria Art Gallery *(plan B2) : Pulteney Bridge. ☎ 47-72-33. • victoriagal.org.uk • Mar-sam 10h-17h ; dim 13h30-17h. Entrée gratuite.* Un magnifique bâtiment abritant des expositions temporaires et permanentes d'artistes contemporains. Se renseigner auprès de l'office de tourisme sur les expos du moment.

Victoria Park : au-dessus du *Crescent,* pour les sportifs, minigolf et *golf aventure.* Pas besoin d'être membre : pour trois fois rien, pitch et putt disponibles. Pas très loin, un court de tennis à louer au prix d'un esquimau ; matériel non fourni.

De l'autre côté du pont, dans Argyle St en descendant les marches, au pied du pont, on découvre une belle vue sur les colonnades romaines, surtout le matin. C'est aussi une bonne petite adresse pour grignoter un sandwich le midi (au *Riverside Café*).

À faire

– **Thermae Bath Spa** *(plan A3) : Helting Pump Room, Hot Bath St. ☎ 33-12-34. • thermaebathspa.com • Tlj 9h-21h30 (dernière admission 19h30). Compter 26 £ les 2h de détente, mais serviette, peignoir et tutti quanti en loc. Ttes sortes de soins et de forfaits.* Pour vraiment profiter de ce que des générations ont apprécié depuis les Romains, ce spa réalisé sur plusieurs étages propose une piscine très lumineuse et tous les services d'une balnéothérapie. De plus, piscine panoramique sur les toits ! Magique à l'heure du coucher du soleil. Également un *Visitor Centre (ouv avr-oct, tlj 10h-17h, dim 11h-16h)* vous expliquant toute l'histoire des thermes.

Promenades guidées et balades

➢ **Walking Tours :** *☎ 47-74-11. Appeler l'office de tourisme pour connaître les horaires précis, car ils changent selon les j. En général, à 10h30 et 14h (sf sam) ; mai-sept, mar et ven à 19h. Gratuit.* Départ devant les *Roman Baths* pour 2h de balade à travers la ville, avec commentaires historiques excellents concoctés par de sympathiques bénévoles.

➢ **Jane Austen Tours :** *☎ 44-30-00 ou 44-82-06. • janeausten.co.uk • Tte l'année, départs les sam, dim et j. fériés à 11h ; en juil-août, départs supplémentaires les ven et sam à 16h. Compter 6 £, réduc.* Visites guidées de la ville proposées par le *Jane Austen Centre* (voir plus haut). Rendez-vous devant le *KC Change Visitor Information Centre (plan B2,* c'est-à-dire à l'office de tourisme ; vente des billets sur place).

➢ ***Bizarre Bath :*** *☎ 33-51-24. • bizarrebath.co.uk • Départ ts les soirs à 20h, fin mars-fin oct. Compter 8 £ ; réduc.* Balade humoristique (en anglais) à travers la ville. Rendez-vous devant *The Huntsman Inn (plan B2-3),* North Parade Passage.

➢ ***Ghost Walks :*** *☎ 35-05-12. • ghostwalksofbath.co.uk • Ouv avr-oct, jeu-sam à 20h ; slt ven en hiver. Compter 7 £ ; réduc.* Balade à la recherche des fantômes du centre-ville. En anglais. Départ du *Garrick's Head Pub* (près du Théâtre royal).

➢ ***Tour en bus à 2 étages :*** départ de High St, Grand Parade et depuis la gare *(plan B3),* toute la journée avec plusieurs compagnies.

➢ ***Promenade en bateau sur l'Avon*** *(plan B2,* ***43****)* **:** ***Bath City Boat Trips,*** *☎ 48-05-41. • bathcityboattrips.com • Tlj 11h-17h, lorsqu'il fait beau, comme le spécifie la pancarte, à intervalles réguliers. ☎ 31-29-00. Face au déversoir. Compter env 7 £ ; réduc.* On atteint le point de départ par les escaliers à l'extrémité du pont Pulteney. Promenade jusqu'à Bathampton et retour (1h). Très agréable.

➢ ***Promenade en barque :*** ***Bath Boating Company,*** *au bout de Forester Rd. ☎ 31-29-00. • bathboating.co.uk • Au nord du centre-ville. Pâques-oct, 10h-18h. Compter 7 £ pour 1h (18 £/j.).* Location de barques l'été. Une façon différente d'appréhender la ville.

➢ ***Promenade à pied le long du canal :*** traverser le pont derrière la gare le long de Claverton St, puis longer sur la droite le canal sur plusieurs kilomètres, notamment jusqu'à Bradford-on-Avon. Retour en ville possible par bateau. Trajet également agréable à vélo.

BATH

Festivals

- ***Bath Literature Festival :*** *fin fév-début mars. ☎ 46-33-62. • bathlitfest.org.uk •*
- ***Bath International Music Festival :*** *fin mai-début juin. ☎ 46-33-62. • bathmusicfest.org.uk •* Plus de 20 festivals sur toute l'année, celui-ci reste le plus prisé, organisé depuis 1948.
- ***Jane Austen Festival :*** *fin sept. ☎ 44-30-00. • janeausten.co.uk •*
- ***Bath Mozart Festival :*** *mi-nov. ☎ 42-97-50. • bathmozartfest.org.uk •*

DANS LES ENVIRONS DE BATH

★★ ***American Museum :*** ***Claverton Manor,*** *University Campus, BA2 7BD. ☎ 46-05-03. • americanmuseum.org • À 2 miles au sud-est de la ville. Bus n° 18 du terminal de bus. Visite de mi-mars à fin oct, ouv mar-dim (plus lun en août) 12h-17h (dernière entrée à 16h) ; de mi-nov à mi-déc, mar-dim 12h-16h30. Entrée : 8 £ ; ticket familial 21,50 £. Atelier de patchwork !*
Ce manoir de style classique, au milieu d'un parc admirable, abrite le plus important musée américain d'Europe. Ses collections illustrent la vie dans le Nouveau Monde depuis les premiers temps de la colonisation jusqu'à la guerre de Sécession. Tout le mobilier a été importé des États-Unis. Musée à ne pas manquer, car il est très riche et bien pensé.
Sur 3 niveaux, 18 pièces entièrement reconstituées et présentées de manière chronologique. Tout y est d'une grande cohérence et arrangé avec un surprenant souci du détail. Parmi les plus belles salles, la *Keeping room* du XVIIe s, très puritaine ; le bourgeois *Perley Parlor,* le cossu *Deming Parlor,* la coquette *Stencilled Bed Chamber,* l'aérienne *Greek Revival Room,* où l'on découvre le service en porcelaine française qui aurait servi au président Monroe ou au président Jackson (chaque président changeait tout le service !). Il y a aussi la rustique *Conkey's Tavern.* Et puis la superbe *New Orleans Bedroom* : Prudent Mallard, un émigré français en a fabriqué la plupart des meubles. Bref, toute l'évolution des premiers

Américains. On verra encore, au sous-sol, l'histoire des pionniers, des Indiens (superbes gravures de portraits de chefs), des Esquimaux (armes en ivoire), la reconstitution d'une boutique... et on en passe. Vraiment passionnant.
À côté du musée principal, voir la *New Gallery* qui présente des expos temporaires sur des thèmes variés ayant rapport avec les États-Unis. Également une collection de cartes du XVe au XVIIe s. Voir encore, dans les écuries, la collection d'art naïf américain du XIXe s. Des enfants y sont peints de la même façon, seul leur visage change : le peintre ajoutait juste la tête de l'enfant sur un corps pré-dessiné ! Cafétéria en terrasse pour un thé et cookies d'outre-Atlantique. Dans le parc, beaux jardins, arboretum et sentiers de promenade. Quand on vous dit qu'il faut y aller !

Beckford's Tower : *à 1,5 mile au nord du centre-ville par Lansdown Rd. ☎ 46-07-05. • bath-preservation-trust.org.uk • Pâques-oct, w-e et j. fériés 10h30-17h. Entrée : 3 £.* Construction étonnante d'un milliardaire, datant de 1827. Il faut grimper en haut de la tour pour la vue.

Dyrham Park : *à 8 miles au nord de Bath, accès par l'A 46. Ne pas prendre à gauche vers le village de Dyrham. ☎ 937-25-01. • nationaltrust.org.uk/dyrham-park • Château ouv de mi-mars à fin oct, tlj sf mer-jeu (tlj juil-août) 11h-17h ; parc ouv tte l'année dès 10h (jardins à partir de mi-fév). Entrée : 11,90 £ pour l'ensemble ; 4,80 £ pour les seuls parc et jardins. Éviter de visiter le w-e : c'est bondé !* Demeure georgienne dans un parc superbe. Après le *West Hall*, on découvre l'intime *Drawing room*, la *Tapestry Bedchamber* couverte de tapisseries flamandes du XVIIe s, qui nous transportent dans un jardin. Ne manquez pas non plus le fastueux lit à baldaquin dans la *Damask Bedchamber* : une façon par le passé d'afficher sa fortune... *Tea-room* dans l'orangerie. Les extérieurs du film *Les Vestiges du jour* de James Ivory, avec Anthony Hopkins, y ont été tournés.

BRISTOL

416 500 hab. IND. TÉL. : 0117

Ancien port commercial qui accueillit l'expédition de l'Italien John Cabot, lorsqu'il découvrit l'Amérique, puis dynamique ville industrielle, Bristol se distingue aussi par son pont suspendu, qu'une autre célébrité de la ville, Isambard Kingdom Brunel, a construit, et à qui l'on doit aussi la station Bristol Temple Meads, le bateau *SS Great Britain* et enfin la gare de Paddington à Londres... Les docks, très endommagés durant la Seconde Guerre mondiale, ont été judicieusement réhabilités et abritent désormais des espaces culturels, des bars, des salles de spectacles. Les maisons ouvrières ont été repeintes aux couleurs de l'arc-en-ciel et donnent un petit air pimpant à la ville. Bristol compte aussi une université très réputée, et la population estudiantine ajoute à l'animation de la ville, devenue très à la mode. Sachez aussi que Bristol possède la plus grande concentration de restos par habitant. Pépinière musicale qui a vu naître des groupes comme Massive Attack ou Portishead, siège du théâtre le plus vieux du pays, qui a formé Jeremy Irons, capitale de l'animation cinématographique avec les studios de *Wallace et Gromit.* C'est aussi la ville

BELLE CARTE DE VISITE

Bristol est connue pour son port, son université, son évêché et... ses petits cartons rigides, les fameux « bristol ». Ce sont des feuilles de papier superposées, fabriquées depuis 1836 dans cette ville. Ce papier épais était très utilisé pour les cartes de visite. À partir de 1879, on ne parla plus que de « papier bristol ».

natale d'artistes aujourd'hui mondialement reconnus comme Banksy (le génial graffeur en l'honneur de qui Bristol a organisé en 2009 une grande exposition qui a battu des records de fréquentation), ou Damien Hirst (célèbre pour ses cadavres d'animaux, ses toiles habillées de mouches mortes ou son crâne incrusté de 8 601 diamants !). Bref, Bristol n'en finira pas de vous étonner !

Arriver – Quitter

En train

National Railway *(hors plan par D3)* **:** *☎ 08457-48-49-50. • nationalrail.co.uk •* Admirer au passage l'architecture victorienne de la gare.

➢ ***De Londres :*** 1h40 de trajet. Départ de Paddington Station. Arrivée à Temple Meads Railway Station *(hors plan par D3).*

En bus

Gare routière *(plan C1)* **:** *Marlborough St. ☎ (08706) 08-26-08.* ***National Express :*** *☎ 08705-80-80-80. • nationalexpress.com •*

➢ ***Londres :*** ttes les heures dans les 2 sens. Durée : 2h. À Londres, départs de Victoria Coach Station, via Heathrow Airport. Meilleur marché que le train.

En avion

✈ ***Aéroport*** *(hors plan par B3)* **:** *à 8 miles du centre de Bristol.* Navette d'autobus 5h-minuit, ttes les 20 mn. Prévoir 7 £ (10 £ l'A/R). Durée : 30 mn jusqu'au centre. En taxi, compter 20 £.

➢ ***De Paris :*** plusieurs vols/j. par ***Air France*** et ***KLM.***

Circuler dans Bristol

Le trafic routier étant très dense et les parkings plutôt rares, le centre-ville se parcourt donc à pied. Pour rejoindre Clifton Village, emprunter le bus n° 8 depuis le centre (le n° 9 pour en revenir). Pour Broadmead, n°s 8, 9 et 500.

Rens : ☎ 0871-200-22-33. • traveline.info • ou • travelbristol.org •

Adresses et infos utiles

ℹ ***Bristol Tourist Information Centre*** *(plan B2)* **:** *Harbourside, BS1 5DB. ☎ 0906-711-2191. • visitbristol.co.uk • Tlj 11h-16h (17h pdt les vac scol).* Une foule d'informations sur la ville et la région. Réservation d'hébergement possible. Se procurer le bimensuel *Venue* (1,50 £) pour le calendrier des concerts, des films et des expos. Emploie souvent des stagiaires français, plus facile pour obtenir des indications en v.f.

✉ ***Poste*** *(plan C1)* **:** *Union St, dans le complexe commercial de Broadmead. Ouv 10h-17h.*

■ ***Banques :*** *distributeurs partout dans la ville. Plusieurs dans Corn St.*

■ ***Hôpital*** *(plan B1)* **:** ***Bristol Royal Infirmary,*** *Marlborough St. ☎ 923-00-00.*

■ ***Boots*** *(plan C1,* ***1****)* **:** *59 Broadmead. Tlj 8h-20h (11h-17h dim).* L'incontournable chaîne de parfumerie et de beauté est aussi une pharmacie aux horaires larges. Plusieurs adresses en ville, celle-ci est la plus grande.

■ ***Bristol City Sightseeing – The Tour :*** *pour une grande balade guidée dans la ville. Avr-sept, 10h-17h. Coût du billet (valable 24h) : 8 £. Infos et résas au* Bristol Tourist Information *Centre.*

@ ***Watershed Café*** *(plan B2)* **:** *1 Cannon's Rd. ☎ 925-38-45. Tlj 11h-17h.* Quelques tables équipées d'un ordinateur sous verre. Consultation à volonté pour le prix de votre consommation.

Où dormir ?

Attention, il est difficile de trouver un *B & B* bon marché à Bristol. Les hôtels les plus abordables se trouvent

Adresses utiles

- Bristol Tourist Information Centre
- @ Watershed Café
- 1 Boots (pharmacie)

Où dormir ?

4 Youth Hostel
5 Bristol Backpackers
6 Hotel du Vin
8 Premier Inn
9 Washington Hotel
10 Nova Scotia
11 Number Thirty Eight
12 Victoria Square Hotel

Où manger ?

6 The Bistro
17 Fish Bar et Zizzi
18 Za Za Bazaar
19 Mud Dock
20 Obento
21 Boston Tea Party
22 The Town House
23 Severnshed
24 Wagamama
25 El Puerto
26 Glass Boat Restaurant
27 Byzantium Restaurant and Bar
28 Jamie's Italian

Où boire un verre ? Où écouter de la musique ? Où danser ? Où sortir ?

30 The Old Duke

BRISTOL

31 Llandoger Trow Pub
32 Commercial Rooms
33 Brown's Restaurant and Bar
34 The Hatchet Inn
35 Vibes
36 Reflex 80's
37 L'Hippodrome
38 Thekla
39 Zerodegrees - 0°
40 The Richmond Spring et Somerset House
41 Oceana
42 Illusions Magic Bar
43 Lanes

Shopping

60 Stanfords
61 Sainsbury's
62 Bristol Hand Made Glass
63 Guild

À voir

50 Christmas Steps
51 M Shed
52 The Georgian House
53 The Nails
54 Watershed Media Centre
55 @t Bristol
56 Cabot Tower
57 Bristol Aquarium

À faire

43 Lanes

dans le quartier de Clifton, autour de l'université, où il fait bon se promener.

Camping

⛺ ***Brook Lodge Farm*** *(hors plan par B3)* : ***Cowslip Green,*** *BS40 5RB.* ☎ *(01934) 86-23-11.* • *info@brooklodgefarm.com* • *brooklodgefarm.com* • *Au sud-ouest de Bristol, à 12 miles sur l'A 38 en direction de Bridgewater et après l'aéroport. Bus de Bristol nº 121 ; stations Wrington ou Redhill situées à env 1 mile du camping. Ouv fév-oct. Compter 15 £ pour 2 avec tente en été. Eau chaude comprise, mais branchement électrique en sus.* Laverie, fer à repasser, frigo. Debbie se mettra en quatre pour vous aider. Camping propret, mais l'emplacement est malheureusement un peu bruyant car proche de la route. Possibilité de s'exercer à la pêche à la ligne dans le lac à 2 miles, accessible à pied. Bicyclettes à louer. Piscine en extérieur pour l'été.

Dans le centre

Bon marché (moins de 40 £ / 48 €)

Bristol Backpackers *(plan C2,* ***5****)* : *17 Saint Stephen St, BS1 1EQ.* ☎ *925-79-00.* • *info@bristolbackpackers.co.uk* • *bristolbackpackers.co.uk* • *Au centre de la ville, à 5 mn à pied de la station de bus et à 15 mn de la gare. Tlj, tte l'année (réception 9h-23h30). Nuit 16 £/pers ; 2 doubles 38 £.* Dans un superbe immeuble qui abrita les premières éditions du *Times* et du *Mirror* de Bristol, 86 lits dans des dortoirs de 6-10 places. Cuisine équipée et laverie. Accueil vraiment sympa. Une ambiance d'auberge espagnole. Au nº 5 de la même rue, *Cawardine's* sert un *English breakfast* à 3,50 £ et un large choix de paninis et de salades à prix serrés.

Youth Hostel *(plan B3,* ***4****)* : *14 Narrow Quay, BS1 4QA.* ☎ *922-16-59.* • *bristol@yha.org.uk* • *yha.org.uk* • *Réception 24h/24. Nuitée à partir de 19 £. Double (lits superposés) 40 £ ; plus 3 £ pour les non-membres ; petit déj inclus ; réduc pour les longs séjours.* Les chambres sont minuscules et humides, mais au centre du quartier le plus animé, au bord de l'eau. Ancien entrepôt rénové avec beaucoup de goût. Salle commune très claire, avec café-bar à prix plus que raisonnables. À disposition, cuisine, salle TV et laverie.

Nova Scotia *(hors plan par B3,* ***10****)* : *Nova Scotia Pl, Cumberland Bassin, Hotwells.* ☎ *929-79-94. Traverser le port par le Prince St Bridge, continuer sur Wapping Rd et tourner sur Cumberland Rd. Double 40 £/pers en B & B.* Non loin du *SS Great Britain,* un pub de dockers et de loups de mer. Au 1er étage, 2 chambres plutôt proprettes. Ambiance très marrante. Une véritable adresse de routard ! Sacré meilleur pub de toute la région en 2004, qui plus est !

De prix modérés à prix moyens (60-80 £ / 74-96 €)

Premier Inn *(plan C2,* ***8****)* : *King St, BS1 4ER.* ☎ *0870-990-64-24 (accessible slt depuis l'Angleterre) ou 0044-1582-56-78-90 (depuis l'étranger).* • *premiertravelinn.com* • *Entre King St et Little King St. Derrière le* Llandoger Trow Pub *(où est servi le petit déj, voir « Où boire un verre ? »). Ouv 24h/24. Compter 85 £ max la double avec TV ; 70 £ ven-dim.* Des chambres banales mais bien tenues et confortables. Très central, cet hôtel fait partie d'une chaîne à un prix correct pour la ville. Vous en trouverez d'ailleurs un autre à deux pas de la gare des bus *(plan C1)* : *The Haymarket, BS1 3LR.* ☎ *0870-238-33-07.* Difficile d'imaginer bâtiment plus laid !

De plus chic à très chic (plus de 80 £ / 96 €)

Hotel du Vin *(plan C1,* ***6****)* : *The Sugar House, Narrow Lewins Mead, BS1 2NU.* ☎ *925-55-77.* • *info.bristol@hotelduvin.com* • *hotelduvin.com* • *Doubles 99-375 £ selon confort et saison. Petit déj en sus : 12,50-15 £. Quelques places de parking gratuites.* Dans une ancienne fabrique de sucre fermée en 1831. Un charme fou s'en dégage, dès l'entrée, avec son patio et les arches en brique. Chaque chambre, arrangée avec un goût sûr et personnalisée, porte le nom d'un vin. Laquelle choisir ? *That is the question... The Bistro,* le resto, offre un menu de gourmet avec une carte des vins de connaisseur (voir « Où manger ? »).

Dans Clifton et Clifton Village

Les bus nos 9, 9A et 586 desservent le centre de Bristol (quartier du port et des gares).

Prix moyens (60-80 £ / 72-96 €)

■ ***Washington Hotel*** *(plan A1, **9**) : 11 Saint Paul's Rd, BS8 1LX. ☎ 973-39-80. • washington@cliftonhotels.com • cliftonhotels.com • Doubles 57-84 £ (promos sur Internet). Parking privatif 5 £. (payant).* Reconnaissable à son long auvent rouge, cet hôtel offre un excellent rapport qualité-prix. Déco classique et un peu vieillissante, mais l'accueil et les petites attentions offertes dans la chambre rendent le séjour plus qu'agréable. Un peu excentré toutefois.

De plus chic à très chic (plus de 80 £ / 96 €)

■ ***Victoria Square Hotel*** *(hors plan par A1, **12**) : Victoria Sq, BS8 4EW. ☎ 973-90-58. • info@victoriasquarehotel.co.uk • victoriasquarehotel.co.uk • Doubles 75-99 £ selon sem ou w-e, petit déj compris (surveiller les promos Internet à partir de 49 £). Possibilité de parking, mais places limitées.* Un petit *Best Western* dans une grande maison entourée d'arbres, au calme. Chambres spacieuses et coquettes, avec de grandes fenêtres, habillées de tissus à fleurs genre William Morris. L'ensemble, sobre et classique, ne manque pas de cachet. La salle pour le petit déj est pourvue d'une grande baie vitrée, face au paisible Victoria Square.

■ ***Number Thirty Eight*** *(hors plan par A1, **11**) : 38 Upper Belgrave Rd, BS8 2XN. ☎ 946-69-05. • info@number38clifton.com • number38clifton.com • En haut de White Ladies Rd, tourner à gauche en direction du zoo. Doubles 100-175 £, petit déj compris.* Dans une superbe maison georgienne, récemment transformée en hôtel de charme. 10 chambres en tout, de taille variable. Les plus belles (les plus chères aussi) offrent une vue panoramique sur la ville. Plus abordables, les *House rooms* sont des petits nids douillets où il fait bon s'aimer. Confort feutré, luxe discret, ambiance cosy, petit déj gourmand, tous les ingrédients d'un séjour parfait sont réunis. Superbe terrasse sur les toits.

Où manger ?

Bristol compte de nombreux *delis,* sandwicheries et autre type de restauration rapide situés en face de l'université (avec notamment un *Prêt à manger).* On ne peut pas tous vous les indiquer. Pour se sustenter bien et pas cher, voir aussi la rubrique « Shopping », plus bas. Sans oublier, bien sûr, le marché St Nicholas, notre coup de cœur pour un déjeuner sur le pouce (voir plus loin, dans « À voir »)

Dans le centre

Bon marché (moins de 8 £ / 9,60 €)

I●I ***Boston Tea Party*** *(plan B2, **21**) : 75 Park St. ☎ 929-86-01. Ouv tlj 8h-19h. À peine plus de 7 £ le repas.* Une des franchises qui montent en Angleterre (plusieurs adresses en ville, notamment à *Clifton Village, Princess Victoria St).* On y mange, on y boit, on y discute, dans le patio à l'extérieur ou le salon à l'étage sur de confortables canapés. Et que du bio, s'il vous plaît ! Petites expos temporaires. Grand choix de thés, cafés, gâteaux, de salades, de sandwichs, etc. Ambiance estudiantine, mais quelques cols blancs identifiés !

|●| **Obento** *(plan C2, **20**) : 69 Baldwin St. ☎ 929-73-92. • info@obento.co.uk • Sem 12h-14h45, 17h30-23h, w-e 12h-23h30 (22h30 dim). Repas 9-15 £. Bento sashimis ou sushis 10-12 £.* Pour les amateurs de poisson cru, voici un resto japonais bon marché. Décor épuré, voire un peu froid, et grandes tables à partager entre convives. Sashimis ultra-fondants ! Service discret.

Prix moyens (8-15 £ / 9,60-18 €)

|●| **Za Za Bazaar** *(plan B2, **18**) : Harbourside, Canon's Rd. ☎ 922-03-30. • enquiries@zazabazaar.com • Tlj 11h-23h. Lunch 8,99 £ (lun-jeu 11h-17h) ou 9,99 £ (ven-sam), brunch le dim 12,99 £. Le soir, menus 14,99 £ en sem et 16,99 £ le w-e. Pour les enfants, c'est moitié prix, voire gratuit !* Un endroit incroyable ! Le plus grand restaurant d'Angleterre (près de 700 places !) ressemble à une grande fête foraine. Ambiance et spectacle garantis ! Le menu à prix fixe permet de manger à volonté et de voyager, de stand en stand, tout autour du monde. Curry indien, sushis japonais, fajitas tex-mex, soupes vietnamienne, nouilles chinoises... il suffit de se servir. Certains plats sont confectionnés à la demande, sous vos yeux. Le tout est d'une grande fraîcheur et même d'une grande légèreté (à condition de ne pas avoir les yeux plus gros que le ventre). Le rapport qualité-prix est plus que remarquable et l'endroit vraiment original. On adore ! Un petit conseil tout de même : évitez les heures de pointe.

|●| **Jamie's Italian** *(plan A-B1, **28**) : 89 Park St. 70-02-65. • bristol@jamiesitalian.com • Tlj 12h-23h (22h30 dim). Formule dégustation 15 £/pers midi-18h ; sinon, compter 8-30 £ à la carte.* Jamie Oliver, l'enfant terrible de la cuisine britannique, a fait mouche avec ses restos italiens. Un peu partout en Angleterre, il décline son concept avec bonheur et succès. Des produits de qualité, des recettes de saison, des prix abordables, un décor moderne et convivial. On se régale de planches de charcuteries, de cubes de polenta frite au romarin et de bruschetta au potiron et à la mousse de betterave, de pâtes aux sauces subtiles et riches en légumes... Bons petits vins au pichet pour accompagner le tout ! Un coup de cœur.

|●| **El Puerto** *(plan C2-3, **25**) : 57 Prince St. ☎ 925-60-14. • info@el-puerto.co.uk • Tlj de 10h à... tard. Tapas 3-6 £ ; paella 13 £. Concert de jazz le mer soir ; flamenco-paella le 1er dim du mois.* Quand les pendules anglaises se mettent à l'heure espagnole, ça donne un bar à tapas moderne, habillé de rouge et de gris, où l'on déguste d'alléchantes assiettes accompagnées d'un verre de vin : ambiance *caliente* ! La traditionnelle paella, concoctée par le chef, figure aussi à la carte, ainsi que des plats du jour savoureux. Accueil souriant du *país del sol.*

|●| **Severnshed** *(plan C3, **23**) : The Grove. ☎ 925-12-12. • info@severnshedrestaurant.co.uk • Menu (3 plats) 12h-18h, autour de 11 £ ; plats 10-21 £.* Resto sur les docks avec une petite terrasse. Grande salle sous charpente apparente, parfois un chouia bruyante. Cuisine internationale correcte et service attentionné. Concerts certains vendredi et samedi soir.

|●| 🍸 **Mud Dock** *(plan C3, **19**) : 40 The Grove. ☎ 934-97-34. Entrée par le magasin de vélos ou par l'escalier en fer sur la gauche après 18h30. Tlj 9h-22h30 (17h dim-lun). Plats 9-17 £. Brunch dim.* 📶 Un fana de la petite reine a transformé le 1er étage d'un entrepôt en un resto-bar branché. On y mange de copieux plats de brasserie. On craque pour le lieu même si ce n'est pas la cuisine la plus fine que l'on ait goûtée. On peut aussi juste y siroter un verre dans une ambiance décontractée avec une plaisante perspective sur le port et des vélos au-dessus de la tête. Impressionnant œil-de-bœuf donnant sur la rue. Le bar s'inspire aussi des docks. Superbe terrasse sur le port.

|●| **Wagamama** *(plan A1, **24**) : 61 Queen's Rd. ☎ 922-11-88. Tlj 12h-23h (22h dim). Copieuses assiettes autour de 8 £ ; menu entrée + plat + boisson à partir de 11 £.* Ce resto

moderne fait partie d'une chaîne qui fait fureur en Angleterre. L'idée est née des gargotes japonaises, où les clients venaient manger leurs nouilles autour de longues tables. Ici, le lieu est plus chic et marche du tonnerre de Dieu. Si l'expérience vous a plu, le livre de recettes maison est à vendre. Au fait, *wagamama* signifie « sale gosse affamé ». Au moins, vous savez avec qui venir !

Très chic (plus de 20 £ / 24 €)

|●| ***Glass Boat Restaurant*** *(plan C2,* ***26****)* **:** *Welsh Back. ☎ 929-07-04. • bookings@glassboat.co.uk • Fermé dim soir et lun midi. Menu 20 £ servi jusqu'à 19h ; carte 28-53 £.* Dans une péniche datant de 1924, au pied du Bristol Bridge. Un cadre enchanteur, idéal pour passer une soirée entre amoureux. La cuisine franco-anglaise, sans être bouleversante, est classique et soignée. Les prix s'envolent quand on s'égare dans la carte et ce n'est pas forcément justifié. Accueil charmant.

|●| ***The Bistro*** *(plan C1,* ***6****)* **:** *The Sugar House, Narrow Lewins Mead. ☎ 925-55-77. Menu rapide 13-17 £ le midi ; carte env 35 £. Live jazz dim.* On accède au resto de l'*Hotel du Vin* (voir « Où dormir ? ») en passant devant une superbe cave à vins suivie de la cave à cigares, tout en transparence. Charmantes arches en brique et poutres apparentes. Dans les assiettes, cuisine de saison d'inspiration française. Pour conclure sur une note anglaise, goûtez donc le *cheese assortiment* servi avec des crackers, du raisin, du chutney, du pain et de l'huile d'olive goûteuse. Les sommeliers – français – sauront vous conseiller judicieusement.

|●| ***Byzantium Restaurant and Bar*** *(plan C3,* ***27****)* **:** *2 Portwall Lane. ☎ 922-18-83. Ouv slt soir. Carte 25-31 £.* Un mélange kitch et subtil d'architecture moderne et orientale. Le *lounge* offre un décor de colonnades et de voûtes, avec lumières tamisées et petites tables de marbre. Animations régulières, du magicien à la danseuse du ventre, en passant par les spectacles de burlesque ou de paranormal. À l'étage, grande baie vitrée sur les cuisines, et fenêtres donnant sur l'église illuminée Saint Redcliffe. Cuisine inventive aux influences méditerranéennes. Service stylé. On peut parfois y danser jusqu'à l'aube. Tenue correcte recommandée. Une adresse hors du commun.

Dans Clifton et Clifton Village

Bon marché (moins de 8 £ / 9,60 €)

|●| ***Fish Bar*** *(hors plan par A1,* ***17****)* **:** *4 Princess Victoria St. ☎ 965-01-80. Dans la rue principale de Clifton Village. Fermé dim. Compter 6-7 £. CB refusées.* Dans ce quartier branché, une des seules adresses pour se restaurer pas cher. De bons et copieux *fish & chips* mais aussi des saucisses, des hamburgers, des *pies*, etc. Le tout à emporter ou à manger sur une des 3 tables rondes derrière une jolie façade et de grandes baies vitrées. Pas d'alcool !!! L'adresse a fêté ses 150 ans en 2010.

De prix moyens à plus chic (8-20 £ / 9,60-24 €)

|●| ***Zizzi*** *(hors plan par A1,* ***17****)* **:** *29-33 Princess Victoria St. ☎ 317-98-42. Pâtes et pizzas 7-13 £ ; plats 10-14 £.* Pas très loin de Clifton Bridge. On tombe dessus en descendant The Mall. Très chouette resto italien à la déco moderne. Au-dessus du grand four à pizza où les cuistots s'agitent, des rondins de bois joliment alignés. Plats de pâtes copieux, pizzas fines et croustillantes.

|●| ***The Town House*** *(hors plan par A1,* ***22****)* **:** *85 Whiteladies Rd, BS8 2NT. ☎ 973-93-02. • reservations@thetownhousebristol.co.uk • Tlj 11h (10h sam)-minuit (service jusqu'à 22h). Menus 2 ou 3 plats 10-13,50 £ ; carte 19,50-37 £.* Une belle adresse, légèrement excentrée pour ceux qui veulent déguster « des plats régionaux

et une cuisine anglaise moderne ». La carte, alléchante, fait la part belle aux produits locaux. Et le moins que l'on puisse dire, c'est qu'elle a bon goût l'Angleterre ! Jambon fumé aux aiguilles de pins, bœuf maturé et cuit à la perfection (même bleu !), risotto au potiron et stilton, saucisses artisanales... Cadre agréable et accueil adorable (en français). Petite terrasse.

Où boire un verre ? Où écouter de la musique ? Où danser ? Où sortir ?

Sur Bordeaux Quay, de nombreux bars modernes avec de grandes terrasses pour les beaux jours, qui donnent sur l'eau. Cocktails, bières et événements sportifs en direct sur des écrans géants, mais aussi cuisine internationale : pizzas, hamburgers et tortillas. À vous de papillonner de l'un à l'autre, en fonction des ambiances et des soirées organisées. Ils sont en général ouverts 12h-1h ou 2h du mat.

Zerodegrees - 0° *(plan B1,* ***39****) : 53 Colston St. ☎ 925-27-06. • bristol@zerodegrees.co.uk • Tlj 12h-minuit (23h dim).* Un bar-resto hyper moderne s'est emparé d'une ancienne gare de tramway. Sur 2 niveaux, avec des passerelles métalliques et des grandes baies vitrées, cet endroit pas comme les autres attire une foule hétéroclite. La bière 100 % bio coule directement du pipeline branché sur les 18 cuves de la distillerie visible à l'entrée de cette maison. On a donc l'impression d'être au cœur de son fonctionnement ! Terrasse magnifique aux beaux jours, avec une vue sur les Christmas Steps. À la carte, généreuses pizzas et plats de pâtes fumants. Une adresse hors du commun et au décor très moderne, à ne surtout pas rater. Et si l'envie vous en dit, tonneaux de 5 litres de bière en vente à emporter discrètement dans vos bagages !

Thekla *(plan C3,* ***38****) : The Grove, East Mud Dock. ☎ 929-33-01. • office@theklabristol.co.uk • theklabristol.co.uk • Fait boîte de nuit jeu-sam, plus lun-mar en saison universitaire.* Ce cargo des années 1950 a été reconverti voici une vingtaine d'années en bar-concert. On y écoute du rock, hip-hop et de l'électro. Sur le pont, les noctambules s'y rassemblent pour siroter un verre avant le concert. À la cale, on se régale les oreilles presque tous les soirs à partir de 21h30.

The Old Duke *(plan C2,* ***30****) : 45 King St. ☎ 927-71-37 • info@theoldduke.com • theoldduke.co.uk • Live jazz ts les soirs ou presque à partir 20h30-21h, plus le dim midi à l'heure du lunch.* Dans une rue piétonne, pub tout petit, qui déborde dans la rue les soirs d'été. Ambiance chaude et sympa. Programme de jazz live affiché sur l'ardoise à l'intérieur ou sur leur site.

Llandoger Trow Pub *(plan C2,* ***31****) : en face du Old Duke.* Dans la plus vieille maison de Bristol, un pub historique aux boiseries ancestrales. Décor patiné, chaleureux et authentique. La bière du coin s'appelle la *Bristol IPA*, pour ceux qui veulent tenter les spécialités locales. Bonne cuisine de pub servie jusqu'à 22h au 1er étage.

The Hatchet Inn *(plan B2,* ***34****) : 27 Fragmore St. Au bout de Denmark St. Tlj 12h-23h (1h jeu et 2h ven-sam).* Le pub le plus vieux de la ville (daté de 1500) possède plusieurs petites salles avec des ambiances différentes. Fréquenté par une clientèle bigarrée, on se croirait certains soirs dans un film de John Waters ! Des soirées thématiques (musique, sketch, jeux) sont organisées toute l'année. DJs les jeudi, vendredi et samedi. Pour ceux qui comprennent bien l'anglais, il faut essayer au moins une fois les *Open Mic Nights* du dimanche ou les *Quizz Nights* du mardi.

Commercial Rooms *(plan C2,* ***32****) : 43-45 Corn St. ☎ 927-96-81.* L'impressionnante coupole des anciens locaux de la Chambre du commerce abrite maintenant un pub très animé. Décor original, souvent plein à craquer le soir. On vient y siroter une bière ou se restaurer d'une cuisine simple, copieuse et pas chère.

Illusions Magic Bar *(plan A1,*

42) : *2 Byron Pl.* • *illusionsmagicbar.co.uk* • *Musique live et magie à partir de 19h ts les soirs.* Ce « bar à magie » est un lieu assurément original. Tous les quarts d'heure environ, on peut prendre place à la table du prestidigitateur (payé au pourboire) et assister, sidéré, à des tours de passe-passe totalement bluffants... Ambiance bon enfant. Le pub, en revanche, ne présente guère d'intérêt.

♫ ***Reflex 80's*** *(plan C2, **36**)* : *18 Baldwin St. Entrée payante.* Le temple des années 1980 pour les nostalgiques de la bonne pop.

♫ ***Vibes*** *(plan B2, **35**)* : *3 Frog Lane, off Frogmore St.* Un club sur 2 étages pour ceux qui préfèrent se trémousser entre hommes.

♫ ***Oceana*** *(plan B2, **41**)* : *The South buildings Canons Rd. Tlj jusqu'à 4h. Entrée payante.* Pouvant accueillir plus de 2 600 personnes, c'est la plus grande boîte de nuit de la ville. Soirées à thème et concerts.

L'Hippodrome *(plan B2, **37**)* : *Saint Augustine's Parade.* ☎ *0844-871-30-12 (résas) ou 0844-871-76-27 (infos).* • *bristolhippodrome.org.uk* • *Résas sur Internet ou au box-office à gauche de l'entrée, lun-sam 10h-18h (20h les soirs de spectacle).* Une des plus grandes salles de spectacles de la ville. Archibald Leach (alias Cary Grant, né à Bristol en 1904) y fut assistant éclairagiste. Programme varié de danse, théâtre, concert... Parfois des premières nationales.

The Bristol Old Vic Theater *(plan C2)* : *King St.* ☎ *987-78-77 (résas) ou 949-39-93 (infos).* • *bristol-old-vic.co.uk* • De nombreuses générations d'acteurs s'y sont succédées puisque le théâtre (le plus vieux d'Angleterre) a été construit en 1766. Il est ainsi le plus vieux théâtre en activité de Grande-Bretagne. Pour ceux qui comprennent bien l'anglais, pièces classiques et d'avant-garde d'octobre à juin. En face, *Renato's*, la cantine italienne des comédiens, une véritable trattoria devenue une institution.

– Si les programmes des 2 premiers théâtres ne vous enthousiasment guère, jetez un œil à celui du ***Colston Hall*** : *Colston St.* ☎ *922-36-86.* • *colstonhall.org* •

Dans Clifton et Clifton Village

Brown's Restaurant and Bar *(plan A1, **33**)* : *38 Queens Rd.* ☎ *930-47-77. Dans les anciens locaux de l'université. Tlj 9h-23h (minuit jeu-dim). Cocktails dans les règles de l'art autour de 6 £ et happy hours (très prisées) à partir de 16h dim-jeu.* Côté resto, ambiance de brasserie chic (carte banale), les *graduates* (avec robe et chapeau) viennent fêter leur réussite avec leurs parents.

The Richmond Spring *(hors plan par A1, **40**)* : *33-37 Gordon Rd.* • *info@therichmondclifton.co.uk* • *À côté de la Student Union University. Tlj 18h (16h le w-e)-23h.* Une série de petites salles avec des recoins, des fauteuils club et, l'hiver, plusieurs cheminées en activité. De nombreux jeux à disposition : billard, baby-foot, *Puissance 4* géant, etc. Grand écran les soirs de match dans la pièce principale. Terrasse au 1er étage pour l'été.

♩ ***Somerset House*** *(hors plan par A1, **40**)* : *11 Princess Victoria St. Tlj 11h-23h (dim 12h-22h30).* Au milieu d'une vieille collection de photos de la ville, venez siroter votre bière préférée en assistant certains soirs à un concert. Au fond du pub, marrant ventilo style colonial, au cas où la canicule sévirait !

♩ Voir aussi plus loin ***Lanes*** *(plan C1, **43**)*, dans la rubrique « À faire ».

Shopping

Bristol compte plus de 500 boutiques ! Dont une bonne moitié installées entre les *Galleries, Broadmead, Merchant St* et *Cabot Circus (plan C-D1)*, deux grands centres commerciaux à ciel ouvert. Cela suffit à en faire une véritable « destination shopping », tout particulièrement en périodes de soldes. On y trouve toutes les grandes enseignes *(Marks & Spencer, Topshop, Primark, John Lewis, etc.)*. Les boutiques les plus chic se situent plutôt autour de Park St *(plan B1-2)*.

Sainsbury's *(plan A1, **61**)* : *Queen's Rd.* Un supermarché bien pratique pour faire le plein à petits prix. Également un *salad bar*.

BRISTOL

Guild (plan B2, **63**) **:** *68-70 Park St. ☎ 926-55-48. Tlj sf dim 10h-18h, le café jusqu'à 16h30 (17h sam).* Surprenante et gigantesque boutique agencée sur 3 niveaux. Des babioles *so British* : carterie, design, meubles. Une galerie au 2e étage et un café sous une véranda au 1er !

Stanfords (plan C2, **60**) **:** *29 Corn St. ☎ 929-99-66. Tlj 9h-18h (11h-17h dim).* Une boutique pour les trekkeurs de tout poil avec quelques accessoires de voyage et des guides (en anglais, bien sûr), mais surtout des centaines de cartes du monde entier. Si vous ne trouvez pas votre bonheur, vous pouvez même demander à faire imprimer le coin exact qui vous intéresse. Également cartes aériennes et anciennes. Le paradis du globe-trotter.

Bristol Hand Made Glass (plan B1, **62**) **:** *15 Perry Rd.* Lazurus Jacob, un immigrant juif allemand, inventa le processus de coloration du verre avec du cobalt vers 1760 pour obtenir un superbe bleu profond. Depuis, Bristol est devenue la capitale de ce verre si particulier. Vous trouverez dans cette boutique un large éventail d'objets fabriqués à partir de cette méthode traditionnelle (miroirs, bijoux, vases, etc.), dont le bleu vous enchante.

– **Slow-food Market :** *dans Corn St, le 1er dim du mois avr-oct.*

BRISTOL

À voir

Au sud du port

Brunel's SS Great Britain (plan A3) **:** *Great Western Dock, Gas Ferry Rd. ☎ 926-06-80. • ssgreatbritain.org • À côté du* Maritime Heritage Centre *; à partir de* The Industrial Museum, *suivre le long des docks. Accès également possible en navette fluviale (compter 70 p/pers). Avr-oct, tlj 10h-17h30 ; nov-mars, 10h-16h30. Entrée : 12,50 £ ; réduc et forfaits famille 20,50-33,50 £ (billet valable 1 an). Audioguide en français compris.*

BATEAU SUR L'EAU

Construit en 1843 par Brunel, le navire Great Britain pourrissait du côté des Malouines suite à un accident en 1937 lors de sa 5e traversée pour New York. Il fut ramené et restauré. Sachez que le moteur a été conçu par Marc Brunel, le père, un Français royaliste émigré en Angleterre, anobli par la reine pour avoir construit le premier tunnel sous la Tamise.

Une équipe enthousiaste vous fait découvrir le premier paquebot en acier propulsé par une hélice. L'aménagement pour le moins audacieux et impressionnant permet d'admirer le colosse sous toutes ses coutures, y compris sa coque et son hélice. Un musée à la riche iconographie relate la grande épopée de ce bateau qui parcouru 1 million de miles et fit 32 fois le tour du monde. Le clou de la visite reste tout de même la visite du navire. Des mannequins de cire donnent vie à l'ensemble et l'on découvre avec joie les cabines de 1re classe, les salons-promenade, les lieux d'aisance, les cuisines, la salle des machines, le salon du barbier, le cabinet du médecin, les dortoirs des 3e classe... La scénographie pousse le réalisme très loin, à grand renfort de bruitages et d'odeurs. Agréable *Dockyard Cafe* doté d'une belle terrasse sur le port. Belle promenade le long des docks depuis le *M Shed Museum*. On assiste au ballet des remorqueurs, voiliers, péniches (voire des yachts de luxe).

M Shed (hors plan par B3, **51**) **:** *Princes Wharf (sur les quais). ☎ 352-66-00. • mshed.org • Mar-ven 10h-17h, w-e et vac scol 10h-18h. Gratuit sf pour les expos temporaires (env 5 £).* Un lieu original où l'on découvre l'histoire de Bristol à travers sa population, ses quartiers et ses activités.

Saint Mary Redcliffe (plan C3) **:** *un peu à l'écart du centre, après le pont Redcliffe.* Sans doute la plus belle église de la ville, miraculée des bombardements. La partie la plus ancienne date de 1185. L'escalier du porche nord mène directement au fanon de baleine que Cabot aurait rapporté de son périple en 1497 et à la statue représentant Élisabeth Ire. La voûte est constituée de 1 100 bosselettes, la plupart recouvertes d'or. L'église se remarque surtout pour ses magnifiques vitraux, du Moyen Âge au XXe s. Meilleure vue extérieure depuis la grande porte ouest.

Dans le centre

St Nicholas Market *(plan C2)* : *halles couvertes.* Sous la verrière, des jus de fruits ou d'herbes pour les plus curieux, du fromage, dont l'exclusif *Bristol Blue,* une échoppe marocaine où vous pourrez déguster un tajine comme là-bas, des montagnes d'olives, des sandwichs (à la saucisse !) pas chers, des *caribbean wraps,* de la cuisine portugaise et des produits indiens. Dans la halle principale, marché aux puces permanent.
Derrière St Nicholas Market, sur Corn St, quatre socles en bronze sculptés appelés ***The Nails*** *(plan C2,* ***53****)* sur lesquels l'argent était posé lors de la conclusion d'un marché : l'expression « pay on the nail » (payer rubis sur l'ongle) viendrait de là.

Bristol Cathedral *(plan B2)* : érigée en 1140 sur le site d'une église déjà millénaire, la cathédrale fut maintes fois remaniée au cours des siècles. Le chœur présente une voûte d'arcs entrecroisés assez exceptionnelle en Angleterre. Se renseigner sur les concerts, qui y sont régulièrement donnés. Acoustique superbe.

Watershed Media Centre *(plan B2,* ***54****)* : *1 Cannon's Rd. ☎ 927-51-00. • watershed.co.uk • Certaines attractions sont payantes.* Dédié au 7e art. Expos, films et vidéos mais aussi du design, du théâtre, etc.... Programme mensuel que l'on peut se procurer au *Tourist Office.* Également lieu de rencontre et forum de discussions. Cafétéria vraiment sympa.

@t Bristol *(plan B2,* ***55****)* : *Anchor Rd, Harbourside. ☎ (0845) 345-12-35. • at-bristol.org.uk • ♿ Tlj 10h-17h (18h le w-e, j. fériés et vac scol). Entrée : 11,35 £ ; réduc. Moins cher 1h30 avt la fermeture : 4,20 £, réduc !!! Forfaits famille.* Un complexe d'attractions pour toute la famille. Bien étudié pour les poussettes et les fauteuils roulants.
– ***Explore :*** parcours interactif où vos chérubins pourront tout tripoter sans rien casser. Balade au cœur du cerveau, du corps, des sens et de l'espace. Figez votre ombre ou voyez votre image thermique, mixez de la musique en vous prenant pour un DJ, jouez de la harpe magique ou explorez le monde des illusions d'optique et de la force hydraulique. Planétarium avec spectacles.

Bristol Aquarium *(plan B2,* ***57****)* : *Anchor Rd, Harbourside. ☎ 929-89-29. • bristolaquarium.com • Tlj 10h-16h (17h le w-e), dernière entrée 1h avt. Entrée : 12,50 £, réduc et forfait famille (38,50 £).* Voilà de quoi occuper la petite famille un jour de pluie (ou plutôt le temps d'une averse). Les tout-petits seront aux anges et en prendront plein les mirettes. Les parents trouveront en revanche cette eau de pluie un peu salée mais ne bouderont pas pour autant leur plaisir. Des délicats hippocampes aux horribles piranhas (brrr...), du poisson clown aux fascinantes murènes (jaunes !), on nage en pleine magie, en plein mystère. Bassins géants avec octopus, raies et (petits) requins.

Arnolfini Gallery *(plan B3)* : *• arnolfini.org.uk • Tlj sf lun 11h-18h. Entrée gratuite.* Galerie d'art contemporain proposant des expos ainsi que toutes sortes de performances (spectacles vivants, danse, musique, poésie, vidéo...)

Christmas Steps *(plan C1,* ***50****)* : escalier longé par des petites boutiques. Au pied, à droite, maison du XVIe s. À gauche, le *Three Sugar Loaves,* un café chaleureux. Tout en haut, la *Foster's Almhouse,* copie de maison bourguignonne, et sa chapelle du XVe s, fermée au public.

👁👁 Dans Brandon Hill, la meilleure vue sur la ville depuis la ***Cabot Tower*** *(plan A2, **56**).* Accès gratuit. Marches à pic et difficile de se croiser, mais joli panorama.

👁 ***The Georgian House*** *(plan B2, **52**)* **:** *au milieu de Park St ; 7 Great George St. ☎ 921-13-62. Ouv Pâques-fin oct ; mer, jeu, sam et dim 10h30-16h (tlj sf lun en juil-août) ; fermé en hiver. Entrée gratuite.* Maison georgienne typique, meubles d'époque. La cuisine et ses dépendances donnent une idée assez précise de ce qu'était alors la vie des serviteurs. Très bonne introduction au style de vie d'un marchand colonial au XVIIIe s.

👁👁👁 Non loin de là, en retournant sur Park St, l'un des plus beaux et plus célèbres ***pochoirs de Banksy.*** Un graffiti que la municipalité n'est pas prête d'effacer ! En 2006, le conseil municipal avait d'ailleurs demandé son avis à la population quant à son maintien. Le vote fut sans appel : 93 % pour...

👁👁 ***Bristol City Museum & Art Gallery*** *(plan A-B1)* **:** *Queen's Rd. ☎ 922-35-71. • bristol-city.gov.uk/museums • Tlj 10h-17h (18h w-e et vac scol). Gratuit.* Une suite de petites salles très diverses sur quatre étages : égyptologie, animaux empaillés, dinosaures, peintures, pianos... Pas de pièces majeures, mais des collections hétéroclites parfois surprenantes. Ainsi, dans la section des dragons, vous pourrez voir, au milieu des porcelaines de Chine, un exemplaire du manga *Dragon Ball* (épisode 6 !). Expositions temporaires. Au passage, allez jeter un œil à l'entrée de l'université mitoyenne.

Dans Clifton et Clifton Village

👁👁 ***Clifton Village*** *(hors plan par A1-2)* **:** *The Mall. Pour s'y rendre du centre, bus n° 8 (n° 9 pour en revenir).* Un quartier à découvrir pour ses boutiques tendance nichées dans d'anciennes bâtisses georgiennes, ses cafés branchés et ses bons restos. Agréable balade dans ses charmantes petites rues à deux pas du Clifton Suspension Bridge.

👁👁 ***Royal York Crescent*** *(hors plan par A1)* **:** *à deux pas de Clifton.* Voici le plus long *crescent* georgien du pays. En s'aventurant jusqu'au bout, on embrasse enfin une vue magnifique sur la rivière Avon.

👁👁👁 ***The Clifton Suspension Bridge*** *(hors plan par A3)* **:** *pour s'y rendre, bus n° 8 (n° 9 pour revenir).* Il a passé le cap des 150 ans ! De la terrasse du ***White Lion Inn,*** pub de l'*Avon Gorge hotel* (dans Sion Hill à Clifton) vue imprenable sur le célèbre *bridge,* superbe de jour comme de nuit.
De l'autre côté du pont, le ***Visitor Centre*** consacré à l'histoire du pont édifié par Brunel *(tlj 10h-17h • cliftonbridge.org.uk • ; visite guidée gratuite à 15h le w-e de Pâques à oct).* Petit film sur l'ouvrage achevé en 1863. Si vous traversez le pont en voiture, il vous en coûtera à chaque fois 0,50 £.

👁 ***Ashton Court*** *(hors plan par A3)* **:** *grand parc au-delà de Clifton, par le Suspension Bridge. Traversée payante pour le pont, préparez la monnaie !* C'est de là que partent les montgolfières en août, lors du rendez-vous international des amateurs de ballons.

Stokes Croft

👁👁👁 ***Les fresques de Stokes Croft*** **:** *au nord de Bristol, au-delà de Bond St et du gros rond-point (plan C1). De là, compter 5 mn à pied (pas de panique, c'est très bien fléché !).* Stokes Croft, qui a vu naître le graphiste Banksy, est l'un des quartiers emblématiques de Bristol. Autrefois mal aimé et malfamé, il a su cultiver sa personnalité de quartier cosmopolite et *arty,* allant jusqu'à obtenir son autonomie. Depuis 2008, il est géré par une communauté d'habitants (les *Peoples*

Republic of Stokes Croft) qui tentent de résister aux promoteurs (et au supermarché *Tesco* !). Suivant les traces de Banksy (dont on trouve encore, ici et là, quelques originaux !), les artistes ont peu à peu pris possession des lieux, des squats, et recouvert les murs de la ville de graffitis, tous plus beaux les uns que les autres. Ce qui fait de Stokes Croft l'une des plus grandes concentrations de *street art* au monde ! Il règne ici une atmosphère bohème, tout à la fois tranquille et électrique, et l'on ne peut que vous encourager à venir y flâner et vous imprégner de poésie urbaine. Pas mal de bars underground et alternatifs, forcément ! Sur place, petit musée consacré à l'histoire du quartier (horaires très restreints). Plus d'infos sur • *prsc.org.uk* •.

À faire

■ ***Lanes*** *(plan C1,* ***43****) : 22 Nelson St. ☎ 325-19-79. • thelaneslive.com • Tlj 12h-jusque « tard ». Compter 5,50 £/pers et par partie ou 26 £/h pour 6 pers (chaussures comprises).* Les 60's comme si vous y étiez ! Un authentique bowling, rétro à souhait. Un endroit rare et convivial dont on raffole... Mieux vaut réserver si vous voulez jouer, il n'y a que 5 pistes (prises d'assaut !). On trouve également sur place un resto (réputé pour ses bonnes pizzas), un bar sympa pour boire un verre tout en regardant les autres jouer, un karaoké, un night-club-salle de concert...

➢ ***Balades en bateau :*** 2 compagnies. ***Bristol Ferry Boat Co*** *(☎ 927-34-16. • bristolferry.com •), qui dispose de plusieurs arrêts en ville (dont un au pied de l'office de tourisme) : 2 £ env le trajet, 7 £ pour la journée et 5 £ pour un tour de la ville ; réduc. Ou encore* ***The Bristol Packet Boat Trip,*** *Wapping Wharf, Gas Ferry Rd (près du SS Great Britain). ☎ 926-81-57. • bristolpacket.co.uk • Résa indispensable : ☎ 926-06-80. Plusieurs excursions organisées dans la ville et au-delà à partir de 5,50 £ ; réduc.* Particulièrement agréable les jours de beau temps.

➢ ***Balades en ballon :*** 2 compagnies proposent l'aventure. ***Bristol Balloons,*** *Winterstoke Rd, ☎ 947-10-30, • bristolballoons.co.uk •, et* ***Bailey Balloons,*** *44 Ham St, ☎ 01275-375-300, • baileyballoons.co.uk •* Bristol vu des airs, une expérience unique et époustouflante pour les routards qui peuvent se le permettre (à partir de 99 £ tout de même...).

Fêtes et manifestations

– ***Bristol Harbour Festival :*** *3 j. mi-juil. • bristolharbourfestival.co.uk •* La fête du port comme son nom l'indique. Avec musique, danse, cirque, théâtre...
– ***Bristol International Balloon Fiesta :*** *4 j. mi-août. • bristolballoonfiesta.co.uk •* Avec plus de 500 000 spectateurs et de 150 montgolfières, c'est la plus grande manifestation du genre en Europe.

OXFORD

145 000 hab. IND. TÉL. : 01 865

◗ Pour les plans d'Oxford, se reporter au cahier couleur.

Surnommée la cité aux clochers de rêve, Oxford abrite la troisième plus ancienne université du monde après Bologne et la Sorbonne : l'élite, une concentration des meilleurs étudiants des îles Britanniques et du reste du monde, ainsi que des plus éminents professeurs, dans un cadre d'exception.

Tout ici est fait pour le confort et le bien-être de l'étudiant : organisation des études, logement – obligatoirement dans les *colleges* la première année –, sport et vie sociale. Dans un esprit de corps, ponctué par des rituels. Une éducation complète d'« honnête homme »...

Il ne faut pas ignorer pour autant qu'Oxford est également une ville industrielle, centrée autour de l'automobile, qui a souffert de la crise ces dernières années. Les usines BMW, qui fabriquent maintenant la Mini, sont en effet implantées à Cowley, au sud-est d'Oxford, là où la construction automobile en série a démarré dans les années 1920.

Oxford est une ville agréable, chargée d'histoire mais aussi vivante, jeune, et cosmopolite – non seulement du fait des écoles de langues et des touristes, mais aussi parce que les *colleges* accueillent de nombreux étudiants étrangers.

Et puis, Oxford, c'est aussi la campagne à deux pas de Londres : au détour de certaines ruelles, ou même dans les cours des *colleges* d'où l'on admire la vue sur les *meadows*, on se croirait presque dans un village. Ceux qui disposent de peu de temps peuvent faire l'excursion dans la journée, mais ce serait vraiment dommage de ne pas en profiter plus longtemps...

UN PEU D'HISTOIRE

Même si le village d'Oxford existait déjà avant – c'était en effet une place stratégique pour les Saxons, à la confluence de la rivière Cherwell et de la Tamise –, c'est en 1167 que son importance s'amplifia, au moment de l'expulsion des étudiants anglais de la Sorbonne. L'arrivée de tous ces étudiants créa des tensions entre la ville et l'Université – *Town and Gown* (la Robe ou la Toge). Les émeutes étaient fréquentes et atteignirent leur paroxysme avec le *Saint Scholastica's Day Massacre* (le massacre de la saint Scholastica) en 1355, au cours duquel 63 étudiants et environ 30 villageois trouvèrent la mort. Le roi de l'époque prit parti pour les étudiants et l'Université étendit alors son contrôle sur la ville.

Les premiers *colleges* furent construits au XIIIe s : *University College* (1249), *Balliol College* (1263) et *Merton College* (1264). Au cours des siècles suivants, de nouveaux *colleges* furent créés, le plus souvent parrainés financièrement par un personnage illustre, évêque, mécène ou bienfaiteur.

Oxford fut même un court moment capitale du royaume, quand Charles Ier s'y installa pendant la Révolution anglaise en 1642.

L'UNIVERSITÉ ET LA VIE UNIVERSITAIRE

Oxford compte environ 20 000 étudiants. Les filles sont acceptées dans tous les *colleges* depuis 1974 et elles représentent maintenant 44 % des étudiants. À titre d'exemple, le coût d'une année d'études est d'environ 9 000 £ pour un étudiant en lettres faisant partie de l'Union européenne ; les cours sont en effet plus chers pour les étudiants en sciences, pour les non-Européens et pour les *postgraduates* (étudiants ayant réussi leurs examens après les trois premières années d'étude).

L'Université se compose de 38 *colleges* indépendants et de 6 *permanent private halls* (des institutions religieuses). Elle est en charge des bibliothèques centrales, des laboratoires et de toute l'administration, dont le recrutement des professeurs, les programmes ou l'organisation des examens. Ainsi, l'Université est garante du niveau et de l'équité entre les *colleges.*

Les *colleges,* pour leur part, sélectionnent les étudiants et leur attribuent des *tutors* (ou *dons*) qui vont les suivre tout au long de leur cursus (au moins pendant 3 ans). Ils s'occupent de l'entretien de leurs bâtiments, de leurs bibliothèques, clubs de sport, etc., grâce à des ressources financières parfois considérables. Enfin, les *colleges* ne sont pas spécialisés dans un domaine particulier et enseignent presque toutes les matières.

La base de l'enseignement est le *tutorial* (soutien individuel) par lequel les étudiants sont tenus de rencontrer leurs *tutors* en général une fois par semaine, individuellement ou en petits groupes de deux ou trois. Il y a un *tutor* par matière principale étudiée, et chaque *tutor* s'occupe de 14 à 18 élèves. Souvent, des liens d'amitié s'établissent entre les *tutors* et leurs étudiants, qui sont considérés comme des adultes et dont l'intelligence est reconnue.
Les étudiants doivent obligatoirement résider au *college* au cours de leur première année d'étude ; ensuite, ils peuvent louer une maison à plusieurs.
Pour accéder à Oxford, il faut avoir obtenu des mentions dans les matières étudiées à l'école ou à l'université précédemment fréquentée, les performances sportives constituant un plus indéniable. Souvenez-vous : « un esprit sain dans un corps sain. » Il est aussi important d'adhérer à un ou plusieurs clubs afin de montrer son implication dans la vie de la cité. Le tiers des dossiers présentés est accepté. Aujourd'hui, plus de la moitié des étudiants sortent d'écoles ou universités publiques, et des bourses d'études sont accordées à ceux qui en ont besoin : c'est l'État qui prend en charge les cours, et la bourse sert à financer le logement, la nourriture, etc. De nombreux étrangers viennent étudier à Oxford. Naturellement, il est nécessaire d'avoir un bon niveau d'anglais…
L'année universitaire se compose de 3 *terms* (trimestres) de 8 semaines chacun : *Michaelmas, Hilary* et *Trinity.* Les études durent au minimum 3 ans, au bout desquels les étudiants *(undergraduates)* passent leurs examens. Ceux-ci se tiennent à *The Examinations Schools* (un magnifique bâtiment sur High St) et ont lieu à partir de fin avril. Les étudiants deviennent alors *postgraduates.* Sortir de l'un de ces prestigieux *colleges* est une formidable carte de visite ; même une année passée à Oxford sans obtenir de diplôme aide à ouvrir des portes !
Les étudiants doivent porter l'uniforme pour certains événements : lors du dîner du vendredi soir dans les *colleges,* pendant leurs examens, pour recevoir leur diplôme, etc. Les garçons ont coutume de porter un œillet blanc au début des examens, un œillet rose pendant ceux-ci et enfin un œillet rouge lorsqu'ils ont terminé. Alors, peut avoir lieu le *trashing* qui consiste à se faire asperger de champagne !
Un événement traditionnel des plus attendu par les étudiants est la *May Week,* la semaine des *May Balls* (les bals de mai) : ce sont les fêtes démobilisatrices qui ont lieu tous les ans après les examens.
Le sentiment d'appartenance est tel que tous les 5 ans a lieu un *gaudy* (banquet anniversaire des anciens étudiants) dans chacun des *colleges,* les participants dormant généralement dans leur ancienne chambre.

Arriver – Quitter

Quelques astuces

– Quel que soit le moyen de transport retenu, l'A/R dans la journée *(day return)* depuis Londres revient souvent moins cher que 2 allers simples.
– On peut bénéficier de tarifs nettement réduits si l'on réserve à l'avance ou en prenant un billet non échangeable et non remboursable *(non-refundable).*
– Il existe de nombreuses autres formules de réduction (famille, jeunes, seniors, étudiants, etc.).
– On peut prendre son billet directement à bord, mais mieux vaut réserver à l'avance pour bénéficier des avantages mentionnés ci-dessus.

Liaisons avec le centre de Londres

En bus

Plusieurs compagnies assurent la liaison entre *Victoria Coach Station* à Londres et *Gloucester Green* (terminus ; *zoom couleur B2*) à Oxford ; plusieurs autres arrêts dans chaque ville. Liaisons 24h/24 dans les 2 sens, env ttes les 15 mn en journée, ttes les heures en soirée. Durée : 1h40 (2h aux heures de pointe). Compter 14 £ l'aller simple plein tarif.
– ***Oxford Tube :*** non, il ne s'agit pas du métro mais bien d'une ligne de bus. ☎ 77-22-50. ● oxfordtube.com ●
– ***Oxford Espress :*** ☎ 78-54-00. ● oxfordbus.co.uk ● 4h30-0h30 d'Oxford et

6h30-2h30 de Londres (Victoria Coach Station, porte 10).

En train

➢ ***De London Paddington Station :*** *rens au ☎ (08457) 48-49-50. • nationalrail.co.uk •* Un départ ttes les 30 mn env, moins fréquemment en soirée et tôt le matin. Bien plus cher que le bus mais aussi bien plus rapide : le trajet dure 1h. Compter env 22 £ l'aller simple plein tarif (réductions très intéressantes si vous achetez à l'avance sur Internet).

Liaisons avec les aéroports

➢ ***Heathrow et Gatwick :*** *avec les bus bleus. ☎ 78-54-00. • oxfordbus.co.uk •* Liaisons directes avec Oxford *(Gloucester Green ; zoom couleur B2)* sans passer par Londres.

– *Avec Heathrow* (terminaux 1, 2, 3, 4 et 5), départs ttes les 30 mn aux heures de pointe ; env 1h30 de voyage. Compter 23 £ l'aller simple plein tarif.

– *Avec Gatwick (Terminal Sud et Terminal Nord),* départs ttes les heures (pratiquement ttes les 2h la nuit) ; env 2h30 de voyage. Compter 28 £ l'aller simple plein tarif.

OXFORD

Liaisons avec Cambridge

En bus

🚌 ***Stagecoach info :*** *☎ 77-22-50. • stagecoachx5.com •* Jusqu'à 1 départ ttes les 30 mn en pleine journée. Compter 3h20 de trajet avec de nombreux arrêts entre les 2 villes. Aller simple 11,40 £.

➢ ***Depuis Oxford,*** départ de la gare des bus (Gloucester Green), 7h05 (8h05 dim)-19h35.

En train

– Pas de liaison directe, il faut repasser par Londres (et prendre le métro pour changer de gare). Env 3h30 de voyage.

Comment se déplacer à Oxford ?

➢ ***À pied :*** de loin le meilleur « moyen de locomotion ». Tout se fait facilement à pied, même si les distances sont parfois un peu longues : bien prévoir son itinéraire...

➢ ***En bus :*** très pratique, car les logements sont en général un peu éloignés du centre. Ils sont nombreux et certains circulent jusque tard dans la nuit. À partir de 2 trajets dans la journée, il est plus rentable de prendre un ticket journée, valable 24h à partir de l'heure d'achat.

➢ ***À vélo :*** vous arpentez la ville avec plaisir et sans fatigue. Même les *B & B* un peu éloignés ne sont guère qu'à 10 ou 15 mn de vélo. Une réserve toutefois : le trafic est assez dense, et il faut veiller à la priorité avec la conduite à gauche... Plusieurs loueurs en ville (liste auprès de l'office de tourisme), mais la plupart louent pour au moins un mois. Essayer ceux situés sur Cowley Rd *(plan couleur d'ensemble).*

➢ ***En voiture :*** *la circulation étant interdite dans le centre historique et le stationnement plutôt « galère », on vous conseille d'utiliser le système* ***Park & Ride*** *(rens : ☎ (01865) 78-54-00 et • parkandride.net •).* Cela permet de laisser sa voiture dans l'un des 5 parkings à l'entrée de la ville (suivez les flèches *Park & Ride*). Compter 1,70 £ la journée de stationnement (tarifs dégressifs). De là, un bus (env ttes les 10 mn en journée, ttes les 15-30 mn tôt le matin et en soirée) vous emmène au centre-ville en 10-15 mn. 2,70 £ l'A/R en bus plein tarif ; gratuit pour les moins de 16 ans. Différentes possibilités de réduction.

Adresses et infos utiles

Informations pratiques

ℹ ***Oxford Information Centre*** *(zoom couleur C2,* ***1****) :* *15-16 Broad St, OX1 3AS. ☎ 25-22-00. • visitoxford.org • Lun-sam 9h30-17h ; à partir de Pâques (et tte la saison touristique), également dim et j. fériés 10h-15h. Fermé le Vendredi saint et les 25-26 déc.* Documentation intéressante mais la plupart du temps payante : le *Welcome to Oxford Visi-*

tors' Guide (0,50 £), qui recense les différents *colleges* et points d'intérêt, est plutôt bien fait ; se procurer aussi la petite brochure *In Oxford* (gratuite) qui paraît tous les mois. Propose un service payant (4 £) de résa de *B & B* et d'hôtels. Sinon, demander la brochure payante *Stay in and around Oxford*. Pratique si toutes nos adresses sont complètes. Organise des tours guidés de la ville (voir « À faire »).

ℹ Autre centre d'info de la compagnie privée *Guide Friday* à la gare, ***City Sightseeing Oxford*** *(zoom couleur A2,* ***2****) : ☎ 79-05-22. Ouv tlj 9h30-18h (16h-17h en hiver).* Service payant de résa. Valable, compte tenu du monde à l'autre centre.

■ **Change :** *nombreux points de change et banques, dont* ***Thomas Cook,*** *au 5 Queen St ; ainsi qu'à la gare.* ***Lloyd's*** *: 1-5 High St.* Profitez des quelques minutes d'attente au guichet pour apprécier les superbes plafonds. *Et* ***Barclays*** *: 54 Cornmarket St.* Également dans les ***bureaux de poste*** qui ont un taux de change assez avantageux et à l'***office de tourisme.***

■ **Location de vélos :** ***Bike Zone,*** *32 Saint Michael's St. ☎ 72-88-77. Lun-ven 8h-18h. Également une* ***autre adresse,*** *202 Banbury Rd. ☎ 31-68-85.*

Poste et Internet

✉ ***Poste*** *(zoom couleur C3) : 102-104 Saint Aldate's St. Lun-sam 9h-17h30.* Remarquez l'imposante boîte aux lettres en bois de 1910 à l'extérieur. *Également un autre bureau sur Abingdon Rd.* À noter : les bureaux de poste abritent en général une boutique qui vend un peu de tout – papeterie, cadeaux, cartes routières, guides touristiques, etc. – ainsi qu'un bureau de change.

@ ***Bibliothèque municipale*** *(City library ; zoom couleur B2) : Road Bonn Sq (Westgate). Lun-jeu 9h-19h ; ven et sam 9h-17h30.* Possibilité de se connecter gratuitement.

@ ***Coffee Republic*** *(zoom couleur B2,* ***3****) : George St. Lun-sam 7h (dim 8h)-20h.* Ce café bien sympathique dispose d'une dizaine d'ordinateurs à l'étage.

Divers

■ ***Police :*** *☎ 850 55 05.*

■ ***Laveries automatiques*** *(laundrettes) : 127 Cowley Rd, à l'est de la ville ; et 66 Abingdon Rd, au sud (tlj 7h-21h).*

– ***Marché :*** *à Gloucester Green, le mer mat.*

Où dormir ?

Comme dans toutes les petites villes de province, on a le choix entre l'AJ (YHA), les *Bed & Breakfast* et quelques hôtels hors de prix. À quelques exceptions près, les *B & B* sont un peu loin du centre, mais faciles d'accès par le bus (ou à pied pour les courageux) : vers le sud (Abingdon Rd, qui est le prolongement de Saint Aldate's St), vers l'est (Cowley Rd ou Iffley Rd), vers le nord (sur Banbury Rd) et vers l'ouest (Cumnor Hill). Sans exception, hélas, ils sont chers, mais on peut s'y garer gratuitement. Liste disponible à l'office de tourisme. Une autre solution consiste à loger dans les *colleges,* mais elle reste très limitée toutefois, car ceux-ci profitent des vacances d'été pour accueillir des conférences et des chercheurs. Nous vous indiquons ceux qui le proposent, même si c'est plutôt cher. Ville universitaire oblige, toutes les adresses sont équipées en wifi gratuit.

Dans le centre

Logement dans les *colleges*

🏠 ***Exeter College*** *(zoom couleur C2,* ***81****) : Turl St, OX1 3DP. ☎ 27-96-54. Contacter Mr Philip Munday. • philip.munday@exeter.ox.ac.uk •* Chambres simples avec salle de bains commune ou privée.

🏠 ***Lincoln College*** *(zoom couleur C2,* ***11****) : Turl St, OX1 3DR. ☎ 27-98-15. • conference@lincoln.ox.ac.uk • linc.ox.ac.uk •* Possibilité de réserver une chambre directement sur le site internet.

🏠 ***Saint Peter's College*** *(zoom couleur B2,* ***12****) : New Inn Hall St, OX1 2PL. Contacter Mrs Jean Wright. ☎ 27-89-00. • jean.wright@spc.ox.ac.uk •*

Bon marché (moins de 20 £ / 24 €)

YHA *(zoom couleur A2,* ***13****) : 2A Botley Rd, OX2 OAB. ☎ 72-72-75. • oxford@yha.org.uk • yha.org.uk • Juste derrière la gare, à 5 mn du centre-ville dans un bâtiment moderne en brique. Ouv à l'année, 24h/24. Résa longtemps à l'avance. Compter 10-25 £/pers (selon saison et plus cher ven-sam) en dortoir de 6 lits max avec sdb, draps fournis ; également des doubles* (twins) *env 50 £, et des familiales avec TV env 45 £. Compter 3 £ de plus pour les non-membres. Dîner possible 17h-21h, env 8 £. (payants).* De nombreux services : laverie, cuisine à disposition, salle de jeux et de TV, bibliothèque... Clair, agréable, propreté impeccable et personnel dévoué et sympathique. Bar et salon sympa sans oublier un resto, le *Boathouse,* dont on vous laisse deviner la déco et qui propose une petite sélection de vins bien sympathique. Une très bonne adresse avec un excellent rapport qualité-prix.

Oxford Backpackers Hostel *(zoom couleur A2,* ***14****) : 9A Hythe Bridge St, OX1 2EW. ☎ 72-17-61. • oxford@hostels.co.uk • hostels.co.uk • Près de la gare. Pas de couvre-feu. Env 21 £/pers en dortoir de 4 lits, 18 £ en dortoir jusqu'à 18 lits, draps fournis.* En tout, 92 lits en dortoirs mixtes, à part 2 chambres réservées aux femmes, respectivement de 4 et 10 lits. Laverie, cuisine à disposition, bar, billard, salle TV. Cette résidence pour routards, à l'intérieur très coloré, n'est pas d'une propreté redoutable, l'ambiance est jeune et internationale, parfois bruyante. Il est conseillé d'enfermer ses affaires dans les casiers prévus à cet effet.

Central Backpackers Oxford *(zoom couleur A2,* ***15****) : 13 Park End St, OX1 1HH. ☎ 24-22-88. • oxford@centralbackpackers.co.uk • centralbackpackers.co.uk • Près de la gare. Pas de couvre-feu. Prévoir 17-22 £/pers selon dortoirs (4-12 lits) ; plus cher ven et sam. CB acceptées (commission).* Tout l'équipement classique de ce type de lieu (laverie, cuisine, TV...). Une quarantaine de lits répartis en 4 dortoirs mixtes et un (6 places) réservé aux femmes. Une AJ récente et propre, à taille humaine avec une petite terrasse sympa sur le toit et BBQ aux beaux jours. Plus clean et plus calme qu'*Oxford Backpackers Hostel*.

Prix modérés (40-60 £ / 48-72 €)

Saint Michael's Guesthouse *(zoom couleur B2,* ***17****) : 26 Saint Michael's St, OX1 2EB. ☎ 24-21-01. Petite double 56 £ ; familiales possibles.* Salle de bains commune aux 6 chambres. Plutôt vieillot et escalier un peu raide. Accueil moyen. Vaut essentiellement pour sa situation centrale.

Plus chic (80-120 £ / 96-144 €)

Holywell Bed & Breakfast *(zoom couleur C-D2,* ***16****) : 14 Holywell St, OX1 3SA. ☎ 72-18-80. • holywellb-b@hotmail.com • holywellbedandbreakfast.com • Résa (très) à l'avance conseillée. Double 80-95 £. Parking gratuit à l'arrière.* Très central et néanmoins dans une rue calme. 3 chambres en tout et 2 salles de bains communes dans une maison du XVIe s. Intérieur adorable, comme dans une maison de poupée avec meubles anciens soigneusement choisis et jolie déco. Salle de petit déj lambrissé et cosy, avec cheminée et bibliothèque. Bon accueil. L'ensemble a indéniablement beaucoup de charme. Notre coup de cœur en centre-ville.

The Buttery *(zoom couleur C2,* ***30****) : 11-12 Broad St, OX1 3AP. ☎ 81-19-50. • enquiries@thebutteryhotel.co.uk • Réception au 1er étage. Doubles 95-120 £ avec petit déj ; ajouter 10 £ ven et sam soir.* Juste à côté de l'office de tourisme. Entrée discrète par une petite porte bordeaux. Sur 3 étages, des chambres confortables, toutes dans des tons clairs et reposants. Les *deluxe* plus grandes et plus lumineuses donnent sur Broad St et bénéficient d'un double vitrage. Dommage que le petit déj doive se prendre dans le snack en bas, sur la rue, un peu quelconque.

Très chic (plus de 120 £ / 144 €)

Bath Place Hotel *(zoom couleur C2,* ***18****) : 4-5 Bath Pl, OX1 3SU. ☎ 79-18-12. • info@bathplace.co.uk • bath place.co.uk • Doubles 125-138 £ en hte saison, petit déj-buffet inclus ; les prix quasi identiques en basse saison, mais réduc possible longs séjours. Parking payant.* Dans un ensemble de cottages datant du XVIIe s, construits sur l'extérieur du mur d'enceinte de la ville. Un lieu chargé d'histoire, au charme fou, qui enchantera les amoureux et les autres. Une quinzaine de chambres en tout, avec douche et/ou bains, meublées avec raffinement. Superbe, même si les chambres les moins chères *(small double)* sont vraiment très petites. Éviter celles qui donnent sur la *Turf Tavern,* juste à côté. Très bon accueil. Une adresse d'exception. L'hôtel abrita les amours d'Elisabeth Taylor et Richard Burton lorsque celui-ci jouait au théâtre d'Oxford. Évidemment cela a un prix !

Malmaison *(zoom couleur B2,* ***19****) : 3 Oxford Castle, OX1 1AY. ☎ 26-84-00. • oxford@malmaison.com • malmai son.com • Doubles à partir de 180 £.* Voici un exemple réussi de reconversion pour le moins originale : une ancienne prison transformée en hôtel de luxe. La galerie centrale et les portes des cellules sur plusieurs étages ont été conservées et l'ensemble a été entièrement réhabilité dans un style contemporain et chaleureux. Avec des couleurs osées dans les tons noirs et sang. Les chambres ne sont pas très grandes, mais le confort a été nettement amélioré, et le matin, pas de matons ! Sachez qu'on pratiquait ici des pendaisons jusqu'en 1950. Mais pour les anecdotes croustillantes, rendez-vous dans le musée installé dans une autre aile. *The place to be in Oxford,* si vous en avez les moyens, bien sûr !

Vers le sud

Camping

Oxford Camping & Caravanning Club *(hors plan couleur d'ensemble) : 426 Abingdon Rd, OX1 4XG. ☎ (01865) 24-40-88. À 1 mile du centre, vers le sud. Depuis Aldate Rd bus 35, 35A et 35B (arrêt Bertie Place). Tte l'année. Résa longtemps avt. Compter 21 £ en hte saison.* Bien situé, face à un *Park & Ride,* donc bonne desserte en bus, et juste derrière un magasin d'équipements sportifs. Du coup, ce vaste camping est très fréquenté. Parfois un peu bruyant. Très bien tenu.

Prix moyens (60-80 £ / 72-96 €)

White House View *(plan couleur d'ensemble,* ***20****) : 9 White House Rd, OX1 4PA. ☎ 72-16-26. 📱 078-31-20-12-59. • enquires@whitehouseview guesthouse.co.uk • whitehouseview guesthouse.co.uk • À 10 mn à pied du centre. Doubles 70-78 £ sans ou avec sdb, petit déj inclus ; familiales également. CB American Express refusées. Parking gratuit dans la rue. Réduc de 10 % en basse saison (oct-fév) sur présentation de ce guide.* Petite maison accueillante et fleurie, légèrement en retrait d'Abingdon Rd, donc plus au calme. Le petit déj se prend au rez-de-chaussée, dans une petite pièce en bow-window. L'ensemble est propre et bien tenu. Un bon plan à deux pas du centre.

Newton House *(plan couleur d'ensemble,* ***22****) : 82-84 Abingdon Rd, OX1 4PL. ☎ 24-05-61. • newton.house@bt internet.com • oxfordcity.co.uk/accom/ newton • À 15 mn à pied du centre. Doubles 64-88 £ ; plus chères le w-e. Parking.* Intérieur un peu sombre et un rien bruyant côté rue. Une adresse confortable malgré tout, avec un copieux petit déj, anglais, continental ou végétarien au choix, et un accueil des plus cordial.

Plus chic (80-120 £ / 96-144 €)

Lakeside Guesthouse *(plan couleur d'ensemble,* ***21****) : 118 Abingdon Rd, OX1 4PZ. ☎ 24-47-25. • stay@lakesi de-house.co.uk • lakeside-guesthouse. co.uk • À 15 mn à pied du centre. Dou-*

bles 92-100 £ avec sdb ; familiales également. Parking gratuit. Jolie demeure en brique très british, avec beaucoup de cachet. Lumineuses et décorées avec goût, les 8 chambres ont toutes été refaites et certaines ont une jolie vue sur le parc voisin. La salle du petit déj est très agréable et spacieuse.

The Falcon Private Hotel *(plan couleur d'ensemble,* ***23****) : 88-90 Abingdon Rd, OX1 4PX. ☎ 51-11-22. • falconoxford.co.uk • À 15 mn à pied du centre. Juste en face des vastes terrains de jeu du* Queens College. *Double très cosy 82 £ et chambres 3-4 pers, ttes avec sdb. Parking à l'arrière.* Petit déj anglais ou végétarien servi dans une grande et coquette salle à manger dans les tons bleus. L'ensemble est nickel et propose des chambres bien plus confortables et chaleureuses que dans beaucoup de *guesthouses.* De plus, 2 chambres (n° 1 et n° 8) possèdent des lits à baldaquin (en anglais : *poster*). Pour en profiter, il faudra quand même compter un petit supplément d'une douzaine de livres, mais les 2 chambres sont aussi plus grandes. Excellent accueil.

OXFORD

Vers l'est

De très nombreux *B & B* sur Cowley et Iffley Rd. Notre sélection :

Plus chic (80-120 £ / 96-144 €)

Browns Guesthouse *(plan couleur d'ensemble,* ***24****) : 281 Iffley Rd, OX4 4AQ. ☎ 24-68-22. • info@brownsguesthouse.co.uk • brownsguesthouse.co.uk • À 15-20 mn à pied du centre. Double 80 £. Parking gratuit.* Une dizaine de chambres impeccables, agréables et lumineuses ; préférez celles donnant sur le jardin, plus calmes. Salle du petit déj très coquette, avec du parquet.

Red Mullions Guesthouse *(plan couleur d'ensemble,* ***25****) : 23 London Rd, Headington, OX3 7RE. ☎ 74-27-41. • stay@redmullions.co.uk • redmullions.co.uk • Bus 8 ou 9 (arrêt sur London Rd). Doubles 90-175 £ et familiales, ttes avec sdb. Parking.* Dans une jolie maison située dans un quartier résidentiel, 16 chambres décorées de manière contemporaine dans les tons marron et beiges, avec de grands lits moelleux, et un mobilier très moderne. L'ensemble est confortable et lumineux. Et l'accueil dynamique cadre bien avec l'ensemble.

Vers le nord

Camping

Diamond Farm Caravan and Camping Park : *Islip Rd, Bletchingdon Kidlington, Oxfordshire, OX5 3DR. ☎ (01869) 35-09-09. • warden@diamondpark.co.uk • diamondpark.co.uk • À 6 miles au nord d'Oxford. Prendre l'A 420 en direction d'Abingdon, puis l'A 34 en direction du nord et enfin la B 4027 à gauche sur 1 mile. Pâques-fin oct. Compter 17 £ pour 2 avec tente.* Confortable camping à la campagne, bien tenu par une famille. Piscine chauffée l'été. Bon rapport qualité-prix.

Prix moyens (60-80 £ / 72-96 €)

Lonsdale Guesthouse *(plan couleur d'ensemble,* ***27****) : 312 Banbury Rd, OX2 7ED. ☎ 55-48-72. • lons.dale.bb@talktalk.net • lonsdale-guesthouse.co.uk • À env 2 km du centre. Bus 2A, 2B, 2C (arrêt Summertown Shop). Fermé 2de quinzaine d'août. Doubles 72-82 £ avec douche ou bains, petit déj compris. CB refusées.* Les Adams ont aménagé leur modeste maison au fur et à mesure de leurs moyens et de leurs disponibilités. Les 6 petites chambres sans prétention sont plutôt bien arrangées et la salle à manger très claire n'est pas désagréable du tout. Vous êtes près des commerces, mais pas d'affolement il y a du double vitrage côté rue. Bon accueil à l'image du menu du petit déj illustré par des photos qui permettent à ceux qui ne maîtrisent pas l'anglais de montrer comment ils souhaitent leurs œufs !

Plus chic (80-120 £ / 96-144 €)

The Burlington House *(plan couleur d'ensemble,* ***26****) : 374 Banbury Rd, Summertown, OX2 7PP. ☎ 51-35-13. • stay@burlington-house.co.uk • burlington-house.co.uk • À 2,5 km du centre. Bus 2A, 2B, 2C (arrêt Squitchey Lane). Doubles 86-114 £, ttes avec sdb.* Dans une maison ancienne, vaste et cossue, située dans un quartier résidentiel, 12 chambres, toutes différentes et élégamment décorées. Depuis la chambre nº 1 au 2d étage, jolie vue sur les alentours. Le petit déj est remarquable, avec de vrais croissants, du café italien et des ingrédients maison pour mieux commencer la journée. Il est servi dans une très jolie salle à manger décorée de faïences bleues et vaisselle assortie. Une belle adresse.

Vers l'ouest

Prix moyens (60-80 £ / 72-96 €)

High Hedges Guesthouse *(plan couleur d'ensemble,* ***28****) : 8 Cumnor Hill, OX2 9HA. ☎ 86-33-95. • tompkins@btinternet.com • highhedges.co.uk • À moins de 2 miles du centre-ville. Doubles avec sdb à partir de 70-80 £, petit déj inclus. Appart 85 £. Parking.* Intérieur typiquement anglais, chaleureux et douillet. Les chambres sont grandes, décorées avec goût et pourvues de tout le confort ; TV par câble, sans oublier les peignoirs dans les salles de bains. Mélanie et David, vraiment adorables tous les deux, louent aussi 2 appartements avec cuisine très bien équipée (il y a même un lave-linge). Notre coup de cœur !

Gables Guesthouse *(plan couleur d'ensemble,* ***29****) : 6 Cumnor Hill, OX2 9HA. ☎ 86-21-53. • stay@gables-oxford.co.uk • gables-guesthouse.co.uk • Fermé pdt fêtes de fin d'année. Doubles à partir de 70 £, petit déj inclus. Parking.* Choisissez les chambres avec grand lit et vue sur le jardin. Jolie véranda au rez-de-chaussée, accessible aux hôtes. Beaucoup de goût dans la décoration, grand confort, et accueil vraiment sympa. Cette *guesthouse* a obtenu de nombreux prix. Tony est le frère de David qui tient la *High Hedges Guesthouse* au nº 8 de la même rue. Quelle que soit la maison dans laquelle vous séjournerez, vous êtes sûr d'y être chaleureusement accueilli.

Où manger ?

Le choix est impressionnant, ville touristique et estudiantine oblige, et il y en a pour toutes les bourses... Les innombrables sandwicheries rivalisent entre elles, comme avec les pâtisseries, cafés, salons de thé, pubs et autres restos. Certains lieux sont d'ailleurs « multifonctions » et, suivant l'heure de la journée, vous pouvez y prendre tous vos repas – du petit déjeuner au dîner, en passant par *the afternoon tea.* À noter : les musées et galeries ont généralement un *coffee shop* servant des snacks, de même que la plupart des librairies. Hormis dans les pubs – où vous n'oublierez pas d'aller manger le *pub grub* (servi le midi et en début de soirée) –, et les restos, le service est quasiment continu du matin au soir : pas excellent pour la ligne, mais, cela dit, vous trouverez un peu partout la *soup of the day,* très tendance ces temps-ci.

Dans le centre

Sur le pouce

Il existe à Oxford un lieu très agréable pour se restaurer à moindres frais, le marché couvert : ***The Covered Market*** *(zoom couleur C2,* ***7****), Market Sq et High St. Tlj sf dim 8h-17h30, certains établissements fermant plus tôt.* Citons par exemple *Moo-moo's* pour ses délicieux milk-shakes maisons, *Alpha Bar* (soupes et produits bio), *Browns Café* (plutôt café ouvrier) ou encore *Georgina's Coffee Shop,* le refuge des jeunes du coin. La liste n'est pas exhaustive !

Vaults and Garden Café *(zoom*

OXFORD

*couleur C2, **33**) : Radcliffe Sq, High St. ☎ 27-91-12. • thevaultsandgarden. com • Tlj 9h30-17h. Buffet 12h-14h (arriver tôt pour avoir du choix !) avec plats du jour env 7 £. CB refusées.* Installé dans la crypte de l'église *Saint Mary the Virgin,* voici un lieu original pour grignoter : clefs de voûte en pierre, murs peints en blanc, quelques fleurs et plantes. Tables dehors l'été, juste à côté des pierres tombales, avec vue sur le dôme de *Radcliffe Camera.* Ce café ne sert que de la nourriture bio. Bons cafés et gâteaux (*carrot cake* et autres). Une adresse saine pour l'esprit et le corps !

|●| ***Heroes*** *(zoom couleur B2, **34**) : 8 Ship St. ☎ 72-34-59. Lun-sam 8h30-18h30 ; dim 10h-17h. Sandwichs 3-4 £ préparés à la demande ; soupes et salades dans les mêmes prix ; légèrement plus cher si vous consommez sur place.* Petite sandwicherie à l'anglaise dans l'étroite Ship St. Grand choix d'ingrédients et de pains. Très bon et pas cher du tout : les étudiants s'y bousculent !

OXFORD

Prix moyens (8-15 £ / 9,60-18 €)

|●| ***Makan La*** *(zoom couleur B2, **41**) : 6-8 Saint Michael's St. ☎ 20-32-22. Tlj midi et soir (non-stop ven-dim). Plats 7-8 £.* Ce resto tout simple et tout en longueur sert une bonne cuisine malaisienne, dans des assiettes bien présentées. C'est le moment de goûter au *Nasi Goreng* (des brochettes avec une sauce satay) ou au *Makan La Special Noddles* (nouilles sautées aux fruits de mer). Très fréquenté le midi. Service souriant. Également un self-service à l'étage, ***The Nosebag,*** qui s'étend sur 2 salles et propose des plats anglais, soupes, salades, sandwichs et gâteaux maison : copieux et pas trop cher (environ 4,50-9 £). Un très bon rapport qualité-prix.

|●| ***SoJo Bar and Restaurant*** *(zoom couleur A2, **42**) : 6-9 Hythe Bridge St. ☎ 20-28-88. Tlj 12h-23h. Plats 7-10 £ ; buffet le midi (*Mongolian grill*) 14 £, autres menus à partir de 16,50 £.* Un vaste espace très design, tout en boiserie marron foncé. La 2de salle derrière le comptoir abrite une gigantesque plaque de cuisson. Toutes sortes de plats savoureux. Service en sus. Clientèle variée, dont beaucoup d'Asiatiques. Accueil souriant et service prévenant.

|●| ***Edamamé*** *(zoom couleur C2, **43**) : 15 Hollywell St, OX1 3SA. ☎ 24-69-16. Mer-sam le midi 11h30-14h30 (dim 12h-15h30) et jeu-sam 17h-20h30 (soirée sushis le jeu). Plats 6-9 £.* Caché dans une petite rue, ce tout petit resto japonais fait régulièrement le plein de clients et d'éloges. Arriver tôt, car ils ne prennent pas les résas et il y a vraiment peu de places. Également vente à emporter.

|●| ***The Jericho Cafe*** *(hors zoom couleur par A1, **55**) : 112 Walton St, OX2 6AJ. ☎ 31-08-40. Tlj 8h-21h30. Petit déj 7 £. Plats 7-12 £ et salades à partir de 7 £.* Dans le quartier de Jericho, difficile de le manquer derrière sa façade rouge pimpante ! Avec ses tables en bois, ses murs de brique et son comptoir, l'endroit est accueillant et l'ambiance décontractée donne envie de s'y poser un moment. Selon l'heure, profitez-en pour vous restaurer d'une savoureuse cuisine à tendance méditerranéenne ou goûter aux appétissants gâteaux maison. N'oubliez pas de jeter un œil aux jolies fresques naïves évoquant le quartier. Également une salle au sous-sol.

|●| ***Chutneys Indian Brasserie*** *(zoom couleur B2, **44**) : 36 Saint Michael's St (à l'angle avec New Inn Hall St). ☎ 72-42-41. Tlj 12h-14h30, 18h-23h. Plats 8-11 £.* Le cadre rompt avec tous les clichés du genre parce qu'il n'a rien d'exotique, et que l'atmosphère y est plus jeune, et plus bistrot que dans la plupart des restos indiens classiques. Carte proposant une incroyable variété de spécialités du sud de l'Inde, dont de nombreux plats végétariens. Un véritable régal pour le palais, la vue et l'odorat, avec, de surcroît, un excellent accueil.

|●| ***Quod Restaurant and Bar*** *(zoom couleur C2, **46**) : 92-94 High St. ☎ 20-25-05. Tlj 7h-11h, 11h30-23h. Plats 10-17 £ ; set lunch lun-ven 10 £ ; pizzas moins de 12 £ ; menu-enfants.* Un de ces lieux « multifonctions » où l'on peut selon son budget et l'heure manger des pizzas et quelques plats plus anglais ou

plus métissés. Cuisine raffinée dans un cadre moderne et confortable : grande salle avec bar au milieu, sièges et banquettes en cuir noir, tables en bois, et collection d'art contemporain aux murs. L'ensemble est spacieux, aéré et assez branché. À l'arrière, petite terrasse avec fontaine agréable aux beaux jours. Grand choix de vins. Service impeccable.

|●| ***Bangkok House*** *(zoom couleur A2, **48**)* : *42A Hythe Bridge St. ☎ 20-07-05. Tlj 12h-15h, 17h30-23h. Plats 5,50-13 £ ; menu le midi à partir de 11 £ et le soir 16,50 £.* Dans un joli cadre traditionnel tout en bois, avec tables et chaises sculptées, une cuisine thaïlandaise savoureuse et authentique. Carte très variée. Service attentionné, en costume de soie. Plutôt dépaysant.

Plus chic (15-20 £ / 18-24 €)

|●| ***Jamie's Italian*** *(zoom couleur B2, **50**)* : *24 George St. ☎ 83-83-83. Lun-ven 12h (10h le w-e)-23h. Plat de pâtes 11 £, plats de viande 13 £. Repas env 20-25 £. Vins assez chers (quelques vins bio).* Le petit génie de la cuisine anglaise, Jamie Oliver, s'est fait plaisir en ouvrant ce restaurant consacré à la cuisine italienne (on en trouve d'autres en Angleterre, à Bath ou à Brighton). Produits frais et de qualité, présentés de manière originale mais sans chichis, comme si on était dans la cuisine de la *mamma*. Un concept astucieux qui plaît car le resto ne désemplit pas. Préférez la salle du 1er étage avec ses jambons à celle du sous-sol autour des cuisines. Le service est jeune et impeccable. L'ensemble est un peu bruyant, mais après tout on est en Italie !

Vers l'est

Bon marché (moins de 8 £ / 9,60 €)

|●| ***Kazbar*** *(plan couleur d'ensemble, **40**)* : *25-27 Cowley Rd. ☎ 20-29-20. Tlj à partir de 17h en sem, 12h le w-e. Fermé 25 déc et 1er janv. Tapas 3-5 £ ; lun-jeu 17h-19h et w-e avt 18h, 3 tapas pour 5 £ ou 5 pour 10 £.* Un lieu original et dépaysant, à la très belle décoration tendance marocaine, qui propose des tapas espagnoles et méditerranéennes. C'est copieux et délicieux. Grand choix de vins espagnols, xérès et cocktails. Accueil amical avec l'accent du pays. Une vraie ambiance d'auberge espagnole dans ce petit bout d'Andalousie.

Prix moyens (8-15 £ / 9,60-18 €)

|●| ***Fishers – Oxford's Fish and Seafood Restaurant*** *(plan couleur d'ensemble, **47**)* : *36-37 St Clement's St. ☎ 24-30-03. Ouv le midi mar-dim à partir de 12h (12h30 dim) et ts les soirs de la sem à partir de 18h. Résa conseillée. Compter 10-16 £ pour un plat principal. Formule déj très intéressante* (light lunch) *8,50 £ avec 2 petits plats. Service en sus.* Dans une déco maritime authentique qui évoque la pêche, on sert ici du poisson sous toutes ses formes : grillé, poché, cru, fumé... Le menu change tous les jours en fonction des arrivages. C'est frais, bon et pas trop cher. Un vrai bon plan pour ceux qui aiment les produits de la mer. Également des plateaux de fruits de mer à partir de 23 £.

Vers le nord

Plus chic (15-20 £ / 18-24 €)

|●| ***Cherwell Boat House*** *(plan couleur d'ensemble, **49**)* : *Bardwell Rd, OX13 5HB. ☎ 55-27-46. • info@cherwellboathouse.co.uk • Au nord de la ville, au bord de la rivière Cherwell : bus 2, arrêt Park Town, puis de Banbury Rd, prendre Bardwell Rd sur la droite jusqu'à ce qu'elle tourne à gauche ; là, sur la droite, prendre la ruelle qui mène au resto. Fermé pdt fêtes de fin d'année. Tlj 12h-14h, 18h-21h30. Résa fortement conseillée. Le midi, menus express 10-17,50 £ ; le soir env 25 £. Service en sus.* Joli et élégant resto les pieds dans l'eau. Cuisine anglaise moderne, à base de produits locaux de saison. L'établissement est également connu pour sa

cave, une des meilleures et des moins chères de toute la région. L'été, de 11h à la tombée de la nuit, ils ouvrent le bar adjacent qui propose des petits déjeuners (continentaux), salades, snacks, etc. Une adresse réputée, à ne pas manquer, qui est aussi un lieu de promenade. Si le cœur vous en dit, histoire de digérer, vous pouvez louer un *punt* juste à coté ; 14 £/h en semaine ou 17 £ le week-end.

Où prendre le petit déjeuner ? Où s'arrêter pour un *tea-time* ?

The Grand Café *(zoom couleur D2,* ***51****)* **:** *84 High St. ☎ 20-44-63. Tlj 9h-23h ; dim 9h-19h. Petit déj 5-8,50 £.* Établissement genre brasserie parisienne. Bar en mosaïque, tables et chaises bistrot bien espacées, grands miroirs, sol en marbre, jolis lustres et des plantes vertes. Musique *lounge* en fond sonore. C'est sans doute ici que vous boirez le meilleur café d'Oxford. Chocolat maison, nombreux thés et des petits déj qui sortent de l'ordinaire. Également un grand choix de vins, bières, apéritifs et cocktails pas très chers. Mais l'endroit nous a paru un peu froid et désincarné.

Queen's Lane *(zoom couleur D2,* ***52****)* **:** *40 High St. ☎ 24-00-82. Tlj 7h30 (dim 9h)-20h. Grand choix de petit déj 5-7,50 £ : de luxe, continental, végétarien, etc. Sandwichs, salades et plats 4-9 £.* Café estudiantin moderne et convivial. Réputé pour être le plus vieux café d'Europe puisqu'en 1654 on y vendait déjà cette nouvelle boisson. Cela dit, ne vous attendez pas à un décor Grand Siècle, les 2 salles sont plutôt sympas mais n'ont rien d'historique dans leur déco.

The Rose *(zoom couleur D2,* ***53****)* **:** *51 High St. ☎ 24-44-29. Mar-dim 9h (10h dim)-18h. Env 6 £ pour le thé traditionnel avec scones et petits pots de confiture. Petit déj 3,50-6 £.* Décor moderne et dépouillé, pas aussi cosy que le typique salon de thé anglais, mais on peut y déguster un sympathique *cream tea* : un minirepas composé de petits sandwichs et de *scones*. C'est assez cher, mais on vous sort le grand jeu avec des sauces très anglaises pour accompagner le tout. Portions pas toujours très copieuses au petit déjeuner en revanche. En vente : *chutneys*, pickles et confitures maison.

Cafe Loco *(zoom couleur C3,* ***56****)* **:** *85/87 Saint Aldate's St. Lun-ven 7h30-18h, w-e 10h-18h.* Juste en face des jardins de Christ Church, un agréable salon de thé à l'ambiance feutrée et studieuse. La salle dans les tons crème est décorée de dessins tirés d'*Alice au pays des merveilles*. Propose des sandwichs à emporter faits maison, des gâteaux et des soupes. Assez smart.

Turl Street Kitchen *(zoom couleur C2,* ***59****)* **:** *16-17 Turl St. Tlj de 8h à tard le soir. Restaurant fermé dim soir.* Central, parfait pour une pause-goûter, cet endroit multifonction propose petit déjeuner, plats traditionnels et un grand choix de boissons. Le menu est basé sur les produits locaux, de saison et change tous les jours. Atmosphère un peu bruyante.

Où manger une glace ?

George and Davis' Ice Cream Café *(zoom couleur B1,* ***54****)* **:** *55 Little Clarendon St. Tlj 8h-minuit. 2 scoops env 3 £, banana split (pour les gourmands) 4,50 £ et bagel garni à partir de 3 £.* Situé dans une petite rue commerçante à la lisière de Jericho, ce glacier propose un excellent choix de 12 parfums différents chaque jour. Également des *brownies* et des *muffins*, mais aussi des bagels à garnir selon son humeur. La maison possède ses propres vaches et produit du lait bio qui sert dans la fabrication des glaces. Également un autre établissement au 94 Saint Aldate's St, face au Christ Church College : ***George and Danver.***

Où boire un verre ?

Dans les pubs, bien sûr, dont certains sont « historiques » : vous n'aurez que l'embarras du choix. En règle générale, ils ouvrent tous les jours de 11h (parfois 12h) à 23h en semaine, plus tard le vendredi et le samedi et jusqu'à 22h30 le dimanche. Souvent, une soirée par semaine est consacrée au *quiz*, un jeu collectif sur des questions d'actualité politique, sportive, etc., qui permet aux gagnants de gagner des bières, entre autres.

Dans le centre

The Bear (zoom couleur C2, **60**) **:** *6 Alfred St.* ☎ *72-81-64.* Très grande sélection de bières dans ce minuscule pub du XIIIe s, tout en bois et très bas de plafond. Également connu pour ses milliers de bouts de cravates en provenance du monde entier qui décorent murs et plafond de la petite arrière-salle. Quelques tables dehors à l'arrière.

The Turf Tavern (zoom couleur C2, **61**) **:** *7 Bath Pl.* ☎ *24-32-35. Au bout d'une impasse. Plats env 8 £.* La taverne la plus vieille d'Oxford, où l'on festoyait déjà au XIIe s. Super quand il fait beau : on peut boire un verre dans une des petites cours intérieures. Mais l'intérieur du pub lui-même est aussi très sympa avec ses petites salles aux murs de pierres apparentes. Très fréquenté par les étudiants, et aussi par les touristes... Une adresse historique pleine de charme.

King's Arms (zoom couleur C2, **62**) **:** *40 Holywell St.* ☎ *24-23-69.* Le *K.A.*, comme on dit ici, est une institution. Tous les gens vous le confirmeront, c'est dans ce grand pub qu'on boit la meilleure bière d'Oxford. La preuve, Charles et la reine mère en personne y sont venus étancher leur soif, preuves à l'appui. Également de nombreuses photos d'événements et de promos étudiantes. À voir aussi pour ses nombreuses salles, ses grandes tablées et ses bars.

The Eagle and Child (zoom couleur B1, **63**) **:** *49 Saint Giles St.* ☎ *30-29-25.* Fréquenté un temps par C.S. Lewis et J.R.R. Tolkien (l'auteur du *Seigneur des anneaux*), ce pub propose une large sélection de bières que l'on pourra siroter tranquillement dans une de ses petites alcôves. Populaire. Agrandi récemment d'une véranda à l'arrière qui apporte de la lumière mais lui fait perdre un peu de caractère.

The Lamb and Flag (zoom couleur B1, **64**) **:** *Saint Giles St.* Date de 1617. Le groupe d'écrivains *The Inklings* se réunissait souvent ici, et Thomas Hardy y situe d'ailleurs une partie de l'intrigue de son roman *Jude l'Obscur.* C'était, et c'est toujours, un lieu de rencontre entre « Town and Gown » (bourgeois et autres cités locales, voir « Un peu d'histoire », en intro de la ville). Confortablement installé derrière les lourdes tentures, dans un bel intérieur tout en boiserie, on a un peu le sentiment d'être hors du temps.

The Duke of Cambridge (zoom couleur B1, **66**) **:** *5-6 Little Clarendon St. Dans Jericho.* ☎ *55-81-73. Dim-jeu 17h-24h ; ven et sam 17h-1h.* Bar *lounge,* très « branché ». Jolis lustres en verre, lumière tamisée et de confortables canapés dans lesquels les étudiants se retrouvent lors des *happy hours* *(17h-20h30 ; jusqu'à 19h30 ven et sam),* où les cocktails sont à moitié prix. Un peu bruyant, mais bonne ambiance.

Three Goats Heads (zoom couleur B2, **65**) **:** *3A Saint Michael's St.* Pub grub *à partir de 6 £.* Impossible de manquer ce pub sur 2 niveaux avec sa surprenante façade à colonnes. Dans le *basement*, salle décorée de céramique et ambiance très animée. Au 1er, salle aménagée plus chaleureusement avec plafond à caissons et boiserie où il est plus facile de s'installer si l'on veut manger un morceau ou prolonger la soirée. Dans tous les cas, chaude ambiance le vendredi soir.

The Chequers (zoom couleur C2, **69**) **:** *131 High St.* Pub grub *à partir de 8-9 £.* Bien caché, ce pub de plus de 400 ans est un des plus populaires, reconnu pour sa *pub grub* de qualité et une des meilleures sélections de bières *ale.* Un lieu authentique et incontournable !

Vers le sud

The Head of the River (plan couleur d'ensemble, **67**) **:** *Folly Bridge.* ☎ *72-61-00.* En bordure de rivière, une grande terrasse fleurie en escalier. L'intérieur est chaleureux et confortable avec son épaisse moquette, et ses grandes banquettes en cuir. On peut y grignoter de la *pub grub* et terminer par une balade au bord des *meadows*.

Vers l'est

The Isis Tavern *(hors plan couleur d'ensemble,* ***68****) : Riverside,* ***Iffley Lock.*** *☎ 24-70-06. À quelques km au sud d'Oxford. Possibilité de prendre un bus (lignes 3 et 4) jusqu'au petit village d'Iffley, puis descendre jusqu'à l'écluse : c'est à 200 m sur la droite, de l'autre côté de l'Isis. Sinon, on peut s'y rendre à pied, notre solution préférée. Au pied de Saint Aldate's St, prendre sur la gauche après Folly Bridge : jolie balade de 45 mn à pied, en longeant les berges de la rivière et les clubs d'aviron des colleges. On y arrive directement. Tlj 11h-23h (22h30 sam).* Au beau milieu de la nature, une auberge de campagne vieille de 150 ans, où se réunissent régulièrement locaux et rameurs universitaires comme en témoignent le décor et les photos. Feu de bois l'hiver, coin fauteuil et canapé, billard oxfordien (tradition oblige) pour une détente assurée dans une ambiance décontractée et bon enfant. Grand jardin et tables dehors l'été. Possibilité également de s'y sustenter avec de la *pub grub* (7 £) ou la soupe du jour (5 £).

Où aller à un concert, au théâtre ? Où voir un film, etc. ?

Sheldonian Theatre *(zoom couleur C2,* ***70****) : Broad St. Rens et résas à The Oxford Playhouse Box Office : ☎ 30-53-05.*

The Oxford Playhouse *(zoom couleur B2,* ***71****) : Beaumont St. ☎ 30-53-05. • oxfordplayhouse.com •* Présente des spectacles de qualité : théâtre et danse principalement. Sert également de *box office* pour d'autres salles de spectacle.

Freud *(zoom couleur B1,* ***72****) : 119 Walton St. Dans Jericho. ☎ 31-11-71. Lun-ven 17h-2h, sam 10h-2h, dim 10h-minuit. Concerts live 3-4 fois/sem, surtout du jazz.* Une ancienne église néoclassique de style grec reconvertie en cocktail bar-resto postmoderne. Les vitraux ont été conservés. On peut également y manger pour pas très cher (surtout des pizzas). Un endroit intéressant et original. Renseignez-vous avant d'y aller car l'endroit est souvent privatisé.

OFS (The Old Fire Station *; zoom couleur B2,* ***74****) : 40 George St. ☎ 26-39-80. Box office tlj 16h-20h les jours de spectacle, sinon 12h-16h. Fermé dim.* Ancienne caserne de pompiers transformée en théâtre et lieu festif. Soirées dansantes tous les soirs après le spectacle au night-club, à partir de 22h (entrée de la boîte, à l'arrière du théâtre, sur Gloucester Green). Très fréquenté par les étudiants.

Vers l'est

O² Academy *(plan couleur d'ensemble,* ***73****) : 190 Cowley Rd. ☎ 42-00-42. • 02academyoxford.co.uk • Salle de concert et discothèque sur 2 niveaux. Concerts live à partir de 23h, payant selon les groupes.* Tous les styles, du rock à la trance en passant par la house et le R'n'B. Discothèque les mercredi et samedi soir (5 £ ; réduc étudiants).

Vers le nord

Phoenix Picturehouse *(plan couleur d'ensemble,* ***76****) : 57 Walton St. ☎ (08707) 02-57-36 (résas). • picturehouses.co.uk •* Le cinéma d'art et d'essai de la ville. Excellente programmation de films tous azimuts.

Où danser ?

Toutes les boîtes affichent des prix d'entrée quasi semblables : en semaine, environ 6 £, et le week-end 10 £ (n'oubliez pas un justificatif d'identité).

Dans le centre

Lava et Ignite *(zoom couleur A2,* ***77****) : 37-39 Park End St. ☎ 25-01-81. • parkend.co.uk •* C'est la plus grosse

OXFORD

boîte d'Oxford, branchée et très populaire : 4 salles, avec 4 styles de musique différents. Beaucoup de monde : arriver tôt pour faire la queue !

♫ ***Clementine's*** *(hors zoom couleur par D3) : 15 Saint Clement's St, au niveau du rond-point The Plain.* ☎ *24-72-14.* Sur 2 niveaux, un lieu de rendez-vous des étudiants. Au programme : R'n'B, hip-hop et *cheesy music* (musique des années 1970 et 1980).

♫ ***Purple Turtle Union Bar*** *(zoom couleur B2,* ***79****) : Frewin Court.* ☎ *24-70-86. Dans une petite rue perpendiculaire à Cornmarket St. Lun-sam 17h30-3h, dim 19h-2h. Happy hours 17h30-22h.* Dans un ancien cellier à la déco minimaliste, bar-disco réservé exclusivement aux étudiants (carte d'étudiant exigée) ; prix des boissons défiant toute concurrence. Plusieurs salles, un juke-box, ainsi que des DJs différents tous les soirs. Ambiance délurée, stroboscopes et néons mauves à gogo !

Shopping

Les magasins sont concentrés dans quelques rues : *High St, Broad St, Queen St* et *Cornmarket St, Little Clarendon St, Walton St* et *Cowley Rd.* La loi sur le *Sunday Trading* permet aux commerçants d'ouvrir le dimanche, ce que beaucoup font, généralement de 11h à 17h.

The Covered Market *(zoom couleur C2,* ***7****) : Market Sq. et High St. Lun-sam 8h-17h30, mais surtout vers 10h30-11h.* Beau comme une gravure de Beatrix Potter. De nombreuses boutiques d'alimentation, dont *Ben's Cookies.* On peut y acheter des cookies au poids : assez chers mais sans aucun doute les meilleurs d'Oxford. Voir également le *Cake Shop* avec des gâteaux d'anniversaire ou d'examen glacés comme vous n'en aviez jamais vus et des *graduates* en pâte d'amande. Sinon, des épiceries, un coiffeur, un poissonnier, un fromager, etc.

Sanders of Oxford *(zoom couleur C2) : 104 High St.* ☎ *24-25-90. Lun-sam 10h-18h, dim 11h-17h.* Pour rapporter autre chose que des tee-shirts, voici une boutique de photos et gravures anciennes sur Oxford et ailleurs. Classement impressionnant par thèmes et par sites. Un beau souvenir certes plus cher, mais à défaut d'acheter, *just have a look.*

Cornmarket Street *(zoom couleur B-C2) :* la rue commerçante, et piétonne, de la ville (et le point de départ de la plupart des bus). Au n° 28, à l'angle de Ship St, remarquer au passage un bel encorbellement et pignon en bois sculpté.

Alice's Shop *(zoom couleur C3) : 83 Saint Aldate's St. Tlj 10h30-17h.* La maison a plus de 500 ans. À partir de 1830, c'est devenu une petite épicerie tenue par une vieille dame, dont la voix ressemblait au bêlement d'un mouton, où Alice Liddell venait acheter ses bonbons (elle n'avait qu'à traverser la rue). Cette échoppe a inspiré Lewis Caroll pour son livre *De l'autre côté du miroir,* il l'a transformée en « Sheep Shop » tenue par un vieux mouton... C'est maintenant une toute petite boutique entièrement consacrée à Alice : cartes, services à thé, crayons...

The Ballroom *(zoom couleur D3) : 5-6 The Plain.* ☎ *20-23-03. Au rond-point d'où partent Saint Clement's St, Cowley Rd et Iffley Rd. Lun-ven 10h-17h30 ; sam 9h15-17h45.* Pour choisir entre un chapeau claque et un chapeau melon, ou pour louer le temps d'une soirée une robe de Cendrillon parmi les 5 000 modèles (à partir de 10 £) ! Également une section *vintage.*

Librairies

Les rats de bibliothèque, les papivores, les fous de la lecture, les anglicistes distingués seront ravis. Oxford, capitale de l'esprit, se devait de posséder les meilleures librairies.

Blackwell's *(zoom couleur C2) : 48-51 Broad St.* ☎ *79-41-43. • blackwell.co.uk • Lun-sam 9h-18h30 (mar 9h30) ; dim 11h-17h.* Également des « annexes » *Art and Poster* et *Music* réparties autour de Broad St, à proximité de l'office de tourisme. « The best bookshop in Britain since 1879 ». Parmi les plus grandes au monde, cette librairie s'étend sur 4 niveaux, du sous-sol au 3e étage. On y trouve tout, sur tous les sujets : 250 000 ouvrages à portée de main ! Sur commande, vous recevrez votre livre dans les 48h. Un café au 1er étage *(Caffè Nero)*, où lire confortablement installé. Clubs de lecture et ateliers permettant de rencontrer ses auteurs favoris. Et de très intéressants *walking tours (début mai-fin oct et autour de Noël) : The Literary Tour of Oxford, The « Inklings » Tour et Historic Oxford Tour. Résas : ☎ 33-36-06. Tarif : 8 £ ; réduc.* Un must pour les amoureux de la langue de Shakespeare...

À voir

À Oxford, on visite en priorité les *colleges,* à la pierre couleur miel, avec leurs cours (*quadrangles* ou *quads*) à la pelouse magnifique, et leurs façades intérieures recouvertes de vigne vierge qui donne des couleurs flamboyantes à l'automne. Mais il serait dommage de passer à côté des musées... Très vite, vous ne saurez plus où donner de la tête et trouverez votre séjour bien trop court ! Pour ceux qui parlent l'anglais, la meilleure solution consiste à participer aux visites guidées de la ville qui partent de l'office de tourisme (voir « À faire ») et/ou aux *walking tours* encore plus spécialisés de la librairie *Blackwell's* (rubrique « Shopping. Les librairies »). Comme la ville comprend près d'une quarantaine de *colleges* (39 exactement), on a sélectionné les principaux. Ensuite, vous n'aurez plus qu'à vous laisser guider par votre inspiration, un plan d'Oxford en main et de bonnes chaussures aux pieds !

Cela dit, Oxford ne se limite pas seulement à ses *colleges.* Pour avoir une autre vision de la ville, allez vous balader au nord-ouest dans ***le quartier de Jericho,*** l'ancien quartier juif et populaire de la ville, en passe de devenir le quartier le plus branché d'Oxford. À la lisière de la campagne, avec ses petites maisons serrées les unes contre les autres, ses quelques antiquaires et petites librairies, l'endroit plus calme et moins cérémonieux que le centre-ville a beaucoup de charme. En descendant la Walton Well St, remarquez le groupe de maisons avec des scènes de la Bible sculptées au-dessus des fenêtres. Plus loin, en bordure du canal, un ensemble d'immeubles récents très modernes, mélange de brique, fer et baies vitrées, assez réussi.

Les *colleges*

Dans chaque *college,* on retrouve toujours une première cour tapissée de gazon (*quadrangle* ou *quad*), puis d'autres cours en enfilade avec les bâtiments qui abritent les chambres des étudiants. Au niveau de la première cour se situe souvent l'entrée de la chapelle, ainsi que le *dining hall* (réfectoire) généralement très beau, avec des boiseries et de grandes tables en bois. Jusque dans les années 1970, les étudiants devaient venir à table en toge noire et se lever pour réciter le bénédicité en latin. Les murs de la salle à manger sont toujours décorés des portraits des fondateurs du *college* ainsi que de ceux des anciens élèves passés à la postérité. Bien entendu chaque *college* comprend une ou plusieurs bibliothèques. À défaut d'y pénétrer, vous pouvez toujours essayer d'apercevoir l'intérieur de certaines par les fenêtres. Les inscriptions à la craie blanche que l'on voit parfois sur les murs à l'extérieur correspondent aux noms des clubs ayant gagné à l'aviron, avec l'année en regard. En mai et juin, les chapelles sont souvent occupées par les mariages d'anciens élèves. Les portiers *(porters)* sont des personnages très importants dans les *colleges* ; certains sont hauts en couleur, et ils font parfois office de guides lors des visites. La plupart des *colleges* sont ouverts l'après-midi, *Christ Church College* étant ouvert toute la journée.

(pour le décor de *Harry Potter* !) ***Christ Church College*** *(zoom couleur C3) : Saint Aldate's St. ☎ 27-64-92. • chch.ox.ac.uk • Lun-sam 9h-17h30 (dernière entrée 16h30) ; dim à partir de 14h. Fermé 25 déc. Entrée : 8 £ ; réduc.*
Fondé en 1524, c'est le plus grand *college* de l'université d'Oxford, et le seul au

monde à abriter une chapelle qui soit également une cathédrale. C'était le *college* de la noblesse ; il a formé 13 Premiers ministres de la couronne anglaise. Le philosophe John Locke y fut professeur, de même que le mathématicien Charles Dodgson (le futur Lewis Carroll). Alice Liddell, à qui il racontait ses histoires, était la fille du doyen *(dean),* et *Alice au pays des merveilles* est grandement inspirée par Oxford. Christ Church est le plus visité des *colleges* et l'on est accueilli par des *gentlemen* à chapeau melon. Voici un rapide tour du propriétaire :

– *Le dining hall :* les lieux vous rappelleront certainement *Harry Potter* puisqu'il s'agit de la grande salle où se réunissent les élèves pour la proclamation des résultats de l'année. L'escalier qui y mène présente un magnifique plafond en éventail voûté. C'est la plus vaste salle à manger médiévale de tous les collèges d'Oxford, et songez que les étudiants et leurs professeurs continuent à y prendre leurs repas tous les jours. Qui n'aimerait pas avoir une cantine comme celle-ci ! Ouvrez grand les yeux, sur la 5e fenêtre en partant de la porte d'entrée à gauche, on observe des portraits d'Alice et d'autres personnages du livre. Et sur la 5e fenêtre à droite, vous ne manquerez pas de reconnaître celui d'un célèbre physicien. Ses murs sont recouverts des portraits des plus célèbres élèves du collège. Au fond, au-dessus de la table des professeurs, beau portrait du fondateur du collège, Henry VIII en personne, celui-là même qui fit exécuter deux de ses femmes. Cela ne vous rappelle rien dans l'histoire ? Souvenez-vous de la reine de cœur qui veut absolument qu'on coupe la tête d'Alice. Et le lapin toujours en retard ? Lewis Caroll s'est inspiré du père d'Alice, le doyen du *college,* qui ne terminait jamais ses repas et disparaissait par un escalier dérobé, derrière la grande table.

– *La cathédrale :* absolument superbe, toute petite, elle est surtout réputée pour ses vitraux. Une église de style roman fut tout d'abord élevée au XIIe s sur ce site. Puis, au fil du temps, elle subit de nombreuses transformations, des chapelles furent ajoutées, ce qui lui donne une forme un peu curieuse. Les vitraux les plus anciens sont ceux du transept sud, réalisés au XIVe s, qui évoquent le meurtre de l'archevêque Thomas Becket en 1170. De chaque côté du chœur, deux vitraux plus récents mais remarquables du peintre préraphaélite Edward Burne-Jones (XIXe s). On admirera encore, pour ses extraordinaires couleurs et sa puissance d'évocation, le vitrail de saint Michel dans le transept nord, illustrant le saint et ses anges en plein combat avec un dragon. À voir encore : plusieurs tombeaux, le chœur de style gothique, et l'élégante nef à nervures et clefs de voûte pendantes. La cathédrale abrite également une des plus belles chorales d'Oxford (voir la rubrique « À faire. *Evensongs* »). En principe, tous les jours à 18h.

– On accède ensuite à la grande et élégante cour *(Tom Quad),* la plus vaste de tous les *colleges* d'Oxford.

– Plus loin, dans la Peckwater Quadrangle, remarquez sur les murs, la liste des victoires en aviron.

– Ce *college* est également le seul à posséder sa *galerie d'art,* située de l'autre côté de la cathédrale. *Tlj sf dim mat 10h30-13h, 14h-16h30 (17h mai-sept). Entrée : 3 £. Réduc.* Une des plus importantes collections privées d'Angleterre, avec quelque 300 tableaux et 2 000 dessins. L'art italien du XIVe au XVIIIe s est fortement représenté. Également quelques artistes hollandais, Michel-Ange, Raphaël, Rubens... À voir : une collection éblouissante d'œuvres de John Ruskin

APRÈS L'HEURE, C'EST PLUS L'HEURE

La Tom Tower de Christ Church College, jolie tour du XVIIe s qui se dresse au-dessus de la porte d'entrée, abrite une cloche de près de 7 tonnes qui sonne 101 coups chaque soir, commémorant le nombre d'étudiants présents à l'origine. À une époque, c'était aussi le signal de la fermeture des portes du college, après quoi les étudiants devaient payer une amende pour rentrer. Ils étaient censés regagner leurs pénates pour 21h Oxford time, c'est-à-dire 5 mn plus tard que Greenwich time. C'est pourquoi la cloche sonne encore de nos jours à 21h05 exactement.

(les fans de Proust seront ravis) et des dizaines de dessins de maîtres anciens : Holbein, Van Dyck, le Tintoret, Carrache, Léonard de Vinci...
– En sortant par la Canterbury Gate, poussez la porte de l'***Oriel College*** *(zoom couleur C2)* pour admirer sa cour dotée d'un perron original surmonté de deux imposantes statues et de la maxime « Regnante Carolo », rappelant qu'Oriel fut le premier *college* de fondation royale à Oxford en 1326.
– Enfin, les *meadows* de Christ Church constituent une des grandes attractions d'Oxford. Accès libre pendant la journée. Entrée principale par St Aldate's St. Cet immense espace vert à l'arrière du *college,* constitué de prairies et de terrains de sports, s'étend jusqu'à l'Isis (le nom donné à la Tamise ici) et la rivière Cherwell. C'est par là que les étudiants accèdent à leurs clubs d'aviron. Ne pas manquer cette balade à pied, on peut en faire le tour en 25 mn environ. Une plaque rappelle que le 4 octobre 1784, James Sadler réalisa la première ascension en ballon à partir des *meadows*.

*** ***Magdalen College*** *(zoom couleur D2)* **:** *High St. ☎ 27-60-00. • magd.ox.ac.uk • Tlj oct-juin, de 13h à la tombée de la nuit ; juil-sept, 12h-18h. Entrée : 4,50 £ ; réduc.* Prononcez « Maodline ». Un des plus beaux *colleges* d'Oxford, dans un endroit particulièrement tranquille. *Magdalen College* possède le plus grand terrain de tous les *colleges,* avec sa promenade le long de la rivière, son parc avec des cerfs et biches en liberté, des cloîtres (celui du XVe s est d'une grande beauté) et trois cours *(quads)* avec de belles pelouses. Sa *Great Tower* (grande tour) du XVe s, qui domine l'entrée d'Oxford, est célèbre aussi pour le fameux *May Morning* (voir la rubrique « Festivals et manifestations »). La chapelle abrite une copie de la *Cène* de Léonard de Vinci, ainsi qu'un magnifique jubé décoré de gargouilles portant chacun un instrument de musique différent. De manière générale, levez la tête et admirez la collection de gargouilles dispersées sous tous les toits : drôles, effrayantes, animales... et jamais les mêmes ! Possibilité de prendre une collation à *The Old Kitchen Bar (tlj 12h-17h30).*

OXFORD

*** ***New College*** *(zoom couleur C2)* **:** *Holywell St. ☎ 27-95-55. • new.ox.ac.uk • On y accède par un lacis de rues étroites (entrée par New College Lane Gates en saison). Tlj 11h-17h (14h-16h oct-fév ; accès par Holywell St Gates). Entrée : 2 £ ; gratuit l'hiver.* Parmi les plus anciens *colleges* d'Oxford, ce fut le premier à être construit autour d'un *quadrangle* (cour intérieure) ; il fut fondé en 1379 pour combler les pertes humaines au sein du clergé pendant la grande peste. La chapelle présente un retable orné de statues de saints, dont celle de Lazare par sir Jacob Epstein (assez dérangeante), d'intéressants vitraux des XIVe et XVIIIe s, ainsi qu'un portrait de saint Jacques, œuvre du Greco. Le *dining hall* est un des plus grands réfectoires de tous les *colleges,* avec 200 couverts. Le jardin est fermé par les remparts du XIIe s de la ville d'Oxford, que le *college* a obligation d'entretenir. Allez applaudir devant les marches de la butte dans le jardin et vous obtiendrez un étrange écho grinçant... Parmi les anciens élèves du *college,* l'acteur Hugh Grant. New College est également réputé pour sa chorale (voir la rubrique « À faire. *Evensongs* »). Les cloîtres ont servi de lieu de tournage pour le 4e film de *Harry Potter.* En sortant sur New College Lane, vous verrez, au n° 7, la maison où vécut Edmund Halley (oui, oui, celui qui a donné son nom à la comète) et où il eut son observatoire de 1703 à 1742. En passant le long du *college* par Queen's Lane, levez la tête pour découvrir les amusants petits personnages qui soutiennent la corniche. Enfin, vous pourrez admirer le *pont des Soupirs,* propriété d'un autre *college.*

** ***Jesus College*** *(zoom couleur C2,* ***80****)* **:** *Turl St. ☎ 27-97-00. • jesus.ox.ac.uk • Tlj 14h-16h30. Entrée gratuite.* C'est le seul *college* d'Oxford construit sous le règne d'Élisabeth Ire. Fondé en 1571 à la demande d'un homme d'Église gallois, Dr Hugh Price, ce *college* conserve encore aujourd'hui des liens très étroits avec le pays de Galles, dont on retrouve par endroits l'emblème : le dragon. Superbe *dining hall* à lambris ; remarquer la table des professeurs *(high table),* toujours légèrement surélevée par une petite marche et qui dispose de chaises, les élèves s'asseyant sur des bancs. T.E. Lawrence (le fameux Lawrence d'Arabie) et Harold Wilson, ancien Premier ministre, ont tous deux étudié au *college.* La chapelle, toute petite, est typique du genre.

Merton College (zoom couleur C3) : *Merton St. ☎ 27-63-10. • merton.ox.ac.uk • Lun-ven 14h-17h ; sam et dim 10h-17h. Entrée : 2 £.* Fondé en 1264, Merton College est l'un des premiers *colleges* de la ville ; la première cour, *Mob Quad,* date du XIVe s. Il abrite également la plus vieille bibliothèque d'Angleterre (XIVe s ; entrée 2 £). Le reste des édifices est plus récent. Le mécène Thomas Bodley est enterré dans la chapelle : on le voit entouré de femmes sur sa plaque funéraire... À l'extérieur, sur Merton St, la nef de la chapelle est décorée de sept gargouilles grimaçantes très expressives.

Exeter College (zoom couleur C2, **81**) : *Turl St. ☎ 27-96-00. • exeter.ox.ac.uk • En face de Jesus College. Tlj 14h-17h. Entrée libre.* Fondé en 1314. La chapelle, qui date de 1850, a été bâtie sur le modèle de la Sainte-Chapelle à Paris. Elle abrite une tapisserie de William Morris (grand défenseur du socialisme), étudiant au *college* en même temps (1853) qu'un célèbre peintre préraphaélite, Edward Burne-Jones. Autre étudiant célèbre au XXe s : J.R.R. Tolkien, auteur du *Seigneur des anneaux* ; il aurait mis 12 ans pour écrire cette somme. Exeter College est le premier *college* à avoir élu une femme à sa tête, en 1993. Depuis les jardins, magnifique vue sur *Radcliffe.*

Saint Edmund Hall (zoom couleur D2, **82**) : *Queen's Lane. ☎ 27-90-00. • seh.ox.ac.uk • Tlj 10h-16h.* Familièrement appelé *Teddy Hall,* c'est l'unique survivant des *halls* médiévaux qui assuraient aux étudiants gîte et tutorat avant que les *colleges* ne commencent à le faire. Il n'est devenu un *college* à part entière qu'en 1957, alors que sa fondation date de 1278. Terry Jones (ex-Monty Python) y a étudié. Un des plus jolis coins d'Oxford, avec son beau magnolia d'angle.

The Queen's College (zoom couleur C-D2, **83**) : *High St. ☎ 27-91-20. • queens.ox.ac.uk • Fermé au public. Ouv slt pour les visites guidées de l'office de tourisme.* Un des plus beaux *colleges* d'Oxford. The Queen's College fut fondé en 1341 pour les étudiants du nord de l'Angleterre. De jolis bâtiments de style baroque ont été ajoutés aux XVIIe et XVIIIe s. *Mr Bean* y a été étudiant. Avant lui, et plus sérieusement, l'astronome Edmund Halley y fit ses études au XVIIe s.

Keble College (zoom couleur C1, **84**) : *Parks Rd. ☎ 27-27-27. • keble.ox.ac.uk • Ouv au public tte l'année, sf vac de fin d'année ; en principe 10h-17h (19h en été). Entrée libre.* De style gothique victorien, c'est le premier *college* d'Oxford construit en brique. Les mosaïques sur les bâtiments, réalisées par des Italiens, suivent un dessin de plus en plus compliqué au fur et à mesure que le regard s'élève. Dans la très belle chapelle tout en marbre polychrome et décorée d'impressionnantes mosaïques (décidément !), vous verrez un tableau du peintre préraphaélite Holman Hunt, *The Light of the World,* représentant un Christ légèrement androgyne. Keble College est le plus grand *college* d'Oxford en nombre d'étudiants puisqu'il accueille environ 700 élèves.

Les bibliothèques, les salles de cérémonie et d'examen

Bodleian Library (zoom couleur C2) : *Broad St. ☎ 27-72-24. • bodley.ox.ac.uk • Lun-ven 9h-17h, 16h30 sam et 11h-17h dim. Plusieurs formules de visite : non guidée (avec audioguide ou non, en français) donnant accès à* Divinity School *slt, tarif 2,50 £ ;* short tour *tlj à 16h, visite guidée de* Divinity School *et de la bibliothèque en 30 mn, compter 4,50 £ ; visite de 4 salles en 1h, incluant les 2 précédentes ainsi que* Radcliffe Camera *et la* Convocation House, *prévoir 6,50 £. La 2e formule nous semble un bon compromis, mais pensez à réserver à l'avance.* C'est une des cinq bibliothèques du dépôt légal en Angleterre.

– *Divinity School,* qui constitue la salle d'entrée de la bibliothèque (et l'infirmerie de Poudlard dans les deux premiers films de Harry Potter), date du XVe s. De style gothique anglais, cette superbe salle de lecture puis d'examen servait également aux cérémonies de remise des diplômes. Au tout début, les étudiants s'y adonnaient à des joutes oratoires publiques en guise d'examen. Mais, en raison de la difficulté de l'exercice, le taux d'échec atteignait 70 % ! La salle possède un plafond extraordinaire composé de 455 nervures fines, avec, à l'extrémité de chacune d'elles, les initiales des donateurs.

LA TOUR DE BABEL

Un exemplaire de tout ce qui est imprimé en Angleterre est conservé à la Bodleian Library (notre Dépôt national en quelque sorte) : 7 500 000 ouvrages pour être précis, rangés sur 190 km d'étagères et 54 000 tickets de lecture délivrés chaque jour ! Les demandes se font toujours par système pneumatique, la réponse parvient au bout de 3h en moyenne. Pas si mal ! Mais aucun ouvrage ne peut sortir de la bibliothèque, même les monarques n'ont pas ce privilège. Les ouvrages sont consultés la plupart du temps debout devant les rayonnages. Ils étaient même autrefois reliés à une chaîne.

– *Duke Humfrey's Library,* la magnifique bibliothèque en elle-même, est située au-dessus de Divinity School, mais ne se visite qu'avec un guide. Silence absolu ! L'une des plus anciennes bibliothèques d'Europe, du nom de sir Thomas Bodley, grand érudit, diplomate sous Élisabeth Ire et maître-assistant à Merton College, qui réorganisa la bibliothèque de l'Université en 1602 et la finança en partie. C'est actuellement la principale bibliothèque de recherche de l'université d'Oxford et certainement la plus belle. C'est aussi la bibliothèque de Poudlard dans les films du célèbre petit sorcier. La *Bodleian* (ou plutôt « The Bod » comme la surnomme les étudiants) compte neuf autres « annexes » dans Oxford, spécialisées par thème (droit, philosophie, sciences, japonais, etc.). Un passage souterrain relie *the Old Bodleian Library, the New Bodleian Library* et *the Radcliffe Camera* : c'est là que sont stockés des millions de livres.
– *Convocation House :* moins souvent ouverte au public, c'est dans cette salle que sont remis les titres honorifiques aux personnalités. Parmi les heureux élus, Nelson Mandela.

OXFORD

Radcliffe Camera *(zoom couleur C2) : Radcliffe Sq. Fermée au public (sf visite de la Bodleian Library, voir ci-dessus).* Large rotonde du XVIIIe s (*camera* signifie « chambre » en italien), elle fut édifiée grâce au don d'un riche mécène, Dr John Radcliffe, qui se fit construire un mausolée-bibliothèque pour qu'on se souvienne de lui. C'est la première salle de lecture ronde à avoir été construite en Angleterre.

Sheldonian Theatre *(zoom couleur C2,* ***70****) : Broad St. ☎ 27-72-99. • sheldon.ox.ac.uk • En théorie lun-sam 10h-12h30, 14h-16h30 (15h30 nov-fév) mais souvent fermé pour des cérémonies ou des concerts (se renseigner). Entrée : 2,50 £.* Un des premiers ouvrages avec un dôme de sir Christopher Wren, construit de 1664 à 1668 alors qu'il était professeur d'astronomie, et qui lui valut par la suite de nombreuses commandes, y compris *Saint Paul Cathedral* à Londres. Dessiné sur le modèle du théâtre Macellus à Rome, ce qui explique son enceinte surmontée de bustes de style romain. Jolie vue sur Oxford depuis sa coupole ; le plafond représente le ciel où la Vérité, alliée aux Arts et aux Sciences, triomphe contre l'Ignorance... Fidèle à sa vocation d'origine de salle de cérémonies – remises de diplômes, de titres honorifiques etc. –, il sert également de salle de concerts (voir la rubrique « Où aller au concert... ? »).

Musées et jardin

The Ashmolean Museum of Art and Archaeology *(zoom couleur B1-2,* ***85****) : Beaumont St. ☎ 27-80-00. • ashmolean.org • Mar-dim et lun fériés 10h-*

18h. Gratuit. Le plus vieux musée public du pays (fondé au XVIIe s), installé dans un édifice à l'architecture néogrecque datant de 1840, vient de subir un lifting et de se doter de nouvelles galeries. L'*Ashmolean Museum,* par sa taille et par la richesse de ses collections, pourrait rivaliser avec certains musées londoniens. Au rez-de-chaussée, riche collection d'archéologie égyptienne, dont le tombeau de Taharqa. Dans les salles consacrées à la peinture, des toiles des plus grands peintres anglais des XVIIIe et XIXe s. Pour la petite histoire, en décembre 1999, l'Ashmolean s'est fait voler le *Village d'Auvers-sur-Oise* de Cézanne, un tableau estimé à quelques millions de livres et qui n'était pas... assuré ! De nombreuses œuvres des impressionnistes, et puis Picasso *(Les Toits bleus)* et Van Gogh *(Le Restaurant de la Sirène à Asnières).* Voir l'émouvant pastel de Leonid Pasternak représentant ses deux fils, dont, à gauche, Boris, le futur prix Nobel et auteur du *Docteur Jivago.* Également des sections consacrées aux monnaies, aux instruments de musique (avec un des plus beaux Stradivarius au monde), etc. Un musée vivant aussi, qui accueille toutes sortes d'expositions, activités pour enfants et adultes, conférences... À ne pas manquer !

🍷 En sortant, pourquoi ne pas vous payer le luxe de prendre un verre, ou juste un café, au *Morse Bar,* à l'hôtel *The Randolph,* où descendent les célébrités...

The Oxford University Museum of Natural History *(zoom couleur C1,* ***86****) :* *Parks Rd. ☎ 27-29-50. • oum.ox.ac.uk • Tlj 10h-17h. Fermé quelques jours à Pâques et à Noël. Entrée gratuite.*

L'architecture intérieure du bâtiment vaut le déplacement à elle seule : d'une grande finesse, de style néogothique victorien, le musée ressemble à une gare du XIXe s et à une église avec ses piliers en fer forgé sculpté de feuilles, fleurs et fruits, soutenant un toit en verrière. Tout autour, sur deux niveaux, court une double rangée d'arcades, portées par des piliers en pierre. L'ensemble est très lumineux et incite à la visite.

Cet étonnant musée d'Histoire naturelle est tout indiqué pour les enfants en raison de ses vertus pédagogiques : des squelettes ou des échantillons spectaculaires dans les travées et, sur les côtés, des vitrines très bien faites pour approfondir le sujet, faciles à décrypter même si on ne lit pas l'anglais. Le musée présente notamment des squelettes de dinosaures, ainsi que des reliques de dodo (en particulier sa tête et son pied) et la peinture de l'oiseau par Johanne Savrey (1651). Cet animal « fétiche » pour le mathématicien Charles Dodgson – le futur Lewis Caroll – car il bégayait (« Do-Do-Dodgson »...) l'inspira pour son récit *Alice in Wonderland* (1865).

L'ESPÈCE DES ORIGINES

C'est dans la bibliothèque du musée qu'eut lieu, en 1860, le grand débat provoqué par la publication l'année précédente du livre de Charles Darwin : De l'origine des espèces. Ce débat atteignit son apogée lorsque l'évêque d'Oxford, William Wilberforce, demanda au scientifique T.H. Huxley si c'était par son grand-père ou par sa grand-mère qu'il descendait du singe ; ce à quoi Huxley répondit qu'il préférait descendre du singe que d'un Wilberforce... !

Ne pas hésiter à gagner l'étage pour la vue d'ensemble et l'expo de tableaux botaniques de Rosemary Wise, une scientifique réputée, issue des bancs d'Oxford. On accède ensuite à un deuxième musée, dans le même bâtiment :

The Pitt Rivers Museum *(zoom couleur C1,* ***86****) :* *South Parks Rd. ☎ 27-09-27. • prm.ox.ac.uk • Tlj 10h (12h lun)-16h30. Gratuit également.* Musée ethnographique d'une grande richesse, d'une architecture comparable à celle de son voisin, en plus sombre. Le plus incroyable est encore l'organisation chaotique des salles, mais c'est peut-être ce qui fait son charme ! La plupart des objets sont encore rangés dans des tiroirs que l'on ouvre au hasard. Une vraie caverne d'Ali Baba... Dans ce tour du monde en boîte qui nous replonge au temps des explorateurs, on trouve aussi bien des totems, des momies, que d'anciens instruments de musique... Les têtes rétrécies d'Indiens d'Amérique du Sud constituent un peu le clou de la visite. Facile à trouver, car les visiteurs sont agglutinés devant les vitrines qui les protègent.

Museum of the History of Science (zoom couleur C2) : *Broad St. Juste derrière la Bodleian et à côté d'Exeter College (zoom couleur C2, **81**). ☎ 27-72-80. • mhs.ox.ac.uk • Mar-ven 12h-17h, sam 10h-17h, dim 14h-17h. Fermé lun et 25 déc-1er janv. Entrée gratuite.* Pas besoin d'être un scientifique averti pour admirer les collections de ce musée composées, entre autres, d'objets servant à la mesure du temps et de l'espace (collection de globes, de pendules, de baromètres...). Toutes les disciplines sont abordées ; médecine, photographie (avec le matériel de Lewis Caroll), architecture, etc. Le musée se parcourt d'autant plus facilement qu'il n'est pas trop grand et que la sélection a été limitée à des objets particulièrement représentatifs dans chaque section sans que l'on soit écrasé par des notices scientifiques compliquées. Au sous-sol, le tableau noir sur lequel Einstein fit une démonstration de la théorie de la relativité lors de sa venue à Oxford en 1931. À vous de déchiffrer !

Modern Art Oxford (zoom couleur B3, **87**) : *30 Pembroke St. ☎ 72-27-33. • modernartoxford.org.uk • Ouv mar-mer 10h-17h, jeu-sam 10h-19h, dim 12h-17h. Fermé 24 déc-1er janv. Entrée gratuite.* Créé en 1965 dans une ancienne brasserie de bière, ce qui donne un bel espace, très clair, avec des murs blancs et des charpentes métalliques dans lesquelles ont été aménagées des ouvertures. Pas vraiment un musée, car il ne possède pas de collections permanentes, mais plutôt un lieu d'exposition toujours à la pointe de la nouveauté artistique, présentant des œuvres et installations très originales dans trois grandes salles. Cinq ou six expositions par an. Propose aussi des ateliers, rencontres, etc. Un lieu vivant qui possède également une petite librairie ainsi qu'un agréable café-snack en sous-sol.

The Museum of Oxford (zoom couleur C2, **89**) : *Saint Aldate's St. ☎ 25-27-61. • museumofoxford.org.uk • Mar, mer, jeu et sam 10h-17h. Fermé lun, ven et dim. Entrée : 4 £.* Un musée gentiment aménagé, retraçant l'histoire des gens et de la ville depuis la préhistoire jusqu'à nos jours. Vieux cailloux, maquettes, objets, plans de la ville, reconstitution de boutiques du XIXe s reflétant la vie de l'époque, etc. Organise régulièrement des expositions et conférences.

Unlocked Oxford Castle (zoom couleur B2, **19**) : *44-46 Oxford Castle. • oxfordcastleunlocked.co.uk • Tlj à partir de 10h (dernière entrée à 16h20). Entrée : 7,95 £ pour le château et la colline ; 1 £ pour la colline slt ; réduc ; gratuit moins de 5 ans.*

Ce château-prison a fermé ses portes en 1996 pour être transformé en hôtel de luxe (voir « Où dormir ? Malmaison ») et en musée en 2006.

Un film de 5-6 mn, une tour avec vue, une crypte du XIe s et vous voici dans une première cellule. Elles ont toutes été conservées dans leur jus et abritent des mini-expos. Progressivement, on découvre les terribles conditions de détention à travers les siècles. Le XVIIIe s marque un tournant avec la modernisation des prisons, les pensionnaires étant autorisés à travailler. Mais jusqu'au XIXe s, ils devaient payer eux-mêmes les frais de leur séjour. Et l'on découvre avec incrédulité les nombreux appareils de torture ou de punition, que l'on peut même essayer ! Les concepteurs ont mis le paquet côté réalisme (les courants d'air sont toujours d'actualité !), mais anecdotes, humour et pédagogie permettent de tempérer et rendent le parcours passionnant, à condition de savoir lire l'anglais. Les témoignages de prisonniers récents rendent la visite encore plus captivante. En sortant, ne pas oublier de gravir la colline où se trouvait le précédent château au XIe s. L'ensemble des bâtiments dépendant du château abrite de nombreux restos, mais tout cela paraît quelque peu artificiel et manque d'âme.

The Botanic Garden *(jardin botanique ; zoom couleur D2-3)* **:** *Rose Lane. ☎ 28-66-90. • botanic-garden.ox.ac.uk • Tlj 9h-18h mai-août ; 9h-17h en mars, avr, sept et oct ; 9h-16h nov-fév. Fermé Vendredi saint et 25 déc. Entrée : 4 £ (gratuit l'hiver) ; réduc ; enfants gratuit.* En face de *Magdalen College*, il déroule ses pelouses jusqu'à la Tamise. Fondé en 1621, c'est le plus vieux jardin botanique d'Angleterre : on y faisait alors pousser des plantes médicinales, dont un grand nombre est encore étudié de nos jours. Très grande variété de plantes du monde entier, plusieurs serres, dont une tropicale. On peut aussi y acheter des plantes. À ne pas manquer bien sûr au printemps.

Carfax Tower *(zoom couleur B2,* **90***)* **:** *Queen St. Tlj 10h-17h30 (15h30 en hiver). Fermé 25 déc-1er janv. Entrée : 2,30 £.* Située au carrefour des deux axes névralgiques de la ville, High St et Cornmarket St, cette tour du XIVe s est tout ce qu'il reste de l'église Saint-Martin. Pour la vue sur la ville du sommet de la tour, après avoir grimpé 99 marches...

À faire

➢ ***Balades en punt*** **:** les *punts* sont des bateaux à fond plat que l'on dirige à l'aide d'une perche. Ce n'est pas gagné ! Et, ma foi, le *chauffeured punt* (*punt* avec chauffeur !) n'est pas une mauvaise solution... Également des embarcations à pédales et des bateaux à rames.

■ **Magdalen Bridge Boathouse** *(zoom couleur D2,* **5***)* **:** *Magdalen Bridge. ☎ 20-26-43. Mars-oct (si la météo le permet), tlj 9h30-21h. Compter 16 £/h par bateau (20 £/h le w-e) ; avec chauffeur 23 £ par bateau les 30 mn (max 4 pers). Réduc pour les groupes.*

■ **Salters Boat Hire** *(plan couleur d'ensemble,* **6***)* **:** *Folly Bridge. ☎ 24-34-21. • saltersstreamers.co.uk • À 5 mn à pied de Carfax Tower en descendant Saint Aldate's St. Mai-sept, tlj 10h-18h. Compter 20 £/h par bateau ; avec chauffeur (résa à l'avance) : env 60 £/h. Propose aussi des balades sur l'Iffley (boucle de 40 mn) en bateau couvert, ttes les heures 11h-17h selon météo (adulte 6 £, enfant 3 £).*

➢ ***Visites guidées de la ville*** **:** *au départ de l'office de tourisme. Tlj 10h45-14h (jusqu'à 5 départs/j. aux périodes de pointe), tour guidé de la ville* (walking tour) *en anglais et en français, en général différent le mat et l'ap-m. Tarif : 8 £ ; durée : 2h.* Instructif et amusant : histoire, traditions, anecdotes et visite de *colleges*, dont (l'après-midi) le *Queen's College*, habituellement fermé au public. Davantage de *tours thématiques* le sam, dont celui incluant *Christ Church College* (8,50 £), un *Ghost Tour* (le soir en été ainsi que pour Halloween), une visite *Sur les pas de Harry Potter* et *The Morse Tour*, sur les traces de l'Inspecteur du même nom dont vous entendrez beaucoup parler à Oxford... Également un *Family Tour* de 1h30 organisé durant les vacances scolaires (6,50 £).

– ***Evensongs*** **:** les offices religieux du soir dans les chapelles des *colleges*, où l'on peut entendre des chorales *(choirs)*, en général vers 18h. Les plus belles sont celles de *Christ Church*, *Magdalen* et *New College*. À ne pas manquer, pour la beauté des chants et des lieux. Se renseigner avant pour être sûr qu'elles ont bien le lieu. Pas de chorales généralement durant les vacances scolaires.

Festivals et manifestations

Une petite brochure mensuelle, *This Month in Oxford* (disponible à l'office de tourisme), permet de s'informer sur les programmes de théatre, cinéma, concerts, etc., qui ont lieu en ville.

– ***Rencontres d'aviron entre les colleges*** **:** *2 rencontres chaque année, en fév* (Torpids) *et en mai* (Summer Eights). Huit rameurs y participent. Les bateaux partent à intervalles très précis et le but du jeu consiste à rattraper le bateau situé devant et à lui rentrer dedans littéralement. À la fin de la 2e course, le gagnant est déclaré *Head of the River* (Maître de la Rivière).

– ***Oxford-Cambridge (Oxbridge) Boat Race :*** noter que la fameuse rencontre sportive entre les deux villes universitaires rivales, qui remonte à 1829, se déroule fin mars-début avril sur la Tamise... mais à Londres.

– ***Oxford Literary Festival :*** *Christ Church, Saint Aldate's St.* ☎ *28-60-74.* • *oxfordliteraryfestival.org* • Sous la houlette du *Sunday Times,* ce festival a lieu tous les ans fin mars-début avril, pendant une semaine environ, en différents lieux de la ville.

– ***May Morning :*** *célébrée le 1er mai* (May Day) *à Magdalen College.* C'est une fête des plus matinale puisqu'elle a lieu à 6h du matin.

> **POUR DES MATINS QUI CHANTENT**
>
> *Chaque 1er mai, une chorale composée d'écoliers du Magadalen College School, ainsi que d'étudiants, chante du haut de la Grande Tour du college devant des milliers de personnes massées sur le pont en bas, qui viennent de toute l'Angleterre, et même d'ailleurs, pour voir ce spectacle du May Morning. Cela ne dure que quelques minutes, de 6h à 6h12 précisément. Après quoi, les étudiants les plus fous (et surtout les plus saouls) sautent à l'eau et vont boire un petit coup ou prendre le petit déjeuner. Les colleges, quant à eux, organisent un petit déjeuner au champagne...*

DANS LES ENVIRONS D'OXFORD

Si vous êtes adepte de la marche, de belles balades sont possibles tout autour de la ville. Jusqu'à *Trout Inn,* par exemple, par les rives de la Tamise, ou bien sur l'un des nombreux *trails* dans la campagne. Renseignez-vous à l'office de tourisme.

Iffley : *bus 3 et 4 à partir de Cornmarket. Descendre au niveau du garage* Peugeot *; prendre la montée sur la droite, puis Church Way ; comme l'indique son nom, ce chemin vous mène directement à l'église du village.* Murs et maisonnettes ocre en pierre des Cotswolds avec leurs petits jardins fleuris et soigneusement entretenus. Instants de tranquillité. Possibilité d'accomplir le tour complet du village en suivant la ruelle, et de s'arrêter à *The Isis Tavern* (voir « Où boire un verre ? »). Une des balades dominicales préférées des Oxfordiens.

Woodstock : *bus S3 ttes les 30 mn à partir de l'*Oxford Bus Station *ou* Train Station *; 2 arrêts possibles : devant l'entrée du château ou en centre-ville. Par la route : 9,5 miles au nord d'Oxford sur l'A 44, direction Stratford.* Petit village charmant et tranquille dont l'activité et les boutiques (antiquaires, galeries, déco) se concentrent dans le triangle Oxford St, Market St, et High St. Joli petit musée un peu fourre-tout mais gratuit (costumes, archéologie, faune, flore, histoire, expos temporaires...). Juste en face, l'hôtel *The Bear* a abrité les amours tumultueuses de Richard Burton et Elizabeth Taylor. Mais le village est surtout fréquenté pour son château.

Hampers Food and Wine Deli and Cafe : *31-33 Oxford Street.* ☎ *(01993) 81-15-35.* • *info@hampersfoodandwine.co.uk* • *Lunch 5-10 £, sur place ou à emporter ; thé avec scones 4 £.* Ce traiteur-épicerie-salon de thé, spécialisé dans les produits des Cotswolds (et d'ailleurs), s'avère idéal à l'heure du déjeuner ou du goûter : fromages, charcuteries, *pies, jacket potatoes*, pâtisseries, etc., ainsi que des paninis frais, gourmands et variés. Accueil charmant.

The Kings Arms : *19, Market St.* ☎ *81-36-36. Lunch 12h-14h30,* dinner *18h30-21h30. Dim en continu. Sandwichs avec pain de campagne 6,50 £. Thé avec scones 6 £. Plats env 10 £ au déj, 11,50-22 £ le soir.* On sert ici une cuisine bien tournée, légère et goûteuse à la fois. Les produits sont frais et les cuissons parfaites (aussi bien les viandes que les poissons). Selon votre appétit et la place disponible, vous aurez le choix entre la salle de restaurant, très claire sous une véranda dans un style moderne et sobre avec des réserves de bois qui décorent l'ensemble de façon originale, ou bien le pub assez dépouillé en entresol mais réchauffé par son poêle. Dans tous les cas, un bon moment culinaire dont il serait dommage de se priver.

Blenheim Palace : • *blenheimpalace.com* • *Tlj de mi-fév à mi-déc (slt mer-ven, de nov à mi-déc), 10h30-17h30 (le parc ouvre dès 9h ; dernière admission 16h45). Entrée : 20 £ ; jardins slt 11,50 £ ;* Family Ticket *(2 adultes et 2 enfants) 52 £ ; réduc.* Compter au moins une demi-journée pour profiter de la visite d'un monument majeur de l'histoire anglaise, mais on peut facilement y passer une journée entière avec les jardins.

La reine Anne avait donné un terrain au duc de Marlborough (nom de famille Churchill, ancêtre de Winston), pour le remercier d'une grande victoire contre les troupes françaises en 1704. Le *palais de Blenheim* (nom de la bataille), dessiné par l'architecte Vanbrugh dans un style baroque typiquement anglais et qui se veut un « mini-Versailles », est classé au Patrimoine mondial de l'Unesco depuis 1987. On traverse d'abord une première cour fermée (écuries) et les communs avant d'atteindre le bâtiment principal avec ses trois ailes et sa belle perspective sur le parc et la colonne de la victoire. Au rez-de-chaussée, visite des différentes pièces de réception dont certaines sont meublées avec de nombreuses références à la France : tapisseries monumentales, mobilier Boulle, des chaises à l'effigie du Roi-Soleil... et toute la série habituelle de tableaux représentants les ducs et duchesses ayant occupé le château. Également de nombreuses vitrines de porcelaines de Chine, de Sèvres et d'ailleurs. *The Saloon,* la salle à manger officielle utilisée une fois l'an à Noël, devrait retenir votre attention avec sa table pouvant accueillir jusqu'à 40 convives et ses murs peints en trompe l'œil. Surprenant aussi le plafond qui paraît beaucoup plus bombé qu'il ne l'est. La bibliothèque ancienne, qui compte 10 000 volumes, mérite aussi votre admiration avec ses 183 pieds (60 m) de long. Elle abrite l'ensemble des discours de l'ancien Premier ministre, l'intégralité de l'œuvre de Buffon ainsi qu'une statue de la romanesque reine Anne. On apprend notamment qu'elle eut 17 grossesses, mais pas un seul enfant ne survécut (donc pas d'héritier direct). À ce niveau également, intéressante expo consacrée à Winston Churchill, qui naquit au château le 30 novembre 1874. Nombreux souvenirs de l'homme au cigare, comme ses boucles de cheveux accrochées au-dessus du lit dans sa chambre de naissance. Vous découvrirez certainement comme nous que le grand homme aimait peindre à ses heures perdues et que certains de ses dessins illustrèrent les cartes de Noël de la fameuse marque de cartes de vœux *Hallmark.* À l'étage, *The Untold Story,* un aperçu de la petite histoire du château depuis son édification jusqu'à nos jours à travers les souvenirs d'une servante. Un itinéraire de 40 mn animé avec des automates et des vidéos propose de suivre son fantôme à travers une dizaine de pièces. Très rigolo et plutôt bien fichu.
Autre intérêt du château, et non des moindres, les jardins et le parc. De quoi y passer une journée tant les possibilités de randonnées et d'activités y sont nombreuses.

Devant le château, les Water Terraces avec leurs jets d'eau, ainsi que les jardins à la française et la roseraie. Mais le must reste le magnifique parc vallonné aménagé par le grand jardinier paysagiste anglais Capability Brown. Pour les enfants, un petit train devant le château permet de se rendre au Pleasant Garden (de 11h à 17h). Ils y trouveront, outre un beau labyrinthe végétal, une serre avec des papillons, un minigolf sur gazon, un jeu d'échecs géant et un snack pour se restaurer.

Dans le château, self-service avec terrasse donnant sur le jardin à la française dans le château. Sur résa (sur Internet), magnifique *afternoon tea* (avec ou sans champagne) à déguster dans la superbe *Indian Room. A cherry on the cake, indeed !* Également un autre café au Pleasure Garden.

OXFORD

LES COTSWOLDS

Cette région, qui s'inscrit dans un trapèze qui part d'Oxford et comprend Stratford, Cheltenham et Cirencester, est tout en collines plus ou moins douces. Le mot vient de l'anglo-saxon : ***cot,*** **enclos à mouton et** ***wolds,*** **vallonné. Ce fut un lieu de passage très important pour les Romains : de nombreuses routes et villas en témoignent ; mais surtout, elle s'enrichit aux XVIIe et XVIIIe s grâce aux tisserands venus des Flandres, qui y établirent une industrie de la laine très prospère ; on y tissait alors de très beaux tweeds. Les très charmants villages en pierre couleur miel, intacts et préservés, font le bonheur des Londoniens qui y possèdent des résidences secondaires. C'est une sorte de Luberon « sauce anglaise », où tout est charme et authenticité. En somme, un conservatoire du parfait village anglais. L'économie touristique est très florissante et les prix, malheureusement, s'en ressentent.**

CHELTENHAM

115 000 hab. IND. TÉL. : 01242

C'est une grande ville thermale ***(spa)*** **qui tranche avec les paisibles Cotswolds, parfaite comme camp de base pour ceux qui veulent allier visite de la région dans la journée et sorties le soir. Elle s'est développée sous la Régence (début du XIXe s), à la suite de la visite du roi George III venu y prendre les eaux, en 1785. Un autre roi, mais de la guitare celui-ci, est né à Cheltenham : Brian Jones, le légendaire guitariste des Rolling Stones, mort d'une overdose en 1969. Toujours dans le domaine de la musique, sachez que le festival de jazz, le week-end après Pâques, a acquis une grande renommée et attire un nombre croissant d'amateurs de la note bleue.** • *cheltenhamfestivals.com* •
Pensez donc à réserver vos hôtels longtemps à l'avance pour cette semaine-là, ainsi que pour les courses hippiques (parmi les plus importantes du Royaume-Uni) qui se déroulent mi-mars.

Arriver – Quitter

Gare ferroviaire *(hors plan par A3)* **:** *Queen's Rd (en direction de Gloucester).* ☎ *(08457) 48-49-50.*

Gare routière *(plan A1)* **:** *Royal Well Rd.*

➢ Entre 8h-22h, avec *National Express :* 11 bus/j. pour ***Londres*** ; 3 bus/j. pour ***Birmingham*** (début de soirée). Avec *Stage Coach Gold,* une quarantaine de liaisons en sem (à partir de 5h30-6h) avec ***Gloucester*** (une quinzaine le w-e).

Adresses et info utiles

Tourist Information Centre *(plan A1)* **:** *Municipal Office, 77 Promenade, GL50 1PJ.* ☎ *52-28-78.* • *visitchelten* *ham.com • Tlj sf dim 9h30 (10h mer)-17h15.* Brochure très utile pour partir à la découverte de la ville.

✉ **Poste** *(plan B1) : 192-194, High St. ☎ 22-71-25. Au 1er étage de la librairie WH Smith.*

■ **Urgences (hôpital) :** *☎ 22-22-22.*

■ **Boots :** *High St.* Pharmacie (et parfumerie) aux horaires larges.

Très nombreux distributeurs en ville, notamment sur *High St.*

Où dormir ?

Bon marché (moins de 40 £ / 48 €)

YMCA *(plan B2,* ***5****) : 6 Vittoria Walk, GL50 1TP. ☎ 52-40-24. • cheltenhamymca.com • Très proche du centre. Résa impérative. Lit en dortoir 16 £ ; chambre single 21 £ env.* On y trouve à la fois une chapelle, un club de sport, et bien sûr des chambres.

Prix moyens (40-60 £ / 48-72 €)

Bentons Guesthouse *(plan B2,* ***7****) : 71 Bath Rd, GL53 7LH. ☎ 32-13-79. Double env 50 £.* Avis aux amateurs de grands lits : des *king size beds* dans certaines chambres. Sympathique *B & B* qui a gagné à plusieurs reprises le prix de la *guesthouse* la plus fleurie (voyez les diplômes accrochés dans l'entrée).

Beaucoup plus chic (plus de 80 £ / 96 €)

Georgian House *(plan A3,* ***8****) : 77 Montpellier Terrace, GL50 1XA. ☎ 51-55-77. • georgianhouse.net • Double 90 £. Frigo dans les chambres.* C'est Alex, un Mexicain chaleureux et plein d'idées, qui a entièrement retapé la maison datant de 1807, pour lui faire revivre son époque georgienne, tableaux de Napoléon à l'appui. Les 3 chambres sont magnifiques, particulièrement celle avec un lit à baldaquin. Une adresse superbe pour ceux qui veulent voyager dans le temps.

The Montpellier Chapter *(hors plan par A2,* ***9****) : Bayshill Rd, Montpellier, GL50 3AS. ☎ 52-77-88. • montpellier@chapterhotels.com • themontpellierchapterhotel.com • Doubles 160-230 £, familiales 260-320 £ ; petit déj 9,50 £. Mais (grosses) promos sur Internet ! Parking gratuit.* Rénovation réussie pour cet hôtel qui affiche désormais 4-étoiles. Avec son extension moderne, il compte une centaine de chambres de différents standings (confort optimal quelle que soit la catégorie). Architecture et déco mêlent habilement le style Regency et le design contemporain. Table réputée. Une belle adresse qui peut s'avérer une excellente affaire en cas de promos.

Où manger ?

Bon marché (moins de 8 £ / 9,60 €)

Charles *(plan A1,* ***15****) : 3 Royal Well Pl. Tlj sf dim midi 11h30-14h, 16h30-minuit ! Compter env 6 £.* Probablement le meilleur *fish & chips* de la ville. À emporter seulement.

Prix moyens (8-15 £ / 9,60-18 €)

Montpellier Wine Bar and Restaurant *(hors plan par A2,* ***16****) : Bayshill Lodge, Montpellier St. ☎ 52-77-74. Plat du jour 9-14 £, sinon 10,50-19 £.* Un peu bobo, c'est le repaire des cadres plus ou moins jeunes de la ville. On y vient pour boire sa bière ou un verre de vin. On y vient aussi pour manger de savoureux plats de brasserie. Les frites maison, entre autres, sont succulentes. Une bonne alliance entre le pub classique au rez-de-chaussée (ouvert jusqu'à 23h) et la salle de resto plus feutrée en bas avec pierres apparentes (service jusqu'à 21h30). Service distrait.

The Storyteller *(plan B1,* ***17****) : 11 North Pl. ☎ 25-03-43. Tlj. Plats 7-16 £. 2 formules déj bon marché.* Cuisine du monde à la « sauce » anglaise. Déco exotique et spacieuse véranda fleurie. Avant de s'attabler, on passe dans la *walk in room* pour choisir sa bouteille. Tous les 2e mardi et dernier jeudi du mois, un dîner à thème, afin de découvrir une destination culinaire ou un cru. Un voyage dans votre voyage !

D Fly (plan A1, **19**) : *1A Crescent Pl. ☎ 24-60-60. • info@dflychelterham.co.uk • Fermé dim midi. Plats 10,50-14 £.* Ce resto thaïlandais décoré avec goût propose une cuisine des quatre coins du lointain Orient : un voyage à elle seule.

Plus chic (15-20 £ / 18-24 €)

Jamie's Italian (plan B1, **20**) : *The Former County Court , County Court Road. ☎ 50-01-93. Tlj 12h-23h (22h30 dim). Formule dégustation 15 £/pers midi-18h ; sinon, compter 8-30 £ à la carte.* Dans un décor Regency, plus théâtral et moins industriel qu'à l'accoutumée, Jamie Oliver nous régale comme il sait si bien le faire. Fidèle à sa formule, il offre les meilleurs produits d'Italie, travaillés sans chichis ni sophistications inutiles. On adore ! Et l'on ne s'en lasse pas...

The Daffodil (plan A3, **18**) : *18-20 Suffolk Parade, Montpellier Walk. ☎ 70-00-55. Env 25 £. Jazz live lun avec menu du chef (2 plats) 15 £.* Ancien cinéma des années 1920 reconverti, le resto a conservé le style Art déco. On dîne à l'orchestre, sous un plafond à la hauteur impressionnante, ou au balcon, avec une vue plongeante sur les cuisines. Dans l'assiette, rien que du classique : salade de canard confit, filet de porc et purée de céleri, agneau-ratatouille... Prix un poil surestimés.

Où boire un verre ? Où écouter de la musique ?

O'Neill's (hors plan par A2, **23**) : *25-26 Montpellier Walk.* Vaste pub aux grandes baies vitrées. La devise de la maison : revenez pour le *craic* (le « fun » en irlandais) ! Strictement interdit aux mineurs. Concerts certains soirs.

Revolution (plan A1, **24**) : *Clarence Parade. Ouv jusqu'à minuit.* Une ancienne église (impressionnante de l'extérieur) cache un bar à la mode, agrémenté d'un éclairage de boîte de nuit et une musique pop.

À voir. À faire

Se promener dans la ville et admirer l'architecture Regency. À partir de *The Promenade,* bordée de boutiques plutôt chic !

Art Gallery & Museum (plan A1) : *Clarence St. ☎ 23-74-31. • cheltenhammuseum.org.uk • Avr-oct, lun-sam 10h-17h ; nov-mars, fermeture à 16h (à partir de 11h le 1er jeu du mois et jusqu'à 20h le 3e jeu du mois). Entrée gratuite. ATTENTION, le musée est fermé pour travaux au moins jusqu'au printemps 2013 (se renseigner).* Collection de renommée internationale, inspirée par le travail de

Adresse utile

- Tourist Information Centre

Où dormir ?

- 5 YMCA
- 7 Bentons Guesthouse
- 8 Georgian House
- 9 The Montpellier Chapter

Où manger ?

- 15 Charles
- 16 Montpellier Wine Bar and Restaurant
- 17 The Storyteller
- 18 The Daffodil
- 19 D Fly
- 20 Jamie's Italian

Où boire un verre ? Où écouter de la musique ?

- 23 O'Neill's
- 24 Revolution

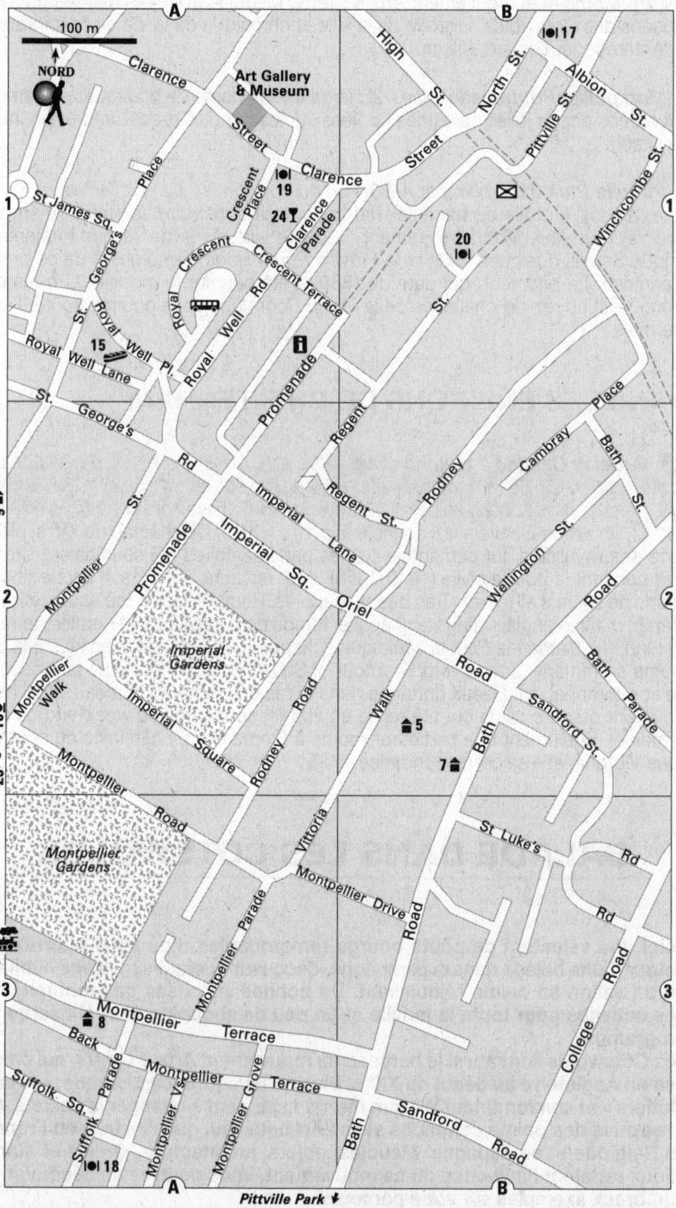

CHELTENHAM

LES COTSWOLDS

William Morris et le mouvement *Arts & Crafts*. Meubles et objets réalisés par des artisans des Cotswolds. Histoire de la ville et chronique de la vie de l'explorateur en Antarctique, Edward Wilson.

Montpellier Promenade *(plan A2)* **:** large trottoir bordé de boutiques élégantes, encadrées par de jolies cariatides copiées sur les temples grecs : impressionnant de kitsch.

Pittville Park *(hors plan par A-B3)* **:** *en bordure de la ville, sur la route d'Evesham (A 435).* La folie du banquier Pitt qui voulait construire sa station thermale pour lui tout seul. Malheureusement, la petite ville rêvée ne vit pas totalement le jour. Seules quelques villas et la *Pittville Pump Room* témoignent de ce projet grandiose. Le bâtiment, qui date de 1830, a été bâti sur le modèle d'un temple grec. C'est au rez-de-chaussée de la *Pump Room* que vous pourrez goûter l'eau thermale !

DANS LES ENVIRONS DE CHELTENHAM

Sudeley Castle : *à* ***Winchcombe*** *(situé à 10 miles), au milieu de très beaux jardins. ☎ 60-23-08. • sudeleycastle.co.uk • Avr-oct slt, tlj 10h30-17h. Entrée : 11 £ ; réduc. Assez cher. Les plus belles pièces sont privées et accessibles mar-jeu à 11h, 13h et 15h à travers le « connoisseur tour », 15 £.* Ce château du XVe s, place forte des royalistes, fut démantelé par les parlementaires qui soutenaient Cromwell pendant la guerre civile (1640-1650). Il fut restauré au XIXe s. Il accueillit pas moins de six rois et reines. Très beaux meubles. Remarquables tableaux des plus grands maîtres anglais. Dans la chapelle, tombe de la septième et dernière femme d'Henri VIII, Catherine Parr, la seule qui réchappa d'un mariage avec lui... Elle put même se remarier... avec lord Seymour of Sudeley, ce qui explique la présence de son tombeau ici. Beaux cottages dans la rue qui mène au château, ainsi qu'à l'intérieur du parc où ils ont été remis en état (et sont loués au week-end ou à la semaine). Également une partie consacrée à Emma Dent, châtelaine du château sous Victoria, et à sa correspondance.

BALADE DANS LES COTSWOLDS

Voici une sélection de petits bourgs remarquables d'où vous pourrez, au détour d'une balade dans la campagne, découvrir quelques maisons oubliées ou un vallon au calme réjouissant. De bonnes surprises gastronomiques, des activités pour toute la famille et un peu de shopping sont à inscrire au programme.
Les Cotswolds sont aussi le berceau du mouvement *Arts & Crafts,* qui émergea en Angleterre au début du XXe s. Plus qu'un courant esthétique, « Arts et Métiers » et son fondateur William Morris aspiraient à changer la société. On y retrouve des points communs avec l'Art nouveau, qui s'installa en France, en Belgique et en Espagne. Meubles, objets, architecture, jardins et autres bijoux reflètent l'influence de ce mouvement. Vous pourrez en découvrir de nombreux exemples sur votre parcours.
➢ De nombreux villages typiques sont desservis par des bus : nos 21/22 pour relier Broadway, Chipping Campden et Stratford-upon-Avon (renseignements aux offices de tourisme). Plus pratique, cependant, de visiter les Cotswolds en voiture.

BOURTON-ON-THE-WATER

2 900 hab. IND. TÉL. : 01451

Appelée parfois – un peu pompeusement il est vrai – la Venise des Cotswolds, Bourton s'étire le long de la Windrush, enjambée par de ravissants ponts de pierre. Mais ce village, malheureusement devenu la destination privilégiée des autobus, a fortement perdu en authenticité.

Adresse utile

Visitor Information Centre : *Victoria St, GL54 2BU. ☎ 82-02-11. • bourtoninfo.com • Lun-ven 9h30-17h, sam 9h30-17h30 ; en hiver, ferme à 16h et 16h30.*

Où dormir ?

Campings

Carp Farm : *☎ 82-17-95. Prendre la direction de Burford ; sur Rissington Rd, prendre Rye Close à gauche, puis la 4e à droite. Ouv Pâques-oct. Compter 13,50 £ pour 2.* Juste à l'entrée de la ville, ce camping ne paie pas de mine, mais ne vous y fiez pas ! Derrière la maison, une série d'étangs, d'oiseaux, de poules d'eau, et vue sur les vallons. Sanitaires un peu rustiques, mais les propriétaires sont vraiment charmants. Camping réservé aux adultes pour des raisons de sécurité.

Folly Farm : *☎ 82-02-85. 07906-99-04-34 (Charly). • cotswoldcamping.net • Sur l'A 436 en direction de Cheltenham, à env 2 miles de Bourton, tourner à gauche dans un chemin cabossé et fléché. Ouv avr-sept. Nuit 12-18 £ pour 2 avec tente (et électricité).* Un camping au milieu des champs et de magnifiques arbres. Confort rustique (douche et w-c tout neufs) ; accueil très sympa et souriant. À pied, vous pouvez vous rendre au village de Cold Asten, qui abrite un pub.

De prix moyens à plus chic (40-80 £ / 48-96 €)

Chestnuts B & B : *High St, GL54 2AN. ☎ 82-02-44. • chestnutsbb@aol.com • chestnutsguesthouse.co.uk • En plein centre, au-dessus du Chestnuts Tree Tea-Room (remarquez la collection de théières au plafond). Doubles 60-80 £.* La plupart des 6 chambres ont vue sur la rivière. Le charme de la campagne avec tout le confort moderne (salle de bains, sèche-cheveux, frigo, voire un lit *king size*...).

Magnolia : *Lansdowne, GL54 2AR. ☎ 82-18-41. • cottageguide.co.uk/magnolia • En retrait à côté d'un fleuriste. 3 charmants cottages à louer à la sem à partir de 305 £ pour 2 ou 485 £ jusqu'à 6 pers. Hors saison, possibilité de B & B autour de 60 £ ; téléphoner avt. Enfants de moins de 10 ans et animaux indésirables...* Complètement indépendantes, ces petites maisons sont entièrement équipées et décorées avec goût. Une bonne formule pour ceux qui veulent sillonner la région à partir de Bourton.

The Dial House Hotel : *The Chestnuts, High St, GL54 2AN. ☎ 82-22-44. • info@dialhousehotel.com • dialhousehotel.com • Doubles 120-190 £ en B & B selon standing.* Si vous le pouvez, n'hésitez pas à goûter ici la vie de château et le savoir-vivre à l'anglaise. Cette grande maison, située un peu en retrait de la place centrale du village, a été construite en 1698 et aménagée avec attention par son propriétaire actuel. Les chambres sont magnifiques, draps en lin et papier peint à la main en prime. Voir aussi « Où manger ? ».

Où dormir bon marché dans les environs ?

Adam Henson's Cotswold Farm Park : *Near Guiting Power, GL54 5UG,*

Cheltenham. ☎ (01451) 85-03-07. • info@cotswoldfarmpark.co.uk • cotswoldfarmpark.co.uk • À mi-chemin entre Bourton et Broadway (à 7 miles env) et à 15 miles au nord-est de Cheltenham. Idéalement situé donc. Ouv de mi-mars à début nov. Compter 13-19 £ pour 2 avec tente. Un camping extraordinaire qui réjouira les familles. Au cœur d'une ferme pédagogique, le cadre est bucolique à souhait et les animations ne manquent pas. 40 emplacements en tout, principalement des tentes (voilà qui change des parcs à mobile homes !). Sur place, confort simple mais suffisant : électricité, laverie, douches, aire de jeux, etc. et une épicerie proposant des produits fermiers. On peut aussi y pratiquer l'équitation.

Youth Hostel : *The Square, à* ***Stow-on-the-Wold*** *(5 miles). ☎ 71-95-40. • stow@yha.org.uk • Résa conseillée l'été. Compter 15,50 £ le lit en dortoir (hommes et femmes strictement séparés) ; quelques chambres familiales de 4-6 places à partir de 55 £ en été, la plupart avec douche.* Sur l'élégante place du village, cette auberge confortable peut être un bon endroit pour ceux qui veulent randonner dans cette charmante région. Vélos à louer, laverie, cuisine.

Où manger ?

De bon marché à prix moyens (6-15 £ / 7,20-18 €)

Windrush Garden Café : *High St. ☎ 82-08-94. À l'angle de High St et de Shelbourne St. Fermé le soir. Copieux petits déj, sandwichs et salades env 6 £.* Grande terrasse et gazon propret, un café mignon et verdoyant.

Kingsbridge : *Victoria St. Snacks 4-6 £ et plats 8,50-12 £.* Le pub le plus sympa du village, avec une grande terrasse pour l'été, qui donne sur un *beer garden* et directement sur la rivière. Classiques *fish & chips*, saucisses et pâtes du jour ; cuisine correcte sans plus. Pour ceux qui privilégient la quantité à la qualité...

De plus chic à très chic (plus de 15 £ / 18 €)

Rose Tree Restaurant : *Riverside. ☎ 82-06-35. Ouv tlj. Repas 25 £ env.* Un joli resto, situé au cœur du village, en bord de rivière. Le cadre, à la fois rustique et raffiné, est accueillant et chaleureux. La cuisine, à l'unisson, est à base de produits locaux, joliment mis en œuvre. Prix modérés et bon rapport qualité-prix. Au beaux jours, terrasse et jardin au bord de l'eau.

The Dial House Restaurant : *resto du* Dial House Hotel *(voir « Où dormir ? »). Menu du midi env 23 £ (réservé aux résidents) ; plats 22-27 €.* Une des meilleures tables de la région. Ici, authenticité et chaleur sont les maîtres mots. Côté cuisine, on retrouve le même souci du détail que pour la déco, la modernité en plus. Car, autant le cadre peut paraître un peu chargé, autant la cuisine joue habilement avec les traditions culinaires du pays pour créer des plats légers et innovants. Belle carte des vins très abordable et vins au verre moins chers qu'au pub d'en face.

Où boire un verre ?

Duke of Wellington : *Sherbourne St.* Un pub assez banal, mais qui cache une grande terrasse longée par un torrent qui crée une douce musique. Très agréable et animé l'été.

À voir

Motor Museum : *The Old Mill. ☎ 82-12-55. • cotswoldmotoringmuseum.co.uk • Fév-déc, tlj 10h-18h. Entrée : 4,50 £ ; réduc et forfait famille.* Sept salles, dont les modèles nous font remonter le temps. De la Jaguar Mark V6 exportée après guerre aux quadricycles victoriens, jusqu'aux motos des années 1980, en passant par les voiturettes à pédales, les adorables Austin (comme la 7 Shallow de 1929) ou la MG TD de 1950... Mais aussi des caravanes, des roulottes, des voitures à bras... Un joli musée empreint de nostalgie.

The Cotswold Perfumery : *sur Victoria St.* ☎ *82-06-98.* • *cotswold-perfumery.co.uk* • *Résa obligatoire. Entrée : 5 £ ; réduc. Organisation de visites de la fabrique en fonctionnement.* Jardin des odeurs, quiz pour tester votre nez, labo de création et conditionnement : tout cela n'aura plus de secret pour vous !

The Model Village : ☎ *82-04-67.* • *theoldnewinn.co.uk* • *Tlj sf Noël 10h-17h45 (15h45 en hiver) Entrée : 3.60 £ ; réduc.* Il s'agit d'une réplique au 1/9 de Bourton-on-the-Water. Construite en 1937, en pierre locale. *So cute* !

Birdland : *Rissington Rd.* ☎ *82-04-80.* • *birdland.co.uk* • *Tlj 10h-18h (16h nov-mars). Entrée : 6,50 £ ; réduc.* Flamants roses, pingouins, toucans et perroquets sont au programme de ce parc dédié aux oiseaux (près de 500).

DANS LES ENVIRONS DE BOURTON-ON-THE-WATER

Bibury-Arlington : *à 15 miles sur la B 4425.* Le célèbre artiste William Morris (penseur, socialiste, dessinateur, créateur, décorateur et surtout cofondateur du mouvement *Arts & Crafts*) estimait qu'il s'agissait du plus beau village d'Angleterre. Or rien n'a changé depuis ! Tout en longueur au bord de la rivière Coln, peuplée de truites, de cygnes et de canards qui s'ébattent tranquillement sous le regard des très nombreux touristes. Il est surtout connu (et photographié) pour l'Arlington Row, une série de cottages du XVIIe s ; de ravissantes maisonnettes construites pour abriter les tisserands locaux. *So charming* ! En été, pas facile de s'y garer.

Bibury Court : ☎ *74-03-37.* • *biburycourt.com* • *Doubles 150-205 £ (promos sur Internet à partir de 100 £, petit déj compris). Snacks et plats 6-19 £ ; le soir, menu env 55 £.* Un manoir Tudor (1631) reconverti en hôtel-restaurant. Superbe si vous demandez une table dans la véranda ou dans le salon en face de la grande cheminée. Pour les plus fortunés, propose aussi 18 magnifiques chambres ; certaines avec baldaquin, antiquités, vue... Tout cela n'est pas vraiment routard, mais vous pouvez visiter discrètement en buvant un verre au bar, et le parc, qui vaut le coup d'œil, est ouvert à tous. Après-midi bucolique garanti.

BURFORD *(ind. tél. : 01993)*

Joli petit village médiéval situé à environ 8 miles de Bourton. Son église paraît démesurée par rapport à la taille de cette bourgade, mais les riches lainiers investissaient dans la pierre sacrée, afin de s'assurer la clé du paradis... Y sont-ils entrés ?

Adresse utile

Visitor Information Centre : *33A High St.* ☎ *82-35-58.* • *oxfordshirecotswolds.org* • *Lun-sam 9h30-17h, dim 10h-16h.* Sur place, cartes et topoguides pour randonnées et circuits vélos.

Où dormir ? Où manger ?

The Priory : *35 High St.* ☎ *82-32-49.* • *info@prioryrestaurantburford.co.uk* • *prioryrestaurantburford.co.uk* • *Doubles en* B & B *52,50-67,50 £.* Jac-

ket potatoes 6 £ ; plats à partir de 7 £. Petit café-resto chaleureux. Et une poignée de chambres avec ou sans salle de bains, donnant pour la plupart sur le petit jardin situé à l'arrière. Confort simple et déco sobre.

À voir

St John Baptist's Church : remarquable édifice du XIIe s, qui fut le théâtre en 1649 d'un événement important de l'histoire anglaise. Une partie de l'armée de Cromwell se révolta et refusa d'aller combattre injustement les Irlandais. Ce fut le mouvement des « Levellers », soldats qui combattaient en plus l'autoritarisme des chefs et qui avancèrent des revendications très radicales pour l'époque. Pour le Parti travailliste et les historiens, ils furent les premiers socialistes de Grande-Bretagne. 340 d'entre eux furent faits prisonniers, enfermés dans l'église de Burford, et leurs leaders furent exécutés. L'un d'eux grava son nom sur la margelle des fonts baptismaux, que l'on distingue difficilement sous le verre : « Antony Sedley, 1649, Prisoner ».
Très beau porche sud. Cette église offre, en outre, d'admirables pierres tombales sculptées et les pittoresques sarcophages de sir Laurence, juge à la cour de James Ier, et de Lady Elizabeth. Superbes vitraux, une horloge à la mécanique géniale, etc. À droite de l'autel, sous les vitraux, un verset de la Bible traduit en anglais par William Tyndale en 1525. Jusqu'ici, la Bible était rédigée exclusivement en latin. Enfin, en prenant à droite en entrant, monter les marches de la petite chapelle sur la droite, se tourner à 180° et regarder tout en haut du mur : on distingue une pierre sculptée de trois personnages à cheval (estimée du XIIe s), *Epona Stone*, dont la signification reste mystérieuse.
Dans le joli et bucolique cimetière, forte concentration de tombes et de monuments funéraires de riches maîtres lainiers des XVIe et XVIIe s, le tout recouvert d'un délicat lichen... Romantique en diable !

The Tolsey House : *à l'angle de Sheep St et de High St. Avr-oct, tlj sf lun 14h-16h.* Une vieille demeure d'avant 1560, reconvertie en musée sur l'histoire et le mode de vie d'antan dans la région. Elle fut construite par les marchands lainiers pour se réunir.

À voir dans les environs de Burford

Cotswold Wollen Weavers : *Filkins. ☎ (01367) 86-04-91. • naturalbest.co.uk • À quelques miles de Burford, sur l'A 361, en direction de Lechlade. Lun-sam 10h-18h, dim 14h-18h. Entrée gratuite.* Un total coup de cœur ! Cette ancienne manufacture de laine, toujours aussi active, est installée dans de superbes bâtiments, datant du XVIIIe s, méritant assurément le coup d'œil. On y tisse toujours, à l'ancienne, les plus beaux tweeds, les plus belles flanelles, les plus belles gabardines. À la boutique, costumes, tailleurs, jupes, châles, écharpes, chapeaux confectionnés sur place. Les modèles sont classiques, rustiques et sobres ou au contraire ultra *fashion*, colorés et décalés. On adore ! Pas donné, certes, mais l'on trouve de jolies choses à partir de 15 £. À l'étage, une boutique de jeux, déco et accessoires propose des tas d'objets rétro à tous les prix. Un musée de la Laine a été aménagé sur place et l'on peut visiter la manufacture et les ateliers de tissage. À ne pas manquer...

Minster Lovell Hall : *à env 4 miles de Burford sur la route de Witney, B 4047. Derrière St Kenelm's Church.* Ruines d'un manoir du XVe s, construit par lord Lovell, et abandonné au XVIIIe s. Calme et romantique à souhait !

BROADWAY

2 500 hab. IND. TÉL. : 01386

La richesse de Broadway remonte aux XVIIe et XVIIIe s et à l'industrie de la laine. Les maisons le long de High St racontent cette histoire. Charmants cottages en pierre dorée abritant des boutiques de brocanteurs et d'artisans. Dans un parc habité de biches et d'autres animaux à cornes, une tour permet une vue panoramique des environs. Broadway se surnomme le « bijou des Cotswolds »...

Adresse utile

Tourist Information Centre : *Unit 14, Gordon Russell Trust, Russell Sq, High St, WR12 7AP. ☎ 85-29-37. • visitbroadway.co.uk • beautiful broadway.com • En retrait de High St, en face de la supérette* Budgens. *Lun-sam 10h-17h ; dim 14h-17h ; en hiver, jusqu'à 16h slt.* Un accueil efficace et souriant.

Où dormir ?

De prix modérés à prix moyens (40-80 £ / 48-96 €)

Hunter's Lodge : *48 High St, WR12 7DT. ☎ 85-32-47. • broadway-cotswold.co.uk • Double 50 £, sdb à partager et petit déj inclus. CB refusées. Loue également 2 cottages, l'un 275 £/pour 2 et l'autre de 3 chambres 400-500 £/sem.* Dans cette maison de 1650 sur laquelle court de la vigne vierge, 3 chambres en *B & B* (attention à la tête en passant les portes !), dont une très spacieuse avec lit à baldaquin. Formidable adresse à prix raisonnable. Accueil prévenant de la logeuse, qui parle un peu le français. Jardin à l'arrière.

Brook House : *Station Rd, WR12 7DE. ☎ 85-23-13. • enquiries@brook housebroadway.wanadoo.co.uk • À 10 mn à pied du centre par l'A 44 en direction d'Evesham. Double env 70 £ et, de manière pour une fois logique, single 35 £. Parking bien pratique à l'arrière.* Une maison charmante et gaie, avec son crépi blanc et ses fenêtres bordées de bleu. Accueil délicat.

Où manger ?

Bon marché (moins de 8 £ / 9,60 €)

Tisanes : *21 The Green. ☎ 85-32-96. Tlj jusqu'à 17h. Large choix de sandwichs ou de croque-monsieur 4-6 £.* À goûter aussi : le chocolat royal avec du brandy, ou le café gaélique avec du whisky et de la crème. Café, thé épicé et bien sûr des gâteaux maison ! Coquette terrasse à l'arrière.

Sheikh's Restaurant : *The Coach House, The Green. ☎ 85-86-30. Tlj jusqu'à 23h30 ! Un indien dont les (bonnes) spécialités tournent autour de 8 £ :* tandoori, *curry, agneau mariné...* Bel espace que cette ancienne écurie. Il y a même une mezzanine, pour ceux qui aiment prendre de la hauteur.

Prix moyens (8-15 £ / 9,60-18 €)

The Swan : *2 The Green. ☎ 85-22-78. Service non-stop tlj 12h-22h (21h30 dim). Plats 8-21 £ (le midi, plats à partir de 7 £) ; le soir, menus 2-3 plats 13-16 £.* On craque pour ce pub cosy à souhait, où l'on se régale d'une cuisine traditionnelle étonnamment fine et soignée (épaule d'agneau mémorable !). Confortablement lové dans un gros fauteuil à oreilles ou dans une jolie salle à manger à l'atmosphère plus formelle. On adore l'ambiance très british, très gentleman-farmer et l'on se réjouit de l'excellent rapport qualité prix.

Très chic (plus de 20 £ / 24 €)

Gobblets : *High St. ☎ 85-22-55.*

À côté du Lygon Arms *(même maison). Résa fortement recommandée. Lunch 26 £ ; dîner 41 £.* En voilà un agréable resto ! 2 cheminées dans la 1re salle (bien plus plaisante que celle du fond), des alcôves de chaque côté, des poutres apparentes, et un sol en pierre noire. Le pain maison est servi avant de prendre votre commande, accompagné d'une délicieuse vinaigrette. Ambiance plutôt décontractée ; d'ailleurs, la carte n'est pas si chère (à part les vins au verre). Très bon rapport qualité-prix. Accueil prévenant. Pour les plus fortunés, voir le *Lygon Arms* (ci-dessous).

I●I *The Lygon Arms :* *High St. ☎ 85-22-55. ● sandra@lygonarms.co.uk ● Un vrai bonheur, si ce n'est les prix exorbitants : 41,50 £ le repas, 145-300 £ la chambre selon saison et standing !* Auberge chargée d'histoire, dont la construction a commencé au XVIe s. Les royalistes, puis Cromwell, l'utilisèrent comme quartier général pendant la guerre civile (1640-1650). L'établissement était donc neutre ! Le général Lygon était un excentrique du XIXe s, qui a reconstitué la bataille de Waterloo dans ses plantations forestières... Tout est magnifique, des salons feutrés et bourgeois du pub à la salle à manger, un hôtel de grand style. Contentez-vous donc de prendre l'*afternoon-tea* et visitez discrètement les lieux. Également un spa avec une piscine très agréable, ouvert aux non-résidents.

À voir. À faire

★★ *Tower Country Park :* *prendre l'A 4 en direction d'Oxford, c'est à env 2 miles. ● broadwaytower.co.uk ● En hiver, accessible slt sam et dim. En été, tlj 10h30-17h ; attention horaires variables. Fermé par mauvais temps. Entrée : 4,50 £ ; réduc.* De cet endroit, on bénéficie par beau temps d'un panorama immanquable sur Broadway et les Cotswolds. Cette tour construite en 1800, entourée d'un grand parc, serait le plus petit château construit aussi haut de toute l'Angleterre. Il abrita une imprimerie, puis servit de refuge à plusieurs artistes. Au 2e étage, une pièce est ainsi dédiée à William Morris.

★ *St Eadburgha's Church :* *à l'écart du centre.* Église du XIIe s, intéressante par sa charpente et le dispositif pour actionner les cloches. Dans la nef, les bancs sont de signature jacobine, alors que la croix s'avère une copie de celle présente dans la cathédrale de Winchester. Du village, un sentier d'un mile la rejoint. En face de l'église, par un portail en fer forgé, départ du sentier pour la *Broadway Tower.*

★ *Gordon Russell Heritage Centre :* *à côté du* Tourist Information Centre. *☎ 85-46-95. ● gordonrussellmuseum.org ● Mars-oct, tlj sf lun 11h-17h ; nov-déc et fév, 11h-16h. Fermé en janv. Entrée : 4 £, réduc.* Une large collection de meubles fabriqués à Broadway depuis les années 1920. Pas bien grand, mais superbe ! Près d'un millier de dessins de sir Gordon Russell, documents photographiques et filmés exposés par roulement.

★ *Thomas Kinkade Gallery :* *High St, à côté de la poste. ● thomaskinkade.com ● Lun-sam 10h-17h ; dim 11h-16h.* L'œuvre d'un peintre américain visitant les Cotswolds chaque année et dont il tirerait son inspiration et son travail de la lumière. Une série de cottages aux fenêtres scintillantes un soir de veillée.

➢ ***Balades à cheval :*** ***Woodlands Riding Stables,*** *à env 4 miles de Winchcombe, sur la route de Broadway. ☎ 58-44-04. ● woodstanway.co.uk ●* Propose différentes promenades, dont les rigolos « pub rides », où vous chevauchez de pub en pub (sacrés Anglais !).

★ 🍸 Si vous passez par le petit village de ***Bretforton,*** ne manquez pas le ***Fleece*** *(à 50 m de l'église ; attention, l'hiver parfois fermé les lun-mar ap-m),* un pub dans une ferme médiévale, agrandie au XVe s et transformée en pub au XIXe s. Très bel endroit. Conserve plein de souvenirs, dont de merveilleux plats en étain déposés par Cromwell contre des espèces sonnantes, lors de son passage. Cheminées de taille. Nombreuses marques de protection contre les sorcières. Dans la partie brasserie, très belles mesures en cuivre et laiton. Les gens du coin vous donneront tous les détails supplémentaires que vous voudrez. Il suffit de les leur demander.

➢ Aller à Chipping Campden par les ***footpaths.*** Très agréable promenade pour ceux qui aiment se balader à travers champs. Sinon, suivre la petite route à proximité.

CHIPPING CAMPDEN

2 500 hab. IND. TÉL. : 01386

Le village qui nous a le plus charmés, avec ses véritables cottages aux toits d'ardoises ondulés sous le poids du temps. C'est là que certaines scènes du film *The Canterbury Tales* (« Les Contes de Canterbury ») de Pasolini furent tournées. Tout le réseau électrique a été enterré pour faciliter les tournages. Quelques artistes et artisans se sont installés dans le village au début du XXe s.

Adresse et info utiles

🛈 ***Tourist Information Centre :*** *The Old Police Station, High St. ☎ 84-12-06. • chippingcampdenonline.org • De mi-mars à fin nov, tlj 9h30-17h ; de déc à mi-mars, lun-jeu 9h30-13h, ven-dim 9h30-16h.*
– ***Marché :*** *le ven.*

Où dormir ?

Prix moyens (60-80 £ / 72-96 €)

Taplin's B & B : *5 Aston Rd. ☎ 84-09-27. • cotswoldstay.co.uk • Une double et une twin (lits jumeaux) 60 £.* La salle de bains, avec grande douche et baignoire sur pieds à l'ancienne, est partagée entre les 2 chambres. À 5 mn à pied du centre historique, Rachel et Tim vous accueillent dans des odeurs de gâteaux tout juste sortis du four.

The Old Bakehouse : *Lower High St, GL55 6DY. ☎ 84-09-79. 📱 07702-35-95-30. • zoegabb@yahoo.co.uk • Congés : 22-29 oct. En B & B, compter 60-75 £. CB refusées.* 3 agréables chambres *en-suite,* dont 1 familiale.

Où manger ?
Où boire un verre ?

Bon marché (moins de 8 £ / 9,60 €)

The Bantam Tea Rooms : *High St, à côté de l'office du tourisme. Ferme à 17h. Breakfast, lunch et afternoon tea (env 5 £).* Plaisant salon de thé, qui dispose aussi d'une cour intérieure pour les beaux jours. Délicieux gâteaux et service souriant.

Prix moyens (8-15 £ / 9,60-18 €)

Eight Bells : *Church St. ☎ 84-03-71. • info@eightbellsinn.co.uk • Tlj. Sandwichs 7 £ env, plats 10-20 £ ; menus 14,50-16,95 £ (2-3 plats), sf ven soir-dim.* Le plus vieux pub de la ville offre une cuisine typique, délicieuse et créative. Merveilleux duo de *fagots* (de délicieuses boulettes en sauce) et mémorable *sticky toffee pudding.* Atmosphère douillette près du feu. Service impeccable. Une autre salle de resto, plus coquette, plus formelle aussi.

The King's : *High St. ☎ 84-02-56. Au resto, menu 2 ou 3 plats 21,50-*

29,50 £ ; au bar, plats 8,25-12 £ et sandwichs. À droite en entrant, le bar, où l'on peut grignoter relax toute la journée sur des tables en bois. À gauche, un resto un peu chic avec un immense manteau de cheminée. Remarquez l'étonnante banquette en bois au centre de la salle. Il y a ici un petit côté gentleman-farmer : rustique, cosy et lumineux en même temps. Côté assiette : des ingrédients frais et de bonnes idées.

De plus chic à très chic (plus de 15 £ / 18 €)

The Lygon Arms : *High St. ☎ 84-03-18. Ouv mat, midi et soir. Repas 18-32 £.* On y sert des plats de pub classiques, d'une qualité plutôt au-dessus de la moyenne, jusque dans les desserts, où le gâteau tiède au gingembre et sa glace est un régal.

Cotswolds House : *High St, The Square. ☎ 84-03-30. Au grill, lunch 16,50 £ et plats 12-26 £.* On évoquera à peine l'hôtel, certes charmant, mais aux tarifs rédhibitoires. Le resto est aussi très cher : la grande cuisine et le cadre d'exception ont leur prix. Mais la brasserie offre un remarquable rapport qualité-prix. Cadre moderne et cuisine dans l'air du temps.

The Volunteer Inn : *Lower High St. ☎ 84-06-88. Lun-jeu 15h30-minuit, ven-dim 11h-minuit.* Un vrai pub de campagne comme on les aime, où jeunes et moins jeunes viennent boire un verre. D'un côté, tables et banquettes sont à l'honneur au *lounge* ; de l'autre, les férus du comptoir s'y accouderont dès 18h. À vous de choisir votre camp ! 9 chambres en *B & B* très spacieuses et bien tenues à environ 70 £ en haute saison. Pratique si vous arrivez tard en ville.

Où dormir ? Où manger dans les environs ?

The Falkland Arms : *Great Tew OX7. ☎ (01608) 68-36-53. • falklandarms.co.uk • À env 5 miles au nord-est de Chipping Norton. De l'A 361, suivre « the Tews ». Tlj 11h30-23h (dim 12h-22h30). Doubles 60-90 £ selon chambre, petit déj compris. Compter 7-11 £ au bar, 12-19 £ le soir au resto.* Un pub du XVIe s fort agréable, où l'on sert d'excellents plats. Impressionnante collection de brocs et de pintes, accrochés aux poutres. Grand choix de malts. En vente également, des pipes en argile et du tabac à priser ! À l'étage, 5 magnifiques chambres restées elles aussi dans leur jus ; rustiques et magnifiques (salle de bains modernes et nickel, qu'on se rassure !). Un coup de cœur !

The Crown and Cushion Hotel : *23 High St,* ***Chipping Norton****, OX7 5AD. ☎ (01698) 64-25-33. • crowncushion.co.uk • Doubles 99-119 £, petit déj compris. Surveiller les promos sur Internet ; possibilité de pension.* Cette magnifique auberge de campagne (bien qu'en plein centre-ville) date de 1630 et possède un charme fou. On y trouve un petit pub aux boiseries sombres, un feu de cheminée, de petits salons fleuris et même une belle piscine couverte qui vient donner une agréable touche de modernité à l'ensemble. Les 40 chambres sont belles et spacieuses, meublées d'antiquités. Certaines sont même équipées de baignoire à pattes de lion, de sanitaires en faïence fleurie ou de lit à baldaquin ! Une excellente étape pour une ou plusieurs nuits car Chipping Norton s'avère idéale pour rayonner dans les Cotswolds.

À voir

St James Church : *• stjameschurchcampden.co.uk • En été, lun-sam 10h-17h ; dim 14h-18h.* Église du XVe s, porche du XIVe s. Superbe vitrail à l'entrée du chœur (au-dessus de l'arche centrale), qui représente le Jugement dernier, motif très présent dans les vitraux des églises liées au commerce de la laine. Dans le bas-côté sud, le tombeau de sir Baptist Hicks et de son épouse, les bienfaiteurs de cette église.

Grevel House : *High St.* Au bout de la grand-rue, maison qui date du XIVe s. Gargouilles étonnantes, cadrans solaires...

The Court Barn : *Church St. ☎ 84-19-51. • courtbarn.org.uk • Tlj sf lun 10h-17h (16h oct-mars). Entrée 4 £, réduc.* Musée-galerie dédié au mouvement *Arts & Crafts.* Un peu trop cher pour ce qu'il y a à voir...

Market Hall : ancienne halle accueillant le marché de la laine, bâtie en 1627. Admirez-en la charpente.

The Wool Staplers Hall : côté opposé à *Grevel House.* Construit au XIVe s. Bourse de commerce de la laine ; les marchands de Londres, les éleveurs locaux y établissaient les cours de la laine.

Dovers Hill : colline culminant à 225 m, qui offre un large panorama par beau temps. Mais sa particularité tient au fait qu'elle dessine un amphithéâtre naturel.

The Guild : *Sheep St, dans le Old Silk Mill.* Galerie et ateliers d'une lignée d'artisans travaillant l'argent et l'or, tel David Hart, petit-fils de George Hart, qui s'établit ici en 1908, et fut lié au mouvement *Arts & Crafts.* Un bric-à-brac surprenant.

DANS LES ENVIRONS DE CHIPPING-CAMPDEN

Hidcote Manor : *près de Mickleton, à 3 miles de Chipping Campden. ☎ 43-83-33. • nationaltrust.org.uk • De mi-mars à fin sept, tlj sf jeu et ven 10h-18h (ouv tlj en juil-août) ; d'oct à mi-nov, 10h-17h ; de mi-nov à fin déc et de mi-fév à mi-mars, ouv slt w-e 11h-16h (mais mieux vaut s'assurer des horaires sur Internet). Fermé de mi-déc à mi-fév. Entrée : 10 £ ; réduc.* Un jardin de grande renommée, qui doit son existence à Lawrence Johnston, né en France de parents américains, et qui vint s'installer à Hidcote Manor avec sa riche maman. À l'époque du mouvement *Arts & Crafts,* sa passion pour les plantes fit naître cet ensemble de jardins, telles des pièces affublées de leur propre atmosphère. Dans le vieux jardin, un cèdre du Liban se déploie majestueusement. Subtile association de l'art de jardiner à la française et à l'anglaise. Les arbres taillés savamment côtoient les herbes folles...

The Rollright Stones : *à* ***Great Rollright,*** *à 3 miles au nord de Chipping Norton (très bien fléché). Participation de 1 £ parfois demandée entre le lever et le coucher du soleil.* Parmi trois sites se distingue le *Kings Men Stone Circle,* un cercle cérémonial de la fin du Néolithique. Une centaine de pierres usées, recouvertes de lichens estimés de 400 à 800 ans ! La légende dit qu'elles correspondent à un roi et à son armée à qui une sorcière aurait jeté un sort... Une autre légende dit que l'on voit son vœu se réaliser si, en les comptant, l'on tombe trois fois de suite sur le même chiffre ! 70, 82, 105 ? À vous de compter, à vous de jouer !

Great Tew : adorable village, qui semble encore à l'abri de l'afflux touristique. Cottages en chaume et pierre ocre au milieu de collines boisées. Quel charme ! On y trouve l'une de nos meilleures adresses (voir plus haut).

STRATFORD-UPON-AVON

25 000 hab. IND. TÉL. : 01789

Petite ville vraiment charmante, qui a eu le malheur de devenir célèbre grâce à un écrivain local... Ainsi, chaque année, des centaines de milliers de touristes se rendent à Stratford en pèlerinage pour rencontrer la mémoire de

Shakespeare. Dans la ville, tout lui est consacré, du théâtre jusqu'aux boutiques de souvenirs. Beaucoup d'écoliers français. Festival d'été avec représentations gratuites certains jours.

Arriver – Quitter

En train

Gare ferroviaire *(hors plan par A1)* **:** *Station Rd. Dans la direction de Greenhill St.*

➢ **Londres Marylebone :** env 10 trains/j. (ttes les heures env ; durée : env 2h-2h30). Pour *Londres Paddington,* correspondance à Oxford.

En bus

Gare routière *(plan B1)* **:** *Riverside. Prendre Bridgefoot, puis Bridgeway sur la gauche devant l'office de tourisme.*

➢ **Londres :** 4 bus/j. dans les 2 sens, avec *National Express,* ☎ *0990-80-80-80.*

➢ **Oxford :** 8 bus/j. pour Oxford, certains avec changement à Chipping Norton ; 4 bus au départ d'Oxford avec *Stage Coach,* ☎ *01788-53-55-55.*

➢ **Birmingham :** 5 bus/j. au départ de Stratford, 6 bus/j. depuis Birmingham, avec *National Express* et *Stage Coach.*

Adresses et infos utiles

Tourist Information Centre *(plan B1)* **:** *Bridgefoot,* ☎ *26-42-93.* • *discover-stratford.com* • *De l'autre côté du pont. Tlj 9h-17h30.* *(payant).* Discount sur de nombreuses visites et toute la doc habituelle. Personnel disponible et accueillant.

✉ **Poste** *(plan A1)* **:** *Henley St. Lun-sam 8h30-18h.*

■ **Leisure and Visitor Centre :** *sur Bridgefoot, en face de l'office de tourisme. Tlj 7h-22h. Entrée payante.*

– **Marché :** *le ven. Plus un marché fermier les 1er et 3e sam du mois.*

– **Les parkings** dans la ville sont horriblement chers. Mais si vous résidez en *B & B* dans le centre, voyez avec votre hôte la possibilité d'obtenir une « guest card », et vous ne paierez que 3 £ les 24h, garé dans la zone du *B & B.*

Où dormir ?

Camping

Racecourse Camping *(hors plan par A2,* **4***)* **:** *Luddington Rd, à 2 miles du centre, sur la route d'Evesham (B 439), sur le site de l'hippodrome.* ☎ *26-79-49.* • *stratfordracecourse.net* • *À moins de 15 mn de la gare. Ouv avr-fin sept. Bon marché : 11 £ pour 2 avec tente.* Immense, tentes bien espacées. Sanitaires basiques, mais l'accueil chaleureux et la proximité d'un sentier (on peut se rendre en ville à pied) sont des avantages indéniables.

De prix modérés à prix moyens (40-80 £ / 48-96 €)

Bien qu'on n'ait pas l'habitude de conseiller des hôtels de chaîne, il est difficile de ne pas citer le ***Mercure Shakespeare Hotel,*** dans Chapel St. Cette longue maison à colombages, dans le plus pur style Tudor, est l'une des plus belles de la ville. Prix en conséquence mais belles promos sur Internet *(à partir de 60 £/nuit* • *mercure.com* •*).*

Nombreux ***B & B*** sur Shipston Rd et Evesham Pl.

Garth House B & B *(hors plan par A2,* **5***)* **:** *9A Broad Walk.* ☎ *29-80-35. Doubles 45-70 £ selon chambre sans ou avec sdb.* Vous trouverez difficilement moins cher à Stratford. En prime, les chambres sont grandes, claires et colorées, et donnent sur l'arrière. Accueil sympa, *English breakfast...*

The Hollies *(hors plan par A2,* **6***)* **:** *16 Evesham Pl, CV37 6HQ.* ☎ *26-68-57. À l'angle de Chestnut Walk. Doubles 55-65 £ avec douche ou baignoire.* Petite *guesthouse* coquette. Assez bien

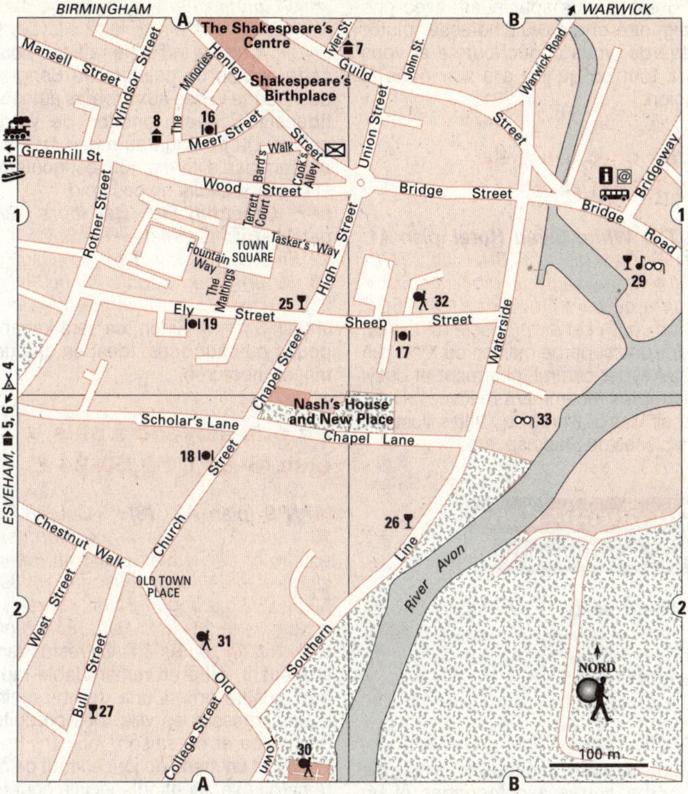

STRATFORD-UPON-AVON

Adresse utile

- Tourist Information Centre

Où dormir ?

- **4** Racecourse Camping
- **5** Garth House B & B
- **6** The Hollies
- **7** Courtland Hotel
- **8** The White Swan Hotel

Où manger ?

- **15** Greenhill Fish Bar
- **16** Usha
- **17** The Opposition Bistro
- **18** N°9
- **19** Sorrento

Où boire un verre ?

- **25** Garrick Inn
- **26** The Dirty Duck
- **27** The West End
- **29** Cox's Yard

Où sortir ?

- **29** Cox's Yard
- **33** The Royal Shakespeare Company

À voir

- **30** Holy Trinity Church
- **31** Hall's Croft
- **32** Tudor World at the Falstaff Experience

située et des prix plutôt acceptables pour la région.

Courtland Hotel *(plan A-B1,* ***7****)* **:** *12 Guild St, CV37 6RE. ☎ 29-24-01.* • *courtlandhotel.co.uk* • *6 chambres en-suite 65-75 £ selon taille et sdb ; réduc hors saison.* Des chambres charmantes, avec chacune sa couleur. La n° 6 est la plus spacieuse, avec une baignoire originale. L'hôtesse, plutôt bavarde, vous chouchoutera et vous dira tout ce qu'il y a à voir dans la région.

Très chic (plus de 120 £ / 144 €)

■ ***The White Swan Hotel*** *(plan A1,* ***8****)* **:** *Rother St, CV37 6NH. ☎ 29-70-22. • whiteswanhotel@fullers.co.uk • fullers.co.uk • Doubles 130-260 £ selon confort et promo, petit déj inclus.* Dans une superbe maison du XVe s, un hôtel hyper central, charmant et cosy. Chambres récemment rénovées. Dans le hall, des gravures du XVIIIe s illustrent les pièces de Shakespeare.

Où dormir dans les environs ?

■ ***Youth Hostel*** **:** *à* ***Alveston,*** *à 2 miles au nord-est de Stratford, sur la B 4086. Suivre Barbury/Tiddington, puis indiqué. ☎ 29-70-93. • stratford@yha.org.uk • De Stratford, bus 15 ou 18. Lits en dortoir à partir de 14 £ ; doubles à partir de 29 £ ; réduc possible.* 💻 Le bâtiment est très chouette, avec une superbe entrée à colonnades et un parc. Refait à neuf, il offre tout le confort moderne. Nickel ! Toutes sortes de grandes chambres, y compris mixtes et familiales. Laverie.

Où manger ?

Bon marché (moins de 8 £ / 9,60 €)

Pour les petits budgets, sur le bassin au début de Waterside, des péniches amarrées proposent sandwichs chauds et froids à moins de 2,50 £. Plein de bancs aux alentours. Voir aussi plus loin, nos adresses de pubs.

IOI ***Usha*** *(plan A1,* ***16****)* **:** *28 Meer St, CV37 GQB. ☎ 29-73-48. • naz.usha@yahoo.co.uk • Service jusqu'à 23h30, voire plus tard le w-e. Fermé le midi lun-jeu. Entrées à moins de 6 £ ; plats 6-13 £.* Cuisine indienne raffinée pour cette équipe de cuistots du Bangladesh. Carte variée aux saveurs authentiques (épicé en fonction de votre palais). Du tandoori au *rogan josh* en passant par le *korma,* tout est goûteux et copieux. Cadre un peu froid.

Greenhill Fish Bar *(hors plan par A1,* ***15****)* **:** *40 Greenhill St. ☎ 26-25-42. En direction de la gare. Ouv jusqu'à 23h30 en sem, jusqu'à 2h ou 3h le w-e. Fermé le dim. Compter 5 £ pour un fish & chips.* Sinon, ce sera kebab, poulet ou saucisses. Idéal en cas de fringale nocturne.

De prix moyens à plus chic (8-20 £ / 9,60-24 €)

IOI ***N° 9*** *(plan A2,* ***18****)* **:** *9 Church St. ☎ 41-55-22. • dine@no9churchst.com • Tlj sf certains dim soir. Menu lunch et pré-théâtre (jusqu'à 18h30) 12,50 £ (2 plats) ou 16,50 £ (3 plats) ; le soir, carte 26-42 £. Dim, brunch slt (12h-15h30) 16,50-20 £.* Ce resto, frais et élégant, offre un remarquable rapport qualité-prix. L'une de nos meilleures adresses en ville. Des produits de qualité et de saison, joliment travaillés, et un menu du jour en tout point remarquable. Mention spéciale pour le bœuf d'Aberdeen, maturé 21 jours et cuit « bleu » pour les amateurs. Un pur bonheur qui fera tomber bon nombre de préjugés ! Quant au brunch, il tient plus du *Sunday roast* que du *breakfast* ! Excellent accueil et service attentionné.

IOI ***The Opposition Bistro*** *(plan B1,* ***17****)* **:** *13 Sheep St. ☎ 26-99-80. • eat@theopposition.co.uk • Menu lunch et pré-théâtre 12,50 £ (2 plats) ou 16 £ (3 plats) ; le soir, plats 8,50-29,50 £.* Le choix est varié, l'inspiration à la fois continentale et anglaise. Les créations culinaires sont délicieuses et parfaitement relevées. Le curry de poulet rôti au beurre de citron et à la banane est tout simplement une merveille. Service efficace, notamment pour se rendre au théâtre après dîner. À voir et à manger !

IOI ***Sorrento*** *(plan A1,* ***19****)* **:** *8 Ely St. ☎ 29-79-99. • jackie@sorrento.*

LES COTSWOLDS

demon.co.uk • Fermé dim, lun et de mi-juil à début août. Menus 2 ou 3 plats en avt-soirée 14-18 £ ; repas complet un peu plus de 20 £ (pâtes 9-13 £). Réduc sur présentation de ce guide. Un vrai resto italien. Carte, musique et chef authentiques et cuisine vraiment délicieuse ! Si les plats de viande et de poisson vous paraissent un peu chers, ne vous inquiétez pas : une entrée (succulentes *melanzane alla parmigiana*) suivie d'un plat de pâtes cuites *al dente* suffisent amplement. Carte des vins exclusivement italienne (grand choix à tous les prix) et *espresso* particulièrement goûteux.

Où boire un verre ?

Garrick Inn *(plan A1,* ***25****) : 25 High St. ☎ 29-21-86.* Un pub existant depuis 1718, remarquablement chaleureux. C'est le plus vieux pub de la ville et sa belle déco a été savamment modernisée. Vous pouvez y goûter une bière brassée dans les environs. La façade sculptée du XVIe s vaut à elle seule le coup d'œil ! On peut aussi y déjeuner ou y dîner (même après le théâtre) : cuisine de pub correcte et (mais ?) prix tout doux.

The Dirty Duck *(plan B2,* ***26****) : Waterside. ☎ 29-73-12. • 7716@greeneking.co.uk •* C'est à la sortie du théâtre qu'il faut se rendre dans ce beau pub anglais ou sur sa terrasse donnant sur la rivière pour saisir toute l'ambiance (et quelques pintes) des conversations de sortie de spectacle. Fait aussi resto.

The West End *(plan A2,* ***27****) : 9 Bull St. Dans le prolongement de Church St.* Bar moderne et convivial. Pour se réchauffer près du feu par un après-midi *foggy.* Mais aussi un jardin à l'arrière lorsque le *fog* s'est levé.

Cox's Yard *(plan B1,* ***29****) : Bridgefoot. ☎ 40-46-00. • info@coxsyard.co.uk • coxsyard.co.uk •* Impossible de rater ce grand bâtiment sur les rives de l'Avon et aux allures de moulin. Il accueille un grand bar convivial doté d'un superbe *beer garden* au bord de l'eau. Mais aussi un *italian coffee shop,* un glacier, un théâtre (l'*Attic*) et une salle de concert (rock, blues, etc.). Fait aussi resto. Idéal en fin d'après-midi ou par une belle soirée d'été.

Où sortir ?

The Royal Shakespeare Company *(plan B2,* ***33****) : ☎ (0844) 80-01-10 (résa). • rsc.org.uk • Représentation ts les soirs ou presque. Prix des places : 12-60 £ le w-e ; billets de dernière minute vendus à 5 £ pour les 16-25 ans et à 30 £ pour les seniors.* Après tout, si vous êtes là pour le grand Will, autant aller voir au moins une de ses pièces en version originale, interprétée par l'une des troupes les plus prestigieuses au monde. Il vaut quand même mieux maîtriser l'anglais de l'époque et réserver plusieurs semaines à l'avance. La *RSC* a fêté ses 50 ans en 2010 et a été entièrement rénovée pour l'occasion. Elle compte en réalité trois lieux distincts : le *Royal Shakespeare Theatre,* le plus grand, le plus impressionnant, où se jouent donc les plus « grandes » pièces ; *The Swan Theatre,* ravissant car reconstitué à l'ancienne ; et *The Courtyard,* la plus petite salle. Dans tous les cas, sachez que la *RSC* n'est pas la Comédie-Française ! Sur scène, bien sûr, que des pointures ! Et l'on se délectera toujours de leur diction irréprochable. Mais question « mises en scène », sachez que, le plus souvent, elles jouent la provoc, l'anachronisme et l'anatopisme. De quoi faire grincer quelques dents ! Bref, autant vous prévenir, si vous n'aimez que les mises en scène classiques, vous risquez une déconvenue. Mais si vous aimez le théâtre, c'est un risque à prendre ! Quelques pièces modernes également au programme.

Playbox Theatre Company : *basé sur Warwick. ☎ (01926) 41-95-55. • playboxtheatre.com • Adulte : 11,50 £ ; enfant 5-7,50 £.* Pour que les plus jeunes ne soient pas en reste, pièces de théâtre de qualité pour les enfants et les ados jouées au ***Attic Theatre du Cox's Yard,*** près du pont Clopton *(face à l'office de tourisme, plan B1,* ***29****).* Spectacles colorés et imaginatifs. À côté, un *coffee shop* ouvert jusqu'à 16h30, avec une grande terrasse donnant sur l'Avon.

À voir

Pour ceux qui sont venus pour l'illustre poète dramatique, il existe un billet unique (valable 12 mois) pour les trois principaux sites du centre-ville, à savoir la *Shakespeare's Birthplace,* la *Hall's Croft et* la *Nash's House.* Compter 13,50 £ ; réduc et ticket familial 36 £. C'est donc très avantageux. Renseignez-vous à l'office de tourisme ou directement à l'entrée des musées. Attention, le billet est le même mais les horaires sont différents pour chacun des sites.
Si l'on dispose de plus de temps, on peut visiter deux autres sites à l'extérieur du centre-ville (la *Mary Arden's House* et l'*Ann Hathaway's Cottage* ; voir plus loin) pour 21 £ ; réduc et forfait famille à 55 £.

Shakespeare's Birthplace *(plan A1)* **:** Henley St. • *shakespeare.org.uk* • *Tlj ; avr-mai et sept-oct, 9h-17h ; juin-août, 9h-18h ; nov-mars 10h-16h. Petit fascicule en français.* En préambule, une petite expo scénographiée sur la vie de Shakespeare. Puis, dans le jardin, la jolie demeure (de style Tudor) qui a vu naître le héros local en 1564. À l'intérieur, l'atmosphère d'une maison de l'époque élisabéthaine est parfaitement restituée. On y trouve des manuscrits et plusieurs exemplaires des œuvres de l'écrivain. On découvre bien sûr LE lit, ô combien vénéré (mais s'agit-il vraiment du lit où il a vu le jour, *that is the question* !), mais aussi l'atelier du père de Shakespeare, qui était un riche commerçant et gantier. Au 1er étage, il est amusant d'apercevoir sur les fenêtres les signatures des touristes de passage au XIXe s ! Des guides costumés, présents tout au long du parcours, s'avèrent de vrais passionnés. Ne pas hésiter à engager la conversation avec eux. Il n'est pas rare aussi que des acteurs déclament quelques tirades. On en redemande ! Malheureusement, c'est souvent la bousculade.

Holy Trinity Church *(plan A2,* ***30****)* **:** *avr-sept tlj, 8h30-18h (16h-17h en hiver) ; dernière entrée 20 mn avt. Continuer tt droit après* Hall's Croft. *Entrée pour la tombe : 2 £.* Accès très théâtral, entre deux rangées d'arbres bordées d'un cimetière. Dans cet édifice gothique, Shakespeare fut baptisé en 1564, et inhumé en 1616, ainsi que plusieurs membres de sa famille. On y verra donc sa (simple) tombe, les fonts baptismaux, où l'écrivain a été baptisé et le buste offert par ses amis quelques années après sa mort. Au bord de l'Avon, vue très calme et reposante. Si vous êtes là le 23 avril, jour anniversaire de la naissance du monsieur, grande fête organisée par la paroisse.

Hall's Croft *(plan A2,* ***31****)* **:** *tlj 10h-17h (11h-16h nov-mars). Même billet que pour la* Shakespeare's Birthplace *et la* Nash's House. Très belle maison datant de 1613 et meublée XVIIe s. La fille aînée de l'écrivain, Susanna, y vécut avec son mari médecin, John Hall, dont on peut découvrir le cabinet de consultation. La descendance directe de Shakespeare s'arrêta en 1670 avec la mort de la fille de Susanna et John Hall. Documentation sur la médecine de l'époque. Beau jardin.

Dans la maison, l'inévitable *tearoom* (ouvert à tous, même sans ticket), avec des chaises tapissées et des gravures aux murs, propose sandwichs et paninis pas chers *(à partir de 3 £)* dans un cadre très chic. Large choix de pâtisseries. Une halte bien méritée entre deux visites.

Nash's House and New Place *(plan A-B2)* **:** *tlj 10h-17h, juil-août 18h (11h-16h nov-mars). Même billet que pour la* Shakespeare's Birthplace *et* Hall's Croft. Maison du mari de la petite-fille de Shakespeare. Style bourgeois de l'époque élisabéthaine. À l'étage, petit musée. Juste à côté de cette maison, se dressait la maison de Shakespeare, détruite en 1759, parce que le propriétaire n'avait pas honoré sa taxe. Des fouilles, toujours en cours, en ont mis au jour les vestiges (la *New Place).* Là encore, jolis jardins.

Tudor World at the Falstaff Experience *(plan B1,* ***32****)* **:** *40 Sheep Street. 29-80-70.* • *falstaffexperience.co.uk* • *Entrée : 5 £, réduc et forfait famille (11,50 £).* Évocation un peu gore de la vie quotidienne sous le règne des Tudors. Gentil, sans plus.

À faire

➢ *Promenade sur l'Avon :* *Bancroft Cruisers (☎ 26-96-69. • bancroftcruisers.co.uk •) et Avon Boating (☎ 26-70-73. • avon-boating.co.uk •) proposent des balades de 45 mn (5,50 £ ; réduc). Départ réguliers dans le bassin du canal 10h30-17h, voire 18h.* Saturé de culture, on peut louer des barques pour flâner sur la rivière et profiter d'une autre vision de la ville.

➢ ***Visite guidée de Stratford sur les pas de Shakespeare :*** *• falstaffexperience.co.uk • De mi-janv à fin nov, le sam à 14h40 (tlj pdt les vac scol). Également deux sorties nocturnes mi-mai et fin août. Durée : 1h30. Tarif : 5,50 £, réduc.* En costume. Propose également, pour les amateurs, des *ghosts tours.* Rendez-vous au *Falstaff Experience* (voir plus haut).

Fêtes et manifestations

– ***Shakespeare Birthday Celebrations :*** *fin avr. • shakespearesbirthday.org.uk •* Les célébrations pour l'anniversaire de Shakespeare ont eu lieu à Stratford-upon-Avon depuis plus de deux siècles. Trois jours de fête avec parades, musique, théâtre, événements littéraires et dépôt de fleurs sur sa tombe.

– ***Stratford Literary Festival :*** *fin avr-début mai. • stratfordliteraryfestival.co.uk •*

– ***Stratford River Festival :*** *fin juin-début juil. • stratfordriverfestival.co.uk •* C'est la grande fête de l'Avon et de ses plaisanciers. Balades en bateau, musique live...

DANS LES ENVIRONS DE STRATFORD-UPON-AVON

Ann Hathaway's Cottage : *à 2,5 miles de Stratford en prenant la route d'Alcester (A 422). En été, tlj 9h-17h ; en hiver, 10h-16h. Entrée : 7,50 £. Possibilité de billets jumelés avec les autres sites shakespeariens du centre-ville et la* Mary Arden's House *: 21 £, réduc.* Dans cette charmante demeure au toit de chaume, naquit et vécut la femme de Shakespeare, jusqu'à leurs épousailles – elle a 26 ans et est enceinte, lui a 18 ans ! Ainsi ont-ils dû soudoyer leurs voisins, pour obtenir leur certificat de mariage en bonne et due forme : on ne rigolait pas avec la morale à l'époque... Jolis meubles rustiques du XVIe s. Dans la grande cheminée de la pièce commune, un placard à *bacon.*

Mary Arden's House : *à* ***Wilmcote,*** *situé à 3 miles de Stratford. Tlj de mi-mars à oct, 10h-17h ; fermé en hiver. Entrée : 9,50 £. Possibilité de billets jumelés avec les autres sites shakespeariens du centre-ville et le* Ann Hathaway's Cottage *: 21 £, réduc.* La mère de Shakespeare y vécut. On peut visiter deux bâtiments : la ferme et la maison de Mary, décorée selon le style victorien. À la ferme, des comédiens vivent réellement à l'heure moyenâgeuse. On y assiste à des démonstrations de vols de rapaces.

Warwick Castle : *à* ***Warwick,*** *à 8 miles de Stratford. ☎ 49-66-00. • warwick-castle.co.uk • Tlj 10h-18h (17h en hiver). Pour se garer à l'intérieur, arriver tôt. Pas donné, quand même : 22-31 £ pour les adultes ; réduc, notamment sur Internet ou moins cher encore à l'office de tourisme de Stratford. Bon à savoir, pour 1 £ de plus, on peut revenir le lendemain. Ajouter 6 £ pour le parking !* C'est le château le plus visité de Grande-Bretagne, et un des plus anciens (les premières fondations datent de 1068, commencées par Guillaume le Conquérant). Beaux jardins. On peut aussi visiter les tours et le donjon. Les salles du château sont magnifiquement aménagées et décrivent la vie quotidienne en ces lieux du XVe au XIXe s. Le Grand Hall, entre autres, est somptueux et expose de remarquables armures. On s'amuse, on circule, on se déguise, sur fond de musique d'époque, et

des mannequins de cire, qui n'ont rien à envier à ceux de Mme Tussaud, donnent vie à l'ensemble. Évidemment, ce n'est pas donné mais si l'on décide de participer et d'assister à toutes les animations, on y passe facilement la journée. Pendant les vacances, ce sont carrément des baladins, des conteurs, des combats à l'épée qui prennent possessions des lieux... Promenade en barque qui permet d'approcher l'arrière du château. En revanche les attractions payantes (comme *London Dungeon* ou *Dragon Tower*), ne justifient pas le coût supplémentaire demandé.
La petite ville de ***Warwick*** mérite aussi une petite balade. Rien de bouleversant mais quand même quelques jolies maisons anciennes, quelques rues commerçantes. Vous trouverez toutes les infos nécessaires au château ou à l'office de tourisme *(☎ 49-22-12. ● visitwarwick.co.uk ●).*

AU NORD DE LONDRES

CAMBRIDGE

109 000 hab. IND. TÉL. : 01223

Pour le plan de Cambridge, se reporter au cahier couleur.

L'autre université mythique qui, depuis 800 ans, forme le fleuron de la jeunesse anglaise. On ressent davantage qu'à Oxford – appelée ici « The Other Place » – la rivalité entre les deux villes universitaires : mais est-ce pour mieux entretenir le mythe ? Cambridge est plus petite qu'Oxford, et il s'en dégage une atmosphère encore plus provinciale et campagnarde.
Ici aussi, on visite en priorité les *colleges,* avec leurs cours (*quadrangles* ou *quads*) tapissées d'une pelouse magnifique et leurs façades intérieures recouvertes de *Virginia creeper,* de la vigne vierge, qui prend une couleur rouge à l'automne. Et puis la particularité de Cambridge, ce sont les *backs,* c'est-à-dire les parcs à l'arrière des *colleges,* que l'on visite en *punt* (bateau à fond plat). Une balade à ne pas manquer, d'autant plus qu'elle permet d'admirer les *colleges,* même lorsque ceux-ci sont fermés.
Pas d'industries, pas de pollution, seulement les arbres et les *colleges,* les pelouses et les étudiants, la rivière, les *punts* et les vélos. L'été, Cambridge est envahie ; avec les étudiants en langues, notamment, l'ambiance est alors plus italienne ou espagnole que britannique. Les meilleurs mois, à notre avis, pour profiter pleinement de la ville sont mai et juin, autour de la période des examens et avant l'afflux des touristes. Cambridge est si pleine de charme que vous regretterez de ne pas y avoir fait vos études !

UN PEU D'HISTOIRE

Le village de Cambridge tire son nom de la rivière Cam (bien plus large à l'époque), qui a joué un rôle majeur dans l'histoire de la ville. Cambridge est en effet un port intérieur important au temps des Romains, position qui se consolide avec l'arrivée des Anglo-Saxons, des Vikings et des Normands. À la fin du XIIe s, Cambridge est devenue une petite ville marchande aisée ainsi qu'un lieu d'étude, de nombreux établissements religieux y ayant élu domicile. C'est en 1209 qu'un groupe d'étudiants, fuyant des émeutes à Oxford, arrive à Cambridge, attiré par la réputation d'érudition des moines. Au début, l'organisation des études est tout à fait informelle, et il faut attendre 1284 pour voir la fondation du premier *college, Peterhouse,* par l'évêque d'Ely. Le principe est que les *tutors* et les étudiants vivent dans une même communauté, un peu comme dans un monastère. D'autres *colleges* voient le jour, notamment à partir du XIVe s, grâce à de riches bienfaiteurs

issus de la noblesse ou du clergé. L'université acquiert ainsi une position puissante et privilégiée à Cambridge, provoquant des tensions allant jusqu'à l'affrontement entre *Town and Gown* (la Ville et la Robe). Au XVIIe s, Cromwell, député de la ville, s'oppose à l'Université qui soutient alors le roi.
Cambridge, qui a toujours été à l'avant-garde de la recherche scientifique (pas moins de 90 prix Nobel depuis leur création), s'est forgé, ces dernières années, une renommée internationale dans le domaine du high-tech.

L'UNIVERSITÉ ET LA VIE UNIVERSITAIRE

Voir également le chapitre « Oxford », pour plus de détails sur la vie universitaire.
Il y a environ 21 000 étudiants à Cambridge, dont la moitié de femmes et 25 % d'étrangers. L'université de Cambridge comprend 31 *colleges,* la plupart très riches : ils possèdent des hôtels et autres propriétés, et achètent notamment des maisons pour loger les étudiants. Ceux-ci ne doivent pas habiter à plus de 3 miles du centre de Cambridge, localisé précisément à Great Saint Mary's Church.
Bien que certains des *colleges* aient été fondés par des femmes, ce n'est qu'en 1869 et 1871 que celles-ci furent autorisées à étudier à Cambridge, dans deux *colleges* créés spécialement pour elles (*Girton* et *Newham Colleges*). Elles durent cependant attendre 1948 pour avoir le droit d'obtenir un diplôme. Quant à la mixité, elle n'est intervenue que très tardivement, en 1988 pour le dernier *college.*
Trois *terms* (trimestres) de 8 semaines chacun composent l'année universitaire : *Michaelmas, Lent* et *Easter.* La cérémonie de remise des diplômes a lieu à la *Senate House* (sur King's Parade) et est suivie de la *May Week* (bals de mai).

FAIS CE QU'IL TE PLAÎT

En mai, Cambridge s'agite avec l'arrivée des May Balls. Il s'agit des fêtes organisées par chaque college après les examens (en fait en juin, et non en mai). Les tickets se vendent à prix d'or (en une journée !), sans oublier la robe de soirée ou le smoking, qui peuvent se louer. Le champagne coule à flots, plusieurs feux d'artifice, des groupes musicaux, shows, jeux, etc., se succèdent jusqu'à l'aube. Un petit jeu mémorable consiste à tenter de débarquer en punt (barque) dans les colleges pour ne pas payer l'entrée. Les resquilleurs sont même braqués dans les bosquets !

Arriver – Quitter

Quelques astuces

Vous les connaissez déjà si vous êtes allé à Oxford.
– Quel que soit le moyen de transport retenu, l'A/R dans la journée *(day return)* revient souvent moins cher que 2 allers simples (depuis Londres, par exemple).
– On peut bénéficier de tarifs nettement réduits si l'on réserve à l'avance ou en prenant un billet non échangeable et non remboursable *(non-refundable).*
– Il existe de nombreuses autres formules de réduction (famille, jeunes, seniors, étudiants, etc.).
– On peut prendre son ticket directement à bord, mais mieux vaut réserver à l'avance pour bénéficier des avantages mentionnés ci-dessus.

Liaisons avec le centre de Londres

En train

Gare ferroviaire *(plan couleur C3) :* Station Rd. ☎ (08457) 48-49-50. ● nationalrail.co.uk ●
➢ ***Kings Cross Station (la gare voisine de St Pancras/Eurostar) :*** départs dans les 2 sens, ttes les 30 mn-1h, 5h45-minuit (horaires un peu plus restreints dim). Durée : env 1h. Prix : env 21 £ l'aller simple.

En bus

Gare routière *(plan couleur B2) : Drummer St.*

➢ **Victoria Coach Station :** *avec la compagnie* National Express. ☎ *(08717) 81-81-81.* • *nationalexpress.com* • Bus nº 010, avec une dizaine d'arrêts dans Londres et 3 à Cambridge. Env 1 bus/h (2 bus aux heures de pointe). Dans le sens Londres-Cambridge, 8h30 (9h le w-e)-23h30. Dans le sens Cambridge-Londres, 5h25 (5h55 le w-e)-20h20. Durée : env 1h45-2h30. Prix : env 13 £ l'aller simple.

Liaisons avec les aéroports de Gatwick, Heathrow, Luton et Stansted

En bus, *avec la compagnie* National Express. ☎ *(08717) 81-81-81.* • *nationalexpress.com* • Bus nºs 717, 787 et 797, qui font la navette entre Gatwick (South Terminal et North Terminal) et Cambridge (Parkside dans le centre et Trumpington Park and Ride), via Heathrow (Terminal 4, 5, et Central Bus Station), Luton (Bus Station), puis Stansted (Coach Station). Nombreuses réductions.

➢ **Gatwick :** env 1 bus/h (ou 1h30), 2h-23h45 depuis l'aéroport, 0h45-23h dans l'autre sens. Env 4h de trajet. Prix : env 40 £ l'aller simple.

➢ **Heathrow :** env 1 bus ttes les 30 mn-1h, quasi non-stop (sf autour de minuit), dans les 2 sens. Env 2h30-3h de trajet. Prix : 30 £ l'aller simple.

➢ **Luton :** 1 bus ttes les 2h, 2h55-23h25 depuis l'aéroport (3h-20h env pour le retour). De 1h35 à plus de 3h de trajet (choisissez bien !). Prix : 15 £ l'aller simple.

➢ **Stansted :** 1 bus ttes les 30 mn-2h selon les périodes de pointe. Env 1h de trajet. Prix : env 13 £ l'aller simple.

Liaisons avec Oxford

En bus

Stagecoach info : ☎ *(01604) 67-60-60.* • *stagecoachx5.com* • Jusqu'à 1 départ ttes les 30 mn en pleine journée. Env 3h20 de trajet. Une dizaine d'arrêts entre les deux villes. Prix : 12 £ l'aller simple.

➢ **De Cambridge,** départs de Parkside 6h20 (7h sam ; 8h30 dim)-19h tlj.

En train

– Pas de liaison directe, il faut repasser par Londres (et prendre le métro pour changer de gare). Env 3h30 de trajet.

Comment se déplacer à Cambridge ?

➢ **À vélo :** tout le monde circule à vélo, ce qui contribue au charme de la ville. Veillez aux règles de circulation, et à ne pas attacher votre bicyclette n'importe où. Certaines rues du centre-ville sont exclusivement piétonnes. Liste des loueurs à disposition à l'office de tourisme. Cher à la journée, mais meilleur marché à la semaine.

■ **Station Cycles** *(plan couleur C3,* ***5****) : Station Building, Station Rd.* ☎ *30-71-25.* • *stationcycles.co.uk* • *Lun-ven 8h-18h (mer 19h) ; sam 9h-17h ; dim 10h-16h. Compter 10 £/j. et 25 £/sem.* Avantages : à côté de la gare ferroviaire, consigne à disposition, plus réparation et vente de vélos. D'autres magasins dans le centre : ***The Grand Arcade,*** *Corn Exchange St.* ☎ *30-76-55. Lun-ven 8h-19h, sam 9h-18h, dim 10h-18h. Et 9 High St.* ☎ *23-21-82. Lun-ven 9h-17h, sam 10h-17h et dim 10h-16h.*

➢ **À pied :** pour le plaisir d'aller où nos pieds nous portent, et parce que la marche est un sport complet...

➢ **En voiture :** *comme à Oxford, un système bien pratique de Park & Ride existe à Cambridge.* ☎ *84-55-61.* • *cambridgeshire.gov.uk* • *(rubrique « Transport »). Un bus ttes les 10-20 mn, 7h-20h (ou 21h) env. Tarif : 2,50 £ l'A/R dans la journée ; parking gratuit.* Vous laissez votre voiture dans un des 5 parkings à l'entrée de la ville *(Park & Ride),* et des bus vous conduisent jusque dans le centre-ville, près du Grafton Centre ou sur Drummer St. Impossible d'y laisser sa voiture pour une seule nuit en revanche (uniquement à la journée, ou pour la semaine). Si vous restez moins d'une semaine, on vous conseille donc de demander à votre hébergeur un permis pour stationner en ville.

➢ ***En City shuttle :*** *lun-sam sf j. fériés, ttes les 15 mn, 9h-17h. Gratuit.* ☎ *42 35 78.* Une navette bien pratique qui fait le tour de la ville en boucle. Plusieurs arrêts : Downing St, Fair St, Jesus Lane, Trinity St, Market Square, Corpus Christi College.

➢ ***En taxi :*** parfois guère plus cher que les bus classiques, surtout à plusieurs et pour des courtes distances. *Panther :* ☎ *71-57-15. Camtax :* ☎ *31-31-31.*

Adresses et infos utiles

Informations pratiques

ℹ ***Tourist Information Centre*** *(plan couleur B2)* **:** *The Old Library, Wheeler St, CB2 3QB.* ☎ *(08712) 26-80-06.* • *visitcambridge.org* • *Lun-sam 10h-17h, dim 11h-15h ; fermé dim hors saison.* Documentation intéressante mais payante, dont un plan de Cambridge. Propose des visites guidées de la ville à pied *(walking tours)*, se reporter à la rubrique « À faire ». Service payant de réservation de *B & B.* Listes des cybercafés, laveries automatiques, loueurs de vélos, etc. Personnel accueillant et efficace.

■ ***Change :*** *nombreuses banques dans le centre. Les* ***bureaux de poste*** *et* ***Premier Travel Agency*** *(10 Rose Crescent) proposent un taux de change plutôt avantageux. Sinon,* ***Thomas Cook,*** *8 St Andrews St ;* ***Barclays,*** *15 Bene't St, et à l'office de tourisme.*

■ ***Cambridge Police Station :*** *Parkside.* ☎ *(0845) 456-45-64.*

■ ***Supermarchés :*** ***Sainsbury's*** *en plein centre, 44-46 Sidney St. Tlj jusqu'à 22h (17h-18h dim). Ainsi que 3* ***Marks & Spencer*** *: un* Simply Food *à la gare ferroviaire (alimentation slt), un magasin traditionnel (avec alimentation) sur Market Pl et un autre pour les femmes slt dans Sidney St.*

Poste et télécommunications

✉ ***Poste*** *(plan couleur B2)* **:** *9-11 St Andrew's St. Lun-sam 9h-17h30. Plusieurs annexes, notamment au 24 Trinity St.* À noter : les bureaux de poste abritent une boutique ainsi qu'un bureau de change.

@ ***Web & Eat*** *(plan couleur B3,* ***6****)* **:** *34 Hills Rd.* ☎ *31-41-68. Tlj 8h-22h.* Le plus central, nombreux postes.

@ ***CB2 Restaurant Cafe*** *(plan couleur C2,* ***7****)* **:** *5-7 Norfolk St.* Un endroit idéal pour surfer et se restaurer en même temps.

Où dormir ?

Comme à Oxford, le logement est cher, en dehors de l'AJ *(YHA)*. Pour les petits budgets, les campings dans les environs de Cambridge sont assez bien desservis par le système de *Park & Ride*. Les *B & B* restent encore la solution la plus acceptable. Leurs tarifs diminuent un peu à mesure que l'on s'éloigne du centre (bonne desserte des bus). Certaines périodes sont critiques en terme de disponibilité, comme durant la remise des diplômes en juin, par exemple. Ne pas négliger non plus les locations d'appartements *(self catering)*. Listes complètes disponibles à l'office de tourisme.

Bon marché (moins de 20 £ / 24 €)

⌂ ***Youth Hostel Association*** *(plan couleur C3,* ***10****)* **:** *97 Tenison Rd, CB1 2DN.* ☎ *(0800) 019-17-00.* • *yha.org.uk* • *En sortant de la gare, prendre Station Rd, puis la 1re rue à droite ; l'auberge est à 200 m. Ouv 24h/24. Pour l'été, résa très à l'avance car c'est un peu l'usine. Nuitée en dortoir de 8 lits max 14,50-25 £/pers selon saison ;* twins *31-62 £ ; supplément 3 £ pour les non-membres ; réduc moins de 18 ans.* Tout près de la gare, dans une rue calme, bordée de maisons typiquement anglaises. De nombreux services : paniers-repas le midi, restaurant (5-9 £ le plat), cuisine à disposition, laverie, hangar à vélos et local à bagages fermé à clé. Également 2 salons agréables avec gros fauteuils confortables pour s'affaler et échanger ses tuyaux. Sympa et assez spacieux. Bon accueil et bien tenu.

Logement dans les *colleges*

• *cambridgerooms.co.uk • À partir de 40 £.* Une solution originale pendant les vacances de Pâques, d'été et de Noël, limitée toutefois, car les *colleges* en profitent alors pour accueillir des conférences et des chercheurs. Liste des *colleges* à disposition, qu'il reste à contacter un par un... Tentez votre chance !

• *cambridgebedbreakfasts.co.uk • À partir de 50 £.* C'est la formule *B & B* au sein de certains *colleges*.

Prix moyens (60-80 £ / 72-96 €)

Cityroom Z *(plan couleur C3,* ***11****) : Station Rd, CB1 2TZ. ☎ 30-40-50. • reservations@cityroomz.com • cityroomz.com • Face à la gare, à 15 mn à pied du centre-ville. Double 67-70 £ dans le basement avec bains, TV et téléphone, petit déj continental inclus ; également des twins en lits superposés 63-68 £. Parking.* Dans une ancienne grange rénovée, très pimpante avec ces touches de rouge dans la déco. Les chambres, assez petites, sont décorées comme des cabines de bateau dans un style épuré et moderne néanmoins fort chaleureux. Propreté impeccable. Loueur de vélos juste à côté. Bon accueil.

Tenison Towers Guesthouse *(plan couleur C3,* ***12****) : 148 Tenison Rd, CB1 2DP. ☎ 36-39-24. • info@cambridgecitytenisontowers.com • cambridgecitytenisontowers.com • Résa conseillée. Double 70 £ et familiales. Parking.* Dans une rue calme, à deux pas de la gare. Les chambres, lumineuses, joliment décorées dans les tons bleu et blanc, sont nickel et toutes dotées d'une salle de bains. Bonne confiture et muffins maison au petit déj. Accueil charmant.

Netley Lodge B & B *(plan couleur C1,* ***13****) : 112 Chesterton Rd, CB4 1BZ. Bus n° 2. ☎ 36-38-45. Tte l'année. 2 doubles dont 1 avec sdb partagée 65 £ et 1 avec sdb privée 75 £ ; également 1 triple 85 £. Petit déj inclus. CB refusées.* Une jolie maison en brique, toute fleurie, aux chambres entièrement rénovées, confortables et dans le bon goût anglais. Tenue par un couple de retraités accueillant et souriant ; on se sent comme à la maison.

Ashley Hotel *(plan couleur B1,* ***15****) : 74-76 Chesterton Rd, CB4 1ER. ☎ 35-00-59. • info@arundelhousehotels.co.uk • arundelhousehotels.co.uk • Doubles ou twin à partir de 75 £, familiale 85 £, petit déj anglais inclus.* Dans 2 maisons victoriennes typiques de cette époque avec leurs bow-windows et leurs toits caractéristiques. Un hôtel très agréable, meublé confortablement ; coiffeuse, moquette épaisse, rideaux et dessus-de-lit avec des motifs colorés, et, bien sûr, l'inévitable bouilloire pour le thé. L'ensemble est spacieux, chaleureux, et très bien tenu. Dans les chambres familiales, la télé est même équipée d'un lecteur DVD, histoire d'occuper les enfants avec leur film favori. Un bon rapport qualité-prix non loin du centre.

A & B Guesthouse Ltd *(plan couleur C3,* ***14****) : 124 Tenison Rd, CB1 2DP. ☎ 31-57-02. • stay@aandbguesthouse.co.uk • aandbguesthouse.co.uk • En face de l'AJ. Doubles 70-80 £ ; familiales 95-105 £. Parking.* Maison anglaise décorée dans des tons chaleureux, à l'image de l'accueil. Confort correct, mais salles d'eau très petites dans certaines chambres. Les chambres 1 et 6 sont dotées de jolies cheminées. Agréable salle à manger sur le jardin.

Regency House *(plan couleur B3,* ***17****) : 7 Regent Terrace, CB2 1AA. ☎ 32-96-26. • info@regencyguesthouse.co.uk • regencyguesthouse.co.uk • Slt 3 chambres en-suite 85 £, les autres avec sdb commune 75 £.* Très bien situé sur un des côtés de Parker's Piece, donc bien au calme. La maison tout en hauteur ne paie pas de mine de l'extérieur, mais l'intérieur est joliment arrangé dans les tons clairs et bois blond. Jolie vue depuis les chambres du dernier étage. On prend son petit déj dans le *basement* autour de 2 grandes tables communes. Pour y descendre, la rampe a même été remplacée par... une rame d'aviron !

Plus chic (80-120 £ / 96-144 €)

☗ ***Warkworth House*** *(plan couleur C2,* ***16****) : Warkworth Terrace, CB1 1EE. ☎ 36-36-82. • enquiries@warkworthhouse.co.uk • warkworthhouse.co.uk • Doubles 80-85 £ et familiales 110-120 £.* Dans une ancienne maison particulière. Gros avantage de cette *guesthouse* : on est à deux pas du parc *Parker's Piece,* dans une rue très calme, et donc pas bien loin du centre. L'endroit est agréable et décoré de nombreuses gravures. Chambres de toutes les tailles et tous les styles. Vous devriez y trouver votre bonheur. La n° 18 sous les toits est parfaite pour une famille. Accueil très aimable.

Très chic (plus de 120 £ / 144 €)

☗ ***Hotel du Vin*** *(plan couleur B3,* ***19****) : 15-19 Trumpington St. CB2 1QA. ☎ 22-73-30. • info.cambridge@hotelduvin.com • hotelduvin.com • Chambres standard 145-155 £, supérieures à partir de 170 £. Petit déj 12,50-14,50 £. Plats 13-27 £.* Aménagé dans un ensemble de maisons anciennes, un bel hôtel entièrement relooké dans les tons vert... bouteille. Les chambres standard aux lignes contemporaines sont toutes identiques et bien sûr tout confort (du coffre-fort au peignoir de bain). Mais c'est dans les chambres de catégorie supérieures que réside l'originalité de l'hôtel. Plus vastes, elles bénéficient chacune d'une décoration différente, mélange d'éléments classiques et plus modernes, toutes dédiées à un cépage. Sans oublier des salles de bains, avec des baignoires anciennes dans des mises en scène originales. Quelques chambres avec terrasse particulière donnent sur une cour-jardin, bien au calme. On a bien aimé aussi la bibliothèque-salon qui donne l'impression d'être dans un club anglais. Bref, un hôtel de classe et de charme qui ne manque pas de personnalité. Côté nourriture terrestre, bistrot chic à l'atmosphère tamisée et salle pour tester le vin.

☗ ***Cambridge Double Tree*** *(plan couleur A3,* ***18****) : Granta Place, Mill Lane, CB2 1RT. ☎ 25-99-88. • reservations.cambridge@hilton.com • doubletreecambridge.com • Doubles à partir de 120 £, petit déj anglais inclus ou non ; tarif spécial w-e également. Parking payant.* Magnifiquement situé au bord de la Cam, cet hôtel moderne, pas très beau de l'extérieur, s'avère, à l'intérieur, très agréable avec tout le confort souhaité. Piscine, jacuzzi et jardins donnent sur la rivière, de même que la salle de resto, toute vitrée, et le bar. Demander une chambre avec vue sur la rivière. Une adresse qui manque un peu d'âme mais située dans l'un des plus jolis coins de Cambridge.

Où dormir dans les environs ?

Campings

⛺ ***Cherry Hinton Caravan Club Site :*** *Lime Kiln Rd,* ***Cherry Hinton,*** *CB1 8NQ. ☎ 24-40-88. • overseastravel@caravanclub.co.uk • caravanclub.co.uk • À env 3 miles au sud-est de Cambridge. Arrêt de bus Park & Ride à proximité (750 m). Tte l'année. Compter 18-26 £ selon saison pour 2 avec tente.* Un camping très bien équipé, vallonné, en pleine nature. Très agréable.

⛺ ***Highfield Farm Touring Park :*** *Long Rd,* ***Comberton,*** *CB3 7DG. ☎ 26-23-08. • enquiries@highfieldfarmtouringpark.co.uk • highfieldfarmtouringpark.co.uk • À 5 miles à l'ouest de Cambridge par l'A 603, puis à droite par la B 1046 en direction de Comberton. Bus 18 et 18A depuis Drummer St. Ouv fin mars-fin oct. Compter 18,50 £ en hte saison pour 2 avec tente et voiture.* Comme son nom l'indique, situé sur une ferme. Du vert, rien que du vert.

Et des jonquilles en pagaille au printemps. Confort habituel. Très propre.

⛺ ***Great Shelford Camping and Caravanning Club Site :*** *19 Cabbage Moor,* ***Great Shelford,*** *CB2 5NB. ☎ 84-11-85. ● campingandcaravanningclub.co.uk ● À 3,5 miles au sud de la ville. Prendre l'A 10 vers le sud ; à Trumpington, au feu, tourner à gauche et prendre l'A 1301 ; c'est à 1 mile sur la gauche. Arrêt de bus Park & Ride à 20 mn à pied (un peu plus de 1 km). Ouv avr-fin oct. Résa indispensable l'été. Compter 27 £ en hte saison pour 2 avec tente et voiture, tarif incluant les 6 £/pers et par nuit de cotisation pour les non-membres.* Environ 120 emplacements. Un camping superbe, tenu par un couple charmant, Janet et Paul Parris (ils sont fiers de leur nom !). Très confortable (lavabos individuels par exemple), calme et propre.

Très chic (plus de 120 £/ 144 €)

🏠 ***Hotel Felix*** *(hors plan couleur par A1,* ***39****) : Whitehouse Lane, Huntingdon Rd, CB3 0LF. ☎ 27-79-77. ● help@hotelfelix.co.uk ● hotelfelix.co.uk ● À 2 miles au nord-ouest, en marge de l'A 1307 direction Huntingdon. Doubles à partir de 200 £, petit déj continental inclus. Promos sur Internet.* Belle opération que la transformation de cette ancienne demeure victorienne ayant appartenu à un chirurgien en hôtel de luxe. Grands escaliers, rotonde et vitrages lumineux confèrent aux lieux une atmosphère aérée et calme. Chambres dans les tons taupe aux lignes design, et espaces communs dépouillés avec quelques touches de couleur. Bref, un bel endroit, à la fois spacieux et dans l'air du temps. Un coup de cœur pour clientèle privilégiée et véhiculée.

Où manger ?

Sur le pouce ou pour grignoter

|●| Pour manger pas cher, avec une jolie vue sur Market Place et Great Saint Mary, n'hésitez pas à monter au 2e étage à la cafétéria du *Marks & Spencer (plan couleur B2 ; ouv 9h-17h30).*

|●| ***Tatties*** *(plan couleur B2,* ***20****) : 11 Sussex St. ☎ 32-33-99. Et 15 Trinity St (salle avec des box). ☎ 35-77-66. Tlj 8h-18h ; sam 19h. Moins de 8 £.* Établissement spécialisé dans les *baked potatoes* avec un large choix d'ingrédients, mais on y trouve aussi des sandwichs, salades et des petits déjeuners anglais. Si le temps le permet, n'hésitez pas à manger dehors sur la jolie place piétonne sous les colonnades.

|●| ***Cafe on The Round*** *(plan couleur B2,* ***21****) : 16 Round Church St. Tlj 7h30-17h30. Snack à partir de 3-4 £. « Sandwichs » (en fait des clubs), « baguettes » (des sandwichs cette fois-ci, vous suivez ?), des apple pies et des scones...* Une petite affaire familiale *lovely* comme tout où vous trouverez tout ce qu'il faut pour aller pique-niquer sur un banc dans un parc.

|●| ***Trockel, Ulmann unde Freunde*** *(plan couleur B2,* ***22****) : 13 Pembroke St. ☎ 46-09-23. Lun-ven 9h-17h ; sam 10h-17h ; dim 10h-15h en été. Moins de 5 £.* Petit bar-salon de thé chaleureux, tenu par un couple d'Allemands, où l'on sert des sandwichs-baguettes, des soupes maison et toutes sortes de gâteaux. Également vente à emporter. Bon et populaire auprès des étudiants et des profs. Venir tôt si vous voulez du choix.

|●| ***Nadia's Sandwich Bar and Patisserie :*** *4 ou 5 adresses à Cambridge pour cette pâtisserie qui y officie depuis plus de 20 ans ; 11 Saint John's St, 9 Burleigh St, 16 Silver St et sur Mill St également (The Bakery).* Vendent notamment des cookies géants, dont certains aux Smarties... *Very British* et tout petits prix.

Bon marché (moins de 8 £ / 9,40 €)

|●| ***Dojo*** *(plan couleur A3,* ***23****) : 1-2 Millers Yard, Mill Lane. ☎ 36-34-71. Tlj midi et soir (non-stop dim). Plats env 8,50 £.* Cadre minimaliste pour ce petit resto qui propose des plats et des sou-

pes à base de nouilles de toute l'Asie. Copieux et goûteux à la fois. Petite salle bruyante où l'on mange au coude à coude avec ses voisins tandis que les cuistots s'affairent sous vos yeux. On peut aussi manger dans la jolie cour dotée de coursives (chauffage extérieur). Souvent un peu d'attente car la formule a du succès. Ne sert pas d'alcool.

|●| ***India House*** *(plan couleur A3,* ***25****) :* *31 Newnham Rd, CB3 9EY. ☎ 46-16-61. Tlj midi et soir. Plats 6-13 £ ; menus 7 £ le midi et 10 £ en sem slt ; réduc étudiants.* Dans une grande maison blanche. Une adresse réputée pour ses tandooris, currys, et pour ses tarifs avantageux. Et la balade dans les *meadows* au bord de la rivière pour s'y rendre vous mettra en appétit.

|●| ***Clowns Café Bar*** *(plan couleur B2,* ***26****) :* *54 King St. ☎ 35-57-11. Tlj 8h-22h. Plats de pâtes 4-6,50 £. Euros acceptés, mais CB refusées.* Une cantine étudiante tenue par des Italiens fans des clowns et du cirque comme en témoigne la déco. Sympa, familial, mais il ne faut pas être trop difficile.

– Ne pas négliger les ***pubs*** mentionnés plus loin. La plupart proposent du *pub grub,* ces plats traditionnels anglais souvent copieux, servis le midi et en début de soirée. Pas forcément de la grande cuisine, mais on profite de l'ambiance des lieux et parfois d'une agréable terrasse aux beaux jours.

Prix moyens (8-15 £ / 9,40-17,70 €)

|●| ***Agora*** *(plan couleur A2,* ***27****) :* *4 King's Parade. ☎ 30-84-48. Tlj 8h-22h (13h ven et sam). Plats 9-13 £. Vins à partir de 14 £ la bouteille.* Un *tearoom* traditionnel repris par une équipe de joyeux lurons turcs. Ils en ont gardé l'esprit dans la journée, et le soir c'est un vent plus méditerranéen qui souffle sur la carte. Déco sobre avec des photos sépia rappelant l'ancien salon de thé et de la vaisselle turque, ambiance décontractée et surtout, le King's College pour décor, à travers la vaste vitrine. Un très bon rapport qualité-prix et une de nos adresses préférées en ville.

|●| ***Gallería Restaurant*** *(plan couleur A1,* ***28****) :* *33 Bridge St. ☎ 36-20-54. Tlj. Plat principal 10-19 £ ; menus 8-10 £ le midi en sem.* Dans un cadre aux lignes épurées, en bordure de la Cam, avec à l'extérieur 2 balcons donnant sur la rivière et 1 terrasse sur Bridge St. Pâtes, viandes, poissons pour une cuisine chic et classique à tendance méditerranéenne.

|●| ***Maharajah*** *(plan couleur A1,* ***29****) :* *9-13 Castle St. ☎ 35-83-99. Tlj 12h-14h30, 18h-minuit. Currys 4,50-10 £, tandooris 7,50-14 £.* Dans 2 salles à la décoration totalement différente (beaucoup plus « indianisante » au rez-de-chaussée), une cuisine indienne appétissante et bien présentée, épicée à point. Service stylé parfois un peu pressé, sans doute à cause du monde. Une des valeurs sûres en ville.

|●| ***Rainbow Café*** *(plan couleur A2,* ***31****) :* *9A King's Parade. Au fond d'une petite impasse. ☎ 32-15-51. Mar-sam 10h-22h ; dim-lun 10h-16h. Plats 8-10 £.* Un resto bio très populaire, où déguster toutes sortes de salades, pâtes et plats de tous les pays. On peut également y prendre un verre. Dommage que le resto soit situé en sous-sol, dans 2 petites salles assez confinées.

|●| ***Varsity Restaurant*** *(plan couleur B2,* ***32****) :* *35 Saint Andrew's St. ☎ 35-60-60. Lun-ven 12h-14h30, 17h30-22h45 ; w-e non-stop. Le prix des plats grimpe vite : 10-19 £. Également mezze (2 pers min) 15-16 £.* Resto chypriote qui propose, entre autres, des spécialités méditerranéennes : moussaka, tzatziki, etc. Copieux et dépaysant. La salle tout en longueur, sobrement décorée, n'est pas désagréable avec ses nappes blanches et ses chaises en bois.

|●| ***Al Casbah*** *(plan couleur C3,* ***33****) :* *62 Mill Rd, CB1 2AS. ☎ 57-95-00 ou 56-16-66. Tlj sf dim midi 12h-15h, 17h30-23h. Fermé 24-27 déc. Beaucoup de monde, résa conseillée. Compter env 8-15 £ ; menu 17,50 £, couscous royal 12 £.* Un resto algérien au décor chaleureux et aux couleurs chatoyantes : tentures au plafond, nombreux objets et photos accrochés aux murs, dans une salle tout en longueur. Assiettes copieuses, joliment

présentées, et produits frais : brochettes, tajines, couscous, salades. Le grill est ouvert sur la salle, à l'entrée.

Plus chic (15-20 £ / 18-24 €)

|●| ***Le Gros Franck Café and Restaurant*** *(plan couleur C3,* ***34****)* **:** *57 Hills Rd. ☎ 56-55-60. Resto : jeu-sam à partir de 18h (résa obligatoire !) ; menus 19-22 £. Self : ouv tlj 7h30-17h30 ; plats à partir de 6,50 £.* Ce bistrot à la française, qui fait self-service le midi, propose le dîner dans la grande pièce du sous-sol, à la décoration maritime. On y retrouve une carte bien française : bœuf bourguignon, confit de canard, moules-frites, crêpes, glaces maison... Une adresse réputée où presque tout le personnel est importé !

|●| ***The Chop House*** *(plan couleur A2,* ***30****)* **:** *1 King's Parade. ☎ 35-95-06. Tlj midi et soir jusqu'à 23h. Lun-ven 12h-19h, menus 12-16 £. Plat principal 11,50-16 £. Vins au verre (à partir de 3 £), en carafe ou à la bouteille (à partir de 11 £).* Le billot en vitrine rappelle que vous êtes ici dans un resto spécialisé dans la viande. Son originalité est de proposer différents types de saucisses à accompagner d'une purée et d'une sauce de votre choix. Le concept est plutôt sympa, raffiné (mais oui !) et réussi. Les autres plats sont du même acabit. Une belle carte des vins très internationale, un décor sobre et la vue sur Christ Church, avec un peu de jazz en fond sonore nous ont fait adopter cette adresse bien loin, vous en conviendrez, des standards de la boucherie. En bas, caves aménagées où règne une ambiance chaleureuse.

Très chic (plus de 20 £ / 24 €)

|●| ***Midsummer House*** *(plan couleur B1,* ***35****)* **:** *Midsummer Common. ☎ 39-92-99. • reservations@midsummerhouse.co.uk • Mer-sam 12h-14h ; mar-sam 19h-21h30. Formules déj 24-30 £ ; le soir, menu 3-5 plats 40-60 £.* Évidemment, on ne pousse pas la porte de cet endroit au hasard d'une balade au bord de la rivière. C'est LA référence gastronomique de la ville, nichée aux abords d'un parc, dans une petite maison traditionnelle agrandie de 2 magnifiques vérandas. La déco flirte avec le minéral et la cuisine avec la gastronomie française.

Où s'arrêter pour un *tea-time* ?

Dans le centre

☕ ***The Michaelhouse Café and Centre*** *(plan couleur A2,* ***36****)* **:** *Saint Michael's Church, Trinity St. ☎ 30-91-67. Lun-sam 8h-17h. Cheap lunch lun-ven 14h30-15h30, 4 £.* Le café est situé dans la nef d'une chapelle où des offices ont toujours lieu. Un endroit très original, avec une hauteur de plafond impressionnante et de beaux vitraux. On peut aussi y déjeuner sur le pouce de soupes, salades et plats du jour pour un prix modique. Le café abrite des expositions, et des ateliers d'art y sont organisés régulièrement.

☕ ***Auntie's Tea Shop*** *(plan couleur A2,* ***37****)* **:** *1 Saint Mary's Passage. ☎ 31-56-41. Lun-ven 9h30-18h ; dim 10h-17h30.* Un de ces *tea-rooms* de plus en plus rares où déguster un vrai *cream tea* (*scones* avec confiture et crème). Le tout servi par de charmantes serveuses arborant des tabliers en dentelle dans un décor et avec la vaisselle ad hoc. La tradition anglaise dans ce qu'elle a de meilleur.

☕ ***Fitzbillies*** *(plan couleur A2,* ***38****)* **:** *52 Trumpington St. ☎ 35-25-00. Lun-sam 9h-21h30 ; dim 12h-17h. Plats 7-9 £. Réduc étudiants.* Différentes propositions de plats selon les moments de la journée ; petit déj, brunch, lunch, *afternoon tea* et *evening menu.* Le tout servi dans un décor minimaliste. Que cela ne vous empêche pas d'y entrer car on y sert de bons plats frais, agréablement présentés. Laissez-vous tenter par la soupe du jour ou le saumon *gravelax.* Large choix de gâteaux, tous plus appétissants les uns que les autres avec leur nappage au chocolat, proposés également dans la pâtisserie attenante. À l'occasion de la Boat Race, on y vend le *Eight cake*, un gâteau énergétique bourré de fruits secs. De quoi faire la course en tête !

Un peu plus loin

The Orchard Tea Gardens : *Mill Way,* ***Grantchester.*** *☎ 55-11-25. À moins de 3 miles au sud de Cambridge, dans le charmant petit village de Grantchester. Pour y aller à pied ou à vélo, suivre la Cam sur un petit chemin très agréable ou louer un* punt *auprès de* Scudamore's Boatyard *(voir « À faire »). Sinon, prendre le bus 18 ou 18A (direction St Neots) ; compter 10 mn. Tlj 9h30-17h30 (19h en été), 1 bus/h sf dim. Après l'arrêt du bus, continuer 10 mn sur High St en direction de l'église, puis c'est à gauche derrière une barrière.* En chemin, quelques belles maisons avec des toits de chaume caractéristiques de la région. Self-service avec soupe et pain maison (5 £) ou plats, tartes, salades (8 £). Voici un de nos endroits préférés à Cambridge. On peut y prendre le thé à l'anglaise (mais aussi le petit déj et le déjeuner) dans un grand jardin, planté de pommiers et parsemé de petites tables vertes et de chaises longues : *so British* ! Et tellement paisible. Inutile de vous préciser que pour profiter de l'endroit, il faut choisir un jour de beau temps. C'est ici que le poète Rupert Brooke élut résidence (à l'époque, on y louait des chambres) et rassemblait autour de lui le *Grantchester Group*, composé de E.M. Forster, Virgina Woolf, Bertrand Russel et Ludwig Wittgenstein. Plus récemment, on a pu y apercevoir Emma Thompson ou Salman Rushdie. Vous pourrez également visiter le *Rupert Brooke Museum* (entrée gratuite) qui retrace la vie du poète. Spectacles et concerts le soir en été.

Où boire un verre ?

The Eagle *(plan couleur B2,* ***40****) : 8 Bene't St. ☎ 50-50-20. Pub grub 12h-22h, plats copieux 8-9 £.* Pub traditionnel célèbre pour la pièce où, pendant la Seconde Guerre mondiale, les aviateurs américains et anglais ont inscrit leurs noms sur le plafond avec la flamme d'un briquet. Photos de l'époque assez émouvantes. Crick et Watson, Prix Nobel de physique, y ont eux aussi passé de longues journées à discuter pour trouver la structure à double hélice de l'ADN. Également d'autres salles, dont l'une en entrant avec des boiseries en bois clair et des gravures anciennes. De l'autre côté, déco plus classique avec sa grande cheminée. De nombreux recoins et une petite cour fleurie en font un de nos pubs préférés en ville.

The Fort Saint George *(plan couleur B1,* ***41****) : Victoria Ave. ☎ 35-43-27.* Un pub en bord de Cam encore bien vaillant pour son âge. Intérieur très confortable avec poutres apparentes, et aménagement chaleureux. La terrasse dominée par un saule plutôt rieur est bondée au moindre rayon de soleil. Soirées musicales certains soirs.

The Granta *(plan couleur A3,* ***42****) : 14 Newnham Rd. ☎ 50-50-16.* Charmant petit pub caché en bordure des *meadows* et d'un bras de rivière. Les soirées s'écoulent lentement, à l'abri du temps. Soirées barbecue l'été et location de *punts* en contrebas de la rivière.

The Anchor *(plan couleur A2-3,* ***43****) : Silver St. ☎ 35-35-54. En soirée (17h-20h), 2 plats 10 £.* Au niveau du pont, un des pubs les plus sympas de la ville, très agréable hiver comme été avec sa terrasse surplombant la rivière. Jolie vue également depuis la salle au 1er étage.

The Boathouse *(plan couleur B1,* ***44****) : 14 Chesterton Rd. ☎ 46-09-05.* Pub avec plusieurs terrasses descendant sur la rivière. Intérieur très grand, mais moins plaisant, avec toutefois de jolies photos.

Baroosh *(plan couleur B2,* ***46****) : 8 Market Passage. ☎ 30-97-96. Soirée jazz mer à partir de 20h30.* Sur 4 niveaux, un vaste bar branché à la déco moderne dans les tons marron, avec de confortables sofas en cuir. Bel agencement des lieux et éclairage agréable. Possibilité de s'y restaurer (plats 7-10 £), et large sélection de vins du monde entier.

La Raza *(plan couleur B2,* ***47****) : 4 Rose Crescent. ☎ 46-45-50. Tlj 11h-*

16h30, 19h-1h (2h ven-sam). Musique ts les soirs. Quelques tables dehors, dans une jolie petite rue piétonne ; mais c'est plutôt au sous-sol que cela se passe, bel espace avec canapés en cuir marron. Grande liste de vins et grand choix de tapas également. Très bon café, équitable et bio. Un endroit agréable.

D'autres pubs, comme : ***The Pickerell Inn,*** *30 Magdalene St,* l'un des plus vieux de Cambridge ; ceux sur *Castle Rd,* vers le nord de la ville, notamment **The Castle Inn** (très chaleureux) et **The County Arms** (presque campagnard).

Où écouter de la musique ? Où voir un spectacle ? Où danser ? Où voir un film ?

Cambridge Corn Exchange *(plan couleur B2,* ***50****) : Wheeler St. ☎ 35-78-51. • cornex.co.uk • En face de l'office de tourisme. Pour le programme et les résas, se rendre au* ***box office,*** *juste de l'autre côté de la rue. Lun-sam 10h-18h (ou 30 mn après le début du spectacle) ; dim 18h-21h (slt en cas de représentation).* Dans l'ancienne bourse aux grains de la ville, un bâtiment en brique bien rénové et spacieux, ont lieu de nombreux concerts de musique classique, mais également du théâtre, des spectacles et des concerts pop-rock. Café au rez-de-chaussée.

The Junction *(hors plan couleur par C3,* ***51****) : Clifton Way. ☎ 51-15-11. • junction.co.uk •* Située dans un quartier d'entrepôts, cette salle de concert fait également théâtre, salle de spectacle et discothèque (les DJs changent tous les soirs). Possibilité de s'y restaurer les soirs de concert.

The Fez Club *(plan couleur B2,* ***52****) : Market Passage, en face de Baroosh. ☎ 51-92-24. • cambridgefez.com • Tlj 22h-3h. Prix de l'entrée en fonction des soirées et des jours de la sem 6-8 £ ; en général, moins cher avt 23h ; réduc étudiants.* Cette boîte à la décoration entièrement marocaine, et qui se veut sans prétention, accueille régulièrement des DJs du *Ministry of Sound* de Londres. Incontournable à Cambridge.

Lola Lo *(plan couleur B2,* ***50****) : 1-6 Corn Exchange St. ☎ 36-78-66. Entrée : 6-8 £ selon heure d'arrivée.* La plus grosse boîte en plein centre de Cambridge, sur 3 étages reliés par un ascenseur ! De 22h à 3h, tous types de musique. Un décor polynésien, une ambiance tropicale et un dépaysement garanti !

Arts Picturehouse *(plan couleur B2,* ***53****) : 38-39 Saint Andrew's St. ☎ (08717) 04-20-50. • picturehouses.co.uk • En sem, place 8,50 £, le w-e, 9 £, réduc.* Le cinéma d'art et d'essai de la ville, qui projette de nombreux films étrangers en version originale. En attendant la séance, on peut manger au foyer du cinéma pour quelques *pounds* (tapas, salades, paninis). Très sympa.

Shopping

Marché : *tlj sur Market Pl. Plus alimentaire le dim.*

Heffers (plan couleur A-B2) : *20 Trinity St. ☎ 56-85-68. • heffers.co.uk • Lun-sam 9h (9h30 mar)-18h ; dim 11h-17h.* Également *Heffers Sound, Heffers Art & Graphics,* etc. Même direction que la librairie *Blackwell's* à Oxford, et également le fief du *Caffè Nero.* Rencontres d'auteurs, club de lecture, participation au Festival littéraire de Cambridge *(Cambridge Wordfest).*

The Cambridge Cheese Company *(plan couleur B2) : 4 All Saints Passage. ☎ 32-86-72. Lun-sam 10h-17h.* Une boutique fort sympathique vendant du fromage fermier, mais aussi du pain Poilâne, de l'épicerie fine, des soupes maison préparées à partir de légumes frais et des ingrédients de la boutique.

Talking T's *(plan couleur A1-2) : 37 Bridge St. ☎ 30-24-11. • t-shirts.co.uk • Ouv lun-sam 9h30-17h30 ; dim 11h-16h.* Des tee-shirts pour tous les goûts, de bonne qualité, à personnaliser en y imprimant des phrases pleines d'humour. On peut aussi commander par Internet. Compter 15-20 £ pour un tee-shirt classique adulte. Également des sweat-shirts.

Baska (plan couleur A1) **:** *18 Magdalene St.* ☎ *35-38-00. Tlj sf dim.* Vous aviez besoin d'une tenue extravagante pour la course de chevaux d'Ascott ? Ne cherchez plus. Vous trouverez ici un grand choix d'accessoires : écharpes, petite maroquinerie, sacs, chaussures et... chapeaux bien sûr. Pas donné mais très original.

Fudge Kitchen (plan couleur A2) **:** *une petite boutique sur King's Parade, juste en face de l'entrée de King's College. Tlj 10h-17h30.* Pour les amateurs de caramel anglais. Différents parfums à partir de 4 £ le morceau. Il est travaillé sur le marbre devant vous. À voir le matin. Les gourmands apprécieront... votre tour de taille un peu moins !

– Sinon, *Trinity St* et *Rose Crescent* sont des rues très commerçantes, où l'on trouve de belles boutiques.

À voir

Les *colleges*

Comme à Oxford, les *colleges* sont tous conçus sur le même modèle. Pour plus de détails se reporter au chapitre « Oxford ».

Leurs heures d'ouverture sont rythmées par les obligations de la vie universitaire et varient en fonction des périodes de l'année (bien vérifier). Beaucoup d'entre eux sont fermés pendant les examens, de fin avril à mi-juin. De même, l'entrée peut être libre ou payante selon les périodes.

Voici une sélection des principaux, en remontant grosso modo l'artère principale, du sud au nord.

Pembroke College (plan couleur B2-3) **:** *Trumpington St.* ☎ *33-81-00. • pem.cam.ac.uk • Tlj de l'aube à la tombée de la nuit. Entrée gratuite.* Fondé en 1347 par Marie Saint Pol de Valence, comtesse de Pembroke, dont le mari fut tué dans une joute le jour de son mariage. Pitt le Jeune (Premier ministre à 24 ans), dont on peut voir la statue dans les jardins, intégra le *college* en 1773, à l'âge de 14 ans. La grille d'entrée, qui date du XIVe s, est la plus ancienne à être encore en place. Une halte s'impose absolument dans ses ravissants jardins, plus intimes et plus divers que ceux des grands *colleges.* Voir également la chapelle ; le collège fut le premier à en posséder une privée. Celle-ci a en plus la particularité d'être un des tout premiers édifices construits par le célèbre architecte anglais Christopher Wren et d'être la première chapelle anglaise de style classique.

Queens' College (plan couleur A2-3) **:** *Queens' Lane.* ☎ *33-55-11. • queens.cam.ac.uk • Tlj 10h30-16h30 ; en hiver 14h-16h. Fermé durant les examens de fin d'année. Entrée : 2,50 £.* Demandez le plan à l'entrée pour ne pas vous égarer dans les différentes cours. Le *college* a été fondé par deux reines successives (d'où le pluriel) dont Marguerite d'Anjou qui souhaitait faire de ce *college* le pendant pour les femmes de King's College fondé par son royal mari Henry VI. Les bâtiments médiévaux de la vieille cour *(Old Court)* et la maison du Doyen *(President's Lodge),* dans la cour du cloître (XVIe s), sont de très beaux exemples architecturaux de leur époque. *Erasmus's Tower* est le bâtiment dans lequel Érasme a vécu et travaillé de 1510 à 1514. Son portrait est d'ailleurs accroché dans le Old Hall derrière la table où dînent les professeurs. Pour finir la visite et traverser la Cam, empruntez le fameux *pont des Mathématiques,* que l'on a longtemps et par erreur attribué à Newton (d'où son nom) tout en bois, qui est en fait une copie de l'original construit en 1749-1750. De l'autre côté de la rivière, les bâtiments modernes du *college,* les premiers à être édifiés sur les *backs* et dont l'architecture fut très controversée.

Corpus Christi College (plan couleur A2) **:** *à l'angle de Bene't St et de King's Parade.* La façade de sa bibliothèque accueille une étrange et gigantesque horloge surnommée *The Corpus Clock.* Elle a été inaugurée en septembre 2008 par le célèbre physicien Stephen Hawking, professeur à l'université de Cambridge. L'horloge veut donner la sensation du temps qui passe, chaque seconde étant avalée par l'énorme et monstrueuse sauterelle posée sur le disque. L'horloge, qui a nécessité 5 ans de fabrication, est l'œuvre d'un horloger étudiant à Cambridge dans les années 1950, soucieux de rendre hommage à un autre célèbre horloger du XVIIe s, John Harrison, lui-même inventeur d'un mécanisme particulier... dont nous vous faisons grâce. À voir et à méditer surtout la nuit.

King's College *(plan couleur A2)* **:** *King's Parade. ☎ 33-12-12. • kings.cam.ac.uk • Seuls la chapelle et les jardins se visitent. En été, lun-sam 9h30-16h30 ; dim 10h-17h. Le reste de l'année, lun-ven 9h30-15h30, sam 9h30-15h15 ; dim 13h15-14h30. Attention, horaires variables selon manifestations, car la chapelle est un lieu de tournage très prisé. Entrée : 7,50 £ ; réduc. Entrée par la grille nord hors juil-août* (North Gate).
Fondé en 1441 par le jeune roi Henri VI, King's College était destiné au départ à 70 étudiants pauvres issus de Eton College, une autre fondation du roi, près de Windsor. Une bonne partie de la ville médiévale fut détruite pour faire de la place à cette construction d'ampleur : Henri VI voulait que ce *college* et sa chapelle soient les plus beaux d'Oxford et Cambridge réunis. Il fut achevé sous Henri VIII, au début du XVIe s. De nouveaux bâtiments furent construits au XVIIIe s dans le style académique de l'époque. Aujourd'hui, King's College compte environ 600 étudiants et plus de 100 tuteurs, dont la plupart y résident.
– La *chapelle* est un chef-d'œuvre incontesté. Sa construction débuta en 1446 et fut stoppée par la guerre des Deux Roses, de 1455 à 1485 ; elle ne fut achevée que 100 ans plus tard. De style gothique, elle est particulièrement célèbre pour la finesse de sa voûte en éventail et la beauté de ses vitraux. La voûte *(fan vaulting)*, monumentale, est à couper le souffle ; elle fut taillée au sol avant d'être hissée à 24 m de hauteur. Les vitraux ont été réalisés par des artistes flamands. Pendant la Seconde Guerre mondiale, ils furent déposés par mesure de sécurité, et certains d'entre eux, cassés ou perdus, ont dû être remplacés ; d'où quelques anachronismes... Également de superbes bas-reliefs où l'on retrouve les armoiries des Tudors, avec leurs emblèmes : la herse, et la rose – la rouge de la maison de Lancaster et la blanche de la maison de York. Dans le blason, la fleur de lys (les rois anglais se considéraient alors comme rois de France) et des lions. Le blason est soutenu par le lévrier et le dragon. Notez que la pose du lévrier comme celle du dragon sont à chaque fois différentes.
Sur l'autel, *L'Adoration des Mages* de Rubens, peint en 1634 et destiné au couvent des sœurs de Louvain en Belgique ; ce tableau fut généreusement donné au *college* en 1961 et, afin de bien le mettre en valeur, on dut baisser le niveau du sol (et donc de l'autel)... Sur les murs du chœur, vous remarquerez ici et là quelques graffitis rouges laissés par les soldats de Cromwell, l'église ayant servi de campement militaire pendant la guerre civile. De chaque côté du chœur, deux chapelles. L'une est consacrée à la mémoire des membres du *college* morts pendant les deux guerres, dont le poète Rupert Brooke en 1914. Dans l'autre chapelle, exposition consacrée à l'édification et au style de la chapelle. Enfin, la chapelle possède une chorale réputée (voir *Evensongs* dans la rubrique « À faire »).

Clare College *(plan couleur A2)* **:** *Trinity Lane. ☎ 33-32-00. • clare.cam.ac.uk • Avr-oct, tlj 10h45-16h30.*
Fondé en 1326, c'est le plus ancien *college* de Cambridge après Peterhouse, mais les bâtiments actuels datent du début du XVIIIe s. Il porte le nom de sa bienfaitrice lady Elizabeth de Clare, surnommée la Veuve Noire en raison des décès suspects de ses trois maris. Ses jardins sont parmi les plus beaux de Cambridge, en toute saison.
En traversant le *college*, on parvient à *Clare's Bridge*, le plus ancien pont enjambant la rivière. L'architecte Thomas Grumbold aurait touché une somme si dérisoire pour son travail qu'il décida que le pont ne serait jamais terminé : et en effet, parmi les 14 boules en pierre qui ornent la balustrade, vous remarquerez que

l'avant-dernière est amputée d'un quart... On n'aperçoit la subtile vengeance que lors des balades en *punt.*

Trinity Hall *(plan couleur A2)* **:** *Trinity Lane. ☎ 33-25-00. • trinhall.cam.ac.uk • Tlj 9h15-12h, 14h-17h30 (19h l'été). Entrée gratuite.* Considéré comme le *college* des juristes, car fondé au XIVe s (en 1350) pour remplacer les quelque 700 prêtres du diocèse décimés par la peste noire. C'est le plus petit *college* de Cambridge avec moins de 600 élèves. Il possède aussi la plus petite chapelle avec un plafond décoré des blasons des notables de l'établissement. Dans la seconde cour, bel édifice gothique avec échauguette délicatement sculptée. Intéressante bibliothèque de brique construite à la fin du XVIe s, témoignage de la période élisabéthaine. Terry Waite (ex-otage au Liban) y a fait ses études ; il y a maintenant une chambre à son nom. Un vieux proverbe dit : « Il faut prier à King's College (la plus belle chapelle), dîner à Trinity (bonne nourriture), dormir à Jesus (bonne literie)... et se cacher dans les jardins de Trinity Hall. » Vous savez donc ce qu'il vous reste à faire...

Trinity College *(plan couleur A2)* **:** *Trinity St. ☎ 33-84-00. • trin.cam.ac.uk • À ne pas confondre avec Trinity Hall. Tlj 10h-17h (dernière entrée à 16h30) de mi-mars à oct (fermé pdt la période des examens) ; horaires variables le reste de l'année (le portier vous renseignera). Entrée : 3 £ ; réduc.*

Le plus grand *college* de Cambridge, fondé au XVIe s par Henri VIII, 6 semaines avant sa mort. Sa statue trône au-dessus de la porte principale *(Great Gate)* : un jour de fête, les étudiants ont retiré le sceptre de la main droite du roi pour le remplacer par un pied de chaise, qui s'y trouve toujours ! À l'intérieur de la grande cour *(Great Court),* entourée de magnifiques édifices, remarquer l'élégante *Clock Tower.* Difficile aussi de ne pas remarquer la belle fontaine surmontée d'un dais qui trône au milieu de la cour. La chapelle commandée par Marie Tudor en mémoire de son père accueille dans son entrée les statues des gloires de Trinity College ; le poète Tennyson, le philosophe Francis Bacon et le mathématicien Isaac Newton. Le *college* abrite également la *Bibliothèque Wren,* qui clôture la seconde cour, construite en 1695 par sir Christopher Wren, et renferme des manuscrits très anciens, des originaux d'Isaac Newton ainsi que l'original de *Winnie l'Ourson...* La bibliothèque proprement dite se trouve au premier afin de se prémunir des inondations de la Cam. Ses grandes fenêtres permettent un éclairage maximum, mais il faut savoir qu'à l'intérieur elles ne débutent qu'à mi-hauteur afin que les étudiants ne soient pas distraits par la vue sur la Cam. Visite gratuite de la bibliothèque quand on entre par l'arrière du *college,* mais heures de visite restreintes et uniquement par petits groupes (se renseigner à l'entrée principale, en théorie de 12h à 14h). Trinity College a produit pas moins de 31 Prix Nobel. Et lord Byron y fut étudiant. Très excentrique, il avait un ours comme animal de compagnie, car les chats et les chiens n'étaient pas admis ! Trinity est aussi le plus riche des *colleges* ; c'est d'ailleurs un des premiers propriétaires terriens d'Angleterre... Autre étudiant célèbre, et royal qui plus est, le prince Charles de 1967 à 1970. Les mauvaises langues prétendent que ses gardes du corps auraient obtenu de meilleures notes que lui aux examens.

ÇA TOURNE PAS ROND À TRINITY

À Trinity College, il est de tradition que les étudiants tentent de faire le tour de la grande cour carrée (Great Court) en 43 secondes exactement et... en smoking, pendant que la Clock Tower sonne 24 coups (chaque coup est répété), à midi et à minuit. Lord Burghley, en 1927, serait le seul à avoir parcouru les 573 yards dans le temps imparti. La scène est immortalisée dans le film Les Chariots de feu. En 1988, Sebastien Coe, l'un des médaillés olympiques anglais, ministre sous Tony Blair, a également réussi théoriquement ce pari un peu fou, mais l'horloge venait d'être remontée et a sonné ses 24 coups plus vite que d'habitude ! Verdict : il a été recalé.

ххх **St John's College** *(plan couleur A2) : Saint John's St. ☎ 33-86-00. • joh.cam.ac.uk • Tlj 10h-17h30. Horaires restreints en hiver. Entrée : 4 £ ; réduc.* Superbe, peut-être le plus beau *college* de Cambridge, de par sa position sur les deux rives de la Cam – reliées par le *Bridge of Sighs* (pont des Soupirs), une copie du célèbre pont de Venise – et son enfilade d'élégantes cours intérieures.

La porte principale *(Great Gate)* date de 1516 : chargée de dorures et de fioritures, elle porte les armoiries de sa fondatrice – lady Margaret Beaufort, mère du roi Henri VII – entourée d'animaux mythologiques, ainsi que d'une statue de saint Jean l'Évangéliste avec un aigle (symbole du *college*) à ses pieds. Grande similarité avec la porte de Christ's College, également commandité par lady Margaret. On entre dans la *première cour* dont certains bâtiments, construits sur les ruines d'un hôpital pour indigents, sont en brique et ont été recouverts plus tard par de la pierre. La *chapelle,* inspirée de la Sainte-Chapelle de Paris, date de 1868. Vous remarquerez son plafond peint en rouge et ses vitraux de toute beauté. Le jour de l'Ascension, la chorale du *college* a coutume de chanter du haut de sa tour. La *deuxième cour,* plus grande que la précédente, abrite *The Combination Room,* une grande salle où se réunissent les professeurs, servant également à des banquets, concerts, etc. C'est dans cette pièce que les Alliés ont élaboré une partie des plans du Débarquement. Dans la *troisième cour,* plus petite, des repères marquent les grandes inondations d'octobre 1762 et octobre 1795 ; on y trouve l'ancienne bibliothèque.

On traverse ensuite le pont des Soupirs qui mène à *New Court,* une cour avec des arcades et un bâtiment surnommé *The Wedding Cake* (le gâteau de mariage) en raison de sa forme. Un emplacement pour une horloge était prévu, mais faute de moyens, elle ne fut jamais installée. D'autres cours encore, plus récentes : *The Cripps Courts,* du nom d'un heureux donateur, et *The Fisher Building,* etc. Un petit ruisseau, The Bin Brook, passe à travers le *college* et on trouve un autre pont, le *Kitchen Bridge...* Enfin, Saint John's College est réputé pour sa chorale (voir *Evensongs* dans la rubrique « À faire »).

CONDAMNÉS À RÉUSSIR

Il existe quatre ponts des Soupirs dans le monde : l'original à Venise, une copie à Las Vegas, et deux autres à Oxford et Cambridge. Pour ce dernier, l'appellation convient totalement puisqu'il permet aux étudiants de passer de leur chambre aux salles d'examen tout comme les condamnés passaient de leur cellule à la salle d'exécution.

х **Magdalene College** *(prononcer « Maodline » ; plan couleur A1) : Magdalene St. ☎ 33-21-00. • magd.cam.ac.uk • Bibliothèque* (Pepys Library) *ouv lun-sam : oct-début déc et de mi-janv à mi-mars, 14h30-15h30 ; fin avr-fin août, 11h30-12h30 et 14h30-15h30. Accès libre.* Samuel Pepys, étudiant au *college* de 1651 à 1654, devint célèbre grâce à son journal dans lequel il retrace le grand incendie de Londres en 1666. Il légua sa bibliothèque (3 000 volumes classés par ordre de taille, du plus petit au plus grand, incluant les 6 volumes de son journal), en stipulant expressément que rien n'y soit ajouté ni retranché. Magdalene College est le dernier *college* à avoir admis les femmes... en 1988, seulement ! Parmi les étudiants célèbres, Oscar Wilde, et plus près de nous le metteur en scène Peter Brook. Au printemps et en été, les portes du porche et les jardins sont magnifiquement fleuris. Dans le dernier jardin, amusez-vous à repérer les tombes des toutous du *college,* dans un bosquet.

Musées, églises et jardins

хх **Kettle's Yard** *(plan couleur A1,* **60***) : Castle St. ☎ 74-81-00. • kettlesyard.co.uk • Tlj sf lun (ouv lun fériés) : en hiver, 14h-16h ; début avr-fin sept, 13h30-16h30. Fermé pdt les fêtes de fin d'année. Galerie moderne : mar-dim et lun fériés*

13h-17h. Entrée gratuite. Pas plus de 10 visiteurs à la fois, afin de conserver le calme et la sérénité du lieu.
La maison appartenait à Helen et Jim Ede. Ce dernier (1898-1990) conservateur à la *Tate Gallery* dans les années 1920-1930, se définissait comme « un ami des artistes ». C'est aussi à cette époque qu'il commence sa collection. Il acquiert ainsi la succession du sculpteur français Henri Gaudier-Brzeska ainsi que des œuvres d'amis et d'autres artistes tels que Miró, Brancusi et Alfred Wallis ou de l'Américain William Condom. En 1956, Jim vient à Cambridge à la recherche d'une belle maison pour y vivre et y abriter sa collection d'art. Il ne trouve que quatre petits cottages à moitié délabrés, qu'il restaure, et où il résidera pendant 16 ans avec son épouse, ouvrant sa maison aux visiteurs tous les après-midi.
Les quatre cottages rassemblés forment un bel espace avec des différences de niveaux, de nombreuses pièces en enfilade, des escaliers... La maison est restée dans son jus et se visite comme celle d'un ami ; pas de notices, ni d'explications et on peut même s'asseoir dans les fauteuils et consulter les livres. L'ameublement rustique est égayé par les tableaux, les sculptures, les objets et les livres du couple. En sortant, jetez un œil à la chapelle toute mignonne (on vous prêtera la clé). Elle est dédiée aux enfants et ils ont le droit de sonner la cloche !
La galerie attenante présente des expositions temporaires d'art moderne et contemporain. Également des concerts gratuits certains midis, le jeudi soir, etc.

À signaler également : le ***Cambridge and County Folk Museum*** *(plan couleur A1,* ***60****), sur Castle St, juste à côté de Kettle's Yard. Ouv mar-sam 10h30-17h, dim 14h-17h ; fermé lun sf j. fériés. Entrée : 3,50 £ ; gratuit pour les enfants accompagnés.* Installé dans une ancienne auberge et consacré à la région de Cambridge. Expo de jouets anciens et expos temporaires.

Round Church ou Holy Sepulchre Church *(plan couleur B2)* **:** *Bridge St. ☎ 31-16-02. À l'angle de Round Church St, en plein centre. Tlj 10h (13h dim)-17h. Entrée : 2 £. Vidéo de 20 mn sur Cambridge. Organisent également des visites guidées de Cambridge, mer et dim slt ; tarif : 4 £.* Adorable petite église romane à plan centré, construite au retour des croisades, en 1130, sur le modèle de l'église du Saint-Sépulcre à Jérusalem. Au-dessus des piliers du déambulatoire, remarquer les visages sculptés. C'est le plus vieux monument de Cambridge après Saint Bene't's Church, et il ne reste que quatre églises de ce type en Angleterre.

Great Saint Mary's Church *(plan couleur A2,* ***61****)* **:** *Saint Mary's Passage. ☎ 74-17-16. • gsm.cam.ac.uk • Ouv lun-sam 10h-16h30 (15h30 en hiver), dim 12h30-16h. Accès à la tour : 3,50 £ ; réduc.* L'église de l'université. Il faut grimper 123 marches pour arriver en haut de sa tour et profiter de la vue ; les carillons sont les mêmes que ceux de Big Ben à Londres. La tour marque le centre exact de la ville : elle abrite un repère *(datum point)* à partir duquel toutes les distances sont calculées.

St Bene't's Church *(plan couleur A2,* ***62****)* **:** *Bene't St. ☎ 35-39-03. • stbenetschurch.org • Tlj 8h-18h. Entrée gratuite.* La tour anglo-saxonne de cette petite église entouré de son cimetière est la plus ancienne construction du comté de Cambridge (1025). Et ce serait dans cette église qu'au milieu du XVIIe s aurait été inventé le système de changement des cloches tel qu'il existe aujourd'hui. Saint Bene't's Church fut l'église de *Corpus Christi College* avant que le *college* ne construise sa propre chapelle.

Fitzwilliam Museum *(plan couleur B3)* **:** *Trumpington St. ☎ 33-29-00. • fitzmuseum.cam.ac.uk • Mar-sam 10h-17h ; dim et lun fériés 12h-17h. Gratuit, mais donation bienvenue. Cafétéria dans la cour couverte, à côté de la boutique, au centre du musée. Lunch 11h30-15h30. Sandwichs 4-8 £, plats 8,95 £.*
L'autre principal intérêt de Cambridge avec les *colleges*. Ce mini-*British Museum* fut fondé en 1816 grâce au legs du VIIe vicomte Fitzwilliam à l'université de Cambridge. La taille impressionnante du bâtiment, réplique d'un temple grec, en dit

long sur la richesse de ses collections. Le hall d'entrée avec sa coupole et ses statues est tout aussi grandiose. Remarquables antiquités égyptiennes, grecques, romaines et d'Asie du Sud-Est au rez-de-chaussée. Partout, des sculptures, du mobilier, des horloges aux mécanismes étonnants (la plupart fonctionnent toujours)... Et, à l'étage, une collection exceptionnelle des meilleurs peintres anglais (Turner, Constable...), ainsi que des dizaines d'œuvres majeures des plus grands peintres français. Difficile de proposer un parcours, le mieux est de choisir judicieusement son programme, car vous ne pourrez pas tout voir en une seule visite. Parmi nos salles préférées et nos coups de cœur : celles consacrées à l'Égypte avec de beaux sarcophages et un très expressif ensemble de personnages en terre cuite représentant des scènes de la vie quotidienne (le boucher, le boulanger ainsi que des barques) trouvé dans une tombe. Intéressante chronologie de l'Égypte ancienne depuis les débuts de la civilisation jusqu'à l'islamisation de l'Égypte. Au 1er étage, les fans de l'impressionnisme se rendront directement dans la salle 5. Sisley, Monet, Pissaro, Cézanne... et dans les vitrines de ravissants petits bronzes de danseuses de Degas et des œuvres de Rodin, dont une puissante *Grande main sculptée,* étude pour le célèbre groupe des Bourgeois de Calais. Ne pas manquer *Le Pont d'Argenteuil en réparation* de Monet, comme on a peu l'habitude de le voir représenté. À côté, *La Place Clichy* de Renoir. Dans les collections italiennes : salle 6, intéressante vue de Venise au XVe s, une *Vierge à l'Enfant* attribuée à l'école de Botticelli. Dessous, toujours de l'école florentine (reconnaissable à ses drapés) l'histoire de Cupidon et de Psyché se déroule sous vos yeux. Salle 7, les amateurs reconnaîtront sans hésiter les vues de Venise peintes par Canaletto, Tiepolo et Guardi. Dans la salle suivante (arts espagnol et flamand), arrêtez-vous pour vous régaler des nombreux détails amusants de la fête de village mise en scène par Pieter Brueghel le Jeune (l'ivrogne vomissant, les amoureux se lutinant derrière l'auberge...). Non loin, et dans un tout autre registre, un très beau portrait d'un homme barbu peint par Rubens. Intensité de la concentration rendue par le talent de l'artiste. L'art des XXe et XXIe s est également représenté avec une dizaine d'œuvres de Nicolas de Staël dont un flamboyant paysage sicilien de 1953 qui illumine la salle 11. Plus contemporain encore, salle 12, une impressionnante et puissante *Étude pour une crucifixion* (1996) en 3 panneaux de Hughie O'Donoghue. Même sans le visage, on ressent l'impression de souffrance. Admirable.
Le musée propose, par ailleurs, tout un programme d'expositions temporaires, conférences, cours et activités pour tous les âges, ainsi que des promenades-concerts certains dimanches pendant l'année scolaire.

Botanic Garden *(plan couleur B-C3)* **:** *1 Brookside St. ☎ 33-62-65. • botanic.cam.ac.uk • Tlj 10h-18h avr-sept ; 17h fév-mars, oct ; 16h le reste de l'année. Fermé pdt les fêtes de fin d'année. Entrée : 4,50 £ ; réduc.* Créé en 1846 par le professeur et mentor de Charles Darwin, John Henslow. Un véritable parc : plusieurs hectares de verdure, plus de 8 000 espèces de plantes, un arboretum réputé dans la région et une importante serre tropicale. Également une boutique et un café dans le jardin. Un bel endroit où pique-niquer, se reposer, méditer...

Les musées des colleges : les *colleges* de Cambridge abritent quelques musées discrets mais conçus de manière très pédagogique. Ils permettent en plus de pénétrer dans des *colleges* un peu en dehors des sentiers battus et, de plus, sont gratuits. (Renseignements complémentaires à l'office de tourisme.) Voir entre autres :
– *Whipple Museum of the History of Science (Free School Lane, lun-ven 12h30-16h30)*, une grande salle à la Jules Verne, remplie d'objets scientifiques d'un autre temps, parfois déroutants ;
– *musée de Zoologie (Downing St, lun-ven 10h-16h45, sam 11h-16h),* qui abrite des squelettes entiers de baleines (la plus longue mesure 30 m) ;
– *musée d'Archéologie et d'Anthropologie (Downing St, mar-sam 10h30-16h30),* présentant une collection de sculptures de la Grèce et la Rome antique ;

– *Sedgwick Museum of Earth Sciences (Downing St, lun-ven 10h-13h, 14h-17h ; sam 10h-16h)* présente l'évolution de la Terre et des espèces avec des fossiles et des squelettes de dinosaures et reptiles marins géants ;
– *Scott Polar Research Institute (Lensfiel Rd, mar-sam sf j. fériés 10h-16h)*, consacré aux expéditions polaires.

À faire

Balade dans les backs : la promenade à ne pas manquer à Cambridge. Situés de part et d'autre de la Cam, du côté ouest de la ville, les arrières des *colleges* sont accessibles depuis les *Lanes* (sentiers ouverts au public). Des pelouses bien vertes, des parcs, des jardins et des milliers de jonquilles au printemps. C'est le petit plus de Cambridge par rapport à Oxford. Suivre le sentier qui longe vaguement Queen's Road. On passe près, sous ou sur les ponts les plus intéressants : le pont des Mathématiques, Clare Bridge, Kitchen Bridge, le pont des Soupirs et Magdalene Bridge. Attention à ne pas marcher sur les pelouses : seuls les éminents professeurs ont le droit ! Et parfois les jardins sont fermés à certaines heures. On peut aussi faire la balade en *punts*.
– *Vers Grantchester :* ce parcours moins connu permet de rallier le charmant petit village de Grantchester (voir « Où s'arrêter pour un *tea-time* ? », plus haut). La rivière coule dans une campagne fort agréable ; l'idéal pour pique-niquer.

➢ ***Balades en punts :*** les *punts* sont des bateaux à fond plat ; à l'aide d'une grande perche, on pousse au fond de l'eau pour faire avancer la barque effilée, comme à Venise. Conseil pour ne pas tomber à l'eau : si la perche reste coincée dans la boue, lâchez-la puis récupérez-la en pagayant. Et tenez-vous éloigné des rives et des autres *punts* ! Si l'expérience vous effraie, louez un « chauffeur », mais les tarifs ne sont pas donnés. Et n'en profitez pas pour rigoler des débutants qui se donnent en spectacle malgré eux !

■ ***Scudamore's Boatyard*** *(plan couleur A1 et A3,* ***2****)* **:** *à Mill Lane (à côté de Silver St Bridge) ainsi qu'à Magdalene Bridge (au niveau de Henry's Bar. ☎ 35-97-50). • scudamores.com • Tlj à partir de 9h (9h30, 10h en basse saison). Pour une loc, compter 20 £/h. Avec « chauffeur », il vous en coûtera 16 £/pers pour 45 mn de promenade ; réduc.*

■ ***The Granta Boat and Punt Company*** *(plan couleur A3,* ***4****)* **:** *The Granta Inn, Newham Rd. ☎ 30-18-45. • puntingincambridge.com • Tlj : mai-sept, 9h30-22h ; printemps et automne 11h-17h ; en hiver slt ouv sur résa. Promenades « aux chandelles » selon la demande. Moins cher que le concurrent : compter 16 £/h pour une loc. Avec « chauffeur » : 12 £/pers ; max 4 pers ; réduc.*

➢ ***Visites guidées de la ville (tours) :*** *compter env 4-14,50 £/pers selon formule ; réduc.* Organisées par l'office de tourisme. Très intéressant et instructif lorsque l'on comprend l'anglais. *Walking tour of Cambridge (sam à 14h ; juil-août, tlj à 14h)* : 2h à pied, billet incluant l'entrée pour le King's College ou Saint John's College. *Ghost Tour* : sur les traces des fantômes... et *Fitzwilliam Museum tours.*

– ***Evensongs :*** les offices religieux du soir dans les chapelles des *colleges,* où l'on peut entendre des chorales *(choirs),* vers 17h30-18h. Les plus belles sont celles de *King's College* et *Saint John's College,* mais la plupart des *colleges* ont leur chorale, que l'on peut aller écouter pendant l'année scolaire (donc pas pendant les vacances). La chorale de *King's College* est réputée internationalement pour sa veillée de Noël *(Christmas Eve Festival of Nine Lessons and Carols),* retransmise à la radio et à la télévision. Quant à celle de *Saint John's College,* elle est célèbre pour ses chants de l'avent *(Advent Carol Service)* et du mercredi des Cendres *(Evensong on Ash Wednesday).*

Festivals et manifestations

Pour connaître les programmes de ciné, théâtre et musique, procurez-vous le mensuel gratuit *Explorer* à l'office de tourisme, dans les hôtels et les lieux touristiques.
- ***University Bumping Races :*** *en fév et mi-juin.* Rencontres d'aviron entre les *colleges.* Noter que l'*Oxbridge Boat Race,* la fameuse rencontre sportive entre les deux villes universitaires rivales, a lieu généralement début avril, mais... à Londres.
- ***Cambridge Wordfest :*** *● cambridgewordfest.co.uk ● mi-avr, pdt 3 j., sur un w-e.* Le festival littéraire de Cambridge.
- ***Cambridge Shakespeare Festival :*** *en juil-août. Organisé par la Cambridge Shakespeare Company. ☎ 21-88-24. ● cambridgeshakespeare.com ●* Les représentations ont lieu en costumes d'époque.
- ***Cambridge Folk Festival :*** *☎ 45-75-55. ● cambridgefolkfestival.co.uk ● Ce festival réputé internationalement a lieu ts les ans fin juillet, pdt 4 j.* Il faut s'y prendre à l'ouverture de la location (3 mois avant) pour arriver à décrocher des places.
- ***Summer in the city :*** durant tout l'été, des spectacles gratuits en plein air dans les parcs, pour petits et grands. Programme à l'office de tourisme.

DANS LES ENVIRONS DE CAMBRIDGE

Imperial War Museum : *à **Duxford.** ☎ 83-50-00. ● duxford.iwm.org.uk ● À env 10 miles au sud de Cambridge, en bordure de l'autoroute M 11 (sortie 10). Bus de Cambridge au départ de la gare ferroviaire (1h de trajet, 4,50 £ l'A/R). Tlj 10h-18h (16h en hiver). Entrée : 16,50 £ ; réduc, notamment sur présentation du ticket de bus ; gratuit moins de 16 ans. Coffee-shop et resto sur place.*
Superbe musée de l'Air, installé sur une base d'aviation dont l'histoire remonte à la guerre 1914-1918. De nombreux shows aériens s'y déroulent tout au long de l'année. De hangar en hangar, on circule en petit train ou à pied. Un vrai bonheur de collectionneur : plus de 200 machines volantes, depuis les coucous biplans des temps héroïques jusqu'au Concorde (oui, oui, on peut le visiter !), en passant par les Spitfires de la bataille d'Angleterre, les premiers jets (Météor, Sabre, Hunter), le bombardier nucléaire *Victor,* les avions embarqués de la Navy...
Un hangar abrite le musée de l'Air américain, et d'autres petits hangars annexes évoquent les guerres oubliées du Sud-Est asiatique, la bataille d'Angleterre et l'histoire des blindés. Dans le hall III, un émouvant *fennec* de l'Aviation française avec le Petit Prince peint dessus. Expo sur *Bristish Airways* évidemment, mais rien sur les tenues à fleurs des charmantes hôtesses de l'air !
Même si, au final, ce musée est consacré à des armes de guerre, on ne peut rester insensible aux innovations scientifiques et à l'esthétique de certains engins. Le tout est très complet et remarquablement présenté. On peut y passer une journée.

HOUGHTON

Très joli petit village près de Huntingdon, à l'ouest de Cambridge. Départs fréquents de la gare routière de Cambridge avec les bus *Go Whippet* ligne 1A (bus toutes les 30 mn de 10h à 18h) ; compter 35 mn. Plusieurs maisons ont encore leur toit de chaume. On peut louer de petites embarcations pour se balader sur l'eau. Nombreuses promenades à pied dans la campagne. Bref, le coin mérite vraiment le détour.

PETERBOROUGH

Ville située à 35 miles de Cambridge. Célèbre pour sa cathédrale romane à trois porches arqués et pour son festival de *country music* au mois d'août, à l'occasion du *Bank Holiday.* Si vous êtes dans le coin à cette époque, allez-y, ça en vaut la peine.

➢ Un départ par heure de 8h à 15h depuis Parkside à Cambridge avec la compagnie *Stagecoach* (bus X5).

ELY

9 000 hab. IND. TÉL. : 01353

À 17 miles au nord de Cambridge, une petite ville sur la rivière Great Ouse, qui possède une des plus belles cathédrales d'Angleterre.

➢ Bus 9 et X9 de la compagnie *Stagecoach* au départ de Drummer St ; un départ toutes les 30 mn de 8h à 18h ; 45 mn de trajet.

À voir

Cathedral : *☎ 66-77-35. • elycathedral.org • Tlj 7h-18h30 (17h30 le dim hors saison). Entrée : 6,50 £.* Dédiée à la Sainte-Trinité, elle offre un catalogue complet de tous les styles architecturaux du XIe au XVIe s. Elle est surnommée « la nef des marécages » à cause de sa tour octogonale centrale qui émerge de l'horizon au milieu des *fens,* ces marécages asséchés par des ingénieurs hollandais au XVIIe s. La large voûte normande contient 200 statues, hélas décapitées lors de la Réforme. Dans le chœur, de superbes stalles sculptées et un musée du Vitrail.

WOBURN ABBEY

Le château des ducs de Bedford, dans une ancienne abbaye médiévale. En pleine campagne. Belle collection de peintures (Van Dyck, Gainsborough...) et joli parc avec des animaux en liberté.

➢ À 42 miles à l'ouest de Cambridge par l'A 428 et l'A 421 ; idem depuis Londres par la M 1, sortie 13. *☎ (01525) 29-03-33. • woburnabbey.co.uk • Entrée : 12,30 £ ; réduc.*

LE NORD DE L'ANGLETERRE

Traçons une ligne vers le nord-est en partant de Bristol : une Grande-Bretagne plus industrieuse que celle du Sud se dessine, où les traditions restent plus fortes (le pays de Galles fait bien partie du nord de la ligne) et où l'on a voté longtemps plutôt travailliste. L'histoire y est riche : les propriétaires des manufactures inventaient l'économie libérale entre Birmingham, Leeds et Manchester, au XVIIIe s, tandis que les petits artisans apprenaient la lecture, le chartisme, la politique et la liberté.
Ce monde est encore présent, et l'on trouve encore plus qu'au sud de ces jardins loués à la sortie des villes. Mais le Nord, c'est avant tout un état d'esprit : courage et bonne humeur, à l'image des héros du film *The Full Monty,* tourné à Sheffield, qui n'hésitent pas à enlever le bas pour garder la tête haute. Et les choses évoluent depuis quelques années. On peut même parler de véritable renaissance pour certaines villes comme Liverpool ou Manchester, en voie de relookage rapide et profond, depuis que leurs économies ont pris la voie du tertiaire et des affaires. Mais l'atout majeur du nord de l'Angleterre reste son patrimoine naturel, entre pays de Galles, Lake District et Yorkshire.

LE NORD-OUEST

CHESTER

120 000 hab. IND. TÉL. : 01244

Des remparts intacts, un amphithéâtre romain, de belles maisons à colombages et les fameuses *rows* font de Chester une des cités les plus pittoresques d'Angleterre. Corollaire inévitable : l'affluence le week-end, pour faire ses emplettes dans les nombreuses boutiques des rues piétonnes.

Dès l'époque romaine, les navires de haute mer avaient l'habitude de jeter l'ancre dans le port de Chester. Une situation de monopole renforcée par la suite, en raison de la valeur stratégique de cette ville de garnison à la frontière du pays de Galles et de son statut de capitale régionale. Mais c'était compter sans les caprices de Dame Nature... À partir du XVe s, la rivière s'ensabla progressivement, jusqu'à interdire

> **LA FLÈCHE DU SAMEDI SOIR**
>
> *De par sa position de quasi-frontière, Chester se révèle un endroit hors norme, comme le démontre cette loi toujours en vigueur, même si elle n'est sans doute pas appliquée à la lettre : tout habitant de la ville a le droit de décocher une flèche au niveau des jambes s'il croise deux Gallois ensemble un samedi soir après minuit, eu égard à leur statut d'ennemi héréditaire.*

le port aux grosses unités. Il fallut céder la place aux villes de la côte comme Liverpool, considérée jusqu'alors comme une dépendance de Chester. Les désastreux choix politiques formulés pendant la guerre civile achevèrent de ruiner la cité. Après avoir balayé les troupes de Charles Ier, les parlementaires assiégèrent Chester en 1645 jusqu'à ce que les habitants affamés se rendent sans condition.

Arriver – Quitter

En train

Gare ferroviaire *(hors plan par B1)* **:** *Station Rd, dans le prolongement de Brook St. Rens : ☎ (08457) 48-49-50.*

➢ Liaisons très fréquentes avec ***Liverpool*** (45 mn de trajet), ***Manchester*** (env 1h30 de trajet) et ***Londres*** (un peu plus de 2h de trajet). L'idéal en somme !

En bus

Gare routière *(plan A2)* **:** *Princess St, en plein centre-ville.*

– Rens auprès de National Express *: ☎ (0871) 781-81-78. • nationalexpress.com •*

En voiture

➢ ***Depuis Manchester* :** par la M 56, sortie 15.

➢ ***Depuis Liverpool* :** emprunter le tunnel de Wallasey pour rejoindre la M 53. La suivre jusqu'à la sortie 12.

Attention : le centre-ville n'est pas très accessible aux voitures et on ne peut s'y garer que dans des parkings assez chers (et parfois pleins). Bon à savoir cependant, le *Market Car Park (plan A2)* et celui de *Gorse Stacks (plan B1)* ne sont payants qu'entre 7h et 15h ! Sinon, on peut utiliser les *Park & Ride*, des parkings gratuits aux abords de la ville mais qui nécessitent de prendre une navette (passages ttes les 10 mn 7h-19h env) payante. Ils sont signalés à toutes les entrées.

Adresses utiles

Tourist Information Centre *(plan A2)* **:** *Town Hall, Northgate St. ☎ (0845) 647-78-68. • visitchester.com • En saison, lun-sam 9h-17h30, dim 10h-17h.* Résas pour les visites guidées (6 £) qui partent tous les matins vers 10h30 (plus 11h30 et 14h mai-oct) de l'office de tourisme (ça vaut vraiment le coup), tours en bus touristique, sorties en bateau sur la rivière... Équipe très efficace et sympathique.

@ ***Internet* :** *à la* ***Chester Library*** *(plan A2), à côté de la mairie, Northgate St. Ouv lun et jeu 9h30-19h, jusqu'à 17h mar, mer et ven, 16h sam.* Si vous êtes de passage à Chester, vous devrez demander une *guest card* (1 £), qui vous permettra de surfer pendant 1h.

Où dormir ?

Bon marché (moins de 40 £ / 48 €)

Chester Backpackers *(hors plan par B2,* ***10****)* **:** *67 Boughton, CH3 5AF. ☎ 40-01-85. • sales@chesterbackpackers.co.uk • chesterbackpackers.co.uk • Dans le prolongement de Foregate St. Tte l'année. Compter 15 £/pers en dortoir 8-18 lits, ou 40 £ pour une* twin *(lits séparés ou superposés) avec sdb ; un peu plus cher ven et sam. (payant).* Dans une jolie maison d'allure médiévale. Endroit simple et patron cool.

Prix moyens (60-80 £ / 72-96 €)

Pied Bull *(plan A1,* ***11****)* **:** *57 Northgate St, CH1 2HQ. ☎ 32-58-29. • piedbull.co.uk • Double env 75 £, petit déj compris. Au pub, plats env 11 £.* Authentique auberge-relais de poste du XIVe s, à l'intérieur meublé à l'ancienne, avec de petites chambres à poutres cosy et confortables. À table, bonne nourriture de pub. Une bonne petite adresse.

Chester Town House *(plan A1,*

LE NORD-OUEST DE L'ANGLETERRE

12) : *23 King St, CH1 2AH. ☎ 35-00-21. • davidbellis@chestertownhouse.co.uk • chestertownhouse.co.uk • Doubles 75-80 £, petit déj inclus. Parking possible.* Une porte anodine défend ce havre de paix du XVIIe s décoré avec goût, discrètement installé en plein centre-ville. Accueil souriant et chambres très soignées.

Mitchell's of Chester (hors plan par A3, **14**) : *28 Hough Green, CH4 8JQ. ☎ 67-90-04. • mitoches@dialstart.net • mitchellsofchester.com • Doubles 72-82 £, petit déj compris. Parking.* Belle maison bourgeoise du XIXe s, tenue à la perfection par un couple charmant. Parties communes très cossues, avec un petit bar, et chambres vraiment douillettes à la déco typiquement britannique. L'une d'entre elles peut accueillir 3 ou 4 personnes.

Dans le quartier de Hoole Road

Ces trois adresses sont à deux pas les unes des autres, à environ 20 mn à pied du centre-ville.

Prix moyens (60-80 £ / 72-96 €)

Glen-Garth (hors plan par B1, **15**) : *59 Hoole Rd, CH2 3NJ. ☎ 31-02-60. • glengarthguesthouse@btconnect.com • glengarthguesthouse.co.uk • À env 20 mn à pied du centre. Fermé 1 mois autour des fêtes de fin d'année. Doubles 65-75 £. Parking.* Tenue par un couple de retraités, une maison nickel et plutôt chic, et où vous serez bien accueilli. Certaines chambres ont leur salle de bains (privée) sur le palier. Agréable salle de petit déj.

Westleigh Lodge (hors plan par B1, **16**) : *6 Hamilton St, CH2 3JG. ☎ 31-71-78. Dans une rue perpendiculaire à Hoole Rd. Double env 65 £.* Dans une rue résidentielle très calme, un pavillon à l'anglaise fort bien aménagé. La déco des chambres est assez classique mais on s'y sent bien, et les salles de bains sont impeccables. Propriétaire très aimable.

Chester Stone Villa (hors plan par B1, **17**) : *Stone Place, CH2 3NR. ☎ 34-50-14. • info@stonevillachester.co.uk • stonevillachester.co.uk • Doubles à partir de 75 £.* Facilement reconnaissable à sa façade couverte de lierre et à son drapeau britannique qui flotte au-dessus de la porte. Une grosse bâtisse à mi-chemin entre le *B & B* et l'hôtel, proposant une dizaine de chambres bien nettes et tout confort, avec tentures et coussins assortis. Belle salle de petit déj à l'anglaise et petit salon avec canapés *chesterfield*. On vous y offrira une goutte de *sherry*. Sympa.

Où camper dans les environs ?

Birch Bank Farm (hors plan par B2, **18**) : *Stamford Lane, à* ***Christleton****. ☎ 33-52-33. Sortir de la ville par Christleton Rd et prendre Pepper St sur la gauche juste avt la M 53. Ouv mai-oct. Résa conseillée en été. Env 12 £ pour 2.* À environ 3 miles à l'est de Chester, au milieu des champs, agréable petit camping à la ferme et au calme. Bloc sanitaire un peu vieillot. Ambiance familiale et proprios accueillants.

Où manger ? Où boire un verre ? Où écouter de la musique ?

De bon marché à prix moyens, voire un peu plus chic (4-18 £ / 4,80-21,60 €)

Cathedral Refectory Cafe (plan B2, **20**) : *dans la cathédrale (traverser la boutique). Tlj (sf dim hors saison) 9h30-16h30. Compter 3-7 £.* Comme son nom l'indique, une cafet' dans l'ancien réfectoire des moines. Le cadre, superbe, tout entouré de vitraux, n'a guère changé. Très bien pour la pause de midi ou un simple arrêt boisson.

Joseph Benjamin (plan A1, **21**) : *Northgate St. ☎ 34-42-95. Tlj sf lun 9h-17h, plus jeu-sam soir. Snacks et plats 5-18 £.* Dans une salle lumineuse et contemporaine, soupes, sandwichs, salades ou plats genre poulet-frites à l'aïoli et saucisse de Chester aux oignons caramélisés, le tout préparé avec beaucoup de soin. Service tout aussi délicat et attentif. Une petite adresse appréciée des habitants de la ville.

Old Harkers Arms (hors plan par B2, **24**) : *1 Russell St. ☎ 34-45-25. Tlj midi et soir. Plats 9-17 £.* Non loin de la gare, en bordure du canal, un grand pub très animé installé dans un bâtiment en brique. À l'intérieur, des

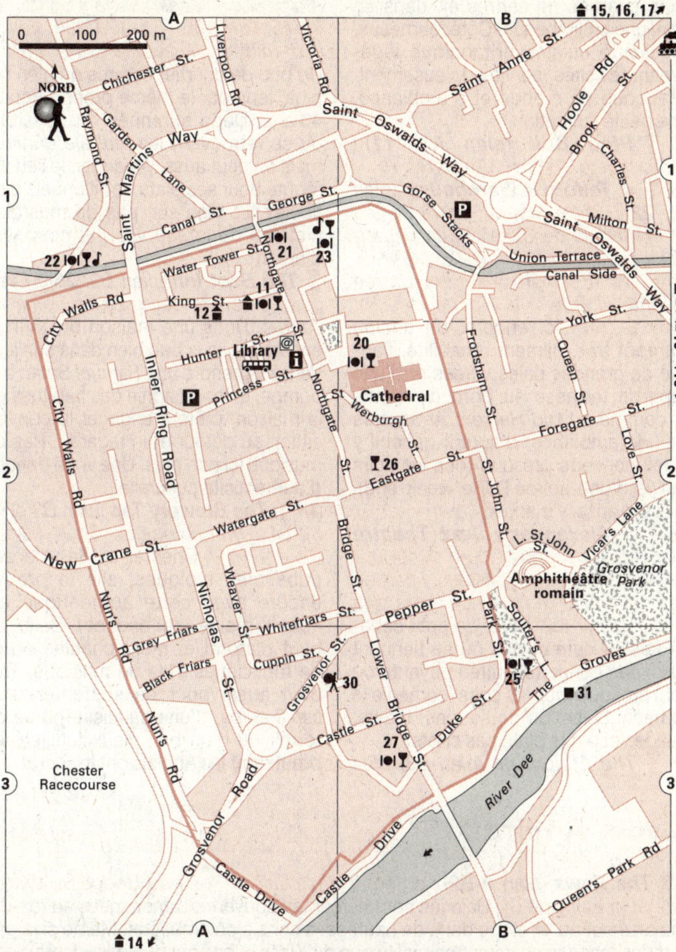

CHESTER

■ Adresses utiles

- **i** Tourist Information Centre
- **@** Chester Library

Où dormir ?

- **10** Chester Backpackers
- **11** Pied Bull
- **12** Chester Town House
- **14** Mitchell's of Chester
- **15** Glen-Garth
- **16** Westleigh Lodge
- **17** Chester Stone Villa
- **18** Birch Bank Farm

Où manger ? Où boire un verre ? Où écouter de la musique ?

- **11** Pied Bull
- **20** Cathedral Refectory Cafe
- **21** Joseph Benjamin
- **22** Telford's Warehouse
- **23** Alexander's Jazz Theatre
- **24** Old Harkers Arms
- **25** The Albion Inn
- **26** The Boot Inn
- **27** The Brewery Tap

À voir. À faire

- **30** Grosvenor Museum
- **31** Promenade en bateau

murs chargés de cadres et, dans un coin, une bibliothèque. Côté fourneaux, excellente cuisine britannique légèrement revisitée, servie copieusement. Beaucoup de monde et d'ambiance. Une petite institution.

Pied Bull (plan A1, **11**) : *57 Northgate St. Voir « Où dormir ? ».*

Telford's Warehouse (plan A1, **22**) : *Tower Wharf. ☎ 39-00-90. En contrebas de Canal St, un peu en dehors du centre. Tlj 12h-23h (2h w-e). Concerts la plupart des soirs. Entrée payante (4 £) le w-e à partir de 21h. Plats 8-16 £.* Ici encore, un ancien entrepôt très joliment réhabilité, flanqué de grandes baies vitrées et d'une superbe terrasse au bord du canal. Et comme à l'*Old Harkers Arms,* très chaude ambiance, d'autant qu'ici il y a des concerts presque tous les soirs (suivis d'une soirée DJ le week-end). On peut aussi y manger.

Alexander's Jazz Theatre (plan A1, **23**) : *Rufus Court. ☎ 34-00-05. Accès par une impasse qui part de Northgate St. Tlj 11h-minuit (voire plus tard). Carte 4-9 £.* Sorte de petit cabaret faisant café et bar, où se tiennent aussi des concerts (entrée payante ou non) presque tous les soirs (comédie le samedi). Sélection de soupes, toasts, salades et petits plats pas chers.

The Albion Inn (plan B3, **25**) : *Albion St ; à l'angle de Park St. ☎ 34-03-45. Ouv 12h-15h, 17h-23h. Fermé sam midi et dim soir. Plats env 10 £.* Un pub de quartier comme on n'en fait plus, tenu par le même proprio depuis 40 ans. Déco surannée au possible, où se retrouvent les *real ale drinkers* mais on peut aussi y manger, le lieu est réputé pour ses plats traditionnels bien ficelés. Et bien sûr, pas de musique, histoire de préserver l'atmosphère d'antan !

The Boot Inn (plan B2, **26**) : *Eastgate, à l'étage des galeries commerçantes.* Dans une maison du XVIIe s, encore un vieux pub bien dans son jus ! Venez y prendre une *Samuel Smith* à la pompe, en compagnie des habitués de la maison, prêts à engager la conversation au détour d'un regard... Pas de musique ici non plus. Une vraie tranche d'authenticité culturelle.

The Brewery Tap (plan B3, **27**) : *52-54 Lower Bridge St. ☎ 34-09-99. Plats 9-10 £.* Chester est la ville des pubs bien typiques, elle le prouve encore avec cette authentique *ale house* pleine de cachet ! Salle au haut plafond et murs chaulés ornés de tapisseries. Pas de musique. Très bien aussi pour se sustenter d'un *fish & chips,* d'une saucisse-purée du terroir ou d'un bon vieux feuilleté au bœuf dont les Anglais ont le secret.

À voir. À faire

The Rows (plan A-B2) : *au cœur de la ville, le long de Bridge St, Watergate St et Eastgate St.* Galeries commerçantes couvertes, aménagées au rez-de-chaussée et au 1er étage dans de hautes maisons à colombages. Même si la plupart des façades ne datent en réalité que du XIXe s et ne sont que des « fantaisies » néogothiques, l'effet est assez saisissant et cet aspect médiéval donne tout son cachet à Chester.

Cathedral (plan B2) : *• chestercathedral.com • Lun-sam 9h-17h ; dim 12h30-14h45. Entrée : env 5,50 £, audioguide en anglais inclus ; réduc. Brochure en français.* Cet édifice gothique, dont l'essentiel date du XVIe s, vaut surtout par la conservation remarquable de l'ensemble de ses bâtiments : cloître, réfectoire, abbatiale, salle capitulaire, tribunal, etc. Très beau travail d'ébénisterie sur les stalles du chœur, sans oublier le buffet d'orgue, tout aussi fabuleux. Cela contraste avec l'aspect plutôt massif de l'extérieur, qui pourrait lui conférer un côté austère si les architectes n'avaient pas utilisé le grès rose local. Celui-ci procure à la cathédrale un charme fou et vient adoucir l'ensemble. Très belle cafétéria aménagée dans l'ancien réfectoire. Un petit coup de gueule tout de même : le mercantilisme anglican atteint ici des sommets, à l'image de la ville peut-être.

Grosvenor Museum *(plan A-B3,* ***30****) : 27 Grosvenor St. ☎ 40-20-33. • grosvenormuseum.co.uk • Lun-sam 10h30-17h ; dim 13h-16h. Entrée gratuite. Dépliant en français.* Musée un peu fourre-tout, mais ludique et bien conçu. On y aborde différents thèmes comme l'histoire de la ville pendant l'occupation romaine (pierres tombales en pagaille), l'étude de la faune du Cheshire, ou encore l'évolution de l'argenterie... Plus vivante, la reconstitution, sur 3 niveaux, d'intérieurs de différentes époques : édouardien, victorien, des années 1920, etc. Et une *Art Gallery* consacrée aux artistes régionaux.

➢ ■ ***Promenade sur les remparts :*** accès par des escaliers situés tout le long. Le tour complet offre des points de vue permettant de mieux comprendre l'histoire de Chester. D'origine romaine, ils ont été élevés et renforcés au Moyen Âge, mais pas assez pour résister à Guillaume le Conquérant. Si vous trouvez les *Wishing Steps* (allez, on vous aide, elles se situent dans la partie sud-est), montez-les, descendez-les, remontez-les une deuxième fois sans respirer et faites un vœu « sentimental ».

➢ ■ ***Promenade en bateau*** *(plan B3,* ***31****) :* à l'angle sud-est des remparts (près des *Wishing Steps*) a été aménagée une belle promenade *(The Groves),* où se trouve l'embarcadère pour des excursions sur la rivière (de 30 mn à 2h). *Chester Boats : ☎ 32-53-94. • showboatsofchester.co.uk •*

DANS LES ENVIRONS DE CHESTER

Chester Zoo : *à 3 miles de Chester par Hoole Rd (plan B1) puis l'A 41 sur la gauche (et suivre le fléchage). ☎ 38-02-80. • chesterzoo.org • Tlj à partir de 10h, en gros jusque 16h30 en hiver et 18h en été. Entrée : 15 £ ; réduc (notamment pour ceux qui viennent à bicyclette !).* Avec quelque 8 000 animaux (de 400 espèces) sur environ 45 hectares, c'est le plus grand zoo du pays et l'un des plus importants d'Europe. Tous les continents sont représentés, et les animaux sont dans des enclos modernes avec pas mal d'espace et de verdure. En vedette, le tuatara, un reptile de Nouvelle-Zélande doté d'un troisième œil.

National Waterways Museum : *à* ***Ellesmere Port.*** *☎ (0871) 200-22-33. • nwm.org.uk • Au nord de Chester, sortie 9 sur la M 53 direction Liverpool. À 10 mn à pied de la gare d'Ellesmere Port. Tlj 10h-17h. Entrée : 6,50 £ ; réduc.* Une plongée dans le monde insoupçonné des pénichettes anglaises, les « narrow boats » et de leurs collectionneurs, qui sillonnent toujours les nombreux canaux du pays. Ces embarcations sont aussi étroites que les canaux et c'est tout un monde d'artistes et d'artisans qui tourne autour, entre les superbes peintures extérieures aux couleurs primaires et les cordages savants. Toute une société codifiée aussi avec des coiffes de dentelle et des ceintures de cuir en guise de carte d'identité. Petit tour sur l'eau de 30 mn possible mais payant et pas très intime. On préfère la terre ferme avec les nombreuses expos et démonstrations, ainsi que les judicieuses reconstitutions de cottages à quatre époques différentes.

Blue Planet Aquarium : *à* ***Ellesmere Port.*** *☎ (0151) 357-88-00. • blueplanetaquarium.com • Au nord de Chester, sortie 10 sur la M 53 direction Liverpool. Lun-ven 10h-17h, w-e 10h-18h. Entrée : 15,50 £ ; réduc (notamment en achetant les tickets sur Internet).* À l'instar du zoo, un aquarium particulièrement riche, qui compte, entre autres, un tunnel de 70 m permettant d'observer un groupe de requins particulièrement nombreux. Sinon, poissons tropicaux, d'eau douce, d'Amazonie, du lac Malawi et même des amphibiens (grenouilles aux yeux rouges), une *tarantula tower* (renfermant quelques 50 spécimens !) et des loutres du Canada.

LIVERPOOL

447 500 hab. IND. TÉL. : 0151

▸ Pour le plan de Liverpool, se reporter au cahier couleur.

Liverpool est morte, vive Liverpool ! La capitale du *Merseyside* en aurait-elle fini avec les clichés et son image d'enfant terrible ? Après tout, les docks tentaculaires et abandonnés qui noircirent les rivages de la Mersey, au temps du déclin du port, dans les années 1970, revivent depuis déjà plus de 20 ans et figurent au Patrimoine de l'Unesco depuis 2004. Mais c'est à l'occasion de son 800e anniversaire en 2007, puis de sa promotion en tant que Capitale européenne de la culture en 2008, que la ville a envoyé au monde les faire-part de sa renaissance. Longtemps montrée du doigt pour ses désordres sociaux et ses hooligans, Liverpool a donc pris sa revanche.

UNE SIMPLE HISTOIRE DE COMPLEXES

Avec les investissements massifs de ces dernières années et les gros projets à venir, comme la réhabilitation de docks plus au nord, Liverpool n'avait plus connu une telle vitalité depuis longtemps. Elle fourmille, se rase en un clin d'œil puis se relève parsemée de complexes d'affaires, commerciaux, culturels ou sportifs.

Devenue la deuxième place financière du pays après Londres, la ville peaufine son image grâce à ses musées interactifs, hôtels design ou clubs *Livercool*, jonglant avec les superlatifs jusqu'à friser l'overdose. Le « plus haut », le « plus célèbre », le « plus ancien », c'est comme si Liverpool avait trop longtemps ruminé des complexes d'un autre genre...

HOOLIGAN

En 1898, les Hoolihan, une famille irlandaise, s'illustraient régulièrement dans les colonnes des faits divers, pour leurs soirées très arrosées suivies de rixes avec la police et les voisins. Leur nom serait à l'origine de celui des violents supporters de foot, craints dans tous les stades. Une filiation dont ils n'ont pas à être fiers !

UNE « ÉNERGIE POSITIVE »

Mais, au fond, qu'avait encore à prouver cette ville qui a vu naître les Beatles ? Au début des 60's, Liverpool est au rock ce que La Nouvelle-Orléans fut au jazz. John Lennon lui voyait une « énergie positive » et la comparait crânement à New York. Depuis les 90's, elle fait à nouveau preuve d'un vrai dynamisme culturel et compte des centres de création artistique et des musées de premier plan.

Toute cette énergie, on la doit aux habitants, qui laissent, au final, le meilleur souvenir. Pour beaucoup d'origine irlandaise ou galloise, les *Liverpudlian* ou *Scouse* sont de très bons vivants dont la gaieté, la vivacité et le sens de l'humour devraient vous dérider, une fois surmontée la difficulté de compréhension.

Arriver – Quitter

En avion

✈ ***Liverpool John Lennon Airport*** *(hors plan couleur par B3) : à env 15 miles au sud de Liverpool.* ☎ *(08457) 750-84-84.* ● *liverpooljohnlennonairport.com* ●

🅸 Petit ***bureau d'information touristique*** *dans le hall d'arrivée (tlj 5h30-20h30).*

➢ ***Liaisons avec le centre-ville :***
– ***Navettes Airlink 500 :*** *rens ☎ (0871) 200-22-33.* ● *arrivabus.co.uk* ● 6h45-23h45 depuis l'aéroport ; 8h-minuit env dans le sens retour. 2,70 £. Ttes les 30 mn, 25-40 mn de trajet. Dessert Albert Dock-Liverpool One, Lime Street Station, Queen Square.
– ***Taxis :*** 6h-23h, compter 15 £ pour le centre-ville.

En train

Lime Street Station *(plan couleur C1)* **:** *Lime St. ☎ (08457) 48-49-50 (gare) ou 11-41-41 (infos générales).* ● *nationalrail.co.uk* ● Grandes lignes. Nombreuses liaisons avec Manchester (env 1h de trajet) et Londres (env 2h10 de trajet). Pour les trains régionaux, voir *Merseyrail*.

En bus

National Express Coaches *(plan couleur C1)* **:** *Norton St, en haut de Lime St. ☎ (08705) 80-80-80.* ● *natio nalexpress.com* ●

En voiture

➢ ***Depuis Manchester :*** autoroutes M 602 puis M 62
➢ ***Depuis Chester et le pays de Galles :*** M 53 en direction de Birkenhead, puis tunnel payant Mersey Kingsway (prévoir env 1,40 £ de monnaie pour éviter l'attente au péage) jusqu'au centre-ville.

Comment circuler ?

■ ***Travel Centre*** *(plan couleur B1,* ***1****)* **:** *Queen Sq. Également 1 Canning Place (plan couleur B2,* ***2****). ☎ (0871) 200-22-33.* ● *merseytravel.gov.uk* ● *Lun-sam 8h30-18h, dim 10h-17h.* Proches des 2 principales gares routières, on y trouve tous les itinéraires, horaires et billets des transports assurés par *Merseytravel* (bus, métro, trains de banlieue, ferries).

➢ ***Merseytravel*** *(métro et bus)* **:** *billets à l'unité disponibles dans les gares et auprès du chauffeur (bus) ; forfaits j. et sem à acheter aux guichets et Travel Centres.* Réseau très bien organisé, il couvre la ville et sa grande périphérie. Dans le centre-ville, 4 stations de train-métro (genre RER), *Lime Street, Central, James Street* et *Moorfields* permettent d'aller à Southport, Port Sunlight ou encore Chester.
➢ ***CityLink circular C1 :*** *Canada Boulevard.* Ttes les 30 mn. Navette très pratique circulant en boucle entre les principaux sites d'intérêt du centre-ville et les docks.
➢ ***Merseycabs*** *(taxis)* **:** *☎ 298-20-60.* ● *merseycabs.co.uk* ●
– ***Parkings :*** les *parkings centraux* sont souvent très chers. Judicieux d'étudier les formules et tarifs grâce à ● *en.par kopedia.co.uk* ●

Adresses utiles

ℹ ***Visitor Information Centre*** *(plan couleur B3,* ***3****)* **:** *Anchor Courtyard, Albert Dock. ☎ 233-20-08.* ● *visitli verpool.com* ● *Tlj 10h-17h30 (oct-mars 17h).* Plans de la ville et des balades à faire dans la région. Infos et réservations de visites guidées thématiques et de spectacles. Autre bureau, au *36 Whitechapel (plan couleur B1,* ***4****).*
✉ ***Post Office*** *(plan couleur C2)* **:** *35-37 Leece St. Tlj sf dim 8h45-17h30 (sam 12h30).*
■ ***Change*** *(plan couleur B2,* ***5****)* **:** *au 2ᵉ étage du Marks & Spencer, 35 Church St. Lun 10h-18h, mar-jeu 9h-20h, ven-sam 9h-19h.* Bons taux (idem dans les postes).
@ ***Sam & Joe's Café*** *(plan couleur D2,* ***6****)* **:** *4 South Hunter St. Tlj sf dim 10h-17h.* Sinon, accès wifi gratuit dans énormément de cafétérias de musées, bars et restos.

Où dormir ?

– Peu de *B & B*, grande ville oblige, et aucun camping proche.
– La plupart des tarifs augmentent le week-end.
– Savoir que de nombreuses chaînes d'hôtels (*Campanile, Formule 1, Travelodge, Ibis, Premier Inn,* etc.) sont présentes le long des docks. Elles proposent parfois des offres intéressantes. Voir la rubrique « Hébergement. Hôtels

de chaîne » dans « Angleterre utile » en début de guide.

– Pour les séjours prolongés, penser aux locations de studios et d'appartements avec cuisine équipée *(self catering)*. Nous indiquons une adresse très bien placée, vous en trouverez d'autres grâce à l'office de tourisme.

Dans les quartiers de Ropewalks et Hope Street

De bon marché à prix modérés (moins de 40-60 £ / 48-72 €)

⌂ ***International Inn*** *(plan couleur D2,* ***10****) : 4 South Hunter St, L1 9JG. ☎ 709-81-35. • info@internationalinn.co.uk • internationalinn.co.uk • Nuitée en dortoir de 4-10 lits, 15-20 £ selon j., doubles avec sdb 36-53 £ selon j. et confort. Petit déj léger compris. Également des appartements 65-75 £ pour 2.* *Sur présentation de ce guide, réduc de 1 £/nuit.* Nichée dans une ruelle tranquille du quartier étudiant, cette auberge de jeunesse très bien tenue met à disposition une cuisine ultra-fonctionnelle et un salon relax, avec billard et baby-foot. Attention, les doubles dites « *Cocoon* », plus chères car mieux équipées (TV, bouilloire, coffre-fort), sont en sous-sol. Claustrophobes s'abstenir !

⌂ ***Embassie Youth Hostel*** *(hors plan couleur par D3,* ***11****) : 1 Falkner Sq, L8 7N4. ☎ 707-10-89. • embassie@gmail.com • embassie.com • Dans le prolongement de Canning St. Tte l'année. Nuitée en dortoir 15-20 £/pers selon j.* Cette AJ privée occupe l'ancienne ambassade du Venezuela, une maison avenante plantée au bord d'un square calme et verdoyant. Une cinquantaine de lits, répartis en 4 dortoirs mixtes ou pas. Cuisine à disposition 24h/24, toasts, thé et café gratuits à toute heure. Loin du centre-ville, mais très bon accueil.

De prix moyens à plus chic (plus de 60 £ / 72 €)

⌂ ***Aachen Hotel*** *(plan couleur D2,* ***12****) : 89-91 Mount Pleasant, L3 5TB. ☎ 709-34-77. • enquiries@aachenhotel.co.uk • aachenhotel.co.uk • Fermé pdt fêtes de fin d'année. Doubles 60-85 £ sans ou avec sdb, petit déj compris ; familiales 3 et 4 pers.* Maison victorienne aux chambres classiques et proprettes. Généreux petits déj. Un p'tit air de *B & B*, malgré l'accueil en dents de scie.

⌂ ***Base2stay*** *(plan couleur C2,* ***13****) : 29 Seel St. ☎ 705-26-26. • info@base2stayliverpool.com • base2stayliverpool.com • Doubles 59-79 £.* La large façade de cet ancien entrepôt abrite un *lobby* à l'élégance contemporaine, tout en harmonie de gris, noir, brique et bois. Confort à la hauteur dans les chambres, équipées de kitchenette (micro-ondes, frigo), d'un ordinateur relié à la TV, et pour la plupart d'une salle de bains avec baignoire. Pour parfaire le tout, accueil très pro et souriant. En un mot, excellent.

⌂ ***Parr Street Hotel*** *(plan couleur C2,* ***14****) : 33-45 Parr St, L1 4JN. ☎ 707-10-50. • hotel@parrstreet.co.uk • parrstreet.co.uk • Selon j., doubles 64-110 £ ; appart (à 5 mn de là) 90-150 £ (base 2 pers). Petit déj payant, servi le w-e slt.* Les plus grands studios d'enregistrement anglais après ceux de Londres ont décidé d'ouvrir leurs locaux au public. Toute une aventure ! Ascenseurs et escaliers d'entrepôt conduisent à 12 chambres tip-top, calmes et spacieuses. Déco design dans les tons noir, blanc et rouge, tendance grosses fleurs. Vaisselle à dispo pour les *take away*. Noter l'option *pod* : des cellules aveugles au look techno, pour solitaires au prix de 2 lits en dortoir. À ranger... aux antipodes, à côté des *capsule hotel* japonais. Avec tous ces disques d'or aux murs du bar, on a l'impression de savoir chanter.

Dans le centre historique

De bon marché à prix modérés (moins de 40-60 £ / 48-72 €)

⌂ ***Travelodge Liverpool Central*** *(plan couleur B1,* ***15****) : 25 Old Haymarket. ☎ 0871-984-61-56. • travelodge.co.uk • Résas via Internet pour les* *meilleurs tarifs sur les chambres et prestations annexes (petit déj). Doubles 30-60 £ en moyenne (selon occupation, la fourchette s'étire à env 19-100 £ !). Parking payant.* (payant). Si cette chaîne comptant déjà plus de 300 hôtels budget n'a pas besoin de notre publicité (voir aussi sous « Dans Albert Dock et plus au sud »), on apprécie la très bonne situation de celui-ci. Prix potentiellement canons, hors période d'occupation importante et week-ends en tout cas. Sans fantaisie mais net et récent, avec quand même la télé et une bouilloire. Chambres familiales avec sofa convertible.

De prix moyens à plus chic (plus de 60 £ / 72 €)

Premier Apartments *(plan couleur B1, **16**) : 7 Hatton Garden. ☎ 227-94-67. • info@premierapartmentsliverpool.com • premierapartmentsliverpool.com • Apparts pour 2 à partir de 70 £.* Salon, cuisine ultra-équipée, lave-linge et même lave-vaisselle, rien ne manque à ces appartements de belle taille et très lumineux pour se sentir comme chez soi. Demander une vue sur la ville, et si vous êtes en fonds, craquer pour un duplex avec balcon au dernier étage...

Hard Days Night Hotel *(plan couleur B1-2, **17**) : Central Buildings, North John St, L2 6RR. ☎ 236-19-64. • enquiries@harddaysnighthotel.com • harddaysnighthotel.com • Doubles à partir de 105 £. Petit déj en sus.* Ne vous fiez pas à la chanson : ici, on est loin des nuits d'un « *blue collar man* » épuisé, mais plutôt plongé dans une *Beatlemania* haut de gamme, à deux pas du *Cavern Club*. Chaque chambre de style contemporain est parfaitement équipée et ornée d'une photo différente des Fab Four. Quant à la suite « Lennon », avec piano blanc labellisé « Imagine », ses prix et disponibilités ne sont donnés que par e-mail... Les classieux bars, restos et *lounge*, ouverts aux non-résidents, restent abordables si on s'en tient à un verre et quelques grignotis. Ouvrez l'œil, le logo maison cache un message subliminal des Beatles !

Dans Albert Dock et plus au sud

De bon marché à prix modérés (moins de 40-60 £ / 48-72 €)

Liverpool's Youth Hostel *(plan couleur B3, **18**) : 25 Tabley St, L1 8EE. ☎ 0845-371-95-27. • yha.org.uk • À 5 mn à pied au sud d'Albert Dock. Accès facile, donne directement sur Wapping. Tte l'année. En dortoir de 5-6 lits, 17-25 £/pers ; doubles ou twins 50-63 £ ; + 3 £/pers si non-membre. Petit déj correct en sus (5 £).* L'équipement et la déco de cette grande AJ ne sont plus tout frais mais la solidité des prestations, conjuguée à la bonne tenue et l'accueil, emporte la mise. Possible d'y dîner. Grande cuisine commune à disposition.

Travelodge Liverpool Docks *(hors plan couleur par B3, **19**) : Brunswick Dock, Sefton St. ☎ 0871-984-6030). À env 2 km au sud d'Albert Dock. Au-delà de la marina, proche de Delifonseca Dockside. Parking gratuit selon dispo. (Voir plus haut le* Travelodge Central, *pour plus de détails).*

Premier Inn (plan couleur A3, **20**) : *Albert Dock. ☎ (0870) 990-64-32. • premierinn.com • Voisin de* The Beatles Story. *Résa indispensable. Doubles 60-70 £ en moyenne (extensible à env 30-120 £ selon j. et date de résa).* Très bien situé. Voir nos remarques plus haut, sous « Où dormir ? ».

Où manger ?

Ne pas négliger les ***cafétérias*** des musées et centres culturels de Liverpool, ni celles des grands magasins comme *Marks & Spencer (plan couleur B2, **5**)*. On y sert, à prix doux, des snacks et plats chauds souvent goûteux et de typiques gâteaux anglais.

– « *Full English Breakfast* », brunch, voici de véritables repas qui ne sont pas réservés aux heures les plus matinales. Nous avons inclus quelques adresses « spécialisées » dans la catégorie « Bon marché ».

Dans les quartiers de Ropewalks et Hope Street

Bon marché (moins de 8 £ / 9,60 €)

|●| ***Maggie May's Café*** *(plan couleur C2,* ***30****) : 90 Bold St. ☎ 709-76-00. Tlj sf dim 9h45-18h (jeu-ven 19h). Plats 4-8 £.* Dans la chanson de marins, hymne populaire de Liverpool, Maggie May est une prostituée qui étourdit les hommes pour mieux les voler. Ici, elle est beaucoup plus sage et les *Liverpudlians* de tous âges lui restent fidèles pour un breakfast, une assiette de *scouse* (potée typique du cru), ou un *apple pie.* Simple et convivial, coquet à sa manière.

|●| ***Leaf – Tea Shop & Bar*** *(plan couleur C2,* ***31****) : 65-67 Bold St.* *Old fashioned,* le *tea-time* ? Détrompez-vous. Loin d'être un repaire à mamies, la « Feuille » rassemble une clientèle plutôt jeune et branchée autour de son impressionnante sélection de thés du monde entier et de séduisants petits déjeuners, brunchs, sandwichs et plats salés. Ah, le houmous au citron et à la coriandre ! Organise aussi expos et concerts.

Prix moyens (8-15 £ / 9,60-18 €)

|●| ***The Everyman Bistro & Bar*** *(plan couleur D2,* ***32****) : 9 Hope St. ☎ 708-95-45. Fermé dim. Plats 5-10 £ env.* Installée dans le sous-sol du théâtre éponyme, haut lieu de l'avant-garde, cette cafétéria, qui semble toujours en effervescence, doit pourtant sa notoriété à la qualité de sa cuisine. Les classiques britanniques, basés sur des produits saisonniers et en général d'origine locale, sont enrichis de saveurs exotiques. Choix végétarien, desserts renversants et belle liste de bières, vins et cocktails.

|●| ***The Monro*** *(plan couleur C2,* ***33****) : 92 Duke St. ☎ 707-99-33. Tlj 11h jusque tard. Restauration : lun-jeu 12h-14h30, 17h-21h30 ; w-e en continu (dim 20h30). Menus 2 plats 12 £ le midi, 14 £ jusqu'à 18h30 ; carte à partir de 20 £.* Gastro-pub au cadre feutré et à l'atmosphère intime, proposant des recettes anglaises traditionnelles, ensoleillées par la Méditerranée. Une tendance en vogue que la maison maîtrise bien. Également des tapas et snacks. Cour jardinée pour les beaux jours.

|●| ***Il Forno*** *(plan couleur C2,* ***34****) : 132 Duke St. ☎ 709-40-02. Lun-jeu 12h-14h30, 17h30-23h ; ven-dim en continu. Menus le midi en sem 11-15 £ ; pâtes et pizzas 6,50-13 £ ; poissons et viandes 16-24 £.* Quand les Ritals débarquent à Liverpool, cela donne une vaste cantine, courue et bruyante, bien à l'italienne. Carte et service dans la langue locale, ça fait plus authentique. Cuisine appétissante, servie par un staff qui dépote. Avec un petit vin de Sicile au verre, on s'y croirait presque...

|●| ***Yuet Ben*** *(plan couleur C3,* ***35****) : 1 Upper Duke St. ☎ 709-57-72. Mar-jeu 17h-23h, ven-sam 12h-minuit. Fermé lun. Menus à partir de 12,50 £, plats 8-12 £.* En plus d'une vue imprenable sur l'arche made in Shanghai gardant l'historique Chinatown, ce resto familial propose une carte variée. S'y distinguent un délicieux « *crispy chicken* » à enrouler dans de petites galettes et un original « *sweet and sour cherry chicken* ». Accueil sympathique, il faut dire que Yuet Ben signifie « hôte distingué ».

De plus chic à très chic (plus de 15 £ / 24 €)

|●| ***London Carriage Works*** *(plan couleur D2,* ***36****) : Hope St. ☎ 705-22-22. Tlj 12h-22h (dim 21h). Le midi, sandwichs, salades, plateaux pour 2, moins de 10 £/pers ; 17h-18h30 (21h dim), menu 15-20 £ ; lun-sam 17h-20h et dim 12h-21h, repas à la carte, 20-35 £.* Chic mais pas guindé, cet établissement figure parmi les meilleures tables de Liverpool. Son chef, inventif, compose à partir de produits frais principalement régionaux des plats combinant les saveurs britanniques et méditerranéennes. Vin au verre et desserts à déguster absolument. À moins que vous ne souriiez aux délicieux *cheeses*, servis à l'anglaise. Hôtel du même niveau sur place, tarifs en conséquence.

|●| ***Sapporo Teppanyaki*** *(plan cou-*

leur C2, **34**) : 134 Duke St. ☎ 705-30-05. Tlj midi et soir. Lun-ven 12h-16h30, menus 9-12 £ ; repas à base de sushis 14-19 £ env ; set Teppanyaki (avec sushi et soupe) à partir de 26 £. Le plus vaste ambassadeur du Soleil-Levant de la ville exploite le filon du Teppanyaki (cuisson sur plaque). Au milieu de grandes tablées, les cuistots jouent des baguettes avec autant de dextérité que Ringo, mais dans un autre registre. Au menu, la formule « *A theatrical japanese dining experience* » résume bien cette performance qui participe à l'addition, bien entendu. Également des sushis, sashimis, tempuras et nouilles Yakisoba.

Dans le centre historique et ses environs (Albert Dock, Liverpool One)

De bon marché à prix moyens (8-15 £ / 9,60-18 €)

|●| *Café Tate Gallery* (plan couleur A2, **37**) : Albert Dock. ☎ 709-70-97. Tlj sf lun sept-mai 10h-17h30. Un bar de musée à la déco dépouillée. La vue y est cadrée comme une photo d'art, embrassant tout l'Albert Dock. Petite restauration soignée. Service agréable.

|●| *Delifonseca* (plan couleur B1, **38**) : 12 Stanley St. ☎ 255-08-08. Tlj sf dim 12h-21h. Plats 8-14 £. Alléché par les produits et préparations maison de l'épicerie fine, vous pourrez les savourer sur la mezzanine sobrement aménagée. Cuisine multiculturelle de première fraîcheur et service attentionné. Voir aussi *Delifonseca Dockside*.

De prix moyens à plus chic (8-20 £ / 9,60-24 €)

|●| *Bistro Franc* (plan couleur B2, **39**) : 1 Hanover St. ☎ 708-99-93. Tlj 12h30-22h30. Menus : midi 12h-16h30, 9 £ ; « Pre-Theatre » 16h30-19h (ven-sam 18h30), env 12 £. Repas à la carte 16h30-22h30, compter 13-23 £. Notre chouchou parmi une fratrie de 3 établissements (*Bistro Pierre*, non loin du *Club Cavern*, *Bistro Jacques* sur Hardman St), non pas pour son statut de benjamin ou la cuisine, identique, mais pour son cadre. L'historique *Church House* offre des volumes parfaitement adaptés (hauteur sous plafond, vieux piliers métalliques, mezzanine) à la déco et à la cuisine *frenchy*, de type brasserie légèrement anglicisée. Les menus particulièrement attractifs captent une joyeuse foule qui n'empêche pas l'escouade de serveurs d'assurer avec le sourire. Que dire de la formule *Wine & Dine* du dimanche, consistant en 2 plats et une bouteille de vin par convive pour 15 £ ?... *Too muuuuuch* !

|●| *Jamie's Italian* (plan couleur B2, **40**) : 45 Paradise St. ☎ 559-98-30. Tlj 12h-23h (dim 22h30). Pas de résa nécessaire pour moins de 6 pers. Repas à la carte 20-25 £. Dans cette rue moderne, le médiatique Jamie Oliver décline sa marque dans un bel espace de 2 étages, précédé d'une généreuse terrasse. *Antipasti, pasta, secondi* et tutti quanti, tout y est à la mode Jamie's : qualité et authenticité des produits, cuisinés sainement et avec respect. On regrettera parfois le côté chiche des ingrédients les plus coûteux. L'ensemble reste séduisant et tonique. Vins bio intéressants.

|●| *Sabai Thai Restaurant* (plan couleur B1-2, **41**) : 26 North John St. ☎ 236-76-55. Tlj 12h-23h30 (dim 22h). Menus : early bird 2 plats avec verre de vin, lun-jeu 17h-19h, 10,50 £ ; day time 3 plats, tlj 12h-17h, 9,50 £ ; banquet pour 2 pers, 6 plats à partager et café, 19-24 £/pers. À la carte, compter min 17 £. CB refusées. Malgré d'attirants menus, les connaisseurs pourront démarrer par la sélection d'entrées *Sabai Platter*, rajouter un plat principal par convive et composer ainsi un repas à partager fort satisfaisant. Il s'agit juste d'un exemple tiré d'une carte riche en mets, assez fidèles à leur terre d'origine. Salle et service agréable. Se sentir bien se dit... *sabai* !

Ailleurs

Bon marché (moins de 8 £ / 9,60 €)

|●| *Delifonseca Dockside* (hors plan couleur par B3, **42**) : Brunswick Quay.

☎ *255-08-08. 15 mn env au sud d'Albert Dock ; voisin d'un* Travelodge. *Lun-sam 8h-tard, dim 10h-17h ; épicerie tlj 8h-21h. Petit déj 5-10 £ jusqu'à 11h30.* Excentré mais la promenade au-delà de la marina et par le *Riverside Walk* vous ouvrira l'appétit. Branche de l'épicerie-traiteur-restaurateur du centre (voir plus haut), c'est la seule à proposer des petits déjeuners. À la hauteur du savoir-faire maison. Et pourquoi pas y faire quelques emplettes en produits d'Albion (*chutney*, fromages...) et d'ailleurs ? Histoire de remplir son panier pique-nique avant de rejoindre un parc ou une plage, ou de les déguster au retour.

The Moon and Pea *(hors plan couleur par B3,* ***43****) : 64 Lark Lane.* ☎ *727-62-82. Petit déj 4-7 £, servi jusqu'à 16h. 18h-22h, plats 5-9 £.* L'un des acteurs reconnus de cette rue bohème (rubrique « À voir ») est très populaire à l'heure étendue du breakfast, servi en plusieurs formules dont une végétarienne. Déco cosy-kitsch. Le soir, hamburgers maison, salades, *antipasti* et plats anglo-méditerranéens méritent également l'attention. Si c'est plein, essayer le ***Pistacchio*** au n° 88, aux prestations similaires en plus vaste et « soul-jazz ».

Où boire un verre dans un pub ?

LIVERPOOL

Une visite à Liverpool passe obligatoirement par ses pubs. Les plus beaux furent façonnés à la fin de l'ère victorienne par des artisans talentueux, victimes de la crise des chantiers navals. Certains tiennent du chef-d'œuvre. Tous servent une cuisine de pub, plus ou moins améliorée.

Dans Hope Street et ses environs

The Philharmonic Pub *(plan couleur D2,* ***45****) : 36 Hope St.* ☎ *707-28-37. Tlj 10h-minuit.* L'un des plus beaux pubs de Grande-Bretagne, dessiné au début du XXe s par le décorateur William Thomas pour le grand brasseur historique de la ville, Robert Cain. Les plus petits recoins sont travaillés et décorés, depuis l'impressionnant *Grand Lounge,* une ancienne salle de billard, jusqu'aux... toilettes des messieurs. Une véritable symphonie de couleurs orchestrée par les vitraux, boiseries sculptées, cuivres brillants et autres faïences ! Souvent bondé, surtout le soir. John Lennon regretta amèrement de ne plus pouvoir y boire un verre quand les Beatles devinrent trop célèbres.

Ye Cracke *(plan couleur D2,* ***46****) : 13 Rice St. Dans une ruelle perpendiculaire à Hope St.* C'est dans ce pub, crépi de blanc au milieu d'une rangée de maisons de brique, que Lennon (encore lui) fut arrêté pour avoir fait la grenouille sur les tables. Quelques décennies plus tard, très vivant, il attire toujours une forte clientèle d'étudiants tout en brassant allégrement les générations. Agréable jardin en été. Non loin, ***The Pilgrim,*** au n° 34 de la rue du même nom, fait un peu la même chose, à sa manière. En remonter est plus facile que d'y descendre...

Dans le centre historique

The Central Commercial Hotel *(plan couleur C2,* ***47****) : Ranelagh St.* On doit à la même équipe qu'au *Philarmonic* l'intérieur de cette institution datant de 1907, où cheminées en marbre et boiseries sculptées encadrent avec panache un bar ruisselant de cuivre. Voici un aperçu de ce qui s'appelle encore pompeusement *The Heritage Suite,* un grand salon coiffé d'une coupole en vitrail. Du grandiose pour le prix d'une bière...

Crown Hotel Pub *(plan couleur C1,* ***48****) : Lime St, à l'angle de Parker Elliot St.* Encore une relique, qui se distingue par sa façade de granit noir empesée et ses fenêtres en saillie aux étages. Au rez-de-chaussée, vitres en verre taillé et plafonds meringués. Pour les nostalgiques du style édouardien ! Une adresse populaire.

Lady of Mann et Thomas Rigby's *(plan couleur B1,* ***49****) : 19-25 Dale St.* ☎ *236-55-56.* Ancrée au fond du passage, ma première ne s'appelait pas Éléonore, mais forme bien un couple détonant et célèbre avec mon deuxième qui a pignon sur rue. Mon tout partage une géniale cour intérieure, propose un large choix de *Cask Ale,* des concerts le week-end, du sport à la télé, et attire ainsi une clientèle mélangée.

🍷 ***Lion's Tavern*** *(plan couleur B1,* ***50****) :* *67 Moorfields.* ☎ *236-17-34.* Tranquille, ce petit pub de quartier cache bien son jeu : encore du *vintage* commandé par le brasseur Cain en 1914 ! Salle « publique » séparée des 2 salons par le bar, superbe coupole, panneaux de bois sculptés enserrant des vitres gravées, cheminées, papiers peints « feuillus » et rideaux coordonnés. Large choix de bières et whiskies. En bonus, des *Pork Pies* maison, petits plateaux de fromages et sandwichs, aussi *authentic* que le reste.

Où boire un verre plus tranquillou ?

🍷 ***Dans les centres culturels :*** à l'occasion de son titre de Capitale européenne de la culture en 2008, Liverpool a réhabilité ou ouvert pas mal de lieux originaux en plein centre-ville, où l'on peut siroter un jus en toute tranquillité. Consulter également la rubrique « À voir ». ***FACT,*** dans Wood St *(plan couleur C2,* ***52****)*, est particulièrement recommandé. Autres options, le ***Bluecoat Arts Centre*** *(plan couleur B2,* ***51****)* ou, parmi les sculptures, le café de la ***Walker Art Gallery*** *(plan couleur C1,* ***61****)*.

🍷 ***Leaf*** *(plan couleur C2,* ***31****) :* *voir « Où manger ? ».*

🍷 ***Panoramic*** *(plan couleur A1,* ***53****) :* *West Tower, Brook St.* ☎ *236-55-34. Bar tlj à partir de 11h. Menu déj 15,50-19,50 £ ; snacks et pâtisseries jusqu'à 18h ; repas à la carte (w-e slt) à partir de 35 £.* Rendez-vous au... 34e étage pour, semble-t-il, la vue la plus haute de Grande-Bretagne depuis un bar-restaurant. Musique d'ambiance, grandes baies vitrées et fauteuils en cuir pour se prélasser, juste au bord du précipice ! Élégance, service raffiné et, pour ceux qui resteraient manger, une cuisine gastronomique.

Où sortir ? Où danser ? Où écouter de la musique ?

Dans le centre : Cavern Quarter (plan couleur B1)

Le mythique *Cavern Club,* boîte légendaire où se produisirent les Beatles à leurs débuts, revient de loin. Malgré les 292 concerts du célèbre groupe, elle fut comblée de gravats dans les années 1970. Le club fut finalement reconstruit à l'identique en 1984, sur les trois quarts du site original, utilisant 15 000 briques de l'époque des Beatles, mais avec une entrée déplacée de 14 m. À l'emplacement exact de la vraie entrée, une photo prise par un fan est placardée. Regardez bien, la brique manque toujours dans le mur de l'immeuble d'en face. Pas de doute, c'est bien là.

Une partie de l'animation nocturne se concentre ici, autour de Mathew St, entre North John St et White Chapel, *Beatlemania* oblige. Très touristique cependant.

🍷 ♩ ***Cavern Club*** *(plan couleur B1,* ***55****) :* *10 Mathew St.* ☎ *236-19-65. Entrée gratuite sf pour le* back room *(venue stage) les soirs de concerts.* LA boîte légendaire où se produisirent les Beatles à leurs débuts. Pas exactement une pépinière de jeunes talents comme on pourrait l'imaginer, mais plutôt une attraction de plus. Le tout est très commercial, mais on peut y passer un bon moment.

– Quelques autres adresses en vrac, dans la même rue : ***Lennon's Bar, Cavern Pub, The Grapes...***

Dans le quartier de Rope-walks (plan couleur C2-3)

🍷 ♫ ♩ Ce ***quartier entre Bold Street et Duke Street,*** quadrillé de rues parallèles, draine une large part de la clientèle estudiantine. Animation nocturne garantie. Essayer notamment le ***Jacaranda,*** dans Slater St, fréquenté en son temps par les Beatles. Autres suggestions du moment, sur Seel St : le ***Barfly*** au n° 90, où les boissons ne coûtent pas grand-chose, ***Heebie Jeebies*** au n° 80, ou encore le ***Peacock*** au n° 51, avec sa terrasse sur une placette.

Alma de Cuba *(plan couleur C2,* ***56****) : Seel St. ☎ 702-73-94.* Early bird *menus 17h-19h, tlj sf ven-sam.* Dans cette ancienne église, on trouve pêle-mêle un DJ qui officie à l'autel, des trophées aux murs et des candélabres aux plafonds. Gros choix de boissons, dont un maximum de cocktails, disponibles en version géante pour les grandes tablées. Parties et divers événements à partir du jeudi. On peut aussi y manger (burgers, salades et tapas) jusque tard mais les *set menu* sont plutôt chers, à l'exception des *early birds*. Une des adresses phares de Liverpool.

Concert Square *(plan couleur C2)* **:** place bien nommée, elle est entièrement cernée d'établissements variés mais toujours bruyants. Certains projettent leurs terrasses sur la place, investie elle-même par de la musique live quand le temps s'y prête.

À voir. À faire

La plupart des musées de Liverpool étant gratuits, la *Liverpool Visitor Card (● yourticketforliverpool.com ●),* vendue dans les offices de tourisme, s'avère souvent chère et inutile.

D'un bout à l'autre de Hope Street

Liverpool's Anglican Cathedral (plan couleur D3) **:** *St James Mount. ● liverpoolcathedral.org.uk ● Ouv 8h-18h. Accès simple gratuit. Visite de la tour payante (5 £) : mêmes horaires et en mars-oct, le jeu jusqu'à 20h min (horaires à l'office de tourisme ou à la boutique de la cathédrale). Film et audioguide (en français), lun-sam 10h-15h30, dim 12h-14h30, même prix.*

Commencé en 1904 et consacré en 1978, cet édifice surprend par l'anachronisme de son style gothique et ses dimensions gigantesques. Avec une nef longue de 150 m, des voûtes de 55 m et une tour qui culmine à 100 m, c'est la plus vaste cathédrale anglicane du Royaume-Uni et l'une des plus grandes du monde. Quant au carillon, il pèse 31 t ! À droite du chœur, un escalier conduit à la grande chapelle de la Vierge, achevée dès 1910. À l'intérieur, splendide retable et, discrètement placée à sa gauche, une Vierge en céramique de l'école de Giovanni della Robbia (XVe s).

Montez absolument dans la tour pour découvrir les entrailles bétonnées de la bête. D'ascenseurs en boyaux et escaliers, on atteint sans trop d'efforts l'un des plus beaux belvédères de Liverpool. Vue à 360°, prisée des photographes (sans oublier les nocturnes). En redescendant, faites une station dans l'un des triforiums, moins pour l'exposition d'habits sacerdotaux et objets de culte que pour la vue vertigineuse sur le chœur et les grandes orgues (10 000 tuyaux).

Roman Catholic Metropolitan Cathedral (plan couleur D2) **:** *Mount Pleasant. ☎ 709-92-22. ● liverpoolmetrocathedral.org.uk ● Accès à la nef gratuit : tlj 8h-18h (17h dim en hiver). Visite de* Lutyens Crypt *payante (3 £) : lun-sam 10h-16h.* Piazza Café *et* Visitor's Centre *: tlj 10h-17h.*

La cathédrale catholique se démarque en tout de sa grande sœur anglicane. Faute de crédits après la guerre, le grandiose projet originel de 1933, visant à bâtir la deuxième plus grande cathédrale du monde après Saint-Pierre de Rome, n'a jamais abouti. Seul témoin, l'énorme crypte Lutyens, du nom de son créateur. Dans un écrin de briques (il y en a 6 millions...), de piliers et de voûtes, on y découvre l'étonnante porte circulaire d'une des chapelles.

En 1962, les travaux de la cathédrale reprennent selon un nouveau plan pour le moins futuriste. On la compare à un silo ou à un filtre à café renversé mais c'est encore à un tipi qu'elle ressemble le plus. Si l'esthétique extérieure est discutée, l'atmosphère intime qui émane de la nef circulaire fait l'unanimité. Dans ce cocon de 90 m de haut reposant sur les voûtes de l'ancienne crypte, il est difficile de rester insensible à l'étrange lumière des vitraux. Chaque chapelle a été traitée très librement par différents artistes et le chemin de croix en bronze de Sean Rice est remarquable. Quand vous lirez « John » et « Paul » sur un des vitraux, ne cherchez pas George et Ringo car il s'agit d'un souvenir du passage de Jean-Paul II !

Dans le centre historique et Ropewalks

Saint George's Hall *(plan couleur C1) : St George's Place. ☎ 225-69-09. • stgeorgeshall liverpool.co.uk • Mar-sam 10h-17h (dernier accès à 16h30). Entrée gratuite.* Incroyable mais vrai, ce grand bâtiment néoclassique (1854) fut construit pour répondre au double besoin d'une nouvelle cour de justice et d'un auditorium, délinquance et mélomanie augmentant bizarrement en proportions égales à l'époque ! Au-dessus des cellules des prévenus, la justice était rendue dans une belle salle en boiseries. Juste à côté, ambiance plus festive dans l'impressionnante salle de concerts dotée d'une voûte en briques creuses (pour alléger la structure) et d'un orgue de 7 700 tuyaux. Sur la place bordant Lime St, remarquer la statue de la reine Victoria en amazone.

L'AIR SAIN DU SAINT GEORGE

Bien que spartiates, les cellules du Saint George's Hall bénéficiaient d'un système d'air conditionné d'avant-garde, installé dès la construction du bâtiment. L'air était « nettoyé », puis chauffé ou refroidi selon la saison. L'air vicié était ensuite rejeté à l'aide de ventilateurs géants. Notez que les pompes ne captaient jamais du côté est, où se trouvaient le cimetière et ses miasmes.

World Museum Liverpool *(plan couleur C1, **60**) : William Brown St. ☎ 478-43-93. • liverpoolmuseums.org.uk • Tlj 10h-17h. Entrée gratuite. Billets (gratuits) pour le planétarium (plusieurs spectacles/j., certains pour les enfants, durée 25 mn) et le théâtre* Treasure House *à retirer à l'accueil.*

Un peu le musée de l'Homme de Liverpool.

Au 1er étage, une série d'aquariums recrée les écosystèmes tropicaux et ceux de la région. La riche collection de sciences naturelles du 2e étage (ne pas oublier d'ouvrir des tiroirs) est complétée par l'amusante « *Bug House* », remplie d'insectes vivants ou en modèles géants. S'y trouve aussi la bibliothèque, en attendant qu'elle réintègre son ancien site, voisin, en 2013.

Au 3e étage, place à une remarquable galerie d'ethnologie (une brochure liste les pièces à ne pas manquer) alors que celle du monde antique est plutôt succincte, à l'exception du département égyptien. Le 4e étage est moins passionnant. Quelques dinosaures ainsi que l'évocation d'espèces disparues.

Au dernier étage, celui du planétarium (réserver si possible à l'avance), collection d'instruments de mesure du temps et café (plus séduisant pour ses petits plats que pour son cadre). Guettez aussi les remarquables expos temporaires, le dernier cri en termes de muséographie et d'interactivité.

Walker Art Gallery *(plan couleur C1, **61**) : William Brown St. ☎ 478-41-99. • thewalker.org.uk • Tlj 10h-17h. Entrée gratuite.* Inauguré en 1877, cet imposant bâtiment néoclassique renferme une collection foisonnante, essentiellement consacrée à la peinture, du Moyen Âge à nos jours. On y rencontre notamment Simone Martini, Jean Clouet, Rubens, Rembrandt et Monet. Mais l'un des atouts de ce musée est de réunir un panorama complet de la peinture anglaise depuis le XVIIIe s, en illustrant les filiations et ruptures entre les différentes écoles. Des portraits et paysages de Reynolds, Gainsborough ou Derby, on passe aux visions romantiques de Constable et Turner avant de revisiter l'esthétique des primitifs italiens avec les préraphaélites Rossetti, Burne-Jones et Millais. Le parcours s'achève avec les œuvres de Lucian Freud et David Hockney, parmi d'autres artistes contemporains exposés par roulement. Également de nombreuses expositions temporaires.

★ ***Bluecoat Arts Centre*** *(plan couleur B2,* ***51****) : School Lane. ☎ 702-53-24. ● bluecoat.org.uk ● Expos 10h-18h. Entrée gratuite.* Cette ancienne école abrite aujourd'hui des expos temporaires, des ateliers d'artistes, un bar ouvert côté cour et jardin, un resto cosy au 1er étage, des boutiques. Une halte agréable au cœur du quartier commercial de *Liverpool One.*

★★★ ***FACT*** *(Foundation for Art and Creative Technology ; plan couleur C2,* ***52****) : 88 Wood St. ☎ 707-44-50. ● FACT.co.uk ● Entrée gratuite mais expos temporaires parfois payantes. Tlj 11h (dim 12h)-18h. Cinéma.* Vidéo et nouveaux médias sont ici les supports de multiples projets réunissant artistes et communautés locales. Le café, plaisant, sert des petits déj, sandwichs et petits plats sympathiques et peu chers.

Les docks

★★★ Inauguré en 1846 et aujourd'hui classé par l'Unesco, ***Albert Dock*** *(● albertdock.com ●)* est l'œuvre d'un ingénieur pionnier, Jesse Hartley. Pour la première fois, les entrepôts associent brique, pierre et métal et protègent les bassins d'amarrage des vents glacials de la Mersey. Frappé par le *Blitz* de mai 1941, ce complexe fut progressivement abandonné, comme les docks voisins, puis réhabilité dans les années 1980. Il abrite aujourd'hui boutiques, boîtes, hôtels et plusieurs musées.

Au nord d'Albert Dock, l'œil est immanquablement attiré par un sacré spectacle qui résume bien le Liverpool du XXIe s. Tandis que les « Trois Grâces », surnom des énormes *Liver, Dock Board Office* et *Cunard Buildings,* affichent avec grandiloquence la prospérité de la fin du XIXe s, le musée de Liverpool reflète au premier plan le renouveau architectural incarné dans le verre, l'acier et le béton.

➢ ***Mersey Ferries*** *(plan couleur A2) : embarcadère Pier Head, au nord d'Albert Dock. ☎ 330-14-44. ● merseyferries.co.uk ● Croisière de 50 mn, 6,70 £.* Balade en ferry sur la Mersey. Escale possible à *Woodside,* sur la rive opposée, histoire de profiter du panorama sur Liverpool.

➢ ***The Yellow Duckmarine*** *(plan couleur B3,* ***3****) : Albert Dock, au niveau de l'office de tourisme. ● theyellowduckmarine.co.uk ● Tour de 1h, 9,95-14,95 £ selon saison ; réduc.* Balade en ville et dans les bassins d'Albert Dock, à bord d'un véhicule amphibie de la Seconde Guerre mondiale, relooké psychédélique ! Marrant pour les petits et les grands.

★★★ ***Merseyside Maritime Museum*** *(plan couleur A2,* ***62****) : Albert Dock. ☎ 478-44-99. ● merseysidemaritimemuseum.org.uk ● Tlj 10h-17h. Entrée gratuite. Dépliant en français.*

Cet immense musée explore toutes les facettes de la relation entre la ville et l'océan. Au rez-de-chaussée, l'inévitable boutique et le « *Quayside Café* », avec terrasse sur le bassin.

– *Au sous-sol*, l'expo « *Seized* » révèle de manière ludique et exhaustive l'univers des douanes et des frontières. « *Emigrants to a New World* » documente le calvaire enduré par les millions d'émigrants européens, en majorité des Irlandais, qui embarquèrent pour l'Amérique depuis Liverpool, entre 1830 et 1930.

– *Au 1er étage*, les naufrages du *Titanic,* de l'*Empress of Ireland* et du *Lusitania,* tous trois liés à la ville, sont remémorés à travers films, objets d'époque et témoignages. Ils font chacun 1 000 à 1 500 morts entre 1912 et 1915, et sonnent le glas de l'âge d'or maritime de Liverpool. Autre souffrance, celle endurée par la ville pendant la terrible bataille de l'Atlantique, remarquablement transcrite dans la section suivante. Seuls

le courage et l'ingéniosité de la *Royal Navy,* héroïquement soutenue par la *Merchant Navy* (flotte commerçante), permettent de retourner une affaire bien mal engagée, après le chaos semé par les escouades de *U-Boats* allemands qui couleront plus de 2 000 bateaux alliés. Quant à l'expo « Life at Sea », elle s'intéresse à la vie des marins (sans oublier leurs difficultés terrestres), des passagers et à leurs navires.
– *Au 2e étage, « Builders of Great Ships »* retrace l'histoire des chantiers navals de Liverpool depuis la fin du XVIIIe s. Par la fenêtre, on aperçoit d'ailleurs l'ancien siège de la défunte *White Star,* l'armateur du *Titanic,* reconnaissable à ses bandes alternées de brique et de pierre. Cette compagnie fut absorbée en 1934 par sa concurrente historique, la *Cunard.* L'expo « Art of the Sea » rassemble des peintures marines et de superbes maquettes, comme ces racés *Blockade Runners* (« forceur de blocus ») du milieu du XIXe s, des vapeurs à aubes construits à Liverpool pour les Confédérés.

International Slavery Museum *(plan couleur A2,* **62***) : Albert Dock. Au 3e étage du bâtiment du Merseyside Maritime Museum. Mêmes horaires. Gratuit.* La traite négrière, source de profit majeure pour le port de Liverpool jusqu'au début du XIXe s, est abordée avec pédagogie et sans concession pour les Européens. On plonge dans les cultures d'origine des esclaves, puis dans les conditions abominables de leur transport et de leur survie dans les plantations, pour aboutir à la difficile lutte pour la liberté et l'égalité. Aussi des expos temporaires qui soulignent, malheureusement, l'actualité du sujet.

Tate Liverpool *(plan couleur A2,* **37***) : Albert Dock. ☎ 702-74-00. • tate.org.uk • Ouv 10h-17h50 ; fermé lun oct-juin sf fériés. Entrée gratuite sf pour les expos temporaires majeures.* L'une des quatre antennes de la fabuleuse collection initiée à la fin du XIXe s par Henry Tate, magnat du sucre. Entre les expos temporaires du rez-de-chaussée et du 4e étage, la présentation du fonds d'art moderne et contemporain est renouvelée tous les 3 ans environ. Quelles que soient la thématique et les œuvres choisies, on y admire le travail des plus grands.

Museum of Liverpool *(plan couleur A2) : Pier Head. Entrée gratuite.* Dernière et spectaculaire addition au paysage muséal de la cité, il rassemble des pièces archéologiques, d'autres relatives à l'histoire urbaine et sociale, de l'art décoratif, des costumes, des photos d'archives et des témoignages audio, toujours liés à la ville. Les galeries principales sont organisées selon les thèmes de la « Ville merveilleuse », la « République du peuple », la « Cité globale » et du « Grand port ». Interactif et doté d'activités pour les enfants, *as usual*.

Open Eye Gallery *(plan couleur A2,* **64***) : Mann Island. • openeye.org.uk • Entrée gratuite.* Un centre consacré à la photographie contemporaine. Expos et librairie spécialisée. Café.

The Beatles Story *(plan couleur A3,* **65***) : Albert Dock. ☎ 709-19-63. • beatlesstory.com • Tlj 9h-19h (18h hiver) ; dernière admission 2h avt (1h en hiver). Entrée : 15,95 £, audioguide en français compris ; réduc.*
Malgré le prix excessif, il faut visiter ce « musée », aussi divertissant pour les experts que pour les profanes. Porté par une bonne bande son (forcément) et le commentaire de Julia, sœur de John Lennon, on sort de ce dédale la tête pleine de mélodies des *Beatles*. On y comprend mieux l'enracinement des Fab Four dans la culture de

SIX CORDES VALENT PLUS QUE L'OR

Années 1956-1958 : la vague rock'n'roll que vont surfer les Beatles s'est déjà formée, bien avant qu'ils n'entrent dans les charts. La preuve ? La mode des guitares est telle que les mannequins des grands magasins en sont affublés. Et ces instruments sont tellement recherchés qu'il y a plus de braquages de magasins de musique que de bijouteries !

Liverpool, une de leur grande source d'inspiration : *Penny Lane, Strawberry Fields Forever, Eleonor Rigby,* etc.
L'expo est rythmée par de nombreuses reconstitutions et de grandes illustrations : premiers concerts dans Matthew St, aventure hambourgeoise, boutique de disques de Brian Epstein, leur légendaire manager, rédaction du fanzine *Mersey Beat* créé par un copain de Lennon, studio d'*Abbey Road* où le groupe enregistra la quasi-totalité de ses albums, pochette de *Sergent Pepper,* sommet de la collaboration avec le génial producteur George Martin, etc. Et même la pièce et le piano blanc du John Lennon d'*Imagine,* dans la section « Après séparation ». Café et boutique.
– ***L'annexe de Pier Head*** (plan couleur A2) : *dans le terminal des ferries. Billet unique pour les 2 sites, visite possible sur 2 j.* Expos en 3D et temporaires.

Magical Mystery Tour : *Albert Dock (billet vendu au Visitor Information Centre). ☎ 236-90-91. • beatlestour.org • Tlj à 14h30. Balade de 2h, env 15 £. Commentaires en français.* Une revue de tous les sites liés aux Fab Four, de *Strawberry Field* au *Cavern Club,* en passant par les maisons d'enfance de John et de Paul. Pour les fans !

Un peu en dehors du centre

Liverpool Football Club (hors plan couleur par D1, **66**) : *Anfield Rd. ☎ 260-66-77. • liverpoolfc.tv • À env 6 km au nord, en direction de Walton (fléché). Bus nos 17, 19, 26 et 27. Visite tlj 10h-17h. Musée et visite guidée : 15 £ ; musée seul, 6 £ ; réduc. Résa nécessaire. Calendrier et vente en ligne sur le site internet. Rens : ☎ 220-23-45.* Le ticket complet comprend la visite des vestiaires, un tour du stade et l'accès au musée consacré à la gloire d'un des clubs de foot les plus célèbres d'Europe. Pour assister à un match (expérience mémorable), il faut obligatoirement réserver jusqu'à 1 mois à l'avance. Les jours de match, la compagnie de transport en commun *Merseytravel* met en place un service spécial de bus : les *Soccerbus.*

Sefton Park et ses environs

– À env 3 km au sud du centre-ville (hors plan couleur par B3). Bus nos 74,75, 80, 80A et 82 (via Lark Lane). Env 10 mn de trajet.

Sefton Park : poumon vert de la ville, composé de grandes pelouses et de petites forêts. Pique-niqueurs, joggeurs et tout le rituel anglo-saxon du chien-chien et sa baballe. Café, lac et espace pour les enfants.

Lark Lane : *perpendiculaire au flanc sud de Sefton Park, file jusqu'à Aigburth Rd. • larklane.com •* La communauté alternative-bobo qui colonise cette charmante petite rue attire de nombreux promeneurs. Restos et pubs en tout genre, petits brocanteurs, marché fermier, puces occasionnelles. Parfait pour se restaurer après la balade dans le parc.

Palm House : *au cœur de Sefton Park. ☎ 726-24-15. • palmhouse.org.uk • Tlj 10h30-16h, voire 17h. Entrée gratuite.* Serre élégante de l'époque victorienne (1896), abritant une petite collection de palmiers et de plantes du monde entier. Restaurée au début du XXIe s, elle est de superficie relativement modeste mais se distingue par la hauteur (25 m) de son dôme en trois niveaux. Durant la Seconde Guerre mondiale, les 3 700 panneaux de verre furent peints pour éviter que le reflet de la lune ne guide les bombardiers allemands. Tout autour, statues de grands explorateurs et botanistes, réalisées à la fin du XIXe s par un sculpteur français.

Sudley House : *Mossley Hill Rd. ☎ 724-32-45. À env 10 mn de Sefton Park. Entrée gratuite.* Poussé par l'élan de cette excursion périphérique, on peut monter jusqu'à cette colline cossue, coiffée d'un terrain de cricket. Là s'élève l'ancienne demeure victorienne d'un armateur, conservée dans son aspect d'origine. Flânerie devant quelques Turner, Rossetti, Gainsborough et Corot, pause sur la terrasse de la cafétéria donnant sur un jardin d'hiver *(conservatory)*, terrain de rugby champêtre en contrebas. *So British*...

DANS LES ENVIRONS DE LIVERPOOL

Formby et Crosby Beach : *au nord de Liverpool. Accès en train Merseyrail, Northern line.* Les immenses plages de sable et forêts de pins de cette banlieue éloignée attirent les foules le week-end. Mais *Crosby Beach* est surtout connue pour *Another Place,* l'énigmatique installation du sculpteur Antony Gormley. Tournés vers la mer, 100 moulages en fer du corps de l'artiste jalonnent la plage, certains rongés par les embruns, d'autres habillés d'algues et n'émergeant qu'à marée basse. Saisissant.

PORT SUNLIGHT

Le village et le musée de Port Sunlight : *à env 15 km, sur la rive opposée de la Mersey. • portsunlightvillage.com • Accès : train-métro Wirral Line, jusqu'à la station Bebington ; 6 trains/h en journée, 15 mn de trajet. En voiture, par la M 53 depuis le tunnel de Wallasey, direction Chester, sortie 4.*

Ce village vaut vraiment le détour. Construit à la fin du XIXe s près de l'usine *Lever* (toujours en activité, pour l'énorme multinationale Unilever...), il doit son nom à la populaire savonnette ménagère qu'on y fabriquait.

Mais plus que cette histoire de marque, c'est un autre aspect de l'œuvre de William Hesketh Lever qui distraira le visiteur (voir également le musée ci-dessous). Autant par philanthropie que pour améliorer la productivité de l'entreprise, ce patron visionnaire ne lésina pas sur les moyens pour arracher ses employés à la misère des taudis en créant pour eux un village « idéal ». Pour le bâtir, il fit appel à une trentaine d'architectes, parfois renommés comme Lutyens (voir plus haut « Roman Catholic Metropolitan Cathedral »). Du coup, les 900 maisons sont toutes différentes, ici *Arts & Crafts,* là néogothique ou néo-Renaissance, l'une en brique, l'autre en pierre de taille ou encore à colombages ! Les bâtiments publics sont tout aussi soignés : parc, église, théâtre et club, écoles, hôpital et, autrefois, une piscine d'eau de mer ! Comme rien ne semble avoir changé, la visite s'apparente à un petit voyage dans le temps. L'œil avisé s'apercevra quand même que les habitants ne sont plus issus des couches populaires. De quoi réfléchir au destin des progrès sociaux...

CAMPAGNE ANTI-PUB

Lord Lever, le patron de Port Sunlight, ne buvait pas d'alcool. Il était opposé à l'octroi d'une licence pour le pub du village, contre l'avis de la population. Fidèle à ses principes démocratiques, il organisa un référendum qu'il ouvrit également aux femmes, pensant ainsi orienter le résultat en sa faveur. Mauvaise pioche : les habitants votèrent massivement pour l'alcool. Lord Lever s'inclina, mais le pub n'ouvrit jamais le jour du Seigneur.

Port Sunlight Museum : *☎ 644-64-66. Tlj 10h-17h. Entrée : 3,75 £ ; réduc.* Tout paternaliste qu'il était, William Lever a introduit dès les années 1880 des avancées sociales qui laissent pantois : journées de travail de 8h, sorties d'entreprise comme ce voyage à Londres pour 16 000 ouvriers en 1911 (!), école mixte obligatoire avec ses classes lumineuses et aérées, concours de potagers, espaces verts dans le village, salle de bains dans toutes les maisons... L'homme fut aussi un pionnier du *merchandising* et de la fidélisation des consommateurs ! En collectionnant les emballages de savon, le bon client pouvait gagner un gramophone ou une montre en or ! Tout cela est fort bien illustré par des reconstitutions, des panneaux, et un film de 20 mn.

– ***The Lady Lever Art Gallery :*** *à Port Sunlight.* ☎ *478-41-36.* • *ladyleverartgallery.org.uk* • *Tlj 10h-17h. Entrée et audioguide en anglais gratuits.* Publicitaire dans l'âme, William Lever acheta ses premiers tableaux pour illustrer les emballages de ses produits ! Un brin iconoclaste, il osa même faire retoucher certaines œuvres pour mieux illustrer les vertus d'une vie saine... et propre ! Heureusement, il devint au fil du temps un véritable connaisseur et inaugura en 1922 ce musée, dédié à la mémoire de sa défunte épouse. Le public, ses employés en tête, put ainsi profiter des 20 000 pièces de sa collection privée. Ce bel espace, baigné par la lumière naturelle, recèle céramiques chinoises et porcelaines Wedgwood (pas toutes bleues !), sculptures et poteries antiques, tapisseries des Gobelins et meubles magnifiques mais, surtout, une collection unique de chefs-d'œuvre préraphaélites. À voir absolument.

HISTOIRE DE LUMIÈRES

En 1884, William Lever a l'âge du Christ et s'est déjà fort enrichi. Il pense prendre « une retraite précoce dans quelque île d'Écosse ». Et puis non ! Il dépose la marque de savon Sunlight dont la première barre sera coupée 4 ans plus tard dans son village idéal, où la luminosité, comme facteur de bonne santé, est soigneusement étudiée. La reine Victoria fait bientôt de la « Lumière du Soleil » son fournisseur officiel. En 1897, il chargera les frères... Lumière de réaliser pour son savon le premier film publicitaire de l'Histoire.

MANCHESTER

env 500 000 hab. IND. TÉL. : 0161

◗ Pour le plan de Manchester, se reporter au cahier couleur.

Au cœur d'une immense conurbation déployée sur des dizaines de miles, le développement de Manchester date des XVIIIe et XIXe s. Il faut dire que la ville n'est autre que l'un des berceaux de la révolution industrielle, où richesses et misère se côtoyèrent comme dans peu d'endroits du monde... dit civilisé. Mais de grandes réalisations en découlèrent, tels le creusement du canal qui rejoint l'embouchure de la Mersey, Liverpool et la mer d'Irlande, la construction de la *Royal Exchange* (qui à l'époque battait tous les records par sa taille), ou encore celle de la gare, la première au monde. Certes, l'importance de la ville a bien décru, mais Manchester reste en quelque sorte la capitale du Nord après Londres, en compétition perpétuelle avec sa voisine Liverpool. Le cœur de la cité fait penser à une bonne grosse ville de province où il fait presque bon vivre tandis que le nouveau quartier des *Quays*, à quelques kilomètres au sud-ouest, où la BBC a installé son siège en 2011, plonge définitivement Manchester dans le XXIe s. Vos pérégrinations vous mèneront peut-être devant le luxueux *Midland Hotel,* sur Peter Square, un palace ouvert en 1903 et intimement lié au développement des transports. Petit plus à l'époque : les clients pouvaient y descendre sans être importunés par la pluie grâce à deux portes cochères géantes d'un côté et, de l'autre, un

passage couvert pour accéder aux quais de la gare voisine. C'est aussi ici que, le 4 mai 1904, un certain Charles Stewart Rolls rencontra Henry Royce et qu'ils décidèrent de faire un petit bout de route ensemble...

LA CAPITALE DU NORD

Dans ce berceau des *Smiths, New Order, Oasis* et autres *Stoneroses,* les modes vestimentaires et musicales se succèdent à un rythme effréné. La programmation théâtrale y est aussi riche qu'à Londres et moins chère ! De plus, l'urbanisme sauvage pratiqué depuis des décennies est devenu une particularité de la ville. Oublié l'attentat de 1996 perpétré par l'IRA, qui détruisit une partie du centre-ville. Aujourd'hui, les matériaux modernes côtoient la vieille brique, dans une harmonie parfois déroutante. Ainsi la salle de concert contemporaine du *Bridgewater Hall,* bâtie sur des ressorts géants, à la japonaise, joue des coudes avec la bibliothèque centrale néoclassique toute ronde ou avec la mairie victorienne, souvent utilisée pour les films d'époque. Ici, le style *Arts & Crafts,* né dans les années 1850 pour préserver le style victorien, que ce soit en architecture, en peinture ou en sculpture, s'exprime à grande échelle.

UNE UNITÉ PARTICULIÈRE

Manchester s'est aussi fait une solide réputation en matière de shopping et de soldes. Le centre regorge de boutiques et toutes les grandes enseignes y sont représentées. On y fait de véritables affaires et, finalement, c'est moins fatigant qu'à Londres ! Enfin, si Manchester présente une certaine unité, celle-ci se cristallise autour de son équipe de foot et d'un stade flambant neuf, enviés dans le monde entier, même si des petits coquins rappellent que *Manchester United* se trouve en réalité à Old Trafford, une ville périphérique. Manchester a sa propre équipe, certes pas mauvaise (et même de mieux en mieux classée au championnat), mais vous en avez entendu parler, vous ?

Arriver – Quitter

En avion

✈ ***Aéroport*** *(hors plan couleur par B3) :* *à 12 miles au sud du centre-ville. L'aéroport [...]s grand du pays après Heathrow et Gatwick.* ☎ *(08712) 710-711.* • *manchesterairport.co.uk* •

➢ Vols quotidiens entre Manchester et ***Londres, Paris, Bruxelles*** ou ***Genève.*** On rejoint aisément le centre-ville en train, un peu plus cher (env 4 £ le ticket) mais plus pratique et plus rapide que le bus. Départs fréquents, 24h/24. Compter 20 mn de trajet.

En train

Gare ferroviaire *(plan couleur D2-3) :* *Piccadilly Station.* La liaison avec ***Londres*** est assurée par *Virgin* en un peu plus de 2h. Pour les destinations du Nord, se rendre à *Victoria Station (plan couleur B-C1).* ☎ *(08457) 48-49-50.*

En bus

Gare routière *(plan couleur C2) :* Chorlton St. Pour une fois, il s'agit d'un lieu agréable, chauffé, avec une petite cafèt'.

➢ Départs fréquents pour ***Londres, Liverpool, Carlisle, Chester...*** *Rens auprès de* National Express. ☎ *(0871) 781-81-78.* • *nationalexpress.com* •

Comment circuler ?

– Pour se déplacer dans le centre-ville, on peut emprunter le ***Metroshuttle,*** un service de bus gratuit. 3 lignes, qui fonctionnent en gros de 7h à 19h (10h à 18h le dim) avec une fréquence de 6-10 mn. Les lignes 1 et 3 partent de *Piccadilly Station,* la ligne 2 de *Victoria Station.*

– Sinon, le ***Metrolink*** qui, comme son nom ne l'indique pas, est un réseau de 6 lignes de tramways plutôt efficace (payant). Dépliant disponible à l'office de tourisme. Pratique pour se rendre, par exemple, aux *Quays*.

Adresses utiles

Manchester Visitor Information Centre *(plan couleur C2,* ***1****) : 45-50 Piccadilly Plaza. ☎ (0871) 222-82-23. • visitmanchester.com • Lun-sam 9h30-17h30 ; dim 10h30-16h30.* Bonne documentation et plan de la ville. Assure les résas d'hôtels gratuitement. Vous pouvez aussi y prendre la brochure-dépliant *Manchester Guided Tours,* qui détaille, calendrier à l'appui, l'ensemble des visites guidées de la ville (certaines payantes, d'autres gratuites), avec des thèmes aussi variés que Chinatown, l'influence irlandaise, les canaux souterrains, etc.

Autre bureau d'infos touristiques à Salford Quays *(hors plan couleur vers l'ouest).*

@ ***Internet :*** *en attendant la réouverture de la* ***Central Library*** *(2013 ou 2014), la* ***City Library*** *(plan couleur B2,* ***2****) offre l'accès gratuit à Internet. Ouv 9h-20h (17h ven-sam) ; fermé dim. Également au* ***Loops,*** *83 Princess St (plan couleur C2,* ***3****).*

Où dormir ?

De bon marché à prix moyens (moins de 80 £ / 96 €)

Youth Hostel *(plan couleur A3,* ***10****) : Potato Wharf, Castlefield. ☎ 839-99-60. • manchester@yha.org.uk • Près du musée des Sciences et de l'Industrie. Compter 10-25 £ en dortoir selon période ; doubles 30-64 £. Parking (appréciable à Manchester !). (payants).* Dans le quartier d'anciens entrepôts aujourd'hui reconvertis de *Castlefield,* une AJ elle-même refaite en 2008 disposant d'équipements impeccables et de chambres nickel. Large éventail de prestations.

Hatters Hostels *(plan couleur C2,* ***11****) : 50 Newton St, M1 2EA. ☎ 236-95-00. • manchester@hattersgroup.com • hattershostel.com • Env 15-24 £ le lit en dortoir et 21-24 £/pers en chambre double, selon période. Petit déj continental compris. (payants)* Hostel privé et sympa dans une grande maison tout en hauteur. Pas moins de 169 lits en chambres et dortoirs vastes et bien tenus de 1 à 14 lits. Bons matelas et bon équipement général, avec tous les espaces communs nécessaires. En prime, l'*hostel* propose des activités gratuites certains soirs, ainsi qu'un *pub crawl* (payant) le week-end.

Hilton Chambers *(plan couleur C2,* ***12****) : 15 Hilton St, M1 1JJ. ☎ 236-44-14. • hilton@hattersgroup.com • hattershostel.com • Dortoirs 16,50-24 £, doubles 25-35 £/pers, petit déj continental compris. (payant).* La réception est à l'étage. Même chaîne d'*hostels* que l'adresse précédente avec, ici, un poil plus de confort (prix un poil plus élevés aussi). Dortoirs impeccables et chambres doubles privées personnalisées, avec sanitaires et TV. Également une agréable petite terrasse à ciel ouvert pour les beaux jours. Propose les mêmes activités que *Hatters Hostels*.

Mitre Hotel *(plan couleur B1,* ***13****) : 1-3 Cathedral Gates, M3 1SW. ☎ 839-16-46. • info@mitrehotel.co.uk • mitrehotel.co.uk • Double env 50 £ (70 £ le sam), sans petit déj (vérifier les promos sur Internet).* Une trentaine de chambres qui, bien qu'un peu petites, n'ont rien de cellules. Situation stratégique au cœur de Manchester, face à la cathédrale. Prix compétitifs.

Comme souvent en Angleterre, pensez aussi aux hôtels de chaînes et à leurs promos, notamment les ***Ibis*** (il y en a un sur Portland St) ou les ***Premier Inn,*** ces derniers comptant pas moins de 4 adresses dans le centre, notamment au : *112-114 Portland St (plan couleur C2-3,* ***14****). ☎ (0871) 527-87-46. • premierinn.com •* Tarifs toutefois très variables, allant de 30 à 120 £ la chambre double (comme à la Bourse, tout dépend de la demande !).

Plus chic (80-120 £ / 96-144 €)

Velvet Hotel *(plan couleur C2, **15**) : 2 Canal St, M1 3HE. ☎ 236-90-03. • info@velvetmanchester.com • velvetmanchester.com • Doubles à partir de 89 £.* Situation sympa face au canal, dans le quartier gay. On est tombés sous le charme de ce petit établissement aux chambres toutes différentes et vraiment réussies, avec une déco exquise et un niveau de confort digne des meilleurs hôtels (coffre, minibar, sorties de bain...). Parties communes du même tonneau, mêlant harmonieusement brique, moquette, tissus et grands miroirs. Également un bon resto à côté. Un vrai *boutique hotel,* et notre coup de cœur à Manchester !

Où manger ?

Toutes les cuisines du monde. Si vous séjournez quelques jours, procurez-vous le *Food and Drink Guide,* en vente à l'office de tourisme et à l'AJ.

Bon marché (jusqu'à 8 £ / 9,60 €)

Trof *(plan couleur C1, **20**) : 8 Thomas St. ☎ 833-31-97. Tlj 10h-minuit (3h w-e) ; petits plats 4-8 £, certains un peu plus chers. Sunday dinners 11 £.* Parfait à toute heure, on y sert aussi bien des petits déj que des soupes du jour, salades, sandwichs et burgers accompagnés de délicieuses frites. Tout ou presque est préparé sur place, avec des produits locaux ou *fairtrade.* Cadre chaleureux de brique, vieux plancher et mobilier dépareillé. Et parfois une belle animation le soir, en musique.

Tampopo *(plan couleur B2, **23**) : 16 Albert Sq. ☎ 819-19-66. Tlj 12h-23h. Plats env 8 £.* Toute l'Asie (sauf la Chine) tient dans la carte. Salle en sous-sol où, depuis la rue, on voit les cuistots s'affairer. Et ils ne chôment pas ! Service express qui ravira les adeptes des baguettes, installés à de grandes tablées surmontées de lampes en tissu. En résumé : c'est simple, pas très cher, appétissant et efficace.

De prix moyens à un peu plus chic (8-18 £ / 9,60-21,60 €)

Mr Thomas's Chop House *(plan couleur B2, **22**) : à l'angle de Cross St et d'une venelle appelée St Ann's Alley. Lun-sam 11h-23h (21h30 la cuisine), dim jusqu'à 19h. Plats 10-16 £.* Rien de tel que cette ancienne brasserie ornée de magnifiques faïences vertes pour goûter le meilleur de la cuisine britannique. Le *steak and kidney pudding,* copieux et superbement préparé, à déguster avec une bonne *real ale,* vous laissera – c'est quasi sûr – un grand souvenir. Sinon, il y a le *fish & chips* et le *corned-beef hach,* entre autres. Excellent rapport qualité-prix-ambiance !

Sam's Chop House *(plan couleur B2, **21**) : Chapel St. ☎ 834-32-10. Rue perpendiculaire à Cross St, face à Saint Ann St. Sert jusqu'à 21h30 (sf dim soir). Sandwichs 7-10 £, plats 10-16 £.* C'est la même maison que le *Mr Thomas's Chop House,* avec une carte similaire. En revanche, le décor est différent : ici, on est dans un pub cossu et agréable, discrètement installé en sous-sol. Très sympathique là aussi.

Velvet Restaurant *(plan couleur C2, **15**) : le resto du Velvet Hotel (voir « Où dormir ? »). Tlj 7h-22h. Plats 11-18 £.* Un resto où règne une bonne ambiance, dans une salle à la déco un peu baroque. Cuisine internationale soignée. Pour les budgets un peu serrés, il y a aussi des pizzas, moins chères.

Très chic (plus de 20 £ / 24 €)

Yang Sing *(plan couleur C2, **24**) : 34 Princess St. ☎ 236-22-00. • info@yang-sing.com • Résa conseillée le w-e. Tlj 10h-23h30. Menus 30-40 £ ; moins cher à la carte. Dessert offert sur présentation de ce guide.* À quelques pas de *Chinatown,* tout simplement le meilleur chinois de la ville, et on n'a pas trouvé grand monde pour nous contredire ! Tous les classiques au menu, dans un cadre classe.

Où boire un verre ? Où sortir ?

Manchester est une ville animée le soir ! Tout se passe en gros dans le centre-ville, dans plusieurs zones distinctes. *Oxford Street (plan couleur B-C3),* par exemple, attire surtout une clientèle jeune et tapageuse, avec des bars ou pubs comme le ***Revolution,*** le ***Thirsty Scholar,*** ou le ***Sound Control*** (sorte de boîte avec des concerts). À l'angle de Great Bridgewater St, une curiosité : ***The Temple,*** un bar installé dans... d'anciennes toilettes publiques. En termes de marketing, il fallait oser !
Autre secteur bien vivant, le *gay village,* le long de *Canal Street (plan couleur C2-3),* où se retrouve notamment la communauté homo (hommes et femmes) de Manchester. Là encore, belle brochette de bars et restos branchés, comme le ***Bar Velvet,*** le ***Manto*** et le ***New Union.*** Citons aussi le *Northern Quarter,* autour de *Tib* et *Oldham Streets (plan C1-2),* qui alignent des bars plutôt bohèmes comme le ***Black Dog Ballroom*** (plusieurs billards), le ***Northern*** (pour les couche-tard) ou le ***Matt & Phred's*** (musique live et cours de danse).
Non loin de là, les amateurs de décors à l'américaine iront jeter un œil au ***Printworks Centre*** *(plan couleur C1,* ***30****),* une galerie marchande qui accueille pas mal de bars franchisés.
Enfin, ne passons pas sous silence le ***Sinclair's Oyster Bar*** *(plan couleur B1,* ***31****),* un pub typique et très fréquenté pour ses *cheap pints* et sa vaste terrasse. Ni, dans un tout autre style, le ***Cloud 23*** *(tlj 17h-1h ; plan couleur B3,* ***32****),* qui offre une vue spectaculaire sur la ville, notamment de nuit. Une dalle en verre permet même de voir le sol sous ses pieds !

À voir

Bonne nouvelle : tous les musées de Manchester sont gratuits ! L'office de tourisme propose aussi des balades guidées de la ville les samedi et dimanche à 13h, qui passent en revue, en 1h30, les principaux endroits et monuments de Manchester. Coût : 6 £.
Enfin, il existe un bus touristique, le *Manchester Open Top Bus Tours,* qui parcourt la ville en 2h. Cher cependant : 15 £. Plus d'infos sur : ● *manchesteropentopbus tours.co.uk* ●

MOSI, Museum of Science and Industry *(plan couleur A2-3)* **:** *Liverpool Rd, Castlefield. ☎ 832-22-44. ● mosi.org.uk ● Tlj 10h-17h. Entrée gratuite (sf pour les expos temporaires).*
Comme son nom l'indique, un musée dédié aux sciences et à l'industrie, installé dans d'anciens entrepôts admirablement réhabilités. L'ensemble est vaste, aussi prévoyez plusieurs heures si vous souhaitez tout voir.
On commence par l'industrie textile, tellement importante dans le développement de Manchester. Expo de grosses machines et des différentes techniques utilisées, du champ de coton à la chemise ! Dans le même bâtiment, une réplique de l'un des premiers ordinateurs au monde, conçu à Manchester en 1948. Beaucoup plus imposant qu'un iPad et, pourtant, 10 000 fois moins rapide. Puis, en changeant de pavillon, on change de thématique, et les sujets sont abordés avec le même regard et le même sens du détail. Le gaz, de l'extraction aux diverses utilisations, l'électricité et ses modes de production, ses applications, avec ici à l'appui une vraie turbine électrique, des

LE TRAIN SIFFLERA TROIS FOIS

À la place du MOSI se trouvait la première gare à ticket payant du monde. Une voie ferrée reliait en effet les usines de Manchester à celles de Liverpool.

compteurs Geiger, etc. Également une section sur l'histoire de Manchester. La promenade continue dans d'autres hangars, avec l'impressionnant hall des locomotives à vapeur, ou encore, dans les vieilles halles, une collection d'avions (admirez le *Shackleton,* un des premiers avions radars, capable de voler pendant 24h !) et d'hélicoptères, des automobiles (des premières guimbardes à la voiture électrique) et bicyclettes anciennes. Enfin, le musée propose aussi des animations (payantes) : film 4D (3D avec les fauteuils qui bougent), train à vapeur le week-end, etc.

The John Rylands Library *(plan couleur B2)* **:** *150 Deangate. ☎ 275-37-64. Tlj 10h-17h sf dim mat. Entrée libre.* Une magnifique bibliothèque dans un bâtiment néogothique aux allures de cathédrale. Elle a ouvert ses portes le 1er janvier 1900 grâce à un mécène passionné de textes religieux. Au 1er étage, expo d'ouvrages anciens avec, notamment, un fragment du plus vieil exemplaire connu du Nouveau Testament de saint Jean. Et puisque vous avez fait l'effort de monter jusqu'au premier, poussez donc jusqu'au troisième, pour découvrir la bibliothèque elle-même, qui donnerait presque envie au plus récalcitrant de consacrer sa vie à l'étude des livres...

Manchester Art Gallery *(plan couleur C2,* **_40_***)* **:** *Mosley St ; à l'angle de Princess St, face à St Peter's Sq. ☎ 235-88-88. ● manchestergalleries.org ● Mar-dim 10h-17h. Entrée et audioguide (en anglais slt) gratuits.* Elle abrite une vaste collection d'art, dans deux bâtiments qui communiquent. Dans l'ancien, des artistes du XVIIIe s comme Gainsborough, des peintres victoriens ainsi que les œuvres des plus grands préraphaélites comme Rossetti, Waterhouse ou Burne-Jones. Dans l'extension moderne, on trouve quelques impressionnistes (Valette), des peintres anglais, flamands et hollandais du XVIIe s et la section sur l'art moderne et contemporain. Entre autres, un Turner, et un Francis Bacon plutôt macabre... Mais le clou de la galerie est peut-être la vaste salle consacrée aux arts décoratifs, de différentes périodes et civilisations : jarre funéraire égyptienne qui contenait les poumons du défunt, défense d'éléphant chinoise incroyablement ciselée, maison de poupée anglaise du XIXe s, vêtement de cour français superbement brodé, banc en fibre de carbone ou encore cette assiette conçue par... Pablo Picasso. Également des expos temporaires et une salle consacrée aux enfants.

The People's History Museum *(plan couleur A-B2)* **:** *Left Bank, Spinningfield. ☎ 838-91-90. ● phm.org.uk ● Tlj 10h-17h. Entrée gratuite.* Sur deux niveaux, tout sur l'histoire sociale du pays, des premiers syndicats aux droits des homosexuels, des femmes, des étrangers et même des pensionnés. On y trouve, entre autres, la plus grande collection de drapeaux syndicaux au monde, dont le plus ancien (celui des *tin plates workers* – les travailleurs de l'étain) date de 1821. Quelques reconstitutions d'intérieurs aussi (la cuisine d'une famille d'ouvriers au début du XXe s), des affiches politiques, le premier brouillon du *Labour Party* (créé en 1906), etc. Également des expos temporaires. Pour ceux que le sujet intéresse.

Les amateurs d'édifices religieux pourront aller jeter un œil à **_St Mary's Church_** *(plan couleur B2,* **_41_***), Brazennose St.* Cachée parmi des bâtiments modernes, on peut y admirer un chemin de croix, très moderne, par Norman Adams. Dans **St Ann Street,** l'église du même nom *(plan couleur B2,* **_42_***)* présente une porte de style grec. Mais l'édifice religieux vraiment remarquable de Manchester reste la **_cathédrale anglicane_** *(plan couleur B1) ; dépliant en français, evensong tlj sf dim à 17h30 (15h30 sam).* Du XVe s principalement, mais le jubé finement travaillé date du XVIe s. Noter les voûtes en chêne dans la nef. Magnifiques vitraux contemporains.

Du côté des Quays

Ce quartier en plein essor s'étire à quelques kilomètres au sud-ouest du centre-ville, du côté de Salford, Trafford et Old Trafford. Hôtels, appartements de luxe, canaux artificiels, centres sportifs... on ne compte plus les grues et les chantiers. La BBC y a même installé ses bureaux en 2011, pas très loin du célèbre stade de foot, tandis que les bâtiments futuristes des musées se pavanent le long des quais. Le tout est facilement et rapidement accessible en *Metrolink* (direction « Eccles » ou « MediaCityUK »). On peut aussi parcourir les canaux en bateau.

The Lowry : *Pier 8, Salford Quays. ☎ (0870) 208-60-00. • thelowry.com • Prendre le* Metrolink *jusqu'à l'arrêt Harbour City. Galeries ouv 11h-17h. Entrée gratuite.* Un temple dédié à l'art, dont les lignes audacieuses se détachent sur les bassins des anciens docks. Il abrite bars et restos, mais surtout il accueille de nombreuses expos temporaires, souvent de très bon niveau, et programme régulièrement toutes sortes de concerts, pièces de théâtre et spectacles divers. À voir aussi, la plus grande collection de peintures de l'artiste du coin... L.S. Lowry. Ceci explique cela...

Imperial War Museum North : *Salford Quays, de l'autre côté de la rivière, en venant du Lowry (même accès métro). ☎ 836-40-00. • iwm.org.uk • Tlj 10h-17h. Entrée gratuite.* Impossible de manquer ce musée : son architecture en aluminium évoque un globe fragmenté, comme des parts d'un gâteau jamais équitable. À grand renfort de technologies, les guerres des XXe et XXIe s y sont évoquées par thème : l'Empire britannique, les femmes, les sciences, les conséquences... Mais ce sont surtout les sept films, diffusés régulièrement sur les murs du musée (en anglais, mais sous-titrés), qui marquent les esprits. Avec des scènes que l'on croit reconnaître et des témoignages cyniquement familiers, ils visent à mieux montrer que les conflits se ressemblent et se répètent. Rappelons que le XXe s, celui de l'avènement de la modernité, est aussi celui qui a connu le plus de guerres. La collection compte aussi, depuis peu, un fragment du *World Trade Center.* Un musée à l'image de bon nombre de ses congénères britanniques ouverts ces dernières années : beaucoup de moyens dans la mise en scène, pas forcément très fouillé, mais bougrement efficace et spectaculaire. Et gratuit !

PILIERS DE COMPTOIRS

En plein centre-ville, dans St Ann's Square, jetez un œil au Royal Exchange Theatre. Il faisait partie au XIXe s du plus grand centre d'affaires du monde. Dans le plus grand hall (à l'époque le plus vaste du monde), il fallait permettre aux traders de s'identifier et de communiquer. On inventa donc un quadrillage au sol (un peu comme à la bataille navale), délimité par des piliers. Les comptoirs des compagnies étaient ainsi repérés par des plaques de cuivre portant le numéro de leur case. Aujourd'hui les plaques ont disparu, mais les piliers sont toujours là...

The Manchester United Football Club et Old Trafford : *à Old Trafford. ☎ 868-83-03. • manutd.com •* Metrolink, *direction « Altrincham », arrêt Old Trafford. Ouv tlj, 9h30-16h30 pour le musée, 16h pour les visites guidées (ttes les 30 mn, résa conseillée le w-e). Tarif : musée seul, 10,50 £ ; musée et visite guidée, 15 £.* Le club de foot le plus riche du monde s'est doté d'un stade ultramoderne d'une capacité de 75 000 spectateurs, le *Theatre of Dreams,* avec musée sur trois étages (tout sur les équipes du *MUFC,* avec trophées, tee-shirts des joueurs, etc.), boutique grande comme un supermarché et bar. Visites guidées qui donnent accès aux tribunes (photos du siècle en perspective !), au tunnel, aux vestiaires.

BBC Tours : *MediaCityUK, Salford. • bbc.co.uk/showsandtours •* Metrolink *direction « MediaCityUK » (ou « Eccles », descendre à Harbour City et marcher 5 mn). Visites guidées lun, mar, mer à 10h30, 12h30 et 15h ; sam-dim à 10h30 et 10h45. Prix : 8,50 £.* La BBC, qui a pris ses quartiers à Manchester en 2011, propose également des visites guidées de ses studios. Compter 1h30. Réservation indispensable.

LE YORKSHIRE

Le Yorkshire, le plus grand des « shire », est un comté à la forte identité culturelle (notez l'accent !) et, en quelque sorte, un concentré de la Grande-Bretagne. Si le sud de Leeds et Sheffield est plus urbanisé et témoigne du passé industriel de la région, la partie nord, sur la route de l'Écosse, recèle des paysages à l'anglaise comme on les imagine. Les collines mauves de bruyère, truffées de murets de pierre et de moutons à tête noire font bon ménage dans les deux parcs nationaux, avant de finir en falaises vertigineuses, sur la côte est, peu développée. Pour vous donner une idée, Shaun, le mouton de *Wallace et Gromit,* est un pur produit du *Yorkshire Dales National Park,* tandis que c'est le train à vapeur du *North York Moors National Park* qui emmène les apprentis sorciers vers leur école, dans *Harry Potter.* Ça y est, vous situez ? Si cela ne suffit pas, allez faire un tour du côté de Haworth jusqu'aux célèbres *Hauts de Hurlevent* (ils existent vraiment), sur les traces des sœurs Brontë, ou débusquez les nombreuses ruines de monastères, abbayes et autres bourgs médiévaux ou châteaux toujours habités pour mieux cerner la riche histoire de ce comté. Enfin, réservez vos « Oh my God ! » d'admiration pour York bien sûr, ses maisons à colombages, son héritage viking et sa spectaculaire cathédrale gothique. Le Yorkshire possède en fait tous les atouts pour un séjour complet.

HAWORTH

IND. TÉL. : 01535

Situé à l'ouest de Leeds et du Yorkshire, à 30 miles au nord-est de Manchester, ce village sévère, cramponné à une colline battue par les vents et cerné par les *moors* (les landes), n'est pas facile à repérer sur la carte au premier abord. Il eut pourtant le privilège de compter parmi ses habitants les fameuses sœurs Brontë. Si vous avez la chance de le visiter par un bel après-midi d'hiver ou par temps maussade, vous y retrouverez l'ambiance triste et morose décrite dans leurs célèbres romans. Et rien ne vous empêche de randonner jusqu'aux célèbres *Hauts de Hurlevent*. Une halte assurément nostalgique, pleine de charme !

Comment y aller ?

➢ ***En voiture :*** suivre la direction d'Halifax, puis de Keighley.

➢ ***En train et bus :*** train depuis Leeds jusqu'à Keighley, puis bus (ttes les 20 mn). Un peu compliqué.

➢ Plus folklo, un authentique ***train à vapeur*** vous emmène le week-end (tlj en été) de Keighley à Haworth, en 15 mn à peine. Malheureusement assez cher. Infos : ☎ *64-52-14.* ● *kwvr.co.uk* ●

Adresse utile

ℹ ***Visitor Information Centre :*** *à côté de l'église.* ☎ *64-23-29.* ● *visithaworth.com* ● *Tlj 10h (10h30 mer)-17h (16h oct-mars).* Bien documenté : liste des nombreux *B & B* et campings de la région ainsi que des brochures et topoguides (payants ceux-là) pour les splendides randos et circuits VTT à faire dans les *moors.*

– On ne s'en étonnera plus, le parking au centre du village est payant. Il vaut mieux ne pas dépasser l'horaire inscrit sur votre ticket, sinon c'est le sabot assuré !

Où dormir ? Où manger dans le coin ?

⛺ ***Upwood Holiday Park :*** *Blackmoor Rd,* ***Oxenhope,*** *BD22 9SS.*

☎ *644-242.* • *upwoodpark.co.uk* • *À env 1,5 mile du village, en marge de l'A 6033. Emplacement tente (jusqu'à 4 pers) 9,50-19,50 £ selon saison. Séjour min 3 nuits en été.* En hauteur, avec vue sur la région. Outre une petite armada de caravanes résidentielles, plus de 70 emplacements pour tentes. Ambiance familiale et sanitaires bien tenus. Également un pub.

Haworth Youth Hostel : *Longlands Dr, à 1 mile, en direction de Keighley, après la gare ferroviaire.* ☎ *64-22-34.* • *haworth@yha.org.uk* • *Dortoir 12-20 £.* Cette étonnante AJ occupe une superbe et impressionnante bâtisse de 1884, plantée sur la colline face au vieux village. Dortoirs bien tenus de 4 à 8 lits et sanitaires neufs.

The Apothecary Guest House : *86 Main St, BD22 8DP.* ☎ *64-36-42.* • *nicholasapt@aol.com* • *theapothecaryguesthouse.co.uk* • *En face de l'église. Doubles 45-55 £, petit déj compris.* Une jolie maisonnette de caractère installée dans la rue principale. 8 chambres coquettes et confortables à prix serrés, dont les fenêtres ouvrent sur le village ou les *moors*. Certaines peuvent accueillir jusqu'à 4 personnes. Accueil cordial. *Tea-room* au rez-de-chaussée.

10, The Coffee House : *10 Main St, BD22 8DA.* ☎ *64-46-94.* • *10thecoffeehouse.co.uk* • *Double 80 £. Tea-room ouv jeu-dim slt, 12h30-18h30.* De l'extérieur, on ne remarque pas cette maison discrète, insérée parmi les autres façades. Pourtant, outre 2 chambres *en-suite* confortables, lumineuses et sobrement décorées, elle abrite un salon de thé où vous goûterez peut-être l'un des meilleurs cafés de votre vie : le *Jamaica Blue Mountain*, moulu, préparé devant vous et servi dans de petites cafetières. Un nectar ! Sans oublier les succulents gâteaux confectionnés par l'adorable patronne. Une adresse qui se démarque, idéale pour une pause intimiste.

|●| Nombreux restos et autres *tea-rooms* dans Main Street, la rue principale pavée qui monte vers l'église. Parmi ceux-là, n'hésitez pas à pousser la porte du ***Cobbles and Clay*** *(tlj 9h-17h),* sorte de maison de poupée à l'accueil délicieux où l'on sert des soupes, tartes, *crumbles* et bons petits plats pas chers.

À voir. À faire

Brontë Parsonage Museum : *derrière l'église.* ☎ *64-23-23.* • *bronte.info* • *Ouv 10h-17h30 avr-sept ; 11h-17h oct-mars. Entrée : 7 £ ; réduc. Dépliant en français.* Cher mais émouvant ! Dans cet ancien presbytère vécurent à la dure le pasteur Brontë et sa famille, au bord du cimetière et de la lande. Mr Brontë y mourut en 1861, à l'âge de 84 ans, ayant survécu à sa femme, décédée très tôt, et à ses six enfants, dont aucun ne dépassa l'âge de 40 ans. C'est dans cet univers poignant et austère que les trois célèbres sœurs nourrirent toute leur passion pour l'écriture (il faut dire qu'elles n'avaient que ça à faire !). La maison a été conservée à l'identique et renferme des objets personnels de la famille. À gauche en entrant, la salle à manger avec le divan sur lequel mourut Emily. À l'étage, on peut voir un des livres miniatures de Charlotte, comme celui acheté en 2011 par le musée des Lettres et Manuscrits de Paris pour la coquette somme de... 822 000 €. Librairie bien approvisionnée (éditions anciennes, etc.).

En sortant du musée, ne manquez pas d'aller jeter un œil à l'église, granitique et romantique en diable avec son cimetière de poche et ses pierres tombales moussues. On ne peut espérer lieu plus propice à la rêverie... La famille Brontë presque au complet a été enterrée dans un caveau familial, sous l'église. Voir la plaque à l'intérieur.

➢ ***Les moors*** *(landes)* **:** si vous êtes amateur de randonnées, des sentiers balisés vous mèneront à travers un magnifique paysage de landes désolées et de bruyères (fleuries à la fin de l'été) jusqu'aux fameux *Wuthering Heights* (les Hauts de Hurlevent) en passant par le pont de Haworth, les *Brontë Falls,* le *Brontë Bridge*

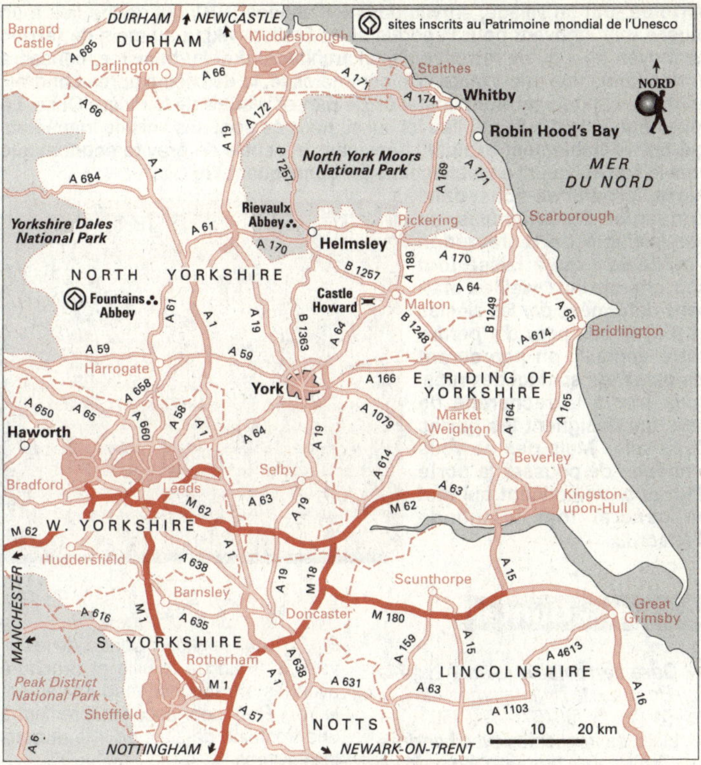

LE YORKSHIRE

ou encore le *Brontë Seat,* lieux emblématiques de leur inspiration. Carte vendue (0,50 £) à l'office de tourisme. Compter 10 km pour le grand tour et 3h30 environ.

YORK

180 000 hab. IND. TÉL. : 01904

Une ville parmi les plus belles du pays avec des rues médiévales parfaitement conservées, une cathédrale majestueuse, des remparts sur plusieurs kilomètres, des fantômes en pagaille... Mais également bien dans son temps avec des musées remarquables, une grande roue comme à Londres et... des touristes, eux aussi en pagaille. Il faut dire que York n'a que l'embarras du choix pour mettre en valeur sa riche histoire !
Fondée en 71 par les Romains, elle prit rapidement du galon, jusqu'à devenir la capitale de la province sous le nom d'Eboracum. Constantin, futur fondateur de Constantinople, y fut proclamé empereur pendant une campagne militaire contre les Pictes. Puis York devint la base chrétienne du nord du pays, sous les Saxons. Vient ensuite la période viking, révélée par la décou-

verte de tout un village, Jorvik, dans les années 1970, qui donna lieu à un musée très innovant pour l'époque et un festival viking au mois de février. Le Moyen Âge, qu'on retrouve dans l'architecture et l'urbanisme, consacra York comme une importante ville commerciale, la deuxième après Londres, véritable capitale du Nord, installée de part et d'autre de la rivière Ouse. La révolution industrielle eut lieu ici aussi, mais ce sont ses voisins immédiats qui ont véritablement explosé, déplaçant le centre de gravité économique vers le sud et l'ouest en ménageant par conséquent York.

Alors, promenez-vous dans le quartier des *shambles,* un bel exemple de restauration « modérée » qui a laissé tout son charme aux vieilles maisons déformées par les siècles et n'ayez pas peur d'y perdre votre anglais : en parcourant les *gates* qui sont ici des rues, vous irez à la recherche de *bars* qui désignent les portes de la ville ! Mais rien ne vous empêche de pousser la porte d'un *pub,* un concept qui met en général tout le monde d'accord.

L'ARMÉE DES OMBRES

York s'affiche comme une des villes les plus hantées du pays. Au hit-parade des revenants, the lost army, une équipée de soldats romains qui galopent vaillamment dans les caves de la Treasurer's House. C'est un plombier qui les aurait observés très distinctement pour la dernière fois, en 1953, traversant les murs avec armures, chevaux et plumeaux sur la tête. Aujourd'hui, courageux ou curieux peuvent s'aventurer en petit groupe dans la cave en question. Faites gaffe quand même !

Arriver – Quitter

Gare ferroviaire *(plan A2) : Station Rd, dans le prolongement de Lendal Bridge. ☎ (08457) 48-49-50.*

➢ Liaisons fréquentes avec **Londres.**

Terminal de bus *(plan A2) : pas vraiment de terminal, mais plusieurs arrêts en ville, notamment à la gare ferroviaire.*

➢ Bus *Coastliner* pour **Leeds, Malton, Scarborough, Whitby...** Horaires disponibles à l'office de tourisme. • *coastliner.co.uk* •

Comment circuler ?

Tout autour de la ville, plusieurs *Park & Ride zones* pour se garer gratuitement avec des navettes (payantes) pour gagner le centre. En ville, on trouve différents parkings, chers comme d'habitude. Si vous y laissez votre voiture un certain temps, optez plutôt pour le *long stay.*

Adresses et infos utiles

Visitor Information Centre *(plan B1) : 1 Museum St. ☎ 55-00-99. • visityork.org • Avr-sept, lun-sam 9h-18h, dim 10h-17h ; oct-mars, lun-sam 9h-17h, dim 10h-16h.* Central de réservations. Plan de la ville et brochure avec les attractions. Vend également le *York Pass* pour accéder librement à une trentaine de sites en ville et dans les environs.

✉ ***Post Office*** *(plan B2) : 22 Lendal.*

@ *Plusieurs possibilités pour se connecter, la moins chère étant la* ***library*** *(plan B1,* ***1****), ouv 9h-20h (18h ven et 17h sam ; dim 11h-16h). Également à l'****Evil Eye Internet Lounge*** *(plan B1,* ***2****), 42 Stonegate. Quelques postes à l'étage d'un bar animé.*

Où dormir ?

Campings

Rowntree Caravan Park *(hors plan par C3,* ***10****) : sur Terry Ave (accessible par la Clementhorpe), YO23 1JQ. ☎ 65-89-97. • caravanclub.co.uk • Tte l'année. Compter 17-25 £ pour 2 avec tente selon saison, plus un droit d'entrée par nuit pour les non-membres.* Camping tranquille d'une centaine d'emplacements, idéalement situé à proximité du centre-ville, au bord de la River Ouse. Parfait si vous débarquez avec caravane ou en camping-car (résa conseillée). Sinon, de la place pour 10 tentes seulement, et c'est évidemment « premier arrivé premier servi ».

– On recommande le ***Castle Howard Lakeside Holiday Park,*** à 15 miles au nord-est, pour ceux qui sont motorisés. Se reporter à « Dans les environs ».

De bon marché à prix modérés (jusqu'à 60 £ / 72 €)

Youth Hostel *(hors plan par A-B1,* ***11****) : Haverford, Water End, Clifton. ☎ 65-31-47. • york@yha.org.uk • Suivre Bootham St, prolongée par Clifton Rd ; Water End est indiqué sur la gauche. Tte l'année. Selon saison, dortoir 12-25 £ et double à partir de 25 £/pers.* *(payants).* À 20 mn du centre-ville (à pied), l'AJ officielle du secteur remplit parfaitement son contrat : charme discutable, mais fonctionnelle et bien tenue. Du coup, elle ne désemplit pas ! Réduc sur le billet d'entrée de certaines attractions de York.

Ace York Boutique Hostel *(plan A2,* ***12****) : 88-90 Micklegate, YO1 6JX. ☎ 62-77-20. • reception@ace-hotelyork.co.uk • acehotelyork.co.uk • Compter 16-32 £/pers en chambres de 2-14 lits, petit déj compris.* *(payant).* Proche de la gare et du centre-ville, dans une maison georgienne de 1752, un *hostel* de luxe proposant des dortoirs agréables et réalisés dans des matériaux de qualité, avec plancher, bons lits et sanitaires privés. Également des chambres doubles plus confortables et plus chères, avec vue sur les remparts. Espaces communs très sympas en sous-sol, avec bar, billard, ping-pong et même un sauna. Accueille beaucoup de groupes et donc parfois bruyant. N'empêche, le lieu ne manque pas d'atouts !

The Fort Boutique Hostel *(plan B1,* ***17****) : 1 Little Stonegate, YO1 8AX. ☎ 63-95-73. • info@thefortyork.co.uk • thefortyork.co.uk • Compter 24-30 £/pers.* Encore un « *hostel* chic », situé dans une ruelle du cœur de la ville. Dortoirs et chambres doubles privées vraiment nickel, confortables et très agréablement décorés par des artistes, dans le style moderne-contemporain. Sanitaires tout neufs, rutilants. Thé et café gratuit, petits salons à dispo. Pour le petit déj (non compris), il vous suffit de descendre au *Kennedy's Bar* situé juste à côté (même proprio).

De prix moyens à plus chic (60-120 £ / 72-144 €)

The Bar Convent *(plan A3,* ***13****) : 17 Blossom St, YO24 1AQ. ☎ 643-238. • info@bar-convent.org.uk • bar-convent.org.uk • Résa conseillée. Doubles sans ou avec sdb et TV 66-82 £ en sem, 76-92 £ le w-e ; petit déj inclus.* Une nuit dans un couvent (actif !), ça vous chante ? Celui-ci, à deux génuflexions du centre-ville, réserve une vingtaine de ses chambres aux touristes. Elles portent des noms de saints et sont plutôt agréables, en plus d'être très bien tenues. Salon commun à chaque étage (dont un avec billard), cuisine collective, cafétéria... N'oubliez pas de jeter un œil au musée et à la chapelle avec dôme. On peut y voir la main momifiée d'une sainte !

The Sycamore Guesthouse *(plan A1,* ***14****) : 19 Sycamore Pl, YO30 7DW. ☎ 62-47-12. • thesycamore.co.uk • Doubles sans ou avec sdb 65-75 £. Parking.* Une petite adresse aux chambres douillettes, calmes et bien tenues. Accueil familial et sympathique.

Abbey Fields *(plan A1,* ***15****) : 19 Bootham Terrace, YO30 7DH. ☎ 42-68-26. • enquire@abbeyfields.co.uk • abbeyfields.co.uk • Compter 78-89 £ pour 2.* Bienvenue dans ce *B & B* plutôt classe, proposant des chambres coquettes et nickel, dotées de tout le confort. Petit déj de qualité, à l'image du reste. On est reçu par la souriante Lesley.

Ascot House *(hors plan par D1,* ***16****) : 80 East Parade (dans le prolongement de Layerthorpe), YO31 7YH. ☎ 42-68-26. • admin@ascothouseyork.com •*

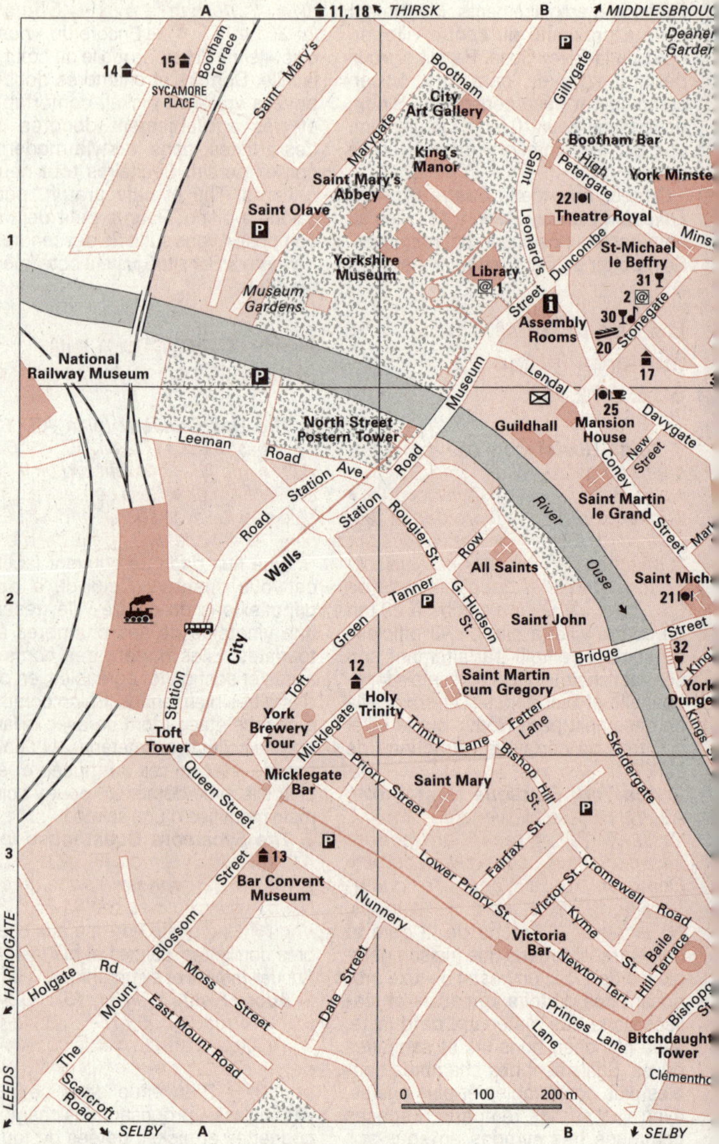
A
11, 18 THIRSK
B
MIDDLESBROU
Deaner Garden
14
15
Bootham Terrace
SYCAMORE PLACE
Saint Mary's
Bootham
City Art Gallery
Gillygate
Marygate
King's Manor
Bootham Bar
High Petergate
York Minste
Saint Mary's Abbey
Saint Leonard's
22
Theatre Royal
Saint Olave
Mins
1
Duncombe
St-Michael le Beffry
Yorkshire Museum
Library
1
31
2
Museum Gardens
Street
Assembly Rooms
30
Stonegate
20
17
National Railway Museum
Museum
Lendal
25
North Street Postern Tower
Guildhall
Mansion House
Davygate
Leeman
Road
Station Ave.
Road
New Street
Coney
Station
River
Saint Martin le Grand
Road
Rougier St.
Street
Row
Mark
Walls
All Saints
Ouse
Saint Mich
2
21
Tanner
G. Hudson St.
Saint John
Green
Street
City
32
Bridge
12
King
Saint Martin cum Gregory
York Dunge
Toft
Holy Trinity
Kings
Station
York Brewery Tour
Fetter Lane
Trinity
Micklegate
Toft Tower
Lane
Bishop Hill
Skeldergate
Queen Street
Micklegate Bar
Priory Street
Saint Mary
St.
Fairfax St.
3
13
Street
Bar Convent Museum
Lower Priory St.
Cromewell
Victor St.
Nunnery
Road
Kyme
Victoria Bar
Newton Terr.
St.
Baile Hill Terrace
Blossom
HARROGATE
Holgate
Rd
Moss
Street
Dale Street
Mount
East Mount Road
Princes Lane
Bishop St
Lane
Bitchdaught Tower
The
Clémentho
Scarcroft Road
LEEDS
0
100
200 m
SELBY
A
B
SELBY

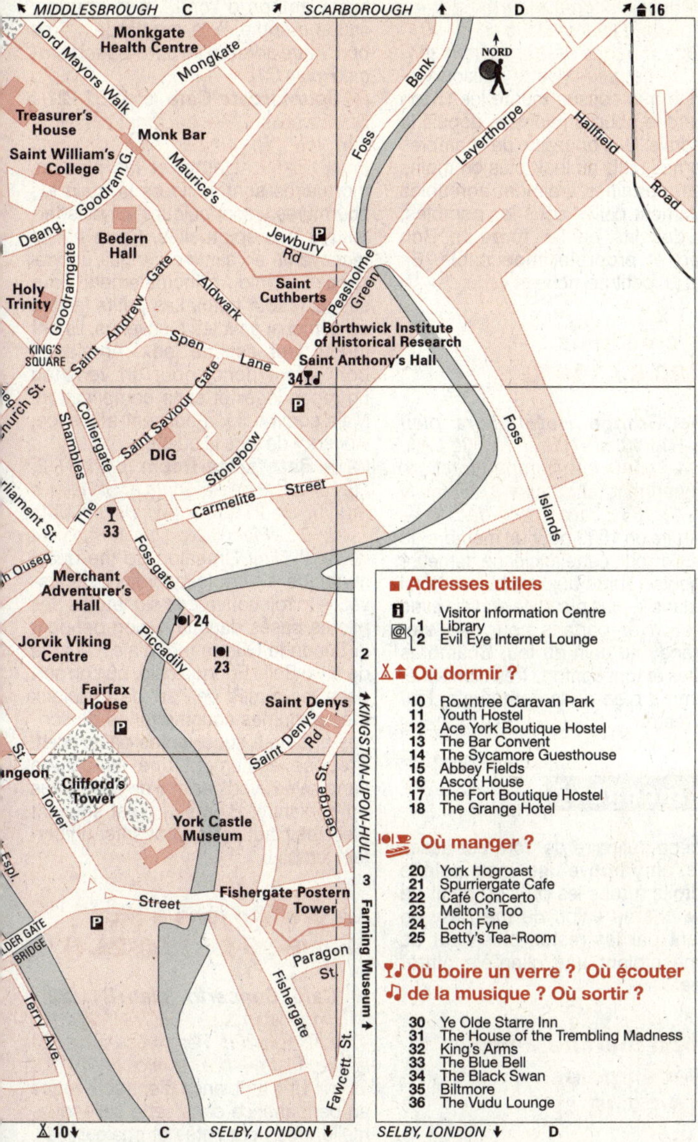

Adresses utiles

- Visitor Information Centre
- @ 1 Library
- @ 2 Evil Eye Internet Lounge

Où dormir ?

- 10 Rowntree Caravan Park
- 11 Youth Hostel
- 12 Ace York Boutique Hostel
- 13 The Bar Convent
- 14 The Sycamore Guesthouse
- 15 Abbey Fields
- 16 Ascot House
- 17 The Fort Boutique Hostel
- 18 The Grange Hotel

Où manger ?

- 20 York Hogroast
- 21 Spurriergate Cafe
- 22 Café Concerto
- 23 Melton's Too
- 24 Loch Fyne
- 25 Betty's Tea-Room

Où boire un verre ? Où écouter de la musique ? Où sortir ?

- 30 Ye Olde Starre Inn
- 31 The House of the Trembling Madness
- 32 King's Arms
- 33 The Blue Bell
- 34 The Black Swan
- 35 Biltmore
- 36 The Vudu Lounge

YORK

ascothouseyork.com • Fermé pdt les fêtes de fin d'année. Doubles 78-90 £. Parking. Réduc de 10 % sur présentation de ce guide. Cette maison victorienne très cossue mérite les 15 mn de marche pour la rejoindre depuis la cathédrale. Une douzaine de chambres modernes mais au look plus ou moins ancien, certaines vraiment agréables (notamment celles sous les combles, avec des lits en fer forgé...). Bon confort et propreté impeccable. En prime, un petit déj riche et varié.

Très chic (plus de 120 £ / 144 €)

The Grange Hotel *(hors plan par A-B1,* ***18****) : 1 Clifton, YO30 6AA. ☎ 644-744. • info@grangehotel.co.uk • grangehotel.co.uk • Doubles à partir de 185 £, avec petit déj.* Construite en 1829 pour un membre du clergé de York, cette ancienne demeure bourgeoise abrite aujourd'hui un hôtel chic, dans le plus pur style anglais avec salons privés parfaits pour déguster un brandy au coin du feu. Chambres cossues et tout confort. Très bien situé, à 10 mn à pied de la cathédrale. Fait aussi resto.

Où manger ?

La scène culinaire de York est assez variée, on y trouve une vaste palette d'endroits à tous les prix, du débit de sandwichs au salon de thé cosy en passant par les restos plus haut de gamme ciblant une clientèle plutôt friquée.

De bon marché à prix moyens (moins de 15 £ / 18 €)

York Hogroast *(plan B1,* ***20****) : 4 Stonegate. ☎ 65-18-18. Ouv 11h-20h30 (plus tard le w-e).* On ne s'installe pas, c'est juste un comptoir faisant des sandwichs fourrés de tranches de viande coupées sous vos yeux : gigot, dinde, jambonneau (mais aussi jambon d'York)... à la pomme, sauce menthe, à la moutarde... Très bon. Autre adresse au *82-84 Goodramgate (plan C1).*

Spurriergate Cafe *(plan B2,* ***21****) : St Michael's Church, Coney St. Tlj sf dim 10h-16h (un peu plus tôt sam). Env 3,50-5 £.* L'autel et les plaques mortuaires sont toujours là mais les nourritures y sont aujourd'hui plus terrestres que spirituelles. Cette église reconvertie en cantine connaît un vrai succès le midi, principalement pour ses tarifs tout doux. Les petits (anges ou démons) sont les bienvenus, ils ont même leur espace jeux. Ambiance bon enfant donc, pour un verre ou un repas léger et sans complication. Mais comme il y a souvent affluence, « prière » de faire la queue.

Betty's Tea-Room *(plan B1-2,* ***25****) : à l'angle de Davygate et St Helen's Sq. Tlj 9h-21h. Sandwichs et plats 7-12,50 £. Pianiste le soir lun-sam et 10h-13h dim.* Un salon de thé quasi mythique à York (allez voir, au sous-sol, le miroir couvert de signatures des pilotes basés dans la région pendant la Seconde Guerre mondiale !). Cadre de style Belle Époque chic, où l'on sert dans les règles de l'art de délicieux thés parfumés accompagnés de *scones* et autres succulentes pâtisseries. Propose également une alléchante carte salée avec pas mal de spécialités du Yorkshire. Bien sûr, c'est souvent plein (et il faut parfois patienter un certain temps !).

De prix moyens à plus chic (8-20 £ / 9,60-24 €)

Café Concerto *(plan B1,* ***22****) : 21 High Petergate, YO1 7EN. ☎ 610-478. Tlj 10h-22h. Résa très conseillée le soir. Plats 6-12 £ le midi et 12-18 £ le soir.* Une ambiance d'entracte règne en permanence dans cette salle informelle, très fréquentée et chaleureuse. À la carte, une excellente cuisine, à la fois fine, copieuse et inventive ! Que demander de plus, surtout quand les serveurs sont sympas et efficaces... Le tout pas trop cher et fort bien situé, à l'ombre de la cathédrale. Un de nos restos préférés à York, c'est dit !

Melton's Too *(plan C2,* ***23****) : 25 Walmgate, YO1 9TX. ☎ 629-222. Ouv tlj. Plats env 7 £ le midi et 10-16 £ le soir. Menus 11-12 £ 19h-20h.* La maison revendique la fraîcheur de ses produits. On confirme ! La cuisine est pleine de goût et moins chère que celle de son grand frère yorkais, le réputé *Melton's.* Intéressante carte des vins. Cadre de bistro avec plancher et, au plafond, les crochets, toujours visibles, de cette ancienne sellerie-corderie du XVIIe s. Et pour trouver le restaurant, ce n'est pas très difficile : une tête de cheval surplombe la devanture.

Loch Fyne *(plan C2,* ***24****) : Foss Bridge House, Walmgate, YO1 9TJ. ☎ 65-09-10. Tlj midi et soir jusqu'à 22h au moins. Plats 10-18 £.* Un peu avant le *Melton's Too,* dans un quartier truffé de restos un peu chic et branchés. On a essayé celui-ci et on en est sortis contents ! Vaste salle très haute de plafond, avec plancher, grandes fenêtres et tables en bois massives, où l'on déguste une cuisine axée sur les produits marins : *fisherman's pie,* bouillabaisse ou encore un frais et bien bon *fish & chips* (à prix réduit le lundi !) servi sur une grande feuille de papier avec d'excellentes frites ! Beaucoup de monde en soirée.

Où boire un verre ? Où écouter de la musique ? Où sortir ?

Ye Olde Starre Inn *(plan B1,* ***30****) : 40 Stonegate.* La plus vieille auberge de York abrite aujourd'hui un grand pub bien dans son jus et plein de recoins. Très fréquenté aussi pour ses concerts le jeudi.

The House of the Trembling Madness *(plan B1,* ***31****) : 48 Stonegate.* À l'étage d'une boutique de bières spéciales, un pub sous un plafond à poutres où l'on sert des bières du monde entier, belges notamment. Les petites bandes, et elles sont nombreuses en ce lieu, ne se gênent pas pour partager des *yard glasses* (des verres d'un yard de haut...). Propose aussi une *pub food* réputée et pas très chère. Problème : c'est souvent plein.

King's Arms *(plan B2,* ***32****) : King's Straithe.* L'endroit incontournable dès l'arrivée des beaux jours ! Avec sa terrasse sur les quais de l'Ouse (la rivière, pas la musique), ce pub chaleureux attire tous les amateurs de bronzette ou ceux qui ne supportent plus la proximité des voitures. Estival.

The Blue Bell *(plan C2,* ***33****) : 53 Fossgate.* Une mignonne petite façade rouge. À l'intérieur, c'est tout petit, tout cosy, sans musique, mais non sans chaleur (vrai feu en hiver) ou animations ! On n'a pas touché à la déco depuis 1903...

The Black Swan *(plan C1,* ***34****) : dans Peasholme Green.* Encore un pub bien traditionnel, installé dans une des plus anciennes bâtisses de York. Intérieur chaleureux à souhait et *folk music* le jeudi. Une plaque sur la façade rappelle qu'un de ses proprios occupait le poste de shérif de York en 1417 !

Biltmore *(plan B1,* ***35****) : Swinegate. ☎ 610-075. Tlj jusqu'à minuit (2h w-e).* Changement radical de décor avec cette ancienne église détournée, où l'on sert de tout, sauf du vin de messe. C'est vite devenu un des bars du moment pour un bon vieux *spirit,* cela va de soi. Banquettes en skaï et bar clinquant qui trône en plein centre.

The Vudu Lounge *(plan C2,* ***36****) : 39 Swinegate. ☎ 62-76-27. Tlj 19h-4h.* Cet espace, genre loft, est un des points de ralliement à York dès que sonne l'heure de l'apéro. Beaucoup de cocktails et, dès 23h, le lieu se mue en boîte pour des soirées DJ endiablées.

À voir. À faire

York compte un peu trop de musées et d'attractions pour qu'on puisse tous les citer. Voici une sélection des principaux. Mais rien ne vous empêche de visiter les autres, surtout si vous êtes muni du ***York Pass,*** en vente à l'office de tourisme (un peu moins cher sur Internet). Valable 1, 2 ou 3 jours (compter 34, 48 et 58 £ par adulte ; réduc et Family Pass), il permet d'accéder librement à une trentaine de musées et attractions de York et ses environs. (attention, *Castle Howard* et *Foutains Abbey* ne sont pas concernés par cette offre). Plus d'infos sur ● yorkpass.com ●

➢ ***Visites guidées :*** *gratuites (en anglais) à 10h15 tlj, tte l'année, plus 14h15 en saison (à partir de Pâques) et 18h45 juin-août. Départ de la* City Art Gallery *(plan B1).* Sinon, plusieurs compagnies proposent des *ghost tours* nocturnes dans le vieux centre de York. Départ généralement à 19h30 ou 20h ; compter 4 à 6 £ environ. Un comédien en costume vous emmène à travers ruelles et passages obscurs et vous conte légendes, petites et grandes histoires, toutes plus effrayantes les unes que les autres... Mieux vaut quand même bien maîtriser l'anglais.

➢ ***Balades à pied, à vélo, en bus à impériale ou en bateau :*** tous les renseignements à l'office de tourisme. Se procurer notamment la « Cycle Route Map » pour les itinéraires à vélos (location possible, entre autres, à la gare). Ne manquez pas non plus le tour des remparts : jolie vue sur la ville et les 3 miles de parcs qui l'entourent.

*** ***York Minster*** *(plan B-C1) : ● yorkminster.org ● Ouv 9h-18h30 ; accès restreint pdt les offices, notamment dim mat.* Evensong *à 17h15. Entrée (chère !) : 9 £ pour la cathédrale ; 14 £ si vous voulez, en plus, monter en haut de la tour ; réduc. Petit plan avec explications en français.*

Avec 158 m de long et 76 m de large, cette cathédrale gothique dédiée à saint Pierre compte parmi les plus grandes constructions de l'Europe médiévale et les plus beaux édifices religieux de Grande-Bretagne. Construite en 250 ans, elle représente à elle seule un musée du vitrail ancien. La grande verrière (hélas en travaux de rénovation depuis des années), plus vaste qu'un court de tennis, serait la plus grande au monde ! Six autres groupes de vitraux parfaitement conservés donnent un aperçu du savoir-faire des artisans verriers des XIIIe et XIVe s. Parmi eux, la verrière des Cinq Sœurs (face à vous en entrant), la plus ancienne et complète de l'édifice (1260), est constituée de vitraux verts et gris à figures géométriques. L'ensemble est assez impressionnant dans son austérité.

Bien sûr, luminosité exceptionnelle pour mieux apprécier l'architecture flamboyante et le mobilier, dont un splendide jubé du XVe s, véritable dentelle de pierre figurant les 15 rois d'Angleterre, de Guillaume le Conquérant à Henri VI. Dans la salle capitulaire octogonale, détaillez les modillons des nombreuses stalles, tous différents et reflets saisissants de l'imaginaire médiéval. Dans la nef, remarquez la tête de dragon dorée qui dépasse de la galerie : elle servait de grue pour soulever le couvercle des fonts baptismaux. En sortant de la cathédrale, contournez-la pour voir les vieux bâtiments de *Saint William's College*.

CONCOURS DE CIRCONSTANCE

Plusieurs incendies ont menacé la cathédrale de York. Le dernier, en 1984, a failli lui être fatal. Pour refaire les clefs de voûte du transept, les autorités organisèrent un concours de dessins avec le programme de télé pour enfants « Blue Peter ». Sur 32 000 candidats de 6 à 16 ans ayant planché, seuls 6 virent leur œuvre reproduite. Levez la tête (ou utilisez les miroirs) et vous remarquerez des cosmonautes un peu incongrus, un plongeur sauvant une baleine, un enfant souffrant de famine, le Mary Rose sauvé des eaux... L'idée était d'inscrire l'histoire contemporaine dans la pierre.

** ***Treasurer's House*** *(plan C1) : derrière la cathédrale, passer par le parc. ☎ 62-42-47. Tlj sf ven 11h-16h30 (15h en fév et nov). Fermé déc-janv. Entrée : 6,30 £, plus 2,40 £ pour la Ghost cellar ; réduc. Audioguide en anglais fourni.* Vaste demeure restaurée au XVIIe s, dans laquelle habitait autrefois le *Treasurer* de la cathédrale de York. Contient des meubles magnifiques de différentes époques, le tout dans des pièces somptueuses. Remarquez la richesse des tapisseries et la curieuse horloge au 1er étage : le balancier se trouve au rez-de-chaussée ! Mais on vient surtout ici pour visiter la cave hantée par un des groupes de fantômes les plus connus de York, *the lost army.* Il s'agit d'une garnison romaine presque au complet aperçue en 1953 par un plombier (voir l'encadré en introduction sur York). Info ou intox ? On ne sait pas, mais ce qui est sûr, c'est que l'entrée de la cave est payante, en plus du billet d'entrée. Et ça, c'est bien réel !

👣👣 ***The Shambles*** *(plan C1-2)* **:** ancien quartier des bouchers dans le centre. Ruelles étroites et maisons à colombages. Dans une des rues piétonnes, un marché sympathique, *Newgate Market.* Le quartier est aujourd'hui investi, comme souvent, par de nombreux commerçants, marchands de souvenirs et camelots en tout genre.

👣👣👣 ***Jorvik Viking Centre*** *(plan C2)* **:** *Coppergate.* ☎ *61-55-05.* • *vikingjorvik.com* • *Avr-oct et pdt le Festival viking, tlj 10h (9h30 pdt vac scol)-17h ; le reste de l'année, 10h-16h. Entrée : 9,25 £. Parfois 1h d'attente en été.*
À la fin des années 1970, des excavations mettaient au jour, par hasard, une partie du village viking de Jorvik. Il n'en fallut pas plus pour qu'un musée se constitue rapidement autour et, aujourd'hui, après certaines améliorations, le musée propose un parcours à la découverte du village en question, reconstitué, à bord de wagons-nacelles diffusant des commentaires dans la langue de son choix. Au cours de cette remontée dans le temps, on retrouve les maisons, les artisans au travail et d'autres scènes de village, le tout grandeur réelle, avec les sonorités et même les odeurs de l'époque, à l'emplacement même des vestiges. Amusant et, surtout, les reconstitutions sont plus vraies que nature ! Dans le reste du musée est exposée une partie du produit des fouilles : bijoux, chaussons, squelettes, etc. On peut aussi faire frapper une pièce viking.
– Si, à la sortie, vos enfants se sentent une âme d'archéologue, vous pouvez les emmener au ***DIG*** *(plan C2),* une attraction liée au *Jorvik Viking Centre,* à 5 mn à pied. Ils sont invités à faire eux-mêmes des fouilles, sur des sites reconstitués d'époques différentes (romaine, viking, victorienne, etc.). Séances à heures fixes (tous les jours 10h-16h), encadrées et en anglais.

👣👣 ***The York Dungeon*** *(plan B-C2)* **:** *12 Clifford St.* ☎ *632-599.* • *thedungeons.com* • *Tlj 10h30-16h30 mars-oct, 11h-16h nov-fév. Entrée : 15,60 £ plein pot, mais 5 £ de moins en achetant le ticket à l'office de tourisme ; parfois aussi des réduc en achetant à l'avance sur Internet. Les moins de 16 ans doivent être accompagnés.*
À l'instar de celui de Londres, ce *Dungeon* retrace l'histoire de York à travers ce qui lui est arrivé de plus sordide ou de terrifiant (ou les deux) : les milliers de morts dus à la peste, la torture au Moyen Âge, les crémations de sorcières, les âmes errantes de Dick Turpin ou d'une armée romaine. Le but est de vous apprendre plein de choses croustillantes et... de vous faire peur ! Des acteurs en chair et surtout en os vous y aident volontiers. Bon, ce n'est plus le moment de se dégonfler. Il est temps de pénétrer dans le dédale de couloirs sombres et toujours plus profonds, tout en guettant derrière son épaule le moindre souffle suspect. C'est palpitant et dia-dia-diablement efficace.

👣👣👣 ***York Castle Museum*** *(plan C3)* **:** *Eye of York.* ☎ *68-76-87.* • *yorkcastlemuseum.org.uk* • *Tlj 9h30-17h. Entrée : 8,50 £ ; réduc (le billet donne un accès illimité au musée pdt 1 an).* Superbe musée de la vie quotidienne, installé dans les anciennes prisons. Ses diverses collections abordent des thèmes aussi variés que l'évolution de l'uniforme militaire, des appareils de cuisine ou de la vie rurale, mais le clou du spectacle demeure la reconstitution extraordinaire de *Kirkgate.* On a recréé à la perfection l'atmosphère victorienne de cette rue, avec ses boutiques et ses chalands. Histoire plus récente, l'expo sur les sixties devrait aussi vous occuper un petit bout de temps. L'Angleterre championne du monde de foot, le Concorde, les modes vestimentaires assez psychédéliques, la libération de la femme, le hoola-hoop... Le tour d'horizon est complet et ludique. Adultes et enfants ne s'y ennuieront pas une minute.

Clifford's Tower *(plan C3) : en face du Castle Museum. Avr-oct, 10h-18h ; nov-mars, w-e slt, 10h-16h. Entrée : 4 £ ; réduc.* Posée sur un tertre fleuri, une tour du XIIIe s érigée à l'emplacement du donjon en bois de Guillaume le Conquérant, détruit par un incendie en 1190. Intéressant pour la vue depuis le chemin de ronde.

York Brewery Tour *(plan A2) : 12 Toft Green. ☎ 62-11-62. • yorkbrew.co.uk • Lun-sam, ainsi que dim mai-sept, à 12h30, 14h, 15h30 et 17h. Entrée : 6 £ ; réduc.* Dans cette microbrasserie du XIXe s, une poignée de passionnés réussit la performance de produire à l'ancienne et de commercialiser une bière de qualité. C'est donc une vraie unité de production que vous visiterez. Parcours coloré, commenté en anglais, très vivant. Comprise dans le prix de la visite, la dégustation de 2 demi-pintes des 4 ou 5 bières (certaines saisonnières) produites sur place.

National Railway Museum *(plan A1-2) : Leeman Rd, derrière la gare. ☎ (0870) 421-40-01. • nrm.org.uk • Tlj 10h-18h. Entrée gratuite.* Une autre réussite muséographique de York : l'histoire du chemin de fer anglais grandeur nature ! Collection impressionnante de superbes locomotives, absolument massives pour certaines, voire de trains complets. On y croise des machines de légende comme la *Mallard,* connue pour avoir dépassé la barre des 200 km/h en 1938, ou les trains royaux qui doivent à leur luxe le surnom de « palais sur roues ». Également un bout du *Shinkansen,* le TGV nippon. Le tout rutilant, et on peut pénétrer à l'intérieur des wagons. Enfin, l'Eurostar et le tunnel sous la Manche n'ont pas été oubliés. Les trains miniatures non plus. Magique. Les amateurs du célèbre programme pour enfants « Thomas le petit train » *(Thomas the tank engine)* seront aux anges. Évidemment, toute analogie avec le réseau de chemins de fer britannique actuel, qui accumule vétusté, retards et accidents, serait complètement fortuite !

Yorkshire Museum and Gardens *(plan A-B1) : Museum Gardens. ☎ 687-687. • yorkshiremuseum.org.uk • Tlj 10h-17h. Entrée : 7,50 £ ; réduc.* Le musée de la ville, essentiellement sur l'histoire de York, avec aussi une section d'histoire naturelle. Dans celle-ci, un fossile d'ichtyosaure, un reptile marin avec des yeux énormes, qui pouvait atteindre 15 m de long. Sinon, partie dédiée à Eboracum, la York romaine, avec notamment une splendide (et authentique) mosaïque de cette époque. Et une section médiévale en sous-sol, recelant, entre autres, un casque anglo-saxon du XIIIe s et un pendentif orné d'un saphir évalué à 2,5 millions de livres. Le musée est construit sur les vestiges de l'abbaye Saint Mary, dont on peut admirer les ruines des dépendances dans le vaste et superbe jardin tout autour.

Fêtes et manifestations

– ***Jorvik Viking Festival :*** *1 sem mi-fév. • vikingjorvik.com •* Les Vikings débarquent à York pour montrer de quoi étaient capables leurs ancêtres en matière de combats, festins et animations en tout genre. À ne pas manquer si vous êtes dans le coin !
– ***York Early Music Festival :*** *1 sem mi-juil. ☎ 658-338.* Programmation autour des musiques écrites du Moyen Âge au XVIIIe s. Concerts dans des lieux prestigieux comme le *York Minster.*
– ***Festival of Food and Drink :*** *fin sept. • yorkfoodfestival.com •* Le plus grand événement du genre en Grande-Bretagne. L'occasion rêvée de se familiariser avec la cuisine du Yorkshire et les nombreuses productions locales.

DANS LES ENVIRONS DE YORK

Castle Howard : *à 15 miles au nord-est de York par l'A 64. ☎ (01653) 64-83-33. • castlehoward.co.uk • En train : gare de Malton, puis tenter le stop, assez* *facile. Château ouv fin mars-début nov, et 3 premières sem de déc, 11h-16h (dernière admission). Jardins ouv tlj, tte l'année 10h-16h30 (15h30 en hiver). Entrée : 13 £ ; réduc. Jardins seuls : 8,50 £.* Conçu et en partie réalisé au XVIIIe s par Vanbrugh, cet impressionnant château de style baroque anglais déploie ses ailes au cœur d'un parc non moins admirable. Difficile de résister aux charmes du mausolée de Hawksmoor ou au temple des Quatre Vents, dont les élégantes colonnades dominent de belles pièces d'eau. La visite des appartements réserve aussi de belles surprises, comme des toiles de maîtres italiens, deux peintures de Holbein, ou des porcelaines de Meissen. Le château est toujours habité et c'est un des plus grands domaines d'Angleterre. Nombreuses animations tout au long de l'année : jazz, Halloween, Pâques...

|●| Sur place, resto proposant les produits fermiers provenant des terres de Castel Howard.

⛺ ***Castle Howard Lakeside Holiday Park :*** *sur les terres mêmes du château. ☎ (01653) 648-316. • castlehoward.co.uk • Compter 14-16 £ la nuit avec tente pour 2.* Emplacement privilégié évidemment, au bord d'un lac et aux portes du parc du North York Moors. Recommandé pour les marcheurs en quête de vraie nature. Accueil chaleureux.

Fountains Abbey : *à env 30 miles au nord-ouest de York, au nord de Harrogate. ☎ (01765) 60-88-88. • fountainsabbey.org.uk • Ouv 10h-17h (16h oct-mars). Fermé ven en hiver. Entrée : 9 £ ; réduc. Audioguide en français.* Les impressionnants vestiges visibles aujourd'hui permettent d'imaginer la richesse fabuleuse de l'abbaye. Elle est rattachée à ***Studley Royal,*** magnifique parc conçu en 1720 par un riche politicien à scandales. L'ensemble de la balade fait tout de même 4 km.

En 1132, quelques moines cisterciens déçus quittèrent York pour fonder Fountains Abbey. Deux ans plus tard, ils vinrent grossir les rangs de saint Bernard, séduits qu'ils étaient par la discipline et l'austérité de ce nouvel ordre monastique. Pour un temps... L'enrichissement rapide de la communauté s'accordait mal avec les impératifs de sobriété bénédictins et, dès la mort de saint Bernard, on put observer un relâchement progressif de la doctrine. Au XVIe s, lorsque Henri VIII ordonna la dissolution de toutes les abbayes, Fountains Abbey n'avait plus rien de commun avec les simples bâtiments construits par les fondateurs. Le site, sublime, a été inscrit au Patrimoine mondial de l'humanité par l'Unesco en 1986.

NORTH YORK MOORS NATIONAL PARK

Situé entre Middlesbrough au nord, Helmsley au sud et la côte à l'est, ce parc national de 1 450 km² recèle un florilège de paysages à la beauté sauvage. Les sentiers traversent de vastes étendues de landes recouvertes de bruyères, royaume des moutons et des randonneurs, avant de plonger vers la mer bordée de falaises vertigineuses. Ébouriffant ! Entre crêtes et vallées, les routes offrent de magnifiques panoramas, comme à Sutton Bank, sur l'A 170, avant d'arriver à Helmsley en venant de l'ouest, ou au Hole of Horcum, le long de l'A 169, entre Pickering et Grosmont. Vous pouvez aussi pousser jusqu'à la gare de Goathland, c'est la gare d'arrivée de Pré-au-Lard dans *Harry Potter.* Sur la côte, une région où le capitaine Cook apprit son métier de navigateur, Whitby et Robin Hood's Bay sont les deux destinations phares. À voir absolument, mais très fréquentées pendant les vacances scolaires.

Comment se déplacer ?

➢ Les marcheurs peuvent suivre des tronçons de la ***Cleveland Way,*** une longue boucle autour du parc (110 miles) avec une section sur le bord de mer vraiment belle, la *North Sea Trail.* Les offices de tourisme (voir plus bas « Adresses utiles ») vendent une brochure (*Six of the Best* ; 3 £) reprenant 6 balades le long de cette boucle (durée moyenne des balades : 5h), ainsi qu'un livre plus complet (mais un peu cher), *Cleveland Way,* avec l'ensemble des hébergements et restaurants situés tout le long. Également d'autres brochures et dépliants (toujours à la vente) détaillant d'autres promenades ailleurs dans le parc, n'hésitez pas à fouiner sur les présentoirs des centres d'informations. Pour ceux qui sont très chargés, il existe aussi un service de transport des bagages : ☎ *(01642) 489-173.* • *coasttocoast-holidays.co.uk* •

➢ Sur la côte, entre Scarborough et Whitby, les cyclistes se régaleront avec la ***Coastal Cycle Rail Trail,*** une ancienne voie ferrée transformée en piste cyclable. Infos (et location de vélos) : ***The Old Railway Station,*** *Hawsker, YO22 4LB, entre Whitby et Robin Hood's Bay.* ☎ *(01947) 820-207.* • *trailways.info* •
D'autres zones cyclables dans le parc, notamment la ***Dalby Forest*** (petit dépliant avec plan disponible dans les offices de tourisme), à l'ouest de Scarborough, entre l'A 170 et l'A 169.

➢ Sinon, le ***North York Moors Railway*** constitue une chouette alternative (quoique un peu chère), avec sa locomotive à vapeur qui entraîne d'antiques wagons entre Grosmont et Pickering. Fonctionne d'avril à octobre (1 départ/h en saison). ☎ *(01751) 47-25-08.* • *nymr.co.uk* •

➢ Enfin, il existe un service de bus, les ***Moorsbus,*** mais ceux-ci ne roulent pour la plupart que le dimanche (et encore, en saison). ☎ *(01845) 597-000.* • *northyorkmoors.org.uk/moorsbus* •

Adresses utiles

ℹ ***Park Authority :*** *à* ***Danby,*** *dans la partie nord du parc.* ☎ *(01439) 77-27-37.* • *northyorkmoors.org.uk* • *Mars-oct, tlj 10h-17h (9h30-17h30 en août) ; nov-fév, w-e slt 11h-16h.* C'est le principal centre du visiteur. Vous y trouverez (à la vente surtout) toutes les brochures et cartes pour l'organisation de vos balades dans le parc. Autres centres d'infos à Helmsley (voir plus bas), à Sutton Bank et à Dalby.

■ ***Hôpital :*** *à* ***Malton.*** ☎ *(01653) 69-30-41.* Pour les randonneurs imprudents... ou malchanceux.

Où dormir dans le parc ?

Pour ceux qui entreprennent une longue randonnée (et pour les autres), il y a des ***B & B*** et plusieurs ***auberges de jeunesse*** dans le parc, notamment à *Helmsley* (voir plus bas), *Osmotherley* (à l'extrémité ouest) et, sur la côte, celle de *Boogle Hole,* au sud de *Robin's Hood Bay* (voir plus bas, dans le chapitre concerné). Infos et listes sur • *northyorkmoors.org.uk/places-to-stay/* •

HELMSLEY

IND. TÉL. : 01439

Paisible village au cœur d'une campagne romantique à souhait qui marque la limite sud du parc national. Une halte bien agréable, pour quelques heures, une journée ou plus, si l'envie vous prend de rayonner ou de partir sur les sentiers de randonnée.

Adresse utile

Tourist Information Centre : *au château, Castlegate. ☎ 77-01-73. Mars-oct, tlj 10h-17h ; nov-fév, slt dim 10h-16h.*

Où dormir ?

Helmsley Youth Hostel : *Carlton Lane. ☎ 0845-371-96-38. • yha.org.uk • Ouv avr-oct. Dortoir env 18,50 £.* Dans un petit bâtiment moderne propret et accueillant, dortoirs de 6 lits ainsi que quelques chambres familiales. Calme.

À voir

Helmsley Castle : *☎ 770-442. • english-heritage.org.uk • Avr-sept, tlj 10h-18h ; oct, jeu-dim 10h-17h ; nov-mars, w-e 10h-16h. Entrée : 4,80 £ ; réduc. Audioguide inclus.* Imposante forteresse médiévale semi-ruinée. Intérieur élisabéthain, avec une petite expo sur le produit des fouilles archéologiques.

DANS LES ENVIRONS DE HELMSLEY

Rievaulx Abbey : *2 miles à l'ouest de Helmsley. ☎ 79-82-28. • english-heritage.org.uk • Avr-sept, tlj 10h-18h ; oct jeu-lun 10h-17h ; nov-mars, w-e 10h-16h. Entrée : 5,80 £ ; réduc. Audioguide gratuit en français. En saison, bus depuis Helmsley.* Ruines superbes dans un très beau paysage vallonné et boisé. Le site de l'abbaye même, envahi de gazon et sans toits, donne une autre dimension spirituelle au lieu. Exposition intéressante sur la vie monacale. Rievaulx fut le premier site anglais investi par les cisterciens, en 1132. Révolté par la décadence des bénédictins, Robert de Molesme avait en effet créé en 1098 l'ordre des cisterciens, fondé sur le principe de pauvreté, de simplicité et de la discipline, le tout, bien entendu, séparé du monde extérieur et fonctionnant en complète autarcie. Pour ne pas avoir à dépendre d'une main-d'œuvre extérieure tout en se ménageant du temps spirituel, on développa le principe des frères convers, des religieux d'origine modeste employés aux tâches domestiques. La recette eut beaucoup de succès et l'ordre bourguignon essaima rapidement à travers toute l'Europe. Mais peu à peu l'abbaye délaissa les pieux principes d'austérité pour des occupations matérielles moins louables, comme la spéculation sur la laine. Le conflit de Henry VIII avec Rome et son autoproclamation comme chef de l'Église anglaise sonna le glas de toutes les abbayes du pays.

Rievaulx Terrace and Temples : *juste à l'entrée du site de l'abbaye. ☎ 748-283. • nationaltrust.org.uk • Mars-oct, tlj 11h-17h ; dernière admission 1h avt. Entrée : 5 £ ; réduc.* Un point de vue original sur l'abbaye, en hauteur, ou plutôt plusieurs points de vue. Cette promenade de 600 m de long avec un temple à chaque extrémité et jalonnée de 12 postes d'observation fut construite au XVIIIe s pour admirer l'abbaye de Rievaulx depuis le coteau. Dommage que les deux sites, gérés par des structures différentes, ne permettent pas de passer de l'un à l'autre.

ROBIN HOOD'S BAY

IND. TÉL. : 01947

Petit port le long du Cleveland Way, au nord de Scarborough et à 8 km de Whitby. Malgré le nom, rien à voir avec Robin des Bois. La partie haute

du village est une miniature de toutes les stations balnéaires anglaises. Mais c'est le port, en bas d'une descente (on laisse sa voiture dans la partie haute), qui nous a le plus enthousiasmés. Réfugié au fond d'une minuscule crique, comme un village de poupée exposé à la rudesse des éléments, avec ses maisons se poussant du coude pour ne pas être les premières à tomber à l'eau. C'est ici que les adeptes du *Coast to Coast* (traversée à pied du pays d'ouest en est) terminent leur périple de plusieurs jours, voire plusieurs semaines. Plus que nécessaire de réserver pour y dormir.

Comment y aller ?

➢ ***En bus :*** le bus 93 assure la liaison entre Scarborough, Whitby et Robin Hood's Bay. ☎ *0871-200-22-33.* ● *arrivabus.co.uk* ●

Où dormir ? Où manger dans le coin ?

Boggle Hole Youth Hostel : *Mill Beck, Fylingthorpe,* ***Whitby.*** ☎ *88-03-52.* ● *bogglehole@yha.org.uk* ● *Suivre la direction Boggle Hole depuis l'A 171, à quelques miles au sud de l'embranchement pour Robin Hood's Bay. Résa impérative en été. À partir de 10 £/pers en chambre de 2-8 lits. (payants).* Il faut laisser son véhicule en haut du chemin qui plonge vers la mer. L'AJ est en contrebas sur la gauche, face à une petite crique. Une vingtaine de chambres en tout, avec le niveau de confort habituel, et même un chaleureux petit bar.

Raven House B & B : *Victoria Terrace.* ☎ *88-04-44.* ● *ravenhouse@rhbay.co.uk* ● *ravenhouse.rhbay.co.uk* ● *Derrière le* Victoria Hotel, *en haut du village. Doubles 65-75 £ selon vue et confort. Parking.* Chambres toutes un peu différentes, mignonnes comme tout. La plupart avec vue sur la côte et les falaises, pour des levers et couchers de soleil inoubliables. C'est beau par tous les temps.

The Bay Hotel : *sur le port.* ☎ *88-02-78. Compter 70-80 £ pour 2, avec petit déj.* 3 chambres à peine, au-dessus d'un sympathique pub marin. La n° 1 (la plus chère) bénéficie d'une super vue sur toute la baie. Mais toutes sont cosy, coquettes et bien tenues. Vous aurez même droit à des kippers au petit déj !

The Victoria Hotel : *en haut du village, au niveau du parking.* ☎ *88-02-05. Plats 10-13 £.* Cuisine de pub correcte ou, le soir, un peu plus élaborée au restaurant. Mais on vous conseille de venir de jour, la terrasse offrant une vue assez fabuleuse sur la mer. À condition de trouver une place !

Old Bakery : *Chapel St, presque sur la rue qui descend vers le port.* ☎ *88-07-09. Tlj 10h-17h.* Un petit salon de thé en encorbellement au-dessus d'un cours d'eau. Petite restauration pas chère ou pâtisserie. Bien pour une petite halte.

WHITBY

13 000 hab. IND. TÉL. : 01947

À 45 miles au nord-est de York, une petite ville en deux parties, la plus charmante étant son port de pêche, encore très actif. Rien à voir avec un décor d'opérette, mais des chaluts colorés, des entrepôts odorants et des marins gouailleurs. C'est aussi la ville où le capitaine Cook fit ses premiers pas de navigateur, en travaillant comme apprenti chez un armateur local entre 1746 et 1749. La maison où il travaillait, située Grape Lane, se visite de mars à octobre. Dans la vieille ville, à flanc de colline, étonnante

concentration de maisonnettes du XVIIe s et d'églises dans les ruelles en pente. Ne pas rater la Church Street, truffée de restos donnant sur la rivière et de boutiques de *jet*, une roche sédimentaire noire semi-précieuse qui n'est pas sans rappeler la lignite. Et puis, sur le plateau, c'est le royaume de l'hôtellerie de bord de mer : vieux palaces, belles maisons et petites pensions.

LE VAMPIRE EST À CRAINDRE

Whitby ne fut qu'une sage station balnéaire victorienne jusqu'à ce qu'un certain Abraham Stoker publie un roman devenu mythique, Dracula. S'il ne se rendit jamais en Transylvanie, l'auteur séjourna bien à Whitby et les chapitres 6 à 8 du livre se déroulent dans le petit port du Yorkshire. Il faut dire que rien ne manque au décor : un pier pour débarquer un jour de tempête, une église et son cimetière en ruine en guise de garde-manger et une gare pour rejoindre Londres dans un cercueil rempli de terre.

Arriver – Quitter

➢ ***Terminal des bus*** *(plan A-B2)* **:** des bus (la ligne 93) relient Whitby et Scarborough en passant par Robin Hood's Bay. ☎ *0871-200-22-33.* • *arrivabus.co.uk* •

➢ ***Gare ferroviaire*** *(plan B2)* **:** Whitby est sur le ***terminus du train*** en provenance de *Middlesbrough*.

Adresses utiles

i ***Tourist Information Centre*** *(plan B2)* **:** *presque en face de la gare, côté port.* ☎ *60-21-24.* • *visitwhitby.com* • *Avr-sept, tlj 9h30-17h (18h juin-août) ; le reste de l'année, tlj 10h-16h30.* Efficace et accueillant mais certains dépliants ou brochures sont payants, comme le plan de la ville, bien fait, ou la brochure sur Dracula, qui propose une balade à travers la ville sur les traces du célèbre vampire.

@ *À la* ***library*** *(plan B2,* ***1****), en face de l'office de tourisme. Tlj sf dim à partir de 9h30 (heure de fermeture variable). Payant. Également au* ***Coliseum*** *(café Internet), dans la station de bus (plan A2,* ***2****).*

Où dormir ?

De bon marché à prix modérés (moins de 60 £ / 72 €)

■ ***Backpackers Harbour Grange*** *(plan B2,* ***10****)* **:** *Spital Bridge, YO22 4EF.* ☎ *60-08-17.* • *backpackers@harbourgrange.co.uk* • *whitbybackpackers.co.uk* • *Un peu en retrait de Church St, au sud du bourg. Fermé janv-fév. Couvre-feu à 23h30. Résa conseillée en été. Compter 17 £ sans petit déj. Parking.* À 5 mn du vieux pont, une sorte de petit entrepôt reconverti en AJ de poche. Environnement de docks réhabilités avec des tables au bord de l'eau et une vue imprenable sur le port. Cuisine, coin à manger et petits dortoirs sympas de 2 à 8 lits. Accueil très gentil.

■ ***YHA Whitby*** *(plan B1,* ***11****)* **:** *Abbey House, East Cliff.* ☎ *60-28-78.* • *whitby@yha.org.uk* • *Accès en voiture ou, à pied, par l'escalier qui monte vers l'abbaye (199 marches !). Dortoirs 12,50-22 £, doubles 30-55 £.* 📶 💻 *(payants).* Une centaine de lits dans cette superbe propriété, remise aux normes. Juste à côté des ruines de l'abbaye, très romantique. N'oubliez pas d'aller faire un tour dans le jardin, pour la vue !

De prix moyens à plus chic (60-120 £ / 72-144 €)

■ ***Boulmer Guesthouse*** *(plan A1,* ***12****)* **:** *23 Crescent Avenue, YO21 3ED.* ☎ *60-42-84.* • *info@boulmerguesthouse.co.uk* • *boulmerguesthouse.co.uk* • *Compter 70 £ pour 2.* 📶 Dans une rue où s'alignent les *B & B*, cette maison abrite 7 chambres charmantes (moquette et joli mobilier), confortables et parfaitement tenues. Petit déj pris dans une agréable salle donnant sur la rue. Hôtes accueillants. Une bonne adresse !

Sanders Yard (plan B1, **13**) : *95 Church St, YO22 4BH. ☎ 82-50-10. • sandersyard@aol.com • sandersyard.co.uk • Côté est du port. Doubles 80-90 £, avec petit déj.* Une poignée de cottages autour d'une cour intérieure, dans une des rues historiques de Whitby. Restaurant familial proposant une cuisine simple à prix modiques le midi. Mais surtout des chambres « de poupée » très soignées et vraiment agréables, avec tout le confort moderne. Situation idéale évidemment.

The Seacliffe (plan A1, **14**) : *12 North Promenade, West Cliff, YO21 3JX. ☎ 60-31-39. • seacliffehotel.com • Sur les hauteurs, au-delà du Crescent. Compter 75-110 £ selon vue et saison, petit déj inclus.* Un petit hôtel convivial, face à la mer. Déco au goût du jour. Chambres lumineuses, confortables et très agréables, avec petit mobilier en bois et tissu rouge sur les lits (si votre budget vous le permet, prenez une *sea view*, avec vue plongeante sur la mer !). Fait aussi resto et bar.

Où manger ?
Où boire un verre ?

Java (plan B1, **20**) : *Flowergate. Tlj 8h-17h. Compter 4-6,50 £.* Salle moderne genre *diner* à l'américaine, où l'on sert d'excellents et copieux petits déj mais aussi, en journée, bagels, paninis, *wraps*, croques, salades et burgers.

The Moon & Six Pence (plan B1, **21**) : *Marine Parade. ☎ 60-44-16. Sandwichs et plats 8-15 £.* Sur le port, que l'on peut observer à travers une grande baie vitrée. Au menu : soupe de haddock, *fish pie*, burgers, *fish & chips* et de délicieux sandwichs, au crabe notamment. Également quelques plats plus élaborés et même des huîtres et autres assortiments de fruits de mer.

Duke of York (plan B1, **22**) : *124 Church St. ☎ 60-03-24. Plats env 8 £.* Pub bien traditionnel, avec vue géniale sur le port. Les plats, pas bien chers, y sont de bonne facture et les *ales*... égales à elles-mêmes (on vous conseille, entre autres, la *Black Sheep*). Atmosphère chaleureuse.

Également **Sanders Yard** : *voir plus haut « Où dormir ? ».*

À voir

Whitby Abbey (plan B1) : *Green Lane. ☎ 60-35-68. • english-heritage.org.uk • Tlj en saison, 10h-18h ; jeu-lun en oct et w-e nov-mars, 10h-16h. Entrée : 6,20 £ ; réduc.* Whitby est célèbre pour les ruines de son abbaye du XIIIe s dominant la vieille ville et le port. Exposée aux quatre vents, presque en bord de falaise, elle a été abandonnée au XVIe s après le schisme anglican. Ses pierres ont servi à la construction d'une église plus modeste, Saint Mary's Parish Church, à seulement quelques mètres à l'extérieur du site. Autour de celle-ci, vous goûterez au romantisme anglais en déambulant parmi les tombes moussues et rongées par le sel marin. Les rires des mouettes et leurs fantasques arabesques complètent à merveille le tableau. Un de nos cimetières favoris. Également, dans le centre du visiteur, une expo interactive sur l'histoire du lieu et la vie des moines.

Captain Cook Memorial Museum (plan B1) : *Grape Lane. ☎ 60-19-00. • cookmuseumwhitby.co.uk • Avr-oct, tlj 9h45-17h ; mars, tlj 11h-15h. Sur rdv le reste de l'année. Entrée : 4,50 £, réduc.* C'est dans cette maison du XVIIe s que le capitaine Cook travailla, dans son jeune âge, comme apprenti, bien avant de faire les trois voyages autour du monde qui lui permirent de passer à la postérité. Reconstitution de pièces telles qu'elles étaient à cette époque, maquette du *Resolution* (le navire de ses deux dernières expéditions), lettres originales de Cook et, au grenier, où il logeait, petite expo d'objets rapportés du Pacifique, ainsi qu'un portrait du capitaine Bligh, le commandant du *Bounty*... Une belle évocation des grands voyages du XVIIIe s.

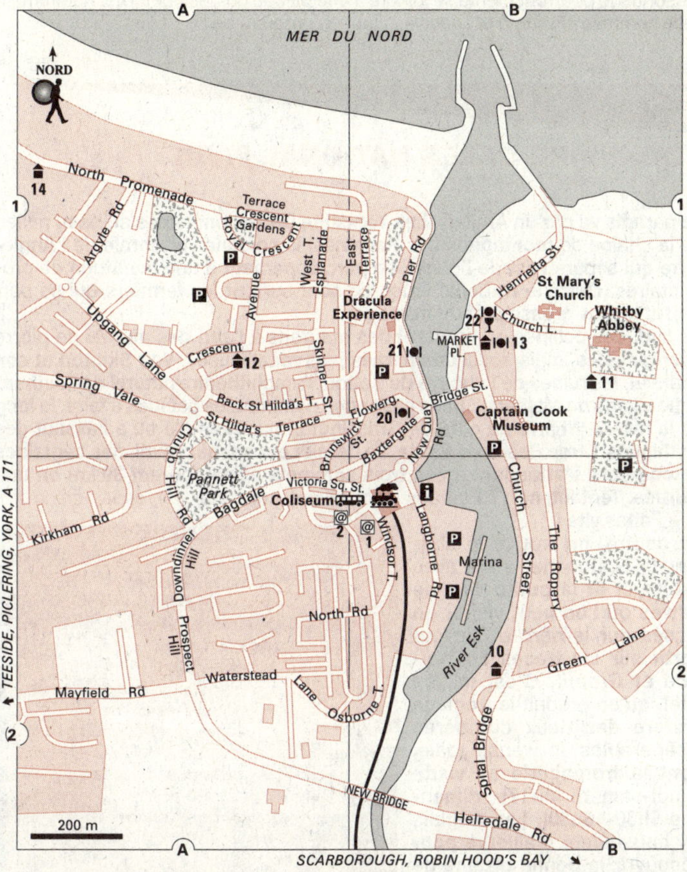

WHITBY

■ **Adresses utiles**

- Tourist Information Centre
- @ 1 Library
- @ 2 Coliseum

Où dormir ?

- 10 Backpackers Harbour Grange
- 11 YHA Whitby
- 12 Boulmer Guesthouse
- 13 Sanders Yard
- 14 The Seacliffe

Où manger ? Où boire un verre ?

- 20 Java
- 21 The Moon & Six Pence
- 22 Duke of York

➢ On peut aussi explorer la ville en suivant la *Dracula trail*, une balade sur les traces du célèbre vampire qui hanta les rues de Whitby. Demander le dépliant à l'office de tourisme. On déambule du *pier* à l'abbaye en passant par le monument qui lui est consacré (très belle vue) et le *Dracula experience (plan B1)*, un musée avec des effets spéciaux et des acteurs plus vivants que morts... Les fans du personnage pourront même se joindre à une balade guidée nocturne, notamment celle nommée *in search of Dracula*... Tout un programme !

YORKSHIRE DALES NATIONAL PARK

Le paradis vu par un Anglais. Les Yorkshire Dales sont situés au beau milieu de la chaîne de montagnes des Pennines, la colonne vertébrale de l'Angleterre qui sépare l'est de l'ouest. Le parc appartient à une multitude de propriétaires. Outre le National Trust, ce sont surtout les fermiers qui se partagent la plus grosse part du fromage.
Au sud, des collines où broutent des moutons à l'abri des murets de pierre interminables, mais aussi des parties plus rocailleuses. Voir Skipton et son château, les ruines de l'abbaye de Bolton, l'amphithéâtre naturel de l'authentique village de Malham... Sans parler des nombreuses balades à faire, le long de la rivière Wharfe du côté de Grassington par exemple ou à l'assaut des mythiques *Three Peaks* de Settle. Le dernier dimanche d'avril, des centaines de coureurs s'attaquent à ces trois sommets et parcourent 39 km en une journée. Tentant, non ? Pour les inscriptions, consulter ● *threepeaksrace.org.uk* ● Faites vite !
Au centre, on trouve le château de Bolton (rien à voir avec l'abbaye) et la petite ville de Hawes où l'on peut visiter un musée sur le parc et surtout partir sur les traces de *Wallace et Gromit.* C'est ici, en effet, qu'on produit le fromage préféré des deux compères inséparables, le wensleydale, dont la fromagerie se visite (lundi-samedi 9h-17h, dimanche 9h30-16h30). Les Anglais s'y bousculent d'ailleurs pour découvrir la bonne dizaine de variétés de wensleydale inventée ces dernières années, celle aux canneberges *(cranberries)* comptant parmi les plus populaires.

TOUT UN FROMAGE

En 1992, la disparition programmée de la fromagerie Wensleydale Creamery à Hawes, qui fabrique un des « joyaux » culinaires anglais, le wensleydale, consterne tout le pays. En 1995, la BBC diffuse un drôle de dessin animé de Nick Park, A Close Shave, dans lequel le héros accompagné de son chien Gromit s'étonne que sa petite amie n'aime pas le fromage. Il suffira d'une seule phrase, « Pas même le wensleydale ? », pour que les ventes remontent en flèche.

Au nord, les Dales offrent un paysage vert et très vallonné, avec pas mal de petits villages rustiques aux maisons grises conférant à la zone un caractère très champêtre. D'autres parties sont constituées de hautes landes sans aucun arbre et où l'herbe est remplacée par la bruyère. Impressionnant et dépaysant, surtout quand la bruyère est en fleur. Vers l'est, en route pour l'autre parc national, celui des *Moors,* voir le château de Richmond. À l'ouest, passé Sedbergh, on est déjà aux portes de Kendal et du Lake District.

Comment découvrir le parc ?

➢ ***En voiture :*** pour les plus pressés (ou les plus paresseux...), les petites routes (étroites par endroits !) du parc permettent déjà de bien le découvrir.

➢ ***À pied :*** toutes sortes de balades à faire, des plus courtes, sur terrain plat, aux plus ardues, d'une journée ou plus. Les *Tourist Information Centres* du parc vendent un tas de brochures et cartes les détaillant.

➢ ***À vélo :*** le long de la *Yorkshire Dales Cycleway*, une piste cyclable, en boucle, de plus de 200 km. Génial mais avec du relief ! Également plusieurs pistes de VTT. Plusieurs loueurs de vélos dans le parc. Plus d'infos sur • *cyclethedales.org.uk* •

➢ ***En train :*** avec *The Settle to Carlisle Railway*, une des lignes de chemin de fer les plus spectaculaires d'Angleterre, en matière de paysages. C'est en fait la ligne Carlisle-Leeds, qui traverse l'ouest du parc, en passant par Garsdale et Settle. Une quinzaine de tunnels et une vingtaine de ponts furent nécessaires à sa construction au XIXe s. ☎ *(08457) 48-49-50.* • *northernrail.co.uk* •

Adresses utiles

Tourist Information Centre – Yorkshire Dales National Park : *Station Yard,* ***Hawes.*** ☎ *(01969) 66-62-10.* • *yorkshiredales.org.uk* • *Tlj 10h-17h. Fermé en janv.* Plein de doc et d'infos.

– D'autres offices de tourisme à Aysgarth Falls, Grassington, Malham et Reeth (Hudson Bouse).

Où dormir dans le parc ?

Il y a plusieurs auberges de jeunesse dans le parc (Hawes, Malham, Kettlewell...), ainsi qu'une multitude de *B & B.* À priori pas de problème pour se loger, donc, mais en été vaut mieux réserver. Liste des hébergements sur • *yorkshiredales.org.uk* •

LE LAKE DISTRICT

Cette région doit sa célébrité à ses splendides paysages parfaitement préservés, ses forêts et ses moutons, mais son nom est trompeur : le Lake District se distingue par ses lacs mais aussi et surtout par son relief montagneux, propice aux randonnées. Pas étonnant que de nombreux poètes et écrivains illustres y aient habité ou simplement séjourné : Wordsworth (le plus grand d'entre eux, le chef de file de la poésie romantique anglaise), Coleridge, De Quincey, Beatrix Potter... On n'oublie pas non plus Ruskin, le redécouvreur de Venise, à qui l'on doit la grande vague néogothique européenne du XIXe s.

Grâce à l'acharnement du *National Trust,* l'activité agricole traditionnelle de la région, l'élevage du mouton (la seule chose qui « pousse » ici), a pu être conservée, et le tourisme développé en harmonie avec l'élevage. Vous aurez tout loisir, lors de vos randonnées, d'admirer l'ingéniosité des moyens (échelles, marches, barrières coulissantes, etc.) qui permettent aux marcheurs de traverser les champs sans inquiéter les troupeaux.

SUCETTE D'HIVER

Sur les 730 000 moutons que compte le Lake District, vous remarquerez peut-être les fameux Hardy Herdwicks, la race locale à laine noire ou marron et à tête... blanche. Leur laine épaisse est réputée pour la confection de vêtements et c'est Beatrix Potter en personne qui relança leur élevage. Ils peuvent survivre plusieurs jours dans la neige grâce à leurs réserves de graisse rien qu'en suçant leur pelage.

Sans surprise, la contrée est très fréquentée en été. En revanche, mai, juin, septembre et octobre sont des mois plus calmes pour apprécier l'endroit. Mais ne rêvez pas, les beaux week-ends et les vacances sont toujours

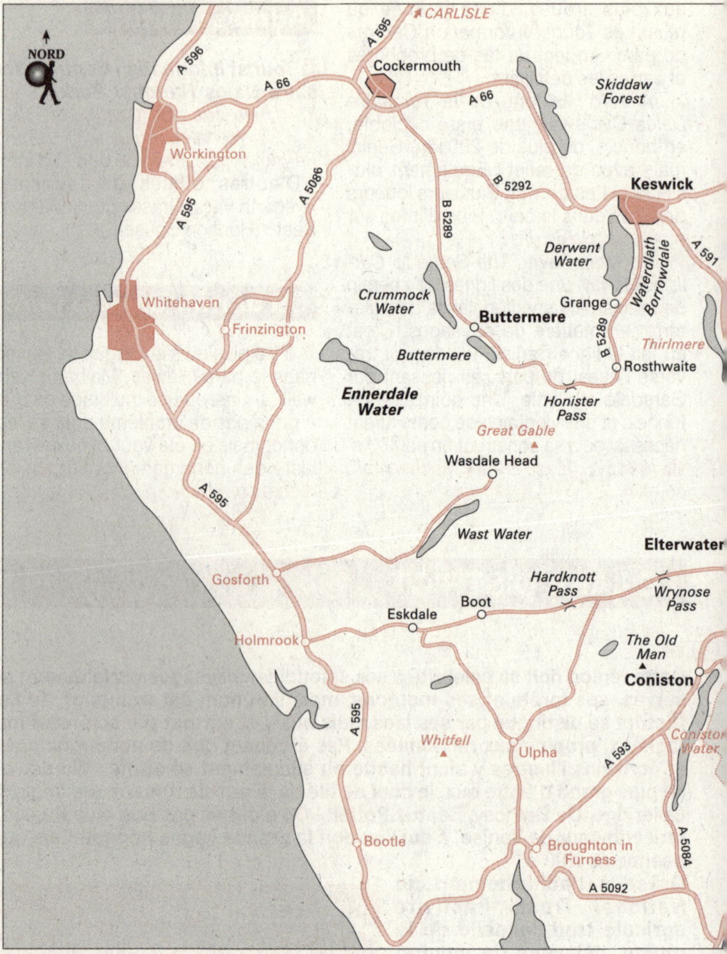

chargés. On conseille donc de visiter la région à l'automne, quand les feuilles changent de couleur, ou au printemps, quand rhododendrons et jonquilles sont en fleurs. Mais quelle que soit la saison, la palette des couleurs est toujours aussi étonnante. En hiver, par exemple, la lumière peut être prodigieuse.

Dernière chose. Faut-il y voir l'expression de la forte identité d'un terroir et de l'immense fierté d'appartenir aux lacs, mais on mange ici plutôt mieux qu'ailleurs. Produits frais et fermiers sont à la carte de la plupart des restos, qui participent à leur manière à la promotion globale du Lake District... Ils ont décidément tout compris !

Infos générales sur le site : • *lakedistrict.gov.uk* •

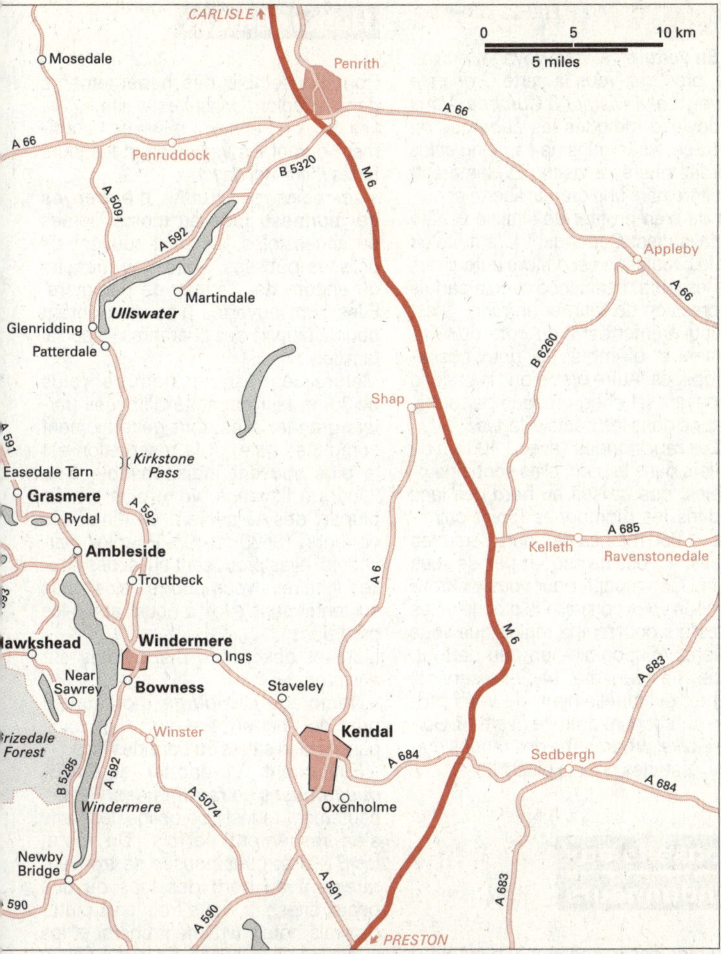

LE LAKE DISTRICT

Comment circuler dans la région ?

➢ ***En train :*** la gare principale, ***Oxenholme Lake District,*** située sur le passage des grandes lignes nationales, se trouve en bordure de Kendal. De là, correspondance pour ***Kendal*** et ***Windermere.*** Mais les lignes principales passant par Oxenholme desservent également ***Lancaster, Penrith*** ou ***Carlisle,*** aux portes de la région.

➢ ***En bus :*** les bus *Stage Coach* assurent des liaisons dans toute la région et couvrent la plupart des endroits intéressants. Possibilité de prendre un billet *Explorer* à la journée (10 £) ou pour 3 et 7 j. Également des billets combinés bus et bateau. *Rens dans les offices de tourisme, dans la brochure* The Lakesrider *et au :* ☎ *(0871) 200-22-33.* ● *traveline.info* ●

➢ ***En voiture :*** si vous voyagez en voiture, procurez-vous la carte *Ordnance Survey, Lake District & Cumbria.* Vous y trouverez indiqués les auberges de jeunesse, les terrains de camping et les endroits phares à visiter. Évidemment, la voiture offre une grande liberté et permet de bien profiter de l'infinie variété de paysages. Cependant il faut savoir que la circulation est difficile autour des lacs les jours d'affluence et on a parfois l'impression de tourner en rond. C'est particulièrement vrai du côté de Windermere et d'Ambleside, deux passages obligés. Autre précision : le parking est payant (et cher) presque partout, y compris dans les petits villages !

➢ ***Les randonnées :*** avec 1 100 km de sentiers dans le parc, elles sont innombrables, que ce soit au bord des lacs ou dans les montagnes (point culminant : 1 050 m). Les parcours sont bien balisés, et vous ne risquez pas de vous perdre. Cependant, pour vous y retrouver, nous vous conseillons d'acheter les cartes qui couvrent la région que vous explorez (disponibles un peu partout, offices de tourisme, stations-service, etc.) et, éventuellement, de vous procurer la brochure gratuite *Events & Guided Walks* (programme des randos guidées, gratuites pour la plupart).

Conseils aux randonneurs

Le temps est changeant (il pleut souvent) et il vaut mieux être équipé pour toutes les circonstances. Aussi, attention à la qualité de l'équipement que vous devez emporter :

- de vraies et bonnes ***chaussures de marche,*** vraiment imperméables ;
- ***un haut et un bas vraiment imperméables,*** qui résistent aux bonnes grosses pluies ;
- ***une crème solaire,*** si le soleil tape ;
- à boire et à manger...

Par ailleurs, pensez à consulter la météo, car les orages sont violents et les abris rares dans la région. ☎ *(0844) 846-24-44.* ● *lakedistrictweatherline.co.uk* ●

Hébergement

Pour l'ensemble des hébergements dans la région, consultez le site ● *golakes.co.uk* ● Pensez à réserver, notamment durant les vacances et les jours fériés *(bank holidays).*

– La région est truffée d'***auberges de jeunesse*** plus ou moins isolées ou accessibles. Ce sont souvent de grosses bâtisses, voire des manoirs ou encore des fermes de caractère. Elles sont ouvertes à tous et offrent pour la plupart des chambres « spécial famille ».

Malgré leur grand nombre (plus de 20) et leur capacité d'accueil parfois grande, elles sont généralement complètes l'été, et la réservation est le plus souvent indispensable 1 ou 2 jours à l'avance, voire plus tôt. La plupart des AJ servent un dîner très correct à 18h30 ou 19h. Pour les marcheurs, elles proposent aussi des *packed lunches* ; vous pourrez ainsi vous sustenter sans avoir à courir après les provisions.

Liste et descriptifs disponibles sur ● *yha.org.uk* ●

– Nombreux ***campings*** (notamment près de Windermere, voir plus loin), parfois bien situés au bord des lacs.

– Également un paquet de ***B & B, guesthouses*** ou ***farmhouses.*** Région hautement touristique oblige, les tarifs s'en ressentent parfois. Du reste, les *B & B* et *guesthouses* se trouvent rarement au bord des lacs ou des beaux sites ; là, vous trouverez plutôt de vrais hôtels (vraiment chers) et les auberges de jeunesse. En bref, il est un peu difficile de faire une sélection, tant le choix est vaste, mais vous trouverez la liste dans les offices de tourisme ou sur ● *golakes.co.uk* ●

– Une option à considérer aussi : les ***studios et appartements à louer*** *(self catering),* généralement sur plusieurs jours. Cela revient moins cher au bout du compte car on peut y faire sa popote et on est tranquille pour rayonner. Renseignements auprès des offices de tourisme.

– Enfin, il reste toujours la solution, typique, pratique et à prix encore raisonnables, de dormir dans un ***pub.***

La plupart proposent une poignée de chambres en formule *B & B*. Peu de mauvaises surprises. Les horaires y sont plus souples, mais au moins deux nuits sont souvent exigées, surtout le week-end.

KENDAL

26 000 hab. IND. TÉL. : 01539

La porte d'entrée du Lake District offre l'image d'un bourg de province, benoîtement installé sur les rives de la rivière Kent avec sa poignée de ponts, les ruines d'un château du XIIIe s et des locaux en tenue de randonnée. On n'y séjourne pas vraiment, mais on profite des nombreux commerces pour s'équiper pour les randonnées. N'oubliez pas de goûter au *mint cake*, la spécialité culinaire de la ville.

Adresses et info utiles

Tourist Information Centre : *25 Stramongate. ☎ 73-58-91. Dans le centre. Lun-sam 10h-17h. Fermé dim.* Documentation sur la région.

Hôpital : *urgences au* ***Westmorland General Hospital,*** *Burton Rd. ☎ 73-22-88. À la sortie sud de la ville, sur l'A 65 en direction de Kirkby Lonsdale.*

Internet : *à la* ***Kendal Library,*** *sur Stricklandgate. Tlj à partir de 9h30 (12h dim), heure de fermeture variable. Payant.*

Bus Station : *Beezon Rd. ☎ 72-21-43. Départ et arrivée des bus Stagecoach.*

– ***Marchés :*** *mer et sam. Également un marché couvert sur Market Place, tlj sf dim.*

Où dormir ?

Highgate Hotel : *128 Highgate, LA9 4HE. ☎ 724-229. • info@highgatehotel.co.uk • highgatehotel.co.uk • Dans la rue principale, 200 m avt la tour-horloge en venant du sud. Double 72 £, petit déj inclus. Parking gratuit (pratique en centre-ville !).* Cette demeure vieille de 400 ans, qui fut la maison du premier médecin de la ville, abrite une dizaine de chambres décorées plus ou moins à l'ancienne et très soignées. Cheminée pour les unes, couette à fleurs pour d'autres. Un bon rapport qualité-prix.

Lyndhurst Guest House : *8 South Rd, LA9 5QH. ☎ 723-819. • stay@lyndhurst-kendal.co.uk • lyndhurst-kendal.co.uk • Au sud de la ville, face à la rivière, à 10 mn à pied du centre. Selon confort, compter 54-66 £.* 8 chambres cosy avec bonne literie et salle de bains nickel (bien qu'un peu petite). Accueil sympa du proprio et prix assez serrés. Calme, car dans un quartier résidentiel et à deux pas des arrêts de bus.

Où manger ? Où boire un *tea*, un chocolat ?

Farrer's House : *13 Stricklandgate. ☎ 731-707. Dans la rue principale, tt près de Market Pl. Ouv jusqu'à 16h30.* Précédée par une antique devanture noire, cette vénérable maison spécialisée dans le thé et le café depuis 1819 ne désemplit pas. Très beau cadre. Plats simples et pas chers, mélanges originaux et savoureux. Bons gâteaux, comme le fameux *mint cake*, la grande fierté de Kendal.

The Famous 1657 Chocolate House : *54 Branthwaite Brow. ☎ 740-702. Tlj sf dim 10h-16h30.* Dans une petite rue piétonne partant de la place du marché, cette maison sent bon le chocolat. Une boutique à l'entresol et un *tea-room* à l'étage lui sont consacrés. On se serre sur les banquettes pour déguster des chocolats chauds (aux épices, rhum, gingembre...) et des gâteaux alléchants, répondant aux noms d'« *aristocrat* » ou de « *merry monarch* ». Pas de doute, on est bien en Angleterre !

🍽 ***New Moon Restaurant :*** *129 Highgate. ☎ 729-254. Presque en face du* Highgate Hotel. *Mar-sam midi et soir. Plats 12-17 £.* Le meilleur resto de la ville, à prix encore abordables. Farhed, le patron, est turc, mais sa cuisine fait la part belle aux produits locaux, savamment travaillés pour se transformer en plats originaux et vraiment savoureux. Accueil délicat et service tout en finesse.

Où dormir ? Où manger ? Où boire un verre dans les environs ?

⛺ ***Ashes Lane :*** *Kendal Rd,* ***Staveley.*** *☎ 82-11-19. • campingandcaravaningclub.co.uk • À env 3 miles de Kendal en direction de Windermere ; indiqué sur la gauche depuis l'A 591. Résa conseillée. Env 23-31 £ pour 2 avec tente et voiture ; moins cher pour les membres.* Un vaste camping parfaitement tenu, dans un environnement boisé agréable. Petit pub. Bon accueil.

🏠 🍽 🍷 ***Eagle & Child :*** *Kendal Rd,* ***Staveley.*** *☎ (01539) 821-320. • eaglechildinn.co.uk • À 4 miles de Kendal, en direction de Windermere. Doubles 75-80 £. Plats 9,50-13 £.* Cosy et intime avec ses banquettes rembourrées et son feu de cheminée, ce pub nous plaît bien. Aux murs, miroirs, objets de brocante et le traditionnel jeu de fléchettes. Surtout, on n'a pas trouvé mieux pour vous réconcilier avec la cuisine de pub. *Gammon* (jambon), *hotpot* d'agneau, etc., le tout à base de produits frais et locaux. Petite sélection de plats végétariens aussi. Les familles sont les bienvenues, avec des menus adaptés et des jeux pour les enfants. Quelques jolies chambres, très soignées et confortables, aux étages.

WINDERMERE ET BOWNESS

9 000 hab. IND. TÉL. : 015394

Au XIXe s, la construction du chemin de fer a métamorphosé ce paisible village de montagne en un pôle touristique de premier plan. Les villas ont poussé comme des champignons, jusqu'à absorber entièrement le bourg voisin de *Bowness-on-Windermere,* son port de plaisance et l'accès principal au lac. Résultat : tout le monde passe par ici à un moment ou à un autre et aujourd'hui, environ 5 000 bateaux à moteur y sont inscrits chaque année. Cela en fait beaucoup au mile carré ! Vous pouvez commencer par une halte au *Brockhole Centre* (ouvert tous les jours en saison de 10h à 17h), à quelques kilomètres au nord de Windermere (sur l'A 591), qui regroupe toutes les infos, expos et activités liées à la région.

Arriver – Quitter

En train

🚂 ***Gare ferroviaire :*** *Victoria St.* Liaisons depuis tout le pays, avec changement à Oxenholme (sauf, curieusement, de l'aéroport de Manchester, relié 5 fois/j. à Windermere en saison).

En ferry

➢ ***Le Windermere Ferry*** fonctionne toute l'année. Il permet, avec ou sans voiture, de gagner la rive opposée et donc de relier ***Bowness*** à ***Ferry House*** et ***Far Sawrey.*** Dernière traversée autour de 22h en été (21h le reste de l'année). Se renseigner. Bon à savoir, de mi-mars à fin oct, le bus no 525 assure, de Ferry House, une correspondance (env ttes les heures) vers ***Hill Top, Hawkshead,*** etc.

En bus

➢ Le bus n° 555, qui relie (ttes les heures) ***Keswick*** et ***Kendal,*** passe par Windermere.

➢ Le bus n° 599 fait l'aller-retour entre Windermere et ***Bowness*** (arrêt au bord du lac, en face de la jetée), distante de 2 km.

Adresses utiles

Tourist Information Centre : *Victoria St, à côté de la gare, Windermere. ☎ 464-99. • golakes.co.uk • Avr-oct, tlj 9h-17h (16h30 dim). Horaires un peu plus limités en hiver.* Bonne doc (prenez-y le plan de Windermere) et accueil parfois en français. Un autre bureau à Bowness *(tlj en saison 9h30-17h30).*

@ ***Internet :*** ***Elephant and Camel,*** *sur Lake Rd, entre Bowness et Windermere. Fermé dim, sf en été. Sinon, à la* library *de* ***Windermere*** *(ouv lun, mar, jeu, ven 9h30-17h, et sam 10h-13h).* Payant dans les 2 cas.

Où dormir ?

Bon marché (moins de 40 £ / 48 €)

Lake District Backpackers Lodge : *High St, à Windermere. ☎ 463-74. • lakedistrictbackpackers.co.uk • Au fond d'une courette, à deux pas de l'office de tourisme, de la gare et de l'arrêt de bus. Réserver en saison, peu de places. Nuitée en chambre privée ou dortoir 15-17,50 £/pers, café/thé compris. (payants).* Cette mignonne petite maison dans le cœur du village a été rénovée. Dortoirs et chambres de poche. Petit salon, cuisine, le tout très bien tenu. Il n'y a pas d'accueil, l'endroit est en autogestion. Plein de tuyaux sur la région.

De prix modérés à plus chic (40-120 £ / 48-144 €)

Nombreux ***B & B*** dans le coin, notamment sur Oak St, rue calme et tranquille. Liste disponible à l'office de tourisme. Pensez à réserver, surtout les week-ends.

The Archway : *College Rd, LA23 1BU. ☎ 456-13. • stay@the-archway.co.uk • the-archway.co.uk • En plein centre de Windermere. Doubles env 55-75 £ selon confort et saison.* Belle maison traditionnelle en pierre locale, précédée de son jardinet, dans une rue passante en journée mais calme le soir. L'accueil est excellent et les chambres, standard ou *superior,* sont très agréables et dotées de tout le confort. Vous y trouverez même des biscuits maison ! En parlant de boustifaille d'ailleurs, Stephen est chef cuisinier et propose, le matin, un beau choix de petits déj... Également un coin salon à dispo, avec de la doc et des cartes sur la région. Une adresse qu'on aime beaucoup. À côté, ***Ashleigh Guesthouse*** *(☎ 422-92),* un poil moins chère, propose des prestations un peu dans la même veine.

The Fairfield : *Brantfell Rd, LA23 3AE. ☎ 446-565. • relax@the-fairfield.co.uk • the-fairfield.co.uk • Sur les hauteurs de Bowness. Fermé fin déc. Double standard env 92 £, petit déj compris.* Ça grimpe sec pour aller chez Liz et Tony, mais on y trouve le calme et une ambiance à mi-chemin entre le petit hôtel et la pension de famille. En effet, les espaces communs sont très cosy, les chambres impeccables et le petit déj fleure bon les produits du terroir. Jardin orienté sud. Reposant et convivial.

Où dormir dans les environs ?

Campings

Park Cliffe Caravan Camping Estate : *Birks Rd, LA23 3PG. ☎ 313-44. • parkcliffe.co.uk • À 4 miles au sud de Bowness, sur l'A 592 qui longe* *le lac. De mars à mi-nov. Env 20-25 £ pour 2 avec tente et voiture, un peu plus cher pour les caravanes.* Au bout d'un petit chemin tortueux, un beau terrain de 170 places environ, isolé dans les collines. Propre et tranquille avec des moutons dans le champ voisin pour vous tenir compagnie.

Bon marché (moins de 40 £ / 48 €)

Youth Hostel : *High Cross, Bridge Lane, **Troutbeck.** ☎ (015394) 435-43. • windermere@yha.org.uk • À quelques miles au nord, indiqué depuis l'A 591, après Troutbeck Bridge. Fermé janv. Dortoir env 18 £.* Bâtiment assez imposant, avec les montagnes en ligne de mire, parfait pour faire une escapade à cheval ou à poney (centre équestre pas loin). Équipements très corrects.

Où manger ? Où boire un verre dans le coin ?

Jackson's Bistro : *à Bowness, face à Brantfell Rd, entre Saint Martin Pl et Kendall Rd. ☎ 462-64. Lun-sam à partir de 17h30 et dim midi. Menu 2 ou 3 plats 12-17 £ ; un peu plus cher à la carte.* Bon compromis entre le bistrot chic, le bar à vins et le resto traditionnel. Salle sur 2 niveaux, dont une belle cave idéale pour les dîners en amoureux. Cuisine bien maîtrisée.

Lamplighter Bar : *à Windermere, sur High St, à deux pas de l'office de tourisme. ☎ 435-47. Plats 9-16 £ ; moins cher le midi.* Un bar accueillant avec cheminée, apprécié pour ses plats copieux plutôt élaborés. Également une partie resto. Concert le mercredi.

The Watermill Inn : *dans le village d'Ings, à mi-chemin entre Staveley et Windermere, sur la route de Kendal. ☎ (01539) 821-309. Snacks et plats 6-10 £.* Ce pub logé dans un ancien moulin à eau est connu comme le loup blanc dans la région, car ici la bière est brassée maison. Rien de tel qu'un bon *stew* ou un *game casserole* (ragoût de gibier) pour se remettre d'une bonne rando. Cadre habituel de vieilles poutres et moquettes. Quant au bar, il a été confectionné à partir de stalles d'église.

À voir. À faire dans le coin

Vers Bowness

➢ On peut louer une barque ou prendre le bateau qui permet de ***faire le tour du lac.*** Pour cela, se rendre à l'embarcadère de Bowness ou se renseigner à l'office de tourisme.

The World of Beatrix Potter Attraction : *The Old Laundry, au centre de Bowness. ☎ 884-44. • hop-skip-jump.com • Tlj 10h-17h30 (16h30 en hiver). Entrée : 6,75 £ ; réduc.* Petit film de 5 mn sur les personnages célèbres créés par la célèbre écrivain-illustratrice pour enfants : *Jeremy Fisher, Peter Rabbit, The Two Bad Mice...* Puis charmante reconstitution en trois dimensions de l'univers de Beatrix Potter. L'expo s'attache à replacer ces « contes fermiers » dans leur contexte avec, pour chacun, le texte (disponible en français) qui défile sur des écrans. Plaira aux petits et aux... grands ayant gardé leur âme d'enfant.

Au sud du lac Windermere

Blackwell Arts & Crafts House : *à 1,5 mile au sud de Bowness. ☎ 461-39. • blackwell.org.uk • Bien fléché depuis Windermere ; prendre l'A 5074 en direction de Lancaster, puis la B 5360 sur la droite. Tlj 10h30-17h (16h en hiver). Fermé début janv. Entrée : 7,95 £ ; réduc. Dépliant en français.* Construit en 1898, voici un splendide exemple d'architecture de style *Arts & Crafts* dont les grandes lignes étaient l'espace, la lumière et la matière. Les intérieurs ont été admirablement rénovés et ont conservé leur mobilier d'origine. Depuis les larges fenêtres, vues dégagées sur des paysages magnifiques. D'autres villas furent construites dans le même esprit et à la même époque tout autour du lac, comme résidences secondaires, pour des industriels fortunés de Liverpool et Manchester. Certaines sont ouvertes à la visite, à commencer par la maison de John Ruskin (Brantwood) à Coniston.

Lakes Aquarium : ***Newby Bridge,*** *à l'extrémité sud du lac. ☎ 301-53. • lakesaquarium.co.uk • Accès possible en bateau depuis Bowness ou Ambleside (tickets groupés). Tlj 9h-18h (17h l'hiver). Entrée : 8,95 £ ; réduc sur Internet.* Pas seulement un aquarium, mais toutes sortes d'infos sur ce qui vole, nage, saute ou mord autour des lacs (comme les grenouilles pygmées ou les loutres). Comme bien souvent, un endroit un peu touche-à-tout qui ravira les enfants, mais pas sûr qu'ils fassent bien la part des choses. Il y aurait des crocodiles dans le Lake District ?

– Au départ de l'aquarium, possibilité de petite balade en train à vapeur avec le ***Lakeside & Haverthwaite Railway.*** *☎ 315-94. • lakesiderailway.co.uk •*

Au nord de Windermere

Holehird Gardens : *Patterdale Rd. ☎ 460-08. • holehirdgardens.org.uk • Direction Ambleside, puis prendre l'A 592 pour Troutbeck. C'est à 1,5 mile. Tlj du lever au coucher du soleil. Parking et entrée gratuits, donation bienvenue.* Beatrix Potter mentionnait déjà ce jardin de 10 ha dans son journal intime. On est accueilli, par tous les temps, par une panoplie de *lovely ladies* bénévoles. Voir, entre autres, la collection nationale d'hortensias.

Allez boire un coup au ***Queen's Head Inn,*** sur le bord de l'A 592, après Troutbeck. Vieux pub face à la montagne, où se déroule traditionnellement, tous les ans, une fête liée à la chasse. On peut aussi y manger, et bien (prix un peu élevés le soir).

➢ De là, une magnifique route bordée de murets serpente à flanc de montagne jusqu'au *Kirkstone Pass.* Puis redescente tout aussi spectaculaire sur Patterdale et Glenridding au nord ou, en faisant demi-tour, vers Ambleside à l'ouest.

AMBLESIDE

IND. TÉL. : 015394

À l'extrémité nord du lac de Windermere, un bon camp de base pour les randonneurs. Non dénuée de charme, la vieille ville regroupe autour de l'église une poignée de belles maisons du XVIIIe s, comme la célèbre *Bridge House* à califourchon sur la rivière. Une famille nombreuse aurait habité dans cette bicoque minuscule pour ne pas avoir à payer d'impôts. Nombreux commerçants, et quelques bonnes adresses pour reprendre des forces entre deux balades.

Adresse et info utiles

Tourist Information Centre : *sur Market Cross, à l'angle de North Rd. ☎ 325-82. • thehubofambleside.co.uk • Tlj 9h-17h30 (17h dim).*

– ***Marché :*** *le mer.*

Où manger ? Où boire un verre ?

Lucy's on a Plate : *Church St, en plein centre. ☎ 311-91. Plats 4-10 £ le midi et 11-19 £ le soir.*

Lucy's revendique tout un concept autour de la fraîcheur de ses produits locaux. On s'installe à des tables en bois dans une grande salle agréable, avant d'examiner la carte... fleuve : soupe du jour, crêpes salées, minimacaronis, omelette méditerranéenne, salades ou encore une des spécialités du coin, la *westmorland rarebit*. Un peu difficile de faire son choix, mais c'est bon et bien préparé. Le soir, les plats sont plus élaborés et plus chers.

Sheila's Cottage : *The Slack. ☎ 330-79. Dans une ruelle perpendiculaire à Market Pl. Plats env 11-17 £. Moins cher le midi.* Déco bien léchée, avec du bois blond, une cheminée et des murs de pierre. Cuisine anglaise métissée et sophistiquée, mais aussi, le midi ou en journée, un très appétissant choix de plats plus légers et de gâteaux fameux. Service prévenant.

Lucy 4 Wine Bar : *St Mary's Lane. ☎ 346-66. Tlj 17h-23h. Fermé lun et mar hors saison. Repas complet env 20-30 £.* À un jet de pierre de *Lucy's on a Plate*, et de la même famille que ce dernier, ce bar-bistrot propose une sorte de repas-tapas version internationale, plutôt ludique. De tout à la carte : poitrine de pigeon, lasagne mexicaine, brie frit, couscous... sous forme de portion réduite. Cadre coloré et musique rythmée.

Zeffirelli's : *Compston Rd, dans le centre. ☎ 338-45. • zeffirellis.com • Résa plus que conseillée le w-e. Plats 7-10 £, formule combinée resto + ciné 18 £.* Drôle d'endroit, à la fois cinéma, restaurant et jazz bar. Côté resto, c'est pâtes-pizzas, version végétarienne. Côté bar, ambiance relax avec concerts de jazz gratuits, surtout le samedi soir. Côté ciné, 5 salles projetant des films actuels. Et côté programme, des soirées combinées pour ne pas décoller de cet endroit original et très couru.

The Unicorn Inn : *voir plus loin « Où dormir ?... ». Plats 9-15 £.* Pub chaleureux, vieux de 3 siècles, le plus ancien d'Ambleside (et le seul à accepter les chiens). Accueil familial et atmosphère un rien rustique. Musique folk les jeudi et samedi.

Où dormir ? Où manger ? Où boire un verre dans les environs ?

Low Wray Campsite : *d'Ambleside, emprunter la route de Hawkshead, puis suivre la direction de Low Wray. ☎ 638-52. Ouv Pâques-oct. Env 18 £ pour 2 avec tente et voiture.* Au bord du lac. Géré par le *National Trust* et tenu par un couple fort charmant.

Youth Hostel : *à* ***Waterhead,*** *juste à l'entrée d'Ambleside venant de Windermere. ☎ 323-04. • ambleside@yha.org.uk • Dortoir 17-22 £, double 60 £. (payants).* Face au lac, l'AJ la plus importante du coin, avec 160 lits en chambres de 2 à 8 lits. Tout l'équipement est là (y compris un bar convivial bien fourni !), et ils louent même des vélos et des kayaks.

The Unicorn Inn : *North Rd, LA22 9DT. ☎ 332-16. En plein centre, dans la rue derrière l'office de tourisme, de l'autre côté du petit pont. Compter 76-90 £ pour 2.* Ce pub, qu'on cite plus bas, possède quelques chambres simples et bien tenues.

The Drunken Duck Inn : *Barngates, Ambleside. ☎ 363-47. • drunkenduckinn.co.uk • Sur la route de Hawkshead, à env 2 bons miles d'Ambleside. Sert jusqu'à 21h. Résa impérative. Plats à partir de 16 £.* Ce pub de campagne « chic et charme » brasse ses propres bières, qui accompagnent à merveille une excellente cuisine traditionnelle (produits fermiers, agneau local et gibier à foison), à déguster dans un cadre assez contemporain, sobre et agréable. Côté bar, avec cheminée et quelques trophées de chasse, on peut se restaurer à moindres frais de sandwichs et plats de brasserie, le tout élégamment présenté. On peut aussi dormir sur place (et c'est tout le mal qu'on vous souhaite, les chambres sont splendides), mais il vous faudra pour le coup casser votre tirelire.

GRASMERE

IND. TÉL. : 015394

Autre grand lieu de pèlerinage pour les admirateurs de Wordsworth. C'est là que se trouve *Dove Cottage,* où il vécut de 1799 à 1808 et où il écrivit la plupart de ses grands poèmes, dont *Le Prélude.* À noter qu'il n'aimait pas s'asseoir pour les écrire. Il les dictait à sa sœur Dorothy ou à sa femme Mary, ou alors il faisait un brouillon et leur laissait le soin de le mettre au propre. Il est enterré avec ses proches dans le cimetière du village, au bord d'une rivière, sous l'un des huit cyprès qu'il y avait plantés. Petite anecdote, les gens d'ici ont tendance à vouloir recréer l'ambiance du *Prélude,* en plantant des jonquilles un peu partout autour du village...

LA RECETTE DU SUCCÈS

En 1800, à Grasmere, Sarah Nelson invente une recette de pain d'épice pour sa maîtresse. Il faudra attendre plusieurs dizaines d'années avant qu'elle ne commence à vendre sa production, au vu du succès rencontré. Depuis, la recette est placée sous bonne garde, dans le coffre d'une banque d'Ambleside.

Où dormir ?

Bon marché (jusqu'à 40 £ / 48 €)

Youth Hostel : *Butharlyp Howe, sur Easedale Rd. ☎ (0845) 371-93-19. • grasmere@yha.org.uk • Nuitée 10-21 £/pers selon saison. (payants).* Grosse bâtisse un peu à l'écart du village, presque en pleine nature. 80 lits en chambres de 2 à 8 lits. Tous les services.

Grasmere Hostel : *Broadrayne Farm, LA22 9RU. ☎ 350-55. • bev@grasmerehostel.co.uk • grasmerehostel.co.uk • À env 1 mile au nord de Grasmere, sur l'A 591 en direction de Keswick ; à droite après le pub* Travellers Rest. *Env 20 £/pers. Pas de petit déj, mais cuisine à dispo. (payant).* Tenue par un couple très gentil, cette petite AJ indépendante occupe une jolie maison traditionnelle de 5 chambres (24 lits). Petit salon cosy et même un sauna. Le tout cerné par les montagnes, dans un très bel environnement (on est au cœur du Lake District !). Loue aussi des cottages à la semaine.

Plus chic (80-120 £ / 96-144 €)

Lake View B & B and apartments : *Lake View Dr, LA22 9TD. ☎ 351-67. • stephenking@buryend.freeserve.co.uk • lakeview-grasmere.com • Au cœur du village. Doubles 96-119 £ selon confort et saison, tarifs dégressifs ; apparts pour 2 pers 285-440 £/sem selon taille et saison.* Un petit coup de cœur, indiqué pour nos lecteurs en quête d'adresses authentiques. Certaines chambres possèdent leur propre salon et un bain à remous, mais toutes sont meublées avec style et un soin particulier. Autre solution : louer son propre studio à la semaine. Vue et accès au lac par un chemin privé. Accueil attentionné, la proprio s'est même mise au français.

Où manger ? Où prendre un thé ? Où acheter du bon pain d'épice ?

Baldry's : *Red Lion Sq. ☎ 353-01. Tlj 9h-17h.* Agréable salon de thé avec de grands miroirs à dorures, gâteaux maison, énormes cappuccinos et même de la limonade... plate. On peut aussi y grignoter un morceau : quiches, *pies,* soupes et salade au chèvre sont inscrits au tableau noir. Accueil gentil et familial.

Potted Out Café : *Stock Lane, au début du village en venant d'Ambleside. ☎ 355-72. Tlj 11h-20h30. Plats et snacks à ts les prix.* Ce resto, au cadre soigné, sert surtout des pâtes, pizzas et autres risottos bien fumants. Également quelques plats plus élaborés, et des sandwichs. Plutôt bien pour se sustenter.

The Jumble Room Restaurant : *Langdale Rd. ☎ 351-88. Tlj 9h-17h ; mer-dim 17h30-21h30 et ven-dim 12h-15h. Fermé en fin d'année. Résa très conseillée en saison. Repas complet env 40 £.* L'un des meilleurs restos du coin. Cuisine un peu *fusion,* la carte change tous les mois mais on y trouve presque toujours le *fish & chips* et l'*hyderabad chicken.* Côté cadre, petite salle aux murs rouge-orange ornés de peintures. On est un peu les uns sur les autres mais c'est chaleureux !

Sarah Nelson's Grasmere Gingerbread : *Church Cottage, dans la rue principale, à côté du cimetière. Ouv 9h15 (12h30 dim)-17h.* Pour acheter le pain d'épice local, réputé dans tout le pays.

À voir. À faire

The Dove Cottage and Wordsworth Museum : *à l'entrée du village en arrivant d'Ambleside, dans un hameau tt mignon, en pierre du pays. ☎ 355-44. • wordsworth.org.uk • Tlj 9h30-17h (dernière admission). Fermé en janv. Entrée : 7,50 £ ; réduc. Visite guidée du cottage ttes les 30 mn (en anglais slt, mais traduction écrite disponible).* Commencer par la visite du musée. La vie et l'œuvre de Wordsworth sont longuement expliquées. On peut entendre quelques-uns de ses poèmes. La clé de son œuvre semble résider dans le fait que, ayant perdu ses parents très tôt, il trouva dans la nature avoisinante refuge et consolation. Ses poèmes abondent en descriptions de la nature mais évoquent aussi la vie des gens simples qu'il rencontrait lors de ses promenades. Dans le musée et le cottage (où il vécut de 1799 à 1808), nombreux objets personnels et ses manuscrits, qui rendent Wordsworth presque vivant. En 1843, la reine Victoria lui décerna le titre de *Poet Laureate.* Il mourut en 1850.

ELTERWATER

IND. TÉL. : 015394

Très joli village de montagne dans la vallée, où se rencontrent la rivière Langdale et la rivière Brathay. De grosses maisons en pierre. On est bien loin des foules.

Où dormir ?
Où manger ?
Où boire un verre ?

Youth Hostel : *High Close, Loughrigg. ☎ 375-79. • langdale@yha.org.uk • Dans le hameau de Langdale, à l'ouest d'Elterwater (ne pas confondre avec Little Langdale). Compter 17-18 £.* Une AJ classique à 5 mn en voiture d'Elterwater, sur les hauteurs, par une petite route qui grimpe en zigzag.

Youth Hostel : *au bout du village après le pont. ☎ (0845) 371-90-17. • elterwater@yha.org.uk • Compter 17-18 £.* Grosse maison en pierre grise et toit en ardoise.

Britannia Inn : *au cœur du village. ☎ 372-10. Plats 9-15 £.* Excellente cuisine locale qui embaume à la ronde, comme le fameux agneau de pays, ou de bons gibiers en sauce. Cadre traditionnel rustique et intime avec ses nombreuses cheminées et tables bien dressées. Très bon service. Ambiance authentique et chaleureuse. Quelques jolies chambres sur place, mais trop chères malheureusement.

CONISTON

IND. TÉL. : 015394

Gros bourg au pied d'une montagne nommée *The Old Man of Coniston.* John Ruskin habitait à Brantwood, de l'autre côté du lac, et est enterré dans le cimetière local. C'est aussi ici que repose Donald Campbell, mort en 1967 en essayant de battre le record du monde de vitesse sur eau...

Adresse utile

Tourist Information Centre : *sur le parking principal. ☎ 415-33. • conistontic.org • Ouv tlj 9h30-17h avr-oct, 10h-16h le reste de l'année.*

Où dormir ?

Campings

Coniston Hall Farm : *à la sortie sud du village, parcourir 1 km en direction de Torver. ☎ 412-23. Ouv avr-oct. Env 15 £ pour 2 avec tente et voiture.* Isolé au bord du lac, ce vaste camping réservé aux tentes (plus de 250 emplacements) jouxte une ferme massive, dont les énormes cheminées n'ont rien à envier à celles d'un haut fourneau. Il faut un peu batailler pour se ménager une place.

Park Coppice : *au sud de Coniston, à env 2 km sur l'A 593 en direction de Torver. ☎ 415-55. • caravanclub.co.uk • Ouv fin mars-début nov. Prévoir 11,50-18,50 £ pour 2 avec tente et voiture selon saison ; ajouter 7 £/pers pour les non-membres.* Énorme camping, principalement pour caravanes, avec une poignée d'emplacements pour tentes. En contrebas de la route, dans un environnement boisé, mais sol un peu caillouteux.

Bon marché (moins de 40 £ / 48 €)

Youth Hostel : *Holly How, Far End, à la sortie du village en allant vers Ambleside, sur la gauche (c'est fléché). ☎ (0845) 371-95-11. • conistonhh@yha.org.uk • Compter 18,50 £ en été.*

Youth Hostel : *Coppermines House, à env 2 km du village. ☎ (0845) 371-96-30. • coppermines@yha.org.uk • Env 17-18 £ en saison.* Un peu isolé, face aux montagnes. On y accède par une route de terre.

Où manger ?
Où boire un verre ?

The Black Bull Inn : *Yewdale Rd. Au centre du bourg, à l'intersection des routes pour Hawkshead, Ambleside et Broughton. Petite restauration le midi ; le soir, plats 10-19 £.* Pub classique aux plafonds bas veinés de grosses poutres, où se retrouvent habituellement les marcheurs. Vrai feu de cheminée les jours maussades. Cuisine de terroir, roborative. Petite terrasse.

Jumping Jenny : *au-dessus du parking de la Brantwood House. ☎ 417-15. Tlj 11h-18h (17h en hiver, mer-dim slt). Plats max 10 £.* Une jolie maison en pierre locale et aux volets verts, flanquée d'une terrasse géniale avec vue époustouflante sur le lac et les montagnes. À l'intérieur, du plancher, un poêle à bois et, en permanence, des notes de musique classique. De quoi donner envie de s'attarder, d'autant qu'on y sert une petite cuisine de qualité et de délicieux gâteaux. Un endroit vraiment agréable !

À voir. À faire

The Ruskin Museum : *dans le centre du village.* ☎ *411-64.* • *ruskinmuseum.com* • *Tlj 10h-17h30. Entrée : 5,25 £.* Sans surprise, on y trouve une section sur Ruskin (voir *Brantwood House,* ci-dessous, pour plus d'infos sur le personnage), avec pas mal d'objets personnels, croquis, aquarelles, manuscrits et même son *harmonicon* (sorte de grand xylophone), mais également une partie consacrée à Donald Campbell, fils d'un célèbre pilote de course, qui se tua sur le lac de Coniston en tentant de battre le record du monde de vitesse sur l'eau : son bateau, le *Bluebird,* qui filait à 328 miles/h (525 km/h !), « décolla » avant de retomber et de se briser violemment contre la surface, décapitant au passage le malheureux Campbell... Un petit film permet de voir l'accident, et bientôt le musée accueillera le *Bluebird...* remis en état. À noter que Campbell était aussi, à son époque, le détenteur du record de vitesse sur terre, ayant franchi la barre des 400 miles/h...

Brantwood House : *de l'autre côté du lac.* ☎ *413-96.* • *brantwood.org.uk* • *On peut s'y rendre par la route ou, de manière plus plaisante, en prenant le bateau victorien* Gondola *(env 10 £ l'A/R). Musée ouv de mi-mars à mi-nov tlj 11h30-17h ; de mi-nov à mi-mars, mer-dim 10h30-16h. Entrée : 6,30 £ ; jardins seuls 4,50 £ ; réduc.* Voici la maison où John Ruskin (1819-1900) passa le dernier quart de son existence. L'homme, un grand intellectuel du XIXᵉ s, était membre du mouvement préraphaélite et influença par ses écrits de nombreuses personnalités à travers le monde, comme Gandhi. C'était un humaniste et un moraliste, avec des idées avancées pour l'époque sur l'éducation populaire. Il fit d'abord des études de minéralogie et de biologie, et vous verrez une partie de sa collection de coquillages, très bien répertoriés ; il fut l'ami de Charles Darwin. Mais Ruskin est surtout connu pour avoir longuement expliqué et étudié l'architecture gothique (dessins d'Amiens, de Beauvais, etc.), et avoir fait redécouvrir Venise à travers son livre le plus célèbre, *Les Pierres de Venise* (Éd. Hermann). Une fois installé pour de bon à Brantwood, vers 1880, Ruskin relança l'industrie de la dentelle et de la broderie avec du lin produit localement.

La maison est couverte de dessins d'architecture, de paysages et de scènes naturalistes. Mais, surtout, les meubles ont été laissés en l'état, comme s'il était encore là. On peut, en toute simplicité, s'asseoir sur certains fauteuils auprès de la cheminée et déchiffrer au piano la chanson qu'il avait composée.

Dans une dépendance à côté de la maison, expos temporaires, et au-dessus, charmant jardin en terrasses aux ambiances multiples. Car Ruskin avait aussi des idées précises sur le jardinage.

HAWKSHEAD

IND. TÉL. : 015394

Un très joli village traditionnel, dont les ruelles pavées enserrent une église typique du XVᵉ s. De 1779 à 1787, sa petite école eut le privilège de compter parmi ses élèves... William Wordsworth, encore lui ! On peut d'ailleurs la visiter ; les bureaux n'ont pas l'air d'avoir bougé depuis 400 ans. C'est aussi le fief de Beatrix Potter et une vitrine-relais du *National Trust.*

Où dormir ? Où manger dans le coin ?

Youth Hostel : *Esthwaite Lodge, à env 1 mile au sud de Hawkshead.* ☎ *362-93.* • *hawkshead@yha.org.uk* • *Compter 17 £/pers. (payants).* Plutôt bien situé, face au lac.

Howe Farm : *à moins de 1 mile au sud de Hawkshead, LA22 0QB.* ☎ *363-45.* • *stay@howefarm.co.uk* • *howefarm.co.uk* • *Doubles à partir* *de 70 £, petit déj compris.* Une petite ferme datant du XVIIe s et accrochée à flanc de colline, dont la déco intérieure, coquette et chaleureuse, contraste avec la façade rustique. 2 chambres très agréables avec salle de bains privée sur le palier et vue sur la vallée. Mais le must demeure le breakfast maison préparé avec les produits de la ferme ou encore le repas du soir à petit prix. Un de nos coups de cœur.

|●| *Grandy Nook :* *Vicarage Lane, dans le centre. ☎ 364-04. Fermé lun, mar et en janv.* Pas facile à débusquer, ce salon de thé ! Pour aller vous régaler de chocolat chaud onctueux et de *scones* moelleux (à tartiner de crème et de *rum butter* !), il vous faudra passer sous l'arcade de la maison blanche faisant face à la *Beatrix Potter Gallery...* et pousser la petite porte de la petite maison à l'enseigne en forme de théière. On se croirait presque arrivé chez Mme Piquedru, la blanchisseuse de Beatrix Potter ! À l'heure du déjeuner, vous trouverez aussi sandwichs et soupe du jour. Fameux et pas bien cher.

À voir. À faire dans le coin

★ *The Beatrix Potter Gallery :* *au centre du village. ☎ 363-55. Tlj sf ven, 11h-16h30 (dernier ticket) avr-oct, jusqu'à 15h de mi-fév à fin mars. Fermé de nov à mi-fév. Entrée : 4,80 £ ; réduc.* C'est l'occasion d'admirer bon nombre d'aquarelles originales. Beatrix Potter savait comme personne saisir la magie des paysages du Lake District et les retranscrire avec poésie. On découvre que son œuvre ne s'adresse pas seulement aux enfants.

★★ *Hill Top :* *au hameau de* ***Near Sawrey,*** *à 2 miles au sud de Hawkshead. ☎ 362-69. • nationaltrust.org.uk • Tlj sf ven 10h-17h avr-oct, 10h15-16h de mi-fév à fin mars. Fermé le reste de l'année. Entrée : 8 £ ; réduc.* Attention, il s'agit de l'un des sites les plus visités de la région ; il n'est pas rare, en particulier en période de vacances scolaires, de faire longuement la queue ! Cette jolie ferme du XVIIe s est l'une des étapes incontournables du circuit consacré à Beatrix Potter, qui y passa une grande partie de sa vie. Elle aimait tellement l'endroit qu'elle s'en servit à maintes reprises comme décor pour ses histoires. Tout ici évoque l'artiste et son univers, à commencer par son ravissant jardin, on ne peut plus anglais...

GÉNÉREUSE DE NATURE

L'engagement et la forte personnalité de Beatrix Potter faisaient d'elle une femme attachante et d'avant-garde. À force de parcourir la contrée pour réaliser ses aquarelles, elle prit conscience des dangers qui menaçaient sa chère nature et n'eut de cesse d'aider éleveurs et agriculteurs, en leur rendant espoir et fierté. Elle relança notamment l'élevage du mouton local, le fameux Hardy Herdwick sheep. Surtout, elle légua au tout jeune National Trust l'ensemble de ses biens et terres, soit une trentaine de propriétés et près de 4 000 ha !

D'ELTERWATER À BOOT

Après la verdure et la douceur des paysages, direction la côte. On découvre des espaces de pierres et d'éboulis beaucoup plus sauvages et des vallées très isolées.

WRYNOSE PASS

Premier col. La route sinue dans la vallée, des murs l'enserrent complètement de chaque côté. Au bout, ça grimpe assez dur pour déboucher sur le Hardknott

Pass. Tout du long, des endroits pour s'arrêter et laisser passer les autres voitures, mais aussi pour admirer le paysage.

HARDKNOTT PASS

La route fut construite par les Romains et n'a pas été redessinée depuis. La descente dans la vallée est assez époustouflante. On a l'impression qu'on va aller se cogner aux pierres qui ferment la route, les virages sont difficiles à négocier : les pentes ont entre 25 et 30 % de dénivelée. Bref, ça ressemble terriblement à des montagnes russes. Ouf ! On est à nouveau dans la vallée. Coup d'œil à l'ancien fort romain. Admirez l'épaisseur et la hauteur des murs ; heureusement, la main-d'œuvre n'était pas chère ! Vue sur les monts Sca et, au loin, *Scafell Pike,* la plus haute montagne d'Angleterre (un peu plus de 1 000 m). Si vous êtes allergique aux moutons, c'est là qu'il faut aller. Pas un brin d'herbe au sommet, donc pas de moutons, mais des cailloux et du lichen. Par temps clair, de là-haut, vous apercevrez la vallée de Wast, à vos pieds évidemment, puis, au-delà, Ennerdale et enfin la mer !

Où dormir ?
Où manger ?

Youth Hostel : *Eskdale-Boot,* ***Holmrook.*** *☎ (0845) 371-93-17. • eskdale@yha.org.uk • Env 16-18 £/pers.* Situation privilégiée au milieu de nulle part, avec les montagnes tout autour. Plein de balades à faire dans le coin.

Woolpack Inn : *juste après le Hardknott Pass, en direction de Boot, à 200 m de l'AJ. ☎ (01946) 723-230. • office@greendoor.me • woolpack.co.uk • Double env 60 £, avec petit déj. Au resto, plats 6,50-12,50 £.* Un pub-bar-resto proposant aussi une grosse poignée de chambres un peu petites mais cosy, d'un bon rapport qualité-prix. Côté cuisine, la maison fait à la fois dans le traditionnel anglais et l'italien, avec des pizzas au feu de bois et des produits frais et locaux. Même le bouillon-cube est maison ! Resto et pub chauffés au poêle et bar plus moderne, avec un beau choix de vodkas. Prévoir un peu d'attente lorsque le lieu est envahi de randonneurs...

D'ESKDALE À WAST WATER, PAR LA ROUTE

ESKDALE

Paysage beaucoup plus doux et boisé. Les amoureux de petits trains à l'ancienne prendront celui qui les mènera à Ravenglass à travers toute la vallée (plusieurs départs/j. en saison ; billet A/R à env 12,50 £, avec possibilité de monter et descendre où l'on veut). Les sportifs feront à peu près le même trajet avec des *mountain bikes* (VTT).

À voir. À faire

➢ Belle balade jusqu'à ***Devoke Water,*** lac de montagne calme et tranquille au milieu d'une lande plutôt sinistre. D'Eskdale Green, prendre la route d'Ulpha, jusqu'à un chemin de cavaliers sur la droite dans la direction de Waberthwaite. Laissez votre voiture et rendez-vous à pied au lac. De la route, très belles envolées sur les monts Sca toujours aussi nus ! D'autres iront à la cascade ***Stanley Force.***

➢ En voiture, vous pouvez aussi faire une boucle en allant jusqu'à Ulpha (vers le sud), puis ***Stoneside Hill*** et retour sur Eskdale Green. ***Ulpha Fell,*** au milieu de la boucle, est très sauvage, avec une lande qui s'étend à perte de vue. Des moutons, des moutons, encore des moutons.

LE LAC WAST WATER

Très encaissé au fond de la vallée, ce magnifique lac est le plus profond de la région. Paysage sauvage et impressionnant, qui donne l'impression d'un vaste désert de rocailles et de landes. Des couleurs extraordinaires au coucher du soleil.

Où dormir ?
Où manger ?
Où boire un verre ?

⛺ ***Wasdale Campsite :*** *au bout du lac.* ☎ *(019467) 262-20.* ● *wasdale.campsite@nationaltrust.org.uk* ● *Tte l'année. Compter 18 £ pour 2 avec tente et voiture en hte saison.* Appartient au *National Trust.* Un terrain réservé aux tentes (ou *campervans*) dans un site sublime. Équipements limités et rudimentaires.

🏠 ***Youth Hostel Wastwater : Wasdale.*** ☎ *(0845) 371-93-50.* ● *wastwater@yha.org.uk* ● *Env 1,5 mile après Nether Wasdale en allant vers Wasdale Head. Nuitée 10-18,40 £ selon saison.* Une grosse bâtisse grise un peu isolée au bord du lac.

🏠 |●| 🍷 ***The Screes Inn :*** *à* ***Nether Wasdale,*** *CA20 1ET.* ☎ *(019467) 262-62.* ● *info@thescreesinnwasdale.com* ● *thescreesinnwasdale.com* ● *Doubles à partir de 70 £, petit déj compris. Plats env 10 £.* 📶 Maison basse typique du XVIIIᵉ s, à façade chaulée. Intérieur rustique. Bonne cuisine de pub et chambres correctes.

|●| 🍷 ***Wasdale Head Inn et Ritson's Bar :*** *à* ***Wasdale Head.*** ☎ *(019467) 262-29.* ● *wasdale.com* ● *Plats env 11 £.* Au pied des montagnes, un pub au cadre chaleureux avec des tables et banquettes en bois et des cartes et photos du coin sur les murs. Les randonneurs s'y retrouvent naturellement pour se raconter leurs exploits autour d'une *real ale* ou d'un bon plat bien mitonné et revigorant (essayez le *steak in ale pie,* excellent !). Fait aussi resto en saison, avec des plats autour de 15 £, dans une salle à l'ancienne. Également des chambres, mais assez chères.

À voir. À faire

– La vallée au bout de ce lac est littéralement hérissée de murs, qui forment un ***labyrinthe*** extraordinaire. De là, on aperçoit des sentiers qui partent dans la montagne. Au milieu des murs, la plus petite chapelle d'Angleterre.
– Vous aurez peut-être la chance d'apercevoir des gens du coin s'entraîner à un des sports locaux, le *fell running.* Il consiste à descendre la pente de la montagne en courant le plus vite possible... en ligne droite évidemment (un peu comme la « ramasse » dans les Alpes françaises) ! On en a le souffle coupé pour eux. Il y a une compétition à Grasmere le jeudi le plus proche du 20 août.

🏠 À l'angle du *Ritson's Bar,* un sentier mène au Black Sail Pass et rejoint la plus petite **AJ** du coin (16 lits). ☎ *(0845) 371-96-80.* Confort rudimentaire. Plutôt un refuge qu'une auberge, c'est un ancien abri de bergers, à la limite de la forêt.

➢ De là, toujours à pied, vous pouvez prendre le *Scarth Gap Pass* et déboucher sur Buttermere.

➢ À partir de Wasdale Head, possibilité d'escalader *Great Gable, Green Gable.* Mais gare aux éboulis !

ENNERDALE WATER ET BUTTERMERE

En voiture, on arrive par Ennerdale Bridge. Le lac Ennerdale se trouve au bout de deux petites routes, l'une finissant à l'extrémité ouest du lac, l'autre sur la rive nord. Le sentier *Nine Beck Walk* part de Bownes Knot et permet d'en faire le tour. Très beaux points de vue sur le lac.

Où dormir ?

Youth Hostel : *Cat Crag, Ennerdale (Gillerthwaite). ☎ (0845) 371-91-16. • ennerdale@yha.org.uk • À l'est du lac, accès depuis la rive nord par un chemin forestier (carrossable) d'env 2 miles. Env 17-18 £ la nuitée.* Ancienne maison de forestier en pleine nature.

BUTTERMERE

Petit village (quelques maisons éparpillées) posé dans la vallée entre les lacs de Crummock Water et Buttermere. De nombreux chemins partent de cet endroit stratégique, soit vers Whiteless Pike et Crag Hill, soit, de l'autre côté des lacs, vers Scale Force (l'à-pic de la cascade est impressionnant, le volume d'eau l'est moins) et Red Pike.

Où dormir ?
Où manger ?

King George VI Memorial Youth Hostel : *sur la route du Honister Pass, à la sortie de Buttermere. ☎ (0845) 371-95-08. • buttermere@yha.org.uk • Compter 12-20 £ selon saison.* Belle demeure en pierre de taille, face à la montagne.

Wood House Cottage : *sur la B 5289 en arrivant de Cockermouth, peu avt le village. ☎ (017687) 702-08. • woodhouse.guest@virgin.net • wdhse.co.uk • Double 110 £, petit déj compris.* Les tarifs sont assez élevés mais il est difficile de résister au cadre romantique de cette belle demeure. Isolée au bord de la route, elle dresse sa façade chaulée face aux flancs escarpés de Red Pike. Intérieur décoré avec goût, et chambres pourvues de meubles de style.

Bridge Hotel : *au centre du village, au bord de la rivière. ☎ (017687) 702-52. • enquiries@bridge-hotel.com • bridge-hotel.com • À partir de 65-75 £/pers, petit déj inclus. Plats 9-13 £ au pub, plus chers au resto. Offres sur Internet.* Charmant hôtel de campagne à la façade cossue. Pas pour toutes les bourses mais l'ensemble est raffiné, avec des chambres impeccables et meublées à l'ancienne. Petit espace salon pour certaines et vue alentour pour toutes. Côté pub, bons plats locaux comme le *hotpot* (sorte de ragoût d'agneau et de boudin noir). Après une bonne marche, il faut bien cela pour reprendre des forces.

DE BUTTERMERE À KESWICK PAR LE HONISTER PASS

Après le lac Buttermere, la route s'engage dans la vallée de Honister, frangée d'austères montagnes arides et d'éboulis ; la dernière section monte brutalement vers le col, le *Honister Pass,* qu'on franchit au niveau d'un mur d'ardoise élevé par les anciens ouvriers de la carrière d'ardoise (lire

« À voir »). Le paysage à cet endroit, en se retournant vers Buttermere, est assez spectaculaire. Puis on redescend sur Borrowdale par le hameau de Seatoller, direction Keswick.

Où dormir en auberge de jeunesse ?

Youth Hostel : *Seatoller, Honister Pass. ☎ 0800-0191-700 (numéro central). • honister@yha.org.uk • Au niveau du col de Honister, juste après le musée de la Mine venant de Buttermere. Env 17-18 £ la nuitée.* On ne peut plus isolé, en pleine montagne. Confort simple, mais on peut y prendre le petit déj et le dîner.

Youth Hostel : *Borrowdale, Longthwaite. ☎ (017687) 772-52. • borrowdale@yha.org.uk • En continuant vers Keswick, sur la gauche. Compter 18-25 £ la nuitée. (payants).* Un peu en retrait du hameau, avec vue sur les montagnes.

Derwentwater Youth Hostel : *Barrow House, Borrowdale,* ***Keswick.*** *☎ (017687) 772-46. • contact@derwentwater.org • derwentwater.org • Env 19-20 £ la nuitée en été.* AJ privée à 3-4 km avant Keswick, au bord du lac Derwent. 88 lits en tout, dont 22 dans le même dortoir. Staff très sympa. Bel emplacement.

À voir. À faire

Honister Slate Mine : *Honister Pass,* ***Borrowdale.*** *☎ (017687) 772-30. • honister.com • Sur la B 5289 entre Borrowdale et Buttermere, au niveau du col. Visites guidées (env 1h30) tlj à 10h30, 12h30 et 15h30. Entrée : env 10 £. Ticket groupé visite de la mine, via ferrata et lunch 47 £.* Dans un environnement minéral, presque lunaire. Coiffé d'un casque, on attaque par une petite grimpette en bus pour atteindre la galerie à proprement parler, puis on pénètre dans le ventre de la montagne. Visite passionnante, en anglais. Au choix : la *Kimberley,* plus facile, ou *the Honister,* plus physique (il faut mesurer au moins 1,30 m pour pouvoir la faire). Dans les deux cas, en ressortant, on sait tout, ou presque, sur la splendide ardoise verte qui fait la fierté des mineurs. Une ardoise haut de gamme, extrêmement chère car difficile à extraire. Et pour les plus courageux, il y a une *via ferrata. Coffee shop* sur place.

➢ Du Honister Pass, suivre les sentiers qui mènent à ***Great Gable*** et à ***Dale Head.*** On choisit sa direction ; mais attention, il faut être équipé correctement (chaussures, carte, imperméable). On peut se retrouver très vite sous la pluie ou dans les nuages !

➢ À partir de ***Rosthwaite,*** passer le pont et suivre l'ancien chemin cavalier, qui permettait de se rendre à Watendlath, à gauche de *Hazel Bank.* Compter 2-3h de marche. Dénivelée de l'ordre de 300 m. Après cette rude grimpette, vous vous arrêterez au *Caffle House Tea-Room,* dans une bergerie, car vous aurez bien mérité les gâteaux que l'on y sert.

Environ 2 miles après Rosthwaite et avant d'admirer le ***lac Derwent*** dans la verdure, on passe par le mignon village de ***Grange.*** Accès par un joli pont-chameau. À deux bosses quoi ! Paysage alentour très boisé.

Watendlath : quelques kilomètres avant Keswick, depuis la route au bord du lac Derwent, petite route en épingle à cheveux sur la droite pour se rendre à ce hameau isolé composé de fermes et de bergeries au bord d'un lac de montagne, coupé du monde et du temps, très protégé par le *National Trust.* La route qui y mène est une petite merveille... et permet de franchir *Ashness Bridge,* un vieux pont en pierre, l'un des plus photographiés de la région, avec le lac Derwent en arrière-plan et les monts Skiddaw. Quelle belle carte postale ! On se sent heureux dans ce paysage tranquille.

KESWICK

IND. TÉL. : 017687

Grosse bourgade de montagne, sur le bord du lac Derwent, organisée autour d'une agréable rue commerçante truffée de pubs et restos. On y déniche le *Mining Museum* (fermé dimanche et lundi), *The Puzzling Place* (tous les jours en saison 11h-17h30), dédié aux illusions optiques, et le *Pencil Museum* (tous les jours 9h30-16h), trois petits musées pas incontournables mais utiles les jours de pluie. À part ça, c'est une excellente base pour rayonner dans le coin.

Adresses utiles

Tourist Information Centre : *Moot Hall, Market Sq. ☎ 726-45. • keswick.org • Dans la tour-horloge de la rue piétonne. Tlj 9h30-17h30 (16h30 en hiver).* Équipe accueillante, dynamique et compétente.

@ ***Internet :*** *dans les locaux de la poste, à l'étage. Ou encore à la bibliothèque (tlj sf dim à partir de 10h) et au café Java sur Market Sq.* C'est payant partout.

Hôpital : *Crosthwaite Rd. ☎ (01768) 245-678. À la sortie nord du bourg, en direction de l'A 591 et de l'A 66.*

George Fisher : *sur Lake Rd, au centre-ville. ☎ 721-78. Tlj 9h-17h30 (10h30-16h30 dim) ; jusqu'à 18h en été.* Immense magasin où l'on peut se procurer tout le matériel de randonnée et de camping. Location de chaussures de marche pour les têtes en l'air. Également des cartes et guides de randonnées.

Bus Terminal : *au niveau du magasin Booths, derrière Main St.* Véritable carrefour des axes nord-sud et est-ouest.

Où dormir ?
Où manger ?

Camping

Castlerigg Hall Caravan and Camping Park : *Castlerigg Hall. ☎ 744-99. • info@castlerigg.co.uk • castlerigg.co.uk • Ouv mars-début nov. À env 2 miles, direction Windermere, puis indiqué sur la droite. Compter 21 £ pour 2 avec tente et voiture.* Sur les hauteurs, donc avec une vue superbe sur les montagnes et le lac. Accueil chaleureux et équipement exemplaire : salles et cuisine à dispo pour les repas en cas de pluie, boutique, resto et laverie. Le *Stone Circle* est accessible à pied.

Castlerigg Farm Campsite : *juste après le précédent. ☎ 724-79. • info@castleriggfarm.com • castleriggfarm.com • Ouv fin mars-début nov. Env 17 £ pour 2 avec tente et voiture.* Terrain un peu plus élevé et exposé au vent que le *Castelrigg Hall Camping Park* mais sympa aussi et bénéficiant, là encore, d'une super vue. Bon accueil, petite boutique, café-resto et laverie.

Bon marché (moins de 20 £ / 24 €)

Youth Hostel : *Station Rd. ☎ 724-84. • keswick@yha.org.uk • Env 20 £ la nuitée en été. (payants).* Situation plaisante, au bord de la rivière, à quelques minutes à pied de Market Square.

The Lakeland Pedlar Wholefodd Café : *Bell Close. ☎ 744-92. En plein centre, sur le parking de Market Place. Tlj 9h-17h. Compter 4-8 £.* Petite salle accueillante dédiée au vélo (c'est le repaire des cyclistes !), avec des tables et chaises en bois. Une excellente adresse pour le midi, on y sert des sandwichs, salades, de succulents plats et de bons grands bols de soupes, le tout exclusivement végétarien et... copieux.

Bryson's Tea-Room : *42 Main St.*

☎ *722-57. Tlj 9h-17h.* Cette pâtisserie-salon de thé est réputée à Keswick depuis plus de 60 ans. À emporter ou à consommer sur place, vaste choix de biscuits, cakes et douceurs, mais aussi des sandwichs, soupes et petits plats le midi. Bien pour reprendre contact avec la civilisation après une sortie dans les montagnes.

De prix moyens à plus chic (60-120 £ / 72-140 €)

Très nombreux ***B & B*** dans la ville, notamment sur Eskin St.

Parkfield Guesthouse : *The Heads, CA12 5ES.* ☎ *723-28.* • *parkfield keswick@hotmail.co.uk* • *parkfield-keswick.co.uk* • *À 2 mn du centre-ville, dans une rue qui débouche sur Heads Rd, au niveau du parking. Doubles 80-100 £.* Dans une maisonnette reconnaissable à ses gouttières vertes, une poignée de chambres coquettes tenues à la perfection par la souriante Susan Berry. Les plus chères sont plus grandes et ont une TV géante et une meilleure vue. Petit salon confortable à la déco bien léchée et salle de petit déj très plaisante.

The George Hotel : *3 Saint John's St, CA12 5AZ.* ☎ *720-76.* • *thegeorgekeswick.co.uk* • *À un jet de pierre de Market Pl. Double env 100 £, avec petit déj. Plats 10-16 £ le soir (moins cher le midi).* C'est le plus vieux pub de la ville, et ses murs en portent les traces, à commencer par les vieilles cheminées autour desquelles il est agréable de se poser. C'est aussi l'une des meilleures tables du coin. Cuisine authentique et savoureuse, avec pléthore de spécialités locales remises au goût du jour, comme le *cow pie :* un feuilleté de 2 livres et demie de bœuf ! De quoi requinquer le plus affamé des marcheurs !

À voir. À faire

➢ Balade en bateau possible sur le lac avec le ***Keswick Launch,*** ☎ *722-63.* • *keswick-launch.co.uk* • Départs (env 8 fois/j. en saison) du bout de Lake Rd. Le bateau fait tout le tour du lac et le ticket d'un jour (environ 9 £) permet de monter et descendre à loisir aux 7 arrêts. Sinon, on peut prendre un ticket juste pour relier 2 points du lac, c'est évidemment moins cher. Très beaux points de vue sur les montagnes environnantes, notamment les rochers des *Borrowdale Fells,* qui forment un excellent terrain de jeux pour les grimpeurs, ou encore *Friar's Crag* (voir ci-après).

Friar's Crag : *sur le bord du lac, au-delà du théâtre et de la jetée.* Lieu de pèlerinage pour deux raisons : c'est de cette petite langue de terre que, au XVIIe s, partaient les religieux voulant recevoir la bénédiction de saint Herbert, le saint local, qui vivait au milieu du lac, sur Saint Herbert's Island. D'autre part, John Ruskin affirmait que, de là, la vue sur le lac et les rives opposées est sublime. Alors ? Converti ?

Castlerigg Stone Circle : *à env 2 miles du centre-ville. Prendre la route A 591 en direction de Windermere (ou l'A 66), puis indiqué sur la droite (petite route qui monte).* Ces pierres levées (une trentaine), plus anciennes que Stonehenge, sont posées en cercle dans la verdure. Assez impressionnant.

DANS LES ENVIRONS DE KESWICK

➢ Balades à pied vers ***Bowscale Tarn*** ou ***Skiddaw Forest*** (bonnes chaussures, carte et imperméable).

Skiddaw : les courageux se lanceront à l'ascension de cette montagne (environ 930 m) depuis Keswick, direction Latrigg Walk au début. Du centre-ville, traverser la rivière Greta et suivre la route (qui tourne à droite puis à gauche) jusque

Briar Rigg, où se trouve une bifurcation vers Latrigg Summit-Skiddaw. Après, c'est de la marche dans des paysages plutôt désolés. Compter 3h jusqu'au sommet depuis le centre-ville. De là-haut, belle vue sur le lac et les montagnes Helvellyn. Pour les moins sportifs, il existe un moyen de tricher un peu et de garer sa voiture au nord de Latrigg, au bout du chemin Gale Rd, en passant par Applethwaite et Underscar. Ça raccourcit de 1h (dans chaque sens)... mais c'est un peu dommage !

Dans le coin, halte possible pour la nuit à la ***Skiddaw Bunkhouse,*** l'AJ la plus haute du pays (*077471) 742-93. • skiddawhouse@yha.org.uk • Compter 14 £/pers en saison).* Attention, elle ne se trouve pas sur le chemin du sommet de Skiddaw et on n'y accède qu'à pied, en 1h30 environ depuis le parking de Latrigg. Isolement et tranquillité garantis au coin d'un bon feu de bois.

Cockermouth : *à 25 miles à l'ouest, par l'A 66.* Grosse bourgade familiale aux maisons colorées, à la frontière du Lake District. On peut s'y arrêter quelques heures, le temps de visiter la ***maison natale de Wordsworth*** ou la ***brasserie Jenning's,*** dont les pubs du même nom ont envahi la région. Pour ceux qui passeraient la nuit dans le coin, ne pas manquer le restaurant *Quince and Medlar*.

Quince and Medlar : *13 Castlegate, dans le centre. ☎ (01900) 823-579. Mar-sam, le soir slt. Résa très conseillée le w-e. Plats 14 £.* Connu dans tout le Lake District, ce restaurant chic propose de la haute cuisine, végétarienne uniquement. Les principaux ingrédients : le souci du détail, les produits bio et l'inspiration méditerranéenne. Espace assez réduit mais élégant, imprégné d'une douce atmosphère. Ne manquez pas non plus les desserts, qui viennent couronner le repas.

ULLSWATER LAKE

IND. TÉL. : 017684

Le deuxième lac du Lake District en taille, que l'on préfère à celui de Windermere : nettement moins de monde, des paysages encore plus grandioses et une route qui longe vraiment le bord de l'eau. Au nord, le petit village de Pooley Bridge ; au sud, Glenridding et Patterdale, deux bourgades distantes de seulement 1,5 miles. On y trouve un gentil port de plaisance. C'est de ce lac qu'on peut escalader le Helvellyn, le troisième sommet de la région.

Arriver – Quitter

➢ ***En voiture***

– Depuis Keswick, par l'A 66 en direction de Penrith, puis prendre l'A 5091 vers Glenridding et Patterdale.

– Depuis Windermere, direction Ambleside (A 591), puis A 592 vers Troutbeck. Passer le col de Kirkstone.

➢ ***En bus :*** à peine quelques rotations/j. d'où qu'on vienne. Bus n° 108 depuis Penrith et, en été, le n° 517 de Windermere et le n° 208 de Keswick. Arrêts à Glenridding et à Patterdale. • *traveline.info* •

Adresses utiles

Ullswater National Park Information Centre : *sur le parking de **Glenridding.** ☎ (017684) 824-14. • lakedistrict.gov.uk • Tlj 9h30-17h30 fin mars-fin oct ; en principe slt le w-e en hiver.* Bon accueil et bonne documentation.

– Liste des hébergements et des activités sur • *ullswater.com* •

@ ***Internet :*** *à la* Ratchers Tavern *et au* Greystone's Café *(wifi) à **Glenridding.***

Où dormir dans la vallée ?

Gill Side Caravan Campingsite : à Glenridding, sur les hauteurs du village (suivre la route qui monte depuis le parking de l'office de tourisme, puis c'est fléché sur la gauche). ☎ 823-46. • gillsidecaravanandcampingsite.co.uk • Compter 17 £ pour 2 avec tente et voiture. Un tantinet rustique, le *Gill Side* se contente d'une soixantaine d'emplacements (résa conseillée !), groupés au bord de la rivière, dans un bel environnement. Équipements minimum, en revanche c'est un camping écolo !

The Sykeside Camping Park and Brotherswater Inn : à env 3 miles au sud de Patterdale, CA11 ONZ. ☎ 822-39. • info@sykeside.co.uk • sykeside.co.uk • Camping 13-20 £ pour 2 avec tente et voiture selon saison ; double 68 £, avec petit déj. Dans ce fief de randonneurs, face aux montagnes, on a le choix entre le camping, la chambre en *B & B* ou, pour les groupes, des *bunkhouses.* Les moutons paissent entre les tentes et les voitures ne sont pas autorisées sur le gazon. Boutique, bar et restaurant sur place.

Youth Hostel Helvellyn : Greenside, Glenridding. ☎ 0800-0191-700 (numéro central). • helvellyn@yha.org.uk • Aller vers le haut du village, dépasser The Traveller's Rest *et prendre à droite au panneau ; c'est env 1 mile plus loin, par une petite route de terre. Env 14 £ la nuitée.* À côté d'anciennes mines de cuivre, dans un superbe environnement montagneux et sauvage. Assez bien équipé pour une AJ aussi isolée. Possibilité aussi d'y planter sa tente. Personnel très serviable et informatif. De plus, on est sur le chemin qui monte vers le sommet de l'Helvellyn, situé 8 miles plus loin.

Youth Hostel Goldrill House : à la sortie sud de Patterdale. ☎ 823-94. Env 17-18 £ la nuitée. Joliment situé.

Mosscrag Guesthouse : dans le centre de Glenridding, au bord de la rivière. ☎ 825-00. • info@mosscrag.co.uk • Compter 70-85 £ selon confort et période. Parfois des offres sur Internet. Table d'hôtes 17 £. Une poignée de chambres douillettes et très agréables, dotées de tout le nécessaire. Nombreuses infos sur la région (randonnées, restaurants...) et très bon accueil. Fait aussi table d'hôtes, ça peut changer du resto !

Où manger ? Où boire un verre ?

À Glenridding

The Ratchers Tavern : en bas de l'hôtel Glenridding. ☎ 822-28. Plats 10-17 £. Dans ce pub sans fioritures, bons plats de terroir ainsi que des pizzas (autour de 10 £). Idéal pour se remettre des efforts de la journée.

The Traveller's Rest : dans le haut du village. Tlj midi et soir. Plats 10 £, grillades plus chères. Un pub chaleureux au pied des sentiers, arrêt naturel des grimpeurs qui ont faim et soif...

À Patterdale

The White Lion Inn : au centre du hameau. Plats env 10 £, petite restauration moins chère. Dans une maison blanche élancée, dressée face à la vallée. Ambiance de pub et cuisine de bonne qualité à prix raisonnables. Propose également des petits déjeuners et des *packed lunches* pour les randonneurs.

Balades dans les environs

Avant toute chose, on vous conseille de vous munir d'une bonne carte car les sentiers ne sont pas balisés. Vous trouverez par exemple, à l'office de tourisme, l'*Ordnance Survey Explorer North-Eastern Area OL5*, qui vous sera d'une aide précieuse. Vous pouvez aussi vous procurer le *Helvellyn & Fairfield Hill Walker's*

Guide, qui détaille une quinzaine de randonnées d'une durée de quelques heures. Voici les plus fréquentes :

➢ *L'ascension de l'Helvellyn (950 m) :* la plus populaire, à faire avec la carte d'*Ordnance Survey.* Sans être vraiment dangereuse, mieux vaut ne pas avoir trop peur du vide car il faut marcher sur des crêtes assez raides et même parfois s'aider de ses mains… En chemin, on passe par le *Red Tarn,* un très joli lac. Env 5h A/R.

➢ *L'ascension de Place Fell (657 m) :* départ face au *Patterdale Hotel,* au sud de Patterdale. Un peu éprouvant mais vous serez récompensé par les vues du sommet. Compter 3h A/R.

➢ Prendre l'*Ullwaster Steamer* (un petit bateau à vapeur) jusqu'à *Howtown* et, de là, revenir sur Patterdale en longeant la rive est du lac, en 3-4h.

➢ Enfin, ne quittez pas le coin sans jeter un œil à l'*Aira Force,* une ravissante cascade à quelques kilomètres au nord de Glenridding. Un conseil : ne vous garez pas sur le parking principal, payant, au croisement de l'A 592 et de l'A 5091, mais sur le premier petit parking situé sur l'A 5091 (côté droit) en allant vers l'A 66. Il est non seulement gratuit mais situé à quelques minutes à peine de la cascade !

LE MUR D'HADRIEN ET LE NORD-EST

Vaste zone composite qui court de Carlisle à Newcastle, avec au sud la région de Durham et au nord le Northumberland et son parc national. Cette zone-frontière a souvent été disputée, tantôt sous possession écossaise, tantôt sous domination anglaise. C'est aujourd'hui un coin tout à fait pacifique. Il n'empêche que l'on est parfois plus près des métropoles écossaises que des anglaises. On décèle d'ailleurs, si l'on creuse un peu, un esprit frontalier quelque peu surprenant dans un pays qui se veut d'abord île, où les seules frontières sont maritimes. Mais il est vrai que l'Écosse est effectivement un autre pays, même si la reine passe ses vacances… en Écosse. À en perdre son latin !

Les Romains justement s'étaient rendu compte de tout cela et ont construit un mur coupant littéralement l'île sur environ 70 miles, de mer à mer (en gros de Carlisle à Newcastle, la partie la moins large de Grande-Bretagne), afin de protéger la frontière nord de leur empire. Les impressionnantes sections visibles aujourd'hui du célèbre mur d'Hadrien font désormais partie du territoire anglais et du Patrimoine de l'humanité.

CARLISLE

72 000 hab. IND. TÉL. : 01228

L'histoire de Carlisle se résume à une succession de conflits entre les clans écossais et les Border Reivers, des bandes de pillards très mobiles particulièrement redoutables. Du coup, l'ancienne *Luguvallium* a abrité une garnison depuis l'époque romaine jusqu'au XXe s ! Mais aujourd'hui, Carlisle a plutôt l'allure d'une respectable bourgade de province, qui tient à mettre en avant sa culture frontalière et son accès privilégié au mur d'Hadrien. Avec ses *Lanes* – un dédale de rues commerçantes couvertes –, c'est aussi devenu une ville de shopping. On y passera éventuellement une nuit, mais pas plus.

CARLISLE

Adresses utiles

- Carlisle Visitor Centre
- @ 1 Library
- @ 2 Cyber Café

Où dormir ?

- 10 Old Brewery Residences
- 11 Brooklyn House B & B
- 12 Howard Lodge
- 13 East View Guesthouse

Où manger ?

- 20 Watts Coffee-Shop
- 21 Prior's Kitchen Restaurant
- 22 Gilded Lily
- 23 Davids

Arriver – Quitter

En voiture

➢ Par l'A 69 depuis Newcastle.

En bus

Gare routière *(plan B2)* **:** *Earl Lane. Rens auprès de* National Ex-press. • *nationalexpress.com* •

➢ Plusieurs liaisons/j. avec ***Manchester*** et env 3 avec ***Keswick.***

➢ Liaisons plus ou moins directes avec ***Liverpool.***

En train

Gare ferroviaire *(plan A-B2)* **:** *Citadel Station.* ☎ *(08457) 48-49-50.*

➢ Env 1 train/h avec ***Newcastle*** (compter 1h30), et 3-4 trains/j. avec ***Londres*** (env 4h), mais aussi avec ***Glasgow, Édimbourg...***

Adresses utiles

Carlisle Visitor Centre *(plan A1)* **:** *Old Town Hall, Greenmarket.* ☎ *62-56-00.* • *discovercarlisle.co.uk* • *Mars-oct,* *lun-sam 9h30-17h (17h30 en juil-août), plus dim mai-août 10h30-16h ; nov-fév, 10h-16h.* Vous y trouverez toute la doc nécessaire pour organiser votre visite de Carlisle et préparer votre itinéraire le long du mur d'Hadrien (sites, musées, hébergements...).

✉ ***Post Office*** *(plan A-B2) : au 1er étage du magasin* WH Smith.

@ ***Internet :*** *à la* library *(plan A-B1, **1**), au 1er étage du* Lanes Shopping Centre. *Lun-ven 9h30-19h ; sam 9h30-16h ; dim 12h-16h. Également au **Cyber Café,** Warwick Rd (plan B2, **2**).*

Où dormir ?

Camping

Dalston Hall Caravan Park : *à **Dalston,** sur la B 5299, à env 4 km au sud.* ☎ *71-01-65.* • *dalstonhallholidaypark.com* • *Fermé en fév. Compter 11 £ pour 2 avec voiture et petite tente.* À 5 mn en voiture ou en bus du centre-ville, un camping tiré à quatre épingles en bordure d'un golf. Bar-resto et jeux pour les enfants.

De bon marché à prix moyens (moins de 80 £ / 96 €)

Old Brewery Residences *(plan A1, **10**) : Bridge Lane, Caldewgate.* ☎ *(0845) 371-95-10.* • *carlisle@yha.org.uk* • *Compter 24 £/pers.* Cette ancienne brasserie transformée en logements pour étudiants est ouverte aux touristes en juillet et août seulement. Une soixantaine de lits disponibles en... chambres simples uniquement.

Brooklyn House B & B *(plan B1, **11**) : 42 Victoria Place, CA1 1EX.* ☎ *59-00-02.* • *bookings@brooklynhouse.co.uk* • *Env 25-30 £/pers.* Une adresse aux tarifs serrés et, pourtant, tout à fait convenable. 8 chambres pour 1 à 4 personnes avec tout le confort de base. Petit déjeuner servi au rez-de-chaussée. Un bon rapport qualité-prix !

East View Guesthouse *(plan B2, **13**) : 110 Warwick Rd, CA5 1JU.* ☎ *52-21-12.* • *eastviewguesthouse.co.uk* • *Doubles 65-70 £.* Dans une de ces rues où toutes les maisons se ressemblent, celle-ci nous a bien plu, notamment pour la qualité de son accueil. Pas de vue, contrairement à ce que l'on pourrait attendre, mais 8 chambres de belle taille, pour 1 à 3 personnes, avec salle de bains étincelante. Petit déj primé !

Howard Lodge *(plan B2, **12**) : 90 Warwick Rd, CA1 1JU.* ☎ *52-98-42.* • *info@howard-lodge.co.uk* • *howard-lodge.co.uk* • *Double 65 £.* Ici encore, 8 chambres (c'est une manie à Carlisle !), à la déco assez classique mais parfaitement tenues. Accueil très chaleureux.

Où manger ?

De bon marché à prix moyens (moins de 15 £ / 18 €)

Watts Coffee-Shop *(plan A-B2, **20**) : 11 Bank St.* ☎ *52-15-45. Lun-sam 8h30-16h30.* Une épicerie-salon de thé à l'ancienne, au cadre rétro. Pour le déjeuner, ça se bouscule au portillon, car on y mange de bons gâteaux, des salades et de petits plats du jour sans prétention mais très appétissants, à base de produits *fair trade*. Au rayon épicerie fine, de bons *toffees,* un grand choix de thés, cafés et marmelades, etc. Quant au sous-sol, c'est une véritable caverne d'Ali Baba. Une descente s'impose. Accueil charmant.

Prior's Kitchen Restaurant *(plan A2, **21**) : sur le flan gauche de la cathédrale, dans l'ancien réfectoire des moines. Lun-sam 9h45-15h30. Sandwichs et plats 4-7 £.* Un vrai bon plan que ce self « médiéval ». On y propose une sélection de sandwichs et de petits plats mitonnés comme les auraient aimés les abbés. Pas vraiment copieux mais utilisant au maximum des produits frais et locaux. Le tout dans un décor... d'époque, ou presque !

Gilded Lily *(plan B2, **22**) : 8 Lowther St.* ☎ *59-36-00. Tlj 11h30-21h30* *(pour la cuisine). Plats à ts les prix : 7-20 £.* Grande salle composée de différentes parties : *tea-room,* espace baroque, salon privé... Le samedi soir, c'est plein comme un œuf et le bar est pris d'assaut ! Côté fourneaux, pas de la haute cuisine mais un grand choix, pour toutes les bourses et toutes les faims. On y vient en fait plus pour le décor et l'ambiance que pour le contenu de l'assiette...

Plus chic (15-20 £ / 18-24 €)

Davids *(plan B2,* ***23****)* **:** *62 Warwick Rd. ☎ 52-35-78. Fermé dim-lun. Menus 13-16 £ le midi ; le soir, compter bien 30 £ pour un repas complet.* Pas donné certes, mais le cadre, qui fait un peu penser à un salon particulier, est très soigné et la table excellente. Cuisine délicate qui ne renie pas ses origines britanniques et met à l'honneur les produits locaux. Accueil souriant et service diligent.

Où boire un verre ?

Grosse concentration de bars tout le long de *Botchergate,* pas loin de la gare. Le week-end, éternel spectacle pas très reluisant des fêtard(e)s déambulant de bar en bar, complètement ivres et à peine vêtu(e)s...

À voir

Carlisle Castle *(plan A1)* **:** *en bordure nord-ouest de la ville. ☎ 59-19-22. • english-heritage.org.uk • Tlj 9h30-17h avr-oct ; le w-e 10h-16h nov-mars. Entrée : 5 £.* Fondée en 1092 par les Normands, cette forteresse massive servit tour à tour de prison et de caserne jusqu'en 1959. Marie Stuart fut même détenue deux mois en 1568 dans l'une de ses tours (aujourd'hui démolie). Petite expo sur l'histoire du château et de la ville, ainsi que sur l'insurrection jacobite dans le donjon, et musée militaire dans les bâtiments attenants. Amusant, la tour d'accès est une copie quasi conforme de celle du Château-sur-Epte, en Haute-Normandie... Mais bon, hormis cela et quelques splendides graffitis, rien de bien palpitant malheureusement.

Carlisle Cathedral *(plan A1-2)* **:** *Castle St. Tte l'année 7h40-18h15. Evensong tlj sf sam à 17h30 (15h dim). Accès libre, mais donation bienvenue. Dépliant en français.* La cathédrale de Carlisle se démarque de ses consœurs anglaises par son histoire riche en péripéties. En 1122, Henri Ier jeta son dévolu sur une collégiale du XIe s, avec le dessein de la hisser au rang de cathédrale en 1133. Comme de juste, les nouveaux évêques n'eurent de cesse d'embellir leur gagne-pain, profitant des incendies pour modifier à leur convenance le sanctuaire d'origine. Dernier acte pendant la guerre civile, lorsque les Écossais escamotèrent six travées de la nef pour remonter les murailles de la ville. Toutefois, cet étonnant patchwork architectural recèle quelques belles surprises. Le plafond médiéval de 1360, pimpant suite à sa restauration, donne une idée plus juste de l'utilisation de la polychromie dans les édifices religieux au Moyen Âge. Noter également le travail délicat des sculptures des stalles.

LE MUR D'HADRIEN

En 122 apr. J.-C., l'empereur Hadrien ordonna la construction d'une muraille pour protéger l'Empire des incursions barbares. Il fallut environ 6 ans aux 20 000 légionnaires, probablement aidés par une main-d'œuvre

locale, pour achever ce colosse de 70 miles. Il s'étire du Solway Firth sur la côte ouest jusqu'à la rivière Tyne sur la côte est. Plus qu'un mur, c'est bien une véritable fortification, englobant un fossé de 10 m de large et 3 m de profondeur (côté ennemi). Pour découvrir cet ouvrage, on suit une route parallèle, la B 6318 dite « Military Road ». Cet ensemble remarquable a été inscrit au Patrimoine mondial de l'humanité par l'Unesco en 1987.
Aujourd'hui, le mur n'existe plus dans son intégralité et on a parfois du mal à l'identifier parmi les nombreux murets qui jalonnent la campagne. Mais qu'importe, les paysages traversés valent la balade à eux seuls. En outre, certaines sections du mur sont très bien conservées, d'autant plus spectaculaires qu'elles épousent à merveille le relief.

GARDE ALTERNÉE

Le long du mur d'Hadrien, tous les miles romains se trouvait un milescastle *en pierre, petit « fort-passage » avec deux portes, ainsi que des baraques où logeaient les soldats. Le tout était coiffé d'une tourelle. Et entre chaque milescastle, deux autres tourelles. Les soldats qui montaient la garde pouvaient ainsi se voir.*

Comment circuler dans le coin ?

Si vous êtes à pied et que vous voulez vous rendre au mur depuis les gares ferroviaires, procurez-vous une carte détaillée, comme l'*Ordnance Survey OL 43.* Sinon, en voiture, les brochures et petits plans qu'on trouve dans les offices de tourisme suffisent pour s'orienter et trouver les principales attractions.

En voiture

L'A 69 relie Carlisle à Newcastle de façon plus ou moins parallèle au mur. Au niveau de Greenhead, on conseille d'emprunter la B 6318, dite « Military Rd », qui longe vraiment le mur jusqu'aux environs de Newcastle.
– Attention, sur les sites gérés par le parc national (c'est-à-dire quasiment tous), le parking est payant : 3 £ la journée (que l'on peut recycler sur l'ensemble des parkings concernés).

En bus

Il existe un *Hadrian's Wall Country Bus,* opérationnel de Pâques à la Toussaint et qui dessert tous les sites historiques. Se renseigner aux différents offices de tourisme. Sinon, on peut toujours emprunter les compagnies régulières, en service toute l'année.
– Infos au ☎ (0871) 200-22-33 ou sur le site de Journey Planner *● jplanner.org.uk ●*

En train

Les trains entre Carlisle et Newcastle s'arrêtent à des gares telles que ***Hexham*** ou ***Haltwhistle,*** offrant de bons accès au cœur du mur.
– Horaires et infos au ☎ 08457-48-49-50.

À pied

– La partie la mieux conservée du mur se situe entre Greenhead et Chollerford, distants d'environ 30 miles. On peut marcher le long de ce tronçon en suivant l'*Hadrian Wall Path,* et il y a de quoi loger, camper et se ravitailler sur le parcours. Pour relier une côte à l'autre, en revanche, comptez 5-6 jours.

À vélo

Une longue piste cyclable de 155 miles (la « route 72 ») permet quasiment de longer le mur d'une traite ou par tronçons. Elle n'est malheureusement pas en site propre (et donc protégée) partout. Se procurer la carte payante « Hadrian's cycleway ». Si vous manquez de courage, l'*Hadrian's Wall Country Bus* (où l'on peut embarquer les vélos) assure la relève. *Rens et résas, la veille au moins, au ☎ (01434) 322-002. • cycle-routes.org/hadrians cycleway •*

Adresses utiles

Consulter les sites : • *hadrians-wall.org* • *et* • *visitnorthumberland.com* •

Offices de tourisme :
– **À Haltwhistle :** *à la bibliothèque. ☎ (01434) 32-20-02. Avr-oct, tlj sf dim 10h-16h30 ; horaires plus limités le reste de l'année.*
– **À Once Brewed :** *sur la B 6318, à mi-chemin entre Carlisle et New-castle, prendre à droite juste après* Twice Brewed Inn. *☎ (01434) 34-43-96. Pâques-fin oct, tlj 9h30-17h ; le reste de l'année, slt le w-e 10h-15h.* C'est également le centre d'info pour le Northumberland National Park. Liste des *B & B* à disposition et central de résa sur place. Cartes et infos pour les randos.
– **À Hexham :** *Wentworth Car Park. ☎ (01434) 65-22-20. D'avr à mi-nov, tlj 9h30-17h (11-16h dim) ; de mi-nov à mars, lun-sam 10h-16h30.*

Où dormir ?

Campings

Hadrian's Wall Camping and Caravan Site : ***Melkridge Tilery,*** *à env 5 miles à l'est de Greenhead par la B 6318, fléché sur la droite. ☎ (01434) 32-04-95. • hadrianswall campsite.co.uk • Ouv tte l'année. Compter 14 £ pour 2 avec tente et voiture.* Terrain étagé et paisible avec belle vue sur la région. Le patron est fort accueillant et peut même vous faire le petit déj avec des œufs de ferme le matin à la réception ! Également 2 *bunk rooms* de 4 et 6 lits superposés, pour dépanner ceux qui n'ont pas de tente. Très agréable et parfaitement tenu.

Herding Hill Farm : ***Shield Hill,*** *à env 4 miles à l'est de Greenhead par la B 6318, fléché sur la droite. ☎ (01434) 32-01-75. • herdinghill farm.co.uk • Ouv tte l'année. Compter 16-21 £ pour 2 avec tente et voiture.* Proche de Haltwistle, un camping récent installé sur un bel espace herbeux. Bien équipé : sanitaires avec sauna, *drying room,* jeux pour enfants (et même des poules), boutique et *tea-room* servant des repas à toute heure en saison.

De bon marché à prix modérés (moins de 60 £ / 72 €)

Greenhead Hostel : *dans le village de* ***Greenhead,*** *sur l'A 69. ☎ (01697) 74-74-11. • enquiries@greenheadho telandhostel.co.uk • greenheadhote landhostel.co.uk • Réception à l'hôtel, presque en face. Nuitée env 15 £.* Dans une ancienne chapelle, où le billard a remplacé depuis longtemps l'autel. Environ 40 lits en chambres-dortoirs simples pour 6-8 personnes. À l'hôtel, possibilité de repas et casse-croûte pour la journée. Agréable jardin de curé pour l'apéro.

Once Brewed Youth Hostel : *Military Rd,* ***Once Brewed,*** *derrière le* Visitor Centre. *☎ (0845) 371-97-60. • oncebrewed@yha.org.uk • Ouv fév-nov ; le reste de l'année, sur résa. Env 17-18 £/pers.* Charme discutable : on loge dans des sortes de baraquements aux allures de caserne, qui rappellent le bon temps du mur d'Hadrien ! Comprend près de 80 lits, répartis en dortoirs de 4-8 lits. Attention, affiche parfois complet.

Old Repeater Station : *Military Rd,* ***Grindon,*** *NE47 6NQ. ☎ (01434) 68-86-68. • les.gibson@tiscali.co.uk • hadrians-wall-bedandbreakfast.co.uk • À env 2 miles à l'est du Housesteads Roman Fort. Dortoir 22 £/pers, double avec sdb 60 £, petit déj compris.* On remarque à peine cet ancien relais de téléphone, planté au milieu de la campagne. Pourtant il a été entièrement refait, et les chambres (pour 2 ou 4 personnes) sont nickel, entre l'auberge de jeunesse et le *B & B,* avec cuisine à disposition et dîners bon marché possibles. La maison est chauffée par de la géothermie. Le sympathique patron vous expliquera...

Plus chic (80-120 £ / 96-144 €)

Vallum Lodge : *Once Brewed, NE47 7AN. ☎ (01434) 34-42-48. • stay@vallum-lodge.co.uk • vallum-lodge.co.uk • Sur la Military Rd (la B 6318), au niveau de* Twice Brewed Inn, *200 yards avt l'office de tourisme de Once Brewed (venant de l'ouest). Double 85 £, petit déj compris.* Idéalement situé, au pied du mur. Une poignée de chambres un peu petites mais agréables, parfaitement tenues et très confortables. Un peu plus calme côté mur que côté route (mais double vitrage partout).

Ashcroft Guesthouse : *Lanty's Lonnen,* ***Haltwhistle,*** *NE49 0DA. ☎ (01434) 32-02-13. • info@ashcroftguesthouse.co.uk • ashcroftguesthouse.co.uk • Doubles à partir de 85 £, petit déj compris.* Dans le centre de Haltwhistle, un ancien presbytère de style victorien, doté d'un magnifique jardin comprenant pas moins de 10 000 bulbes de jonquilles. Chambres de luxe avec baldaquin. Vu le niveau, les tarifs sont encore raisonnables.

Carraw B & B : *Carraw Farm, Military Rd, Humshaugh,* ***Hexham,*** *NE46 4DB. ☎ (01434) 68-98-57. • relax@carraw.co.uk • carraw.co.uk • À env 5 miles à l'ouest de Housesteads. Doubles 85-98 £ selon confort.* Charmante maison abritant 4 chambres des plus douillette : 2 standard, avec poutres et mur de pierre, et 2 supérieures, avec plancher et vue sur la campagne, verte et superbe, à l'arrière. Petit salon très cosy avec de la documentation sur la région. Un *B & B* vraiment agréable !

Où manger ?
Où prendre un thé ?

La plupart des sites et musées possèdent une petite cafétéria ou un tearoom (notre préférence va à celui du *Lanercost Priory* !).

Sinon, plusieurs pubs sur l'A 69 ou Military Rd, comme le ***Greenhead Hotel*** ou le ***Twice Brewed Inn,*** qui servent des plats pas trop chers et honorables. Également, à Haltwhistle, ***The Manor House Hotel*** et, en face, ***The Centre of Britain Hotel.***

Enfin, à Chollerford (vers le *Chesters Fort*), au niveau du pont, le ***Riverside Cafe*** propose quelques plats de snack à petits prix.

À voir

Entre Carlisle et Newcastle, 24 sites sont référencés, dont une moitié « hautement recommandés » par le parc et l'Unesco. Certains sont à l'air libre et gratuits, d'autres demandent un droit d'entrée. À vous de voir en fonction de vos intérêts et du temps dont vous disposez. Voici déjà quelques incontournables, *dans l'ordre,* de Carlisle à Newcastle :

Lanercost Priory : *4 miles après Brampton, indiqué à la sortie du village. ☎ (01697) 730-30. Avr-sept, tlj 10h-17h ; oct-mars, w-e 10h-16h. Église gratuite, accès payant (3,50 £) pour le reste.* Un peu hors sujet, ce superbe prieuré médiéval (XIIe s), entièrement construit avec les pierres du mur d'Hadrien, mérite néanmoins un petit détour. D'autant que la campagne alentour est absolument ravissante. Outre l'église, on visite le chœur (pas mal de tombes) et l'*undercroft,* qui servait d'entrepôt. Demandez aussi à voir le *village hall,* avec sa cheminée de 1618 ! Pour la petite histoire, Édouard Ier séjourna ici de 1306 à 1307, et gouverna, de ce lieu même, non seulement l'Angleterre mais une partie de la France ! À voir également en route, l'incroyable *Abbey Bridge.*

Birdoswald Fort : *6 miles plus loin, par une route isolée. ☎ (01697) 74-76-02. • english-heritage.org.uk • Avr-sept, tlj 10h-17h30, jusqu'à 16h en oct et le w-e slt nov-mars (10h-16h). Entrée : 5,20 £.* Si vous ne disposez que de peu de temps et si vous ne voulez pas trop vous éloigner de la M 6, vous trouverez ici quelques maigres vestiges du système de défense frontalier romain, y compris une section du mur. Petit expo aussi sur le fort. À l'extrémité du site, belle vue sur la vallée.

Roman Army Museum : *à moins de 1 mile au nord-est de Greenhead, sur la B 6318. ☎ (01697) 74-74-85. Tlj 10h-18h ; 17h de mi-fév à fin mars et en oct ; 16h en nov ; fermé le reste de l'année. Entrée : 5 £ ; réduc et billet jumelé avec Vindolanda 9,50 £.* Tout ce qu'il faut savoir sur la vie des soldats « romains » (en réalité plutôt des « légions étrangères » des Gaules, des Saxons et même des archers syriens) vivant à proximité du mur d'Hadrien. Expo moderne et récente, et audiovisuel en 3 D de 20 mn très bien réalisé, présentant d'habiles reconstitutions en images de synthèse des fortifications. Ludique.

➢ En sortant, ne manquez pas d'aller faire un tour à *Walltown Crags,* un des sites naturels les plus spectaculaires du coin, où le mur semble faire corps avec la falaise.

➢ **Steel Rigg :** *Once Brewed, indiqué vers la gauche (en venant de l'est) au croisement du Visitor Centre.* Endroit idéal pour accéder facilement au mur (ce qui est rarement le cas), dans un remarquable paysage de lac et de falaises. On comprend bien la position stratégique du mur fortifié et... du parking, payant (mais même ticket que les autres parkings).

Vindolanda : *à 1,5 mile de Military Rd ; prendre à droite au croisement du Visitor Centre et suivre le fléchage. ☎ (01434) 34-42-77. • vindolanda.com • Tlj 10h-18h ; 17h de mi-fév à fin mars et en oct ; 16h en nov ; fermé le reste de l'année. Entrée : 6,25 £ ; réduc et billet jumelé avec le musée de Greenhead 9,50 £.* Un vaste site, toujours en fouilles, qui regroupe les fondations d'un fort et du village où vivaient les femmes des soldats, leurs esclaves et les commerçants, ainsi qu'une reconstitution grandeur nature d'un pan de mur flanqué de tours. Centre d'interprétation très intéressant. On y trouve de précieux témoignages archéologiques, telle cette étonnante collection de souliers et de chaussons antiques et des morceaux de cuir ou de textile retrouvés enfouis dans la tourbe et ainsi parfaitement conservés à l'abri de l'air. Tout aussi unique, le premier document écrit qui nous soit parvenu dans l'histoire de l'Angleterre.

Housesteads Roman Fort : *à 2,5 miles à l'est du Visitor Centre. ☎ (01434) 34-43-63. Avr-sept tlj 10h-17h30 ; jusqu'à 16h en oct ; le w-e slt (10h-16h) nov-mars. Entrée : 6 £.* Outre une petite expo flambant neuve, le site de Housesteads demeure l'étape incontournable du mur d'Hadrien. Sur un site superbe de 2 ha, les vestiges impressionnants d'un des forts les mieux conservés d'Europe du Nord illustrent parfaitement la vie d'une garnison et l'ingéniosité des Romains.

Sewingshields Milecastle : *à 1,5 mile à l'est de Housesteads. Tte l'année et visite gratuite. Accès à pied slt, du parking de Housesteads.* Section spectaculaire du mur offrant des vues imprenables.

Chesters Roman Fort : *un peu avt Chollerford. ☎ (01434) 68-13-79. Avr-sept tlj 10h-17h30 ; jusqu'à 16h en oct ; le w-e slt (10h-16h) nov-mars. Entrée : 5,20 £.* Il s'agit des ruines d'un grand fort de cavalerie et de thermes ; également un musée regroupant une très importante collection de pierres, souvent sculptées, trouvées le long du mur.

NEWCASTLE-UPON-TYNE

env 275 000 hab.

(près de 900 000 hab. pour l'agglomération) IND. TÉL. : 0191

Une ville qu'on peut aimer simplement à travers ses habitants : les chaleureux *Geordies.* Ceux-ci portent généralement les couleurs du culte local, le

Newcastle United Football Club, maillot rayé noir et blanc, d'où leur surnom de *Magpies* (comme la pie). Le stade est d'ailleurs situé en plein cœur de la ville, au milieu des rues commerçantes et des nombreuses galeries commerciales comme la ravissante *Central Arcade*.
Les habitants parlent avec un fort accent, proche de l'écossais. À part le foot, ils aiment faire la fête, et Newcastle est réputé dans tout le pays pour ses chaudes soirées où la *Newcastle Brown Ale* (dite *Newkay Brown*), la *Guinness* locale, coule à flots. Parmi eux, un enfant du pays qui a fait une jolie carrière : Mark Knopfler, le leader de Dire Straits.
Pratiquement toute la ville est un mélange désordonné d'immeubles anciens et de bâtiments modernes. Il faut dire que depuis l'époque georgienne où Newcastle était un port de commerce florissant, l'eau de la Tyne a beaucoup coulé, sous une collection de ponts, nombreux et tout aussi disparates. Le dernier en date, le *Millenium Bridge* (2001), se redresse même à la verticale pour laisser passer les bateaux. La fusion des deux rives de la Tyne, qui marque en quelque sorte le nouvel élan urbain de la ville, se traduit par un changement d'identité : on parle désormais de *Newcastle Gateshead*. Les centres d'art fleurissent et le SAGE, salle de concerts aussi impressionnante pour son architecture que pour sa programmation, trône aujourd'hui au-dessus du fleuve. Autre symbole que vous ne manquerez certainement pas, le long de l'autoroute A1 au sud : le « totem » des Geordies, *the Angel of the North*. Cette sculpture d'acier ouvre grand ses ailes sur 54 m d'envergure, comme un accueillant Phénix des temps modernes, les pieds ancrés dans son passé industriel mais résolument tourné vers l'avenir.

Arriver – Quitter

En voiture

➢ Newcastle est sur l'A 1, l'axe principal nord-sud de l'est du pays.

En train

Gare ferroviaire *(plan A-B3)* **:** *Neville St. ☎ (08457) 48-49-50.*
➢ Newcastle est sur la ligne Londres-Édimbourg : liaisons fréquentes avec ***Londres, York, Carlisle, Glasgow*** et ***Édimbourg.***

En bus

Terminal de bus *(plan A3)* **:** *sur St James Blvd.*
➢ Liaisons avec ***Leeds, Manchester, Liverpool, Chester*** mais aussi ***Durham, York...*** avec *National Express. Rens : ☎ (08705) 80-80-80. • nationalexpress.com •*

En avion

✈ ***Aéroport*** *(hors plan par A1)* **:** *à 6 miles du centre, au nord-ouest. L'aéroport international accueille des vols quotidiens d'*Air France. *Rens : ☎ (0871) 882-11-21. • newcastleairport.com •* Il est relié au centre-ville par le métro : départs ttes les 7-15 mn, 6h-23h env. Prévoir 25 mn et env 3 £.

Comment circuler ?

– ***Métro :*** le métro de Newcastle est assez pratique. Il circule en gros de 5h30 à minuit et ses quelques stations couvrent les points-clés. Ticket à 1,60 £ et différents forfaits, dont le Day Saver (carte d'un jour) ou le Day Rover (qui permet d'utiliser aussi le bus et le ferry).

Adresses et infos utiles

ℹ ***Tourist Information Centre*** *(plan B2)* **:** *8-9 Central Carcade 132 Grainger St. ☎ 277-80-00. • newcastlegateshead.com • Lun-sam 9h30-17h30 ; dim 10h-16h.* Documentation et infos sur la ville. Accès gratuit à Internet (max 15 mn). Personnel accueillant.
✉ ***Post Office*** *(plan B2)* **:** *bureau prin-*

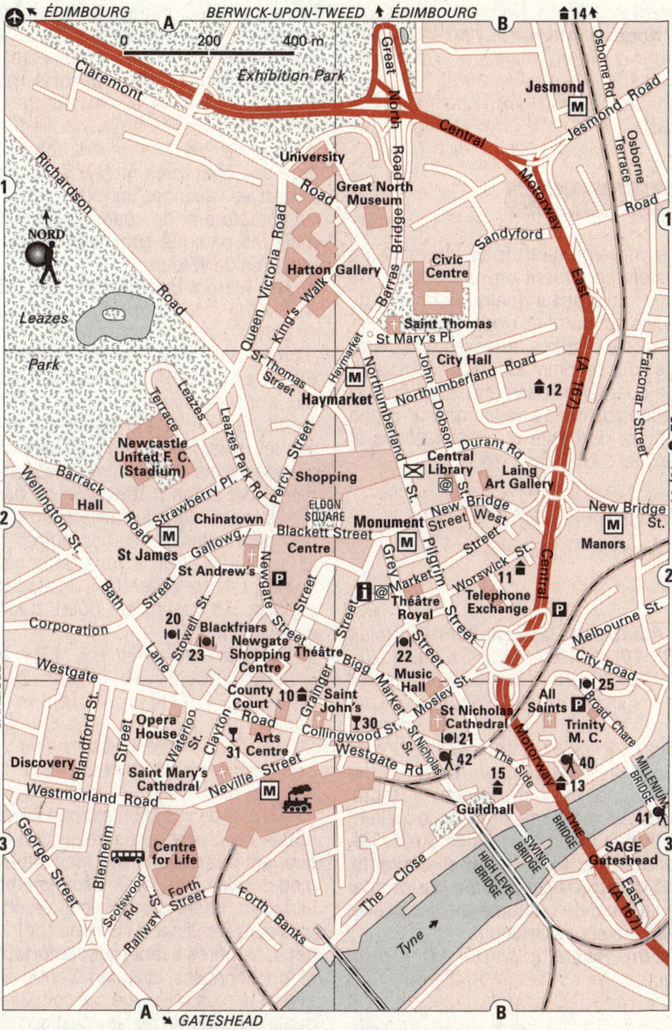

NEWCASTLE-UPON-TYNE

Adresses et infos utiles

- Tourist Information Centre
- @ Library

Où dormir ?

- **10** Albatross Backpackers Inn
- **11** Euro Hostel
- **12** University of Northumbria
- **13** Premier Inn
- **14** Jesmond Dene House
- **15** The Waterside Hotel

Où manger ?

- **20** Laus Buffet
- **21** El Torero
- **22** Blake's
- **23** Blackfriars
- **25** Café 21

Où boire un verre ? Où écouter de la musique ?

- **30** Revolution
- **31** The Forth
- **32** Cumberland Arms

À voir

- **40** Quayside
- **41** Baltic
- **42** Castle Keep
- **43** The Biscuit Factory
- **44** The Seven Stories

cipal à WH Smith, *Northumberland St.*
@ **Accès à Internet :** *à l'***office de tourisme** *(15 mn gratuites) et à la* **library** *(plan B2), ouv lun-jeu 8h30-20h, ven-sam 8h30-17h30, dim 11h-17h. Gratuit aussi.*

Où dormir ?

Les hébergements pas chers genre *hostels* se situent en centre-ville, où l'on trouve aussi quelques hôtels, de chaîne notamment. Pour ceux qui chercheraient d'autres adresses que celles que nous recommandons, le sympathique quartier de Jesmond, situé à deux stations du centre, rassemble un grand nombre de petits et grands hôtels et pas mal de *B & B.*

De bon marché à prix moyens (jusqu'à 80 £ / 96 €)

Albatross Backpackers Inn (plan A3, **10**) : *51 Grainger St, NE1 5JE. ☎ 233-13-30. • info@albatrossnewcastle.co.uk • albatrossnewcastle.co.uk • Ouv 24h/24. À partir de 16,50 £/pers en sem, en chambre de 2-12 lits. (payant).* Dans un bel immeuble du centre-ville, 170 lits. Cette AJ moderne offre un excellent confort et moult prestations. Assez fréquentée par les groupes d'étudiants. Pas de couvre-feu, idéal pour profiter de l'animation nocturne de Newcastle. Les bars sont à deux pas.

Euro Hostel (plan B2, **11**) : *Carliol Square, NE1 6UQ. ☎ 08454-900-371. • newcastle@euro-hostels.co.uk • euro-hostels.co.uk • Résa impérative le w-e. Dortoirs 16-30 £, doubles 40-120 £, selon taille et affluence. Petit déj continental inclus. (payant).* Tout neuf, tout moderne, à mi-chemin entre l'AJ et l'hôtel, ce bâtiment propose plus de 250 lits répartis dans des chambres de 4 à 10 lits avec bloc sanitaires privé (et TV pour certaines). Un peu aseptisé mais impeccable. Les « doubles » sont en fait des chambres de 4 lits superposés, dont un à 2 places, louées pour 2 personnes. Vaste bar aussi, avec grandes tables et banquettes en bois, pour le petit déj ou des plats pas chers servis à toute heure.

University of Northumbria (plan B2, **12**) : *☎ 227-44-99. • northumbria.ac.uk/conferences • À partir de 30 £/pers, petit déj compris.* L'université loue ses chambres en *B & B* pendant l'été et les vacances universitaires. Pas de caractère ni de charme particulier, mais les campus sont bien situés et entourés de verdure.

The Waterside Hotel (plan B3, **15**) : *48-52 Sandhill, Quayside, NE1 3JF. ☎ 230-01-11. • enquiries@watersidehotel.com • watersidehotel.com • Résa très conseillée. Env 80 £ la double, petit déj compris. Parking gratuit (appréciable !).* Excellente situation sur les quais et chambres pas très grandes mais très confortables, avec moquette, écran plat et salle de bains moderne. Celles à l'arrière sont un peu plus calmes mais les autres ont la vue sur le pont, à vous de choisir ! *Full English breakfast* dans un agréable espace. Un super petit hôtel, pour le dire en un mot !

Premier Inn (plan B3, **13**) : *The Quayside. ☎ (0870) 990-65-30 et (0191) 243-71-10. • premierinn.com • Résa indispensable. Compter 30-110 £/chambre (y compris familiale), petit déj compris... ou non (ça dépend de l'offre). Parking (payant). (payant aussi).* On n'est pas fou des hôtels de chaîne mais celui-ci, il faut dire, est particulièrement bien situé au pied du *Tyne Bridge.* Prix éminemment variables, intéressant si vous réservez plusieurs semaines à l'avance sur Internet. Chambres avant tout confortables et fonctionnelles. Un quart d'entre elles offrent la plus belle vue qui soit sur les quais et les ponts de Newcastle.

Très chic (plus de 120 £ / 144 €)

Jesmond Dene House (hors plan par B1, **14**) : *Jesmond Dene Rd, NE2 2EY. ☎ 212-30-00. • info@jesmonddenehouse.co.uk • jesmonddenehouse.co.uk • Ⓜ Jesmond. À partir de 170 £, petit déj compris.* Cette ancienne demeure historique réhabilitée en hôtel de luxe est juchée dans la verdure, au-dessus de la vallée du parc de Dene. Un environnement calme et de choix donc, à seulement 15 mn en voiture du centre, et facile d'accès en métro. Salons divers et espaces extérieurs pour les beaux jours. Déco design. Inabordable pour les budgets modérés, mais pourquoi ne pas s'y attarder pour un verre, un *afternoon tea* dans toute sa splendeur ou un repas chic ?

Où manger ?

Beaucoup de restos le long de Dean St et Side (une rue en pente, qui tourne, passant sous un pont), dans le prolongement de Grey St *(plan B2-3)*. C'est très international, il y en a pour tous les goûts et toutes les bourses. À noter que certains pratiquent le *happy hour* en début de soirée : prix réduit pour toute commande prise de 17h30 à 19h.

De bon marché à prix moyens (moins de 15 £ / 18 €)

Dans le petit Chinatown *(plan A2)*, plusieurs restos chinois et asiatiques proposent des buffets à volonté à des tarifs défiant toute concurrence. Parmi eux, le ***Laus Buffet*** *(plan A2,* ***20****)* est particulièrement populaire : riche *lunch & dinner buffet* pour à peine 6-9 £, même la théière est à prix riquiqui... Un rapport quantité-variété-prix imbattable !

Blake's *(plan B2,* ***22****)* **:** *53 Grey St. ☎ 261-54-63. Lun-sam 7h-19h, dim 9h-18h. Compter 4-6 £.* Salle agréable avec vieux plancher et tables en bois. Étudiants et travailleurs du quartier s'y retrouvent le midi, autour d'honnêtes salades, soupes, sandwichs et autres *jacket potatoes.* Bien aussi pour le petit déj.

El Torero *(plan B3,* ***21****)* **:** *Milburn House, The Side. ☎ 233-11-22. Sert midi et soir jusqu'à 22h30. Repas (avec vin) env 20 £.* Tapas hispaniques à gogo, paella, *patatas,* tortillas ou *bacalao* de bonne tenue, le tout arrosé d'un rioja bien gouleyant. Le patron est espagnol, de même que la plupart des serveurs. *Olé !*

Plus chic (15-20 £ / 18-24 €)

Blackfriars *(plan A2,* ***23****)* **:** *Friars St. ☎ 261-59-45. Tlj 12h-14h30, 17h-minuit. Fermé dim soir. Plats env 9 £ le midi, 12-21 £ le soir.* On mange dans cet ancien réfectoire d'abbaye depuis... 1239 ! Cela en fait la plus vieille *dining room* du pays... La déco est aujourd'hui plutôt contemporaine et la cuisine dans le même esprit, un mariage réussi de la tradition et de l'innovation. L'une des bonnes tables de Newcastle. Aux beaux jours, une terrasse est dressée dans la cour et permet de profiter pleinement de ce magnifique ensemble médiéval.

Café 21 *(plan B2-3,* ***25****)* **:** *Trinity Gardens. ☎ 222-07-55. Tlj. Plats 15,50-23 £ ; menus 16,50-20 £ le midi et 17h30-19h.* Un genre de brasserie chic à l'anglaise, dans le quartier en vogue des quais, riche en restos. On y honore avec tact la fameuse « entente cordiale » puisque le chef puise en partie son inspiration des 2 côtés de la Manche. Carte des vins complète. Le soir, c'est plutôt cher, mais si on choisit bien son heure en journée, l'affaire devient franchement intéressante.

Où boire un verre ? Où écouter de la musique ?

Activité nocturne assez débridée, on l'a dit. On trouve des pubs et bars branchés un peu partout dans le centre, notamment entre la gare et le quartier de Quayside. Un conseil : concentrez-vous sur *Collingwood,* où s'alignent des établissements plus originaux les uns que les autres, comme le ***Revolution*** *(plan B3,* ***30****)*, installé dans une ancienne banque, ***Madame Ko, Tokyo Bar, Perdu*** ou encore le ***Floritas,*** à la déco éclectique délirante ! Ne pas rater également, dans le même coin, l'étroite

Pink Lane, qui regroupe quelques pubs et restos bien vivants et moins tape-à-l'œil, comme ***The Forth*** *(plan A3, **31**)*. Enfin, pour écouter de la musique, cap vers l'est, avec des lieux comme ***The Cluny*** ou encore celui-ci :

Cumberland Arms *(hors plan par B2, **32**) : James Place St. ☎ 265-17-25.* Un vieux pub dans son jus avec un coin bibliothèque. Original, les étudiants en *folk music* de l'université de Newcastle (si, si, c'est une faculté ici !) viennent pratiquer certains soirs ! Sinon, il y a d'autres musiciens et, le jeudi entre 17h et 20h, c'est une bonne dizaine de gars qui viennent gratter (de concert !) l'ukulélé, une petite guitare à 4 cordes. De quoi emplir le lieu des meilleures vibrations !

À voir

Pour les amateurs, il existe des visites guidées de la ville, des tours en bateaux sur la Tyne et un *sightseeing bus* à impériale qui parcourt le centre. Renseignements à l'office de tourisme.

Quayside *(plan B3, **40**)* **:** s'y promener pour la perspective sur l'enfilade de ponts qui traversent la Tyne. LA carte postale de Newcastle. N'hésitez pas, pour une vue d'ensemble, à monter en haut du donjon du château (voir plus bas). Pour une autre perspective, traversez la rivière, par exemple par le Millenium Bridge (qui se lève à la verticale tous les jours à midi de juin à septembre) et rendez-vous sur l'esplanade du *SAGE Gateshead,* cet imposant coquillage de verre géant qui abrite des salles de concert. Un peu plus loin, le *Baltic Centre* (voir ci-après) propose un resto panoramique au dernier étage, pour une vue là encore assez imprenable.

Baltic (plan B3, **41**) **:** *Gateshead Quays. ☎ 478-18-10. • balticmill.com • Tlj 10h (10h30 mar)-18h. Entrée gratuite.* À l'instar du papillon après l'épreuve de la chrysalide, la réhabilitation de cette odieuse minoterie a donné naissance à l'un des plus grands centres d'art contemporain d'Europe. Il totalise plus de 3 000 m², entièrement consacrés à des expositions temporaires.

Castle Keep *(plan B3, **42**)* **:** *Gateshead Quays. ☎ 478-18-10. • balticmill.com • Tlj 10h (12h dim)-17h (dernière admission 45 mn avt). Entrée : 4 £.* Au cœur de la ville, coincé entre voies rapides et chemin de fer, ce donjon du XIIᵉ s, qui s'intégrait jadis au château de Newcastle, est l'un des plus beaux exemples d'architecture normande encore visibles dans le pays. Il abrite une expo, mais on y vient plutôt pour la vue du sommet sur la Tyne et tous les ponts.

Discovery (plan A3) **:** *Blandford St. ☎ 232-67-89. • twmuseums.org.uk/discovery • Lun-sam 10h-17h ; dim 14h-17h. Entrée gratuite.* Il porte bien son nom, ce musée, tant, en effet, on y découvre des choses ! Sur 3 niveaux, sections riches et très variées, de l'histoire de la ville avec reconstitutions diverses à celle des régiments locaux en passant par la mode vestimentaire et, surtout, le patrimoine industriel, maritime et technologique de Newcastle : superbe collection de maquettes de bateaux (ne ratez pas celle du *Mauretania* !), étonnant plan-relief de la ville dans les années 1920, section sur les inventeurs (c'est ici que les frères *Stephenson* mirent au point la première locomotive), salle remplie d'impressionnants moteurs et machines... La pièce maîtresse : le *Turbinia,* le premier bateau à turbine à vapeur du monde, qui trône au milieu du bâtiment. Vaut le détour, d'autant que c'est gratuit !

Centre for Life *(plan A3)* **:** *Times Sq. ☎ 243-82-10. • life.org.uk • À côté de la gare centrale. Lun-sam 10h (11h dim)-18h. Entrée : 8,25 £ ; réduc.* Une espèce de musée de la science interactif, destiné notamment aux plus jeunes. Hélas, tous les ateliers et animations sont en anglais, alors à moins que vos petits chérubins soient rompus à la langue de Shakespeare... Également un cinéma dynamique et un planétarium. Entrée tout de même chère.

Newcastle United Stadium (plan A2) : ☎ (0844) 372-18-92. • nufc.co.uk • Visites guidées du stade de foot, tlj à 11h et 13h30. Prix : 10 £ (billetterie à l'étage de l'Official Club Store, côté Strawberry Place). L'occasion ou jamais de fouler le gazon (et de voir les vestiaires) d'un des stades mythiques anglais, et de chausser (ou presque) les crampons de la célèbre équipe aux maillots rayés noir et blanc.

Great North Museum (plan B1) : Barras Bridge. ☎ 222-67-65. • twmuseums.org.uk/greatnorthmuseum • Lun-sam 10h (13h dim)-17h. Entrée gratuite. Ce gros et récent musée incorpore les collections de l'ancien musée universitaire de l'Antiquité : vestiges grecs et romains, fragments de tablettes, de papyrus et momie ramenée d'Égypte par le premier conservateur du Louvre. Également une maquette interactive du mur d'Hadrien, et d'autres sections, minérale, sur les âges du fer et du bronze, les civilisations extra-européennes, mais surtout d'histoire naturelle, avec des bébêtes en résine ou empaillées, des fossiles et, un peu en vedette, une reconstitution grandeur nature d'un *Tyrannosaurus rex.* Pour ceux qui ont du temps.

Laing Art Gallery (plan B2) : New Bridge St. ☎ 232-77-34. • twmuseums.org.uk/laing • Lun-sam 10h-17h ; dim à partir de 14h. Entrée gratuite. Abrite des expositions temporaires, ainsi qu'une riche collection de peintures d'artistes anglais des XVIIIe et XIXe s, comme John Martin et William Holman Hunt. Beaucoup de scènes de vie, de rue, et des tableaux montrant Newcastle à cette époque. Également des sérigraphies de Bewick et des sculptures en verre.

The Biscuit Factory (hors plan par B2, **43**) : 16 Stoddart St. ☎ 261-11-03. • thebiscuitfactory.com • Suivre New Bridge St, sur la gauche. Ⓜ Manors. Mar-sam 10h-20h ; dim et lun 11h-17h. Accès gratuit. Deux étages (1 600 m²) pour cette ancienne biscuiterie qui veut abattre les frontières entre l'artiste et l'acheteur. C'est en fait l'une des plus grandes galeries d'art commerciale d'Europe, avec pas moins d'une centaine de peintres, sculpteurs, photographes ou designers exposés en même temps. Resto sur place.

The Seven Stories (hors plan par B2, **44**) : Lime St, Ousburne Valley, à l'est du centre-ville. ☎ (0845) 271-07-77. • sevenstories.org.uk • Bus : ligne Yellow Quaylink Q2. Tlj 10h-17h (16h dim). Entrée : 6,50 £ ; réduc. Un centre où les enfants ne savent plus où donner de la tête, entièrement consacré au riche patrimoine de la littérature enfantine anglaise. Jeux, expos rigolotes, déguisements et coins lecture pour se plonger dans les mondes de J.K. Rowling (*Harry Potter*, ça vous dit quelque chose ?), Roald Dahl et les dessins savamment brouillons de son illustrateur Quentin Blake, Beatrix Potter (rien à voir avec l'apprenti sorcier !)... Tout est en anglais, mais quand il s'agit de jouer, peu importe le verbe ! Librairie très complète pour profiter encore un peu de Paddington ou de Winnie l'Ourson une fois rentré à la maison.

Fête

– **Hoppings :** la dernière sem de juin. La plus grande fête foraine d'Europe. Coïncide avec *Raceweek*, consacrée aux courses de chevaux. De quoi dépenser ses belles économies...

DURHAM

env 40 000 hab. IND. TÉL. : 0191

Au sud de Newcastle-upon-Tyne, sur la route de York, la capitale historique du nord-est de l'Angleterre et du comté du même nom est une attachante ville épiscopale et universitaire, perchée sur un escarpement rocheux. Enla-

cée par les méandres de la Wear, la vieille ville recèle l'un des joyaux architecturaux de Grande-Bretagne : sa très massive cathédrale romane. Pour rejoindre ce monument, on traverse un quartier vivant où sont concentrés cinémas et théâtre, ainsi qu'une panoplie de bars et de restos de toutes sortes. Quant à l'université, elle talonne de près le niveau d'Oxford et Cambridge. Une halte que l'on recommande vivement.

Arriver – Quitter

Gare ferroviaire : *à 10 mn à pied du vieux centre, via North Rd et Framwellgate Bridge. ☎ (08457) 48-49-50.* Liaisons avec Londres, Édimbourg, Newcastle...

Adresses utiles

Plus d'office de tourisme ouvert au public à Durham, mais un petit *information point* avec de la documentation au : Durham World Heritage Site *(7 Owengate, près de la cathédrale), ouv tlj 10h-16h30 au moins.* Sinon, vous trouverez pas mal d'infos sur le site • *thisisdurham.com* •, ou en appelant le ☎ *030-00-26-26-26 (contact centre).*

@ ***Clayport Library :*** *Millennium Pl (l'esplanade moderne avec un cinéma). Lun-ven 9h30-19h, sam 9h-17h.* Pratique... et gratuit.

Où dormir ?

On trouve en ville (plutôt à l'écart du centre) ou dans les environs proches un grand nombre de *B & B*, souvent pris d'assaut. Également des hôtels de chaîne (comme le ***Premier Inn***), offrant peu de charme mais un bon confort et souvent des forfaits intéressants. Compter 70 £ pour 2 personnes en centre-ville.

Logement à l'université : *Event Durham, Room GB22, Mountjoy Research Centre, Block 2, Stockton Rd, DH1 3UP. ☎ (0800) 289-970. • conference.tourism@durham.ac.uk • À partir de 30 £/pers, avec petit déj.* Les *colleges* de Durham proposent, pendant les vacances scolaires, des chambres privées de standing variable. Alors, pourquoi ne pas dormir au château par exemple ? Il héberge des étudiants de l'université, dont il fait partie, et offre ainsi quelque 80 chambres en *B & B* pendant les vacances. Les repas (petit déj et dîner sur demande) se prennent dans la grande salle à manger.

Farnley Tower : *The Avenue. ☎ 375-00-11. • enquiries@farnley-tower.co.uk • farnley-tower.co.uk • À l'ouest du centre, sur les hauteurs. Doubles 85-95 £, petit déj compris.* Dans une grosse bâtisse de 1870, une douzaine de chambres vastes et confortables, à l'image de la maison. On peut voir la ville et un bout de la cathédrale de la salle du petit déj, toute blanche. Fait aussi resto.

Où manger ? Où boire un verre ?

Au choix : la vieille ville ou le quartier de *Walkergate*, l'esplanade moderne avec un cinéma où l'on trouve les adresses de chaînes. Mais le mieux est de suivre (ou d'éviter, c'est selon) les étudiants, pourvoyeurs naturels d'ambiance.

De bon marché à prix moyens (moins de 15 £ / 18 €)

Bishop Cosin's Almshouses : *Palace Green, sur la place de la cathédrale. Tlj 9h-17h.* Cafétéria élégante et agréable. Nourriture goûteuse et créative. Une mention spéciale pour les potages.

Vennels Cafe : *Saddler's Yard, 69 Saddlers St. Dans le vieux centre, on y accède par un étroit passage juste avt la librairie* Waterstone *en allant vers la cathédrale. Tlj 9h30-17h. Petits plats et snacks env 4 £.* Petite salle gentiment décorée et terrasse dans la courette. Souvent plein.

Shaheen's Indian Bistro : *48 North Bayley. ☎ 386-09-60. Près de la cathédrale, dans une ancienne poste. Ouv en principe mer-sam, le soir slt. Plats 6-10 £.* Un resto indien, comme son nom l'indique. Ses spécialités traditionnelles riches en saveurs ont conquis Durham depuis longtemps.

The Court inn : *Court Lane, en marge de New Elvet St, un boulevard à l'est de la rivière. Sert à manger jusqu'à 22h20 ! Snacks et plats 5-18 £.* Pub plus vrai que vrai, avec ses étudiants en verve lors des *birthday parties*. On y mange bien et copieusement, avec en plus un grand choix de plats à la carte et plein de suggestions sur les ardoises. Côté bibines, essayez donc la *coloured spectacles*, une onctueuse *ale* locale. Ambiance très chaleureuse.

Plus chic (15-20 £ / 18-24 €)

Bistro 21 : *Aykley Heads House. ☎ 384-43-54. À 5 mn en voiture. Suivre d'abord la direction d'Aykley Heads ; après le County Hall, suivre Sacriston et Police HQ ; on aperçoit le resto depuis le 2e rond-point. Lun-sam 12h-14h, 18h-22h ; fermé dim. Résa conseillée le w-e. Menus 16,50-19,50 £ (un poil moins cher le midi) ; à la carte, plats 12-27 £.* Les gourmands motorisés ne regretteront pas une seconde ce petit détour en dehors du centre-ville. D'abord parce qu'ils y trouveront une cuisine fraîche et créative qui nous a ravis ; ensuite, parce que le cadre, délicieusement champêtre (ancienne ferme du XVIIIe s), s'avère particulièrement agréable. Incontestablement, une des meilleures tables de la ville.

À voir

De **Prebends Bridge,** pont datant de 1777, magnifique vue sur la cathédrale (peinte par Turner) et, par **Framwellgate Bridge,** piéton, montée vers *Market Place* et la vieille ville. De là, grimpette vers le château et la cathédrale par Saddler St et Owen Gate.

Durham Cathedral : *• durhamcathedral.co.uk • Tte l'année, lun-sam 9h30-18h (20h août) ; dim 12h30-17h. Don conseillé : 5 £, tour et dortoirs des moines payants. Visites guidées (en principe tlj à 11h et 14h) : 5 £, gratuit moins de 16 ans. Dépliant en français payant.* Evensong à *17h15 (15h30 le dim).*

Considérée par certains comme la plus belle construction romane du monde. À peine 40 ans furent nécessaires pour son édification à la fin du XIe s, et c'est ce qui fait son unité architecturale. Elle sert parfois de décor à des films, comme *Robin des Bois* ou *Harry Potter*.

– On y accède par la porte nord, où un heurtoir à tête de lion permettait aux criminels de réclamer asile à l'évêque. À droite de l'entrée, noter le vitrail curieusement offert par les employés de *Marks & Spencer* en remerciement à leur employeur. C'était avant les difficultés économiques rencontrées par l'entreprise ! Sinon, au sol, repérez la ligne noire marquant la limite que les femmes ne devaient pas franchir.

– Sobriété et majesté pleine d'équilibre caractérisent la *nef* : les énormes piliers présentent une alternance originale de décors en spirales, chevrons et losanges.

MONEY FOR NOTHING

La collection de pièces du château de Durham évoque une pratique séculaire toujours en cours, la Maundy ceremony, qui a lieu le Jeudi saint, dans une cathédrale. À cette occasion, le monarque britannique remet à des pauvres des pièces de monnaie frappées spécialement, les maundy money. Jusqu'en 1736, il leur lavait également les pieds. Le lavage des pieds fut rétabli en 2003, mais il est pratiqué en fait par l'archevêque de Canterbury. Faut pas pousser !

Lors de sa construction, la cathédrale de Durham innova par l'emploi de voûtes ogivales à arêtes et par des arcs-boutants entre chaque baie du triforium. En cela, elle annonce Amiens et Beauvais.

– À droite de l'entrée, la *chapelle de Galilée,* perchée au bord du ravin, contient encore des peintures murales du XIIe s et le tombeau du respectable Bède, le premier historien anglais, mort en 735. Les colonnettes de cette chapelle ne sont pas sans rappeler l'architecture mauresque.

– À l'opposé de la nef, en contournant le jubé par la droite, le *tombeau de saint Cuthbert,* le plus grand saint du nord de l'Angleterre, décédé en 687 et dont le corps n'était toujours pas décomposé en 1104, lorsqu'il fut enchâssé derrière l'autel ! La statue est celle du saint en question, qui porte la tête de saint Oswald, enterré avec lui.

– *La chapelle des Neuf Autels,* édifiée au XIIIe s, suscite l'admiration par l'abaissement de son sol destiné à donner de l'élan vertical aux fenêtres à lancette en gothique primitif.

– Dans le transept, à la voûte exceptionnellement haute, *horloge astronomique* du XVe s (remarquez les 48 marques car à l'époque on n'utilisait qu'une seule aiguille) et, juste à droite, accès à la *tour* *(lundi-samedi 10h-16h, dimanche 13h-14h30 ; 5 £)* où vous pourrez compter patiemment 325 marches avant de pouvoir reprendre votre souffle. Le panorama, bien entendu, vaut l'effort. Mais attention au vertige !

– Les bâtiments monastiques, groupés autour du cloître, abritent notamment le *dortoir des moines* (1 £), sous des armatures de bois vieilles de 600 ans, juxtaposition étonnante de la bibliothèque et d'un musée de pierres gravées et de sarcophages de la période saxonne.

Durham Castle : *☎ 334-29-32. ● durhamcastle.com ● Visites guidées slt, 10h-12h30, 14h-16h30, mais il faut appeler pour connaître les jours. Dépliant en français. Entrée : 5 £.* Maintes fois modifié par les comtes-évêques, il fait partie de l'université depuis 1837. Des étudiants et enseignants y logent encore aujourd'hui. Cuisines, grande salle, donjon et chapelle normande aux sombres colonnes ornées de chapiteaux grimaçants. Dans la chapelle du XVIe s, le *Tunstall,* cherchez le cochon joueur de cornemuse !

LE NORTHUMBERLAND

Petit coin aux confins de l'Angleterre, à la pointe nord-est du pays, entre terre et mer. C'est beau, c'est sauvage, ça a des airs d'Écosse et ça a d'ailleurs été écossais. Parfait en tout cas pour un passage en douceur de l'Angleterre au pays des kilts. Il est presque temps de changer de *Routard* ! Il y a beaucoup de beaux châteaux, de demeures somptueuses et de villages confidentiels le long de cette côte superbe. Notons la présence d'Alnwick Castle, l'un des fiefs de Harry Potter (voir plus loin). Et de coins de nature préservés, dans le Northumberland National Park par exemple ou les Farne Islands. Cette poignée d'îles bien gardées par la houle, du côté de Bamburgh, abrite oiseaux et phoques. À Bamburgh justement, noter ce surprenant musée à la mémoire d'une pionnière du sauvetage en mer, Grace Darling.

Northumberland National Park : *Eastburn, South Park,* ***Hexham,*** *NE46 IBS. ☎ (01434) 605-555. ● northumberland-national-park.org.uk ●*

ALNWICK *(ind. tél. : 01665)*

Petite ville aux maisons en pierre de taille, agréable pour une courte étape, Alnwick (prononcer « Annick ») attirera avant tout l'amateur de châteaux. La noble bâtisse a servi de décor à de nombreux films, depuis *Becket,* avec Richard Burton et Peter

O'Toole, en passant par *Robin des Bois*, avec Kevin Costner, *Elizabeth* avec Cate Blanchett, et plus récemment *Harry Potter*. Il est toujours habité par le duc de Northumberland, dont la famille en est propriétaire depuis plus de 700 ans.

Adresse et infos utiles

Tourist Information Centre : *2 The Shambles, 1 Market St. ☎ 511-333. • alnwick.gov.uk • Avr-oct, lun-sam 9h-17h, dim 10h-16h (en juil-août, jusqu'à 18h sf dim 16h) ; nov-mars, lun-ven 9h30-16h30, sam 10h-16h, fermé dim.*

✉ **Post Office :** *en face de l'office de tourisme.*

Où manger ?

Le choix est plus grand pendant la journée, où l'on trouvera des salons de thé chaleureux comme le **Copperfields** (en face de l'office de tourisme). En soirée, quelques pubs offrent des snacks corrects.

À voir

Alnwick Castle : *☎ 51-07-77. • alnwickcastle.com • Pâques-Toussaint, tlj 10h-18h (visite des appartements jusqu'à 17h) ; dernier ticket 1h avt. Entrée : 12,50 £ ; réduc.* Vaste et superbe forteresse médiévale, d'où le duc de Northumberland, douzième du nom en droite ligne depuis 1303, gère son énorme patrimoine, un des plus vastes de Grande-Bretagne. Intérieurs richement décorés. Innombrables manifestations et attractions organisées pour les enfants, qui affluent en nombre depuis que le château a accueilli le tournage de *Harry Potter* (par exemple, la leçon de vol sur balais, c'est ici !). Autant dire que la visite s'avère incontournable.

Alnwick Gardens : *• alnwickgarden.com • Tlj à partir de 10h, jusqu'à 19h juin-sept, 18h en avr, mai et oct, 17h en fév et mars, 16h nov-janv. Entrée : 10 £ ; réduc.* Pour les fans de jardins ornementés, de cascades domptées et de pergolas colorées, ces *gardens* contemporains qui déplacent les foules ont été inspirés par la duchesse elle-même. Les enfants trouveront même un pied de mandragore dans le jardin des poisons mortels... Mais pas de problème, Harry n'en fera qu'une bouchée de pain avec son balai magique !

Barter Books : *Alnwick Station. ☎ 60-48-88. Tlj 9h-17h (19h jeu et en été).* Face à la mystérieuse Percy Column, cette gare reconvertie est une des plus grandes et certainement des plus incroyables librairies de livres d'occasion d'Angleterre. Différents coins lecture, avec bon feu de cheminée et machine à café à dispo.

BERWICK-UPON-TWEED *(12 800 hab. ; ind. tél. : 01289)*

Au XIVe s, les Anglais s'emparèrent de cette petite ville écossaise fort prospère, qui changera par la suite 14 fois de propriétaires. Paradoxalement, Berwick fait aujourd'hui figure de ville oubliée de l'Angleterre. Rien d'étonnant à cela, car elle se sent toujours très écossaise. Pour preuve : son équipe de foot joue dans le championnat d'Écosse.

GUERRE ET PAIX

Officiellement, la ville de Berwick est toujours en guerre contre la France ! En 1739, l'Angleterre, le pays de Galles et l'Irlande déclarèrent la guerre à la France. Berwick y fut associée. La paix fut signée en 1747, au cours d'un traité réunissant les différentes forces en présence. Mais Berwick, oubliée, n'assista pas au tour de table et ne signa jamais officiellement la paix avec l'Hexagone.

Adresses utiles

Tourist Information Centre : *106 Marygate. ☎ 33-07-33. • berwick-upon-tweed.gov.uk • Pâques-juin, tlj 10h-17h ; juil-sept, jusqu'à 18h ; oct-Pâques, lun-sam jusqu'à 16h, fermé dim.* Liste des *B & B* ; à signaler, beaucoup de jolis cottages en location dans les campagnes environnantes.
✉ **Post Office :** *West St.*

Où dormir ?

Berwick Backpackers : *56 Bridge St, TD15 1AQ. ☎ 33-14-81. • berwickbackpackers.co.uk • Compter 16 £/pers en chambre ou dortoir de 1-6 lits, à partir de 30 £/pers en chambre double.* Une maisonnette simple, au confort des plus sommaire mais correct, retirée dans la partie basse de la vieille ville. Pour les matelots accommodants ou les routards au long cours.

Mansergh House : *86 Church St. ☎ 30-22-97. • yvonnedryden22@aol.com • Tte l'année. Doubles 50-60 £ selon saison et sdb, petit déj inclus ; tarifs négociables en basse saison et pour les longs séjours.* Une jolie maison de l'époque georgienne, tenue par un couple charmant. Chambres calmes, avec TV et déco moderne. Certaines pour des familles. Plusieurs menus au petit déj (saumon fumé, végétarien...).

1 Sallyport : *1 Sallyport, TD15 1EZ. ☎ 30-88-27. • info@sallyport.co.uk • sallyport.co.uk • Tte l'année. Doubles 110-170 £, petit déj inclus.* En plein cœur de Berwick, *B & B* de luxe ou boutique-hôtel ? Peu importe la sémantique, cette ancienne demeure du XVIIe s, plébiscitée par la presse britannique, présente un charme absolu.

Où dormir dans les environs ?

Ladythorne House : *à* **Cheswick,** *à 5 mn au sud de Berwick, TD15 2RW. ☎ 38-73-82. • val@ladythorne.wanadoo.co.uk • ladythorne.wanadoo.co.uk • Fermé fin nov-début déc. Doubles 64-70 £ selon confort. CB refusées.* Restaurée par un couple dynamique, cette belle demeure georgienne, isolée en pleine campagne, a retrouvé l'éclat de 1721. Chambres coquettes et spacieuses, salon TV à disposition. Très confortable. Accueil exemplaire, à l'image du petit déj copieux où trône la fameuse spécialité écossaise : le *haggis* !

Où manger ?

The Cobbled Yard Hotel : *40 Walkergate, une rue à l'angle de l'office de tourisme. ☎ 30-84-07. • info@cobbledyardhotel.com • cobbledyardhotel.com • Tlj jusqu'à 22h. Plats env 10 £.* Bon, ce n'est pas franchement de la gastronomie de haute volée, mais les plats solides comme le *Northumbrian lamb hot pot* s'en tirent avec les honneurs.

À voir

The Ramparts : Berwick est une des rares villes de Grande-Bretagne à avoir conservé l'intégralité de ses remparts. Ils étaient destinés à la protéger au nord des attaques écossaises, mais aussi d'une garnison française, alliée de Mary Stuart. Du côté de la mer, la ville craignait le débarquement des flottes françaises ou espagnoles. Ironiquement, ces remparts n'ont jamais servi après leur édification par Élisabeth Ire, en 1558-1570. L'architecte italien avait pourtant réalisé des plans révolutionnaires : la construction d'énormes remblais aux grandes propriétés d'absorption, au lieu des traditionnels murs de pierre, peu efficaces contre des canons de plus en plus puissants. Le château n'existe plus : les pierres qui le composaient ont servi, au début du XVIIIe s, à construire le pont du chemin de fer qui traverse la Tweed.

Town Hall Tower : *Pâques-fin sept, visites guidées en sem à 10h30 et 14h (2 £).* Noter son intéressante conception multi-usages : mairie, marché couvert, prison et, tout en haut, phare. Astucieux !

LE PAYS DE GALLES

Vous avez bien fait de choisir cette destination un peu hors des sentiers battus, vous n'en serez qu'agréablement surpris. Au programme, de très belles plages de sable rien que pour vous, des montagnes, une multitude de châteaux forts et beaucoup de moutons (4 pour 1 habitant !). Le nord est littéralement dominé par le Snowdon (*Yr Wyddfa* en gallois), 1 085 m, point culminant des *monts Cambrians,* très vieilles montagnes sauvages, parsemées de lacs, chutes d'eau, forêts et plateaux dénudés. Les randonneurs (et les autres !) trouveront leur bonheur au sud, sur les falaises abruptes du *Pembrokeshire Coast* ou dans le célèbre parc du *Brecon Beacons.* Ne manquez pas non plus *Cardiff,* capitale dynamique et fief du rugby. À l'image des Bretons, les Gallois sont fiers de leur culture et si, comme le prince Charles (de Galles !), vous faites un effort pour baragouiner quelques mots dans la langue du pays, à coup sûr, vous ne craindrez plus les *red dragons* !

ADRESSE UTILE

■ ***Visit Wales :*** *☎ (08701) 211-251 • visitwales.com • Tlj 9h-17h sf 25-26 déc et Jour de l'an.* Centre d'appels pour organiser son séjour au pays de Galles, faire des résas (notamment pour l'hébergement, offres de dernière minute), etc.

ARRIVER – QUITTER

En ferry et en voiture

➢ Depuis la France, pas de ferries directs pour le pays de Galles, mais des traversées depuis différentes villes côtières (Caen, Cherbourg, Dieppe, Le Havre, Roscoff, Saint-Malo, etc.) jusqu'au sud de l'Angleterre (Plymouth, Portsmouth, Southampton, etc.), à quelques heures de route du sud du pays de Galles et de Cardiff.
➢ Il existe par ailleurs des traversées depuis le pays de Galles vers l'Irlande (Fishguard ou Pembroke-Rosslare et Swansea-Cork).
Attention : la plupart des parkings sont payants même le dimanche, y compris dans les villages les plus reculés. Préparez un budget conséquent, car ça relève parfois de l'extorsion. Et soyez vigilant sur les petites routes de campagne, qui, assez souvent, ne laissent passer qu'une voiture.

En train, liaisons avec Londres

Rens auprès de ***National Rail Enquires :*** *☎ (8457) 48-49-50. • rail.co.uk •*
➢ ***Pays de Galles Nord :*** par Euston Station. Liaisons directes ou avec changement à Crewe pour Chester et la côte nord (Bangor, Anglesey...).
➢ ***Pays de Galles Centre :*** par Euston Station pour *Shrewsbury* via Birmingham New St. La ligne ***Cambrian Coast*** relie Shrewsbury à Machynlleth via Newtown et

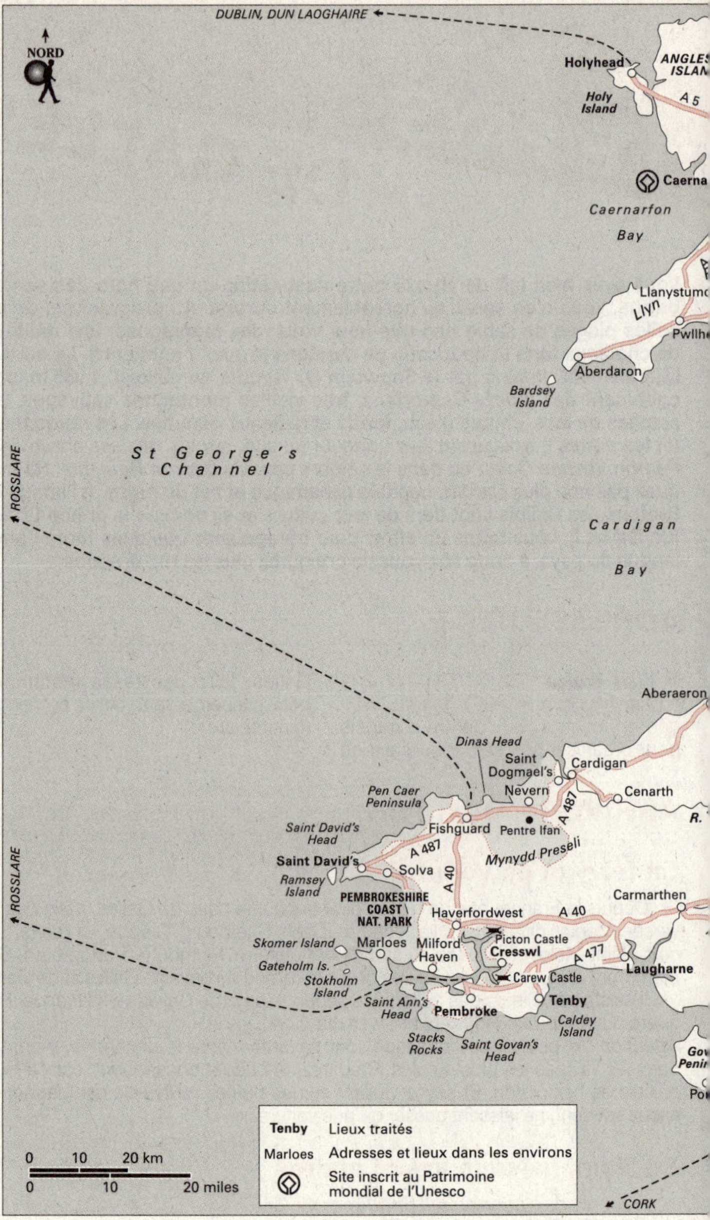

DUBLIN, DUN LAOGHAIRE
NORD
Holyhead
ANGLES
ISLAN
Holy Island
A 5
Caerna
Caernarfon Bay
Llanystumo
Llyn
Pwllh
Aberdaron
Bardsey Island
St George's Channel
ROSSLARE
Cardigan Bay
Aberaeron
Dinas Head
Saint Dogmael's
Cardigan
Nevern
Cenarth
Pen Caer Peninsula
A 487
Fishguard
Pentre Ifan
Saint David's Head
A 487
Mynydd Preseli
Saint David's
Solva
Ramsey Island
A 40
PEMBROKESHIRE COAST NAT. PARK
Carmarthen
Haverfordwest
A 40
ROSSLARE
Picton Castle
Skomer Island
Marloes
Milford Haven
Cresswl
A 477
Laugharne
Gateholm Is.
Stokholm Island
Carew Castle
Saint Ann's Head
Pembroke
Tenby
Caldey Island
Stacks Rocks
Saint Govan's Head
Gov
Penir
Po
0
10
20 km
0
10
20 miles
Tenby
Lieux traités
Marloes
Adresses et lieux dans les environs
Site inscrit au Patrimoine mondial de l'Unesco
CORK

LE PAYS DE GALLES

Welshpool. Puis elle se scinde pour rejoindre Aberystwyth vers le sud ou Pwllheli vers le nord (région de Porthmadog).

➢ ***Pays de Galles Sud :*** par Paddington Station. Des trains directs quotidiens avec *Newport, Cardiff, Swansea.*

En avion

➢ Un seul aéroport international, celui de Cardiff *(• tbicardiffairport.com •),* situé à 20 km de la capitale galloise : 1 liaison/j. depuis Paris avec *Flybe/Air France (• flybe.com • airfrance.fr •)* et 3 liaisons/sem depuis Zürich avec *Helvetic Airways (• helvetic.com •).* Sinon des vols avec ***Newcastle, Dublin, Belfast, l'Écosse, Jersey, Amsterdam et l'Espagne.*** Attention : certaines compagnies n'opèrent qu'en saison.

➢ L'aéroport anglais de Bristol n'est qu'à 1h de Cardiff tandis que le nord et le centre du pays de Galles sont facilement accessibles des aéroports de Manchester, Liverpool et Birmingham.

En bus

➢ La société *National Express* opère un service rapide d'autocars qui relie ***Cardiff*** à plusieurs villes d'Angleterre, notamment ***Bristol, Birmingham*** (par Monmouth) et ***Londres*** (Victoria Coach Station), ainsi que plusieurs aéroports. *Rens : ☎ (08717) 81-81-78. • nationalexpress.com •*

UN PEU D'HISTOIRE

Le pays de Galles est rattaché à la couronne d'Angleterre depuis 1284. Ce fut le roi Édouard Ier qui fit plier le peuple gallois après avoir vaincu Llywelynap Gruffudd et son frère Dafydd, le dernier prince de Galles. Pour assurer son autorité sur les derniers rebelles, il construisit plusieurs forteresses colossales aux points stratégiques du pays de Galles – châteaux que l'on peut visiter aujourd'hui. Il en profita à chaque fois pour y faire venir des colons, principalement des marchands et des hommes de loi qui bénéficiaient de privilèges au détriment des habitants du cru. Ces mesures vexatoires ont surtout permis la création de villes riches et fidèles, ce qui affermit définitivement son pouvoir.

Jusqu'à cette époque, les Gallois avaient su résister aux envahisseurs romains comme aux envahisseurs saxons. Le roi Offa, souverain saxon du VIIIe s, fit construire une digue, un mur *(dyke)* pour maintenir ceux-ci sur leur territoire. On en trouve encore les traces, tout le long de la frontière gallo-anglaise, et un chemin de randonnée en perpétue le souvenir : *Offa's Dyke Path.*

Finalement, c'est Henri VIII, en 1536 et 1542, qui officialisa l'union de l'Angleterre et du pays de Galles par *The Laws in Wales Acts (Acts of Union).* Le pays de Galles connut par la suite la faveur des romantiques de l'ère victorienne. Au XIXe s, il s'industrialisa grâce aux mines de charbon. Aujourd'hui, cette province compte un peu plus de 3 millions d'habitants.

Il aura fallu attendre 1997 pour que le Parti travailliste organise un référendum, où les Gallois se sont prononcés à 50,3 % en faveur d'une assemblée galloise. Les premières élections pour la nouvelle Assemblée nationale ont eu lieu le 6 mai 1999 et se déroulent dorénavant tous les 4 ans. Chaque électeur vote deux fois : pour un candidat et pour un parti. L'assemblée, présidée par un premier secrétaire, est en charge de la gestion, du budget, et du personnel du département pour les affaires galloises. Pour vous donner une idée, ses prérogatives sont globalement comparables à celle d'un conseil régional. Contrairement au Parlement écossais, elle ne peut pas lever des impôts. Pour les Gallois, cette assemblée représente néanmoins une avancée vers une plus grande politique de proximité.

Quelques dates marquantes

– ***78 :*** les Romains conquièrent le pays de Galles.
– ***Fin du VIIIe s :*** construction du Offa's Dyke, la première frontière orientale.
– ***Vers 1160 :*** premier rapprochement entre le pays de Galles et la France pour lutter contre l'ennemi commun, l'Angleterre.
– ***1284 :*** à la mort du dernier prince de Galles natif du pays, Édouard Ier d'Angleterre intègre le pays à son royaume et, en 1301, proclame son propre fils, Édouard II, prince de Galles. Un titre que prendront désormais tous les fils aînés des souverains anglais.
– ***1400-1415 :*** Owain Glyn Dwr de Galles, allié à Charles VI, conduit une révolte contre la couronne d'Angleterre. Malgré son échec, il devient aux yeux des Gallois le plus grand héros.
– ***1536 et 1542 :*** premières et deuxièmes *Laws in Wales Acts,* lois qui annexent définitivement le pays de Galles à l'Angleterre.
– ***1865 :*** implantation d'une colonie de 163 Gallois (!) en Patagonie. Leurs descendants, bilingues gallois-espagnol, y vivent toujours.
– ***1872 :*** ouverture de la première université galloise à Aberystwyth.
– ***1920 :*** séparation entre l'État et l'Église galloise.
– ***1925 :*** fondation du Parti nationaliste gallois Plaid Cymru.
– ***1955 :*** Cardiff devient officiellement la capitale du pays de Galles.
– ***1967 :*** la loi reconnaît la langue galloise au même titre que l'anglais.
– ***1979 :*** un référendum sur l'instauration d'une assemblée galloise est rejeté à 4 contre 1.
– ***1988 :*** le gallois devient matière obligatoire à l'école, dans les régions où la langue est parlée majoritairement.
– ***1993 :*** deuxième loi sur la langue, qui remplace celle de 1967 et renforce le statut du gallois dans son application. Ce dernier doit être traité à égalité avec l'anglais, dans le secteur public.
– ***1996 :*** tous les pubs du pays de Galles ouvrent désormais le dimanche.
– ***1997 :*** le référendum sur la création d'une assemblée galloise est voté à 50,3 %.
– ***1999 :*** premières élections à l'Assemblée nationale.
– ***1999 :*** le flambant neuf Millenium Stadium de Cardiff remplace le mythique stade d'Arms Park.
– ***2003 :*** le Parti travailliste remporte massivement les élections à l'Assemblée nationale galloise.
– ***2008 :*** le pays de Galles remporte le Tournoi de rugby des six nations.

LE PAYS DE GALLES À L'ORIGINE DE LA BRETAGNE

Tout a commencé vers le Ve s apr. J.-C. À l'époque, l'île de Bretagne (l'actuelle Grande-Bretagne) est essentiellement peuplée de Bretons. Les dernières légions de l'Empire romain, incapables de résister aux pressions barbares qui s'exercent sur les immenses frontières de l'Empire, refluent, laissant la voie libre aux Pictes et aux Scots (au nord) et aux Angles, Jutes et Saxons à l'est. Peu à peu, les envahisseurs repoussent les Bretons dans les régions montagneuses de Cambrie (ancien nom du pays de Galles), de Cornwall (Cornouailles, où s'illustra le légendaire roi Arthur), ou dans le Devon (Domnonée). Beaucoup préfèrent s'enfuir en franchissant la « mer Bretonne » (la Manche) pour se réfugier en Armorique, l'actuelle presqu'île de Bretagne, en France, où les clans se reforment. Cette grande migration a duré de 450 jusqu'à 720 environ. Chrétiens, débarqués en Armorique, ils baptisent « Petite Bretagne » cette nouvelle terre à la pointe de l'Europe occidentale, en souvenir du pays qu'ils ont laissé derrière eux. Réflexe naturel chez des émigrés convertis au christianisme : en Bretagne, ils créent les premiers monastères, construisent des ermitages, fondent des paroisses, en leur donnant les mêmes noms qu'en Galles. De là vient la similitude frappante entre les actuels noms de lieux bretons et gallois. Ainsi beaucoup de noms de communes du pays de Galles commencent, comme en Bretagne, par la particule « Llan », « Tre » ou « Aber ». Pour maintenir à l'époque le flambeau religieux, on fit venir l'élite spirituelle des monastères gallois. De nombreux moines baroudeurs deviendront ainsi les saints les plus célèbres de Bretagne et des fondateurs de villes.

Ces « boat-people » du Ve s parlaient tous la même langue, le brittonique. En raison de l'évolution linguistique, un Breton d'aujourd'hui comprendra à peine la langue galloise alors qu'un Gallois pourra saisir le sens d'une phrase bretonne.

LA LANGUE GALLOISE

Aujourd'hui, 20 % de la population parle le gallois et le chiffre s'élève à 80 % dans certaines régions du nord et de l'ouest. La langue n'a de cesse d'être valorisée légalement, notamment par la loi de 1993 qui stipule l'égalité dans le secteur public entre l'anglais et le gallois. Dans la vie quotidienne, emballages, publicité, factures et administration judiciaire, par exemple, doivent être rédigés dans les deux langues. L'Assemblée nationale est bilingue depuis sa création, les panneaux de signalisation sont généralement écrits dans les deux langues. De plus, l'éducation se fait en gallois jusqu'au bac dans certaines régions et les médias sont pléthores : les radios ont commencé à émettre uniquement en gallois dans les années 1970 et la première chaîne de télévision européenne en langue minoritaire, S4C, a été créée en 1982. Bien sûr, il reste encore beaucoup à faire pour promouvoir la langue. Elle fait partie de l'identité des Gallois et, surtout, contribue à les distinguer de l'Angleterre.

NO COMMENT

Au fil des siècles et malgré l'imposition de l'anglais comme unique langue officielle en 1536, le gallois a su résister à son envahissant voisin. Fait amusant qui symbolise bien toute l'histoire mouvementée entre les deux peuples : Cymrû, nom gallois du pays, signifie « compatriotes » alors que Wales vient de l'anglais wealhas, « étranger ».

Rappelons que le gallois n'est ni un patois ni un dialecte de l'anglais. C'est une langue d'origine celte, comme le breton, avec qui le gallois partage d'ailleurs des similitudes ainsi qu'une syntaxe et une grammaire identiques. Plus étonnant, le gallois se rapproche par certains aspects du français. On y distingue par exemple le masculin du féminin, ce qui n'est pas le cas de l'anglais. En revanche, il n'existe pas de *j, k, q, v, x* ou *z* dans l'alphabet.

Toutes les lettres se prononcent... certaines un peu plus difficilement que d'autres. Par exemple, le *c* toujours comme le *k* en français, le *ch* est l'équivalent du *c'h* breton ou du *ach* allemand. Le *dd* correspond au *th* anglais dans *with, ff* équivaut tout simplement à notre *f*, tandis que le *f* gallois se dit *v*. Le *g* est toujours dur comme en anglais *garden* et *ng* comme dans *parking*. Tout va bien !

Le *w* (ou) est considéré comme une voyelle, ce qui facilite tout de même la prononciation de certains mots, comme *cwrw* (la bière), imprononçable sans cet indice.

UN « L » PEUT EN CACHER UN AUTRE

Juste pour le plaisir, sachez que le son « LL » existerait uniquement chez les Inuits du Groenland, quelques peuples indigènes d'Afrique du Sud et... les Gallois. Mode d'emploi : prenez un air inspiré et concentré, placez votre langue contre les dents du fond et soufflez doucement. Ça y est à peu près ? Alors vous devriez vous en sortir avec le village de Llanfairpwllgwyngyllgogerychwyrndrobwllllantysiliogogoch, sur l'île d'Anglesey, le mot le plus long d'Europe !

Mais le clou, ce sont les mutations. Certaines lettres, placées dans des conditions particulières (par exemple après une préposition) changent. Le *b* devient soit *f* soit *m*, le *d* peut se transformer en *dd* ou *n*, etc.
Note encourageante : tous les habitants du pays de Galles parlent l'anglais. Au début, vous serez seulement un peu dérouté par l'accent de certaines régions (du sud notamment), mais, très vite, vous devriez vous y habituer.

Quelques mots et expressions utiles

bonjour (le matin)	*bore da (boré dâ)*
bonjour (l'après-midi)	*p'nawn da (pnaoun dâ)*
bonsoir	*noswaith dda (NOSouaïeth dhâ)*
bonne nuit	*nos da*
comment allez-vous ?	*sut mae ? (sit maïe ?)*
ça va	*s'mae (smaïe)*
au revoir	*hwyl fawr ('houïl vaour)*
s'il vous plaît	*os gwelwch chi'n dda (os gouelourr rrîn dhâ)*
merci beaucoup	*diolch yn fawr (diolr en vaour)*
santé !	*iechyd da ! (ierrid dâ !)*
bienvenue	*croeso (kroysso)*
pays de Galles	*Cymru (koemri)*
bienvenue au pays de Galles	*croeso i Gymru (kroysso i goemri)*
château	*castell (kahstechl)*
église	*eglwys/llan (eglouisse/chlan)*
pont	*pont (pontt)*
ville	*tre(f) (tre(v)*
pub	*Tafarn (tavarn)*
maison	*ty (tî)*

LES *EISTEDDFODAU*

Chez les Gallois, la tradition orale est préservée et semble remonter au temps des druides. La reine Élisabeth Ire, face à la prolifération des vagabonds chantants, voulut mettre de l'ordre et institua de grandes réunions appelées *eisteddfodau*, où les bardes, conteurs, chanteurs, ménestrels... se produisaient « officiellement ». Ces festivals existent toujours et attirent beaucoup de monde. Ne les ratez pas si vous passez par là.
La première *eisteddfod* (prononcer « istedhvod ») daterait de 1176 et se serait déroulée à Cardigan Castle (Castell Aberteifi). Mais il faut attendre 1861 pour que la fête devienne un événement national et annuel, aujourd'hui connu sous le nom de *National Eisteddfod of Wales (Eisteddfod Genedlaethol Brenhinol Cymru, ☎ (0845) 40-90-800. • eisteddfod.org.uk •)*. Il a lieu début août, alternativement dans le nord et le sud du pays.
Contrairement au premier, l'*International Musical Eisteddfod* n'est pas le plus prestigieux, mais c'est le plus connu. Il se déroule à Llangollen, tous les ans, début juillet. Il attire des ménestrels et chanteurs de tous les pays du monde. *☎ (01978) 86-20-00 ; • international-eisteddfod.co.uk •*
D'autres festivals moins importants ont lieu dans d'autres villes.

LES CHŒURS D'HOMMES

Chaque village (ou presque) possède un chœur d'hommes, *Male Voice Choir*, dont les répétitions sont ouvertes au public. Renseignez-vous auprès des offices de tourisme qui sauront vous aiguiller. Parmi les plus populaires, le *Treorchy Male*

Voice Choir. Il se réunit le mardi et le jeudi à 19h, à Treorchy Primary School, Glyneoli Rd, Treorchy. (07849) 46-60-80. • treorchymalechoir.com • Attention, pas de représentation en août. Treorchy se trouve dans la vallée de la Rhondda, accessible en bus ou en voiture par l'A 4601 (à 24 miles de Cardiff ou à 29 miles de Swansea), ou en train (à 30 mn) de Cardiff.

LE RUGBY : UN SPORT DE VOYOUS JOUÉ PAR DES SEIGNEURS

Au pays de Galles, le rugby est beaucoup plus qu'un sport, c'est une véritable religion (surtout au sud). Là-bas, les joueurs de l'équipe nationale, les fameux « dragons rouges », sont considérés comme des demi-dieux, incarnant l'esprit d'un peuple combatif, volontaire et courageux. La religion a son temple, et la plupart des Gallois font, au moins une fois dans leur vie, leur pèlerinage dans les arènes du mythique *Arms Park* de Cardiff, qui a été entièrement rénové pour la Coupe du monde 1999 et rebaptisé *Millenium Stadium.* Car c'est ici, au cœur de ce stade légendaire, que se disputent les rencontres du Tournoi des six nations qui opposent la France, l'Angleterre, l'Écosse, l'Irlande, l'Italie et bien sûr le pays de Galles.

BALLON OVALE

Au départ, pour le rugby, le ballon était rond. Il était fabriqué par le cordonnier de la ville, à l'aide d'une vessie de porc. Puis, peu à peu, l'objet est devenu ovale car beaucoup plus facile à prendre en main.

LES MONUMENTS HISTORIQUES

L'organisation *Welsh Historic Monuments (Cadw)* propose, pour chaque région, des brochures *Castles and Historic Places* signalant les monuments à voir et donnant un bref résumé et une photo pour chacun d'eux. Procurez-les-vous dans les offices de tourisme ou sur • cadw.wales.gov.uk •

Un bon plan : l'*Explorer Pass.* Pendant 3 ou 7 jours, vous visitez autant de sites de l'organisation que vous le souhaitez. Prix : 13,20 £ ou 19,85 £ par personne ; réduc pour 2 adultes et les familles.

Le *National Trust* produit ses propres brochures pour les endroits dont il est responsable. Vous les trouverez aussi dans les offices de tourisme ou sur • nationaltrust.org.uk • On peut devenir membre en payant une cotisation annuelle d'environ 40 £, ce qui donne l'accès gratuit à tous leurs sites en Grande-Bretagne.

LES CARTES

Pour circuler au pays de Galles, il vous faudra une bonne carte, plus détaillée que celle de Grande-Bretagne en entier. Nous fonctionnons avec :

– A.Z. – *South West England and South Wales* – Road Map ;

– A.Z. – *North Wales* – Road Map.

Ces deux cartes, donnant les noms en anglais et en gallois, signalent les beaux paysages et les endroits à visiter.

Ou encore, avec :

– *Ordnance Survey :* toute une collection de cartes, de l'ensemble du pays de Galles aux sous-régions (South and Mid-Wales, Snowdonia...) et cartes de rando. Avantage : elles indiquent nombre de sites et adresses comme les auberges de jeunesse et les campings. Disponibles dans les AJ, les bureaux d'information touristique et les librairies.

CUISINE

WHISKY IS BACK !

Le pays de Galles a une vieille tradition de whiskies. Mais sous les coups de butoir d'associations religieuses, la dernière distillerie ferma en 1899. Depuis quelques années, la fabrique Penderyn, dans le parc du Brecon Beacons, a enfin su redonner au whisky gallois ses lettres de noblesse.

Il ne faut pas croire qu'on ne mange que des ***fish & chips*** au pays de Galles. L'agneau, en premier lieu, fait partie des grands favoris, notamment en ragoût (***stew,*** ou *stiw* en gallois) ou au miel. Une option bien traditionnelle, nourrissante et peu onéreuse, que l'on trouve sur la plupart des menus : les ***cawls,*** soupes épaisses dont la composition se décline en fonction des saisons et des régions, parfois avec de la viande ou seulement aux légumes. Les ***glamorgan sausages,*** qui ne sont pas de vraies saucisses puisque faites à partir de miettes de pain, de fromage, de poireaux et d'oignons, sont souvent proposées au petit déjeuner en option « végétarienne ». Les ***welsh faggots*** sont de petites boulettes de viande à base de foie et d'oignons, tandis que les ***welsh rarebits*** *(caws pobi)* sont des toasts tartinés d'un mélange de fromage et de lait voire de bière (et moutarde parfois), sur lequel on dépose ensuite quelques tranches de tomate ou un œuf sur le plat. Côté poisson, vous serez servi, avec des recettes simples au gril, ou au beurre, mais il faudra absolument essayer les ***fish cakes*** *(gâteaux de poisson).* À l'heure du thé, on goûtera l'incontournable ***bara brith,*** cake aux fruits en tranches qu'il faut beurrer au préalable, et aux ***welsh cakes*** *(Teisen Gri),* des petits gâteaux aux raisins et au saindoux que l'on servait traditionnellement aux voyageurs.

– ***Alimentation :*** En dehors des grandes villes, les supermarchés ne sont pas très répandus. En revanche, dans la plupart des villes et villages, les supérettes *Spar,* bien approvisionnées, proposent de larges horaires d'ouverture : tous les jours 7h-23h. Mais le mieux, c'est de se renseigner sur les marchés locaux. Quasiment chaque ville a le sien.

HÉBERGEMENT

Pour toutes les informations sur les campings, auberges de jeunesse et *B&B,* se reporter au chapitre « Angleterre utile » en début de guide, rubrique « Hébergement ».

– ***« Great Little Places of Distinction Wales » :*** sous ce label, une cinquantaine d'adresses de bon confort chez l'habitant (type *guesthouse*) avec possibilité de repas le soir. Parfois dans des lieux originaux comme un phare, une tour, un vignoble avec une situation favorisée, et toujours un accueil personnalisé. Également, dans le même esprit, une vingtaine d'adresses *Slow Food* : *tea-rooms,* bistros, cafés, restaurants... *Pour obtenir la brochure ou réserver : ☎ (0044) (1570) 470-785. • little-places.co.uk •*

PERSONNAGES CÉLÈBRES

Le pays de Galles a vu naître nombre de personnalités, pas toujours bien connues outre-Manche mais qui sont chères aux Britanniques. Voici une courte sélection, loin d'être exhaustive ! Au rayon musique, haut de l'affiche pour le baryton-basse ***Bryn Terfel*** (né en 1965), le crooner ***Tom Jones*** (né en 1940), ***Shirley Bassey*** (née en 1937) qui interpréta plusieurs génériques de James Bond, la star des années 1980 à la voix rauque ***Bonnie Tyler*** (née en 1951) ou, plus actuelle, ***Duffy*** (née en 1984), meilleure vente britannique en 2008.

Pour le monde politique, on retiendra ***David Lloyd George*** (1863-1945), 53ᵉ Premier ministre du Royaume-Uni au début du XXᵉ s, mais surtout, un casting de choix pour le grand écran : ***sir Anthony Hopkins*** (né en 1937), le glaçant cannibale du *Seigneur des agneaux*, ***Timothy Dalton*** (né en 1946), qui incarna deux fois James Bond, le *Batman* ***Christian Bale*** (née en 1974), mais encore ***Catherine Zeta-Jones*** (née en 1969), ***Richard Burton*** (1925-1984), ***Andy Whitfield*** (1971-2011), pour ne citer que les principaux...
Dans le monde des lettres, l'aventurier ***Lawrence d'Arabie*** (1888-1935), auteur des *Sept Piliers de la sagesse,* l'inénarrable ***Roald Dahl*** (1916-1990) à qui l'on doit *Charlie et la chocolaterie*, le maître de l'espionnage ***Ken Follett*** (né en 1949) ou, bien sûr, le poète national ***Dylan Thomas*** (1914-1953). Concernant la peinture, là encore, belle palette, avec entre autres ***Charles Tunnicliffe*** (1901-1979), peintre naturaliste qui vécut sur Anglesey ou encore son alter ego ***Kyffin Williams*** (1918-2006).

RANDONNÉE

Les Britanniques cultivent l'art de la rando et partent toujours bien équipés, le pique-nique dans le sac à dos. Il faut dire que le territoire est particulièrement bien quadrillé, les sentiers bien entretenus et signalisés. Et à l'arrivée on tombe souvent sur un pub, comme par hasard... Le pays de Galles n'échappe pas à la règle.

➢ ***Offa's Dyke Path :*** chemin de randonnée de 285 miles qui suit l'ancienne digue aménagée par Offa, roi saxon (757-796) et la frontière anglaise. Il commence à Chepstow (au sud du pays de Galles), passe par Tintern, Monmouth, Welshpool, Llangollen et se termine à Prestatyn, au nord. Il est très boisé et ne présente pas de difficulté. L'*Offa's Dyke Association* publie des listes d'hébergement et des cartes détaillées *(• offasdyke.demon.co.uk •).*

➢ En mai 2012 a été ouvert officiellement le ***Wales coast path,*** un chemin qui permet de parcourir l'intégralité de la côte galloise, de Chester tout au nord à Chepstow tout au sud, sur 870 miles. Comme il est connecté avec l'*Offa's Dyke Path,* on peut désormais faire le tour intégral du pays de Galles à pied, en 1030 miles.

➢ Nombreuses autres randonnées possibles dans les terres, notamment dans les parcs de Brecon Beacon et Snowdonia (pas moins de 6 sentiers pour partir à l'assaut du Snowdon, le sommet gallois).

– Rens : ☎ (08708) 300-306. • walking.visitwales.com •

TRANSPORTS INTÉRIEURS

Voir aussi dans « Angleterre utile », en début de guide, la rubrique « Transports intérieurs ».
Pour vous renseigner sur les transports en commun (horaires, prix...) de tout le pays de Galles, contactez *Traveline,* qui regroupe les données concernant aussi bien le train que les bus, les ferries et les avions *(☎ (0871) 200-22-33 ; • traveline-cymru.org.uk •).* Également des infos pour préparer une rando ou une excursion à vélo.
Il existe une formule très intéressante combinant trains et bus : le ***Explore Wales Pass*** (89 £), valable 4 jours sur les trains et 8 jours sur les bus de l'ensemble du pays de Galles ; sinon, le *Explore North and Mid Wales Pass,* pour le Nord et le Centre, ou le *Explore South Wales Pass* pour le Sud, deux versions valables également 4 jours sur les trains et 8 jours sur les bus, 60 £. Donne aussi accès à des réduc sur bon nombre d'attractions et auberges de jeunesse.

– Rens : ☎ (0845) 60-61-660. • arrivatrainswales.co.uk •

En train

Les lignes ferroviaires intérieures du pays de Galles sont gérées par *Arriva Trains Wales (☎ (0845) 60-61-660 ; • arrivatrainswales.co.uk •).* Chaque ligne a son petit

nom. Ainsi la *North Wales Coast Line* permet de suivre la côte nord de Crewe à l'île d'Anglesey. La *Welsh Marches Line* relie l'aéroport de Cardiff à Shrewsbury et Manchester. La *South Wales Main Line* assure la liaison entre Swansea, Cardiff et Bristol. Sinon, la *Cambrian Line* de Shrewsbury à Aberystwyth ou Pwllheli traverse le pays de Galles d'est en ouest jusqu'à la côte. Une chance : ces lignes permettent de traverser de très beaux paysages.
– Rens : ☎ (08457) 48-49-50. • nationalrail.co.uk •

En bus

De nombreuses compagnies de bus couvrent l'ensemble du pays, dont *National Express, Arriva Cymru, First Cymru...* Les bus rendent accessibles les zones les plus éloignées et sont plutôt fréquents en semaine, moins le dimanche. En été, des services de bus supplémentaires permettent d'accéder aux parcs nationaux et de circuler entre les points de départ et d'arrivée de randonnées *(Snowdonia Sherpa, Brecon Beacon Bus, Greenways Pembrokeshire Coastal Bus).* Vous trouverez les horaires dans les bureaux d'information touristique.

En vieille loco

Des petits trains à locomotive à vapeur et à voie étroite ont été conservés : ce sont les *Great Little Trains of Wales,* et le pays de Galles en compte une dizaine *(• greatlittletrainsofwales.co.uk •).* Assez cher, mais il existe des forfaits.

LA VALLÉE DE LA WYE

De Londres ou de Bristol, autoroute M 4, puis route A 466, direction Chepstow, Monmouth. Cette route longe la rivière Wye, située à l'extrême sud-est du pays de Galles et égayée par de nombreux cygnes (saviez-vous qu'ils sont propriété de la Couronne dans tout le pays ?), qui s'y ébattent voluptueusement.

MONMOUTH (TREFYNWY)

12 500 hab. IND. TÉL. : 01600

Monmouth, parce qu'elle est située au confluent de la Monnow et de la Wye, fut pendant des siècles un centre commercial très important. Il en reste quelques beaux souvenirs architecturaux, une rare porte de péage sur un pont en pierre du XIIIe s (la seule en Grande-Bretagne !), une mignonne place centrale, Agincourt Square sur laquelle on peut visiter un ancien palais de justice georgien de 1724 et au final une atmosphère vivante et agréable. En outre, Monmouth se situe sur l'*Offa's Dyke Path*,

UNE VIE À 100 À L'HEURE

C'est à Monmouth qu'a grandi Charles S. Rolls (1877-1910), l'un des deux fondateurs de la célèbre firme automobile. Intrépide, il était passionné de voitures évidemment, mais aussi de montgolfières et surtout d'avions. Il fut le premier à traverser la Manche non-stop aller-retour en 1910 (après l'exploit de Blériot), en 95 mn, mais, 2 mois plus tard, à l'âge de 33 ans, il fut aussi le premier Britannique à mourir dans un accident d'avion ! Voilà pourquoi sa statue sur Agincourt Square le représente avec un avion à la main, et non une Rolls.

ce chemin de randonnée de 285 miles qui relie le sud au nord du pays de Galles. Ici, il suit la rivière Wye.

Arriver – Quitter

En train et en bus

La gare la plus proche et la plus pratique est celle de ***Chepstown.*** Liaisons pour ***Cardiff, Abergavenny.***

➢ Pour rejoindre Monmouth à partir de ***Bristol,*** il faut d'abord prendre le train jusqu'à ***Newport,*** puis le bus n° 25 (le plus rapide) ou 60.

➢ La compagnie *National Express* relie Monmouth à ***Cardiff.***

Adresse utile

Tourist Information Centre : *Shirehall, Agincourt Sq.* ☎ *77-52-57.* • *shirehallmonmouth.org.uk* • *Tlj 10h-16h.* Dans l'ancien palais de justice de style georgien (visite possible).

Où dormir ?

Où manger ?

Où boire un verre ?

Camping

Monnow Bridge Campsite : *Drybridge St, NP25 5AD.* ☎ *71-40-04. Tte l'année. Compter 13 £ (moins cher pour les marcheurs).* Près du vieux pont en pierre, un camping sans prétention, avec quelques mobile homes et des emplacements pour les tentes. Bloc sanitaire un peu chiche mais propre. Douche avec jeton.

Un autre camping, un peu plus loin, le ***Monmouth Caravan Park,*** plus confortable mais plus indiqué pour les caravanes.

De bon marché à prix moyens

Prego : *7 Church St, NP25 3BX.* ☎ *71-26-00.* • *enquiries@pregomonmouth.co.uk* • *pregomonmouth.co.uk* • *Dans la rue piétonne, à deux pas d'Agincourt Sq. Double 65 £, petit déj complet inclus. Plats 7-16 £. Parking.* La meilleure table de Monmouth propose des chambres simples et sans grand charme, mais convenables pour une nuit. Au resto, cuisine moderne européenne tendance italienne, servie dans une salle agréable à la déco élégante.

Henry's Café : *4 Beaufort Arms Court.* ☎ *77-22-90. Tlj 9h (10h dim)-17h. Plats 5-8 £.* Niché dans une jolie rue piétonne donnant sur Agincourt Sq, ce petit salon de thé est le point de chute idéal pour une pause gourmande : salades, sandwichs et petits plats du jour frais et bons, à déguster en terrasse ou dans une salle accueillante. Il y a même un coin avec des peluches et jouets pour les bambins !

The Punch House : *Agincourt Sq.* ☎ *71-38-55.* • *punchhouse@sabrain.com* • *Doubles à partir de 40 £, petit déj en sus. Repas 12h-21h. Bar meals 5-11 £, formule 2 plats 10 £ lun-ven 10h-17h.* Joliment rénové, c'est un des pubs favoris des Monmouthiens. Sans doute pour son agréable terrasse donnant sur la place pittoresque. À l'étage, une poignée de chambres propres et confortables (toutes *en-suite*).

À voir. À faire

Monmouth Museum : *dans la rue principale, Priory St.* ☎ *71-06-30. Ouv 11h-13h, 14h-17h. Fermé dim mat. Entrée gratuite.* Tout petit, il évoque le héros local, Charles Rolls et présente une petite collection offerte par la mère de celui-ci, consacrée à l'amiral Nelson.

DANS LES ENVIRONS DE MONMOUTH

Tintern Abbey : à env 10 miles au sud. ☎ (01291) 68-92-51. ● cadw.wales.gov.uk/daysout/tinternabbey ● Tlj 9h30-17h ; dernière admission 30 mn avt fermeture. Entrée : env 4 £ ; réduc.
Magnifiques ruines gothiques aux perspectives remarquables et imposantes, au bord de la rivière. L'abbaye, fondée en 1131 par les Cisterciens, fut principalement érigée au cours des XIIe et XIIIe s. Très riche et puissante au XIVe s, elle fut pourtant abandonnée en 1536 en raison de la fameuse loi promulguée sous Henri VIII, selon laquelle toute abbaye ayant un revenu annuel de moins de 200 £ devait être dissoute. Le site, d'abord popularisé par le poète Wordsworth, qui s'y rendit en juillet 1798, puis redécouvert par un grand voyageur anglais, R.-C. Hoare, au XIXe s, fut enfin immortalisé par Turner.
Les poètes romantiques aimaient ce site et cette région qu'ils comparaient volontiers à la Suisse. On s'y rendait alors en bateau, car la rivière Wye était encore navigable. Une de nos étapes préférées au pays de Galles.

***Symond's Yat Rock** (160 m) : à 11 miles au nord. De Monmouth, bus no 34.*
Crête d'où l'on peut admirer un panorama superbe. Y aller tôt le matin et observer à la jumelle les nids des faucons pèlerins. Dans la vallée, plein de sports possibles, du kayak à la grimpette.

BRECON BEACONS NATIONAL PARK

Situé aux portes de l'Angleterre, ce parc de 1 330 km² à une altitude de 500 à 800 m (des records ici) est bordé au nord par Hay-on-Wye, à l'ouest par Llandeilo, au sud par Merthyr Tydfil et à l'est par Abergavenny. Paysages de bruyère dénudés qui raviront les âmes solitaires, de collines et de prairies où moutons, poneys et vaches paissent paisiblement en toute liberté, à l'écart des quelques fermes éparpillées dans la vallée. Au programme : de la marche, de la lecture à Hay-on-Wye, la capitale mondiale du livre d'occasion, mais aussi de nombreuses grottes et galeries souterraines, ou encore Fforest Fawr, une zone d'importance géologique classée « Geopark » par l'Unesco.

Arriver – Quitter

En bus

Plusieurs compagnies de bus desservent le parc. Peu de bus le dimanche, voire aucun. Voici les plus intéressants :
➢ Le bus no 63 (*Brecon Bus Interchange*) relie ***Swansea*** (gare routière) à Brecon. 5-6 bus/j. lun-ven. À partir de Brecon, 5 bus également à destination de Swansea, mais lun-sam, via *Craig-y-nos*.
➢ Le bus T4 entre Newtown et ***Cardiff*** passe par Brecon, Libanus et Merthyl Tydfil. Une dizaine/j. (aucun le dim).
➢ Le no 39 assure la liaison entre ***Hereford*** et Brecon, par Hay-on-Wye et Talgarth. Env 7 bus/j. Le dim, prendre le bus no 39A (slt 2).
➢ Le bus X43 assure la liaison entre Brecon et ***Abergavenny.*** Env 7 bus/j ; aucun le dim.

Beacons Bus : *les dim et j. fériés fin mai-début sept, ce réseau de bus spécialisé assure la liaison avec les villes alentour, ainsi que les transports dans le parc. On peut prendre un billet valable tte la journée. Horaires disponibles dans les offices de tourisme et au* Visitor Centre *(à Libanus). ● visitbreconbeacons.com ●* Tout a été pensé pour faciliter le déplacement des randonneurs et des cyclistes. Certains bus sont même équipés de remorques pour les vélos. Presque tous convergent à Brecon ; sinon, il y a des correspondances.

➢ Le bus B1 fait l'A/R entre ***Cardiff*** et Brecon 1 fois/j., desservant également *Merthyr Tydfil.*

➢ Le B6 assure la liaison entre Brecon et ***Swansea.*** 1 bus A/R par j.

➢ Le B4 relie Brecon à ***Talybont*** et ***Abergavenny*** (3 bus A/R par j.). Puis connexion pour ***Newport.***

➢ Pour ***Libanus,*** prendre le B3, qui fait la navette 1 fois/j. entre *Brecon* et *Bridgend.*

➢ Sinon, il existe plusieurs navettes qui relient *Brecon* au ***Visitor Centre*** (à Libanus) ttes les 30-40 mn.

En train

➢ De ***Cardiff, Newport*** ou ***Hereford,*** prendre la ligne *Welsh Marches* (voir la rubrique « Transports intérieurs » dans l'introduction), qui passe par *Abergavenny.* Env 1 train/h lun-sam, moins le dim. Sinon, trains de Cardiff à *Merthyr Tydfil* ttes les heures lun-sam (5-6 liaisons le dim).

➢ De ***Swansea*** ou ***Shrewsbury,*** la ligne *Heart of Wales* dessert *Llandovery* à l'ouest du parc. Lun-sam, 4 trains/j., 3 le dim.

Adresses et infos utiles

ℹ ***National Park Visitor Centre*** *(ou* ***Mountain Centre****) : au bout d'une petite route qui s'enfonce dans la campagne à la sortie de Libanus (venant de Brecon par l'A 470) ; c'est indiqué. ☎ (01874) 62-33-66. • breconbeacons.org • Tlj 9h30-17h30 juil-août (17h mars-juin, sept et oct ; 16h30 l'hiver).* Renseignements et cartes sur les balades, points de départ de nombreuses randonnées et pistes VTT. Conseillers spécialisés. Le complexe comporte également un resto/*tea-room* et une petite exposition sur le parc.

■ ***Vélos et VTT :*** *rens et cartes des pistes au Visitor Centre de Libanus ou sur le site • mtbbreconbeacons.com • Liste de loc de VTT disponible.* Fiches itinéraires disponibles dans les offices de tourisme.

À voir. À faire

Outre la marche et le vélo, on peut pratiquer de multiples activités dans le parc, dont le kayak, l'équitation, le rafting, l'escalade et le rappel. Renseignements au *National Park Visitor Centre* de Libanus.

The National Showcaves Centre : *Dan-yr-Ogof. ☎ (01639) 73-02-84. • showcaves.co.uk • Au nord d'Abercraf, sur l'A 4067. Avr-oct et pdt les vac scol, à partir de 10h. Entrée : env 14 £ ; réduc.* Des grottes spectaculaires découvertes en 1912 par les frères Morgan. Reconstitutions pédagogiques et cascades jalonnent le parcours, qui conduit les visiteurs à travers un réseau de salles de différentes tailles. On peut même s'y marier ! Dehors, ambiance *Jurassik Park* avec 200 dinosaures grandeur nature disséminés ici ou là. D'autres attractions, resto, camping, etc.

➢ ***Brecon Mountain Railway*** *(train à vapeur) : à Pant, à 3 miles au nord de Merthyr Tydfil (A 470 puis A 465). ☎ (01685) 72-29-88. • breconmountainrailway.co.uk • ♿ Accessible par le bus n° 35 à partir de Merthyr Tydfil. Tlj en été, fréquence plus restreinte le reste de l'année. Billet 11 £ ; réduc.* Le petit train tracté par une locomotive à vapeur parcourt un tronçon de l'ancien chemin de fer du Brecon (1859-1964), de Pant jusqu'à l'extrémité nord du réservoir de Taf Fechan, avec de beaux panoramas à la clé.

Randonnées

➢ ***Taff Trail :*** chemin de randonnée et de vélo, parcourant 56 miles de Brecon à Cardiff, mais on n'est pas obligé d'aller jusque-là ! Deux itinéraires, au départ du canal de Brecon. L'un, uniquement piéton, passe à l'ouest du mont Pen-y-Fan. Il suit la rivière Taff Fawr, passe par Storey Arms, Garwnant et Cefn Coed. L'autre, cyclable, passe à l'est, traversant les villages de Llanfrynach, Pencelli, Talybont puis Pontsticill. Les deux itinéraires convergent à Merthyr Tydfilll avant de suivre la rivière Taff jusqu'à Cardiff Bay. Plusieurs *Beacon's Bus* (voir la rubrique « Arriver – Quitter ») desservent ce parcours. Du lundi au samedi et hors saison, prendre le bus T4.

➢ ***Randonnées équestres :*** avec ses 560 miles de sentiers équestres, le Brecon Beacon est l'endroit idéal pour de longues balades à cheval. Le parc est traversé par la piste de randonnée équestre nationale nommée *Three Rivers Ride* (qui se termine au *Visitor Centre* de Libanus), jalonnée de *B & B* pour les cavaliers et leur monture ! *Pour plus d'infos et obtenir la liste des centres équestres, voir le site • horseridingbreconbeacons.com • ou s'adresser au* Visitor Centre *de Libanus.*

HAY-ON-WYE (Y GELLI)

1 450 hab. IND. TÉL. : 01497

Amoureux de livres en tout genre, votre mecque est ici ! Un homme un peu fou et excentrique déclara, le 1er avril 1977, l'indépendance de Hay-on-Wye et s'en proclama souverain. Cela eut le mérite de faire parler un peu partout de ce petit village en déclin au nord du parc national. Richard Booth, jusqu'à ce qu'il revende le château de Hay en 2011 (il n'est donc plus roi !), apporta des livres dissidents, développant les thèses d'une nouvelle voie, anti-pensée unique. Ainsi se créa la première cité du livre, qui fit par la suite des émules sur le continent.
À ce jour, la ville compte environ 1 450 habitants et une bonne trentaine de librairies... Cette particularité attire des amateurs du monde entier dans cette adorable petite bourgade fortifiée où il fait bon traîner... d'autant plus que les magasins y sont ouverts tard.

Arriver – Quitter

En train

La gare ferroviaire la plus pratique pour rejoindre Hay est celle de Hereford.

En bus

Station de bus : *Oxford Rd.*
➢ ***Hereford et Brecon :*** bus n° 39 lun-sam (env 5 bus/j., 2-3 le dim avec le n° 39A).
➢ Sinon, dim et j. fériés en hte saison, prendre le *Beacon's Bus* circulaire de Hay-on-Wye, qui suit la rando du Offa's Dyke Path (3 bus/j.) et passe par ***Capel Y Ffin, Llanthony Priory*** et ***Llanfihangel Crucorney.*** Vous pouvez descendre n'importe où le long de sa route, il suffit de demander !

Adresses et infos utiles

@ Tourist Information Centre : *Oxford Rd, Car Park. ☎ 82-01-44. • hay-on-wye.co.uk • Tlj 10h-13h, 14h-17h Pâques-oct ; 11h-13h, 14h-16h le reste de l'année.* Liste des *B & B* et des librairies.
Parking : *un très grand parking payant dans Oxford Rd, à côté de l'office de tourisme.*
Pour vos courses, un ***supermarché*** *(Spar) dans Castle St.*
– ***Marché :*** *ts les jeu mat en face du château.* Fruits et légumes, pain et pâté ainsi que beaucoup de fromages locaux.

Où dormir ?

Camping

Radnors End Camping : *chez Zena Davies, HR3 5RS. ☎ 820-780. • radnorsend@hotmail.com • À 5 mn à pied du centre, après avoir passé le pont qui enjambe la Wye (B4351). Env 12 £ pour 2 avec tente.* Camping convivial, pas très grand et bénéficiant d'une vue dégagée sur les Black Mountains (si elles sont, elles, dégagées). Pelouse bien drue, bloc sanitaire bien tenu, jeux pour les enfants. Une halte classique pour les randonneurs qui suivent l'*Offa's Dyke Path*.

Prix moyens (60-80 £ / 72-96 €)

🏠 ***Hay Stables :*** *Oxford Rd, HR3 5AJ.* ☎ *82-00-08.* • *haystables.co.uk* • *Dans la rue de l'office de tourisme. Tte l'année. Double env 60 £.* Charmante maison de ville proposant 3 chambres confortables avec salle de bains. Également un salon bien agréable, une cuisine et le matin, chacun fait sa tambouille, il y a tout ce qu'il faut dans le frigo. Même proprio que *The Old Post Office* (voir plus loin).

🏠 ***Rest for the Tired :*** *6 Broad St.* ☎ *82-05-50.* • *broadstreet.books@btinternet.com* • *restforthetired.co.uk* • *Près de l'horloge centrale. Double en B & B 60 £.* Charmante maison à colombages. Le rez-de-chaussée fait librairie et disquaire. Les sympathiques proprios louent 3 petites chambres *en-suite* sous les toits, simples et agréables. Attention à la tête, c'est bas de plafond !

Plus chic (80-120 £ / 96-144 €)

🏠 ***The Start :*** *à Haybridge, HR3 5RS.* ☎ *82-13-91.* • *dawn@the-start.net* • *the-start.net/location.htm* • *Au bord de la rivière Wye, de l'autre côté du pont à partir de Broad St (B4351), à 500 yards du centre de Hay-on-Wye. Doubles à partir de 70 £.* Un charmant *cottage* du XVIIIe s dans un lieu champêtre à souhait : rivière qui glougloute en contrebas et poules en liberté dans le jardin. Joliment rénovée, la maison renferme de grandes chambres confortables et paisibles (toutes avec vue sur la rivière). Petit déj très copieux. Une adresse pleine de poésie tenue par un couple accueillant.

🏠 ***Tinto House :*** *13 Broad St, HR3 5DB.* ☎ *82-15-56.* • *tinto-house.co.uk* • *Près de l'horloge centrale. Doubles 85-95 £, petit déj inclus.* Beaucoup de charme et de caractère dans cette demeure de ville du XVIIIe s dotée d'un admirable jardin (à l'anglaise évidemment) qui court jusqu'à la Wye. Escalier en chêne, meubles d'époque, cheminées... et 3 chambres dans le même esprit. On aime bien aussi la 4e, dans une dépendance, juste à côté de l'atelier de peintre du proprio. On peut d'ailleurs visiter sa galerie et le jardin en journée, les portes sont grandes ouvertes. Cerise sur le gâteau : l'accueil en français !

Où dormir dans les environs ?

🏠 ***The Old Post Office :*** ***Llanigon,*** *HR3 5QA.* ☎ *82-00-08.* • *oldpost-office.co.uk* • *À côté de l'église de ce petit village noyé dans les arbres et les fleurs, à 2 miles env, direction Brecon. Pâques-oct. Doubles 60-70 £ sans ou avec sdb, 2 nuits min.* Ancienne poste du XVIIe s rénovée avec goût. Les vieux planchers sont bancals mais pittoresques, et la déco pleine de charme. Chambres colorées, parfois avec vue sur les montagnes noires. Breakfast végétarien. Une adresse reposante et douillette, pratique pour les randonneurs du *Offa's Dyke Path*.

🏠 ***Hafod y Garreg :*** *Erwood,* ***Builth Wells.*** ☎ *(01982) 56-04-00.* • *john-annie@hafod-y.wanadoo.co.uk* • *hafodygarreg.co.uk* • *À 12 miles de Hay-on-Wye. Prendre l'A 438 direction Brecon ; à Three Cocks, prendre la direction Builth Wells (A 470) ; 1,5 mile après Llyswen, route à gauche au niveau de Trericket Mill, puis tt de suite à droite ; monter l'étroite piste jusqu'à une 1re ferme, passer la grille et continuer jusqu'à la maison. Double 82 £.* À l'arrivée, on découvre une magnifique ferme du XIVe s (la maison la plus vieille du pays de Galles semble-t-il) décorée d'antiquités pour mettre en valeur ses atouts médiévaux. Le résultat est un peu bohème mais très séduisant. Quelques poules dont les œufs atterrissent directement dans votre assiette le matin. Dîner sur commande (sinon, pubs dans les environs). Super accueil, très décontracté.

Où manger ?
Où boire un verre ?

De bon marché à prix moyens (moins de 15 £ / 18 €)

I●I 🍸 ***The Granary :*** *Broad St. ☎ 82-07-90. Ouv 9h-17h. Plats env 7-10 £.* Vaste pièce rustique avec poutres, murs chaulés et grands tableaux noirs indiquant les menus. Également une salle à l'étage. Un comptoir ancien en bois fait office de self-service où l'on choisit sa soupe et des plats goûteux, préparés avec des produits locaux. C'est aussi excellent pour un goûter. Une adresse familiale très convoitée.

I●I 🍸 ***Old stables :*** *Bear St, HR3 5EB. ☎ 82-15-57. Dans le centre. Tlj sf lun et parfois dim 10h30-17h. Plats 5-10 £.* Panneaux un peu *too much* à l'entrée de ce *tea-room* pas peu fier de ses récompenses, mais il faut avouer que les quiches, soupes et autres *specials* ont du goût. Seulement 7 tables, mieux vaut donc réserver avant d'aller faire un petit tour en ville. Chutneys et confitures maison en vente sur place.

De prix moyens à plus chic 10-20 £ / 12-24 €)

🏠 I●I 🍸 ***The Old Black Lion :*** *Lion St. ☎ 82-08-41. • info@oldblacklion.co.uk • oldblacklion.co.uk • Tlj midi et soir ; dernières commandes à 21h. Snack le midi 5-11 £, plats 13-20 £.* Moquette épaisse et tables de bois brut... L'ancienne auberge du XVIIe s est aujourd'hui l'adresse la plus courue du village (surtout pour sa cuisine), cosy à souhait ! Chambres de caractère dans le bâtiment principal à partir de 90 £. Cromwell et Bill Clinton y ont séjourné.

À faire

Les librairies fleurissent le long de Castle St et de Lion St. Il y en a presque trop ! Voir notamment la librairie de l'homme qui a transformé cette ville paisible en capitale mondiale du livre, ***Richard Booth's Bookshop :*** *44 Lion St ; • richard-booth.demon.co.uk •* La façade colorée vaut à elle seule le coup d'œil ! ***Hay Cinema Bookshop :*** *Castle St, à l'entrée du village, côté Brecon. ☎ 82-00-71. • haycinemabookshop.co.uk •* L'ancien cinéma a été transformé en librairie de livres d'occasion sur des thèmes divers. Il y en a sur quatre niveaux. Les moins chers sont sous la grande tente devant le cinéma. C'est une des plus anciennes librairies de Hay et la plus grande. ***Murder & Mayhem :*** *5 Lion St. ☎ 82-16-13. Parfois fermé dim.* Une librairie sur deux petits étages, tapissée de haut en bas de livres d'occasion de genre policier, horreur, ou encore sur les vrais meurtres de *serial killers*. La déco sanglante à elle seule vaut le détour. ***Rose's Books :*** *14 Broad St. ☎ 82-00-13. • rosesbooks.com •* Spécialiste du livre pour enfants et des livres illustrés épuisés et d'occasion.

Randonnée

➢ ***Offa's Dyke Path :*** ce chemin de randonnée, que nous décrivons en introduction du pays de Galles (voir « Transports intérieurs »), suit la frontière est du Brecon Beacon en passant par Hay-on-Wye. Une partie du parc parmi les plus jolies qu'il vous sera donné de voir. Des vallées boisées, bucoliques, et des collines désertes aux courbes douces et rondes, recouvertes d'une fine moquette d'herbe moelleuse que foulent les moutons et les rudes poneys gallois... Itinéraire de Hay-on-Wye à Llanfihangel Crucorney. L'*Offa's Dyke Association* publie des cartes détaillées *(• offasdyke.demon.co.uk •)* ou alors se procurer la carte *Explorer 13*. Le dimanche et les jours fériés en pleine saison, on peut emprunter le *Beacons Bus* circulaire (voir plus haut la rubrique « Arriver – Quitter »).

Festival

– ***Festival de la littérature :*** *ts les ans, fin mai-début juin. ☎ 82-26-29. • hayfestival.com •*

LLANTHONY PRIORY

IND. TÉL. : 01873

À 12 miles au sud-est d'Hay-on-Wye. De ce superbe prieuré en ruine se dégage une magie mystique, qui exprime merveilleusement bien ce que certains religieux du XIIe s ont pu souhaiter de solitude et d'austérité. La vision de ces pierres rouges émergeant du vert lumineux de la végétation vous plonge dans un état de sérénité assez extraordinaire. Rien à voir avec ces châteaux normands guerriers, gris et sévères, que l'on rencontre un peu partout dans le coin. Ici, tout est invitation à la méditation et au recueillement...

Arriver – Quitter

En voiture

➢ Depuis ***Hay,*** par une minuscule et très belle route à une seule voie menant à Abergavenny, en passant par les Black Mountains. Depuis ***Monmouth,*** direction Abergavenny ; sur la route, on peut s'arrêter et visiter les ruines de *Raglan Castle,* vieux château fortifié en ruine, imposant par sa taille. À Abergavenny, *musée d'Histoire locale,* typique. Festival de musique en juillet, avec jazz, folk, musique irlandaise et même créole ! Après Abergavenny, prendre la route A 465, puis, sur la gauche à quelques centaines de mètres, tourner vers Llanfihangel Crucorney et Stanton. Petite route merveilleuse à une seule voie ; on passe devant un des plus vieux pubs du pays de Galles (*Skyrrid Inn,* où aurait eu lieu la dernière pendaison d'un Gallois, crochet visible en pièce à conviction !) et on se dirige vers Llanthony Priory, au cœur des Black Mountains.

En bus

➢ Dim et j. fériés en hte saison, on peut prendre le *Beacons Bus* circulaire de Hay-on-Wye, qui passe par ***Capel Y Ffin, Llanthony Priory*** et ***Llanfihangel Crucorney.***

Où dormir ?

Où manger ?

⛺ ***Psycodlyn Farm :*** ***Abergavenny,*** *à 3 miles du centre-ville, sur l'A 40 en direction de Brecon, NP7 7ER. ☎ 85-32-71. • pyscodlyncaravanpark.com • Env 13-15 £ pour 2 avec tente et voiture. Douches chaudes payantes.* Bon camping dans la vallée de l'Usk, avec une soixantaine d'emplacements pour caravanes et tentes. Très calme, à côté d'une ferme. Laverie.

🏠 🍴 ***Abbey Hotel*** *(Llanthony Priory Hotel)* ***:*** *Llanthony, NP7 7NN. ☎ 89-04-87. • llanthonyprioryhotel.co.uk • Slt ven-dim hors saison. Résa nécessaire. Dim-jeu, double 80 £ ; ven et sam, 170 £ pour les 2 nuits obligatoirement. Plats 4-8,50 £ le midi, autour de 11 £ le soir.* Bon, on paie surtout pour le cadre, plein d'atmosphère, aménagé dans une partie restaurée du prieuré. Escalier normand en colimaçon qui dessert une poignée de chambres à l'ancienne, pour ne pas dire médiévales, meublées de lits à baldaquin. Une seule salle de bains pour tout le monde. L'endroit a beaucoup de charme. Calme assuré. On peut se contenter d'y prendre un repas dans la salle rustique en sous-sol.

À voir. À faire

➢ À partir du prieuré, nombreuses ***balades à pied dans les Black Mountains.*** Paysage de plus en plus dépouillé jusqu'au plateau. Celui-ci est complètement dénudé et offre une très belle vue sur la rivière Wye en contrebas et sur les Brecon Beacons.

The Big Pit : *à **Blaenavon,** sur l'A 4043, NP4 9XP. ☎ (01495) 79-03-11. • museumwales.ac.uk • Bus nº 30 depuis Newport. Tlj 9h30-17h (dernière admission 16h). Entrée gratuite. Visites souterraines 10h-15h30.* Une ancienne mine avec visite orchestrée par les anciens mineurs eux-mêmes, à 90 m de profondeur. Des outils, des objets et tout pour comprendre comment est extrait le charbon. Dès la moitié du XVIIIe s, Blaenavon a occupé une place majeure dans la révolution industrielle du Royaume-Uni. Son paysage industriel, Patrimoine mondial de l'Unesco depuis l'an 2000, est un testament unique de l'exploitation du fer et du charbon des XVIIIe et XIXe s.

BRECON (ABERHONDDU)

8 000 hab. IND. TÉL. : 01874

Centre du Brecon Beacons National Park et, surtout, point de base des marcheurs, dans un environnement montagneux. Une cathédrale, quelques musées et un théâtre de poche au bord de l'eau dans un site bucolique.

Adresses utiles

Tourist Information Centre : *Cattle Market Car Park. ☎ 62-24-85. • brectic@powys.gov.uk • En général, lun-sam 9h30-16h45, dim 10h-15h45.*

Bi-Ped Cycles : *10 Ship St. ☎ 62-22-96. • bipedcycles.co.uk • Côté ouest, venant de Libanus par l'A 470, après le pont dans le centre, c'est au début de la rue qui monte à droite. Tlj sf dim.*

Où dormir ? Où manger dans le coin ?

Camping et auberges de jeunesse

Pencelli Castle Caravan and Camping : ***Pencelli,*** *LD3 7LX. ☎ 66-54-51. • pencelli@tiscali.co.uk • pencelli-castle.co.uk • ♿ À env 3 miles au sud-est, par la B 4558. Passage du bus X43 tt proche. Fermé l'hiver. Pour 2 pers avec tente et voiture, 18-24 £ selon saison.* Camping qui fait l'unanimité (il a même décroché les 5 étoiles, le top du classement !). Grand terrain soigné, environnement champêtre idéal, bâtiment sanitaire extra propre, cerné de jardinières fleuries. Et tout le confort classique : laverie, épicerie, aire de jeux pour les enfants... Pas mal de caravanes, mais une zone réservée aux tentes. Balades à proximité. Très bon accueil.

Brecon Tyn-y-Caeau Youth Hostel : *à **Groesffordd.** ☎ 66-52-70. • breconmanager@yha.org.uk • yha.org.uk • À env 2 miles de Brecon. Prendre en direction d'Abergavenny, sortie Llanfrynach de l'A 40, puis suivre la signalisation vers Groesfford. Bus X43, au niveau du camping Brynich à 10 mn à pied. Env 20 £ la nuit en dortoir de 6-10 pers (offres sur Internet).* À l'écart du village, une bonne AJ logée dans une grosse maison victorienne entourée de verdure. Dortoirs et chambres basiques, mais l'ensemble est propre et agréable, à l'image du salon avec cheminée. Cuisine à dispo.

Youth Hostel Llwyn-y-Celyn : *Holly Bush, **Libanus,** à moins de 7 miles au sud de Brecon (A 470). ☎ (01874) 62-42-61. • llwynycelynmanager@yha.*

org.uk • Venant de Brecon, c'est à env 2,4 miles après Libanus, sur la gauche en contrebas de l'A 470. Bus X43 à l'entrée du chemin. Tlj avr-sept ; fermé certains j. (se renseigner). Env 20 £ le lit en dortoir, petit déj en sus (offres sur Internet). Possibilité de repas et pack pique-nique à prix doux. Ancienne ferme de caractère, nichée dans une vallée au cœur du parc. Très calme (car éloignée de la route) et champêtre à souhait. Chambres très simples de 2 à 4 lits, mais certaines donnent sur les pâturages, les collines et les moutons. Salon commun très agréable, avec cheminée et bouquins. Point de départ ou d'arrivée de randonnées.

De bon marché à prix modérés

The Grange : *22 The Watton. ☎ 62-40-38. • jim@thegrange-brecon.co.uk • thegrange-brecon.co.uk • À 200 yards du centre de Brecon, dans le prolongement de Bulwark (direction Abergavenny et Hay). Doubles 55-65 £ sans ou avec sdb.* Un *B & B* efficace et sans mauvaise surprise. L'accueil est sympathique, les chambres agréables, fraîches et lumineuses, et les salles de bains tout confort. Petit déj avec option végétarienne. Bon rapport qualité-prix, même si la prétendue grange donne plus dans la maisonnette fonctionnelle.

Pilgrims Tea Rooms : *dans l'enceinte de la cathédrale. Tlj jusqu'à 17h (16h l'hiver). Plats 4-8 £.* C'est d'abord la terrasse qui retient l'attention : au calme, ensoleillée, face à la cathédrale. Mais une fois installé, on ne regrette pas son choix en goûtant les bons sandwichs, salades et gâteaux maison. Impeccable pour une pause rapide.

De plus chic à très chic

The Felin Fach Griffin : *Felin Fach, LD3 0UB. ☎ 62-01-11. • enquiries@felinfachgriffin.co.uk • felinfachgriffin.co.uk • À 4,5 miles au nord-ouest, sur l'A 470. Formules 12,50-19,50 £ le midi, 15-27 £ le soir, selon sa faim.* Ce bel établissement de village abrite un *gastropub* réputé dans la région, autrement dit un pub chic avec ses boiseries d'usage et cheminées crépitantes où l'on déguste une vraie cuisine gastronomique. Spécialités galloises modernisées, produits du jardin, poisson de Cornouailles... Du beau travail ! Service classieux. Également des chambres sur place, pas données, mais, là encore, parfaites sur toute la ligne.

Achats

Brecknock Farmer's Market : *Market Hall, Bulwark (arcades près de la banque* National Westminster*). Le 2e sam du mois sf en janv et en août, 10h-14h.* Marché couvert où les fermiers vendent leurs produits tout frais... de quoi se faire un pique-nique solide pour partir à l'assaut des montagnes Noires.

CARDIFF ET SA RÉGION

CARDIFF (CAERDYDD)

315 000 hab. IND. TÉL. : 02920 ou 21

Capitale officielle du pays de Galles, mais depuis 1955 seulement ! Cardiff s'est enrichie au XIXe s grâce à l'exportation du charbon. L'activité du port et des docks est due à la célèbre famille Bute, celle qui reconstruisit, à la fin du XIXe s, le château de Cardiff (et l'aménagea en y mélangeant toutes sortes de styles). Aujourd'hui, le rayonnement de la ville est incontestable, et Cardiff ambitionne de devenir une des plus belles cités maritimes d'Europe. Pour réaliser ce projet, la ville a entièrement relooké ses docks nommés désormais *Cardiff Bay*.

Mais le changement est visible partout. Cardiff n'est plus cette ville moyenne de Grande-Bretagne, elle devient capitale d'une nation. Si vous êtes fou du ballon ovale, ne manquez pas de faire un pèlerinage au *Millenium Stadium.* Les fans de musique classique iront tout droit au rutilant *Wales Millenium Centre.* Quant aux fières âmes celtes, elles iront visiter le parlement gallois, une merveille d'architecture.

– ***Cardiff Festival :*** *en juil et août.* Toutes les musiques sont célébrées, du jazz au folk en passant par la pop. • *cardiff-festival.com* •

Arriver – Quitter

En avion

✈ ***Aéroport de Cardiff*** *(hors plan par C4)* ***:*** *à une vingtaine de miles au sud-ouest, vers Rhoose.* ☎ *(01446) 71-11-11.* • *cwlfly.com* • *Bus X91 du centre et de la gare centrale de Cardiff (ttes les 2h) ; env 4,60 £ l'A/R.*

➢ Vols entre Cardiff et **Paris, Zürich, Newcastle, Dublin, Belfast, l'Écosse, Jersey, Amsterdam et l'Espagne.** Attention : certaines compagnies n'opèrent qu'en saison.

En train

Gare ferroviaire *(plan zoom)* ***:*** *Central Station.* ☎ *(08457) 48-49-50.* Fréquences moindres le dim.

➢ ***Swansea :*** liaisons très fréquentes. Un peu moins de 1h de trajet.

➢ ***Londres Paddington :*** nombreuses liaisons directes. Durée : 2h.

➢ ***Manchester :*** 1 train/h direct. Env 4h de trajet.

➢ ***Merthyr Tydfil :*** 1 train/h, 4h-20h.

➢ ***Abergavenny :*** 1 train/h ou ttes les 2h, 4h-22h30.

En bus

Gare routière *(plan zoom)* ***:*** *dans le quartier de Central Station.* ☎ *(08705) 80-80-80.* • *nationalexpress.co.uk* • Départ des lignes de bus nationales.

➢ ***Swansea :*** bus n° 100 *(Firstcymru).* Un bus ttes les 30-45 mn en sem ; un peu moins fréquent le w-e. Durée : 1h.

➢ ***Parc national des Brecon Beacons :*** bus X43 à destination de *Merthyr Tydfil, Brecon* et *Abergavenny.* Env 4-5 bus/j. lun-sam. Aucun le dim. D'Abergavenny, possibilité de rejoindre ***Monmouth.***

➢ Le *Beacon's Bus B1,* pensé pour les randonneurs (avec remorque pour les vélos), dessert également le parc de Brecon Beacons, mais uniquement en hte saison.

Circuler dans la ville

■ ***Cardiff Bus*** *(plan zoom,* ***3****)* ***:*** *Wood St, Saint David's House.* ☎ *(08712) 00-22-33.* • *cardiffbus.com* • *Bureau ouv lun-ven 8h30-17h30 ; sam 9h-16h30. Système de zones 1,60-2,40 £ le ticket aller simple. Prévoir l'appoint, les chauffeurs ne rendent pas la monnaie.*

■ ***Bay Circular n° 6*** *(plan zoom)* ***:*** *Central Station. Navette ttes les 10 mn qui relie le centre-ville à la baie (Cardiff Bay), 6h30-23h30.*

Adresses utiles

ℹ ***Cardiff Visitor Centre*** *(plan zoom,* ***1****)* ***:*** *The Old Library, The Hayes.* ☎ *(08701) 21-12-58.* • *visitcardiff.com* • *Lun-sam 10h-18h (19h en été) ; dim 10h-16h.* Infos sur la ville et le reste du pays.

ℹ ***Cardiff Bay Visitor Centre*** *(plan D4,* ***2****)* ***:*** *dans le Wales Millenium Centre, Cardiff Bay.* ☎ *20-87-79-27. Tlj 10h-18h (19h30 les j. de spectacle).*

@ **Internet :** *à la* **Central Library** *(The Hayes).*

Où dormir ?

Camping

⛺ ***Cardiff Caravan Park*** *(plan B1,* ***15****)* ***:*** *Pontcanna Fields.* ☎ *20-39-83-62.* • *cardiffcaravanpark@cardiff.gov.uk* • *cardiff.gov.uk* • *(rubriques*

LLANTRISANT
A
B
MERTHYR TYDFIL, CAERPHILLY
1
2
NORD
Cardiff Rd
Pencisely Road
Pen-Hill Rd
33
15
Conway Road
Severn Grove
Pontcanna St.
Cathedral
18
12
Stade
Bute Park
North
Clive Road
Thompson's Park
Llandaff
Romilly Road
Romilly Cres.
Kings
11
37
27
Rectory Rd
Pembroke Road
14
Ryder St.
Sophia
River Taff
Market Rd
Chapter Arts Centre
28
Severn Road
Wyndham Cres.
Road
Hamilton St.
Road
51
Cowbridge Road
Grosvenor St.
Brunswick Street
Alexandra Rd
Leckwith Rd
East
Cowbridge Road
Cathedral Rd
Lwr. Cathedral Rd
Landsdowne Road
Wellington Street
Neville St.
Atlas Rd
Craddock St.
20
Despenser St.
17
Broad Street
Ninian Park Road
Clare St.
Tudor
Lawrenny Avenue
Sloper Road
Leckwith Road
Pendyr
Wedmore Rd
Stafford Road
Court Rd
Hereford St.
Cornwall St.
Clare Road
ZOOM
Bute Park
Castle Green
Castle
Kingsway
The Friary
Park Pl.
Queen Street
35
Cathedral (Roman catholic)
Castle St.
36
Duke St.
St John St.
Frederick St.
Charles St.
Shopping Centre Saint David's
Churchill Way
13
30
25
High Street
45
24
Market
1
Working St.
41
Cardiff R.F.G.
Westgate Street
Wharton St.
43
22
David St.
Mary Ann St.
The Hayes
Bridge St.
Library
St. Mary Street
Cardiff Millennium Stadium
Park St.
31
Caroline St.
3
34
Mill Lane
Hayes Bridge Road
Bute Terrace
10
River Taff
Wood Street
Customhouse St.
Riverside Farmer's Market
Central Station
50
100 m
Bute St.
Herbert St.
N. Clive St.
Penarth
Paget St.
Redlaver St.
Clive Street
Pentrebane St.
St Fagan
Ferry

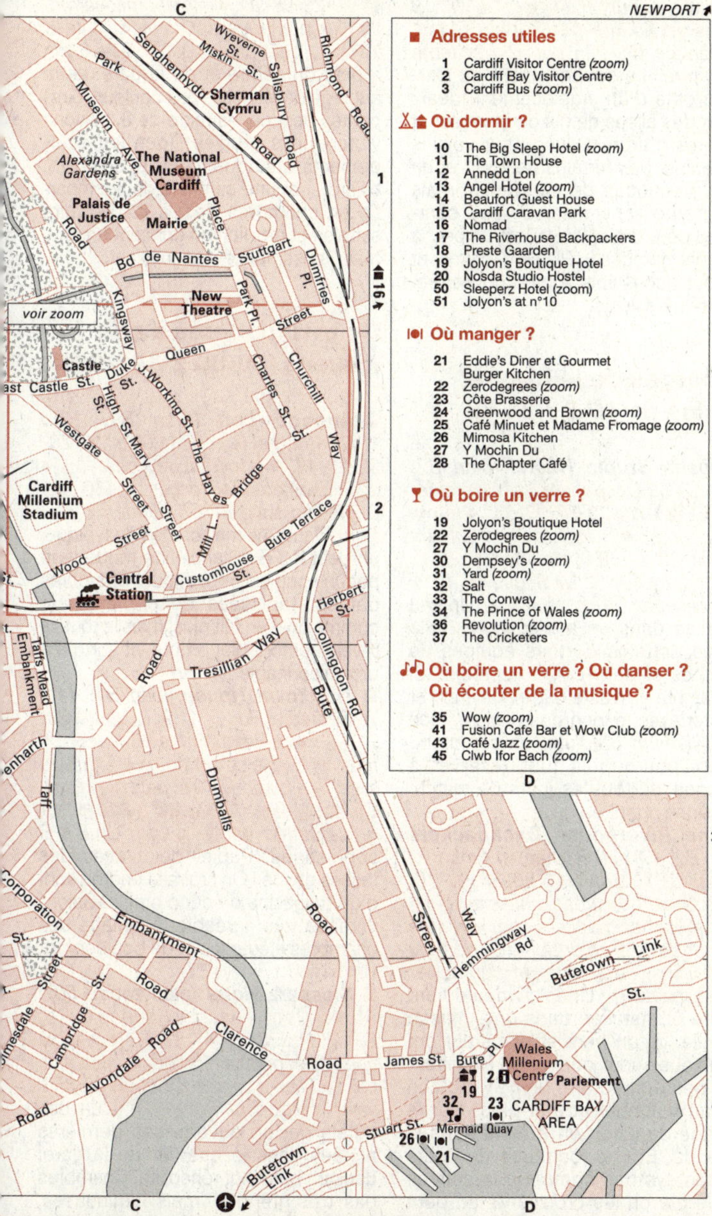

Adresses utiles

- 1 Cardiff Visitor Centre *(zoom)*
- 2 Cardiff Bay Visitor Centre
- 3 Cardiff Bus *(zoom)*

Où dormir ?

- 10 The Big Sleep Hotel *(zoom)*
- 11 The Town House
- 12 Annedd Lon
- 13 Angel Hotel *(zoom)*
- 14 Beaufort Guest House
- 15 Cardiff Caravan Park
- 16 Nomad
- 17 The Riverhouse Backpackers
- 18 Preste Gaarden
- 19 Jolyon's Boutique Hotel
- 20 Nosda Studio Hostel
- 50 Sleeperz Hotel (zoom)
- 51 Jolyon's at n°10

Où manger ?

- 21 Eddie's Diner et Gourmet Burger Kitchen
- 22 Zerodegrees *(zoom)*
- 23 Côte Brasserie
- 24 Greenwood and Brown *(zoom)*
- 25 Café Minuet et Madame Fromage *(zoom)*
- 26 Mimosa Kitchen
- 27 Y Mochin Du
- 28 The Chapter Café

Où boire un verre ?

- 19 Jolyon's Boutique Hotel
- 22 Zerodegrees *(zoom)*
- 27 Y Mochin Du
- 30 Dempsey's *(zoom)*
- 31 Yard *(zoom)*
- 32 Salt
- 33 The Conway
- 34 The Prince of Wales *(zoom)*
- 36 Revolution *(zoom)*
- 37 The Cricketers

Où boire un verre ? Où danser ? Où écouter de la musique ?

- 35 Wow *(zoom)*
- 41 Fusion Cafe Bar et Wow Club *(zoom)*
- 43 Café Jazz *(zoom)*
- 45 Clwb Ifor Bach *(zoom)*

CARDIFF

« Leisure », puis « Visiting Cardiff »). Accès en voiture par Sophia Close. Tte l'année. Env 22 £ pour 2 avec tente et voiture. Le seul camping de Cardiff profite d'un emplacement idéal : 2 grandes allées de gazon bien plat et bordées d'arbres, avec pour voisins immédiats des terrains de sport et un parc. Beaucoup de caravanes, mais une petite zone réservée aux campeurs, côté droit (l'été, c'est un peu la foire d'empoigne !). Plaisant, calme, et surtout accessible à pied du centre. Location de vélos.

Auberges de jeunesse (moins de 40 £ / 24 €)

☗ ***Nosda Studio Hostel*** *(plan B2, **20**) : 53-59 Despenser St, Riverside, CF11 6AG. ☎ 20-37-88-66. • info@nosda.co.uk • nosda.co.uk • Lits en dortoir 20-22,50 £, doubles 44-67 £, petit déj inclus.* 📶 💻 *Réduc de 10 % sur présentation de ce guide.* Une AJ installée dans un ancien hôtel, cela donne certains dortoirs équipés de douches et de w-c. On apprécie ! Si l'on ajoute un vaste bar très sympa et une terrasse le long de la rivière, face au *Millenium Stadium,* on comprend mieux pourquoi il faut réserver à l'avance, surtout les jours de match. Consigne gratuite.

☗ ***The Riverhouse Backpackers*** *(plan B2, **17**) : 59 Fitzhamon Embankment, CF11 6AN. ☎ 20-39-98-10. • info@riverhousebackpackers.com • riverhousebackpackers.com • Nuitée à partir de 17 £ en doubles ou dortoirs de 4-6 lits, copieux petit déj inclus.* 📶 💻 *(payant).* Une AJ idéalement située et installée dans une maison de ville, qu'un frère et une sœur ont ingénieusement convertie. Résultat : une petite structure, *homely,* où l'on se fait volontiers de la place sur le canapé du salon ou à table dans la véranda. Et une foultitude de petits gestes sympas comme ces soirées *apple pie* ou les croissants au petit déj qui nous ont convertis à notre tour.

☗ ***Nomad*** *(hors plan par C1, **16**) : 11 Howard Gardens, Roath, CF24 0EF. ☎ 20-25-68-26. • info@nomadcardiff.co.uk • nomadcardiff.co.uk • Nuitées 12-20 £, petit déj inclus.* 📶 💻 À 5 mn à pied du centre et de la gare, cette auberge de jeunesse aux couleurs pimpantes occupe les murs de 3 maisons victoriennes réunies. Tous les équipements attendus (cuisine, salon TV, billard...) et une centaine de lits répartis en chambres de 2 à 12. Dortoirs simples et des lits qui grincent un peu, mais l'ensemble est accueillant.

De prix modérés à prix moyens (40-80 £ / 48-96 €)

☗ ***Annedd Lon*** *(plan B1, **12**) : 157 Cathedral Rd, CF11 9PL. ☎ 20-22-33-49. • info@anneddlon.co.uk • anneddlon.co.uk • Congés : 23-30 déc. Double* en-suite *env 55 £ (plus 5 £ ven-sam).* Dans une maison de ville typique, un petit *B & B* à l'ancienne mode tenu par un couple sympathique. Chambres datées, tapissées de papier peint comme on n'en fait plus, mais le tout se révèle confortable, propre, et surtout à prix raisonnable.

☗ ***The Town House*** *(plan B1, **11**) : 70 Cathedral Rd, CF11 9LL. ☎ 20-23-93-99. • thetownhouse@msn.com • thetownhousecardiff.co.uk • Doubles avec TV à partir de 70 £, petit déj inclus. CB acceptées.* 📶 *Réduc de 10 % sur présentation de ce guide.* Un *B & B* sophistiqué. Papier peint avec des tasses de thé ! On croirait l'endroit sorti d'un magazine de déco british. Salon-véranda très agréable, à l'image des chambres élégantes et de bon confort. Un joli lieu.

☗ ***Sleeperz Hotel*** *(plan zoom, **50**) : Station Approach, Saunders Rd, CF10 1RH. ☎ 20-47-87-47. • reservations@sleeperzcardiff.com • sleeperz.com • Face à la gare. Doubles 55-85 £ selon confort et saison.* 📶 L'un des hôtels design ouverts ces dernières années dans le quartier de la gare, dans un bâtiment réhabilité. Chambres pas très grandes, mais lumineuses, fonctionnelles aux tons reposants. Resto, bar et bon petit déj-buffet.

☗ ***The Big Sleep Hotel*** *(plan zoom, **10**) : Bute Terrace, CF10 2FE. ☎ 20-*

63-63-63. • bookings.cardiff@thebigsleephotel.com • thebigsleephotel.com • Tt près de la gare. Doubles à partir de 45 ou de 65 £, petit déj inclus. Bien plus cher lors de grands matchs ou concerts au Millenium Stadium. *(payant).* Dans un ancien building du *British Gas,* un hôtel *concept* au design volontairement eighties chic. Confortable et branché. Ici, la lumière est franche et directe et les tapisseries à fleurs remises au goût du jour. Bar et salle de petit déj très cool. Original et fonctionnel, mais ambiance assez froide.

Preste Gaarden *(plan B1,* ***18****) : 181 Cathedral Rd, CF11 9PN. ☎ 20-22-86-07. • stay@cosycardiffhotel.co.uk • cosycardiffhotel.co.uk • Double en-suite env 60 £ ; plus cher lors de grands événements.* Cette élégante maison victorienne fut autrefois une mission et un consulat norvégien. Une dizaine de jolies chambres plutôt simples et pas bien grandes, mais nickel et confortables, ainsi que des parties communes agréables à la déco typique.

Plus chic (80-120 £ / 96-144 €)

Jolyon's at nº 10 *(plan B2,* ***51****) : 10 Cathedral Rd, CF11 9LJ. ☎ 20-09-19-00. • reception.city@jolyons.co.uk • jolyons10.co.uk • Double 79 £.* Petite sœur du boutique-hôtel de Cardiff Bay, une structure pleine de charme derrière sa façade victorienne cossue, à deux pas du centre-ville. Une vingtaine de chambres, dont certaines familiales, mêlant modernité, style et tout le confort espéré, jusque dans les salles de bain.

Beaufort Guest House *(plan B1,* ***14****) : 65 Cathedral Rd, CF11 9HE. ☎ 20-23-70-03. • beauforthousecardiff.co.uk • Doubles à partir de 79 £.* C'est l'adresse pour se faire plaisir. On y vient en amoureux pour profiter du salon élégant, de la véranda cosy, des petits déj servis avec pompe (et chandeliers !), et des chambres raffinées hyper douillettes.

Angel Hotel *(plan zoom,* ***13****) : Castle St, CF10 1SZ. ☎ 20-64-92-00. En face du château. Doubles env 100-120 £ ; beaucoup plus cher en fonction de l'affluence et du calendrier (sportif, économique...). Parking payant.* Ce superbe hôtel victorien, construit en 1883, est sans conteste la meilleure adresse de luxe de la ville, tout en moulures chic, colonnes imposantes... et une foultitude de petits plus pour garantir le confort des hôtes (choisir une chambre avec vue sur le château).

CARDIFF

À Cardiff Bay

Jolyon's Boutique Hotel *(plan D4,* ***19****) : Bute Crescent, Cardiff Bay, CF10 5AN. ☎ 20-48-87-75. • info@jolyons.co.uk • jolyons.co.uk • Doubles 66-130 £ selon période et affluence.* Difficile d'imaginer l'ancienne maison de pêcheur dans cet hôtel de charme intimiste au luxe discret. Les 7 chambres élégantes sont cosy à souhait, toutes différentes, et dotées de salles de bains de grand confort. Un vrai cocon, d'autant plus que le pub douillet niché dans la cave (sofas et bon feu de cheminée) n'incite guère à aller voir ailleurs !

Où dormir dans les environs ?

West Usk Lighthouse : *Lighthouse Rd, Saint Brides Wentloog,* ***Newport****, NP10 8SF. ☎ (01633) 81-01-26. • info@westusklighthouse.co.uk • westusklighthouse.co.uk • À l'est, entre Cardiff et Newport, sortie 28 sur la M 4, puis suivre l'A 48 direction Newport, que l'on quitte avt Newport pour suivre la B 4239 en direction de Duffryn et Saint Brides. Doubles 145-165 £.* Les solitaires seront comblés. Isolé au bout d'un chemin privé miné de nids-de-poule, cet ancien phare veille inlassablement sur les navires qui croisent au large. La déco marine des chambres cosy ajoute à l'ambiance loup de mer, tandis que l'accueil chaleureux des propriétaires en fait un point de chute hors pair. Pour rester dans le décalé, également une yourte mongole.

Où manger ?

Bon marché (moins de 8 £ / 9,60 €)

Café Minuet *(plan zoom,* ***25****) : Castle Arcade. ☎ 20-34-17-94. Tlj sf dim 11h-16h30. Plats 5-7 £.* Un minuscule café « *cheap and cheerful* », comme ils disent. Cadre agréable, bel emplacement dans un passage couvert et une cuisine du jour qui joue bien sa partition. Prévoir par conséquent un brin de queue.

Dans le même passage, ***Madame Fromage,*** un petit air de Bretagne avec tout un choix de fromages, quiches et charcuterie, à déguster sur le pouce (fermé le soir).

The Chapter Café *(plan A1,* ***28****) : Chapter Arts Centre, Market Rd. Tlj 9h-21h. Plats env 3-6 £.* Cuisine simple à prix record dans ce centre culturel très actif. Mangez-y un morceau avant d'aller voir une exposition ou un film d'art et d'essai.

De prix moyens à plus chic (8-20 £ / 9,60-24 €)

Y Mochin Du *(plan B1,* ***27****) : Sophia Close. ☎ 20-37-15-99. Tlj jusqu'à 21h (plus tard pour le pub). Plats 7-10 £.* Face à un parc, grande véranda et terrasse, des salles chaleureuses très typiques, et pour bien faire, une vraie bonne cuisine de pub. L'adresse préférée des gens du coin, 100 % galloise (*Y Mochin Du* signifie le cochon noir).

Zerodegrees *(plan zoom,* ***22****) : 27 Westgate St. ☎ 20-22-94-94. • cardiff@zerodegrees.co.uk • Tlj midi-minuit. Plats 7-15 £.* Ambiance industrielle dans cette brasserie archimoderne et aérée. Les tables ont poussé autour des cuves en inox, au rez-de-chaussée ou en mezzanine. Bières on ne peut plus fraîches, y compris des *specials* aux goûts parfois détonnants. Le tout accompagné de moules au kilo, d'une bonne pizza cuite sous votre œil, l'autre étant rivé au match de foot sur écran géant. Ça ne rigole pas, on est face au Millenium Stadium *for God sake !*

Greenwood and Brown *(plan zoom,* ***24****) : Quay St, CF10 1EA. ☎ 20-22-79-72. • greenwoodandbrown@sabrain.com • Plats 9-19 £, formule 7 £ jusqu'à 17h.* Un restaurant pour bien manger, dans une atmosphère chaleureuse. Moules, viandes grillées et burgers au programme. Un bar aussi pour bien boire, vins et bières de choix. Une adresse très fréquentée le midi, en plein centre-ville et à deux pas du stade.

À Cardiff Bay

Eddie's Diner *(plan D4,* ***21****) : Mermaid Quay. ☎ 20-34-46-28. Tlj 10h30-22h ou 23h. Env 5-8 £.* Pour un plan *American dinner* avec Marilyn, Elvis et James Dean, dans le cadre acidulé de l'univers de *Happy Days*. Banquettes rouges, néons de couleur, juke-box et tables aménagées dans des vieilles voitures en terrasse. Amusant et pas mal du tout sur le plan gustatif (burgers et *sundaes* de rigueur).

Gourmet Burger Kitchen *(plan D4,* ***21****) : 22-24 Mermaid Quay. ☎ 20-45-40-78. Tlj jusqu'à 22-23h. Env 6-10 £.* L'un des rejetons d'une petite chaîne qui marche à fond. Le secret ? Faire du burger un objet de désir et non un vulgaire sandwich. Pari réussi, mais il faut reconnaître que leurs burgers ne ressemblent plus aux standards habituels : légumes frais, viandes à point et surtout des recettes originales qui font le bonheur des amateurs.

Mimosa Kitchen *(plan D4,* ***26****) : Mermaid Quay, Cardiff Bay. ☎ 20-49-19-00. Tlj midi et soir. Compter 6-17 £.* L'agréable déco moderne et le mobilier sobre ne reflètent en rien la cuisine. Ici, on privilégie les produits *Welsh*, travaillés avec rigueur et sans trop de tralala. Le résultat est vraiment bon (saumon ou viandes accompagnés de petits légumes, petit déjeuner traditionnel, excellent burger élaboré...), et servi avec le sourire.

Côte Brasserie *(plan D4,* ***23****) : 25 Mermaid Quay, CF10 5BZ. ☎ 20-45-37-80. Tlj 8h-23h (22h30 dim). Formules 10-12 £ le midi, plats 9-18 £ et petit déj.* Style brasserie parisienne modernisée, tablier noir de rigueur et carte résolument française où l'on trouve fougasse, poulet breton, sauce béarnaise et toute l'artillerie outre-Manche. Sans oublier le vin bien sûr. Une adresse un peu classe, à la cuisine soignée et au service juste comme il faut.

Où boire un verre ?

L'odeur, parfois assez forte selon la direction du vent, provient de la brasserie *Brains,* installée dans la ville. Elle possède plusieurs pubs qui distribuent sa bière, vraiment excellente. À la différence de Cardiff Bay, plus sage, le centre de Cardiff est principalement le terrain de chasse des étudiants. Le soir, on y croise à coup sûr des groupes occupés à fêter un examen ou un futur mariage.

The Conway *(plan A1,* ***33****) : Conway Rd. ☎ 20-23-27-97.* Fief des journalistes gallois. Ça boit sec et ça parle le gallois. Si vous êtes en train d'apprendre, c'est l'endroit idéal. On peut aussi y manger bon et pour pas cher, en terrasse ou dans l'une des salles accueillantes.

Jolyon's Boutique Hotel *(plan D4,* ***19****) : Bute Crescent, Cardiff Bay, CF10 5AN. ☎ 20-48-87-75.* Le sous-sol de cet hôtel de charme renferme une petite perle : un pub de poche chaleureux, meublé comme à la maison (cheminée, sofas, tables basses, TV...), régulièrement envahi par une ribambelle d'habitués. Très fraternel.

Y Mochin Du *(plan B1,* ***27****) :* *voir « Où manger ? ».*

Zerodegrees *(plan zoom,* ***22****) :* *voir « Où manger ? »*

The Prince Of Wales *(plan zoom,* ***34****) : Saint Mary St. ☎ 20-64-44-49.* Un endroit génial et complètement décalé dans un ancien théâtre avec velours aux balcons, pont suspendu et on en passe. Songez que le *Welsh National Opera* y a donné *Rigoletto* au XIXe s ! Si vous ne venez pas pour boire, venez au moins pour voir. Toujours très fréquenté en raison de ses prix plancher.

Yard *(plan zoom,* ***31****) : 43 Saint Mary St. ☎ 20-22-75-77. • yard@sabrain.com •* Grosse structure sur 2 niveaux, à la déco industrielle réussie tout en métal, tubulures et verres. Groupes live jeudi, vendredi et samedi soirs, dans une atmosphère classe.

Revolution *(plan zoom,* ***36****) : 9-11 Castle St. ☎ 20-23-66-89. Tlj jusqu'à 2h.* Une chaîne de bars branchés dont le succès ne se dément pas avec le temps. Décor soigné avec coins salons rigolos, bons cocktails (à la vodka, forcément !) et bon esprit.

Dempsey's *(plan zoom,* ***30****) : 15 Castle St. ☎ 20-23-92-53.* Un vaste bar irlandais bien connu pour sa *Guinness,* on s'en doute, mais surtout pour son ambiance électrique et ses concerts. Jeune et dynamique.

The Cricketers *(plan B1,* ***37****) : 66 Cathedral Rd.* Le fief des amateurs de *cricket,* ce sport bien british (qui a dit soporifique ?) aux règles un brin obscures. Toujours est-il qu'ils aiment ce pub animé et tout en longueur, loti dans une maison victorienne dans laquelle on pénètre par l'ancien salon.

À Cardiff Bay

Salt *(plan D4,* ***32****) : Mermaid Quay. ☎ 20-49-43-75. • saltcardiff.com • Groupes jeu-sam.* Un vaste bar sur 2 étages, moderne et spacieux. L'endroit *in* par excellence, animé le soir, avec une bonne ambiance et une terrasse à l'étage, le tout donnant sur la baie de Cardiff. D'ailleurs, la formule marche tellement fort que la maison a ouvert plusieurs autres adresses au pays de Galles.

Où boire un verre ? Où danser ? Où écouter de la musique ?

Clwb Ifor Bach *(plan zoom,* ***45****) : 11 Womanby St. ☎ 20-23-21-99. • clwb.net • Ts les soirs, env 22h-3h.* C'est le club des Galloises et Gallois « galloïsant » ou des étudiants appréciant les nombreux groupes live. Danse galloise le mercredi à 20h. Pas moins de 3 niveaux.

Café Jazz *(plan zoom,* ***43****) : 21 Saint Mary St. ☎ 20-38-70-26. • cafejazzcardiff.com •* Ce bar tout en longueur et fort heureusement à taille humaine est LE lieu pour écouter du jazz ou du blues à Cardiff. Un endroit plein d'âme, à ne pas manquer. On peut aussi y manger très correctement.

🍷 ♫ Charles St est par définition le ***secteur gay*** de la ville avec en tête de pont le ***Fusion Cafe Bar*** *(plan zoom, **41**) : 48 Charles St.* ☎ *20-64-43-11.* Pub où se retrouve la communauté gay de Cardiff. Au sous-sol, le ***Wow Club,*** une boîte avec piste de danse pour soirées thématiques (entrée payante). Sur le même trottoir, l'***Icon Bar*** qui marche fort le week-end (bar à cocktail sophistiqué) ou en face, le ***Club X*** plus grand et plus classe. Également le bar ***Wow*** *(plan zoom, **35**) : 4 Churchill Way.* L'une des meilleures ambiances de la ville, derrière des baies vitrées qui ont du mal à contenir les décibels.

Loisirs

■ ***Chapter Arts Centre*** *(plan A1) : Market Rd.* ☎ *20-30-44-00.* ● *chapter.org* ● Centre culturel logé dans une ancienne école qui présente des expos, des spectacles vidéo, des films d'art et d'essai, de la danse, du théâtre, du jazz... Bref, il s'y passe toujours quelque chose.

■ ***Wales Millenium Centre*** *(plan D4) : Bute Pl.* ☎ *(08700) 40-20-00 (tickets).* ● *wmc.org.uk* ● *Visitor Centre sur place. Visite guidée en 1h (5,50 £). Résa recommandée.* 📶 Une gigantesque œuvre architecturale de métal, d'ardoises rouges ou vertes, de verre et de bois (en référence au passé industriel et aux paysages gallois), avec de non moins gigantesques inscriptions sur la façade (qui sont en fait des fenêtres ; super effet le soir !). C'est la grande salle de spectacle de Cardiff, vitrine de la culture galloise.

■ ***Sherman Cymru*** *(plan C1) : Senghennydd Rd. Près de l'université.* Un autre centre culturel : salles de théâtre, cinéma et café en plein air...

– Également les théâtres ***Saint David's Hall*** *(plan zoom)* et ***New Theatre*** *(plan C1)*, situés en centre-ville.

Shopping

Cardiff est une ville de shopping (classée 6ᵉ au niveau national). Aux **grands centres commerciaux,** préférez les **arcades,** une des curiosités du centre-ville, lumineuses et protégées, en musardant devant les petites boutiques adorables où l'on découvre artisanat et jeunes créateurs. C'est moins cher qu'à Londres et il y a moins de monde. Pour les amateurs de ***marchés,*** celui de Cardiff est en plein centre et donne un bon aperçu des mœurs culinaires locales *(plan zoom),* tandis que le ***Riverside Real Food Market*** *(plan zoom),* de l'autre côté du *Millenium Stadium,* propose produits régionaux et bio (tous les dimanche 10h-14h).

À voir

👥 ***Cardiff Castle*** *(plan zoom) : Castle St.* ☎ *20-87-81-00.* ● *cardiffcastle.com* ● *Mars-oct, tlj 9h-18h ; nov-fév, 9h-17h ; dernière admission 1h avt fermeture. Entrée : 11 £ (avec visite guidée en anglais 14 £) ; réduc. Audioguide en français (inclus).* Mettez dans un immense shaker un reste de fort romain, un château normand médiéval, une tranche de style gothique victorien, une pointe de folie mauresque, des fresques mythologiques... Secouez fort pour bien mélanger, faites en sorte qu'on n'y retrouve

L'AUTRE VISAGE DE CARDIFF

Cardiff n'est pas épargnée par le binge drinking, entendez par là la « beuverie express » le soir dans la rue et en masse, surtout chez les jeunes. Chaque ville redouble d'imagination pour éradiquer le problème : diffusion de musique classique pour calmer les esprits ou d'ultrasons perceptibles uniquement par les jeunes pour les faire fuir... Cardiff est même allée jusqu'à envisager d'installer des lampadaires faisant ressortir l'acné pour ne plus que sa jeunesse traîne dans les rues, le soir !

plus ses petits dans tous ces styles et époques... et vous obtiendrez le vaste château de Cardiff avec ses différents bâtiments ! En effet, pendant 1 900 ans, les différents occupants y sont allés de leurs fantaisies et créativité. Au XIXe s, à la demande du fantasque marquis de Bute, l'architecte prolifique William Burges y ajouta la pièce maîtresse, le château victorien, un édifice assez dingue, à l'image de la salle de banquet. Les amateurs de délires apprécieront la visite guidée dans le fumoir, les chambres, la salle de jeux, le salon arabe (pour ces dames, avec moucharabiehs de rigueur), tous décorés de fresques thématiques exubérantes. N'oubliez pas pour autant la balade dans les jardins et dans le fortin médiéval perché sur sa motte (vue panoramique depuis la tour).

The National Museum Cardiff *(plan C1)* **:** *dans Cathay's Park. ☎ 20-39-79-51. • museumwales.ac.uk • Mar-dim et lun fériés 10h-17h. Gratuit.* Le 3e d'une alignée de trois bâtiments colossaux (avec le palais de justice et la mairie). Bénéficiant d'une muséographie soignée, ce vaste musée a largement de quoi contenter n'importe quel visiteur. Au rez-de-chaussée, les galeries sur la formation des paysages, l'évolution (mammouth plus vrai que nature !) ou encore les vestiges celtes avec force reconstitutions impressionnantes, vidéos interactives... De quoi se mettre en appétit avant de déambuler parmi les sections consacrées à la faune et à la flore. Cris de bêtes sauvages et squelettes à faire frémir ! Au 1er étage, c'est tout de suite plus sérieux : belle collection de céramiques et surtout galeries de peinture d'une étonnante richesse, grâce à un don des sœurs Davies au XXe s. Peinture anglaise et galloise d'une part, avec des paysages de Constable et de Turner, française d'autre part (l'école de Barbizon et les impressionnistes : Cézanne, Degas, Pissarro, Van Gogh...), sans compter des œuvres plus contemporaines (notamment Picasso). Une collection riche. Les parcs publics à proximité sont bien agréables aussi.

Millenium Stadium *(plan zoom)* **:** *☎ 20-82-22-28. • milleniumstadium.com • Tlj 9h-17h30 (9h30 w-e, ferme à 16h dim) ; départ de la dernière visite 1h avt. Entrée : 7 £ ; réduc.* Il trône là, immense, au cœur de la ville, en face du château. Entièrement redessinée à l'occasion de la Coupe du monde 1999, sur l'ancien stade de l'Arms Park, cette arène mythique est désormais capable d'accueillir 74 500 spectateurs (sa surface a été doublée). Au programme de la visite guidée de 1h : film de 10 mn, speech dans les vestiaires, passage dans le fameux tunnel, green que l'on admire des yeux (pas touche !) et tribunes présidentielles d'où l'on profite d'une vue imprenable. Il ne manque que le public (mais des haut-parleurs diffusent les célèbres chœurs des supporteurs locaux). Boutique où domine forcément le rouge, la couleur des dragons gallois : pantoufles, *mugs,* cravates, tétines... Vous devriez trouver votre bonheur !

Cardiff Bay *(plan D4)* **:** Cardiff s'est construit un nouveau quartier sur les ruines de son passé industriel et des docks autrefois peu engageants et pollués. Ils ont été métamorphosés en quartier résidentiel chic et en lieu de loisirs, vitrine technologique et culturelle du pays de Galles. Symbole du renouveau du pays de Galles, c'est encore ce secteur plein de vitalité qui a été choisi pour accueillir le superbe bâtiment de l'Assemblée galloise, pendant de sa consœur écossaise à Édimbourg.

➢ On vous propose une balade pour découvrir cet incroyable quartier composite : en partant de *Doctor Who Experience* (pour accrocs à la série télévisée), au sud, rejoignez *Techniquest* à l'ouest (une mini-Cité des sciences ludique, pour les enfants) en longeant, dans l'ordre, l'église norvégienne, *Y Senedd,* autrement dit l'Assemblée nationale galloise (magnifique bâtiment écolo en bois, verre et ardoise signé par Richard Rogers, un des architectes du Centre Pompidou à Paris, visite possible), le grand centre de spectacles *Wales Millenium Centre* (visite possible et office de tourisme, voir plus haut « Loisirs » ; très bon bar-resto sur place : *Ffresh*), la galerie commerciale *Mermaid Quay* ainsi que le *Butetown History and Arts Centre* (histoire et artistes locaux). Puis passer le pont pour vous rendre jusqu'au

International Sports Village et le *Cardiff White Water* où l'on trouve tous les jeux d'eau possibles. Autres alternatives : les bateaux pour faire le tour de la baie et rejoindre le Millenium Stadium, visiter l'incroyable barrage ou faire le tour à pied ou à vélo de la baie (boucle de 10 km, plan disponible). Les plus patients attendront le coucher de soleil ; quand les lumières s'allument, c'est splendide.
● *cardiffbay.co.uk* ●

DANS LES ENVIRONS DE CARDIFF

National History Museum (Museum of Welsh Life) : *à Saint Fagan's, à quelques miles, sur l'A 4232. ☎ 57-35-00. ● museumwales.ac.uk ● ♿ Bus nos 320, 322 et 32 depuis Cardiff Central. Ouv 10h-17h. Gratuit (parking payant, env 3,50 £/j.).* Bien plus qu'un musée, il s'agit en réalité d'un site immense dédié à la préservation du patrimoine gallois. Dans un vaste parc arboré, ce sont des dizaines de moulins, d'ateliers et de maisons provenant de tout le pays qui ont été soigneusement reconstruits, puis meublés en fonction des différentes époques. Chaque cottage est prétexte à une rencontre avec des métiers parfois oubliés : tonnelier, forgeron, meunier... Vraiment génial ! D'autant qu'il y en a pour tous les goûts : du village celte et ses huttes au village complet (école, chapelle, épicerie, boulangerie... où l'on peut acheter des *scones*). Dans une deuxième partie, ne pas manquer le château du seigneur entouré de son parc avec bassins, roseraie et jardin à l'italienne. Un endroit très agréable pour une journée de promenade dans le passé. Pique-nique possible ou cafétéria sur place.

Castell Coch : *à 5 miles au nord de Cardiff, sur l'A 470. ☎ 81-01-01. ● cadw.wales.gov.uk ● Bus nos 132 et 26. Tlj avr-oct 9h-17h (18h juil-août) ; 9h (11h dim)-16h le reste de l'année. Fermé en janv. Entrée : 3,80 £ ; réduc ou Explorer Pass.* Château d'opérette en grès rouge et calcaire, perché sur le haut d'une colline. Construit vers 1280 par les Normands, il fut abandonné puis remonté pierre par pierre au XIXe s par le couple infernal du château de Cardiff, à savoir le marquis de Bute et l'architecte « Billy » Burges, dans le style *victorian gothic revival* cher à leur cœur. Tout un programme ! On dit même que l'usage de l'opium aurait favorisé leur inspiration délirante. Un must : la chambre de lady Bute, avec son lit doré d'une élégance redoutable ! L'ensemble mérite la visite, surtout si l'on est sensible à la féerie et au flamboyant. Également deux circuits à pied à faire dans la forêt environnante.

Caerphilly (Caerffili) : *sur l'A 470. ☎ (02920) 88-31-43. ● cadw.wales.gov.uk ● ♿ (en partie). Bus no 26. Mars-oct, tlj 9h30-17h (18h l'été) ; hors saison, 10h (11h dim)-16h. Entrée : 4 £ ; réduc ou* Explorer Pass. *Audioguides payants en français.* Forteresse colossale des XIIe et XIIIe s, construite sur le modèle d'Aigues-Mortes (où les croisés embarquaient pour la Palestine) par le puissant Gilbert de Clare. Il s'agissait à l'époque de frapper les esprits afin d'enrayer toute tentative de soulèvement de la part des Gallois. Le résultat, c'est cette impressionnante forteresse, la deuxième d'Europe par sa taille après Windsor, toujours entourée de son fossé rempli d'eau. Massive et imprenable, sans aucun doute ! L'une des tours, à demi abattue par Cromwell et aujourd'hui bien penchée, est sur toutes les cartes postales. L'équivalent local de la tour de Pise !

LA PÉNINSULE DE GOWER

Cette région tout au sud est un des plus beaux sites naturels de Grande-Bretagne. Un sentier longe la côte en surplombant parfois des falaises impressionnantes. En chemin, on rencontre, villages adorables, grandes plages de

LE PAYS DE GALLES

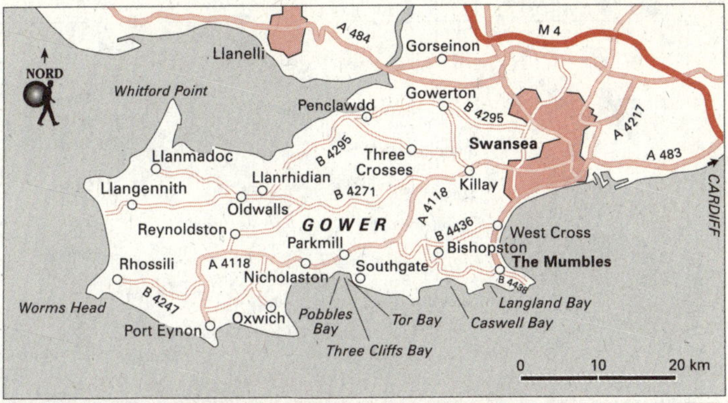

LA PÉNINSULE DE GOWER

sable ou petites criques intimes et, même, quelques châteaux normands en ruine. Pour les moins sportifs, les petites routes sont aussi très agréables, mais il faut se munir d'une bonne carte routière détaillée et elles peuvent être très encombrées en été. Vu leur étroitesse, elles sont déconseillées aux cyclistes et aux marcheurs.

SWANSEA (ABERTAWE)

232 000 hab. IND. TÉL. : 01792

Deuxième ville du pays de Galles, très grand centre industriel depuis le XVIe s, Swansea est aussi la porte d'accès à la péninsule de Gower. Ayant beaucoup souffert des bombardements pendant la guerre, le centre-ville n'est pas le plus charmant qu'on connaisse. En revanche, les nombreux étudiants assurent le spectacle dans les rues autour de Wind St, tandis qu'un ambitieux programme de construction a redonné de la couleur au quartier des docks, le *Maritime quarter* (appartements, quais, musées, *Leisure Centre,* serre ludique *Plantasia*...). Bref, Swansea a le vent en poupe ! Cette grosse ruche abrite également en plein centre trois des plus remarquables jardins botaniques du pays de Galles. Enfin Swansea est la ville natale de Dylan Thomas, grand poète gallois (1914-1953).

Arriver – Quitter

En train

Gare ferroviaire *(plan D1)* **:** *High St Station. ☎ (08457) 48-49-50.*

➢ ***Londres Paddington :*** liaisons ttes les heures, via Cardiff (1h), souvent directes. Durée : 3-4h.

➢ ***Manchester :*** 1 train direct/h, 6h40-19h. Durée : 4h30-5h. Via ***Abergavenny, Hereford, Shrewsbury***.

➢ ***Carmarthen :*** 1-2 trains/h, sans changement. Durée : 45 mn.

➢ ***Haverfordwest :*** trains directs ttes les 2h. Durée : env 1h30.

➢ ***Pembroke Dock :*** quelques trains directs/j.

En bus

Gare routière *(plan B2)* **:** *Quadrant Bus Station. ☎ (0871) 200-22-33.* Important maillage routier.

➢ Bus n° 508 *(National Express)* avec

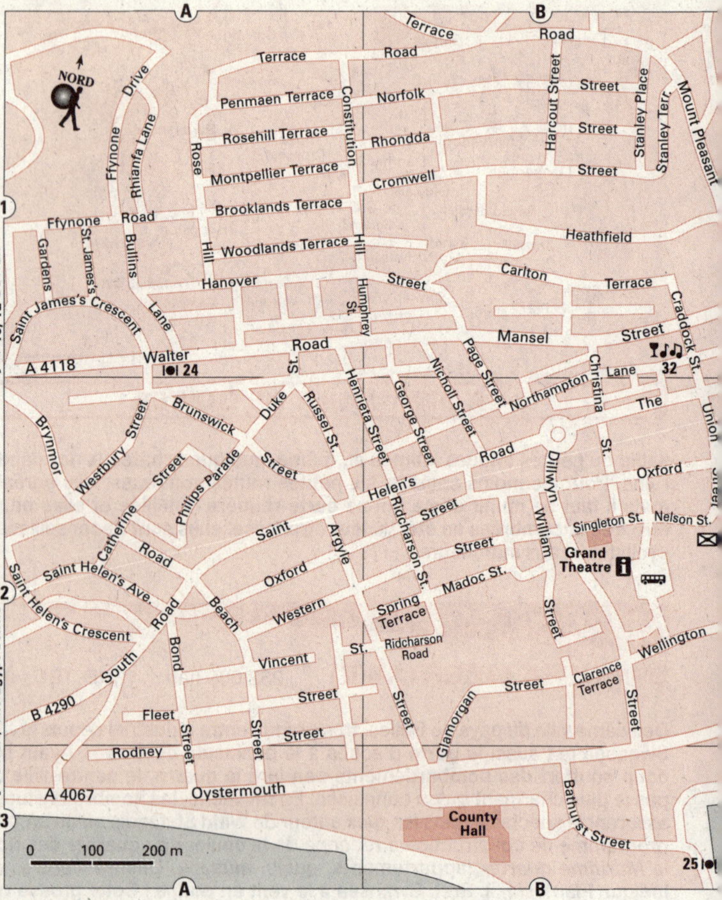

Adresses utiles	**12** Crescent Guesthouse
Tourist Information Centre	**13** Morgans
@ Crossfire	**Où manger ?**
Où dormir ?	**13** Morgans
	20 The Pumphouse
10 The Mirador Town House	**21** The Market

Londres. Certains directs, d'autres avec changement à Cardiff. Durée : 4h30-8h. ☎ *08717-81-81-81.* • *nationalexpress.com* •

➢ Liaisons avec ***Cardiff,*** bus X100, départs ttes les 45 mn env, moins fréquent le w-e.

➢ Pour rejoindre ***Carmarthen,*** bus X11 ou X12 via *Llanelli.* Au départ de Swansea, 1 bus/h env jusqu'à 16h30. Fréquence moindre tlj de Carmarthen à Swansea.

➢ De *Carmarthen,* on peut continuer jusqu'à ***Laugharne*** par le bus 122.

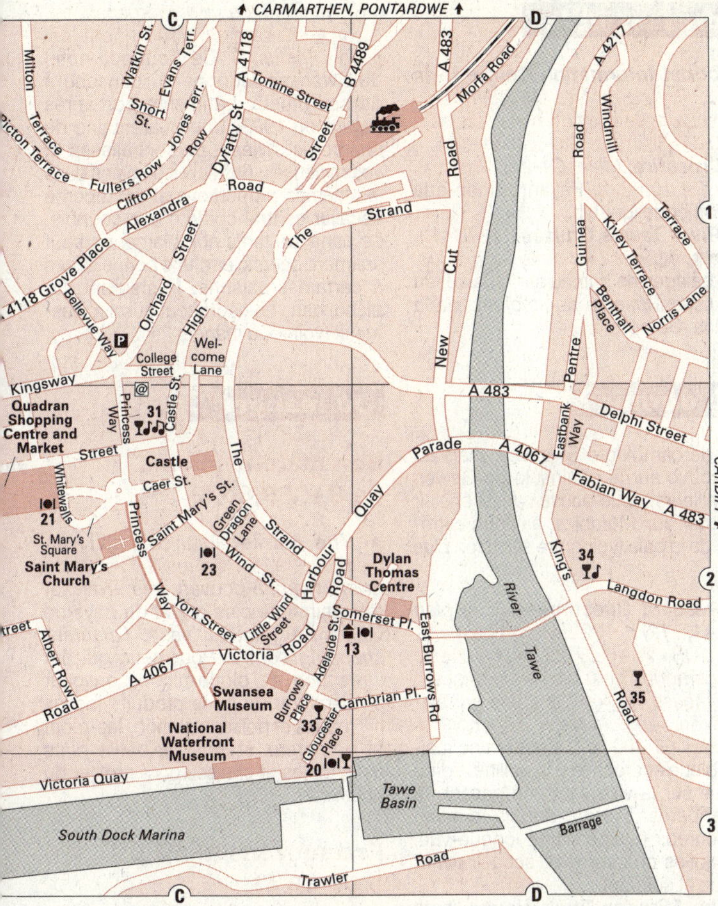

SWANSEA

23 No Sign Bar
24 Bizzie Lizzies Bistro
25 Grape and Olive

🍷 ♩ ♫ **Où boire un verre ? Où danser ? Où écouter de la musique ?**

31 Monkey Café
32 Escape
33 The Queen's Hotel
34 The Ice House
35 Caffé Americano

➢ Avec ***The Mumbles*** (direction Newton), bus n°s 2, 2A, 2B, 3 et 37 (par *Oystermouth* et *Blackpill*). Également dim en été slt, bus nº 118 pour le sud de la ***péninsule de Gower***, nº 116 pour le nord.

➢ ***Brecon Beacons National Park :*** bus X63 jusqu'à Brecon, plus le dim slt, en haute saison, le *Beacons Bus* B2 (1 bus A/R) ; s'arrête notamment aux *grottes de Dan-Yr-Ogof* et à *Craig-y-nos.* Le X13/X14 (tlj et bonne fréquence) conduit jusqu'à ***Llandeilo.***

Adresses utiles

Tourist Information Centre *(plan B2) : Plymouth St. ☎ 46-83-21. • visitswanseabay.com • Lun-sam 9h30-17h30 ; plus l'été dim 10h-16h.*

@ **Crossfire** *(plan C1-2) : Princess Way. Tlj 10h-22h.* Payant. Sinon à la bibliothèque (gratuit).

➢ **River Tawes Cruises :** *☎ 84-41-41. • scbt.org.uk • Adulte 7 £ ; réduc.* Des balades en bateau sur la Tawe, du *Swansea Museum* au *stadium*, via la marina. Compter 2h.

Où dormir ?

Pas de camping à Swansea, mais on en trouve sur la péninsule de Gower. Par ailleurs, vous pouvez aussi choisir de loger aux Mumbles, à l'autre extrémité de la baie (voir notre sélection plus loin).

Crescent Guesthouse *(hors plan par A1,* **12***) : 132 Eaton Crescent, SA1 4QR. ☎ 46-57-82. • enquiries@crescentguesthouse.co.uk • crescentguesthouse.co.uk • Dans une rue paisible perpendiculaire à Brynmor Rd. Doubles 65-100 £.* Encore une maison bleue accrochée à la colline... d'où la vue sur la ville vaut son pesant de cacahuètes. Surtout depuis le salon chaleureux équipé d'une longue-vue. Très jolies chambres et accueil dynamique et souriant.

The Mirador Town House *(hors plan par A1,* **10***) : 14 Mirador Crescent, SA2 0QX. ☎ 46-69-76. • info@themirador.co.uk • themirador.co.uk • À 5 mn du centre en voiture, dans une rue perpendiculaire à Walter Rd, au niveau de Brynmor Rd. Doubles à partir de 79 £, petit déj inclus.* Situé dans un coin résidentiel charmant, ce drôle de *B & B* propose des chambres richement décorées (pour ne pas dire surchargées !), chacune d'après un thème (Afrique, romaine, Égypte...). Confortable, funky et plein de petits détails qui font toute la différence. Petit déj copieux.

Morgans *(plan C-D2,* **13***) : Somerset Pl, SA1 1RR. ☎ 48-48-48. • info@morganshotel.co.uk • morganshotel.co.uk • Doubles 65-250 £, petit déj gallois inclus.* Ce boutique-hôtel de Swansea redonne du panache à de somptueux bâtiments portuaires datant de 1902. Une quarantaine de chambres stylées, personnalisées et volumineuses, des salles de bains dans les mêmes proportions et un superbe escalier central coiffé d'une coupole. Le panel de tarifs étant large, on peut vraiment bénéficier d'une bonne affaire à certaines saisons. Restaurant sur place, dans un cadre tout aussi majestueux (voir « Où manger ? »).

Où manger ?

Bon marché (moins de 8 £ / 9,60 €)

The Market *(plan C2,* **21***) : en plein centre. Tlj sf dim 8h-17h30.* Un grand marché couvert très vivant et très animé (le plus grand du pays de Galles), adjoint au vaste *Quadrant shopping centre*. Pour ceux qui ont l'intention de pique-niquer, on peut s'y procurer de bons produits locaux (fromages et poisson). Sinon, *tea-room* et nombreux stands de petits plats avec tables et chaises pour profiter du spectacle.

Prix moyens (8-15 £ / 9,60-18 €)

Grape and Olive *(plan B3,* **25***) : Meridian Tower, Trawler Road, SA1 1JW. Tél. : 46-26-17. Tlj 10h-21h30 (midi-minuit pour le bar). Plats 8-16 £.* Sans contexte l'adresse top de la ville, dans tous les sens du terme, perchée au 28e étage de la plus haute tour du front de mer. Sur 2 étages, des baies vitrées qui plongent dans la mer d'un côté et sur la ville de l'autre. Attention, ça tangue ! Vue assurée, tandis que la délicieuse cuisine lorgne du côté de la Méditerranée. Ambiance *lounge* et clientèle branchée. Tout cela à des tarifs raisonnables. Une adresse bluffante où il vaut mieux réserver.

No Sign Bar *(plan C2,* **23***) :*

56 Wind St. ☎ 45-61-10. Lun-jeu 12h-20h, 19h ven-sam et 16h dim. Plats 8-13 £, formule pour 2 à 12 £ lun-sam 12h-17h. Un des plus anciens pubs de la ville : 1837. C'était un des préférés de Dylan Thomas. De l'extérieur, la façade étroite et turquoise ne laisse pas deviner la véritable taille de la salle, immense, tout en longueur (il y a même une terrasse au fond), où la déco rustique d'origine donne beaucoup de charme à l'endroit. Ambiance animée ! Cuisine classique honnête.

The Pumphouse (plan C3, **20**) : *sur la Marina. ☎ 65-10-80. Ouv 12h-21h (bar 23h). Plats 6-11 £, formule pour 2 à 10 £ lun-ven 12h-17h.* Ce vieux bâtiment en brique a été transformé avec goût, dans un style mêlant habilement l'ancien et le moderne. Le bar, façon pub branché, donne sur la marina, et le resto lumineux sur le port. Très agréable, surtout l'été lorsque la terrasse est accessible. Au programme, des produits de la mer, des grillades et des spécialités galloises.

Bizzie Lizzies Bistro (plan A1, **24**) : *55 Walter Rd. ☎ 47-33-79. Ouv jusqu'à 22h30. Fermé sam midi et dim. Formule 8 £ le midi, sinon plats 8-15 £.* On adore ce tout petit resto-bistrot très mignon, dans un quartier de *guesthouses*, en bas de quelques marches, avec sa terrasse fleurie à l'arrière et sa bonne cuisine maison saine et copieuse. Des *pies*, des soupes, sans s'écarter beaucoup de la tradition galloise. Service très gentil.

Chic (plus de 15 £ / 18 €)

Morgans (plan C-D2, **13**) : *Somerset Pl, SA1 1RR. ☎ 48-48-48. Formules 10-14 £ le midi, 18-22 £ le soir.* Au 1er étage de l'hôtel (voir « Où dormir ? »), une vaste salle pleine de style où l'on déguste une cuisine élaborée, aux tonalités modernes européennes, à des tarifs mesurés. Service attentif et diligent. Remarquer l'intéressante peinture murale représentant le port de Swansea au XVIIe s.

Où boire un verre ? Où danser ? Où écouter de la musique ?

Monkey Café (plan C2, **31**) : *13 Castle St. ☎ 48-08-22. • monkeycafe.co.uk •* Atmosphère relax en journée et ambiance électrique le soir. C'est la marque de fabrique de ce café branché, connu pour ses petits plats bio et ses soirées éclectiques. Le programme (affiché sur un tableau noir) est plein de bonnes surprises.

The Queen's Hotel (plan C2, **33**) : *Gloucester Pl. ☎ 52-15-21.* Un vieux pub à l'ancienne, niché dans une rue du port. Ambiance marine, avec des photos sépia de bateaux sur tous les murs et de petites tables rondes où se rassemblent les amis. Quelques tables en terrasse.

Caffé Americano (plan D2, **35**) : *Prince of Wales Dock. ☎ 46-82-30. • thecaffeamericano.com • Jeu-dim 15h-minuit.* Une petite salle discrète qui égaie le nouveau quartier résidentiel de bord de mer, avec des concerts de jazz le soir. Clientèle d'habitués qui ne boudent pas la terrasse (couvertures à disposition !)

The Ice House (plan D2, **34**) : *Coastal Galleries, King's Rd. ☎ 64-90-60. • coastalgalleries.co.uk • Fermé lun, mar et jeu.* Cette ancienne glacière industrielle est aujourd'hui largement ouverte sur la marina et accueille un bar-galerie d'artistes au cadre contemporain branché. Concerts live les soirs en fin de semaine.

Escape (plan B1, **32**) : *Northampton Lane. ☎ 65-40-39. • escdj.com •* Immense, la meilleure boîte de la ville rassemble tous les clubbers grâce à une sélection excellente de DJ's. Plusieurs salles surchauffées.

À voir

The National Waterfront Museum (plan C3) : *Museum Sq, Maritime Quarter. ☎ 63-89-50. • museumwales.ac.uk • Tlj 10h-17h. Entrée gratuite.* Le musée

LE PAYS DE GALLES

phare de la région, niché dans un immense bâtiment tout en briques et baies vitrées. Autant dire qu'on n'a eu aucun mal à caser toutes sortes de sections thématiques, notamment consacrées à l'histoire maritime et industrielle de Swansea. Des expositions interactives qui appellent à s'interroger sur les choix du pays de Galles dans le passé, l'impact de l'industrie sur la population, les réseaux de transports, etc. Également un passage en revue des sections sports (et pas uniquement le rugby !) et musique (notamment les fameux chœurs d'hommes, nés dans les mines). On n'y croyait pas en entrant dans le musée, mais si, ça nous a bel et bien captivés ! Surtout la vaste salle aux allures de cabinet de curiosités où l'on croise pêle-mêle un avion de 1907, une calèche, des turbines ou un tricycle de 1880 pour deux, aussi amusant que peu pratique. Génial !

The Dylan Thomas Centre *(plan D2)* **:** *Somerset Pl. ☎ 46-39-80. • dylanthomas.com • Mar-dim 10h-16h30. Entrée gratuite.* L'ancien *Guildhall* est aujourd'hui dédié à l'enfant du pays. Flâner dans la librairie très fournie ou assister à une lecture. Et, bien sûr, visiter le musée entièrement consacré à la vie et à l'œuvre de Dylan Thomas. On y trouve, en plus de quelques effets personnels, ses manuscrits, une étonnante fresque réalisée par un admirateur... Noter que l'on peut également visiter la maison natale de Dylan Thomas, habitée par des particuliers, à 10 mn du centre *(5 Cwmdonkin Dr. ☎ 472-555. • dylanthomasbirthplace.com • Slt sur résa).* Et les vraiment accrocs ne manqueront pas le *Dylan Thomas Festival*, autour de la Toussaint. • *literaryfestivals.co.uk/dylanthomas.html* •

Swansea Museum *(plan C2)* **:** *Victoria Rd, Maritime Quarter. ☎ 65-37-63. • swanseaheritage.net • Mar-dim 10h-17h. Entrée gratuite.* Le plus vieux musée du pays de Galles... n'a sans doute pas changé depuis son inauguration. Tout est délicieusement désuet, des vitrines hors d'âge aux textes explicatifs vieille école. Il est toutefois rempli de trésors étonnants : momie égyptienne, porcelaines typiques de Swansea, étonnantes trouvailles du club de détection de métal et un vrai cabinet des curiosités victorien qui ravira les enfants. Un authentique voyage dans le temps !

The Egypt Centre *(hors plan par A3)* **:** *à l'université, Oystermouth Rd (à la sortie de Swansea en direction des Mumbles). ☎ 29-59-60. • egypt.swansea.ac.uk/ • Mar-sam 10h-16h. Entrée gratuite (mais parking payant).* Petit musée inattendu sur le temps des pharaons, issu d'une collection qui végétait dans les sous-sols de l'université. De très belles pièces, dont le cercueil d'une musicienne et de nombreux bijoux (soigneusement rangés dans des tiroirs qu'il ne faut pas oublier d'ouvrir). Les enfants apprendront beaucoup de choses, comme à écrire en hiéroglyphes (des bénévoles font des démonstrations).

DANS LES ENVIRONS DE SWANSEA

The National Botanic Garden of Wales *(le jardin du Millénaire)* **:** *Middleton Hall, à* ***Llanarthney****. ☎ (01558) 66-71-49. • gardenofwales.org.uk • À une vingtaine de miles au nord de Swansea, en retrait de l'A 48, entre Carmarthen et Crosshands. Tlj 10h-18h (16h30 en hiver). Entrée : 8,50 £ ; réduc ; famille 21 £.* Pour inaugurer l'an 2000, les Gallois ont investi dans le durable et le beau : un immense jardin thématique, qui rappelle par endroits le pays des Télétubbies (pour les plus érudits). Une touche de technologie aussi, avec une chaudière à bois recyclé et surtout la plus grande serre d'Europe, dessinée par le célèbre architecte Norman Foster. En orientant les panneaux solaires, elle recrée des climats divers : flore méditerranéenne ou africaine, à découvrir au gré de petits sentiers où s'ébattent des oiseaux. Une densité magnifique du vert au milieu du chamarré des fleurs. Voir également le jardin entouré de murs, la reconstitution d'une apothicairerie du XIXe s... Évidemment, ce vaste site est destiné à s'agrandir. Chaque année ou presque, on inaugure un nouveau jardin, de nouvelles serres...
Office de tourisme et **_restaurant._**

LE PAYS DE GALLES

THE MUMBLES (MWBWLS)

IND. TÉL. : 01792

Station balnéaire agréable et populaire, à l'autre bout de la baie de Swansea. Le week-end, pendant la période scolaire, les étudiants font le « Mumbles mile », une quinzaine de pubs concentrés sur un mile. La station est, par ailleurs, dominée par *Oystermouth Castle,* joli château roman du XIIIe s. Petit hic : pas toujours facile de se garer les jours d'affluence.

➢ Liaisons de Mumbles à ***Swansea*** très fréquentes : bus nos 2, 2A, 2B, 3 et 37 (par *Oystermouth* et *Blackpill*).

Adresses utiles

ℹ ***Tourist Information Centre :*** *Methodist Church, Mumbles Rd.* ☎ *36-13-02.* • *mumblestic.co.uk* • *Tlj sf dim 10h-17h (16h sept-juin).* Logé au rez-de-chaussée d'une petite église. Accueil efficace. Café. L'église a été reléguée au 1er étage...

@ ***Internet :*** *à la library, sur Dunns Lane. Gratuit.*

Où dormir ?

De prix moyens à plus chic (60-120 £ / 72-144 €)

Tides Reach Guest House : *388 Mumbles Rd, SA3 5TN.* ☎ *40-48-77.* • *tidesreachguesthouse.com* • *Doubles 69-99 £ selon vue.* Un *B & B* qui s'agrandit au fil des ans, mais en conservant toujours son ambiance conviviale. Les belles pièces sont envahies de bibelots coûteux, de bouquins, de meubles de famille. Quant aux chambres, très différentes, elles sont toutes impeccables et de bon confort. Également 2 appartements, pratiques pour les familles.

Glenview guesthouse : *140 Langland Rd, SA3 4LU.* ☎ *36-79-33.* • *glenview@btinternet.com* • *mumblesglenview.com* • *Prendre Newton Rd, puis 3e à gauche (à la chapelle), monter encore, c'est dans un virage. Doubles 75-90 £.* Maison de caractère et au calme, bien que située sur une route passante. 5 chambres, et du charme donc, des salles de bains rétro aux papiers peints, sans parler du piano à queue dans le hall. Accueil extra de la proprio, ancienne chef cuistot. On vous laisse apprécier le petit déj et la spécialité galloise maison, le *laver bread,* à base d'algues.

Shoreline Hotel : *648 Mumbles Rd, SA3 4EA.* ☎ *36-63-22.* • *sales@shorelinehotel.co.uk* • *shorelinehotel.co.uk* • *Doubles 70-80 £ sans ou avec vue sur la mer.* Une douzaine de chambres simples et fonctionnelles, dans un cadre agréable et bien tenu, toutes avec douches et TV.

Où manger ?
Où boire un verre ?

Café Valance : *50 Newton Rd.* ☎ *36-77-81. Fermé le soir dim-mer. Env 5-10 £.* Cosy et intimiste, c'est le genre d'endroit où l'on se donne rendez-vous pour papoter devant un thé et un panini le midi, un thé et un gâteau à 16h, un thé et un petit plat le soir. Canapés et gros fauteuils devant les cheminées, ou microterrasse.

Patrick's : *638-642 Mumbles Rd, SA3 4EA.* ☎ *36-01-99.* • *patrickswithrooms.com* • *Plats 16-25 £, repas 30-35 £.* Le resto chic et branché des *Mumbles*. À droite, le *lounge bar* néo-colonial pour méditer sur le menu ou grignoter des « *nibblings* », à gauche le resto à la fois élégant et décontracté avec vue pour certaines tables. Les plats sont recherchés et raffinés, le service pro. Fait aussi hôtel (pas donné, mais service optimal).

The Bay Brasserie : *686 Mumbles Rd, à mi-chemin entre l'office de tourisme et le pier. ☎ 36-77-44. Tlj 10h-23h. Salades, pizzas et pâtes autour de 10 £, viandes et poissons 13-20 £.* Grande salle chaleureuse où l'on déguste une cuisine d'inspiration méditerranéenne de bonne tenue, sans atteindre des sommets d'inventivité pour autant. Une adresse agréable et pratique.

The Pavilion Cafe : *à l'entrée du pier, tt au bout de la baie. Tlj 10h-19h30.* Vue sur la baie et cadre victorien typique avec poutres en acier ouvragées et lustres. Également une terrasse. Les familles s'y agglutinent pour déguster une glace ou quelques plats simples (burgers, pizzas, *fish & chips*...). Il y a même un piano qui joue tout seul. On aura tout vu !

The West Cross Inn : *43 Mumbles Rd. ☎ 40-11-43. Sur la route de Mumbles à West Cross, sur votre droite.* C'est un grand et beau pub donnant sur la baie. Et c'est là son principal atout ! On peut boire un verre dans la véranda ou dans le jardin.

Verdi's : *Mumbles Rd. ☎ 36-91-35.* C'est sans doute la plus belle vue sur la mer. Situé sur le quai, côté *pier*, ce vaste resto-snack-glacier familial possède une immense véranda panoramique, complétée par une terrasse tout aussi grande. Idéal pour se poser en contemplant le paysage.

À faire

➢ ***Belles promenades sur les falaises :*** depuis les Mumbles, suivre la route B 4438 qui conduit tout droit jusqu'au point de départ. Le sentier suit les plus jolies plages de la région, dont celle de *Langland Bay*, très prisée des surfeurs. Continuez jusqu'à *Caswell Bay*.

PEMBROKESHIRE COAST NATIONAL PARK (PARK CENEDLAETHOL ARFORDIR PENFRO)

Le Pembrokeshire Coast National Park commence à Amroth, à 42 miles de Swansea par Carmarthen (A 48), et se termine à Cardigan (Aberteifi). Cet enchaînement superbe de falaises tombant à pic dans la mer, de criques serties de pittoresques villages de pêcheurs et de plages, peut se découvrir à pied, par un chemin de randonnée qui suit la côte sur l'ensemble du parc national, totalisant 180 miles à partir de Amroth, ou plus généralement de Cardigan. Les monts boisés de Preseli, au nord, représentent un des points forts du témoignage de la préhistoire au pays de Galles, avec quelques menhirs intéressants. Enfin, les îles de Ramsey (Ynys Dewi), Skomer, Skokholm et Grassholm sont connues pour leurs colonies d'oiseaux et de phoques gris, celle de Caldey pour son abbaye cistercienne. Procurez-vous dans les offices de tourisme le *Coast to Coast*, un journal gratuit. Circuler dans le parc sans voiture s'avère assez facile puisqu'il possède son propre service de bus, le *Pembrokeshire Coastal Bus Service* (horaires disponibles dans les points d'information touristiques ou dans le *Coast to Coast*). Ils relient les villes et villages aux chemins de randonnée, plages et autres sites d'intérêt tous les jours en été, moins souvent en hiver.

– Pour plus d'infos : ☎ (01347) 76-46-36 (Pembrokeshire Coast National Park) ; ● nationaltrail.co.uk ●

LE PAYS DE GALLES

LAUGHARNE (TALACHARN)

IND. TÉL. : 01994

Entre Carmarthen (Caerfyrddin) et Tenby (Dinbych-y-Pysgod), au bout de la route A 4066. Laugharne (prononcez « Laarn ») est une petite ville pleine de charme, où Dylan Thomas écrivit la plus grande partie de son œuvre (lire « À voir »).

– Pour vous loger ici ou dans les environs, appelez le ***bureau d'information touristique*** de Laugharne *(☎ 42-74-44),* permanence au bookshop en face du pub *Brown's Hotel.* C'est aussi à cet endroit que s'arrêtent, le dimanche seulement, les quelques ***bus*** nº 222 en provenance ou à destination de Carmarthen, St Clears et Amroth. De Carmarthen, ***trains*** pour Swansea, Cardiff et Londres.

Où manger ?
Où boire un verre ?

The Stable Door Restaurant and Wine Bar : *Market Lane. ☎ 42-77-77. Dans la petite rue pavée qui mène au Boathouse. Fermé lun-mer en hiver. Menu complet 15-25 £.* Vieille étable du XVIIe s transformée en resto plein de charme (et de plantes vertes), proposant une cuisine fine et variée, d'inspiration méditerranéenne, asiatique et évidemment galloise. Vin au verre, assez cher à la bouteille. On passe sa commande au bar.

Brown's Hotel : *proche du château. ☎ 42-73-20.* Pub où Dylan Thomas a passé de longs moments. Au fond de la salle, on peut boire un verre à la table du poète. Des photos évoquent son souvenir. Tom, le patron, l'a bien connu et il a plein d'anecdotes amusantes à raconter. Profitez-en pour goûter la *Buckley beer,* de la plus vieille brasserie du pays de Galles. Malgré son attrait touristique, le *Brown's Hotel* demeure très apprécié des locaux.

À voir

The Boathouse : *à 10 mn de marche vers le fond de l'estuaire. ☎ 42-74-20. Mai-oct, ainsi que w-e de Pâques 10h-17h ; hors saison, 10h30-15h30. Entrée : env 3,50 £.* La maison et le bureau de l'écrivain Dylan Thomas. Son émouvant bureau dans un garage aménagé est resté dans l'état où il l'a laissé en 1953. Admirez la vue qu'il avait de sa fenêtre et laissez venir votre inspiration.

TENBY (DINBYCH-Y-PYSGOD)

5 000 hab. IND. TÉL. : 01834

Vieille ville fortifiée (remparts du XIIIe s) présente sur toutes les cartes postales, à 18 miles de Laugharne par l'A 4066, l'A 477 puis l'A 478. Le port est niché au pied d'un promontoire rocheux, la station balnéaire s'étend le long de deux larges plages. S'il fait beau, vous ne serez pas tout seul. Restaurants, attractions attrape-nigauds, bref, l'attirail habituel d'une station très touristique, capable du meilleur comme du pire. Et si vous passez par là le 26 décembre (*Boxing Day*), vous assisterez à une curieuse tradition : le « Tenby Boxing Day Swim »! Course de rafting à 11h du mat', compét' de zodiacs et tout le monde à la baille après ! Le tout pour une association. Feu de joie ensuite... Renseignements • *tenbyboxingdayswim.co.uk* •

Arriver – Quitter

En train

Gare ferroviaire : *Warren St.* ☎ *(08457) 48-49-50.*

➢ ***Swansea :*** 5-6 liaisons/j. Durée : env 1h40.

➢ ***Pembroke*** et ***Pembroke Dock*** *(ferries)* **:** 1 liaison ttes les 2h en sem, fréquence moindre le w-e. Durée : 35-40 mn.

En bus

Gare routière : *Upper Park Rd. À côté du bureau d'informations touristiques.* ☎ *(01646) 68-31-43 (*Silcox Coaches*).*

➢ ***Amroth, Kilgetty et Pendine :*** au moins 5 bus n° 351 lun-sam. Le dim en été, bus n° 350 pour Amroth, mais ne va pas jusqu'à Pendine.

➢ ***Haverfordwest :*** bus n° 381 ♿, par *Narberth.* 10 bus/j. en sem, 1 seul le dim. De Haverfordwest, possibilité de rejoindre *Cardigan* et *Fishguard* par le bus n° 412.

➢ ***Carmarthen :*** bus n° 333. 1 seul bus/j. lun-sam vers 10h au départ de Tenby, vers 14h au départ de Carmarthen (passe par *St Clears*).

➢ ***Pembroke et Pembroke Dock :*** bus n° 333, par *Penally, Manorbier* et *Bethany*. Le n° 349 continue jusqu'à *Haverfordwest.* Ou le n° 361 par *Cresswl* et *Carew Castle.* Au moins 10 bus/j. lun-sam. Le dim, seul le n° 349 fonctionne.

Adresses utiles

Tourist Information Centre : *Unit 2, Upper Park Rd.* ☎ *84-24-02. • visit pembrokeshire.com • À l'entrée du supermarché* Somerfield. *Lun-sam 9h30-17h ; dim et ouv tlj en hiver 10h-16h.* Plan de la ville soit en photocopie, soit dans le journal gratuit *Sommer Holiday Guide,* qui donne un bon aperçu de ce qu'il y a à faire à Tenby et dans la région.

@ ***N° 25 Cafe :*** *25 High St.* ☎ *84-25-44. Tlj 9h-20h en été ; 10h-17h hors saison. Compter 1,50 £/h.* Un café très agréable, avec plusieurs ordinateurs à l'étage.

Où dormir dans les environs ?

Youth Hostel : *à* ***Manorbier.*** ☎ *87-18-03. • yha.org.uk • Entre Tenby et Pembroke, sur l'A 4139 (à 4 miles env). Bus n° 333 ou 349 (arrêt à 1 mile). Gare ferroviaire à 2,5 miles. Ouv mars-oct. Env 14 £/pers.* Très confortable. Cadre superbe, ou presque, le ministère de la Défense ayant installé à deux pas de là une base militaire.

Où manger ?

The Plantagenet House : *Quay Hill.* ☎ *84-23-50. Dans une petite rue qui remonte vers le centre-ville à partir de Bridge St (qui longe la plage en face du port), à côté de* Tudor Merchant's House. *Ouv midi et soir ; slt le w-e en hiver. La plupart des plats sont à plus de 20 £ ; moins cher au déj dans le* Quay Bar *en dessous de la salle de resto.* Prix déraisonnables, même compte tenu du cadre exceptionnel et de la cuisine délicieuse. Faites un tour aux toilettes, surtout si vous êtes une *lady* !

Où boire un verre ?

N° 25 Cafe : *25 High St.* ☎ *84-25-44. Tlj 9h-20h en été ; 10h-17h hors saison.* Un café très agréable aux murs multicolores, des tables marbrées, des bambous en lieu et place de rideaux et des plantes judicieusement placées. Clientèle hétéroclite. Alcools, assez bons cafés, pains et gâteaux faits maison.

The Coach and Horses : *Upper Frog St.* ☎ *84-27-04. Ouv midi et soir.* Derrière une façade orange, le plus vieux pub de la ville. À part la bière, qui coule à flots, on peut boire de l'absinthe. Fait également resto, avec des spécialités thaïes, des plats de la mer et les snacks habituels.

CRESSWL

IND. TÉL. : 01646

Au cœur du parc national, c'est un village retiré au fond de l'aber (l'embouchure), entre Tenby et Pembroke. Peu de maisons, mais un charme certain.

➢ Il est desservi par le bus nº 361 de Tenby ou Pembroke (au moins 3 bus/j., sf dim).

Où dormir ? Où manger ?

The Cresswell House : *Cresswell Quay, SA68 0TE. ☎ 65-14-35. • cresswellhouse.co.uk • Double avec sdb 70 £.* Une belle demeure située au bord de la rivière Cresswell. L'intérieur est surprenant. Rien n'a été oublié, pas même le canard pour la baignoire en fonte. C'est calme, on se sent bien, on regarde la marée aller et venir. Le matin, le pain de poisson vous mettra dans une forme olympique. Possibilité de consommer au dîner la production maison.

Où boire un verre ?

The Cressilly Arms : *Cresswell Quay. Non loin du* B & B, *le petit pub local.* Des villages aux alentours, jeunes comme vieux s'y retrouvent dans la bonne humeur. Les bonjours fusent et, après quelques bières au tonneau, ça chante. Très beau poêle en fonte. Pour ceux qui aiment les atmosphères où tout le monde se connaît.

PEMBROKE (PENFRO)

IND. TÉL. : 01646

Jolie ville ancienne fortifiée, à 12 miles à l'ouest de Tenby, dominée par un château du XIIe s.

Arriver – Quitter

En train

Gare ferroviaire : *Station Rd. ☎ (0845) 606-16-60 (Arriva Train Wales).*

➢ ***Swansea :*** 5-6 liaisons/j. Durée : 2h10.

➢ ***Tenby et Carmarthen :*** env 9 trains/j. Durée : 20 mn pour Tenby et 1h15 pour Carmarthen. Par *Manorbier.*

En bus

Arrêt des bus : *à proximité de la gare ferroviaire ou devant le château.*

➢ ***Tenby :*** bus nº 349, ou le nº 361 par *Cresswl* et *Carew Castle.* Bus nº 333 également, par *Manorbier* et *Penally.* En tout, au moins 10 bus/j. lun-sam. Le dim, seul le nº 349 circule.

➢ ***Haverfordwest :*** bus nº 349. Env 10 bus/j. ; moins le dim.

➢ ***Pembroke Dock*** *(ferry)* **:** nombreuses liaisons lun-sam ; moins le dim. Notamment par les bus nos 357, 349 ou 333.

➢ En été, le ***Pembrokeshire Coastal Bus nº 387*** *(☎ 68-31-43, Silcox Coaches)* relie la ville à plusieurs randonnées. Il permet notamment d'aller voir les *Stack Rocks,* un site de grande beauté. Possibilité d'emporter son vélo à bord, se renseigner au préalable.

En ferry

➢ ***Rosslare (Irlande) :*** 2 traversées/j., avec *Irish Ferries,* à partir de Pembroke Dock. *☎ (08705) 32-95-43 ou 17-17-17. En France : ☎ 0825-12-12-24*

(0,15 €/mn ; Bennett Voyages). ● *irishferries.com* ●

Adresse utile

Tourist Information Centre : *Commons Rd. ☎ 62-23-88. Pâques-oct, tlj 10h-17h (16h dim).*

Où dormir ? Où manger ? Où boire un verre ?

Beech House : *78 Main St, SA71 4HH. ☎ 68-37-40.* ● *beechhousepembroke.com* ● *Fermé Toussaint-Pâques. Doubles sans sdb 45-50 £, petit déj compris.* Un des *B & B* les plus somptueux et les moins chers que nous connaissions. Belle maison bleu-gris recouverte de glycine, confortable et richement décorée. Dans le salon, billard à disposition. Dans certaines chambres, lit à baldaquin. Totalement non-fumeur.

The Old King's Arms Hotel : *13 Main St. ☎ 68-36-11. Près du château. Tlj 12h-14h30, 19h-22h30. Plats au pub à partir de 6,50 £ ; nettement plus cher au resto (env 15 £ le plat de résistance ; encore plus pour la pêche du j.).* À l'arrière du pub, une salle superbe, décorée de chaudrons et d'une batterie de casseroles en cuivre. On y sert une vraie cuisine élaborée, inspirée de la cuisine française que le défunt propriétaire adorait. Du très bon vin, parfois à la demi-bouteille. Service de grande classe en sus, très plaisant et inattendu.

Waterman's Arms : *après le pont, près du château. ☎ 68-27-18. Ouv midi et soir. Fermé lun-mar en hiver. Plats du jour 6-10 £.* Pub sans atmosphère particulière mais très agréable en raison de sa situation au bord du fleuve et de sa vue sur le château et les cygnes.

À voir

Pembroke Castle : *☎ 68-45-85.* ● *pembrokecastle.co.uk* ● *Tlj : avr-sept, 9h30-18h ; oct et mars, 10h-17h ; nov-fév, 10h-16h. Entrée : 4,50 £ ; réduc. Guides en français sur demande.* Forteresse au bord de l'eau, construite sur le site d'un château en bois à partir de 1207, démantelée par Cromwell en 1648, puis restaurée à partir de 1928. C'est un vrai plaisir aujourd'hui de se perdre dans le dédale des salles remises en état. Le château vit la naissance de Harri Tudor, devenu roi en 1485 sous le titre d'Henri VII après avoir vaincu Richard III.

Pembroke Antiques Centre : *Wesley Chapel, Main St (à l'opposé du château). ☎ 68-70-17. Lun-sam 10h-17h. Entrée libre.* Brocante surréaliste dans une ancienne église méthodiste fermée depuis 1963. L'endroit a conservé ses vitraux d'origine.

DANS LES ENVIRONS DE PEMBROKE

Carew Castle (Castell Caeriw) : *à 3 miles à l'est, sur l'A 477. ☎ (01646) 65-17-82.* ● *carewcastle.com* ● *Bus n° 361. Pâques-oct, 10h-17h. Entrée : 4,50 £ ; réduc.* Surprenante ruine de château du XIIIe s. À côté, *Carew Cross,* la plus belle croix celtique du pays, érigée en 1035. Le soir, le lieu est plein de magie. Belle balade au milieu des moutons et des corbeaux pour voir la croix, le château et un moulin alimenté à l'énergie marémotrice.

DE PEMBROKE À SAINT DAVID'S

Les courageux pourront suivre la côte par le chemin de randonnée qui longe celle-ci. Très belle balade. Beaucoup de petits villages charmants en route,

comme celui de *Little Haven*, ou *Nolton Haven*, blotti dans une jolie crique. En voiture, le trajet est également superbe. De certains points, on peut apercevoir des loutres, des hérons et d'autres oiseaux. Le bus nº 400 circule le long de cette partie de la côte en été, de Milford Haven à Saint David's. Pratique pour rejoindre les randonnées, mais aussi pour faire le tour des plages !

Où dormir ?

Bon marché (moins de 40 £ / 48 €)

Youth Hostel : *Broad Haven, **Haverfordwest.** ☎ (01437) 78-16-88. • yha.co.uk • ♿ À quelques mn à pied de la grande plage (appréciée des surfeurs). Ouv avr-nov. Prévoir 14 £/pers. Possibilité de pens complète.* Grande AJ moderne et propre, mais vraiment pas parmi les plus jolies du Pembrokeshire. Pratique pour les randonneurs.

Beaucoup plus chic (plus de 80 £ / 96 €)

The Druidstone Hotel : *sur la minuscule route entre Broad Haven et Nolton, **Haverfordwest,** SA62 3NE. ☎ (01437) 78-12-21. • enquiries@druidstone.co.uk • druidstone.co.uk • À Druidstone Haven, suivre les flèches. Tte l'année. Dans la maison principale, env 130-200 £ pour 2 sans ou avec sdb et selon vue, petit déj inclus. Également des cottages (prix à la sem).* Grand bâtiment en pierre niché dans un creux de la falaise dominant la mer. L'emplacement est extraordinaire. Fait également resto. Dommage qu'il commence un peu à tomber en ruine, avec un mobilier vétuste, tandis que les prix suivent la tendance inverse.

Où écouter de la musique ?

Celtic Corner : *soirées traditionnelles Welsh. ☎ (01437) 71-06-45 pour la programmation. Dîner à partir de 18h30 et concerts et danses à partir de 20h env.* Pas d'établissement fixe, téléphoner pour savoir où a lieu la prochaine. Réputé pour sa chaude ambiance.

À voir. À faire

Picton Castle & Garden : ***Haverfordwest.*** *☎ (01437) 75-13-26. Entre Haverfordwest et Narberth. Suivre les panneaux à partir de l'A 40. Avr-sept, tlj sf lun 10h30-17h et en oct tlj aux mêmes horaires. Entrée : jardin 7,45 £ ; château (visite guidée) et jardin 6 £ ; réduc.* Château médiéval, construit au XIIIᵉ s par Sir John Wogan. 16 ha de jardin et de forêt, plantés d'arbres aussi anciens que les lieux, de fleurs sauvages, de rhododendrons et d'azalées, et des pièces grandioses décorées à la mode georgienne.

➢ ***East Nolton Riding Stables :*** *à **Nolton.** ☎ (01437) 71-03-60. • noltonstables@aol.com • Compter 25-60 £ pour 1h-2h30 de balade guidée à dos de cheval ou de poney.* Pour débutants ou avancés, en forêt, sur la plage ou le long des falaises surplombant la mer.

➢ ***Randonnée :*** bus *Pembrokeshire Coastal* nº 387 (☎ 68-31-43) jusqu'au parking de *Stack Rocks.* De là, randonnée modérée (environ 4,2 miles ; ou 8,4 miles A/R) se terminant à St Govan's Chapel (XIIIᵉ s), à travers des paysages sauvages et austères, façonnés par le vent. Magnifiques points de vue du haut des falaises sur les *Stack Rocks,* ces rochers se dressant comme des piliers dans la mer. Formations géologiques étonnantes, notamment une arche sculptée par les vagues dans la roche calcaire (le *Green Bridge*), pas mal de faune (de petits pingouins, les *razorbills*) et de jolis papillons. De la chapelle, remonter à Bosherston (moins d'un mile), où passe le bus. Zone de tir militaire, l'accès n'est pas toujours possible, se renseigner au ☎ *(01646) 66-22-87 ou 80.*

SAINT DAVID'S (TYDDEWI ; ind. tél. : 01437)

La plus petite ville du pays de Galles (1 700 hab.), à 27 miles de Pembroke, doit son nom au saint patron de cette partie du Royaume-Uni. En son honneur a été construite, aux XIIe et XIIIe s, une magnifique cathédrale nichée dans la verdure en contrebas du village.

Arriver – Quitter

En bus

Arrêt des bus : *dans High St devant la mairie ou le centre d'information touristique.*

➢ Saint David's est reliée par le bus nº 411 à ***Haverfordwest*** (direction sud-est ; env 12 bus/j.), ainsi que ***Croesgoch, Trefin*** et ***Fishguard*** (direction nord-est ; env 8 bus/j.) ; fréquences moindres le dim. De Haverfordwest, connexions pour ***Pembroke, Carmarthen*** et ***Tenby.***

➢ En été, le réseau *Pembrokeshire Coastal Bus* (☎ *68-31-43* ; Silcox Coaches) est très pratique. Le *Puffin Shuttle* (bus nº 400) relie la ville à ***Solva, Nolton, Druidston, Little Haven, Broad Haven*** et ***Milford Haven*** à raison de 3 bus/j. Le *Stumble Shuttle* (bus nº 404) assure la liaison avec ***Abereiddi, Porthgain, Trefin*** et ***Fishguard*** (3 bus/j.).

Adresse utile

Tourist Information Centre : *The Grove.* ☎ *72-03-92. • pembrokeshirecoast.org.uk • Au bout de High St, à la sortie de la ville en direction d'Haverfordwest. En été, tlj 9h30-17h30 ; hors saison, lun-sam 10h-16h.*

Où dormir à Saint David's et dans les environs ?

Campings

Pencarnan Farm : *à 2 miles de Saint David's vers la plage.* ☎ *(01437) 72-03-24. • pembrokeshire-camping.co.uk • Résa conseillée en été. Prévoir 12-20 £ pour 2 avec tente et voiture selon saison.* Tout le nécessaire, et la plage à proximité en plus.

Caerfai Farm Campsite : *Caerfai, Saint David's.* ☎ *72-05-48. • caerfai.co.uk • Direction Caerfai Bay à partir de Saint David's et tourner à gauche au niveau du parking au-dessus de la plage ; continuer jusqu'au bout de cette route. Ouv fin mai-fin sept. Prévoir 12 £ pour 2 avec tente et voiture ; moins cher pour les cyclistes et les randonneurs, qui ne polluent pas.* La situation du camping est à couper le souffle, dominant la baie de St Bridès. Bonnes installations sanitaires, laverie. Plage à 150 m. On peut acheter les produits bio de la ferme (fromages) au *Farmshop,* à deux pas par un petit chemin. À proximité du chemin côtier.

Bon marché (moins de 40 £ / 48 €)

Youth Hostel : *Llaethdy,* ***Whitesands.*** ☎ *(01437) 72-03-45. • yha.org.uk • À 2 miles de Saint David's, du côté de Whitesands Bay. Du centre-ville, prendre la direction Fishguard et, à la sortie de la ville, à gauche en direction du golf de Whitesand's ? Bay ; suivre le fléchage. On a le choix entre le dortoir de 8 lits, basique au possible, 14 £/pers ; l'agréable appart avec cuisine 55 £ pour 4 pers ; ou la nouvelle partie ultra-confortable, avec de super sdb et une cuisine grandiose, 31 £ la twin.* Le tout aménagé dans cette ancienne ferme perdue au pied de Carn Llidi. Beaucoup de randonneurs puisque le chemin côtier passe derrière.

Plus chic (60-80 £ / 72-96 €)

Y Gorlan Guesthouse : *77 Nun St. ☎ 72-08-37. • mikebohlen@aol.com • stdavids.co.uk/gorlan • Dans le centre de Saint David's. Doubles avec sdb 70-85 £.* Voici une adresse bien accueillante, avec des petits déj parmi les plus copieux et les plus délicieux qu'il nous ait été donné de goûter. Les chambres sont assez banales et pas très grandes, mais c'est propre et confortable. Collection de cuillères sculptées galloises au mur *(love spoons).*

Où manger ? Où boire un verre ?

The Sampler : *17 Nun St. ☎ 72-07-57. • samplertearoom.co.uk • Tlj sf ven et dim. Fermé nov-mars. Plat du jour le midi env 5 £. CB refusées. Un thé offert sur présentation de ce guide.* En retrait des rues les plus touristiques, agréable petit salon de thé. Tous les produits sont 100 % locaux et beaucoup issus de l'agriculture bio. Soupes, gâteaux maison et fromages du pays. Pour les randonneurs, ils peuvent même préparer un panier-repas.

The Farmer's Arms : *Goat St. ☎ 72-03-28. Dans le centre. Tte l'année, midi et soir. Plats env 6-10 £. Le seul vrai pub du village, et le seul resto ouv dim soir.* Assiettes bien copieuses. La froideur des murs en pierre ne trouble pas l'atmosphère chaudement galloise. Plusieurs niveaux, coins et recoins pour trouver le sien.

Où acheter des produits du terroir ?

Caerfai Farmshop : *Caerfai Farm, St David's. ☎ 72-05-48. • caerfai.co.uk • Direction Caerfai Bay à partir de St David's et tourner à gauche au niveau du parking au-dessus de la plage. Fin mai-fin sept, 9h-17h.* Exploitation bio produisant des fromages dont l'excellent *Caerfai cheddar* et le *Caerphilly.* À proximité du chemin côtier, c'est une halte incontournable pour remplir votre panier de provisions. Également du pain, des céréales...

À voir. À faire

Saint David's Cathedral : *The Close. ☎ 72-01-99. Lun-sam 8h-18h ; dim 12h45-17h45. Donation bienvenue. Visites guidées sur résa au ☎ 72-06-91.* Sans doute l'édifice religieux le plus visité du pays de Galles. Site prestigieux réputé pour ses magnifiques plafonds en chêne ciselé. La nef est de style roman ; le transept et le chœur, de style gothique, datent du XIIIe s. Haut lieu de pèlerinage pendant presque 14 siècles. Le pape Calixtus II, en fin mathématicien, déclara même en 1124 que trois pèlerinages à Saint David's équivalaient à un à Jérusalem. Ne manquez pas les nombreux concerts qui s'y tiennent ; festival de musique classique de fin mai à début juin.

The Bishop's Palace : *sur le site de la cathédrale. ☎ (08000) 74-31-21. • cadw.wales.gov.uk • Tlj 9h30 (10h en hiver, voire 11h dim)-18h en été ; jusqu'à 17h au printemps et en oct ; 16h en hiver. Entrée : 3,10 £ ; réduc ou* Explorer Pass. Palais des évêques construit par l'un d'eux, Gower, aux XIIIe et XIVe s. En ruine maintenant, mais une promenade dans les murs rend bien compte de la grandeur de cet évêché.

Ramsey Island (Ynys Dewi, *l'île de David*) : réserve d'oiseaux et de phoques gris. Possibilité d'organiser une balade en bateau autour de cette île. Plusieurs compagnies. On vous conseille ***Thousand Islands Expeditions*** (dépend de la Ligue pour la protection des oiseaux britannique), *Cross Sq, Saint David's. ☎ 72-16-86 ou 72-17-21. Compter 18 £ pour faire le tour sans accoster et 25 £*

pour cumuler le tour en bateau et la visite de l'île. On peut se contenter du tour de l'île sans accoster. Le départ se fait à Saint Justinian 2 fois par jour en été, sauf le vendredi.

À voir dans les environs

Solva : *bus nº 411 direction Haverfordwest ou en été le Puffin Shuttle (bus nº 400) à partir de St David's.* Adorable petit port de pêche encaissé, juste avant d'arriver à St David's (2,4 miles ; A 487) par l'est. La falaise dessine un S à cet endroit et protège ce qui fut un grand port aux XVIIIe et XIXe s. Il en reste de jolis petits cottages de pêcheurs bigarrés (on peut y dormir) et des pubs hauts en couleur.

DE SAINT DAVID'S À CARDIGAN

Les randonneurs suivront le chemin côtier et s'arrêteront dans les auberges de jeunesse. Dans tous les cas, réservez, car vous ne serez pas seul.
Le *château* surplombant Pwll Deri Bay, bien caché dans la falaise, se trouve sur le chemin côtier.
➢ Le *Stumble Shuttle* (bus nº 404) de Saint David's à Fishguard suit la côte, passant par *Abereiddi, Porthgain* et *Trefin.* 3 bus/j. en été. Sinon, prendre le bus nº 411 ou le 404.

Où dormir ?

The Old School Hostel : *11 Ffordd-yr-Afon,* ***Trefin.*** *☎ (01348) 831-800. • oldschoolhostel@btconnect.com • theoldschoolhostel.co.uk • Compter 13-16 £ le lit en dortoir, 30-42 £ en double. Petit déj 5 £. Réduc de 10 % sur présentation de ce guide.* Au milieu du village de Trefin, installée dans l'ancienne école, elle n'a pas le charme des AJ du bord de mer mais bon confort et l'ambiance est chaleureuse. Bons équipements et sensibilisation à l'écologie (tri des déchets, etc.). Cuisine commune. Pas de repas possible, prenez vos précautions.

Pwll Deri Youth Hostel : *Catell Mawr, Tref Asser,* ***Goodwick.*** *☎ (01348) 89-13-85. • yha.org.uk • En voiture, suivre les indications « Saint Nicholas », puis « Pwll Deri »; ne pas hésiter à prendre une route marquée « No through road », et de nouveau suivre les triangles verts ! Ouv avr-oct. Compter 14 £/pers.* Dans une ancienne maison individuelle transformée en AJ, vue magnifique sur la baie. Confort rudimentaire.

Murmur-y-Mor : ***Abereiddi.*** *☎ (01348) 83-16-70. Sur la gauche dans la descente vers la baie d'Abereiddi. Compter 50 £ pour 2.* Seulement 2 chambres, celle à l'avant de la maison étant la plus grande. Installations confortables. Petite maison moderne accrochée à la falaise au-dessus de la baie. Pas de charme particulier, mais le site est spectaculaire et idéal pour la balade.

Où manger ?
Où boire un verre ?

The Sloop Inn : *à* ***Porthgain.*** *☎ (01348) 83-14-49. Sur l'itinéraire du chemin côtier. À 6,6 miles de St David's et 11 miles de Fishguard. Prendre le Stumble Shuttle (bus nº 404) de St David's et Fishguard (3 bus/j.) en été, il s'arrête au niveau du pub. Tlj 9h30-23h ; on peut y manger jusqu'à 21h30. Plats 4,50-15 £.* Beaucoup de poisson, du crabe, des moules, des soupes, des sandwichs et de la viande galloise au gril... Un pub chaleureux à l'ambiance marine, dans la crique pittoresque du minuscule village de Porthgain.

FISHGUARD *(ABERGWAUN ; ind. tél. : 01348)*

À 15 miles de Saint David's par l'A 487. Ville en trois parties. Tout d'abord Goodwick, le port de grande eau dans la baie où trône un bateau de la *Sealink* qui assure une liaison avec l'Irlande. Le « centre-ville », autour de Market Square, sur les hauteurs, et le petit port de pêcheurs, Lower Fishguard, sont, quant à eux, cachés de l'autre côté de la colline. Il existe des navettes de bus entre ces différents quartiers toutes les 30 mn à chaque débarquement de ferry.
Ne manquez pas le festival de musique traditionnelle si vous passez par là le dernier week-end de mai.

Arriver – Quitter

En bus

Arrêt des bus : *au Market Sq dans le centre-ville et dans Quay St à Lower Fishguard.*
➢ **St David's :** en été, 3 bus/j. n° 404 *Stumble Shuttle*. Passe par *Goodwick*.
➢ **Cardigan :** bus *Poppit Rocket* (n° 405), 3 liaisons/j.
➢ Pour rejoindre les promenades et les sites d'intérêt aux environs de Fishguard, il existe un bus de mai à sept, le *Preseli Green Dragon Walkers Bus*. Il ne circule que les mar et sam, en août également le dim. Il suit un trajet fixe, mais peut en dévier en fonction des besoins de ses passagers. On peut aussi le commander : ☎ *(08456) 02-70-08.*

En train

Au port de Goodwick. ☎ *(08705) 70-70-70.*
➢ On peut rejoindre **Carmarthen,** mais il faut changer à *Whitland* et les liaisons sont peu nombreuses. De même pour **Swansea,** mais changement à **Llanelli.**

En ferry

Stena Line Ferry Port : *à Goodwick, à moins de 1 mile de Fishguard.* ☎ *40-44-81 ou (08705) 45-54-55.* • *stenaline.co.uk* • *Accès en voiture à partir du rond-point en face de la station d'essence Total. Les bus et trains arrivent au nord du port.*
➢ **Rosslare (Irlande) :** en *Super Ferry*, 2 départs/j. à 14h30 et 2h45 (2h30 de traversée). Ou en *Ferry Express* mai-sept (1h50 de traversée). Départs à 11h30 et 18h30 (plus cher).

Adresses utiles

Tourist Information Centre : *Town Hall, Market Sq.* ☎ *87-34-84. En été, tlj 10h-17h30 ; hors saison, 10h-16h, fermé dim.*
@ *Également le* **Fishguard Harbour TIC** *(à la sortie des ferries, dans l'Ocean Lab).* ☎ *87-20-37.* • *visitwales.gov.uk* • *Tlj 9h30-17h (18h en hte saison et 16h en hiver). Cybercafé.*

Où dormir ?

Fishguard Bay Caravan Park : *Garn Gelli, Fishguard.* ☎ *81-14-15.* • *fishguardbay.com* • *Sur l'A 487 direction Cardigan, avt Dinas, indiqué sur la gauche. Compter 11 £ pour 2 avec tente et voiture ; moins cher pour les randonneurs.* Traversé par le chemin côtier. Sur un promontoire surplombant la baie, derrière une colline couverte de bruyère, le panorama est magnifique. Pas mal de mobile homes qui gâchent un peu le plaisir, mais les installations sanitaires sont très propres. Laverie, épicerie, salle TV, jeux et eau chaude incluse dans le prix.
Cri'r Wylan : *Pen Wallis, SA65 9HR.* ☎ *87-33-98. De Market Sq, prendre la 1re à droite en allant vers le nord. Double 55 £. CB refusées.* Un peu éloigné du centre mais calme et dans un fort joli cadre. Accepte les arrivées tardives.
Hamilton Backpackers Lodge : *21-23 Hamilton St, SA65 9HL.* ☎ *87-47-97.* • *hamiltonbackpackers.co.uk* • *À deux pas de Market Sq. Résa conseillée. Compter 17 £/pers en dor-*

toir, 46 £ la double, breakfast inclus. CB refusées. Petits dortoirs et chambres doubles bien décorées, dans une vieille maison en pierre. Proprio sympa et tout fier de son nouveau sauna. Et les projets ne manquent pas ! Pas de couvre-feu.

Où manger ?
Où boire un verre ?

The Royal Oak Inn : *Market Sq. ☎ 87-25-14. Plats chauds 7-13 £.* Pub dans un joli relais de poste du XVe s, qui est entré dans l'histoire en 1797. C'est ici que fut signé le dernier traité de paix entre la France et la Grande-Bretagne. On peut voir la table sur laquelle il fut signé, mais il est impossible d'y manger ses *fish & chips* !

The Corner Café : *à un des angles de Market Sq. Ouv l'été slt. Résa sur place.* Resto atypique en arrière-boutique d'une épicerie-boulangerie déjà bien alléchante. Décor simpliste. Les poissons du jour accompagnés d'une ribambelle de fruits exotiques présentés artistiquement font un vrai tabac.

À voir. À faire

Preseli Mounts : les fanas du chemin côtier peuvent continuer celui-ci jusqu'à Cardigan (Aberteifi). Bus *Preseli Dragon.* Les monts Preseli offrent des paysages de collines. Ils font toujours partie du parc national, et c'est là que vous pouvez voir des menhirs. Les pierres qui constituent Stonehenge proviennent de cette région.

À voir dans les environs

Cwm-yr-Eglwys : *à quelques km, sur la route Fishguard-Cardigan (A 487).* À la sortie de Dinas sur la gauche, petite route encaissée qui descend vers la mer. Bus *Preseli Dragon.* Hameau aux maisons blanches. Pour se rendre sur la plage, traverser un cimetière qui entoure les ruines d'une ancienne église celtique du XIIe s, détruite par un orage en 1859 et dont il ne reste que le clocher.

PAS DE REVERS

Lord Cardigan, alias James Brudenell, était réputé pour son élégance, appréciée par la reine Victoria elle-même. Lors de la guerre de Crimée, en 1854, lord Cardigan, partit pour combattre les troupes russes, se fit faire une veste sans col et sans revers. Après ses exploits militaires, la veste du fameux lord fit un tabac à travers le royaume.

CARDIGAN *(ABER TEIFI ; ind. tél. : 01239)*

Petite ville tranquille de 6 000 habitants, à 17 miles de Fishguard (A 487), réputée pour son marché (du lundi au samedi de 10h à 16h), et dominée par son château du XIe s.

Arriver – Quitter

En bus

Arrêt des bus : *au Finch Sq, au bout de Priory St.*

➢ ***Haverfordwest, Goodwick, Fishguard et Newport :*** bus no 412 ; une quinzaine/j. en sem, moitié moins le dim.

➢ ***Abaeraron et Aberystwyth :*** bus X50 ; env 6/j., le dim slt 2. Sinon le no 550, mais il faut changer à Aberaeron pour rejoindre Aberystwyth (bus X40).

➢ ***Carmarthen :*** bus no 461 ; 8-9/j.

Adresse utile

Tourist Information Centre : *Theatr Mwldan, Bath House Rd. ☎ 61-32-*

30. ● cardigantic@ceredigion.gov.uk ● Ouv 10h-17h (18h en été). Fermé dim en hiver.

Où dormir ? Où manger dans les environs ?

Youth Hostel : *Sea View,* ***Poppit Sands.*** *☎ 61-29-36. ● yha.org.uk ● À 4 miles, au-delà de Saint Dogmael's, sur le bord du chemin côtier, dans la colline au-dessus de Poppit Sands. Slt en été. Compter 14 £/pers. Dortoirs de 6, 8 ou 12 lits.* Assez confortable, très belle vue sur l'ensemble de la baie. On peut y planter sa tente.

Cardigan Arms : *3 College Row. ☎ 61-49-69. En face du marché. Tlj sf dim 8h-20h.* Un *fish & chips* pratique (pour les grosses faims), accueillant et sympa. Propose aussi d'autres plats, tels que des salades, des rouleaux de printemps, du *fishcake,* des sandwichs...

À voir dans les environs

Saint Dogmael's Abbey : *à 1 mile à l'ouest de Cardigan, direction Poppit Sands. Bus n° 407 de Cardigan, assez régulier.* Abbaye du XIe s en ruine. Le village qui l'entoure a été en partie construit avec les pierres de l'ancienne abbaye. Dans l'église se trouve une pierre (VIe s) qui a permis de comprendre l'écriture ogham, car elle porte des traces d'inscriptions en ogham et en latin. Cette pierre a été retrouvée par hasard dans les ruines d'un vieux pont ! Si l'église est fermée, le vicaire vous prêtera aimablement la clé et vous racontera toute cette histoire.

Y Felin : *Rhyd-y-Felin St. ☎ 61-39-99. Dans une rue qui monte vers l'abbaye. Moulin ouv tte l'année, lun-sam 10h-17h ; dim 14h-17h. Tea-room ouv mai-sept, lun-ven 10h30-17h. Tour du moulin 2,50 £/pers.* Un vieux moulin produisant de la farine comme le faisaient les moines de l'abbaye. On peut y acheter la farine et le pain faits sur place, ou prendre un thé accompagné de gâteaux ou de *scones.*

Cenarth : *à une douzaine de miles au sud-est de Cardigan sur l'A 484. Bus n° 461 de Cardigan.* Petit village bucolique, au bord de la rivière Teifi, C'est ici que vous pourrez découvrir cette drôle de petite embarcation, le *coracle,* qui sert à pêcher la truite et le saumon. À l'extérieur du pub, le *White Hart,* datant du XVIe s, est accroché un de ces minibateaux faits en cuir et en bois souple. Avec un peu de chance, vous y rencontrerez aussi Ronald Davies, qui est le dernier à les fabriquer.
– **Cenarth C.M. Chapel Eisteddfod :** *festival chaque année, fin janv. ☎ 71-04-63.* Voir « Les *Eisteddfodau* » dans l'introduction sur le pays de Galles.

EN REMONTANT VERS LE NORD

Vous quittez le pays de Galles du Sud et la mer pour attaquer les monts Cambrians qui vont vous mener au nord vers le superbe Snowdon. À partir de là, les gens parlent souvent le gallois entre eux, mais ils s'adresseront à vous en anglais sans difficulté, et avec le sourire.

TREGARON

IND. TÉL. : 01974

Sur l'A 485, petite ville de marché aux moutons, tous les paysans du coin s'y retrouvent dans une joyeuse ambiance. Sur la place principale, un intéressant

magasin d'artisanat celtique (*Craft design centre of Wales*). D'Aberystwyth, on peut se rendre à Tregaron par les bus nos 585, 588 ou T21 ou bien à vélo, via les impressionnantes tourbières de Cors Caron. Les tourbières de la région sont en effet réputées pour la diversité de leur faune (faisans et coqs de bruyère en abondance). On vient aussi pour les espèces rares, comme le milan royal, rapace en voie de réimplantation, le putois (qui n'a toujours pas d'ami) et la vipère noire. C'est l'endroit idéal pour les amoureux de paysages et de nature. Pour compléter la ménagerie, on nous a raconté qu'à Tregaron serait enterré un... éléphant ! C'est le moment de se faire des copains au pub central, l'incontournable *Talbot*, pour connaître le fin mot de l'histoire.

Où dormir ? Où manger ? Où boire un verre à Tregaron et dans les environs ?

Dolgoch Bunkhouse : *Dolgoch, SY25 6NR. ☎ (0845) 371-96-31. • dolgoch@yha.org.uk • À 6 miles, sur la route panoramique (à 1 seule voie) entre Tregaron et Abergwesyn, au niveau d'un petit pont ; chemin à l'écart de la route, difficilement carrossable. Résa indispensable (pas d'accueil permanent). Auberge de jeunesse à partir de 15 £/pers.* Pour les aventuriers ! Pas de chauffage sauf une cheminée, pas d'électricité, et uniquement des lits à étage ! Médiéval en somme... Mais l'environnement est à l'image de cette ancienne ferme transformée en refuge de montagne : sauvage, loin de tout et absolument magnifique.

Talbot Hotel : *The Square, Tregaron. ☎ 29-82-08. • ytalbot.com • Doubles en-suite 60-100 £ avec petit déj. Plats 7,50-15,50 £.* Si vous demandez où se trouve Tregaron, on vous répondra certainement « à l'extérieur du Talbot », ce pub situé sur la place centrale, le point de ralliement de toute la région. Vieil établissement du XIIIe s, où l'on parle le gallois dans tous les sens, l'ambiance est merveilleuse et la nourriture de bonne tenue. Également un resto moderne. Quant aux chambres, refaites récemment, elles sont impeccables et chic avec des dessus-de-lit en laine du pays. Une adresse qui nous botte !

Black Lion : *High St, Lampeter, SA48 7BG. ☎ (01570) 42-21-72. À env 11 miles au sud-ouest, par l'A 485. En plein centre. Jusqu'à 21h (20h le w-e). Plats 7-13 £.* D'emblée, rien ne distingue ce pub classique et chaleureux. Mais lorsqu'on dépasse le bar central, on découvre la cuisine ouverte où s'active le chef. Et c'est la bonne surprise : de bons plats de bistrot bien fichus, comme du confit de canard aux petits légumes, différents poissons, des lasagnes végétariennes... Inattendu !

DANS LES ENVIRONS DE TREGARON

Lampeter *(Llanbedr Pont Steffan) : à une quinzaine de miles au sud-ouest par la A 485.* Ville qui s'enorgueillit de posséder la 3e université la plus ancienne de Grande-Bretagne, après Oxford et Cambridge. Spécialités du coin : les courses de chevaux attelés et... les *quilts* gallois. L'ancien palais de justice abrite en effet une incroyable collection de ces couvertures matelassées, en patchwork pour certaines, toutes originaires du pays de Galles et remontant au XIXe s pour la plupart.

Cors Caron : *le long de la B 4343, vers le nord, à quelques km.* Une tourbière classée réserve naturelle nationale, aménagée pour la balade avec des pontons de bois, pour ne pas abîmer des sols qui ont mis 12 000 ans à se former. Toute une faune à observer : milans royaux, courlis, loutres...

Strata Florida : *en continuant encore sur la B 4343, à 1 mile du village de...* ***Pontrhydfendigaid.*** *Avr-oct 10h-17h (16h le reste de l'année). Entrée : 3,70 £.* Ruines d'une abbaye cistercienne qui fut un opulent centre intellectuel et culturel, dans un bel environnement sauvage. Seul le porche est encore debout, mais on touche ici du doigt l'âme galloise. Pas étonnant que nombre de personnes souhaitent se faire enterrer dans le cimetière adjacent, auprès de quelques-uns des princes gallois (ceux qui avaient pu garder leur tête !) et du grand poète médiéval Dafydd Ap Gwilym.

Elan Valley ou la route des réservoirs : *c'est tte la région à l'est de Tregaron. Prendre la route panoramique (indiquée « Abergwesyn pass »), direction Abergwesyn, Beulah (B 4358), Elan Village (B 4518), Rhayader (A 470). Puis retour par la B 4343 au nord.* Paysages désolés de toute beauté, routes à une seule voie dévalant des pentes de 10 à 25 %, des moutons partout, des rapaces... et une boîte aux lettres rouge à côté d'une cabine téléphonique tout aussi rouge, à un croisement au milieu de nulle part. Surréaliste ! La cabine fonctionne alors que les téléphones portables ne passent pas. En poussant à droite à ce croisement, on aboutit à une mignonne chapelle, *Soar y Mynydd.* Romantique à souhait avec ses bancs disposés d'une drôle de manière. Du côté des réservoirs, le paysage est boisé. Les digues et barrages qui forment les réservoirs datent du début du XXe s (1904) et ont été réalisés pour alimenter la ville de Birmingham en eau. L'ensemble de cette région est très peu peuplé et offre peu de *B & B* ou d'endroits où se restaurer mais beaucoup de lieux où pique-niquer ; prévoyez donc des provisions.

ABERYSTWYTH

32 000 hab. IND. TÉL. : 01970

Ce chef-lieu de comté au nom imprononçable (quelque chose comme « aberestouith »), à mi-chemin entre le nord et le sud du pays de Galles, possède de belles ruines d'un imposant château du XIIIe s, mais tient sa gloire de son importante bibliothèque galloise et anglaise. Grande ville universitaire avec un campus moderne, en hauteur, face à la mer, on y rencontre beaucoup d'étudiants (un quart de la population), mais aussi pas mal de touristes, puisque c'est également une station balnéaire depuis le XVIIIe s. Un endroit charmant où il fait bon se balader sur le front de mer victorien, parmi les vestiges du château à la pointe de la ville, ou dans les jolies rues animées en journée. Le soir, c'est dans les pubs que ça se passe... Aux alentours, au programme : des dunes classées vers le nord et, vers l'est, une mine d'argent *(Silver Mountain Experience),* une station d'élevage de milans royaux, l'oiseau emblématique du pays de Galles *(Red kite feeding station)* ou encore HAFOD, un site naturel extra pour les balades.

Arriver – Quitter

En train

Gare ferroviaire *(plan B2)* **:** *Alexandra Rd. ☎ (0845) 748-49-50.*

➢ ***Londres Euston :*** env 7 liaisons/j. (avec un changement à Birmingham), 2 le dim. Compter 4h30.

➢ ***Shrewsbury, Welshpool et Machynlleth :*** env 7 trains directs/j., 3 le dim.

En bus

Gare routière *(plan B2)* **:** *Alexandra Rd. ☎ (0871) 200-22-33.*

➢ ***Lampeter, Carmarthen, Swansea, Cardiff :*** plusieurs bus n° 10 ou 20 suivent cet itinéraire quotidiennement, mais un seul va jusqu'à Cardiff et

Swansea (tlj). De Cardiff, bus pour ***Londres,*** solution finalement plus rapide que le bus direct Aberystwyth-Londres (*National Express Shuttle* n° 409, en 7h) qui passe par ***Shrewsbury, Telford*** et ***Birmingham.***

➢ ***Dolgellau, Tal-y-Bont, Machynlleth, Penrhyndeudraet, Portmeirion, Porthmadog, Tremadog, Caernafon et Bangor :*** bus X32 ; env 6 bus/j., moins le dim.

Adresses utiles

ℹ ***Tourist Information Centre*** *(plan A2) : à l'angle de Terrace Rd et de Bath St. ☎ 61-21-25. • tourism.ceredigion.gov.uk • Tlj 10h-17h (fermé dim sept-mai).* Accueil en français adorable et de grande efficacité.

■ ***Siop y Pethe*** *(librairie celtique ; plan A-B2,* ***1****) : à l'angle de Great Darkgate St et de Terrace Rd. Fermé dim.* Tout sur l'âme et la culture celtes : dictionnaires, guides touristiques, recueils de contes, livres pour enfants et CD de musique galloise.

■ ***Chœur d'hommes*** *(plan A3,* ***2****) : Aberchoir, Bridge St, au RAFA Club. Répétitions ouv au public, jeu soir 19h-20h30. • aberchoir.co.uk •*

■ ***Arts Centre*** *(hors plan par B2) : au sein de l'université, sur les hauteurs.* Concerts, cinéma, théâtre, etc. Restaurant. Vue sur la baie en prime.

Où dormir ? Où manger dans le coin ?

Campings

⛺ ***Camping Aberystwyth Holiday Village*** *(hors plan par A3,* ***12****) : Penparcau Rd. ☎ 62-42-11. • aberystwythholidays.co.uk • Peu après le pont, à gauche. Compter 18-21 £ pour 2 avec tente.* Un vaste terrain sans charme dans un cadre semi-urbain. Pas terrible, mais c'est le plus proche du centre.

⛺ ***Sunbourne Leisure*** *(hors plan par B2,* ***14****) : Glan-y-Môr,* ***Clarach Bay,*** *SY23 3DT. ☎ 82-89-00. À quelques miles au nord (B 4572), 20-30 mn à pied ou en bus mai-sept. Compter 20 £ pour 2 avec tente.* Sur une jolie plage de galets, un grand complexe touristique pas très glamour comprenant des alignées de mobile homes et des piscines. Mais la partie camping n'en reste pas moins agréable, au calme et au vert, sur le haut d'une falaise. Joli spot !

De bon marché à prix moyens

🏠 ***Maes-y-Mor*** *(plan A2,* ***11****) : 25 Bath St, SY23 2NN. ☎ 63-92-70. • maesymor@homail.co.uk • À partir de 45 £ pour 2, petit déj en sus. Garage à vélos.* 📶 Compromis entre l'AJ et le *B & B.* À l'étage d'une petite maison de ville, une dizaine de chambres doubles standard et sans charme, mais propres et modernes. Salles de bains communes à chaque étage, impeccables. Lave-linge au rez-de-chaussée. Attention, pas de réception : téléphoner avant de venir.

🍽 ***Ultra Comida*** *(plan A2,* ***21****) : Pier St. ☎ 63-06-86. Tlj 10h-16h30 (boutique 18h), dim 12h-17h. Plats et sandwichs 4-8 £.* Fromages, charcuterie, olives, tortillas, pains spéciaux, vin... rien ne manque à la panoplie de ce *deli* de charme aux accents espagnols. Le succès aidant, on a ajouté une jolie salle à manger dans l'arrière-boutique. Et la cuisine ? Ultra... bonne !

🍽 ***Treehouse*** *(plan A2,* ***20****) : 14 Baker St. ☎ 61-57-91. Tlj 9h-17h. Plats 4,50-8,50 £.* Le royaume du bio et du bon dans ce magasin-restaurant qui propose petit déj le matin, soupes et plats maison à midi, cakes et *scones* l'après-midi. Et même les enfants ont le droit de bien manger !

De prix moyens à plus chic

🏠 🍽 ***Gwesty Cymru*** *(plan A2,* ***13****) : 19 Marine Terrace, SY23 2AZ. ☎ 61-22-52. • info@gwestycymru.com • gwestycymru.com • Tlj sf mar midi. Doubles 87-145 £ selon vue. Plats 10-20 £, formule 9 £ boisson incluse (midi en sem).* 📶 Cette maison de caractère en promenade cache au

ABERYSTWYTH

Adresses utiles

- Tourist Information Centre
- **1** Siop y Pethe (librairie celtique)
- **2** Chœur d'hommes

Où dormir ? Où manger ?

- **10** Yr Hafod
- **11** Maes-y-Mor
- **12** Camping Aberystwyth Holiday Village
- **13** Gwesty Cymru
- **14** Sunbourne Leisure
- **20** Treehouse
- **21** Ultra Comida

Où boire un verre ?

- **22** Rummers
- **23** The Coopers Arms

sous-sol une salle de resto chic et de poche à la déco minérale (terrasse si le temps le permet) et l'une des meilleures tables de la ville, originale et soignée. Une dizaine de chambres dans la même tonalité, modernes, confortables et accueillantes.

Yr Hafod *(plan A3,* ***10****)* **:** *1 South Marine Terrace, SY23 1JX. ☎ 61-75-79. • johnyrhafod@aol.com • yrhafod.co.uk • Fermé du 20 déc à mi-janv. Doubles 62-84 £ sans ou avec sdb, petit déj inclus.* *Guesthouse* agréable, stratégiquement située sur la promenade du front de mer, à côté des ruines du château. Café et thé à volonté, tout comme la vue sur la mer. Les routards de passage apprécieront par ailleurs l'accueil très gentil et les chambres sans prétention, mais impeccables.

Où boire un verre ?

The Coopers Arms *(plan B2,* ***23****)* **:** *Northgate St. ☎ 62-40-50.* Ce n'est pas le plus beau des bars, mais c'est ici que les étudiants se réunissent pour profiter des nombreux concerts pop-rock, jazz et folk. Bonne ambiance.

Rummers *(plan A3,* ***22****)* **:** *Bridge St. ☎ 62-51-77. En contrebas du pont.* Pub archi-populaire, principalement grâce à sa terrasse géniale donnant sur la rivière. Concerts très régulièrement.

À voir

Ceredigion Museum *(office de tourisme, plan A2)* **:** *Terrace Rd ; au-dessus de l'office de tourisme. ☎ 63-30-88. Lun-sam 10h-17h. Gratuit.* Incroyable exemple de reconversion : un ancien music-hall édouardien sert de décor à ce musée bourré de charme. Du piano pour accompagner les films muets aux corsets sexy de l'époque, c'est toute la vie du comté de Ceredigion qui est passée au crible (reconstitution d'intérieurs, les costumes, les couvertures traditionnelles, les métiers), le tout sur plusieurs niveaux. Souriez, on vous regarde du balcon.

The National Library of Wales *(hors plan par B2)* **:** *suivre Northgate St et la route de Machynlleth, la bibliothèque se trouve entre l'hôpital et l'université (à droite). Bus n° 3. ☎ 63-29-800. Lun-sam 10h-17h. Entrée gratuite.* Gigantesque monument édouardien (1905) sur les hauteurs de la ville. À l'intérieur se cachent les trésors de la littérature nationale ainsi que des expos sur la culture et l'histoire galloises. Sur place, agréable cafétéria-bar le *Pen Dinas* (10h-16h), où grignoter pour pas bien cher, dans une ambiance intello.

Cliff Railway *(plan A1)* **:** *au bout de la baie. ☎ 61-76-42. Tlj 10h-17 ou 18h avr-oct (se renseigner hors saison). Tarif : 4 £ A/R ; départs ttes les 10 mn. Gratuit à pied.* Construit en 1896, ce funiculaire monte jusqu'au sommet de *Constitution Hill.* Y aller pour admirer la vue et la plus grande *camera obscura* (chambre noire) du monde. Café panoramique.

DANS LES ENVIRONS D'ABERYSTWYTH

Borth : une autre station balnéaire à 10 km tout au nord, par la B 4572 qui plonge soudain vers la mer. Retenez votre souffle ! Magnifique plage, fréquentée par les surfeurs qui aiment loger à l'auberge de jeunesse. On les comprend ! Aller jusqu'au bout de la route qui aboutit à l'estuaire de la rivière Dovey *(Dify)* et ses dunes, classées réserve naturelle nationale. À marée basse, on peut même apercevoir les restes d'une forêt pétrifiée de 7 000 ans. Très belle balade dans un paysage entre mer, rivière, montagnes cambriennes et sable.

Devil's Bridge (Pont ar Fynach) : *d'Aberystwyth, prendre le petit train à vapeur,* Vale of Rheidol Railway, *qui part à côté de la gare principale. ☎ 62-58-19. • rheidolrailway.co.uk • Avr-oct, 2-4 départs/j. Compter 15 £ A/R. Audiotour en français 2 £. On peut aussi y aller par la route (A 4120). Sinon, possibilité certains j.*

en sem de réserver la veille un taxi au prix d'un bus : ☎ 63-35-55. Trois petits ponts superposés ont été construits à l'endroit où la rivière se transforme en cascade : le plus haut, en fer, juste au-dessus d'un pont en pierre ; le troisième, le *pont du Diable,* fut érigé par les moines au XIIe s. On ne voit rien de la route. Pour apprécier ce charmant ouvrage d'art, deux solutions : la balade courte (un escalier conduit à un point de vue) à 1 £, à introduire dans un tourniquet. Ou bien la promenade qui combine les ponts et un point de vue sur les cascades *(Pâques-oct, tlj 9h45-17h ; 3,50 £).*

MACHYNLLETH

2 000 hab. IND. TÉL. : 01654

Petite ville au croisement des routes A 487 et A 489, dans la superbe vallée de Dyfi. Rien de bien spectaculaire à voir, si ce n'est une assez jolie tour-horloge datant de 1873 et quelques belles vieilles demeures du XVIe s. Également un modeste musée d'Art moderne, le MOMA, ainsi qu'un clin d'œil à Owain Glyndwr, héros local qui créa ici le premier parlement gallois en 1404.

Où dormir ? Où manger dans le coin ?

Dolgelynen : *Dolgelynen, Machynlleth. ☎ 70-20-26. • elinordyfi@tiscali.co.uk • dolgelynenfarmhouse.co.uk • À 3 miles. Direction Dolgellau (A 487) ; tourner à gauche aussitôt après le pont sur l'A 493 ; rouler sur moins de 1 mile et prendre à gauche à la pancarte « Dolgelynen »: c'est la 2e maison au bout du chemin, sur un monticule. Fermé à Noël. Double 65 £.* Accueil en gallois adorable, dans un cadre éminemment champêtre : chambres mignonnes avec vue sur les moutons et la colline. Calme et douillet, salon et salle à manger agréables avec des poêles et, dans un coin, une harpe celtique.

Quarry Café : *Maengwyn St. ☎ 70-26-24. Près de la tour-horloge. Tlj 9h-16h30. Plat env 5 £. (gratuit si boisson).* C'est le resto ouvert en ville par le *Centre for Alternative Technology* voisin : boiseries claires pour la déco, et des produits essentiellement bio dans l'assiette. Plats du jour à consulter au tableau noir, végétariens évidemment (salades, soupes et burgers).

DANS LES ENVIRONS DE MACHYNLLETH

Centre for Alternative Technology *(Centre national pour la technologie alternative)* **:** *à env 3 miles vers le nord par l'A 487 direction Dolgellau. ☎ 70-59-50. • cat.org.uk • Bus nos 32 et 34 depuis Machynlleth. Tlj 10h-17h30. Entrée : 8,50 £ ; réduc (notamment si l'on vient à pied ou à vélo). Visite guidée gratuite à heure fixe pdt les vac scol.* L'écologie et l'autonomie sont les préoccupations de ce vaste centre, inauguré en 1974. Dans une ancienne carrière d'ardoise, une importante communauté de chercheurs se livre à une expérience approfondie de l'existence alternative. Après avoir emprunté un petit funiculaire hydraulique, les visiteurs découvrent des collections d'aérogénérateurs (les moulins à vent), de cellules solaires et toutes sortes de jardins potagers naturels. Également des attractions pour les petits, comme l'exploration de la « Mole Hole » (tanière de la taupe). Une expérience passionnante et constructive, mais peut-être un peu austère pour les non-anglophones. Le succès du centre est tel qu'ils ont créé un master sur la construction écologique et construit un bâtiment HQE (Haute Qualité environnementale), le WISE, avec théâtre et salles de classe.

N'oubliez pas de manger sur place et de goûter aux différentes infusions (pissenlit, orge...). Petits prix et que du bio évidemment.

DOLGELLAU

2 300 hab. IND. TÉL. : 01341

Petite ville charmante tout en granit gris et ardoise, aux faux airs de Guérande (Loire-Atlantique) avec laquelle elle est d'ailleurs jumelée. Autre particularité : le mouvement des Quakers y trouve ses origines. Un festival de musique folk celtique s'y tient en juillet. Sinon, plusieurs boutiques pour trekkeurs, puisqu'on est aux portes du Snowdonia. Et un sentier de 15 km le long de la rivière Mawddach qui permet de rejoindre Barmouth, sur la côte, à pied ou à vélo, via plusieurs ponts en bois. Une balade vraiment sympa et, gros avantage, c'est plat !

Arriver – Quitter

En bus

Bus Station : *Eldon Sq.*

➢ ***Portmeirion, Porthmadog, Penygroes, Caernafon, Bangor, Corris, Machynlleth*** et ***Aberystwyth :*** 6 bus X32 tlj, 3 le dim.

➢ ***Wrexham, Llangollen, Corwen, Bala, Bonddu et Barmouth :*** bus n° 94 ou X94, env 10 bus tlj pour Barmouth (5 le dim), 8 pour les autres destinations (4 le dim).

➢ ***Betws-y-Coed, Blaenau Ffestiniog :*** direct avec le bus n° 35 ou passer par Porthmadog.

Adresse utile

Tourist Information Centre : *Eldon Sq. ☎ 42-28-88. • visitsnowdonia.info • En été, 9h30-17h30 ; nov-Pâques, tlj sf mar et mer 9h30-16h30.* Propose toutes les balades à pied ou à vélo possibles dans le Snowdonia (itinéraires et plans téléchargeables sur le site). Expo sur les Quakers au 1er étage.

Où dormir ? Où manger à Dolgellau et dans les environs ?

Camping et auberge de jeunesse

Tan-y-Fron : *Aran Rd, LL40 2AA. ☎ 42-26-38. • tanyfron.co.uk • À deux pas du village. Env 18 £ pour 2 avec tente, 70 £ la double en* B & B. Terrain de camping pas très grand, convivial, et très bien aménagé. Cadre agréable. Également des chambres et appartements, de 2 à 4 personnes, tout confort.

Kings Hostel : *Tywyn Rd. ☎ (08707) 70-59-00. • yha.org.uk • À env 3 miles, vers l'ouest (A 493), puis prendre une petite route tortueuse qui monte et qui descend dans la forêt ; c'est à moins de 1 mile. Mars-oct. Nuitée env 14 £ en dortoir de 6 et 6 £ en camping.* À l'arrivée, belle récompense : 2 bâtiments en pierre du pays, dans un environnement sauvage à souhait. D'ailleurs, ce n'est pas la peine de compter sur la TV ou sur un coup de fil : les portables ne captent pas et il n'y a que des bouquins dans le salon commun ! Reposant. Prestations classiques, simples et correctes.

Plus chic

Y Meirionnydd : *Smithfield Sq. ☎ 42-25-54. • info@themeirionnydd.com • themeirionnydd.com • Resto slt le soir, selon saison. Doubles en-suite 85-125 £, avec petit déj. Plats 12-16 £.* Repris par des Gallois de retour au pays, un hôtel rénové et convivial en plein centre-ville, dans une maison du XVIIe s. Dans la cave (une ancienne prison), le resto chaleureux propose une sélection de plats traditionnels préparés avec des produits locaux (on y sert même du vin gallois !). Accueil très attentionné.

Graig-Wen House : ***Arthog,*** *LL39 1BQ. ☎ 25-04-82. • hello@graigwen.co.uk • graigwen.co.uk • Sur la* *route de Fairbourne (A 493), à 5 miles. Fermé en déc. Camping mars-déc. Doubles 80-125 £, yourte env 60-75 £, camping env 18 £ pour 2.* Difficile de ne pas trouver son bonheur dans cette ancienne ferme métamorphosée. Les campeurs profiteront d'un beau terrain au creux de la vallée, les originaux se réfugieront dans les yourtes façon Gengis Khan et les plus frileux iront sans hésiter dans les jolies chambres à la déco contemporaine ou dans les gîtes bien équipés. Bon confort, bon accueil, environnement privilégié (vue magnifique sur la rivière depuis la salle de petit déj), bref, tout pour plaire !

George III Hotel : ***Penmaenpool.*** *☎ 42-25-25. À 2 miles env, sur la route de Tyrwyn (A 493). Doubles à partir de 100 £. Plats 9-12 £ au pub, 10-15 £ au resto.* Connue de tous, cette belle auberge en pleine campagne occupe un site privilégié au bord de la rivière. Bonne cuisine, principalement des spécialités de gibier et poisson, servie au pub rustique ou dans la salle plus classe à l'étage. Vue évidemment magnifique sur le fleuve, le pont traditionnel et les montagnes, depuis les différentes petites terrasses. Un petit extra bien agréable.

Très chic

Bwyty Mawddach : ***Llanelltyd,*** *LL40 2TA. ☎ 42-40-20. • enquiries@mawddach.com • À 2 miles, sur la route de Barmouth. Fermé dim soir-mar. Plats 11,50-17,50 £.* Cadre enchanteur pour cette ancienne grange entièrement restaurée avec de grandes baies vitrées donnant sur la vallée de la Mawddach et les montagnes. Un endroit lumineux et chaleureux avec poutres apparentes et parquets, dans un style contemporain épuré qui libère l'esprit pour mieux déguster la vue et la cuisine : *pies, gravy,* truites... Bref, du gallois traditionnel magnifiquement mis à l'honneur. Une adresse chic mais pas guindée pour autant.

Dylanwad Da : *près du Spar installé dans une église. ☎ 42-28-70. • dylan@dylanwad.co.uk • Jeu-sam slt : bar et coffee-shop 10h-15h ; resto le soir 19h-21h. Repas complet 25-35 £.* Un adorable café-bar le jour, proposant tapas et vin, qui se transforme en restaurant intime et gastronomique le soir. À la carte, une cuisine de tous les horizons, mais aussi de solides spécialités régionales à base de crabe, poisson et gros gibier.

BARMOUTH (ABERMAW)

2 500 hab. IND. TÉL. : 01341

À l'ouest de Dolgellau, cette jolie station balnéaire construite sur la colline domine l'estuaire de la rivière Mawddach. On peut le traverser à pied ou à vélo sur un long et magnifique pont en bois ferroviaire du XIXᵉ s qui procure un vrai cachet à ce paysage entre mer et montagne. Dans le coin, tout plein de belles balades à faire. La vieille tour ronde de la ville servait de cachot aux poivrots, le temps qu'ils dessoûlent, et comptait deux parties : une pour les hommes et une pour les femmes. Comme quoi !

Arriver – Quitter

En train

Gare ferroviaire : *Station Rd. ☎ (08457) 48-49-50.*

➢ *Barmouth* se situe sur la ligne *Cambrian Coast* qui relie ***Shrewsbury*** à ***Pwllheli*** via ***Porthmadog*** et ***Harlech*** : des liaisons directes ttes les 2h en sem, 1 seule le dim.

En bus

Gare routière : *Plas Gwyn, Jubilee Rd.*

➢ ***Wrexham, Llangollen, Corwen, Bala, Dolgellau et Bonddu :*** bus X94, env 20 bus/j. pour Dolgellau (5 le dim), slt 8 pour les autres destinations (4 le dim).

➢ ***Talybont, Llanfair, Harlech, Portmeirion, Porthmadog, Tremadog, Penygroes, Caernafon et Bangor :*** par le bus n° 38 en sem (une vingtaine/j), sinon 1 seul le dim (n° 2).

Adresse utile

Tourist Information Centre : *Station Rd ; dans la gare. ☎ 28-07-87. • visitsnowdonia.info • Pâques-fin oct, tlj 10h-17h ; hors saison, tlj sf dim 10h-15h30.* Vendent aussi des billets de train. Très sympa et bons conseils.

Où dormir ?

De nombreux ***campings,*** plus ou moins accueillants et près de la mer, entre Barmouth et Harlech. Le plus proche étant le ***Hendre Mynach Caravan and Camping Park : Llanaber.*** *☎ 28-02-62. • mynach@lineone.net • hendremynach.co.uk • À moins de 1 mile de Barmouth en direction de Harlech, en contrebas de l'A 496 (Llanaber Rd), côté mer. Pour 2 avec tente et voiture, 11-23 £ selon saison ; moins cher pour les randonneurs.* Un terrain classique, tout plat et bien entretenu, déroulé entre la colline et la voie ferrée. Peu d'intimité possible mais accès direct à la plage (de l'autre côté des rails), ainsi qu'au chemin qui la longe jusqu'à Barmouth en 15 mn à pied. Aire de jeux pour les enfants.

Wavecrest : *8 Marine Parade, LL42 1NA. ☎ 28-03-30. • thewavecrest@talk21.com • barmouthbandb.com • Fermé en hiver. Doubles 60-72 £, min 3 nuits en été.* Quitte à dormir dans le coin, autant choisir une adresse face à la mer. C'est le cas de cette petite *guesthouse* conviviale et familiale, dont les chambres rénovées sont ultra-confortables. Accueil super sympa et délicieux petit déj.

– D'autres *B & B* dans le voisinage, en bord de mer.

Où manger ?

Goodies : *33 High St. ☎ 28-11-62. En face de la poste. Ouv 9h30-17h. Env 4,50-6,50 £.* *Tea-room* bien typique, avec une jolie vitrine Art déco et une petite salle élégante remplie de rayonnages de douceurs. Clientèle féminine de tous les âges, qui grignote paninis et *jacket potatoes* au son de la musique classique. On peut acheter des produits maison (marmelades, *chutney*...).

Murray's : *King Edward St. ☎ 28-08-20. En face de la rue de la gare. Tlj 10h-16h ou 17h. Env 5-8 £. (payants).* Un de ces *tea-rooms* sympas dans l'air du temps : on y trouve à la fois des sofas pour lire les journaux, des ordis pour garder le contact et un comptoir garni de délicieux gâteaux, sandwichs et salades. Bref, un peu de tout pour tout le monde !

The Last Inn : *à l'entrée du village, côté sud. ☎ 28-05-30. Ouv 12h-15h, 18h-21h. Plats 6-12 £ le midi, 11-18 £ le soir.* Un vieux pub à l'ambiance marine, très sympa : filets de pêche de rigueur, et des poissons rouges qui nagent au fond d'une fontaine intérieure (alimentée par l'eau des montagnes !). À la carte, des plats de pub classiques et costauds, ou quelques suggestions du jour plus élaborées. Quelques tables dehors.

HARLECH

1 200 hab. IND. TÉL. : 01766

Jolie ville en bord de mer, dominée par un château du XIIIe s dans un paysage de dunes. Il paraîtrait même qu'un microclimat flotterait au-dessus de cette agréable petite bourgade... Carrières d'ardoise à visiter, si vous ne l'avez pas déjà fait ailleurs.

PLANS ET CARTES EN COULEURS

CARTE DES DISTANCES

LA GRANDE-BRETAGNE

LA GRANDE-BRETAGNE

Adresses utiles

- Brighton & Hove Visitor Information Centre
- Call Centre (*B2*)
- Allsorts Newagents (*C2*)

Où dormir ?

20 Seafield House
21 St Christopher's
22 Artist Residence
23 The Iron Duke Hotel
24 Regency Landsdowne Guesthouse
25 Aquarium Guesthouse
27 Myhotel
28 Sea Spray
29 Regency Hotel
30 Christina Guest House
31 Snooze
32 Motel Schmotel
33 Jurys Inn
34 Sheepcote Valley Caravan Club Site
35 Alvia

Où manger ?

40 Bill's
41 Bombay Aloo
42 Food for Friends
43 Wai Kika Moo Kau
44 Harry's English Restaurant
45 The Manor
46 Wagamama
47 Iydea
48 Terre à Terre
49 The Hove Kitchen
50 Dumb Waiter
51 Kensingtons
52 Jamie's Italian

Où boire un thé ?

60 The Tea Cosy
61 The Grand Hotel

Où boire un verre ? Où écouter de la musique ?

62 The Font
63 Pump House
64 Fortune of War
65 The Mash Tun et Fitzherberts
66 Amsterdam
67 King and Queen
68 Ohso Social
69 The Coopers Cask

Où danser ?

80 Digital
81 Casablanca Jazz Club
82 The Honey Club
83 Tru
84 Oceana

À voir

90 The Royal Pavilion
91 Brighton Museum & Art Gallery

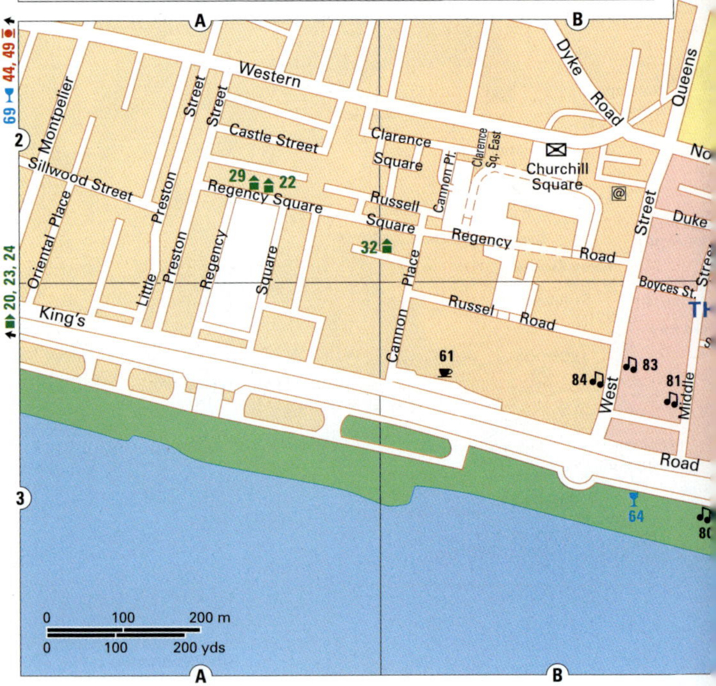

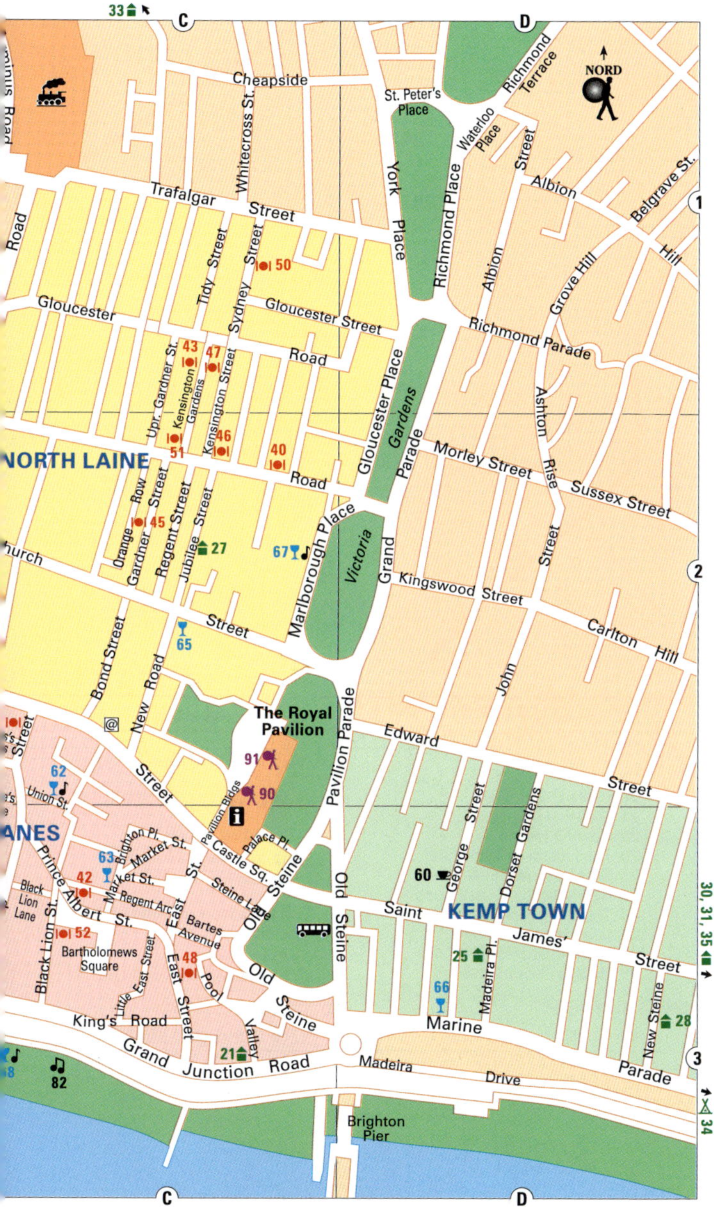

C
D
NORD
Cheapside
Whitecross St.
St. Peter's Place
Richmond Terrace
Waterloo Place
Trafalgar
Street
York Place
Richmond Place
Albion Street
Albion
Belgrave St.
Hill
Grove Hill
Road
Tidy Street
Sydney Street
Gloucester
Gloucester Street
Road
Richmond Parade
Gloucester Place
Gardens
Upr. Gardner St.
Kensington Gardens
Kensington Street
Ashton Rise
NORTH LAINE
Morley Street
Sussex Street
Parade
Road
Orange Row
Gardner Street
Regent Street
Jubilee Street
Marlborough Place
Victoria
Grand
Church
Street
Kingswood Street
Carlton Hill
Bond Street
New Road
John Street
The Royal Pavilion
Pavilion Parade
Edward
Street
Pavilion Bldgs
Castle Sq.
Palace Pl.
Union St.
LANES
Brighton Pl.
Market St.
Prince Albert St.
Market St.
Regent Arc.
East St.
Steine Lane
Old Steine
Bartes Avenue
Black Lion Lane
Black Lion St.
Bartholomews Square
Little East Street
East Street
Pool Valley
George Street
Dorset Gardens
KEMP TOWN
Saint James' Street
Madeira Pl.
New Steine
King's Road
Grand Junction Road
Madeira Drive
Marine Parade
Brighton Pier
30, 31, 35
34
1
2
3

BRIGHTON

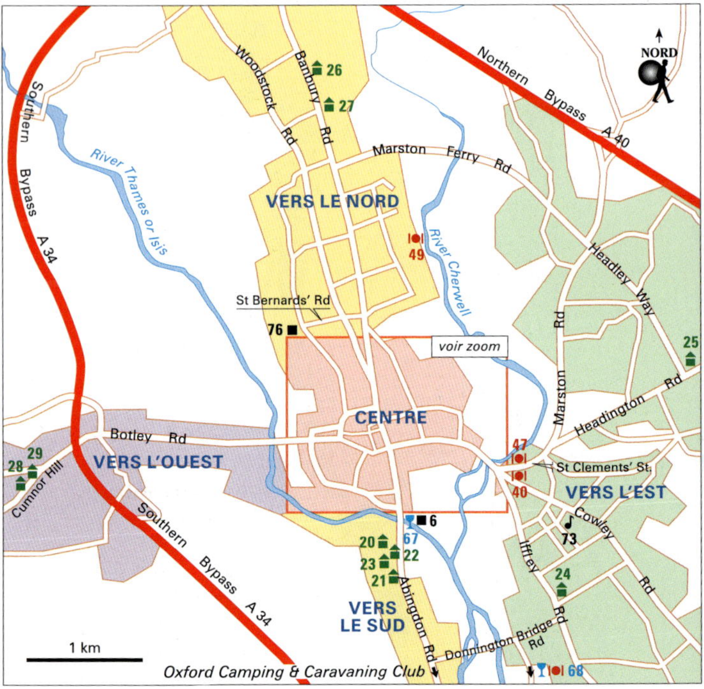

OXFORD – PLAN D'ENSEMBLE

Où dormir ?

- **20** White House View
- **21** Lakeside Guesthouse
- **22** Newton House
- **23** The Falcon Private Hotel
- **24** Browns Guesthouse
- **25** Red Mullions Guesthouse
- **26** The Burlington House
- **27** Lonsdale Guesthouse
- **28** High Hedges Guesthouse
- **29** Gables Guesthouse

Où manger ?

- **40** Kazbar
- **47** Fishers – Oxford's Fish and Seafood Restaurant
- **49** Cherwell Boat House

Où boire un verre ?

- **67** The Head of the River
- **68** The Isis Tavern

Où aller à un concert ? Où voir un film, etc. ?

- **73** O² Academy
- **76** Phoenix Picturehouse

À faire

- **6** Salters Boat Hire

Adresses utiles

1 Oxford Information Centre
2 City Sightseeing Oxford
3 Coffee Republic

Où dormir ?

11 Lincoln College
12 Saint Peter's College
13 YHA
14 Oxford Backpackers Hostel
15 Central Backpackers Oxford
16 Holywell Bed & Breakfast
17 Saint Michael's Guesthouse
18 Bath Place Hotel
19 Malmaison
30 The Buttery
81 Exeter College

Où manger ?

7 The Covered Market
33 Vaults and Garden Café
34 Heroes
41 Makan La / The Nosebag
42 SoJo Bar and Restaurant
43 Edamamé
44 Chutneys Indian Brasserie
46 Quod Restaurant and Bar
48 Bangkok House
50 Jamie's Italian
55 The Jericho Cafe

Où prendre le petit déjeuner ? Où s'arrêter pour un *tea-time* ?

51 The Grand Café
52 Queen's Lane
53 The Rose
56 Cafe Loco
59 Turl Street Kitchen

Où manger une glace ?

54 George and Davis' Ice Cream Café

Où boire un verre ?

60 The Bear
61 The Turf Tavern
62 King's Arms
63 The Eagle and Child
64 The Lamb and Flag
65 Three Goats Heads
66 The Duke of Cambridge
69 The Chequers

Où aller à un concert, au théâtre ?

70 Sheldonian Theatre
71 The Oxford Playhouse
72 Freud
74 OFS

Où danser ?

77 Lava et Ignite
79 Purple Turtle Union Bar

Shopping

7 The Covered Market

À voir

19 Unlocked Oxford Castle
70 Sheldonian Theatre
80 Jesus College
81 Exeter College
82 Saint Edmund Hall
83 The Queen's College
84 Keble College
85 The Ashmolean Museum of Art and Archaeology
86 The Oxford University Museum of Natural History et The Pitt Rivers Museum
87 Modern Art Oxford
89 The Museum of Oxford
90 Carfax Tower

À faire

5 Magdalen Bridge Boathouse

OXFORD (ZOOM) – REPORTS DU PLAN

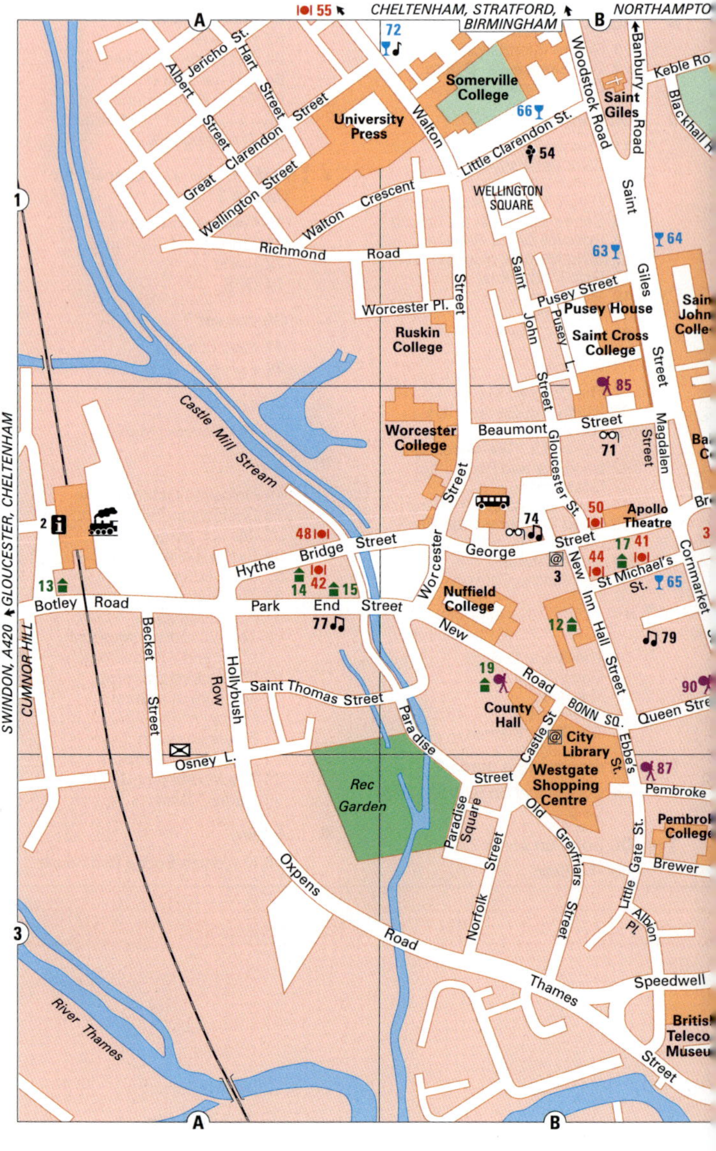
55
CHELTENHAM, STRATFORD, BIRMINGHAM
NORTHAMPTO
A
B
1
3
72
Jericho St.
Hart Street
Albert Street
Great Clarendon Street
Wellington Street
Walton Crescent
University Press
Somerville College
Walton
66
Little Clarendon St.
54
Woodstock Road
Banbury Road
Keble Ro
Blackhall R
Saint Giles
WELLINGTON SQUARE
Saint Giles Street
63
64
Richmond Road
Worcester Pl.
Street
Ruskin College
Saint John Street
Pusey Street
Pusey L.
Pusey House
Saint Cross College
Sain John Colle
85
Castle Mill Stream
Worcester College
Beaumont Street
Gloucester St.
Magdalen Street
71
Worcester Street
50
Apollo Theatre
74
48
Hythe Bridge Street
George Street
17
41
44
3
New Inn Hall Street
St Michael's St.
65
Cornmarket
2
13
14
42
15
Botley Road
Park End Street
77
Nuffield College
12
79
New Road
SWINDON, A420
GLOUCESTER, CHELTENHAM
CUMNOR HILL
Becket Street
Hollybush Row
Saint Thomas Street
Paradise Street
19
County Hall
BONN SQ.
Queen Stre
90
Castle St.
City Library
Ebbe's St.
87
Osney L.
Rec Garden
Westgate Shopping Centre
Pembroke
Pembrok College
Paradise Square
Old Greyfriars Street
Little Gate St.
Brewer
Norfolk Street
Oxpens Road
Albion Pl.
River Thames
Thames Street
Speedwell
Britis Teleco Museu

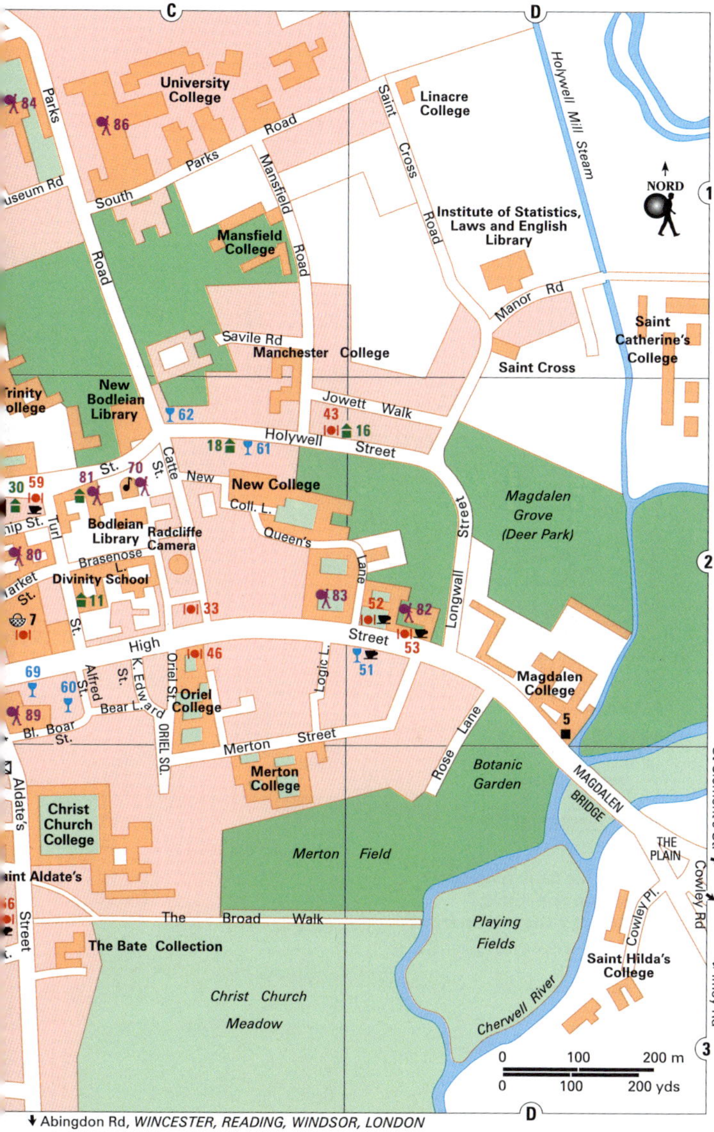
C
D
University College
Linacre College
Parks Road
South Parks Road
Saint Cross Road
Holywell Mill Steam
NORD
Museum Rd
Mansfield Road
Mansfield College
Institute of Statistics, Laws and English Library
Manor Rd
Savile Rd
Manchester College
Saint Catherine's College
Saint Cross
Trinity College
New Bodleian Library
Jowett Walk
Holywell Street
New College
New Coll. L.
Queen's Lane
Catte St.
Turl St.
Ship St.
Bodleian Library
Radcliffe Camera
Brasenose L.
Divinity School
Market St.
Magdalen Grove (Deer Park)
Longwall Street
High Street
Magdalen College
Logic L.
Oriel St.
Oriel College
K. Edward St.
Alfred St.
Bear L.
Bl. Boar St.
ORIEL SQ.
Merton Street
Merton College
Rose Lane
Botanic Garden
MAGDALEN BRIDGE
St Clement's St.
THE PLAIN
Cowley Rd
Cowley Pl.
Iffley Rd
St Aldate's
Christ Church College
Saint Aldate's Street
Merton Field
The Broad Walk
Playing Fields
The Bate Collection
Saint Hilda's College
Christ Church Meadow
Cherwell River
0 100 200 m
0 100 200 yds
1
2
3
84
86
62
43
16
18
61
81
70
30
59
80
11
7
33
83
52
82
53
46
51
69
60
89
5
Abingdon Rd, WINCESTER, READING, WINDSOR, LONDON

■ Adresses utiles

Tourist Information Centre
5 Station Cycles
@ 6 Web & Eat
@ 7 CB2 Restaurant Cafe

Où dormir ?

10 Youth Hostel Association
11 Cityroom Z
12 Tenison Towers Guesthouse
13 Netley Lodge B & B
14 A & B Guesthouse Ltd
15 Ashley Hotel
16 Warkworth House
17 Regency House
18 Cambridge Double Tree
19 Hotel du Vin
39 Hotel Felix

Où manger ?

20 Tatties
21 Cafe on The Round
22 Trockel, Ulmann unde Freunde
23 Dojo
25 India House
26 Clowns Café Bar
27 Agora
28 Gallería Restaurant
29 Maharajah
30 The Chop House
31 Rainbow Café
32 Varsity Restaurant
33 Al Casbah
34 Le Gros Franck Café and Restaurant
35 Midsummer House

Où s'arrêter pour un *tea time* ?

36 The Michaelhouse Café and Centre
37 Auntie's Tea Shop
38 Fitzbillies

Où boire un verre ?

40 The Eagle
41 The Fort Saint George
42 The Granta
43 The Anchor
44 The Boathouse
46 Baroosh
47 La Raza

Où écouter de la musique ? Où voir un spectacle ? Où danser ? Où voir un film ?

50 Cambridge Corn Exchange et Lola Lo
51 The Junction
52 The Fez Club
53 Arts Picturehouse

À voir

60 Kettle's Yard et Cambridge and County Folk Museum
61 Great Saint Mary's Church
62 St Bene't's Church

■ À faire

2 Scudamore's Boatyard
4 The Granta Boat and Punt Company

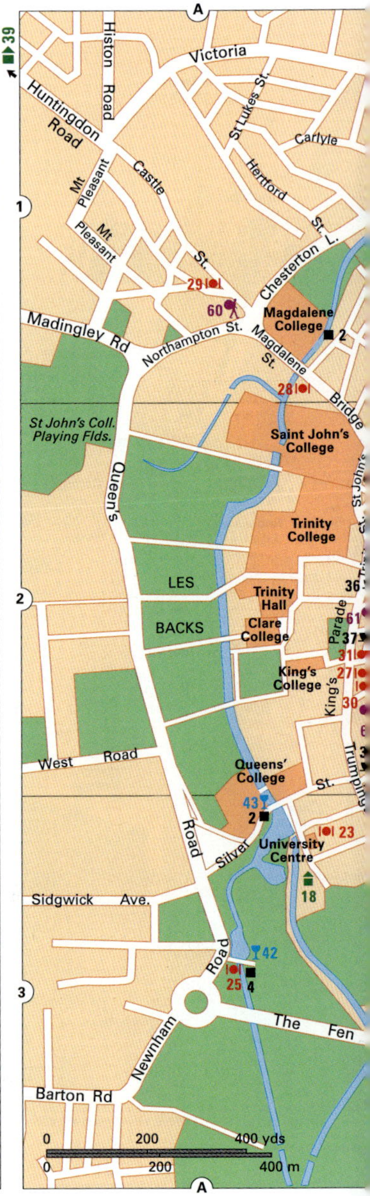

B
C
NORD
1
2
3
Milton Road
Victoria Rd
Road
Chesterton Road
Hamilton Rd
Montague Rd
Humberstone Rd
De Freville Ave.
Elizabeth Way
St Andrew's Rd
Riverside
Abbey Rd
Beche Rd
Jesus Green
Victoria Ave.
Jesus College
Jesus Lane
Holy Sepulchre Church
Wescott House
King St.
Maid's Causeway
Newmarket Road
New St.
Sturton St.
Sidney St.
Christ's Pieces
Emmanuel Rd
Burleigh St.
East Road
Norfolk St.
Lion Yard Shopping Centre
St Andrew's St.
Parker St.
Clarendon St.
Emmanuel College
Warkworth Terrace
Parkside
University New Museum Site
Downing St.
Park Terrace
Parker's Piece
Mill Road
Pembroke College
Tennis Court Rd
Downing Site
Regent St.
Gonville Pl.
Gresham Rd
Gwydir St.
Downing College
Fitzwilliam Museum
Lensfield Rd
Hills Road
Mawson Rd
Tenison Rd
St Barnabas Rd
Causeway
Trumpington Rd
Brookside
Panton St.
Union Rd
Coronation St.
Glisson Rd
Lyndewode Rd
Devonshire Rd
Norwich St.
Bateman St.
Botanic Garden
Station Rd
13
15
44
41
35
21
26
20
46
47
52
50
16
7
32
53
33
17
19
6
14
10
12
34
11
5
51

CAMBRIDGE

■ **Adresses utiles**

1 Travel Centre (Queen Sq)
2 Travel Centre (Canning Place)
3 Visitor Information Centre (Albert Dock)
4 Tourist Information Centre (Whitechapel)
5 Bureau de change du Marks & Spencer
@ 6 Sam & Joe's Café

Où dormir ?

10 International Inn
11 Embassie Youth Hostel
12 Aachen Hotel
13 Base2stay
14 Parr Street Hotel
15 Travelodge Liverpool Central
16 Premier Apartments
17 Hard Days Night Hotel
18 Liverpool's Youth Hostel
19 Travelodge Liverpool Docks
20 Premier Inn

Où manger ?

30 Maggie May's Café
31 Leaf – Tea Shop & Bar
32 The Everyman Bistro & Bar
33 The Monro
34 Il Forno et Sapporo Teppanyaki
35 Yuet Ben
36 London Carriage Works
37 Café Tate Gallery
38 Delifonseca
39 Bistro Franc
40 Jamie's Italian
41 Sabai Thai Restaurant
42 Delifonseca Dockside
43 The Moon and Pea

LIVERPOOL

Où boire un verre dans un pub ?

45 The Philharmonic Pub
46 Ye Cracke
47 The Central Commercial Hotel
48 Crown Hotel Pub
49 Lady of Mann et Thomas Rigby's
50 Lion's Tavern

Où boire un verre plus tranquillou ?

31 Leaf – Tea Shop & Bar
51 Bluecoat Arts Centre
52 FACT
53 Panoramic
61 Walker Art Gallery

Où sortir ? Où danser ? Où écouter de la musique ?

55 Cavern Club
56 Alma de Cuba

À voir. À faire

3 The Yellow Duckmarine
37 Tate Liverpool
51 Bluecoat Arts Centre
52 FACT
60 World Museum Liverpool
61 Walker Art Gallery
62 Merseyside Maritime Museum et International Slavery Museum
64 Open Eye Gallery
65 The Beatles Story
66 Liverpool Football Club

■ **Adresses utiles**

1 Manchester Visitor Information Centre
@ 2 City Library
@ 3 Loops

Où dormir ?

10 Youth Hostel
11 Hatters Hostels
12 Hilton Chambers
13 Mitre Hotel
14 Premier Inn
15 Velvet Hotel

Où manger ?

15 Velvet Restaurant
20 Trof
21 Sam's Chop House
22 Mr Thomas's Chop House
23 Tampopo
24 Yang Sing

Où boire un verre ? Où sortir ?

30 Printworks Centre
31 Sinclair's Oyster Bar
32 Cloud 23

À voir

40 Manchester Art Gallery
41 St Mary's Church
42 St Ann Church

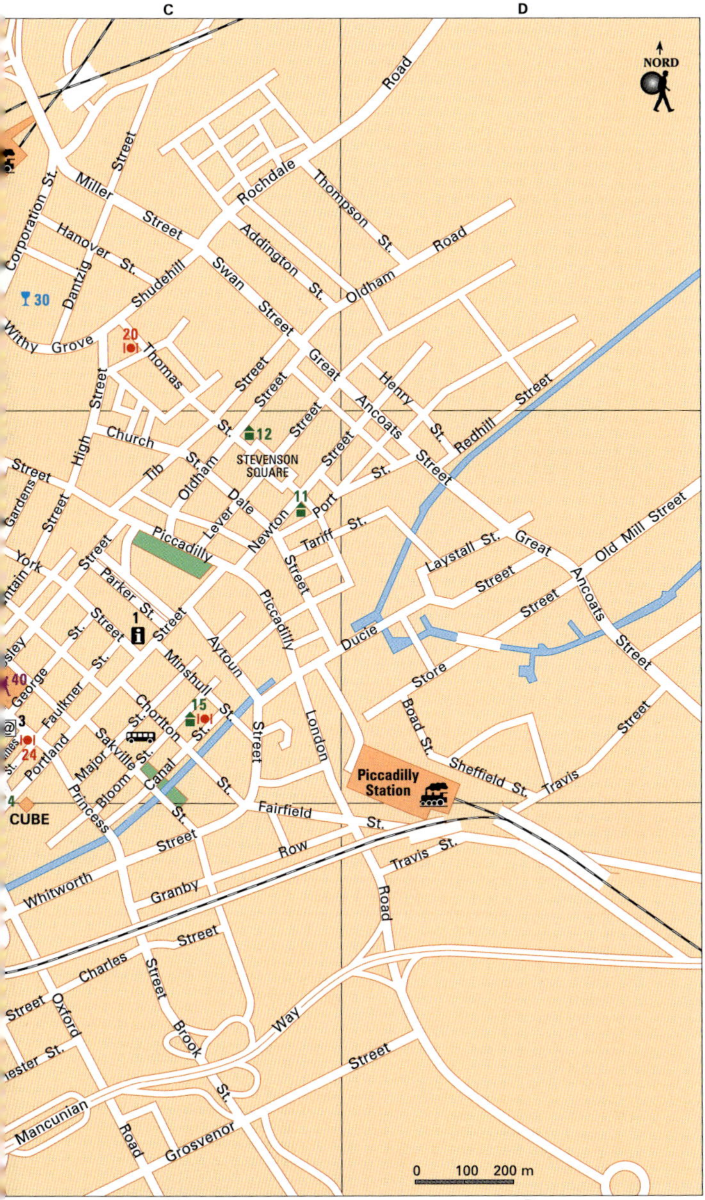
C
D
NORD
1
2
3
Road
Rochdale
Thompson
St.
Oldham
Road
Addington
St.
Swan
Street
Miller
Street
Street
Corporation St.
Hanover
St.
Shudehill
Dantzig
30
Withy
Grove
20
Thomas
Street
Street
Street
Great
Henry
Ancoats
St.
Redhill
Street
Church
High
St.
12
STEVENSON
SQUARE
Street
St.
Street
Tib
Oldham
Dale
Lever
11
Port
Newton
Tariff
St.
Gardens
Street
York
Piccadilly
Street
Laystall St.
Great
Old Mill Street
Ancoats
Street
Street
Street
Parker
St.
1
Street
Street
St.
Piccadilly
Aytoun
Ducie
Store
Street
St.
40
George
Faulkner
Minshull
St.
15
3
24
Portland
Major
Sakville
Chorlton
St.
St.
St.
London
Road
St.
Sheffield
St.
Travis
Street
Piccadilly
Station
Canal
Princess
Bloom
St.
4
CUBE
Fairfield
St.
Street
St.
Row
Travis
St.
Road
Whitworth
Granby
Street
Charles
Street
Street
Oxford
Brook
Way
St.
Street
Mancunian
Road
Grosvenor
0
100
200 m

MANCHESTER

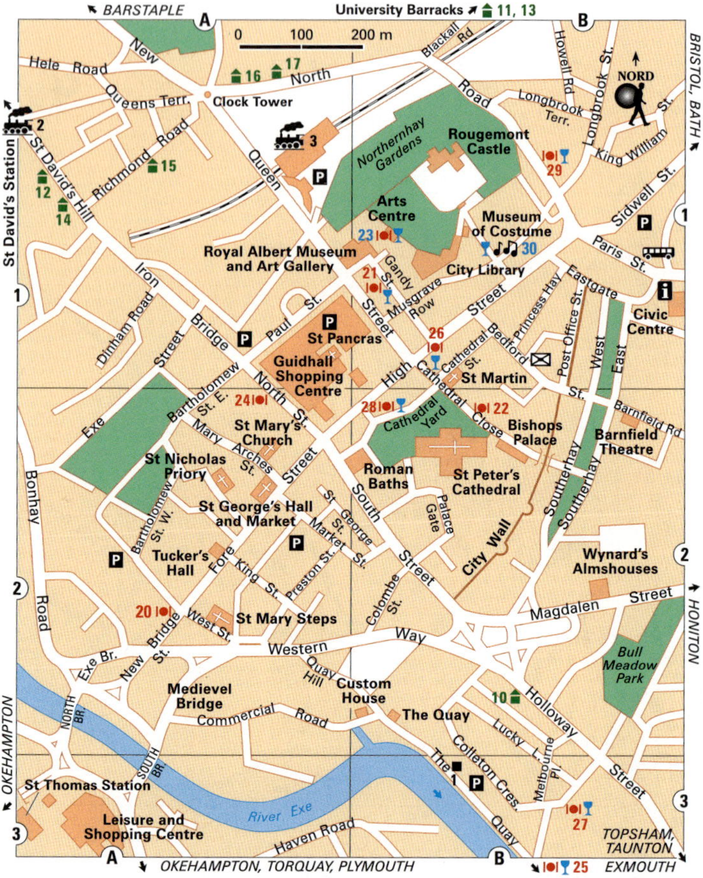

EXETER

■ **Adresses utiles**

- Exeter City Tourist Information Centre
- 1 Location de vélos et de canoës
- 2 Exeter Saint David
- 3 Exeter Central

Où dormir ?

- 10 Globe Backpackers
- 11 B & B at the University of Exeter
- 12 Telstar Hotel
- 13 Dunmore B & B
- 14 Oakcliffe B & B
- 15 The Bendene Hotel
- 16 The Clock Tower Hotel
- 17 Braeside Guest House

Où manger ? Où boire un verre ? Où sortir ? Où danser ?

- 20 Angela's Restaurant
- 21 Coolings
- 22 ASK
- 23 Phoenix Bar – Arts Centre
- 24 Herbies
- 25 Double Locks
- 26 The Ship Inn
- 27 Hour Glass Inn
- 28 The Well House Tavern
- 29 The Old Firehouse
- 30 Timepiece et Hole in the Wall

Arriver – Quitter

En train

Gare ferroviaire : *Ffordd Morfa Rd, au pied de la ville.*
➢ *Harlech* se situe sur la ligne *Cambrian Coast* qui relie **Shrewsbury** à **Pwllheli** via **Porthmadog** et **Barmouth** : des liaisons directes ttes les 2h en sem, 1 seule le dim.

En bus

Gare routière : *arrêts de bus à la gare ferroviaire (au pied de la colline) ou en ville haute.*
➢ Des bus pour **Porthmadog** (avec ou sans changement), ***Blaenau Ffestiniog, Llanfair, Talybont et Barmouth.***

Adresse utile

Tourist Information Centre : *High St. ☎ 78-06-58. Pâques-oct, tlj 9h30-12h30, 13h30-17h30.*

Où dormir ? Où manger ? Où boire un verre ?

Cemlyn : *High St. ☎ 78-04-25. • tea@cemlyntea.co.uk • cemlynrestaurant.co.uk • De mi-mars à début nov, mer-dim 10h30-17h pour le salon de thé. Doubles 85-95 £, avec petit déj.* Tout pour plaire : une large sélection de thés, de bons gâteaux du jour pour les accompagner, et une vue géniale sur le château depuis la très jolie salle. Et, quitte à bien faire, la maison propose 2 chambres charmantes à l'étage, tout confort, qui se partagent une grande terrasse profitant de la même vue panoramique.

Byrdir House : *High St. ☎ 78-03-16, LL46 2YA. • byrdir@byrdir.com • byrdir.com • Double env 75 £, avec petit déj.* Au cœur de la ville haute, un *B & B* classique et sans mauvaise surprise : chambres sobres, sans charme particulier, mais confortables. Accueil très sympathique.

Bwtri Bach Café : *High St. ☎ 78-03-73. Tlj sf dim hors saison 9h-17h. Quasiment au croisement pour le château. Un tout petit delicatessen-coffee-shop.* Tout pour le pique-nique : jambons, saucissons, fromages du coin et sandwichs à emporter. Merveilleux *scones* à la confiture.

À voir

Harlech Castle : *☎ 78-05-52. • cadw.wales.gov.uk • Avr-fin oct, tlj 9h30-17h (9h-18h juil-août) ; l'hiver, tlj 10h-16h. Entrée : 3,80 £ ; réduc.* De 1283 à 1289, près de 1 000 hommes ont construit ce puissant château fort sur un piton rocheux acéré, à la demande du roi anglais Édouard Ier qui voulait soumettre définitivement le turbulent pays de Galles. Au fil des siècles, il sera le théâtre de nombreuses manœuvres militaires, pas toujours à son avantage. Du haut des trois tours, vue panoramique.

LE NORD DU PAYS DE GALLES

Région montagneuse superbe, dominée par le *Snowdon* (Yr Wyddfa ; « le grand tumulus » en gallois), culminant à 1 085 m. Lacs, forêts, glaciers, mines d'or, de cuivre et d'argent, carrières d'ardoise rendent les paysages particulièrement variés et spectaculaires. Un autre paradis pour marcheurs et amoureux de la nature.

PORTHMADOG

3 000 hab. IND. TÉL. : 01766

Petite ville animée à l'entrée de la péninsule de Llyn. Elle s'est développée au XIXe s autour de son port, d'où l'on transportait les ardoises et le cuivre extraits du Snowdon.

Arriver – Quitter

En train

Gare ferroviaire : *à la sortie de la ville, direction Caernarfon. ☎ (08457) 48-49-50.*

➢ ***Pwhelli, Criccieth, Harlech, Talybont, Barmouth, Tywyn et Machynlleth :*** départs env ttes les 2h. De Machynlleth, connexions pour ***Aberystwyth*** et ***Birmingham.***

En bus

Arrêts sur High St.

➢ ***Blanau Ffestiniog, Tremadog, Penygroes, Caernarfon, Bangor :*** par le bus n° 1 ou le X32. Env 10 liaisons/j., 2 le dim. Le X32 continue jusqu'à ***Dolgellau, Machynlleth*** et ***Aberystwyth.*** De Blanau Ffestiniog, correspondance possible pour ***Llandudno.***

➢ ***Criccieth, Llanystumdwy*** et ***Pwllheli :*** par le bus n° 3, départs ttes les 30 mn env (moins le dim).

Adresses utiles

Tourist Information Centre : *Y Ganolfan, High St. ☎ 51-29-81. • visitsnowdonia.info • Tlj 9h30-17h en été ; oct-Pâques, lun-sam 10h-15h30.*

@ ***Porthmadog Computers :*** *156 High St. Lun-ven 9h30-17h30 ; sam 10h-14h.*

Où dormir ? Où manger ? Où boire un verre à Porthmadog et dans les environs ?

De bon marché à prix moyens

Eric Jones' : *Bwlch-y-Moch, Tremadog, LL49 9SN. ☎ 51-21-99. • climbtremadog@aol.com • ericjones-tremadog.co.uk • À Tremadog, tourner à droite sur Market Sq, puis parcourir 1 mile, direction Beddgelert (A 498). Compter 5 £/pers en camping, 6 £ dans la grange. Petit déj env 5 £, plats 4-7,50 £.* Amis grimpeurs, cyclistes ou marcheurs, vous êtes chez vous ! Eric est lui-même alpiniste et son camping, un simple bout de gazon flanqué d'une grange, de douches et toilettes basiques, est devenu le rendez-vous des sportifs. Pas le grand confort, mais tout est dans la convivialité des lieux ! Même topo côté bar, un bungalow un peu vieillot posé au bord de la route. Bonne cuisine qui tient bien au corps, avant ou après l'effort !

Bron Afon B & B : *Borth-y-Gest, LL49 9TU. ☎ 51-39-18. • bronafon@porthmadog.co.uk • bronafon.co.uk • À 2,5 miles, au bout du port de cet adorable village, dans la rue qui monte vers l'église. Doubles autour de 62 £, avec sdb.* Voici une adresse bien charmante dans une maison de 1840 entourée d'un petit jardin fleuri, avec des bow-windows face à la mer. Calme, impeccable et accueillant, dans un style éminemment britannique. Demandez la chambre rose ou sa jumelle, pour la vue idyllique sur la baie de Portmeirion. Également un cottage et un studio tout équipés à prix intéressants. Le sentier côtier passe devant.

The Ship : *14 Lombard St. ☎ 51-29-90. Dans une rue qui part du vieux port. Repas 12h-14h, 18h-21h. Plats 5-15 £ selon sa faim.* Ici, on boit sa bière avec les gens du coin, quand ils ne sont pas attablés à une partie de cartes. Cadre rustique de pub traditionnel et cuisine à son image, solide et bien ficelée.

De prix moyens à plus chic

The Union Inn : *Market Sq,*

Tremadog. ☎ 51-27-48. Tlj jusqu'à 21h (pour la cuisine). Plats 5-17 £. Un vrai pub de l'arrière-pays, fréquenté essentiellement par les locaux. Autant dire que l'anglais y fait partie des langues étrangères ! Ambiance décontractée et bon enfant, feu de cheminée de rigueur, et plats de pub très bien faits (bonnes viandes, currys impeccables).

Yr Hen Fecws Bistro : *16 Lombard St. ☎ 51-46-25. Dans une rue qui part du vieux port. Tlj 8h-16h/17h. Résa indispensable. Plats 10-17 £.* Un resto gentiment chic, installé dans les murs en schiste d'une belle maison du XIXe s : salle coquette à l'ancienne, avec grosse cheminée, vieux parquet, tables en bois. Dans l'assiette, des plats simples et frais du type *soup of the day,* sandwichs, poulet... Cuisine assez fine.

De plus chic à très chic

Les plus fortunés pourront passer la nuit dans le village de Portmeirion (voir « Dans les environs de Porthmadog » plus loin), à l'***Hotel Portmeirion*** *(☎ 77-00-00. ● portmeirion-village.com ●)* et profiter d'un déjeuner ou dîner de haute tenue, la vue sur la baie en prime. Quelques bâtiments abritent des chambres et suites luxueuses pleines de charme. Sinon, repas possible à l'excellente brasserie ***Castell Deudraeth*** *(☎ 772-400),* juste à l'entrée du village. Un bon plan : pour un repas (2 plats minimum, compter moins de 20 £), l'entrée à Portmeirion est offerte !

LE PAYS DE GALLES

À voir. À faire

Rheilffordd Ffestiniog Railway : *Harbour Station. ☎ 51-60-24. ● festrail.co.uk ● Départs tte l'année sf fév à partir de 10h15 ; retour jusqu'a 17h40 (20h en très hte saison). Env 19,60 £ l'A/R ; réduc.* Autrefois connu comme le *boozer's special* (« le rapide du poivrot »), ce petit train à vapeur était la providence des alcooliques car c'était un des rares endroits autorisés à vendre de l'alcool. Paysage très joli jusqu'à Blaenau Ffestiniog. Même sans être un passionné de chemin de fer, on ne peut que tomber amoureux de ces petits bijoux. Noter que ce train a des horaires coordonnés avec celui en provenance de Caernarfon, le ***Welsh Highland Railway*** (se reporter à Caernarfon pour les infos pratiques) qui traverse également une partie du Snowdon à son train de sénateur.

DANS LES ENVIRONS DE PORTHMADOG

PORTMEIRION

À 2 miles au sud-est. ☎ 77-00-00. ● portmeirion-village.com ● Tlj 9h30-17h30 (19h30 en hte saison). Entrée (chère) : 10 £ ; réduc. On peut s'y rendre en train depuis Porthmadog ; arrêt Minfford et petite marche de 1 mile. Bus également.

Ce village farfelu d'opérette est la concrétisation d'un délire de l'architecte sir Clough Williams-Ellis, qui racheta en 1925 un petit village de pêcheurs situé au fond d'une baie merveilleuse. Il y reconstitua des bâtiments de toutes les époques, de tous les styles (mais surtout ilatien). Ainsi voisinent panthéon,

NUMÉRO SIX !

C'est ici, dans cette ville, que fut tourné, dans les années 1960, le feuilleton TV Le Prisonnier, avec Patrick McGoohan. L'appartement n° 6 (son matricule) a été transformé en magasin de souvenirs de la série TV. Les fans se retrouvent tous les ans en avril, pour revivre les meilleurs moments du Prisonnier et se répéter en chœur qu'ils ne sont pas des numéros. Pour en savoir plus... ● leprisonnier.net ●

campanile baroque, énorme bouddha en pleine méditation... et autres bizarreries. Le tout est très théâtral et devenu une des grandes attractions du nord du pays de Galles depuis que la série télévisée *Le Prisonnier* y fut tournée. En prime, le superbe estuaire Traeth Bach en toile de fond et tout un parc à parcourir en suivant la côte ou, plus aventureux, en s'enfonçant dans la forêt. Une vraie jungle avec un jardin fantôme, un cimetière pour chiens, des tunnels de végétation... On s'y perd un peu mais, comme dans *Le Prisonnier,* les chemins vous ramènent toujours au village. Et si une grosse boule blanche commence à vous poursuivre, c'est que ça chauffe pour votre matricule !
Les amoureux de services à thé seront doublement comblés : on y trouve de la célèbre porcelaine naturaliste de Portmeirion à prix réduits.
– Un must pour les mordus fortunés : passer une nuit dans le village ou y prendre un repas, dans un cadre somptueux (voir plus haut « Où dormir ? Où manger ? Où boire un verre à Porthmadog et dans les environs ?).

PLAS BRONDANW

Près du village de ***Garreg Llanfrothen,*** *à 5 miles à l'ouest de Porthmadog ; pas évident à trouver ; LL48 6SW. ☎ 772-772. • brondanw.org • Tlj 10h-17h. Entrée : 3,50 £ ; réduc.* Vous avez aimé Portmeirion ? Voici la demeure personnelle et surtout les jardins du même architecte, Clough Williams-Ellis (1883-1978), qui y vécut plus de 70 ans. On ne visite que le parc, son autre œuvre, plus intime, dans laquelle on retrouve les codes esthétiques de Portmeirion : fontaines, recoins secrets, humour, statues antiques aperçues à la dérobade, tons turquoise... Le tout dans une ambiance d'Italie greffée en terre galloise et un environnement paisible dominé par les montagnes du Snowdon. Ne pas manquer la 2de partie du parc de l'autre côté de la route. Une flamme rappelle l'incendie partiel de la maison en 1951 et, tout là-haut, admirer la tour, un cadeau de mariage, en toute simplicité ! À proximité, les ornithologues ne manqueront pas l'observatoire de balbuzards.
Snack sur place, délicieux et cosy : plats autour de 6 £.

CRICCIETH

Dans la péninsule de Llyn, à environ 4 miles de Porthmadog par l'A 497, Criccieth est une petite ville pleine de charme. On la surnomme à juste titre la « perle des côtes du Snowdonia ». Les maisons victoriennes s'alignent à flanc de collines devant la plage, tandis que le château semble veiller sur les flots et les habitants du haut de son promontoire rocheux. On peut s'y rendre par le bus nº 3 de Porthmadog. L'ancien Premier ministre (1916-1922), David Lloyd George, vécut dans le village suivant, Llanystumdwy, où un musée lui est consacré.

Où dormir ? Où manger ?

Abereistedd Hotel : *West Parade, LL52 0EN. ☎ 52-27-10. • info@abereistedd.co.uk • abereistedd.co.uk • Au bout de la rue qui longe la plage, après le château en direction de Pwllheli. Doubles avec sdb 68-76 £ selon saison.* Dans une grande maison victorienne bleu ciel. Chambres coquettes dans un style british classique, très confortables. Évidemment, les meilleures sont côté mer : superbe vue depuis les bow-windows, mais on a sensiblement la même depuis la salle de petit déj ou le salon douillet. Accueil extra et décontracté.

The Blue China : *Lon Felin Rd. ☎ 52-32-39. Mars-sept, à partir de 9h. Plats 5-10 £.* Petit et modeste, ce snack est le plus vieil établissement de Criccieth (1926 – il est même resté ouvert pendant le *Black Out* !). Mais cette maisonnette toute bleue à l'extrémité est de la promenade en bord de mer est surtout stratégiquement située, tout comme sa sœur à côté, ***Swn y Mor*** qui propose aussi une carte de snack et plats chauds : soupes, pizzas, poissons, pâtes... Pas de la grande cuisine, mais on est récompensé par la jolie vue.

À voir

👥👥 ***Criccieth Castle :*** *Castle Sq. ☎ 52-22-27. Avr-oct, tlj 10h-17h ; hors saison ven et sam 9h30-16h, dim 11h-16h. Entrée : 3,20 £ ; réduc.* Explorer Pass *accepté.* Perché sur son promontoire aux pentes abruptes, ce château en ruine dominant la côte a encore fière allure malgré sa taille modeste. Il fut édifié au XIIIe s par les Gallois, puis conquis par les forces d'Édouard Ier, qui le fortifia, le dotant notamment d'une tour prévue pour permettre l'usage d'une catapulte. Enfin... des doutes subsistent sur qui construisit quoi. En 1404, il fut brûlé par le héros gallois Owain Glyndwr. Ses vestiges, battus par les vents, rappellent l'île Noire de Tintin. Petite expo à l'accueil sur les châteaux des princes de Galles et sur Gerald de Galles, un moine voyageur du XIIe s.

ABERDARON *(ind. tél. : 01758)*

Traverser *Pwllheli* (un des marchés gallois les plus populaires, chaque mercredi), puis suivre la route pittoresque jusqu'à l'extrême ouest de la péninsule, où se trouve ce hameau de pêcheurs, à 27 miles de Porthmadog et 22 miles de Criccieth. Tout mignon, ce port du bout du monde fut le point de départ de pèlerinages pour l'île de Bardsey (Enlli) juste en face, l'île aux 20 000 saints.

Où dormir ?
Où manger ?

🏠 |●| ***The Ship Hotel :*** *au port. ☎ (1758) 76-02-04. • bookings@theshiphotelaberdaron.co.uk • theshiphotelaberdaron.co.uk • Doubles 75-89 £. Plats 10-15 £.* Ceux qui veulent goûter encore un peu à l'atmosphère hors du temps d'Aberdaron iront toquer à la porte du *Ship Hotel* : propres, confortables, ses chambres classiques et sans prétention font tout à fait l'affaire (surtout celles d'angle qui ont vue sur la mer). Au rez-de-chaussée, le pub bourré d'habitués, et la salle de resto où l'on sert une honnête cuisine locale. Accueil très sympa.

|●| ***Y Gegin Fawr*** *(The Big Kitchen !)* **:** *☎ (1758) 76-03-59. Tlj en hte saison, 10h-18h.* Un petit salon de thé logé dans un très vieux cottage mignon comme tout. Déjà, au XIVe s, les pèlerins se restauraient ici avant d'embarquer pour l'île de Bardsey. On se contentera d'un café et d'un gâteau.

À faire

👥👥👥 Aujourd'hui, l'***île de Bardsey*** est une réserve d'oiseaux, que l'on peut visiter. Prévoir plusieurs jours, parce que les traversées sont peu fréquentes et irrégulières en raison des courants très forts, à moins d'opter pour une excursion aller-retour dans la journée. *Compter 20-35 £ selon la formule choisie. Départ de la marina de Pwllheli. Rens auprès de* ***Enlli Charter*** *: 📱 (07836) 29-31-46 ; • enllicharter.co.uk •* C'est la seule compagnie autorisée à emmener des visiteurs sur l'île.

➢ Suivre la route depuis le centre du village jusqu'à la pointe et admirer la vue. Au loin, les jours de beau temps, on aperçoit le phare de l'île de Bardsey.

LA PARTIE CENTRALE DU SNOWDONIA NATIONAL PARK (PARK CENEDLAETHOL ERYRI)

À ne pas manquer si vous aimez la varappe, la nature, les anciennes mines reconverties en musées, les randos... vous serez servi. Le problème de l'eau ne se pose pas dans cette région montagneuse aux vallées grandioses, il y a des sources en pagaille. Évidemment beaucoup de touristes dans les villes étapes, mais dès que l'on s'éloigne un peu sur les sentiers, ils cèdent peu à peu la place aux moutons. Les paysages sont de toute beauté, tantôt noirs, tourmentés et lunaires, tantôt lacustres et verdoyants. Procurez-vous les journaux gratuits, *Snowdonia Star* et *Snowdonia.* Plein d'idées sympas pour découvrir les environs.

➢ Pour circuler entre les villes et les chemins de randonnée tout autour du Snowdon, il existe un service de bus désignés par la lettre « S » et de trains, circulant tte l'année, le ***Snowdon Sherpa*** *(☎ 0871-200-22-33. • padarn bus.com •). Trajet : 1 £/pers ; 2 enfants gratuits/adulte. Également un ticket journalier* (Red Rover) *6,40 £ qui permet d'utiliser ts les bus de la région.*

GRAND SEIGNEUR

Le mont Snowdon, point culminant du pays de Galles (1 085 m), a connu bien des déboires. Menacé de mise en vente (du moins en grande partie) en 1998, il a été sauvé grâce à l'acteur hollywoodien et gallois sir Anthony Hopkins. Le célèbre psychopathe du Silence des agneaux a déboursé 1 000 000 £ pour éviter ce psychodrame national !

LLANBERIS *(ind. tél. : 01286)*

En bordure de deux jolis lacs et au pied du mont Snowdon, à 8 miles à l'est de Caernarfon. Un ancien village de mineurs à l'atmosphère vraiment sympa, qui ne vit aujourd'hui que pour la grimpette, les promenades en bateau ou à bord d'un train à vapeur... Également un musée de l'Ardoise et l'un des plus grands barrages hydroélectriques d'Europe que l'on peut visiter en bus *(Electric Mountain).* Bref, de quoi y passer une journée, voire plus si affinités. À l'entrée de la bourgade se dressent les ruines modestes du *Dolbadarn Castle,* une petite place forte du XIIIe s qui ajoute au charme du paysage.

Arriver – Quitter

En bus

🚌 Les bus marquent l'***arrêt*** le long de High St ainsi qu'à la gare ferroviaire du Snowdon Railway. Nombreuses correspondances pour tout le Snowdonia ainsi que pour la côte ouest et nord à partir de Pen-y-Pass, départ de la plupart des balades.

➢ ***Caernarfon :*** liaisons très nombreuses par les bus n° 88 et 89.

➢ ***Pen-y-Pass :*** très nombreux bus Sherpa.

➢ ***Betws-y-Coed :*** par le bus Sherpa S2.

Adresse utile

ℹ ***Tourist Information Centre :*** *au bord du lac, au* Electric Mountain Visitor Centre. *☎ 87-07-65. • llanberis.tic@gwynedd.gov.uk • Avr-sept, ven-mar 10h-16h.* Wi-Fi. Dans un bâtiment récent avec café-restaurant, boutique, grand espace de jeux pour les enfants, expos et point de départ des excursions pour l'*Electric Mountain.*

Où dormir ?
Où manger ?
Où boire un verre ?

Youth Hostel : *Llwyn Celyn. ☎ 870-280. • yha.org.uk • Sur les hauteurs (panneau depuis la rue principale). Résa impérative. Compter 18 £/pers, repas à partir de 10 £.* Grande maison à moins d'un mile au-dessus du village, encerclée par les montagnes et avec une vue imprenable. Auberge de jeunesse confortable et bien tenue avec chambres familiales ou possibilité de camper dans un champ de moutons.

Gwesty Plas Coch : *Stryd Fawr, LL55 4HB. ☎ 87-21-22. • plascoch snowdonia.co.uk • Dans la rue principale. Double avec petit déj 70 £.* La façade cossue de ce *B & B* couverte de lierre et le joli jardin au bord d'une rivière donnent résolument envie de pousser la porte. 7 chambres aux couleurs apaisantes, simples, et juste comme il faut. Accueil extra d'Eryl qui est bouddhiste et de Jim qui, avec un peu de chance, vous invitera à traverser le lac à la nage avec lui ! Peuvent fournir le pique-nique pour les journées-excursion dans le coin.

Pete's Eats : *40 High St, LL55 4EU. ☎ 87-01-17. • eat@petes-eats.co.uk • Tlj 8h-20h (21h w-e et vac). Fermé 25-26 déc. Plats env 6-7 £. (payant).* Un café-resto tout bleu roi, construit en un jour ! Ambiance chalet de montagne, avec des photos de grimpeurs en plein exploit. La cuisine, généreuse et sans complexe, nourrit son montagnard ! À l'étage, infos gratuites sur la région. Propose aussi quelques solutions d'hébergement. Une petite institution locale, animée et aux couleurs guillerettes.

The Heights Snowdon : *74 High St, LL56 4HB. ☎ 87-11-79. Dans la rue principale. Tlj midi-minuit. Plats 8-11 £ et sandwichs.* Cool, jeune, reposant... voici un pub bien sympa avec bow-windows, mobilier de bois brut et tableaux aux murs. Spécialités galloises à base d'agneau ou cuisine du monde, selon l'inspiration. Musique live dimanche soir. Et plein d'infos sur la région.

À faire

À la sortie sud-est de la ville, sur la route A 4086, se trouve la gare de départ du célèbre **train du mont Snowdon.** *Résa indispensable (y compris par Internet) : ☎ (08704) 58-00-33. • snowdonrailway.co.uk • Des départs tlj 9h-17h de mi-mars à début nov (18h30 en juil-août). Prévoir 25 £ l'A/R ; réduc.* Il est tracté (du moins poussé pour la montée !) par une petite locomotive à vapeur qui date de 1896. Le trajet est long de 5 miles. Compter 1h pour la montée, 1h au sommet et 1h la descente.

➢ Six chemins plus ou moins faciles, très bien fléchés, montent au ***Snowdon*** :
– *Watkin Path :* à partir de Nant Gwynant.
– *Llanberis Path :* à partir de Llanberis. Le plus populaire et le plus facile.
– *Snowdon Ranger Path :* à partir de Llyn Cwellyn.
– *Rhyd Ddu Path :* à partir de Rhyd Ddu.
– *Pyg Track :* à partir de Pen-y-Pass.
– *Miners' Track :* à partir de Pen-y-Pass, le 2e sentier le plus facile ! Une vraie route avec accès partiel pour les fauteuils roulants...
Si vous décidez de monter par un chemin et de descendre par un autre, un système de bus Sherpa vous ramènera à votre point de départ. Prévoir de 5h à 7h aller-retour. Les contrastes sont superbes entre les parois noires des carrières d'ardoise et le vert quasi fluorescent des monts où paissent les moutons, le tout parsemé de lacs.

NANT GWYNANT *(ind. tél. : 01286)*

Entre Llanberis et Beddgelert, sur les routes A 4086 et A 498. Prendre le bus Sherpa S4. Pas de village ici, simplement des paysages remarquables, un col *(Llanberis Pass)*, des routes en surplomb, quelques adresses extraordinaires et le point de départ de randonnées.

Où dormir ? Où manger ?

Youth Hostel Pen-y-Pass : *☎ (08707) 70-59-90. ● penypass@yha.org.uk ● Au Llanberis Pass (A 4086), sur la ligne de passage de plusieurs bus Sherpa. Tlj avr-oct ; 5 j./7 en hiver. Malgré ses 60 couchages, résa très conseillée. Env 10-25 £ le lit en dortoir ; doubles avec sdb à partir de 38 £.* L'AJ la plus haute du pays de Galles : perchée sur le *Pen-y-Pass*, un étroit col surplombant des paysages spectaculaires, au pied des sentiers *Pyg Track* et *Miners' Track* qui mènent au sommet du Snowdon. Une situation de rêve. Bonnes infrastructures : dortoirs basiques mais tout à fait corrects, cuisine à dispo, resto, etc. De l'autre côté de la route, magasin d'équipement pour la marche et café.

Youth Hostel Bryn Gwynant : *Nant Gwynant. ☎ 89-02-51 ou (0845) 371-91-08. ● bryngwynant@yha.org.uk ● Sur l'A 498 (un panneau indique la petite allée privée). Nuit en dortoir 2-10 lits 13-24 £.* Grande maison en pierre, magnifique, isolée, dans un site montagneux absolument grandiose, à proximité d'un lac. Un vrai palace pour une bouchée de pain ! Enfin, un palace pour routards évidemment : dortoirs basiques, cuisine, bar, resto... Salon bien confortable.

Pen-y-Gwryd : *☎ 87-02-11. ● pyg.co.uk ● À l'embranchement de l'A 4086 et de l'A 498. Sur les lignes de bus S97 et S2. Fermé en nov-déc ; ouv slt le w-e et le soir en janv-fév. Doubles 84-104 £ sans ou avec sdb privée et petit déj.* Bar meals *le midi. Menus le soir (sur résa) env 25-30 £.* Un endroit assez exceptionnel en raison de son isolement dans un site sublime, à l'atmosphère évidemment très montagnarde. On ripaille auprès du feu, sous des godillots suspendus au plafond, entouré de photos de montagnes et autographes de champions, tels que les vainqueurs de l'Everest qui se sont entraînés ici avant leur ascension légendaire. C'est aussi un hôtel : chambres rustiques à l'ancienne, mais la vue sur les montagnes est fantastique.

BETWS-Y-COED *(ind. tél. : 01690)*

Au nord-est du parc, c'est un des points de chute les plus populaires du parc. Un foisonnement de magasins de matériel et vêtements de rando (soldes quasi permanents !), énormément de monde aux vacances et week-ends et un pittoresque pont en pierre au-dessus de cascades... mais dès qu'on suit un chemin de randonnée, surtout si ça grimpe, on se retrouve vite seul avec les moutons. Voir notamment les chutes de *Swallow Falls* (à 2 miles, direction Capel Curig) et *Conwy Falls* (à 2 miles, direction Pentre Foelas). Au retour, les salons de thé rivalisent de bonnes idées pour vous réchauffer, car on est un peu en altitude. À la gare, les enfants peuvent prendre un petit train à vapeur miniature.

Arriver – Quitter

En train

➢ ***Llanduno, Llanwrst et Blaenau Ffestiniog :*** au moins 6 trains/j (même ligne).

En bus

➢ Le bus Sherpa n°2 relie Betws-y-Coed à ***Llanberis*** via **Capel Curig** et **Pen-y-Pass** ; de Pen-y-Pass, bus n° 97 pour ***Porthmadog*** (via ***Nant Gwynant*** et ***Beddgelert***).

➢ ***Llandudno :*** par le Sherpa n°2 également.

Adresse utile

Tourist Information Centre : *Old Stables. ☎ 71-04-26. • betws-y-coed.co.uk • Mars-fin oct, tlj 9h30-17h30 (16h30 l'hiver).* Très bien documenté, avec de grandes cartes et des brochures permettant de choisir ses balades.

Où dormir ? Où manger ? Où prendre un thé dans le coin ?

Beaucoup de choix. Bien comparer les prix, certains *B & B* poussent un peu trop les « bornes des limites ».

Rynys Farm Camping Site : *Betws-y-Coed, LL26 0RU. ☎ 71-02-18. • caral@rynys-camping.co.uk • rynys-camping.co.uk • À env 2 miles, en direction de Llangollen (A 5), panneau sur la gauche après la bifurcation pour Penmachno. Env 15 £ pour 2 avec tente et voiture.* On monte par un étroit chemin goudronné. Un camping à la ferme génial sur un beau terrain vallonné, en haut d'une colline. Sanitaires nickel dans une ancienne dépendance en pierre ; pour une fois, ça ne balafre pas le paysage ! Un site champêtre à souhait, à l'image des œufs de la ferme à vendre.

Gwesty Glan Aber Hotel : *Holyhead Rd, LL24 0AB. ☎ 71-03-25. • reception@glanaberhotel.co.uk • glanaberhotel.co.uk • À partir de 19,50 £/pers (24 £ avec petit déj).* Cet hôtel comme les autres cache à l'arrière, donnant sur le parking, une dizaine de chambres avec lits superposés, dans l'esprit auberge de jeunesse. Sans grand charme mais fonctionnelles et bien tenues avec douches et toilettes partagées.

Tyn-Y-Bryn Guesthouse : *Tyn-y-Bryn, LL24 0BL. ☎ 71-02-73. • gwenjohngodbert@hotmail.com • Après le petit pont central, tourner à gauche, c'est la maison presque en face. Fermé aux fêtes de fin d'année. Doubles env 56-60 £ sans ou avec sdb.* Grande bâtisse en granit avec un large balcon et une grande véranda. Bercé par le chant des oiseaux, le vaste jardin est un appel à la flânerie. Proprios prompts à la discussion. Quant aux chambres, simples et propres, elles profitent pour la plupart d'une très jolie vue sur la campagne. L'une d'entre elles dispose même d'un balcon.

Tan Dinas : *Tan Dinas, Betws-y-Coed, LL24 0BL. ☎ 71-06-35. • tandinas@yahoo.co.uk • tandinas.co.uk • À moins de 500 m du centre, de l'autre côté de la rivière (traverser le petit pont central et prendre à gauche). Compter 60-85 £.* Un *B & B* à l'ancienne mode, ce qui signifie que les chambres sont propres et confortables, mais datées. Pour le reste, la maison a du cachet, le salon commun est agréable, l'accueil sympathique et l'environnement charmant. Très paisible.

Ty Gwyn : *à la sortie du village, direction Pentrefoelas, après le joli pont en acier du XIXᵉ s (à admirer au passage). ☎ 71-03-83. • mratcl1050@aol.com • tygwynhotel.co.uk • Doubles 56-98 £. Plats 12-20 £.* Grosse auberge chaulée du XVIIᵉ s, stratégiquement située à la croisée des chemins. À l'intérieur, c'est un foisonnement de meubles, de bibelots, et surtout de magnifiques porcelaines anciennes. Un vrai musée. Si le cadre est pittoresque, la cuisine est plus sage : plats de viande et de poisson classiques.

Alpine Coffee shop : *dans la pittoresque gare. ☎ 71-07-47. Tlj 8h30 (8h le w-e)-17h30. Autour de 6 £ env.* Un incontournable : les randonneurs s'y approvisionnent en *hikers packs* à emporter (sandwichs au choix, biscuit énergétique, boisson), les gourmands prennent d'assaut les 2 jolies salles vert pomme pour profiter des excellents thés (25 à la carte !) et des bonnes pâtisseries. Bons plats du jour.

À voir. À faire dans les environs

The Ugly House : *entre Capel Curig et Betws-y-Coed, à 2 miles. ☎ 72-02-87. Accès au jardin slt.* Arrêtez-vous pour observer cette maison digne d'*Elephant Man,* faite de grosses pierres mal dégrossies posées dans tous les sens. Tout s'explique : la maison a été construite en un jour par deux hommes au XVe s (le roi offrait le terrain pour toute maison construite dans la journée !).

À 6 miles au nord, sur la route de Conwy, ne pas manquer l'adorable pont en pierre dans le village de **Llanwrst** avec son cottage de carte postale sur l'autre rive.

Ffin y Parc : *1 mile avt Llanwrst (route de Conwy), sur la droite, venant de Betws. ☎ 64-20-70. • ffinyparc.co.uk • Tlj sf lun (10h-17h). Entrée gratuite.* Les proprios de cette demeure victorienne ont eu la riche idée de l'ouvrir au public comme galerie de peinture. Des expos en permanence et l'occasion de découvrir des artistes gallois du moment. Agréable *coffee-shop* dans la véranda.

BLAENAU FFESTINIOG (ind. tél. : 01766)

Petite ville grise perchée dans la montagne, connue pour ses importantes mines d'ardoise *(slate caverns)* situées à moins d'un mile au nord de l'agglomération et son climat disons... peu ensoleillé. La visite de l'une de ces exploitations permet de découvrir un aspect essentiel du pays de Galles : la rudesse et l'âpreté des conditions de vie et de travail, dans cette région où l'exploitation du sous-sol a été une des principales activités économiques.

Arriver – Quitter

En train

Gare ferroviaire : *Church St. En plein centre.*
➢ ***Llandudno, Llanwrst, Betws-y-Coed :*** env 6 liaisons/j. (même ligne).
➢ ***Ffestiniog Railway :*** voir le chapitre qui lui est consacré dans « À voir. À faire » à **Porthmadog.**

En bus

➢ ***Porthmadog, Criccieth, Caernarfon, Bangor :*** bus n° 1, env 15 bus/j. lun-sam (certains avec changements à Caernafon), 2 liaisons le dim.
➢ ***Betws-y-Coed :*** bus XI et X84. De là, liaisons directes ou avec changement pour tout le Snowdon, la côte Nord, Harlech, Barmouth, etc.

Où dormir ? Où manger dans le coin ?

Cae'r Blaidd Country House : ***Llan Festiniog.*** *☎ 76-27-65. • info@caerblaidd.fsnet.co.uk • caerblaidd.fsnet.co.uk • À 2 miles de Blaenau Ffestiniog direction Dolgellau, puis une petite route à droite (panneau) à l'entrée de Llan Festiniog. Double 79 £. Possibilité de repas env 19,50 £ (à base de produits gallois).* Isolée en pleine campagne, cette grosse maison cossue ne manque pas de caractère. Toutes les pièces sont simplement immenses (y compris les jolies chambres !) et le cadre est magnifique. Méfiez-vous du patron, avec son air de petit moustachu drôle et inoffensif : il a enseigné les arts martiaux pendant 30 ans. Eh oui ! le sabre japonais caché parmi les nombreuses œuvres d'art ne sert pas qu'à la déco. C'est un alpiniste invétéré, son adresse est tout indiquée pour les pros du piolet et de la spéléo.

À voir

🚶🚶🚶 ***Llechwedd Slate Caverns :*** *☎ 83-03-06. ● llechwedd-slate-caverns.co.uk ● Tlj 9h30-18h (17h oct-mars). Entrée : 10,25 £ pour un circuit, ou 16,50 £ les 2.* Bien aménagé, le site comprend un hameau victorien joliment reconstitué (avec son pub, sa banque, son épicerie et un forgeron) ainsi que deux circuits de découverte des mines. Le premier se résume à une balade à bord d'un petit train qui s'enfonce dans les galeries, le second *(Deep Mine Incline)* est une visite très scénarisée des plus belles salles excavées du site. Ce dernier est sans doute le plus intéressant. Les claustrophobes apprécieront particulièrement la courte descente en funiculaire ! Une fois arrivé dans la mine, on assiste à une émouvante rétrospective sonore, mise en valeur par un jeu de lumière très bien fait, guidant les visiteurs dans une dizaine de galeries. Demander la version française.

BEDDGELERT *(ind. tél. : 01766)*

À l'ouest du Snowdonia National Park, ce petit bourg, charmant avec son pont en pierre, est traversé par la rivière Colwyn. Une triste légende s'y rattache : Gelert était le lévrier d'un prince du XIIIe s. Celui-ci, trouva un jour le berceau de son enfant vide et le lévrier le museau souillé de sang. Croyant qu'il avait dévoré le bébé, le prince transperça le chien de son épée ; mais aussitôt après, il se rendit compte de sa méprise, en découvrant l'enfant sain et sauf, endormi dans un coin, à côté du cadavre d'un jeune loup égorgé par Gelert. Le monticule de pierres élevé, dit-on, à la mémoire du chien, n'a pourtant aucun caractère historique. Il fut réalisé seulement au XIXe s, à l'initiative de l'hôtelier local désireux d'attirer les touristes ! À vue de nez, ça a marché : on est rarement seul en saison. Au programme : un large choix de balades dans le coin, de nombreux *tea-rooms* pour se requinquer et, à 1 mile sur la route de Caernarfon, une mine de cuivre à la muséographie moderne, pour toute la famille *(Sygun Copper Mine, ☎ 890-595, ● syguncoppermine.co.uk ●).*

Adresses utiles

ℹ **Visitor Centre :** *pas très loin du pont. ☎ 890-615. Tlj 9h30-17h30, en saison slt.*

■ **Location de vélos :** ***Beddgelert Bikes,*** *The Bike Barn. ☎ 890-434. ● beddgelertbikes.co.uk ● Résa 24h à l'avance.*

Arriver – Quitter

En bus

➢ Le Sherpa n° 97 relie Beddgelert à ***Porthmadog, Capel Curig*** et ***Betws-y-Coed*** 8 fois/j. en sem, 4 fois le dim. Avec le Sherpa 4 on peut rejoindre ***Caernarfon.***

Où dormir ?
Où manger ?
Où boire un verre ?

⛺ ***Beddgelert Camping in the Forest :*** *à moins de 1 mile, sur l'A 4085 vers Caernarfon, LL55 4UU. ☎ 89-02-88. ● campingintheforest.co.uk/wales/beddgelert-campsite ● Autour de 20 £ en hte saison.* C'est un magnifique camping en bordure de la forêt et traversé par moult ruisseaux. Beaucoup de balades passent par ici, le village est à 15 mn à pied en longeant la rivière. Tout confort : emplacements arasés, des tables un peu partout, une aire de jeux pour les enfants, une laverie, etc. Vélos à louer. Accueil et environnement adorables, un bonheur de campeur !

Beddgelert Antiques and Tea Rooms : *Waterloo House, LL55 4UY. ☎ 890-543. • beddgelertbistro@hotmail.com • Face au vieux pont. Double avec petit déj 60 £. Resto 18h30-21h slt, plats 12,50-15 £. Sinon tea-room 9h-17h, plats 4,50-8 £.* Cette adorable maison de poupée tenue par des antiquaires possède 3 chambres pas très grandes, mais chaleureuses avec poutres apparentes et moquette épaisse. Salle de resto tout aussi charmante avec sa vaisselle à vendre et un bistro dans la cave où l'on tient à peine debout. Résa plus que conseillée le soir. À la carte, de délicieuses spécialités *so British* : *ploughman* (choix de fromages locaux), soupe maison, *scones* et cakes...

CAERNARFON

10 000 hab. IND. TÉL. : 01286

Petite ville au pied de la péninsule d'Anglesey, très agréable avec, côté face, ses rues médiévales et son imposant château où s'est déroulé le sacre de Charles comme prince du pays de Galles en 1969. Côté pile, une marina toute récente ainsi que des *Victoria Docks* pimpants avec cafés, restaurants et la *Galeri*, un centre culturel dynamique qui redonne du peps à la ville. On est ici dans un haut fief de la culture galloise et l'anglais n'est pas la première langue !

PAROLE TENUE

Si l'on en croit la tradition, le premier prince de Galles anglais aurait obtenu la reconnaissance de ce titre grâce à un astucieux stratagème de son père, Édouard Ier. Celui-ci avait promis aux chefs gallois de leur accorder, en échange de leur allégeance, un prince qui soit né au pays de Galles et qui ne parlât pas l'anglais. Il tint sa promesse en leur présentant son fils qui, âgé de quelques semaines, ne parlait ni l'anglais... ni le gallois !

Arriver – Quitter

En bus

Arrêts des bus : *dans Penllyn St ou le long de Bango St.*

➢ ***Bangor, Conwy, Llandudno :*** par les bus nos 5 et X5. Ttes les 30 mn (ttes les heures dim).

➢ ***Llanberis :*** bus n° 88. Ttes les 30 mn (ttes les heures dim).

➢ ***Porthmadog, Criccieth :*** par le bus 1A, ttes les 30 mn. Puis bus 1B pour ***Blaenau Ffestiniog.***

➢ ***Pwllheli :*** par le bus n° 12, ttes les 30 mn en sem, slt 4 le dim.

➢ ***Dolgellau, Corris, Machynlleth et Aberystwith :*** par le bus X32. Ttes les 2h lun-sam, 2-5 le dim.

Adresse utile

Tourist Information Centre *(plan A2) : Oriel Pendeitsh, Castle St. ☎ 67-22-32. • visitsnowdonia.info • En face de l'entrée principale du château. Tlj 9h30-16h30 (tlj sf dim 10h-15h30 oct-Pâques).*

Où dormir ?

Cwm Cadnant Valley Caravan Park *(plan B1,* ***12****) : Llanberis Rd, LL55 2DF. ☎ 67-31-96. • cwmcadnantvalley.co.uk • Proche du centre, sur l'A 4086, direction Llanberis. Mars-oct. Env 10-17 £ selon saison pour 2 avec tente et voiture.* À 10 mn à pied du château, ce petit camping très simple a l'avan-

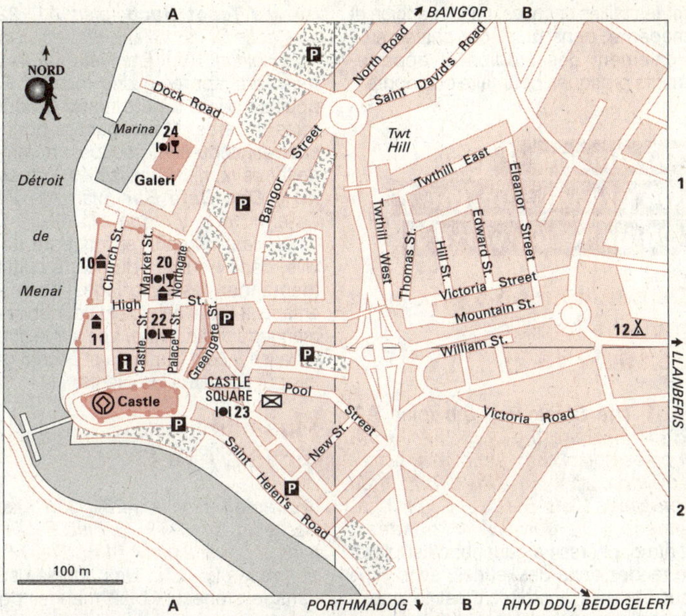

CAERNARFON

Adresse utile

- Tourist Information Centre

Où dormir ?

10 Caer Menai
11 Totters Hostel
12 Cwm Cadnant Valley Caravan Park
20 The Black Boy Inn

Où manger ? Où prendre un thé ? Où boire un verre ?

20 The Black Boy Inn
22 Y Tebot Bach
23 Castell
24 Doc Café Bar

tage d'être à l'abri au creux d'un bout de terrain boisé où coule une rivière. Calme, agréable et accueillant, à l'image de l'aire de jeux pour enfants. Sanitaires très propres.

Totters Hostel *(plan A1,* ***11****)* **:** *2 High St, LL55 1RN. ☎ 67-29-63. • totters.hostel@googlemail.com • totters.co.uk • Env 16 £/pers avec petit déj ; 20-25 £ sans l'annexe.* En plein centre, une grande maison de ville aménagée en auberge de jeunesse : minisalon TV, cuisine, petits dortoirs mixtes ou non. Simple, propre et sans surprise. Pour quelques livres de plus, l'annexe est une bonne option : il s'agit de la maison en face, d'une capacité de 6 personnes et complètement autonome. Impeccable pour les familles.

Caer Menai *(plan A1,* ***10****)* **:** *15 Church St, LL55 1SW. ☎ 67-26-12. • info@caermenai.co.uk • caermenai.co.uk • Doubles avec sdb 45-67 £ selon saison.* Dans une ancienne école qui ressemble aujourd'hui à toutes les autres maisons de la rue. Chambres fort mignonnes (joli papier peint), bon confort, bon accueil... bonne adresse quoi !

The Black Boy Inn *(plan A1,* ***20****)* **:** *Northgate St. ☎ 67-36-04. • office@black-boy-inn.com • black-boy-inn.com • Doubles 80-140 £. Parking gratuit. Voir également « Où manger ? »* Ce vieux pub de centre-ville propose 25 chambres tout confort, de toutes tailles et styles, mêlant ancien et moderne, dans un décor chaleureux. Également des studios et appartements pratiques pour faire sa popote.

Où manger ?
Où prendre un thé ?
Où boire un verre ?

De bon marché à prix moyens (moins de 15 £ / 18 €)

The Black Boy Inn *(plan A1, **20**) : Northgate St. ☎ 67-36-04. • office@black-boy-inn.com • black-boy-inn.com • Tlj 12h-21h (21h30 ven-sam). Plats 6-12 £. Voir également « Où dormir ? ».* 2 entrées, 2 atmosphères : à gauche, c'est plutôt le rendez-vous des jeunes, avec clips sur écrans ; à droite, c'est le pub à l'ancienne mode, hérité du XVIe s, avec ses bars cosy à souhait et son resto. Cheminée, fauteuils et banquettes en bois sculpté, pierres apparentes... On y mange tous les classiques locaux, tout à fait honnêtes et pour pas trop cher.

Y Tebot Bach *(plan A1, **22**) : 13 Castle St. ☎ 67-72-90. Tlj sf dim hors saison 10h-16h. Plats 4-7 £.* Un *tea-room* apprécié des locaux. Pas pour sa déco, à part l'expo de quelques théières. Mais pour les bonnes spécialités du chef : soupes, pommes de terres garnies, pâtisseries, crêpes...

Doc Café Bar *(plan A1, **24**) : Galeri, Dock Victoria. ☎ 68-52-00.* Le café branché et moderne de la ville, dans les murs du centre culturel (demander les coloriages pour les enfants !) Carte habituelle pour boire ou manger à toute heure. Vue sur le *strait*, terrasse face à la marina et accent gallois pur jus parmi les clients.

Plus chic (plus de 15 £ / 18 €)

Castell *(plan A2, **23**) : 33 Y Maes, Castle Sq. ☎ 67-79-70. Plats 6-12 £ le midi, formule 2 plats 14 £ ; 11-21 £ le soir, repas 25-35 £.* Une adresse sûre dans le créneau « bien manger pour pas trop cher ». Intérieur chic dans les tons noir et rouge, entre le pub et le resto. Cuisine soignée, sur le thème traditionnel gallois revisité, service pile poil et une avantageuse formule le midi qui plaît aux fidèles.

À voir. À faire

Caernarfon Castle *(plan A2) : ☎ 67-76-17. • castlewales.com/caernarf.html • Mars-oct, tlj 9h30-17h (18h l'été) ; nov-fév, 10h (11h dim)-16h. Entrée : 5,10 £ ; réduc. Audiovisuel de 20 mn (écouteurs sur demande avec traduction française).* Un des châteaux les plus visités du royaume ! Il a été construit à partir de 1283 par l'incontournable Édouard Ier, qui a aussi fait édifier les remparts de la ville sur le modèle des bastides, à l'instar des villes gasconnes. Il appliqua à Caernafon la même stratégie qu'à Conwy, Beaumaris ou Harlech, visant à affirmer la domination anglaise : les soldats occupaient le château, les colons anglais la ville, et les Gallois étaient maintenus à l'extérieur des remparts. Le château a été remis en état au XIXe s, puis achevé pour l'investiture du prince de Galles (le futur Édouard VIII) en 1911. Aujourd'hui, on se balade dans un ensemble colossal, en parfait état, où les différentes tours polygonales abritent plusieurs expositions. Selon les goûts, on s'attardera dans la salle consacrée à l'affrontement entre Édouard Ier et les princes gallois, dans la section sur le prince de Galles ou dans le musée dédié au *Royal Welsch Fusiliers*.

Welsh Highland Railway *(hors plan par B2) : Harbour Station, sur la promenade, à 500 m du château. ☎ (01766) 51-60-24. • festrail.co.uk • Départs ttes les heures en été, à partir de 10h45 ; moins fréquents hors saison. Compter 33 £ l'A/R de 3h env ; réduc.* Un moyen original (mais cher) de visiter un bout du Snowdon Park, dans une loco à vapeur de 1870. Un parcours de 25 miles qui vous conduira à Porthmadog via Rhyd Ddu et Beddgelert. Dernier retour de 15h25 à 19h selon la saison. De Porthmadog, jonction pour un autre train à vapeur vers Blaenau Ffestiniog.

L'ÎLE D'ANGLESEY (YNYS MÔN) ET BANGOR

IND. TÉL. : 01248

Un sentier de randonnée fait le tour de cette île très vaste située dans la mer d'Irlande. Un moyen idéal pour admirer falaises, estuaires, longues plages de sable (les plus belles étant Red Wharf Bay à l'est, Llanddwyn Bay au sud et Dulas Bay au nord-est), sites préhistoriques, châteaux cachés, etc. Deux ponts la relient à la terre ferme : ***Menai Suspension Bridge,*** **pont suspendu construit en 1826, et** ***Britannia Bridge,*** **réalisé en 1850 et reconstruit au début des années 1970 suite à un incendie. C'est celui qu'on emprunte généralement, après être passé au pied des longs bâtiments de l'université de Bangor, côté continent. Et c'est sur Anglesey qu'en 2011 le prince William et sa nouvelle épouse Kate se sont installés pour vivre, le temps que le « peut-être » futur roi termine sa formation à la base militaire d'Anglesey. Imaginez l'émoi dans ce coin habituellement si discret !**
Voici nos petits coins préférés, du sud au nord :

BANGOR

Petite ville universitaire au bord de la mer et à l'entrée de la presqu'île d'Anglesey. Beaucoup d'étudiants (7 000-8 000), une cathédrale et un château méritant une visite mais, honnêtement, on ne s'y attarde guère outre mesure.

Où camper ?

⛺ ***Treborth Caravan Park :*** *Treborth Rd. ☎ 36-43-99. • treborthleisure.co.uk • À 5 mn de Bangor, au rond-point pour Menai Bridge, prendre à gauche la route qui monte. Env 12 £.* Une petite route longe un étang et rejoint un vaste carré de gazon ceint de murs, réservé aux caravanes, avec dans un angle le bloc sanitaire. Les tentes sont parquées de l'autre côté du mur. On n'y passe pas ses vacances, mais le tout est propre, pas compliqué et à prix raisonnable.

À voir

👁👁 ***Penrhyn Castle :*** *à l'entrée de la ville, au niveau de l'A 55. ☎ 35-30-84. • nationaltrust.org.uk • Avr-oct jusqu'à 17h ; le château à partir de 12h (11h en juil-août), les jardins à partir de 11h (10h en juil-août). Château seul fermé mar. Entrée : 10 £ ; jardins, écuries et cuisine victorienne seuls 6 £ ; réduc. Audioguide payant (en anglais).* Gigantesque pastiche de château médiéval qui

FAITES DE BEAUX RÊVES !

Lord Pennant, patron des carrières d'ardoise de la région et heureux propriétaire du Penrhyn Castle, se réjouissait de la visite de la reine Victoria. Tout un lit avait été réalisé en ardoise (il pèse plus de 1 t !) en l'honneur de Sa Majesté... qui refusa catégoriquement d'y dormir. Elle décréta qu'il s'agissait plus d'un mausolée que d'un lit. Elle avait sans doute plus de goût que le sieur Pennant.

a seulement 150 ans d'existence. On le doit à Lord Pennant qui s'était considérablement enrichi grâce aux carrières d'ardoise dans la région. Ce caprice à l'architecture lourdingue lui coûta la somme fantastique, pour l'époque, de 500 000 £. Les innombrables salles sont à son image, exubérantes et surdimensionnées. Rien ne manque : les stucs délirants, les vitraux, les quantités de meubles et d'œuvres d'art, les papiers peints naturalistes... Mais l'ensemble manque totalement d'unité dans le style et l'ambiance de chaleur. C'est peut-être pour cela que le château ne fut jamais habité par son concepteur ! Bibliothèque un rien prétentieuse, belles cuisines victoriennes (admirez les menus en français, le chic du chic) et luxueuse salle à manger apprêtée comme pour accueillir le prince de Galles en 1889. Également une importante collection de jouets, un musée du train et un superbe jardin victorien.

LLANFAIRPWLLGWYNGYLLGOGERYCHWYRN-DROBWLLLLANTYSILIOGOGOGOCH

Ce petit village situé à l'entrée de l'île, accessible en train à partir de Bangor, n'a rien de particulier, si ce n'est qu'il doit sa célébrité, vous vous en doutez, à son nom, le plus long d'Europe (58 lettres). À l'appellation primitive de Llanfairpwll, un tailleur fantaisiste qui ne faisait pas dans la dentelle aurait ajouté, au XIXe s, la bagatelle de 46 lettres (ou 41 en gallois), le tout signifiant : Sainte-Marie-sur-l'Étang-des-Noisetiers-Blancs-près-du-Tourbillon-Rapide-de-la-Grotte-Rouge-de-Saint-Tysilio. Imprononçable pour quiconque, excepté les Gallois (leur site internet vous explique comment s'y risquer), ce nom s'abrège (heureusement) en Llanfair PG. Pensez à y poster vos cartes.

Adresse utile

Tourist Information Centre : *près de la gare. ☎ 71-31-77. ● visitanglesey.co.uk ● Tlj 9h30-17h30 (16h30 dim).* Toutes les infos sur les activités et les hébergements de l'île, le choix est vaste !

CHURCH ISLAND

L'église Ynis Tisilio se trouve entre les ponts Britannia et Menai, sur une petite île et date du XVe s. Paysage de carte postale avec le vieux cimetière, des croix celtes, du gazon bien tondu ainsi qu'un mémorial au point le plus haut. Jolie balade à faire en boucle dans une quiétude absolue aux confins de cette passe *(Menai strait)* aux forts courants, idéale pour les oiseaux et les pêcheurs. Accès facile depuis le pied du pont Menai, à travers la forêt et en empruntant la « promenade des Belges » ou en se garant dans le village de Menai (indiqué).

BEAUMARIS

Coquette petite station balnéaire dont le nom d'origine normande est un dérivé de « Beau Marais », le site choisi pour sa fondation, face au Snowdon et à la baie. Un très beau tableau à la Turner qui attire autant de monde que le château du XVIIIe s. Certains découvrent les environs en kayak ou à vélo *(● bikeandkayak.co.uk ●)* ou vont faire en bateau le tour de *Puffin Island (Ynys Seiriol),* où l'on peut observer phoques et pingouins tordas (infos au *Pier*). Le gros de l'activité se concentre autour du *pier* et de la rue principale, *Castle St.*

➢ De Bangor, des bus régulièrement en sem avec les lignes nos 53, 57 et 58.

Où dormir ?
Où manger ?
Où boire un verre ?

Prix moyens

Beau's Tea Shop : *30 Castel St. ☎ 81-10-10. Tlj 10h (11h dim)-16h30. Moins de 10 £.* Petite maison de poupée où l'on mange des plats légers (soupes, *baked potatoes*...), des gâteaux maison et des *scones* pour accompagner le thé. Tout à fait mignon, avec sa façade à colombages qui se penche pour vous accueillir, ses poutres, les plaids, les broderies, ou encore les porcelaines exposés à la vente.

Pier House Café : *The Front. ☎ 81-10-55. Tlj 8h-21h.* La plus jolie terrasse de la ville, idéalement située sur le front de mer, face au *pier* et aux montagnes du Snowdon. Idéal pour boire un verre ou déguster des plats simples en famille : *soup of the day*, sandwichs, etc.

De plus chic à très chic

Cleifiog B & B : *Cleifiog Townsend, LL58 8BH. ☎ 81-15-07. • enquiries@cleifiogbandb.co.uk • cleifiogbandb.co.uk • À la sortie de la ville en direction de Menai Bridge. Doubles 90-110 £, avec petit déj.* La maison, austère, ne paie pas de mine avec son joli jardinet devant. Datée aux alentours de 1600, cette vieille demeure a toutefois conservé de superbes cheminées, ou des boiseries du XVIIIe s dans 2 des 3 chambres de charme. Celles-ci sont d'ailleurs magnifiques, meublées avec soin et dotées de vastes salles de bains. Génial, surtout si l'on obtient une chambre avec vue sur la baie.

Ye Olde Bull's Head Inn : *Castle St, LL58 8AP. ☎ 81-03-29. Brasserie midi et soir, resto mar-sam (soir slt). Fermé pour les fêtes de fin d'année. Doubles à partir de 105 £. Plats 10-20 £ à la brasserie, menu env 43 £ au resto.* Le pub le plus vieux de la ville, où l'on peut admirer de superbes chaises et fauteuils ainsi qu'une collection d'armes anciennes. Très agréable d'y passer un moment au coin du feu. Pour y manger, 2 options : des plats classiques de bonne tenue à la *Brasserie*, une salle moderne et lumineuse à l'arrière du pub, ou un menu gastronomique de haute volée (et cher !) dans le *Loft*, un restaurant coquet et élégant niché à l'étage. Également des chambres modernes ou à l'ancienne, nickel et très confortables.

LE PAYS DE GALLES

À voir

Beaumaris Castle : *☎ 81-03-61. • beaumaris.com • Avr-fin oct, tlj 9h30-17h30 (18h l'été) ; l'hiver, tlj 10h-16h. Fermé quelques j. en fin d'année. Entrée : 3,80 £ ; réduc.* C'est le dernier château construit par Édouard Ier au pays de Galles, vers 1295. Conçue comme d'habitude par le brillant architecte James of Saint George, qui s'est notamment distingué à Conwy, cette forteresse formidable est considérée comme l'ouvrage défensif le plus abouti d'Angleterre pour cette période. Il est composé de deux enceintes renforcées par des tours stratégiquement placées à intervalles réguliers, la seconde, à l'extérieur, étant doublée par des douves en eau. Les navires venant de la mer pouvaient y accéder grâce à un chenal. Inachevé, faute d'argent, ce colosse est néanmoins impressionnant par le nombre incroyable de tours et le labyrinthe de passages qui les dessert. Vue superbe depuis le chemin de ronde.

Beaumaris Gaol : *☎ 81-09-21. De Castle St, pénétrer dans la ville, c'est derrière l'église. Pâques-sept, plus w-e et vac d'oct, tlj 10h30-17h. Comme au* Monopoly, *il faut payer pour aller en prison : env 3 £, torture en sus.* On découvre le monde si bien décrit par Dickens. Prison construite au XIXe s, elle fut, à l'époque victorienne, considérée comme un modèle du genre : hommes et femmes séparés, cellules individuelles, droit de visite régulière d'un prêtre ou d'un médecin. Visite très impressionnante ; les cachots sans lumière (pour les punitions), les objets de torture et les piloris exposés donnent des frissons !

ORIEL YNYS MÔN

Rhosmeirch, Llangefni : *☎ 72-44-44. • croesomon.co.uk • En marge de l'A 55 et à env 15 km de Beaumaris. Tlj 10h30-17h. Entrée libre.* Une belle introduction à Anglesey dans ce centre consacré à l'histoire et la culture du nord du pays de Galles. *Exhibition Centre* évoquant pêle-mêle les mines de cuivre, charbon ou ardoise, le terrible naufrage du *Royal Charter* en 1859 sur les côtes de l'île, les trouvailles archéologiques... Côté artistique, un émouvant hommage aux peintres Charles Tunnicliffe et Kyffin Williams (entre autres), des enfants du pays.

Blas Mwy Café : *cafétéria sur place, tlj 10h30-16h30. Plats 5-11 £.* Spécialités galloises comme le *welsh rarebit* (à base de fromage et bière) ou le *bara brith* (un gâteau en tranche que l'on beurre) et *tea-room*. On y parle surtout le gallois.

HOLY ISLAND (CAERGYBI)

Une autre île, tout au bout d'Anglesey, qui abrite une flopée de jolies criques et plages (Treadur Bay, Rhoscolyn...). À Holyhead, petit port au charme discutable, on peut prendre des ferries pour Dublin. Avant d'embarquer, visitez toutefois l'église de Saint Cybi's, ses vitraux de l'école préraphaélite valent le coup d'œil.

Arriver – Quitter

En ferry

Terminal des ferries : *à Holyhead.* ***Irish Ferries*** *(• irishferries.com •) et* ***Stena Line*** *(• stenaline.co.uk •) assurent des traversées avec Dublin ou Dun Laoghaire (près de Dublin) : plusieurs liaisons/j.* Compter 2h-4h selon type de bateau et destination.

Pour s'y rendre

Gare ferroviaire *(☎ 08457-48-49-50)* et ***gare routière*** au terminal des ferries. Très bonne desserte.

➢ Train avec **Londres** (3h25, 4/j.) et ttes les heures avec **Bangor** (30 mn) ou **Chester** (1h).

➢ Bus avec ***Bangor, Llanfair P.G.*** (entrée de l'île) *et* ***Llangefni :*** par les bus n°s 4 et 44 (le dim). Départs ttes les 30 mn (ttes les heures dim).

À faire

Se promener absolument autour du ***phare de South Stack,*** à 3 miles, à la pointe de l'île. La petite route s'enfonce dans un paysage pelé et conduit à d'impressionnantes falaises fouettées par des rouleaux furieux. En contrebas, isolé sur un rocher en pleine mer, le phare *(Pâques-sept, tlj 10h30-17h30 ; entrée : 4 £)* donne l'impression d'un vieux guetteur oublié par les hommes depuis des lustres. Et pourtant, en y regardant de plus près, on distingue un escalier étroit de 400 marches qui dégringole le long de la paroi abrupte, avant de rejoindre la passerelle conduisant à l'îlot. Bienvenue au paradis des rêveurs solitaires et des macareux moines. C'est une réserve naturelle et on y trouve un *Visitor Centre* de la RSPB *(Royal Society for the Protection of Birds).*

CONWY

4 000 hab. IND. TÉL. : 01492

À l'abri de ses épaisses murailles et de son imposant château, voici une des plus jolies villes médiévales que l'on connaisse, abritée dans une baie de rêve et dotée d'une marina toute mignonne. Fondée par Édouard Ier en 1284, Conwy est avant tout une ville coloniale destinée à affirmer la domination de l'Angleterre sur les princes gallois. La construction de la forteresse alla de pair avec celle de la cité, qui bénéficia dès le départ d'importants privilèges pour attirer les bourgeois anglais. Siège du pouvoir, de l'administration et des finances, Conwy prospéra bien vite à l'ombre des remparts menaçants du château. Ce dernier dresse ses ruines majestueuses sur un piton rocheux, tandis que la ville a conservé l'essentiel de son maillage urbain médiéval.

Arriver – Quitter

En train

Gare ferroviaire : *Rosehill St. ☎ (08457) 48-49-50.*
Il y a bien une gare, située sur une ligne fréquentée, qui dessert quotidiennement *Bangor, Holyhead* et *Llandudno*. Mais il faut simplement penser à réclamer votre arrêt avant de monter à bord !

En bus

Bus : *☎ (0871) 200-22-33.* Slt des arrêts en ville, sinon à la gare.
➢ ***Llandudno, Anglesey, Bangor, Caernarfon :*** liaisons très fréquentes par les bus nos 5 et X5.
➢ ***Llanrwst, Betws-y-Coed, Corwen, Llangollen :*** bus X19, env 4 liaisons/j. en sem, 2 le dim.

Adresse utile

Tourist Information Centre : *dans une maison en brique, face au parking du château. ☎ 577-566. • conwy.tic@conwy.gov.uk • Avr-fin oct, tlj 9h30-17h30 ; l'hiver, 9h30-16h30.*

Où dormir ?

Où manger ?

Où boire un verre ?

Conwy Youth Hostel : *Larkhill, Sychnant Pass Rd. ☎ 59-35-71. • yha.org.uk • À deux pas du centre. Lits en dortoir à partir de 9-12 £, tarifs familles (enfants bienvenus).* Une AJ moderne et colorée dotée d'une façade amusante façon Vasarely. Bien équipée et très confortable : chambres de 2 à 5 lits seulement, toutes dotés de douches et toilettes, cuisine à dispo, salle de billard, et des terrasses avec une vue géniale sur Conwy. Grand jardin à l'arrière, resto et bar.

The Galleon : *High St, au croisement avec Berry St. Ouv de mi-mars à oct, ferme à 15h30 en sem, 19h le w-e. Plats 5-7 £.* Le *fish & chips* le plus réputé dans la région. Également des burgers et des *pies*. À emporter ou sur place (plus sympa à l'étage).

Pen-y-Bryn Tea-rooms : *Lancaster Sq, à côté de Plas Mawr. ☎ 59-64-45. Tlj 10h-17h. Plats 3-6 £.* Quelques marches conduisent à de ravissantes salles parées de poutres, de petites lampes à pampilles et d'une cheminée, dans une des plus vieilles maisons de Conwy (1575). Un cadre idéal pour se laisser séduire par les petits plats de la maison : soupes, sandwichs, gâteaux ou *scones*, et le lunch plus élaboré du dimanche.

Castle Hotel : *High St. ☎ 58-28-00. Tlj 12h-21h30. Snack 6-10 £, plats 13-19 £.* Cette vieille adresse aux murs de grès rouge abrite une agréable salle moderne et cosy qui attend les convives. Sélection de plats traditionnels revisités juste ce qu'il faut, joliment présentés et fort goûteux. Un bon rapport qualité-prix.

Où dormir ? Où manger ? Où boire un verre dans les environs ?

The Groes Inn : *Tyn-y-Groes. ☎ 65-05-45. • groesinn.com • À 2,4 miles de Conwy dans la direction de Betws-y-Coed par la route secondaire (B 5106). Tlj. Doubles 125-155 £. Plats 10-16 £.* Une charmante auberge de campagne, isolée au bord d'une route tranquille. Le pub est superbe, avec plein de petits recoins, de poutres et de cheminées, et même un jardin à l'arrière. À table, on goûte une bonne cuisine locale, bien préparée et originale. Et si vous êtes en fonds, pourquoi ne pas profiter d'une des jolies chambres de la maison : tout confort, agréables, et bien plus modernes que le reste de la bâtisse. Heureusement !

The Pen-Y-Bryn : *Pen-y-Bryn Rd, Upper Colwyn Bay,* **Colwyn Bay,** *LL29 6DD. ☎ 53-33-60. Du centre de Colwyn Bay (5 miles à l'est de Conwy), prendre King's Rd puis King's Drive jusqu'au bout, et à droite dans Pen-y-Bryn. Tlj jusqu'à 21h. Plats 9-18 £.* Tout le monde connaît ce pub chaleureux à souhait : pour sa vue sur la mer au loin, pour son cadre soigné (différentes salles et un coin salon bien agréable avec ses bouquins et sa cheminée) et pour ses très bons plats de pub escortés de spécialités plus élaborées. Carton plein !

À voir

Conwy Castle : *☎ 59-23-58. Entrée : 4,80 £ ; réduc.* Construit par 1 500 ouvriers de 1283 à 1287 sur ordre du roi Édouard Ier. Comme son nom ne le laisse pas deviner, c'est un Savoyard, James of Saint George, qui en fut le maître maçon. Comme si cette forteresse colossale renforcée par huit tours circulaires n'était pas suffisamment sécurisante, il a fait bâtir des remparts tout aussi impressionnants sur 1 300 m tout autour de la ville... Du haut des tourelles et des chemins de ronde, la vue est imprenable. À l'intérieur, la plupart des dépendances et des niveaux d'habitation ont évidemment disparu, mais la balade dans les différentes cours et l'ascension des tourelles de tir (repérez l'escalier hélicoïdal à l'envers, pour les gauchers !) valent bien le déplacement.

The Smallest House in Great Britain : *située sur le Cob, un quai aménagé au XIXe s. ☎ 59-34-84. Tlj avr-oct 10h-17h en principe. Entrée : 1 £.* Cette véritable maison de poupée du XIVe s a été habitée jusqu'en 1900. Elle est réputée pour être la plus petite de Grande-Bretagne (c'est homologué). Ameublement de l'époque victorienne. À vrai dire, on a vite fait le tour !

Telford's Bridge : *accessible en saison 11h-17h. Entrée : 1 £.* Très joli pont suspendu de style gothique, construit au XIXe s par l'ingénieur Telford. Belle perspective sur le château. Le tunnel métallique voisin présente une esthétique déjà plus discutable !

Plas Mawr : *High St. ☎ 58-01-67. Avr-fin sept, mar-dim 9h-17h ; oct, mar-dim 9h30-16h. Entrée : 5,20 £ ; réduc.* Magnifique demeure élisabéthaine construite de 1576 à 1585 par Robert Wynne, un des premiers Gallois à avoir été autorisé à vivre parmi les Anglais dans la cité. Ses initiales apparaissent un peu partout sur les plâtres décoratifs hauts en couleur des différentes pièces. Très beaux meubles d'époque. Une des cheminées serait hantée. À deux pas, sur Castle St, on verra l'***Aberconwy House*** *(avr-oct, tlj sf mar 11h-17h ; payant),* la plus vieille bâtisse médiévale de Conwy.

LLANDUDNO

20 000 hab. IND. TÉL. : 01492

Charmante station balnéaire victorienne au nord de la baie de Conwy, typique de la fin du XIXe s avec sa longue promenade bordée d'hôtels et son joli *pier* faisant face à une armée d'éoliennes. Sa galerie d'art contemporain de bon niveau dénote un peu avec l'ambiance rétro générale. En été, c'est bondé, les terrasses et la promenade sont prises d'assaut par les touristes. La plage de l'ouest (Westshore) où la vraie Alice d'*Alice au pays des merveilles* passait ses vacances est plus tranquille. Mais ce qui caractérise vraiment Llandudno, c'est le *Great Orme,* ce bout de montagne superbe qui jaillit à l'extrémité de la ville. Une vraie carte postale !

Arriver – Quitter

En train

Gare ferroviaire *(plan C3) : Augusta St. ☎ (08457) 48-49-50.*

➢ ***Manchester Piccadilly et Chester :*** départs env ttes les heures. Slt 2 le dim.

➢ ***Holyhead :*** nombreuses liaisons, mais toutes avec changement à Llandudno Junction ; slt 2 le dim.

➢ ***Betws-y-Coed :*** 5 trains/j., dont 2 avec changement ; slt 3 le dim.

En bus

Arrêt des bus : *dans Mostyn St (plan C2).*

➢ ***Conwy, Bangor et Caernarfon :*** par les bus nos 5 et X5, ttes les 15 mn (ttes les 30 mn dim).

➢ ***Llanrwst, Betws-y-Coed :*** nombreuses liaisons tlj par les bus nos 19, X19 et X1. Également le S2 qui va jusqu'à ***Capel Curig*** et ***Llanberis.***

Adresse utile

Tourist Information Centre *(plan C2) : Library Building, Mostyn St. ☎ 577-577. • visitwales.com • Lun-sam 9h-17h ; dim 10h-16h sf en hiver.*

Où dormir ?

Auberge de jeunesse

Llandudno Hostel *(plan C2-3,* ***10****) : 14 Charlton St, LL30 2AA. ☎ 87-74-30. • info@llandudnohostel.co.uk • llandudnohostel.co.uk • Lits en dortoir 15-20 £ ; doubles en-suite ou non à partir de 39-45 £.* En entrant dans cette maison victorienne décorée de photos de famille, on a plus l'impression d'être à la maison qu'à l'hôtel. L'accueil tout sourire ne dément pas cette impression, et les dortoirs confortables donnent vraiment envie de poser les valises. Une aubaine !

De prix modérés à prix moyens (40-80 £ / 48-72 €)

The Seaclyffe Hotel *(plan B2,* ***11****) : 11 Church Walks, LL30 2HG. ☎ 87-68-03. • seaclyffehotel@aol.com • seaclyffehotel.co.uk • Doubles env 52-64 £.* À deux pas du centre, dans un quartier charmant au pied du *Great Orme,* ce petit hôtel sans histoires dispose d'une trentaine de chambres classiques et bien tenues (salles de bains un peu vieillottes toutefois). Petit salon pour bouquiner, et bar prolongé par une véranda bien agréable à l'heure du petit déjeuner.

De plus à très chic (plus de 80 £ / 96 €)

Abbey Lodge *(plan B2,* ***12****) : 14 Abbey Rd, LL30 2EA. ☎ 87-80-42. • enquiries@abbeylodgeuk.com • abbeylodgeuk.com • Double 80 £ avec petit déj ; réduc si 3 nuits.* Le *B & B* tel qu'on l'imagine : un carré de jardin nickel devant une charmante maison vic-

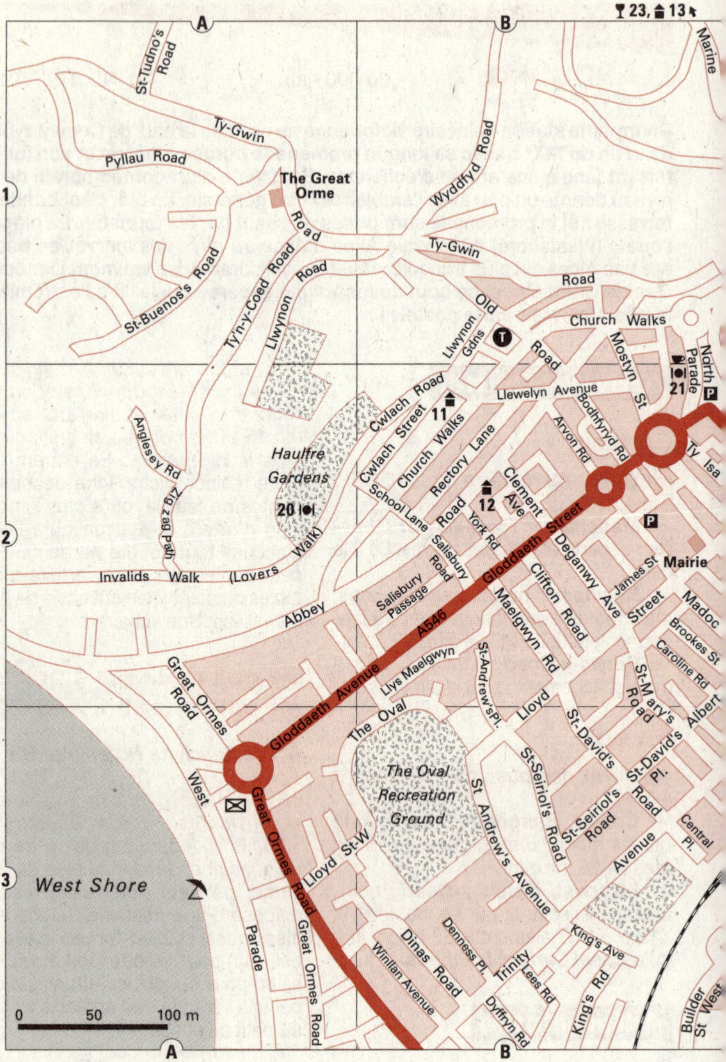

torienne et, à l'intérieur, le salon douillet de rigueur (cheminée et tout le tralala) et des chambres tout confort. Impeccable, d'autant plus que l'accueil est adorable.

⌂ ***The Lighthouse*** *(hors plan par B1, **13**) : Marine Drive, Great Orme's Head, LL30 2XD. ☎ 87-68-19. • enquiries@lighthouse-llandudno.co.uk • lighthouse-llandudno.co.uk • Passer le péage et parcourir 2,5 km sur la route qui fait le tour du Great Orme. Double 160 £*

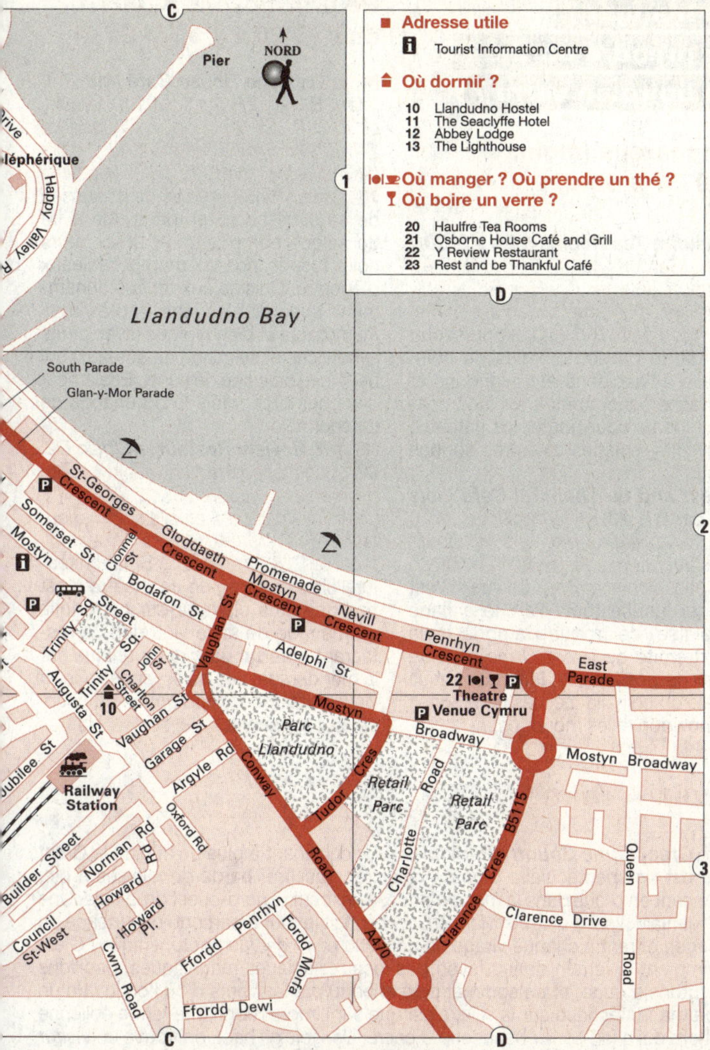

LLANDUDNO

avec petit déj. Cette adresse du bout du monde plaira aux romantiques. Construit dans un site formidable, ce vieux phare de 1862 aux allures de château fort surplombe une falaise vertigineuse et la haute mer. Dans sa carcasse tannée par les intempéries, 3 chambres confortablement meublées dans un style victorien et dotées de jumelles pour apprécier la vue. La *Lamp Room Suite* dispose même d'un salon installé à la place de l'ancienne lampe !

Où manger ?
Où prendre un thé ?
Où boire un verre ?

Bon marché (moins de 8 £ / 9,60 €)

Haulfre Tea Rooms (plan A2, **20**) : *Haulfre Gardens. ☎ 87-67-31. Derrière la station de tram (Cwlach Rd). L'été, tlj 10h-16h30. Fermé lun en avr, mai et oct. Petits plats 3-6 £.* C'est un secret bien gardé par les mamies du coin. La salle à l'ancienne est mignonne et la terrasse panoramique est incomparable ! Idéale pour goûter les gâteaux, sandwichs, salades et autres soupes du jour.

Rest and be Thankful Café (hors plan par B1, **23**) : *Marine Drive, tt au bout du Great Orme, à 3 km, juste après le phare. ☎ 87-00-04. Tlj en journée (selon la météo).* La vue ! C'est elle qui justifie tout. Perché à flanc de falaise, ce troquet lambda isolé à l'extrémité du *Great Orme* peut se vanter de posséder la terrasse la plus géniale du coin : la mer, les montagnes du Snowdon et les mouettes...

De prix moyens à plus chic (8-20 £ / 9,60-24 €)

Osborne House Café and Grill (plan B1-2, **21**) : *17 North Parade, LL30 2LP. ☎ 86-03-30. Tlj jusqu'à 21h-22h. Formule 3 plats 20 £, 2 plats (le midi slt sf dim) 10,50 £. High-tea 13 £/pers.* Repas au rez-de-chaussée de ce superbe hôtel, dans une suite de salons somptueux et chic : murs noirs, lustres, rideaux drapés, tableaux d'époque. Cuisine aux tarifs étonnamment raisonnables, thé l'après-midi mémorable et bien typique (avec petits sandwichs et sélection de gâteaux) qui peut faire office de déjeuner. Également des chambres, mais là on change de catégorie...

Y Review Restaurant (plan D2, **22**) : *dans le théâtre* Venue Cymru, *The Promenade, LL30 1BB. ☎ 87-36-41. Les midis mar-sam, plus le soir si spectacle 17h30-19h30. Plats 5-9 £ le midi, formules 18-21 £ le soir.* Si l'architecture ultramoderne de ce théâtre n'est pas des plus glamour sur cette jolie promenade de style victorien, le restaurant offre un panorama unique sur la mer derrière ses baies vitrées. *Good view, good food, good time*... du coup, pensez à réserver !

À voir. À faire

Great Orme Country Park (plan A1) : culminant à plus de 200 m, le *Great Orme* est un spectaculaire bloc de calcaire, massif et bardé de falaises à pic, s'avançant en proue dans la mer d'Irlande, à l'extrémité nord-ouest de la baie. Une route géniale à sens unique *(Marine Drive)* en fait le tour à partir du *pier* (péage au passage), offrant à chaque virage un nouveau point de vue photogénique ! C'est évidemment le terrain de jeu favori des locaux : balades magnifiques, papillons et moutons à gogo, et un sommet pelé et battu par les vents d'où l'on jouit d'un panorama fantastique sur la ville, ainsi que sur l'impressionnante ferme éolienne off-shore qui a fait couler beaucoup d'encre. Une fois en haut, on trouve un *Visitor Centre* et un *Summit Complex* (tout un programme) avec snack et aire de jeux pour les enfants. On peut même y faire du ski sur gazon. Plusieurs moyens pour accéder au sommet :

➢ *Tramway (plan B1) : départs dans Church Walks. ☎ 87-93-06. • greatormetramway.co.uk • Avr-sept, ttes les 20 mn 10h-18h (17h mars et oct). Env 5,90 £ l'A/R ; réduc ; gratuit moins de 3 ans.* Tracté par un câble, toute une aventure en soi !

➢ *Cable-car (plan C1) : à partir du pier. Horaires variables selon saison et météo. Env 7,50 £, réduc familles.* Un téléphérique parcourant 2 miles A/R.

➢ *En voiture :* droit de passage de 2,50 £ par véhicule en empruntant au départ la *Marine Drive,* puis monter à gauche après le péage, en passant près du cimetière.

Sinon, une autre route depuis le centre-ville (départ près du tramway), à deux sens : gratuite mais raide et étroite (bonjour les croisements en saison !)

➢ *En bus :* nº 73. Départs ttes les heures.

➢ Les plus courageux peuvent aussi faire la grimpette *à pied.* Plusieurs chemins d'accès, mais il ne faut pas rêver, aucun n'est plat !

🚶 ***Great Orme Mines*** *(plan A1) : Great Orme, sur la route (gratuite) menant au sommet. ☎ 87-04-47. • greatormemines.info • L'été, tlj 10h-17h (dernier billet à 16h30). Entrée : 6,50 £ ; réduc.* Il s'agit d'une mine de cuivre de l'âge du bronze, la plus ancienne et sans doute une des plus grandes connues à ce jour. Casque vissé sur la tête, on s'enfonce dans les boyaux étroits creusés il y a des milliers d'années, découvrant au gré de la balade différentes salles excavées et de nombreux passages inexploités. Idéal pour les familles.

Fête et spectacle

– ***Victorian Extravaganza :*** *pdt le 1er w-e férié en mai. • victorian-extravaganza.co.uk •* Tout le monde descend dans la rue, habillé comme à l'époque victorienne. Voitures à cheval, ombrelles et chapeaux haut-de-forme.

– ***Punch and Judy :*** *North Parade, sur la promenade, côté pier. Vac scol et w-e à 11h30 et 14h30. Gratuit.* Un spectacle de marionnettes en plein air et une tradition populaire bien britannique remontant au XIXe s que l'on retrouve dans d'autres stations balnéaires. Un peu le Guignol d'outre-Manche, avec une foule de personnages cocasses.

DANS LES ENVIRONS DE LLANDUDNO

🚶🚶🚶 ***Bodnant Gardens :*** *à 8 miles au sud de Llandudno, sur l'A 470. Bus nº 25 depuis Llandudno, ttes les heures (sf dim). ☎ (01492) 65-04-60. • bodnant-garden.co.uk • ♿ De mars à mi-nov, tlj 10h-17h. Entrée : env 8 £ ; réduc.* Fleuron du pays de Galles, ce magnifique jardin est considéré comme l'un des plus beaux de Grande-Bretagne. Quelque 135 ha de verdure, 85 ha ouverts au public, autour de l'habitation vénérable et plus que coquette de lord et lady Abeconway. Car, même s'ils ont légué le tout il y a des lustres au *National Trust,* ces passionnés veillent toujours au grain. On ne se refait pas ! Un écrin naturel splendide divisé en secteurs thématiques. On passe ainsi d'une série de terrasses bien ordonnées à une vallée encaissée. Jardin sauvage, fleurs d'ornementation, roses de toutes les couleurs, pièces d'eau, cascades... Romantique à souhait. *Tea-room* sur place pour apprécier la soupe du jour, un *pie* et toutes ces sortes de choses.

DU NORD AU SUD, LE LONG DE LA « FRONTIÈRE ANGLAISE »

LLANGOLLEN

3 000 hab. IND. TÉL. : 01978

Petite ville du Nord, très mignonne, dans les terres, entre Chirk et Corwen. Elle doit sa renommée à son festival gallois de danses, musiques et costumes, *The International Musical Eisteddfod* (*• international-eisteddfod.co.uk •*).

LE PAYS DE GALLES

Créé en 1947, il a lieu en juillet (c'est là qu'a commencé Pavarotti enfant). La ville est également célèbre pour son magnifique pont du XVe s et les environs pour la charmante vallée de la Dee, qui s'étend le long de l'A 5, l'impressionnant pont-canal de Pontcysyllte dû à Thomas Telford et classé au Patrimoine mondial de l'Unesco en 2009, les ruines de l'abbaye Valle Crucis, celles du château Dinas Brân, etc. Bref, il y a de quoi faire dans cette région une plaisante halte pleine de surprises. C'est aussi la ville natale du professeur Blake, héros de B.D. de E. P. Jacobs.

Arriver – Quitter

En bus

➢ ***Wrexham :*** bus n° 5, liaisons ttes les 15-30 mn lun-sam, une dizaine le dim (bus n° 5A).
➢ Également des liaisons avec ***Corwen, Betws-y-Coed, et Llandudno :*** bus n° 5, X6 et X94, slt certains j.

Adresses utiles

Tourist Information Centre : *y Capel, Castel St. ☎ 86-08-28. • northwalesborderlands.co.uk • Tlj 9h30-17h.*
@ ***Internet :*** *à la* library, *à l'étage de l'office de tourisme (voir ci-dessus). Ouv 9h30-17h30 (19h lun). Fermé jeu, sam ap-m et dim. Gratuit.*
@ ***Maxines :*** *17 Castle St, face à l'office de tourisme. ☎ 86-19-63. Ouv 9h-17h30 (16h en hiver).* À l'étage de ce vieux café, une foire aux livres et accès Internet.

Où dormir ?
Où manger ?
Où boire un verre ?

– Attention, tout est bondé pdt le festival (début juil).

Camping et auberge de jeunesse

Abbey Farm Caravan Park : *à 2 miles à l'ouest de Llangollen par l'A 542. ☎ 86-12-97. • abbeyfarmcaravans.co.uk • Ouv mars-oct. Env 13 £ pour 2 avec tente et voiture.* Forcément, planter sa tente au bord d'une rivière avec les ruines prestigieuses de l'abbaye de Valle Crucis en toile de fond, ça vaut la photo ! Par ailleurs, la ferme vend les viandes de l'exploitation dans une boutique à l'entrée du site. Également un *tea-room*.
Llangollen Hostel : *Berwyn St. ☎ 86-17-73. • info@llangollenhostel.co.uk • À partir de 18 £/pers.* Loin de l'ambiance usine, il s'agit d'une simple maison de ville convertie en une providentielle auberge de jeunesse privée. Cuisine équipée, salon, jeux et piano au rez-de-chaussée. Garage à vélos, parking public derrière et des chambres de 2 à 6 lits. Le tout familial, avec le sourire en bonus.

Bon marché

The Corn Mill : *Dee Lane. ☎ 86-95-55. Tlj 12h-21h30 (21h dim). Sandwichs 5-6 £, plats 9-16 £.* Reconverti avec la manière en pub chaleureux, cet ancien moulin dont la roue tourne toujours est apprécié pour son atmosphère décontractée, ses bons plats copieux et bien ficelés, et le cadre atypique des différentes salles imbriquées sur plusieurs étages. Mais le plus sympa, c'est de boire un verre aux terrasses surplombant la rivière.
Fouzi's Bar : *dans le* Royal Hotel, *sur Bridge St. ☎ 86-13-40. Lun-ven 9h-22h (23h w-e), horaires plus restreints l'hiver. Plats 5-9 £.* C'est l'endroit idéal pour trouver un café digne de ce nom, dans un cadre moderne et pimpant. Bonnes soupes et sandwichs du jour.

De prix modérés à prix moyens

Wynnstay Arms : *Bridge St. ☎ 86-07-10. • tom@wynnstay-arms.*

co.uk • wynnstay-arms.co.uk • Dortoir 20 £/pers avec petit déj, double 50 £ sans petit déj (mais souvent des offres). Cuisine jusqu'à 21h. Plats 7-14 £. Ce pub vieille école cache dans son *beer garden* un dortoir de 6 (une vraie aubaine pour les familles). Également des doubles à l'étage, simples, classiques et propres ainsi qu'autre dortoir de 8-10 lits. Le tout nickel et confortable. Côté pub, déco rustique, atmosphère chaleureuse et bons plats en font l'un des repaires de la ville.

Plas Hafod B & B : *Abbey Rd. ☎ 86-92-25. • plashafod@hotmail.com • plas-hafod.co.uk • De Castle St au centre, traverser le pont et prendre à gauche ; c'est à 100 m. Doubles 65-75 £, avec sdb en-suite ou privée sur le palier, petit déj inclus.* Cette belle maison victorienne est une vraie perle, décorée de façon élégante et meublée d'ancien. Chambres magnifiques, colorées et très stylées. Très accueillant cela va de soi, à l'image de la centaine de films vidéos à dispo (lecteur dans chaque chambre).

Gales of Llangollen : *18 Bridge St. ☎ 86-00-89. • reception@galesofllangollen.co.uk • galesofllangollen.co.uk • Resto tlj sf dim 12h-14h, 18h-21h30. Fermé fêtes de fin d'année. Double 70-80 £ avec sdb et petit déj continental (plus 5 £ pour un petit déj à l'anglaise savoureux). Plats env 10 £.* C'est avant tout un bar à vins réputé doublé d'un caviste et restaurant de bonne tenue (poulet, poisson, steak, etc.), à l'atmosphère chaleureuse. Mais l'oiseau rare a plus d'un tour dans son sac : de vastes chambres présentant un confort optimal. Déco sobre mais classe, avec parfois des clins d'œil à la France et à son vin. Excellent accueil.

Où dormir ? Où manger dans les environs ?

The West Arms : *Llanarmon, Dyffryn Ceiriog, LL20 7LD. ☎ (01691) 60-06-65. • info@thewestarms.co.uk • thewestarms.co.uk • Au cœur de la Ceiriog Valley, à 10 miles au sud de Llangollen. Doubles 67-80 £ avec petit déj, également des suites et des cottages. Plats env 10-14 £ ou dîner 3 plats 34 £ le soir.* Le cliché idéal : une vallée bénie des dieux à sillonner à pied, un village-carrefour au bout de nulle part avec ses panneaux en gallois, une rivière chantante et surtout ce pub-hôtel qui vaut bien son pesant de jonquilles. Des salons chaleureux aux cheminées crépitantes, des parquets de guingois et des chambres confortables au cachet d'antan. Sans compter la table digne de sa réputation qui draine les campagnes alentour. Une adresse connue comme le loup blanc : pensez à réserver !

À voir. À faire

➢ ***Llangollen Wharf :*** *sortir de la ville en direction de Chirk, puis prendre à gauche juste après le pub* Last Inn. *☎ 86-07-02. • horsedrawnboats.co.uk •* Ce n'est pas excessif : 6,50 £ pour la balade de 45 mn sur un petit bateau tiré par un cheval, le long du canal allant à Pentrefelin. Ou 12,50 £ pour 2h en bateau motorisé, qui passe sur l'aqueduc de Pontcysllte. Réduc.

Llangollen Railway : *☎ 86-09-79 (bureau) ou 86-09-51 (boîte vocale). • llangollen-railway.co.uk • 1er départ vers 11h, dernier retour vers 17h. Compter 13 £ l'A/R.* De l'ancienne et charmante gare, au bord de la rivière, on peut prendre un de ces merveilleux petits trains à vapeur qui traversent des paysages magnifiques le long de la vallée de la Dee, jusqu'à *Carrog Station* (très bon pub, *The Grouse*), à 7,5 miles, point de départ pour de vertes échappées. Avant de prendre place dans un des vieux wagons, avancez jusqu'à la locomotive et admirez les cheminots qui s'activent devant les fourneaux et font brûler le charbon à l'ancienne.

Plas Newydd : *de Castle St, tourner à gauche vers Chirk, puis dans une rue qui monte à droite ; c'est indiqué. ☎ 86-28-34. Avr-oct, mer-dim et lun fériés 10h-*

17h. Entrée : 5,50 £, audioguide en anglais compris ; réduc. Il était une fois Eleanor Butler et Sarah Ponsonby, deux femmes au XVIIIe s ne supportant pas l'idée de la destinée ménagère qu'on leur réservait. Ainsi s'enfuirent-elles ensemble d'Irlande pour s'installer dans cette incroyable maisonnette, où elles vécurent en adoptant le concept d'« amitié romantique » *(romantic friendship),* sorte de bohème de l'époque prônée notamment par Rousseau. Leur présence insolite en ces lieux et le caractère excentrique de leur maison attira maints artistes littéraires (dont Wordsworth et l'inévitable Lord Byron) et philanthropes. Ces deux amazones avaient une conception de l'art très personnelle, et on déambule par conséquent à travers des pièces au décor fantastique, des chambres à la cuisine, en admirant les vitraux et surtout les sculptures sur chêne d'une richesse incroyable qui ornent murs, portes et escaliers... Délirant ! À noter que l'accès au jardin est gratuit, et qu'on peut en profiter pour jeter un coup d'œil à la façade tout aussi farfelue.

WELSHPOOL (Y TRALLWNG)

7 000 hab. IND. TÉL. : 01938

À moins de 30 miles au sud de Llangollen et quasiment à la frontière avec l'Angleterre, cette petite ville aux allures médiévales, à mi-chemin entre le nord et le sud du pays de Galles fut un centre important pour le commerce de la laine. Elle abrite surtout l'un des plus beaux châteaux du pays. Pour se loger, mieux vaut aller trouver son bonheur dans les environs, du côté de Berriew, par exemple.

Arriver – Quitter

En train

Gare ferroviaire : *à la sortie de la ville par Severn Rd, au niveau du rond-point pour l'A 483.*

➢ Welshpool se situe sur la ligne ***Cambrian Coast*** reliant Shrewsbury à Machynlleth puis qui continue sur Aberystwyth ou Pwllheli (région de Porthmadog) : env 12 trains directs/j., fréquence plus faible le dim.

En bus

Arrêts des bus : *dans High St.*

➢ ***Newtown, Shrewsbury :*** bus X75, env 7 bus/j., aucun le dim.

➢ ***Aberysthwyth, Birmingham, London :*** même bus n° 409, 1 fois/j.

Adresse utile

Tourist Information Centre : *Vicarage Garden, Church St. ☎ 55-20-43. • welshpool.org • Tlj 9h30-17h (10h-16h dim).*

Où dormir ? Où manger ?

The Royal Oak Hotel : *The Cross, SY21 7DG. ☎ 55-66-52. • relax@royaloakhotel.info • royaloakhotel.info • Doubles 75-85 £. Plats 6-11 £ midi, 10-17 £ soir.* En plein centre, l'hôtel historique de la ville, où faisaient halte autrefois les diligences. Aujourd'hui le cosy de l'ancien et le confort du moderne font bon ménage, dans une belle harmonie de couleurs et de styles. Chambres pour tous les goûts donc, avec tout le confort attendu. Côté resto et bars, où l'on est toujours bien assis, on retrouve ce subtil mélange jusque dans la cuisine traditionnelle revisitée, plus simple à midi, plus élaborée le soir.

Noter que la ***cafétéria du château*** est accessible gratuitement aux heures d'ouverture du site et permet d'admirer la cour intérieure. Tarifs modérés.

À voir

Powis Castle : à moins de 1 mile au sud de Welshpool, ☎ 55-19-29. Château tlj 12h-17h avr-sept, 12h-16h le reste de l'année. Jardin tlj avr-sept 11h-17h30 ; oct-déc 11h-16h ; mars 11h-16h30. Entrée globale : 13 £ ; château et musée seuls 6,60 £ ; jardins seuls 9,60 £ ; réduc. Magnifique château en grès rouge, immense, érigé comme il se doit sur une colline. Sa construction a débuté au XIIIe s sous la houlette du prince de Powis, mais l'essentiel date du XVIIIe s. L'actuel héritier occupe toujours une partie du château. Après avoir jeté un coup d'œil à la belle cour intérieure, les visiteurs sont invités à découvrir les superbes appartements : escalier monumental, très belles boiseries sculptées, cheminées prestigieuses, meubles de collection (une rare et insolite table à alcool semi-circulaire), belle galerie de 12 bustes en marbre d'empereurs romains, collection d'oiseaux empaillés, etc. Rien ne manque, pas même le fantôme de service. Également une somptueuse salle de bal donnant accès à un non moins riche musée, constitué d'objets rapportés d'Inde par l'un des ancêtres, Clive of India (1754-1839) : objets en ivoire, lit de voyage, armes, objets (dont une tête de tigre en or) décorés de pierres précieuses, etc. Enfin, de merveilleux jardins sur 4 niveaux agrémentés d'une orangerie, d'élégantes statues de plomb et d'art topiaire, où gambadent toutes sortes d'animaux, même des cerfs !

les ROUTARDS sur la FRANCE 2013-2014

(dates de parution sur • ***routard.com*** •)

DÉCOUPAGE de la FRANCE par le *ROUTARD*

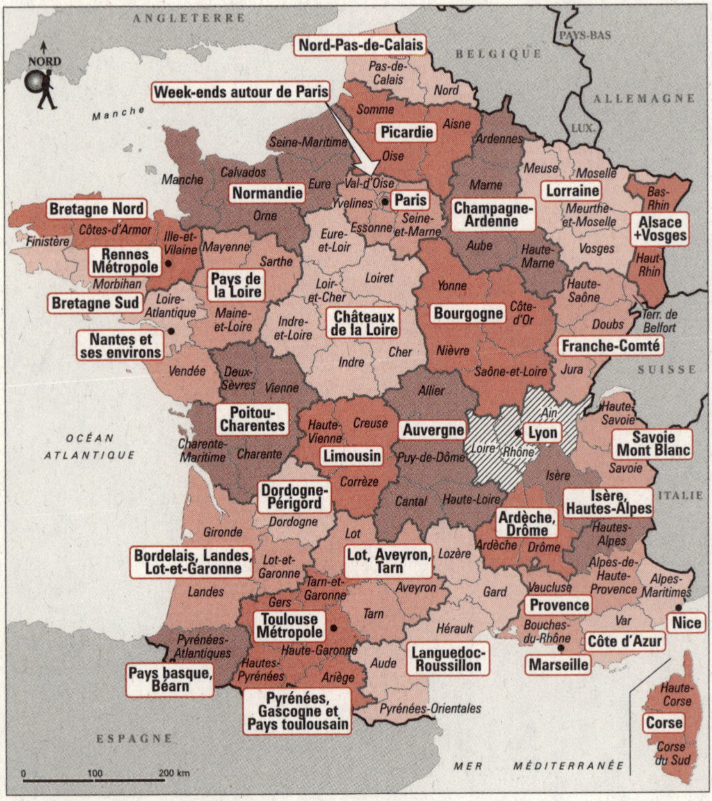

Autres guides nationaux

- Les grands chefs du routard
- Nos meilleures chambres d'hôtes en France
- Nos meilleurs campings en France
- Nos meilleurs hôtels et restos en France
- **Nos meilleurs sites pour observer les oiseaux en France (octobre 2012)**
- Tourisme responsable

Autres guides sur Paris

- Paris
- Paris à vélo
- Paris balades
- Restos et bistrots de Paris
- Le Routard des amoureux à Paris
- Week-ends autour de Paris

les ROUTARDS sur l'ÉTRANGER 2013-2014

(dates de parution sur • routard.com •)

Europe

Pays européens

- Allemagne
- Andalousie
- Angleterre, Pays de Galles
- Autriche
- Baléares
- Belgique
- Budapest, Hongrie
- Catalogne (+ Valence et Andorre)
- Crète
- Croatie
- Danemark, Suède
- Écosse
- Espagne du Nord-Ouest (Galice, Asturies, Cantabrie)
- Finlande
- Grèce continentale
- Îles grecques et Athènes
- Irlande
- Islande
- Italie du Nord
- Italie du Sud
- Lacs italiens
- Madrid, Castille (Aragon et Estrémadure)
- Malte
- Norvège
- Pologne
- Portugal
- République tchèque, Slovaquie
- Roumanie, Bulgarie
- Sardaigne
- Sicile
- Suisse
- Toscane, Ombrie

Villes européennes

- Amsterdam et ses environs
- Barcelone
- Berlin
- Bruxelles
- Copenhague (mai 2013)
- Dublin (novembre 2012)
- Florence
- Lisbonne
- Londres
- Milan (décembre 2012)
- Moscou (avril 2013)
- Prague
- Rome
- Saint-Pétersbourg (avril 2013)
- Stockholm (mai 2013)
- Venise
- Vienne (mars 2013)

Amériques

- Argentine
- Brésil
- Californie
- Canada Ouest
- Chili et île de Pâques
- Équateur et les îles Galápagos
- États-Unis Nord-Est
- Floride
- Guatemala, Yucatán et Chiapas
- Louisiane et les villes du Sud
- Mexique
- Miami (octobre 2012)
- Montréal (mars 2013)
- New York
- Parcs nationaux de l'Ouest américain et Las Vegas
- Pérou, Bolivie
- Québec, Ontario et Provinces maritimes

Asie

- Bali, Lombok
- Bangkok (octobre 2012)
- Birmanie (Myanmar)
- Cambodge, Laos
- Chine
- Inde du Nord
- Inde du Sud
- Israël, Palestine
- Istanbul
- Jordanie
- Malaisie, Singapour
- Népal, Tibet
- Shanghai (avril 2013)
- Sri Lanka (Ceylan)
- Thaïlande
- Tokyo, Kyoto et environs
- Turquie
- Vietnam

Afrique

- Afrique de l'Ouest
- Afrique du Sud
- Égypte
- Kenya, Tanzanie et Zanzibar
- Maroc
- Marrakech
- Sénégal, Gambie
- Tunisie

Îles Caraïbes et océan Indien

- Cuba
- Guadeloupe, Saint-Martin, Saint-Barth
- Île Maurice, Rodrigues
- Madagascar
- Martinique
- République dominicaine (Saint-Domingue)
- Réunion

Guides de conversation

- Allemand
- Anglais
- Arabe du Maghreb
- Arabe du Proche-Orient
- Chinois
- Croate
- Espagnol
- Grec
- Italien
- Japonais
- Portugais
- Russe
- G'palémo (conversation par l'image)

Adresses utiles

1 Office [redacted]
2 [redacted]
3 [redacted]
4 [redacted]
5 [redacted]
6 [redacted]
7 [redacted]
9 [redacted]

Où dormir ?

11 Pension [redacted]
12 [redacted]
23 [redacted]
24 [redacted]
25 [redacted]

Où manger ?

30 Restaurante [redacted]
31 [redacted]
32 [redacted]
33 [redacted]
34 [redacted]
35 [redacted]
37 [redacted]
38 [redacted]
39 [redacted]
40 [redacted]
41 [redacted]
42 [redacted]

44 [redacted]
45 [redacted]
46 [redacted]
47 [redacted]
48 [redacted]
49 [redacted]
50 [redacted]
51 [redacted]
52 [redacted]
53 [redacted]
54 [redacted]
55 [redacted]
56 [redacted]
57 [redacted]

Où boire un verre ?

61 Caruag[redacted]m Bar
62 Bar [redacted]
63 [redacted]
64 [redacted]
65 [redacted]
66 [redacted]
67 [redacted]
68 [redacted]
69 [redacted]
70 [redacted]
71 [redacted]
72 [redacted]
73 Ti [redacted]
74 Caf[redacted]
75 Caf[redacted]
76 Es[redacted]

Où sortir?

83 [redacted]
84 [redacted]
85 [redacted]
86 [redacted]
87 [redacted]
88 [redacted]

À voir

90 Palacio do [redacted]
91 [redacted]
92 [redacted]
93 [redacted]
94 [redacted]

LOOK!
Le guide du routard
Disponible sur iPhone
Randonnée à dos de ...
Riding a...
Pour vous faire comprendre partout dans le monde !
Achetez l'application sur l'App Store
2,99 €

INDEX GÉNÉRAL

ATTENTION : Londres fait l'objet d'un guide à part.

A

B

C

D

E

F

INDEX GÉNÉRAL

G

H

I-J-K

L

M

N

O-P

R

S

T-U

V-W

Y-Z

OÙ TROUVER LES CARTES ET LES PLANS ?

NOUVEAU ET IMPORTANT : DERNIÈRE MINUTE

Sauf exception, le *Routard* bénéficie d'une parution annuelle à date fixe. Entre deux dates, des événements fortuits (formalités, taux de change, catastrophes naturelles, conditions d'accès aux sites, fermetures inopinées...) peuvent modifier vos projets en voyage. Pour éviter les déconvenues, nous vous recommandons de consulter la rubrique « Guide » par pays de notre site • *routard.com* • et plus particulièrement les dernières *Actus voyageurs*.

INDEX GÉNÉRAL

Les **Routards** *parlent aux* **Routards**

Faites-nous part de vos expériences, de vos découvertes, de vos tuyaux. Indiquez-nous les renseignements périmés. Aidez-nous à remettre l'ouvrage à jour. Faites profiter les autres de vos adresses nouvelles, combines géniales... On adresse un exemplaire gratuit de la prochaine édition à ceux qui nous envoient les lettres les meilleures, pour la qualité et la pertinence des informations. Quelques conseils cependant :

– Envoyez-nous votre courrier le plus tôt possible afin que l'on puisse insérer vos tuyaux sur la prochaine édition.
– N'oubliez pas de préciser l'ouvrage que vous désirez recevoir.
– Vérifiez que vos remarques concernent l'édition en cours et notez les pages du guide concernées par vos observations.
– Quand vous indiquez des hôtels ou des restaurants, pensez à signaler leur adresse précise et, pour les grandes villes, les moyens de transport pour y aller. Si vous le pouvez, joignez la carte de visite de l'hôtel ou du resto décrit.
– N'écrivez si possible que d'un côté de la lettre (et non recto verso).
– Bien sûr, on s'arrache moins les yeux sur les lettres dactylographiées ou correctement écrites !

En tout état de cause, merci pour vos nombreuses lettres.

Les Routards parlent aux Routards :
122, rue du Moulin-des-Prés, 75013 Paris

e-mail : • ***guide@routard.com*** •
Internet : • ***routard.com*** •

Édité par Hachette Livre (43, quai de Grenelle, 75905 Paris Cedex 15, France)
Photocomposé par Jouve (45770 Saran, France)
Imprimé par Rotolito Lombarda (via Sondrio, 3, 20096 Seggiano di Pioltello, Italie)
Achevé d'imprimer le 19 octobre 2012
Collection n° 13 - Édition n° 01
24/5578/0
I.S.B.N. 978-2-01-245578-8
Dépôt légal : octobre 2012

PAPIER À BASE DE FIBRES CERTIFIÉES

hachette s'engage pour l'environnement en réduisant l'empreinte carbone de ses livres. Celle de cet exemplaire est de :
600 g éq. CO_2
Rendez-vous sur www.hachette-durable.fr